자비과학 핸드북

· 자비의 정의와 과학적 접근 ·

Emma M. Seppälä · Emiliana Simon-Thomas · Stephanie L. Brown
Monica C. Worline · C. Daryl Cameron · James R. Doty 편저
권선아 · 김병전 · 김완두 · 김완석 · 김은미 · 김재성 · 민희정
박성현 · 서 광 · 원승희 · 이강욱 · 조현주 · 채정호 · 하현주 공역

COMPASSION SCIENCE

학지사

역자 서문

컴패션(compassion, 자비, 연민) 명상은 마음챙김 명상과 함께 현대 명상과학의 핵심 축을 이루고 있습니다. 마음챙김 명상과 관련된 서적과 논문들은 매년 가파른 증가 추세를 보이고 있으며, 컴패션 명상에 관한 학술적 관심과 연구 역시 점점 늘어나는 중입니다. 이러한 학술 동향을 한눈에 볼 수 있도록 컴패션 관련 논문을 집대성한 이 책은 6명의 관련 분야 전문 편집진과 64명의 각 분야 전공 학자들이 대거 참여한 컴패션 관련 교과서입니다. 현대심리학, 정신의학, 진화심리학, 뇌인지과학, 사회학, 교육학, 인류학, 종교학과 불교학 등 아주 광범위한 영역의 주제들을 컴패션과 연결하여 연구하였습니다.

카이스트 명상과학연구소에서 이 책을 처음 발견하여 번역을 진행하다가 이 기회에 국내 컴패션 관련 학자들을 발굴하고 자비 관련 연구를 활성화하기 위하여 국내 연구진 열네 분을 초대하여 함께 번역하였습니다.

대한명상의학회와 정신의학 분야에서 관련 연구를 하면서 진료 현장에서 활동하고 계시는 가톨릭대학교 의과대학 채정호 교수님(제12, 13, 21장)을 비롯하여, 강원대학교 의과대학 이강욱 교수님(제9, 15, 32장), 그리고 경북대학교 의과대학 원승희 교수님(제6, 10, 14장)께서는 각각 컴패션의 정신생리학과 생물학적인 접근을 다루는 부분을 주로 맡아 주셨습니다. 아주대학교 심리학과 김완석 명예교수님(제3, 20, 22장)은 컴패션의 사회심리학적 및 사회학적 측면을 다룬 부분을 번역해 주셨습니다. 서울대학교 사회과학연구원 하현주 연구원님(제8, 23, 24장)은 공감과 자비, 자비중심 양육과 사회 계층 간 자비 실천에 관련한 논문을 맡아 주셨습니다. 서울불교대학원대학교 상담심리학과의 박성현 교수님(제11, 16, 25장)은 자비 명상 훈련과 뇌와 친사회적 행동과의 상관관계, 공감-증진 개입법 등을 논의한 부분을 번역해 주셨습니다. 영남대학교 심리학과 조현주 교수님(제28, 29장)은 컴패션 명상 훈련 중에 나타날 수 있는 소진, 공포, 저항과 관련된 주제들을 임상심리학적으로 다룬 논문들을 맡아 주셨습니다. 마음챙김 자기연민(MSC) 프로그램을 국내에 도입한 동국대학교 불교대학 서광스님(제19, 27장)과 스탠퍼드 대학교에서 만든 '자비 계발 수행(CCT)' 프로그램을 국내에 도입한 공감과자비연구소 권선아 소장님(제17, 18장)은 각각 과학 기반 컴패션 명상 프로그램에 대한 리뷰 논문과 MSC 및 CCT 관련 논문들을 번역해 주셨습니다. 동국대학교 아동청소년교육학과에 재직하며 학교 명상 프로 그램인 SEE Learning을 국내에 도입한 혜주스님(제5, 7, 33장)은 아동기 컴패션의 중요성과 교육 현장에서 자비와 배려가 왜 절실히 요청되는지를 다룬 논문들을 맡아 주셨습니다. 하루명상 앱 개발 및 비즈니스 영역의 명상 프로그램 개발자이며 HR 전문가인 김병전 대표님(제30, 31, 35장)은 조직 리더십에 있어서 자비의 매개효과와 조직에 자비의 문화를 어떻게 발현시킬 것인가를 다룬 논문들을 번역하셨습니다. 자비 명상과 마음챙김명상을 오랫동안 가르치고 연구하고 있는 능인대학원대학교 명상심리학과 김재성 교수님(제1, 2, 26장)은 이 책 전체를 조망하고 정리한 서문과 과학 기반 컴패션 명상의 불교적 바탕을 추적하는 논문 등을 맡아 주셨습니다. 선정(Jhana)과 하트스마일명상(HST) 연구를 하며 카이스트에서 명상과학 강의를 하고 있는 KAIST 명상과학연구소 김은미 교수님(제34장)은 이 책의 번역을 제안해 주셨고 영웅적 행동과 자비 실천이 사회적 변혁을 촉발하는 중요한 요인이 될 수 있는 점을 강조한 논문을 번역해 주셨습니다. 마지막으로, 고대 지혜 전통과 현대 명상과학의 조화로운 발전을 도모하고 있는 KAIST 명상과학연구소 김완두 소장님(제1, 4장)은 서문과 지구촌 차원의 연민 문화의 확산에 대한 논문을 맡아 주셨습니다.

컴패션은 인류의 공동 유산이며 생명의 공존을 위해 이 시대에 가장 절실히 요청되는 덕목이기도 합니다. 이 방대한 책의 번역을 계기로 하여 국내에서의 컴패션에 대한 연구가 더욱 활성화되고 과학 기반 컴패션 명상 프로그램들이 대중에게 널리 확산되기를 바랍니다. 경제적 어려움을 고려하지 않고 학술적 가치가 있다고 판단하여 선뜻 번역 출판을 하겠다고 마음을 내어 주신 학지사 김진환 대표님께 깊이 감사드립니다. 끝으로 번역자들을 대신하여 출판 행정 업무를 맡아 함께해 주신 이재연 님에게도 고마운 마음 전합니다.

2023년
공역자 일동

편저자 서문

많은 사람이 Charles Darwin의『종의 기원(On the Origin of Species)』에 기술된 자연 선택에 대한 견해를 생존을 위한 공격적이거나 무자비한 행동의 필요성에 대한 정당화로 오해했다. 적자생존이라는 자연 선택의 관점은 사회적 다윈주의자 Herbert Spencer가 계급과 인종의 우월성을 정당화하기 위해 다윈의 이론을 해석한 데 기반을 두고 있다. Alfred Lord Tennyson은 1850년 그의 고전 시 〈추모하며(In Memoriam)〉에서 '이빨과 발톱이 붉은' 자연에 대한 묘사를 지지했다. 이런 주장은 종종 '다윈의 불독'이라고 불리는 Thomas Aldous Huxley에 의해 더욱 대중화되었다. Huxley는 자연 선택에 대한 검투사의 관점에서 많은 에세이를 썼다.

그러나 러시아 무정부주의자인 Petr Kropotkin이 그의 책『상호부조: 진화의 한 요소(Mutual Aid: A Factor of Evolution)』에서 "우리는 … 자연에 질문한다. '우리는 서로 지속적으로 전쟁을 벌이고 있는가, 아니면 서로를 지원하는 동물인가?'라고 말하면서, Spencer와 Huxley에 대한 반박을 발표한 것은 흥미롭다. 우리는 즉시 상호부조의 습관을 습득한 동물들이라고 하는 것이 의심할 여지 없이 가장 적합하다는 것을 즉시 안다."라고 했다. Darwin은 나중에 출판된 1871년 저술『인류의 후손(Descent of Man)』에서 이렇게 썼다. "가장 공감하는 구성원이 가장 많이 포함된 공동체가 가장 번창하고 가장 많은 자손을 키울 것이다." Darwin은 더 나아가 "우리의 고통스러운 감정이 동시에 경감되고, 다른 사람의 고통을 덜어 주도록 강요받고 있다."고 말했다. 더 일찍 Immanuel Kant는 "저항할 수 없는 자비의 고통을 피하지 않는 것은 의무이다. 이 감정은 비록 고통스럽기는 하지만 의무의 표상 자체로는 달성할 수 없는 일에 영향을 미치도록 본성적으로 우리에게 부여한 충동 중 하나이기 때문이다."라고 말했다.

지난 30년 동안, 뇌과학에 대한 관심이 계속 증가하면서 종의 생존 동기에 대한 관심도 증가했다. 명백해진 것, 그리고 Kant, Darwin, Kropotkin이 언급한 것은 양육과 돌봄 행동으로 특징지어지는 자비가 많은 종의 장기적인 생존과 아마도 가장 중요하게는 인간 종의 장기적인 생존에 결정적이라는 것이다. Daniel Batson(제3장 참조)과 Mark Davis(제23장)와 같은 공감 연구가들이 이 일반 영역에 대한 연구를 주도했지만, 자비 그 자체에 대한 보다 구체적인 관심은 1992년 신경과학자 Richard Davidson과 Dalai Lama 존자와의 대화 결과 시작된 것으로 보인다. 그 대화에서 존자께서는 명상을 통해 자비의 능력을 키울 수 있다는 믿음을 표현하였다. 첫 번째 연구는 단순히 명상이 뇌에 미치는 영향을 이해하려는 시도로 시작되었다. 시간이 지남에 따라 그러한 관행이 불교철학과 세계 대부분 종교의 중심인 자비의 계발을 촉진할 잠재력이 있음이 분명해졌다. 과학은 그러한 계발이 사람들의 생리에 심오하고 긍정적인 영향을 미칠 수 있음을 더 입증했다. 이러한 초기 탐구는 명상과 자비 모두에 대한 실증적 연구에서 기하급수적인 성장으로 이어졌다. 이러한 연구에서 명상 신경과학이라는 새로운 연구 분야가 등장했다.

이 첫 번째 『자비과학 핸드북』은 처음으로 자비과학 분야를 선도하는 연구자들을 학술 핸드북의 형태로 함께 모았다. 핸드북의 과학자들과 다른 학자들은 자비의 동기가 무엇인지, 자비로운 행동이 생리에 어떤 영향을 미치는지, 자비가 어떻게 배양될 수 있는지 탐구한다.

중독, 방임, 정신질환으로 심각한 영향을 받은 가정생활과 함께 빈곤 속에서 성장한 이 저자에게 자비의 수수께끼는 특히 개인적인 것이다. 나 자신의 성장과 성공을 가능하게 한 로드맵은 근본적으로 타인, 멘토, 친구, 동료의 자비에서 비롯되었다. 또한 의사로서 나는 자비로운 돌봄이 치유 과정에 미칠 수 있는 심오한 영향을 개인적으로 경험했다. 그렇다면 자비에 대한 우리의 성향이 어떻게 자기 보존 본능을 압도할까?

이 수수께끼에 대해 생각하면 할수록 그것은 역설적이지 않은 것 같다. 왜냐하면 생물학이 우리에게 말하듯이 자비와 양육 및 모성 행동의 관련 시스템은 자기 보존에 대한 유기체의 관심과 완전히 일치하기 때문이다. 우리의 생물학이 더 정교한 사회적 상호작용을 포함하도록 확장됨에 따라 호르몬과 신경 전달 물질 및 기타 긍정적인 신경학적 및 생리학적 시스템의 방출을 통해 보상하도록 진화했다(Brown & Brown, Klimecki & Singer, Porges, Carter, & Rodrigues 의 장 참조). 아마도 이러한 보상의 우연성은 긍정적인 사회적 상호작용이 우리에게 진화적으로 도움이 되기 때문에 정확하게 진화했을 것이다.

개인에서 그룹, 조직 및 문화에 이르기까지 우리 삶과 자아 개념의 여러 수준을 다루는 이 책은 신중한 과학적 조사와 관심으로 자비과학의 주제를 다루는 자비의 증거와 모델을 수집한다. 이런 의미에서 이 책은 다양한 관점과 준거틀에서 자비를 조사하는 최초의 종합적이고 체계적인 접근 방식 중 하나로 구성된다.

이와 같은 노력은 학문 분야에서만 중요한 것이 아니라 현대 사회에서 점점 더 많은 관심을 받고 있는 것 같다. 현대 세계의 문화 갈등을 고려할 때 Koopman-Holm과 Tsai(제21장) 또는 Chiao(제12장)가 논의한 것처럼 자비의 문화적 수단을 이해하고 잠재적인 의지를 제공할 수 있는가? Lavelle 등(제33장), Shea와 Lionis(제32장), Figley와 Figley(제28장)가 설명하고 Spinrad와 Eisenberg가 제안한(제5장) 발달에 대한 이해는 우리가 더 자비로운 사회 제도와 돌봄 관행을 형성하는 데 도움이 되는 간병에 대해 논의한다. Cameron(제20장), Condon과 DeSteno(제22장),

Weisz와 Zaki(제16장)가 설명하는 것처럼 다른 사람에 대한 관심을 확장하는 데 도움이 되도록 일상적인 맥락을 물리적으로 또는 인지적으로 구성할 수 있는가? 마지막으로 Skwara, King과 Saron(제17장), Goldin과 Jazaieri(제18장)가 논의한 바와 같이, 직접 명상이나 수련을 통해 자비를 우리 삶의 안정적인 구성요소로서 직접 계발하는 방법을 찾을 수 있을까?

　이러한 자비의 모든 측면에서 공통점은 자비와 자기 보존 사이의 유명한 갈등에 대한 비판적인 퍼즐의 답을 포함하고 있을 수도 있다는 것이다. 계속되는 전쟁으로 특징지어지는 세상에서 이러한 이해는 그 어느 때보다 중요하다. Dalai Lama 존자께서 말씀하셨듯이 "자비는 더 이상 사치가 아니라, 인류가 생존하기 위한 필수품이다."

James R. Doty

차례

■ 역자 서문 _ 3
■ 편저자 서문 _ 5

제1부 자비과학의 이해

제1장   자비의 정의와 과학적 접근의 풍경 / 21
　　　자비란 무엇인가 _ 21
　　　자비의 과학 _ 27
　　　응용된 자비 _ 35

제2장   맥락으로 본 자비: 비종교적 현대 자비 기반 명상 프로그램들에 내재된 불교 명상의
　　　뿌리를 찾아서 / 45
　　　불교의 사상과 실천에서 자비 _ 46
　　　현대 명상 프로그램에 대한 불교의 영향 _ 50
　　　현대 자비 기반 명상 프로그램 _ 51
　　　불교 명상 자비 모델과 현대 과학 자비 모델 _ 56
　　　시사점 및 향후 방향 _ 57

제3장   공감-이타성 가설: 이해와 함의 / 61
　　　공감-이타주의 가설 _ 62
　　　실제적 시사점 _ 68
　　　연민과학에 대한 시사점 _ 77

제4장 지구촌 차원의 연민 문화는 과연 가능한 것일까 / 87
  연민과 고통의 유형 및 구조 _ 88
  지구촌 차원의 연민 문화 확산에 따른 심리과학적 가치 _ 92

제2부 발달적 접근

제5장 아동기의 자비 / 105
  개요 _ 105
  자비에 대한 통찰 _ 107
  Eisenberg와 동료들이 연구한 친사회적 행동과 공감적 반응 _ 109
  열린 질문과 제한점 _ 117

제6장 양육의 뇌: 연민의 도가니 / 125
  연민과 양육의 연결 _ 125
  양육 과학의 핵심 개념 _ 126
  연민 어린 양육의 세 가지 측면 _ 127
  양육에 내재된 신경회로 _ 129

제7장 성인 애착과 자비: 표준과 개인차 / 149
  애착과 도움에 대한 행동체계적 관점 _ 150
  애착행동과 도움행동의 관계에 대한 실증적 연구 _ 155

제8장 자비 중심 양육 / 169
  양육에 대한 공중보건 접근법 _ 170
  자비 중심 양육 _ 175
  향후 연구 분야 _ 186

제3부 심리생리학적 및 생물학적 접근

제9장 자비로운 뇌 / 197

공감과 관련된 개념들 _ 197

돌봄, 사회적 연결, 보상의 신경기질 및 건강과 연계성 _ 199

자비의 신경기질 _ 200

자비 훈련의 신경기질 _ 201

자비 훈련과 고통에 대한 공감 훈련 사이의 효과 차이 _ 205

공감과 자비는 친사회적 행동과 어떤 식으로 관련되어 있는가 _ 208

제10장 자비의 자원이 되는 두 가지 요소: 옥시토신 체계와 도덕성을 고양시키는 사회적 경험 / 217

자비에 대한 옥시토신 수용체와 시사점 _ 218

자비로운 행동의 목격을 통한 도덕성의 고양 _ 223

제11장 자비 명상 훈련이 뇌와 친사회적 행동에 미치는 영향 / 237

자비 명상 _ 238

자비 명상의 정서-조절 모형에 대한 경험 증거 _ 243

요약과 미래 연구를 위한 제언 _ 250

제12장 연민과 공감의 문화신경과학 / 261

문화신경과학: 인간의 다양성에 대한 이해 _ 262

연민과 공감의 문화-유전 공진화 이론 _ 263

연민과 공감에 대한 보편성과 문화적 특수성 _ 265

연민과 공감의 문화신경과학 발전 _ 267

발달하는 뇌의 문화, 연민 그리고 공감 _ 269

제한점과 향후 방향 _ 272

연민과 공감의 문화신경과학이 주는 시사점 _ 272

제13장 연민 신경생물학과 건강 / 279

진화적 프레임워크 _ 280

동기: 잃어버린 고리 _ 282

선택 투자 이론 _ 283

사회적 관계 내에서의 동기 _ 286

보살핌 체계 _ 287

보살핌 체계는 어떻게 작동하는가 _ 288

신비는 여전히 남아 있다 _ 289

Brown, Brown, & Preston (2012) 돌봄 체계 모형의 경험적 시험 _ 292

돕는 것과 관련한 건강 이익을 실현시킬 수 있는 다른 방안이 있는가 _ 293

사회적 거부와 스트레스 증가: Eisenberger의 2015년도 포유류 돌봄 모형 _ 294

건강과 웰빙을 위한 연민 신경생물학의 시사점 _ 295

제14장 자비의 근원: 진화론적, 신경생물학적 관점 / 303

개요 _ 303

자비의 정의 _ 304

자비를 포함한 사회적 행동은 진화된 기질이다 _ 305

자비의 진화적 원형으로서 포유류 번식 _ 305

인간 이외의 동물에서 도움행동 _ 306

옥시토신과 바소프레신: 사회성 및 유대감의 구성요소 _ 309

수용체 역학이 옥시토신과 바소프레신의 행동 작용을 설명하는 데 도움이 될 수 있다 _ 311

자율신경계는 옥시토신과 바소프레신의 사회적, 정서적 기능에 매우 중요하다 _ 312

부교감신경계와 미주신경은 사회성의 중심이다 _ 313

자율 과정과 원시 뇌 체계가 인지보다 우선할 수 있다 _ 314

긍정적 사회성에 대한 비교 신경생물학 _ 314

자비의 성별 차이 _ 316

개인별 차이의 자원: 인간 예시들 _ 317

'자비의 어두운 면': 옥시토신과 바소프레신의 상호작용이 타인의 통증이나 고통 반응에
    영향을 미치는가 _ 318

펩타이드 수용체의 변이가 사회적 행동의 종과 개인의 차이를 설명하는가 _ 319

옥시토신과 바소프레신의 신경생물학에 대한 지식이 자비를 촉진하는 데 사용될 수
    있을까 _ 320

제15장 자비에 이르는 통로: 미주신경 경로 / 329

미주신경 상태는 명상 수행의 역사와 얽혀 있다 _ 332

다미주 이론: 고대 의식을 해체하기 _ 334

양방향 소통에서 미주신경의 역할 _ 334

다미주 이론: 개관 _ 335

미주신경 브레이크: 감정 반응성의 봉쇄 기전 _ 337

얼굴과 심장의 연결: 사회참여체계의 출현 _ 337

사회참여체계: 감정을 표현하고 수긍하는 체계 _ 339

명상 수행과 사회참여체계 _ 340

소멸 _ 343

신경지 _ 344

수동경로와 능동경로를 통한 자율신경 상태 조절 _ 345

제4부 자비 개입법

제16장 공감-증진 개입법: 현존하는 작업에 대한 검토와 앞으로의 연구 방향에 대한 제언 / 353

공감과 자비 _ 355

현존하는 개입법의 검토 _ 356

개입법의 요약 _ 359

공감 동기에 관한 설명 _ 360

사회심리학과 간단한 개입법 _ 361

제한점 _ 366

제17장 자비 수행에 대한 연구: 우리가 배운 것은 무엇인가, 무엇이 모르는 채로 남아 있는가 / 377

자비 수행을 구성하는 것은 무엇인가 _ 378

자비 수행과 자비 사이의 관계는 무엇인가 _ 382

자비 수행의 궤도는 무엇인가 _ 396

제18장 자비 계발 수행 프로그램 / 409

자비 정의하기 _ 410

CCT 프로그램 _ 411

CCT에 대한 경험적 연구 _ 418

제19장 인지기반 자비 훈련의 특정한 생리적 효과로부터 보편성 수집하기 / 425

인지기반 자비 훈련: 이론과 실제 _ 426

과학의 현황 _ 430

난제, 미해결된 문제, 그리고 미래 연구 _ 433

제5부 사회심리학 및 사회학적 접근

제20장 연민붕괴: 왜 우리는 많은 수의 희생에 둔감한가 / 445

연민붕괴란 무엇인가 _ 446

연민붕괴는 왜 발생할까 _ 448

열린 질문과 앞으로의 방향 _ 453

제21장 연민의 문화적 조형 / 465

문화란 무엇인가 _ 466

횡문화적으로 연민에 대해 우리는 무엇을 알고 있는가 _ 467

제22장 연민향상: 사회심리학적 관점 / 489

도덕적 힘으로서 연민 _ 491

연민 강화 _ 494

질문과 비판 _ 501

제23장 공감과 자비, 사회적 관계 / 509
　공감이란 무엇인가 _ 510
　공감/자비와 사회적 기능 사이의 연관성은 무엇인가 _ 515

제24장 사회 계층 간 자비 격차: 사회경제적 요인이 자비에 미치는 영향 / 537
　사회 계층에 대한 심리학의 부상 _ 539
　자비의 사회적 계층 차이 _ 543
　사회 계층과 자비 연구에 있어서 열린 질문과 향후 방향 _ 551

제25장 미국에서 자비 관련 변인의 변천 / 561
　개요 _ 561
　자비란 무엇인가 _ 562
　다양한 방법에 따른 다양한 의미 _ 563
　타인중심적 변인의 변천 _ 564
　자기중심적 변인의 변천 _ 579
　가설적인 설명 _ 581
　반대 증거 _ 584

제26장 목표 전념을 돕거나 돕지 않음과 자비의 선함 / 595
　목표 추구의 행동 단계 모델 _ 596
　자비의 행동 단계 모델 _ 601
　자비의 행동 단계 모델에 대한 증거 _ 606
　자비의 행동 단계 모델의 의미 _ 612

제6부 임상적 접근

제27장 자기연민과 심리적 웰빙 / 623
　　　무엇이 자기연민인가 _ 623
　　　자기연민에 관한 연구 _ 627
　　　자기연민은 학습 가능한가 _ 637
　　　임상적 의미 _ 638
　　　미래 방향 _ 640

제28장 자비 피로 회복탄력성 / 651
　　　사례 연구 1: Sasha Wilkinson, MSW _ 652
　　　정의 _ 654
　　　자비 피로 모델 _ 656
　　　사례 연구 2: Bob Gomez, MS, CPC _ 663
　　　자비 피로 회복탄력성 모델의 실제 _ 664
　　　자비 스트레스와 탄력성을 설명하는 메커니즘 _ 665
　　　자비 피로 예방 _ 666

제29장 자비 불안, 차단 및 저항의 진화적 탐색 / 671
　　　자비 모델: 구성요소와 기술 _ 673
　　　자비의 억제요인 _ 678
　　　자비의 근접 억제요인(FBRs) _ 687
　　　억제요인 다루기 _ 695

제7부 응용 자비

제30장 조직을 통한 조직적 자비의 발현 / 709
조직적 자비 _ 710
조직을 통한 다양한 자비 _ 711
미덕으로서의 자비 _ 714
고정적 및 유동적 덕성 _ 715
자비가 조직 성과에 미치는 영향 _ 716
자비가 성과에 영향을 미치는 이유에 대한 설명 _ 720
조직적 자비에 대한 질문, 이슈 그리고 향후 연구 _ 724

제31장 리더가 조직의 자비 프로세스를 형성하는 방법 / 733
조직 내 프로세스로서의 자비 _ 734
왜 리더에 주목해야 하는가 _ 739
조직의 자비에 영향을 미치는 리더의 움직임 _ 740
리더가 조직의 자비 프로세스를 형성하는 방법 _ 761

제32장 보건의료에서 요청하는 자비 / 771
보건의료 현장에 필요한 자비 역량 _ 773
사회적 특수 환경에서 자비 보건의료 _ 784

제33장 교육 현장에서의 자비와 배려에 대한 요구: 친사회적 이론의 확장적 현장 적용을 위해 / 801
자비의 과학 _ 804
교육 현장에서의 자비 개발 프로그램 _ 806
다양한 현장의 자비 기반 명상 프로그램: 전체 학교와 아동을 대상으로 _ 810
자비에 기반한 통합적인 프로그램을 위한 친사회적 교육 _ 811
도전과제, 기회 그리고 미래 방향 _ 812

제34장 영웅적 행동: 자비 실천을 통한 사회 변혁 / 821

영웅적 행동 _ 822

영웅적 행동의 평범함 _ 824

자비와 영웅적 행동의 차이 _ 825

사회 변혁의 행위자로서 영웅 _ 826

영웅적 행동을 고무하고 훈련하기 _ 827

영웅적 상상 프로젝트를 통해 일상의 영웅 만들어 내기 _ 828

제35장 사회지배성과 리더십: 자비의 매개 효과 / 833

자비와 리더십 _ 833

변혁적 리더십 _ 834

긍정적 리더십 _ 834

사회지배지향성(SDO) _ 835

사회지배지향성, 리더십 및 직장에서의 고통 _ 836

경영학 교육과 계층적 시스템에 대한 지지 _ 836

사회지배지향성, 연구 분야 및 고용 _ 837

자비와 조직 성과 _ 838

자기자비 _ 838

타인을 위한 자비 _ 839

타인에게서 받는 자비 불안 _ 839

타인을 향한 자비 불안 _ 839

자기를 향한 자비 불안 _ 840

가설 _ 840

방법 _ 841

도구 _ 841

결과 _ 842

논의 _ 845

■ 찾아보기 _ 853

제1부

자비과학의 이해

제1장

자비의 정의와 과학적 접근의 풍경

Jennifer L. Goetz and Emiliana Simon-Thomas

요약

과학자로서 우리는 자비(慈悲, compassion)를 어떻게 정의하는가? 그것은 감정 상태인가, 동기인가, 기질적 특질인가, 아니면 계발된 태도인가? 이 서론에서 우리는 자비에 대한 작업 정의를 설정하고 관련 용어와 정신적 경험의 맥락에 자비를 위치시키고, 이 핸드북에서 저자들이 언급한 핵심 질문으로 독자를 안내한다. 자비의 진화적 기원, 자비에 함축된 생물학적 구조 및 과정, 문화 전반에 걸친 자비의 보편성과 특수성, 자비 강화를 위한 문서화된 접근에 특별한 주의를 기울인다. 마지막으로, 자비 훈련이 개인의 웰빙, 관계의 질, 조직의 성공, 사회에 미치는 잠재적 영향을 보다 광범위하게 탐구한다.

핵심용어

자비, 공감, 동감, 보살핌, 감정, 동기, 태도, 특질

타인의 괴로움에 대한 반응에서 발생하는 느낌을 설명하는 데 **공감**(empathy), **공감적 관심**(concern) 또는 **고통**(distress), **자비**(compassion), **동감**(sympathy) 및 **동정**(pity)을 포함하여 많은 용어가 사용되었다(Goetz, Keltner, & Simon-Thomas, 2010; Batson, Ahmad, & Lishner, 2009; Hoffman, 2008; Jinpa, 2015). 이에 더해서 연구에서는 타인의 표현을 정확하게 인지하고, 타인의 관점을 받아들이거나 감정을 상상하고, 자신의 감정을 관리하고, 돌봄을 제공하거나 양육하려는 동기를 부여하는 등 타인을 돕고 돌보는 것과 관련된 다양한 심리적 과정을 가리킨다. 이 장에서 우리의 목표는 자비에 대한 작업 정의를 설정하고, 자비를 관련 용어 및 현상의 맥락에 배치하며 이 핸드북의 저자들이 묻고 대답한 큰 질문들로 독자를 안내하는 것이다.

자비란 무엇인가

여기에서 우리는 불연속적이고 진화된 정

서 경험으로 구성된 자비의 작업 정의를 제공한다. 이러한 관점에서 자비는 괴로움을 경감시키기 위한 욕구와 결합된, 다른 사람의 괴로움이나 충족되지 않은 욕구에 대한 관심의 상태로 간주된다(Goetz et al., 2010). 이렇게 정의된 자비 경험은 몇 가지 별개의 구성요소를 포함한다.

① 선행 사건(즉, 다른 개인의 괴로움이나 욕구)에 대한 인식
② '감동받은' 느낌, 즉 종종 자율신경계의 비자발적 각성을 수반하는 주관적인 신체적 경험을 동반하는 느낌
③ 괴로움의 맥락 안에서 자신의 신체적 느낌, 사회적 역할 및 능력에 대한 평가
④ 괴로워하는 사람과 상황적 맥락에 대한 판단
⑤ 사회적 관계, 보살핌 그리고 동기부여된 도움을 추동하는 신경계의 참여

우리는 자비가 유형화되고 구체적인 반응을 내포하고 있는 것으로 보지만, 여기에 나열한 구성요소가 연속적 또는 시간적 순서로 발생하는 것이라고 보지는 않는다. 또한 이러한 구성요소의 기반이 되는 과정이 완전히 독립적이라고 생각하지 않는다. 그것들은 아마도 겹치고 병렬로 발생하며 일생 동안 다른 모습으로 서로에게 양방향으로 영향을 미칠 것이다.

많은 연구자가 자비를 별개의 감정으로 개념화하지 않지만, 우리의 불연속적 정서 접근

방식은 자비를 조작하고 경험적으로 측정하기 위한 유망한 틀을 제공한다(Ekman, 2016; Feldman Barrett, 2017). 이 핸드북의 여러 장은 핵심적인 동기, 특질 같은 성향, 또는 계발된 태도와 같이, 다르게 간주되는 자비에 대한 중요한 과학적 증거를 제시한다.

일부는 인간이 아닌 대상에 대한 연구에서 얻은 통찰력을 제시하는데, 그 연구에서는 자비가 행동(예: 돌봄, 위안 및 값비싼 도움)으로부터 추정된다. 인간이 아닌 대상에 대한 연구는 자비의 진화 궤적에 대한 이해를 도와주고, 윤리적 장벽 때문에 인간으로부터의 자료 수집이 제한되는 자료를 제공한다. 자비에 대해 생각하는 이러한 모든 접근 방식은 괴로워하는 다른 사람들에게 우리가 어떻게 반응하는지 이해하는 데 유용하고 중요한 기여를 한다. 다음에 우리는 이러한 접근 방식을 탐색하고, 다른 관련된 구성요소에서 자비를 명확하게 하고, 각 관점에서 몇 가지 주요 발견과 측정을 기록한다.

불연속적 감정으로서의 자비

우리는 감정을 생물학적 및 사회적 요인에 의해 형성되는 사건에 대한 일관성 있고 조직적이지만 유연한 반응으로 개념화한다. 특정 감정으로서의 자비에 대한 연구는 종종 자비를 개인적인 고통이나 사랑이나 자긍심과 같은 긍정적이고 사회-기능적 상태와 비교하고 경험과 관련된 특정 유형으로 확인해 왔다. 이 분야의 연구에서는 자비를 확실하게

[그림 1-1] 자비 감정을 경험할 때의 전형적인 얼굴 모습

불러일으키는 자극의 종류와 특성(예: 취약성, 부당한 괴로움, 충족되지 않은 욕구)을 설명했고, 사람들이 괴로움에 직면했을 때의 주관적 경험을 설명하는 경향이 있는 방식에 대해서 확인했다(Batson, 이 책의 제3장 참조). 다른 연구에서는 얼굴 표정(예: 오므린 입술, 중앙이 오목한 비스듬한 눈썹, [그림 1-1] 참조), 음성 신호(예: 하향 아크 톤의 "아아아우우우우우우우"), 자세 몸짓(예: 앞으로 기울임)(Kogan et al., 2011; Simon-Thomas, Keltner, Sauter, Sinicropi-Yao, & Abramson, 2009)을 포함하여, 자비를 보여 주는 외적인 행동 양식에 대해 설명하였다. 나중에 논의하겠지만, 이 연구는 또한 자비 경험이 자율 신경계의 교감 및 부교감신경계 모두에서 측정 가능한 활성화를 내포한다고 제안한다. 정서 과학(affective science)의 용어로 이 접근 방식을 사용하는 연구는 선행 요소, 정신적 경험, 행동 표시 및 자비의 생리학적 토대를 분리된 감정적 경험으로 보여 주고 있다(Goetz et al., 2010).

자비를 불연속적 감정으로 연구할 때 사람들을 괴로움에 노출시키는 것(자비를 이끌어 내는 가장 일반적인 방법)이 자비를 느끼게 될 것을 보장하지 않는다는 점에 주목하는 것이 중요하다. 인지된 괴로움(suffering)은 개인적인 고통(distress), 분노 또는 심지어 정의로운 만족감을 포함한 다른 상태로 이어질 수 있다. 여러 연구에서 인지된 괴로움을 개인의 고통과 연관시켰다. 이는 한 사람이 다른 사람에 대한 걱정보다 다른 사람의 괴로움에 더 화를 내는 반응이다(Batson, 2011). 이러한 자기중심적 반응은 종종 **공감고통**(empathic distress)이라고 하며, 많은 연구에서 이것이 자신의 고통을 줄이려는 노력과 관련이 있으며 자비를 방해하는 경향이 있음을 보여 준다(Eisenberg & Eggum, 2009). 사람들은 또한 다른 사람을 알아차리거나 관심을 기울이는 데 실패하는 경우와 같이, 다른 사람의 괴로움에 대해 무관심을 느끼거나, 자비의 감정을 전략적으로 억제하거나 재평가하여 무심(apathy)이나 냉담함을 느낄 수 있다(Cameron & Payne, 2012). Cameron이 설명했듯이(이 책의 제20장), 괴로운 사람(들)의 복지가 압도적으로 개선되기 어렵다고 간주될 때, 사람들은 '방관자'의 역할을 선택하고 이러한 비참여적인 입장에 맞게 감정을 조정하는 경향이 있다. 일반적으로 괴로운 사람이 부럽거나, 지나치게 이기적이거나, 처벌을 받아야 하거나, 그렇지 않으면 도덕적으로 부패한 사람으로 보일 때(Stellar, Feinberg, & Keltner, 2014; Takahashi et al., 2009), **때때로** 사람들은 다른 사람들의 괴로움에서 기쁨(즉, schadenfreude-악의적인 기쁨)을 경험할 수도 있다. 마지막으로, 다른 사람들의 괴로움에서 혐오감이나 분노와 같은 거부의 표현이 나올 수 있으며, 특히 고통스러울 정도로 불공평하다고 간주되는 상황(예: 전쟁에서 무고한 아동 사상자)에서는 주로 괴로움의 원인 요소나 원천(괴로워하는 사람이 아님)을 향한다(Rosenberg et al., 2015). 종합해 보자. 연구에 따르면 대부분의 사람이 처음에는 괴로움에 '감동'을 느낄 수 있지만 우리는 부분적, 자동적, 의도적으로 우리 자신, 대상 및 괴로움을 둘러싼 맥락을 평가한다. Ekman과 Ekman의 전 지구적 자비 분석에서도 분명히 알 수 있듯이(제4장 참조), 이러한 과정의 결합은 방금 설명한 경험의 범위로 또는 일부 구조에서는 자비로 이어질 수 있다.

감정으로서의 자비에 대한 연구에서 최근의 발전은 긍정적이고 부정적이며 주관적인 감정 모두를 포함한다는 이해가 생긴 점이다. 사회적 평가와 역동에 미치는 영향 측면에서 자비는 긍정적인 것으로 간주되며 따라서 일부 이론가들은 자비를 긍정적인 정서로 언급한다(Keltner & Lerner, 2010; Kok et al., 2013). 그러나 연구에 따르면 순간순간의 자비 경험[일상적인 용법에서는 종종 **동감**(sympathy)이라고 함]이 즐겁지 않거나 혼합되어 있음을 보여 준다. 예를 들어, 자비에 대한 영어 개념은 긍정적일 수 있지만, 자비를 느끼는 방식에 대한 설명에서는 즐겁지 않은 상태와 즐거운 상태 양쪽과 관련이 있다(Condon & Feldman Barrett, 2013). 미국인과 중국인의 자비 개념과 경험을 비교한 연구에서, 사람들은 영어

sympathy(동감)와 그에 해당하는 중국어 동정(同情)을 부정적인 정서보다 긍정적인 정서에 더 가깝다고 평가했지만, 실제 경험으로서 이 두 단어는 정서적으로 즐겁고 즐겁지 않은 것으로 평가되었다(Goetz & Peng, 2017). 사람들은 불쾌한 느낌을 가질 수 있지만, 돌보려는 동기부여, 도움, 자비를 경험하는 동안 타인이 괴로움에서 벗어나는 것을 보는 것과 관련된 긍정적인 느낌을 포함할 수도 있다. 따라서 주관적인 경험으로서 자비는 긍정적이고 부정적인 정서 둘 다를 포함할 수 있지만, 문화적 가치, 특질 또는 태도로는 주로 긍정적이다.

동기로서의 자비

자비에 대한 동기 관점은 감정 경험과 보살피고 보호하려는 추동을 구별하고, 자비를 굶주림이나 자기방어와 같은 기본적인 욕구를 표현하는 것으로 틀을 잡는다. 예를 들어, Gilbert와 Mascaro(이 책의 제29장)는 자비를 '자신과 타인의 괴로움에 대한 민감성으로, 괴로움을 완화하거나 막으려고 노력하는 참여'로 정의한다. Stephanie Brown(이 책의 제13장)은 이기심을 억제하고 종종 위협에 직면하여 보살피려는 우리의 본질적인 욕구를 지원하는 신경회로에서 자비가 나온다고 가정한다. Swain과 Ho(이 책의 제6장)에 따르면 '돌봄을 제공하려는 본능적 욕구를 위한 반사적 반응 회로'에 의해 부분적으로 지원되는 돌봄 동기는 특히 무력한 영아의 인

간 부모에게 특별하게 강한 것으로 생각된다. 자비에 대한 보살핌 동기부여 접근 방식은 Mikulincer와 Shaver(이 책의 제7장)에 의해 촉진되며, 그들은 ⓐ 양육 회로는 부모-영아 애착 과정을 촉진하고 그 과정에 의해 역동적으로 형성된다고 주장하였다. ⓑ 안전한 애착이 낭만적인 파트너에서 낯선 사람에 이르기까지 성인의 사회적 상호작용에서 자비와 보살핌에 대한 더 큰 능력과 관련이 있다는 증거를 연구하였다. 제8장에서 James Kirby는 부모가 이 핵심 양육 능력을 최대화하도록 돕는 프로그램을 위해서 자비를 지도의 주제로 삼는 것을 정당화한다.

주관적이고 감정적인 자비 경험을 다른 사람에게 혜택을 주거나 돌보는 더 깊은 동기와 구별하는 것은 도움이 된다. 이러한 구분을 통해 다음과 같은 중요한 질문을 탐색할 수 있다. 자비의 주관적인 경험은 (Batson이 이 책의 제3장에서 주장하는 것처럼) 다른 사람을 도우려는 동기로 이어지는가? 자비스러운 동기를 촉진하는 것과 억제하는 것은 무엇인가(Gilbert & Mascaro, 이 책의 제29장)? 돌봄에 대한 동기가 자비 경험을 더 많이 만들어 주는가(Weisz & Zaki, 이 책의 제16장)?

기질적 자비

많은 정서 및 동기 상태와 마찬가지로, 자비는 시간이 지남에 따라 다른 맥락에서 성향이나 성격 특질로서 얼마나 쉽게 발생하는지 측정할 수 있다. 연구자들은 자비를 경험

하거나 자비를 개인의 핵심 가치로 인정하는 전반적인 경향을 평가하기 위해 다양하고 신뢰할 수 있으며 유효한 자기보고 측정법을 개발했다[예: 대인관계 반응 지수(Interpersonal Reactivity Index; Davis, 1983), 기질적 긍정 정서 척도(Dispositional Positive Affect Scale; Shiota, Keltner, & John, 2006), 자비 공포 척도(Fear of Compassion Scale; Gilbert, McEwan, Matos, & Rivis, 2011), 자비 사랑 척도(Compassionate Love Scale; Sprecher & Fehr, 2005), 마지막으로 Jazaieri가 개발하여 곧 출간될 다면적 자비 척도(Multidimensional Compassion Scale, 이 책의 제18장)]. 이 특질로서의 자비 관점은 자비를 경험할 수 있는 일반적인 가능성에 영향을 미치는 자비의 기질적이고 습관적인 정서적, 인지적, 동기적 구성요소에 대한 과학적 탐구에 초점을 맞춘다(이 책의 제5장, Spinrad & Eisenberg 참조). 예를 들어, 자비가 많은 어린이는 정서적 및 사회적 웰빙 측정에서 더 높은 점수를 받는 경향이 있으며(Eisenberg et al., 1996), 성인에게서 보이는 특질 같은 자비는 향상된 공감적 감수성과 관련이 있다(Lutz, Brefczynski-Lewis, Johnstone, & Davidson, 2008). 그리고 도움을 통해 더 큰 기쁨을 얻는다(Sprecher, Fehr, & Zimmerman, 2007). 이 관점은 또한 미주신경 유연성(Muhtadie, Koslov, Akinola, & Mendes, 2015), 유전적 자질(Rodrigues, Saslow, Garcia, John, & Keltner, 2009), 신경 구조 또는 기능의 특성(Keltner, Kogan, Piff, & Saturn, 2014)과 같은 지속적인 생물학적 지표를 조사하기 위한 경

험적 캔버스를 제공한다. 마지막으로, 기질적 접근은 따뜻하고 돌보는 양육(Eisenberg, VanSchyndel, & Hofer, 2015) 및 안전한 애착으로 연결된 영아-보호자 관계(Mikulincer & Shaver, 2005)와 같은 자비의 발달과 표현에 기인하는 어린 시절의 경험을 확인해 왔다.

자비는 공감과 어떻게 연관되어 있는가

공감처럼 연관되어 있거나 부분적으로 겹치는 과정과 잠재적인 전조와 자비를 구별하는 것은 도전적이지만 개념적으로 명료화하는 훈련이다. Batson이 논의한 바와 같이(Batson, 제3장 참조), **공감**은 개인이 다른 사람의 정서적 또는 신체적 상태에 의해 이해되고, 공유되거나, '감동'을 느낄 수 있는 여러 관련된 과정을 지칭하는 데 사용되는 포괄적인 용어이다. 연구자들은 인지적으로 더 복잡하고 노력이 필요한 **인지적 공감**(cognitive empathy)과 계통 발생학적으로 더 오래된 **정서적 공감**(affective empathy)을 구분했다(De Waal, 2008). 인지적 공감에서, 개인은 의식적으로 다른 사람의 관점을 받아들이고 그 사람이 어떻게 느끼고 생각하는지 이해하려고 노력한다. 이것은 때때로 **정신화**(mentalizing, Klimecki & Singer, 제9장 참조) 또는 **관점 취하기**(perspective-taking)라고도 하며, 다른 사람의 감정을 이해하려는 노력의 결과이고, 공감적인 정확성 또는 다른 사람의 정서를 정확하게 파악하는 능력에 의해 측정할 수 있다(Ickes,

Stinson, Bissonnette, & Garcia, 1990; Levenson & Ruef, 1992; Zaki, Weber, Bolger, & Ochsner, 2009). **정서적 공감**[affective empathy, Klimecki와 Singer는 **감정적 공감**(emotional empathy)이라고도 함]을 하는 사람은 다른 사람의 정서와 유사한 감정 요소를 경험한다. 정서적 공감은 한 사람이 다른 사람의 표정이나 신체적 태도를 반영하는 모방으로부터 부분적으로 유래하는, 보다 자동적인 과정으로 간주된다. 정서 전염, 대리 경험 또는 공감적 공유와 같은 용어는 자신 내에서 다른 사람의 감정 상태의 일부 측면을 채택하거나 취하는 것을 설명하는 데 사용되었다(Klimecki & Singer, 2011). 정서적 공감은 자비를 느끼는 촉매로 간주될 수 있지만, 정서적 공감은 자비를 보장하지 않으며 자비를 불러일으키는 데 충분하지도 않다. 사실, 정서적 공감은 개인적인 고통(일명 '공감적 고통')과 같은 자기중심적인 반응을 쉽게 촉발할 수 있다.

이 책에서는 공감을 다음과 같이 정의한다. 공감이란 넓게 보면, 다른 사람의 감정에 대한 감수성이다. 다시 말하면, 다른 사람이 어떤 감정을 가지고 있고, 왜 그러한 감정 상태에 있는지를 이해하고, 그 정서적 상태에 대하여 응답하는 것이다. 이 정의에 따르면 모든 다양한 형태에서 자비가 공감과 구별되는 한 가지 주요한 것은 범위이다. 공감은 범-정서적일 수 있다. 사람들은 재미, 긍지, 분노 또는 슬픔을 포함한 모든 종류의 감정을 인지하고, 반영하고, '포착한다'(Decety, 2012). 반면에 자비는 괴로움에 대한 특정한 감정 반응이다. 두 번째로, 공감만으로는 특정한 사회적 의도가 담긴 절박함(urge)이 결여되어 있는 반면, 자비는 분명히 염려를 느끼고 타인의 괴로움을 줄이기 위해 무언가를 하고자 하는 바람을 포함한다.

자비와 이타주의 구별하기

자비와 공감을 구별하는 것 외에도 자비와 그것이 일으킬 수 있는 행동을 구별하는 것이 중요하며, 이는 종종 이타주의의 범주에 속한다. 자비는 보살핌, 도움과 관련이 있고, 종종 자신을 희생시키기도 하지만 이타적인 행동이 반드시 자비를 느꼈다는 증거는 아니다. 도움이 필요한 사람을 돕는 것은 다양한 정신 상태 및 동기와 관련될 수 있다. 그중에는 자신의 괴로움을 줄이고자 하는 충동(Batson, 이 책의 제3장), 사회적 인정 또는 지위 추구(Willer, Feinberg, Flynn, & Simpson, 2014), 또는 죄책감을 완화하거나 의무감이나 의무감을 만족시키려는 시도(Smith, Lapinski, Bresnahan, & Smith, 2013)가 있다. 게다가 많은 호의적인 행동은 괴로움이나 욕구에 대한 반응으로 체계적으로 발생하지 않기 때문에, 특별히 자비를 보여 주지 않는다. 예를 들어, 사랑, 감사, 도덕적 고양의 감정들은 욕구와 고통이 없을 때도 도움과 협력적인 행동을 유발한다(Algoe & Haidt, 2009). 다른 한편으로, 자비가 있다고 돕는 행동을 보장하지 않는다(Poulin, 이 책의 제26장 참조). 사람들은 직접적으로 표현할 수 없는 괴로움에 대해 강한

자비를 느낄 수 있다. 주관적인 자비 경험, 보살피려는 동기, 돕는 행동 사이의 명확한 구별은 과학자들이 자비를 경험하는 것뿐만 아니라 자비를 행동으로 옮기는 것과 관련된 과정을 탐구할 수 있도록 한다.

자비의 과학

개념적 접근의 다양성 외에도 이 핸드북의 저자들은 자비에 대한 근본적인 질문을 조사하기 위해 다양한 방법론적 접근을 취한다. 여기에는 자비의 진화적 기원을 탐구하는 것도 포함된다. 이는 자비가 발생하는 선례와 상황, 자비가 나타나는 생물학적 구조와 과정, 자비가 문화에 따라 보편적이거나 가변적인 정도에 대한 질문으로 직접 이어진다. 또한 과학자들은 자비의 영향을 연구하고 자비 훈련 프로그램을 개발하기 위해 문화 및 종교 전통에 대한 전문 학자들과 긴밀히 협력했다. 마지막으로, 연구자들은 우리의 관계, 조직 및 사회 내에서 자비를 더 광범위하게 강화하면 어떤 추가적인 결과가 나올 수 있는지 질문했다. 다음으로, 독자를 관련 장으로 안내하기 위해 이러한 질문에 대해 논의한다.

자비의 기원은 무엇인가

다윈 이후 이론가들은 자비에 대한 연구가 종교적 또는 문화적 덕목의 영역에 국한되어서는 안 된다는 것을 인식했다. 잠재적

으로 비용이 많이 들고, 위험하며, 자기희생적인 행동을 하는 경향에 대한 설명은 취약한 자손을 위한 모성적인 보살핌에 뿌리를 두고 있으며(Batson et al., 2011; Hoffman, 2008; McDougall, 1908), 생물학적 이론에 의해 유전적으로 관련된 혈연이 진화한 방식이 밝혀졌다(Hamilton, 1964). 자비가 진화의 산물이라는 합의에 따라 연구자들은 생물학적 구조 전반에 걸친 유사점과 건강과 관련된 행동 반응 경향을 확인하기 위해 비교 연구를 활용하여(Carter, Bartal, & Porges, 이 책의 제14장 참조), 인간 자비의 생물학적 프로파일을 해독하는 방향의 연구를 위한 관점을 제공한다(Preston, 2013).

이 장의 뒷부분에서 자세히 논의하겠지만, 이러한 비교적 접근 및 진화적 접근은 현저한 고통에 대한 연민에 찬 반응의 '상향식'[즉, 반사적(reflexive)] 경향(Porges, 이 책의 제15장 참조) 및 신생아 취약성(Preston, 2013), 돌봄과 자기 보호 동기 간의 긴장과 상호작용(Brown & Brown, 이 책의 제13장 참조)과 같은 핵심 주제를 가져왔다. 생물학적 접근은 또한 자비에 영향을 미치는 유전적 요인에 대한 연구가 싹트는 동기가 되었다(Saturn, 이 책의 제10장 참조).

그러나 여러 질문이 남아 있다. 한 가지 질문은 인간의 자비 경험이 얼마나 독특한가 하는 것이다. 최근 연구에 따르면 자비가 고대의 생물학적 구조와 시스템에 의존한다는 사실이 밝혀졌다. 그중 많은 부분은 다른 동물들과 공유하지만, 자비에는 타인의 고통에 대한 비자발적 감정적 반응 이상의 것이 포함된

다. 예를 들어, 상대방의 고통 상태와 구별되는 충족되지 않은 욕구에 대한 인식은 자비의 핵심 선행 조건이라고 불린다(Batson, Fultz, & Schoenrade, 1987). 충족되지 않은 욕구에 대한 인식은 상대방이 어떻게 느끼는지 상상하고 상대방의 목표, 의도 및 욕망을 이해하는 능력을 요구하는가? 인간 경험에 대한 연구는 인지적으로 복잡한 책임 귀인과 공정성 개념이 자비를 느끼는 정도에 강력한 역할을 한다는 것을 보여 주었다. 이러한 과정에 인간은 얼마나 독특한가(Farwell & Weiner, 1996)?

또 다른 중요한 질문은 다음과 같다. 친척이 아닌 낯선 사람, 심지어 다른 종에 대해서도 자비가 어떻게 그리고 왜 느껴지는가? 자비가 우리 자손을 넘어서 확장하는 데 진화론적 이점이 있는가? 아니면 친족에 반응하도록 진화한 시스템의 현대적인 과잉 일반화 때문에 친족이 아니거나 낯선 사람에게 자비 반응을 하는 것인가? 진화론에서 발전은, 개인이 직간접적인 호혜성을 통해 다른 사람들을 돕고(Axelrod & Hamilton, 1981; Trivers, 1971) 자신의 그룹을 강화함으로써(Sober & Wilson, 1998) 건강상의 이점을 얻는다고 제안한다. 이것은 자손의 욕구에 반응하는 경향이 정교화되어 나중에 반복적으로 상호작용할 가능성이 있는 개인, 과거력이 있는 개인 및 그룹 구성원이었던 개인에게 적용되었음을 시사한다(Preston, 2013). Davis(제23장)가 논의한 것처럼, 자비와 공감은 관계 기능과 밀접하게 연결되어 있다. 그러나 내집단과 외집단에 대한 개념은 문화마다 다르며(Markus &

Kitayama, 1991), 일부 문화에서는 다른 문화보다 낯선 사람을 돕는 것을 더 중요하게 생각한다(Levine, Norenzayan, & Philbrick, 2001). 더욱이, 공정성에 대한 개념과 불공정에 대한 처벌(Henrich & Henrich, 2014), 행동을 유발하는 감정의 역할은 문화에 따라 상당히 다르다. Joan Chiao가 논의한 바와 같이(제12장), 이론적 발전을 통해서 문화는 인간 심리학 및 행동의 진화에 미치는 영향에서 유전학에 필적하는 것임을 알 수 있다(Henrich & Henrich, 2007). 나중에 논의하겠지만, 문화적 규범이 우리의 경험과 자비의 표현에 영향을 미치는 방식을 조사하기 위한 연구가 시작되었다.

자비의 생물학이란 무엇인가

자비의 생물학 연구는 자비를 예견하고 추동하며 기반이 되는 특징, 활동 패턴 또는 포괄적인 생물학적 프로필을 찾는 것과 관련된다. 이러한 생물학적 접근은 자비를 핵심 동기, 특별한 정서적 경험, 더 일반적인 성향으로서 연구하고, 인간의 몸이 자비에 따라 경험하고 행동하도록 준비된다는 증거를 수집하는 것을 목표로 한다. 많은 연구자, 특히 자비 훈련을 조사하는 연구자의 또 다른 목표는, 자비와 관련된 생물학적 시스템에 참여하는 것이 건강과 웰빙에 대한 측정 가능한 이점을 제공하는지 여부를 이해하는 것이다. 다음으로 몇 가지 주목할 만한 발견과 남은 질문들을 살펴본다.

자비의 선행자와 중재자는 무엇인가

자비가 자손에 대한 보살핌에서 비롯되었다고 제안하는 진화론적 설명과 일치하게, 고통과 충족되지 않은 욕구가 자비의 주요 선행 요인임을 연구를 통해 확인했다. 특히 인간과 인간 아닌 대상에 대한 연구에서는 다소 반사적이고 비자발적인 것처럼 보이는, 자비의 상향식 유발요인으로 현저한 고통, 취약성, 유형성숙(幼形成熟, neotony)을 지적한다. 또한 이 책에 요약된 연구는 자비를 상향 또는 하향 조절하거나 심지어 차단할 수 있는 맥락적 중재자를 탐색하기 시작했다(Gilbert & Mascaro, 이 책의 제29장 참조). 자비 행동 결과 중 일부는 자원을 소비하고 위협적이거나 위험한 상황에 자신을 노출시킬 가능성이 있다. 자비 경험은 주어진 상황에서 '비용-이익 분석'에 의해 조절될 가능성이 높다(Poulin, 이 책의 제26장). 이 논리와 일치하게, 연구를 통해서 고통받는 사람과의 유사성과 친밀감(Condon & DeSteno, 이 책의 제22장), 능력과 효능감(Caprara, Vittorio, & Eisenberg, 2012), 도덕성과 공정성에 대한 평가(Weng, Schuyler, & Davidson, 이 책의 제11장)를 포함하여 자비에 영향을 미치는 요인을 알 수 있다. 구체적인 예로서, '연민붕괴'에 대한 한 실험연구는, 사람들은 남을 돕는 것의 비용(대가)이 적다고 여길 때보다는 더 크다고 여길 때에 자신의 자비 감정을 전략적으로 하향 조절함을 시사한다(Cameron, 이 책의 제20장 참조). 이러한 하향 조절이 도움을 통해 예상되는 자원 손실과 관련된 바람직하지 않은 감정을 해결하는지, 도움을 줄 수 없다고 예상되는 부적절한 감정을 해결하는지, 이 둘 다 또는 다른 것과 관련된 바람직하지 않은 감정을 해결하는지 여부는 알 수 없다.

전반적으로 이러한 연구는 무엇을 열어 놓는가? 첫째, 자비의 중재자가 작동하는 기제가 불분명하다는 점이다. 예를 들어, 비슷하고 가까운 사람들이 더 많은 자비를 불러일으키는 이유는 무엇인가? 한 가지 가능성은 유사성과 친밀감이 공감의 더 반사적인 측면에 영향을 미치고(Cheng, Chen, Lin, Chou, & Decety, 2010), 고통에 의해 '움직이는' 느낌(즉, 정서적 공감)의 강도를 증가시키며 따라서 자비를 향한 추진력 또한 증가한다는 것이다. 또 다른 가능성은 우리가 비슷하고 가까운 사람들의 복지를 더 투자할 가치가 있는 것으로 간주하여 자비의 돌봄 동기 요소를 강화한다는 것이다(Weisz & Zaki, 이 책의 제16장 참조).

둘째, 자비의 중재자에 대한 일부 연구는 반직관적이다. 예를 들어, 연구에 따르면 자비는 자신의 사회적 계급에 민감하다. 논리적으로, 자원에 더 많이 접근할 수 있고, 다른 사람을 도울 수 있는 능력이 더 많은 사람은 더 적은 비용으로 다른 사람을 도울 수 있기 때문에, 더 쉽게 자비를 경험할 것이라고 예측할 수 있다. 그러나 Piff와 Moskowitz가 요약한 연구(이 책의 제24장)는 정반대의 결과를 보여 주며, 낮은 사회 계급(즉, 더 적은 자원)이 다른 사람의 고통과 욕구에 대한 더 큰 민감성과 더 많은 자비를 예측한다는 것을 발견했

다. Piff의 연구팀은 이러한 발견을 스트레스에 대한 확장 및 구축 반응(Fredrickson, 2004)과 관련시킨다. 여기서 사람들은 스트레스에 직면했을 때, 싸우거나 도망치기보다 협력적인 유대와 관계를 구축하려고 한다. 따라서 인지된 고통에 대한 반응을 형성할 때, 제휴적 확장 및 구축 전략이 호출되거나 회피 또는 자기보호 전략보다 우선하는 시기와 이유에 대한 질문들이 남아 있다.

자비의 생물학적 프로파일이 있는가

생물학 연구에 따르면, 자비 경험은 재평가를 통한 자기조절 경향과 함께 정량화할 수 있는 생리적 각성 및 현저한 신호를 포함하며, 이는 동시에 사회적 소속 및 돌봄을 동기 부여하는 시스템의 활성화에 대한 길을 열어 준다. 고통의 음성 신호에 대한 자율 신경 반응 연구에 따르면, 뇌의 전방 섬도 영역은 자비가 강한 사람들에게서 더 많이 느끼는 내장 반응을 나타낸다(Lutz et al., 2008; Lutz, Greischar, Rawlings, Ricard, & Davidson, 2004; Lutz, Greischar, Perlman, & Davidson, 2009). 훈련을 통한 자비 증가는 자비를 불러일으키는 이미지에 대한 반응으로 더 큰 편도체 활성화(뇌의 '경고' 신호)를 예측하는 것으로 나타났다(Desbordes et al., 2012). 전방 섬도 및 편도체 활성화는 신체의 비자발적 변화의 느낌(예: 빠른 심박수 또는 메스꺼움) 및 중요한 것에 대한 주의력 이동—처음에는 얼굴을 붉히며 개인적 위협이나 고통과 유사하게 느낄 수 있

는 몸과 마음의 감정—과 확실하게 연관되어 있다. 그것은 조절되지 않으며 개인적인 고통으로 눈덩이처럼 불어날 수 있다. 그러나 자비의 재평가 차원은 Helen Weng의 연구에서 제안한 바와 같이, 개인의 고통 궤적을 보호하는 것으로 보이며, 이는 자비 훈련 후에 위협이나 손실에 대한 고통을 하향 조절하는 배외측 전전두엽 피질 영역의 참여가 증가한다는 것을 보여 준다(Weng et al., 2013). 이와 관련하여 Tania Singer 팀은 자비를 위한 뇌의 특정 네트워크를 프로파일링했다. 여기에는 자비 훈련 연습에 의해 독특하게 강화되는 복측 피개영역/흑질, 내측안와전두피질 사이의 경로가 주로 포함된다(제9장 참조).

자비가 있는 동안에 신체에서 일어나는 일에 대한 추가 연구는 일시적 반응성(심박수 감속, 낮은 피부 전도도 수준) 및 긴장(tonic, 호흡 부비동 부정맥) 수준 모두에서 자율 신경계(ANS) 부교감신경 분지의 전반적인 기여가 더 큰 자비와 관련이 크다는 것을 시사한다(Eisenberg & Fabes, 1991; Stellar, Cohen, Oveis, & Keltner, 2015). 초기 행동 작업에서 알 수 있듯이 자비는 괴로움에 의해 '움직이는' 느낌(즉, 정서적 공감)에서 다른 사람에 대한 관심 상태로, 그리고 그들의 괴로움을 덜어 주고자 하는 충동의 방향으로, 생물학적인 우발(biologically contingent)로 나타난다. 반면에 개인적인 고통의 대체 경로는 지속적인 교감신경계(SNS) 및 시상하부 뇌하수체 축(HPA) 활성화(예: 아드레날린 및 코르티솔 방출), 감소된 부교감신경계(PNS) 영향 및 자기보호적 동

기와 행동을 위한 정신적 자원 처리 할당을 포함한다. 이러한 관찰은 자비가 부정적인(위협과 유사한 현저한 신호) 그리고 긍정적인(친화적, 돌봄 지향) 주관적 경험으로 이전에 제기된 핵심 문제를 불러일으키며, 둘 다 생물학적으로 섬세한 처방임(recipe)을 시사한다.

다른 사람의 괴로움에 반응하는 맥락에서 PNS의 더 큰 역할은 자기중심적 방어 중동을 줄이는 동시에 미주신경의 영향을 받는 경로를 통해 몸 전체에 많은 친사회적 기능을 조장하는 것으로 생각된다. 이는 Steve Porges의 다미주 이론(Poly Vagal theory, 이 책의 제15장)에 의해 개척된 작업의 유산에 의해 입증된다. Stephanie Brown과 Michael Brown(이 책의 제13장)은 뇌 내에서 PNS 우세가 다른 사람의 고통에 직면했을 때 부모의 동기뿐만 아니라 일반적인 사회적, 돌봄 동기를 촉진하는 시상하부 중뇌 기저핵 신경회로를 활성화한다고 이론화한다. Swain과 Ho(이 책의 제6장)도 주의 깊게 연구한 것과 같이, 이러한 돌봄의 회로는 고통을 묘사하는 이미지에 동정적으로 반응하는 사람들에게서 증가된 활성화를 보여 준다(Kim et al., 2009; Simon-Thomas et al., 2012).

자비에 영향을 미치는 평가와 맥락적 귀인은 아마도 심리적으로 가장 잘 분류되지 않았거나 생물학적으로 이해되지 않았을 것이다. 그러나 일부 신경과학의 발견은 유망한 통찰력을 제공한다. 예를 들어, 알려진 자비의 중재자인 자기조절에서, 배측 전전두엽 피질이 확실하게 연루되어 있다는 연구

들이 있다(Gross, 2002; Ochsner et al., 2004). 정중선 피질은 자기 준거 및 사회적 평가 사고(Whitfield-Gabrieli et al., 2011), 평가 작성과 개념적으로 겹치는 과정에 관여하는 것으로 생각된다. 마찬가지로 측두두정접합(temporal parietal junction: TPJ)은 자비의 핵심이라고 생각되는 다른 사람의 관점을 취하는 것을 지원한다(Saxe & Wexler, 2005). 그러나 자비를 조장하는 평가와 관련된 활성화 또는 연결의 특정 구성(예: 자기: 위협을 받지 않음, 도울 수 있음, 타자: 나와 유사, 자격이 있음/도덕적)은 지정되지 않았다. 예를 들어, 자선단체에 기부하는 것은 측두두정접합부(Morishima, Schunk, Bruhin, Ruff, & Fehr, 2012) 내 세포의 해부학적 밀도를 높이는 것과 관련이 있으며, 이는 관점 수용을 위한 생물학적 신경 컴퓨팅 능력이 커질수록 이타주의가 강화됨을 시사한다. 그러나 이 결과만으로는 TPJ 내에서 또는 자비와 관련된 특정 종류의 사회적 평가(예: 신뢰하는 도덕적 렌즈를 통해 다른 사람의 관점 보기)를 지원하는 다른 영역과 함께 특정 활성화 패턴을 나타내지 않는다. 신중하고 개념적으로 엄격한 연구 설계와 점점 더 정교해지는 신경과학 방법을 결합한 미래 연구작업은 자비에 영향을 미치는 독특하고 구체적인 평가 조합의 기초가 되는 생물학적 과정을 이해하는 데 도움이 될 것이다.

요점 분석에서, Dacher Keltner는 자비가 원형적인 촉매로 간주될 수 있는 친사회적 행동에 대한 포괄적인 생물학적 틀을 가정한다(Keltner et al., 2014). Keltner의 사회문화적 평가, 가치 및 감정(Sociocultural Appraisals, Values, and Emotions: SAVE) 틀은 ① 세로토닌 조절 시스템, ② 옥시토신 소셜 네트워크, ③ 친사회적 행동과 아마도 그것을 움직이는 감정의 도파민 보상 시스템의 세 가지 주요 생물학적 시스템과 관련이 있다.

이 틀은 불안하고 불쾌한 상태의 조절에서 잘 알려진 세로토닌의 역할을 강조한다(Caspi, Hariri, Holmes, Uher, & Moffitt, 2010). 우리는 자기조절을 다른 사람들의 고통에 대한 반응에서, 개인적인 고통을 초월하는 열쇠로 설명한다. Sarina Saturn(이 책의 제10장)은 rs53576 옥시토신 수송 유전자의 GG 다형성을 가진 사람들에게서 감정 인식의 정확도가 더 높다는 발견을 설명한다. 그녀의 데이터는 다른 사람들의 표현을 알아차리고 이해하며, 슬프거나 고통받는 사람들에 대한 자비를 느끼는 것이 다른 사람들보다 더 쉽게 온다는 것을 시사한다(Rodrigues et al., 2009). 돕는 것이 본질적으로 즐겁다는 강력한 증거(Harbaugh, Mayr, & Burghart, 2007; Inagaki & Eisenberger, 2012)도 SAVE 틀을 지원한다. 자비와 관련된 연구 결과, 자비 훈련을 통해 자비가 더 커지면 자비가 일어나는 동안 참여하는 신경 보상 회로의 활성도가 더 증가한다(Klimecki & Singer, 이 책의 제9장). 자비 중에 일어나는 이러한 보상 신호는 제공된 지원의 결과로 기대되는 공유된 안도감뿐만 아니라 선천적으로 즐거운 애정 및 연결 감정을 반영하는 것으로 추정된다(Klimecki, Leiberg, Lamm, & Singer, 2012).

요약하면, 자비와 관련된 시스템을 발견하는 데 전념하는 다양하고 영감을 받은 생물학 분야가 있다. 자비의 생물학적 토대를 조사하는 많은 연구자는, 자비가 더 많아지면 건강과 웰빙의 부수적 지표에 측정 가능한 이점이 있는지 탐구하고 있다. 이러한 유망한 결과를 통일되고 일관된 이야기로 통합하는 작업은 아직 진행 중이며, 이 책이 이 목표를 달성하는 데 유용한 데이터를 제공하기 바란다.

자비는 보편적인가

자비에서 문화의 역할을 조사하기 위한 연구도 시작되었다. 자비 연구의 다른 영역과 마찬가지로 이 영역의 결과는 간단하지 않다. 다양한 문화적 차원이 자비 및 친사회적 행동과 관련되어 있다. 집단주의는 자비와 동감의 경험과 긍정적으로 관련되어 있지만(Dalsky, Gohm, Noguchi, & Shiomura, 2008; Kitayama, Mesquita, & Karasawa, 2006), 연구에 따르면 아시아 문화권의 개인은 공감적 반응이 더 적고, 다른 사람들의 괴로움에 대한 반응으로 자비를 덜 느낀다(Atkins, Uskul, & Cooper, 2016; Cassels, Chan, & Chung, 2010). 다른 연구에 따르면 simpatia(타인의 웰빙에 대한 사회·정서적 관심)를 중요시하는 문화는 외집단 구성원에게 더 친사회적 행동을 보이는 반면(Levine et al., 2001), 배태성(embeddedness)을 중시하는 문화는 낯선 사람에게 덜 도움되는 행동을 보인다(Knafo, Schwartz, & Levine, 2009). Chiao(이 책의 제12장)는 '단단함-느슨함'의 문화적 차원이 사회적 및 도덕적 일탈에 대한 사회적 반응에 기여할 수 있으며, 따라서 자비의 범위에 영향을 미칠 수 있다고 제안한다. 마지막으로, Zarins와 Konrath(이 책의 제25장)는 미국에서 시간이 지남에 따라 친사회적 및 타자 지향적인 특성과 행동의 변화에 대한 흥미로운 요약을 제시하고 문화적 차이가 지역적으로뿐만 아니라 역사적으로 검토될 수 있음을 상기시킨다. 향후 연구에서는 이러한 문화적 요인이 자비에 영향을 미치는지 여부와 어떻게 상호작용하는지 조사해야 한다.

감정에 관한 광범위한 문헌의 핵심 질문은 문화가 정서 경험이나 표현에 영향을 미치는지 여부에 중점을 두고 있으며, 이는 자비에도 적용될 수 있다. Koopmann-Holm과 Tsai(이 책의 제21장)는 문화적 가치가 자비의 표현에 기여한다는 것을 보여 주는 연구를 검토한다. 자비가 언제, 얼마나 강렬하게 느껴지며, 어떻게 자비가 표현되는지에 대한 문화적 가치의 영향을 이해하려면 더 많은 연구가 필요하다. 또한 연구는 문화적 차원이 공감적 정확성, 자기조절, 평가 또는 돌봄 동기와 같은 자비의 다른 선구자 및 구성요소와 어떻게 관련되는지 조사할 수 있다.

우리는 자비를 훈련할 수 있는가

자비를 느끼기 위해 크기(강도), 기회(범위) 또는 전반적인 경향(빈도)을 변경할 수 있는가? 2,500년 된 불교 수행의 수행자들에게는 자기성찰적으로 그렇다고 한다. Zimbardo의 영웅적 상상 프로젝트(Heroic Imagination Project 작업, Zimbardo, Seppälä, & Franco, 이 책의 제34장)에 자세히 설명되어 있듯이, 공동체 내 적대적인 역할에서 영웅적인 역할로의 변화에 대한 이야기도 그렇다고 한다. 자비는 독특한 발달 궤적과 평생의 유연성을 가진 여러 생물학적 시스템에 의존한다는 생물학적 증거도 그렇다고 한다. 스탠퍼드 대학교의 CCT(자비 계발 수행, Compassion Cultivation Training) 프로그램(Goldin & Jazaieri, 이 책의 제18장)에서 라이프치히의 ReSource 프로젝트(Klimecki & Singer, 이 책의 제9장)에 이르기까지 측정 가능한 영향, 훈련을 통해 더 자비를 가지게 된다.

자비 훈련 연구팀은 일반적으로 개념 및 실제 지침(Desbordes & Negi, 2013)을 위해 불교 전통(Jinpa, 2015)의 자비에 관한 경전 전문가와 팀을 이루어 왔다. Brooke Dodson-Lavelle(이 책의 제2장)은 자비를 개념화하고 현대적이고 비종교적인 자비 훈련 프로그램의 개발에 있어 세 가지 불교 전통의 영향을 설명한다. 나중에 논의하겠지만, 이러한 불교적 관점은 자비(Weng, Schuyler, & Davidson; Goldin & Jazaieri; Skwara, King, & Saron 각각 제11장, 제18장, 제17장)와 자기연민(Neff & Germer, 이 책의 제27장) 및 임상 치료적 맥락에 자비를 주입하는 접근법(Gilbert & Mascaro, 이 책의 제29장)등 세 가지이다.

여러 팀에서 자비 훈련이 신체적, 인지적, 정서적, 사회적 기능 측정에 미치는 영향

에 대한 우수한 데이터를 발표했다. Geshe Lobsang Negi와 긴밀히 협력하는 Emory 대학교 연구원들은 Jennifer Mascaro, Lobsang Negi 및 Charles Raison(이 책의 제19장)이 설명한 8주간의 CBCT(인지기반 자비 훈련, Cognitively-Based Compassion Training)를 만들고 평가했다. 스트레스의 생물학적 지표에 초점을 맞춘 Emory 팀은, CBCT가 예상되는 스트레스 요인으로부터 덜 불안한 반응과 조기 회복으로 이어짐을 보여 주었고, 또 다른 연구에서는 CBCT가 조지아 위탁 시스템에 거주하는 불우한 청소년의 더 건강한 면역 프로필로 이어진다는 것을 보여 주었다(Pace et al., 2009; Pace et al., 2013; Reddy et al., 2013). 또한 Yale, Northwestern 및 Harvard의 협력 팀은 다른 사람의 고통에 대한 신경 민감성(즉, 편도체가 나타내는 돌출)이 증가했다고 보고했으며, 8주간의 자비 훈련 프로그램 후에 행동을 도울 가능성이 더 커졌다(Condon, Desbordes, Miller, & DeSteno, 2013; Desbordes et al., 2012).

자비 훈련 공간에서 '최적의 양은 얼마인가?'라는 핵심 질문에 초점을 맞추어 보면, 자비 훈련의 유익한 효과는 훨씬 더 짧은 프로그램뿐만 아니라 더 긴 프로그램에서도 보고되었다. 더 큰 비용이 드는 도움행동(Leiberg, Klimecki, & Singer, 2011)과 뇌의 보상 회로 활성화에 대한 보고는 1주일 미만의 자비 훈련 후에 보고되었다(Klimecki et al., 2012). Weng(이 책의 제11장)의 강화된 자기조절 결과도 매우 짧은 훈련과 관련이 있다. 그 반대쪽 끝에

있는 Clifford Saron과 Alan Wallace가 이끄는 사마타 연구는 다른 명상 연습들 중에서 자비를 계발하고 강화하도록 고안된 수행을 포함하는 3개월 집중 수련의 효과를 조사했다. 사마타 집중 수련 참여는 플라즈마 텔로미어 길이로 나타난 더 건강한 노화, 검열되지 않은 전쟁 영상에 대한 반응에서 거부/혐오의 표정 감소, 보다 적응적인 '사회정서적 기능'—자기 보고된 안정적인 애착, 공감과 같은 심리사회적 요소로부터 계산된 맞춤 변수—과 관련이 있다(Jacobs et al., 2011; Rosenberg et al., 2015; Sahdra et al., 2011). 이 작업은 Skwara, King, Saron이 자세히 설명한다(이 책의 제17장).

자비 훈련에 대한 또 다른 접근법은 사람들이 자신에 대해 보고, 생각하고, 느끼는 방식을 바꾸는 데 초점을 맞춘다. Kristin Neff는 불교 전통 내의 주제를 바탕으로 자기연민(self-compassion)의 구조를 만들고 자기연민 척도를 발표했으며 8주간의 마음챙김 자기연민 훈련 프로그램(Mindful Self-Compassion: MSC)을 개발했다. MSC 훈련은 사람들이 자신의 고통에 적응하고 보다 인간적이고 자기위로적인 자세를 취하도록 돕는 것을 목표로 한다(Neff, Kirkpatrick, & Rude, 2007). Neff와 Germer(이 책의 제27장)는 MSC 훈련이 다른 웰빙 측정 기준에 대한 측정 가능한 이점뿐만 아니라 자기연민의 증가로 이어진다는 것을 보여 주는 작업을 설명한다(Germer & Neff, 2013).

자비 훈련의 효과에 대한 연구 결과는 고무적이지만 다면적 훈련(Leiberg et al., 2011; Klimecki et al., 2012; Condon et al., 2013; Desbordes et al., al., 2012)의 어떤 측면(예: 마음챙김, 감정적 인식/지능, 평가 경향, 사회적 신념 및 기대?)이 가장 영향력이 있는지, 어떤 측면이 가장 효과가 있었는지에 대해서는 여전히 미스터리이다. 우리는 또한 최적의 훈련 순서나 양이 있는지, 대화형 사회 그룹에서 자비를 훈련하는 것이 중요한지, 자비 훈련 교사가 얼마나 자격이 있어야 하는지, 또는 실제 교사가 필요한지 여부도 모른다. 웰빙을 향상시키기 위한 다양한 수련에 대한 연구에서 제안된 바와 같이, 자비 훈련은 개인, 문화 및 상황적 특성에 맞게 조정된 특정 체제에 적합할 수 있다(Layous, Lee, Choi, & Lyubomirsky, 2013; Lyubomirsky & Layous, 2013).

응용된 자비

과학의 주요 열망은 일상생활의 요구 사항을 개선하거나 적어도 더 정확하게 해결하기 위해 실제 환경에 응용할 수 있는 발견을 하는 것이다. 자비 중심의 자기반성적 실천에 대한 광범위한 문화적 수용이 세계 여러 곳에서 증가하고 있다. 요가와 마음챙김을 생각해 보라. 이 장 전체에 걸쳐 언급된 바와 같이, 최근 연구에서 드러난 증거는 자비심을 갖는 것이 건강, 웰빙 및 사회적 공유 기능을 향상시킬 수 있다는 것을 잘 드러내 주고 있다. 이러한 통찰은 대중적인 담론과 대화에 스며들어, 아주 쉽게 접근할 수 있고, 극적으로 증가된 소셜 미디어를 통해서 공유되고 있음을 알 수 있다. 이와 관련하여 이 책의 여러 장에서는 조직 수준에서 자비의 존재, 유연성 및 유익한 영향을 탐구한다.

자비에 대해 생각할 때 가장 먼저 떠오르는 분야 중 하나는 의료이다. 다른 사람들에게 의료 서비스를 제공하는 사람들은 대부분의 사람보다 일상적인 고통의 강도가 높으며 이를 관리하는 접근 방식이 체계적이지 않다. '자비 피로'에 관한 일련의 주요 기사(Figley & Figley, 이 책의 제28장 참조)는 의료 제공자가 본질적으로 사람의 선천적으로 제한된 자비 능력을 고갈시키고 어떤 면에서는 명시적으로 자비의 거리두기 또는 억제 문화를 강화했다고 한다. 그러나 불교 사상은 자비가 지칠 수 없는 것임을 시사한다. Singer는 '자비 피로(compassion fatigue)'를 '공감 고통 피로(empathic distress fatigue, Klimecki & Singer, 2011)'로 재명명하는 기사에서도 공유하고 있는 관점이다. Sue Shea와 Christos Lionis는 이 문제를 검토하고 보다 자비로운 의료 상황에 대한 약속을 강조한다(이 책의 제32장).

티베트 불교 신앙의 지도자인 달라이 라마와 예상 외로 비교적 인기 있는 공모자 레이디 가가는 정기적으로 교육 환경에 자비를 더 많이 포함해야 한다고 주장한다. 그들의 관점에서 보면, 아이들은 세상에서 더 넓은 수준의 자비를 바꿀 수 있는 큰 가능성을 가지고 있으며, 교실은 이를 시작하기에 이상적인 장소이다. 많은 교육 전문가가 이 견해를 공유한다.

Lavelle, Flook 및 Gharemani(이 책의 제33장)는 이러한 운동의 출현과 보다 자비로운 교육 환경이 누리는 이점을 나열한다. 여러 장에서는 또한 리더십과 직장에서 자비의 역할을 탐구한다. 직장에서의 자비는 서비스, 성과 및 직원 이직의 역학, 또는 수익에 어떤 영향을 미치는가? Cameron(이 책의 제30장)은 회사 전체적인 정책 및 서비스에서 동료의 집단 지원에 이르기까지 자비로운 조직에 대한 다양한 사고 방식을 탐구하고 많을수록 좋다고 주장한다. Worline과 Dutton(이 책의 제31장)은 조직에 자비를 불어넣는 과정을 설명하고 Martin과 Heineberg(이 책의 제35장)는 자비의 자질과 '윈윈'이 야망 있는 젊은이들과 경험이 풍부한 수석 전문가 사이의 시너지적 멘토링 관계에 미치는 영향에 대해 설명한다.

자비의 잠재적 범위에 대한 일반적인 생각과 함께 유명한 스탠퍼드 감옥 실험의 Phil Zimbardo(이 책의 제34장) 수석 연구원은 사람들을 구하고 세상을 구하는 더 높은 목표와 행동을 위해 자비를 활용하는 방법에 대한 생각을 제공한다. 이러한 초기 저술은 본질적으로 더 탐색적이지만 자비의 본질과 잠재적 이점에 대한 합의된 지식 기반을 달성하기 위한 미래 연구의 방향에 영감을 줄 것이다.

결론적으로, 이 책은 인간 경험의 기초 과학에 대한 이해 및 인류와 우리 주변의 세계를 개선하기 위한 작업의 적용 모두에서 이득을 약속하는 분야인 자비과학의 현상을 보여준다. 여기에 제시된 자비에 대한 접근법은 전 세계 일류 전문가들의 생물학적, 사회적 요소를 통합함으로써 앞으로 나아가기 위한 활기찬 지적 및 현실적 플랫폼을 제공한다. 실제로 자비과학을 발전시킬 수 있는 많은 질문과 유망한 기회가 남아 있다(Lilius, Kanov, Dutton, Worline, & Maitlis, 2011). 우리는 이 책이 각계각층의 사람, 과학자, 전문가가 우리의 기본적인 자비의 능력을 수용하고 육성하고 표현하여, 자연계와 그 주민 모두에게 영원히 도움을 주는 촉매제가 되기를 바란다.

참고문헌

Algoe, S. B., & Haidt, J. (2009). Witnessing excellence in action: The 'other-praising' emotions of elevation, gratitude, and admiration. *The Journal of Positive Psychology*, 4(2), 105-127.

Atkins, D., Uskul, A. K., & Cooper, N. R. (2016). Culture shapes empathic responses to physical and social pain. *Emotion*, 16(5), 587-601. doi:10.1037/emo0000162

Axelrod, R., & Hamilton, W. D. (1981). The evolution of cooperation. *Science*, 211(4489), 1390-1396.

Batson, C. D. (2011). *Altruism in humans*. New York: Oxford University Press.

Batson, C. D., Ahmad, N., & Lishner, D. A. (2009). Empathy and altruism. In C. R. Snyder & S. J. Lopez (Eds.), *The Oxford handbook of positive psychology* (pp. 417-426). Oxford: Oxford University Press.

Batson, C. D., Fultz, J., & Schoenrade, P. A. (1987). Distress and empathy: Two qualitatively distinct vicarious emotions with different motivational consequences. *Journal of Personality*, 55(1), 19-39.

Cameron, C. D., & Payne, B. K. (2012). The cost of callousness: Regulating compassion influences the moral self-concept. *Psychological Science*, 23(3), 225-229. doi:10.1177/0956797611430334

Caprara, G. V., Alessandri, G., & Eisenberg, N. (2012). Prosociality: The contribution of traits, values, and self-efficacy beliefs. *Journal of Personality and Social Psychology*, 102(6), 1289-1303. doi:10.1037/a0025626

Caspi, A., Hariri, A. R., Holmes, A., Uher, R., & Moffitt, T. E. (2010). Genetic sensitivity to the environment: The case of the serotonin transporter gene and its implications for studying complex diseases and traits. *The American Journal of Psychiatry*, 167(5), 509-527. http://doi.org/10.1176/appi.ajp.2010.09101452

Cassels, T. G., Chan, S., & Chung, W. (2010). The role of culture in affective empathy: Cultural and bicultural differences. *Journal of Cognition & Culture*, 10(3), 309-326.

Cheng, Y., Chen, C., Lin, C.-P., Chou, K.-H., & Decety, J. (2010). Love hurts: An fMRI study. *Neuroimage*, 51(2), 923-929.

Condon, P., Desbordes, G., Miller, W. B., & DeSteno, D. (2013). Meditation increases compassionate responses to suffering. *Psychological Science*, 24(10), 2125-2127. doi:10.1177/0956797613485603

Condon, P., & Feldman Barrett, L. (2013). Conceptualizing and experiencing compassion. *Emotion*, 13(5), 817-821.

Dalsky, D., Gohm, C. L., Noguchi, K., & Shiomura, K. (2008). Mutual self-enhancement in Japan and the United States. *Journal of*

Cross-Cultural Psychology, 39(2), 215-223.

Davis, M. H. (1983). Measuring individual differences in empathy: Evidence for a multidimensional approach. *Journal of Personality & Social Psychology, 44*(1), 113-126.

De Waal, F. B. M. (2008). Putting the altruism back into altruism: The evolution of empathy. *Annual Review of Psychology, 59*, 279-300.

Decety, J. (2012). *Empathy: From Bench to Bedside.* Cambridge, MA: MIT Press.

Desbordes, G., Negi, L. T., Pace, T. W., Wallace, B. A., Raison, C. L., & Schwartz, E. L. (2012). Effects of mindful-attention and compassion meditation training on amygdala response to emotional stimuli in an ordinary, non-meditative state. *Frontiers in Human Neuroscience, 6*, 292. doi:10.3389/fnhum.2012.00292

Desbordes, G., & Negi, L. T. (2013). A new era for mind studies: Training investigators in both scientific and contemplative methods of inquiry. *Frontiers in Human Neuroscience, 7*, 741.

Ekman, P. (2016). What scientists who study emotion agree about. *Perspectives on Psychological Science, 11*(1), 31-34.

Eisenberg, N., & Eggum, N. D. (2009). Empathic responding: Sympathy and personal distress. *The Social Neuroscience of Empathy, 6*, 71-83.

Eisenberg, N., & Fabes, R. A. (1991). Prosocial behavior and empathy: A multimethod developmental perspective. In M. Clark (Ed.), *Prosocial Behavior* (pp. 34-61). Thousand Oaks, CA: Sage Publications.

Eisenberg, N., Fabes, R. A., Murphy, B., Karbon, M., Smith, M., & Maszk, P. (1996). The relations of children's dispositional empathyrelated responding to their emotionality, regulation, and social functioning. *Developmental Psychology, 32*(2), 195-209. http://doi.org/10.1037/0012-1649.32.2.195

Eisenberg, N., VanSchyndel, S. K., & Hofer, C. (2015). The association of maternal socialization in childhood and adolescence with adult offspring's sympathy/caring. *Developmental Psychology, 51*(1), 7-16. http://doi.org/10.1037/a0038137

Farwell, L., & Weiner, B. (1996). Self-perceptions of fairness in individual and group contexts. *Personality & Social Psychology Bulletin, 22*(9), 868-881.

Feldman Barrett. (2017). How Emotions are Made: The Secret Life of the Brain, Houghton Mifflin, Boston: New York.

Fredrickson, B. L. (2004). The broaden-and-build theory of positive emotions. *Philosophical Transactions-Royal Society of London Series B Biological Sciences, 359*(1449), 1367-1378.

Germer, C. K., & Neff, K. D. (2013). Self-compassion in clinical practice. *Journal of Clinical Psychology, 69*(8), 856-867. doi:10.1002/jclp.22021

Gilbert, P., McEwan, K., Matos, M., & Rivis, A. (2011). Fears of compassion: Development of three self-report measures. *Psychology & Psychotherapy: Theory, Research & Practice, 84*(3), 239-255. doi:10.1348/147608310X526511

Goetz, J. L., Keltner, D., & Simon-Thomas, E. (2010). Compassion: An evolutionary analysis and empirical review. *Psychological Bulletin,*

136(3), 351-374. doi:10.1037/a0018807

Goetz, J. L., & Peng, K. P. (2017). *Sympathy and responses to suffering: Universal appraisals and cultural variation.* 출판 준비중.

Gross, J. J. (2002). Emotion regulation: Affective, cognitive, and social consequences. *Psychophysiology, 39*(3), 281-291. doi:10.1017/S0048577201393198

Hamilton, W. D. (1964). The genetical evolution of social behaviour. II. *Journal of Theoretical Biology, 7*(1), 17-52.

Harbaugh, W. T., Mayr, U., & Burghart, D. R. (2007). Neural responses to taxation and voluntary giving reveal motives for charitable donations. *Science, 316*(5831), 1622-1625.

Henrich, J., & Henrich, N. (2007). *Why Humans Cooperate: A Cultural and Evolutionary Explanation.* New York: Oxford University Press.

Henrich, J., & Henrich, N. (2014). Fairness without punishment: Behavioral experiments in the Yasawa Islands, Fiji. In J. Ensminger & J. Henrich (Eds.), *Experimenting with Social Norms: Fairness and Punishment in Cross-Cultural Perspective* (pp. 225-258). New York: Russell Sage Foundation.

Hoffman, M. L. (2008). Empathy and prosocial behavior. *Handbook of Emotions, 3*, 440-455.

Ickes, W., Stinson, L., Bissonnette, V., & Garcia, S. (1990). Naturalistic social cognition: Empathic accuracy in mixed-sex dyads. *Journal of Personality & Social Psychology, 59*(4), 730-742.

Inagaki, T. K., & Eisenberger, N. I. (2012). Neural correlates of giving support to a loved one. *Psychosomatic Medicine, 74*(1), 3-7.

Jacobs, T. L., Epel, E. S., Lin, J., Blackburn, E. H., Wolkowitz, O. M., Bridwell, D. A., … Saron, C. D. (2011). Intensive meditation training, immune cell telomerase activity, and psychological mediators. *Psychoneuroendocrinology, 36*(5), 664-681. doi:10.1016/j.psyneuen.2010.09.010

Jazaieri, H., Jinpa, G. T., McGonigal, K., Rosenberg, E. L., Finkelstein, J., Simon-Thomas, E., … Goldin, P. R. (2013). Enhancing compassion: A randomized controlled trial of a compassion cultivation training program. *Journal of Happiness Studies, 14*(4), 1113-1126.

Jazaieri, H., McGonigal, K., Jinpa, T., Doty, J. R., Gross, J. J., & Goldin, P. R. (2014). A randomized controlled trial of compassion cultivation training: Effects on mindfulness, affect, and emotion regulation. *Motivation & Emotion, 38*(1), 23-35.

Jinpa, T. (2015). *A Fearless Heart: How the Courage to Be Compassionate Can Transform Our Lives.* New York: Penguin Press.

Keltner, D., Kogan, A., Piff, P. K., & Saturn, S. R. (2014). The Sociocultural Appraisals, Values, and Emotions (SAVE) framework of prosociality: Core processes from gene to meme. *Annual Review of Psychology, 65*, 425-460. doi:10.1146/annurev-psych-010213-115054

Keltner, D., & Lerner, J. S. (2010). Emotion. In D. T. Gilbert, S. T. Fiske, & G. Lindzey (Eds.), *The Handbook of Social Psychology* (pp. 317-352). New York: Wiley.

Kim, J. W., Kim, S. E., Kim, J. J., Jeong, B., Park, C. H., Son, A. R., … Ki, S. W. (2009). Compassionate attitude towards others' suffering activates the mesolimbic neural system. *Neuropsychologia, 47*(10), 2073-2081.

doi:10.1016/j.neuropsychologia.2009.03.017

Kitayama, S., Mesquita, B., & Karasawa, M. (2006). Cultural affordances and emotional experience: Socially engaging and disengaging emotions in Japan and the United States. *Journal of Personality & Social Psychology*, *91*(5), 890-903.

Klimecki, O., & Singer, T. (2011). Empathic distress fatigue rather than compassion fatigue? Integrating findings from empathy research in psychology and social neuroscience. In B. Oakley, A. Knafo, G. Madhavan, & D. S. Wilson (Eds.), *Pathological Altruism* (pp. 368-383). New York: Oxford University Press. doi:10.1093/acprof:oso/9780199738571.003.0253

Klimecki, O. M., Leiberg, S., Lamm, C., & Singer, T. (2012). Functional neural plasticity and associated changes in positive affect after compassion training. *Cerebral Cortex*, *23*(7), 1552-1561. doi:10.1093/cercor/bhs142

Knafo, A., Schwartz, S. H., & Levine, R. V. (2009). Helping strangers is lower in embedded cultures. *Journal of Cross-Cultural Psychology*, *40*(5), 875-879. http://doi.org/10.1177/0022022109339211

Kogan, A., Saslow, L. R., Impett, E. A., Oveis, C., Keltner, D., & Rodrigues Saturn, S. (2011). Thin-slicing study of the oxytocin receptor (OXTR) gene and the evaluation and expression of the prosocial disposition. *Proceedings of the National Academy of Sciences of the United States of America*, *108*(48), 19189-19192. http://doi.org/10.1073/pnas.1112658108

Kok, B. E., Coffey, K. A., Cohn, M. A., Catalino, L. I., Vacharkulksemsuk, T., Algoe, S. B., … Fredrickson, B. L. (2013). How positive emotions build physical health: Perceived positive social connections account for the upward spiral between positive emotions and vagal tone. *Psychological Science*, *24*(7), 1123-1132.

Layous, K., Lee, H., Choi, I., & Lyubomirsky, S. (2013). Culture matters when designing a successful happiness-increasing activity: A comparison of the United States and South Korea. *Journal of Cross-Cultural Psychology*, *44*, 1294-1303.

Leiberg, S., Klimecki, O., & Singer, T. (2011). Short-term compassion training increases prosocial behavior in a newly developed prosocial game. *PLoS One*, *6*(3), e17798.

Levenson, R. W., & Ruef, A. M. (1992). Empathy: A physiological substrate. *Journal of Personality & Social Psychology*, *63*(2), 234-246.

Levine, R. V., Norenzayan, A., & Philbrick, K. (2001). Cross-cultural differences in helping strangers. *Journal of Cross-Cultural Psychology*, *32*(5), 543-560.

Lilius, J., Kanov, J., Dutton, J., Worline, M., & Maitli, S. (2011). Compassion revealed: What we know about compassion at work (and where we need to know more). In Cameron, K. & Spreitzer, G. (Eds.), *Oxford handbook of positive organizational scholarship* (pp. 273-288). Cambridge: Oxford University Press.

Lutz, A., Brefczynski-Lewis, J., Johnstone, T., & Davidson, R. J. (2008). Regulation of the neural circuitry of emotion by compassion meditation: Effects of meditative expertise. *PLoS One*, *3*, e1897. doi:10.1371/journal.pone.0001897

Lutz, A., Greischar, L. L., Perlman, D. M., & Davidson, R. J. (2009). BOLD signal in insula is differentially related to cardiac function during compassion meditation in experts vs. novices. *Neuroimage, 47*(3), 1038-1046.

Lutz, A., Greischar, L. L., Rawlings, N. B., Ricard, M., & Davidson, R. J. (2004). Long-term meditators self-induce high-amplitude gamma synchrony during mental practice. *Proceedings of the National Academy of Sciences of the United States of America, 101*(46), 16369-16373.

Lyubomirsky, S., & Layous, K. (2013). How do simple positive activities increase well-being? *Current Directions in Psychological Science, 22*(1), 57-62.

Markus, H. R., & Kitayama, S. (1991). Culture and the self: Implications for cognition, emotion, and motivation. *Psychological Review, 98*(2), 224-253.

McDougall, W. (1908). *An Introduction to Social Psychology.* London: Methuen.

Mikulincer, M., & Shaver, P. R. (2005). Attachment security, compassion, and altruism. *Current Directions in Psychological Science, 14*(1), 34-38.

Morishima, Y., Schunk, D., Bruhin, A., Ruff, C. C., & Fehr, E. (2012). Linking brain structure and activation in temporoparietal junction to explain the neurobiology of human altruism. *Neuron, 75*(1), 73-79. doi:10.1016/j.neuron.2012.05.021

Muhtadie, L., Koslov, K., Akinola, M., & Mendes, W. B. (2015). Vagal flexibility: A physiological predictor of social sensitivity. *Journal of Personality & Social Psychology, 109*(1), 106-120.

Neff, K. D., Kirkpatrick, K. L., & Rude, S. S. (2007). Self-compassion and adaptive psychological functioning. *Journal of Research in Personality, 41*(1), 139-154.

Ochsner, K. N., Knierim, K., Ludlow, D. H., Hanelin, J., Ramachandran, T., Glover, G., & Mackey, S. C. (2004). Reflecting upon feelings: An fMRI study of neural systems supporting the attribution of emotion to self and other. *Journal of Cognitive Neuroscience, 16*(10), 1746-1772.

Pace, T. W., Negi, L. T., Adame, D. D., Cole, S. P., Sivilli, T. I., Brown, T. D., ... Raison, C. L. (2009). Effect of compassion meditation on neuroendocrine, innate immune and behavioral responses to psychosocial stress. *Psychoneuroendocrinology, 34*(1), 87-98. doi:10.1016/j.psyneuen.2008.08.011

Pace, T. W., Negi, L. T., Dodson-Lavelle, B., Ozawa-de Silva, B., Reddy, S. D., Cole, S. P., ... Raison, C. L. (2013). Engagement with Cognitively-Based Compassion Training is associated with reduced salivary C-reactive protein from before to after training in foster care program adolescents. *Psychoneuroendocrinology, 38*(2), 294-299. doi:10.1016/j.psyneuen.2012.05.019

Preston, S. D. (2013). The origins of altruism in offspring care. *Psychological Bulletin, 139*(6), 1305-1341.

Reddy, S. D., Negi, L. T., Dodson-Lavelle, B., Ozawa-de Silva, B., Pace, T. W. W., Cole, S. P., ... Craighead, L. W. (2013). Cognitive-Based Compassion Training: A promising prevention strategy for at-risk adolescents. *Journal of Child & Family Studies, 22*(2), 219-

230.

Rodrigues, S. M., Saslow, L. R., Garcia, N., John, O. P., & Keltner, D. (2009). Oxytocin receptor genetic variation relates to empathy and stress reactivity in humans. *Proceedings of the National Academy of Science, 106*(50), 21437–21441. doi:10.1073/pnas.0909579106

Rosenberg, E. L., Zanesco, A. P., King, B. G., Aichele, S. R., Jacobs, T. L., Bridwell, D. A., ... Saron, C. D. (2015). Intensive meditation training influences emotional responses to suffering. *Emotion, 15*(6), 775–790. doi:10.1037/emo0000080

Sahdra, B. K., MacLean, K. A., Ferrer, E., Shaver, P. R., Rosenberg, E. L., Jacobs, T. L., ... Saron, C. D. (2011). Enhanced response inhibition during intensive meditation training predicts improvements in self-reported adaptive socioemotional functioning. *Emotion, 11*(2), 299–312. doi:10.1037/a0022764

Saxe, R., & Wexler, A. (2005). Making sense of another mind: The role of the right temporo-parietal junction. *Neuropsychologia, 43*(10), 1391–1399.

Shiota, M. N., Keltner, D., & John, O. P. (2006). Positive emotion dispositions differentially associated with Big Five personality and attachment style. *The Journal of Positive Psychology, 1*(2), 61–71.

Simon-Thomas, E. R., Godzik, J., Castle, E., Antonenko, O., Ponz, A., Kogan, A., & Keltner, D. J. (2012). An fMRI study of caring vs. selffocus during induced compassion and pride. *Social Cognitive & Affective Neuroscience, 7*(6), 635–648.

Simon-Thomas, E. R., Keltner, D. J., Sauter, D.,

Sinicropi-Yao, L., & Abramson, A. (2009). The voice conveys specific emotions: Evidence from vocal burst displays. *Emotion, 9*(6), 838–846.

Smith, S. W., Lapinski, M. K., Bresnahan, M. J., & Smith, S. L. (2013). Conceptual aspects of altruism in cross-cultural contexts. In D. A. Vakoch, (Ed.), *Altruism in Cross-Cultural Perspective* (pp. 17–29). New York: Springer.

Sober, E., & Wilson, D. S. (1998). *Unto others: The evolution and psychology of unselfish behavior.* Cambridge, MA: Harvard University Press.

Sprecher, S., & Fehr, B. (2005). Compassionate love for close others and humanity. *Journal of Social & Personal Relationships, 22*(5), 629–651.

Sprecher, S., Fehr, B., & Zimmerman, C. (2007). Expectation for mood enhancement as a result of helping: The effects of gender and compassionate love. *Sex Roles, 56*(7–8), 543–549.

Stellar, J. E., Cohen, A., Oveis, C., & Keltner, D. (2015). Affective and physiological responses to the suffering of others: Compassion and vagal activity. *Journal of Personality & Social Psychology, 108*(4), 572–585. doi:10.1037/pspi0000010

Stellar, J., Feinberg, M., & Keltner, D. (2014). When the selfish suffer: Evidence for selective prosocial emotional and physiological responses to suffering egoists. *Evolution & Human Behavior, 35*(2), 140–147.

Takahashi, H., Kato, M., Matsuura, M., Mobbs, D., Suhara, T., & Okubo, Y. (2009). When your gain is my pain and your pain is my gain:

Neural correlates of envy and schadenfreude. *Science*, *323*(5916), 937-939.

Trivers, R. L. (1971). The evolution of reciprocal altruism. *Quarterly Review of Biology*, *46*(1), 35-57.

Weng, H. Y., Fox, A. S., Shackman, A. J., Stodola, D. E., Caldwell, J. Z., Olson, M. C., ... Davidson, R. J. (2013). Compassion training alters altruism and neural responses to suffering. *Psychological Science*, *24*(7), 1171-1180. doi:10.1177/0956797612469537

Whitfield-Gabrieli, S., Moran, J. M., Nieto-Castañón, A., Triantafyllou, C., Saxe, R., & Gabrieli, J. D. E. (2011). Associations and dissociations between default and self-reference networks in the human brain. *Neuroimage*, *55*(1), 225-232.

Willer, R., Feinberg, M., Flynn, F. J., & Simpson, B. (2014). *The duality of generosity: Altruism and status seeking motivate prosocial behavior.* Working Paper, Department of Sociology, Stanford University.

Zaki, J., Weber, J., Bolger, N., & Ochsner, K. (2009). The neural bases of empathic accuracy. *Proceedings of the National Academy of Sciences*, *106*(27), 11382-11387.

제2장

맥락으로 본 자비: 비종교적 현대 자비 기반 명상 프로그램들에 내재된 불교 명상의 뿌리를 찾아서

Brooke D. Lavelle

요약

자비에 관한 다양한 개념은 서로 다른 불교 명상 전통에서 분명하게 드러난다. 이러한 다양성이 나타나는 이유는 부분적으로 이들 어느 한 전통에서 그리고 전통 전반에 걸쳐 발견되는 마음과 실재에 대한 서로 다른 관점이 반영된 모델 때문이다. 불교 전통에서 자비는 사람들을 배려하고 지지하는 것이나 영적 발달, 혹은 깨달음을 위한 수행으로 이해되었다.

이러한 서로 다른 불교 자비 명상 모델은 특히 현대 비종교적 마음챙김 기반 명상 프로그램과 자비 기반 명상 프로그램에 영향을 주었으므로, 이 장에서는 과학적 연구를 위해서 이들 주요 프로그램들을 선별하여 고찰하였다. 자비 기반 명상 프로그램에 대한 과학 공동체의 관심이 증대되어 가고 있음에도 불구하고, 자비에 대한 서로 다른 명상과 과학적 설명 사이의 차이점에 대한 논의와 이러한 차이점이 연구를 위해 어떤 시사점을 주는지에 대한 면밀한 검토가 전혀 되고 있지 않다. 다양한 불교와 과학 전통 속에서 자비가 어떤 방식으로 개념화되었는지를 전체적으로 살펴본다.

핵심용어

자비, 마음챙김, 비종교적 마음챙김, 지속가능한 자비 훈련(SCT), 인지기반 자비 훈련(CBCT), 자비 계발 수행(CCT), 명상 이론

불교 수행 역사의 가장 초기에서부터 자비를 가르치고 실천해 왔지만, 깨달음에 이르는 길로서 자비 수행의 역할, 중요성, 그리고 자비 계발을 위한 실질적인 수련 방법에 대해서는 불교 전통 안에서 전반적으로 서로 다르며 다양하게 전승되어 왔다. 이러한 불

교 전통에서 선명하게 전승된 자비에 대한 서로 다른 목적, 동기 그리고 수행법은 현대의 비종교적 자비 기반 프로그램, 즉 인지기반 자비 훈련(Cognitively-Based Compassion Training: CBCT), 자비 계발 수행(Compassion Cultivation Training: CCT), 지속가능한 자비 훈

련(Sustainable Compassion Training: SCT) 등의 발전에 영향을 주었다. 특히 이 프로그램들은 임상과 교육 현장에서 다양하게 적용되고 있다. 이러한 현대 자비 프로그램은 역으로 역사–문화적 맥락에 부응하기 위해서 새롭게 구성되었다. 자비 기반 명상 프로그램들에 대한 관심은 건강 증진과 웰빙, 그리고 친사회적 태도의 향상에 대한 기대감으로 꾸준히 증가하고 있다(Condon, Desbordes, Miller, & DeSteno, 2013; Pace et al., 2009, 2010). 그러나 지금까지 자비를 계발하는 이러한 방법의 차이점에 대한 학문적 관심은 거의 없었으며, 또한 그러한 차이점이 연구 및 수행 방법에 영향을 줄 수 있는 시사점에 대한 것 역시 간과하였다. 더욱이 불교명상과 현대과학적 입장에서 자비의 개념화에 대한 차이점에는 거의 관심을 기울이지 않았다.

따라서 이 장에서는 불교 전통과 현대 비종교적 명상의 맥락 속에서 어떻게 서로 다르게 개념화되고 실습 방법으로 실행되는지를 살펴본다. 이 장의 목적은 어떤 것이 자비를 더 선명하게 드러내는 데 진정성이 있는지를 결정하려는 것이 아니라, 이러한 다양한 개념이 자비를 좀 더 잘 이해하고 실습하는 데 서로 다른 가능성을 제한하느냐 혹은 허용하느냐에 논의의 초점을 맞출 것이다. 이러한 접근 방식은 자비 수행법에 대한 이해를 심화할 것이고, 상황에 최적화된 정보를 제공할 것이며, 나아가 연구를 위한 새로운 방향이 선명하게 드러나게 될 것이다.

불교의 사상과 실천에서 자비

불교는 해탈 혹은 깨달음의 가능성에 관심을 둔다. 깨달음이란 실재의 본성에 대한 실현이라고 말할 수 있다. 하지만 실재와 실재에 대한 서술과 그것을 실현하는 방법은 세 가지 주요 불교 전통, 즉 상좌부(Theravāda), 대승(Mahāyāna) 및 금강승(Vajrayāna)에 따라 다양하다. 다음 절에서는 다양한 불교 이론과 자비 수행 방법을 맥락에 따라 정리하기 위해 이러한 모델들에 대한 간략한 설명을 덧붙일 것이다. 물론 여기서 제공하는 일반적인 설명은 전통불교 교리 해석의 서로 다른 입장을 섬세하게 반영하지 않은 것이라는 점을 분명히 해 둘 필요가 있다. 다만, 자비라는 주제에 접근할 때의 태도와 실습의 기본적인 차이점을 명확히 하는 데 도움이 될 정도의 학습 도구를 제공하는 것에 그 목적을 두었다.

상좌부

초기불교와 현대의 상좌부 불교에서 '괴로움'은 실재하지 않는 허상에 집착함으로써 일어난다고 본다. 특히 고정되어 있고 영원하며 개별적인 실체로서 자아가 있다는 착각이 괴로움을 일으킨다는 것이다. 오해로 실체화한 것이 이러한 집착과 혐오의 느낌을 만들어 낸다. 실체로서의 자아 없음[無我]과 늘 변화하여 항상하지 않는 것[無常]에 대한 통찰이 열반(涅槃) 또는 괴로움으로부터의 해탈

(解脫)에 이르도록 한다(Gethin, 1998). 이러한 통찰을 가능하게 하는 구체적인 수행 방법은 여덟 가지 고귀한 길, 즉 팔정도(八正道)이다. 이는 바른 행위(말, 행동, 생계), 명상(마음챙김, 집중, 정진), 지혜(바른 견해와 의도)이다. 지혜나 통찰은 존재 현상의 본성을 있는 그대로 깨닫는 것이기에 해탈 수행의 길에 있어서 자비보다는 지혜가 해탈의 원리로 여겨진다(Makransky, 2012).

자비는 깨달음의 길에서 보조적인 실천이지만, 반드시 필요한 것은 아니라고 여겨진다. 자비를 계발하는 전형적인 방법은 자애, 연민, 기쁨, 평정[慈悲喜捨]이라는 '네 가지 한량없는 마음[四無量心] 수행' 안에 포함되어 있으며, 기본적으로 지혜 혹은 통찰에 필요한 주의력을 계발하는 데 도움이 되는 방법으로서 이 네 가지 수행을 가르치고 있다(Nyanamoli, 1964). 이러한 자비희사는 붓다고사의 『청정도론』(9장)에 잘 정리되어 있다. 일반적으로 가장 먼저 자기 자신에게, 다음에는 친밀한 사람들, 중립적인 대상, 어려운 감정이 있는 대상, 마지막으로 모든 존재에게도 순서에 따라 사랑 또는 자애를 확장하여 보낸다. 자애 수행을 기반으로 해서 연민, 즉 괴로워하는 존재들이 괴로움에서 벗어나기를 바라는 마음을 계발한다. 이를 위해서는 엄청난 고통을 겪고 있는 사람을 떠올리거나, 도둑과 같이 해로운 행위를 한 자가 나중에 이 행위가 발각되어 고통을 받게 되는 것을 상기시키며 연민 수행을 진행한다. 이러한 상태에 처해 있는 사람 중 하나 또는 둘 모두를 떠올려서 연민의 마음을 불러일으킨 후, 친밀한 사람, 중립적인 사람, 그리고 어려운 감정이 있는 사람에게도 연민을 확장한다. 그런 다음 먼저 친밀한 사람의 성공과 행복한 모습을 떠올려 기쁨의 마음을 계발하고 이어서 중립적인 사람 등에게도 이 마음을 확장한다. 마지막으로, 모든 존재는 행복을 바란다는 사실을 떠올리며 평정심 혹은 치우침이 없는 마음을 체계적으로 계발한다. 이와 같은 수행을 하다 보면 안정감, 희열(기쁨)과 함께 집중과 몰입의 상태가 된다(Nyanamoli, 1964). 이와 같은 '네 가지 한량없는 마음' 계발은 현대의 마음챙김과 자애명상(Loving-Kindness Meditation: LKM) 프로그램에 많은 영향을 주었다(하나의 리뷰로 Shonin et al., 2015 참조). 다음에 요약하겠지만, 다른 자비 명상(compassion meditation: CM) 프로그램과 비교할 때, 지금까지 논의한 프로그램들은 상당히 독특한 스타일과 적용 범위를 가지고 있다.

대승불교

1세기 초에 형성된 대승불교 전통은 불성(佛性)을 성취하기 위해서 반드시 자비를 계발해야 한다고 강조한다. 왜냐하면 깨달음의 길을 구성하는 바탕에 자비가 있기 때문이다. 반면에 초기불교 전통은 영적인 목적을 성취한 존재로서 아라한, 즉 열반을 증득하여 괴로움으로부터 자유로워졌으며, 그 결과 끝없는 윤회로부터 벗어난 이상의 존재를 기본 패러다임으로 상정한다. 대승불교 전통에서는 보살의 이상, 즉 뭇 생명과 더불어 윤회에 머물러 이들의 이익을 위해서 함께하며, 깨달음을 얻기 위해 수행 정진하는 모습을 핵심 패러다임으로 삼고 있다(초기불교 전통에서도 보살의 길을 인정했지만, 이 길을 뭇 생명 대부분이 이룰 수 있다고 여기지는 않았다). 대승불교 전통은 서로 다른 깨달음의 모델과 궁극적 실재의 본성에 대한 기술을 전제함으로써 초기불교 전통과의 차별화를 더욱 공고히 하였다. 특히 공성(空性)의 교리를 중요시 했다. 반면에 상좌부 불교 수행자들이 자아 없음[無我]의 본성에 대한 통찰을 수행하는 것이라면, 대승불교 수행자들은 공성, 즉 모든 존재 현상의 이면에 본질적, 독립적, 실체적인 그 어떤 것의 부재를 명확히 인식하는 것을 목적으로 하고 있다(Pettit, 1999). 모든 존재 현상의 공성을 깨닫기 위해서는 자아와 대상을 구분하는 이원적인 사고 구조가 사라져야 하며, 뭇 생명은 나눌 수 없으며, 궁극적으로 서로 분리된 존재가 아니라는 것을 분명히 인식해야 한다. 대승불교 가르침은 '보리심(菩提心), 즉 깨달음의 마음'과 공성을 깨닫도록 뒷받침해 주는 대비심(大悲心)의 계발을 강조한다. 공성의 지혜는 수행자들이 괴로움의 굴레 속에 빠져 있는 모든 존재에 대한 조건 없는 대비심을 계발하는 데 더욱 실질적인 도움을 준다(Makransky, 2012). 이와 같이 지혜와 자비는 둘 다 보살의 길과 그 궁극적인 과위(果位)인 불성의 핵심 원리로 여겨진다(Makransky, 2012). 다시 말하면, 공성의 지혜는 윤회로부터 풀려나는 것이며, 자비는 모든 존재 역시 이 속박으로부터 벗어나도록, 이 공성의 지혜와 소통하는 능숙한 방법을 찾아내는 것이다.

대승불교 전통 안에서 연민을 계발하는 가장 잘 알려진 두 가지 방법은 '일곱 가지 인과법'과 '자신과 타인을 평등하게 보기와 입장 바꾸기 수행'이다(Dalai Lama, 2003, 2011; Wallace & Wallace, 1997). 일곱 가지 인과법은 수행자가 편파성을 극복하고 다른 모든 사람을 동등하게 존중할 가치가 있다고 보는 법을 배우도록 돕기 위해 평정심 훈련으로 시작된다. 일단 안정된 평정심이 발달되면 수행자는 다음 7단계를 포함하는 일곱 가지 인과법을 진행한다.

① 모든 존재가 전생에 어머니나 가까운 친척이었음을 인정하여 수행자가 모든 존재를 애정의 대상으로 간주하는 마음의 상태를 일으킬 수 있도록 하기
② 부모와 돌보는 사람이 이기심 없이 나 자신을 지원하고 돌보는 방법을 고려하는 것을 포함하여 다른 사람의 친절을 상기하기
③ 다른 사람의 친절에 보답하고자 하는 마음을 정하기
④ 자애 또는 다른 사람이 행복하기를 바라기
⑤ 연민 기르기
⑥ 다른 사람들이 괴로움에서 벗어나도록 도우려는 책임감과 결단력 기르기
⑦ 모든 존재의 이익을 위해 깨달음을 얻기 위한 수행에 전념하기(Gyatso, 2003; Hopkins, 2008)

'타인과 자신을 평등하게 보기와 입장 바꾸기'의 실천에는 행복하고 괴로움을 피하고자 하는 공통의 바람에서, 자신과 타인의 동일성에 대한 반성, 남을 소중히 하는 것의 장점과 자신을 소중히 하는 것의 단점이 포함된다. 수행은 또한 수행자가 다른 사람의 괴로움을 짊어지고(받기) 행복을 부여하는(보내는) 상상을 하는 통렌('보내고 받기') 명상을 포함한다. 다음에 설명된 대로 이러한 방법은 CBCT 및 CTC를 포함한 두 가지 현대 자비 명상 프로그램에 직접적인 영향을 미쳤다.

금강승 불교

금강승 또는 티베트의 탄트라 전통은 8세기 초에 나타났다(Pettit, 1999). 이러한 전통 중 다수는 대승불교의 일부 초기 전통에 이미 존재하는 '불성'에 대한 가르침을 기반으로 했고 그 불성을 더욱 강조했다. 불성에 대한 가르침 중 일부는 마음이 본질적으로 순수하고 무조건적이며, 깨달음의 모든 특성이 마음속에 존재하지만, 잘못된 인식으로 인한 무지에 가려져 있다고 주장한다(Pettit, 1999; Makransky, 2012). 이러한 전통에서 자비는 잘못된 습관적, 이원론적 인식 및 지각에서 마음이 해탈할 때 나타나는 타고난 자각 능력으로 이해된다. 일부 초기불교 및 기타 대승불교 전통은 수행만으로 자비를 기르는 실천을 강조하는 반면, 금강승 전통은 수행자가 깨달음의 내재성 또는 내재함을 깨닫도록 돕는 보다 직접적인 방법을 제공한다(Pettit, 1999).

마음이 습관적이고 부적응적인 경향과 소위 일상적 경험의 손아귀에서 벗어나는 법을 배우도록 돕는 것과 관련된 다양한 탄트라 방법이 있다. 실천에서 주된 강조점은 "결과를 길로 삼는 것"(Pettit, 1999, p. 63) 또는 범부의 일상 인식을 깨달음의 특징인 순수한 인식으로 변환시키는 것을 배우는 것과 관련된다(Yeshe, 2001). 한 가지 필수 방법은 '신성 요가'의 시각화 수행과 관련이 있다. 수행자는 자신과 타인에 대한 일반적인 개념을 해체하고, 깨달은 신의 현현으로서 이 공한 차원으로부터 일어서는 법을 배운다. 사람이 신의 특성에 익숙해지고 동일시할수록 이러한 특성(자신의 마음에 타고난 것 또는 자신의 마음의 본성으로 이해됨)이 더 많이 그려지고 나타난다(Yeshe, 2001).

탄트라 수행에 참여하기 위한 다양한 전제 조건이 있다. 주요 전제 조건은 벗어남(즉, 괴로움에서 벗어나고자 하는 강한 욕구), 보리심, 공에 대한 이해를 계발하는 것이다(Yeshe, 2001). 수행자는 또한 수행의 길에 대한 확신을 얻어야 하며, 깨달음을 얻기 위한 강하고 열렬한 동기를 계발해야 한다. 이러한 확신과 서원을 기르는 한 가지 핵심 방법은 다양한 준비 단계의 **실천 전통**(ngondro)에서 볼 수 있는 '피난처'와 '구루 요가'의 탄트라 수행이다. 이 형식의 수행에서는, 자비와 지혜를 구현하는 것으로 이해되는 많은 영적인 스승 또는 깨달은 존재를 떠올리게 된다. 수행자는 자신의 타고난 깨달음의 잠재성에서 이 인물들이 깊이 있게 자신을 보고 있고 축복을 주고 있다고 경험하고, 자신의 타고난 자비로운 자질을 더 깊고 안정적으로 인식하고 유지하기 위해 이러한 인물과 교감하고 궁극적으로는 일체가 되는 법을 배운다(Makransky, 2012; Yeshe, 2001). 탄트라 수행의 형식과 정신, 특히 관계 강조와 내재된 수사학은 지속가능한 자비 훈련(SCT)이라는 또 다른 독특한 현대 자비 명상 프로그램에 영향을 미쳤다.

현대 명상 프로그램에 대한 불교의 영향

이 세 가지 불교 전통은 현대 명상 프로그램의 설계에 특히 영향을 미쳤다. 불교 전통이 괴로움의 원인을 다양하게 개념화하여 괴로움을 극복하기 위한 다양한 방법을 규정한 것과 같이, CBCT, CCT, SCT 및 기타 마음챙김과 자애명상 프로그램은 스트레스의 다양한 원인을 설명하고 비종교적 환경에서의 건강과 웰빙을 실현하기 위한 다양한 방법을 설명한다. 다음 섹션에서는 특히 자비-명상 프로그램에 특별히 중점을 두고 이러한 현대 프로그램의 주요 목표와 실천에 대한 간략한 개요를 제공한다.

현대 자비 프로그램의 개요를 설명하기 전에, 마음의 본성과 깨달음을 얻기 위한 수단에 관한 대승불교와 금강승불교 전통 안에서의 논쟁을 다시 강조하고 명확히 하는 것이 중요하다. 마음의 본성과 깨달음을 얻기 위한 수단은 현대 치료개입의 수사학과 실천의 틀

을 짜고 형성하는 데 중요했다. 요컨대, 불성이나 깨달음의 성품이 마음에 타고난 것인지, 수련을 통해 생겨나는 것인지가 논쟁의 핵심이다. 특정 대승불교 및 금강승 불교 전통에서 영향을 받는 '선천주의' 모델은 깨달음의 자질이 존재하지만 마음의 잘못된 인지 및 반응 구조로 인해 모호하거나 은폐되어 있다고 주장한다. 그러므로 수행의 목표는 마음에서 이미 이용 가능한 깨달음의 잠재된 힘을 불러일으켜 왜곡된 구조를 제거하거나 줄이는 것이다. 이와 대조적으로 다른 대승불교 전통과 초기불교 전통의 영향을 받은 '구성주의' 모델은 깨달음의 자질을 계발할 수 있는 잠재력이 마음에 존재하지만 그러한 자질은 단순히 계발 자체 과정에 의해 생성된다고 주장한다. 선천주의 모델은 비이원적, 헌신적, 정서적 실천을 강조하는 경향이 있는 반면, 구성주의 모델은 분석적 명상을 강조하는 경향이 있다.

더 명확해지겠지만, 우리는 SCT가 자비가 선천적이며 자비의 방해물이나 장애물을 제거하거나 극복할 때 생긴다고 가정한다는 점에서 SCT를 전통적인 논쟁 스펙트럼의 선천주의 끝에 위치시킬 수 있다. SCT 명상은 단순히 자비를 방해하는 것의 저지를 목표로 하지 않으며, 자비의 방해 요소를 극복하는 데 도움이 되는 자비의 근본적인 힘을 끌어내거나 불러일으키는 것에 주목하는 것이 중요하다[마음챙김에 기반한 스트레스 완화(MBSR)와 같은 특정 마음챙김 프로그램은 다양한 불교 전통의 영향을 받았지만 스펙트럼의 선천주의 쪽에 속하는 경향이 있다. Dunne, 2011; Kabat-Zinn,

2011]. 우리는 CBCT, CCT 및 기타 자애 프로그램을 구성주의 스펙트럼의 끝에서 찾을 수 있다. 일반적으로 깨달음의 잠재력은 모든 사람에게 존재하지만 깨달음의 자질(자비과 같은)은 계발을 통해 만들어질 필요가 있다고 가정하는 경향이 있기 때문이다. 분명히 하자면, 이 두 모델 모두 자비가 어느 정도 배양될 필요가 있다고 가정한다. 그 차이는 깨달음의 자질이 주로 수행을 통해 만들어지는 것으로 이해되는지, 아니면 수행을 통해 발현되도록 허용되는지에 달려 있다.

논쟁에 대한 이 간략한 설명은 지나치게 단순화되었으며, 소위 진영 간의 미묘하고 중요한 차이점을 포착하지 못한다. 이러한 차이점이 중요하지 않은 것처럼 보일 수 있지만, 다양한 접근 방식은 단순한 의미론적 구분 이상의 의미가 있다. 프로그램의 지지자들에게 선천주의 접근과 구성주의 접근의 차이점은 마음의 다른 모델과 관련이 있다. 일부 사람들은 접근 방식이 동일한 목적(예: 자비 또는 깨달음)에 대해 다른 수단을 나타낸다고 제안함으로써 이를 조화시키려고 시도했지만 그들이 사용하는 방법은 자비의 계발 및 실현에 중요한 의미를 가질 수 있다. 예를 들면, 선천주의 접근 방식은 자비의 발견, 실현 또는 드러냄과 관련된 조작적인 은유를 사용하는 경향이 있다. 자비의 경험을 시(詩)나 자비롭게 돌보는 인물이나 멘토를 떠올리게 하는 것, 그리고 '개방성', '수용성' 및 '허용함'의 수사를 통해 유발시키는 것이다. 반면에 구성주의 접근은 자비의 구성, 계발 또는 강화와 관련된 조작적인 은유를 사용하는 경향이 있다. 자비는 조사, 추론 및 반성을 통해 훈련된다. 그리고 이러한 접근 방식이나 관행이 상호 배타적이지 않지만(사실 여기에 설명된 모든 현대 프로그램은 훈련 프로토콜에서 두 진영의 요소를 모두 사용한다) 서로 다른 이론적 틀과 은유적 전략은 틀림없이 특정 경험과 결과를 결정짓고 제한한다. 따라서 이러한 접근 방식 간의 잠재적인 차이점을 더 자세히 조사하는 것이 좋다.

현대 자비 기반 명상 프로그램

자애 프로그램

초기 및 상좌부 불교 전통은 많은 현대 마음챙김과 자애 프로그램(Loving-Kindness Programs)에 영향을 미쳤다(Shonin et al., 2015). 앞서 언급했듯이 이러한 수행 형식에는 일반적으로 사랑의 느낌을 배양하고 자신부터 시작하여 다른 사람에게 확장하기 위한 체계적인 성찰이 포함된다. '자애'와 '연민'이 때때로 같은 의미로 사용되기는 하지만 이 두 유형의 실천에는 중요한 차이가 있다. 자애명상은 다른 사람이 행복하고 행복의 원인이 있기를 바라는 마음을 갖게 하는 데 초점을 맞추는 경향이 있다. 연민의 실천은 다른 사람이 고통에서 자유로워지기를 바라는 마음을 갖게 하는 데 초점을 맞추고 실천가가 다른 사람의 고통을 덜어 줄 책임을 지도록 동기를 부여하는 데 중점을 둔다. 일부 자애 프로그램 및 개입에는 연민의 실천이나 다른 사람들이 고통에서 벗어나기를 바라는 것이 포함될 수 있지만, 이러한 프로그램은 일반적으로 여기에 설명된 프로그램과 같은 정도로 연민을 가르치지 않는다. 따라서 대부분의 관심은 자비 기반 명상 프로그램에 초점을 맞출 것이다.

인지기반 자비 훈련 및 자비 계발 수행

인지기반 자비 훈련(Cognitively-Based Compassion Training: CBCT)은 2005년 Lobsang Tenzin Negi가 계발한 자비 훈련을 위한 비종교적 프로그램으로, 조지아주 애틀랜타에 있는 에모리 대학교 학부생 사이에서 증가하는 우울증 비율을 해결하기 위한 수단으로 처음 계발되었다(Negi, 2009). 이후 몇 년 동안 이 프로그램은 건강한 성인, 의료 전문가, 초등학교 학생 및 교사, 위탁 보호를 받는 청소년, 수감된 여성, 퇴역 군인 및 외상 생존자들과 함께 친사회적 기법, 회복력, 건강 및 웰빙을 증진시키는 수단으로 채택되었다(Ozawa-deSilva & Dodson-Lavelle, 2011; Reddy et al., 2013; Dodson-Lavelle et al., 2015). 또 다른 관련된 자비 기반 프로그램은 Thupten Jinpa와 그의 팀이 2007년 캘리포니아 스탠포드에 있는 스탠포드 대학교에서 계발한 자비 계발 수행(Compassion Cultivation Training: CCT) 프로그램이다(Jinpa, 2010). 그 이후 CCT는 대학 학부생, 암 생존자, 퇴역 군인 및 의료 전문가

에게 적용되었다(Jinpa, 2015). CBCT와 CCT는 앞에 설명된 티베트 불교 명상 전통에서 채택된 자비를 계발하기 위한 두 가지 유사한 프로그램이다.

CBCT 모델에서, 스트레스와 괴로움은 자신에 대한 과도하고 부적응적인 관심에서 발생하는 것으로 제시되며, 이는 차례로 다른 사람과의 치유 연결을 억제한다. 자비는 스트레스와 고통에 대한 해독제로 제공된다. CBCT는 자비를 타인의 고통을 덜어 주고자 하는 진심 어린 바람으로 정의한다(Ozawa-deSilva & Negi, 2013). 자비는 고통의 원인을 인식하고 고통을 완화할 수 있다는 이해와 함께 다른 사람들에 대한 깊은 애정에서 비롯된다. CBCT는 자신의 가족 또는 '내집단'의 구성원에게 쉽게 공감하고 자비를 느낄 수 있지만 일반적으로 자신의 '외집단' 구성원인 낯선 사람에게 특히 어떤 식으로든 해를 입히거나 해를 입히겠다고 위협한 사람들에게 공감하고 자비를 느끼는 것이 더 어려움을 발견한다고 가정한다. 그러나 프로그램은 한 가지 해를 입힌 사람들을 포함하여 다른 사람들에 대한 자비를 증가시키는 것이 훈련 가능한 기술이라고 가정한다.

CBCT 모델에서 자비는 일반적으로 8주 동안 여러 가지 다른 보조 실천과 함께 여덟 가지 단계를 통해 체계적으로 학습된다(Negi, 2009; Ozawa-deSilva & Negi, 2013). 단계는 다음과 같다.

① 주의력과 마음의 안정을 계발

② 정신적 경험의 본질에 대한 통찰력 기르기
③ 자기자비 기르기
④ 치우침 없음(공정함) 기르기
⑤ 감사와 고마움 기르기
⑥ 애정과 공감 기르기
⑦ 열망하거나 바라는 자비 기르기
⑧ 적극적인 자비의 실현

주의력 및 통찰 훈련인 처음 두 단계는 고급 분석 실습에 필요한 기초로 이해된다. 기본 주의력 훈련은 일반적으로 호흡 중심 명상을 통해 소개된다. 어느 정도의 안정적인 주의력을 기른 후, 수행자들은 정신 경험에 대한 통찰을 얻기 위해 생각, 느낌 및 감정에 주의 초점을 맞추는 방법을 배운다.

자기자비를 기르는 것은, ① 자신의 괴로움의 원천에 대한 인식, ② 자신의 정신적 습관을 바꿀 수 있다는 이해, ③ 그러한 습관을 바꾸기 위한 전념을 포함한다. 이 세 번째 단계에서 수행자들은 행복에 대한 타고난 욕망을 탐구하고 행복에 기여하거나 스트레스와 괴로움을 악화시키는 마음의 습관에 대해 숙고하도록 초대받는다. 이 프로그램은 더 나아가 수련자들이 자신의 고통을 유발하거나 악화시키는 것은 특정한 방식으로 일이 되기를 바라는 욕망과 행복의 원천을 외부에서 잘못 찾는 습관임을 인식하도록 권장한다. 수행자가 괴로움의 원인에 대한 통찰을 얻을 때, 이러한 습관이 깨질 수 있음을 인식하고 그 습관을 변화시키겠다고 결심하도록 지시받는다.

치우침 없음(공정함)의 네 번째 단계는 수행자가 편견을 극복하고 다른 사람에 대한 평정심을 키울 수 있도록 돕는 특정한 분석적 훈련을 말한다. 수행자는 친구, 낯선 사람, 어려움을 겪는 사람을 시각화하고 이 세 개인이 긍정적이거나 부정적인 경험을 겪는다고 상상할 때 발생하는 다양한 감정을 기록하도록 지시받는다. 그런 다음 수행자는 이 세 가지 범주의 개인에 대한 다양한 반응에 대해 숙고하고 이들 사이에 고정된 또는 고유한 차이가 있는지 여부를 조사하도록 지시받는다. 성찰과 분석 과정을 거친 후 참가자들은 이 세 가지 범주의 사람들과 평정하게 또는 치우침 없이 관계하려는 의도를 생성하도록 권장받는다.

감사와 애정을 키우는 다섯 번째와 여섯 번째 단계는 다른 사람의 복지에 대한 관심을 키우는 데 필수적인 것으로 이해된다. 감사를 표하기 위해 수련자들은 자신의 생존이 많은 다른 사람들의 지원에 의존하는 방식을 포함하여, 수많은 다른 사람의 친절과 관대함에 대해 숙고하도록 권장된다. 감사와 상호의존에 대한 이러한 성찰은 다른 사람들에 대한 애정과 관심을 증가시키는 것으로 이해된다.

공감적 관심이 더 발전함에 따라, 다른 사람의 고통을 더 예리하게 인식하게 된다. 이러한 통찰은 차례로 다른 사람들이 이 고통에서 벗어나기를 바라는 소망이나 열망을 자연스럽게 낳는다고 가정한다(7단계). 이 단계에서 수련자는 사랑하는 사람, 낯선 사람, 적 또는 어려운 사람 등 세 사람의 괴로움을 시각화하고 반영하도록 지시받는다. 그런 다음 다른 사람의 괴로움을 목격하는 것이 얼마나 어려운 일인지 인식하고 이 사람이 괴로움에서 벗어나기를 바라는 마음에 공명하도록 격려한다. 이것은 열망하거나 바라는 자비로 이해된다. 여덟 번째이자 마지막 단계에서 참가자들은 단순히 다른 사람들이 불행하지 않기를 바라는 것에서 행복을 추구하고 고통으로부터의 자유를 추구하는 데 적극적으로 도움을 주기 위해 고안된 명상을 안내받는다.

CBCT의 형식과 순서는 비종교적 적용에서 환생에 대한 특정 형이상학적 및 구원론적 반영과 모든 사람의 이익을 위해 깨달음을 얻으려는 전념을 생략한다는 점을 제외하고는 일곱 가지 인과법을 밀접하게 따른다. CBCT는 또한 참여자들이 다른 사람들의 괴로움을 떠맡도록 명시적으로 권장하기보다는 **통렌**의 '보내기' 측면을 강조하지만, 평등화 및 타인과 자아 교환의 방법을 통합한다.

CCT는 유사하게 연민을 배양하기 위한 이러한 불교 방법에서 영감을 받았지만 CBCT와 비교하여 약간 다른 접근 방식을 제공한다. CCT 모델에서 연민은 일반적으로 9주 동안 진행되는 다음 6단계를 통해 학습된다. 6단계는 다음과 같다.

① 마음의 집중과 안정
② 사랑하는 사람에 대한 자애와 연민 기르기
③ 자신에 대한 자애와 연민 기르기
④ 공동의 인간성을 인정함으로써 타인에 대한 연민 기르기
⑤ 모든 존재에 대한 연민 기르기
⑥ **통렌** 수행을 통한 '능동적 연민' 기르기
(Jinpa, 2010; Jazaieri et al., 2013)

이러한 작은 차이에도 불구하고 CBCT와 CCT는 모두 분석적 명상을 사용하고 추론과 분석적 명상의 과정을 통해 연민과 관련 자질을 계발하거나 구성할 필요성을 강조한다. 이것은 이러한 프로그램을 SCT를 포함한 다른 자비 기반의 명상 프로그램과 구별한다.

지속가능한 자비 훈련

지속가능한 자비 훈련(Sustainable Compassion Training: SCT, 이전에 타고난 자비 훈련 Innate Compassion Training 또는 ICT로 알려짐)은 보스턴 대학교의 불교 및 비교 신학 교수인 John Makransky에 의해 계발되었다. SCT는 다른 사람들에 대한 강력하고 적극적인 자비를 강화하는 무조건적인 보살핌에 대한 자신의 타고난 능력을 실현하도록 고안된 일련의 명상 수행이다(Makransky, 2007; 2011). SCT 프로그램은 교육 분야의 돌봄 호소 계획(Call to Care initiative) 내에서 교사와 학생을 위한 명상 교육으로 Mind and Life Institute에 의해 조정되었으며 이후 돌봄 용기 연합(Courage of Care Coalition, www.courageofcare.org 참조)에 의해 조정되었다. SCT는 의료 전문가, 사회복지사, 상담가 및 사회 서비스 직업의 다른 사람들이 사용하도록 조정되었다. 또한 다양한 비종교 및 종교 간 환경에서 사용하도록

조정되었다.

대승불교와 금강승 불교 명상 전통에서 채택된 SCT 모델에서 자비는 다른 사람들이 스트레스와 괴로움에서 벗어나기를 바라는 마음을 포함하는 사랑과 공감적 관심의 한 형태로 이해된다. 이 모델에 따르면 자비에는 네 가지 측면이 있다.

① 모든 사람을 사랑스럽고 무조건적인 보살핌을 받을 가치가 있는 사람으로 느끼는 사랑 어린 애정
② 괴로워하는 다른 사람들에 대한 공감적 관심
③ 다른 사람들이 괴로움과 그 원인에서 벗어나기를 바라며, 타인의 괴로움을 경감시키려는 연민 어린 의지이자 강한 소망
④ 우리 자신의 괴로움에 대한 통찰을 포함하는 지혜, 다른 사람들이 그들에 대한 우리의 제한적인 인상 이상이라는 인식, 그리고 그 고통은 유일한 현실이 아님. 고통이 치유되고 변용되도록 허용하는 자비로운 인식과 개방의 더 큰 현실 안에서 수용됨(Makransky, 2007)

SCT는 다른 사람들에게 보살핌과 자비를 널리 확장하기 위해 실습자들이 자신을 보살핌과 자비의 대상으로 경험할 필요성을 강조함으로써 자비를 기르는 관계의 중심성을 강조한다. 다시 말해, 프로그램은 실습자들이 다른 사람들을 유사하게 보고 사랑할 수 있는 기초로서 조건 없는 가치와 인간의 잠재력

으로 보고 사랑받는 것이 어떤 것인지 경험함으로써 관계적으로 자비의 잠재력에 접근할 수 있는 권한을 부여받을 필요가 있다고 가정한다. SCT 모델에서 자비는, ① 보살핌받기, ② 깊은 자기돌봄, ③ 돌봄 확장을 포함하여 세 가지 상호 연관된 돌봄 또는 자비 모드를 통해 길러진다.

돌봄 실습을 받는 것은 실습자가 상호 연결, 따뜻함, 애정 및 내적 안전의 순간을 다시 경험할 수 있도록 설계되었다. 자신이 돌봄을 받는 사람임을 경험한다면, 다른 사람들을 그들의 잠재적인 측면에서 더 잘 환영하고 마주할 수 있는, 안전과 조건을 제공하게 될 것이다. 이 모드의 실습은, 예를 들어 돌봄을 받는 것이 이기적이거나 사람을 약하게 만드는 것과 같은 문화적 가정이나 오해처럼 돌봄을 받는 것에 대한 일반적인 두려움, 차단 및 저항과 방치 경험 등의 심리적 문제를 해결하도록 설계되었다.

깊은 자기돌봄 실습에는 실습자가 친절과 연민으로 느낌과 감정에 현존하는 법을 배우고, 기본적인 자각에서 이용할 수 있는 돌봄의 자질에 정착하는 법을 배우도록 돕는 것이 포함된다. 실습자들이 자신의 감정에 더 많이 현존하는 법을 배울수록, 마찬가지로 다른 사람과 자신의 감정에 더 많이 현존하게 될 수 있으며 다른 사람과 공감하는 더 깊은 연결 능력을 키울 수 있다. 자신의 감정을 친절과 따뜻함으로 받아들이는 법을 배움으로써 실습자는 다른 사람과 그들의 감정을 같은 따뜻함, 개방성, 친절로 수용할 수 있다.

다른 사람들에게 돌봄을 확장하는 능력은 수용과 깊은 자기돌봄의 실습을 통해 유발된다. 보다 안정적인 자비를 기르기 위해 SCT는 또한 자신과 타인에 대한 제한적인 생각, 편견, 고정관념이 인간의 자연스러운 돌봄 능력을 방해하는 방식을 밝히는 데 도움이 되는 보조적인 분석 실습을 사용한다.

SCT는 CBCT 및 CCT에서 사용된 것과 유사한 몇 가지 명상적 반성을 사용하지만, 자비에 대한 수련자의 타고난 잠재력을 직접 활용하기보다 기본적인 실습을 지원하는 것으로 간주된다. 그러한 기본적인 실습에는 멘토와 돌보는 인물이 회상하고 '보여 주는' 헌신적인 형태의 실습뿐만 아니라 실무자가 '허용'하는 법을 배울 수 있도록 설계된 자기관리 양식 내의 비이원적 실습이 포함된다. 이와 관련하여 SCT는 금강승 불교의 다양한 탄트라 및 비이원적 가닥에서 끌어낸 자비를 실현하기 위해 타고난 모델과 실습에 더 의존한다(Makransky, 2007; Thondup, 1996; Thondup, 2015).

불교 명상 자비 모델과 현대 과학 자비 모델

이러한 자비 기반 프로그램 간의 차이점은 다양한 불교 전통과 겉보기에 상충되는 수행 스타일(즉, 선천주의 및 구성주의 접근)을 일으킨 다양한 불교 마음 모델 간의 구별이라는 측면에서 주로 틀을 잡았다. 그러나 CBCT, CCT 및 SCT가 각각 전통적인 불교 명상 모델에 의해 형성되었지만, 차례로 특정 현대, 주로 북미 청중을 위해 형성되었다는 점에 주목하는 것이 중요하다. 현대적 프로그램이 계발된 현대 문화적 맥락에 대한 완전한 탐구는 이 장의 범위를 벗어나지만, 이러한 현대적 개입이 개인주의, 건강에 대한 현대적 개념, 즉 웰빙뿐만 아니라 '비종교적' 공간 개념에 의해 다양한 방식으로 형성되었다는 점을 언급하는 것은 중요하다. 이러한 개념은 이들 현대적 개입 각각에 포함된 수사학, 목표 및 실습을 암시적이고 명시적으로 형성했다. 그러므로 현대적 개입이 소위 전통적인 불교 명상 모델을 반드시 매핑하거나 반영하는 것은 아니라는 점에 유의해야 한다.

CBCT, CCT, SCT 및 기타 현대적인 명상 개입은 과학적 연구를 위해 다양한 정도로 설계 및 조정되었다. 건강과 웰빙을 향상시키기 위한 이러한 프로그램의 잠재적 효능에 대한 관심이 증가하고 있지만 자비에 대한 명상 개념과 과학 개념 사이의 차이점에 대해서는 거의 관심을 기울이지 않았다. 예를 들어, 진화론에 기반을 둔 과학적 틀은 자비가 일반적으로 보답할 가능성이 있는 사람들뿐만 아니라 제한된 범위의 다른 사람들의 괴로움에 대한 반응으로 나타나는 자연스러운 본능이라고 제안한다. 자비에 대한 그러한 견해는 자비로운 행동이 개인에게 비용이 많이 든다는 개념에 뿌리를 두고 있다(검토를 위해 Goetz et al., 2010 참조). 그러나 불교 명상 전통은 수행자들이 '무한한' 또는 '조건 없는' 연민을 계발할 수 있는 능력이 있다고 제안한다. 이러한 틀

안에서 무조건적인 자비의 실현이 가능할 뿐만 아니라 깨침이나 깨달음을 위해서도 필수적이다. 다양한 명상 및 과학의 틀은 인간의 잠재력과 건강과 웰빙을 실현하는 데 있어 자비의 역할에 대한 다양한 가정을 보여 준다. 또한 자비를 정의하고, 개념화하고, 계발하는 다양한 가능성을 제한하고 허용한다.

그것은 전통적인 불교와 현대 명상 프로그램 사이의 또 다른 차이점을 지적하는 데 도움이 될 수 있다. 불교 명상 모델이 구원론적 목표에 명시적으로 초점을 맞추는 반면, 이러한 모델의 현대적·비종교적 적응의 수사학은 건강과 웰빙의 강화된 치료적 목표를 강조하는 경향이 있다. 구원론적 및 치료적 목표가 반드시 상호 배타적인 것은 아니지만, 그러한 틀은 건강, 치유 및 변용을 위한 다양한 가능성을 형성, 제한 및 허용한다. 비종교적 틀은 암묵적으로나 명시적으로 프로그램의 목표를 형성하며, 그렇게 함으로써 자비 기반 훈련에 참여하려는 참가자의 동기에 영향을 미칠 가능성이 높다.

시사점 및 향후 방향

틀이 중요하다. 그것은 가능하고 허용되는 것처럼 보이는 것에 영향을 미치며, 자비가 개념화되고 배양되는 방식에 상당한 영향을 미칠 수 있다. 불교의 이론적 틀이 현대의 명상 전통을 형성하고 이끄는 것과 같이, 다양한 현대의 문화적, 과학적 틀은 현대 프로그램에 포함된 실습의 내용과 형식을 형성하고 제한한다. 그림의 액자(틀)처럼, 틀은 주의해야 할 것과 주의하지 말아야 할 것을 강조한다. 다른 사람은 강조하지 않고 경험이나 실습의 특정 측면을 부각시키거나 강조한다.

우리가 보았듯이, 자비의 개념화는 전통적 및 현대적 명상 틀에 따라 다르다. 마찬가지로 괴로움, 자유, 건강 및 웰빙에 대한 개념노 다양하다. 아마도 가장 중요한 것은 실습의 목표가 종종 상당히 다르다는 것이다. 따라서 자비 기반 명상 프로그램의 타당성이나 효능을 단순히 평가하기보다는 자비의 구성과 그것을 계발하는 방법의 계발에 대한 다양한 틀의 의미를 고려할 수 있다.

고도로 맥락화된 실습의 특성을 감안할 때, 우리는 모든 맥락에서 모든 개인에게 효과적이고 적절한 자비를 키우는 하나의 보편적인 접근 방식이 있다고 가정해서는 안 된다. 이를 위해 우리는 한 모델이 '정확하다'거나 '진짜'라고 가정하지 않도록 주의해야 한다. 전통적이고 현대적인 명상 틀에 대한 지나치게 단순화된 설명, 선천주의 및 구성주의 논쟁은 우리로 하여금 다양한 철학적, 이론적, 역사적 틀이 명상 실천에 미치는 영향을 알 수 있게 한다. 또한 특정 주제, 접근 방식 및 긴장을 비교하기 위해 다양한 연습 스타일을 빠르게 매핑하는 데 도움이 된다. 앞에서 언급했듯이 여기의 목표는 어떤 전통이나 수행 스타일이 올바른지 결정하는 것이 아니라 성향이 다르거나 수행 경로의 다른 단계에 있는 스타일의 수행이 더 효과적인지 문의하도록 요청하는 것이다. 이것들은 경험적으로 검증 가능한 주장이며, 내 생각에는 조사할 가치가 있다. 즉, 일반적으로 가장 효과적인 수행 스타일을 찾거나 모든 방법이 실제로 동일하다고 가정하기보다, 우리는 어떤 수행이 누구에게, 어떤 맥락에서, 왜 효과가 있는지를 보다 건설적으로 탐구할 수 있다.

참고문헌

Condon, P., Desbordes, G., Miller, W. B., & DeSteno, D. (2013). Meditation increases compassionate responses to suffering. *Psychological Science, 24*, 2125-2127.

Dalai Lama. (2003). *Path to Bliss: A Practical Guide to Stages of Meditation.* C. Cox, Ed.; T. Jinpa, Trans. Boston, MA: Snow Lion.

Dalai Lama. (2011). *Beyond Religion: Ethics for a Whole World.* New York: Houghton Mifflin Harcourt.

Dunne, J. (2011). Toward an understanding of nondual mindfulness. *Contemporary Buddhism, 12*, 71-88. doi: 10.1080/14639947.2011.564820.

Dodson-Lavelle, B., Makransky, J., & Seigle, P. (2015). *A Call to Care: Teacher's Development Guide.* (Unpublished manual).

Gethin, R. (1998). *The Foundations of Buddhism.* Oxford, UK: Oxford University Press.

Hopkins, J. (2008). *A Truthful Heart: Buddhist Practices for Connecting with Others.* Ithaca, NY: Snow Lion.

Jazaieri, H., Jinpa, G., McGonigal, K., Rosenberg, E., Finkelstein, J., ... Simon-Thomas, E. (2013). Enhancing compassion: A randomized controlled trial of a compassion cultivation training program. *Journal of Happiness Studies, 14*, 1113-1126. doi:10.1007/s10902-012-9373-z

Jinpa, T. (2010). Compassion cultivation training (CCT): Instructors manual. Unpublished, Stanford, CA.

Jinpa, T. (2015). *A Fearless Heart: How the Courage to Be Compassionate Can Transform our Lives.* New York: Hudson Street Press.

Kabat-Zinn, J. (2011). Some reflections on the origins of MB SR, skillful means, and the trouble with maps. *Contemporary Buddhism, 12*, 281-306. doi:org/10.1080/14639947.2011.564844

Makransky, J. (2007). *Awakening Through Love: Unveiling Your Deepest Goodness.* Boston, MA: Wisdom Publications.

Makransky, J. (2011). Compassion beyond fatigue: Contemplative training for people who serve others. In J. Simmer-Brown & F. Grace (Eds.), *Meditation and the Classroom* (pp. 85-94). New York: SUNY Press.

Makransky, J. (2012). How contemporary Buddhist practice meets the secular world in its search for a deeper grounding for service and social action. *Dharma Worlds April-June.* September 1, 2016. doi:http://www.rkworld.org/dharmaworld/dw_2012apijunebuddhistpractice.aspx

Negi, L. T. (2009). *Cognitively-Based Compassion Training: A Manual.* Unpublished manuscript, Emory University, Atlanta, Georgia.

Nyanamoli, B. (Trans.). (1964). *The Path of Purification (Visuddhimagga) by Buddhaghosa.* Colombo, Ceylon: A. Semage Publications.

Ozawa-de Silva, B., & Dodson-Lavelle, B.

(2011). An education of heart and mind: Practical and theoretical issues in teaching Cognitively-Based Compassion Training to children. *Practical Matters, 4,* 1-28.

Ozawa-de Silva, B., & Negi, L. T. (2013). Cognitively-Based Compassion Training: Protocol and key concepts. In T. Singer & M. Bolz (Eds.), *Compassion: Bridging Theory and Practice* (pp. 416-437). Leipzig: Max Planck Institute for Human Cognitive and Brain Sciences.

Pace, T. W. W., Negi, L. T., Adame, D. D., Cole, S. P., Sivili, T. I., Brown, T. D., ... Raison, C. L. (2009). Effect of compassion meditation on neuroendocrine, innate immune and behavioral responses to psychosocial stress. *Psychoneuroendocrinology, 34,* 87-98.

Pace, T. W. W., Negi, L. T., Sivili, T. I., Issa, M. J., Cole, S. P., Adame, D. D., & Raison, C. L. (2010). Innate immune neuroendocrine and behavioral responses to psychosocial stress do not predict subsequent compassion meditation practice time. *Psychoneuroendocrinology, 35,* 310-315.

Pettit, J. W. (1999). *Mipham's Beacon of Certainty: Illuminating the Dzogchen View of the Great Perfection.* Boston, MA: Wisdom Publications.

Reddy, S. D., Negi, L. T., Dodson-Lavelle, B., Ozawa-de Silva, B., Pace, T. W. W., Cole, S. P., ... Craighead, L. W. (2013). Cognitive-Based Compassion Training: A promising prevention strategy for at-risk adolescents. *Journal of Child and Family Studies, 22,* 219-230.

Shonin, E., Van Gordon, W., Compare, A., Zangeneh, M., & Griffiths, M. D. (2015). Buddhist-derived loving-kindness and compassion meditation for the treatment of psychopathology: A systematic review. *Mindfulness, 6,* 1161-1180. doi:10.1007/sl2671-014-0368-l

Thondup, T. (1996). The Healing Power of Mind: Simple Meditation Exercises for Health, Well-Being and Enlightenment (Shambhala, 1996)

Thondup, T. (2015). *The Heart of Unconditional Love: A Powerful New Approach to Loving-Kindness Meditation.* Boston, MA: Shambhala Publications.

Wallace, A., & Wallace, V. (Trans). (1997). *A Guide to the Bodhisattva Way of Life by Santideva.* Ithaca, NY: Snow Lion Publications.

Yeshe, L. (2001). *Introduction to Tantra: The Transformation of Desire.* J. Landaw, Ed. Somerville, MA: Wisdom Publications.

제3장

공감–이타성 가설: 이해와 함의[*]

C. Daniel Batson

요약

우리 인간은 자신을 위해서가 아니라 어느 정도는 다른 사람을 위해서 관심을 갖는가? 공감–이타주의 가설은 이 질문에 긍정적인 대답을 제공한다. 이 가설은 공감적 관심('그가 도움이 필요하다는 지각에 의해 유발되며 그 사람의 웰빙에 부합하는 타인지향적 정서'로 정의됨)이 이타적 동기('타인의 웰빙 증가를 궁극적인 목표로 하는 동기 상태')를 생성한다고 주장한다. 지난 40년 동안 이기주의적인 대안들과 맞붙여서 이 가설을 검증한 연구는 매우 강력한 지지를 제공했다. 공감으로 유발된 이타적 동기는 인간의 레퍼토리에 내재한 것 같다. 이러한 공감이 유발하는 이타성은 일반적인 부모의 양육 방식에 생물학적 뿌리를 두고 있을 수 있다. 공감–이타주의 가설의 실제적인 함의에는 공감의 대상인 타인과 공감적 관심을 느끼는 사람에 대한 혜택과 문제점이 모두 포함된다. 연민과학의 내용과 연구수행에 대한 공감–이타주의 연구의 시사점을 제안했다.

핵심용어

이타주의, 연민과학, 이기주의, 공감적 관심, 도움행동, 부모의 양육

---

[*] 역자 주. affect와 emotion

그동안 심리학계에서는 이들 두 용어를 별로 구분하지 않고 혼용하는 경향이 있었다. 또한 우리말 번역어도 비슷한 경향이 있어서 '감정', '정서', '정동' 등의 번역어를 혼용하였다. 하지만 최근 심리학계에서는 두 용어의 개념을 명확하게 구분하는 흐름이 굳어지고 있다. 즉, affect는 주로 신체감각(특히 interoceptive sense)을 토대로 형성되는 주관적 경험으로서, 전반적인 쾌–불쾌와 각성(arousal)수준 또는 흥분수준을 갖는 생리 및 심리상태를 지칭하는 것으로 보는 반면, emotion은 이런 생리 및 심리사회적 정보를 통합하여 개념화한 구체적인 경험상태로서 각기 다른 이름을 가진 심리상태를 지칭하는 것으로 본다. 그래서 emotion에는 기쁨, 만족감, 분노, 우울, 슬픔 등 서로 다른 구분되는 상태가 있지만, affect는 전반적인 기분이나 느낌으로서 뭐라 이름 붙이기 어려운 전반적인 상태를 뜻하는 것으로 본다. 본인은 제3장과 제20장, 제22장에서 affect는 감정으로, emotion은 정서로 통일해서 번역하였다.

우리가 다른 사람을 돕는 데 소비하는 모든 시간과 에너지를 생각해 보자. 우리는 일상적인 예의와 친절을 베푸는 것 외에도 지구 반대편에 사는 재해의 피해자를 돕고 고래를 구하기 위해 돈을 보내기도 한다. 우리는 막 인간관계의 파탄을 겪은 친구와 밤새 함께 있어 주기도 한다. 또는 길을 잃고 겁에 질린 아이를 도와 엄마가 나타날 때까지 안심시키기도 한다. 때때로 이런 도움행동은 매우 극적일 수도 있는데, 발작을 일으켜 선로에 쓰러진 청년을 구하기 위해 지하철 선로에 뛰어내려 기차를 멈춰 세운 웨슬리 오트리(Wesley Autrey) 같은 엄청난 사례가 그렇다. 나치 치하 유럽에서 자신과 가족의 생명의 위협을 무릅쓰고 유대인을 보호했던 사람들도 그렇다.

우리는 왜 이런 일을 할까? 그러한 행동의 동기는 무엇일까? "가장 사심없는 사랑도 결국 일종의 거래에 불과해서, 우리의 사랑고백이라는 것도 항상 어떤 식으로든 이득을 취하겠다는 제안인 것"(La Rochefoucauld, 1691, Maxim 82)이라는 말이 사실일까? 아니면 우리에게 이타주의라는 것이 가능한 것일까?

후자 가능성의 중요성은 당신이 이타주의를 무엇이라고 생각하는지에 달려 있다. 대부분의 행동 및 사회과학자와 마찬가지로, 당신이 그것을 개인적으로 비용이 많이 드는 도움 주기로 생각하거나 또는 따뜻한 빛이나 죄책감 회피처럼 스스로 관리하는 보상을 얻기 위해 도움을 주는 것으로 생각한다면 이타주의는 의심할 바 없이 존재한다. 그러나 이런 류의 이타주의가 가능하다고 말하는 것은

우리에게 전혀 새로운 것을 말해 주지 않는다. 이러한 개념은 한 세기에 걸쳐 회자된 이기주의-이타주의 논쟁을 하찮은 것으로 만들어 버린다. 그 논쟁에서 이타주의란 다른 사람의 웰빙 증가를 궁극적인 목표로 하는 동기 상태를 말하며, 이기주의는 우리 자신의 웰빙 증가를 궁극적인 목표로 하는 동기 상태를 말한다. 서구 사상의 지배적인 견해는 La Rochefoucauld의 말처럼 우리의 동기가 항상 전적으로 이기적이라는 것이다.

공감–이타주의 가설

공감–이타주의 가설은 이타주의와 이기주의를 동기로 개념화하는 것을 진지하게 받아들인다. 이 가설은 **공감적 관심이 이타적 동기를 만든다**고 주장하며, 이는 이기주의의 보편성이라는 믿음에 도전하는 것이다(Batson, 1987, 2011). 이 믿을 수 없을 정도로 단순한 가설을 이해하려면 공감적 관심과 이타적 동기가 의미하는 바가 무엇인지 명확히 할 필요가 있다.

공감적 관심

공감–이타주의 가설에서 공감적 관심(empathetic concern)은 그가 도움을 필요로 한다는 지각에 의해 유발되며 타인의 웰빙에 부합하는 타인지향적 정서이다. 이 타인지향적인 정서는 '공감적 관심' 외에도 연민(compassion), 부드러움(tenderness), 동감(sympathy), 동정(pity) 등

여러 이름으로 불렸다(많은 사람이 내가 '공감적 관심'이라고 부르는 그런 정서 상태를 지칭하는 데 연민이라는 용어를 사용하는 반면, 일부 사람들은 이 용어를 정서뿐만 아니라 동기까지를 지칭하는 것으로 사용하는데, 그러면 공감―이타주의 가설 전체와 맞먹는 것이 된다. 나는 정서와 동기의 연결관계를 개념 정의로 미리 결정하기보다는 실증적 검증을 위해 열어 두고 싶다. 이 연결관계의 본성이 바로 공감―이타주의 가설의 초점이다). 이런 타인지향적 정서에 어떤 이름을 붙이는가는 중요하지 않다. 중요한 것은 이 정서가 상대방이 느끼는 것과 **같은 느낌**이 아니라 타인을 위한 느낌을 포함한다는 점이다. 명료하게 하기 위해 네 가지 간단한 설명을 추가하면 다음과 같다.

먼저, 공감적 관심이라는 타인지향적 정서를 '도움을 필요로 하는 사람의 웰빙과 일치한다'고 말할 때, 내가 말하는 것은 구체적인 내용이 아니라 유인가(valence)의 일치를 말하는 것이다. 우리가 지각한 상대방의 웰빙이 긍정적일 때 유인가는 양수이고 부정적일 때에는 유인가가 음수이다. 예를 들어, 화를 내고 두려워하는 사람에 대해 슬프거나 안됐다고 느끼는 것은 일치하는 것이다. 또는 선한 사마리아인이 그랬던 것처럼(누가복음 10:33) 어떤 강도질의 비의도적 희생자에 대한 연민을 느끼는 것도 그렇다.

둘째, '공감'이라는 용어는 도움의 필요에 대한 인식이 없는 그런 상황도―예를 들면, 다른 사람의 행운에 공감적 기쁨을 느낄 때와 같은(Smith, Keating, & Stotland, 1989; Stotland, 1969)―포함할 만큼 충분히 넓은 의미로 쓰이지만, 모든 공감적 정서가 이타적 동기를 유발한다고 가정할 수는 없다. 공감적 관심은 타인이 도움을 필요로 한다는 것을 인식할 때에만 느껴진다. 도움의 필요에 대한 이런 지각이 없다면, 타인의 웰빙을 증가시키려는 동기가 없다.

셋째, 여기에 정의된 공감적 관심은 하나의 개별적인 정서가 아니라 여러 정서의 전체적 집합을 포함한다. 여기에는 사람들이 **동감, 연민, 가슴을 녹이는, 부드러움, 애절함, 슬픔, 당황스러움, 고민, 애도** 등으로 보고하는 느낌들이 포함된다.

넷째, 동감이나 연민의 느낌은 본래 타인지향적이지만, 우리 자신이 직접 뭔가 안 좋은 일을 겪을 때에도 슬픔, 괴로움, 걱정 같은 자기지향적인 느낌을 가질 수 있다. 이런 정서들은 자기지향적인 경우든 타인지향적인 경우든 슬픔, 당혹감, 걱정, 애도의 느낌이라고 묘사될 수 있다. 이런 광범위한 용법은 혼란을 야기한다. 적절한 심리학적 구분의 핵심은 사용된 정서명칭―**슬픔, 괴로움, 걱정**―에 있는 것이 아니라 누구의 웰빙에 있는가 하는 지향성이다. 우리가 다른 사람에 대해 슬프거나 괴로워하거나 걱정을 느끼는가 아니면 자신에게 닥친 일(아마도, 타인이 고통받는 것을 보는 경험 포함)의 결과로 이런 식으로 느끼고 있는가?

최근 몇 년 동안 '공감'이라는 용어는 방금 설명한 타인지향적 정서 외에도 다양한 현상에 적용되었다(부분적인 검토를 위해서는

Batson, 2009 참조). 몇 가지를 열거하면 다음과 같다.

- 타인의 생각과 느낌을 안다.
- 타인과 비슷한 태도를 취하거나 비슷하게 반응한다.
- 타인이 느끼는 것처럼 느끼게 된다.
- 타인의 괴로움을 목격할 때 개인적 고통을 느낀다.
- 타인의 처지에서 어떻게 생각하고 느낄지 상상한다.
- 다른 사람들이 어떻게 생각하고 느끼는지 상상한다.
- 타인에 대한 느낌의 일반적인 성향(특질)

이러한 각각의 현상은 내가 **공감적 관심** 또는 줄여서 **공감**이라고 부르는 타인지향적인 느낌과 다르다. 공감-이타주의 가설은 공감적 관심을 불러일으키는 경우를 제외하고는 이러한 다른 현상 어느 것도 이타적 동기를 유발하지 않는다고 주장하지 않는다. 더욱이 이 가설은 이러한 다른 현상이 공감적 관심을 불러일으키는 데 필요하거나 충분하다는 주장을 하지 않는다. 따라서 공감-이타주의 가설을 지지하는 증거를 이런 다른 현상들이 이타적 동기를 유발한다는 증거로 간주해서는 안 된다.

이타적 동기

이기주의-이타주의 논쟁에서 이타주의와 이기주의는 공통점이 많다. 둘 다 동기 상태를 나타낸다. 둘 다 동기 상태의 궁극적인 목표와 관련이 있다. 그리고 각각의 궁극적인 목표는 누군가의 웰빙을 높이는 것이다. 이러한 공통된 특징은 결정적인 차이를 강조하기 위한 맥락을 제공한다. 궁극적인 목표는 누구의 웰빙인가? 타인인가 아니면 나 자신인가?

여기서 '궁극적 목표'는 심리적 현실에서 수단-목적 관계를 말하며, 형이상학적인 최초 또는 최종 원인도 아니고 생물학적 기능을 의미하는 것도 아니다. **궁극적 목표**는 그 자체가 목적인 반면, **도구적 목표**는 궁극적인 목표를 향한 디딤돌이다. 도구적 목표와 궁극적 목표 모두 **의도하지 않은 결과**, 즉 목표하지 않은 행동의 결과와 구별되어야 한다. 각각의 궁극적 목표는 뚜렷한 목표 지향 동기를 규정한다. 따라서 궁극적 목표라는 면에서 차이가 있는 이타주의와 이기주의는 동시에 발생할 수도 있지만 서로 다른 동기이다. 또한 이들은 개인적인 선유경향이나 **특질**이 아니라 동기 상태를 말한다. 이기주의-이타주의 논쟁은 이런 동기 상태 간의 대비이지 사람 유형 간의 대비, 즉 이기주의자와 이타주의자의 대비가 아니다.

도움행동에서 여러 가지 자기이득이 파생될 수 있다. 물질적 보상이나 대중의 찬사를 받거나 대중의 질책을 피하는 것처럼 명백한 경우도 있다. 그러나 우리가 외부 보상이 없는 상황에서 도움을 주더라도 여전히 이득을 볼 수 있다. 궁핍한 사람이나 동물을 보면 괴로움을 느낄 수 있고, 그들의 괴로움을 덜어 줌으로써 우리는 자신의 괴로움을 덜 수 있다. 또는 우리가 도움을 줄 때 자신의 친절함에 대해 기분이 좋을 수도 있다. 또는 우리가 해야 한다고 생각하는 일을 하지 않은 것에 대한 죄책감과 수치심에서 벗어날 수도 있다.

공감−이타주의 가설은 이타적 동기로 한 도움행동이 자신에게 이런 이득을 가져온다는 것을 부인하지 않는다. 그러나 그것은 공감이 유발하는 도움행동의 자기이득이 궁극적인 목표가 아니라 의도하지 않은 결과라고 본다. 또한 공감−이타주의 가설은 공감적 관심을 느끼는 사람이 이타적 동기만을 경험한다고 주장하지도 않는다. 해당 인물은 타인을 도움이 필요한 사람으로 인식하는 것과 같은 공감적 관심을 불러일으키는 조건을 포함해서 기타 다른 출처에서 발생하는 다른 동기도 경험할 수 있다. 또한 이 가설은 공감적 관심이 이타적 동기의 유일한 원천이라고 주장하지 않는다. 다른 가능한 원천에 대해서는 언급을 하지 않을 뿐이다. 이와는 다른 여러 현상이 '공감'이라고 불렸다는 점을 감안할 때, 또 다른 공감−이타주의 가설들도 있을 수 있다. 하지만 지금까지 세심하게 검증된 다른 가설들은 없다.

도우려는 동기에 대해 관심을 갖는 이유는 무엇일까

도움이 필요한 사람이 도움을 받는 한, 그런 도움의 근본적인 동기가 이타적인지 이기적인지를 생각할 이유가 있을까? 답은 우리의 관심에 달려 있다. 이 상황에서 이 사람이 도움을 얻는 데만 관심이 있다면 동기의 본질은 중요하지 않을 수 있다. 그러나 우리가 일반적으로 언제 어디서 도움을 기대할 수 있는지, 그리고 그것이 얼마나 효과적일지(아마도 더 배려하는 사회를 만들기 위해) 아는 데에 관심이 있다면 그 바탕에 깔린 동기를 이해하는 것이 중요하다. 예를 들어, 내가 당신을 도우려는 동기가 당신에게 깊은 인상을 주려는 것이라면, 당신이 내가 도왔다는 것을 알 수 없는 경우에는 돕지 않을 것이다.

Kurt Lewin(1951)이 주장한 것처럼, 인간 행동에 대한 안정적 설명은 행동이나 결과가 아니라 해당 동기와 궁극적 목표의 연결을 살펴보아야 알 수 있다. 행동은 매우 다양하다. 도움을 포함한 특정 행동의 발생은 ⓐ 경쟁 동기의 강도, ⓑ 행동이 이러한 각 동기와 어떻게 관련되는지, 그리고 ⓒ 당시 상황에서 사용할 수 있는 또 다른 행동 옵션은 물론이고 그 행동을 유발할 수 있는 동기의 강도에 따라서도 달라진다. 그것은 또한 그 행동이 도구적 또는 궁극적인 목표를 촉진하는지 여부에도 달려 있다. 특정 행동이 궁극적인 목표를 더 직접적으로 촉진하는 것이고 특히 여러 가능한 행동 옵션 중에서 그 행동이 더 그럴수록 발생할 가능성이 높아진다. 도구적 목표를 촉진하는 행동은 ⓐ 도구적 목표와 궁극적 목표 사이의 인과관계가 변경되거나 ⓑ 도구적 목표를 우회하는 궁극적 목표에 대한 행동적 경로가 발생하는 경우 변경될 수 있다.

그러나 까다로운 일이지만, 우리는 행동에

서 동기를 추론한다. 특히 가능한 여러 궁극적인 목표에 도달하기 위한 최선의 방법이 서로 다른 다양한 상황 전반에 걸친 행동 **패턴**에서 동기를 추론하는 것이다. 이런 추론을 통해 우리는 공감-이타주의 가설을 검증할 수 있었다.

공감-이타주의 가설의 현황

지난 40년 동안 공감적 관심이 이타적 동기를 유발한다는 가설인 공감-이타주의 가설을 공감적 관심이 유발하는 동기가 한 가지 또는 그 이상의 자기이득을 궁극적 목표로 한다는 여러 이기주의 가설에 대비시켜 검증하기 위해 35개 이상의 실험이 이루어졌다. 연구전략은 방금 말한 것처럼 우리가 공감이 유발한 동기의 궁극적 목표에 대한 행동양상을 통해 의미 있는 추론을 할 수 있도록 실험상황을 다양하게 바꾸는 것이다(실험에 대한 포괄적인 검토는 Batson, 2011 참조).

이런 실험의 결과는 놀라운 일관성을 가지고 공감-이타주의 가설을 지지했다. 일부 결과들은 처음에는 그 가설과 모순되는 것처럼 보였지만 후속 검증을 버텨 내지 못했다. 내가 아는 한, 현재로서는 이런 누적된 결과를 설명할 수 있는 그럴듯한 이기주의적인 설명은 없다. 이 증거를 통해 나는 공감-이타주의 가설이 진실이라는 잠정적 결론을 내리게 되었다. 도움이 필요한 사람에 대한 타인지향적 느낌(공감적 관심)은 그런 공감을 유발한 도움의 필요성을 제거한다는 궁극적 목표를 가진 동기(이타적 동기)를 생성한다. 이런 증거는 또한 이 동기가 놀라울 정도로 강력할 수 있다는 결론을 뒷받침했다.

공감적 관심의 선행요인

공감적 관심이 이타적 동기를 낳는다면 공감적 관심을 낳는 것은 무엇일까? 공감-이타주의 가설이 핵심인 이타적 동기 이론은 ⓐ 타인의 도움이 필요한 상태라는 인식과 ⓑ 타인의 복지에 대한 내재적 가치 부여라는 공감적 관심의 두 가지 주요 선행 요인을 적시한다.

타인을 도움을 필요로 하는 상태로 인식하는 것: 타인의 도움요구를 인식하는 것은 하나 또는 그 이상의 웰빙 차원에서 타인의 현재 상태와 바람직한 상태 사이의 부정적인 불일치를 알게 되는 것을 포함한다. 웰빙의 차원은 신체적 즐거움, 긍정적 감정, 만족, 안정감의 존재뿐 아니라 신체적 고통, 부정적 감정, 불안, 스트레스, 위험 및 질병의 부재를 포함한다. 물론 인식된 요구는 그 규모가 다를 수 있다. 요구인식의 크기는 다음 세 가지 요인의 함수이다. ⓐ 불일치로 인식된 웰빙 차원의 수, ⓑ 각 불일치의 크기, ⓒ 도움이 필요한 사람의 전체적 웰빙에서 이들 각 차원의 중요도.

문제의 **부정적인 불일치**는 공감을 느끼는 사람이 아니라 도움이 필요한 사람의 웰빙에 관한 것이다. 하지만 해당 문제의 인식은 도움을 필요로 하는 사람의 인식이 아니라 공감을 느끼는 사람의 인식이다. 어떤 사람들이 자신은 도움을 필요로 한다고 느끼지만 타인들은 그렇게 지각하지 않는 경우도 있다. 이 경우, 타인들은 도움이 필요하다는 상대의 잘못된 인식 그 자체를 하나의 도와줄 필요가 있는 것으로 생각하지 않는 한 그 사람에 대한 공감적 관심을 경험하지 않을 것이다. 반대로, 자신은 도움이 필요한 상태라고 인식하지 않지만 다른 사람들은 도움이 필요한 상태라고 인식하는 경우가 있다. 이런 타인들은 공감적인 관심을 느낄 수 있다.

타인의 웰빙에 대한 내재적 가치 평가: 공감적 관심을 불러일으키는 타인의 웰빙에 대한 가치 평가는 **외적인** 것이라기보다는 **내적인** 것이다(Allport, 1961). 가치평가는 자신이 그에게 무엇을 제공할 수 있을지가 아니라 그 사람의 관점에서 평가된다. 말하자면, 다른 사람의 웰빙에 대해 내적인 가치를 부여할 때, 우리는 **보살피거나 사랑한다**고 말한다.

공감-유도 이타주의는 어떻게 진화할 수 있었을까

공감적 관심의 선행요인에 대한 고려를 과거 시점으로 확장하면 공감에 따른 이타적 동기가 어떻게 진화할 수 있었을까 하는 의문이 든다. 그런 동기가 진화적으로 어떤 기능을 했을까? 가장 그럴듯한 대답은 공감적 관심이 고등 포유류, 특히 인간 사이에서 양육 본능의 일부로 진화했다는 것이다(Batson, 2010, 2011; Bell, 2001; de Waal, 1996; Hoffman, 1981; McDougall, 1908; Zahn-Waxler & Radke-Yarrow, 1990). 만일 포유류인 부모가 매우 취약한 자손의 웰빙에 큰 관심을 기울이지 않았다면 이러한 종은 빨리 사라졌을 것이다.

의심할 여지없이, 우리 인간은 다른 포유류 종과 공유하는 조상으로부터 양육 본능의 핵심적인 측면을 물려받았다. 그러나 인간의 경우 이런 본능은 훨씬 덜 자동적이며 훨씬 더 유연하다. 인간의 양육 본능은 간호, 다양한 음식 제공, 새끼를 곁에 두고 보호하기와 같은 대부분의 포유동물 종의 돌봄을 특징짓는 활동을 넘어선다. 여기에는 아이의 욕구와 감정에 대한 추론과 예상이 포함된다("배고파 우는가 아니면 축축해서 우는가?", "얘는 폭죽을 싫어할 거야.", "너무 소리가 커서 놀랄 거야."). 여기에는 목표 지향적인 동기와 평가 기반의 정서도 포함된다(Scherer, 1984).

물론 우리 인간은 자기 자녀에게만 공감적인 관심을 느끼는 것은 아니다. 기존의 반감이 없는 한 우리는 인간이 아닌 것을 포함하여 도움이 필요한 다양한 타자에게 공감을 느낄 수 있다(Batson, Lishner, Cook, & Sawyer, 2005; Shelton & Rogers, 1981). 이런 확장은 우리가 타인을 자손으로 '입양'하고 가치를 내재적으로 평가함으로써 타인에게 도움이 필요할 때 그 사람에 대해 공감적 관심과 이타적인 동기를 보인다는 인지적 일반화를 반영하는 것일 수 있다(Batson, 2011; Hoffman, 1981).

두 가지 요인이 그러한 일반화의 출현을 촉진할 것이다. ⓐ 상징적 사고와 유추적 추론을 포함한 인간의 인지 능력, ⓑ 초기 수렵자-채집자 인간 집단에서 자기 자식으로 엄격하게 제한된 공감적 관심과 양육의 진화적

이점 부족. 이런 집단에서 도움이 필요한 사람들은 종종 자녀 또는 가까운 친척이었다. 그리고 한 개체 유전자의 생존은 가까운 친척이 아닌 사람들의 웰빙과도 밀접하게 연관되어 있었다(Hrdy, 2009; Kelly, 1995; Sober & Wilson, 1998).

인간의 양육 충동이 공감적 관심과 같은 평가 기반의 타자 지향적인 정서에 의존하는 한 비교적 일반화하기가 쉬울 것이다. 현대 사회에서 이러한 일반화라는 관점은 유모, 어린이집 직원, 양부모 및 반려동물 소유자가 일반적으로 제공하는 정서적 민감성과 따뜻한 보살핌을 생각해 보면 더 그럴듯해 보인다.

인간 이타주의의 뿌리가 부모의 일반화된 양육에 있다면, 이타주의는 우리의 본성과 일상생활의 구조에 촘촘하게 스며들어 있다. 그것은 예외적이거나 부자연스러운 것이 아니라 인간 조건의 핵심적 특징이다. 극단적인 자기희생 행위에서만 이타주의를 찾는 것이 아니라, 우리는 이타주의가 우리의 일상 경험에서 발현된다는 것을 알아야 한다. 공감–이타주의 연구에 따르면 그렇다.

다른 선행요인은

많은 연구에 따르면 도움요구에 대한 인식과 타인 관점의 상상(즉, 도움이 필요한 사람이 어떻게 생각하고 느끼는지 상상)이 결합하면 공감적 관심이 생길 수 있다. 그리고 전반적인 정서성, 정서 조절, 정신병질(psychopathy), 애착 스타일, 성별을 포함한 여러 개인차 변수가 공감적 관심의 수준에 영향을 미칠 수 있다. 그러나 타인 관점의 상상과 이들 개인차 모두는 또 다른 선행요인이라기보다는 공감적 관심의 두 가지 핵심 선행조건인 도움요구와 가치평가의 영향을 조절하는 역할을 하는 것 같다. 즉, 도움요구에 대한 인식, 내재적 가치 평가 또는 둘 다에 대한 영향을 통하는 것 외에는 그들 중 어느 것도 공감적 관심에 직접 영향을 미치는지 명확하지 않다(이 점에 대한 논의는 Batson, 2011 참조).

실제적 시사점

공감–이타주의 가설이 '무엇인가'는 눈에 보이므로, 이제 '그래서 무엇?'을 의미하는지로 방향을 돌릴 수 있다. 먼저, 실용적인 의미에 초점을 맞춘 다음 연민과학에 대한 함의를 간략하게 설명하겠다. 실제적 함의에 대한 연구들은 공감으로 유발된 이타주의가 순수한 선함이 아님을 시사한다. 그것은 이득을 제공하는 것이지만 또한 져야 할 책임도 있고, 우리는 이 두 가지를 모두 알고 있어야 한다(더 많은 관련 연구에 대한 광범위한 토론 및 검토는 Batson, 2011 참조).

공감–유도 이타주의의 이득

1. 더 많이, 더 민감하게, 덜 변덕스러운 도움. 아마도 그리 놀랍지 않은 이득은 공감적 관심을 느끼는 것이 공감의 대상을 더 많이 돕게

만든다는 점이다. 공감−이타주의 가설이 검증되기 전에도 공감적 관심이 도움 가능성을 높인다는 증거가 있었다(예: Coke, Batson, & McDavis, 1978; Krebs, 1975). 이제 우리는 공감적 관심이 이타적 동기를 유발한다는 것을 알았으니 그것이 도움의 질도 향상시킬 수 있다고 믿을 이유가 있다.

공감−유도 이타주의는 공감 대상인 타자의 요구에 더욱 민감한 도움을 동기화할 가능성이 높다. 보상을 받고 처벌을 피하는 것과 같은 이기적인 목표는 종종 우리의 도움이 필요한 개인의 고통을 덜어 주지 못하는 경우라도 달성할 수 있다. 이러한 목표에서 중요한 것은 생각이다. 하지만 우리가 이타적으로 동기를 가질 때 중요한 것은 다른 사람들의 웰빙이다. 실험적 증거는 이러한 추론을 뒷받침한다. 공감을 거의 느끼지 못하는 사람들과 달리, 공감적 관심을 느끼도록 유도된 사람들은 다른 사람들의 도움요구가 완화될 때에만 도움제공 이후에 기분이 좋아지는 경향이 있었다(Batson, Dyck, Brandt, Batson, Powell, McMaster, & Griffitt, 1988; Batson & Weeks, 1996). Sibicky, Schroeder, Dovidio(1995)는 미래의 결과에 대한 민감성을 강조하면서, 도움제공이 즉각적인 요구는 충족시키지만 장기적으로 해로울 경우에는 공감적 관심이 실제 도움제공을 감소시킨다는 증거를 제공했다.

이타적 동기는 더욱 민감한 도움제공을 산출하는 것 외에도 이기적 동기에 비해 덜 변덕스럽다. 연구에 따르면 상대적으로 낮은 공감을 경험하는 사람(따라서 이타적 동기보다 이

기적인 동기가 우세함)은 ⓐ 돕지 않고 도움요구에 대한 노출을 쉽게 피할 수 있거나 ⓑ 자신이 돕지 않은 것을 자신과 남들에게 쉽게 정당화할 수 있는 경우, 훨씬 덜 돕는 경향이 있다(Batson, Duncan, Ackerman, Buckley, & Birch, 1981; Batson et al., 1988; Toi & Batson, 1982). 이러한 발견의 실질적인 의미는 분명하다. 쉬운 회피와 높은 정당화 가능성은 많은 도움 상황의 공통적인 특징이다. 우리는 거의 언제나 일상생활의 번잡하고 뒤엉킨 혼란 속에서 주의를 다른 곳으로 돌리거나 행동하지 않는 것이 정당하다고 스스로를 확신시키는 방법을 찾을 수 있다. 이를 감안할 때, 공감−유도 이타적 동기의 실질적인 잠재력은 실제로 유망해 보인다. 방금 인용한 연구에서 상대적으로 높은 공감을 경험한 사람들은 쉬운 탈출, 높은 정당성 또는 둘 다의 조건에서도 도울 준비가 눈에 띄게 감소하지 않는 것으로 나타났다.

2. **공격성 감소.** 공감−유도 이타주의의 두 번째 이점은 공격성 억제이다. 누군가에 대한 공감적 관심을 느끼는 것이 그 사람의 웰빙을 유지하거나 늘리려는 이타적 동기를 생성하는 한, 그것은 그 사람을 공격하거나 해를 입히려는 경향을 억제할 것이다. 이런 억제 효과는 Harmon-Jones, Vaughn-Scott, Mohr, Sigelman 및 Harmon-Jones(2004)가 인상적으로 입증한 바 있다. 그들은 모욕을 준 후 분노와 관련된 왼쪽 전두엽 피질의 뇌파(EEG) 활동에 대한 공감의 효과를 평가했다. 공감−이타주의 가설에 의해 예측된 바와 같이, 일

반적으로 모욕에 의해 증가되고 공격성을 촉진하는(그리고 낮은 공감 조건에서 증가하는) 좌측 전두엽 피질 뇌파의 상대적 활성도가 높은 공감 조건에서는 억제되었다.

공감적 느낌은 모든 공격 충동을 억제하는 것이어서는 안 되며 단지 공감의 대상을 향한 공격 충동만 억제하는 것이어야 한다. 실제로, **공감에 의해 유발된 이타적 분노와 공격성**을 쉽게 상상해 볼 수 있는데, 말하자면 B가 A의 웰빙에 위협이 된다고 인식된 경우, A에 대한 공감은 B에 대한 분노와 공격성을 증가시킨다(Buffone & Poulin, 2014; Hoffman, 2000; Vitaglione & Barnett, 2003).

조금 더 넓게는 공감은 부당한 희생자를 탓하는 것과 같은 특히 미묘하고 교활한 형태의 공격에 대항할 수 있다. Melvin Lerner(1980)는 정의로운 세상(just-world) 가설에 대한 그의 고전적인 연구에서 연구 참가자들이 고통의 무고한 희생자로 인식된 사람을 폄하하는 경향이 있음을 발견했다. 이런 경멸은 사람은 마땅히 받을 만한 것을 받고, 마땅히 그래야 한다는 참여자들의 신념을 유지하는 데에 도움이 되었을 것이다. 이런 식으로 정의로운 세상이라는 믿음을 보호하는 것은 William Ryan(1971)이 **피해자 탓하기**라 부른 결과로 이어질 수 있다. Ryan은 우리 사회가 부당한 차별과 억압의 희생자들에 대해 무의식적으로 자기책임이라고 탓하는 방식으로 대응할 가능성이 있다고 주장했다. 즉, 그들이 가진 것이 적다면, 그럴 만하기 때문에 그런 것이다.

피해자를 경멸하고 비난하는 것은 타인의 고통을 돌보는 것에 대한 너무나 흔한 대안이다. 이런 과정은 불운한 사람들의 곤경을 무심코 정당하고 옳은 것으로 받아들이는 결과를 낳을 수 있다. 하지만 공감이 유발한 이타주의는 이러한 경향을 상쇄할 수 있다. Lerner의 고전적 실험에 대한 중요한 추수 연구에서 Aderman과 Brehm, Katz(1974)는 공감을 불러일으키도록 만든 관점 수용 지시문이 무고한 희생자에 대한 경멸을 제거한다는 것을 발견했다.

3. 갈등 상황에서 협력과 보살핌 증가. 공감으로 유발된 이타적 동기가 갈등 상황에서 협력과 보살핌을 증가시킬 수 있다는 증거도 있다. 그러한 상황의 패러다임은 일회성 죄수의 딜레마이다. 이런 2인 딜레마에서는 상대방이 어떻게 하든 관계없이 '배신(경쟁)'이 항상 각자에게 최대의 물질적 이득이 된다. 우리 인간이 항상 전적으로 이기적이라고 가정하는 이론들(예: 게임 이론 및 합리적 선택 이론)은 일회성 죄수의 딜레마에서 협력이 없을 것이라고 예측한다. 이에 반해 공감–이타주의 가설은 그러한 딜레마에 빠진 한 사람이 다른 사람에게 공감하도록 유도되면, 그 사람은 자기 이득과 공감–유도 이타주의라는 두 가지 동기를 경험할 것이라고 예측한다. 자기 이득은 배신함으로써 가장 잘 충족되지만 이타주의는 협력함으로써 가장 잘 충족된다. 따라서 공감–이타주의 가설은 공감이 일회성 죄수의 딜레마에서 협력을 증가시킬 것이라 예측한다. Batson과 Moran(1999)은 정확히 이러한 결과를 발견한 연구 결과를 보고했다

(Batson & Ahmad, 2001; Rumble, van Lange, & Parks, 2010 참조).

실제 세상의 갈등에 대해서는 어떨까? 공감이 유발하는 이타주의의 도입을 거기서도 추구할 가치가 있을까? Stephan과 Finlay(1999)는 공감-유도가 종종 아랍인과 이스라엘인 같은 오랜 정치적 갈등을 다루는 집단 간의 갈등 해결 워크숍에서 사용되는 기술의 명시적인 구성요소임을 지적했다. 워크숍 참가자들은 자신의 느낌, 즉 희망과 두려움을 표현하고 갈등 반대편에 있는 사람들의 관점을 적극적으로 수용하도록 격려를 받는다(Burton, 1987; Fisher, 1994; Kelman, 1997; Kelman & Cohen, 1986; Rouhana & Kelman, 1994). 이러한 노력은 다른 사람의 도움요구에 대한 인식과 그의 웰빙에 대한 민감성을 촉진할 것이고, 이것이 공감적 관심을 증가시킬 것이다.

4. 낙인찍힌 집단의 구성원에 대한 태도와 행동 개선. 공감으로 유발된 이타주의가 낙인찍힌 집단에 대한 태도와 행동을 개선하는 데 사용될 수 있을까? 그렇게 생각하는 이유가 있다. Batson과 Polycarpou, Harmon-Jones, Imhoff, Mitchener, Bednar, Klein, Highberger(1997)는 낙인찍힌 집단의 구성원에 대한 공감을 유도하는 것이 집단 전체에 대한 태도를 향상시킬 수 있음을 발견했다. 이러한 태도 개선 효과는 신체장애가 있는 사람, 동성애자, AIDS에 걸린 사람, 노숙자, 심지어 유죄 판결을 받은 살인자 및 마약 딜러를 포함한 많은 낙인찍힌 그룹에서 발견되고 있다(Batson, Chang, Orr, & Rowland, 2002; Batson et al., 1997; Clore & Jeffrey, 1972; Dovidio, Johnson, Gaertner, Pearson, Saguy, & Ashburn-Nardo, 2010; Finlay & Stephan, 2000; Vescio, Sechrist, & Paolucci, 2003). 그리고 개선된 태도는 결과적으로 그 집단을 돕는 행동을 증가시킬 수 있다(Batson et al., 2002). Shelton과 Rogers(1981)는 공감-유도 태도 변화의 광범위한 적용 가능성을 강조했는데, 이들은 고래에 대한 공감 유도가 고래를 구하려는 의도를 증가시키는 긍정적인 태도로 이어진다는 것을 발견했다. Schultz(2000)는 오염으로 인해 피해를 입은 동물에 대한 공감이 자연 환경 보호에 대한 태도를 향상시킨다는 것을 발견했다. Berenguer(2007)도 그랬다.

적어도 처음에는 사회의 불우하고 짓밟히고 낙인찍힌 사람들에 대한 태도와 행동을 개선하기 위해 공감을 사용해야 하는 실질적인 이유가 있다. 공감-유도는 직접적인 집단 간 접촉과 같은 방법을 통해 태도를 개선하려고 하는 것보다 쉬울 가능성이 있다. 소설, 영화, 다큐멘터리는 낙인찍힌 집단의 구성원에 대한 공감을 유도하는 것이 비교적 쉽다는 것을 보여 준다. 또한 이러한 공감은 저비용, 저위험 상황에서 유도될 수 있다. 직접적이고 협력적이며 개인적인 접촉을 만들기 위해 종종 필요한 정교한 준비 없이도, 우리는 집에 편안하게 앉아 있으면서도 낙인찍힌 그룹의 일원에게 공감을 느끼도록 유도될 수 있다. 마지막으로, 공감을 유도하는 경험은 실제로 직접 대면하는 것에 비해 훨씬 더 쉽게 긍정적 경험이 되도록 제어할 수 있다. 낙인찍힌 집단에 대한 태도를 개선하기 위해 공감적 관심을 유도한 실제 사례는 Stowe(1851/2005) 및 Paluck(2009)을, 교육 환경에서 그러한 태도를 개선하기 위해 공감을 사용한 다양한 프로그램에 대한 검토는 Batson과 Ahmad(2009)를 참조할 것.

5. 자기이득. 도움이 필요한 사람에서 초점을 옮겨 보면, 공감으로 인한 이타주의가 이타적 동기를 부여받은 사람에게도 도움이 될 수 있다. 자원봉사자와 사회적 지원 제공자에 대한 장기 연구에서는 이러한 도움을 제공하는 사람들의 심리적, 신체적 웰빙이 개선된 것으로 나타났다(Brown, Nesse, Vinokur, & Smith, 2003; Luks, 1991). 그리고 신체 건강 및 활동 수준과 같은 장수 예측 요인의 영향을 조정한 후에도 개인 간병을 제공하는 자원봉사자가 자원봉사자가 아닌 사람보다 더 오래 산다는 증거가 있다(Oman, 2007). 중요한 것은, 이런 장수효과는 자기지향적인 이유보다는 타인지향적인 이유로 자원하는 사람들에게 제한되는 것으로 보인다는 점이다(Konrath, Fuhrel-Forbis, Lou, & Brown, 2012).

그러나 현시점에서 이러한 건강상의 이점이 공감으로 인한 이타주의 때문인지는 분명하지 않다. 대신 자원봉사가 제공하는 자존감 향상, 아니면 성취감이나 유능감 때문일수도 있다. 그리고 이런 이득이 공감이 유발한 이타주의로 인한 것일지라도 주의가 필요하다. 이러한 건강상의 이점을 의도적으로 추구하면 실패할 수 있다. 더 많은 의미와 더 나은 건강을 얻는다는 궁극적으로 이기적인 목적에 도달하기 위한 방법으로 공감-유도 이타주의를 사용하는 것은 논리적이고 심리적인 모순을 수반한다. 타인에 대한 이득이 자기 이득을 얻기 위한 수단이 되는 순간, 그 동기는 더 이상 이타적이지 않다.

공감-유도 이타주의의 문제점

공감-이타주의 가설의 모든 실제적 함의가 긍정적인 것은 아니다. 이미 설명된 이점과 함께 공감-유도 이타주의에는 몇 가지 심각한 문제도 있다.

1. 해로울 수 있다. 이타적 동기는 잠재적으로 위험하다. 진화생물학자들이 오랫동안 지적했듯이(예: Dawkins, 1976), 이타주의는 우리에게 시간과 돈, 심지어 인명 손실에 이르는 대가를 요구할 수 있다. 28세의 Lenny Skutnik는 비행기 추락의 희생자를 구하기 위해 얼음이 덮인 포토맥강(Potomac River)에 뛰어든 이유를 묻자 "해야 할 일을 한 것뿐입니다."라고 말했다. 9월 11일 세계 무역 센터에 대한 테러 당시 화염, 유독 가스 및 기타 명백한 위험에도 불구하고 갇힌 민간인을 돕기 위해 몰려 들어갔던 최초 대응자 중 많은 사람이 사망했다. 이러한 영웅적 행동 중 어느 정도가 공감이 유발한 이타주의에 의해 동기부여가 된 것인지 말할 수는 없지만, 무엇인가가 그 사람들을 해로운 방식으로 대응하도록 동기화했다고 말할 수 있다.

공감으로 유발된 이타주의는 이타적인 동

기를 가진 사람에게 해로울 수 있을 뿐만 아니라 대상에게도 해를 끼칠 수 있다. 인간 조건에 대한 가장 예민한 관찰자 중 한 명인 Balzac는 그의 고전 소설 *Père Goriot*(Balzac, 1834/1962)에서 이 아이러니를 회화적으로 묘사했다. Goriot의 사심 없는 사랑은 딸들을 망쳐 놓았고, 딸들을 그에게서 몰아냈으며, 결국 딸들과 그 모두를 파멸시켰다. Balzac의 메시지는 이타주의는 인간 본성의 일부일 수 있지만 공격성과 마찬가지로 파괴적인 것이 되지 않도록 조심스럽게 억제해야 한다는 것이다. Graham Hancock은 Lords of Poverty(1989)에서 국제 구호 프로그램을 신랄하게 고발하면서 비슷한 점을 지적했다.

도움을 주는 것이 분명히 적절한 경우에도 공감-유도 이타주의는 때때로 상황을 더 악화시킬 수 있다. 효과적인 도움을 받기 위해 섬세한 손길이 필요할 때 특히 그렇다. 외과의사를 생각해 보라. 신경생리학자인 Paul MacLean(1967)은 외과의가 가까운 친척을 수술하는 것이 금지된 것은 우연이 아니라고 주장했다. 낯선 사람이 아닌 여동생을 대할 때 그녀에 대한 깊은 걱정과 고통을 덜어 주려는 간절한 열망 때문에 평소에는 안정되어 있던 손이 떨릴 수 있다.

2. 온정주의로 이어질 수 있다. 앞서 논의한 것처럼, 공감-유도 이타적 동기의 진화적 뿌리에 대한 가장 그럴듯한 설명은 그것이 인간 부모 양육의 인지 일반화를 반영한다는 것이다. 이것이 사실이라면 이는 잠재적으로 심각한 골칫거리를 드러낸다. 이는 공감적 관심을 이끌어 내는 사람들은 은유적으로 최소한 스스로 해당 요구를 다루는 능력 면에서 의존적이고 취약하며 보살핌을 필요로 하는 어린 아이처럼 보인다는 것을 암시한다. 연구에 따르면, 우리는 이런 가능성과 일치하게 얼굴이 어린애 같고 취약한 성인에 대해 더 큰 공감적 관심을 느낀다는 것이 밝혀졌다(Dijker, 2001; Lishner, Batson, & Huss, 2011; Lishner, Oceja, Stocks, & Zaspel, 2008).

때로는 의존적이고 취약하며 보살핌이 필요한 사람으로 인식되는 것이 문제가 되지 않는다. 우리 대부분은 도움이 필요할 때 의사, 경찰, 소방관 및 정비사의 전문 지식을 기꺼이 따른다. 그러나 어떤 경우에는 그 결과가 비극적일 수 있다. 교사나 강사는 진정한 관심으로 인해 학생들이 스스로 문제를 해결할 수 있는 능력과 자신감을 개발하는 데 실패할 수도 있다. 대신 불필요한 의존성, 낮은 자존감, 효능감 저하를 조장할 수 있다(Nadler, Fisher, & DePaulo, 1983). 물리치료사, 의사, 간호사, 친구 및 가족은 신체적 또는 정신적 장애가 있는 환자에 대해 이와 꼭 같은 역효과를 낼 수 있다. 가난하고 소외된 사람들을 돌보기 위해 노력하는 사회복지사들도 마찬가지이다. 도움이 필요한 사람을 의존적이고 취약한 사람으로 보는 것은 문제를 악화시키지는 않더라도 영속화시키는 반응을 낳을 수 있다. 그래서 온정주의가 될 수 있다.

효과적인 양육을 위해서는 개입할 때와 물러서야 할 때는 물론이고, 극복 의지, 자신감, 독립심을 육성하기 위해 아동의 환경을 구성하는 방법에 대한 민감성이 필요하다. 효과적인 도움에도 동일한 것이 필요하다(Fisher, Nadler, & DePaulo, 1983). 배고픈 사람들에게 물고기를 주기보다 물고기 잡는 법을 가르치라는 격언을 기억하라.

3. 모든 요구가 공감–유도 이타주의를 촉발하지는 않는다. 오늘날 우리가 직면한 시급한 사회 문제 중 상당수는 공감적 관심을 불러일으킬 만한 개인적인 도움요구와는 관련이 없다. 개인에 대해서도 이런 우려를 느낄 수 있지만, 많은 문제가 전 지구적인 것이다. 환경 보호, 핵 군축, 인구 통제 같은 것을 생각해 보면, 이런 문제는 개인적인 도움요구로 접하게 되지는 않는다. 이런 문제들은 훨씬 더 광범위하고 추상적이다. 환경, 세계 인구 또는 지구별과 같은 추상적인 개념에 대해 공감을 느끼는 것은 불가능하지는 않지만—예를 들면, 지구를 어머니로 개인화하는 은유는 그런 방향으로 우리를 움직일 수 있기는 하다—매우 어렵다.

이러한 긴급한 전 지구적 도움요구에 대한 공감을 불러일으키는 것이 어려울 뿐만 아니라 많은 것은 개인적 도움행동으로는 효과적으로 다룰 수 없다. 그런 문제는 정치적인 영역에서 그리고 제도적, 관료적 구조를 통해 다루어져야 한다. 이 과정은 길고 느리다. 그것은 공감–유도 이타주의를 포함한 정서 기반 동기가 매우 효과적일 수 있는 그런 과정이 아니다(Hardin, 1977). 다른 정서와 마찬가지로 공감적 관심도 시간이 지남에 따라 감소한다.

공감의 지속력 제한은 또한 지역사회 활동 자원봉사자에게 종종 필요한 지속적인 도움 노력의 동기를 부여하는 능력을 약화시킬 수 있다(Omoto & Snyder, 1995 참조). 공감–유도 이타주의는 자원봉사 활동을 시작하는 데 효과적일 수 있지만 자원봉사자가 장기적으로 계속하려면 다른 동기가 대신해야 할 수도 있다.

4. 공감 회피로 이어질 수 있다. 당신이 이타적인 동기화를 원하지 않는다면 어떻게 될까? 이타적 동기는 결국 당신에게 비용을 초래할 수 있다. 그것은 당신이 다른 사람을 위해서 시간과 돈, 에너지를 소비하게 할 수 있다. 공감이 이타주의를 낳는다는 자각은 공감적 관심과 그 결과인 이타적 동기를 피하려는 이기적 동기를 불러일으킬 수 있다. Shaw와 Batson, Todd(1994)는 당신이 도움이 필요한 사람에게 노출되기 전에 ⓐ 이 사람을 도와달라는 요청을 받을 것이고 ⓑ 도움은 비용이 많이 들 것임을 자각하는 경우 이러한 공감 회피 동기가 일어날 수 있다는 증거를 제시했다(Cameron & Payne, 2011도 참조). 예를 들어, 거리에서 노숙자를 보거나 곤경에 처한 난민 이야기를 듣거나 기근의 참화에 대한 뉴스 영상을 볼 때 공감 회피가 일어날 수 있다. 그래서 길을 건너거나, 귀를 막거나, 채널을 바꾸게 할 수 있다.

또한 공감 회피는 도움을 주는 직업에서 일하는 사람들 사이에서 **직무소진(burnout)** 경험의 요인이 될 수 있다(Maslach, 1982). 그러나 도움 전문가들 사이의 공감 회피 조건은

Shaw 등(1994)이 주장하는 그런 것과는 다른 것 같다. 전문가들 사이에서 공감 회피는 도움의 비용보다는 효과적인 도움을 제공할 수 없다는 인식에서 기인할 가능성이 더 크다. 자원 제약(예: 너무 적은 시간) 또는 도움 요구의 난해함(예: 말기 질환)으로 인해 효과적인 도움이 불가능하다는 사실을 인식하면, 일부 의사나 만성질환 간호사, 치료사, 카운슬러 및 사회복지사는 이타적 동기의 좌절을 피하기 위해 공감적 느낌을 피하려 할 수도 있다(López-Pérez, Ambrona, Gregory, Stocks, & Oceja, 2013; Stotland, Mathews, Sherman, Hansson, & Richardson, 1978). 그들은 환자나 고객을 사람이 아닌 물건으로 바꾸고 물건처럼 대할 수 있다. 또 다른 전문 조력자들은 시간이 지남에 따라 공감적 관심을 느끼는 능력이 고갈되어 **연민 피로**(compassion fatigue)라고 부르는 결과를 맞이할 수도 있다. 정서의 우물에서 길어낼 수 있는 공감의 빈도에는 한계가 있다(일부 가능한 해독제에 대해서는 Halpern, 2001 참조).

공감 회피는 집단 간 갈등에서 반대파 구성원의 고통에 대한 반응으로 발생할 수도 있다. 상대가 라이벌 스포츠 팀이든 국가, 부족 또는 민족 외집단이든, 그들의 고통은 공감적 관심보다는 **샤덴프로드**(schadenfreude)—악의적인 기쁨—를 만들어 내기 쉽다(Cikara, Bruneau, & Saxe, 2011; Hein, Silani, Preuschoff, Batson, & Singer, 2010).

공감 회피는 홀로코스트에서 중요하고 오싹한 역할을 했을 수도 있다. 아우슈비츠의 사령관인 Rudolf Hoess는 290만 명을 체계적으로 학살하는 임무를 수행하기 위해 '모든 부드러운 정서를 억제했다'고 보고했다(Hoess, 1959).

5. 부도덕한 행동을 유발할 수 있다. 아마도 공감-이타주의 가설의 가장 놀라운 함의는 공감-유도 이타주의가 부도덕한 행동으로 이어질 수 있다는 것이다. 많은 사람이 이타주의를 도덕적인 것과 동일시하기 때문에 이러한 함의는 놀라운 것이다. 그러나 공감-이타주의 가설은 그렇지 않다.

물론 공감이 유발하는 이타주의는 우리가 궁핍한 사람을 돕거나 병자를 위로하도록 인도할 때처럼 도덕적이라 판단되는 행동을 일으키지만 항상 그런 것은 아니다. Batson과 Klein, Highberger, Shaw(1995)는 공감으로 유발된 이타적 동기 또한 사람들로 하여금 자신의 공정함이라는 도덕적 기준을 위반하여 공감을 느끼는 사람에게 특혜를 줄 수 있다는 것을 발견했다(Blader & Rothman, 2014 참조). 이기주의, 이타주의, 도덕적 동기는 세 가지 다른 형태의 동기로, 각각은 서로 충돌할 수 있다(차이에 대한 논의는 Batson, 2011 참조).

더 광범위하게는 공감이 유발하는 이타주의가 도움이 필요한 많은 사람 중 누가 우리의 도움을 받을 것인지에 대한 사회적 결정에서 편파성을 초래할 수 있다는 증거가 있다. 수십 년 전, **타임지**의 수필가 Walter Isaacson(1992)은 재난의 '포토제닉(photogenics)'에 대해 논평했다. 그는 소말리아에서 고통받는 사람들이 더 포토제닉한 것으로 판명되었기 때문에 수단이 아닌 소말리아에 개입하기로 결정했을 가능성을 제기했다. 그들은 수단 사람들과는 다른 방식으로 공감적인 관심과 이타적인 동기를 불러일으켰다. Isaacson은 이렇게 회상했다. '호소력 있는 사진에 의해 유발된 무작위 연민의 폭발이 크리스마스 자선 운동의 적절한 기반이 될 수는 있겠지만, 그것이 외교 정책의 기반으로 적절한 것일까?'(*Time*, 1992년 12월 21일; 유사한 것으로는 Bloom, 2016 참조).

6. **공동선을 훼손할 수 있다.** 공감–이타주의 가설은 공감–유도 이타주의가 부도덕한 행동으로 이어질 수 있을 뿐만 아니라 사회적 딜레마에서 공동선에 반하는 행동을 하게 할 수 있다고 예측한다. 다음 세 가지 조건이 동시에 발생할 때 사회적 딜레마가 발생한다.

① 사람들이 자신의 희소한 자원(시간, 돈, 에너지)을 할당하는 방법에 대한 선택권이 있을 때
② 다른 사람들이 무엇을 하든지 간에 자원을 집단에 할당하는 것은 집단 전체에 가장 좋지만 자신에게는 한 사람(자신 또는 다른 구성원)에게 할당하는 것이 가장 좋을 때
③ 모든 것을 개인별로 따로 할당하는 것이 해당 집단에 할당하는 것에 비해 구성원 누구에게든 손해일 때

현대 사회에서는 사회적 딜레마가 많다. 여기에는 재활용, 자동차 함께 타기, 오염 감소,

투표, 세금 납부, 공영 텔레비전 또는 지역 악단에 기부하기 등 헤아릴 수 없이 많다.

게임 이론의 기초가 되는 보편적 이기주의의 가정에 따라 우리는 사회적 딜레마 상황에서는 희소한 자원을 할당받을 유일한 개인이 바로 우리 자신이어야 한다고 일반적으로 당연하게 여겼다. 그러나 공감–이타주의 가설은 다른 집단구성원에 대해 공감적 관심을 느끼면 그 사람에게 이익이 되게 하려는 이타적인 동기가 생겨날 것이라고 예측한다. 따라서 당신이 그 사람에게 자원을 할당할 수 있다면, 전통적으로 사회적 딜레마에서 충돌한다고 가정하는 이기심과 공동선이라는 두 가지 동기가 아니라 세 가지 동기가 작용한다. 만일 이기주의(이기심)와 함께 이타적 동기가 공동선을 증진하려는 욕망보다 더 강하다면 공동선은 어려움에 처할 것이다.

현실 세계의 사회적 딜레마에서 공감–유도 이타적 동기가 얼마나 자주 발생할까? 그렇지 않은 경우를 생각하기가 어렵다. 이런 이타적 동기들은 우리의 시간과 돈을 나 자신과 지역사회를 위해 써야 할지 아니면 우리가 특별히 관심을 갖는 다른 사람을 위해 쓸 것인지 결정할 때마다 발생한다. 나는 내가 골프를 치고 싶어서가 아니라 내 아들이 영화를 함께 보러 가자고 하기 때문에 토요일의 동네 청소 행사에 불참하기로 할 수 있다. 고래잡이나 벌목꾼은 개인의 탐욕이 아니라 가족을 부양하기 위해 고래를 죽이거나 나무를 자를 수 있다.

이러한 공감–이타주의 예측과 일치하게

Batson, Batson, Todd, Brummett, Shaw와 Aldeguer(1995)는 사회적 딜레마에 처한 연구 참여자들이 자신이 공감을 느끼는 사람에게 자원의 일부를 할당하여 집합적인 전체 이득을 감소시키는 것을 발견했다. 그리고 Oceja, Heerdink, Stocks, Ambrona, López-Pérez와 Salgado(2014)는 집단 내의 다른 사람들에 대해 공감을 유도하는 것과 비슷한 도움요구가 있다고 믿을 만한 이유가 있는 경우 자원이 그들에게도 우선적으로 할당될 수 있음을 발견했다.

공감-유도 이타주의가 자기중심적인 이기주의보다 공동선에 훨씬 더 큰 위협이 되는 상황을 강조하면서 Batson, Ahmad, Yin, Bedell, Johnson, Templin과 Whiteside(1999)는 자원할당 결정이 공개적으로 이루어지는 경우에는 공감-유도 이타주의가 이기주의에 비해 공동선을 더 많이 감소시킨다는 것을 발견했다. 왜 그럴까? 모두를 위한 최선을 희생하면서 자신의 이익을 추구하는 것에 대한 명확한 사회적 규범과 제재가 있다. **이기적이다**와 **탐욕스럽다**는 말은 듣는 이의 가슴을 뜨끔하게 만드는 말이다(Kerr, 1995). 비록 그렇게 하는 것이 공동선을 저해하는 것이라 해도 타인의 이익에 관심을 보이는 것에 대한 규범과 제재는 훨씬 덜 명확하다. 고래잡이와 벌목꾼은 자연 자원의 과잉 소모에 대한 대중의 항의에 어떻게 대처할까? 그것은 쉽다. 그들은 이러한 자원을 자신을 위해 사용하는 것이 아니라 가족을 돌보는 데 사용한다.

이타주의가 공동선을 위협한다면 이타주의에 대해 이기주의에 대한 것과 같은 사회적 제재가 없는 이유는 무엇일까? 아마도 사회가 '이타주의는 항상 좋다' 또는 '이타주의는 약하다'는 두 가지 중 하나 또는 둘 모두를 가정하기 때문일 수 있다. 공감-이타주의 연구는 이런 가정이 모두 틀렸다는 증거를 제공한다.

연민과학에 대한 시사점

끝으로 연민과학의 내용과 연구수행에 대한 공감-이타주의 연구의 몇 가지 함의를 간략하게 제안하겠다.

연민과학의 내용

내용과 관련하여 나는 한 가지 질문에만 집중할 것이다. 티베트 불교 명상 수행에 기반한 연민 훈련이 공감-유도 이타주의의 이득을 늘리고 문제점을 줄일 수 있는가? 그럴 수 있다고 생각하는 이유가 있다.

자애명상(loving-kindness meditation)이라는 수련은 수행자가 건강, 행복, 안녕을 바라는 타인의 범위, 즉 웰빙을 내재적 가치로 하는 타인의 범위를 확장하기 위해 고안된 것으로 보인다. 전략은 자신을 본래 보살펴 주는 타인(예: 어머니)에 대한 사랑에서 시작해서 점차적으로 보살핌의 범위를 지인, 낯선 사람, 모든 인간(그가 적일지라도), 그리고 결국에는 모든 지각 있는 존재를 포함하도록 확장하는 것이다. 내가 제안한 것처럼, 타인의 웰빙에 대한 본질적인 가치 평가가 공감–유도 이타주의의 두 가지 필수 전제 조건 중 하나라면, 이 수행은 명상자가 해당 대상의 도움요구에 공감적 관심을 느끼는 대상의 범위를 늘려야 한다. 그러면 이것은 그런 도움요구를 제거하려는 이타적 동기를 생성할 것이다. 그렇기에 이 명상 수행은 자연적인 편파성에서 발생하는 공감–유도 이타주의의 문제점과 싸워야 한다. 말하자면, 가족이나 친구, 집단 내 구성원의 도움요구에 반응하여 경험될 가능성이 더 높다.

연민 명상(compassion meditation)은 다른 사람들의 고통을 인식하고, 이해하고, 그들의 고통을 느끼는 준비성을 증가시켜서 더 넓은 범위의 타인의 도움요구에 대한 명상자의 감수성을 확장하도록 고안된 것 같다. 역시 그 전략은 가까운 다른 사람들의 도움요구와 그들에게 우리가 자연스럽게 느끼는 연민에 초점을 맞추는 것부터 시작해서 결국 모든 지각 있는 존재를 포함하는 더 넓은 범위의 다른 사람들로 이 반응을 확장하는 것이다. 성공적이라면 연민 명상은 우리가 해당 대상의 도움요구를 인식하는 대상의 범위를 확장시켜야 한다. 또한 그런 인식의 정확성도 높여야 한다. 그리고 타인을 도움이 필요한 상태로 인식하는 것이 공감–유도 이타적 동기의 필연적인 선행 조건이라면, 이 수행은 자연스럽게 발생하는 공감–유도 이타주의의 문제점 중 세 가지, 즉 온정주의, 타자의 도움요구에 대해 공감적 관심을 일으키지 못하는 것, 그리고 공감회피라는 세 가지 문제와 싸워서 이타

적 동기를 증가시켜야 한다.

이 밀접하게 관련된 두 가지 유형의 명상이 내가 제안하는 효과를 가진다면, 그것들을 결합한 결과는 정상적인 경계를 넘어서는 공감적 관심과 공감–유도 이타적 동기의 확장일 것이다. 우리는 공감적 관심을 느끼는 대상의 범위가 분명히 증가하고, 이것이 이타적 동기의 폭과 강도를 증가시켜 대상의 도움요구에 대해 더욱 민감한 행동 반응을 생성하는 것을 볼 수 있어야 한다. 이러한 명상 수행은 우리를 공감–이타주의 가설의 공감–유도 동기 **상태**(state)를 넘어서 이타주의가 하나의 지속적인 성격특성, 즉 **특질**(trait)이 되는 지점으로 데려가야 한다. 우리는 Matthieu Ricard(2015, pp. 22-23)가 이타주의가 '하나의 존재 방식'이 되는 **이타적 성향**(altruistic disposition)이라고 부르는 것을 볼 수 있어야 한다. Ricard가 자세히 설명하는 이러한 사고방식은 새로운 연구 가설, 즉 공감–유도 이타주의의 확장 가설로 이어진다.

이 확장 가설은 맞는 것일까? 즉, 이러한 유형의 명상을 수행하는 것이 실제로 가설적인 효과를 낳을까? 공감–이타주의 가설과 마찬가지로 확장 가설도 인식, 가치, 정서 및 동기와 같이 평가하기 어려운 내적 심리과정에 초점을 맞추고 있기는 하지만 경험적인 것이다. 명상의 결과로서 이타심의 배양과 확장에 관한 인상적인 일화와 전설, 간접 보고 및 증언이 많이 있다. 그러나 그런 설명은 자연적으로 발생하는 이타주의와 마찬가지로 과학적 증거로 간주될 수 없고 단지 암시적일 뿐이다.

최근 몇 년 동안 연구자들은 이런 설명을 넘어서는 경험적 증거를 모음으로써 연민에 대한 행동 과학을 시작했다. 예를 들어, 자애 명상은 ⓐ 동성인 낯선 사람에 대한 긍정적인 느낌을 증가시키고(Hutcherson, Seppälä, & Gross, 2008), ⓑ 흑인과 노숙자에 대한 암묵적인 집단 간 편견을 감소시킬 수 있다는 보고가 있다(Kang, Gray, & Dovidio, 2014). 그리고 연민 명상 훈련은 ⓐ 독재자 게임에서 불공정한 결정권자가 수신자에게 피해를 보상하도록 강제하기 위해 비용을 기꺼이 지불할 의향을 증가시킬 수 있고(Weng, Fox, Shackman, Stodola, Caldwell, Olson, Rogers, & Davidson, 2013; Weng, Schuyler, & Davidson, 이 책의 제11장 참조), ⓑ 아마도 연구 대기실에서 기다리면서 요청을 받지 않았는데도 목발을 짚고 있는 여성에게 자신의 자리를 기꺼이 양보할 가능성을 높일 수 있다(Condon, Desbrodes, Miller, & DeSteno, 2013; Condon & DeSteno, 이 책의 제22장 참조—내가 '아마도'라고 표현한 것은 이 효과가 유의하지 않은 경향성만 나타나서 통계적으로 신뢰롭지 않기 때문이다).

현재까지의 경험적 연구는 고무적이긴 하지만 명상 수련이 확장 가설이 예측하는 방식으로 공감적 관심과 공감-유도 이타적 동기를 확장하는지 여부에 대한 설득력 있는 대답을 제공하지는 않는다. 명상 훈련이 도움행동을 증가시키는지 여부를 검증하는 것 이상의 더 나은 경험적 검증이 필요하다. 공감-이타주의 가설과 마찬가지로 확장 가설은 단순히 도움의 증가에 관한 것이 아니다. 그것은 공감적 정서와 이타적 동기에 관한 것이며 특히 이들이 정상 범위를 넘어서 확장되는가에 관한 것이다.

우리는 어떻게 해야 확장 가설에 대한 더 나은 검증결과를 얻을 수 있을까? 이 질문은 연민과학의 연구수행에 대한 공감-이타주의 연구의 함의를 살펴보게 한다.

연민과학의 연구수행

공감-이타주의 연구는 연민과학 연구자들이 따르고 싶어 할 수 있는 두 가지 원칙을 강조한다. 첫째, 예측한 결과를 가능한 한 직접적으로 평가하는 것이 중요하다. 만일 우리가 명상수련이 도움요구의 지각이나 타인의 웰빙에 가치를 두는 것 또는 공감적 관심, 그리고 가장 중요한 이타적 동기에 미치는 효과를 예측한다면, 우리는 도움행동과 같은 다른 것을 측정할 것이 아니라 직접 이런 효과를 측정할 필요가 있다. 단일 상황에서 도움행동을 평가하는 것은 기저의 가치나 정서, 동기의 본성에 대해 거의 알려 주는 것이 없다. 동기는 이기적이거나 이타적이거나 둘 다 아닐 수도 있다. 우리는 대안적 동기화의 가능성을 구분할 수 있는 방식으로 창안한 다양한 상황에 걸친 도움행동의 양상을 평가해야만 해당 동기에 대한 의미 있는 추론을 이끌어 낼 수 있다. 정교한 신경생리학적 측정조차도 사람의 동기나 정서의 본성에 대한 명확한 정보를 제공하지 못한다. 적어도 지금까지 신경영상 측정치들은 뭔가 동기나 정서가 존재한다는 것을 보여 줄 뿐 그것이 어떤 동기나 정서인지는 보여 주지 않는다. 이 첫 번째 원칙은 다음과 같이 요약될 수 있다: 우리는 유사물이 아니라 우리가 예측한 것을 검증해야 한다.

둘째, 뒷받침하는 데이터를 찾았을 때 이런 자료에 대한 반대되는 설명을 확인하고 검증할 필요가 있다. 반대되는 설명에는 방법론적 설명(예: 적절한 행동에 대한 미묘한 신호)과 이론적 설명(예: 명상가가 자신을 자신이나 타인에게 이타적인 것으로 보이게 하려는 욕구)이 모두 포함되어야 한다. 이 필요성은 연민과학에서도 마찬가지일 텐데 연구자가 자신의 가설이 옳기를 바랄 때 특히 중요하다. 그러한 희망은 연구자에게 가설과 일치하는 데이터를 찾고 거기에서 멈추게 하는 확증 편향에 대한 강한 압력을 만든다. 나는 우리가 두 단계 더 나아가야 한다고 생각한다. ① 우리는 우리의 결과에 대해 그럴듯한 반대 설명을 적극적으로 추구해야 한다. 그리고 ② 우리는 확장 가설을 포함하여 우리가 소중히 여기는 가설이 틀렸다면 그것이 틀렸다는 것을 드러낼 수 있도록 연구를 설계해야 한다. 이 원칙은 다음과 같이 요약될 수 있다: 우리는 확증(confirmation)이 아니라 **불확증(disconfirmation)**을 검증해야 한다.

이 두 가지 원칙을 따라야만 우리는 성가대에게 설교하는 것 이상의 연민과학, 즉 명상 수련이나 다른 유형의 연민훈련이 공감–유도 이타주의의 범위를 확장하는 힘을 이미 확신하는 사람들뿐 아니라 회의론자에게도 말할 수 있는 과학을 만들어 낼 수 있다.

참 고문헌

Aderman, D., Brehm, S. S., & Katz, L. B. (1974). Empathic observation of an innocent victim: The just world revisited. *Journal of Personality and Social Psychology, 29*, 342-347.

Allport, G. W. (1961). *Pattern and Growth in Personality*. New York: Holt, Rinehart and Winston.

Balzac, H. de (1962). *Pere Goriot* (H. Reed, Trans.). New York: New American Library. (Original work published 1834).

Batson, C. D. (1987). Prosocial motivation: Is it ever truly altruistic? In L. Berkowitz (Ed.), *Advances in Experimental Social Psychology* (Vol. 20, pp. 65-122). New York: Academic Press.

Batson, C. D. (2009). These things called empathy: Eight related but distinct phenomena. In J. Decety & W. Ickes (Eds.), *The Social Neuroscience of Empathy* (pp. 3-15). Cambridge, MA: MIT Press.

Batson, C. D. (2010). The naked emperor: Seeking a more plausible genetic basis for psychological altruism. *Economics and Philosophy, 26*, 149-164.

Batson, C. D. (2011). *Altruism in Humans*. New York: Oxford University Press.

Batson, C. D., & Ahmad, N. (2001). Empathy-induced altruism in a Prisoner's Dilemma II: What if the target of empathy has defected? *European Journal of Social Psychology, 31*, 25-36.

Batson, C. D., & Ahmad, N. (2009). Using empathy to improve intergroup attitudes and relations. *Social Issues and Policy Review, 3*,

141-177.

Batson, C. D., Ahmad, N., Yin, J., Bedell, S. J., Johnson, J. W., Templin, C. M., & Whiteside, A. (1999). Two threats to the common good: Self-interested egoism and empathy-induced altruism. *Personality and Social Psychology Bulletin, 25*, 3-16.

Batson, C. D., Batson, J. G., Todd, R. M., Brummett, B. H., Shaw, L. L., & Aldeguer, C. M. R. (1995). Empathy and the collective good: Caring for one of the others in a social dilemma. *Journal of Personality and Social Psychology, 68*, 619-631.

Batson, C. D., Chang, J., Orr, R., & Rowland, J. (2002). Empathy, attitudes, and action: Can feeling for a member of a stigmatized group motivate one to help the group? *Personality and Social Psychology Bulletin, 28*, 1656-1666.

Batson, C. D., Duncan, B., Ackerman, P., Buckley, T., & Birch, K. (1981). Is empathic emotion a source of altruistic motivation? *Journal of Personality and Social Psychology, 40*, 290-302.

Batson, C. D., Dyck, J. L., Brandt, J. R., Batson, J. G., Powell, A. L., McMaster, M. R., & Griffitt, C. (1988). Five studies testing two new egoistic alternatives to the empathy-altruism hypothesis. *Journal of Personality and Social Psychology, 55*, 52-77.

Batson, C. D., Klein, T. R., Highberger, L., & Shaw, L. L. (1995). Immorality from empathy-induced altruism: When compassion and justice conflict. *Journal of Personality and Social Psychology, 68*, 1042-1054.

Batson, C. D., Lishner, D. A., Cook, J., & Sawyer, S. (2005). Similarity and nurturance: Two possible sources of empathy for strangers. *Basic and Applied Social Psychology, 27*, 15-25.

Batson, C. D., & Moran, T. (1999). Empathy-induced altruism in a Prisoner's Dilemma. *European Journal of Social Psychology, 29*, 909-924.

Batson, C. D., Polycarpou, M. P., Harmon-Jones, E., Imhoff, H. J., Mitchener, E. C., Bednar, L. L., ... Highberger, L. (1997). Empathy and attitudes: Can feeling for a member of a stigmatized group improve feelings toward the group? *Journal of Personality and Social Psychology, 72*, 105-118.

Batson, C. D., & Weeks, J. L. (1996). Mood effects of unsuccessful helping: Another test of the empathy-altruism hypothesis. *Personality and Social Psychology Bulletin, 22*, 148-157.

Bell, D. C. (2001). Evolution of parental caregiving. *Personality and Social Psychology Review, 5*, 216-229.

Berenguer, J. (2007). The effect of empathy in proenvironmental attitudes and behaviors. *Environment and Behavior, 39*, 269-283.

Blader, S. L., & Rothman, N. B. (2014). Paving the road to preferential treatment with good intentions: Empathy, accountability, and fairness. *Journal of Experimental Social Psychology, 50*, 65-81.

Bloom, P. (2016). *Against empathy: The case for rational compassion*. London: The Bodley Head.

Brown, S. L., Nesse, R., Vinokur, A. D., & Smith, D. M. (2003). Providing support may be more beneficial than receiving it: Results from a prospective study of mortality. *Psychological*

Science, *14*, 320-327.

Buffone, A. E. K., & Poulin, M. J. (2014). Empathy, target distress, and neurohormone genes interact to predict aggression for others-even without provocation. *Personality and Social Psychology Bulletin, 40*, 1406-1422.

Burton, J. W. (1987). *Resolving Deep-Rooted Conflict.* Lanham, MD: University Press of America.

Cameron, C. D., & Payne, B. K. (2011). Escaping affect: How motivated emotion regulation creates insensitivity to mass suffering. *Journal of Personality and Social Psychology, 100*, 1-15.

Cikara, M., Bruneau, E., & Saxe, R. R. (2011). Us and them: Intergroup failures of empathy. *Current Directions in Psychological Science, 20*, 149-153.

Clore, G. L., & Jeffrey, K. M. (1972). Emotional role playing, attitude change, and attraction toward a disabled person. *Journal of Personality and Social Psychology, 23*, 105-111.

Coke, J. S., Batson, C. D., & McDavis, K. (1978). Empathic mediation of helping: A two-stage model. *Journal of Personality and Social Psychology, 36*, 752-766.

Condon, P., Desbordes, G., Miller, W. B., & DeSteno, D. (2013). Meditation increases compassionate responses to suffering, *Psychological Science, 24*, 2125-2127.

Dawkins, R. (1976). *The Selfish Gene.* New York: Oxford University Press.

de Waal, F. B. M. (1996). *Good Natured: The Origins of Right and Wrong in Humans and Other Animals.* Cambridge, MA: Harvard University Press.

Dijker, A. J. (2001). The influence of perceived suffering and vulnerability on the experience of pity. *European Journal of Social Psychology, 31*, 659-676.

Dovidio, J. F., Johnson, J. D., Gaertner, S. L., Pearson, A. R., Saguy, T., & Ashburn-Nardo, L. (2010). Empathy and intergroup relations. In M. Mikulincer & P. R. Shaver (Eds.), *Prosocial Motives, Emotions, and Behavior: The Better Angels of Our Nature* (pp. 393-408). Washington, DC: American Psychological Association.

Finlay, K. A., & Stephan, W. G. (2000). Reducing prejudice: The effects of empathy on intergroup attitudes. *Journal of Applied Social Psychology, 30*, 1720-1737.

Fisher, J. D., Nadler, A., & DePaulo, B. M. (Eds.) (1983). *New Directions in Helping: Vol. 1. Recipient Reactions to Aid.* New York: Academic Press.

Fisher, R. (1994). General principles for resolving intergroup conflict. *Journal of Social Issues, 50*, 47-66.

Halpern, J. (2001). *From Detached Concern to Empathy: Humanizing Medical Practice.* New York: Oxford University Press.

Hancock, G. (1989). *Lords of Poverty: The Power, Prestige, and Corruption of the International Aid Business.* New York: Atlantic Monthly Press.

Hardin, G. (1977). *The Limits of Altruism: An Ecologist's View of Survival.* Bloomington: Indiana University Press.

Harmon-Jones, E., Vaughn-Scott, K., Mohr, S., Sigelman, J., & Harmon-Jones, C. (2004). The effect of manipulated sympathy and anger on left and right frontal cortical activity. *Emotion*, *4*, 95-101.

Hein, G., Silani, G., Preuschoff, K, Batson, C. D., & Singer, T. (2010). Neural responses to ingroup and outgroup members' suffering predict individual differences in costly helping. *Neuron*, *68*, 149-160.

Hoess, R. (1959). *Commandant at Auschwitz: Autobiography*. London: Weidenfeld and Nicholson.

Hoffman, M. L. (1981). Is altruism part of human nature? *Journal of Personality and Social Psychology*, *40*, 121-137.

Hoffman, M. L. (2000). *Empathy and Moral Development: Implications for Caring and Justice*. New York: Cambridge University Press.

Hrdy, S. B. (2009). *Mothers and Others: The Evolutionary Origins of Mutual Understanding*. Cambridge, MA: Harvard University Press.

Hutcherson, C. A., Seppälä, E. M., & Gross, J. J. (2008). Loving-kindness meditation increases social connectedness. *Emotion*, *8*, 720-724.

Isaacson, W. (1992). Sometimes, right makes might. *Time* magazine, December 21, p. 82.

Kelly, R. L. (1995). *The Foraging Spectrum: Diversity in Hunter-Gatherer Lifeways*. Washington, DC: Smithsonian Institution Press.

Kelman, H. C. (1997). Group processes in the resolution of international conflicts: Experiences from the Israeli-Palestinian case. *American Psychologist*, *52*, 212-220.

Kelman, H. C., & Cohen, S. P. (1986). Resolution of international conflict: An interactional approach. In S. Worchel & W. G. Austin (Eds.), *Psychology of Intergroup Relations* (pp.

323-432). Chicago, IL: Nelson Hall.

Kang, Y., Gray, J. R., & Dovidio, J. F. (2014). The non-discriminating heart: Loving-kindness meditation training decreases implicit intergroup bias. *Journal of Experimental Psychology: General*, *143*, 1306-1313.

Kerr, N. L. (1995). Norms in social dilemmas. In D. A. Schroeder (Ed.), *Social Dilemmas: Perspectives on Individuals and Groups* (pp. 31-47). Westport, CT: Praeger.

Konrath, S., Fohrel-Forbis, A., Lou, A., & Brown, S. (2012). Motives for volunteering are associated with mortality risk in older adults. *Health Psychology*, *31*, 87-96.

Krebs, D. L. (1975). Empathy and altruism. *Journal of Personality and Social Psychology*, *32*, 1134-1146.

La Rochefoucauld, F. (1691). *Moral Maxims and Reflections, in Four Parts*. London: Gillyflower, Sare, & Everingham.

Lerner, M. J. (1980). *The Belief in a Just World: A Fundamental Delusion*. New York: Plenum.

Lewin, K. (1951). *Field Theory in Social Science*. New York: Harper.

Lishner, D. A., Batson, C. D., & Huss, E. (2011). Tenderness and sympathy: Distinct empathic emotions elicited by different forms of need. *Personality and Social Psychology Bulletin*, *37*, 614-625.

Lishner, D. A., Oceja, L. V., Stocks, E. L., & Zaspel, K. (2008). The effect of infant-like characteristics on empathic concern for adults in need. *Motivation and Emotion*, *32*, 270-277.

López-Pérez, B., Ambrona, T., Gregory, J., Stocks, E., & Oceja, L. (2013). Feeling at hospitals: Perspective-taking, empathy, and personal distress among professional nurses and nursing students. *Nurse Education Today, 33*, 334-338.

Luks, A. (1991). *The Healing Power of Doing Good: The Health and Spiritual Benefits of Helping Others* (with P. Payne). New York: Fawcett Columbine.

McDougall, W. (1908). *An Introduction to Social Psychology*. London: Methuen.

MacLean, P. D. (1967). The brain in relation to empathy and medical education. *Journal of Nervous and Mental Disease, 144*, 374-382.

Maslach, C. (1982). *Burnout: The Cost of Caring*. Englewood Cliffs, NJ: Prentice-Hall.

Nadler, A., Fisher, J. D., & DePaulo, B. M. (Eds.) (1983). *New Directions in Helping: Vol. 3. Applied Perspectives on Help-Seeking and-Receiving*. New York: Academic Press.

Oceja, L. V., Heerdink, M. W., Stocks, E. L., Ambrona, T., López-Pérez, B., & Salgado, S. (2014). Empathy, awareness of others, and action: How feeling empathy for one-among-others motivates helping the others. *Basic and Applied Social Psychology, 36*, 111-124.

Oman, D. (2007). Does volunteering foster physical health and longevity? In S. G. Post (Ed.), *Altruism and Health: Perspectives from Empirical Research* (pp. 15-32). New York: Oxford University Press.

Omoto, A. M., & Snyder, M. (1995). Sustained helping without obligation: Motivation, longevity of service, and perceived attitude change among AIDS volunteers. *Journal of Personality and Social Psychology, 68*, 671-686.

Paluck, E. L. (2009). Reducing intergroup prejudice and conflict using the media: A field experiment in Rwanda. *Journal of Personality and Social Psychology, 96*, 574-587.

Ricard, M. (2015). *Altruism: The Power of Compassion to Change Yourself and the World*. New York: Little, Brown.

Rouhana, N. N., & Kelman, H. C. (1994). Promoting joint thinking in international conflicts: An Israeli-Palestinian continuing workshop. *Journal of Social Issues, 50*, 157-178.

Rumble, A. C., van Lange, P. A. M., & Parks, C. D. (2010). The benefits of empathy: When empathy may sustain cooperation in social dilemmas. *European Journal of Social Psychology, 40*, 856-866.

Ryan, W. (1971). *Blaming the Victim*. New York: Random House.

Scherer, K. R. (1984). On the nature and function of emotion: A component process approach. In K. R. Scherer & P. Ekman (Eds.), *Approaches to Emotion* (pp. 293-317). Hillsdale, NJ: Erlbaum Associates.

Schultz, P. W. (2000). Empathizing with nature: The effects of perspective taking on concern for environmental issues. *Journal of Social Issues, 56*, 391-406.

Shaw, L. L., Batson, C. D., & Todd, R. M. (1994). Empathy avoidance: Forestalling feeling for another in order to escape the motivational consequences. *Journal of Personality and Social Psychology, 67*, 879-887.

Shelton, M. L., & Rogers, R. W. (1981). Fear-arousing and empathy-arousing appeals to help: The pathos of persuasion. *Journal of Applied Social Psychology, 11*, 366-378.

Sibicky, M. E., Schroeder, D. A., & Dovidio, J. F. (1995). Empathy and helping: Considering the consequences of intervention. *Basic and Applied Social Psychology, 16*, 435–453.

Smith, K. D., Keating, J. P., & Stotland, E. (1989). Altruism reconsidered: The effect of denying feedback on a victim's status to empathic witnesses. *Journal of Personality and Social Psychology, 57*, 641–650.

Sober, E., & Wilson, D. S. (1998). *Unto Others: The Evolution and Psychology of Unselfish Behavior.* Cambridge, MA: Harvard University Press.

Stephan, W. G., & Finlay, K. (1999). The role of empathy in improving intergroup relations. *Journal of Social Issues, 55*, 729–743.

Stotland, E. (1969). Exploratory investigations of empathy. In L. Berkowitz (Ed.), *Advances in Experimental Social Psychology* (Vol. 4, pp. 271–313). New York: Academic Press.

Stotland, E., Mathews, K. E., Sherman, S. E., Hansson, R. O., & Richardson, B. Z. (1978). *Empathy, Fantasy, and Helping.* Beverly Hills, CA: Sage.

Stowe, H. B. (2005). *Uncle Tom's Cabin.* Mineola, NY: Dover. (Original work published 1852.)

Toi, M., & Batson, C. D. (1982). More evidence that empathy is a source of altruistic motivation. *Journal of Personality and Social Psychology, 43*, 281–292.

Vescio, T. K., Sechrist, G. B., & Paolucci, M. P. (2003). Perspective taking and prejudice reduction: The mediational role of empathy arousal and situational attributions. *European Journal of Social Psychology, 33*, 455–472.

Vitaglione, G. D., & Barnett, M. A. (2003). Assessing a new dimension of empathy: Empathic anger as a predictor of helping and punishing desires. *Motivation and Emotion, 27*, 301–325.

Weng, H. Y., Fox, A. S., Shackman, A. J., Stodola, D. E., Caldwell, J. Z. K., Olson, M. C., … Davidson, R. J. (2013). Compassion training alters altruism and neural response to suffering. *Psychological Science, 24*, 1171–1180.

Zahn-Waxler, C., & Radke-Yarrow, M. (1990). The origins of empathic concern. *Motivation and Emotion, 14*, 107–130.

제**4**장

지구촌 차원의 연민 문화는 과연 가능한 것일까

Paul Ekman and Eve Ekman

요약

이 장에서는 연민에 관한 연구 문헌에 직접 다룬 적이 없는 것들을 중심으로 선행 연구들을 정리하고, 대부분 관심을 갖지 않아 연구되지 않은 부분에 주목하여 연민에 대한 다음 두 가지의 입장을 소개한다. 첫 번째는 연민적인 행동의 대상이 가까이 있는 직접적인 것(proximal)에 대한 연민의 태도(예를 들면, 누군가가 길에 넘어져 무릎을 다친 것을 연민의 마음으로 보는 것), 혹은 멀리 있는 간접적인 것(distal)에 대한 연민의 태도(예를 들면, 누군가가 다치는 것을 직접 보지는 않았지만, 지금이나 나중에 다칠 수도 있다는 염려)이다. 가까운 직접적인 연민은 현재 마주하고 있는 괴로움에 대해 공감 행동을 하는 것이고, 먼 간접적인 연민은 나중에 일어날 수 있는 고통을 미리 방지하려는 공감의 태도이다. 두 번째는 연민이 행동을 수반하는 공감인지 혹은 마음속으로 바라는 기원인지를 살펴보는 것이다.

핵심용어

지구촌 연민, 괴로움, 감정, 감정적 공명, 기원적 연민, 공감적 연민, 행동 연민, 가족적 연민, 가까운 직접적인 연민, 먼 간접적인 연민, 덧없음

언어와 인종 그리고 종교를 떠나 지구촌 차원에서 우리가 직면하고 있는 고통을 연민의 마음으로 서로 보살피고 염려한다면 지금과는 다른 더욱 바람직하고 살 만한 세상이 될 것이다. '지구촌 차원의 연민'이란 자신의 직계 가족이나 친지 그리고 친구를 넘어서 전혀 모르는 낯선 사람들에게까지 염려와 배려의 마음이 확장되는 것을 말한다. 21세기 들어, 세계는 예전보다 훨씬 더 서로서로 긴밀하게 연결되어 있다. 어느 한 나라에서 하는 일이 다른 나라 사람들의 삶에 영향을 미치고, 그리고 바로 우리 자신의 삶에도 영향을 주게 된다. 중동에서 벌어지고 있는 불안정한 정치 상황과 폭력적 인질극으로 인하여 엄청난 수의 난민이 유럽으로 몰려드는 것이 좋은 예이다. 서구 산업화된 국가들의 식량과 에너

지 대량 소비는 다른 나라들이 쓸 수 있는 소비량을 줄어들게 하고, 더욱더 심각한 것은 모든 나라의 지구 온난화에 지대한 영향을 줄 수 있다는 것이다. 지구촌 전체에 만연해 있는 고통과 위험을 줄이기 위해서 우리 인간은 반드시 지구촌 차원의 사회적 연민 문화를 확산시켜야 한다. 이 장은 연민 문화의 사회적 확산에 관한 논의를 구체적으로 다룰 것이다. 이를 위한 전제 조건은 연민과 고통에 대한 좀 더 섬세한 이해이다. 이 장은 두 부분으로 이루어져 있다. 첫 부분에서 연민과 고통의 유형과 구조를 명확히 밝힌다. 그 구조를 명확히 함으로써 연민과 고통에 대한 정교한 이해와 심화 연구에 도움을 줄 것이다. 이 장의 두 번째 부분에서는, 지구촌 차원의 연민 문화를 확산하는 데 심리과학 특히 사회심리학, 정서심리학, 그리고 진화심리학의 분야들로부터 어떤 도움을 받을 수 있을지 살펴볼 것이다. 이 장의 마지막 부분에는 향후 심화 연구를 위해 지구촌 차원의 연민 문화를 확산시킬 수 있는 더 나은 과학적 방법을 모색하기 위한 몇 가지 제언과 질문을 할 것이다.

연민과 고통의 유형 및 구조

불교학자이자 수행자인 Matthieu Ricard (2015)는 우리가 얼마만큼 연민의 능력을 향상할 수 있는지에 대한 자신의 이론을 설명하면서 다음과 같은 올림픽 투창 던지기 비유를 든다. 우리 모두 다 투창 던지기 올림픽 선수

가 될 수는 없다. 하지만 누구나 훈련을 통해서 투창 던지기의 능력을 조금씩 향상할 수는 있다. 마찬가지로 지구촌 차원에서 연민을 실천할 수 있는 능력은 누구나 배양할 수 있음이 자명하다. 그럼에도 주변에서 일어나고 있는 정치적 현실의 상황은 그리 녹록하지 않다. 탐욕, 편견, 선량함에 대한 무관심 등 부정적인 현상이 우리 주변에 만연해 있다. 지구촌 차원의 연민 문화 확산이 과연 가능할까?

유아기 발달에 관련된 연구를 보면, 신생아들은 다른 아이들이 울면 따라서 울며, 아장아장 걷기 시작한 유아들조차도 힘들어하는 낯선 아이들을 다독여 준다(Spinrad & Eisenberg, 이 책 참조; Spinrad & Stifter, 2006; Warneken & Tomasello, 2007). 이처럼 연민은 태어날 때부터 내재되어 있는 선천의 성향인 것 같다. 그러나 아이들이 다른 아이들을 돌보는 성향이 있다는 것은 여러 가지 다른 요인들과 관련이 있을 수 있다. 예를 들면, 기질적 성격(Spinrad & Eisenberg, 이 책 참조), 양육 과정에서의 경험(Kirby, 이 책 참조), 성장 과정에서 형성된 인지적 편향, 특히 외부와 내부 공동체의 영향 등이다(Weller & Lagattuta, 2013).

중요한 점은 신경과학적 연구를 해 보니 잠시 동안 자비 명상을 한 사람들에게서 연민적인 응답과 감정 공명의 정도가 증가함을 발견할 수 있었다는 것이다(Klimecki, Leiberg, Ricard, & Singer, 2013; Weng, Schuyler, & Davidson, 이 책 참조). 실험 환경 조건에서 자비명상을 했을 때 연민의 마음 상태가 비록

증가한다고 하더라도, 일상의 삶 속에서 남을 도울 때 이 사람의 뇌를 기능 자기공명영상(fMRI)으로 찍을 경우 뇌영상 사진이 어떻게 나올지는 아직 알려지지 않았다.

연민은 아브라함 종교들(기독교, 유대교, 이슬람교), 불교, 유교 그리고 인본주의의 핵심 신앙체계의 일부이다. 지구촌 차원의 연민도 역시 윤리와 도덕적 행위의 토대이다(Fowers, 2015). 그렇지만 현대사회의 영향력이 증대되면서 도시인들은 종교적인 활동과 정체성이 해체되어 가고 있다. 영성과 종교의 수행을 꾸준히 실천하는 사람들은 역시 지구촌 차원의 연민 문화에 좀 더 호의적인 경향이 있다. 최근 연구에 의하면 흥미롭게도 종교성과 대비되는 영성의 정체성을 가진 사람들에게서 비영성적인 사람들, 심지어 종교인들보다도 연민에 대한 더 높은 수준의 감수성이 관찰되었다(Saslow, Willer, Feinberg, Piff, Clark, Keltner, & Saturn, 2012). 하지만 실험의 환경이 아닌 일상의 삶 속에서 종교의 가치를 가진 사람들, 혹은 영성의 가치를 가진 사람들이 낯선 사람들에게 여전히 연민의 마음을 갖게 되는지는 아직 잘 모르는 영역으로 남아 있다.

연민의 정의

연민에 관한 다양한 정의가 있다. 이 핸드북에서 보통 사용하고 있는 정의는 '연민이란 타인의 고통 혹은 괴로움에 대한 감수성으로 그 괴로움을 완화해 주고자 하는 깊은 바람'

표 4-1 연민의 유형과 괴로움의 대상

연민의 유형	괴로움의 대상
공감 연민	가까운 원인, 구체적
행동 연민	가까운 원인, 구체적
기원 연민	먼 원인, 구체적, 변화에 대한 괴로움
가족 연민	가까운 원인과 먼 원인, 가족
간헐적 지구촌 차원의 연민	가까운 원인과 먼 원인, 구체적
지구촌 차원의 연민	가까운 원인과 먼 원인, 구체적
조건 없는 연민	구체적, 변화에 대한 괴로움, 보편적 괴로움

이다(Geotz, Keltner, & Simon-Thomas, 2010). 이 정의는 두 가지 핵심 부분으로 구성된다. 즉, 괴로움의 인지, 그리고 그 괴로움에 대한 응답이다. 하지만 연민의 이 정의는 아직 명확하지 않은 점이 있다. 특히 연민의 대상이 누구이고, 괴로움을 구성하는 것이 무엇인지에 대한 문제를 생각할 때 더욱 애매해진다. 그래서 우리는 연민과 괴로움에 관한 구조의 차이를 보여 주는 새로운 틀을 제시하고 있다(〈표 4-1〉 참조). 이러한 구조적 틀을 제시하는 목적은 어떤 유형의 연민과 괴로움에 관한 것인지를 명시함으로써 좀 더 나은 과학적 연구를 도모할 수 있도록 하기 위함이다.

어떤 정의는 괴로움을 경험하고 있는 사람의 감정을 느끼는 것을 특히 강조한다(Batson, 1991). 이것을 우리는 공감적 연민이라고 한다. 괴로워하는 사람의 감정을 느끼는 것으로 인하여 진정 어린 염려와 배려의 마음이 일어날 수 있으며 공감적 고통의 느낌들이 생기게 된다. 공감적 고통을 느낀다는 것은 자기와 타인과의 경계가 허물어져서 타인의 괴로움이 크게 공명되어 강한 영향을 받는 것을 말한다(Halpern, 2003). 공감적 괴로움은 연민을 느끼는 사람이 견디기 힘들고 심지어 두려운 감정에 휩싸일 수도 있다(Decety, 2011; Gilbert, McEwan, Matos, & Rivis, 2011; Singer, Seymour, O'Doherty, Stephan, Dolan, & Frith, 2006). 연민의 또 다른 측면은 타인이 신체적, 감정적인 고통에서 벗어나도록 직접 행동하는 것이다. 우리는 이것을 **행동 연민**(action compassion)이라고 하는데 연민적인 행위에 연관되어 있고 연민 정의의 두 번째 구성요소로 본다(Goetz et al., 2010).

아이들이 어릴 때에는 대부분의 부모는 아이들이 경험하게 될 직접적인 실망감을 완화하고 앞으로 있을지도 모르는 아이들의 괴로움을 방지하기 위해 노력한다. 비록 이것들이 **가족적 연민**(familial compassion)의 특성을 가지고 있다고 하더라도 이들은 이러한 행동을 '연민적이다'라고 하지 않는다. Dalai Lama는 연민은 우리의 어머니로부터 배운다고 즐겨 말한다. 세상에 처음 나오자마자 우리는 어머니의 젖을 먹으며 어머니의 사랑과 연민을 경험한다(Dalai Lama, 1995). 지구촌 차원의 연민은 자기 삶의 중심이 되는 철학을 기반으로 하지 않아도 경우에 따라서 돕고자 하는 선한 마음과 연관되어 있다. 지구촌 차원의 연민은 늘 그렇지는 않더라도 때때로 그렇게 공감이 느껴지고 행동하고 싶어지는 것이다. 낯선

사람에게 동전 한 닢을 건네거나 한나절 혹은 하루의 휴가를 내서 적십자와 같은 자선단체에서 봉사하는 것이 좋은 예이다. 자기 삶의 유일한 혹은 중심이 되는 거창한 철학이 아니더라도 낯선 사람들의 괴로움과 함께하기 위해서 어떤 행동을 할 수 있는 다양한 기회가 우리의 주변에 있을 때 그냥 자발적으로 실천하는 것이다.

불교에서는 다음 두 가지 종류의 연민을 말한다. 첫 번째는 괴로워하는 사람을 만나기 전에 이미 마음에 내재된 일반적인 연민이다. 이 연민은 감성적 측면보다는 핵심 동기, 기원 혹은 의도를 바탕으로 한 인지적 측면이 두드러진 특징이라고 볼 수 있다. 우리는 이것을 상대방이 잘되기를 바라는 **기원적 연민**(aspirational compassion)이라고 한다. 불교 문헌에 있는 또 다른 형식의 연민은 조건 없는 연민[無緣慈悲]이다. 조건 없는 연민(non-referential compassion)은 에고 의식이 사라진 상태의 높은 수준의 수행을 통해서 가능하다. 자기와 타자의 구분이 사라진 홀가분한 상태에서 모든 것을 있는 그대로 수용하는 연민이다. 조건 없는 연민에서는 자신과 타인을 위한 연민 사이의 경계가 사라진다.

괴로움의 정의

연민은 일반적으로 타인의 괴로움에 대하여 공감하는 것이다. 그러나 괴로움은 그리 단순하지 않다. 우리는 대부분 지구촌 차원의 연민을 길에서 만난 낯선 사람을 괴로움으로

부터 자유롭게 해 주는 것으로 생각한다. 지구촌 차원의 연민이라면 아마도 망명을 거부당한 난민이나 심한 지진 피해를 입은 사람들에 대한 공감적인 연민 반응일 것이다. 이 모든 것은 지금 여기 괴로움에서 자유롭게 해 주는 **가까운 직접적인 연민** 그 자체를 지칭하는 것이다. 하지만 온실가스 감축과 같은 것과 연관된 지구촌 차원의 연민은 핵심적인 사안이 아니다. 그것은 주변에서 일어나는 일이며, 우리는 미래에 닥칠지 모르는 괴로움을 예방하기 위해 지금 행동에 옮기는 것이다.

주변의 일에 관심을 두는 연민은 두 가지로 구성되어 있다. 첫째는 정확한 사회적 예측에 의존하여 주변의 문제를 인지하는 것이다. 그리고 두 번째는 지금 여기에서 직접적인 희생이 따르더라도 그 괴로움을 방지하기 위한 행동을 기꺼이 취하려는 것이다.

불교에서는 적어도 세 가지 종류의 괴로움이 있다고 한다. 가장 명백한 괴로움은 질병 혹은 부상으로 인한 아픈 감각의 고통이다. 또한 실제 혹은 상상의 인간관계 속에서 기인하는 정신적 갈등이다. 이것을 '괴로움-괴로움', 혹은 '**괴로움 그 자체**'라고 한다. 두 번째 유형의 괴로움은 **변화로 인해서 생기는 괴로움**이다. 이것은 자아란 독립적이며 변치 않는 어떤 실체가 있는 것이라 구체화하여 설정된 것이다. 그래서 변화한다는 사실을 잘 인지하지 못한다. 지금 이 순간에도 변화를 경험하고 있지만 자신과는 직접 상관없는 것이라고 생각한다. 원하는 것을 얻지 못하거나 혹은 원치 않는 것을 마주해야 하는 것으로 인하여

생기는 불만족이나 불편함은 그것이 인간과 관계이든 어떤 상황이든지 간에 늘 변화하고 있다는 사실을 받아들이지 못하는 것으로부터 생긴다. 세 번째 유형의 괴로움은 어떤 존재이든지 기본적으로 불만족의 갈등 구조로 되어 있다는 것이다. 모든 것은 상대적으로 조건화되어 있어 그 어떤 것도 자신이 원하는 느낌을 항상 **충족시켜 주지 못한다**. 그래서 끊임없이 뭔가 색다른 것을 추구하는 정신적 습성을 갖게 된다.

연민과 괴로움의 구조를 제시하는 것의 가치는 두 가지이다. 첫 번째는 연민 훈련을 하는 분들이나 연민에 관련된 탐구를 하는 연구자들에게 어떤 고통의 유형에 초점을 맞추어 훈련을 할 것인지 혹은 연구를 진행할 것인지 판단의 기준을 줄 수 있다는 것이다. 요즈음 현대 명상과학에서 공감적 연민 훈련을 개발하거나 첫 번째 유형의 괴로움에 대한 직간접적인(proximal and distal) 연민의 마음 개발에 관한 학술적 연구를 진행하고 있다. 직접 관찰할 수 있는 신체의 고통 혹은 정신의 괴로움과 연관된 공감적 연민 연구이다.

이러한 구분의 두 번째 유용한 점은 제시된 질문들에 대해 관심을 가지고 심화 연구를 진행하여 해답을 찾아 갈 수 있다는 것이다. 예를 들면, 행위적 연민에 공감적 연민의 경험이 반드시 필요한 것인가 혹은 행위적 연민은 직접 훈련할 수 있는 것인가? 먼저 공감적인 연민을 느껴야 괴로워하는 대상을 고통으로부터 벗어나도록 행동하겠다는 의도를 낼 수 있는 것인가? 다른 연민의 수행을 가르치는

것처럼 조건 없는 연민도 세속적인 환경의 구조에서도 가르칠 수 있을까? 어떤 유형의 연민 수행이 낯선 사람들에 대한 연민에 더 효과적일까? 연민과 괴로움에 대한 용어가 명확하게 정의될 때 이들 사이의 복잡한 구조를 좀 더 깊이 있게 이해할 수 있다. 깊이 있는 이해를 통해서 우리는 지구촌 차원의 연민 문화를 확산하기 위한 최선의 개입법을 찾아낼 수 있을 것이다.

지구촌 차원의 연민 문화 확산에 따른 심리과학적 가치

어떻게 지구촌 차원의 연민 문화를 확산할 것인가를 이해하는 데 심리과학적 가치에 대한 연구를 검토한다. 특히 사회심리학, 감정 과학, 공감 관련 연구, 그리고 진화심리학이 연민을 과학적으로 이해하는 데 어떤 공헌을 하였는지 살펴볼 것이다. 다양한 분야에서 모은 종합적인 지식에 대한 이해는 지구촌 차원의 연민을 확산할 때에 어떻게, 무엇을 대상으로 할 것인가를 결정하는 데 많은 도움이 된다.

사회심리학과 연민

연민의 마음을 가진 사람이 지금 괴로워하고 있는 대상, 혹은 미래에 괴로워할 수도 있는 대상을 정확히 인지하지 않으면 어떤 유형의 연민도 일어날 수 없다. 미래에 일어날 수

도 있는 괴로움을 예방할 수 없다는 것은 내적/외적인 다양한 사건의 결과이지 현재 일어나고 있는 괴로움을 해결하거나 혹은 예방할 수 없다는 것을 의미하지는 않는다. 미래에 있을지 모르는 해로움을 예방하기 위한 연민의 행동을 유발하는 요인이 기질적인 것인지, 혹은 상황에 의한 것인지, 아니면 이 두 가지 모두 영향을 미치는 것인지를 결정하기 위해서는 엄밀히 설계된 종단 연구가 필요할 것이다. 어떤 절박한 상황에서는 바로 행동하지 않으면 위험에 처하여 고통을 피할 수 없다는 것은 명확한 사실이다. 예를 들면, 창에서 안전 지지대가 떨어지고 있을 때 길 가던 행인을 신속히 도로 밖으로 밀쳐 내지 않으면 큰 사고를 당할 수 있다.

피해를 당할 수 있는 긴박한 상황을 보는 순간 바로 연민의 마음이 먼저 일어나고 그에 따른 구조의 행위를 한 것인지 아직 정확히 알 수 없다. 이것이 사실이라면 긴박한 상황을 보고도 바로 행위를 하지 않았기에 다른 사람이 위험에 처했을 때 공감적인 공명이 결여되었다고 볼 수 있을까? 비슷한 연민의 감정을 갖고 있어도 위험에 대처하는 방식 혹은 자기에게 닥쳐올 위험에 대한 반응은 다르지 않았을까? 혹은 그와 같은 방관의 입장을 갖고 있는 사람들은 일반적으로 다른 사람들이 당하는 괴로움이나 다른 이의 감정에 대해서 무관심한 것은 아닐까? 또 다른 가능한 경우가 있을 수 있다. 예를 들면, 낯선 사람이 위험에 노출된 긴박한 상황에 행동으로 반응하지 않는 사람들도 친밀한 대상이나 친족이 위

험에 처했을 때는 다르게 행동할 수 있다는 것이다. 이처럼 위험에 처했을 때 돕는 행동에 대한 해석은 복합적이며 그리 단순하지 않음을 알 수 있다.

기반 사회심리학(foundational social psychology)의 연구에서, 돕는 행동에 인지 작용이 어떻게 영향을 줄 수 있는지에 대한 다양한 측면을 논의한다. 연구 결과는 내부 그룹과 외부 그룹 간 인지 작용의 다양성이 있으며, 맥락에 따라 그 반응이 달라질 수 있음을 보여 주고 있다(Allport, 1958; Sherif & Sherif, 1969). Sherif와 Sherif는 여름 캠프에 참석한 청소년 그룹을 대상으로 중요한 연구를 진행했다. 청소년이 캠프를 진행하고 있을 때, 연구자들은 청소년이 '경쟁 대 단결'을 유도하도록 프로그램을 살짝 조작해 놓았다. 청소년을 두 개의 그룹으로 나누고 상대방 그룹에 대해서 부정적인 내용을 말했다. 그러자 경쟁은 공격적이었고 간혹 분노가 표출되기도 했다(Sherif & Sherif, 1969). 이 연구는 행동에 앞서 인식에 직접적인 영향을 받는다는 점을 분명히 하고 있다. 위협과 관련된 이 연구에 이어서 여러 편의 전형적인 논문들이 발표되었는데, 상대편의 부정적 측면을 살짝만 조작하여도 신체적 반응과 실행에 직접적 변화가 있을 수 있다는 것을 잘 보여 준다(Mendes, Blascovich, Lickel, & Hunter, 2002; Mendes Reis, Sery, & Blascovich, 2003).

또 다른 중요한 착한 사마리안 사례 연구는 배려하는 행동을 예측하는 데 가장 직접적인 요인은 바로 맥락이라는 점을 밝히고 있다. 신학교 학생들에게 강의 자료를 주고 강의장으로 가는 길에 한 동료 학생이 몹시 괴로워하며 쓰러져 있도록 했다. 몇몇 학생은 지각하였고 또 다른 학생들은 넉넉한 시간을 가지고 강의장에 도착하였다(Darley & Batson, 1973). 지각생들은 아파서 쓰러져 신음하고 있는 동료를 다급히 지나쳤고, 넉넉한 시간을 가지고 강의장으로 가던 신학생들은 멈추어 도움을 줄 것이라고 예상할 수 있다. 하지만 강의 시간에 늦어 허둥대는 상황에서도 위험에 처한 사람을 구해 낸 사례들도 있다.

Kristin Monroe(2004)는 '영웅적인 연민'이라고 하는 연구를 하였다. 나치 독재 정권 아래에서 자신의 위험을 무릅쓰고 유대인들의 생명을 구한 사례를 포함해서 다양한 영웅적 사례들을 모아 개별 인터뷰를 하였다. 이 연구 사례에 관한 이 책의 가장 인상적이고 강력한 점은 인터뷰에 참여한 사람들은 한결같이 그냥 해야 하는 것을 했을 뿐, 선택의 여지가 없었다는 것이다. 적어도 이들에게 있어서 자기 목숨의 위험을 감수하더라도 위기에 처해 있는 사람들을 구하는 것은 선택이 아닌 필수였다는 반응이다. 자신들의 목숨과 삶의 위험을 무릅쓰고 위기에 처한 사람들을 구출할 때, 이들은 그들을 이방인으로 여기지 않고 마치 자신의 친족처럼 느끼며 연민의 마음을 갖게 되는 것 같다. 외적인 차이와 상관없이 위험에 처한 연민의 대상이 자신과 동일하다고 인식하는 것은 '보편적 지향성'이며, 이는 지구촌 차원의 연민에 선행할 가능성이 높다(Phillips & Ziller, 1997).

감정과 연민의 과학

지난 10년간 연민에 관한 훈련과 평가에 새로운 관심을 가져왔다. 하지만 다른 사람의 고통이 우리 자신의 인지 및 감정 상태와 행동에 미치는 영향에 대한 연구는 그다지 새로운 것은 아니다. **공감, 정서적 전염, 동정 및 이타주의**와 같은 개념에 대한 연구는 오랜 역사를 가지고 있다.

타인의 고통을 덜어 주는 일을 하기 위해서는 무엇보다도 먼저 상대방이 괴로워하고 있다는 것을 명확히 인지할 수 있어야 한다. 말의 내용, 목소리 신호, 그리고 얼굴 표정으로 괴로워하고 있다는 사실을 단독으로 혹은 복합적으로 알려 주게 된다. 이 중에서 일곱 가지 감정(분노, 두려움, 슬픔, 역겨움, 비난, 놀람 그리고 기쁨)에 대한 보편적인 얼굴 표정이 있다는 것은 많은 연구 논문을 통해서 쉽게 접할 수 있다. 이 감정 가운데, 슬픔의 감정을 통해서 괴로움에 빠져 있는 사람을 가장 잘 구별해 낼 수 있다(Ekman, 1999). 목소리와 얼굴 표정을 통해서 아픔과 슬픔 둘 다 보편적인 감정들, 예를 들면 분노와 즐거움 등으로부터 쉽게 구별해 낼 수 있다.

이 연구에서 신호의 가치를 결정하기 위해 특정한 상황 및 맥락과는 별개로 목소리와 얼굴 표정을 조사해 보았다. 실제의 삶에서는 이 경우는 거의 일어나지 않는다. 반면에 심지어 말이나 목소리, 얼굴 표정의 정보가 없이도, 괴로움이 드러나고 있는 상황 그 자체만으로도 곤경에 빠져 있는 사람의 풍부한 정보를 찾아낼 수 있다. 해어진 옷차림에 아픈 다리를 절룩거리며 경찰의 지시에 따라 길거리를 걸어 내려오는 사람을 보면, 이러한 상황의 맥락만으로도, 목소리와 얼굴 표정을 보지 않고도 곧바로 연민의 느낌이 일어날 것이다. 간접적인 연민의 필수 사항은 모든 사람에게 위태로움이 바로 옆에 있지 않고 멀게 느껴지는 것인 반면에, 직접적인 연민의 필수 사항은 누군가가 괴로워하고 있다는 것을 인지할 때 바로 모든 사람에게 일어날 수 있다는 것이다. 신경학적인 혹은 정신병리적인 이상이 있는 경우를 제외하고 말이다.

감정은 우리가 어떻게 다른 사람들과 관계를 맺고, 관심을 가지며, 어떻게 그들을 대하고, 사랑하며, 배려하는가를 통해서 일어난다고 할 수 있다. 우리는 사회적인 종족이다. 고립되어 있을 때일수록 더욱더 상대와의 관계가 필요하다. 우리는 서로서로 연결되어 있기 때문이다.

우리는 어떤 방식이든 다른 사람들에게 영향을 미치면서 우리의 삶을 영위하고, 다른 사람들도 우리에게 영향을 미치면서 자신의 삶을 살아간다. 우리가 이것을 사실이라고 믿는다면 왜 지구촌 차원의 연민이 필요한지에 대한 이해에 한걸음 더 나아가게 될 것이다. 자, 이제 지구촌 차원의 연민에 대한 서양 심리학적인 입장을 살펴보자. 비록 이것이 경험에 기초하고 있지 않지만 말이다.

Ekman(1999)은 인간들은 **감성적인 경보 데이터베이스**를 가지고 있고, 이것은 감정적 충동을 일어나게 하는 자동 감정들을 통해 촉발하는 것으로 구성되어 있다고 제안했다. 촉발하는 것의 엄밀한 성질에 장면(scenes), 대본(script), 평가의 정해진 순서(a fixed sequence of evaluation)들이 있는지에 대한 것은 여기서의 논의 대상은 아니다. 하지만 우리가 반드시 고려해야 하는 사항은 이렇게 촉발하는 것들은 인간종의 보편적인 현상이라는 것이다. 이것을 Lazarus는 '세대에 걸쳐 축적된 지혜'라고 말한다. 왜냐하면 이것들은 옛 조상들이 처했던 환경 속에서 살아가면서 반복된 경험의 결과들이며, 여러 세대에 걸쳐 형성된 것이기 때문이다.

갑자기 중력을 잃어버리면 놀라움을 촉발하는 것처럼 학습되지 않은 촉발들도 있다. 감정 경보 데이터베이스에 내재되어 있는 감정 에피소드가 시간에 따라 어떻게 일어나는 것인지를 이해하기 위해서 좀 더 자세한 설명이 필요하다. 우리는 안녕을 위한 중요한 정보들을 얻기 위해 환경을 끊임없이 탐색한다. 감정은 이러한 시간적 과정을 통한 자동 예측과 함께 시작된다. 중요한 정보는 감정을 촉발한다. 앞에서 말했듯이, 이러한 감정의 촉발은 첫째는 자신의 과거 경험, 둘째는 유전자를 통해서 전승되어 온 인간 진화의 과정에서 각인된 반응들에 의해서 영향을 받는다. 우리 의식의 자동 예측 장치는 의지적인 것이 아니다. 이 장치 없이 세상을 보려면 높은 수준의 주의 집중이 필요하다. 예측은 개인의 과거 경험으로부터 촉발되어 영향을 받기 때문에, 개개인은 비슷한 상황에 대해 전혀 다른 반응을 할 수도 있다. 그러므로 설사 보편

적으로 느끼고 표현하는 감정들이라 할지라도, 왜 우리가 그런 감정을 갖게 되는지, 무엇에 대하여 우리가 그런 감정을 일으키는지는 우리 각자의 지문만큼이나 개별적이고 독특하다.

예를 들면, 당신이 새로 사귄 여자 친구와 길을 걷는다. 창문을 열어 놓은 채 지나가는 차 속에서 라디오 음악 소리가 크게 흘러나온다. 이 음악을 듣자마자 깊은 슬픔이 복받쳐 온다. 왜냐하면 5년 전에 세상을 떠난 동생이 이 노래를 아주 좋아했고, 그의 장례식에서 들려주었던 곡이다. 그렇지만 길 가던 그 친구는 당연히 동생을 모르고, 그 노래가 동생의 애창곡이었다는 것을 알 리가 없을 것이다. 그러므로 그녀는 감정적 반응을 경험하지 않는다. 두 사람이 함께 길을 가다가 같은 노래를 듣고 있었는데 각각의 개인적인 과거 경험 때문에 서로 다른 반응을 보일 것이다. 하지만 그 차에 갑자기 폭발음이 난다면, 두 사람은 동시에 공포에 질려 두려운 반응을 보일 것이다. 이때의 감정은 공유된 것이고 보편적인 것이다.

촉발되는 거의 모든 감정은 학습된 것이다. 살아오는 동안 학습된 다양한 감정의 정보가 감정 경보 데이터베이스에 입력된 것이다. 감정 경보 데이터베이스에 일단 입력되면 학습된 촉발 장치를 지우는 것은 매우 어렵다고 알려져 있다(LeDoux, 2000, 연구 참조). 다양한 수련을 통해서 약화시킬 수 있지만 스트레스가 쌓이면 약화된 촉발장치가 다시 활성화된다. 여기서 다시 이런 질문을 제기할 수 있다.

의도적인 자애와 연민의 수행을 통해서 모든 사람을 가족처럼 여기며 그들에게 따스하고 훈훈한 감성을 갖게 하는 쪽으로 감성적인 예측 시스템의 방향을 재설정할 수 있을까?

공감과 연민

공감은 연민을 활성화하는 데 선구적인 역할을 하고, 고통에 대한 직간접적인 신호에 반응하게 해 준다. 신경과학자 James Decety는 Halpern의 이론적 틀에 잘 맞는 공감의 간명한 정의를 다음과 같이 하고 있다. "공감의 심

리학적 구조는 긍정-부정적인 감정을 각자에게 속한 느낌을 그대로 간직한 채 서로서로 공유하는 상호주관적인 감응 과정을 말한다. 공감은 개인의 고통 혹은 공감적 관심을 유발할 수도 있다."(Decety & Meyer, 2008, p. 1054) 이 정의는 공감의 의미를 규정함에 있어서 매우 중요한 다음의 세 가지 관점을 보여 준다. ① 다른 이들의 감정 경험을 주관적으로 느낀다. ② 공감은 다른 이의 감정 속에서 자신의 정체성을 잃지 않는다. ③ 감정은 다른 이들의 고통, 배려, 관심 혹은 도움을 주어야 한다고 느끼는 데 선구적인 역할을 한다. 감정이

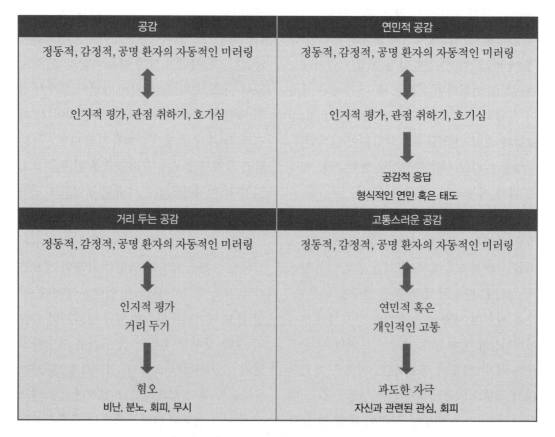

[그림 4-1] 공감 평가: 연민, 거리 두기 및 고통

어떻게 드러나는지를 [그림 4-1]의 네 가지 도식을 통해서 느낀 경험과 생물학적 토대를 바탕으로 살펴볼 것이다. [그림 4-1]의 왼쪽 상단에서 공감, 오른쪽 상단에서 연민적 공감, 왼쪽 하단에서 거리 두는 공감, 오른쪽 하단에서 고통스러운 공감의 각 구성요소를 볼 수 있다.

[그림 4-1]에서 볼 수 있듯이 공감의 핵심 구성요소는 시간적 순서를 가지고 있다. 우리는 먼저 거의 자동으로 감정적인 공명을 하며, 이것을 때로는 '정동적 공유' 혹은 '감정 접촉 전염'이라고 부르기도 한다(Zaki, Weber, Bolger, & Ochsner, 2009). 공명의 핵심적인 측면은 자동화이다. 이것은 감정의 강렬한 자극이며 공감의 정동적 측면이다. 두 번째 구성요소는 공감-예측이자 관점 취하기이다. 이것은 하향식 과정이며 공명보다 자동적이지 않고, 의식적인 생각에 영향을 받는다. 이것을 인지적인 공감이라고 한다. [그림 4-1]의 화살표를 보면 양방향이다. 정동적 공명은 인지적인 것에 의해서 조율될 수 있으며, 이것이 반대로 처음의 정동적 반응에 영향을 줄 수 있다.

바로 이 공감의 인지적 행위가 타인을 배려하며 가까이 다가가거나, 혹은 꺼려하며 멀리하는 것으로 우리의 감정 반응을 조율할 수 있도록 한다. [그림 4-1]의 오른쪽 상단은 인지적 예측이 공감적 배려와 역동적인 연민의 행위를 유도한다는 것을 보여 준다. **역동적인 연민**(enactive compassion)이라는 용어는 명상과학 문헌에서 가져왔으며 명상과학 교사인

Roshi Joan Halifax가 구조적인 모델을 제시하면서 구체적으로 설명하였다. 이 장에서 논의했던 **행동하는 연민**(action compassion)과 비슷한 개념이다. 하지만 Halifax는 행동하는 연민에 더욱 섬세한 의미를 더하여 '역동적인 마음'의 개념을 사용하고 있다. 이 마음은 세상에서 일어나고 있는 일을 단순히 인식하는 것이 아니라 그 세상일이 주변 환경과 관계 맺으면서 감각기관에 드러나는 창발적이며 자유로운 과정 전체를 내포하고 있다는 것을 의미한다(Thompson & Stapleton, 2009). 연민에 이러한 개념을 적용하면 연민은 단순히 분별 있는 인지적 행위가 아니라 인식과 참여 행위의 과정을 의미한다(Halifax, 2014). 행동적인 연민은 단순히 포괄적인 의미의 배려가 아니라 우리의 감정적 공명, 인지적 예측, 의도, 그리고 정신과 육체의 경험에 대한 섬세한 응답이라고 볼 수 있다(Halifax, 2012).

[그림 4-1] 좌측 하단은 연민의 의도 없이 일어나는 인지적 예측을 보여 준다. 이와 같은 공감의 유형은 다른 사람의 괴로운 상태에 대해서 자동적인 감정의 공명이 일어날 뿐이다. 마치 의사들이 환자를 대할 때 객관적 태도로 거리 두기를 하며 괴로워하고 있는 환자를 대하는 것과 같다. "스스로를 잘 돌보지 못해서 아프지, 아픈 것은 그들의 책임일 뿐이야!" 이것은 실제 상황에서 구체적으로 나타난다. 과다 약물 사용자 혹은 당뇨병이 있음에도 불구하고 다이어트에 신경쓰지 않고 무책임하게 아무것이나 폭식하는 것이다. 이러한 예측 평가가 실망으로, 그리고 분노, 비난,

회피 혹은 무시로 이어질 수도 있다. 바로 이과다 약물 복용자에 대해서 행동을 수반한 연민의 마음이 일어날 수 있다. 왜냐하면 그는 괴로움에 빠져 있으며, 의도 혹은 효율과 능력의 감수성에 의해서 규정되는 인식이 다르기 때문이다. 건강 관련 직종에 종사하고 있는 많은 사람이 도움이 필요하거나 당장 치료를 해야 하는 환자들을 어찌할 수 없을 때 실의에 빠져 스스로를 혐오하게 되고, 효과적으로 도움을 주지 못한 것에 대한 실망스러운 감정이 일어나 인식의 틀을 형성하게 된다. 실의에 빠져 스스로를 혐오하게 되는 것이 소진의 두드러진 특징이다. 냉소적 태도와 비개인화 척도를 통해서 소진의 상태를 측정할 수 있다. 소진은 건강 관련 직종에 종사하고 있는 사람이 공감할 수 없는 상태에 이르게 되는 주요한 원인이라는 것이 논문에 자주 보고되고 있다(Picard, Catu-Pinault, Boujut, Botella, Jaury, & Zenasni, 2015).

[그림 4-1]의 우측 하단에 있는 것은 감정적 공명의 하향식 알아차림 없이 그저 무심하게 행동에 옮기는 것을 나타낸다. 괴로워하는 사람을 보고 마치 자신의 아픔처럼 느끼며 자기의 일처럼 여긴다. 스트레스가 너무 많아 힘들 때, 우리는 감정의 공명을 피한다. 왜냐하면 감정의 공명은 거의 자동으로 일어나지만, 회피는 에너지를 소진하게 하는 강한 억압이 필요하기 때문이다. 이러한 전략에는 두 가지 취약점이 있다. 첫째는 가정 폭력으로 인한 공포 등과 같은 환자의 감정을 읽으면서 얻어진 중요한 임상 정보를 간과하게 되는 것

이다. 두 번째는 감정을 억압하는 것은 에너지를 소진시킬 뿐만 아니라 몸의 시스템을 유지하기 위해 많은 비용을 지불해야 한다. 시간이 지남에 따라 감정의 소진 현상은 더욱더 심각해진다(Gross & Levenson, 1993).

진화심리학과 연민

진화심리학은 이타적이며 배려 깊은 행동과 함께하는 연민의 기능에 대한 연구를 해 왔다. 상호호혜적 이타주의는 연민의 연원을 다소 냉소적이며 거래적 관점으로 분류하고 있다. 상호호혜적 이타주의는 타인의 욕구를 위해 자신의 욕구를 잠시 보류하는 것처럼 보인다. 왜냐하면 이것은 대가를 바라는 행위이기 때문이다. 대가를 바라는 행위는 주고받는 것, 즉 물물교환, 혹은 타인을 위해 선함을 베푸는 것을 통해 사회적 지위를 갖게 되는 것이다. 이것은 보답을 바라며 행동하는 비본질적인 연민-친절이라 할 수 있다. 우리의 조상들이 살았던 작은 공동체에서의 감정과 연민의 기능에는 다양한 층이 존재한다. 공동체 안에서 사회적 유대감은 즐거운 감정을 나누는 것에 의해서 증폭되고, 모든 사람은 가족들로부터 한 발 떨어져 있게 해 준다. 이러한 상황이 가족적인 연민의 조건을 만들어 주고, 모든 이를 위한 연민이 가족을 위한 연민처럼 여겨지는 것이다. 이와 같은 접근 역시 약간은 자신을 위한 것처럼 들릴 수 있다. 그러나 이런 행위 자체가 타인을 돕고자 하는 내재된 욕구의 토대를 만들어 준다고 볼 수 있다

(Ekman, 2010).

연민 행위를 경험한 후에(혹은 아직 실제 행동에 옮기지 않았지만 그저 연민의 느낌이 일어나서) 개인이 갖게 되는 세 가지 서로 다른 긍정적인 결과들이 있다. Ekman(2015)은, 첫째, 이것을 **연민적 기쁨**(compassionate joy)이라고 부르는데, 좋게 느껴지는 독특한 유형의 즐거움을 의미하며 마음 깊이 본질적인 보람의 느낌을 갖게 된다. 이러한 연민적 기쁨은 아직 거의 연구되지 않았다.[1] 둘째, 앞서 언급한 것과는 조금 다르게, 연민의 행위를 한 후에 갖게 되는 자신의 이미지에 대한 고양된 느낌이다. 셋째, 연민적 행위를 한 사람이 자신의 행위를 다른 사람들이 알았을 때, 어떻게 그들이 반응하느냐에 따라 일어나는 고양된 느낌이다.

이 장의 두 번째 저자, Paul Ekman은 2년 동안(1967~1968) 파푸아뉴기니의 남동부 고산지대에 지내면서 남 포레이족 공동체를 대상으로 연구를 진행하였다. 이들은 바깥 세상 사람들과 거의 접촉한 적이 없었다. Paul이 이 사람들을 관찰해 본 결과, 평생 동안 200명이 넘지 않는 약 100명의 외부 사람들과 만난 것을 알 수 있었다. 그들은 가족과 같이 친밀한 사람들과 친교를 맺으며 살아가는 환경 속에서만 살았으며 낯선 사람을 만나 그들에게 연민의 태도를 갖게 하는 경험은 거의 없었다. 일주일에 한두 번 정도 마을 사람들이 모두 모여 요리를 함께하고 나누어 먹는다. 산업화된 도시에서 사는 사람들이 경험할 수 없는 전혀 다른 풍경이다. 이 사람들이 평생 동안 만나

게 되는 낯선 이들을 아마도 우리는 하루 만에 다 본다고 할 수 있다. 이 글의 첫 번째 저자인 Eve는 우리도 역시 작은 공동체에서 살았을 때에는 낯선 사람들을 거의 만날 수 없었고, 우리에게도 상대방을 연민의 태도로 대하는 것이 이미 내재되어 있는 것 같다고 생각한다.

결론

Paul은 가족이 아닌 모든 사람의 괴로움에 대해 반응하는 감성 저장장치가 어떤 사람들에게 있을 수 있다고 생각 중이다. 하지만 어떤 이유로 그런지는 아직 알 수 없다. 또 다른 가능성은 모든 사람에게 낯선 사람들의 괴로움에 대해 반응하는 감성 저장장치가 있지만, 비활성화 상태이므로 깨어나게 할 필요가 있다는 것이다. 이것은 9.11 테러와 같은 국가적 트라우마 혹은 감정이 폭발하는 사건이나 트라우마, 더 나아가 지구촌 차원의 연민심을 가진 어떤 분과의 영감적인 만남을 통해서 촉발될 수 있다. 모든 이에게 연민심은 잠재되어 있지만 대부분의 사람에게는 이를 활성화해야만 드러나게 된다. 아주 극소수의 사람들에게만 활성화되어 있다고 할 수 있지만, 우리의 가설은 모든 이에게 이미 잠재된 상태로 있으므로 언제라도 활성화시키기만 하면 된다는 것이다. 이러한 일반적인 혹은 긍정적인 설명 속에서, 아직 더 면밀하게 해명해야 할 것들이 있다. 왜 이러한 차이가 존재하는가?

어떤 이들에게는 지구촌 차원의 연민이 어린 시절부터 드러나지만 대부분 사람은 그렇지 않고, 어떤 경우에는 특별한 사건 없이도 활성화되는가? 그냥 우연일 뿐이고, 말로 설명할 수 없는 것일까? 성장 과정에서 어떤 일이 있었을까? 생애 전체를 아울러 살펴보는 종단 연구를 통해서 답을 찾을 수도 있을 것이다. 종단 연구를 통해서 어린 시절에 그런 연민의 태도가 어떻게 처음으로 발현되는지를 알 수도 있을 것이다. 아마도 어떤 유전적 요인이 개인에게 이미 내재되어 있어 낯선 이들에게 연민을 느끼게 되는 것일까? 최근 연구들을 통해서 이러한 돕는 행동을 예측하는 유전자를 확인하였다. 이런 연구가 이를 뒷받침해 줄 수도 있겠지만, 아마도 유전적인 요인과 특정한 환경적 상황의 적절한 조합이라는 관점이 더 설득력을 갖는다.

어떤 사람의 유전자에 지구촌 차원의 연민심이 이미 내재되어 있다는 것을 보여 주는 연구가 있다고 하더라도, 연민의 행동을 자주 일으키고 싶은 사람에게 이런 연구가 얼마나 도움이 될지는 분명하지 않다. 지구촌 차원의 연민심을 보이는 대부분 사람에게 공통적으로 일어나는 삶의 어떤 경험적인 패턴을 발견할 수 있다면 연구에 도움이 될 것이다. 모든 사람에게 사실상 유전적 경향성이 내재되어 있고, 그 유전적 경향성을 활성화하는 데 무엇이 필요한지를 정확히 알 수 있다면 획기적인 발견이 될 것이다.

연민심을 개발하는 다양한 접근 방법이 있고, 많은 경우 연구를 통해서 검증해 가고 있다. 연구의 주제가 대부분 가까운 직접적인 연민(proximal compassion)에 국한되어 있고, 행동에 관한 것은 비교적 적으며, 먼 간접적인 연민(distal compassion)에 관한 것은 거의 없다고 해도 과언이 아니다. 지구촌 차원의 연민을 개발하기 위한 가장 성공적인 접근은 환경과 개인, 어디에 초점을 맞추느냐에 따라 다양하게 전개될 것이다. 괴로움을 일어나지 않게 하는 행동에 초점을 맞추는 노력을 하는 것이 전반적으로 다양한 사람에게 가장 성공적일 것이라고 우리는 생각한다. 이러한 행동이 아동기 후반이나 청소년기에 나타나게 된다면 말이다.

다양한 분야에서 연민에 대한 연구가 진행되고 있다. 하지만 여전히 많은 질문이 풀리지 않은 채 남아 있다. 연민심의 향상이 모든 사람에게 스스로 드러나는지 혹은 연민 훈련을 받은 그룹의 일원에게만 해당되는지에 대한 것을 판단할 수 있는 충분한 데이터가 아직 보고되지 않았다.

그리고 연민이 모든 이에게 내재되어 있는 것이 분명하지 않다면, 누구는 낯선 이의 괴로움에 반응하고, 누구는 그렇지 않은 것을 어떻게 설명할 수 있을 것인가? 얼마나 오랫동안 명상 수행을 해야 하는지, 그 후에 수행을 하지 않아도 어느 정도 연민심이 유지될 수 있는지는 아직 잘 알려지지 않았다. 연민 명상수행이 피부색, 언어 그리고 문화가 다른 사람들에게도 지구촌 차원의 연민심을 드러나게 하는 기제를 가지고 있는지도 연구해야 할 과제로 남아 있다. 이 장에서는 정답보다는 많은 질문을 제기하고 연민과 괴로움을 이해하기 위한 새로운 분류 유형을 제시하였다.

 주

1. 직감적으로 연민의 기쁨은 강하지 않은 부드러운 감성이기 때문에 실제 삶에서나 게임 속에서 상대방을 이겼을 때 일어나는 흥분에 의해서 쉽게 영향을 받을 수 있다. 지구촌 연민에 헌신적인 사람들은 더 강한 연민의 기쁨 반응을 갖게 되는 것 역시 가능하다.

참고문헌

Allport, G. W. (1958). *The Nature of Prejudice*. Garden City, NY: Doubleday.

Batson, C. D. (1991). *The Altruism Question: Towards a Social Social-Psychological Answer*. Hillsdale, NJ: Erlbaum.

Dalai Lama. (1995). *The Power of Compassion*. India: HarperCollins.

Darley, J. M., & Batson, D. (1973). "From Jerusalem to Jericho": A study of situational and dispositional variables in helping behavior. *Journal of Personality and Social Psychology, 27*, 100-108.

Decety, J. (2011). Dissecting the neural mechanisms mediating empathy. *Emotion Review, 3*, 92-108. doi: 10.1177/1754073910 374662

Decety, J., & Meyer, M. (2008). From emotion resonance to empathic understanding: A social developmental neuroscience account. *Developmental Psychopathology, 20*, 1053-1080.

Ekman, P. (2015). *Moving Toward Global Compassion*. San Francisco, CA: Ekman Group.

Ekman, P. (2010). Darwin's compassionate view of human nature. *Journal of the American Medical Association, 303*, 557-558.

Ekman, P. (1999). Basic emotions. In T. Dalgleish & M. J. Power (Eds.), *Handbook of Cognition and Emotion* (pp. 45-60). New York: John Wiley & Sons Ltd.

Fowers, B. J. (2015). *The Evolution of Ethics: Human Sociality and the Emergence of Ethical Mindedness*. London: Palgrave Macmillan.

Gilbert, P., McEwan, K., Matos, M., & Rivis, A. (2011). Fears of compassion: Development of three self-report measures. *Psychology and Psychotherapy: Theory, Research and Practice, 84*(3), 239-255. doi:10.1348/147608310X526511

Goetz, J. L., Keltner, D., & Simon-Thomas, E. (2010). Compassion: An evolutionary analysis and empirical review. *Psychological Bulletin, 756*(3), 351.

Gross, J. J., & Levenson, R. W. (1993). Emotional suppression: Physiology, self-report, and expressive behavior. *Journal of Personality and Social Psychology, 64*, 970-986.

Halifax, J. (2012). A heuristic model of enactive compassion. *Current Opinion in Supportive and Palliative Care, 6*(2), 228-235.

Halpern, J. (2003). What is clinical empathy? *Journal of General International Medicine 18*, 670-674.

Klimecki, O. M., Leiberg, S., Ricard, M., & Singer, T. (2013). Differential pattern of functional brain plasticity after compassion and empathy training. *Social Cognitive and Affective Neuroscience.* http://doi.org/10.1093/scan/nst060

LeDoux, J. E. (2000). Emotion circuits in the brain. *Annual Review of Neuroscience, 23,* 155-184.

Mendes, W. B., Blascovich, J., Lickel, B., & Hunter, S. (2002). Challenge and threat during social interaction with white and black men. *Personality and Social Psychology Bulletin, 28,* 939-952.

Mendes, W. B., Reis, H. T., Seery, M. D., & Blascovich, J. (2003). Cardiovascular correlates of emotional expression and suppression: Do content and gender context matter? *Journal of Personality and Social Psychology, 84,* 771-792.

Monroe, K. R. (2004). *The Hand of Compassion.* Princeton, NJ: Princeton University Press.

Phillips, S. T., & Ziller, R. C. (1997). Toward a theory and measure of the nature of nonprejudice. *Journal of Personality and Social Psychology, 22,* 420-434.

Picard, J., Catu-Pinault, A., Boujut, E., Botella, M., Juary, P., & Zenasni, F. (2015). Burnout, empathy and their relationships: A qualitative study with residents in general medicine. *Psychology, Health & Medicine, 21,* 354-361.

Saslow, L. R., Wilier, R., Feinberg, M., Piff, P. K., Clark, K., Keltner, D., & Saturn, S. R. (2012). My brothers keeper? Compassion predicts generosity more among less religious individuals. *Social Psychological and Personality Science.* doi:10.1177/1948550612444137

Sherif, M., & Sherif, C. W. (1969). *Social Psychology.* New York: Harper & Row.

Simpson, B., & Willer, R. (2008). Altruism and indirect reciprocity: The interaction of person and situation in prosocial behavior. *Social Psychology Quarterly, 71,* 37-52.

Singer, T., Seymour, B., O'Doherty, J. P., Stephan, K. E., Dolan, R. J., & Frith, C. D. (2006). Empathic neural responses are modulated by the perceived fairness of others. *Nature, 439,* 466-469. doi:10.1038/nature04271

Spinrad, T. L., & Stifter, C. A. (2006). Toddlers' empathy-related responding to distress: Predictions from negative emotionality and maternal behavior in infancy. *Infancy, 10*(2), 97-121. doi:10.1207/s15327078in1002_1

Thompson, E., & Stapleton, M. (2009). Making sense of sense-making: Reflections on enactive and extended mind theories. *Topoi, 28*(1), 23-30.

Warneken, F., & Tomasello, M. (2007). Helping and cooperation at 14 months of age. *Infancy, 77*(3), 271-294. doi:10.1111/j.1532-7078.2007.tb00227.x

Weller, D., & Lagattuta, K. H. (2013). Helping the in-group feels better: Children's judgments and emotion attributions in response to pro social dilemmas. *Child Development, 84*(1), 253-268. doi:10.1111/j.1467-8624.2012.01837.x

Zaki, J., Weber, J., Bolger, N., & Oschsner, K. (2009). The neural bases of empathic accuracy. *Proceedings of the National Academy of Sciences, 27,* 11382-11387.

제2부

발달적 접근

제5장

아동기의 자비

Tracy L. Spinrad and Nancy Eisenberg

요약

아동이 자발적으로 타인을 위해 행동하는 '친사회적 행동'에 대한 관심과 연구가 발달심리학계에서 지속적으로 증가하고 있다. 이 장에서는 공감과 연민, 그리고 개인적 고통의 차이를 설명하고, 자비가 연민의 구조와 일정 부분 일치하고 있는지를 탐구할 것이다. 다음으로, 아동기의 친사회적 행동과 공감적 반응에 대한 표준적인 발달 과정을 설명한다. 또한 아동기의 친사회적 행동이 공감, 연민, 개인적 고통과 각각 다른 연관성을 가지고 있음을 살펴볼 것이다. 더불어, 타인을 걱정하고 염려하는 마음에 있어서 개인차를 나타나게 하는 아동의 기질적, 사회적인 요인들도 확인할 것이다. 마지막으로, 친사회적 행동의 대상자와 다양한 친사회적 행동에 대한 연구의 필요성을 논의한다.

핵심용어

발달, 공감, 연민(sympathy), 친사회적 행동, 개인차, 정서, 조절, 양육

개요

발달심리학에서 바라보는 자비(compassion)는 일반적으로 아동의 친사회적 행동과 도덕적 정서에 초점을 두고 설명된다. 발달심리학에서의 '친사회적 행동'은 돕기, 나누기, 위로하기, 기부하기 등과 같이 자발적으로 이루어지는 타인을 위한 행동을 의미한다(Eisenberg, Spinrad, & Knafo-Noam, 2015). '이타적 행위'는 처벌을 피하기 위해서 또는 보상을 기대하면서 하는 행동이 아닌, 내재적 동기로 인한 친사회적 행동을 의미한다. 물론 아동기의 행동, 특히 영유아기의 행동을 내적 동기와 외적 동기로 인한 행동으로 나누는 것은 쉽지 않다. 따라서 이 연구에서는 친사회적 행동에 대해 폭넓은 관점을 가지고 접근하고자 한다.

연구자들은 친사회적 행동에 기여하는 것으로 생각되는 다양한 정서적 반응을 구분하고 있다. 그중 하나가 바로 '공감'이다. 공감은 다른 사람이 느끼고 있거나, 앞으로 느

낄 것으로 기대되는 정서를 똑같이(또는 거의 비슷하게) 경험하는 것이다(Hoffman, 2000; Eisenberg, Spinrad, & Knafo-Noam, 2016 참조). 예를 들어, 슬퍼하고 있는 사람을 보면서 자신도 슬픔을 느끼게 된다면, 이는 공감을 경험하고 있는 것이다. 연민*(sympathy, '공감적 관심'으로도 불림)은 타인에 대한 걱정이나 슬픔의 느낌을 가지는 정서적 반응이다. 만약 슬퍼하고 있는 사람을 보면서 그 사람에 대해 관심이 생기고 걱정하는 마음이 들었다면, 이는 연민을 경험하고 있는 것이다. 연민은 공감에서 기인하기도 하지만, 기억 속 어떤 정보와 연관되어 나타나기도 한다. Goetz와 동료들(2010)은 자비를 타인의 아픔이나 고통에 민감하게 반응하면서 그 고통을 감해 주고 싶다는 진심 어린 마음을 내는 것으로 정의한다.

연민은 자비의 구조와 상당히 일치하는 것으로 여겨지고 있다. Eisenberg, VanSchyndel, 그리고 Hofer(2014)는 연민과 자비 모두 타인에 대한 공감적 관심을 포함한다고 말한다. 그러나 연민이 늘 타인을 돕고자 하는 마음을 내포하고 있지는 않다. 특히 도움을 주기 어렵거나 불가능한 경우에 그러할 것이다. 반면, 자비는 타인을 돕고자 하는 마음을 포함하고 있다. 연민이 친사회적 행동에 대한 동기를 일으키는 것은 다양한 요소, 즉 도움을 줄 때 발생하는 비용이나, (가능한 상황에서)

도움을 줄 수 있는 기회들, 또는 (시간 등과 같은) 다양한 상황적 요소에 따라 달라질 수 있다. 더욱이 Goetz 등(2010)은 자비가 사랑, 부드러움, 돌봄, 따스함과 같은 복합적인 정서를 포함할 수 있는데, 이는 연민의 정의에 반드시 포함되지는 않는다고 하였다. 따라서 타인에 대한 걱정 어린 마음이 그들을 도우려는 마음까지 포함하고 있는지는 확신할 수 없기 때문에, 이 장에서는 자비보다 연민을 이야기하고자 한다.

공감과 연관된 또 다른 정서적 반응은 개인적 고통이다. 개인적 고통은 다른 사람이 고통받고 있는 모습을 보면서 자신도 불안감을 느끼고 벗어나고 싶다고 생각하는 것으로, 타인의 부정적인 정서에 초점을 맞춘 자기중심적인 반응을 의미한다(Batson, 1991). 개인적 고통은 타인의 상태나 상황에 노출되면서 생겨날 수 있지만, 불편함이나 불안과 같은 자기중심적 반응을 포함하는 혐오적 반응이라 하겠다.

이러한 공감과 관련된 다양한 반응의 차이를 이해하는 것은 매우 중요하다. 학자들은 자비, 연민 그리고 공감(조작적 정의에 따라 다르겠지만)이 친사회적 행동의 강력한 동기가 된다고 말한다(Batson, 1991; Eisenberg & Fabes, 1998; Hoffman, 2000). 반면, 개인적 고통은 (도움이 필요한 사람으로부터 벗어날 길이

---

* 역자 주. sympathy는 일반적으로 '동정'이나 '동감'으로 번역되지만, 이 연구에서는 '슬퍼하는 사람에 대한 관심과 걱정'이라는 정의에 따라 '연민'으로 번역하였다. compassion을 '연민'으로 번역하기도 하는데, 이 연민과는 차이가 있음을 밝힌다. 이 장에서 compassion의 번역어는 '자비'이다.

없는 것과 같이) 어떤 사람의 고통을 감해 줄 수 있는 다른 방법이 없을 때를 제외하고는 친사회적 행동을 일으킬 가능성이 낮다.

자비에 대한 통찰

많은 연구는 친사회적 행동과 공감적 반응이 생애 초기에 생겨나며, 아동기를 거치면서 증가하는 경향성이 있음을 밝혔다. 또한 아동기의 친사회적 행동과 공감적 반응에 대한 표준적 발달 과정 및 개인차에 대한 연구도 상당히 많이 진행되고 있다. 연구자들은 친사회적 행동과 공감적 반응의 기원을 연구하고 있으며, 특히 개인의 성격이나 기질, 사회적 요소들이 친사회적 행동과 공감적 반응의 발달을 어떻게 예측하는지 탐구하고 있다.

친사회적 행동과 공감적 반응의 발달

아동의 친사회적 행동과 공감적 반응에 대한 통찰을 얻는 한 가지 방법은 표준적 발달 과정을 탐구하는 것이다. Hoffman(2000)은 영아들이 자신에게만 보였던 관심을 좀 더 공감적이고 타인중심적인 관점으로 옮겨 가는 과정을 설명하면서, 친사회적 행동과 공감의 발달에 대한 이론을 제시했다. Hoffman은 만 1세 이전의 영아는 자신과 타인을 구별하기가 어렵기 때문에 타인의 고통을 마주했을 때 스스로 고통을 느끼는 경향이 있다고 하였다. 그 증거가 바로 한 아이가 울기 시작하면 다른 아이들도 따라 우는 것이다. Hoffman은 만 2세 정도가 되면 다른 사람의 고통을 보면서 자신이 느끼는 불편감을 해소하기 위해 자기중심적인 공감적 고통을 경험하게 된다고 가정했다. 또한 만 3세 유아기 이전에 인지적, 사회적, 정서적으로 발달이 이루어지면서 (개인적 고통의 반응과는 다른) '준 자기중심적 공감적 고통'이라 부를 수 있는 능력을 갖추게 된다고 주장했다. 즉, 단순히 자기위안적 방법을 찾기보다, 타인이 불편함을 해소할 수 있도록 노력하는 방식을 보이기 시작한다는 것이다. 그러나 이때 나타나는 친사회적 행동은 자신이 편안하다고 생각되는 방식을 타인에게 제공하는 형식으로만 나타나게 된다. Hoffman은 자신과 타인을 구별하고 조망 수용능력을 갖추는 등 사회적, 인지적 기술을 습득하는 것이 친사회적 행동을 발현시키는 데 있어서 중요한 역할을 한다고 주장했다. 초기 아동기에는 사회적, 인지적 기술이 발달하기 시작하면서 현실적인 공감적 고통을 경험하게 되는데, 이때 아동들의 친사회적 행동이 타인의 욕구를 이해한 상태에서 이루어지게 된다는 것이다. 나아가 인지적, 언어적인 발달이 함께 이루어지면 타인이 물리적으로 함께 존재하지 않아도 공감을 경험할 수 있게 되고, 후기 아동기가 되면 보편적 타인이 경험하는 역경이나 빈곤과 같은 상황에도 공감할 수 있는 능력이 생기게 된다고 하였다.

몇몇 연구는 친사회적 행동과 공감 능력이 Hoffman(2000)이 제시한 것보다 훨씬 빠르게 나타난다는 것을 보여 준다. 14개월에서 18개월 정도의 영아는 외적인 보상이 주어지지 않아도 돕기 행동을 보이며(Svetlovea, Nichols, & Brownell, 2010; Warneken & Tomasello, 2007; Zahn-Waxler, Schiro, Robinson, Emde, & Schmitz, 2001), 만 1세 전후 영아들도 공감적 관심을 나타낸다(Davidov, Zahn-Waxler, Roth-Hanania, & Knafo, 2013; Zahn-Waxler, Radke-Yarrow, Wagner, & Chapman, 1992). 연구자들은 또한 자아와 타인을 구별하는 기초적인 능력이 자아 개념에 대한 거울 실험의 성공 이전에 발달한다고 제시한다(Davidov et al., 2013). 이는 공감이 Hoffman이 제시한 것보다 훨씬 빨리 발달할 수 있음을 설명하는 것이다. 예를 들어, 4개월 된 영아는 거울 속 자신의 모습을 바라볼 때보다 그들의 모습을 모방하는 다른 사람이 거울에 비친 모습을 볼 때 더 많이 웃고 더 오래 바라보는데, 이는 초기 영아기에도 자신과 타인을 구별하는 능력이 있음을 보여 주는 것이다(Rochat & Striano, 2002). 더욱이 3개월 된 영아도 도움을 주지 않는 인형보다 도움을 주는 인형을 더 선호하는 것으로 밝혀졌다(Hamlin & Wynn, 2011; Hamlin, Wynn, Bloom, & Mahajan, 2011). 이러한 결과는 영아들이 타인의 동기를 이해하는 능력이 있음을 보여 주는 것으로, 영아도 기초적인 단계의 공감 능력을 가지고 있을 가능성이 크다는 것을 알 수 있다.

나아가 만 3세 이전의 아동들에게서 타인의 고통에 대한 친사회적 행동이 나타나기도 한다. 물론 타인의 고통을 보면서 위안거리를 찾거나, 연민을 보이거나, (가설 검증과 같은) 인지적인 형태의 공감을 보이거나, 무시하거나 아무 반응을 보이지 않기도 한다(때로는 화를 내거나 공격적으로 표현하기도 한다)(Zahn-Waxler et al., 1992; Liew et al., 2011; Spinrad & Stifter, 2006; Svetlova et al., 2010). 연구자들은 일반적으로 만 2~3세부터 유아기에 이르면서 친사회적 행동의 빈도가 증가한다는 것을 발견했다(Dunfield & Kuhlmeier, 2013; Knafo, Zahn-Waxler, Van Hulle, Robinson, & Rhee, 2008). 물론 이때의 아동은 도와주고 싶은 사람을 선택하는 경향성을 보이기도 한다(Brownell, Svetlova, & Nichols, 2009; Moore, 2009; Hay & Cook, 2007). 또한 친사회적 행동은 유아기와 아동기를 거치면서 지속적으로 증가하는 모습을 보인다(Eisenverg & Fabes, 1998).

청소년기의 친사회적 행동 변화에 대한 연구는 다소 제한적이고, 결과가 일치하지 않는 연구가 상당하다. Kanacri, Pastorelli, Eisenberg, Zuffiano, 그리고 Caprara(2013)는 이탈리아 학생들을 대상으로 친사회적 반응(즉, 친사회적 행동을 하는 경향성)에 대해 자기보고식 연구를 진행하였는데, 그 결과 U 자형 패턴을 발견했다. 즉, 친사회적 반응은 13세에서 17세 사이에 감소하는 모습이 나타났으며, 그 이후에 마지막 연구 대상 연령인 21세까지 증가하는 추세가 나타난 것이다. 반면, 다른 연구에서는 청소년기의 친사회적 행동에 대한 자기보고식 연구를 통해 연령이 증가함에 따라 친사회적 행동이 선형적으로 증가한다고 보고했으며(Jacobs, Vernon, & Eccles, 2004), 연민심에 대해서는 어떤 변화도 나타나지 않았음을 보고한 연구도 존재한다(Eisenverg, Cumberland, Guthrie, Murphy, & Shepard, 2005; Taylor, Barker, Heavey, & MicHale, 2012). 따라서 동기 등과 같이 성격이나 다양한 맥락 속에서 친사회적 행동이 다르게 나타날 수 있다는 것을 보여 주는 연구가 진행될 필요가 있다.

친사회적 행동과 연민에 있어서의 개인차

아동의 친사회적 행동과 연민의 발달을 이해함에 있어서 이들의 기원을 잠재되어 있는 기질적이고 사회적인 요인들과 함께 살펴볼 필요가 있다. 친사회적 행동의 기원에 대한 심도 깊은 논의는 많은 연구에서 살펴볼 수 있다(Eisenberg, Spinrad, & Knafo-Noam, 2015; Eisenberg, Fabes, & Spinrad, 2006).

Eisenberg와 동료들이 연구한 친사회적 행동과 공감적 반응

친사회적 행동과 공감적 반응의 관계

이론가들은 아동이 타인의 고통에 대해 보이는 반응으로 연민(공감적 관심)과 개인적 고통을 구분하는 것이 중요하다고 말한다(Batson, 1991; Hoffman, 2000; Eisenberg, 1986).

왜냐하면 이러한 요소들이 친사회적 행동의 다른 경향성을 예측하기 때문이다. 예를 들어, 연민은 친사회적 행동을 증가시킨다고 기대할 수 있다(Batson, 1991). 우리는 연민이 친사회적 행동을 일으킨다는 측면에서 자비와 유사하다고 생각한다. 그러나 연민에 대한 연구들은 친사회적인 동기를 포함하는 반응을 명백하게 보여 주지는 않는다. 따라서 연민적 반응이 누군가를 도우려는 동기를 항상 내포하는지 확신할 수 없으므로, 이 장에서는 자비 대신 '연민'이라는 개념에 초점을 맞추고자 한다. Batson(1991)의 이론에 따르면 성인의 연민은 돕기 행동과 정적 상관이 있음을 알 수 있다.

아동에게서도 이와 비슷한 결과를 얻을 수 있는지 확인하기 위해 Eisenberg와 동료들은 공감적 반응들을 구분하는 것의 중요성을 보여 주는 몇 가지 연구를 진행했다. 이 연구에 참여한 아동들은 다치거나 고통받고 있는 한 아이가 등장하는 영상을 보았다. 그 후 장난감을 가지고 놀이를 하는 대신 그 영상에 나왔던 아이(혹은 비슷한 사람)에게 기부를 하거나 돕기 행동을 하는 등으로 도움을 제공할 수 있는 기회를 가지게 되었다. 여기서 아동의 연민적 표정(예: 눈썹이 아래로 처지거나 앞쪽으로 나오는 것, 이완된 얼굴, 몸과 얼굴이 앞쪽으로 기울어지거나 그 사람을 향하는 것 등)과 공감(예: 얼굴에 나타난 슬픔)은 친사회적 행동과 정적 상관관계를 보였다(Eisenberg, Fabes, et al., 1989, 1990; Miller, Eisenberg, Fabes, & Shell, 1996; Eisenberg, Fabes, & Spinrad, 2006).

연민을 보여 주는 것으로 간주되는(예: 심장 박동수의 감소, 낮은 피부전도도) 아동의 신체적인 변화들 또한 친사회적 행동과 연관성이 있는 것으로 나타났다(Eisenberg et al., 1989; Eisenberg, Fabes, Miller, et al., 1990; Holmgren, Eisenberg, & Fabes, 1998).

우리는 또한 아주 어린 아동을 대상으로 관찰 연구를 진행했다. 만 2세 아동들은 연구실을 방문해 실험자가 꾸며 낸 가짜 고통을 목격했다. 30개월 아동의 경우 걱정스러운 관심(즉, 연민)과 가설 검증(문제를 이해하거나 명명하는 것으로, 공감적 관심의 지표가 됨)이 돕기 행동과 정적 상관이 있는 것으로 나타났다(Liew et al., 2011). 더욱이 30개월 아동의 연민은 42개월에 부모가 관찰하고 보고한 친사회적 행동(예: 실험자를 위로하기, 부모님에게 도와주도록 하기 등)을 통계적으로 유의미하게 예측했다. 이는 구조적 안정성을 통제한 상태에서도 유의미했다(Edwards et al., 2015).

연민과 다르게 개인적 고통은 혐오적 상태이기 때문에 자기 자신의 기분을 좋게 하려는 동기와 연관이 있을 것이다(Batson, 1991). 사실 개인적 고통은 아동의 친사회적 행동과 연관성을 보이지 않거나 부적 상관을 보인다(Eisenberg et al., 1989; Eisenberg, Fabes, Karbon, et al., 1996; Fabes, Eisenberg, Karbon, Toyer, & Switzer, 1994). 예를 들어, 다치거나 고통스러워하는 아동이 나오는 영상을 보는 동안 개인적 고통을 겪으면서 높은 피부전도도를 보인 여자아이들의 경우(남자아이들은 그렇지 않았다) 낮은 친사회적 행동을 나타냈다

(Fabes, Eisenberg, & Eisenbud, 1993).

우리는 또한 친사회적 행동을 일으키는 공감과 연민의 기질적 특성의 연관성도 연구했다. 연민에 대한 질문지를 활용한 연구에서 우리는 아동의 기부행동과 같이 비용이 드는 친사회적 행동이 연민과 정적 상관이 있음을 확인했다(Eisenberg, Miller, Shell, McNalley, & Shea, 1991; Eisenberg, Shell, et al., 1987). 영아와 관련된 연구를 살펴보면, 24개월 아동을 엄마가 관찰 보고한 공감 능력과 24개월에서 54개월 사이에 보인 공감 능력의 선형적 기울기가 72개월과 84개월에 교사가 각각 관찰 보고한 친구에게 보인 친사회적 행동을 긍정적으로 예측하는 것으로 나타났다(Taylor, Eisenberg, Spinrad, Eggum, & Sulik, 2013). 따라서 연민과(때로는 공감의 경우도) 친사회적 행동은 긍정적인 연관성이 있음을 알 수 있다.

Eisenberg와 동료들은 아동의 친사회적 행동 동기를 구분하는 것도 매우 중요하다고 주장한다(Eisenberg, VanSchyndel, & Spinrad, 2016). 즉, 친사회적 행동을 위한 동기는 일반적으로 분명하지 않기 때문에, 친사회적 행동이 일어나는 상황을 탐구하는 것과 더불어 친사회적 행동의 유형(즉, 도구적 돕기, 나누기, 위로하기 등)을 구분하는 것이 친사회적 행동이 사회적 관계나 보상 또는 (다른 사람에 의해 일어난 감정인) 연민심에 의해 동기화되었는지를 판단하는 데 단서를 제공해 줄 수 있을 것이다.

친사회적 행동은 자연스럽게 발생하는 것일 수도 있고, 누군가가 시켜서 하는 것일 수

도 있다. 자발적인 친사회적 행동은 누군가가 시켜서 나눠 주거나 위로해 주는 것처럼 요청에 의해 행해지는 친사회적 행동보다 더욱 더 타인을 향해 있을 가능성이 크다(Eisenberg & Shell, 1986; Eisenberg-Berg & Hand, 1979; Miller et al., 1996). 유아기에 일어나는 자발적이면서도 비용이 드는 친사회적 행동(즉, 스스로 자신이 가진 물건을 나눠 주는 것)은 후기에 나타나는 타인의 욕구에 초점을 둔 도덕적 판단뿐 아니라(Eisenberg-Berg & Hand, 1979) 친사회적 반응(Eisenberg, Guthrie, Murphy, Shepard, Cumberland, & Carlo, 1999; Eisenberg, Guthrie, et al., 2002; Eisenberg, Hofer, Sulik, & Liew, 2014) 및 연민(Eisenberg, McCreath, & Ahn, 1988)과도 긍정적인 연관성을 갖는다.

한편, 유아기에 누군가가 시켜서 친사회적 행동(특히 친구들이 요청해서 비용이 적게 드는 도움을 선택하는)을 하는 것은 후기 아동기의 연민과 연관성이 없는 것으로 나타났다. 즉, 누군가가 시키기 때문에 친사회적 행동을 보이는 아동은 어떤 면에서는 자기 주장이 없거나 사회적 유능감이 부족하기 때문일 수도 있다(Eisenberg, Cameron, Tryon, & Dodez, 1981; Eisenberg et al., 1990; Eisenberg, Pasternack, Cameron, & Tyron, 1984). 유아기에 자신의 물건이나 공간(예: 그네 등)에 대한 순종적인 나눔이 초기 청소년 시기의 친사회적 행동과도 연관성이 없게 나타났는데, 후기 청소년 시기와 초기 성인기의 친사회적 경향성에 대한 자기인식과는 연관성이 있음이 보고되었다(타인 인식은 관련이 없었다)(Eisenberg et al., 2002;

Eisenberg et al., 2014).

우리는 아동기에 비용이 적게 드는 친사회적 행동(즉, 떨어진 물건을 주워 주는 것 등)과 다르게 비용이 드는 친사회적 행동(즉, 기부를 하거나 시간을 들여 봉사를 하는 등)을 탐구하는 실험 연구도 진행했다. 이때 비용이 드는 친사회적 행동의 경우 자신에게 이익을 줄 가능성이 낮기 때문에 비용이 적게 드는 도움 행동보다는 내적동기에 의해 일어날 가능성이 크다는 가정을 세웠다. 예측한 대로, 비용이 드는 친사회적 행동은 높은 연민심 및 타인의 욕구에 초점을 둔 도덕적 판단과 연관성이 있음이 드러났다. 반면, 비용이 적게 드는 나눔과 돕기 행동의 경우에는 연민심이나 친사회적 도덕적 판단과 연관성이 드러나지 않았다(Eisenberg & Shell, 1986; Eisenberg, Shell, et al., 1987). 나아가 익명으로 도움 주기는 외부적인 보상이 따르지 않는 경우가 많으므로, 이 경우에도 내적인 동기로 인해 일어날 가능성이 크다는 것을 확인했다(Eisenberg, VanSchyndel, & Spinrad, 2016).

친사회적 행동과 공감적 반응의 기원

발달학자들은 아동이 타인을 염려하는 마음에 있어서 개인차를 예측하는 요인이 무엇인지에 관심을 기울이고 있다. 특히 우리는 부모의 사회화 훈련과 더불어 아동의 기질적 정서 상태와 자기조절이 어떻게 친사회적 행동과 연민에 연관성을 가지고 있는지를 주로 탐구하고 있다.

기질적 정서 상태와 자기조절: 학자들은 친사회적 행동에 있어서 기질의 역할에 주목하고 있다. 물론 타인을 염려하는 것과 연관된 기질적인 요인들이 존재하고 있지만(즉, 사교성, 수줍음), 우리는 여기서 아동이 기질적으로 정서적 경험의 정도를 받아들이는 경향성과 자기조절능력에 초점을 둔다. 정서적 반응과 자기조절의 차이는 연민이나 개인적 고통과 같은 사회적 기능의 양상에 있어서 차이를 나타낸다고 추측된다.

Eisenberg와 동료들은 자기조절력이 높은 아동은 개인적 고통보다 연민을 경험할 가능성이 클 것이라는 가설을 세웠다. 우리는 자신의 정서를 조절할 수 있는 아동은 타인의 고통에 과잉 각성되지 않을 가능성이 클 것으로 기대한다. 즉, 쉽게 흥분하고 그것을 조절하기 어려워하는 아동은 자기중심적인 고통의 반응을 경험할 가능성이 큰 것이다. 우리는 자기조절을 다음과 같이 정의한다.

> 정서와 연관된 생물학적 반응 또는 사회적 적응을 수행하거나 개인적 목표를 성취하기 위해 내적 정서 상태, 정서 관련 신체 반응, 집중 과정, 동기적 상태, 그리고/또는 정서에 대한 행동적 결과의 상황이나 형식, 강도 또는 기간을 시작하거나, 회피하거나, 제한하거나, 유지하거나, 조절하는 일련의 과정(Eisenberg & Spinrad, 2004, p. 338)

가설과 일치하게, 자기조절은 높은 연

민심이나(Eisenberg, Fabes, Murphy, et al., 1996; Eisenberg, Fabes, et al., 1998; Eisenberg, Michalik, et al., 2007; Gurthrie et al., 1997; Murphy et al., 1999; Valiente et al., 2004) 친사회적 행동(Eisenberg, Fabes, Karbon, et al., 1996)과 연관이 있는 것으로 보고되고 있다. 더욱이 때때로 자기조절력이 낮을수록 개인적 고통의 반응을 더 많이 나타내는 것으로 밝혀졌다(Valiente et al., 2004).

심박변이도(HRV)와 호흡성 동성부정맥(RSA)은 자기조절을 보여 주는 신체 지수들이다. 높은 HRV나 RSA를 가진 아동은 스트레스 요인을 조금 더 잘 다루는(조금 더 유연하게 대처하는) 것으로 여겨지는데(Porges, Doussard-Roosevelt, & Malti, 1994), 이러한 지수들은 친사회적 행동과 연민에 긍정적인 상관관계를 가진 것으로 보인다. 그러나 RSA(또는 HRV)와 공감적 반응의 연관성에 대한 연구는 일치하는 결과가 나오지 않고 있다. 우리는 RSA(또는 HRV)가 높은 연민(Fabes et al., 1993; Liew et al., 2011), 높은 친사회적 행동(Faves et al., 1994), 낮은 개인적 고통(Fabes et al., 1993)과 연관성을 가지는 기준선을 찾았다. 우리는 또한 남자아이와 여자아이의 연민에 있어서 엇갈린 결과를 발견했는데(Eisenberg, Fabes, Murphy, et al., 1996), 신체적 지수들이 여자아이보다 남자아이의 연민을 주로 예측하는 것으로 나타났다. RSA 억제는 상황적 요구에 대응할 준비가 되어 있고 환경에 대처하고 있다는 것을 나타내는데(Calkins & Keane, 2004), 이 또한 타인에 대한 아동의 반응을 예측하는 것으로 나타났다. 특히 우는 아이가 나오는 영상에 대한 반응으로서 RSA 억제는 만 2세 아동의 돕기 행동과 정적 상관이 있었으나 염려하는 주의와는 연관성이 나타나지 않았다(Liew et al., 2011). RSA와 HRV는 흥분의 정도, 상황, 반응 유형(예: 연민 대 공감)의 기능에 따라 다양하게 나타날 것이다.

공감적 반응과 아동의 기질적인 정서 상태도 연관성을 가진다. 연민은 타인의 아픔이나 고통에 반응하는 정서적 경험이기 때문에 강한 정서(특히 슬픔과 고통)를 잘 느끼고 자신의 정서를 조절할 수 있다면 연민을 경험할 것이라고 예상할 수 있다. 반면, 조절이 안 되는 강한 부정적인 정서는 개인적인 고통을 불러올 가능성이 크다. 사실, 많은 연구가 아동의 부정적인 정서 상태가 친사회적 행동을 감소시키고(Eisenberg, Fabes, Karbon, et al., 1996), 개인적 고통의 반응을 증가시킨다는 것을 보여 주고 있다(Guthrie et al., 1997). 부정적인 정서 상태나 일반적으로 강한 정서들은 연민과 부적 상관관계를 가지고 있으며, 특히 남자아이의 연민에 더욱 그러했다(Eisenberg, Fabes, Murphy, et al., 1996; Eisenberg, Fabes, Shepard, et al., 1998; Murphy, Shepard, Eisenberg, Fabes, & Guthrie, 1999).

부정적인 감정의 다양한 유형(예: 분노, 슬픔, 두려움)은 이러한 예측을 할 때 구분되어야 한다. Edward와 동료들(2015)은 18개월, 30개월, 42개월 아동을 대상으로 연구를 진행했는데, 18개월 아동의 경우 슬픔과 연민의 관련성이 나타나지 않았다. 그러나 30개월 아동의

경우, 기질적으로 가지고 있는 슬픔이 1년 뒤의 높은 연민을 다소 예측하는 것으로 나타났다. 따라서 만 2세 아동의 경우 슬픔을 느끼는 높은 경향성은 연민의 이른 발현을 도울 가능성이 있다고 볼 수 있다. 더욱이, 어린 아동의 슬픔은 이 슬픔이 영향을 주는 양육자를 통해 연민을 키우는 데 중요한 역할을 할 것이다. 왜냐하면 슬픔은 타인으로부터 사회적 지지를 이끌어 낼 가능성이 크고(Campos, Campos, & Barrett, 1989), 양육자와의 경험이 이러한 관계를 매개할 가능성이 있기 때문이다.

우리는 또한 만 2~3세경 아동의 두려움이 실험실에서 마주한 가짜 고통에 공감적으로 반응하는 것을 예측하는지를 탐구했다(Liew et al., 2011). 두려움이란 자기 보존과 회피 반응을 촉발하는 정서적 반응으로(Campos et al., 1989) 18개월과 30개월의 아동에게서 연민이 아닌 개인적 고통의 반응과 정적 상관이 있는 것으로 나타났다.

나아가, 긍정적인 정서 상태가 연민과 연관성이 있을 것으로도 생각할 수 있다. 왜냐하면 기질적으로 긍정적인 아동들은 다른 사람의 욕구에 대해 조금 더 열린 마음을 가지고 민감하게 반응하며 다가가기 때문이다. 이러한 아동들은 아마도 타인의 정서와 조금 더 잘 연결되고, 부정적인 정서에 과도하게 자극을 받지 않으며, 일반적으로 사회적 유능감도 높을 것이다. 사실, 아동의 긍정적인 정서 상태는 아동의 높은 연민심과 연관성이 있다는 것이 밝혀졌다(Eisenberg, Fabes, Murphy, et al., 1996). 유아의 긍정적인 정서 상태 또한

높은 긍정적 공감과 연관성이 있었는데, 여기서 **긍정적 공감**이란 타인의 행운을 보면서 행복을 느끼는 것이다(Sallquist et al., 2009).

긍정적인 정서 상태가 공감과 친사회성을 촉진한다는 가정과 달리, 선한 행동을 하는 것이 기분을 좋게 만든다는, 즉 친절한 행동이 긍정적인 정서 상태를 만든다는 가정도 가능하다. 실제로 실험을 진행한 많은 연구를 통해 Aknin과 동료들은 타인에게 무언가를 주는 사람들이 자신을 위해 무언가를 받는 사람들에 비해 조금 더 행복하다는 것을 발견했다(Aknin, Barrington-Leigh, et al., 2013; Dunn, Aknin, & Norton, 2014). 그리고 아동을 대상으로 진행된 같은 연구에서도 비슷한 결과가 나왔다(Aknin, Hamlin, & Dunn, 2012). 청소년의 연구도 존재하는데 가족을 돕는다고 보고한 청소년의 경우(예: 집안일을 하거나 동생을 돌보는 등) 행복감과 삶의 질이 높은 것으로 나타났다(Fuligni & Telzer, 2013; Telzer & Fuligni, 2009).

기질적인 특성이 대상에 따라 공감적 반응을 다르게 하는지를 살펴보는 것도 중요하다. Spinrad와 Stifter(2006)는 10개월 된 영아를 둔 어머니의 두려움 정도를 측정했는데, 이는 영아가 18개월이 되었을 때 어머니의 두려움에 대해 느끼는 영아의 개인적 고통을 예측했다. 그러나 낯선 사람이 가지는 두려움에 반응하는 개인적 고통은 예측하지 못했다. 나아가, 두려움은 어머니와 낯선 사람을 향해 염려하는 집중과 정적 상관이 있는 것으로 나타났다. 따라서 두려움을 느끼는 영아는 타인의

고통에 대한 위협적인 신호에 특별히 더 연결된다는 것을 알 수 있다.

부정적인 정서를 경험하는 것과 자기조절을 잘하는 경향성을 가지는 것은 공감적 반응과 친사회적 행동에 기여하는 바가 크다. Eisenberg와 동료들은 정서적 강도와 자기조절의 상호작용이 아동의 연민을 예측한다는 것을 발견했다(Eisenberg, Fabes, Murphy, et al., 1996). 또한 부정적 정서와 자기조절의 상호작용이 친구로부터 친사회적이라고 불리는 것을 예측하는 것을 발견했다(Eisenberg, Fabes, Karbon, et al., 1996). 특히 여아의 경우 부정적 정서의 수준과 상관없이 높은 수준의 주의집중 조절능력(자기조절의 표식)을 가지고 있을 때 친구들로부터 친사회적인 아이라고 지명되는 경우가 높았다. 반면, 집중력을 조절하는 능력이 낮거나 중간 정도인 여아의 경우에는 부정적인 정서와 친사회적인 아이라고 지명되는 정도가 부적 상관을 보였다. 남아의 경우 부정적 정서와 친사회적 지명 사이에 부적 상관을 보였는데, 이는 집중력 조절의 수준이 중간 정도이거나 높은 경우에만 해당되었다. 낮은 수준의 주의집중 조절능력을 가진 남아는 그들의 정서와 상관없이 낮은 지명도를 나타냈다(Eisenberg, Fabes, Karbon, et al., 1996). Eisenberg, Fabes, Shepard와 동료들(1998)은 2년 후에 일반적인 정서 강도가 낮은 남아(여아는 제외)의 경우 자기조절력과 상관없이 연민심이 낮다는 것을 발견했다. 그러나 일반적인 정서 강도가 중간이거나 높은 남아의 경우 자기조절력이 낮으면 연민심도

낮아졌으며, 자기조절력이 높으면 연민심도 높아지는 것을 발견했다. 그들은 또한 집중을 잘하는 기술이 정서적 반응이 낮은 아동들에게서만 높은 기질적 연민심을 예측하는 것을 발견했다. 이와 같은 결과는 아동의 친사회적 경향성을 이해하기 위해서는 기질적 정서와 자기조절능력을 이해하는 것이 중요함을 보여 준다.

양육: 우리가 진행한 몇몇 연구는 부모의 성격이나 행동이 아동의 공감적 반응과 연결된다는 것을 알려 준다. 부모는 아동의 공감/연민, 그리고 친사회적 행동에 다양한 방법으로 영향을 주고 있다. 예를 들어, 모델링, 아동과 맺는 관계의 질, 훈육 방식, 정서적 사회화 행동이 그것이다(Eisenberg, Spinrad, & Knafo, 2015).

부모의 온정과 양육 그리고/또는 민감성은 타인과의 연결을 증진시키기 때문에 아동의 연민심과 친사회적 행동을 발달시키는 것으로 언급된다. 우리는 이를 뒷받침하는 몇몇 객관적인 증거를 찾아냈다(Eisenberg, VanShyndel, & Hofer, 2015; Malti, Eisenberg, Kim, & Buchmann, 2013; French, Eisenberg, Sallquist, Purwono, Lu, & Christ, 2013; Spinrad & Stifter, 2006; Spinrad et al., 1999). 예를 들어, Spinrad와 Stifter(2006)는 10개월 때 아동의 엄마가 보여 주는 민감성이 높을수록 아동이 18개월이 되었을 때 고통스러운 성인에 대해 염려하는 모습을 더 많이 보인다는 것을 찾아냈다. 비슷하게, 어려운 과제를 앞둔 상황에서 엄마가 보여 주는 긍정적인 정서와 격려는 5~7세 아동

의 연민심과 정적 상관관계를 보였다(Spinrad et al., 1999).

연민심을 가진 부모는 아동에게 연민심을 모델링할 수 있다. 따라서 우리는 부모의 연민심과 아동의 대리적 정서 반응의 연관성에 대해 연구했다. 그 결과, 연민심을 많이 느끼는 부모는 동성의 친절한 자녀를 가지고 있음을 찾아냈다(Fabes, Eisenberg, & Miller, 1990). 또한 연민심이 많은 부모의 아들은 기질적인 연민이나 공감이 상대적으로 높았다(Eisenberg, Fabes, Schaller, Carlo, & Miller, 1991). 더욱이, 부모의 연민심이 높을 경우 동성 자녀의 개인적 고통이 낮은 것을 발견했다(성별이 다른 경우는 그렇지 않았다)(Eisenberg, Fabes, et al., 1991). 그러므로 연민심을 많이 가진 부모의 아동은 고통스러운 자극을 만났을 때 지나치게 흥분하지 않으며, 조금 더 연민심을 경험하게 될 것이다.

더불어, 부모의 정서적인 표현도 아동의 대리적 정서 반응을 예측한다고 알려져 있다. 왜냐하면 정서를 경험하고 표현하는 것이 괜찮다는 것을 볼 수 있는 기회를 가지게 되기 때문이다. 엄마의 부정적인 정서적 표현은 상대적으로 낮은 아동의 친사회적 행동이나 연민심과 연관되어 있음이 밝혀졌다(Eisenberg, Liew, & Pidada, 2001; Valiente et al., 2004; Zhou et al., 2002). 예를 들어, Michalik과 동료들(2007)은 부정적인 정서를 주로 표현하는 부모의 경우 아동기 아들의 연민심이 낮은 정도였으나(딸의 경우는 그렇지 않았다), 청소년기에는 이러한 결과를 나타내지 않았다. 반면,

부정적인 정서를 표현하는 부모는 청소년기 딸의 연민심 및 친사회적 행동과 정적 상관관계를 보였으나, 아동기에는 이러한 관계가 나타나지 않았다. 이는 부모의 부정적인 정서 표현이 여아로 하여금 타인의 정서를 알아차리도록 만들었기 때문으로 추측할 수 있다. 이러한 결과들은 사회화 과정이 연민심이나 친사회적 행동과 연관성을 가지고 있음을 나타내는 것이며, 이는 연령이나 자녀의 성별에 따라 다르게 발달한다는 것을 보여 주는 것이다.

우리는 또한 정서와 관련된 사회화 연습 중 하나인 자녀의 자기조절을 돕는 부모의 양육행동을 연구했다(Eisenberg, Cumberland, & Spinrad, 1998). 아동의 부정적인 정서에 대한 부모의 반응은 아동의 공감적 반응과 연관성을 보였다. 근래에 나온 연구에서는 18개월 때 엄마로부터 정서를 표현하도록 지지받은 아동은 24개월이 되었을 때 조금 더 높은 정도의 공감 능력을 가지고 있는 것을 발견했다(Taylor et al., 2013). 또 다른 연구에서 부정적 정서를 지지해 주는 부모(예: 정서표현에 대한 격려, 문제 중심 반응 등)의 경우 아들이 우는 아이를 달래 주는 모습을 보였다(Eisenberg, Fabes, & Murphy, 1996). 여아의 경우에는 어머니가 보이는 중간 정도의 격려와 연관성을 보였다. 남아의 경우는 엄마의 격려, 문제 중심 반응, 정서 중심의 반응들이 모두 위로 행동과 정적 상관을 보였다.

또 다른 중요한 질문은 부모가 아동의 친사회적 행동에 보상을 해야만 하는가이다. 우리는 학령기 아동에게서 자신의 친사회적 행동에 대한 물질적 보상(즉, 작은 선물 등)이 주어졌을 때 비보상적인 상황에서는 친사회적 행동을 하지 않는 경향성을 발견했다(Fabes, Fultz, Eisenberg, May-Plumlee, & Christopher, 1989). 즉, 아동이 친사회적 행동에 대한 물질적 보상이 주어지면, 친사회적 행동을 하고자 하는 내적 동기가 감소한다는 것을 알 수 있다. 따라서 돕기, 나누기, 협동하기 등의 행동에 대해 물질적인 보상을 제공하는 것은 보상이 주어지지 않았을 때에 보일 수 있는 친사회적 동기를 감소시킬 수 있다. 다른 연구자들이 진행한 또 다른 연구에서도 어린 아동을 대상으로 비슷한 실험을 진행했는데, 이 내용을 뒷받침하는 결과를 찾아냈다(Warneken & Tomesello, 2008).

비록 직접적인 효과를 찾아내긴 했지만 부모의 사회화와 아동의 연민 간 관계는 아동의 자기조절능력에 의해 매개될 가능성도 있다(Eisenberg, Cumberland, & Spinrad, 1998). 우리는 이러한 개념을 뒷받침하는 결과를 찾아냈다. 민감하고 지지적인 부모의 경우 아동의 자기조절력이 높은 것을 발견했으며, 이는 구조적 통제를 가한 후에도 그러했다(Spinrand et al., 2007; Eisenberg, Spinrad, et al., 2010). 또한 자기조절력이 양육 방식과 아동의 연민 사이를 매개하는 것도 확인했다(Eisenberg, Liew, & Padada, 2001; French et al., 2013; Taylor, Eisenberg, & Spinrad, 2015). 예를 들어, Taylor와 동료들(2015)은 아동의 요구에 민감하게 반응하는 동시에 연령에 맞는 규칙을 정하고 환경을 제한하는 것으로 특징지어지는 권위적인 양육태도가 자녀의 자기조절력을 높여서 연민심을 높이는 것을 밝혔다.

우리의 연구는 아동의 연민심과 친사회적인 행동을 키우는 데 있어 부모의 온정, 민감성, 권위적인 양육태도가 중요함을 말해 주고 있다(아마도 아동의 조절 능력에 영향을 주는 것을 통해서). 부모가 아동의 정서에 민감하게 반응하는 것은 친사회적 경향성을 학습하는 환경을 만들어 준다. 그러나 인과관계는 존재하는 증거만으로는 가정될 수 없다. 부모가 연민심과 친사회적 행동을 키울 수 있도록 뒷받침해 주는지 실험연구가 필요해 보인다.

열린 질문과 제한점

이 장에서 검토한 여러 연구는 아동의 공감적 반응과 친사회적 행동에 대한 아주 간단한 설명에 불과하다. 지금까지의 연구들을 살펴보면, 아동의 연민은 친사회적 행동과 긍정적인 연관성을 가진다. 또한 타인에 대한 아동의 관심은 부모의 사회화 행동 및 아동의 기질적 특성과 연관성이 있음이 드러나고 있다. 그럼에도 우리는 아동의 친사회적 행동에 대한 동기에 쉽게 접근하기 어렵고, 이 때문에 아동의 친사회적인 행동이 진정으로 이타적이거나 자비로운 행동인지, 아니면 다른 이유(예: 엄마의 보상, 사회적 협의) 때문인지는 아직 알지 못한다.

사람들은 친사회적이고 자비로운 행동을 다른 사람을 향해 확장시킨다. 자비를 자신이 속한 그룹에만 한정시키는 것보다 조금 더 넓은 세상으로 확장시키는 사람들을 확인하고 탐구하는 것은 아직 연구가 많이 되어 있지 않기 때문에 앞으로 연구되어야 할 중요한 영역 중 하나가 될 것이다. 아동은 일반적으로 모르는 사람이나 잘 알지 못하는 사람보다 아는 사람 혹은 친구에게 친사회적인 행동을 더 잘 나타낸다(Buhrmester, Goldfarb, & Cantrell, 1992; Eisenberg & Spinrad, 2014). 5~13세의 아동을 대상으로 한 연구에서 다른 그룹에 있는 아이들보다 같은 그룹 안에 있는 아이들을 조금 더 긍정적으로 대하고 잘 도와주며 인종적으로도 같다고 생각하는 것으로 나타났다(Weller & Lagattuta, 2013).

아동의 확장적인 자비에 대한 발달과 예측요인을 이해하는 것도 매우 중요하다. 이른 시기에 진행된 연구에서 Eisenberg(1983)는 아동이 다른 사람(즉, 낯선 사람, 다른 나라에서 온 사람들) 또는 반감을 사거나 낙인이 찍힌 사람들(예: 범죄자들)보다 가족이나 친구를 도와줘야 한다고 생각하는 경향성을 가지고 있음을 찾아냈다. 아동은 연령과 관련해서는 친절을 받아야 하는 사람에 대한 차이를 보이지 않았으며, 조금 더 높은 정도의 도덕성을 가진 아동(즉, 모든 존재에 대해 자비를 보이는 아동)의 경우 차별하는 마음을 적게 보이는 경향이 있었다. 이러한 확장적인 자비에 대한 이해가 필요하며, 확장성에 대해 개인차가 나타나는 이유도 탐구해야 할 것이다.

또한 친사회적 행동이나 연민의 기원과 관련해 인과관계를 찾는 부분에 대한 연구도 현재 부족한 실정이다. 친사회적 동기가 연령에 따라 변화하는지, 그리고 친사회적 행동이 외적인 동기에 의한 것인지, 아니면 내적인 동기에 의한 것인지 실험연구를 통해 알아볼 필요가 있다. 나아가, 자비를 증진시키는 프로그램을 개발하고 그 효과성을 입증하는 연구도 함께 진행되어야 할 것이다.

마지막으로, 다양한 유형의 친사회적 행동(즉, 비용이 드는지, 모르는 사람을 대상으로 하는지, 자발성을 띄는지 등)에 대해 다양한 연구자가 지속적으로 연구하기를 바란다. 문화나 상황, 친절의 수혜자에 따라서 친사회적 행동이 달라질 수 있으며, 이는 친사회적 행동의 동기에 대한 근거를 제시해 줄 수 있을 것이다. 자신과 같다고 생각하는 그룹과 도움이 필요하지만 다르다고 생각하는 그룹을 돕기 위한 도덕적 의무에 대한 아동의 느낌을 어떻게 이해할 수 있을까? 영유아가 보상이 주어지지 않거나 모르는 사람을 향해서도 친사회적인 행동을 보일 수 있을까? 그리고 무엇 때문에 이렇게 행동하는 것일까? 아동의 친사회적 행동에 대한 여러 가지 영역을 생각하고 다양한 방식으로 측정하는 것은 이러한 행동이 도덕적인 관심에 의한 것인지(즉, 자비) 아니면 사회적 관계나 다른 자기보상적인 요인 때문인지를 알려 줄 수 있을 것이다.

참고문헌

Aknin, L. B., Barrington-Leigh, C., Dunn, E. W., Helliwell, J. F., Burns, J., Biswas-Diener, R., … Norton, M. I. (2013). Prosocial spending and well-being: Cross-cultural evidence for a psychological universal. *Journal of Personality and Social Psychology*, 104(4), 635–652. doi:10.1037/a0031578

Aknin, L. B., Hamlin, J. K., & Dunn, E. W. (2012). Giving leads to happiness in young children. *PLoS ONE*, 7(6), e39211. doi:10.1371/journal.pone.0039211

Batson, C. D. (1991). *The Question: Toward a Social-Psychological Answer*. Hillsdale, NJ: Erlbaum.

Brownell, C. A., Svetlova, M., & Nichols, S. (2009). To share or not to share: When do toddlers respond to another's needs? *Infancy*, 14(1), 117–130. doi:10.1080/15250000802569868

Buhrmester, D., Goldfarb, J., & Cantrell, D. (1992). Self-presentation when sharing with friends and nonfriends. *Journal of Early Adolescence*, 12, 61–79.

Calkins, S. D., & Keane, S. P. (2004). Cardiac vagal regulation across the preschool period: Stability, continuity, and implications for childhood adjustment. *Developmental Psychobiology*, 45(3), 101–112.

Campos, J. J., Campos, R. G., & Barrett, K. C. (1989). Emergent themes in the study of emotional development and emotion regulation. *Developmental Psychology*, 25(3), 394–402. doi:10.1037/0012-1649.25.3.394

Davidov, M., Zahn-Waxler, C., Roth-Hanania, R., & Knafo, A. (2013). Concern for others in the first year of life: Theory, evidence, and avenues for research. *Child Developmental Perspectives*, 7(2), 126-131. doi:10.1111/cdep.12028

Dunfield, K. A., & Kuhlmeier, V. A. (2013). Classifying prosocial behavior: Children's responses to instrumental need, emotional distress, and material desire. *Child Development*, 84(5), 1766-1776. doi:10.1111/cdev.12075

Dunn, E. W., Aknin, L. B., & Norton, M. I. (2014). Prosocial spending and happiness: Using money to benefit others pays off. *Current Directions in Psychological Science*, 23(1), 41-47. doi:10.1177/0963721413512503

Edwards, A., Eisenberg, N., Spinrad, T. L., Reiser, M., Eggum-Wilkens, N. D., & Liew, J. (2015). Predicting sympathy and prosocial behavior from young children's dispositional sadness. *Social Development*, 24(1), 76-94. doi:10.1111/sode.12084

Eisenberg, N. (1983). Children's differentiations among potential recipients of aid. *Child Development*, 54, 594602. doi:10.2307/1130046

Eisenberg, N. (1986). *Altruistic Emotion, Cognition, and Behavior*. Hillsdale, NJ: Erlbaum.

Eisenberg, N., Cameron, E., Tryon, K., & Dodez, R. (1981). Socialization of prosocial behavior in the preschool classroom. *Developmental Psychology*, 17, 773782. doi:10.1037/0012-1649.17.6.773

Eisenberg, N., Cumberland, A., Guthrie, I. K., Murphy, B. C., & Shepard, S. A. (2005). Age changes in prosocial responding and moral reasoning in adolescence and early adulthood. *Journal of Research on Adolescence*, 15(3), 235-260. doi:10.1111/j.1532-7795.2005.00095.x

Eisenberg, N., Cumberland, A., & Spinrad, T. L. (1998). Parental socialization of emotion. *Psychological Inquiry*, 9(4), 241-273.

Eisenberg, N., & Fabes, R. A. (1998). Prosocial development. In W. Damon (Series Ed.), & N. Eisenberg (Vol. Ed.), *Handbook of Child Psychology: Vol. 3 Social, Emotional, and Personality Development* (5th ed., pp. 701-778). New York: John Wiley & Sons.

Eisenberg, N., Fabes, R. A., Karbon, M., Murphy, B. C., Wosinski, M., Polazzi, L., … Juhnke, C. (1996). The relations of children's dispositional prosocial behavior to emotionality, regulation, and social functioning. *Child Development*, 67(3), 974-992.

Eisenberg, N., Fabes, R. A., Miller, P. A., Fultz, J., Shell, R., Mathy, R. M., & Reno, R. R. (1989). Relation of sympathy and personal distress to prosocial behavior: A multimethod study. *Journal of Personality and Social Psychology*, 57(1), 55-66. doi:10.1037/0022-3514.57.1.55

Eisenberg, N., Fabes, R., Miller, P. A., Shell, R., Shea, C., & May-Plumlee, T. (1990). Preschoolers' vicarious emotional responding and their situational and dispositional prosocial behavior. *Merrill-Palmer Quarterly*, 36(4), 507-529.

Eisenberg, N., Fabes, R. A., & Murphy, B. C. (1996). Parents' reactions to children's negative emotions: Relations to children's social competence and comforting behavior. *Child Development*, 67(5), 2227-2247.

Eisenberg, N., Fabes, R. A., Murphy, B., Karbon, M., Smith, M., & Maszk, P. (1996). The relations of children's dispositional empathy-related responding to their emotionality, regulation, and social functioning. *Developmental Psychology, 32*, 195–209. doi:10.1037/0012-1649.32.2.195

Eisenberg, N., Fabes, R. A., Schaller, M., Carlo, G., & Miller, P. A. (1991). The relations of parental characteristics and practices to children's vicarious emotional responding. *Child Development, 62*(2), 1393–1408. doi:10.2307/1130814

Eisenberg, N., Fabes, R. A., Shepard, S. A., Murphy, B. C., Jones, S., & Guthrie, I. K. (1998). Contemporaneous and longitudinal prediction of children's sympathy from dispositional regulation and emotionality. *Developmental Psychology, 34*(5), 910–924. doi:10.1037/0012-1649.34.5.910

Eisenberg, N., Fabes, R. A., & Spinrad, T. L. (2006). Prosocial behavior. In N. Eisenberg (Vol. Ed.), W. Damon, & R. M. Lerner (Series Eds.), *Handbook of Child Psychology: Vol. 3. Social, Emotional, and Personality Development* (6th ed., pp. 646–718). New York: Wiley.

Eisenberg, N., Guthrie, I. K., Cumberland, A., Murphy, B. C., Shepard, S. A., Zhou, Q., & Carlo, G. (2002). Prosocial development in early adulthood: A longitudinal study. *Journal of Personality and Social Psychology, 82*(6), 993–1006. doi:10.1037/0022-3514.82.6.993

Eisenberg, N., Guthrie, I. K., Murphy, B. C., Shepard, S. A., Cumberland, A., & Carlo, G. (1999). Consistency and development of prosocial dispositions: A longitudinal study. *Child Development, 70*(6), 1360–1372. doi:10.1111/1467-8624.00100

Eisenberg, N., Hofer, C., Sulik, M. J., & Liew, J. (2014). The development of prosocial moral reasoning and a prosocial orientation in young adulthood: Concurrent and longitudinal correlates. *Developmental Psychology, 50*(1), 58–70. doi:10.1037/a0032990

Eisenberg, N., Liew, J., & Pidada, S. (2001). The relations of parental emotional expressivity with the quality of Indonesian children's social functioning. *Emotion, 1*(2), 116–136. doi:10.1037/1528-3542.1.2.116

Eisenberg, N., McCreath, H., & Ahn, R. (1988). Vicarious emotional responsiveness and prosocial behavior: Their interrelations in young children. *Personality and Social Psychology Bulletin, 14*, 298–311. doi:10.1177/0146167288142008

Eisenberg, N., Michalik, N., Spinrad, T. L., Hofer, C., Kupfer, A., Valiente, C., … Reiser, M. (2007). The relations of effortful control and impulsivity to children's sympathy: A longitudinal study. *Cognitive Development, 22*(4), 544–567. doi:10.1016/j.cogdev.2007.08.003

Eisenberg, N., Miller, P. A., Shell, R., McNalley, S., & Shea, C. (1991). Prosocial development in adolescence: A longitudinal study. *Developmental Psychology, 27*(5), 849–857. doi:10.1037/0012-1649.27.5.849

Eisenberg, N., Pasternack, J. F., Cameron, E., & Tryon, K. (1984). The relation of quantity and mode of prosocial behavior to moral cognitions and social style. *Child Development, 55*(4), 1479–1485.

Eisenberg, N., & Shell, R. (1986). The relation of prosocial moral judgment and behavior in children: The mediating role of cost. *Personality and Social Psychology Bulletin, 12,* 426433. doi:10.1177/0146167286124005

Eisenberg, N., Shell, R., Pasternack, J., Lennon, R., Beller, R., & Mathy, R. M. (1987). Prosocial development in middle childhood: A longitudinal study. *Developmental Psychology, 23*(5), 712-718. doi:10.1037/0012-1649.23.5.712

Eisenberg, N., & Spinrad, T. L. (2004). Emotion-related regulation: Sharpening the definition. *Child Development, 75*(2), 334-339. doi:10.1111/j.1467-8624.2004.00674.x

Eisenberg, N., & Spinrad, T. L. (2014). Multidimensionality of prosocial behavior: Rethinking the conceptualization and development of prosocial behavior. In L. Padilla-Walker & G. Carlo (Eds.), *Prosocial Development: A Multidimensional Approach* (pp. 17-39). New York: Oxford University Press.

Eisenberg, N., Spinrad, T. L., & Noam, A. (2015). Prosocial development. *Handbook of Child Psychology and Developmental Science, Vol. 3: Socioemotional Processes* (7th ed., pp. 610-656). Hoboken, NJ: John Wiley & Sons.

Eisenberg, N., Spinrad, T. L., Eggum, N. D., Silva, K. M., Reiser, M., Hofer, C., ... Michalik, N. (2010). Relations among maternal socialization, effortful control, and maladjustment in early childhood. *Development and Psychopathology, 22*(3), 507-525. doi:10.1017/S0954579410000246

Eisenberg, N., VanSchyndel, S. K., & Hofer, C. (2015). The association of maternal socialization in childhood and adolescence with adult offspring's sympathy/caring. *Developmental Psychology, 51*(1), 7-16. doi:10.1037/a0038137

Eisenberg, N., VanSchyndel, S. K., & Spinrad, T. L. (2016). Prosocial motivation: Inferences from an opaque body of work. *Child Development, 87*(6), 1668-1678.

Eisenberg-Berg, N., & Hand, M. (1979). The relationship of preschooler's reasoning about prosocial moral conflicts to prosocial behavior. *Child Development, 50,* 356-363. doi:10.2307/1129410

Fabes, R. A., Eisenberg, N., & Eisenbud, L. (1993). Behavioral and physiological correlates of children's reactions to others in distress. *Developmental Psychology, 29*(4), 655-663. doi:10.1037/0012-1649.29.4.655

Fabes, R. A., Eisenberg, N., & Miller, P. A. (1990). Maternal correlates of children's vicarious emotional responsiveness. *Developmental Psychology, 26*(4), 639-648. doi:10.1037/0012-1649.26.4.639

Fabes, R. A., Eisenberg, N., Karbon, M., Troyer, D., & Switzer, G. (1994). The relations of children's emotion regulation to their vicarious emotional responses and comforting behaviors. *Child Development, 65*(6), 1678-1693.

Fabes, R. A., Fultz, J., Eisenberg, N., May-Plumlee, T., & Christopher, F. S. (1989). Effects of rewards on children's prosocial motivation: A socialization study. *Developmental Psychology, 25*(4), 509-515. doi:10.1037/0012-1649.25.4.509

French, D. C., Eisenberg, N., Sallquist, J., Purwono, U., Lu, T., & Christ, S. (2013). Parent-adolescent relationships, religiosity, and the social adjustment of Indonesian Muslim adolescents. *Journal of Family Psychology, 27*(3), 421-430. doi:10.1037/a0032858

Fuligni, A. J., & Telzer, E. H. (2013). Another way family can get in the head and under the skin: The neurobiology of helping the family. *Child Development Perspectives, 7*(3), 138-142. doi:10.1111/cdep.12029

Guthrie, I. K., Eisenberg, N., Fabes, R. A., Murphy, B. C., Holmgren, R., Mazsk, P., & Suh, K. (1997). The relations of regulation and emotionality to children's situational empathy-related responding. *Motivation and Emotion, 21*(1), 87-108.

Hamlin, J. K., & Wynn, K. (2011). Young infants prefer prosocial to antisocial others. *Cognitive Development, 26*(1), 30-39. http://dx.doi.org/10.1016/j.cogdev.2010.09.001

Hamlin, J. K., Wynn, K., Bloom, P., & Mahajan, N. (2011). How infants and toddlers react to antisocial others. *PNAS: Proceedings of the National Academy of Sciences of the United States of America, 108*(50), 19931-19936. http://dx.doi.org/10.1073/pnas.1110306108

Hay, D. F., & Cook, K. V. (2007). The transformation of prosocial behavior from infancy to childhood. In C. Brownell & C. Kopp (Eds.), *Socioemotional Development in the Toddler Years: Transitions and Transformations* (pp. 100-131). New York: Guilford Press.

Hoffman, M. L. (2000). *Empathy and Moral Development: Implications for Caring and Justice.* New York: Cambridge University Press.

Holmgren, R. A., Eisenberg, N., & Fabes, R. A. (1998). The relations of children's situational

empathy-related emotions to dispositional prosocial behaviour. *International Journal of Behavioral Development, 22*(1), 169-193.

Jacobs, J. E., Vernon, M. K., & Eccles, J. S. (2004). Relations between social self-perceptions, time use, and prosocial or problem behaviors during adolescence. *Journal of Adolescent Research, 19*, 45-62. doi:10.1177/0743558403258225

Kanacri, B. P. L., Pastorelli, C., Eisenberg, N., Zuffianò, A., & Caprara, G. V. (2013). The development of prosociality from adolescence to early adulthood: The role of effortful control. *Journal of Personality, 81*(3), 302-312. doi:10.1111/jopy.12001

Knafo, A., Zahn-Waxler, C., Van Hulle, C., Robinson, J. L., & Rhee, S. H. (2008). The developmental origins of a disposition toward empathy: Genetic and environmental contributions. *Emotion, 8*(6), 737-752. doi:10.1037/a0014179

Liew, J., Eisenberg, N., Spinrad, T. L., Eggum, N. D., Haugen, R. G., Kupfer, A., … Baham, M. E. (2011). Physiological regulation and fearfulness as predictors of young children's empathy-related reactions. *Social Development, 20*(1), 111-134. doi:10.1111/j.1467-9507.2010.00575.x

Malti, T., Eisenberg, N., Kim, H., & Buchmann, M. (2013). Developmental trajectories of sympathy, moral emotion attributions, and moral reasoning: The role of parental support. *Social Development, 22*(4), 773-793.

Michalik, N. M., Eisenberg, N., Spinrad, T. L., Ladd, B., Thompson, M., & Valiente, C. (2007). Longitudinal relations among parental emotional expressivity and sympathy and prosocial behavior in adolescence. *Social Development, 16*(2), 286-309. doi:10.1111/j.1467-9507.2007.00385.x

Miller, P. A., Eisenberg, N., Fabes, R. A., & Shell, R. (1996). Relations of moral reasoning and vicarious emotion to young children's prosocial behavior toward peers and adults. *Developmental Psychology, 32*(2), 210-219. doi:10.1037/0012-1649.32.2.210

Moore, C. (2009). Fairness in children's resource allocation depends on the recipient. *Psychological Science, 20*(8), 944-948. doi:10.1111/j.1467-9280.2009.02378.x

Murphy, B. C., Shepard, S. A., Eisenberg, N., Fabes, R. A., & Guthrie, I. K. (1999). Contemporaneous and longitudinal relations of dispositional sympathy to emotionality, regulation, and social functioning. *The Journal of Early Adolescence, 19*(1), 66-97.

Porges, S. W., Doussard-Roosevelt, J. A., & Maiti, A. K. (1994). Vagal tone and the physiological regulation of emotion. *Monographs of the Society for Research in Child Development, 59*(240), 167-186.

Rochat, P., & Striano, T. (2002). Who's in the mirror? Self-other discrimination in specular images by four-and nine-month-old infants. *Child Development, 73*(1), 35-46. http://dx.doi.org/10.1111/1467-8624.00390

Sallquist, J., Eisenberg, N., Spinrad, T. L., Eggum, N. D., & Gaertner, B. M. (2009). Assessment of preschoolers' positive empathy: Concurrent and longitudinal relations with positive emotion, social competence, and sympathy. *The Journal of Positive Psychology, 4*(3), 223-233. doi:10.1080/17439760902819444

Spinrad, T. L., Eisenberg, N., Gaertner, B., Popp, T., Smith, C. L., Kupfer, A., ... Hofer, C. (2007). Relations of maternal socialization and toddlers' effortful control to children's adjustment and social competence. *Developmental Psychology, 43*(5), 1170-1186. doi:10.1037/0012-1649.43.5.1170

Spinrad, T. L., Losoya, S. H., Eisenberg, N., Fabes, R. A., Shepard, S. A., Cumberland, A., ... Murphy, B. C. (1999). The relations of parental affect and encouragement to children's moral emotions and behaviour. *Journal of Moral Education, 28*(3), 323-337. doi:10.1080/030572499103115

Spinrad, T. L., & Stifter, C. A. (2006). Toddlers' empathy-related responding to distress: Predictions from negative emotionality and maternal behavior in infancy. *Infancy, 10*(2), 97-121. doi:10.1207/s15327078in1002_1

Svetlova, M., Nichols, S. R., & Brownell, C. A. (2010). Toddlers' prosocial behavior: From instrumental to empathic to altruistic helping. *Child Development, 81*(6), 1814-1827. doi:10.1111/j.1467-8624.2010.01512.x

Taylor, S. J., Barker, L. A., Heavey, L., & McHale, S. (2012). The typical developmental trajectory of social and executive functions in late adolescence and early adulthood. *Developmental Psychology, 49*(7), 1253-1265. doi:10.1037/a0029871

Taylor, Z. E., Eisenberg, N., & Spinrad, T. L. (2015). Respiratory sinus arrhythmia, effortful control, and parenting as predictors of children's sympathy across early childhood. *Developmental Psychology, 51*(1), 17-25.

doi:10.1037/a0038189

Taylor, Z. E., Eisenberg, N., Spinrad, T. L., Eggum, N. D., & Sulik, M. J. (2013). The relations of ego-resiliency and emotion socialization to the development of empathy and prosocial behavior across early childhood. *Emotion, 13*(5), 822-831. doi:10.1037/a0032894

Telzer, E. H., & Fuligni, A. J. (2009). Daily family assistance and the psychological well-being of adolescents from Latin American, Asian, and European backgrounds. *Developmental Psychology, 45*(4), 1177-1189. doi:10.1037/a0014728

Valiente, C., Eisenberg, N., Fabes, R. A., Shepard, S. A., Cumberland, A., & Losoya, S. H. (2004). Prediction of children's empathy-related responding from their effortful control and parents' expressivity. *Developmental Psychology, 40*, 911-926. doi:10.1037/0012-1649.40.6.911

Warneken, F., & Tomasello, M. (2007). Helping and cooperation at 14 months of age. *Infancy, 11*(3), 271-294. doi:10.1111/j.1532-7078.2007.tb00227.x

Warneken, F., & Tomasello, M. (2008). Extrinsic rewards undermine altruistic tendencies in 20-month-olds. *Developmental Psychology, 44*(6), 1785-1788. doi:10.1037/a0013860

Weller, D., & Lagattuta, K. H. (2013). Helping the in-group feels better: Children's judgments and emotion attributions in response to prosocial dilemmas. *Child Development, 84*(1), 253-268. doi:10.1111/j.1467-8624.2012.01837.x

Zahn-Waxler, C., Radke-Yarrow, M., Wagner, E., & Chapman, M. (1992). Development of concern for others. *Developmental Psychology, 28*, 126-136.

Zahn-Waxler, C., Schiro, K., Robinson, J. L., Emde, R. N., & Schmitz, S. (2001). Empathy and prosocial patterns in young MZ and DZ twins: Development and genetic and environmental influences. *Infancy to Early Childhood: Genetic and Environmental Influences on Developmental Change* (pp. 141-162). New York: Oxford University Press.

Zhou, Q., Eisenberg, N., Losoya, S., Fabes, R. A., Reiser, M., Guthrie, I. K., … Shepard, S. A. (2002). The relations of parental warmth and positive expressiveness to children's empathy-related responding and social functioning: A longitudinal study. *Child Development, 73*, 893915. doi:10.1111/1467-8624.004466

James E. Swain and S. Shaun Ho

요약

모든 영아는 건강에 필요한 모든 것을 제공해 주는 양육 행동에 의존한다. '연민'은 타인의 고통을 돕고자 하는 욕구가 느껴질 때 유발되는 감정으로 정의(Goetz, Keltner, & Simon-Thomas, 2010)할 수 있기 때문에, 자녀에게 향하는 연민과 일치되는 양육 행동을 '연민 어린 양육(compassionate parenting)'으로 정의내릴 수 있다. 연민 어린 양육을 받은 아이는 자신의 자녀나 혈연이 아닌 다른 아이에게도 연민 어린 양육을 제공하는 경향이 있다. 우리는 연민 어린 양육을 다음과 같은 특성을 가지고 있다고 가정한다: ① 효과적인 돌봄 행동(행동적 수반성, behavioral contingency), ② 아이의 감정과 일관성 있게 연결된 부모의 감정(감정적 연결, emotional connection), ③ 자신과 타인의 인지, 감정, 여러 환경적 요인에 대한 자각(반조적 자각, reflective awareness). 이 장에서는 연민 어린 양육의 행동적, 정서적, 인지적 측면과 관련된 신경생물학적 기전에 관한 문헌들을 검토하고자 한다.

핵심용어

연민 어린 양육, 부모-자녀 관계, 뇌 영상, fMRI, 애착, 돌봄, 모성, 부성

연민과 양육의 연결

연민을 다양하게 정의 내리고 특징짓는 여러 이론적 설명(Goetz et al., 2010)이 있기는 하지만, 누군가의 고통이나 도움이 필요한 상황을 지각(perception)하고 대응(action)하는 것과 관련된 일련의 연민 관련 현상이라는 데 명확한 의견 일치가 있다. 이 상태 내에서는 타인의 고통이나 도움의 필요성을 감지하는 부분(즉, 연민의 영역)이 있어, 누군가의 요구, 괴로움, 통증, 질병, 빈곤 또는 상실을 알려 주는 신호 자극으로부터 그 사람의 고통을 감지하게 되고, 이로 인해 다양한 감정이나 느낌이 일어난다. 어떠한 느낌으로 인해 연민이 일어나면, 연민은 사랑, 동정, 부드러움, 따뜻함, 타인에 대한 공감적 관심이라는 주관적

경험과, 타인이 필요로 하는 것을 제공하고 손상을 줄이기 위한 동기와 실제 행동으로 나타난다(Goetz et al., 2010).

모든 영아는 몹시 취약하여 생존에 필요한 것(예: 돌봄, 따뜻함 그리고 안전)을 지속적으로 제공해 주는 양육 행동(parenting behavior)에 의존해야만 한다. 이와 같이 양육 행동은 영아의 요구와 곤경의 신호를 지각하는 것이 선행되고, 그 결과로 영아의 삶이 유지되고 발달이 뒤따른다는 점에서 연민의 영역은 필연적으로 자녀 양육의 영역과 연결되어 있다. 한편, 영아나 아동은 돌봄을 받는 수급자로서 보살핌, 물, 따뜻함 또는 안전을 위한 필요 신호를 보낸 후 양육 행동을 반복하여 제공받으면서 결과적으로 소위 '애착 행동(attachment behavior)'을 발달시키게 된다.

따라서 양육의 영역과 아동 애착의 영역은 동전의 양면이라고 할 수 있다. 이 '동전'은 돌봄(즉, 보살핌, 따뜻함, 안전)이 필요한 상황에서 부모-자녀 양자 사이에 개인의 지각과 행동을 통제하는 어떤 모형이 되는 내적 표상으로 해석된다. 아동이 평생에 걸쳐 다른 모든 가까운 관계에서 사용하게 될 자신의 내적 애착 모형(the internal attachment models)의 발달은 결정적으로 자녀의 특정 요구에 반응하는 부모 자신의 모형에 지배를 받고 있는 양육 행동에 달려 있고, 그 행동은 사회적 발달이라는 시련의 도가니를 거쳐 연민의 한 영역을 이끌어 낸다. 우리는 이러한 행동통제적 양육 모형(behavior-governing parenting models)을 연민의 정서와 행동에 기반이 되는 신경호르

본성 뇌기전이 이를 순차적으로 촉진시키는 것으로 가정한다.

양육 과학의 핵심 개념

양육에 대한 과학적 이해에서 애착 발달은 가장 중요한 개념 중 하나이다. 진화론적 관점에서, 애착은 영아와 동종의 양육자 사이에 근접성 추구(proximity seeking)를 촉진하는 태생의 생물학적 체계로 설명된다(Bowlby, 1969, 1973). 모자연구(Ainsworth & Bell, 1970; Ainsworth et al., 1978)에서 확인된 애착 패턴에 기초하여, 모든 아동은 양육자에게 애착을 가지기는 하지만, 그들이 받은 양육의 질에 따라 서로 다른 애착 유형을 보인다는 가설이 세워졌다(Bowlby, 1977). 실제로 아기의 신체적, 정서적 필요에 예민하고 가용적으로 반응을 보이는 보호자의 영아는 '안정 애착(secure attachment)' 유형을 나타내는 경향이 있다. 반대로 예측 불가능하거나 방임적인 양육은 흔히 아이에게 비수반적 반응(non-contingent response)을 보여 줌으로써 '불안정/혼란형 애착(insecure/disorganized attachment)' 유형을 초래하는 경향이 있다(Shaver et al., 1987). 주목할 것은 아동 애착 모형은 돌봄, 물, 따뜻함, 안전의 필요가 있을 때, 아동의 취약성이 증가하는 상황에 대응한 아동의 인식 및 행동 패턴으로서 주양육자와 함께 특정적으로 발달하게 된다는 것이다(Waters et al., 2005).

애착발달 과학의 핵심 개념은 **모성 감수성**

(maternal sensitivity)으로, 이는 영아의 필요에 수반성으로 자녀에게 주의를 기울이고 반응하는 어머니의 능력으로 정의된다(Ainsworth et al., 1978). 모성 감수성의 양상은 부모에 따라 상당히 다양하지만, 한 개인에게는 많은 시간과 다양한 맥락에 걸쳐서 비교적 안정적으로 나타난다(Behrens et al., 2012; Jaffari-Bimmel et al., 2006; Wan et al., 2013).

또한 문헌에 따르면 모성 감수성은 훗날 친밀관계의 질(Bakermans-Kranenburg et al., 2003; De Wolff & van IJzendoorn, 1997), 감정 자기조절(Eisenberg et al., 2001), 사회성 기능(Kochanska, 2002; Van Zeijl et al., 2006), 사회 정서 발달(De Wolff & van IJzendoorn, 1997), 인지 및 언어 능력(Bernier et al., 2010; Tamis-LeMonda et al., 2001)을 포함한 많은 아동의 사회정서적 결과를 예측해 준다. 이와는 대조적으로 아동의 신호에 모성 감수성이 낮은 것은 학대(Milner, 1993, 2003), 가혹한 양육(Joosen et al., 2012), 처벌적 양육 경향(Engfer & Gavranidou, 1987)의 위험성과 관련이 있다. 위협적이고 일관성이 없는 모성 행동은 아이의 애착 발달에 위험을 초래한다(Schuengel et al., 1999; Zeanah & Gleason, 2015).

애착 발달의 또 다른 핵심 개념은 **부모의 반조기능**(parental reflective functioning)이다. 이는 부모 자신과 자녀의 행동을 이해하는 데 각자의 감정, 욕구, 의도 및 사고를 자각하는 능력을 일컫는다(Rosenblum et al., 2008). 부모의 반조기능은 자녀의 안정적인 애착에 중요한 역할을 하고, 이 효과는 부모의 감수성이 매

개한다(Stacks et al., 2014).

우리는 모성 또는 부성 감수성이 연민 어린 양육에 연관된 행동, 정서, 인지, 이 세 가지 측면 모두의 산물이라고 추측한다. 모성 감수성을 측정할 때 행동적 수반성과 감정적 일관성을 조금 더 중요한 것으로 강조하지만, 부모의 반조기능은 연민 어린 양육의 인지적 측면에서 핵심 구성요소로 간주될 수 있다. 이러한 세 가지 측면은 최근의 양육 뇌 기능 모델이다(Kim, Strathearn, & Swain, 2016; Swain & Ho, 2017).

연민 어린 양육의 세 가지 측면

최근 모형은 양육반응이 서로를 대하는 각자의 돌봄 능력을 이해하는 기본 틀로 기능하고 있으며(Brown & Brown, 2015; Preston, 2013), 연민에 대한 과학적 이해는 일생 동안 꾸준히 개발되어 온 자신의 애착/양육 모형을 이해하는 데 도움을 주고, 연민의 영역 안에 있는 자신의 지각과 행동에 정보를 제공해 준다. 이 목표를 위해 우리는 먼저 연민 어린 양육을 구성하고 있는 여러 측면을 특징짓고, 이 측면들과 관련된 여러 변수가 양육의 신경 생물학적 기전에 어떻게 영향을 주는지 탐구해 보자.

연민과 양육의 영역이 겹치기는 하지만, 모든 양육 행동이 연민 어린 것은 아니다. 우리는 연민 어린 양육은 전형적으로 세 가지 특징적인 측면을 가지고 있다고 가정한다. 첫

째, 행동 측면으로 연민 어린 양육은 일반적으로 자신이 반드시 원하는 것이 아니더라도 자녀의 신체적, 심리적 필요 신호에 반응하여 적절한 시간성과 수반성을 가지고 자녀가 필요로 하는 것을 효과적으로 제공해 주는 양육 행동을 보여 준다. 예를 들면, 자녀가 두려움을 보일 때 연민 어린 양육은 두려움을 줄이고 안전감을 높일 수 있는 효과적인 행동이 될 것이다. 이 측면을 **행동적 수반성**(behavioral contingency)이라고 한다.

둘째, 정서 측면으로 아이의 고통에 공감하고 이를 없애 주려는 욕구와 같은 연민의 정의적 특성(compassion-defining features)에 더하여, 연민 어린 양육의 전형적인 특성은 아이의 감정에 일치하면서 부모와 아이 사이의 감정적 연결을 강화시킬 수 있는 부모 자신의 감정이다. 예를 들어, 자녀가 두려움을 표할 때 부모가 나타내는 두려움 또는 침착함은 아이의 감정과 일치하는 동시에 연결되는 것으로 간주할 수 있다. 부모가 표현하는 침착함은 자녀가 표현하는 두려움과 일치하지 않을 수 있지만, 이것이 자녀가 기대하는 것이라면 자녀의 감정과 연결성이 있다고 할 수 있다. 그리고 만약 이 침착함이 자녀의 두려움을 인식하고 타당화해 주는 신호라면 부모와 자녀 사이의 감정적 연결은 강화된다. 이 측면을 **감정적 연결**(emotional connection)이라고 한다.

셋째, 인지 측면으로 연민 어린 양육은 자신과 자녀의 인지, 정서 및 기타 환경적 요인에 대한 부모의 자각(awareness)을 특징으로 한다. 이 자각은 상황에 대한 적절한 정보와 주

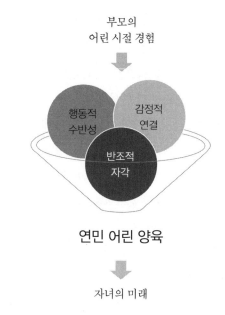

[그림 6-1] 연민 어린 양육의 행동, 정서, 인지 측면

의력 통제, 감정조절, 추론 및 문제해결과 같은 인지 기능을 효과적으로 인식하도록 해 준다. 이 측면을 **반조적 자각**(reflective awareness)이라고 한다.

종합하면 연민 어린 양육의 이러한 행동적, 정서적, 인지적 측면은 어린 시절 자신의 애착을 형성해 준 부모의 모형과, 자신이 부모가 된 후 앞으로 자녀와 형성하게 될 애착과 양육에 대한 정보를 계속해서 알려 준다([그림 6-1]). 자녀를 양육한다는 것은 부모 자신의 연민에 꾸준히 불을 지피는 도전이어서 모든 부분이 관여하는 일종의 연민의 도가니가 되므로, 이 장에서는 양육의 역할에 중점을 두겠다. 연민 어린 양육의 이러한 핵심 개념과 관련된 신경생물학적 기전을 이해하는 것은 연민의 과학적 정보를 제공해 줄 수 있으므로 다음 부분에서는 선별적으로 양육 뇌에 관한 문

헌들을 검토해 보고자 한다.

양육에 내재된 신경회로

부모가 자녀에게 반응할 때 양육의 뇌는 자녀의 피드백에 수반된 일련의 복잡한 동기, 감정, 사고 및 행동을 관리해야 한다. 양육행위에는 자녀가 보내는 신호를 인지하고 인식하기, 현출성(salience)과 의미 귀인하기, 맥락에 맞추어 눈맞춤과 목소리 조절하기, 감정표현과 조율하기, 자녀의 고통에 맞추어 적절하게 사회성 반영하기, 개입 준비하기와 같은 기술이 필요하다. 흔한 양육 행동에는 영아를 들어 올리거나, 품에 안거나, 말을 거는 것 등이 있다. 이러한 행동은 지각과 행동을 조정하고 정서적 반응을 조절하는 것일 뿐만 아니라(Kober et al., 2008), 양육 뇌 기능의 진화 모형(Kim, Strathearn, & Swain, 2016; Swain et al., 2007; Swain & Lorberbaum, 2008; Swain, 2011; Swain et al., 2011; Swain et al., 2012)이 제안한 것처럼 주의력 통제와 실행기능이 포함된 복잡한 신경망의 결과이다.

인간의 돌봄 행동과 관련된 신경회로에는 시상하부(hypothalamus), 중뇌(midbrain), 시상(thalamus), 편도(amygdala), 배후 선조체(dorsal striatum), 복측 선조체(ventral striatum), 전대상피질(anterior cingulate cortex: ACC), 복내측 전전두피질(ventromedial prefrontal cortex: vmPFC), 섬엽(insula) 그리고 안와전두피질(orbitofrontal cortex: OFC)이 포함된

다(Swain et al., 2011). 이 신경회로는 도파민 중변연계 경로(dopaminergic mesolimbic pathway)—보상신호를 담당하고 있는 복측 피개부위(ventral tegmental area)와 측중격핵(nucleus accumbens: NAc)—와 도파민 중피질 경로(dopaminergic mesocortical pathway)—고차원적 보상 표상(high-order reward representation)과 인지조절을 담당하고 있는 ACC, vmPFC, OFC(Aharon et al., 2001; Delgado et al., 2000; Melis & Argiolas, 1995; Panksepp, 1998; Stoeckel et al., 2008; Strathearn et al., 2008)—가 겹쳐져 쾌락보상 신경회로(hedonic reward neurocircuits)가 된다. 실제로 동물과 인간 연구(Numan & Woodside, 2010; Numan, 2014; Strathearn et al., 2009) 모두에서 영아에 대한 부모의 반응은 동기 체계와 보상 체계를 활용하고 있음을 보여 준다.

산전부터 시작된 태아에 대한 지각과 태아를 향한 긍정적인 느낌은 영아의 신호에 반응하는 모성 감수성을 좀 더 증대시키고 말이나 접촉을 보다 애정 어리도록 해 준다(Keller et al., 2003; Keren et al., 2003). 실제로 출산 후에 영아가 신호를 보냈을 때 산모 뇌의 보상 회로에서 일어나는 즐거움과 활동에 대한 초기 경험들은 자극의 현출성 인식을 증가시키고 더 큰 관심과 유대 형성을 촉진하여 지속해서 민감하게 보살핌을 제공하게 한다(Strathearn et al., 2008).

편도 또한 보상 회로와 상호작용하여 모성 행동에 동기를 부여한다. 영아의 자극에 반응하여 영아의 울음과 미소는 편도를 활성화시

키는데(Barrett et al., 2012; Seifritz et al., 2003b; Swain et al., 2008), 이는 종종 애착과 관련된 감정적 현출성(Seifritz et al., 2003a; Lane, Strathearn, & Kim, 2013)이나 긍정적 감정의 징후로 해석된다(Leibenluft et al., 2004). 반면, 처녀 쥐에서 편도 내측 핵(medial nucleus of the amygdala)의 활성화는 모성 행동의 감소와 관련이 있다(Morgan et al., 1999; Oxley & Fleming, 2000). 따라서 영아의 자극에 반응하여 편도 활성이 증가하는 것이 일반 성인에게는 영아에 대한 부정적인 반응으로 해석되지만(Riem et al., 2011), 어머니에게는 자신의 아기에게 보다 긍정적으로 반응하는 것과 관련된다(Barrett et al., 2012).

양육의 뇌와 부모 자신의 애착 모형

성인 애착 모형과 차이점은 어린 시절 환경-생물학(environment-biology)의 상호작용과 관련이 있다는 것이다(Shah et al., 2010). 어린 시절에 발달된 부모 자신의 애착 모형이 부모의 양육 행동을 지배한다는 개념에 일치하여, 영아의 얼굴감정표현에 대한 모성 보상회로(maternal reward circuitry)(예: 복측 선조체) 및 동기부여 체계(예: 시상하부와 뇌하수체)의 활성은 안정형 애착 모형이 있는 어머니에서 더욱 증가하였다. 실제로 출산한 산모를 대상으로 부모유대감척도(parental bonding instrument)를 사용하여 평가한 결과, 어린 시절 더 많은 보살핌을 받은 경험은 피질의 부피 및 영아의 울음에 대한 반응(Kim et al., 2010a)

과 정적 상관관계가 관찰되었다. 이것은 모성 보살핌이 정서 조절 뇌 체계에 장기적으로 영향을 미치고 있다는 생물학적 근거를 제시한다. 더욱이 감정반응회로의 활성은 산후 7개월에 영아와 접촉하는 동안 산모의 혈장 옥시토신(OT) 수준과 양의 상관관계를 보여 주었다(Strathearn et al., 2009). 흥미롭게도 OT는 모유 수유로 인한 부모-영아 유대감 및 뇌 활동과 관련된 호르몬이기 때문에(Kim et al., 2011), 어머니의 혈장 OT 수준은 일반 아기보다 자신의 아기 비디오를 시청할 때 편도 반응 활성과 상관관계가 있었다(Atzil et al., 2012).

대조적으로 불안정/무시형 애착 모형을 가진 어머니는 모자 상호작용에도 감소된 OT 반응을 나타내었고, 이것은 시상하부 및 복측 선조체의 활성 감소와 관련이 있었다. 뿐만 아니라 이러한 애착 모형을 가진 어머니는 모르는 아기의 얼굴을 볼 때에 비하여 자신의 아기 얼굴을 볼 때 복측 선조체 및 vmPFC을 포함한 중피질변연계(mesocorticolimbic) 보상 체계의 활성화 감소를 보여 주었다(Strathearn et al., 2009). 게다가 이런 애착 유형은 산후 7개월에 어머니와 영아 사이에 응얼거림이 잘 조율되지 않는 것을 포함한 여러 모성 행동에 차이가 나타났다(S. Kim et al., 2014).

이상의 여러 소견은 자녀의 신호에 의해 유발되는 모성보상 및 동기부여 신경회로의 활성이 증가할수록 OT의존 모자 유대감(oxytocin-dependent parent-infant bonding)이 촉진되고, 안정형 애착 모형이 발달된 부모는 OT의존 모자 유대감을 나타낼 가능성이 더 높다는 것을 시사한다. 모자 유대감은 아마도 모자 간 감정적 연결을 만드는 핵심 구성요소일 것이므로, 이러한 결과는 부모의 동기와 보상 체계 및 관련 신경 호르몬이 연민 어린 양육에 핵심 역할을 한다는 것을 시사한다. 따라서 연민 어린 양육을 받은 사람은 자신의 자녀와 정서적으로 일관되고 연결감이 있는 관계를 형성할 가능성이 보다 높고, 자신의 자녀에게 연민 어린 양육을 전수해 주게 된다.

초기 산욕기 동안 어머니의 뇌 가소성

최근 몇 년간 인간 부모의 뇌는 부모로서 새로운 역할에 적응하는 동안 구조적 변화를 보이는 것이 밝혀졌다. 산모는 산후 1~4개월 사이에 선조체, 편도, 시상하부, 흑질(substantia nigra) 등 모성 동기부여 및 보상처리와 관련된 여러 뇌 영역이 구조적으로 성장하는 것을 보여 준다(Kim et al., 2010b). 구조적 성장은 또한 상측두회(superior temporal gyrus), 시상, 섬엽, 전/후 중심회(pre-/post-central gyri)를 포함하여 감각정보 및 공감처리와 관련된 영역에서도 관찰되었다. 뿐만 아니라 하전두회와 내측전두회(inferior and medial frontal gyri), ACC와 같이 감정조절과 관련된 영역에서도 구조적 증가를 보였다. 흥미롭게도 이 기간 동안 회백질에서 감소된 신경영역은 없었다. 이러한 관찰에 따르면 신경 가소성, 특히 성장은 광범위한 뇌 영역에서 이루어지며, 각 영역

은 산후 첫 몇 개월 동안 산모의 육아에 중요한 역할을 한다. 마지막으로, 중뇌 영역(보상 및 동기부여와 관련된)에서 관찰된 구조적 성장이 클수록 산후 3개월과 4개월의 산모가 자녀에게 더욱 강한 긍정적 감정을 가진다(Kim et al., 2010b). 이 소견은 산후 첫 몇 개월 동안 산모 경험과 신경 가소성 사이에 양방향으로 연관성이 있음을 추가로 뒷받침한다.

초기 산욕기 동안 아버지의 뇌 가소성

훨씬 덜 주목받기는 하지만, 아동발달에 아버지의 역할도 중요한데, 다음의 영역에서 개념화될 수 있다.

① 건강한 발달을 촉진하는 방식으로 자녀와 긍정적인 활동에 직접 참여(예: 놀이, 아이 달래기)
② 자녀를 향한 아버지의 따뜻함과 반응성
③ 자녀의 환경을 조절해 주기 위해 자녀를 대신하여 모니터링하고 결정을 내리는 활동
④ 보육, 의료, 가정의 안전 및 환경적 풍요로움에 기여하는 등의 간접적인 보살핌
⑤ 앞서 제시한 네 영역의 자녀 요구가 충족되고 있는지 확인하기 위한 모니터링 활동이 포함된 책임감(Lamb et al., 1985; Pleck, 2010)

이러한 아버지 행동의 여러 측면을 우리는

자녀의 잠재적 고통을 예방하거나 줄여 주기 위한 광의의 연민 어린 노력으로 간주한다.

최근 아버지의 이러한 사고 및 행동을 지지해 주는 뇌 회로에 관심이 있어 왔다. 몇몇 문헌에 따르면 영아의 자극에 대한 아버지의 건강한 반응은 어머니의 경우와 동일하게 많은 동기와 감정 반응/조절 회로들이 관여하는 것으로 보인다(Swain et al., 2014b). 또한 자녀 사진자극에 아버지의 내측 전두엽 피질의 뇌 반응은 혈청 테스토스테론 수치와 반비례하였는데, 이는 아버지 역할로 전환하는 데 테스토스테론의 감소가 자녀들에게 공감을 증대시키는 데 중요할 수 있음을 시사한다(Mascaro et al., 2014a). 또한 뇌 공감 영역에서 아기 울음 소리에 대한 아버지의 반응은 부성 돌봄과 비선형적인 연관을 보여 중간 활성화를 가진 아버지가 가장 많은 반응을 보였다(Mascaro et al., 2014b). 마지막으로, 산후 몇 개월 동안 구조적 뇌 영상을 이용한 최근 아버지 대상 연구에서 감정, 동기 및 의사결정을 조절하는 시상하부, 편도 및 기타 영역에서 명백한 성장을 보여 주었다. 해당 뇌 영역이 더 많이 성장한 영아의 아버지는 우울 증상을 보일 가능성이 적었다(Kim et al., 2014). 따라서 적응적인 양육 행동을 보이는 아버지 뇌에서 일어나는 생리적 변화는 어머니의 그것과 유사한 것처럼 보이지만, 뇌 기능의 성별 차이는 여전히 중요하여 성별에 따른 부모 역할, 정신건강에서 특정한 위험성과 회복탄력성, 아동 발달 단계에 미치는 영향과 적절한 치료 등을 이해하게 한다.

양육의 뇌와 불안

일련의 행동에 영향을 미치는 부모의 양육 사고에 대한 또 다른 관점은 아기의 신체적, 심리적 요구를 충족시키기 위해 아기를 가까이 끌어당기는 건강한 모성 반응의 일부이기도 한 소위 '산후 몰두(postpartum preoccupation)'이다(Bowlby, 1969; Winnicott, 1956). 아마도 진화과정에서 강박증상이 살아남은 이유를 합리적으로 설명해 주는 것이기도 하다(Feygin et al., 2006). 이처럼 '확인과 걱정(checking and worrying)'의 뇌 회로는 부모에게 강박적 불안이 과잉 활성화되는 회로와 중첩된다(Leckman et al., 2004). 실제로, 부모의 불안은 출산 직후 최고조에 달했다가 산후 첫 3~4개월 동안 감소하기 시작한다(Feldman et al., 1999; Kim et al., 2013; Leckman et al., 1999). 이것은 또한 뇌엽이 포함된 산후 불안회로가 아기 울음에 분명하게 증가된 반응을 보이다가, 산후 첫 4개월 동안 감소하는 것과 일치한다(Swain et al., 2014c; Swain et al., 2017a). 게다가 취약성이 유발되는 상황에 더 높은 불안을 보이는 불안정/무시형 애착 모형을 가진 어머니는 자기 아이의 슬픈 얼굴을 볼 때 더 큰 뇌엽 활성도를 보여 주었다(Strathearn et al., 2009). 양육을 둘러싼 이러한 불안 관련 회로가 지속적으로 높거나 낮은 활동은 정신병리를 예측하고 치료에 정보를 제공해 줄 수 있다.

산후 초기에 점차적으로 감소하는 건강한 어머니의 양육 관련 불안은 연민 어린 양육이 건강하게 진행되고 있다는 표시이기도 하다. 아이에 의해 유발된 공포와 동시에 어머니가 가지고 있는 상대적 침착함은 아기가 고통 신호를 인지하였을 때 아기가 느끼는 감정과 거의 일치한다. 어머니의 침착함은 공포보다 효과적이고 연민 어린 양육에 더 도움이 된다.

양육의 뇌와 공감

부모의 공감(다른 사람의 감정에 대한 적절한 지각, 체험 및 반응)은 특히 연민 어린 양육의 정서 및 인지적 측면과 관련이 있을 수 있다. 그리고 다른 사회적 상황에서 나타나는 이타적 행동과도 관련이 있다(Preston, 2013; Swain et al., 2012). 공감에 대한 많은 뇌 영상 연구는 주로 '얼굴 감정', '고통받는 사람의 이미지', '울음 소리'와 같은 자극을 사용하여 다른 사람의 감정이 모방되는지에 대한 것들인데(Fan et al., 2011), 다른 사람의 정신상태를 인지적으로 시뮬레이션하는[예: 정신화(mentalization)] 내측 PFC, 설전부(precuneus)/후방 대상피질(posterior cingulate cortex), 측두두정부 접합부(temporoparietal junction) 및 후상 측두 고랑(posterior superior temporal sulcus)의 기능적 중요성이 강조된다(Frith & Frith, 2006; Mitchell, 2009). 그리고 전두엽, OFC, 편도를 포함한 감정/현출성 처리 신경회로는 다른 사람과 감정을 공유하는 데 중요할 수 있다(Decety, 2015; Zaki & Ochsner, 2012).

어머니와 아기의 상호작용으로 측정하는 모성 정신화 능력(maternal mentalization capacity)은 자신의 아기와 다른 아기의 울음 소리에 대한 우측 전두엽 덮개(right frontal operculum)와 섬엽 전면부(anterior insula)의 반응과 상관관계가 있는 것으로 밝혀졌다(Hipwell et al., 2015). 또 다른 연구(Ho et al., 2014)는 건강한 어머니들에게 사회적 스트레스 과제(social stress task)와 양육 의사결정과제(parenting decision-making task)를 수행하면서 기능 자기공명영상(fMRI)으로 공감 특성을 측정하였다. 공감의 인지적 측면인 '다른 사람의 관점을 가지는 능력(others' perspectives)'은 사회적 스트레스 과제에 코르티솔 스트레스 반응이 낮게 나타났으나, 타인의 고통을 대행하는 특성은 스트레스 반응성이 더 큰 것으로 나타났다. 더욱이 '양육의 사결정 과제'를 수행하는 동안 공감의 정서적 측면인 다른 사람에 대한 '공감 염려(empathic concern)'는 아이가 긍정적인 피드백보다는 부정적인 피드백을 보일 경우에 복부 선조체와 전두엽 영역에서 더 큰 반응을 보여 주었다. 또한 이러한 아이의 부정적인 피드백에 대한 어머니의 반응은 친사회적 동기를 매개하는 뇌 영역인 중격 부위(septal area)(Morelli et al., 2014)가 다른 사람에게 몰두하는 경향과 양의 상관관계를 보여 주었다. 이것은 타인을 생각하는 경향이 있는 어머니가 중격 영역에 의해 매개되는 친사회적 동기를 더 많이 동원시킴으로써 부정적인 피드백에도 불구하고 자신의 자녀를 더 잘 분별해 낸다는 것을 시사한다(Ho et al., 2014).

양육의 뇌와 아이와의 모성 동시성

영아에게 시선, 촉감, 발성으로 협응 (coordination)을 보여 주는 동시성 모성행동 (synchronous maternal behavior)은 더욱 감수 성이 있는 양육 행동으로 해석되며, 영아가 긍정적인 행동을 보여 주는 것과 관련이 있다. 대조적으로 협응이 부족하고 보다 지시적 인 자세를 보이는 침습성 모성행동(intrusive maternal behaviors)은 모성 불안 및 시상하 부-뇌하수체-부신의 스트레스 반응과 연관 이 있다(Feldman, 2007). 우리는 동시성 모성 행동이 연민 어린 양육의 정서적 측면인 일관 성과 연결감의 행동 표지자로 가정한다. 동 시성 모성행동을 측정하는 뇌 영상 연구에서 (Atzil et al., 2011), 산후 4~6개월의 산모를 두 그룹으로 나누었다: 관찰된 상호작용에 기초 하여 높은 모성 동시성과 낮은 침습성 점수 를 보인 어머니(동시성 어머니)와 낮은 동시 성 점수와 높은 침습성 점수를 보인 어머니 (침습성 어머니). 자신의 아기와 생소한 아기 의 비디오 클립을 어머니들에게 보여 주면서 뇌영상을 촬영하였다. 침습성 어머니와 동 시성 어머니를 비교해 보면, 침습성 어머니 의 편도는 자신의 아기에게 더 큰 반응을 보 인 반면, 동시성 어머니는 NAc에서 더 큰 활 성화를 보여 주었다. 또한 NAc와 편도를 관 심영역에 두고 전체 뇌의 기능적 연결성을 조 사하여 침습성 및 동시성 어머니를 비교하였 다. 동시성 어머니에서 NAc의 활동은 하전두 회(inferior frontal gyrus), 내측 전두회(medial frontal gyrus), 시각 및 운동 영역, 두정피질을 포함한 주의력 및 사회정보처리 영역의 활성 도와 상관관계가 있었다. 이와는 대조적으로 침습성 어머니는 편도와 높은 불안이 특징인 OFC 사이에 더 큰 연결성을 보여 주었다. 이 처럼 자신의 아기에 대한 보상 관련 신경반응 은 주의력 및 사회정보 처리의 신경 연결성의 증가와 관련이 있으며, 이는 모-영아 상호작 용의 동시성을 강화시켜 준다. 자신의 아기에 대한 불안 관련 뇌 신경반응은 양육에 방해가 되는데 침습성 모-영아 상호작용과 보다 관 련이 있다.

또 다른 연구에서 자신의 아기 비디오에 대 한 반응으로 나타나는 혈장 OT의 증가 정도 는 복부 ACC, 좌측 NAc, 하두정엽, 측두 및 전두엽의 활성화와 양의 상관관계가 있었다 (Atzil et al., 2012). 또한 어머니들에게 다양한 모-영아 상호작용 비디오를 보여 주면 동시 성의 정도에 따라 배측 ACC의 활성도가 증가 하였다. 우울한 어머니는 자신의 아이와 동시 성 상호관계가 낮았다(Atzil et al., 2014). 배측 ACC는 정서 및 사회적 신경과정을 통합하고 사회적 배척과 같은 사회적 고통을 조절하는 데 관여한다. 따라서 배측 ACC의 활성도가 크 면 클수록 사회적 신호처리에 더 민감하게 기 여할 수 있으며, 이는 자신의 영아와 보다 동 시성의 상호작용을 하는 것과 연관이 있다.

양육의 뇌와 모성 감수성

앞에서 설명한 바와 같이, 모성 감수성은 영

아의 필요에 수반성의 방식으로 반응하고 돌보는 어머니의 능력으로 정의된다(Ainsworth et al., 1978). 우리는 모성 감수성이 연민 어린 양육의 핵심이라는 가정으로 비디오 테이프로 녹화된 자유로운 놀이(free play)(Feldman, 1998)를 보면서 부모-자녀 상호작용을 기반으로 모성 감수성을 코딩하는 연민 어린 양육 연구를 통해 계측화된 자료를 얻을 수 있었다. 실제로 산후 2~4주에 우측 상전두이랑(right superior frontal gyrus)과 편도에서 보이는 모성 반응은 3~4개월쯤의 모성 감수성을 예측해 주었다(Kim et al., 2011). 다른 연구에서 산후 18개월에 일종의 '아기 울음 과제(baby-cry task)'를 사용하여 모성 감수성과 침습성을 평가하였다(Musser et al., 2012). 자신의 아이와 대조군의 아이 울음에 보여 주는 신경 반응을 비교해 보면, 모성 감수성은 상전두회(superior frontal gyrus), 하전두회(inferior frontal gyrus)와 관련이 있음을 관찰할 수 있었다. 이러한 전전두엽 피질 영역의 역할은 모성 감수성이 인지 집행 기능에 의존하고 있음을 시사한다.

우리는 주의력 통제, 갈등해결, 작업기억, 유연한 작업전환 등이 포함된 실행기능이 연민 어린 양육의 인지적 측면에 핵심이 된다고 가정한다. 실제로, 주의집중 전환, 공간작업 기억, 주의력 유지의 결핍은 영아의 비고통 신호에 대한 모성 감수성 저하와 관련이 있다(Gonzalez et al., 2012). 감정적 산만상태에서 갈등해결 능력을 탐지하는 '감정 스트룹 과제(emotional stroop task)'를 사용한 결과, 어

린 시절부터 발달된 혼란형 애착 모델을 가진 어머니들은 부정적인 애착 관련 단어 자극이 포함된 실험에 더 느리게 반응하였다. 더욱이 그 자극에 대한 반응시간은 부모-자녀 모두 혼란형 애착 유형으로 분류하는 횟수와 상관관계가 있어, 실행 기능의 어려움이 모자 상호작용에 영향을 미칠 수 있음을 시사한다(Atkinson et al., 2009). 임신 후기 영아의 고통 신호에 대한 주의편향이 크면 클수록 '부모 유대감 설문(parental bonding questionnaire)'에서 더 높은 점수를 보여 주었다(Pearson et al., 2010). 영아 고통에 대한 주의 편향은 3~6개월 영아에서 분유 수유모에 비해 모유 수유모에서 더 큰 것으로 밝혀졌는데(Pearson et al., 2011), 이는 아마도 모유 수유가 OT를 더 증가시키기 때문으로 생각된다.

양육의 뇌-개입 기전

건강한 어머니에게서 나타나는 사회인지, 정신화 및 공감의 뇌 회로가 불안정 애착이나 물질사용장애가 있는 어머니에서는 영아의 자극에 그 반응들이 저하된다. 이러한 내재된 뇌 기전을 대상으로 뇌 기반 분석의 이점을 취할 수 있는 특정 개입들이 현재 실시되고 있거나 개선되고 있다.

Circle of Security(Hoffman et al., 2006; Powell et al., 2014), Triple P(Positive Parenting Program; Sanders et al., 2014), Video Interaction for Promoting Positive Parenting Program(Van Zeijl et al., 2006), ABC(Attachment and

Biobehavioral Catch-Up; Bernard et al., 2012; Bernard et al., 2013), Mom Power(Muzik et al., 2015; Muzik et al., 2016)와 같은 프로그램은 무작위 임상시험으로 효과를 검증받았지만, 아직은 뇌 기능에 대한 증거기반이 부족한 편이다. 이 프로그램 중 첫 번째 뇌 연구를 소개하면, 적어도 한 번의 외상을 겪은 산후 2~7년의 산모에게 Mom Power 프로그램을 적용하고 개입 전후에 '아기 울음' 및 '공감 과제'로 fMRI 연구를 시행한 것이다. 이 개입 프로그램에는 양육과 관련된 반조적 감정반응, 감정조절, 공감기능의 개선에 집중된 세션이 포함되어 있다. 개입군(n=14)과 평소의 치료방법 및 치료시간을 적용받은 대조군(n=15)을 비교한 결과, 뇌 활동이 변화된 여러 뇌 영역이 있었고 개입과 뇌 기능 사이에 상관관계가 있었다. '아기 울음' 실험에서도 편도, 설전부(precuneus), 배측 ACC 및 배외측 PFC에서 '자기 아이 울음'이 '대조자극'에 비해 더 큰 반응을 보였다($p < 0.001$, 보정 전). '자기 아이 공감 과제'에서도 배외측 PFC와 뇌엽에서 뇌활성도가 증가하였다. 더욱이 두 과제 모두에서 개입을 통해 증가된 뇌 활동은 모성 정신병리 및 아동의 불량한 결과에 심각한 위험 요소가 되는 양육 스트레스와 반비례($p < 0.001$, 보정 전)하였다(Swain et al., 2014a; Swain et al., 2017b). 이러한 연구 결과는 감정반응뿐만 아니라 감정조절이 관여된 양육의 뇌 회로를 뒷받침하는 신경학적 기전에 예비증거들을 제공하여 공감회로가 '연민 어린 뇌'로 개념화될 수 있

음을 시사한다.

결론

양육 행동은 영아의 생존에 결정적일 뿐만 아니라 이타적 행동 발달에 주요 기반이 된다(Brown & Brown, 2015; Preston, 2013). 연민은 타인의 고통에 돕고자 하는 동기를 지각하면서 유발되는 감정적이고 동기부여적인 상태로 정의될 수 있으므로(Goetz et al., 2010), 양육의 영역과 연민의 영역 모두 필연적으로 취약한 한 개인의 상황과 관련이 있다. 따라서 연민과 양육에 대한 과학적 이해는 밀접하게 겹치고 서로에게 유익한 정보를 제공한다.

전부는 아니지만 대부분의 이타적 행동은 연민에 의해 동기가 부여되고, 대부분의 양육 행동은 연민적이다. 연민 어린 양육은 적절한 수반성을 가지고 아이가 요구하는 것을 제공해 주는 행동[행동적 수반성(behavioral contigency)] 특성, 아이와 감정적으로 일관된 연결[감정적 연결(emotional connection)] 특성, 그리고 부모와 자녀의 심리적 요인과 연관된 환경에 대한 자각을 유지하는[반조적 자각(reflective awareness)] 특성으로 이루어진 양육 행동을 포함하고 있다.

양육에서 부모의 작동모형(양육 모형)은 어린 시절부터 발달되고 있는 자신의 애착 모형에 기원을 두고 있다. 특정적으로 애착 모형은 아동의 취약성을 증가시킬 상황(예: 양육, 물, 따뜻함 및 안전이 필요한 상황)에 노출되었

을 때, 아동의 지각과 행동을 조직하고 통제한다. 다시 말해서 곤궁에 처한 타인을 향해 연민을 일으키는 정도는 연민 어린 양육을 어느 정도 받았는지, (불행하게도) 어려서 연민 어린 양육이 부족하였는지에 근거가 있다.

우리는 애착 모형, 부모 감수성, 공감 및 건강한 양육 불안을 포함한 양육 관련 개념에 내재된 신경생물학적 기전을 설명하였다. 특히 양육의 뇌가 산후 초기부터 얼마나 고도로 가소성이 있는지를 기술하였다. 뇌의 가소성은 여기에 설명된 여러 양육 개입의 목표가 되기도 하고 인류의 이익을 위해 개인에게 연민을 증진시킬 목적으로 부모 양육 모형을 개선하는 데 큰 희망을 준다.

따라서 연민의 과학에서 물어볼 가치가 있는 중요한 질문은 '개인의 연민을 지원해 주는 뇌의 가소성은 무엇인가? 부모의 양육 감수성을 지원해 주는 뇌의 가소성과 비슷한가?'이다. 이러한 긍정적인 상태를 분별해 내는 것은 연민을 함양하는 교육과 개입에 정보를 제공해 줄 것이다. 연관된 질문은 '민감한 양육을 촉진하는 개입에 사용된 이론과 실행들이 연민을 함양하는 개입에 정보를 알려 줄 수 있고 그 반대도 가능한가?'이다.

양육과 연민의 명백한 차이점은 행동의 범위이다. 부모-자녀 애착 모형은 특정적으로 의미가 있는 사람과 특별한 관계로 범위가 제한되지만, 연민의 범위는 정의상 특정 관계에 국한되지 않는다. 이 명백한 구별은 개인이 친척이 아닌 다른 사람을 마치 자신의 부모나 자식처럼 대하는 법을 배울 수 있는 연민을

함양하는 생물학적 기전을 찾기 위한 앞으로의 연구에 단서를 제공한다. 반대로, 연민의 범위는 양육의 범위보다 더 일반화되어 있기 때문에 양육의 잠재적 전략으로 일반화된 연민 훈련이 양육에서 연민의 특성을 증진시킬 수 있는지 여부를 검증하는 것일 수도 있다.

인간 부모를 대상으로 한 fMRI 연구의 증가와 연민을 작동하는 뇌 체계 연구가 시작되면서 이것에 기반하여 인간 모성 뇌에 대한 이해가 크게 향상되었다. 그러나 중요한 질문은 아직 풀리지 않은 상태이다.

첫째, 인간 어머니를 대상으로 한 대부분의 연구는 신경 기능 이해에 중점을 두었지만 구조적 변화에 대한 연구는 거의 이루어지지 않았다. 인간 연구의 증거는 모체의 뇌에서 구조적 성장이 일어난다는 것을 시사하지만(Pilyoung Kim et al., 2010b), 동물 연구의 증거에서는 산후 기간 동안 해마의 신경발생은 감소하고 전전두엽 피질의 시냅스 밀도는 증가한다는 혼합된 소견을 보고한다(Leuner et al., 2010). 더욱이, 현재 문헌들은 해부학적 및 기능적 상관관계의 방향이 혼합된 증거를 제시한다. 훈련을 통해 증가된 회백질 용적은 해마의 증가된 활성화와 관련이 있는 반면(Hamzei et al., 2012), 감소된 회백질 용적은 외상에 노출된 개인에서 편도 활성 증가와 관련이 있었다(Ganzel et al., 2008). 그러므로 산후 초기에 호르몬과 관련된 해부학적 변화나 여러 경험에 기초한 해부학적 변화를 밝히고 그것이 인간 어머니의 신경계 기능과 어떻게 상호작용하는지를 명확히 하는 것이 중요할

수 있으며, 이는 모성 뇌의 신경 가소성에 대해 심도 있는 이해를 제공할 것이다.

둘째, 육아라는 중요한 이행기를 죽 따라가는 전향적이고 종단적인 연구는 인간 모성 뇌에서 신경계 변화의 시간적 과정을 지도화(mapping)하는 데 중요하다. 인간 모성 뇌에 대한 기존의 소견들은 주로 산후 기간 또는 아이의 생애 첫 수년 동안 여성을 대상으로 수행된 연구들이 기반이다. 그러나 이러한 연구에서 모성 기분, 호르몬, 신경 활성화 및 양육 행동과 같은 측정치들은 횡단면적으로 측정되어 주의해서 해석해야 하는 상관관계만을 제공하였다. 따라서 이 요인들이 서로 어떻게 관련되어 있는지에 대한 인과적 또는 시간적 결론을 도출할 수 없었다. 그러므로 전향적 연구, 특히 임신 중 또는 수태 전 여성을 대상으로 하여 산후 기간까지 추적 관찰하는 것은 임신 초기의 호르몬 변화가 산후 초기 기간 동안 영아에 반응하여 신경 활성화를 강화하는지 아닌지를 확인하는 데 도움이 될 것이다. 또한 이는 후기 산후 기간에 영아에 보다 민감한 모성 행동 반응과도 관련이 있을 것이다. 이러한 생물학적 기질에 대한 완전한 이해는 궁극적으로 유전 및 후성유전적 요인에 의한 것임을 알게 될 것이다.

셋째, 빈곤한 생활, 미혼모 또는 십대 어머니, 높은 결혼 갈등 및 애착 장애와 같은 부정적인 환경은 정신병리 및 자녀에 대한 모성 무감각의 중요한 위험요인이다(Magnuson & Duncan, 2002; Sturge-Apple et al., 2006). 하지만 부정적인 환경이 양육 및 기분 조절의 신경생물학적 과정에 변화를 일으켜 부정적인 모성 결과에 이르게 하는 위험성을 증가시키는지 어떤지는 알려진 바가 거의 없다. 이는 생애 초기 환경이 동물의 유전자 발현에 영향을 미친다는 것이 잘 알려져 있어 매우 고무적이다. 환경의 영향을 받는 이러한 유전적 및 신경학적 요인을 이해하는 것은 아동 발달을 최적화하기 위한 가장 효과적인 개입을 결정하는 데도 중요하다. 향후 양육 뇌 연구에는 각기 다른 생물학적 행동 문제를 제기할 수 있고 해결책을 요구하는 다양한 위험 환경이나 상황에 놓여 있는 어머니에 대한 것이 반드시 포함되어야 한다.

넷째, 우리는 이전 섹션에서 산후 우울증과 약물 남용을 포함한 정신병리가 있는 산모의 연구 결과에 대해 논의했었다. 더 크고 더 표적화된 샘플은 특정 정신병리에 가장 영향을 받는 특정 신경 기전을 밝히는 데 도움이 될 수 있다. 예를 들어, 감정 네트워크의 조절 기능 장애는 산후 우울증과 관련될 수 있는 반면, 보상/동기 네트워크는 약물 남용과 더 관련될 수 있다. 미국 국립정신건강연구소(National Institute of Mental Health)의 연구영역기준(RDoC)(Cuthbert, 2014)에서 제안한 바와 같이 정신병리 전반에 걸쳐 겹쳐져서 나타나는 연속선의 증상 스펙트럼이 신경생물학적 체계와 더 잘 일치할 수 있다. 최근 연구(Kim et al., 2015)에서 제안된 바와 같이 이러한 특이성은 처음 어머니나 아버지가 되는 사람들에게 나타날 수 있는 다양한 정신병리를 예방하고 증상 개선에 보다 효과적인 표적 중재 및 치료를 개발하는 데 중요할 수 있다.

다섯째, 이 분야는 실행 기능 및 감정 반응/조절과 같은 뇌 기능의 특정 측면이 잘 정립된 패러다임과 자연스럽게 또는 개별적인 방식으로 영아의 현출성 정보를 결합해 연구해 나가면 좋은 결과가 있을 것이다. 이것은 뇌 생리가 아동 단계(아동발달에 적응하는 것 자체)에 따라 변하는 것처럼 보이기 때문에 특히 중요하다. 임신과 산후 기간 동안 신경 영역/네트워크와 행동 간에 구체적인 특정 연관성을 지속적으로 연구하는 데 있어, 뇌 영상 방법론에 대한 합의는 일관된 그림을 그리기 위해 중요하다. 다음 단계는 신경 기억 회로의 일부인 해마 및 설전부/후대상피질(posterior cingulate cortex)과 같은 특정 신경 영역/회로의 활성화가 임신이나 산후 기간에 걸쳐 시간이 지나면서 어떻게 변화하는지 조사하는 것이다. 예를 들어, 언어적 회상 기억은 임신과 산후 기간 동안 감소한다(Glynn, 2010). 이 연구는 진화생물학과 보편적 대상 행동이 돌보는 사람의 신경계에 내재되어 있는지를 연구하는 발달문화심리학의 교차점으로 문화적 차이를 조사하는 데 흥미로운 가능성을 제기한다. 이것은 또한 권장되거나 적합할 수 있는 돌봄의 다른 영역에도 조명을 비추어 준다.

여섯째, 부모–자식 상호작용을 보다 자연스럽게 연구하기 위해, 향후의 실험에서는 자연스러운 움직임을 보여 주는 신경 영상, 가령 가상현실 환경에서 기능적 근적외선 분광학(functional near-infrared spectroscopy: fNIRS)이나 뇌파를 사용한 연구들이 포함되어야 할 것이다. 이것은 실제적인 육아 계획과 반응 및 의사결정이 반영된 뇌 기반 모형을 산출할 수 있게 한다. 아마도 현실에 거의 가깝게 설득력이 있고 개인적으로 맞춤화된 자극을 사용하지 않아 재현과 해석에 어려움이 있었던 여러 분야에서 시행된 신경영상 연구의 일반적인 문제점을 피할 수 있다. 이러한 맥락에서 뇌 구조, 휴지상태 또는 활동상태의 신경활성과 육아행동을 통합한 또 다른 신경영상 방법이 필요할 것이다. 기계학습(machine learning) 방법을 사용하는 이러한 다중모드 접근 방식은 어느 한 가지 방법으로는 불가능할 수 있는 건강한 모성적응과 정신병리(Orru et al., 2012)에 대한 진단 및 예후 모형을 가능하게 해 줄 것이다. 미래에는 진보된 후처리(post-processing) 기능을 갖춘 보편적인 뇌 영상이 양육 문제의 조기 평가 및 수정을 위해, 세대를 초월한 정신건강 문제를 해결하는 연민능력과, 건강하고 보다 연민 어린 아이(그들의 발달 뇌가 또 다른 연구에 첨단이 되는)에 대한 생체표지자 정보를 제공해 줄 것이다.

감사 인사

저자는 현재 Stony Brook Health Sciences Center, the Brain & Behavior Research Foundation, University of Michigan's Injury Center(Center for Disease Control and

Prevention U49/CE002099), Center for Human Growth and Development, Robert Wood Johnson Foundation Health and Society Scholar Awards, the National Institutes for Health—National Center for Advanced Translational Sciences via the Michigan Institute for Clinical Health Research UL1TR000433의 지원을 받고 있다.

참고문헌

Aharon, I., Etcoff, N., Ariely, D., Chabris, C. F., O'Connor, E., & Breiter, H. C. (2001). Beautiful faces have variable reward value: fMRI and behavioral evidence. *Neuron, 32*(3), 537-551.

Ainsworth, M. D., & Bell, S. M. (1970). Attachment, exploration, and separation: Illustrated by the behavior of one-year-olds in a strange situation. *Child Development, 41*(1), 49-67.

Ainsworth, M. S., Blehar, M. C., Waters, E., & Wall, S. (1978). *Patterns of Attachment: A Psychological Study of the Strange Situation.* Oxford, UK: Erlbaum.

Atkinson, L., Leung, E., Goldberg, S., Benoit, D., Poulton, L., Myhal, N., ... Kerr, S. (2009). Attachment and selective attention: Disorganization and emotional Stroop reaction time. *Developmental Psychopathology, 21*(1), 99-126.

Atzil, S., Hendler, T., & Feldman, R. (2012). Synchrony and specificity in the maternal and the paternal brain: Relations to oxytocin and vasopressin. *Journal of the American Academy of Child & Adolescent Psychiatry, 51*(8), 798-811.

Atzil, S., Hendler, T., & Feldman, R. (2011). Specifying the neurobiological basis of human attachment: Brain, hormones, and behavior in synchronous and intrusive mothers. *Neuropsychopharmacology, 36*(13), 2603-2615.

Atzil, S., Hendler, T., & Feldman, R. (2014). The brain basis of social synchrony. *Social Cognitive & Affective Neuroscience, 9*(8), 1193-1202.

Bakermans-Kranenburg, M. J., van IJzendoorn, M. H., & Juffer, F. (2003). Less is more: Meta-analyses of sensitivity and attachment interventions in early childhood. *Psychology Bulletin, 129*(2), 195-215.

Barrett, J., Wonch, K. E., Gonzalez, A., Ali, N., Steiner, M., Hall, G. B., & Fleming, A. S. (2012). Maternal affect and quality of parenting experiences are related to amygdala response to infant faces. *Social Neuroscience, 7*(3), 252-268.

Behrens, K. Y., Hart, S. L., & Parker, A. C. (2012). Maternal sensitivity: Evidence of stability across time, contexts, and measurement instruments. *Infant & Child Development, 21*(4), 348-355.

Bernard, K., Dozier, M., Bick, J., Lewis-Morrarty, E., Lindhiem, O., & Carlson, E. (2012). Enhancing attachment organization among maltreated children: Results of a randomized clinical trial. *Child Development, 83*(2), 623-636.

Bernard, K., Meade, E. B., & Dozier, M. (2013). Parental synchrony and nurturance as targets in an attachment based intervention: Building upon Mary Ainsworth's insights about mother-infant interaction. *Attachment & Human Development, 15*(5-6), 507-523.

Bernier, A., Carlson, S. M., & Whipple, N. (2010). From external regulation to self-regulation: Early parenting precursors of young children's executive functioning. *Child Development, 81*(1), 326-339.

Bowlby, J. (1969). *Attachment* (2nd ed.), *Vol. 1: Attachment and Loss.* New York: Basic Books.

Bowlby, J. (1973). *Attachment and Loss, Vol 2. Separation: Anxiety and Anger.* London: Basic Books.

Bowlby, J. (1977). The making and breaking of affectional bonds. I. Aetiology and psychopathology in the light of attachment theory. An expanded version of the Fiftieth Maudsley Lecture, delivered before the Royal College of Psychiatrists, November 19, 1976. *British Journal of Psychiatry, 130*, 201-210.

Brown, S. L., & Brown, R. M. (2015). Connecting prosocial behavior to improved physical health: Contributions from the neurobiology of parenting. *Neuroscience & Biobehavioral Reviews, 55*, 1-17.

Cuthbert, B. N. (2014). The RDoC framework: Facilitating transition from ICD/DSM to dimensional approaches that integrate neuroscience and psychopathology. *World Psychiatry, 13*(1), 28-35.

De Wolff, M., & van IJzendoorn, M. H. (1997). Sensitivity and attachment: A meta-analysis on parental antecedents of infant attachment. *Child Development, 68*(4), 571-591.

Decety, J. (2015). The neural pathways, development and functions of empathy. *Current Opinion in Behavioral Sciences, 3*, 1-6.

Delgado, M. R., Nystrom, L. E., Fissell, C., Noll, D. C., & Fiez, J. A. (2000). Tracking the hemodynamic responses to reward and punishment in the striatum. *Journal of Neurophysiology, 84*(6), 3072-3077.

Eisenberg, N., Cumberland, A., Spinrad, T. L., Fabes, R. A., Shepard, S. A., Reiser, M., ... Guthrie, I. K. (2001). The relations of regulation and emotionality to children's externalizing and internalizing problem behavior. *Child Development, 72*(4), 1112-1134.

Engfer, A., & Gavranidou, M. (1987). Antecedents and consequences of maternal sensitivity: A longitudinal study. In H. Rauh & H.-C. Steinhausen (Eds.), *Psychobiology & Early Development* (pp. 71-99). (46: North Holland; Amsterdam).

Fan, Y., Duncan, N. W., de Greck, M., & Northoff, G. (2011). Is there a core neural network in empathy? An fMRI based quantitative meta-analysis. *Neuroscience & Biobehavioral Reviews, 35*(3), 903-911.

Feldman, R. (1998). *Mother-Newborn Coding System Manual.* Tel Aviv, Israel: Bar-Ilan University Press.

Feldman, R. (2007). Parent-infant synchrony and the construction of shared timing: Physiological precursors, developmental outcomes, and risk conditions. *Journal of Child Psychology & Psychiatry, 48*(3-4), 329-354.

Feldman, R., Weller, A., Leckman, J. F., Kuint, J., & Eidelman, A. I. (1999). The nature of the mother's tie to her infant: Maternal bonding under conditions of proximity, separation, and potential loss. *Journal of Child Psychology & Psychiatry, 40*(6), 929-939.

Feygin, D. L., Swain, J. E., & Leckman, J. F. (2006). The normalcy of neurosis: Evolutionary origins of obsessive-compulsive disorder and related behaviors. *Progress in Neuro-Psychopharmacology & Biological Psychiatry, 30*(5), 854-864.

Frith, C. D., & Frith, U. (2006). The neural basis of mentalizing. *Neuron, 50*(4), 531-534.

Ganzel, B. L., Kim, P., Glover, G. H., & Temple, E. (2008). Resilience after 9/11: Multimodal neuroimaging evidence for stress-related change in the healthy adult brain. *Neuroimage, 40*(2), 788-795.

Glynn, L. M. (2010). Giving birth to a new brain: Hormone exposures of pregnancy influence human memory. *Psychoneuroendocrinology, 35*(8), 1148-1155.

Goetz, J. L., Keltner, D., & Simon-Thomas, E. (2010). Compassion: An evolutionary analysis and empirical review. *Psychology Bulletin, 136*(3), 351-374.

Gonzalez, A., Jenkins, J. M., Steiner, M., & Fleming, A. S. (2012). Maternal early life experiences and parenting: The mediating role of cortisol and executive function. *Journal of the American Academy of Child & Adolescent Psychiatry, 51*(7), 673-682.

Hamzei, F., Glauche, V., Schwarzwald, R., & May, A. (2012). Dynamic gray matter changes within cortex and striatum after short motor skill training are associated with their increased functional interaction. *NeuroImage, 59*(4), 3364-3372.

Hipwell, A. E., Guo, C., Phillips, M. L., Swain, J. E., & Moses-Kolko, E. L. (2015). Right frontoinsular cortex and subcortical activity to infant cry is associated with maternal mental state talk. *Journal of Neuroscience, 35*(37), 12725-12732.

Ho, S. S., Konrath, S., Brown, S., & Swain, J. E. (2014). Empathy and stress related neural responses in maternal decision making. *Frontiers in Neuroscience, 8*(152), 1-9.

Hoffman, K. T., Marvin, R. S., Cooper, G., & Powell, B. (2006). Changing toddlers' and preschoolers' attachment classifications: The Circle of Security intervention. *Journal of Consulting Clinical Psychology, 74*(6), 1017-1026.

Jaffari-Bimmel, N., Juffer, F., van IJzendoorn, M. H., Bakermans-Kranenburg, M. J., & Mooijaart, A. (2006). Social development from infancy to adolescence: Longitudinal and concurrent factors in an adoption sample. *Developmental Psychology, 42*(6), 1143-1153.

Joosen, K. J., Mesman, J., Bakermans-Kranenburg, M. J., & van IJzendoorn, M. H. (2012). Maternal sensitivity to infants in various settings predicts harsh discipline in toddlerhood. *Attachment & Human Development, 14*(2), 101-117.

Keller, H., Lohaus, A., Völker, S., Elben, C., & Ball, J. (2003). Warmth and contingency and their relationship to maternal attitudes toward parenting. *Journal of Genetic Psychology, 164*, 275-292.

Keren, M., Feldman, R., Eidelman, A. I., Sirota, L., & Lester, B. (2003). Clinical interview of high-risk parents of premature infants (CLIP):

Relations to mother-infant interaction. *Infant Mental Health Journal, 24*, 93-110.

Kim, P., Leckman, J. F., Mayes, L. C., Newman, M. A., Feldman, R., & Swain, J. E. (2010a). Perceived quality of maternal care in childhood and structure and function of mothers' brain. *Developmental Science, 13*(4), 662-673.

Kim, P., Leckman, J. F., Mayes, L. C., Feldman, R., Wang, X., & Swain, J. E. (2010b). The plasticity of human maternal brain: Longitudinal changes in brain anatomy during the early postpartum period. *Behavioral Neuroscience, 124*(5), 695-700.

Kim, P., Feldman, R., Mayes, L. C., Eicher, V., Thompson, N., Leckman, J. F., & Swain, J. E. (2011). Breastfeeding, brain activation to own infant cry, and maternal sensitivity. *Journal of Child Psychology & Psychiatry, 52*(8), 907-915.

Kim, P., Mayes, L., Feldman, R., Leckman, J. F., & Swain, J. E. (2013). Early postpartum parental preoccupation and positive parenting thoughts: Relationship with parent-infant interaction. *Infant Mental Health Journal, 34*(2), 104-116.

Kim, P., Rigo, P., Mayes, L. C., Feldman, R., Leckman, J. F., & Swain, J. E. (2014). Neural plasticity in fathers of human infants. *Social Neuroscience, 9*(5), 522-535.

Kim, P., Rigo, P., Leckman, J. F., Mayes, L. C., Cole, P. M., Feldman, R., & Swain, J. E. (2015). A prospective longitudinal study of perceived infant outcomes at 18-24 months: Neural and psychological correlates of parental thoughts and actions assessed during the first month postpartum. *Frontiers in Psychology, 6*, 1772.

Kim, P., Strathearn, L., & Swain, J. E. (2016). The maternal brain and its plasticity in humans. *Hormones & Behavior, 77*, 113-123.

Kim, S., Fonagy, P., Allen, J., Martinez, S. R., Iyengar, U., & Strathearn, L. (2014). Mothers who are securely attached during pregnancy show more attuned infant mirroring at 7 months postpartum. *Infant Behavior & Development, 37*(4), 491-504.

Kober, H., Barrett, L. F., Joseph, J., Bliss-Moreau, E., Lindquist, K., & Wager, T. D. (2008). Functional grouping and cortical-subcortical interactions in emotion: A meta-analysis of neuroimaging studies. *Neuroimage, 42*(2), 998-1031.

Kochanska, G. (2002). Mutually responsive orientation between mothers and their young children: A context for the early development of conscience. *Current Directions in Psychological Science, 11*(6), 191-195.

Lamb, M. E., Pleck, J. H., Charnov, E. L., & Levine, J. A. (1985). Paternal behavior in humans. *American Zoologist, 25*, 883-894.

Leckman, J. F., Mayes, L. C., Feldman, R., Evans, D., King, R. A., & Cohen, D. J. (1999). Early parental preoccupations and behaviors and their possible relationship to the symptoms of obsessive-compulsive disorder. *Acta Psychiatrica Scandinavica, 100*, 1-26.

Leckman, J. F., Feldman, R., Swain, J. E., Eicher, V., Thompson, N., & Mayes, L. C. (2004). Primary parental preoccupation: Circuits, genes, and the crucial role of the environment. *Journal of Neural Transmission, 111*(7), 753-771.

Leibenluft, E., Gobbini, M. I., Harrison, T., & Haxby, J. V. (2004). Mothers' neural activation in response to pictures of their children and other children. *Biological Psychiatry, 56*, 225–232.

Leuner, B., Glasper, E. R., & Gould, E. (2010). Parenting and plasticity. *Trends in Neurosciences, 33*(10), 465–473.

Magnuson, K. A., & Duncan, G. J. (2002). Parents in poverty. In M. H. Bronstein (Ed.), *Handbook of Parenting* (2nd ed., pp. 95–121). Mahwah, NJ: Erlbaum.

Mascaro, J. S., Hackett, P. D., & Rilling, J. K. (2014a). Differential neural responses to child and sexual stimuli in human fathers and non-fathers and their hormonal correlates. *Psychoneuroendocrinology, 46*, 153–163.

Mascaro, J. S., Hackett, P. D., Gouzoules, H., Lori, A., & Rilling, J. K. (2014b). Behavioral and genetic correlates of the neural response to infant crying among human fathers. *Social Cognitive & Affective Neuroscience, 9*(11), 1704–1712.

Melis, M. R., & Argiolas, A. (1995). Dopamine and sexual behavior. *Neuroscience & Biobehavioral Reviews, 19*(1), 19–38.

Milner, J. S. (1993). Social information-processing and physical child-abuse. *Clinical Psychology Review, 13*(3), 275–294.

Milner, J. S. (2003). Social information processing in high-risk and physically abusive parents. *Child Abuse & Neglect, 27*(1), 7–20.

Mitchell, J. P. (2009). Inferences about mental states. *Philosophical Transactions of the Royal Society of London, B. Biological Sciences, 364*(1521), 1309–1316.

Morelli, S. A., Rameson, L. T., & Lieberman, M. D. (2014). The neural components of empathy: Predicting daily prosocial behavior. *Social Cognitive & Affective Neuroscience, 9*(1), 39–47.

Morgan, H. D., Watchus, J. A., Milgram, N. W., & Fleming, A. S. (1999). The long lasting effects of electrical stimulation of the medial preoptic area and medial amygdala on maternal behavior in female rats. *Behavioural Brain Research, 99*(1), 61–73.

Musser, E. D., Kaiser-Laurent, H., & Ablow, J. C. (2012). The neural correlates of maternal sensitivity: An fMRI study. *Developmental Cognitive Neuroscience, 2*(4), 428–436.

Muzik, M., Rosenblum, K. L., Alfafara, E. A., Schuster, M. M., Miller, N. M., Waddell, R. M., & Kohler, E. S. (2015). Mom power: Preliminary outcomes of a group intervention to improve mental health and parenting among high-risk mothers. *Archives of Women's Mental Health, 18*(3), 507–521.

Muzik, M., Rosenblum, K. L., Schuster, M. M., Kohler, E. S., Alfafara, E. A., & Miller, N. M. (2016). A mental health and parenting intervention for adolescent and young adult mothers and their infants. *Journal of Depression & Anxiety, 5*(3), 233–239.

Numan, M. (2014). *Neurobiology of Social Behavior: Toward an Understanding of the Prosocial and Antisocial Brain* (1st ed., p. 358). Academic Press.

Numan, M., & Woodside, B. (2010). Maternity: Neural mechanisms, motivational processes, and physiological adaptations. *Behavioral Neuroscience, 124*(6), 715–741.

Orru, G., Pettersson-Yeo, W., Marquand, A. F., Sartori, G., & Mechelli, A. (2012). Using support vector machine to identify imaging biomarkers of neurological and psychiatric disease: A critical review. *Neuroscience & Biobehavioral Reviews, 36*(4), 1140-1152.

Oxley, G., & Fleming, A. S. (2000). The effects of medial preoptic area and amygdala lesions on maternal behavior in the juvenile rat. *Developmental Psychobiology, 37*(4), 253-265.

Panksepp, J. (1998). *Affective Neuroscience: The Foundation of Human and Animal Emotions* (p. 466). Oxford, UK: Oxford University Press.

Pearson, R. M., Cooper, R. M., Penton-Voak, I. S., Lightman, S. L., & Evans, J. (2010). Depressive symptoms in early pregnancy disrupt attentional processing of infant emotion. *Psychological Medicine, 40*(4), 621-631.

Pearson, R. M., Lightman, S. L., & Evans, J. (2011). The impact of breastfeeding on mothers' attentional sensitivity towards infant distress. *Infant Behavior & Development, 34*(1), 200-205.

Pleck, J. H. (2010). Paternal involvement: Revised conceptualization and theoretical linkages with child outcome. In M. E. Lamb (Ed.), *The Role of the Father in Child Development* (pp. 58-93). Hoboken, NJ: John Wiley & Sons.

Powell, B., Cooper, G., Hoffman, K., & Marvin, B. (2014). *The Circle of Security Intervention: Enhancing Attachment in Early Parent-Child Relationships.* New York: Guilford Press.

Preston, S. D. (2013). The origins of altruism in offspring care. *Psychology Bulletin, 139*(6), 1305-1341.

Riem, M. M., Bakermans-Kranenburg, M. J., Pieper, S., Tops, M., Boksem, M. A., Vermeiren, R. R., ... Rombouts, S. A. (2011). Oxytocin modulates amygdala, insula, and inferior frontal gyrus responses to infant crying: A randomized controlled trial. *Biological Psychiatry, 70*(3), 291-297.

Rosenblum, K. L., McDonough, S. C., Sameroff, A. J., & Muzik, M. (2008). Reflection in thought and action: Maternal parenting reflectivity predicts mind-minded comments and interactive behavior. *Infant Mental Health Journal, 29*(4), 362-376.

Sanders, M. R., Kirby, J. N., Tellegen, C. L., & Day, J. J. (2014). The Triple P-Positive Parenting Program: A systematic review and meta-analysis of a multi-level system of parenting support. *Clinical Psychology Review, 34*(4), 337-357.

Schuengel, C., Bakermans-Kranenburg, M. J., & van IJzendoorn, M. H. (1999). Frightening maternal behavior linking unresolved loss and disorganized infant attachment. *Journal of Consulting Clinical Psychology, 67*(1), 54-63.

Seifritz, E., et al. (2003a). Differential sex-independent amygdala response to infant crying and laughing in parents versus nonparents. *Biological Psychiatry, 54*, 1367-1375.

Seifritz, E., Esposito, F., Neuhoff, J. G., Luthi, A., Mustovic, H., Dammann, G., ... Di Salle, F (2003b). Differential sex-independent amygdala response to infant crying and laughing in parents versus nonparents. *Biological Psychiatry, 54*(12), 1367-1375.

Shah, P. E., Fonagy, P., & Strathearn, L. (2010). Is attachment transmitted across generations?

The plot thickens. *Clinical Child Psychology & Psychiatry, 15*(3), 329-346.

Shaver, P., Schwartz, J., Kirson, D., & O'Connor, C. (1987). Emotion knowledge: Further exploration of a prototype approach. *Journal of Personality & Social Psychology, 52*(6), 1061-1086.

Stacks, A. M., Muzik, M., Wong, K., Beeghly, M., Huth-Bocks, A., Irwin, J. L., & Rosenblum, K. L. (2014). Maternal reflective functioning among mothers with childhood maltreatment histories: Links to sensitive parenting and infant attachment security. *Attachment & Human Development, 16*(5), 515-533.

Stoeckel, L. E., Weller, R. E., Cook, E. W., 3rd, Twieg, D. B., Knowlton, R. C., & Cox, J. E. (2008). Widespread reward-system activation in obese women in response to pictures of high-calorie foods. *Neuroimage, 41*(2), 636-647.

Strathearn, L., & Kim, S. (2013). Mothers' amygdala response to positive or negative infant affect is modulated by personal relevance. *Frontiers in Neuroscience, 7*(176), 1-10.

Strathearn, L., Li, J., Fonagy, P., & Montague, P. R. (2008). What's in a smile? Maternal brain responses to infant facial cues. *Pediatrics, 122*(1), 40-51.

Strathearn, L., Fonagy, P., Amico, J., & Montague, P. R. (2009). Adult attachment predicts maternal brain and oxytocin response to infant cues. *Neuropsychopharmacology, 34*(13), 2655-2666.

Sturge-Apple, M. L., Davies, P. T., & Cummings, E. M. (2006). Impact of hostility and withdrawal in interparental conflict on parental emotional unavailability and children's adjustment difficulties. *Child Development, 77*(6), 1623-1641.

Swain, J. E. (2011). The human parental brain: In vivo neuroimaging. *Progress in Neuro-Psychopharmacology & Biological Psychiatry, 35*(5), 1242-1254.

Swain, J. E., Ho, S. S. (in press). Neural Mechanisms of Parenting in Mental Health, Illness and Recovery. *Current Opinion in Psychology,* in press.

Swain, J. E., & Lorberbaum, J. P. (2008). Imaging the human parental brain. *Neurobiology of the Parental Brain, 6*, 83-100.

Swain, J. E., Lorberbaum, J. P., Kose, S., & Strathearn, L. (2007). Brain basis of early parent-infant interactions: Psychology, physiology, and in vivo functional neuroimaging studies. *Journal of Child Psychology & Psychiatry, 48*(3-4), 262-287.

Swain, J. E., Tasgin, E., Mayes, L. C., Feldman, R., Constable, R. T., & Leckman, J. F. (2008). Maternal brain response to own baby-cry is affected by cesarean section delivery. *Journal of Child Psychology & Psychiatry, 49*(10), 1042-1052.

Swain, J. E., Konrath, S., Brown, S. L., Finegood, E. D., Akce, L. B., Dayton, C. J., & Ho, S. S. (2012). Parenting and beyond: Common neurocircuits underlying parental and altruistic caregiving. *Parenting, Science & Practice, 12*(2-3), 115-123.

Swain, J. E., Ho, S. S., Dayton, C. J., Rosenblum, K. L., & Muzik, M. (2014a). Brain activity in empathy and approach-motivation domains for high-risk parents is increased by intervention and inversely related to parenting stress. *Neuropsychopharmacology, 39,* S523-S524.

Swain, J. E., Dayton, C. J., Kim, P., Tolman, R. M., & Volling, B. L. (2014b). Progress on the paternal brain: Theory, animal models, human brain research, and mental health implications. *Infant Mental Health Journal, 35*(5), 394-408.

Swain, J. E., Kim, P., Spicer, J., Ho, S. S., Dayton, C. J., Elmadih, A., & Abel, K. M. (2014c). Approaching the biology of human parental attachment: Brain imaging, oxytocin and coordinated assessments of mothers and fathers. *Brain Research, 1580,* 78-101.

Swain, J. E., Ho, S. S., Kim, P., Mayes, L. C., Feldman, R. F., Schultz, R. T., & Leckman, J. F. (2017a). Functional brain activations of parents listening to their own baby-cry change over the early postpartum. *Developmental Psychobiology,* under review.

Swain, J. E., Ho, S. S., Rosenblum, K. L., Morelen, D., Dayton, C. J., & Muzik, M. (2017b). Parent-child intervention decreases stress and increases maternal brain responses and connectivity in response to own baby-cry: An exploratory study. *Development & Psychopathology, 29,* 535-553.

Swain, J. E., Kim, P., & Ho, S. S. (2011). Neuroendocrinology of parental response to baby-cry. *Journal of Neuroendocrinology, 23*(11), 1036-1041.

Tamis-LeMonda, C. S., Bornstein, M. H., & Baumwell, L. (2001). Maternal responsiveness and children's achievement of language milestones. *Child Development, 72*(3), 748-767.

Van Zeijl, J., Mesman, J., Van IJzendoorn, M. H., Bakermans-Kranenburg, M. J., Juffer, F., Stolk, M. N., … Alink, L. R. A. (2006). Attachment-based intervention for enhancing sensitive discipline in mothers of 1-to 3-year-old children at risk for externalizing behavior problems: A randomized controlled trial. *Journal of Consulting & Clinical Psychology, 74*(6), 994-1005.

Wan, M. W., Green, J., Elsabbagh, M., Johnson, M., Charman, T., Plummer, F., & Team, B. (2013). Quality of interaction between at-risk infants and caregiver at 12-15 months is associated with 3-year autism outcome. *Journal of Child Psychology & Psychiatry, 54*(7), 763-771.

Waters, E., Corcoran, D., & Anafarta, M. (2005). Attachment, other relationships, and the theory that all good things go together. *Human Development, 48*(1-2), 80-84.

Winnicott, D. W. (1956). Primary maternal preoccupation. In D. W. Winnicott (Ed.), *Through Paediatrics to Psycho-analysis* (pp. 300-305). London: Hogarth.

Zaki, J., & Ochsner, K. N. (2012). The neuroscience of empathy: Progress, pitfalls and promise. *Nature Neuroscience, 15*(5), 675-680.

Zeanah, C. H., & Gleason, M. M. (2015). Annual research review: Attachment disorders in early childhood-clinical presentation, causes, correlates, and treatment. *Journal of Child Psychology & Psychiatry, 56*(3), 207-222.

Mario Mikulincer and Phillip R. Shaver

요약

애착 이론에 따르면(Bowlby, 1973, 1982), 삶에서 도전과제나 어려움을 마주했을 때 애착행동체계가 최적의 상태로 기능하는 것과 안정감을 가지는 것은 또 다른 행동체계의 기능을 촉진한다. 이는 도움이 필요한 타인을 도와주는 친사회적 행동이나 자비로운 행동을 실행하는 도움행동체계를 포함한다. 이 장에서는 애착체계와 도움행동체계의 상호작용을 살펴보고 이들이 자비심과 이타심에 미치는 영향을 논의할 것이다. 먼저, 행동체계의 구조를 자세히 설명하고, 애착체계에 있어서 개인적인 요소가 어떻게 도움행동체계의 기능에 영향을 주는지 설명할 것이다. 또한 도움이 필요한 타인을 위해 '안전 피난처'를 제공하는 애착에 관한 문헌을 살펴볼 것이다. 마지막으로, 애착의 개인차가 공감, 자비, 지원에 미치는 영향을 소개할 것이다.

핵심용어

애착, 도움행동, 자비, 안정 애착, 친사회적 행동, 행동체계, 공감, 사회적 지지

제7장

성인 애착과 자비: 표준과 개인차

가까운 관계에서 맺은 경험이 후에 만나는 관계에서의 사고와 행동 패턴에 영향을 준다는 애착 이론은 일반적인 친사회적 행동과 도움이 필요한 타인을 위해 자비로운 행동을 하는 것에 대한 연구를 진행함에 있어 풍부한 개념과 과학적 이론을 제공해 준다. John Bowlby(1973, 1980, 1982, 1988)가 제시한 이론에 따르면, 사랑을 많이 주는 지지적인 양육자와 맺는 초기 상호작용은 **애착행동체계**를 형성해 최적의 상태로 기능하도록 한다. 이

최적의 기능은(신뢰롭고 믿음이 가며 선한 의도를 가진 사람으로서) 타인에 대한 긍정적인 정신적 표상과, 삶에서 마주하는 피할 수 없는 도전이나 어려움을 다루는 데 있어 지속적으로 안정감을 유지하는 것에 의해 확인된다. 우리는(Mikulincer & Shaver, 2016) Bowlby의 이론을 성인으로 확장해 적용하고 행동체계가 최적으로 기능하는 것이(친절, 공감, 자비, 관대함과 같은) 친사회적 느낌과 지각의 활성화를 관장하는 도움행동체계와 타인의 행동

체계의 기능을 촉진하고, 타인이 필요로 하는 시간에 도움과 위안을 주는 경향성을 높일 수 있음을 살펴볼 것이다.

이 장에서 우리는 도움을 요청하는 것과 도움을 제공하는 것에 관한 두 개의 행동체계인 애착체계와 도움행동체계에 대해 연구한 것을 나누고자 한다. 따라서 행동체계의 구조를 조금 더 구체적으로 설명하고, 개인 애착체계의 차이가 어떻게 도움행동체계의 기능에 영향을 주는지 탐구할 것이다. 또한 애착 이론가들이 '안전 피난처'라고 부르는 것을 고통받는 타인에게 제공하는 것에 초점을 맞춰 애착에 대한 연구를 살펴볼 것이다. 그 후 애착의 개인차가 공감, 자비에 어떻게 영향을 미치고, 도움이 필요한 타인에게 도움을 제공하는지를 확인할 것이다.

애착과 도움에 대한 행동체계적 관점

Bowlby(1973, 1980, 1982)는 인간의 행동을 동물행동학의 관점에서 행동체계라는 개념을 가져와 설명했다. 행동체계는 종을 초월해 생존과 번식 성공률을 높이는 방식으로 개인의 행동이 조직된다는 행동 프로그램을 말한다. 각각의 행동체계는 특정한 목표를 중심으로 조직되며(예: 안정감의 획득, 도움이 필요한 타인에게 지지를 제공), 이러한 목표를 획득하기 위한 체계의 **최초의 전략**을 구성하는 호환 가능하고 기능적으로 동등한 행동들을 말한다(예:

가까운 곳에서 찾기, 타인의 욕구를 공감하고 이해하기). 이러한 행동들은 자극이나 특정한 목표를 명백하게 보여 주는 상황(예: 위험을 알리는 큰 소리나 일상적이지 않은 소음)에 의해 자동으로 '활성화', 즉 촉발된다. 또한 이러한 행동들은 다른 자극이나 원했던 목표의 획득을 보여 주는 결과에 의해 '비활성화'되거나 '종료'된다. 각각의 행동체계는 목표 획득을 촉진하고 다른 체계와 연결된 신경을 흥분시키거나 억제하는 인지 작업을 포함한다.

Bowlby(1973)는 선천적으로 행동체계를 가지고 태어나지만, 후기의 경험이 다양한 방법으로 고유한 특성과 전략을 만들어 내며, 이는 결과적으로 구조적인 개인차를 가져온다고 하였다. Bowlby에 따르면 그러한 경험들이 지적 표상의 형태, 즉 **자기작동모형**과 **타인작동모형** 안에 저장되며, 이는 행동체계의 목표를 획득하도록 돕는다. 이 모형은 반복적으로 사용되면서 자동화되고, 생애 발달을 거치면서 내면의 행동체계 안에서 지속적으로 기능하는 중요한 원천이 된다.

애착행동체계

Bowlby(1982)는 애착체계의 생물학적인 기능을 개인이(특히 영유아기 시기에, 그러나 후기 생애도 포함된다) 사랑을 주는 지지적인 타인에게 친밀감을 유지하고 있다는 것을 확인하면서 위험으로부터 자신을 보호하는 것이라고 하였다(애착 모형). 이 체계의 단기적인 목표는 보호받고 있는 느낌이나 안정감을 획득하는 것인데[Sroufe와 Waters(1977)는 이를 '안도감(felt security)'이라고 표현했다], 이렇게 되면 일반적으로 애착체계의 활성화가 종료된다(Bowlby, 1982). 안정성을 훼손시키는 목표는 위협이나 위험이 인지되면 확연하게 드러난다. 이는 사람들을 애착 모형에 실제적으로 또는 상징적으로 가깝게 가도록 만든다(Bowlby, 1982). Ainsworth, Blehar, Waters와 Wall(1978)에 의하면 유아기 동안 애착체계를 활성화하기 위해서는 실제적 친밀감을 회복하고 유지하기 위한 행동들이 필요할 뿐 아니라 친밀감에 대한 욕구와 바람을 비언어적으로 표현하는 것도 필요하다고 하였다. 우리는 성인 애착에 대해 이 이론을 확장시키면서(Mikulincer & Shaver, 2004) 성인기에는 기본적인 애착 전략 안에 실제적인 친밀감을 찾는 행동이 포함될 필요가 없다는 것을 확인했다. 이러한 행동들은 위안의 형태 등으로 에둘러서 나타나는데 지지적인 애착 모형과 함께 과거의 경험에 대한 정신적인 표상을 재확인하면서 진행된다.

안정 애착이 내면에 지속적으로 경험되면(실제 경험에 근거해서) 타인의 선의에 대한 기본적인 신뢰가 형성된다. 또한 관계를 맺고 있는 사람에 의해 사랑받는 느낌, 존중받는 느낌, 이해받는 느낌, 그리고 수용받는 느낌을 가질 수 있으며, 자신의 고통이나 절망을 조절할 수 있는 능력에 대한 긍정적인 신뢰가 생겨난다. Bowlby(1988)는 안정 애착이 살면서 정신적인 건강과 사회적인 적응을 위한 지지대가 된다고 보았다. 현재 많은 횡단, 종단

연구가 이 관점을 지지하고 있다(Mikulincer & Shaver, 2016 참조).

그러나 애착 대상이 확실하지 않거나, 반응해 주지 않거나, 지지적인 모습을 보이지 않으면 안정 애착이 획득되지 않으며, 부정적인 작동 모형이 형성되어 자기보호나 사랑받을 자격에 대한 염려가 생겨나고, 적절한 친밀감을 찾기보다 정서 조절 전략(Cassidy & Kobak, 1988은 **이차적 애착 전략**이라고 불렀다)을 취하게 된다. 애착 이론가들(예: Cassidy & Kobak, 1988; Mikulincer & Shaver, 2016)은 애착체계의 **과활성화**와 **비활성화**라는 두 가지 이차적인 전략을 강조한다. 과활성화는 가능한 많은 친밀감, 지지, 보호를 얻기 위해 열정적으로 시도하면서 형성되고, 후에 자신감의 결여와 연결된다. 애착체계의 비활성화는 친밀감을 찾으려는 경향을 억제하는 것과 애착의 필요성에 대한 거부, 타인과 정서적, 인지적으로 거리감을 유지하는 것, 그리고 위안과 보호를 해 줄 수 있는 유일한 대상으로서 자기 자신에 대해 강박적으로 믿음을 가지는 것 등을 말한다.

애착 학자들은 청소년기와 성인기의 이러한 이차적인 전략들을 탐구하면서 개인의 애착 유형—과거의 애착 경험으로부터 비롯되어 인지적, 행동적으로 굳어진 특성—을 주로 연구하고 있다(Fraley & Shaver, 2000). 초기의 애착 연구는 Ainsworth 등(1978)이 유아기의 애착행동을 **안정 애착, 불안 애착, 회피 애착** 등의 세 가지 유형으로 구분한 이론과 Hazan과 Shaver(1987)가 성인기의 연인관계에서 보이는 애착 유형을 비슷하게 개념화한 이론에

근거를 두고 있다. 그러나 그 후의 연구에서는 애착 유형이 두 가지로 개념화되었다(예: Brennan, Clark, & Shaver, 1998). 첫 번째는 회피 애착으로, 관계를 맺고 있는 파트너의 선의를 얼마나 불신하는지, 그 사람의 애착체계를 얼마나 비활성화하는지, 그리고 그로부터 정서적인 거리를 두거나 독립적으로 행동하기 위해 얼마나 노력하는지 등의 정도를 말한다. 두 번째는 불안 애착으로 파트너가 필요할 때 옆에 있어 주지 않을 것 같은 걱정이 들어서 과도하게 적극적으로 친밀감을 형성하려고 노력하는 정도를 말한다. 이러한 두 가지 애착은 신뢰도와 타당도가 높은 자기보고식 척도를 활용하여 측정될 수 있으며, 정신건강, 적응, 관계의 질을 이론적으로 예측할 수 있다고 보고되고 있다(Mikulincer & Shaver, 2016).

도움행동체계

Bowlby(1982)에 의하면 인간은 지속적으로 의존하거나 일시적으로 도움이 필요한 사람에게 보호와 지지를 제공할 수 있는 능력을 가지고 태어난다. Bowlby(1982)는 이러한 행동이 도움행동체계에 의해 조직된다고 하였으며, 이는 아동, 형제, 친족들(유전자를 공유하는 사람들)이 자손을 생산해 낼 수 있는 나이로 안전하게 성장할 수 있도록 돕고, 인간의 포괄적응도를 높이기 때문에 오래전부터 축적된 진화의 산물로 보았다(Hamilton, 1964). 포괄적응도 이론에 따르면 한 사람의 유전자를 확산하는 것은(유전자를 성적 번식을 통해

전달하는 것에 기초하는) 번식의 성공에만 달려 있다고 보기보다는 자신의 유전자를 공유하고 있는 사람들이 생존하고 번식할 수 있는 정도도 중요하게 여겨진다.

도움행동체계가 본래 개인의 자손과 가까운 친족들의 생존력을 높이기 위해 진화된 것일 수는 있지만(Hamilton, 1964), 다른 부족원을 돕기 위해서 일반적으로 적용되었을 가능성도 있다(Wilson, 2014). 오늘날에는 교육의 발달과 더불어 도움이 필요한 모든 이를 대상으로 일반적인 염려를 나타내는 정도까지 확장되고 있다. 비록 대부분의 사람이 심리적으로나 유전적으로 조금 더 가까운 사람에게 좀 더 많이, 좀 더 쉽게 도움을 주기는 하지만, 고통받는 모든 이에게 공감하고 직접적인 도움을 주는 경험을 하기도 한다. 애착과 연관된 동기로서 그들이 우리의 정신 목록에 보편적으로 자리 잡게 되면 다양한 사회적 과정에 영향을 줄 수 있으며, 도움을 주고자 하는 동기는 유전적으로 연결된 사람들만을 향하기보다 조금 더 확장되어 적용될 수 있다.

이러한 논리에 기초해 우리는(Shaver, Mikulincer, & Shemesh-Iron, 2010) 만일 한 사람의 도움행동체계가 좋은 사회적 환경 안에서 발달하게 되면 도움이 필요한 사람에게 일으키는 일반적인 반응으로서 자비, 공감, 자애, 관대함 등이 나타날 수 있음을 제안했다. 그러나 만일 도움행동체계가 부모가 주는 모델링이나 훈육, 지지의 부재 등으로 인해, 또는 불안정과 걱정을 전달하는 부모와의 상호작용으로 인해 좋은 환경에서 건강하게 발달

되지 않으면 아이는 도움이 필요한 고통받는 다른 사람들에게 자비나 공감적인 측면을 덜 보이는 발달 양상을 나타낼 수도 있을 것이다.

Bowlby(1982)에 의하면 도움행동체계의 목적은 타인의 고통을 줄여 주고 그들을 위험으로부터 보호하며 그들의 성장과 발달을 돕는 것이다(예: Collins, Guichard, Ford, & Feeney, 2006; George & Solomon, 2008; Gillath, Shaver, & Mikulinver, 2005). 즉, 도움행동체계는 두 가지 주요 기능을 촉진하기 위해 설계되었다. 이들은 ① 도움이 필요한 타인에게 위험이나 고통이 존재하는 시기에 보호와 지지를 제공하는 것(Bowlby, 1982는 이를 '안전 피난처'라고 불렀다)이고 ② 타인이 안전한 방법으로 탐구하면서 자율성을 가지고 성장하도록 돕는 것(Bowlby, 1982는 이를 '탐구를 위한 안전기지를 제공하는 것'이라고 불렀다)이다. 이러한 관점에서 도움을 바라는 사람의 애착체계 목적(안전 피난처와 안전기지의 유지)은 도움행동을 제공하는 사람의 도움행동체계 목적과 같다고 하겠다. 도움을 주는 사람의 행동체계가 도움이 필요한 다른 사람에 의해 활성화되면 그 체계의 첫 번째 전략은 도움이 필요한 사람의 문제를 정확하게 인지하고 효과적으로 도움을 제공하는 것이다. 성공적으로 도움을 제공하면 도움을 주는 사람의 도움행동체계가 만족감을 느끼게 되고, 그 순간 이는 비활성화된다.

Collins 등(2006)에 의하면 도움행동체계는 다음 요소들에 의해 활성화되는 경향을 가진다. ① 다른 사람이 위험이나 스트레스, 불편

함을 제거하기 위해 도움을 요청할 때(안전 피난처가 필요할 때), ② 어떤 사람이 지식이나 기술, 개인적인 발달을 증진하기 위해 프로젝트나 과제를 수행하면서 도움이 필요할 때이다. 어떤 상황이든 효과적인 도움행동은 섬세한 공감과 타인의 정서와 욕구, 목적 등에 대한 공감적 염려를 포함한다. Collins 등(2006)은 이전의 애착 이론가들(예: Ainsworth et al., 1978)이 강조한 최적의 도움행동을 두 가지 측면에서 설명했다. 이는 **민감성**(다른 사람이 보내는 도움 요청에 주의를 기울이고 정확하게 해석하는 능력)과 **반응성**(다른 사람의 욕구, 인식, 느낌 등을 확인하는 것, 그들의 신념과 가치를 존중하는 것, 필요한 도움과 지지를 제공하는 것)이다(Reis & Shaver, 1988).

Bowlby(1982)는 모든 사람이 효과적인 도움을 제공하는 사람이 될 수 있는 잠재력을 가지고 태어난다고 보았지만, 도움행동체계가 효과적으로 기능하는 것은 몇 가지 요소에 달려 있다고 하였다. 도움행동은 느낌, 신념, 도움을 주고자 하는 동기가 무력화되거나 충돌될 수 있는 것에 대한 염려, 민감성과 반응성의 정도에 따라 충분하게 효과적으로 기능하지 못할 수도 있다. 또한 사회적 기술, 피로감, 정서 조절 능력의 부족 등에 의해 기능이 약화될 수도 있는데, 이는 도움을 주는 사람들이 도움이 필요한 사람의 고통에 압도되도록 만들어 그들로부터 신체적, 정서적, 인지적으로 멀어지고자 하는 마음을 내게 할 수 있기 때문이다.

애착체계와 도움행동체계의 상호작용

Bowlby(1982)는 애착체계의 활성화가 도움행동체계와 상충할 수 있다고 보았는데, 그 이유는 잠재적으로 도움을 주는 사람이 타인에게 안전 피난처나 안전기지를 제공하는 것보다 자신의 안전을 먼저 획득하고 살피는 것을 더 급하게 느낄 수 있기 때문이다. 이때 사람들은 타인이 원하는 것을 민감하게 파악하기 위해 사용할 정신적 자원이 부족하기 때문에 자신의 취약한 부분에 먼저 집중하게 될 가능성이 높아진다. 안정 애착이 잘 형성된 경우에만 도움을 주면서 다른 사람들의 존재를 안전과 지지의 원천으로 인식할 수 있으며, 인간을 연민과 지지를 받을 만한 가치 있는 존재로 인식하게 된다.

이러한 관점에서 애착 이론가들(예: Gillath et al., 2005; Kunce & Shaver, 1994; Shaver et al., 2010; Shaver & Hazan, 1988)은 도움을 잘 줄 수 있는 중요한 토대로서 안정 애착의 형성에 주목했다. 안정적이라는 것은 한 사람이 사랑이 많은 애착 대상으로부터 효과적인 돌봄을 받았고, 사랑이 많은 모습을 보고 자랐으며, 이로부터 이로운 혜택을 입은 경우로, 후에 도움을 주게 될 상황에 놓이게 됐을 때 보고 배운 부분을 모방하게 되는 것을 말한다(이는 이론과 증거에 따른 것이다. Cassidy & Shaver, 2016 참조). 그리고 안정 애착을 가진 사람은 친밀감과 상호의존성을 편안하게 받아들이기 때문에(Hazan & Shaver, 1987), 다른 사람이 그들에게 도움을 청하러 다가오거나, 취약함을 드러내거나, 도움이 필요한 부분을 표현하도록 한다(Lehman, Ellard, & Wortman, 1986). 안정적인 사람은 타인의 선의에 대한 신뢰감을 가지고 있는데, 이는 다른 사람들을 연민과 지지를 받기에 충분한 사람으로 인식하도록 돕는다. 또한 자신에 대한 긍정적인 모델은 자신의 정서를 효과적으로 조절하면서 스스로를 타인이 필요한 부분을 도와줄 수 있는 능력이 있는 사람으로 생각하도록 돕는다.

불안 애착이나 회피 애착을 가진 사람들은 효과적인 도움을 제공하는 데 어려움을 나타내는 경향이 있다(Collins et al., 2006; George & Solomon, 2008; Shaver & Hazan, 1988). 불안 애착으로 힘들어하는 사람들의 경우, 일정 부분에서 효과적으로 도움을 제공할 수 있는 필수적인 요소들을 가지고 있을 수 있으나(예: 심리적으로 가까운 사람들이나 신체적으로 가깝게 있는 사람들을 위로하고 정서를 경험하고 표현하고자 원하는 것), 습관적으로 자신의 고통과 불만족스러운 애착 욕구에 초점을 맞추는 경향이 있기 때문에 타인이 필요한 부분을 정확하게 지속적으로 파악하기 위한 정신적 자원을 빼앗기는 경우가 많다. 더욱이 가깝게 지내고 수용받고 싶어 하는 그들의 강한 욕구가 자신의 행복과 타인의 행복에 대한 구분을 모호하게 만들기 때문에 타인의 삶에 지나치게 끼어들어 간섭하거나 관여하게 될 수도 있다. 불안 애착을 가진 이들의 경우, 수용, 승인, 고마움을 받고자 하는 자기중심적인 욕구를 도와주려는 마음으로 왜곡할 수 있는 데, 이는 민감성을 훼손할 수 있으며 Kunce와 Shaver(1994)가 말한 **강박적 도움행동**을 만들어 낼 수 있다.

회피 애착을 가진 사람은 가까운 사람에게 위안을 얻지 못하고 타인에 대한 부정적인 작동 모형을 가지고 있을 수 있는데, 이 또한 최적의 도움행동을 보이는 데 방해가 될 수 있다. 필요한 것을 표현하거나 의존하는 것을 불편해하는 것은 도움이 필요하다고 강하게 표현하는 사람에게 '연결되게' 하기보다는 '한 걸음 물러서게' 하는 결과를 초래할 수 있다. 따라서 회피적인 사람들은 도움이 필요한 사람들로부터 정서적으로나 신체적으로 거리를 두려는 시도를 할 것이며, 취약성을 보이거나 고통받고 있는 사람들에게 공감적 염려를 표현하기보다 우월감을 느끼거나 무시 섞인 동정심을 느끼게 될 수도 있다. 회피 애착을 가진 사람들은 타인에 대해 냉소적이고 적대적인 태도를 가지고 부정적으로 대할 때도 있으며, 연민이나 자비의 마음을 샤덴프로이데(schadenfreude), 즉 타인의 고통을 보면서 고소하다는 생각을 하는 것으로 변형시킬 수도 있다(Mikulincer & Shaver, 2016).

다음으로는 이러한 애착체계와 도움행동 체계의 동기 및 과정의 상호작용에 대한 이론적 배경을 살펴볼 것이다. 특히 성인기의 애착행동에 대한 개인차를 보여 주는 연구와 안정 애착을 형성하는 요인들을 맥락적으로 살펴볼 것이며, 도움이 필요한 상태의 타인을 효과적으로 지지하면서 자비의 마음을 가지는 것에 대해 알아볼 것이다. 먼저, 연인관계, 부부관계 속에서 이러한 연결성을 살펴보고, 마지막으로 가까운 관계를 넘어서 고통받고 있는 낯선 이들에게 향하는 자비 행동에 대한 연구를 알아볼 것이다.

애착행동과 도움행동의 관계에 대한 실증적 연구

연인관계에서의 도움행동

연인관계에서 애착행동과 도움행동의 연계성을 확인하기 위해 가장 먼저 살펴볼 연구는 네 가지 차원으로 구성된 성인 도움행동 측정도구를 개발한 Kunce와 Shaver(1994)의 연구이다. 먼저, 반응적 도움행동을 측정하기 위한 첫 두 개의 차원은 도움이 필요한 상대에게 접근성을 유지하는 것과 상대방의 도움에 민감하게 반응하는 것이다. 세 번째 차원은 도움행동을 억제하는 것으로 도움을 주는 사람으로서 지배적이고 비협력적인 관점을 취하는 정도와 상대방이 문제를 해결할 수 있는 능력이 있음을 존중하지 않는 정도를 측정한다. 마지막 네 번째 차원은 강박적 도움행동으로 상대방의 고통에 과도하게 개입하는 정도와 고통받고 있는 상대에게 일으킨 과동일시로 인해 개인적인 고통을 경험하는 경향성의 정도를 측정한다.

이 도구를 활용한 연구를 통해 안정 애착을 가진 사람들이 연인관계나 부부관계에서 도움을 표현할 때 주로 나타내는 패턴이 있음을 발견했다. 불안정 애착을 가진 사람들과 비교해 안정 애착을 가진 사람들은 도움이 필요한 상대에게 지지를 보내고 도움이 필요한 부분에 대해 민감하게 반응하는 것으로 나타났으며, 도움행동을 보이는 데 있어서도 통제적이거나 강박적인 모습을 덜 보이는 것으로 나타났다(예: Feeney & Collins, 2001; Kunce & Shaver, 1994; Millings, Walsh, Hepper, & O'Brien, 2013; Péloquin, Brassard, Lafontaine, & Shaver, 2014). 회피 애착을 가진 사람들은 친밀감을 유지하거나 민감하게 반응하는 부분에서 낮은 점수를 보였는데, 이는 도움이 필요한 상대로부터 거리를 유지하려는 경향성을 반영하는 것이며, 다른 사회적 상호작용에서 보이는 지배적인 행동과 비슷하게 통제적인 관점을 취하는 것을 알 수 있다(Mikulincer & Shaver, 2016). 불안 애착을 가진 사람들은 강박적 도움행동 척도에서 높은 점수가 나타났는데, 이는 아마도 그들이 개인적인 고통을 느끼거나 상대방의 문제에 대해 과동일시하는 것 때문으로 추측할 수 있다. 이러한 결과는 동성 커플에 대한 연구에서도 맥을 같이했으며(Bouaziz, Lafontaine, & Gabbay, 2013), 연인관계에서의 도움행동 패턴을 분석하기 위해 14일 동안 매일 쓴 일기를 탐구한 연구에서도 같은 결과가 나타났다(Davila & Kashy, 2009).

애착 성향은 또한 암 생존자의 배우자들 사이에서 보이는 돌봄과도 연관된 것으로 나타났다. 예를 들어, Kim과 Carver(2007)는 안정 애착을 가진 사람들이 암에 걸린 배우자에게 정서적인 지원을 더 자주 하는 것을 발견했다(자기보고식 척도를 활용함). 안정 애착은 또한 도움이나 사람에 대한 필요성을 수용하거나 도움을 받는 사람들을 존중하는 것과 같이 암에 걸린 배우자에게 도움을 제공하고자 하는 자발적인 동기와도 연관된 것으로 나타났다(Kim, Carver, Deci, & Kasser, 2008). 불안 애착은 자기중심적으로 도움을 주는 것과 조금 더 연관성이 있는 것으로 나타났다(예: 자신이 가치 있는 사람이라는 것을 확인하기 위해 도움을 제공하는 것). 또한 Braun 등(2012)은 회피 애착을 가진 사람들이 암 환자인 배우자에게 덜 반응적이고 덜 민감하게 도움을 준다는 것을 발견했으며, 불안 애착을 가진 사람들의 경우 조금 더 강박적으로 도움을 준다는 것을 발견했다.

불안정한 애착을 가진 연인들의 도움행동을 확인하는 것에서 더 나아가 연구자들은 이러한 결핍을 설명하는 인지적이고 동기적인 과정을 확인하기 시작했다. 예를 들어, Feeney와 Collins(2003), 그리고 Feeney, Collins, van Vleet과 Tomlinson(2013)은 도움이 필요할 때 안전 피난처를 제공하려는(또는 제공하지 않으려는) 동기와 사랑하는 사람을 안전기지화 삼으려는 동기를 측정했다. 결과적으로 안정 애착을 가진 성인들은 도움을 줄 때 조금 더 이타적인 이유를 가지고 있는 것으로 나타났다(예: 상대방을 진심으로 걱정해서 도움을 준다거나 고통을 덜어 주기 위해 도움을 주는 등). 반면, 회피 애착을 가진 성인은 조금 더 자기중심적인 이유에서 도움을 주는 것으로 나타났으며(예: 상대방의 부정적인 반응을 피하기 위해서 또는 나중에 다시 돌려받기 위해서), 도움을 주지 않는 이유는 이러한 전략을 중지하는 것과 연관되어 있는 것으로 나타났다. 예를 들어, 상대방의 고통을 다루는 것을 좋아하지 않으며, 그들의 연인에 대한 책임감이 부족하거나, 상대방을 너무 의존적이라고 인지하는 것 등이다. 비록 불안 애착을 가진 사람들이 도움을 줄 때 약간의 이타적인 마음을 가지고 있기는 하지만(예: 상대방이 진심으로 걱정돼서 도와주는 것), 그들 또한 자기중심적인 이유를 가지고 있는 것으로 나타났으며, 이는 친밀감이나 안정감에서 충족되지 않은 욕구를 반영하는 것으로 나타났다. 이를테면 상대방의 인정을 받기 위해 도와주거나 상대방이 계속 함께 있어 주기를 바라서 도와주는 것을 말한다.

불안정 애착을 가진 사람들이 사랑하는 사람에게 도움을 제공할 때 가지는 결핍을 알아보기 위해서도 실제적인 도움행동에 대한 실험 연구가 진행되었다. 첫 번째 연구는 Simpson, Rholes와 Nelligan(1992)의 연구로 이들은 여성 참여자가 스트레스를 일으키는 상황에 지속적으로 노출되는 동안 연인관계로 있는 남성 참가자의 도움행동을 평가했다. 그 결과는 회피 애착을 가진 남성은 사랑하는 사람의 고통에 대해 무시하는 것으로 반응할 것이라는 가설을 지지했다. 구체적으로, 안정 애착을 가진 남성은 자신이 사랑하는 사람이 걱정하는 것을 인식하고 있었으며, 더 높은 고통의 수준을 보일 때 더 많은 지지를 보냈다. 반면, 회피 애착을 가진 남성의 경우 사랑

하는 사람의 고통이 증가해도 지지를 덜 보였다. Simpson, Rholes, Oriña와 Grich(2002)는 성별을 바꾼 후 비슷한 연구를 진행했는데, 회피 애착을 가진 여성 참가자의 경우에도 사랑하는 사람에게 지원을 덜 제공하는 것을 발견했다.

또 다른 관찰 연구에서 Collins와 Feeney(2000)는 연인 중 한 명이 다른 사람(도움을 주는 사람)에게 개인적인 문제를 토로하는 것을 비디오로 촬영했다. 도움을 주는 사람으로서 불안 애착의 정도가 높은 사람들이 (훈련받은 연구자에 의해) 기록되었는데, 그들은 상호작용이 일어나는 동안 지지적인 모습을 덜 보이는 것으로 나타났다. 특히 상대방이 도움을 요청하는 것이 명백히 보이지 않을 때에는 더욱 지지를 보이지 않는 것으로 나타났다. 반면, 안정 애착을 가진 경우에는 상대방이 명백하게 도움을 요청하든 그렇지 않든 상관없이 상대적으로 높은 수준의 지지를 보내는 것으로 나타났다. 흥미로운 점은 불안정 애착을 가지고 있는 사람들은 그들이 제공하는 지지에 대한 사람들의 인정을 왜곡한다는 것이다. 불안 애착과 회피 애착을 가진 사람들은 자신이 도움을 주었을 때 실제보다 덜 도움이 되었다고 생각하는 것으로 나타났다(훈련받은 연구자에 의해 기록됨).

두 개의 연속적인 실험 연구를 통해 Feeney와 Collins(2001), 그리고 Collins, Ford, Guichard와 Feeney(2005)는 불안 애착과 회피 애착을 가진 사람들의 독특한 결핍 요소를 구체적으로 분석했다. 이 연구에서 연인들이

실험실로 초대되었고, 그중 한 명(도움이 필요한 사람)이 스트레스 상황에 놓이도록 했다. 즉, 연설을 준비하고 행하는 과정을 수행하도록 하고 이를 비디오로 촬영했다. 다른 사람(도움을 주는 사람)은 사랑하는 사람이 연설을 하는 것에 대해서 극도로 불안해하거나(도움이 매우 필요한 상황) 전혀 걱정하지 않는 모습을 보았다(도움이 덜 필요한 상황). 그리고 사랑하는 사람에게 개인적으로 메모를 쓸 수 있도록 했다. 두 개의 연구에서 이 메모는 도움행동을 측정하기 위한 것이었으며, 메모가 전달하는 지지의 정도를 측정했다. 또한 분리된 방에서 도움을 주는 사람이 퍼즐 조각을 맞추도록 했는데, 이러한 작업을 하는 동안 사랑하는 사람에게 메시지를 보내기 위해 컴퓨터 화면을 얼마나 확인하는지를 측정하면서 얼마나 도움이 필요한 상대에게 집중하는지의 정도를 측정했다. 도움을 주는 사람의 마음을 측정하기 위해 Collins와 동료들(2005)은 상대에게 갖는 공감적 느낌과 상대방이 느끼는 것에 대한 반추, 상대방과 과제를 바꾸고자 하는 마음, 상대방에게 기울이는 주의(상대방을 생각하는 것 때문에 퍼즐을 맞추는 것이 방해받는 정도), 그리고 상대방의 느낌에 대한 인과적 사고를 측정했다.

이 연구들을 통해 회피 애착을 가진 사람들이 왜 비반응적인 지지를 보내는지에 대한 증거를 확인했다. 회피 애착이 강한 사람일수록 도움이 많이 필요하거나 필요하지 않거나 정서적으로 지지적인 메시지를 보내는 경우가 적게 나타났으며, 도움이 많이 필요한 상황에서 실제로 도움이 많이 되지 않는 지지를 보내는 것으로 나타났다. 더욱이 회피 애착을 가진 사람들은 상대에 대해 공감적 느낌을 덜 가지는 것으로 나타났으며, 과제를 바꿔 주고 싶어 하는 마음도 적었고, 퍼즐을 맞추는 데 방해도 덜 받는 것으로 나타났다.

이러한 결과는 불안 애착을 가진 사람들이 도움이 필요한 상대에게 덜 민감하게 반응하거나 과도하게 개입하는 것에 대한 이유도 설명한다. 구체적으로, 불안 애착을 가진 사람들은 상대를 생각하는 것 때문에 퍼즐을 맞출 때 더 많은 방해를 받았으며, 공감이나 상대에 대한 생각에서도 상대적으로 높은 수준을 나타냈다. 하지만 상대방으로부터 필요도가 높아짐에도 불구하고 지지적인 메시지를 보내지는 않는 것으로 나타났다. 더욱이 그들은 도움이 많이 필요한 상황에서 상대방을 조금 더 부정적으로 인식하고 있었는데, 이는 아마도 그들의 느낌을 투사했거나 그들이 안전기지로 삼았던 상대방이 그들이 바라는 만큼 강하지 않다는 것을 깨달아 실망감을 느꼈기 때문이라고 예측할 수 있다.

불안정 애착을 가진 사람들이 사랑하는 사람에게 도움행동을 보이는 데 있어서 상대방이 새로운 직업을 찾거나 계획을 세울 때(안전기지로서의 지지) 부정적인 영향을 주는 것도 확인했다. 결혼한 부부의 상호작용을 비디오로 녹화하면서 실험연구를 진행한 결과(예: 배우자의 개인적 목표에 대해 토론하도록 함) Feeney와 Trush(2010), 그리고 Feeney 등(2013)은 불안정 애착을 가진 사람들이 상대방의 이야기에 대해 안전기지를 제공하는 것이 감소했음을 발견했으며, 상대의 실질적인 탐구 행위를 손상시키는 것을 확인했다(훈련받은 외부 관찰자에 의해 기록됨). 특히 회피 애착을 가진 배우자들은 상대방이 필요로 할 때 도움을 덜 주었으며, 배우자의 불안 애착이 상대방의 탐구적 행동에 크게 방해가 되는 것을 발견했다.

비록 이러한 결과가 연인관계에서 애착행동 및 도움행동과의 연결성을 지지해 주고는 있으나 여러 연구는 애착에 대한 기질적인 측정에 기초하므로 애착 성향에 대한 원인은 설명해 주지 못하고 있다. 이러한 부분을 알아보기 위해 Mikulincer, Shaver, Sahdra와 Bar-On(2013)은 미국과 이스라엘에서 연구를 진행했는데, 안정 애착을 활성화하는 환경(우리는 이를 '안정 기폭제'라고 부른다)이 개인적인 문제에 대해 토로하고 있는 사랑하는 사람에게 도움을 제공하는 것을 증가시키는지 살펴보는 연구였다. 이 연구의 두 번째 목적은 안정 기폭제가 정신적인 고갈이나 피로에 의해 야기된 반응적 도움행동에 대한 장벽을 뛰어넘을 수 있도록 돕는 정도를 살펴보는 것이었다. 실험실로 연인관계에 있는 참가자들이 초대되었고, 그들이 상호작용하는 동안 비디오로 녹화될 것이라고 알려 줬다. 그들 중 한 사람(도움이 필요한 사람)은 자신의 개인적인 문제를 연인(도움을 주는 사람)에게 털어놓았다. 도움이 필요한 사람은 의견을 나누고 싶은 개인적인 문제를 선택하고 적었다(상대방과의 갈등과 연관된 것은 제외시켰다). 동시에 도움

을 주는 사람은 다른 방으로 이동해 안정을 제공하는 사람과 함께하면서, 전혀 모르는 사람들의 이름이 섞인 모니터를 보며 정신적인 피로를 야기하는 과제를 수행하도록 했다. 이러한 과정에서 연인들은 모두 비디오로 녹화되었으며, 그들은 도움이 필요한 연인이 제시한 문제에 대해 이야기 나누었고, 독립적인 관찰자가 비디오로 녹화하면서 문제를 이야기하는 연인에게 보이는 반응을 기록했다.

환경을 통해 만들어진 안정 애착은 자신의 문제를 드러낸 상대방에게 더 많은 반응을 보이게 하는 것으로 나타났다. 더욱이 안정 기폭제는 반응성에 대한 기질적 회피와 정신적 고갈의 부정적인 영향을 감소시켰으며, 불안 애착의 사람에게는 덜 반응하도록 역작용했다. 이러한 효과는 관계 만족에 의해서는 설명되지 않는다. 전체적으로 이러한 결과들은 안정 애착이 효과적인 도움을 제공하는 것을 촉진시키며, 안정을 환경적으로 강화하면 반응적이고 민감한 도움행동을 기질적(불안정 애착 성향)이고 상황적인(정신적 피로) 것이 방해하는 것을 감소시킬 수 있음을 강조한다.

결과적으로 Mikulincer, Shaver, Bar-On과 Sahdra(2014)는 도움행동과 자기존중감 위협에 방해가 되는 것이 무엇인지, 그리고 연인의 탐구에 대한 안전기지적 지원을 제공하는 것이 무엇인지를 살펴보기 위해 두 가지 연구를 더 진행했다. 첫 번째 연구에서 참가자들은 무작위로 네 가지 중 한 가지 상황에 배정되었다. 이 상황은 자기가치감에 대한 위협 및 안정 기폭제의 환경 제공 등과 관련이 있

었고, 외부 관찰자가 자신의 문제를 이야기하는 연인에 반응하는 상대방을 평가했다. 두 번째 연구에서는 참가자들이 정서적 피로와 안정 기폭제 환경 제공 등에 관련된 네 가지 상황 중 한 가지에 무작위로 배치되었으며, 외부 관찰자가 자신의 목표를 탐구하는 연인에 대한 상대방의 반응성을 평가했다.

그 결과, 안정 기폭제(중립 기폭제에 비해)가 연인이 자신의 문제를 이야기하거나 자신의 목표를 탐구하든지와 상관없이 조금 더 반응하게 만들어 준다는 것을 발견했다. 나아가 안정 기폭제는 연인이 자신의 목표를 탐구할 때 안전기지로서 지지를 제공함으로써 일어나는 정신적 피로감의 부정적인 영향을 제거하는 것으로 나타났다. 하지만 고통스러운 연인에게 안전 피난처로서의 지지를 제공하는 데 있어서는 자기가치감 위협의 부정적인 영향을 막지 못했다. 자기가치감 위협은 부정적인 자기표현을 활성화할 수 있을 것이고(불안 애착을 대신해서), 따라서 자기중심적 의심과 걱정을 키워 도움을 주는 사람이 도움이 필요한 연인에게 집중하는 것을 방해할 수 있을 것이다. 즉, 자기가치감 위협은 안정 기폭제에 의해 활성화되는 정신적 기제를 똑같이 활성화할 수 있으나, 반대적 방향으로도 활성화할 수 있을 것이다. 즉, 자기중심적 의심과 염려를 감소시키기보다 키우는 방향으로 말이다.

전체적으로 지금까지 살펴본 연구들은 불안정 애착이 연인관계에서 도움을 주는 행동을 방해하는 것을 보여 주고 있다. 회피 애착을 가진 사람들의 방어기제는 문제를 겪고 있는 연인이 필요로 하는 도움을 민감하고 반응적으로 제공하는 것을 방해한다. 불안 애착을 가진 사람들 역시 연인에게 최적의 도움을 제공하는 것에 어려움을 보인다. 그들의 불안정한 자기중심적 관점은 혼란, 혼동, 그리고 도움을 주는 사람의 역할을 '강하고 현명한 방법으로' 자신의 연인이 해 줬으면 하는 바람들과 연합해 도움을 주고자 하는 의도가 방향을 잃게 만들 수 있다. 다행히도, 안정 애착을 강화시키는 것이 연인에 대한 공감적 도움행동을 촉진하며, 도움을 주지 못하도록 방해하는 상황들을 약화시키는 것을 발견한 것은 의미 있는 결과라 하겠다.

연인 이외 관계에서의 도움행동

이제 우리는 가까운 관계를 넘어서 고통받고 있는 낯선 사람을 향한 자비의 행동에 애착 성향이 기여하는지를 탐구할 것이다. 먼저, 세계적으로 활용되고 있는 도움이 필요한 타인에게 친사회적으로 반응하는 것을 측정하는 자기보고식 도구와 두 가지 애착의 차원(불안, 회피)을 연결시키는 연구를 살펴볼 것이다. 이 연구에서는 높은 회피 애착 성향이 낮은 공감적 염려(예: Joireman, Needham, & Cummings, 2002; Lopez, 2001; Wayment, 2006), 고통받는 사람의 관점을 수용하지 않으려는 경향성(Corcoran & Mallinckrodt, 2000; Joireman et al., 2002), 그리고 다른 사람의 감정을 공유하는 데 있어서의 어려움과 연관이 있음을 발견했다. 더욱이 회피 성향이 강한 사람은 관대하게 행동할 때 더욱더 피로감을 느낀다는 것과(Sommerfeld, 2010), 자신의 고통을 이야기하는 사람들을 거부하는 경향성이 있는 것으로 나타났다(Burke, Wang, & Dovidio, 2014).

불안 애착과 관련해서도 도움이 필요한 타인에게 친사회적 반응을 보이는 부분을 자기보고식 척도로 조사한 결과, 고통받고 있는 사람을 만나면 과도하게 개입하거나 끼어들어 간섭하려는 경향이 있음을 발견했다. 특히 Lopez(2001)는 불안 애착과 정서적 공감이 정적 상관관계를 보이는 것을 발견했는데, 불안 애착이 높게 나타난 사람은 다른 사람의 고통을 목격했을 때 개인적인 고통도 높게 느끼는 것으로 나타났다(예: Monin, Schulz, Feeney, & Clark, 2010; Vilchinsky, Findler, & Werner, 2010). 더욱이 불안 애착이 높은 사람들은 경직된 친화력과 병적으로 보이는 걱정 수준이 높게 나타났는데, 이는 타인이 도움을 요청하지 않았음에도 그들을 도와야 한다는 강박적 욕구를 건드린 것 때문으로 보이며, 심지어 자신의 건강이나 정당한 요구를 해치더라도 도움을 주려고 하는 것으로 나타났다(예: Bassett & Aubé, 2013; Shavit & Tolmacz, 2014).

연인관계 이외의 상황에서 자비로운 행동을 보이는 데 있어서 애착이 기여하는 부분을 알아보기 위해 관찰연구가 진행되었으며, 이를 통해 고통받고 있는 타인에게 어떻게 행동적으로 반응하는지를 살펴보았다. 예를 들어, Westmaas와 Silver(2001)는 참가자들에게 연구팀에서 임의로 최근에 암을 진단받았다고 설정한 사람과 이야기를 나누도록 하고 이를 비디오로 녹화했다. 이 연구를 통해 두 가지 불안정 애착을 가진 사람들의 효과적인 도움행동에 대해 특정한 방해요인이 존재한다는 것을 확인했다. 예상대로, 회피 애착을 가진 사람들은 언어적으로나 비언어적으로 지지적인 모습을 덜 보였으며, 이야기를 나누는 동안 눈맞춤도 덜한 것으로 나타났다. 불안 애착을 가진 사람들의 경우에는 지지적인 부분과는 연관성이 없게 나타났으나, 암에 걸렸다고 하는 사람과 이야기를 나누는 동안 더 많은 불편함을 보였다. 또한 이야기를 나눈 후에 자기비판적인 사고를 더 많이 보고한 것으로 나타났다. 이러한 결과는 정서적으로 과도하게 개입하고 자기중심적인 걱정을 많이 한 것 때문으로 볼 수 있으며, 이는 도움행동을 주는 데 방해요인이 될 수 있을 것으로 보인다. 또 다른 관찰 연구에서 Feeney, Cassidy와 Ramos-Marcuse(2008)도 안정 애착을 가진 사람일수록 자신의 문제를 이야기하는 낯선 사람에게 조금 더 반응적인 지지를 보이는 것으로 나타났으며, 이야기를 나누는 동안에 자신에게 초점을 맞추는 경향성은 낮은 것으로 나타났다.

자기보고식 애착 성향에서 개인차를 측정하는 것으로부터 더 나아가 순간적인 안정 애착의 느낌(안정 기폭제)을 인위적으로 만들어 주는 실험도 진행되었는데, 이 연구들에서도 도움이 필요한 사람을 위한 자비와 연관된 느낌이나 행동에 대한 이론과 일관된 효과를 보이는 것으로 나타났다. 예를 들어, Bartz와

Lydon(2004)은 참가자들에게 그들이 안정적으로나 불안정하게, 또는 회피적으로 느껴지는 가까운 관계에 대해서 생각하게 하고 친근함과 연결된 생각이나 행동적 경향성(타인을 위해 자신을 희생하려는 생각, 그들과 지지적이고 따뜻한 관계를 유지하려는 것)들을 내재적으로나 외재적으로 활성화시킨 후 이를 측정했다. 내재적 활성화는 단어 조각 완성 과제를 통해 측정되었다(친화성과 연결된 단어로 완성된 단어 조각들의 수를 확인하는 것). 외재적 활성화는 타인과 지지적이고 따뜻한 관계를 유지하려는 경향성을 측정하는 자기보고식 설문을 통해 측정했다. 회피 애착을 보여 주는 상황들은 안정 애착을 보여 주는 상황에 비해 친화적인 생각이나 행동 경향성을 내재적으로나 외재적으로 연결시키지 않는 것으로 나타났다.

같은 맥락에서 Mikulincer, Gillath 등(2001)은 안정 애착의 상황을 만들어 제공했는데, 참가자들에게 사랑스러운 애착 대상이 지지를 제공하는 이야기를 읽도록 하고 타인의 고통에 자비롭게 반응하는 것에 대한 자기보고식 글이 이러한 상황에 영향을 받는지를 살펴보았다. 이 과정에서 모든 참가자는 교통사고로 부모를 잃은 한 학생에 대한 짧은 이야기를 읽었고, 고통받고 있는 학생을 생각하면서 얼마만큼의 자비와 개인적 고통을 경험하는지를 평가했다. 기대와 같이, 안정을 만들어 주는 상황(마트를 가는 등의 중립적인 생각이나 복권에 당첨되는 것과 같은 애착과 상관없는 긍정적인 생각들과 비교해서)이 자비를 강화하고

타인의 고통에 반응하면서 나타나는 개인적 고통을 억제하는 것으로 나타났다. 이 결과는 다른 연구에서도 반복적으로 나타났으며(Mikulincer, Gillath, et al., 2001; Mallinckrodt et al., 2013), 가까운 사람들을 위한 염려에서 비롯된 친절이나 모든 인류에 대한 염려에서 비롯된 보편성과 같이 자비와 연관된 덕목들을 키우는 것으로 확장되었다(Mikulincer, Gillath, et al., 2003).

이러한 실험 연구들이 안정 기폭제와 자비의 연관성을 지지해 주고는 있지만, 모든 연구가 자기보고식 설문을 통해 자비를 측정했으며, 이는 사회적 선호도와 인지적이거나 동기적인 경향성에 의해 왜곡될 수 있는 문제를 가지고 있다. 이러한 방법적인 문제를 통제하기 위해 Mikulincer, Shaver, Gillath와 Nitzberg(2005)는 고통스러운 사람을 실제로 도와주거나 도와주지 않으려는 결정에 안정 기폭제가 어떠한 영향을 주는지 탐구했다. 먼저, 두 개의 실험을 진행했는데, 이 연구에서 참가자들은 지속적으로 혐오감을 주는 과제를 수행하는 사람을 지켜보았다. 연구가 진행될수록 이 사람은 혐오적인 과제를 수행하는 데 있어서 계속 딴짓을 하게 했고, 실제 참가자들에게 이 사람을 대신하여 과제를 수행해 줄 것인지를 물었다. 즉, 다른 사람의 행복을 위해 자신을 희생할 수 있는지를 살펴본 것이다. 이러한 상황이 설명되고 난 이후, 참가자들은 무의식적으로나(특정한 사람의 이름을 빠르게 보여 주는) 의식적으로(특정한 사람과의 상호작용을 떠올리도록 하는 것) 안정 기폭제와

중립적인 기폭제에 노출되었다. 고통받고 있는 사람을 대신하려는 결정의 순간에 실험 참가자들은 자비와 개인적 고통에 대한 자기보고식 설문에 임했다.

이 두 가지 연구에서 회피 애착을 가진 사람의 경우 고통스러운 사람을 도와주려고 하거나 그들에게 자비를 보내는 마음이 낮게 나타났다. 불안 애착을 가진 사람은 개인적 고통을 많이 느끼는 것으로 나타났으나 자비나 도와주고자 하는 마음과는 연관성이 나타나지 않았다. 더욱이 의식적이거나 무의식적으로 안정을 주는 대상을 보여 주는 것은 개인적 고통을 감소시키고, 고통받는 사람을 대신하고자 하거나 자비를 보내는 마음을 증가시키는 것으로 나타났다.

또 다른 두 개의 연구에서 Mikulincer, Shaver, Gillath와 Nitzberg(2005)는 안정 애착이 일어날 수 있는 상황을 만들어 도움에 대한 자기중심적인 동기가 좋은 기분이나 공감적 기쁨 등과 같이 진정으로 이타적인 마음으로 바뀔 수 있는지를 살펴보았다. 결과적으로, 자신의 기분을 좋게 하거나 도움을 주면서 그 사람의 기쁨을 공유하지 못한다면 중립적인 상황에서 도움을 주고자 하는 마음이나 자비가 감소하는 것으로 나타났다. 그러나 안정 기폭제가 주어진 상황에서는 이러한 정서와 행동적인 반응들에 부정적인 영향을 주지 않는 것으로 나타났다. 즉, 안정 애착을 유도하는 상황 속에서는 도움을 주려는 마음이나 자비가 강화되는 것으로 나타났다. 이러한 결과는 안정 애착이 자기중심성(방어적 자기

보호)을 감소시키며 도움행동체계를 활성화시켜 타인의 고통에 집중하도록 하고 그들의 관점을 수용하며 그들을 향해 공감적 태도를 취하도록 한다는 우리의 이론에 부합하는 것이다. 다시 말해, 안정 애착은 사람들로 하여금 애착과 관련된 염려나 걱정으로부터 자유롭게 하고, 자기중심성이나 도움을 요청하는 입장에서 벗어나게 하여 다른 사람의 고통을 목격했을 때 도움행동체계를 활성화시키도록 함을 알 수 있다. 또한 이때 고통스러운 타인을 향해 민감하게 공감적 태도를 취하게 되며, 그 고통을 감해 주고 싶다는 진심 어린 마음을 내는 것으로 나타났다.

결론

이 장에서 우리는 애착체계와 도움행동체계가 어떻게 상호관계 속에 있는지와 개인적인 애착의 특성이 타인의 탐구나 발전을 위해 안전기지를 제공하거나 고통스러운 사람의 안전기지가 되어 주는 등의 두 가지 도움행동에 어떻게 영향을 주는지를 살펴보았다. 이 연구 결과는 다음과 같은 흥미로운 질문을 이끌어 낸다. 안정 애착을 증가시키기 위해 개발된 프로그램이 부모나 양육자, 교사, 의사, 간호사, 상담사 등의 자비롭고 효과적인 돌봄을 이끌어 낼 수 있는가? 돌봄을 제공하는 전문가나 양육자들의 안정 애착을 보장하기 위해 미리 검사를 진행해야 하는가? 따라서 앞으로 다음과 같은 문제를 더 살펴볼 필요가

있다. 공감이나 자비의 발달, 그리고 효과적
인 도움행동을 기르는 데 있어 영유아기에 부
모와 안정적인 상호작용을 하는 것이 얼마나
중요한지, 도움행동에 있어서 안정 애착의 유
용한 효과를 방해하는 개인적 특성이나 상황
적 요인이 존재하는지, 그리고 좋은 도움행동
이 애착체계의 기능과 가까운 관계에서의 상
호 만족스러운 관계를 만드는 데 긍정적인 도
움을 주는지 등이 그것이다.

참고문헌

Ainsworth, M. D. S., Blehar, M. C., Waters, E., & Wall, S. (1978). *Patterns of Attachment: Assessed in the Strange Situation and at Home.* Hillsdale, NJ: Erlbaum.

Bartz, J. A., & Lydon, J. E. (2004). Close relationships and the working self-concept: Implicit and explicit effects of priming attachment on agency and communion. *Personality & Social Psychology Bulletin, 30,* 1389-1401.

Bassett, R. L., & Aubé, J. (2013) "Please care about me" or "I am pleased to care about you!" Considering adaptive and maladaptive versions of unmitigated communion. *Journal of Psychology & Theology, 41,* 107-119.

Bouaziz, A. R., Lafontaine, M. F., & Gabbay, N. (2013). Investigating the validity and reliability of the Caregiving Questionnaire with individuals in same-sex couples. *Journal of Relationships Research, 4,* Article e2

Bowlby, J. (1973). *Attachment and Loss: Vol. 2. Separation: Anxiety and Anger.* New York: Basic Books.

Bowlby, J. (1980). *Attachment and Loss: Vol. 3. Sadness and Depression.* New York: Basic Books.

Bowlby, J. (1982). *Attachment and Loss: Vol. 1. Attachment* (2nd ed.). New York: Basic Books. (Original ed. 1969.)

Bowlby, J. (1988). *A Secure Base: Clinical Applications of Attachment Theory.* London: Routledge.

Braun, M., Hales, S., Gilad, L., Mikulincer, M., Rydall, A., & Rodin, G. (2012). Caregiving styles and attachment orientations in couples facing advanced cancer. *Psycho-Oncology, 21,* 935-943.

Brennan, K. A., Clark, C. L., & Shaver, P. R. (1998). Self-report measurement of adult romantic attachment: An integrative overview. In J. A. Simpson & W. S. Rholes (Eds.), *Attachment Theory and Close Relationships* (pp. 46-76). New York: Guilford Press.

Burke, S. E., Wang, K., & Dovidio, J. F. (2014). Witnessing disclosure of depression: Gender and attachment avoidance moderate interpersonal evaluations. *Journal of Social & Clinical Psychology, 33,* 536-559.

Cassidy, J., & Kobak, R. R. (1988). Avoidance and its relationship with other defensive processes. In J. Belsky & T. Nezworski (Eds.), *Clinical Implications of Attachment* (pp. 300-323). Hillsdale, NJ: Erlbaum.

Cassidy, J., & Shaver, P. R. (Eds.). (2016). *Handbook of Attachment: Theory, Research, and Clinical Applications* (3rd ed.). New York: Guilford Press.

Collins, N. L., & Feeney, B. C. (2000). A safe

haven: An attachment theory perspective on support seeking and caregiving in intimate relationships. *Journal of Personality & Social Psychology, 78*, 1053-1073.

Collins, N. L., Ford, M. B., Guichard, A. C., & Feeney, B. C. (2005). Responding to Need in Intimate Relationships: The Role of Attachment Security. Unpublished manuscript, University of California, Santa Barbara.

Collins, N. L., Guichard, A. C., Ford, M. B., & Feeney, B. C. (2006). Responding to need in intimate relationships: Normative processes and individual differences. In M. Mikulincer & G. S. Goodman (Eds.), *Dynamics of Romantic Love: Attachment, Caregiving, and Sex* (pp. 149-189). New York: Guilford Press.

Corcoran, K. O., & Mallinckrodt, B. (2000). Adult attachment, self-efficacy, perspective taking, and conflict resolution. *Journal of Counseling & Development, 78*, 473-483.

Davila, J., & Kashy, D. (2009). Secure base processes in couples: Daily associations between support experiences and attachment security. *Journal of Family Psychology, 23*, 76-88.

Feeney, B. C., Cassidy, J., & Ramos-Marcuse, F. (2008). The generalization of attachment representations to new social situations: Predicting behavior during initial interactions with strangers. *Journal of Personality & Social Psychology, 95*, 1481-1498.

Feeney, B. C., & Collins, N. L. (2001). Predictors of caregiving in adult intimate relationships: An attachment theoretical perspective. *Journal of Personality & Social Psychology, 80*, 972-994.

Feeney, B. C., & Collins, N. L. (2003). Motivations for caregiving in adult intimate relationships: Influences on caregiving behavior and relationship functioning. *Personality & Social Psychology Bulletin, 29*, 950-968.

Feeney, B. C., Collins, N. L., van Vleet, M., & Tomlinson, J. M. (2013). Motivations for providing a secure base: Links with attachment orientation and secure base support behavior. *Attachment & Human Development, 15*, 261-280.

Feeney, B. C., & Thrush, R. L. (2010). Relationship influences on exploration in adulthood: The characteristics and function of a secure base. *Journal of Personality & Social Psychology, 98*, 57-76.

Fraley, R. C., & Shaver, P. R. (2000). Adult romantic attachment: Theoretical developments, emerging controversies, and unanswered questions. *Review of General Psychology, 4*, 132-154.

George, C., & Solomon, J. (2008). Attachment and caregiving: The caregiving behavioral system. In J. Cassidy & P. R. Shaver (Eds.), *Handbook of Attachment: Theory, Research, and Clinical Applications* (2nd ed., pp. 649-670). New York: Guilford Press.

Gillath, O., Shaver, P. R., & Mikulincer, M. (2005). An attachment-theoretical approach to compassion and altruism. In P. Gilbert (Ed.), *Compassion: Conceptualizations, Research, and Use in Psychotherapy* (pp. 121-147). London: Brunner-Routledge.

Hamilton, W. D. (1964). The genetic evolution of social behavior. *Journal of Theoretical Biology, 7*, 1-52.

Hazan, C., & Shaver, P. R. (1987). Romantic love conceptualized as an attachment process. *Journal of Personality & Social Psychology, 52,* 511-524.

Joireman, J. A., Needham, T. L., & Cummings, A. L. (2002). Relationships between dimensions of attachment and empathy. *North American Journal of Psychology, 4,* 63-80.

Kim, Y., & Carver, C. S. (2007). Frequency and difficulty in caregiving among spouses of individuals with cancer: Effects of adult attachment and gender. *Psycho-Oncology, 16,* 714-728.

Kim, Y., Carver, C. S., Deci, E. L., & Kasser, T. (2008). Adult attachment and psychological well-being in cancer caregivers: The meditational role of spouses motives for caregiving. *Health Psychology, 27,* S144-S154.

Kunce, L. J., & Shaver, P. R. (1994). An attachment-theoretical approach to caregiving in romantic relationships. In K. Bartholomew & D. Perlman (Eds.), *Advances in Personal Relationships: Attachment Processes in Adulthood* (Vol. 5, pp. 205-237). London: Jessica Kingsley.

Lehman, D. R., Ellard, J. H., & Wortman, C. B. (1986). Social support for the bereaved: Recipients' and providers' perspectives of what is helpful. *Journal of Consulting & Clinical Psychology, 54,* 438-446.

Lopez, F. G. (2001). Adult attachment orientations, self-other boundary regulation, and splitting tendencies in a college sample. *Journal of Counseling Psychology, 48,* 440-446.

Mallinckrodt, B., McNett, A. M. S., Celebi, E., Birks, K. M., Tsai, C., & Williams, B. E. (2013).

Cognitive primes for attachment security can increase cultural empathy, but also interact negatively with attachment anxiety. *Journal of Social & Clinical Psychology, 32,* 1013-1039.

Mikulincer, M., Gillath, O., Halevy, V., Avihou, N., Avidan, S., & Eshkoli, N. (2001). Attachment theory and reactions to others' needs: Evidence that activation of the sense of attachment security promotes empathic responses. *Journal of Personality & Social Psychology, 81,* 1205-1224.

Mikulincer, M., Gillath, O., Sapir-Lavid, Y., Yaakobi, E., Arias, K., Tal-Aloni, L., & Bor, G. (2003). Attachment theory and concern for others' welfare: Evidence that activation of the sense of secure base promotes endorsement of self-transcendence values. *Basic & Applied Social Psychology, 25,* 299-312.

Mikulincer, M., & Shaver, P. R. (2004). Security-based self-representations in adulthood: Contents and processes. In W. S. Rholes & J. A. Simpson (Eds.), *Adult Attachment: Theory, Research, and Clinical Implications* (pp. 159-195). New York: Guilford Press.

Mikulincer, M., & Shaver, P. R. (2016). *Attachment in Adulthood: Structure, Dynamics, and Change* (2nd ed.). New York: Guilford Press.

Mikulincer, M., Shaver, P. R., Bar-On, N., & Sahdra, B. K. (2014). Security enhancement, self-esteem threat, and mental depletion affect provision of a safe haven and secure base to a romantic partner. *Journal of Social & Personal Relationships, 31,* 630-650.

Mikulincer, M., Shaver, P. R., Gillath, O., & Nitzberg, R. A. (2005). Attachment, caregiving, and altruism: Boosting attachment security increases compassion and helping. *Journal of Personality & Social Psychology*, *89*, 817-839.

Mikulincer, M., Shaver, P. R., Sahdra, B. K., & Bar-On, N. (2013). Can security-enhancing interventions overcome psychological barriers to responsiveness in couple relationships? *Attachment & Human Development*, *15*, 246-260.

Millings, A., Walsh, J., Hepper, E., & O'Brien, M. (2013). Good partner, good parent: Responsiveness mediates the link between romantic attachment and parenting style. *Personality & Social Psychology Bulletin*, *39*, 170-180.

Monin, J. K., Schulz, R., Feeney, B. C., & Clark, T. B. (2010). Attachment insecurity and perceived partner suffering as predictors of caregiver distress. *Journal of Experimental Social Psychology*, *46*, 1143-1147.

Péloquin, K., Brassard, A., Lafontaine, M.-F., & Shaver, P. R. (2014). Sexuality examined through the lens of attachment theory: Attachment, caregiving, and sexual satisfaction. *Journal of Sex Research*, *51*, 561-576.

Reis, H. T., & Shaver, P. R. (1988). Intimacy as an interpersonal process. In S. Duck (Ed.), *Handbook of Research in Personal Relationships* (pp. 367-389). London: Wiley.

Shaver, P. R., & Hazan, C. (1988). A biased overview of the study of love. *Journal of Social & Personal Relationships*, *5*, 473-501.

Shaver, P. R., Mikulincer, M., & Shemesh-Iron, M. (2010). A behavioral systems perspective on prosocial behavior. In M. Mikulincer & P. R. Shaver (Eds.), *Prosocial Motives, Emotions,*
and Behavior: The Better Angels of Our Nature (pp. 73-92). Washington, DC: American Psychological Association.

Shavit, Y., & Tolmacz, R. (2014). Pathological concern: Scale construction, construct validity, and associations with attachment, self-cohesion, and relational entitlement. *Psychoanalytic Psychology*, *31*, 343-356.

Simpson, J. A., Rholes, W. S., & Nelligan, J. S. (1992). Support seeking and support giving within couples in an anxiety-provoking situation: The role of attachment styles. *Journal of Personality & Social Psychology*, *62*, 434-446.

Simpson, J. A., Rholes, W. S., Oriña, M., & Grich, J. (2002). Working models of attachment, support giving, and support seeking in a stressful situation. *Personality & Social Psychology Bulletin*, *28*, 598-608.

Sommerfeld, E. (2010). The subjective experience of generosity. In M. Mikulincer & P. R. Shaver (Eds.), *Prosocial Motives, Emotions, and Behavior: The Better Angels of Our Nature* (pp. 303-323). Washington, DC: American Psychological Association.

Sroufe, L. A., & Waters, E. (1977). Attachment as an organizational construct. *Child Development*, *48*, 1184-1199.

Trusty, J., Ng, K. M., & Watts, R. E. (2005). Model of effects of adult attachment on emotional empathy of counseling students. *Journal of Counseling & Development*, *83*, 66-77.

Vilchinsky, N., Findler, L., & Werner, S. (2010). Attitudes toward people with disabilities: The perspective of attachment theory. *Rehabilitation Psychology*, *55*, 298-306.

Wayment, H. A. (2006). Attachment style, empathy, and helping following a collective loss: Evidence from the September 11 terrorist attack. *Attachment & Human Development, 8*, 1-9.

Westmaas, J., & Silver, R. C. (2001). The role of attachment in responses to victims of life crises. *Journal of Personality & Social Psychology, 80*, 425-438.

Wilson, E. O. (2014). *The meaning of human existence*. New York: Liveright/Norton.

제**8**장

자비 중심 양육

James N. Kirby

요약

아동이 받는 양육은 그 아동의 삶에 장기적으로 심대한 영향을 미친다. 전 세계적으로 아동학대 비율은 높다. 증거 기반 양육 프로그램은 아동기의 사회적, 정서적, 행동적 문제를 줄이는 동시에 양육 방식을 개선하는 데 긍정적인 영향을 미치는 것으로 입증되었다. 하지만 양육 개입에 대한 이해는 여전히 낮으며, 정부는 광범위한 증거 기반 양육을 제공하는 것을 꺼려 왔다. 이 장은, 첫째, 양육에 대한 공중보건 접근법의 채택이 어떻게 아동학대(고통)의 비용을 효율적으로 줄이는 광범위한 자비로운 행위로 간주될 수 있는지 보여 주는 것을 목표로 한다. 둘째, 나는 다음 세대의 증거 기반 양육 프로그램은 진화된 돌봄 동기부여 체계와 친화적(affiliative) 정서 처리에 토대를 둘 필요가 있다고 주장하는데, 그러려면 부모-자녀 돌봄과 뇌 기능에 수반된 진화 과정을 이해할 필요가 있다. 양육에 대한 이 새로운 접근법, 즉 '자비 중심 양육'이 설명될 것이다.

핵심용어

양육 방식, 아동학대, 증거 기반 양육 프로그램, 공중보건, 자비 중심 양육, 정서 조절

아동이 생후 처음 몇 년 동안 받는 양육은 그 아동의 삶에 장기적으로 중대한 영향을 미친다. 아동 양육은 두뇌 발달, 언어 및 사회적 기술, 정서 조절, 공감, 정신 및 신체 건강, 건강 위험 행동, 주요 생활 사건의 스펙트럼에 대처하는 역량에 장기적으로 영향을 미친다(Beaver & Belsky, 2012; Belsky & de Haan, 2011; Cecil, Barker, Jaffee, & Viding, 2012; Eisenberg, Spinrad & Knafo, 2015; Moffitt et al., 2011). 우리는 부모로부터 물려받은 특정 유전자형을 가지고 태어나지만, 후성유전과 메틸화 과정은 유전자 발현에 영향을 미친다(이 책 제10장 Saturn; Unternaehrer et al., 2012). 스트레스 환경은 안전하고 예측 가능한 환경과 달리, 아동 자신이 성장하고 있는 환경적 위치에 대비할 수 있는 표현형을 개발하는 정도

에 따라 유전자 발현을 증가시키거나 감소시 킨다(Belsky & de Haan, 2011; Beaver & Belsky, 2012; Biglan, Flay, Embry, & Sandler, 2012). 그 러므로 자비를 촉진하고, 친사회적 표현형을 강화하는 가족 환경 속에서 아이를 양육할 수 있도록 우리 공동체가 부모를 돕는 일에 투자 할 필요가 절실하다. 이러한 투자는 결국 아 동의 정신적이고 사회적 웰빙뿐만 아니라 아 동의 신체적 건강에도 이익을 주는 것으로 이 어질 것이다.

이 장의 주요 목적은 다음과 같다. 첫째, 양 육에 대한 공중보건 접근법의 채택이 아동학 대(고통의 예방 및 경감) 비율을 감소시킬 수 있는 자비로운 조치라고 제안하는 것이다. 둘 째, 다음 세대를 위한 양육 개입에 있어서 뇌 기능과 친화적 처리과정을 포함시키는 것의 중요성에 대해 설명할 것이다. 여기서 나는 자비 중심 양육이라고 부르는 양육에 대한 새 로운 접근법을 설명할 것이다.

양육에 대한 공중보건 접근법

양육 방식의 영향에 대한 짧은 역사

양육 방식을 분류하고 양육 방식이 아동의 발달 결과에 미치는 영향을 입증하는 실험 및 임상, 발달심리학 연구가 진행된 지도 50년이 넘었다(Patterson, 2005; Sanders & Kirby, 2014). Baumrind(1966)는 애초에 양육 방식을 다음 의 세 가지로 분류했다. 권위적(authoritative) 양

육(경계가 확고하지만 유연하고, 아동에게 반 응적이며, 아동의 권리를 인정함), 권위주의적 (authoritarian) 양육(통제적이고, 무반응적이고, 복종을 중시하고, 징벌적 관행을 사용함), 허용적 (permissive) 양육(요구하지 않고 아동 스스로 조 절하도록 허용함). Maccoby와 Martin(1973)은 이 연구를 확장해, 반응 또는 요구의 두 가지 차원을 가지고서 양육 방식을 네 가지, 즉 권 위적(요구와 반응) 양육, 권위주의적(요구와 무반 응) 양육, 관대한(indulgent)(비요구와 반응) 양육, 방임적(neglectful) 양육(비요구와 무반응)으로 분 류했다. 양육 방식의 분류는 발달 및 양육 연 구자들로 하여금 양육이 아동기의 사회적, 정 서적, 행동적 결과에 어떤 영향을 미치는지 연구할 수 있게 해 주었기 때문에 이 분야의 중요한 발전이었다.

이와 일관되게, 연구자들은 긍정적 양육(예 를 들어, 권위적이고, 따뜻하며, 반응적인)에 비 해, 강압적인 양육 관행(예를 들어, 징벌적 관 행을 사용하는 권위주의적인)과 느슨한 양육 방 식(예를 들어, 방임적이고, 관대하며, 허용적인) 은 아동에게 더 나쁜 결과를 초래한다는 점 을 발견했다(Kaminski et al., 2008; Nowak & Heinrichs, 2008; Sanders, Kirby, Tellegen, & Day, 2014). 이러한 정보를 감안할 때 오늘날 에도 회초리 같은 물건을 쓰는 때리기와 체 벌(권위주의적이고 징벌적인 양육 관행)이 여 전히 많이 사용되는 일반화된 양육 관행이 라는 것은 놀랍다(D'Souza, Russell, Wood, Signal, & Elder, 2016; Klevens & Whitaker, 2007; Regalado, Sareen, Inkelas, Wissow, & Halfon,

2004). 예를 들어, 뉴질랜드 부모에 대한 최근 연구(D'Souza et al., 2016)에서 연구자들은 때리기와 체벌이 1981년에 89%로 감소했지만, 2013년에도 여전히 부모의 40%가 승인한다는 사실을 발견했다. 미국과 같은 다른 서양 국가에서도 이러한 견해가 반영되고 있는데, 74%가 자녀를 때렸다고 보고했고(Jackson et al., 1999), 47%는 아주 어린 자녀를 때렸다고 보고했다(Regalado et al., 2004).

저소득 국가와 개발도상국에서도 때리기와 체벌이 유사하게 쓰이는데, 이보다 더 높은 수준으로 나타났다. 세계보건기구는 폭력으로 인한 아동 사망이 고소득 국가(1.21/100,000; WHO, 2006)보다 저소득 국가(2.58/100,000)에서 거의 두 배 높을 것으로 추정했다. 예를 들어, 브라질에서 진행한 체벌의 유병률을 추정하기 위한 연구(Bordin, Paula, Nascimento, & Duarte, 2006)에서 심각한 체벌(예를 들어, 목조르기, 2세 미만 흔들기, 발차기, 구타)의 경우는 10.1%, 심각하지 않은 체벌(예를 들어, 손으로 때리기, 물건으로 때리기, 귀 비틀기)의 경우는 75.3%로 나타났다. 이 연구에서 중요하게 드러난 점은 때리기가 장기적으로 아동 행동을 변화시키는 데 효과가 없으며, 부모—자녀 애착에 부정적인 영향을 미칠 수 있을 뿐만 아니라, 때리기를 허용할 수 있다고 보는 사회는 아동이 학대에 노출될 위험이 훨씬 큰 사회라는 것이다(D'Souza, Russell, Wood, Signal, & Elder, 2016; Klevens & Whitaker, 2007; Prinz, Sanders, Shapiro, Whitaker, & Lutzker, 2009). 이로 인해 40개 이상의 국가(예를 들어, 덴마크, 독일, 이스라엘, 스웨덴, 루마니아 등)가 때리기와 체벌을 금지하는 법안을 도입했다(UN, 2014).

아동학대

때리기와 체벌을 승인하는 것은 아동을 아동학대의 위험에 빠뜨리게 된다(Prinz, 2015). 2014년 미국에서는 약 660만 명의 아동학대 혐의 중 360만 건이 기소되었는데, 조사 대상 아동의 약 5분의 1, 즉 모집단 1,000명당 9.4명의 비율로 학대 또는 방치의 피해자로 조사되었다(U. S. Department of Health & Human Services, 2016). Zolotor, Theodore, Coyne-Beasley와 Runyan(2007)의 연구에 따르면, 가정으로 진화해서 실시한 조사에서 어머니 자신 혹은 배우자/동거인의 신체적 학대 행동은 미국에서 공식적으로 입증된 신체적 학대 비율보다 40배 이상 높게 보고되었다. 더욱이 Prinz와 동료들(2009)의 연구에서, 부모의 10%가 **자주** 혹은 **매우 자주** 아이를 도구를 가지고 때렸다고 스스로 보고했고, 부모의 49%가 자녀의 잘못된 행동에 있어서 강압적인 훈육을 심하게 사용한다고 보고했다. 세계보건기구(WHO, 2014)는 전 세계적으로 15세 미만 아동의 살인 사망자가 41,000명일 것으로 추정했다(과소보고된 수치일 수 있음).

가장 무서운 것은 아동학대로 이어지는 세 가지 주요 위험요인에, ① 4세 미만 아동 또는 청소년, ② 원치 않는 아동 또는 부모의 기대에 부응하지 못하는 아동, ③ 특별한 욕구를 가지고 있거나, 끊임없이 울거나, 비정상의 신체 특징을 가지고 있는 아동이 포함된다는 점이다(WHO, 2014). 그리고 이 악순환의 지속은 아동학대로 이어지는 양육의 위험요인으로, 여기에는 부모 자신이 아동일 때 학대받은 것, 아동 발달 지표들을 인식하지 못하는 것, 비현실적인 기대를 가지는 것, 알코올과 약물을 사용하는 것, 유대감 형성을 어려워하는 것, 범죄와 재정 문제로 어려움을 겪는 것이 포함된다(WHO, 2014). 본래 아동기 부정적 경험(Adverse Childhood Experiences: ACEs) 연구(Felitti et al., 1998)는 가정환경 문제의 중요성을 명확히 밝혔다. ACEs에는 **학대**(abuse; 정서적, 신체적, 성적), **가정 문제**(household challenges; 폭력적 대우를 받는 어머니, 가정 내 약물 남용, 가정 내 정신 질환, 부모의 별거나 이혼, 감금된 가족 구성원), **방치**(neglect; 정서적 및 신체적)의 세 가지 범주가 포함된다. 미국 Kaiser Permanente의 San Diego Health Appraisal Clinic에서 9,508명 이상의 참가자를 대상으로 실시한 연구 결과에 따르면, 이들의 64%가 아동일 때 적어도 하나의 ACEs에 노출된 적이 있는 것으로 나타났다. 4개 또는 그 이상의 ACEs를 경험한 개인은 알코올 중독, 약물 남용, 우울증, 자살 시도로 인한 건강 위험이 12배 증가했다. 이 연구는 아동기 동안 경험한 ACEs의 개수와 성인의 주요 사망 원인이 되는 다수의 위험요인 사이에 강한 관계가 있다고 결론지었다.

이러한 결과는 다음의 두 가지 핵심 사항을 보여 준다. ① 많은 수의 아동이 자비가 아니라 위협을 특징으로 하는 '해로운' 환경에서 길러지고 있다. ② 부모들이 아동의 발달 결과를 개선하기 위해 증거 기반 양육 프로그램에 접근할 수 있어야 한다. 그러나 부모가 자녀를 키우고 아동학대의 확산을 줄이는 데 도움이 되는 증거 기반 양육 프로그램을 제공하는 정책을 채택하는 정부는 전 세계적으로 거의 없을 만큼 아동기 고통에 대해서 무덤덤한 반응을 보이고 있다(Prinz et al., 2009; Sanders & Kirby, 2014). 따라서 부모를 돕고 자녀를 보호하는 가장 좋은 방법은 공중보건 차원에서 증거 기반 양육 프로그램을 시행하는 것이다(Biglan, 2015; Klevens & Whitaker, 2007; Prinz, 2015; Sanders & Kirby, 2014).

증거 기반 양육 프로그램

양육 프로그램은 양육 환경을 조성하는 데 도움이 되는 완벽한 기회를 제공한다. 따뜻하고 지지적인 환경에서 자라는 아동은 빈곤과 낮은 사회경제적 지위 같은 지역 박탈(neighborhood deprivation)이 있더라도, 반사회적 행동을 발달시킬 가능성이 적었다(Odgers et al., 2012). 양육 환경을 개선할 필요성에 대한 모멘텀이 양육 및 가족 연구자 사이에서도 증가하고 있다(Biglan, 2015; Kirby, 2016; Sanders, 2012). 양육 환경에는 다음의 네 가지 핵심 원칙이 포함된다. ① 친사회적 행동을 장려하고 강화할 것, ② 강압, 공격성, 갈등 행동을 최소화할 것, ③ 문제 행동의 기회를 줄일 것, ④ 사려 깊고 유연한 친사회적 가치를 장려할 것(Biglan, 2015; Biglan, Flay, Embry, & Sandler, 2012). 사람들은 일생에 걸쳐 수많은 잠재적 양육 환경에 노출된다(예를 들어, 학교, 직장). 하지만 가장 강력하고 영향력 있는 것은 바로 가족의 양육 환경인데, 왜냐하면 아동 및 청소년의 발달에 직접적인 영향을 미치며 많은 문제는 대개 아동기나 청소년기에 나타나기 시작하기 때문이다(National Research Council & Institute of Medicine, 2009).

증거 기반 양육 프로그램(EBPPs)은 무선 배정 실험(RCTs)을 통해 엄격하게 평가되었으며, 긍정적 양육 관행(권위적인 양육 방식)은 증가시키고 비효율적 훈육 관행은 감소시키는 프로그램이다. EBPPs는 일반적 관리, 무처치, 대기 집단과 같은 조건보다 아동에게 더 나은 정신건강 및 발달 결과를 낳는다(Kirby & Sanders, 2012). 유엔과 세계보건기구는 EBPPs를 아동기의 사회적, 정서적, 행동적 문제를 예방하고 치료하는 방법으로 추천했다(UN Office on Drugs and Crime, 2009; WHO, 2009). EBPPs의 주요 기능은 부모의 지식, 기술, 자신감을 증가시킴으로써 아동기의 문제를 줄이도록 돕는 것이다(Sanders & Kirby, 2014).

인크레더블 이어스 프로그램(Incredible Years Program; Webster-Stratton, 1998), 부모-아이 상호작용 치료모델(Parent-Child Interaction Therapy; Fernandez & Eyberg, 2009), 오레곤 부모 관리 훈련(Oregon Model of Parent Management Training; Forgatch & Patterson, 2010), 트리플 P 긍정적 양육 프로그램(Triple P-Positive Parenting Program; Sanders, 2012)처럼 가장 경험적으로 뒷받침되는 프로그램은 모두 공통된 이론적 근거(예를 들어, 사회 학습 이론)를 공유하며 행동적, 인지적, 발달적 원칙 및 개념을 통합한다. 예를 들어, 부모 훈련 프로그램에 대한 77건의 공개 평가를 대상으로 한 메타분석 연구는 더 큰 효과 크기와 관련된 다음의 네 가지 핵심 구성요소를 발견했다. ① 정서적 의사소통과 관련된 양육 기술을 가르치며, ② 아동과 긍정적으로 상호작용하는 양육 기술을 가르치며, ③ 부모의 일관된 훈육을 가르치며, ④ 프로그램 동안 실제로 실천하는 것이다(Kaminski et al., 2008). 수많은 메타분석은 부모가 긍정적 양육 기술을 배울 때 부모와 자녀(특히 품행 문제가 있는 자녀)가 얻는 이익을 입증한다(Comer, Chow, Chan, Cooper-Vince, & Wilson, 2013; Menting, de Castro, & Matthys, 2013). 이 이익들에는 아동의 행동 및 정서 문제 감소, 부모의 강압적 관행 감소, 정신건강 문제 감소, 부모 갈등 감소가 포함된다.

양육에 대한 공중보건 접근법: 광범위한 자비 행위

EBPPs는 가족 환경이 아동 성장에 필요한 조건을 제공할 수 있도록 장려하는 데 도움을 준다. 그러나 EBPPs에 참여하는 부모는 거의 없다. 최근 부모를 대상으로 한 인구 조사에 따르면, 정서 또는 행동 문제가 있는 자녀를 둔 부모의 75%가 양육 프로그램에 참여하지 않은 것으로 나타났다(Sanders, Markie-Dadds, Rinaldis, Firman, & Baig, 2007). 만약 EBPPs에 참여하는 부모의 비율이 더 높다면, 이는 직계 가족에게 이익이 될 뿐만 아니라 우리가 살기에 더 자비로운 환경을 만들어 대규모로 고통을 치료하고 예방할 수 있는 파급 효과를 줄 것이다. 이를 위해서는 양육에 대한 공중보건 접근법을 채택해야 한다(Sanders & Kirby, 2014). 자동차 안전(예를 들어, 자동차 안전벨트 사용을 채택하는 것), 흡연(예를 들어, 실내 흡연을 제한하고 세금을 인상하는 것), 호주의 대량 총기난사(예를 들어, 총기 환매, 총기 소유권의 제한 및 허가) 같은 문제에 대한 공중보건 접근법은 자동차 상해의 발생률과 유병률, 흡연율, 호주의 다량 총기난사 발생률을 감소시킴으로써 대규모로 고통을 예방할 수 있었다(Chapman, Alpers, & Jones, 2016; US Department of Transportation, 2016; Wilson, Hayes, Biglan, & Embry, 2014). 따라서 고통을 치료하고 예방하는 문제에 대한 공중보건 접근법은 광범위한 자비로운 행위와 동의어로 간주될 수 있다.

양육에 대한 공중보건 접근법은 자비로운 행위일 수 있는데 이는 아동학대의 유병률과 발생률을 감소시킬 잠재력을 가지고 있기 때문이다(Prinz, 2015; Sanders et al., 2014). 트리플 P 긍정적 양육 프로그램이 맨 먼저 이러한 접근법을 뒷받침했다(Prinz, Sanders, Shapiro, Whitaker, & Lutzker, 2009). 2년 반에 걸친 장소 기반 무선 설계 모집단 시험에서 사우스캐롤라이나주의 18개 카운티가 무작위로 트리플 P 조건이나 일반적 관리 통제집단에 할당되었다. 개입은 미디어 및 의사소통 전략, 양육 세미나, 양육 집단, 개별적으로 전달된 프로그램으로 구성되었다. 모든 부모는 필요와 관심에 따라 자신이 원하는 어떤 프로그램에도 참여할 수 있었다. 개입 후, 트리플 P 카운티들은 아동학대가 발견된 사례의 비율(d=1.09; 비교 카운티들보다 16% 낮음, 사례 증가세의 둔화), 학대로 인한 입원과 상해의 비율(d=1.14; 비교 카운티들보다 22% 낮음), 학대로 인한 가정 외 거주의 비율(d=1.22; 비교 카운티들보다 17% 낮음)이 유의미하게 낮게 관찰되었다. 양육 개입이 장소 기반 무선 설계 연구에서 아동학대에 모집단 수준의 긍정적 효과를 보인 것은 이번이 처음이었다. 중요한 것은 이 연구가 위험에 처한 부모들뿐만 아니라 모든 부모를 대상으로 했다는 점이다. 이러한 결과는 공중보건 접근법을 채택하여 모든 사람이 EBPPs에 접근할 수 있도록 하는 것이 아동학대 수준을 감소시킨다는 점을 입증한다. 더욱이 트리플 P 프로그램에 투자된 1달러가 복지 시스템 내 아동 비용 절감의 측면에서 볼 때 9달러의 수익을 냈기 때문에, 이러한 접근법은 비용 효율적이다(Aos et al., 2014).

게다가 양육에 대한 공중보건 접근법은 양육 지원에 대한 접근을 정상화하고 낙인을 제거할 수 있는 역량도 가지고 있다. 가장 압도적인 장벽은 EBPPs 참여와 관련된 낙인이다(Prinz & Sanders, 2007). 많은 부모가 호소하는 진짜 걱정은 EBPP에 등록할 때 겪는 수치심인데, 왜냐하면 다른 부모나 사람들이 '양육 프로그램을 하고 있다면 나쁜 부모임에 틀림없다.'라고 생각할 거라는 믿음 때문이다. 이런 이야기는 분명 문제일 뿐만 아니라, 부모와 자녀들이 겪고 있을지 모르는 고통을 가중시킨다. 바로 여기가 양육에 대한 공중보건 접근법, 즉 자비로운 정상화 접근법이 아주 강력한 힘을 발휘하는 지점이다. 전체 인구 대상 접근법은 모두에게 혜택을 줄 수 있고, 누구라도 낙인효과를 피할 수 있으며, 폭넓은 시민 지원을 끌어올 수 있다는 가치를 지닌다(Moffitt et al., 2011). 이 접근법은 진화론적 관점에서도 뒷받침되는데(Ellis et al., 2012), 긍정적인 전략을 장려하기 위한 개입이 장기적으로 효과가 있다는 합의가 늘어나고 있기 때문이다. 다만, 이러한 개입은 오직 고위험 개인에게만 맞춰져서는 안 되는데, 그렇게 되면 그 개인에게 의도치 않게 문제가 있는 상태라는 것을 전달할 수 있기 때문이다(Ellis et al., 2012).

중요한 것은, 현재의 증거가 EBPPs의 긍정적인 영향을 보여 주고 있지만, 개입 모델은 여전히 개선의 여지가 있다는 점이다. 뇌 발달에 관한 과학적 과정에 대한 이해가 늘어남에 따라, 우리의 양육 개입 모델에도 이를 적용해야 한다(Patterson, 2005; Sanders & Kirby, 2014). 앞서 언급했듯이, 대부분의 EBPPs는 1970년대에 개발되었는데, 이때 아동 및 가족 기능에 대한 사회 학습 이론과 행동적 접근법은 양육 방식과 아동 결과를 개선하는 데 주로 초점을 맞췄다(Sanders & Kirby, 2014). 진화심리학 및 정서 조절 체계를 이용한 정서

신경과학에 대한 이해가 진전됨에 따라 EBPP 모델의 혁신 또한 보증할 수 있게 되었다. 따라서 이 장 두 번째 파트의 목적은, 변화를 촉진하기 위한 친화적 과정의 중요성에 초점을 맞추는 자비를 포함시켰을 때, EBPPs 모델이 어떻게 개선될 수 있는지 입증하는 것이다.

자비 중심 양육

아동을 위한 안전하고 지지적인 환경을 조성하기 위해 가장 중요한 양육은 아동의 필요와 고통에 민감하고 적절하게 반응하는 것이다. 실제로, 유아기에 아동은 취약하고 이러한 욕구를 충족시키는 데 필요한 역량이 부족하기 때문에 부모가 일반적으로 욕구 충족과 정서 및 고통 조절의 유일한 원천이 된다(Siegel & Bryson, 2011; Swain & Ho, 이 책의 제6장). 그러므로 여러 면에서, 자비를 뒷받침하는 다양한 동기와 역량은 아동을 위한 안전하고, 예측 가능하며, 안정된 환경을 제공하는 데 있어 중요하다.

자비는 다양한 방식으로 정의되었다(Gilbert, 2014; Goetz et al., 2010; Strauss et al., 2016). 대부분의 이론가는 고통과 타인의 필요에 민감하게 주의를 기울이면서 동시에 그 고통을 줄이는 데 도움을 주기 위해 무언가를 할 준비가 되어 있는 준비상태와 소망에 초점을 맞춘다. 개개의 자비 정의를 살펴보면, 공통된 정의는 자신과 타인의 **고통을 완화하거나 예방하고자 하는 고통에 대한 민감성**이다. 고통의 예

방이 자비로운 동기에 중요하다는 점에 주목하자. 이는 특히 자녀에게 중요한데, 왜냐하면 자녀의 욕구에 공감적으로 민감하지 않은 부모는 많은 고통을 유발할 수 있기 때문이다. 예를 들어, 주기적으로 혼자 울게 내버려진 아기의 뇌 발달에 잠재적인 신경학적 손상이 있을 수 있으며, 극단적인 경우 음식을 공급받지 못한 아동은 굶어 죽기 쉽다(개발도상국들에서는 너무도 흔하게 일어나는 일이다; Maternal and Child Nutrition Study Group, 2013). 두 가지 모두 부모의 방치 사례이다.

자비는 다음의 두 가지 핵심 과정을 수반한다. ① 고통 신호를 감지하는 것(즉, 민감성과 알아차림), ② 고통 신호에 반응하는 것(즉, 고통을 경감하고 예방하기 위해 어떤 행위를 하는 것). 따라서 자비에는 다음과 같은 중요한 역량들이 포함될 것이다. 어떻게 주의를 기울여야 하는지를 아는 것, 구조 요청에 정서적으로 끌리는 것이다. 여기에는 구조 요청에 무관심하거나 짜증을 내지 않고 동감(sympathy)하는 것, 고통 · 괴로움 · 피곤함의 느낌과 비교했을 때 특정 유형의 울음소리는 아기의 배고픔을 의미한다는 것 등을 아는 공감하는 능력이 포함된다. 게다가 자녀의 성장에 맞춰 부모는 아이가 불안한 상태에 머물면서 불안에 대처하도록 도와줄 수도 있어야 하지만(예를 들어, 학교에 가는 일), 그 불안에서 분리해 줄 시점도 알아야 한다. 따라서 부모는 괴로움을 감내할 수 있어야 하고 비판단적이어야 한다—다시 말해, 비난하거나 비판해서는 안 된다(이 책의 제29장, Gilbert & Mascaro; Gilbert & Choden, 2013; Siegel & Bryson, 2011). 자비의 두 번째 구성요소는 행위와 기술을 필요로 하며, 따라서 부모에게 구체적인 증거 기반 양육 훈련을 제공하는 일은 아동의 사회적, 정서적, 행동적 발달을 돕는 효과적인 방법이 될 수 있다(Kirby, 2016).

자비는 타인(예를 들어, 친구, 가족 구성원)에게 자비를 주는 것, 타인에게 열린 마음으로 자비를 받는 것, 자기자비 이 세 가지 방향을 중요하게 포함한다(Gilbert, 2014; Gilbert, McEwan, Matos, & Rivis, 2010; Jazaeiri et al., 2013; Neff & Germer, 2013). 중요한 점은 자녀가 받는 양육은 아동이 타인으로부터 자비를 받을 수 있는 첫 번째 기회라는 것이다(이 책의 제7장, Mikulincer & Shaver; 이 책의 제6장, Swain & Ho). 자비는 양육 개입 분야에서 상대적으로 경시된 연구 영역이었다(Kirby, 2016). 자비가 친사회적 돌봄 행동을 통해 사회적 관계와 연결을 구축하는 데 도움이 되며(Gilbert, 2014; Goetz et al., 2010; Straus et al., 2016), 부모와 자녀 사이의 안정적인 애착 관계를 개발하는 데 본질적이라는 점을 고려할 때 이는 놀라운 일이다. 그리고 이러한 애착 관계는 정서적 자기조절과 성인기의 적응적 관계 방식을 촉진하는 데 도움을 준다(이 책의 제7장, Mikulincer & Shaver).

자비 중심 양육은 현행의 EBPPs 기반의 전략 및 원칙과 자비 중심 치료(CFT)가 조합된 방식으로 이루어져 있다. 일반적으로, 양육 개입은 문제 행동을 줄이는 것을 목표로 하는 '기법'을 지향하되(Kirby, 2016), 뇌 기능의 이해에 토대를 두고 있지는 않다(Seigel & Bryson, 2015; 이 책의 제6장, Swain & Ho). EBPPs의 많은 기법 면에서는 여전히 동일하게 유지하지만(예를 들어, 주의, 칭찬), 긍정적인 부모-자녀 관계를 촉진하는 방법에 대한 모델은 진화된 돌봄 동기부여 체계와 친화적 정서 처리에 초점을 맞추는 쪽으로 바뀌는데, 이 변화에는 부모-자녀 돌봄 및 뇌 기능과 관련된 진화 과정에 대한 이해가 필요하다.

이 부분은 중요한 지점인데, 왜냐하면 아동은 목소리 톤, 얼굴 표정, 신체적 접촉 같은 부모가 제공하는 특정 자극에 반응할 준비가 된 상태로 태어나기 때문이다(Bornstein, Suwalsky, & Beakstone, 2012; Dunbar, 2010). 이러한 과정은 아동이 이용할 수 있는 안전 및 부모의 투자에 관한 중요한 정보를 전달하고 있으며, 이 정보는 사회정서적 발달을 위한 생리적 기반을 설정한다(이 책의 제7장, Mikulincer & Shaver; 이 책의 제6장, Swain & Ho). Bowlby(1969)가 지적했듯이, 안정적 기반과 안전한 안식처의 제공은 아동 발달을 위한 진화된 맥락을 제공한다. 자비는 민감하고 생리적으로 현명한 양육을 가능하게 하는 공감, 정신화, 자기와 타자의 분화 같이 최근에 진화된 다양한 사회적 지능 역량을 가져오기 때문에 중요하다(Gilbert, 2014). 자비 중심 양육은 아동의 환경에서 고통과 위협을 줄이는 것뿐만 아니라, 탐색과 사회적, 정서적, 행동적 성장의 기회를 제공하는 동기를 부여하기도 한다. 이러한 일들은 부모 스스로가 안전하다고 느낄 때 촉진된다. 위협을 받고 불

확실하다고 느낄 때면, 방어적으로 관여하고, 잠재적으로 충동적으로 반응할 가능성이 더 커진다.

따라서 자비 중심 양육 접근법은 양육 방식에 있어서 공감, 고통 감내, 의도의 명확성 같은 다양한 사회 지능 역량에 중점을 둔다. 자녀에게 소리를 지르거나 잘못된 행동에 대해 때릴 의도를 가지고 아침에 일어나는 부모는 많지 않다. 그러나 부모가 스트레스를 받고 있고 자녀가 잘못 행동할 때, 소리를 지르거나 때리는 것은 부모가 그 순간 활용할 수 있는 매우 일반적인 기술이다(Prinz, 2015; Sanders et al., 2007; Seigel & Bryson, 2011). 뇌는 전형적으로 이런 식으로 진화해 왔는데, 왜냐하면 우리의 위협 체계가 가장 지배적인 처리 체계이기 때문이다(Baumeister, Bratslavsky, Finkenauer, & Vohs, 2001; 이 책의 제29장, Gilbert). 중요한 것은, 이는 부모의 잘못이 아니라는 점이다! 부모는 위협 처리에 중점을 두는 이런 방식으로 자신의 뇌를 설계하기를 선택하지 않았다. 따라서 자비 중심 양육은 부모가 자신의 뇌가 어떻게 기능하는지 이해하도록, 또 그 기능 방식이 상호작용, 관계, 자녀의 사회적·정서적·행동적 성장 발달에 어떤 영향을 미칠지 이해하도록 요구한다.

그래서 자비 중심 양육의 핵심에는 부모와 자녀 간의 관계와 연결이 있는데, 이는 친화적 정서에 중점을 두는 것이다. 이 접근법을 사용하려면 부모가 느긋하게 아이의 행동 **이면에 놓여 있는 것**, 다시 말해 이 행동의 기능

이 무엇인지 보려고 노력해야 한다. 이 관점은 잘못된 행동을 즉각 줄이는 것에만 초점을 맞추는 단기적인 시야를 넘어서, 부모로 하여금 그들 자녀의 발달과 더불어 부모 자신이 스스로를 진정시킬 수 있고, 건강하고 회복력 있는 성인으로 성장할 수 있게 하는 능력에 장기적으로 초점을 맞출 것을 요구한다. 발달·신경과학·사회적 정서 연구에 기반한 증거들이 친화적 정서가 우리의 사회적·정서적·행동적 발달뿐만 아니라 생리적 측면에 막대한 영향을 미친다고 밝힌 바 있듯이, 친화적 정서는 자비 중심 양육 접근법의 핵심이 된다(이 책의 제7장, Mikulincer & Shaver; 이 책의 제15장, Porges; 이 책의 제10장, Saturn; 이 책의 제5장, Spinrad & Eisenberg; 이 책의 제6장, Swain & Ho).

특히나 자비 중심 양육은 단순히 자녀에게 '잘해 주는 것(being nice)'을 의미하지는 않는다. 실제로 자비에 중심을 둔 부모는, 예를 들면 아이가 항의를 하더라도 과식하거나 너무 늦게 일어나지 못하도록 할 것이다(여기에는 약간의 용기가 필요할 수 있다). 사실, 자녀를 양육하는 것은 쉽지 않을 때가 많으며, 부모는 양육자로서 자신의 역할이 무엇인지에 관해 높은 수준의 자기의심, 스트레스, 죄책감을 느낄 수 있다(Haslam, Patrick, & Kirby, 2015; Kirby, 2016). 따라서 자비 중심 양육에는 부모가 수행할 수 있는 능력 범위에 따라 수많은 역량과 수용력(예를 들어, 고통 감내력)이 필요하다. 그러므로 자녀들을 가장 잘 돕기 위해 우리는 부모를 도와야 하며, 그들에게 자비에 중심을 둔 양육 방식에 대한 기법, 지식, 자신감을 제공해야 한다. 왜냐하면 이는 고통을 예방하고 경감시키는 동시에 자녀와 부모의 웰빙을 증진하는 데 도움이 될 것이기 때문이다.

돌봄 체계 동기와 양육

진화생물학과 진화심리학에 있어 **부모의 투자**는 '다른 건강 구성요소에 투자할 수 있는 부모의 능력을 희생하면서 자식에게 이익을 주는 부모의 모든 지출'을 가리키는 개념이다. 동물들이 제공하는 부모의 투자 양은 아주 다양하다. 예를 들어, 바다거북(파충류)은 모래 해변에서 태어난 어린 새끼들에게 부모의 투자를 전혀 하지 않는다. 이와 달리 인간(포유류)은 가장 막대한 양을 제공하는데, 아동은 안전과 건강한 발달을 확보하기 위해 10년 이상 부모의 투자가 필요하기 때문이다(Gilbert, 2014). 사실, 인간과 포유류의 돌봄 체계는 영아의 생존을 가능하게 하는 결정적 체계이다. 돌봄 체계 동기 또는 자비로운 동기(Gilbert, 2014)는 부모가 자녀의 고통 신호에 민감할 것을 요구한다. 예를 들어, 울고 있을지 모를 신생아를 향하고(첫 번째 과정), 그런 뒤 그 울고 있는 영아(고통)를 향해 움직일 수 있는 능력을 갖고 있기에 그 영아는 신체접촉이나 목소리 톤 같은 진정시키는 친화적 행동을 통해 돌봄을 받을 수 있다(두 번째 과정). 그렇기에 돌봄을 주는 자(caregiver, 부모)와 돌봄을 구하는 자(care-seeker, 영아) 사이의 이러한 상호작용은 부모와 자녀 사이의 애착체계를 촉진하는 데 도움이 되며(이 책의 제7장, Mikulincer & Shaver 참조; 이 책의 제6장, Swain & Ho), 이는 애정과 친화적 행동이 포유류의 정서 조절에 얼마나 근본적인지 입증한다.

Fogel, Melson과 Mistry(1986)는 애착체계를 촉진하는 데 도움이 되는 돌봄 양육과 부모의 투자가 무엇인지에 대한 중요한 틀을 제공한다. 여기에는 다섯 가지 중요한 역량이 포함된다. ① 양육의 필요성에 대한 **자각**(awareness), ② 양육하려는 **동기**(motivation), ③ 양육에 필요한 것이 무엇인지에 대한 **이해**(understanding), ④ 양육 느낌을 표현할 수 있는 역량을 갖는 것, ⑤ **피드백** 체계, 즉 성공 여부에 따라 자신의 행동을 변경할 수 있는 능력을 갖는 것이다(신체접촉이나 목소리를 통한 진정이 효과가 없는 경우, 신생아의 울음소리에 대한 앞선 사례를 통해 볼 때, 자녀가 배고픈 것일 수 있기 때문에 이때는 먹을 것을 주어야 한다). 돌봄과 양육에 대한 이러한 접근법은 자녀를 향한 애착체계를 만드는 데 도움이 된다(이 책의 제7장, Bowlby, 1969; Mikulincer & Shaver).

애착에는 다음의 세 가지 핵심 구성요소가 있다. **접근 추구**(proximity seeking)—애착 인물(대개 엄마나 아빠)과 가까워지려는 아동의 욕구, **안전기지**(secure base)—아동이 안전감을 느낄 수 있는 원천이자 밖으로 나가서 탐색을 하며 자신감을 개발할 수 있는 지침을 받는 원천, **안전한 안식처**(safe haven)—괴로울 때 정서 조절을 촉진하게 해 주는 위안을 받을 수 있는 원천이 그것이다(Bowlby, 1969; Gilbert, 2014; 이 책의 제7장, Mikulincer & Shaver). 이

애착체계는 포유류의 진화, 특히 인간에게 결정적인데, 왜냐하면 친화적 정서와 타인(예를 들어, 부모, 가족, 친구, 다른 사람)과의 관계 맺음은 잠재적으로 정서 조절의 측면에서 가장 중요하기 때문이다(이 책, Gilbert). 친화적 연결에는 여러 가지 다른 요인 중에서도 신체 접촉, 얼굴 표정, 목소리 톤이 포함될 수 있다(Goetz et al., 2010; 이 책의 제15장, Porges).

자비 중심 양육에서의 정서 조절

인간의 경우, 정서 조절을 돕는 데 도움이 되는 핵심 과정은 친화적이고 애정 어린 행동을 통해서 작동한다. Porges가 개괄한 다미주신경 이론(이 책의 제15장)은 수초화된 부교감신경계의 활성화가 투쟁/도피 충동(자율 교감신경계)의 조절을 돕고, 우리가 위협을 받을 때 타인을 가까이 두고, 친화적이고 친사회적이며 돌보는 행동을 받음으로써 평안과 진정에 도달할 수 있게 되는 과정을 자세히 설명한다(Davidson, 2012; Depue & Morrone-Strupinsky, 2005; Gilbert, 2014; Goetz et al., 2010). 개인을 안정시키고 진정시키기 위한 호흡 연습, 친근한 목소리 톤, 얼굴 표정, 신체 표현 같은 특정 전략은 부교감신경계를 활성화할 수 있는데, 이는 심박 변이도(heart rate variability)를 개선하는 역할을 한다(Krygier et al., 2013). 더욱이, 위협을 받아 교감신경계가 활성화되면 정신화(예를 들어, 마음 이론, 공감화, 조망수용) 같은 고차의 인지 역량에 관여하는 능력이 감소하는 반면, 부교감신경계를 활

성화하면 안전감을 제공하는 데 도움이 되며 이는 전두엽을 활성화하는 능력을 증가시켜 정신화를 가능하게 한다(Klimecki et al., 2013; Thayer & Lane, 2000). 따라서 친화적 처리 체계(부교감신경계)를 활성화하는 데 초점을 맞추는 것은 정서 조절에 도움이 되며 개인이 괴로움에 처할 때 안정시키는 것을 돕는다.

자비 중심 양육의 핵심 구성요소는 정서 체계와 정서 조절을 이해하는 것이다. 정서를 이해하는 한 방식은 각각을 개별적으로 보는 것이 아니라 진화적 기능의 관점에 따라 모아서 살펴보는 것이다. 예를 들어, 우리는 그 일차 기능이 자기보호 및 방어여서 위협 상황에서 촉발되지만 안전하거나 만족스러운 상황에서는 촉발되지 않는 한 세트의 정서 전체를

찾아낼 수 있다. 다른 세트의 정서는 보상이나 자원 및 성취의 획득과 관련이 있다. 이 기능들은 개인이 자신의 웰빙에 기여하는 일을 하고 필요한 것(예를 들어, 음식, 거처)을 획득하도록 지시하고 활력을 불어넣는 데 도움이 된다. 하지만 일단 이러한 목표가 달성되고 위험도 없다면, 정서는 안정, 평화, '휴식과 소화'에 도움을 줄 것이다. 중요한 것은 이 세 유형의 정서 체계가 서로 배타적이지 않아도 되며, 오히려 다양하게 섞인다는 점이다. 정서에 대한 이 간단한 세 가지 기능의 발견적 접근법은 Gilbert(2009, 2014)가 제안한 것이다. 자비 중심 양육은 부모가 이 세 가지 정서 기능의 성숙을 위한 조건을 어떻게 증가시키고, 이것들이 어떻게 서로 섞이고 지지할 수 있는

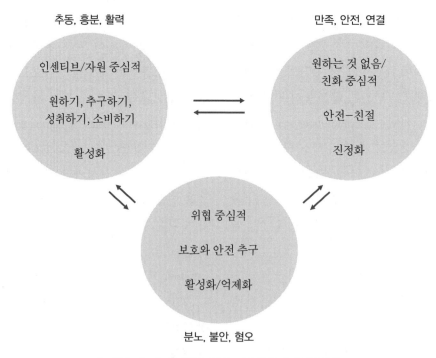

[그림 8-1] 세 가지 주요 정서 조절 체계 간의 상호작용

Constable & Robinson Ltd의 허락하에 Gilbert, *The Compassionate Mind*(2009)에서 재인용.

지의 측면에서 이해될 수 있다. 이 단순한 체계는 정서의 진화적 기능에 대한 정서 신경과학 연구에 의해 알려진 모델로, [그림 8-1]에 묘사되어 있다(Depue & Morrone-Strupinsky, 2005; LeDoux, 1998; Panksepp, 2010).

이 세 가지 정서 조절 체계는 상호작용한다. 이는 ⓐ 위협/자기보호 체계, ⓑ 추동/보상 체계, ⓒ 친화적/진정 체계이다. Gilbert(2014)와 다른 이들(Kirby, 2016)은 성취와 독립을 조장하면서 개인주의적 가치에 점점 더 초점을 맞추는 서구 문화와 가족 환경으로 인해 사람들(아동과 성인)이 위협과 보상 체계 안에 갇히는 경우가 많다는 점을 강조해 왔다(이 책의 제12장, Chiao 참조; Kasser, 2011; Park, Twenge, & Greenfield, 2014). 현재, 이 정서 조절 모델은 그 기능을 이해하는 데서 얻을 수 있는 이점에도 불구하고 EBPPs에 아직 적용되지 않았다. 예를 들어, 아이들은 (경쟁 동기를 활성화하기 위해) 다른 아이와 비교되는 성적 수준을 나타내는 성적표를 학교에서 받고 있다. 만약 아이가 '평균' 또는 '약간 평균 이하' 수준의 성적을 받았다면, 아이는 이러한 결과를 부모에게 보여 주기가 '불안'할 수 있다. 만약 부모가 위협 기반 접근법을 지향한다면, 부모는 좌절, 어쩌면 분노로 반응할 것이다. 이렇게 하면 아이가 더 열심히 공부하도록 몰고 갈 수 있으리란 희망을 가지고 말이다. 이 방식은 실제로 아이가 다른 활동을 포기하고 더 열심히 공부해서 다음 학기에 더 나은 성적을 얻는 등 원하는 결과를 가져올 수 있다. 이렇게 되면 아이는 단기적인 흥분감과 성취감을

얻을 수 있는데, 이는 부모에 의해 강화된다. 하지만 장기적인 관점에서 보면, 이 아이는 이러한 유형의 강화를 또 받으려면 계속 열심히 공부해야 한다는 사실을 깨닫는다. 그렇지 않으면 부모가 다시 아이에게 화를 낼 것이기 때문이다(불안 또는 위협 기반). 그렇기에 우리는 부모와 자녀 사이의 대인관계적 상호작용을 볼 수 있는데, 이는 아동이 내면화하는 위협-추동-위협이라는 일종의 사이클이다. 결과적으로, 그러한 아이들은 이 두 가지 체계를 통해 자신의 정서를 조절하는 법을 배우고 있는데 이는 성인기까지 계속되면서 성공을 위해 노력할 때 완벽주의의 추동으로 이어질 수 있다. 이는 위협과 보상 체계(경쟁 동기) 사이에 갇히게 될 때 종종 실패감과 높은 수준의 자기비판으로 이어질 수 있다는 점에서 우려스러운데, 이 체계는 자신을 진정시키거나 자신의 안정적 기반/안전한 안식처가 될 수 없기 때문이다(Gilbert, 2014).

때리기나 최악의 경우 아동학대 같은 높은 수준의 징벌적 양육 관행을 가진 가정에서 자란 아동을 생각해 보면, 이 아동들은 부모를 두려워할 것이기 때문에 자신의 위협 기반/자기보호 체계가 작동하고 있을 것이다. 이러한 상황은 아동에 대한 높은 수준의 동기 갈등으로 이어질 수 있는데, 왜냐하면 돌봄제공자가 친화적/진정 행동을 유발하는 사람이 아니라 위협을 유발하는 사람이었기 때문이다. 이로 인해 높은 수준의 징벌적 양육과 아동학대를 받는 가족 환경에 살고 있는 아이들이 자신은 바로 문제의 '원인'이라고 하는 자기정체

성을 발달시키고, 자기비난을 하게 된다는 일부의 이론이 제기되었다. 왜냐하면 아이들은 자신이 진정 그런 취급을 받을 만하지 않았다면 돌봄제공자가 위협 기반의 징벌적 태도를 행사하지 않았으리라 믿기 때문이다(Gilbert, 2014). 이것과 짝을 이루는 핵심 질문은 '아이들은 부모에게 맞았을 때 친화적 연결과 진정을 위해 누구에게 의지할까?'이다. 아마, 아이가 운이 좋다면 형제자매나 조부모 같은 다른 가족 구성원이 도울 수 있을 것이다. 하지만 불행하게도 이 아이들은 대개 혼자 남겨지게 되고, 이는 다시 거부, 무가치함, 사랑스럽지 않음 같은 핵심 신념을 강화할 것이다. 게다가 위협은 가정 밖에서도 활성화될 수 있다. Horowitz, McKay와 Marshall(2005)의 연구에 따르면 범죄 및 무기 사용과 관련된 폭력 같은 지역사회 수준의 스트레스 요인에 노출된 미국 도심의 아동 중 50%가 높은 비율의 외상후 스트레스 장애 증상을 보였다. 따라서 아동이 양육되는 환경을 결정하는 것은 감정을 조절하고 타인과의 애착을 형성하는 능력에 평생 영향을 미친다는 점에서 매우 중요하다(이 책의 제7장, Mikulincer & Shaver).

자비 중심 양육 접근법을 증거 기반 양육 프로그램에 장착하기

EBPPs의 영향과 효과는 자비 중심 양육 접근법을 채택함으로써 개선될 수 있다. 자비 중심 양육의 전반적인 목적은 부모 또는 '자비로운 마음' 안에 내적인 안전기지/안식처를 만들어, 부모로 하여금 위협이나 방어적인 성향이 아닌, 이끌어 낼 수 있는 최선의 자비로움으로 양육 문제에 대응할 수 있게 하는 것이다. 나는 부모의 이러한 성향이 아동기의 사회적, 정서적, 행동적 발달을 개선하는 데 도움이 될 것이라 예상한다. EBPPs에 자비 중심 양육 접근법을 장착시킬 수 있는 수많은 잠재적인 방법이 있지만, 다음에서는 몇 가지 가능한 경로를 개괄하겠다.

양육은 아주 보람된 일일 수 있지만, 부모는 정서적 균형을 잡는 데 애를 먹을 수 있고 종종 자신이 양육 과정에서 실수를 했을 때, 실패, 비판, 수치심, 죄책감으로 어려움을 겪기도 한다(Haslam, Patrick, & Kirby, 2015). 실제로 초산모들은 출산(Beck, 2004) 및 영아 수유(Thomson, Ebisch-Burton, & Flacking, 2015)와 관련하여 모성의 최초 순간부터 수치심과 비판을 경험한다(Sutherland, 2010). 예를 들어, 모유 수유를 하려 했지만 그럴 수 없는 어머니는 수치심과 산후 우울증에 특히 취약하다(Borra, Iacovou, & Sevilla, 2015). 따라서 양육에 관한 판단과 비판은 우리가 부모가 되는 바로 그 순간부터 일어날 수 있다. 비판과 수치심은 육아 전반에 걸쳐 계속되며, 최근 Tang, Luyten, Casalin과 Vliegen(2016)은 1년간의 종단 연구에서 79명의 초보 부모와 8~13개월 된 자녀를 대상으로 조사를 했다. 이 연구에 따르면 부모의 자기비난과 의존성(부모 자신의 자율감과 정체감을 발전시키지 못한 채, 사랑과 돌봄을 받아야 한다는 부적응적 욕구, 버려질지 모른다는 공포)은 관계 스트레스의 증가와 관련이 있었는데, 이는 결국 아동 발달과 부적으로 관련이 있었다. 여기가 바로 자비 중심 접근법이 도움을 줄 수 있는 지점인데, 왜냐하면 CFT는 직접적으로 높은 수준의 자기비판과 수치심을 타깃으로 하여 개발되었으며(Gilbert, 2014), 이러한 CFT의 효과는 증거들로 지지되어 왔다(Kirby, 2016).

자비 중심 양육을 EBPPs에 적용하는 한 가지 잠재적인 경로는 부모가 뇌 기능을 이해하는 것을 도움으로써 부모와 자녀 사이의 친화적 정서 관계를 촉진하도록 노력하는 것이다. 따라서 EBPPs에 삼원 정서 조절 모델을 포함시키면 부모는 진화된 정서 체계의 기능을 이해할 수 있게 되어, 부모는 아동과 양육 파트너(예를 들어, 배우자, 조부모) 간의 상호작용 '이면에 놓여 있는 것'에 대한 통찰을 얻을 수 있다. 삼원 모델을 포함시키는 데 따른 이익은 부모 자신이 스스로의 뇌를 그렇게 기능하도록 설계하지 않았다는 것을 이해하기 시작하면서 부모 자신의 수치심 및 비난 과정을 걷어 낼 수 있다는 점이다(Gilbert, 2014). 그렇게 함으로써, 이 과정은 부모가 자신의 뇌와 정서 조절 체계가 자녀의 사회정서적 발달을 돕기 위한 방식으로 기능하는 데 책임감을 갖도록 더 크게 동기부여시킬 수 있다.

EBPPs의 핵심 이론적 구성요소는 부모 스스로 자신을 확실히 돌보도록 하는 것인데, 부모 자신의 욕구가 충족되지 못하고 있다면 이는 자녀의 욕구를 충족시키는 능력을 제한하기 때문이다(예: Sanders, 2012). 최근 양육 관련 문헌에서 중요한 발견은, 공감적 부모를 가진 자녀가 상당한 이익(즉, 우울증과 공격성을 덜 경험한다; Chase-Lansdale, Wakschlag, & Brooks-Gunn, 1995)을 얻지만, 여기에는 부모에게 큰 대가가 따른다는 것이다. 두 연구에서 연구자들은 아동(Manczak, Basu, & Chen, 2015)과 청소년(Manczak, DeLongis, & Chen, 2016)에 대한 부모의 공감 수준이 높을수록, 특히 부모가 자신의 몸의 염증 표지자에 있어서 부정적 영향을 크게 받는다는 것을 발견했다. 저자들은 자녀가 심리적으로 고통을 받을 때 공감적 부모의 면역체계도 함께 고통받는다고 결론지었다. 따라서 부모의 공감이 자녀에게 아무리 이롭다고 하더라도 부모는 자기 자신도 돌봐야 한다. 이를 지지하는 연구로, Moreira, Gouveia, Carona, Silva와 Canavarro(2014)는 포르투갈의 어머니들을 대상으로 높은 수준의 스트레스가 낮은 수준의 자기자비와 유의미하게 연관되어 있다는 점을 발견했다. 이러한 연구 결과를 바탕으로, 저자들은 부모가 자신에게 더 자비로워지도록 돕는 동시에 양육 스트레스의 감소를 목표로 하는 양육 프로그램을 설계하는 것이 중요하다고 제안했다(Moreira et al., 2014). 그러므로 자비 중심 접근법은 부모가 자신과 자녀의 필요를 가장 잘 돌볼 수 있도록 하는 양육적 자기돌봄(parenting self-care)을 촉진하는 길이 될 수 있다.

나는 자비 기반 훈련이 EBPPs의 효과를 개선하는지 여부를 결정하는 데 도움이 되는 한 가지 방법은 미시 실험 기반 설계 연구(micro-trial-based design studies)를 사용하는 것이라고 주장했다(Kirby, 2016; Kirby & Laczko, 2017). 미시 실험은 환경을 조작하는 데 초점을 맞춰 비교적 간단하게 효과를 검증할 수 있는 방식이라고 조작적으로 정의된다. 이는 완전한 치료 효과나 장기적 결과에 대한 예방 효과를 가져오지는 않지만, 위협 메커니즘을 억제하거나 보호 메커니즘을 강화하도록 설계된다(Howe et al., 2010). 따라서 자비 중심 전략(즉, 진정시키는 리듬 호흡, 상상, 자애 명상)을 사용하는 것이 부모와 자녀의 즉각적인 접근 행동에 영향을 미치는지 여부를 결정할 수 있다. 만약 그러한 실험 증거를 통해 자비 기반 훈련이 가족 결과에 긍정적인 영향을 미친다는 것이 드러난다면, 현행 EBPPs에 이러한 구성요소를 포함시켜야 할 근거가 더 커지는 셈이다.

내가 아는 바로는, 부모의 자비 기반 훈련을 위한 미시 실험 설계 연구의 첫 번째 검증이 최근 수행되었는데, 이 연구는 2~12세 사이의 자녀를 둔 부모를 대상으로 자애명상(LKM)이 미치는 영향에 대해 조사했다(Kirby & Baldwin, 2016). 자애명상 훈련은 자신과 타인에 대한 짧은 구절(예를 들어, "당신이 안전하기를, 당신이 평화롭기를")을 반복하도록 했다. 메타분석에 따르면, 자애명상은 우울증 감소뿐만 아니라 자비와 자기자비에도 상당히 유의미한 영향을 미쳤다(Galante et al., 2014; Hoffman et al., 2011). Kirby와 Baldwin(2016)의 연구는 자애명상(15분 오디오 안내) 혹은 심상 초점(Focused Imagery: FI) 훈련을 받도록 각각 무선 배정된 61명의 부모를 대상으로 했

다. 참가자들은 자비, 양육 및 아동 행동, 다루기 힘든 아동 행동을 묘사하는 삽화들에 대한 부모의 정서적 · 인지적 · 행동적 반응을 조사하는 척도에 응답했다. 연구 결과에 따르면, 심상훈련 집단에 비해 자애명상 훈련을 받은 부모는 아동기의 고통 상황에 대해 더 긍정적(예를 들어, 침착하고 동정적)이었고 부정적 정서(예를 들어, 좌절과 분노) 반응을 덜 보였다. 더욱이, 이 연구는 자애명상을 했던 부모들이 대조군에 비해 자기자비의 수준이 높고 스스로에게 자비를 드러내려는 동기부여의 수준도 높았다는 점을 밝혔다. 이 연구는 양육 상황에서 자애명상을 활용하기 위한 초기의 증거를 제시하고 있다.

자비 기반 훈련이 부모에게 활용될 때에는, 이들이 이 전략을 수용할 수 있다고 생각하는지 평가하는 것이 중요하다. 부모와 소비자는 내용, 형식, 프로그램 · 전략 · 개입을 실행하는 데 사용된 전달 방식을 수용할지 판단할 수 있다(Morawska et al., 2011). 프로그램, 개입, 전략에 대한 소비자의 수용 가능성을 평가하는 핵심 이유는 개인은 자신이 수용할 수 있겠다고 간주하는 치료법에 접근하고 전략을 사용할 가능성이 더 높지만(Borrego & Pemberton, 2007), 받아들일 수 없겠다고 지각되는 치료법과 전략에는 그 효과와 무관하게 접근조차 하지 않기 때문이다(Eckert & Hintze, 2000). Kirby와 Baldwin(2016)이 최근 수행한 연구의 초점은 양육 모집단에서 자애명상의 수용 가능성을 조사하는 것이었다. 43명의 부모를 대상으로 한 연구 결과에 따르면, 대다수

부모는 자애명상을 받아들일 수 있고(81.40%) 유용하다(55.81%)고 생각하는 것으로 나타났다. 수용 가능성의 핵심 척도는 부모가 이 전략을 사용하는 빈도이며, 부모의 35%는 매일, 60%는 주 1회 완료할 수 있었다고 보고했다. 접근 장벽의 측면에서, 자애명상에 대한 어려움을 보고한 사람은 6명(14%)에 불과했는데, 가장 유의미한 접근 장벽은 완료하는 데 너무 많은 시간이 걸린다는 것이었다. 이러한 연구 결과는 Hoffman과 동료들(2011) 및 Kirby(2016)가 제안했듯이, 임상 도구로서 자애명상이 양육 개입의 다른 측면들과 협력하여 가장 잘 사용될 수 있음을 나타낸다.

EBPPs의 학습과 실행의 잠재적인 어려움에도 불구하고, 자비는 EBPPs에서 가르치는 새로운 기법에 계속 전념하도록 부모를 격려하는 방법이 될 수 있다. 예를 들어, 연구에 따르면 자기자비는 더 큰 동기부여와 연관되어 있다(Breines & Chen, 2012). 일련의 실험에서, Breines와 Chen(2012)은 자기자비 조건과 자기-존중감 통제집단, 긍정적 주의분산 통제집단의 세 가지 조건 중 하나에 학부생 참가자를 무선 배정했다. 그런 다음, 참가자에게 개인적 약점, 도덕적 위반, 불합격 후 시험 공부, 개인적 약점의 사회적 비교에 대한 응답을 요구했다. 모든 실험 전반에서, 자기자비로 반응하는 것이 이후 자기 스스로와 자신의 성과를 향상시키도록 더 많이 동기부여하게 만든다는 가설을 지지한다고 밝혀졌다. 이것은 자기자비가 자기개선과 동기부여로 이어진다는 것을 입증하는 첫 번째 실험의 일부

이다. 이 접근법을 양육 영역에 적용할 때, 처음으로 새로운 양육 전략을 실행하면 부모는 종종 어려움에 직면할 수 있으므로 자기자비는 특히 유용할 것이다. 자신에게 자비로운 마음가짐을 가진 부모는 초기의 어려움에도 불구하고 새로운 양육 기법을 계속 실행하려고 노력하는 동기가 클 수 있는데, 이는 경험적으로 검증될 필요가 있다.

아동의 자비 수준을 높이는 양육

EBPPs에 자비 중심 접근법을 포함시키는 중요한 이유는 더 자비로운 아동을 키우는 것이 목적이기 때문이다. 연구에 따르면, 공감적 부모를 둔 아이들은 더 많은 공감을 보인다(Eisenberg, Fabes, Scalier, Carlo, & Miller, 1991). 한편, 하버드 대학교의 돌봄 보편화 프로젝트(Making Caring Common Project)에서 실시한 조사에 따르면, 미국 전역 1만 명의 청소년 중 20%는 '타인을 돌보는 것'이 자신의 최우선이라고 말한 데 반해, 80%는 '성취나 행복'이 최우선이라고 말했던 것으로 드러났다(Making Caring Common, Harvard, 2014). 더욱이 이 연구는 청년들이 "부모님은 내가 공동체 구성원을 돌보고 있을 때보다 좋은 성적을 받을 때 더 자랑스러워한다."는 진술에 동의하지 않을 가능성보다 동의할 가능성이 3배 더 높다는 것을 발견했다. 결과적으로, 개발·적용·평가가 필요한 학교 기반 교육 프로그램뿐만 아니라, 아동 및 청소년의 자비와 돌봄 행동을 장려하는 데 도움이 되는 양육 개입의

역할이 중요하다.

아동이 외상이 될 수 있는 신체적 또는 정서적 학대나 방치를 경험한 경우, 돌봄제공자와 안정적인 애착을 형성하는 능력이 손상되어, 정서를 조절하는 능력에 장기적인 결과를 초래할 수 있다(Gilbert, 2014). 중요한 것은 아동의 정서에 대한 지식, 표현, 조절 능력은 자신이 받은 양육 유형에 따라 조절된다는 것이다(Havighurst, Wilson, Harley, Prior, & Kehoe, 2010). 따라서 양육 개입에 있어서 자녀에 대한 부모의 공감과 자녀의 부정적 정서에 대한 반응성을 개발하는 것을 목표로 하는 모듈이 포함되기 시작했다(Havighurst et al., 2010). 예를 들어, 아이에게 맞추기(Tuning In to Kids) 양육 프로그램(Havighurst et al., 2010)에는 정서에 대한 부모의 자각과 지식, 자녀의 정서와 부모 자신의 정서 모두에 주의를 기울이는 법, 정서 조절을 도와주는 전략을 사용하는 법(예를 들어, 느린 호흡) 등을 키우는 것을 목표로 하는 회기가 포함되어 있다. 이 프로그램은 무선 통제 연구를 통해 정서 자각을 증가시키고, 부모의 공감을 증가시킬 뿐만 아니라 무시하는 양육 습관을 감소시키는 것으로 밝혀졌다(Havighurst et al., 2010). 그러나 공감의 증가에는 부모의 희생이 따른다는 점에서 균형이 필요하며, 자비 기반 훈련은 이러한 점에서 EBPPs에 중요할 수 있다.

향후 연구 분야

자비는 EBPPs에서 중심적인 역할을 할 수 있는 큰 잠재력을 가졌지만, 중요한 가족 관련 결과에 대한 그 효과와 영향을 결정하려면 많은 경험적 연구가 필요하다. 그러한 연구에는 EBPP 평가에 있어서 주요 결과인 자비의 측정이 포함된다. 자비 불안 척도(Fears of Compassion Scale)(Gilbert, McEwan, Matos, & Rivas, 2010)와 자기자비 척도(Self-Compassion Scale)(Neff, 2003) 같은 자기보고 척도들은 이미 존재하므로, 이러한 측정도구를 포함시키면 자비가 EBPPs에 있어서 양육 방식과 아동의 사회적, 정서적, 행동적 결과의 변화에 영향을 미치는 유의미한 조절변수나 매개변인으로 작용하는지 확인하는 데 도움이 될 수 있다. 그 밖에도, EBPPs에 반응하지 않는 일부 부모들이 있다. 이에 대한 잠정적인 이유는 EBPPs에 참여할 때 직면하게 되는 긍정적인 친화적 정서 및 행동에 대한 부모 자신의 두려움(fears), 방어(blockers), 저항(resistances: FBRs) 때문일 수 있다. 따라서 중요한 연구 분야는, 자비를 포함시키는 것이 이러한 FBRs(이 책의 제29장, Gilbert 참조)를 해결하여 부모의 반응성을 증대시키고 EBPPs 참여를 유지하는 데 도움이 되는지 여부를 조사하는 것이다. 자비는 또한 특정 양육 모집단들에 차별적인 영향을 미칠 수 있다. 예를 들어, EBPPs의 자비 기반 훈련은 어린 자녀 또는 십대 부모에게 더 큰 영향을 미칠 것인가?

아니면 만성적 건강 질환이나 자폐증, 또는 주의력 결핍/과잉행동 등의 임상적 상태와 같은 장기적인 어려움을 가진 자녀의 부모가 자비 기반 EBPPs의 혜택을 가장 많이 받을 수 있을지 모른다. 아니면 자비 기반 EBPPs에서 가장 큰 덕을 보는 것은 수치심과 자기비판의 수준이 높은 부모일 가능성도 있다.

향후 연구를 위한 핵심적인 질문은 기존의 개입과 비교할 때 양육에 대한 자비 중심 접근법이 EBPPs의 효과를 증가시키는지 여부를 확인하는 것이다. 평가를 하려면, 결과는 단기적 결과(예를 들어, 사전, 사후, 6개월 추적)뿐만 아니라, 자비 중심 양육의 효과를 확인하기 위한 종단적 결과(5년, 10년, 30년)에도 초점이 맞춰져야 한다. 자기보고 측정뿐만 아니라, 부모-자녀 상호작용 및 형제자매 상호작용에 대한 관찰, 자녀와 부모에 대한 신경학적 및 생리학적 측정[예를 들어, 뇌 영상 및 생체 표지자(biomarkers)] 같은 다양한 평가 자원이 자비 중심 양육을 이해하는 데 도움이 될 것이다.

고도 때로는 도전적인 경험에 도움을 주면서, 부모의 양육 경험에 대한 낙인과 수치심을 제거하는 데 기여할 수 있다. 자비 중심 양육 접근법의 추가적 이점은 자녀를 자비롭게 키울 수 있다는 희망에 있기도 하다. 자비 중심 양육 분야가 왜 그렇게 중요한지에 대한 Paul Gilbert의 통렬한 통찰로 이 장을 요약하며 마치겠다.

초기 삶이 뇌 성숙과 심지어 유전자 발현에까지 어떻게 영향을 미치는지 우리가 알고 있는 지식의 규모를 감안해 볼 때, '모든 어린이가 자비로운 환경에서 자라기를' 바라는 열망에 쏟아부을 자원이 그처럼 한정되어 있다는 것은 참 기이한 일이다. '전 세계의 어린이가 얼마나 끔찍한 조건에서 자라는지'에 대한 문제의 규모와 본질을 파악하지 못한 실패는 아마도 인류에게 있어서 가장 큰 자비의 실패일 것이다(Gilbert, 2014, p. 28)!

결론

결론적으로, 뇌의 기능 방식에 대한 이해와 진화된 돌봄 동기부여 체계 및 친화적 정서 처리 과정을 이해하는 것이 중요하다는 이해가 발전함에 따라, 다음 세대 EBPPs는 흥미로운 미래를 기대할 수 있게 되었다. 자비 중심 양육은 자녀를 키울 때 부모가 겪는 보상적이

🌸 참고문헌

Aos, S., Lee, S., Drake, E., Pennuci, A., Klima, T., Miller, M., … Burley, M. (2014). *Return on Investment: Evidence-Based Options to Improve State-wide Outcomes* (Document No. 11-07-1201). Olympia, WA: Washington State Institute of Public Policy.

Baumeister, R. F., Bratslavsky, E., Finkenauer, C., & Vohs, K. D. (2001). Bad is stronger than good. *Review of General Psychology, 5*, 323-370.

Baumrind, D. (1966). Effects of authoritative parental control on child behavior. *Child Development*, 37, 887-907.

Beaver, K. M., & Belsky, J. (2012). Gene-environment interaction and the intergenerational transmission of parenting: Testing the differential-susceptibility hypothesis. *Psychiatry Quarterly, 83*, 29-40. doi:10.1007/si1126-011-9180-4

Beck, C. T. (2004). Birth trauma: In the eye of the beholder. *Nursing Research, 53*, 28-35.

Belsky, J., & de Haan, M. (2011). Annual Research Review: Parenting and children's brain development: The end of the beginning. *Journal of Child Psychology & Psychiatry, 52*, 409-428. doi:10.1111/j.l469-7610.2010.02281.x

Biglan, A. (2015). *The Nurture Effect: How the Science of Human Behavior Can Improve Our Lives and Our World*. Oakland, CA: New Harbinger.

Biglan, A., Flay, B. R., Embry, D. D., & Sandler, I. N. (2012). The critical role of nurturing environments for promoting human well-being. *American Psychologist, 67*, 257-271. doi:10.1037/a0026796

Bordin, I. A. S., Paula, C. S., do Nascimento, R., & Duarte, C. S. (2006). Severe physical punishment and mental health problems in an economically disadvantaged population of children and adolescents. *Revista Brasileira de Psiquiatria, 28*, 290-296. doi:org/10.1590/S1516-44462006000400008

Bornstein, M. H., Suwalsky, J. T. D., & Breakstone, D. A. (2012). Emotional relationships between mothers and infants: Knowns, unknowns, and unknown unknowns. *Developmental Psychopathology, 24*, 113-123. doi:10.1017/S0954579411000708

Borrego, J., & Pemberton, J. R. (2007). Increasing acceptance of behavioural child management techniques: What do parents say? *Child Family Behaviour Therapy, 29*, 27-43. doi:10.1300/J019v29n02_03.

Borra, C., Iacovou, M., & Sevilla, A. (2015). New evidence on breastfeeding and postpartum depression: The importance of understanding women's intentions. *Maternal Child Health Journal*, 19, 897-907. doi:10.1007/s10995-014-1591-z

Bowlby, J. (1969). *Attachment: Attachment and Loss, Vol. 1*. London: Hogarth Press.

Breines, J. G., & Chen, S. (2012). Self-compassion increases self-improvement motivation. *Personality & Social Psychology Bulletin, 38*, 1133-1143. doi:10.1177/0146167212445599

Bugental, D. B., Martorell, G. A., & Barraza, V. (2003). The hormonal costs of subtle forms of infant maltreatment. *Hormones Behavior, 43*, 237-244. doi:10.1016/S0018-506X(02)00008-9

Cecil, C. A. M., Barker, E. D., Jaffee, S., & Viding,

E. (2012). Association between maladaptive parenting and child self-control over time: Cross-lagged study using a monozygotic twin difference design. *British Journal of Psychiatry, 201*, 291-297. doi:10.1192/bjp.bp.111.107581

Chapman, S., Alpers, P., & Jones, M. (2016). Association between gun law reforms and intentional firearm deaths in Australia, 1970-2013. *Journal of the American Medical Association, 316*, 291-299. doi:10.1001/jama.2016.8752

Chase-Lansdale, P. L., Wakschlag, L. S., & Brooks-Gunn, J. (1995). A psychological perspective on the development of caring in children and youth: The role of the family. *Journal of Adolescence, 18*, 515-556.

Comer, J. S., Chow, C., Chan, P. T., Cooper-Vince, C., & Wilson, L. A. S. (2013). Psychosocial treatment efficacy for disruptive behaviorproblems in very young children: A meta-analytic examination. *Journal of the American Academy of Child Adolescent Psychiatry, 52*, 26-36. doi:10.1016/j.jaac.2012.10.001

Davidson, R. J. (2012). The biology of compassion. In C. Germer & D. Siegel (Eds.), *Wisdom and Compassion in Psychotherapy: Deepening Mindfulness in Clinical Practice* (pp. 111-118). New York: Guilford Press.

Depue, R. A., & Morrone-Strupinsky, J. V. (2005). A neuro behavioral model of affiliative bonding. *Behavioral & Brain Sciences, 28*, 313-395.

D'Souza, A. J., Russell, M., Wood, B., Signal, L., & Elder, D. (2016). Attitudes to physical punishment of children are changing. *Archives of Disease in Childhood, 101*, 690-693.

doi:10.1136/archdischild-2015-310119

Dunbar, R. I. M. (2010). The social role of touch in humans and primates: Behavioural function and neurobiological mechanisms. *Neuroscience & Biobehavioral Reviews, 34*, 260-268. doi:10.1016/j.neubiorev.2008.07.001

Eisenberg, N., Fabes, R. A., Schaller, M., Carlo, G., & Miller, P. A. (1991). The relations of parental characteristics and practices to children's vicarious emotional responding. *Child Development, 62*, 1393-1408.

Eckert, T. L., & Hintze, J. M. (2000). Behavioural conceptions and applications of acceptability: Issues related to service delivery and research methodology. *School Psychology Quarterly, 15*, 123-148. doi:10.1037/h0088853

Ellis, B. J., Del Guidice, M., Dishion, T. J., Figueredo, A. J., Gray, P., Griskevicius, V., ... Wilson, D. S. (2012). The evolutionary basis of risky adolescent behaviour: Implications for science, policy, and practice. *Developmental Psychology, 48*, 598-653. doi:10.1037/a0026220

Fernandez, M., & Eyberg, S. (2009). Predicting treatment and follow-up attrition in Parent-Child Interaction Therapy. *Journal of Abnormal Child Psychology, 37*, 431-441.

Felitti, V. J., Anda, R. F., Nordenberg, D., Williamson, D. F., Spitz, A. M., Edwards, V., ... Marks, J. S. (1998). Relationship of childhood abuse and household dysfunction to many of the leading causes of death in adults: The Adverse Childhood Experiences (ACE) study. *American Journal of Preventive Medicine, 14*, 245-258.

Fogel, A., Melson, G. F., & Mistry, J. (1986).

Conceptualizing the determinants of nurturance: A reassessment of sex differences. In A. Fogel & G. F. Melson (Eds.), *Origins of Nurturance: Developmental, Biological and Cultural Perspectives on Caregiving* (pp. 69-90). Hillsdale, NJ: Lawrence Erlbaum Associates.

Forgatch, M. S., & Patterson, G. R. (2010). Parent Management Training-Oregon Model: An intervention for antisocial behavior in childrenand adolescents. In J. R. Weisz, & A. E. Kazdin (Eds.), *Evidence-based psychotherapies for children and adolescents* (2nd ed., pp. 159-178). NY: Guilford.

Galante, J., Galante, I., Bekkers, M. J., & Gallacher, J. (2014). Effect of kindness-based meditation on health and well-being: A systematic review and meta-analysis. *Journal of Consulting Clinical Psychology, 82*, 1101-1114. doi:10.1037/a0037249

Gilbert, P. (2014). The origins and nature of compassion focused therapy. *British Journal of Clinical Psychology, 53*, 6-41. doi:10.1111/bjc.12043

Gilbert, P., & Choden. (2013). Mindful Compassion. London: Constable-Robinson. Gilbert, P., McEwan, K., Matos, M., & Rivis, A. (2010). Fears of compassion: Development of three self-report measures. *Psychology & Psychotherapy: Theory, Research Practice, 84*, 239-255. doi:10.1348/147608310X526511

Goetz, J. L., Keltner, D., & Simon-Thomas, E. (2010). Compassion: An evolutionary analysis and empirical review. *Psychological Bulletin, 136*, 351-374. doi:10.1037/a0018807

Haslam, D. M., Patrick, P., Kirby, J. N. (2015). Giving voice to working mothers: A consumer informed study to program design for working mothers. *Journal of Child Family Studies, 24*, 2463-2473. doi:10.1007/s10826-014-0049-7

Havighurst, S. S., Wilson, K. R., Harley, A. E., Prior, M. R., & Kehoe, C. (2010). Tuning In to Kids: Improving emotion socialization practices in parents of preschool children-findings from a community trial. *Journal of Child Psychology Psychiatry, 51*, 1342-1350. doi:10.1111/j.1469-7610.2010.02303.x

Hoffmann, S. G., Grossman, P., & Hinton, D. E. (2011). Loving-kindness and compassion meditation: Potential for psychological intervention. *Clinical Psychology Review, 13*, 1126-1132. doi:10.1016/j.cpr.2011.07.003

Horowitz, K., McKay, M., & Marshall, R. (2005). Community violence and urban families: Experiences, effects, and directions for intervention. *American Journal of Orthopsychiatry, 75*, 356-368. doi:10.1037/0002-9432.75.3.356

Howe, G. W., Beach, S. R., & Brody, G. H. (2010). Microtrial methods for translating gene-environment dynamics into preventive interventions. *Prevention Science, 11*, 343-354. doi:10.1007/s11121-010-0177-2

Jackson, S., Thompson, R. A., Christiansen, E. H., Colman, R. A., Wyatt, J., Buckendahi, C. W., et al. (1999). Predicting abuse-prone parental attitudes and discipline practices in a nationally representative sample. *Child Abuse & Neglect, 23*, 15-29.

Jazaieri, H., McGonigal, K., Jinpa, T., Doty, J. R., Gross, J. J., & Goldin, P. R. (2013). A randomized controlled trial of compassion cultivationtraining: Effects on mindfulness, affect, and emotion regulation. *Motivation & Emotion, 38*, 23-35. doi:10.1007/s11031-013-9368-z

Kaminski, J. W., Valle, L. A., Filence, J. H., & Boyle, C. L. (2008). A meta-analytic review of components associated with parent training program effectiveness. *Journal of Abnormal Child Psychology, 36*, 567-589. doi:10.1007/s10802-007-9201-9

Kasser, T. (2011). Cultural values and the well-being of future generations: A cross-national study. *Journal of Cross-Cultural Psychology, 42*, 206-215. doi:10.1177/0022022110396865

Kirby, J. N. (2016). The role of mindfulness and compassion in enhancing nurturing family environments. *Clinical Psychology: Science & Practice, 23*, 142-157. doi:10.1111/cpsp.12149

Kirby, J. N. (2016). Compassion interventions: The programs, the evidence, and implications for research and practice. *Psychology & Psychotherapy: Theory, Research, & Practice.* Advanced online publication. DOI:10.1111/papt.12104

Kirby, J. N., & Baldwin, S. (2016). Self-compassion and parenting: The influence of a Loving-Kindness Meditation on parenting practices. Manuscript under review.

Kirby, J. N., & Laczko, D. (2017). Self-compassion in young adults: A randomized micro-trial of a loving-kindness meditation. *Journal of Child and Family Studies.* Advanced Online Publication, doi:10.1007/s10826-017-0692-x

Kirby, J. N., & Sanders, M. R. (2012). Using consumer input to tailor evidence-based parenting interventions to the needs of grandparents. *Journal of Child & Family Studies, 21*, 626-636. doi:10.1007/s10826-011-9514-8

Klevens, J., & Whitaker, D. J. (2007). Primary prevention of child physical abuse and neglect: Gaps and promising directions. *Child Maltreatment 12*, 364-377.

Klimecki, O. M., Leiberg, S., Ricard, M., & Singer, T. (2013). Differential pattern of functional brain plasticity after compassion and empathy training. *Social Cognitive & Affective Neuroscience*, doi:10.1093/scan/nst060

Krygier, J. R., Heathers, J. A., Shahrestani, S., Abbott, M., Gross, J. J., & Kemp, A. H. (2013). Mindfulness meditation, well-being, and heartrate variability: A preliminary investigation into the impact of intensive Vipassana meditation. *International Journal of Psychophysiology, 89*, 305-313. doi:10.1016/j.ijpsycho.2013.06.017

LeDoux, J. (1998). The Emotional Brain. London: Weidenfeld and Nicolson. Manczak, E.M., Basu, D., & Chen, E. (2015). The price of perspective taking: Child depressive symptoms interact with parental empathy to predict immune functioning in parenting. *Clinical Psychological Science, 4*, 485-492. https://doi.org/10.1177/2167702615595001

Manczak, E., DeLongis, A., & Chen, E. (2016). Does empathy have a cost? Diverging psychological and physiological effects within families. *Health Psychology, 35*, 211-218. doi.org/10.1037/hea0000281

Maternal and Child Nutrition Study Group. (2013). Maternal and child nutrition: Building momentum for impact. *The Lancet, 382*, 372–375. doi.org/10.1016/S0140-6736(13)60988-5

Menting, A. T. A., de Castro, B. A., & Matthys, W. (2013). Effectiveness of the Incredible Years parent training to modify disruptive andpro social child behavior: A meta-analytic review. *Clinical Psychology Review, 33*, 901–913. http://dx.doi.Org/10.1016/j.cpr.2013.07.006

Moffitt, T. E., Arseneault, L., Belsky, D., Dickson, N., Hancox, R. J., Harrington, H, … Caspi, A. (2011). A gradient of childhood self-control predicts health, wealth, and public safety. *Proceedings of the National Academy of Sciences, 108*, 2693–2698. doi:10.1073/pnas.1010076108

Morawska, A., Sanders, M. R., Goadby, E., Headley, C., Hodge, L., McAuliffe, C., et al. (2011). Is the Triple P-positive parenting program acceptable to parents from culturally diverse backgrounds? *Journal of Child and Family Studies, 20*, 614–622. doi:10.1007/s10826-010-9436-x.

Moreira, H., Gouveia, M. J., Carona, C., Silva, N., & Canavarro, M. C. (2014). Maternal attachment and children's quality of life: The mediating role of self-compassion and parenting stress. *Journal of Child & Family Studies*. doi:10.1007/s10826-014-0036-z

National Research Council & Institute of Medicine. (2009). *Preventing Mental, Emotional, and Behavioral Disorders Among Young People: Progress and Possibilities*. Washington, DC: National Academies Press.

Neff, K. (2003). The development and validation of a scale to measure self-compassion. *Self & Identity, 2*, 223–250. doi: 10.1080/15298860390209035

Neff, K. D., & Germer, C. K. (2013). A pilot study and randomized controlled trial of the mindful self-compassion program. *Journal of Clinical Psychology, 69*, 28–44. doi:10.1002/jclp.21923

Nowak, C., & Heinrichs, N. (2008). A comprehensive meta-analysis of Triple P-Positive Parenting Program using hierarchical linear modeling: Effectiveness and moderating variables. *Clinical Child Family Psychology Review, 11*, 114–144, http://dx.doi.org/10.1007/s10567-008-0033-0.

Odgers, C. L., Caspi, A., Russell, M. A., Sampson, R. J., Arseneault, L., & Moffit, T. E. (2012). Supportive parenting mediates neighborhood socioeconomic disparities in children's antisocial behavior from ages 5 to 12. *Development & Psychopathology, 24*, 705–721. doi:10.1017/S0954579412000326150

Panksepp, J. (2010). Affective neuroscience of the emotional brainmind: Evolutionary perspectives and implications for understanding depression. *Dialogues in Clinical Neuroscience, 12*, 383–399.

Park, H., Twenge, J. M., & Greenfield, P.M. (2014). The great recession: Implications for adolescent values and behavior. *Social Psychological & Personality Science, 5*, 310–318. doi:10.1177/1948550613495419

Patterson, G. R. (2005). The next generation of PMTO models. *The Behavior Therapist, 28*, 25–32.

Prinz, R.J. (2015). Parenting and family support within a broad child abuse prevention strategy. *Child Abuse and Neglect, 51*, 400–406.

Prinz, R. J., Sanders, M. R., Shapiro, C. J.,

Whitaker, D. J., & Lutzker, J. R. (2009). Population-based prevention of child maltreatment: The U.S. Triple P system population trial. *Prevention Science, 10*, 1-12. doi:10.1007/s11121-009-0123-3

Regalado, M., Sareen, H., Inkelas, M., Wissow, L. S., & Halfon, N. (2004). Parents, discipline of young children: Results from the national survey of early childhood health. *Pediatrics, 113*, 1952-1958.

Sanders, M. R. (2012). Development, evaluation, and multinational dissemination of the Triple P-Positive Parenting Program. *Annual Review of Clinical Psychology, 8*, 1-35. doi:10.1146/annurev-clinpsy-032511-143104

Sanders, M.R., & Kirby, J.N. (2014). Surviving or thriving: Quality assurance mechanisms to promote innovation in the development of evidence-based parenting interventions. *Prevention Science*. Advanced publication, doi:10.1007/s11121-014-0475-1

Sanders, M. R., Kirby, J. N., Tellegen, C. L., & Day, J. J. (2014). The Triple P-Positive Parenting Program: A systematic review and meta-analysis. *Clinical Psychology Review, 34*, 337-357. doi:10.1016/j.cpr.2014.04.003

Sanders, M. R., Markie-Dadds, C., Rinaldis, M., Firman, D., & Baig, N. (2007). Using household survey data to inform policy decisions regarding the delivery of evidenced-based parenting interventions. *Child: Care, Health and Development, 33*, 768-783.

Schore, A. (1997). Early organization of the nonlinear right brain and development of a predisposition to psychiatric disorders. *Development Psychopathology, 9*, 595-631.

Seigel, D., & Bryson, T. P. (2011). The Whole Brain Child. New York: Bantam Books.

Stack, D. M., Serbin, L. A., Enns, L. N., Ruttie, P. L., & Barrieau, L. (2010). Parental effects on children's emotional development over time and across generations. *Infants & Young Children, 23*, 52-69. doi:10.1097/IYC.0b013e3181c97606

Strauss, C., Taylor, B. L., Gu, J., Kuyken, W., Baer, R., Jones, F., & Cavanagh, K. (2016). What is compassion and how can we measure it? A review of definitions and measures. *Clinical Psychology Review, 47*, 15-27. doi:doi.org/10.1016/j.cpr.2016.05.004

Sutherland, J. (2010). Mothering, guilt and shame. *Sociology Compass, 4*, 310-321. 10.1111/j.l751-9020.2010.00283.x

Tang, E., Luyten, P., Casalin, S., & Vilegen (2016). Parental personality, relationship stress, and child development: A stress generation perspective. *Infant Child Development, 25*, 179-197. doi:10.1002/icd.1922

Thayer, J. F., & Lane, R. D. (2000). A model of neurovisceral integration in emotion regulation and dysregulation. *Journal of Affective Disorders, 61*, 201-216.

Thomson, G., Ebisch-Burton, K., & Flacking, R. (2015). Shame if you do-shame if you don't: Womens experiences of infant feeding. *Maternal & Child Nutrition, 11*, 33-46.

United Nations Tribune. (2014). *The 42 Countries That Have Banned Corporal Punishment*. Retrieved July 28th, 2016 from:http://untribune.com/42-countries-banned-corporal-punishment/

United Nations Office Drugs & Crime (2009).

Guide to Implementing Family Skills Training Programmes for Drug Abuse Prevention. New York: United Nations.

Unternaehrer, E., Luers, P., Mill, J., Dempster, E., Meyer, A. H., Staehli, S., ... Meinlschmidt, G. (2012). Dynamic changes in DNA methylation of stress-associated genes *(OXTR, BDNF)* after acute psychosocial stress. *Translational Psychiatry, 2*, e150. doi:10.1038/tp.2012.77

U.S. Department of Transportation. (2016). Traffic Safety: Seat Belt Use in 2015–*Overall Results*. Washington, DC: National Highway Traffic Safety Administration, National Center for Statistics and Analysis.

Webster-Stratton, C. (1998). Preventing conduct problems in Head Start children: Strengthening parenting competencies. *Journal of Consulting Clinical Psychology, 66*, 715-730.

doi:10.1037/0022-006X.66.5.715

World Health Organization. (2006). *World Report on Violence Against Children*. Geneva: WHO.

World Health Organization. (2009). *Preventing Violence Through the Development of Safe, Stable and Nurturing Relationships Between Children and Their Parents and Caregivers. Series of Briefings on Violence Prevention: The Evidence*. Geneva: WHO.

World Health Organization. (2014). *Child Maltreatment* (Fact Sheet No. 150). Geneva: WHO. Retrieved July 21st, 2016 from: www.who.int/mediacentre/factsheets/fs150/er/.

Zolotor, A. J., Theodore, A. D., Coyne-Beasley, T., & Runyan, D. K. (2007). Intimate partner violence and child maltreatment: Overlapping risk. *Brief Treatment Crisis Intervention, 7*, 305-321. doi:10.1093/brief-treatment/mhm021

제3부

심리생리학적 및 생물학적 접근

제9장

자비로운 뇌

Olga M. Klimecki and Tania Singer

요약

이 장에서는 자비와 공감, 공감 염려, 공감 피로 등 사회적 정서와 관련된 뇌과학에 초점을 맞춘다. 우리는 먼저 공감과 관련된 뇌과학 문헌을 검토하여 공감을 일종의 사회적 감정으로 연관 지을 것이다. 그런 다음 돌봄 및 사회적 연결과 관련된 주제로 전환하여 자비의 신경 신호에 관한 횡단 연구를 설명할 것이다. 자비 훈련이 신경 기능을 변화시킬 수 있는지 여부를 조사하기 위해 숙련된 전문가 집단과 자비 명상에 경험이 없는 집단을 연구 대상으로 하여 숙련된 자비에 신경 '지문'이 존재하는지 여부를 밝히는 연구가 진행되었다. 또한 후자의 연구에서는 기능 가소성에서 자비 훈련과 고통공감 사이의 차이를 비교하는 분석도 포함하였다. 이 연구는 자비 훈련이 신경 기능을 변화시킬 뿐 아니라, 고통공감과 관련된 신경기질이나 경험과는 차이가 있음을 보여 준다. 이는 고통을 공감하는 것과 자비를 느끼는 것에서 각각 별개의 뚜렷한 행동 패턴이 관찰된다는 사실과 흐름을 같이한다. 이 내용은 이 장의 마지막 부분에서 설명할 것이다.

핵심용어

공감, 자비, 돌봄, 사회적 연결, 보상, 신경기질, 고통공감, 친사회적 행동

공감과 관련된 개념들

인간은 서로를 이해하기 위해서 타인을 공감하는 능력을 사용할 수 있다. 즉, 자신의 감정으로 오인하지 않은 채 타인의 감정을 공유하는 것이다(de Vignemont & Singer, 2006). 따라서 사람은 행복을 느끼면서 타인의 행복에 공감할 수 있고, 슬픔을 느끼면서 타인의 슬픔에 공감할 수 있다. 원칙적으로 공감 반응은 부정적 정서를 유도할 만한 수준으로 긍정적 정서 역시 이끌어 낼 수 있다. 어느 쪽으로 갈 것인지는 우리가 정서적으로 공명에 빠져들고 있는 상대방 감정에 달려 있다. 하지만 지금까지 심리학과 뇌과학에서 이루어진 대부분의 공감 관련 연구는 공감의 즐거움 혹은 타인의 유쾌한 경험과 공명하는 것

보다 타인의 고통에 공감하는 반응에 초점을 맞추어 왔다(Lamm, Silani, & Singer, 2015; Mobbs et al., 2009 참조). 더 구체적으로 말하면, 고통공감은 주로 감정 고통 혹은 신체 고통을 겪는 누군가를 관찰할 때 발생하는 관찰자의 뇌 활동을 측정함으로써 검증되었다(메타분석 자료는 Fan, Duncan, de Greck, & Northoff, 2011; Lamm, Decety, & Singer, 2011 참조). 일반적으로 실험 설정은 기능 자기공명영상(fMRI)을 통해 참가자의 뇌 활동을 측정하는 과정을 포함한다. 참가자는 실험에서 실수로 칼에 손을 베거나 차 문에 손을 찧는 것과 같이 통증을 경험하는 상황을 사진으로 보게 된다(Jackson, Meltzoff, & Decety, 2005). 달리 사용되는 시나리오로는 실험 참가자가 실험용 MRI 스캐너 옆에 앉은 사람이 전기 충격 등으로 통증 유발 자극을 받는 것을 목격하는 것도 있다(Singer, Seymour, O'Doherty, Kaube, Dolan, & Frith, 2004). 다양한 실험실에서 여러 가지 유형의 패러다임으로 고통공감을 연구하였던 연구 결과를 모아 시행한 메타 분석은 타인의 통증을 목격할 때 핵심 네트워크, 소위 고통공감 네트워크 활성이 증가함을 보여 주었다. 이 네트워크는 앞쪽 섬엽(AI)과 안쪽/앞쪽 대상피질로 구성된다(Fan, Duncan, de Greck, & Northoff, 2011; Lamm, Decety, & Singer, 2011). 이 두 영역은 내수용 감각과 전반적 감각 경험의 인식(Craig, 2003)과 함께, 특히 통증 지각과 관련된 감정 경험을 처리하는 신경망의 일부로 제안된 바 있다(Lamm & Singer, 2010; Peyron, Laurent,

& Garcia-Larrea, 2000; Rainville, 2002; Singer, Critchley, & Preuschoff, 2009). 중요한 점은, 타인의 고통을 목격했을 때 유도되는 핵심 네트워크의 활성화가 공감 소질의 개인차와 부정적 정서 및 공감 경험에 대해 개인이 보고하는 바에 따라 조정이 이루어진다는 사실이다(Kanske, Bockler, Trautwein, & Singer, 2015; Klimecki, Leiberg, Lamm, & Singer, 2013; Lamm et al., 2011; Singer et al., 2004). 통증 경험의 정서 반응을 처리할 때 자신의 통증 경험과 타인의 통증 경험으로 인해 활성화가 이루어지는 뇌 영역에는 부분적으로 겹치는 부위가 있다. 이러한 사실은 타인 감정을 이해하려면 자신의 내면에서도 비슷한 경험을 처리하는 신경 네트워크에서 활성화가 일어나야 함을 암시한다. 즉, 통증을 직접 경험하는 것과 타인의 통증 경험을 관찰하는 것은 동일한 감정 처리 신경 네트워크를 공유한다. 다중 복셀 유형 분석법을 사용한 최근 연구들은 일부 AI 부위가 통증, 혐오, 자기나 타인의 불공정에 관한 경험 등을 반영하는 느낌 상태와 관련하여 양식 특이적(modality-specific) 정보를 처리한다고 제안한다. 반면, AI의 다른 하위 영역은 불쾌감과 같은 영역 일반적(domain-general) 느낌을 처리한다(Corradi-Dell'Acqua, Hofstetter, & Vuilleumier, 2011; Corradi-Dell'Acqua, Tusche, Vuilleumier, & Singer, 2016). 앞서 언급했듯이, 공감은 타인의 고통과 정서적으로 공명하는 것에 국한되지 않는다. 따라서 직접 경험과 관찰 경험이 작동하는 네트워크를 서로 공유하는 현상은 냄새나 혐오(Jabbi,

Bastiaansen, & Keysers, 2008; Wicker, Keysers, Plailly, Royet, Gallese, & Rizzolatti, 2003), 중립적 혹은 유쾌한 방식으로 피부에 닿는 감각의 공감(Keysers, Wicker, Gazzola, Anton, Fogassi, & Gallese, 2004; Lamm, Silani, & Singer, 2015), 대리 보상(Mobbs et al., 2009)과 같은 다른 영역의 공감에서도 보고되었다.

타인의 고통에 공감하는 반응 맥락과 관련된 문헌은 기본적으로 두 개의 결과로 구분된다(Klimecki & Singer, 2013, Batson, 이 책의 제3장 참조). 공감 반응은 일부 연구자가 **공감 고통**(예: Sagi & Hoffman, 1976)으로, 다른 연구자는 **개인적 고통**(Davis, 1983)으로 부르는 것으로 변환될 수 있다. 공감 고통 혹은 개인적 고통은 타인에게 일어났던 일이 마치 자신에게도 일어난 것처럼 타인의 고통을 공유하는 것을 의미한다. 그것은 강한 부정적 정서와 혐오적 감정 경험을 감소시키려고 그 상황에서 물러나는 동기를 동반하는 느낌이다. 또 일부 연구(예: Davis, 1983)에서는 **공감 염려**로, 다른 연구(예: Gilbert, 2010; Lutz et al., 2008)에서는 **자비**라고 부르는 감정을 느낄 수도 있다. 이는 타인의 고통에 대한 민감성으로 정의할 수 있는데 그 고통을 완화하기 위한 동기를 동반한다(Goetz, Keltner, & Simon-Thomas, 2010). 다음 절에서 우리는 지금까지 알려진 것을 중심으로 자비와 관련된 뇌 기능 및 돌봄이나 사회적 연결과 관련된 개념을 설명할 것이다. 그런 다음 자비 훈련의 기초가 되는 뇌 가소성에 초점을 맞춘다. 마지막으로, 공감, 공감 고통, 자비 사이의 차이점을 더 자세히 살펴보고 각각의 가소성에 대한 최근 연구 결과를 제시할 것이다.

돌봄, 사회적 연결, 보상의 신경기질 및 건강과 연계성

자비 연구의 함의를 적절한 맥락에서 파악하려면 돌봄이나 연결과 보상의 느낌에 대한 신경학적 기초를 간단히 검토하는 것이 유용할 것이다. 돌봄 행동과 관련된 최신 종설(Preston, 2013)에 따르면 설치류에서 자녀 돌봄은 편도, 복측 피개영역, 측좌핵, 배쪽 창백핵을 포함하는 뇌 영역의 활성화에 의존한다. 인간에도 안와전두피질(OFC)과 슬하 앞쪽 대상피질로 구성된 유사한 체계가 존재한다. Preston(2013)은 돌봄 및 이타주의와 관련된 신경 활성화가 상당 수준 중복됨을 보이는데, 이는 그 이면에 작동하는 신경 기전이 유사함을 나타내는 것이라고 지적한다. 또한 이러한 신경 네트워크는 사회적으로 연결된 느낌, 즉 타인으로부터 보살핌을 받고, 가치 있는 사람으로 인정받고, 사랑받고 있다는 사실을 지각하는 것과 관련이 있다(Eisenberger & Cole, 2012 참조). 예를 들어, 안와전두피질 활성화는 신체 통증을 경험할 때 자신을 위로해 주는 사랑하는 연인의 사진을 보거나(Eisenberger et al., 2011) 혹은 사회로부터 배제된 기간에 지지적인 메시지가 제공될 때(Onoda et al., 2009) 증가하는 것으로 관찰되었다.

마지막으로, 돌봄과 사회적 연결체계는, 예를 들어 원하는 음식을 제공받을 때, 매력적인 얼굴을 볼 때, 금전 보상을 받을 때와 같이 보상과 관련된 신경 네트워크와 겹친다(예: O'Doherty, 2004; Schultz, 2000 참조). 비록 보상과 연대감이 유사한 뇌 영역을 활성화한다고 하지만, 이 두 체계의 기저에서 작용하는 신경전달물질계는 서로 다를 것이다. 연대감과 돌봄은 대체로 옥시토신이나 오피애드와 같은 신경 펩타이드와 연관되어 있는 반면(Insel, Young, & Wang, 1997; McCall & Singer, 2012), 보상 과정을 처리하는 데는 도파민이 중요한 역할을 한다(Shultz, 2000 참조). 중요한 것은 사회적 지지 역시 신체 건강에 유익한 의미를 가지는 듯 보인다는 점이다. 그러므로 돌봄과 보상에 관련된 뇌 영역의 증가는 위협이나 스트레스와 관련된 뇌 영역, 예를 들어 등쪽 대상피질, 앞쪽 섬엽, 수도관 주위 회백질 등의 활성화가 감소하는 것과 연결되어 있고, 사랑하는 사람을 돌보는 일에 능동적으로 참여하면 심혈관계 각성과 사망률이 감소한다는 주장이 제안되었다(Eisenberger & Cole, 2012 참조). 최근 논문에서 시사하는 바와 같이, 건강에 대한 유익한 효과가 프로게스테론이나 옥시토신과 같이 임신이나 자녀 돌봄과 관련된 호르몬에 의존함을 암시하는 증거가 증가하고 있다(Brown & Brown, 2015).

종합하면, 돌봄이나 사회적 연결감, 이타주의와 관련된 공통의 신경 네트워크가 존재하는 듯 보인다. 이 뇌 네트워크 활성화는 또 다른 이로운 효과를 갖고 있는데, 이는 위협과 스트레스와 관련된 반응을 억제함으로써 나타난다. 이 신경 네트워크를 더 자세히 조사하면 돌봄, 연대감, 이타주의, 건강이 어떤 식으로 연결되는지에 관해 흥미로운 통찰을 얻을 수 있다.

자비의 신경기질

비록 자비보다는 공감에 초점을 맞춘 뇌영상 연구가 더 많지만, 최근에는 자비와 관련된 감정 연구가 점차 증가하고 있다. 이 연구 분야는 사랑과 자비에 관련된 횡단 연구로 시작되었고, 자비 훈련의 효과에 관한 종단 연구로 보완되고 있다. 자비와 사랑은 서로 연관성이 있는 긍정적인 사회적 감정이므로 낭만적 사랑과 모성애에 관한 두 개의 횡단 연구(Bartels & Zeki, 2000; Bartels & Zeki, 2004)가 이들 사회적 감정과 관련된 신경 표상에 관해 초기 통찰을 제공해 주었다. 연구자는 낭만적 파트너 혹은 자신의 아기 사진을 보는 것과 관련된 뇌의 활동을 측정했고, 두 유형의 사랑에서 모두 중간 섬엽, 앞쪽 대상피질의 등쪽 부분, 그리고 창백핵과 꼬리핵이 활성화된다는 점을 발견했다. 전형적으로 섬엽 활성화는 사회적 정서와 내수용감각(Craig, 2003; Lamm & Singer, 2010; Singer et al., 2009)과 관련이 있다. 또 이미 설명한 바와 같이 선조체의 활성화는 돌봄/연대감 혹은 보상 과정과 연결되어 있다.

자비의 신경기질을 직접 검증하는 것은 타

인에게 자비로운 태도를 채택할 때 어떤 효과가 있는지를 조사한 두 개의 연구에서 제공되었다. 한 연구에서는 지적장애 환자의 사진을 향한 '무조건적 사랑'이 중간 섬엽, 등쪽앞쪽 대상피질, 창백핵 그리고 꼬리핵의 활성화 증가와 관련이 있었다(Beauregard, Courtemanche, Paquette, & St-Pierre, 2009). 마찬가지로, 참가자에게 슬픈 얼굴이 있는 사진에 자비로운 태도를 취하도록 지시하면 배쪽 선조체와 복측 피개영역/흑질의 활성화가 증가하였다(Kim et al., 2009). 사랑과 사회적 지지의 느낌에 선조체가 관여한다는 사실은 추가로 이루어진 두 개의 연구에 의해 다시 강조되었다. 한 연구에서는 참가자가 사랑하는 사람을 자세히 살펴보게 하였고(Aron, Fisher, Mashek, Strong, Li, & Brown, 2005), 다른 연구에서는 웃는 얼굴을 보게 하였다(Vrticka, Anderson, Grandjean, Sander, & Vuilleumier, 2008). 이 영역은 연대감이나 돌봄과 연결되어 있고 옥시토신과 같은 애착 관련 신경 펩타이드의 수용체 밀도가 높기 때문에(Depue & Morrone-Strupinsky, 2005), 이러한 결과는 자비의 느낌이, 사랑을 느끼는 동안 유발된 것과 유사한 돌봄과 친밀감의 경험을 포함할 수 있음을 암시한다.

자비 훈련의 신경기질

앞서 설명한 바와 같이 뇌영상을 이용한 횡단 연구가 사랑, 자애, 자비와 같은 긍정적인 사회적 정서와 관련된 신경 활성화에 관해 흥미로운 통찰을 제공하지만 여전히 한 가지 질문이 남아 있었다. 자비 훈련이 신경 활성화를 변화시키는가? 즉, 뇌의 기능적 가소성을 유도하는가? 이 질문은 여러 측면에서 흥미롭다. 기초 뇌과학의 관점에서 보면, 사회적 정서 영역에서 기능적 혹은 구조적 뇌 가소성에 대한 근거가 존재하는지 여부를 검증하는 것은 흥미로운 일이다. 응용과학의 관점에서는 자비와 관련된 신경 네트워크를 훈련하는 것이 웰빙과 친사회적 행동과 어떤 식으로 연결되어 있는지 이해하는 것이 중요하다. 인간 뇌의 유연성과 관련하여 뇌과학자들은 한 세기 이상에 걸쳐 꾸준히 관심을 보여 왔다. 사실, Pascual Leone(2005) 등이 설명한 바와 같이 유명한 뇌과학사이자 노벨상 수상사였던 Ramon y Cajal(1904)은 새로운 기술 습득이 뇌의 변화와 병행한다는 가정을 했다. 수십 년에 걸쳐 과학자들은 영장류에서, 또 환자 경험과 관련하여 신경 기능의 변화를 연구했다(Pascual-Leone, Amedi, Fregni, & Merabet, 2005). 건강한 성인을 대상으로 한 뇌영상 연구는 저글링을 배울 때 운동 관련 영역에서 구조적 변화가 유도되고, 시험 공부를 할 때 기억과 관련된 영역에 구조적 변화가 유도됨을 밝혔다(Draganski, Gaser, Busch, Schuierer, Bogdahn, & May, 2004; Draganski, Gaser, Kempermann, Kuhn, Winkler, Büchel, & May, 2006). 이러한 결과는 새로운 기술 습득과 연관된 구조적 뇌 가소성이 감각운동 영역에서뿐 아니라 기억 기능에서도 나타난다는 점을 시사하고 있다. 남은 질문은 성인에서 자비와 같은 감정을 훈련할 때도 과연 뇌에서 구조적 변화가 일어나는지 또 (구조적 변화와 달리) 기능적 뇌 가소성이 관찰되는지 여부이다.

이러한 의문점에 접근하는 방식에는 여러 가지가 있다. 한 가지 방식은 자비 관련 명상을 수천 시간 이상 수련한 명상 전문가에서 나타나는 신경 지문을 조사하여 아무런 명상 경험이 없는 대조군의 신경 지문과 비교하는 것이다. 신경가소성에 관한 의문에 접근하는 또 다른 방법으로는 자비 명상이 처음인 사람들을 훈련시킨 후 그 변화를 관찰하는 종단 연구를 수행하는 것이다. 이런 방식으로 사회정서적 정신 훈련이 어떤 식으로 뇌 기능에 영향을 주는지 조사할 수 있다. 예를 들어, 명상 전문가를 횡단으로 연구하는 첫 번째 접근법은 Lutz(2008) 등에 의해 채택되었다. 연구자는 참가자가 자비 상태에 있을 때 스트레스를 받는 사람의 목소리를 들려주고 명상 전문가와 명상 초심자의 신경 반응을 비교하였다. 이 연구에서는 명상 전문가에서 초심자에 비해 중간 섬엽 신경 활성도가 더 큰 결과를 보여 주었다.

이 연구 결과를 보완하기 위해 우리는 명상을 처음 접하는 참가자를 대상으로 일련의 자비 훈련을 시행하는 종단 연구를 시행하였다. 기능 자기공명영상 회기를 수행하는 동안 참가자가 타인의 고통에 직면하도록 만들기 위해 사회정서 비디오 과제를 개발하여 표준화하였다(Socio-affective Video Task: SoVT, [그림 9-1]; 자세한 내용은 Klimecki et al., 2013 참조). SoVT는 타인의 고통을 보여 주는 다큐멘터리 영화(예를 들어, 지진이 발생한 후 울고 있는 여성)로부터 발췌되었다. 대조군 비교를 위한 비디오는 (걷거나 대화를 나누는) 일상생활을 보여 주었다. 이 영화 자료는 스위스 텔레비전의 자료 보관소 혹은 다큐멘터리 영화에서 가져왔다. 이 자극 매체로 반복 측정을 하기 위해, SoVT를 공감, 감정가, 각성 등의 기준으로 짝을 지은 세 개의 비디오 세트로 구성하였다. 각 세트는 타인의 고통을 보여 주는 12개 비디오와 일상생활 상황을 보여 주는 12개 비디오로 구성되었다. SoVT는 비디오를 중복해서 시청하지 않으면서 참가자마다 세 번 검증한다. 우리는 이 과제를 사용하여 종단 연구를 수행하였는데, 참가자는 자비 훈련 집단 혹은 기억 훈련을 하는 능동 대조군 집단에 할당되었다(Bower, 1970). 두 훈련 모두 며칠 동안 계속되었고 훈련 구조가 동일하였다. 더 구체적으로는, 첫 번째 평가 이후 저녁 회기 때 각 훈련 내용이 참가자에게 소개되었다. 이후 두 집단의 참가자는 주간에는 종일 훈련에 참가하고, 이후 한 시간 동안 이루어지는 저녁 회기가 몇 번 이어졌다. 이에 더하여 집에서도 훈련 방법을 연습하게끔 참가자를 격려하였고 연습하는 시간을 매일 기록하도록 하였다. 자비 훈련은 주로 고전적인 자애 훈련 방식을 따랐다. 이를 통해 참가자는 자신의 은인, 자기 자신, 친구, 중립적인 사람, 대하기 어려운 사람, 그리고 모든 존재에 대한 자애로움과 친절의 느낌을 함양하였다. 참가자는 이 사람들을 한 사람씩 차례로 시각화하고 대상이 되는 사람에게 "당신이 행복하기를", "당신이 건강하기를" 같은 소원을 빌어준다. 자비 훈련이 주로 앉은 자세 혹은 선 상태로 침묵 속에서 연습하는 시각화 과정에 의존하므로, 우리는 대조군 활동으로 자비 훈련과 구조적으로 유사한 기억 훈련인 **위치 훈련**(loci training, Bower, 1970)을 선택하였다. 위치 훈련은 그리스와 로마에서 사용된 것으로 기억할 항목들의 위치를 순차적으로 연결시키는 과정으로 이루어져 있다. 이 훈련이 스위스 취리히에서 이루어졌으므로, 참가자는 먼저 공항이나 오페라 하우스와 같은 취리히의 여러 장소에 이르는 경로를 상상하도록 학습한다. 이후 참가자는 기억해야 할 항목들과 각각의 위치를 마음속으로 연결하였다. 예를 들어, **우유**와 **당근**이라는 단어를 기억해야 한다면, 참가자는 우유로 홍수가 나고 있는 공항 건물과 오페라 하우스 무대에서 노래하고 있는 당근을 상상할 수 있다.

우리는 자비 훈련과 관련된 변화를 검증하기 위해 훈련 전과 후에 참가자가 비디오를 본 후 느끼는 감정과 뇌의 활성도 변화를 측정하였다. 공감뿐 아니라 긍정적 감정가와 부정적 감정가를 모두 포착하기 위해 참가자에게 각각의 비디오를 시청하는 동안 그들이 경험하였던 공감, 긍정적 영향, 부정적 영향이 어느 정도인지 평가하도록 요청했다([그림 9-1] 참조). 이 세 가지 질문에서 우리는 기억 훈련과 대비하여 자비와 관련된 참가자 보고의 감정 변화를 평가할 수 있었다. 사실 자비 훈련을 받은 참가자는 타인의 고통

을 보여 주는 비디오와 일상생활 상황을 보여 주는 비디오 모두에서 긍정적 느낌이 증가하였다. 반면, 기억 훈련 대조군에서는 이러한 변화가 나타나지 않았다. 흥미롭게도, 부정적 정서의 감소를 목표로 하는 전형적인 감정조절 전략과 대조적으로 자비 훈련은 참가자가 부정적 정서를 경험하는 정도를 변화시키지 않았다. 다시 말해, 참가자는 자비 훈련의 결과에 의해 부정적 느낌을 하향 조절하지 않고 단지 긍정적 느낌을 증가시켰다. 이 소견은 자애 훈련이 일상생활의 웰빙에 유익한 효과를 준다는 이전 연구 결과를 확장하는 것이다(Fredrickson, Cohn, Coffey, Pek, & Finkel, 2008). Fredrickson(2008) 등은 참가자가 수주 동안 자애 훈련을 한 뒤 일상생활에서 웰빙이 증가하였다는 결과를 보고하였다. 우리

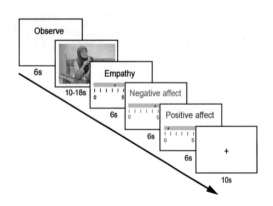

[그림 9-1] 사회정서 비디오 과제(SoVT)의 타임라인. 참가자는 타인의 고통을 보여 주는 비디오 혹은 사람들이 일상생활에서 활동하는 비디오를 시청하였다. 각 비디오를 시청한 후 참가자는 자신이 경험한 공감, 긍정적 정서, 부정적 정서의 정도를 평가하였다.

O.M. Klimecki, S. Leiberg, C. Lamm, & T. Singer, Functional Neural Plasticity and Associated Changes in Positive Affect After Compassion Training, Cerebral Cortex, 2013, 23(7), 1552-1561, by permission of Oxford University Press.

의 연구 결과도 이 결과를 확장하는데, 자비 훈련은 일상생활 상황에 대한 반응에서 나타나는 긍정적 정동을 증가시킬 뿐 아니라 타인의 고통 목격에 대한 반응에서도 긍정적 정동을 증가시킬 수 있다. 고통에 대한 반응으로 부정적 정서를 유지하는 것은 자비로운 사람

이라면 고통으로부터 등을 돌리지 않고 오히려 고통에 참여하는 방식으로 고통과 관계를 맺을 수 있다는 개념을 말해 주는 것이다.

신경 수준에서는, 자비 훈련을 하면 안쪽안와전두피질(OFC), 창백핵, 복측 피개영역/흑질에서 활성도가 증가한다. 기억 훈련을 했

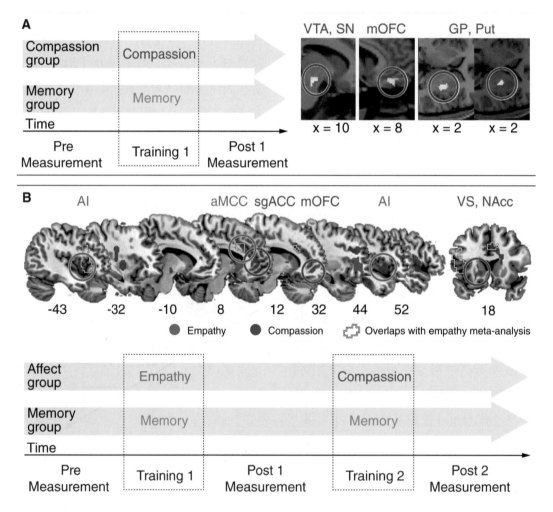

[그림 9-2] 공감과 자비 훈련이 기능적 신경가소성에 미치는 서로 다른 효과. (A) 자비 훈련은 복측 피개영역(VTA)/흑질(SN), 안쪽 안와전두피질(mOFC), 창백핵(GP), 조가비핵(Put)에서 활성도를 증가시킨다. (B) 공감 훈련(파란색)은 앞쪽 섬엽(AI)와 앞쪽안쪽대상피질(aMCC)에서 활성도를 증가시킨다. 반면, 자비 훈련(빨간색)은 안쪽 안와전두피질(mOFC), 슬하 앞쪽 대상피질(sgACC), 배쪽 선조체(VS)/측좌핵(NAcc)에서 활성도를 증가시킨다.

Reprinted from Current Biology, 24(14), Singer, T. & Klimecki, O.M., Empathy and compassion, R875–R878., Copyright (2015), with permission from Elsevier.

을 때는 이런 소견이 관찰되지 않는다([그림 9-2]). 이 연구는 감정 훈련과 관련된 신경 기능의 변화를 보여 주는 첫 시도이다. 이러한 변화는 약 1주일 정도라는 상대적으로 짧은 기간의 훈련 뒤에 일어난 것으로 자비와 사랑의 감정(예: Bartels & Zeki, 2004; Beauregard et al., 2009; Kim et al., 2009)뿐 아니라 연대감과 돌봄(Preston, 2013), 사회적 연결감(Eisenberger & Cole, 2012)과도 일관된 관련성이 알려진 특정 뇌 영역이다. 이러한 활성화 패턴은 명상 전문가가 자비 상태에 몰입한 상태에서도 관찰되는 것으로 대조군 없이 시행되었던 두 개의 선행 연구가 있었다(Klimecki et al., 2013).

긍정적 느낌과 부정적 느낌을 공유하는 조합이 지속적으로 유지되고 이 현상이 연대감이나 돌봄과 관련된 네트워크의 기능적 가소성과 연관성이 있다는 결과는 자비가 전통적인 감정조절 전략인 주의를 딴 데로 돌림, 억제, 혹은 인지 재평가 등과 차이가 있음을 암시한다. 기존 전략은 부정적 감정을 줄이는 것을 목표로 한다. 자비와 감정조절 전략 사이의 차이는 Engen과 Singer(2015a)에 의해 검증되었는데 장기간 불교 명상 수행을 한 명상가가 뇌영상을 이용한 횡단 연구에 참가하였다. 그들에게 SoVT(Klimecki et al., 2013)가 제시되었고, 감정조절을 위한 고전적인 인지 재평가 전략에 참여할 것인지 아니면 자비 명상에 참여할 것인지 둘 중의 하나를 선택하도록 요청하였다(Engen & Singer, 2015a). 두 조건을 비교한 결과, 인지 재평가가 뇌의 고전

적인 전두두정 조절 네트워크에 관여하여 부정적 정서를 감소시키는 데 가장 효율적이었던 반면, 자비는 안쪽안와전두피질, 선조체, 슬하 앞쪽 대상피질 등 자비 훈련 관련 선행 연구에서 이미 언급되었던 뇌 네트워크를 활성화하였다(앞쪽 대상피질, [그림 9-3]). 더욱이 자비는 긍정적 정서를 가장 많이 증가시켰다. 이러한 결과는 자비가 감정조절 전략의 대안이 될 수 있음을 확증하는 것이다. 능동적으로 부정적 정서를 하향 조절하려는 감정조절과 대조적으로 자비는 긍정적 정서와 그 이면의 돌봄과 연대와 관련된 뇌 네트워크를 능동적으로 생성하는 데 초점을 맞춘다(Engen & Singer, 2015a, 2015b).

돌봄과 사회적 연결에 관련된 신경 네트워크 활동이 건강이나 위협감에 맞서는 대응을 촉진할 수 있다는 가정을 따른다면(Eisenberger & Cole, 2012), 우리의 연구 결과는 자비 훈련이 회복탄력성을 강화하고 긍정적 감정가를 지닌 돌봄을 활성화함으로써 신체 건강을 촉진할 수 있는 새로운 도구가 될 수 있음을 시사한다.

자비 훈련과 고통에 대한 공감 훈련 사이의 효과 차이

지금까지 설명했던 공감과 자비에 관련된 뇌과학 연구가 시사하는 바는 두 가지 사회적 감정 모두 다른 존재의 고통에 대한 정서 반응이지만 각각 서로 다른 주관적 지문과 신

경 지문을 갖고 있다는 점이다. 이 가설을 명시적으로 검증하기 위해 우리는 또 다른 종단 신경영상 연구를 수행하였다. 우리는 동일한 사람을 대상으로 고통에 대한 공감 훈련을 통해 유도되는 신경 지문 및 주관적 지문과 자비 훈련을 통해 유도되는 지문들 사이에 차이를 분별하려는 목표를 세웠다. 타인의 고통에

대한 공감 반응이 앞쪽 섬엽의 등쪽 부위 및 안쪽앞쪽 대상피질의 뇌 활성화와 관련성이 있고 참가자가 부정적 정서를 보고하는 것과 연관성이 있음을 보여 준 이전 연구 결과를 근거로 하여(Lamm et al., 2011), 우리는 고통에 대한 공감 훈련이 부정적 정서가 있을 때 증가하는 네트워크 활성화를 강화할 것이라

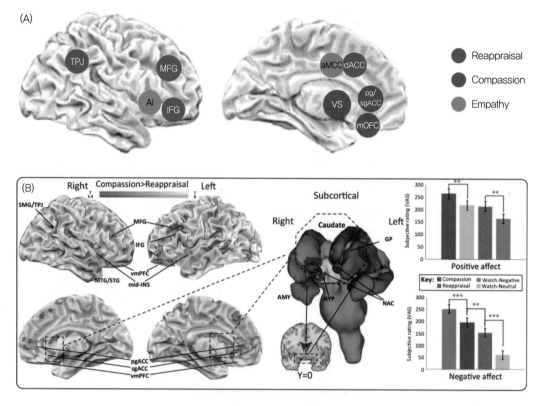

[그림 9-3] **재평가, 자비, 공감은 서로 다른 뇌 영역의 활성화에 관여한다.** (A) 재평가(파란색), 자비(빨간색), 공감(주황색)과 관련된 뇌 영역. 공감 훈련(주황색)이 앞쪽 섬엽(AI), 앞쪽안쪽 대상피질(aMCC) 활성화를 증가시켰던 반면 자비 훈련(빨간색)은 안쪽안와전두피질(mOFC), 슬하 앞쪽 대상피질(sgACC), 창백핵(GP), 조가비핵과 배쪽 선조체/측좌핵(VS, NAcc)의 활성화를 강화하였다. 재평가는 등쪽앞쪽 대상피질(dACC), 아래쪽 전두회(IFG), 중간 전두회(MFG), 측두정 연접부(TPJ)의 활성화와 관련이 있었다. (B) 부정적 자극에 대한 감정 반응을 조절하는 데 사용되었던 자비의 영향(노란색-주황색)을 재평가의 영향(파란색)에 대비하여 표시하였다. 행동 측정 결과를 보면 인지적 감정조절이 주로 부정적 정서의 하향 조절에 의존하는 반면 자비는 부정적 정서의 감소와 긍정적 정서의 증가를 모두 유도하는 듯 보인다. 이는 자비를 통한 감정조절이 인지적 감정조절과 다른 기전을 사용함을 시사한다. 여기서, 별표는 t 검증의 유의 수준을 나타낸다. **p<.01, ***p<.001. 신경학적으로 이 차이는 뇌의 중앙과 피질하 구조물이 자비에 더 많이 관여함을 반영한다. 자비는 재평가보다 배쪽 선조체(꼬리핵과 측좌핵 포함)와 편도를 더 많이 활성화시킨다. 중요한 점은 편도 활성화가 재평가에서보다 자비에서 더 높다는 사실로 편도를 적극적으로 하향 조절하는 것이 자비의 핵심 역할이 아님을 시사한다.

는 가설을 세웠다(Klimecki, Leiberg, Ricard, & Singer, 2014). 반대로 자비 훈련이 이전 연구에서 자비 및 자애와 관련된 것으로 관찰되었던 신경 활성화를 강화하고, 그 결과 긍정적 정서가 증가할 것으로 기대하였다.

이 연구(Klimecki et al., 2014)는 두 가지 개입을 시도하였는데, 감정개입 집단(고통에 대한 공감과 자비 훈련)과 우리의 첫 번째 자비 연구(Klimecki et al., 2013)에서 사용되었던 것과 같은 유형의 기억 훈련을 수행하는 기억조절 집단으로 구성되어 있다. 감정개입 집단 참가자는 먼저 타인의 고통에 몰입하여 공감하고 타인의 고통이 마치 자신의 고통인 것처럼 느낄 수 있도록 훈련을 받았다. 이후 자비 훈련이 고통을 공유하는 광범위한 과정에 대항할 수 있는지 검증하기 위해 참가자는 순차적으로 자비 훈련을 받았다. 각 훈련은 하루 종일 계속되었고 이후 한 시간 동안의 저녁 회기와 집에서 하는 실습이 이어졌다. 참가자는 고통에 대한 공감 훈련과 그 효과 측정에 대략 1주일 정도를 할애하였고 그다음 1주일 동안 자비 훈련을 받았다. 대조군은 기억 훈련을 2주 동안 수행하였다. 고통에 대한 공감 훈련에서 참가자는 일련의 사람들을 상상하였고 그들의 고통이 자신의 고통인 것처럼 느끼려고 노력하였다. 참가자는 마지막에 "나는 당신의 고통을 나눕니다." 혹은 "나는 당신의 고통을 느낍니다."와 같은 문장을 사용한다. 이런 측면을 강조하기 위해 이어지는 자비 훈련은 훈련 단계에서 고통받는 타인에 대한 선행과 친절함의 함양을 명시적으로 포함하였다. 능동

대조 집단은 감정 훈련과 동일한 구조로 기억 훈련을 실시하였다. 하지만 기억 집단의 초점은 인지 능력의 훈련에 두었다. 두 집단 모두 SoVT를 실험하였고 동시에 시행한 fMRI 촬영은 첫 번째 훈련 이전(실험 전), 첫 번째 훈련 이후(고통에 대한 공감 혹은 기억), 두 번째 훈련 이후(자비 혹은 기억)에 시행되었다.

연구 결과, 고통에 대한 공감 훈련에서 주관적으로 부정적 정서를 보고하는 일이 실제로 증가하였고 비디오에 나온 사람들에게 공감을 경험하였다. 이러한 변화는 참가자가 타인이 고통스러워하는 것을 목격하였을 때 관찰되었고 일상의 생활사건을 목격하는 상황에서도 관찰되었다. 다시 말해서, 과도한 고통의 공유는 참가자로 하여금 정상적인 상황도 더 부정적으로 지각하도록 왜곡하였다. 다음 단계에서 이루어진 자비 훈련은 이 효과에 대항할 수 있게 하였다. 즉, 자비 훈련은 부정적 감정 경험의 수준을 원래 기준점으로 되돌렸다. 다시 말해 고통을 동반하는 상황뿐 아니라 일상 상황에 대해서도 긍정적 정서를 증가시켰다. 이러한 결과는 자비 훈련의 효과에 관한 우리의 이전 연구 결과를 재현하는 것이고, 또한 이 자비의 효과가 공감과 부정적 정서가 증가한 이후에도 얻을 수 있음을 보여 줌으로써 이전 연구 결과를 확장하는 것이기도 하다. 신경 수준에서 보면, 우리는 지금껏 언급되어 온 '통증 관련 공감 네트워크', 즉 통증의 정서적 요소를 처리하는 데 결정적으로 중요한 역할을 한다고 알려져 있는 AI 와 ACC 영역에서 최초로 기능적 신경가소성

을 관찰하였다(Corradi-Dell'Acqua et al., 2011; Corradi-Dell'Acqua et al., 2016; Kanske et al., 2015; Lamm et al., 2011). 게다가 자비 훈련은 우리가 이전의 자비 관련 연구(Klimecki et al., 2013)에서 관찰하였던 뇌 영역, 즉 안쪽 안와 전두피질과 선조체에서 일어나는 신경 활성화를 증가시켰다([그림 9-2] b). 이러한 결과는 행동학적 연구의 발견과 함께 자비가 다른 긍정적 감정과 그 기초가 되는 신경 활동을 강화하는 강력한 도구임을 나타낸다. 더욱이 자비 훈련은 타인의 고통에 과도하게 공감할 때 생기는(예를 들어, 일상생활에서 만성적으로 경험하면 쉽게 피로와 과로로 이어지는) 잠재적 해로움을 상쇄할 수 있다(Klimecki & Singer, 2012; Singer & Klimecki, 2014 참조). 이러한 발견은 사람들이 자비 훈련을 통해 건강과 회복탄력성을 향상시키는 데 도움을 받을 수 있다는 흥미진진한 가능성을 제기한다. 게다가 사람들이 이 두 가지 사회적 감정을 분별하도록 훈련하고 타인의 스트레스와 고통에 직면했을 때 일어나는 공감 반응을 자비 반응으로 변환하는 것이 중요할 수 있다. Singer 등은 이러한 연구를 바탕으로 9개월 동안 시행하는 자비 훈련 프로그램을 개발하였다. 리소스 프로젝트(ReSource Project)라고 부르는 이 프로그램에서 참가자는 현존(Presence) 모듈, 관점(Perspective) 모듈, 정서(Affect) 모듈 등 각 모듈별로 3개월간 진행되는 여러 유형의 정신 훈련 기술을 배운다. 현존과 관점 모듈이 주의력, 내수용감각, 메타인지 기술에 초점을 맞추는 반면, 정서 모듈은 공감과 자비

를 구별하는 방법, 감사와 자애 그리고 자비를 규칙적으로 실습함으로써 돌봄과 친화 관련 체계를 강화하는 방법을 가르치는 데 특히 중점을 둔다(Singer, Kok, Bornemann, Bolz, & Bochow, 2014 참조).

공감과 자비는 친사회적 행동과 어떤 식으로 관련되어 있는가

공감, 공감 고통, 자비와 그 훈련가능성 등 사회적 감정의 뇌과학적 지문과 주관적 지문을 살펴보았으므로, 이제 이러한 사회적 감정과 그것을 훈련하는 것이 친사회적 행동과 어떻게 연결되는지에 관한 질문으로 주제를 돌린다. 비록 이 의문점에 대해서는 지금까지 시행된 연구가 아직 소수에 불과하지만, 공감 고통이나 공감 염려(혹은 자비)와 도움행동 사이의 연결성은 성인과 아동을 대상으로 한 이전 심리학 연구부터 관심의 대상이었다(Eisenberg & Miller, 1987). Daniel Batson의 이 책 제3장 내용에서도 논의되고 있다.

우리는 자비 훈련으로 도움행동을 개선할 수 있을지 여부를 검증하기 위해 종단 연구를 수행하였는데 며칠 동안 자비 훈련을 하였을 때 도움행동에 어떤 영향을 미치는지 측정하였다(Leiberg, Klimecki, & Singer, 2011). 도움행동과 관련하여 생태학적으로 타당하고 제대로 통제된 실험실 측정법이 드물었으므로 우리가 처음으로 취리히 친사회 게임(Zurich Prosocial Game: ZPG)을 개발하였다

([그림 9-4]). ZPG는 전산화된 보물찾기 게임으로 두 명의 플레이어가 동시에 미로 속에서 각자의 길을 가면서 보물(실제 돈의 가치)을 찾는다. 길을 따라가는 경로에 정기적으로 위에서 떨어지는 관문이 플레이어를 막을 수 있다. 이 관문은 대응하는 같은 색의 열쇠로만 열 수 있다. 열쇠는 드물게 얻을 수 있으므로 한 플레이어가 다른 플레이어의 도움 없이는 전진할 수 없는 상황이 종종 발생한다. 이런 상황을 이용하여 도움행동을 측정할 수 있다. ZPG 방법의 타당화 검증 이후, 이 과제를 이

용하여 두 집단에서 종단 연구를 수행하였다. 한 집단에서는 참가자가 며칠에 걸쳐 자비 훈련을 받았다. 다른 집단은 능동 대조군이었는데 항목을 기억하는 인지 기법을 훈련받았다 (Bower, 1970). 두 집단 모두 훈련 이전 기준점과 훈련 이후 시점에 게임을 하였다. 연구 결과, 능동 기억 대조군에서는 도움행동의 변화가 없었으나 자비 훈련 집단에서는 전체적으로 도움행동이 증가하였다. 흥미롭게도 참가자가 자비 훈련 실습을 더 많이 했다고 보고한 경우, 이타적 도움행동에 더 자주 참여

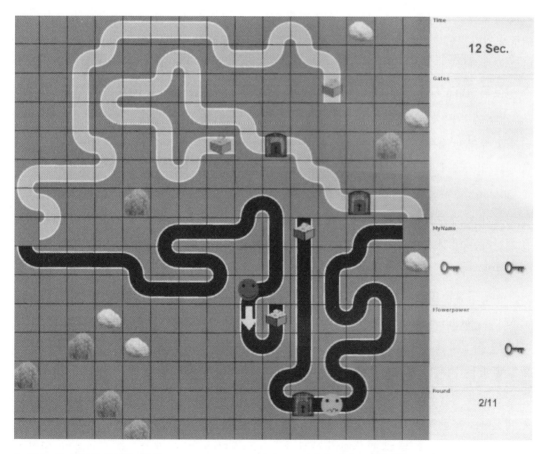

[그림 9-4] 취리히 친사회 게임(Zurich Prosocial Game)의 스크린샷이 각자 보물을 찾는 두 명의 플레이어를 보여 주고 있다.

하였다. 자신이 제공한 도움에 대해 상대 플레이어가 보답할 수 없는 경우에도 상대를 위해 문을 열어 주는 행위를 도움행동의 조작적 정의로 삼았다.

이 결과와 같은 맥락으로, 또 다른 연구에서 2주간 자비 훈련을 마친 참가자는 금전 게임을 하면서 불공정한 거래를 한 두 선수 사이의 금액 차이를 재분배하기 위해 더 많은 개인 자금을 사용하였다(Weng et al., 2013; Weng, Schuyler, & Davidson, 제11장 참조). 자비 훈련이 도움행동에 미치는 긍정적 영향은 자비 훈련이 실생활에서 일어나는 도움행동의 증가율과 관련이 있다는 연구 결과에 의해 입증되었다. 자비 훈련을 받은 참가자는 목발을 사용하는 사람에게 자신의 자리를 더 자주 양보하였다(Condon, Desbordes, Miller, & DeSteno, 2013). 하지만 이런 효과가 자비 훈련에만 특이한 것은 아니었고 마음챙김 훈련을 받은 참가자에서도 관찰되었다(Condon et al., 2013; Condon & DeSteno, 제22장 참조). 이들 자료가 보여 주듯이 자비 훈련은 도움행동을 개선하는 데 강력한 도구가 된다.

마지막으로, 오랫동안 자비 명상을 수행한 전문가에 초점을 맞춘 우리 실험실의 최근 연구(McCall, Steinbeis, Ricard, & Singer, 2014)가 이전 연구 결과를 확장하였다. 자비 전문성은 도움행동 수준뿐 아니라 공정성 위반에 대한 대응이나 정상 기준을 강화하는 데도 영향을 미쳤다. 즉, 장기간 자비 수행을 한 사람은 행동 경제학에 기반을 둔 다른 유형의 사회적 금전 교환 게임에 참여하였을 때 타인에 의해 불공정하게 대접을 받더라도 대조군에 비해 화를 덜 내고 분노 기반의 처벌 행동도 덜 하는 것으로 관찰되었다. 하지만 타인을 불공정하게 대하는 것을 목격하였을 때 정상 기준을 강화하려는 정도는 비슷하였다. 또 대조군과 달리 평등성을 다시 회복하는 쪽을 선택하였는데 공격자를 처벌하기보다는 피해자에게 보상을 제공하였다(McCall et al., 2014). 이런 결과들은 자비를 함양하면 정상 기준이 강화되고 사회 정의에 필수적인 행동을 포함하여 모든 종류의 사회 행동에 광범위하게 영향을 미칠 수 있음을 시사한다.

끝으로, 공감 고통과 자비가 도발에 뒤따르는 사회적 행동과 서로 반대 영향을 미칠 수 있는지 검증하기 위해 최근 한 연구(Klimecki, Vuilleumier, & Sander, 2016)가 시행되었다. 이 연구에서는 공감 관련 특성이 불공정한 행동에 의한 도발에 어떤 행동 반응을 보이는지 예측하기 위한 조사를 하였다. 생태학적으로 타당하면서도 고도로 통제된 실험실 설정을 갖추는 데 반사회적 행동 연구가 갖는 내재적 어려움 때문에, 우리는 먼저 경제 상호작용 및 언어 상호작용에 기반을 둔 새로운 전산화 패러다임, 즉 불공정 게임을 개발하여 타당화 작업을 시행했다(Klimecki et al., 2016). 이 게임의 첫 번째 파트에서는 참가자에게 공정한 사람과 불공정한 사람의 행동을 제시한다. 두 번째 파트에서는 참가자가 다른 두 선수에게 협조 행동 혹은 경쟁 행동 중 한 가지를 선택할 수 있다. 더 구체적으로 설명하면, 참가자는 두 단계로 이루어진 경제적 상호작용 게임을 하며 필요하면 다른 선수에게 메시지를 보낼 수 있다. 게임의 처음 단계에서 참가자는 낮은 권력의 위치에 있는데, 여기서 공정한 상대라면 협조적인 경제 분배(자신과 참가자에게 높은 이익을 제공)와 친절한 메시지(예: "당신은 매우 괜찮은 사람이야.")를 선택하는 반면, 불공정한 상대는 경쟁적인 경제 분배(자신에게 높은 이익, 참가자에게 낮은 이익을 제공)와 경멸적인 메시지(예: "당신은 짜증난다.")를 선택한다. 이 단계 후에 참가자는 높은 권력 위치에 있게 된다. 여기서 참가자 역시 상대에게 협조적인 혹은 경쟁적인 선택을 할 수 있고 또 친절한 혹은 경멸적인 피드백 메시지를 보낼 수 있다. 평균으로 보면 참가자가 불공정한 상대를 처벌하고 공정한 상대에게 보상을 하였지만, 참가자 행동에 상당한 개인차가 있음을 발견하였다. 사실상 참가자를 친사회적(두 종류의 상대 모두에게 친사회적 행동을 주로 보임), 제재적(불공정한 상대를 처벌하고 공정한 상대에게 보상을 함), 경쟁적(불공정한 상대뿐 아니라 공정한 상대에게도 공격적 행동을 보임) 집단으로 분류할 수 있었다. 이런 행동과 공감 관련 성격 특성 사이의 연관성이 어떻게 다른지 조사하였을 때 자비 점수가 높을수록 불공정한 상대에 대해 협조적이고 친절한 행동, 즉 용서 행동을 더 많이 하는 것이 관찰되었다. 반대로 자신의 삶에서 더 많은 공감 고통을 느꼈다고 보고할수록 불공정한 상대뿐 아니라 심지어 공정한 대상에 대해서도 더 심한 공격적 행동을 보였다.

요약하면, 이 연구는 행동 심리학에서 발견된 결과(Batson, 제3장 참조)를 확장한다. 자비와 공감 고통은 도움행동 그리고 공격행동에 상반된 방식으로 관련되어 있다. 자비가 도움행동과 용서 행동을 함양하는 반면, 공감 고통은 도움행동을 줄이고 공격행동을 증가시킨다.

결론: 종합과 전망

우리는 공감에 관한 뇌과학 연구를 요약하는 것으로 이 장을 시작하였다. 그리고 사랑과 자비에 관한 횡단 연구로 주제를 돌리기 전에 돌봄, 사회적 연결, 보상에 공통으로 관련된 신경기질을 설명하였다. 이 연구들은 자비가 긍정적 느낌의 증가와 연관되어 있고 또 안쪽안와전두피질과 배쪽 선조체 등 돌봄이나 사회적 연결과 관련된 네트워크의 신경 활성화와 연관성이 있음을 밝혔다. 중요한 사실은 자비 경험의 정도가 이미 정해져 있는 것이 아니라 심지어 성인이 되어서도 훈련될 수 있다는 점이다. 자비를 훈련하면 돌봄 및 자비와 관련된 뇌 네트워크의 기능적 신경가소성과 연관되어 있는 긍정적 정서의 증가를 이끌어 낼 수 있다. 더욱이 우리는 자비 훈련이 부정적 정서와 그 이면에 있는 '통증에 대한 공감' 네트워크의 활성화와 같이 고통에 대한 공감이 과도할 경우 생길 수 있는 잠재적인 부정적 효과에도 대응할 수 있는 근거에 관해 논의하였다. 이러한 발견은 회복탄력성을 강화하고 효과적인 감정조절 전략으로서 작용할 수 있는 자비의 잠재적인 유익함을 강조하는 것이다. 이 전략은 인지 재평가와 같은 고전적인 감정조절 전략에서 설명하는 부정적 정서의 하향 조절을 통하지 않고 돌봄과 연대감의 상향 조절 체계를 통해 작동한다. 종합하면, 자비 훈련이나 자비 전문성이 분노나 복수를 기반으로 하는 처벌보다는 높은 수준의 이타 행위, 공격성 감소, 회복적 정의를 실천하는 행동 등과 관련이 있다는 사실은 회복탄력성, 웰빙, 친사회적 행동 함양을 표적으로 하는 개입의 개발을 향한 흥미로운 지평을 열었다.

🌸 참고문헌

Aron, A., Fisher, H., Mashek, D. J., Strong, G., Li, H., & Brown, L. L. (2005). Reward, motivation, and emotion systems associated with early-stage intense romantic love. *Journal of Neurophysiology*, 94(1), 327-337. doi: 10.1152/jn.00838.2004

Bartels, A., & Zeki, S. (2000). The neural basis of romantic love. *Neuroreport*, 11(17), 3829-3834.

Bartels, A., & Zeki, S. (2004). The neural correlates of maternal and romantic love. *NeuroImage*, 21(3), 1155-1166. doi:10.1016/j.neuroimage.2003.11.003

Beauregard, M., Courtemanche, J., Paquette, V., & St-Pierre, E. L. (2009). The neural basis of unconditional love. *Psychiatry Research*, 172(2), 93-98. doi:10.1016/j.pscychresns.2008.11.003

Bower, G. H. (1970). Analysis of a mnemonic device. *American Scientist*, 58(5), 496-510.

Brown, S. L., & Brown, R. M. (2015). Connecting prosocial behavior to improved physical health: Contributions from the neurobiology of parenting. *Neuroscience & Biobehavioral Reviews*, 55, 1-17.

Condon, P., Desbordes, G., Miller, W. B., & DeSteno, D. (2013). Meditation increases compassionate responses to suffering. *Psychological Science*, 24(10), 2125-2127. doi: 10.1177/0956797613485603

Corradi-Dell'Acqua, C., Hofstetter, C., & Vuilleumier, P. (2011). Felt and seen pain evoke the same local patterns of cortical activity in insular and cingulate cortex. *The Journal of Neuroscience: The Official Journal of the Society for Neuroscience*, 31(49), 17996-18006. doi:10.1523/JNEUROSCI.2686-11.2011

Corradi-Dell'Acqua, C., Tusche, A., Vuilleumier, P., & Singer, T. (2016). Cross-modal representations of first-hand and vicarious pain, disgust and fairness in insular and cingulate cortex. *Nature Communications*, 7.

Craig, A. D. (2003). Interoception: The sense of the physiological condition of the body. *Current Opinion in Neurobiology*, 13(4), 500-505.

Davis, M. H. (1983). Measuring individual differences in empathy: Evidence for a multidimensional approach. *Journal of Personality and Social Psychology*, 44(1), 113-126.

Depue, R. A., & Morrone-Strupinsky, J. V. (2005). A neurobehavioral model of affiliative bonding: implications for conceptualizing a human trait of affiliation. *Behavioral and Brain Sciences*, *28*, 313-350.

de Vignemont, F., & Singer, T. (2006). The empathic brain: How, when and why? *Trends in Cognitive Sciences*, *10*(10), 435-441. doi: 10.1016/j.tics.2006.08.008

Depue, R. A., & Morrone-Strupinsky, J. V. (2005). A neurobehavioral model of affiliative bonding: Implications for conceptualizing a human trait of affiliation. *Behavioral & Brain Sciences*, *28*(3), 313-350; discussion 350-395. doi:10.1017/S0140525X05000063

Draganski, B., Gaser, C., Busch, V., Schuierer, G., Bogdahn, U., & May, A. (2004). Neuroplasticity: Changes in grey matter induced by training. *Nature*, *427*(6972), 311-312.

Draganski, B., Gaser, C., Kempermann, G., Kuhn, H. G., Winkler, J., Büchel, C., & May, A. (2006). Temporal and spatial dynamics of brain structure changes during extensive learning. *The Journal of Neuroscience*, *26*(23), 6314-6317. doi:10.1523/jneurosci.4628-05.2006

Eisenberg, N., & Miller, P. A. (1987). The relation of empathy to prosocial and related behaviors. *Psychological Bulletin*, *101*(1), 91-119.

Eisenberger, N. I., & Cole, S. W. (2012). Social neuroscience and health: Neurophysiological mechanisms linking social ties with physical health. *Nature Neuroscience*, *15*(5), 669-674.

Eisenberger, N. I., Master, S. L., Inagaki, T. K., Taylor, S. E., Shirinyan, D., Lieberman, M. D., & Naliboff, B. D. (2011). Attachment figures activate a safety signal-related neural region and reduce pain experience. *Proceedings of the National Academy of Sciences*, *108*(28), 11721-11726.

Engen, H. G., & Singer, T. (2015a). Compassion-based emotion regulation up-regulates experienced positive affect and associated neural networks. *Social Cognitive and Affective Neuroscience*, *10*(9), 1291-1301.

Engen, H. G., & Singer, T. (2015b). Affect and motivation are critical in constructive meditation. *Trends in Cognitive Sciences*. doi:10.1016/j.tics.2015.11.004

Fan, Y., Duncan, N. W., de Greck, M., & Northoff, G. (2011). Is there a core neural network in empathy? An fMRI based quantitative metaanalysis. *Neuroscience & Biobehavioral Reviews*, *35*(3), 903-911. doi: 10.1016/j.neubiorev.2010.10.009

Fredrickson, B. L., Cohn, M. A., Coffey, K. A., Pek, J., & Finkel, S. M. (2008). Open hearts build lives: Positive emotions, induced through loving-kindness meditation, build consequential personal resources. *Journal of Personality and Social Psychology*, *95*(5), 1045-1062.

Gilbert, P. (2010). *Compassion Focused Therapy: Distinctive Features*. London: Routledge.

Goetz, J. L., Keltner, D., & Simon-Thomas, E. (2010). Compassion: An evolutionary analysis and empirical review. *Psychological Bulletin*, *136*(3), 351-374. doi:10.1037/a0018807

Insel, T. R., Young, L., & Wang, Z. (1997). Central oxytocin and reproductive behaviours. *Reviews of Reproduction*, *2*(1), 28-37.

Jabbi, M., Bastiaansen, J., & Keysers, C. (2008). A common anterior insula representation of disgust observation, experience and imagination shows divergent functional connectivity pathways. *PLoS One, 3*(8), e2939.

Jackson, P. L., Meltzoff, A. N., & Decety, J. (2005). How do we perceive the pain of others? A window into the neural processes involved in empathy. *NeuroImage, 24*(3), 771-779. doi:10.1016/j.neuroimage.2004.09.006

Kanske, P., Bockler, A., Trautwein, F. M., & Singer, T. (2015). Dissecting the social brain: Introducing the EmpaToM to reveal distinct neural networks and brain-behavior relations for empathy and Theory of Mind. *NeuroImage, 122*, 6-19. doi:10.1016/j.neuroimage.2015.07.082

Keysers, C., Wicker, B., Gazzola, V., Anton, J. L., Fogassi, L., & Gallese, V. (2004). A touching sight: SII/PV activation during the observation and experience of touch. *Neuron, 42*(2), 335-346.

Kim, J. W., Kim, S. E., Kim, J. J., Jeong, B., Park, C. H., Son, A. R., ... Ki, S. W. (2009). Compassionate attitude towards others' suffering activates the mesolimbic neural system. *Neuropsychologia, 47*(10), 2073-2081. doi:10.1016/j.neuropsychologia.2009.03.017

Klimecki, O., & Singer, T. (2012). Empathic distress fatigue rather than compassion fatigue? Integrating findings from empathy research in psychology and social neuroscience. In B. Oakley, A. Knafo, G. Madhavan, & D. Sloan Wilson (Eds.), *Pathological Altruism* (pp. 368-383). New York: Oxford University Press.

Klimecki, O. M., Leiberg, S., Lamm, C., & Singer, T. (2013). Functional neural plasticity and associated changes in positive affect after compassion training. *Cerebral Cortex, 23*(7), 1552-1561. doi:10.1093/cercor/bhs142

Klimecki, O., & Singer, T. (2013). Empathy from the perspective of social neuroscience. In J. Armony & P. Vuilleumier (Eds.), *Handbook of Human Affective Neuroscience* (pp. 533-549). New York: Cambridge University Press.

Klimecki, O. M., Leiberg, S., Ricard, M., & Singer, T. (2014). Differential pattern of functional brain plasticity after compassion and empathy training. *Social Cognitive and Affective Neuroscience, 9*(6), 873-879. doi:10.1093/scan/nst060

Klimecki, O. M., Vuilleumier, P., & Sander, D. (2016). The impact of emotions and empathy-related traits on punishment behavior: Introduction and validation of the Inequality Game. *PLoS One, 11*, e0151028. doi:10.1371/journal.pone.0151028

Lamm, C., Decety, J., & Singer, T. (2011). Meta-analytic evidence for common and distinct neural networks associated with directly experienced pain and empathy for pain. *NeuroImage, 54*(3), 2492-2502. doi:10.1016/j.neuroimage.2010.10.014

Lamm, C., Silani, G., & Singer, T. (2015). Distinct neural networks underlying empathy for pleasant and unpleasant touch. *Cortex, 70*, 79-89. doi:10.1016/j.cortex.2015.01.021

Lamm, C., & Singer, T. (2010). The role of anterior insular cortex in social emotions. *Brain Structure & Function, 214*(5-6), 579-591. doi:10.1007/s00429-010-0251-3

Leiberg, S., Klimecki, O., & Singer, T. (2011). Short-term compassion training increases prosocial behavior in a newly developed prosocial game. *PLoS One, 6*(3), e17798. doi:10.1371/journal.pone.0017798

Lutz, A., Brefczynski-Lewis, J., Johnstone, T., & Davidson, R. J. (2008). Regulation of the neural circuitry of emotion by compassion meditation: Effects of meditative expertise. *PLoS One, 3*(3), e1897. doi:10.1371/journal.pone.0001897

McCall, C., & Singer, T. (2012). The animal and human neuroendocrinology of social cognition, motivation and behavior. *Nature Neuroscience, 15*(5), 681-688. doi:10.1038/nn.3084

McCall, C., Steinbeis, N., Ricard, M., & Singer, T. (2014). Compassion meditators show less anger, less punishment, and more compensation of victims in response to fairness violations. *Frontiers in Behavioral Neuroscience, 8*, 424. doi:10.3389/fnbeh.2014.00424

Mobbs, D., Yu, R., Meyer, M., Passamonti, L., Seymour, B., Calder, A. J., ... Dalgleish, T. (2009). A key role for similarity in vicarious reward. *Science, 324*(5929), 900. doi:10.1126/science.1170539

O'Doherty, J. P. (2004). Reward representations and reward-related learning in the human brain: Insights from neuroimaging. *Current Opinion in Neurobiology, 14*(6), 769-776. doi:10.1016/j.conb.2004.10.016

Onoda, K., Okamoto, Y., Nakashima, K., Nittono, H., Ura, M., & Yamawaki, S. (2009). Decreased ventral anterior cingulate cortex activity is associated with reduced social pain during emotional support. *Social Neuroscience, 4*(5), 443-454.

Pascual-Leone, A., Amedi, A., Fregni, F., & Merabet, L. B. (2005). The plastic human brain cortex. *Annual Review of Neuroscience, 28*, 377-401.

Peyron, R., Laurent, B., & Garcia-Larrea, L. (2000). Functional imaging of brain responses to pain. A review and meta-analysis. *Neurophysiology Clinical, 30*(5), 263-288. doi:S0987-7053(00)00227-6 [pii]

Preston, S. D. (2013). The origins of altruism in offspring care. *Psychological Bulletin, 139*(6), 1305.

Rainville, P. (2002). Brain mechanisms of pain affect and pain modulation. *Current Opinion in Neurobiology, 12*(2), 195-204.

Sagi, A., & Hoffman, M. L. (1976). Empathic distress in the newborn. *Developmental Psychology, 12*(2), 175-176. doi:10.1037/0012-1649.12.2.175

Schultz, W. (2000). Multiple reward signals in the brain. *Nature Reviews Neuroscience, 1*(3), 199-207. doi:10.1038/35044563

Singer, T., Critchley, H. D., & Preuschoff, K. (2009). A common role of insula in feelings, empathy and uncertainty. *Trends in Cognitive Sciences, 13*(8), 334-340. doi:10.1016/j.tics.2009.05.001

Singer, T., & Klimecki, O. M. (2014). Empathy and compassion. *Current Biology, 24*(18), R875-R878. doi:10.1016/j.cub.2014.06.054

Singer, T., Kok, B. E., Bornemann, B., Bolz, M., & Bochow, C. B. (2014). *The ReSource Project. Background, Design, Samples, and Measurements* (1st ed.). Leipzig: Max Planck Institute for Human Cognitive and Brain Sciences.

Singer, T., Seymour, B., O'Doherty, J., Kaube, H., Dolan, R. J., & Frith, C. D. (2004). Empathy for pain involves the affective but not sensory components of pain. *Science, 303*(5661), 1157-

1162. doi:10.1126/science.1093535

Vrticka, P., Andersson, F., Grandjean, D., Sander, D., & Vuilleumier, P. (2008). Individual attachment style modulates human amygdala and striatum activation during social appraisal. *PLoS One, 3*(8), e2868. doi:10.1371/journal.pone.0002868

Weng, H. Y., Fox, A. S., Shackman, A. J., Stodola, D. E., Caldwell, J. Z. K., Olson, M.

C., ... Davidson, R. J. (2013). Compassion training alters altruism and neural responses to suffering. *Psychological Science, 24*(7), 1171-1180. doi:10.1177/0956797612469537

Wicker, B., Keysers, C., Plailly, J., Royet, J. P., Gallese, V., & Rizzolatti, G. (2003). Both of us disgusted in My insula: The common neural basis of seeing and feeling disgust. *Neuron, 40*(3), 655-664.

제10장

자비의 자원이 되는 두 가지 요소: 옥시토신 체계와 도덕성을 고양시키는 사회적 경험

Sarina Rodrigues Saturn

요약

이 장에서는 선천적 생물학과 인생 경험이 자비를 구성하는 데 어떤 역할을 하는지 탐구해 본다. 첫 번째 부분은 타인에게 자비를 느끼고 표현하게 하는 생물학적 동력으로 필수적인 부분인 신경내분비계, 즉 옥시토신에 초점을 둔다. 돌봄을 촉진시키는 옥시토신 호르몬에 작동하는 옥시토신 수용체는 선천성의 유전적 차이와 환경으로 인한 후성유전적 변이에 의해 결정되는데 뇌, 신체, 사회적 행동의 방식에 영향을 준다. 두 번째 부분은 자비를 목격함으로써 촉발되는 뚜렷한 감정 상태인 도덕성 고양이 초점이다. 도덕성 고양의 경험은 중추 및 말초 신경계에서 독특한 패턴의 신경생리학적 사건들을 수반한다. 이상과 같이 이 장에서는 자비를 관찰하고 감각하고 행동하는 데 내재되어 있는 마음-몸 연결에 대한 실례들을 제공한다.

핵심용어

경외, 이타주의, 자연, 양육, 자율신경, 생리학, 뇌과학, 부교감신경, 미주신경, 전두엽

이 장은 나의 연구 프로젝트에서 겉으로 보기에는 관련이 없어 보이는 두 영역을 다루고 있다. 하지만 이들의 상호 연결은 선천적 생물학과 인생의 경험이 자비에 불을 지피는 데 어떤 역할을 하는지를 밝혀 줄 것이다(Goetz, Keltner, & Simon-Thomas, 2010). 첫 번째 주제는 친사회적(prosocial) 행동 신호를 신체와 뇌 전반에 전달하는 주요 세포 관문인 옥시토신 시스템의 개인 간 차이에 초점을 맞추었다. 두 번째 주제는 위대한 자비 행동을 목격하거

나 들은 후에 종종 일어나는 감정 상태인 도덕성 고양(moral elevation)에 대한 것이다.

내가 독특한 방법으로 자비연구를 하게 된 데에는 훌륭한 조언자를 만난 행운이 있었다. 나는 Joseph LeDoux 박사님의 연구실에서 박사 학위 논문을 마쳤다. 그곳에서 감정처리의 핵심인 뇌 편도에서 두려운 기억이 형성되는 동안 뇌세포 시냅스에서 일어나는 여러 현상을 연구하였다(Rodrigues, Schafe, & LeDoux, 2004). 그 후 Robert Sapolsky 박사님의 연구

실에서 박사후 연구원으로 일하면서 스트레스 호르몬의 분비가 중추 신경계의 감정 회로에 어떻게 영향을 미치는지를 연구하였다(Rodrigues, LeDoux, & Sapolsky, 2009). 많은 상황에서 스트레스 호르몬(글루코코르티코이드, 에피네프린, 노르에피네프린)은 자기보존 본능으로 위협적인 상황에 반응하는 이상적인 신경생리학적, 행동적 사건을 개시하게 한다. 이 호르몬들은 우리의 심장을 뛰게 하고, 혈액을 펌핑하며, 근육이 달아나거나 싸우거나 얼어붙을 준비를 하게 한다. 하지만 스트레스 요인이 심각하다거나, 만성적으로 지속되거나, 통제할 수 없거나, 예측할 수 없는 상황이 되면 도리어 수많은 정신적, 신체적 질병에 취약하게 한다. 과도한 스트레스가 우리의 신경, 면역, 심혈관 및 소화 시스템에 큰 피해를 준다는 것은 분명한 사실이다(Sapolsky, 2004).

공포와 스트레스 반응에 대한 이러한 연구를 수행하면서 나는 사회적 환경과 유전적 소인이 어떻게 감정의 개인 차이에 크게 기여하는지에 주목하였고, 만성적이며 강렬한 부정적인 감정이 우리의 몸과 뇌에 하는 모든 끔찍한 일들을 둔화시킬 수 있는 자연스러운 방법이 무엇인지 곰곰이 생각해 보았다. 이것이 나를 친사회적 감정(prosocial emotions)—다른 사람들의 복지에 기여하려는 감정—의 영역으로 이끌었다. 이후 나는 Dacher Keltners 박사 연구 그룹에 합류하여 친사회심리학과 신경생물학을 연결하는 통찰과 연구방법을 익히게 되었다(Keltner, Kogan, Piff, & Saturn, 2014). 비록 대부분의 시간과 에너지를 육아, 교육, 봉사활동에 할애하고 있기는 하지만, 현재 나는 연구실에서 친사회적 감정의 생물학에 대해 과학적인 연구를 계속하고 있다. 나는 이 흥분되고 의미 있는 분야로 가는 길에 만났던 뛰어난 멘토 분에게 진심으로 감사를 드린다.

자비에 대한 옥시토신 수용체와 시사점

옥시토신 수용체의 유전적 변이

옥시토신은 신체와 뇌 전체에 걸쳐 광범위한 표적에 작동하는 호르몬이자 신경전달물질이다(Carter, Bartal, & Porges, 제14장). 9개의 아미노산으로 구성된 이 노나펩티드는 포유류 돌봄 시스템의 일부로 다양한 행동에 관여한다. 여기에는 분만, 모유 수유, 성행위, 접촉이나 쓰다듬기와 같은 저강도 피부 자극과, 음식 섭취, 양육, 여러 신뢰에 기반한 사회적 상호작용 등이 포함된다(Carter, 2014; Uvnäs-Moberg, Handlin, & Petersson, 2014).

내인성 옥시토신은 다양한 자비로운 행동과 직접 관련이 있는 것으로 보인다. 내장된 양육 시스템의 일부로서, 이것은 부모 모두에게 영아와 유대감을 형성하도록 수유, 피부 접촉, 눈맞춤, 애정 어린 접촉 등을 하는 도중에 분비된다. 옥시토신은 모성 행동과 생리학에 중요하고(Carter, 2014), 부계 및 이족 양육(alloparental) 모두에도 필수적인 것으로 보인다(Bales, Kim, Lewis-Reese, & Carter, 2004;

Kenkel et al., 2013). 모성 돌봄은 대개 생존에 필수적인 반면, 부계 및 이족의 보살핌은 영아에게 강인함과 사회적 웰빙을 풍요롭게 해준다(Apter-Levi, Zagoory-Sharon, & Feldman, 2014; Feldman, 2012).

옥시토신은 또한 낭만적 파트너 사이에 오랜 기간 유대감을 형성하는 데 중추 역할을 한다(Carter, 1992, 2014; Feldman, 2012; Numan & Young, 2016). 그것은 파트너에 대한 자비로운 행동에 관여하고(Snowdon et al., 2010), 긍정적 반응, 정서적 지지, 신뢰, 애정의 비언어적 표현 및 따뜻한 접촉과 같은 다양한 친사회적 연애 활동을 촉진한다(Gonzaga, Turner, Keltner, Campos, & Altemus, 2006; Grewen, Girdler, Amico, & Light, 2005).

옥시토신이 낯선 사람한테도 자비로운 행동을 불러일으킨다는 사실이 중요하다. 여기에는 낯선 사람에 대한 공감과 뒤이어 나타나는 관대함이 포함된다. 일반적으로 비강으로 흡입되는 외인성 옥시토신 또한 눈맞춤, 신뢰, 내집단 사랑(in-group love), 공감 정확성(empathic accuracy)을 포함한 여러 친사회적 행동을 향상시킬 수 있다. 옥시토신은 또한 심리사회적 스트레스 요인이나 어려운 상황에 의한 코르티솔 및 심혈관 반응을 완충한다. '눈 위협신호(masked threat cues from the eyes; Kanat et al., 2015) 과제'와 같은 정서적 자극에 편도 반응성을 약화시킬 수 있다(Domes et al., 2007). 이러한 위협 반응성의 감소는 스트레스가 많은 사회적 상황에서 자비로운 행동을 향상시킬 수 있다(for review,

Keltner et al., 2014 참조).

그러나 때로 외인성 옥시토신이 고소해함(gloating), 부러움, 외집단(out-group) 적대감, 자민족 중심주의(ethnocentrism)를 비롯한 불미스러운 사회적 행동을 조장할 수 있다는 점에 유의하는 것이 중요하다(for review, Keltner et al., 2014 참조). 거기다 옥시토신 투여는 개인의 애착 유형과 개인력에 따라 다른 결과를 초래할 수도 있다. 예를 들어, 불안 애착 유형이 낮은 개인은 옥시토신을 투여한 후 어머니로부터 돌봄을 기억할 가능성이 더 높은 반면, 불안 애착 유형이 높은 개인은 무관심한 어머니를 기억할 가능성이 더 높다(위약 대비) (Bartz et al., 2010). 이 펩타이드는 만병통치제가 아니라 한 개인의 맥락, 개인력, 기본 성향에 따라 사회적 신호 처리과정에 미치는 영향이 다양하다.

신호 전달을 위한 다양한 하위 수용체 유형이 있는 세로토닌이나 도파민과 같은 신경조절제와는 달리 옥시토신의 수용체는 하나만 있다. 특히 뇌의 시상하부와 편도처럼 사회적 행동이나 감정 영역에 특별히 많이 분포한다. 또 심장으로 가는 미주신경 입력신호를 보내거나 해제시키는 '미주신경 제동(vagal brake)'을 조절하는 수질(medullary)에도 옥시토신 수용체가 분포한다. 또한 자궁, 고환 및 심장을 포함한 많은 기관에 옥시토신 수용체가 위치한다. 옥시토신은 특정 시냅스 소통(synapse-specific communication)이 아닌 양적 전송(volume transmission)을 통해 분비된다. 수용체는 전형적인 G-단백질 결합 수용체이고, 옥시토신이 결합하게 되면 표적 조직의 특성에 따라 후속 신경전달물질 분비, 근육 수축, 사회성 신경회로 활성화 등을 촉진시킨다(Carter, 2014; Carter, Bales, & Porges, 2005; Gimpl & Fahrenholz, 2001).

옥시토신 수용체의 유전적 변이는 단일염기다형성(single-nucleotide polymorphisms: SNPs)을 통해 나타날 수 있다. 유전자 다형성은 전 세계 어디에나 존재하여 곤충의 사회적 계층 구조에서 꽃잎 색깔에 이르기까지 자연히 발생하는 다양성을 보여 준다. 인간 행동에서 신경화학 시스템의 다형성은 우리의 사회적, 정서적 프로필의 다양성에 필수적인 역할을 한다. 예를 들어, 세로토닌 시스템의 다형성은 정서적 현출 자극(emotionally salient stimuli)에 대한 편도 반응뿐만 아니라 환경에 대한 민감도와 같은 설정된 기분 경향성과 관련이 있다. 또한 도파민 시스템의 다형성은 연애 스타일에서 이타주의나 중독성 행동에 이르기까지 모든 것에 관련된 보상 반응성과 관련이 있다(for review, Keltner et al., 2014 참조).

옥시토신이 자비로운 행동과 스트레스 반응성에 중요한 역할을 하기 때문에 우리 연구 그룹은 옥시토신 수용체의 특정 SNP(rs53576)가 이러한 심리적 구성과 어떻게 연관되어 있는지 탐구하였다. 이 특정 SNP는 이전 연구에서 모성 감수성(Bakermans-Kranenburg & van Ijzendoorn, 2008) 및 자폐증 성향(Jacob et al., 2007)과 관련이 있었다. 외인성 및 내인성 옥시토신 연구에서 옥시토신이 사회적 행동과 관련이 있음을 보여 주었으므로, 우리는 자기

보고 자비 경향성을 평가하기 위해 '대인관계 반응성 지수(the Interpersonal Reactivity Index; Davis, 1983)'를 사용하였다. 이 지수는 다른 사람의 관점에서 사물을 볼 수 있는 '관점 수용(perspective-taking)'과 불행한 사람들에게 관심을 보이고 그들에게 향하는 '공감 염려(empathic concern)'와 같은 것들을 측정한다. 우리는 이 유전적 변이와 참가자의 자기보고 자비 경향이 실제 어느 정도 관련이 있다는 것을 발견하였다. 그런 다음 우리는 '눈에서 마음읽기 검사(Reading the Mind in the Eyes Test: RMET; Baron-Cohen, Wheelwright, Hill, Raste, & Plumb, 2001)'를 시행하였다. 이 과제는 주어진 얼굴의 눈 부위만을 단순히 바라보는 것으로 그 개인이 느끼고 있는 감정을 보고하는 것이다. 옥시토신을 투여하면 과제 수행이 향상되기 때문에 이 과제를 선택하였다(Domes, Heinrichs, Michel, Berger, & Herpertz, 2007). 자폐증을 가진 사람들은 이 과제 수행에 결함을 보인다. 우리가 예측한 바와 같이 동일한 옥시토신 수용체의 유전적 변이가 이와 같은 공감 정확성 과제를 얼마나 잘 수행하는지 예측해 주었다(Rodrigues, Saslow, Garcia, John, & Keltner, 2009).

옥시토신이 스트레스 완화 효과가 있기 때문에 우리는 유전적 다형성이 스트레스 반응성과 어떻게 관련되는지 살펴보기로 하였다. 첫째, 참가자에게 위기와 긴급 상황에서 어느 정도 침착한지 또는 괴로운지 보고하도록 요청하였다. 우리는 더 많은 공감을 보고하고 RMET에서 더 높은 점수를 받은 동일한

유전자 그룹이 더 낮은 스트레스 반응성을 보고했음을 발견하였다. 스트레스 반응성의 생리학적 특성을 측정하기 위해 참가자에게 카운트다운 숫자를 보면서 0이 되면 헤드폰으로 유해한 큰 백색 소음을 들려주는 '고전적 놀람 패러다임(classic startle paradigm)'을 시행하였다. 낮은 스트레스 반응성과 높은 공감을 보이는 개인은 이 카운트다운 놀람 과제 동안 생리적 스트레스 반응성이 더 낮았다(Rodrigues et al., 2009b). 또한 사랑하는 파트너가 자신의 고통 순간에 대해 이야기하고 이를 듣는 장면에서 그들의 비언어적 행동을 보여 주는 무음 비디오 클립을 보는 것만으로도 낯선 사람이 친사회적 사람들을 어떻게 판단하는지와 동일한 유전적 변이가 관련 있다는 것을 발견하였다(Kogan et al., 2011).

다른 연구 그룹은 동일한 옥시토신 수용체 변이가 사회적 및 정서적 신경 처리에 중요한 뇌 구조의 용적, 연결성 및 반응성과 관련이 있음을 발견했다. 여기에는 정서 과제를 수행하는 동안 편도의 활성과 연결의 감소뿐만 아니라 시상하부 용적 및 기능적 연결의 감소가 포함된다(Tost et al., 2010; Wang et al., 2013). 뇌신경영상 연구는 옥시토신 유전학이 공감 정확도 과제를 수행하는 동안 신경활성에 중요한 역할(Laursen et al., 2014)을 하고, 자녀의 사진을 보는 동안 긍정적인 양육과 신경 반응에도 중요한 역할(Michalska et al., 2014)'을 한다는 사실을 보여 주었다.

많은 심리학 연구가 그렇듯이 다른 연구 그룹에서는 이 연구 결과를 재현하는 데 종종 문제가 발생한다. 옥시토신 수용체를 표적으로 하는 후보 유전자(candidate-gene) 연구를 재현하는 데 문제가 있는데, 이는 구성 요소에 대한 정의, 성별, 문화 및 초기 환경의 복잡성에 기인하는 것 같다(Feldman, Monakhov, Pratt, & Ebstein, 2016). 예를 들어, 옥시토신 투여 후 남녀를 비교하는 연구에서 신경 활성화는 상반되는 유전자형(genotype) 패턴을 보고하였다(Feng et al., 2015). 또한 감정 처리와 관련된 유전자형-행동 프로파일은 서구와 동아시아 문화권에서 서로 다른 연관성이 나타난다(Kim & Sasaki, 2014). 개인의 사회적, 정서적 행동은 다양한 내외적 요인의 영향을 받으므로 개인차의 원인을 이해할 때 본성(nature)과 양육(nuture)의 복잡성을 고려하는 것이 중요하다. 유전, 경험, 환경, 생활 방식 및 선택 모든 것이 어떤 사람이 되는지에 기여한다. 이러한 다면적 결과를 하나의 유전자 또는 단일 사건에 귀속시키는 것은 불가능하다. 차라리 과학적 탐구를 통해 이 세상에서 일어나는 복잡한 자비로운 행동들이 어떻게 여러 요인과 유의미하게 관련되는지를 밝히는 게 더 낫다. 또한 여러 연구는 자신이 고통에 휘말려 있으면 다른 사람의 고통을 보살피는 데 방해가 될 수 있음을 강조한다.

옥시토신 수용체의 후성유전적 변이

우리는 부모로부터 유전자를 물려받는다. 따라서 우리 유전자를 코딩하는 서열은 고정되어 있다. 그러나 외부 및 환경 요인은 우리 삶의 경험을 '경청(listening)'함으로써 인생 전반에 걸쳐 유전자가 활성화되거나 비활성화되는 방식을 수정할 수 있다. 이것은 후성유전학(epigenetics)으로 알려져 있다. 자비와 관련되어 후성 유전의 중요성에 대한 최근의 증거는 옥시토신 수용체 유전자의 DNA 메틸화 연구이다(Kumsta, Hummel, Chen, & Heinrichs, 2015). 이 연구들은 부정적인 사회적 경험이 옥시토신 수용체 유전자의 메틸화를 유발하고, 이로 인해 스트레스 반응성이 증가하며 자비로운 행동들이 감소한다는 것을 보여 준다.

사회적 후성유전을 설명하는 전형적인 연구는 동물 모델에서 수행되었다. 이 연구에서 어미로부터 충분한 핥기와 몸단장을 받으며 자란 새끼가 무관심한 어미의 새끼에 비해 차분하고 스트레스 호르몬 수치가 더 안정적이었다. 중요한 것은 교차양육연구(cross-foster study)에 따르면 자손의 변화는 유전적 요인이나 태아기 요인이 아닌 모성 돌봄의 질에 기인한다는 것이 밝혀졌다(Champagne et al., 2003; Francis et al., 1999). 보다 광범위한 연구에서 세대 간 전달(transgenerational transmission)이 부분적으로 후성 유전적 변형으로 인한 것임이 입증되었다. 높은 수준의 모성 돌봄은 옥시토신 및 글루코코르티코이드 수용체의 발현, 낮은 스트레스 호르몬 수치, 불안 감소, 인지 능력 향상에 현저한 영향을 미친다. 이것은 궁극적으로 자신이 양육받은 그것을 그대로 부모가 되어 자손을 양육하게 되는 결과를 낳는다(Champagne & Curley,

2009; Feder, Nestler, & Charney, 2009; Jensen & Champagne, 2012).

쥐와 인간 모두에서 옥시토신 수용체 유전자 메틸화 패턴은 초기 모성 돌봄(early maternal care)의 질을 예측하였다(Beery, McEwen, MacIsaac, Francis, & Kobor, 2016; Unternaehrer et al., 2015). 이러한 데이터는 양육 경험이 우리의 옥시토신 수용체 유전자가 어떻게 후성유전적으로 변형되는지에 필수적인 역할을 한다는 것을 시사한다. 어떻게 옥시토신 수용체 유전자의 조절과 인간의 사회적 행동이 관련되는지에 대한 연구는 새롭고 인기 있는 연구 영역이다(Kumsta et al., 2015).

옥시토신 수용체 유전자의 메틸화는 사회적 자극 반응에 상측두회(superior temporal)와 대상회(cingulate gyri)에서 더 큰 신경 활성을 유발한다(Jack, Connelly, & Morris, 2012). 또한 옥시토신 유전자 메틸화는 감정과 얼굴 인식을 담당하는 영역의 뇌 활동, 분노와 공포 얼굴에 대한 편도 반응, 사회적 인지 자극에 반응하는 여러 뇌 영역과 편도의 연결성과도 관련이 있다(Puglia, Lillard, Morris, & Connelly, 2015). 또한 이것은 애착 유형, 감정 인식, 사회적 인지 작업 시 상측두고랑(superior temporal sulcus)의 활동 및 방추이랑(fusiform gyrus)의 용적과 관련이 있다(Haas et al., 2016).

중요한 것은 DNA 메틸화 패턴이 개체군에서 다양하고, 일반적으로 신체와 뇌 모두에서 유전자의 전사(transcription)를 변경한다(Aberg et al., 2013; Gregory et al., 2009). 옥시토신 수용체의 메틸화 패턴은 사회적 상호작용, 효과적인 언어적 · 비언어적 의사소통의 어려움 정도, 다양한 자폐 스펙트럼 장애와 관련이 있다(Gregory et al., 2009). 또한 높은 옥시토신 수용체 유전자 메틸화는 노인 남성에서 냉담한 무감정적 성향 및 낮은 옥시토신 수치와 연관이 있었다(Dadds et al., 2014). 게다가 옥시토신 수용체의 활발한 메틸화는 급성 심리사회적 스트레스 후에 발생하는 것으로 나타났다(Unternaehrer et al., 2012). 이 외에 사회 공포증 및 사회적 상호작용으로 인한 불안, 심리사회적 스트레스에 대한 코르티솔 반응 증가, 부정적인 사회적 단어에 대한 편도 반응 증가와 관련이 있다(Ziegler et al., 2015). 흥미롭게도 후성유전-유전의 관계를 살펴보면, 스트레스 반응성이 높고 공감 능력이 낮은 유전형을 가진 개인은 옥시토신 수용체 유전자의 특정 부위에서 더 높은 메틸화를 나타내며, 우울증과 메틸화 수준 사이의 연관성은 옥시토신 수용체 유전형에 의해 조절된다는 사실이 밝혀졌다(Reiner et al., 2015).

종합하면 옥시토신 수용체 유전자에 대한 후성유전 연구는 우리의 신체와 뇌가 아주 어린 나이부터 사회적 환경에 매우 민감하고, 자비를 유발하는 생물학적 과정이 우리 환경, 특히 양육 또는 우리가 대인관계에서 만나는 부정적인 경험의 영향을 받을 수 있음을 시사한다. 사회 후성유전학 분야는 어떻게 자비로운 경험이 인간의 뇌를 프로그래밍하는지와, 세대에 전수되는 자비로운 행동의 경험-의존적 수정(experience-dependent modifications)이 미치는 의미를 계속해서 밝혀 줄 것이다.

자비로운 행동의 목격을 통한 도덕성의 고양

자비라는 심오한 행위를 보거나 들을 때 우리는 종종 도덕성의 고양이라고 하는 뚜렷한 감정 상태를 경험한다. 도덕성 고양은 낯선 사람이 다른 사람을 이롭게 하려고 자비로운 행동을 하는 것에 깊은 감동을 받은 결과이다(Haidt, 2003). 고통을 완화하기 위한 사심없는 행동과 연관된 고통에 반응하는 자비로운 감수성을 단순히 관찰하는 것만으로도 그것을 보는 사람들에게 심오한 심리적, 생리적 경험을 일으키기에 충분하다([그림 10-1] 참조). 여기서 사람들이 자비로운 행위를 만날 때, 즉 다른 사람들의 자비로 인해 도덕성 고양을 경험할 때 무슨 일이 일어나는지와, 고통을 경험하게 되면 결국 이 자비를 표현할 가능성이 증가된다는 것을 논의해 보고자 한다.

도덕적 고양을 완전히 이해하고 그것을 독특한 실체로 인식하기 위해서는, 같은 느낌을 공유하고 있는 다른 긍정적인 사회적 감정 상태와 비교하고 대조하는 것이 도움이 된다(Algoe & Haidt, 2009; Keltner & Haidt, 2003). 예를 들어, 도덕성 고양은 이미 많이 연구된 '감사(gratitude)'의 개념과는 구별될 수 있다. 도덕적 감정(moral emotions)의 개념은 유발된 감정이 경험자에게 직접 영향을 미치지 않는 자극

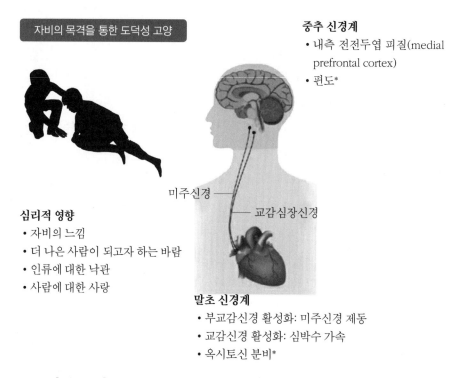

자비의 목격을 통한 도덕성 고양

중추 신경계
• 내측 전전두엽 피질(medial prefrontal cortex)
• 편도*

심리적 영향
• 자비의 느낌
• 더 나은 사람이 되고자 하는 바람
• 인류에 대한 낙관
• 사람에 대한 사랑

미주신경

교감심장신경

말초 신경계
• 부교감신경 활성화: 미주신경 제동
• 교감신경 활성화: 심박수 가속
• 옥시토신 분비*

[그림 10-1] 도덕성 고양을 뒷받침하는 심리적, 생리적 사건(직접 및 간접* 증거)

도 포함하는 경향이 있다. 감사는 그 사람에게 이익이 되는 행동에 의해 생겨나기 때문에 도덕성 고양은 감사와 구분된다. 비록 감사가 그 사람에게 자비로운 행동을 하도록 격려하지만, 일반적으로 감사는 도움을 준 사람과의 관계 강화를 위해 실행된다. 대조적으로 도덕성 고양은 빚이 없어도 낯선 사람에게 도움을 주는 자비로운 행동을 촉발한다. 이타적인 자비를 목격하는 것은 인류에 대한 더 넓은 희망을 불러일으키고 다른 사람들을 도우려는 보다 일반적인 욕구를 유발한다(Haidt, 2003).

도덕성 고양은 일단의 경외심의 **감정 상태**(awe family)로 간주될 수 있다(Keltner & Haidt, 2003). 일반적으로 경외심의 감정 상태는 방대하고 예상치 못한 경험을 개인이 세상을 이

해하는 데 잘 통합하도록 도와주는 것으로 여겨진다. 예를 들어, 우리는 경이로운 아름다움을 경험할 수 있는데, 아름다운 일몰, 멋진 사람, 숨막히는 폭포에서 영감을 얻는다. 우리는 또한 맹렬한 화재, 지진해일 또는 대규모 파괴적인 폭발을 실제로 보거나 묘사한 것을 마주할 때 위협에 직면하여 경외심을 느낄 수도 있다. 또 다른 유형으로 훌륭한 음악가, 운동선수 또는 세계를 변화시키는 지도자를 바라보면서 그 숙련된 기술이나 재능에 경외심을 가지게 된다. 그리고 자기초월적인 영적·종교적 경험과 같은 초자연적인 경험에서 경외심이 생길 수 있다. 이 모든 것 중에서 도덕성 고양을 독특하게 만드는 것은 도덕성 고양이 특히 자비로운 선행에 대한 경외심에

서 비롯된다는 것이다. 중요한 점은 도덕성 고양이 방대한 지각 자극을 필요로 하지 않는 다는 것이다. 사실, 종종 그것은 두 사람 사이에 진심 어린 자비의 표현을 보는 것만으로도 유발될 수 있다.

도덕성 고양 유도 후 자기보고 측정에서 이러한 감정 상태가 사람들로 하여금 자비, 더나은 사람이 되고자 하는 바람, 타인을 돕고자 하는 갈망, 인류에 대한 낙관적 느낌, 그리고 사람에 대한 사랑이 일관되게 발견되었다. 또한 도덕성이 고양된 사람들은 희망, 부드러움, 영감, 고양감 및 감탄을 느낀다고 보고한다(Algoe & Haidt, 2009; Freeman, Aquino, & McFerran, 2009; Piper, Saslow, & Saturn, 2015; Schnall, Roper, & Fessler, 2010). 따라서 도덕성 고양은 사람들에게 자비를 불러일으킨다.

중요한 것은 도덕성 고양이 이타적인 경향의 강력한 동기가 된다는 사실이다. 예를 들어, 한 주요 연구에 따르면 도덕성 고양 상태의 참가자는 제3자(피실험자)의 부담을 덜어주거나 도와주기 위해 보상이 없는 작업에 시간을 할애할 가능성이 더 높았다. 더욱이, 이 참가자들은 오락적이거나 중립적인 조건보다 도덕성 고양의 조건에서 보낸 시간의 양이 현저하게 더 많았다. 또한 참가자는 피실험자를 돕는 데 보낸 시간은 인간성에 감동을 받고 도움이 되며 기분이 상승되고 낙관적이 된다는 느낌이 포함된 도덕성 고양 자기보고와 양의 상관관계를 보여 주었다(Schnall et al., 2010). 따라서 고결한 행동을 목격하는 것은 '선지급(pay it forward)' 사고방식을 조성하

여 목격자가 자비로운 행동을 관찰한 후 다른 사람들에게 자비를 갖게 하려는 동기를 느끼게 한다. 흥미로운 것은 도덕성 고양을 유도하기 전에 과거 자비로운 행동을 스스로 확인해 보도록 하는 것은 도움행동을 훨씬 더 촉진시킨다(Schnall & Roper, 2012). 또한 도덕성 고양은 조언자 역할에 대한 태도와 관심을 개선할 뿐만 아니라 도움이 되는 지침을 제공하는 경향을 높여 주어 방관자가 멘토가 되도록 영감를 준다(Thomson, Nakamura, Siegel, & Csikszentmihalyi, 2014). 그러므로 도덕성 고양은 다양한 유형의 자비로운 행동을 유발하는 자극제 역할을 할 수 있다.

다양한 친사회적 행동의 동기를 구별해 보려는 여러 연구를 살펴보면, 사회적 불의에 대한 도덕성 분노(moral outrage)보다 도덕성 고양이 자선 기부를 증가시켰다. 반면에 도덕성 고양보다 도덕성 분노는 '제3자 방관자 게임(a third party bystander game)'에서 친사회적 행동뿐만 아니라 불평등 해소를 위한 계획에 기꺼이 참여하는 것처럼 자비로운 정치적 행위나 정의로운 행동의 경향을 증가시킨다. 이것은 도덕성 고양이 적극적인 행동주의와는 대조적으로 선행으로 향하게 하는 매우 뚜렷한 자비로운 행동을 이끌어 낸다는 것을 시사한다(Van de Vyver & Abrams, 2015). 그러므로 자비로운 행동은 보다 양육적인 부분에 관여한다.

이타주의를 불러일으키는 것 외에도 도덕성 고양은 편견을 약화시킨다. 그것은 사회적으로 우위의 특성이 있는, 즉 지도적 계층에 있는 사람들이 사회적으로 혜택을 받지

못하는 사람들에게 온정을 베푸는 자선단체에 기부하는 것을 증가시킨다(Freeman et al., 2009). 또한 개인과 인류 사이의 상호 연결감을 증가시켜 주었는데, 그것은 다른 인종의 사람들과도 연결감을 갖는 것과 관련이 있다(Oliver et al., 2015). 도덕성 고양은 또한 동성애자 남성에 대한 편견을 줄임으로써 성적 지향과 관련된 적대감을 완화한다(Lai, Haidt, & Nosek, 2013). 도덕성 고양이 종교, 외모, 정체성, 난민 등의 선입견으로 희생된 소외 집단에 대한 편견을 어떻게 줄이는지 알아보는 것은 매력적인 주제이다.

연구실에서 나는 도덕성 고양에 대한 생물학적 연구를 해야겠다는 영감을 받은 적이 있다. 도덕성 고양으로 인한 자기보고된 생리적 감각에는 가슴의 온기, 눈물, 목에서 느끼는 묵직한 느낌, 피부의 오한 또는 소름(Piper, Saslow, & Saturn, 2015; Schnall et al., 2010; Silvers & Haidt, 2008)과 정서적 감흥이나 감동을 받은 상태에 동반되는 신체 반응이 있다(Benedek & Kaernbach, 2011; Keltner, 2009). 도덕성 고양에 기초가 되는 생리반응을 철저히 기록하기 위해서는 말초(자율 및 체성) 및 중

추(뇌와 척수) 신경계 모두에서 무슨 일이 일어나고 있는지 신중하게 살펴보아야 한다. 이 탐험을 이끌기 위해 우리는 도덕성 고양과 결부된 여러 종류의 경험을 시사하는 신경계 특히 자율 신경계 중 부교감신경과 뇌의 전전두엽 피질에 초점을 맞추었다(Piper et al., 2015).

교감신경계(sympathetic nervous system: SNS)와 부교감신경계(parasympathetic nervous system: PNS)로 구성된 자율 신경계는 신체가 내부 및 환경 자극에 대처할 수 있도록 준비한다(McEwen, 2012; Porges, 2003; Thayer, Ahs, Fredrikson, Soilers, & Wager, 2012). PNS의 핵심 관문 중 하나는 미주신경(vagus nerve)이다. 이것은 자비로운 행동을 조정하는 데 옥시토신과 함께 필수적인 역할을 한다(Porges, 제15장). PNS의 복측 미주신경은 사회적 자극이 오면 후두 및 심장 반응을 제어함으로써 포유동물의 사회적 참여를 촉진하는 역할을 한다(Porges, 2003). 복측 미주 활동은 고주파 심박 변이도(high-frequency heart rate variability)의 한 패턴인 호흡성 동성 부정맥(respiratory sinus arrhythmia: RSA)[*]에 의해 지표화될 수 있다(Porges, 2007). 휴식기 RSA 수

---

[*] 역자 주. respiratory sinus arrhythmia

호흡성 동성 부정맥(RSA)은 전형적으로 각 호흡 주기 동안 발생하는 양성적이고 정상적인 심박 변화이다. 즉, 심박수는 숨을 들이마실 때 증가하고 내쉴 때 감소한다. RSA는 1847년 칼 루드비히에 의해 처음 인식되었지만 아직 완전히 이해하고 있는 것은 아니다. 흡입 중에는 횡격막의 수축 및 하향 움직임과 흉강 확장으로 인해 흉강 내 압력이 감소한다. 그 결과 심방압도 낮아져 심장으로의 혈류량이 증가하게 되고, 이는 다시 미주신경을 감소시키는 기압 수용체 발화 반응을 감소시킨다. 이것은 심박수의 증가를 일으킨다. 숨을 내쉬는 동안 횡격막은 이완되고 위로 이동하며 흉강 크기를 줄여 흉강 내 압력을 증가시킨다. 이러한 압력 증가는 심장으로의 정맥 회수를 억제하여 심방 팽창을 감소시키고 기압 수용체의 활성화를 증가시킨다. 이것은 미주신경의 억제를 완화시키고 심장 박동수를 감소시킨다.

출처: 위키피디아, 2022; https://en.wikipedia.org/wiki/Vagal_tone#Respiratory_sinus_arrhythmia

준은 사회적으로 적응하는 감정조절 전략 및 특정 사회적 연결성과 양의 상관관계에 있다 (Geisler, Kubiak, Siewert, & Weber, 2013; Kok Fredrickson, 2010; Oveis et al., 2009). 또한 RSA 는 사회적 참여 상태에서 증가한다(Porges, 2007). 때때로 미주신경 톤(vagal tone)으로 불리는 복측 미주신경의 활성은 Porges의 다중미주신경 이론(Porges's polyvagal theory)을 따르는 경향이 있다. 이 이론은 RSA가 증가하면 개인이 부드럽고 친밀한 사회적 상호작용을 준비할 수 있다고 가정한다. RSA 진폭은 복측 미주신경 복합체가 뻗어 있는 심장 동방결절의 기능적 제어를 수치화한다. 실험자가 잠재적인 매개변수와 교란변수를 염두에 두고 있다면, 미주신경 톤에 대한 대용 측정치로 RSA 가 유용하다. 휴식기 RSA만 사용하는 것보다 위상 미주신경 심장 조절 지표(an index of phasic vagal cardiac control)로 단기 RSA 변동을 고려한다면 이러한 잠재적 교란변수를 크게 감소시킬 것으로 기대할 수 있다(Berntson, Cacioppo, & Grossman, 2007; Porges, 2007).

흥미롭게도 도덕성 고양은 RSA를 증가시킬 뿐만 아니라 심박수도 증가시킨다(Piper et al., 2015). 따라서 이 감정 상태는 교감신경계와 부교감신경계 모두를 동원한다. 두 시스템은 어떤 특정 순간에만 약간의 정도로 '동시 활성화'되기도 하지만, 전형적으로는 상황에 따라 대조적으로 작동한다(교감신경: 투쟁, 회피, 얼어붙음 및 기절, 부교감신경: 휴식 및 소화). SNS와 PNS의 동시 활성은 일반적으로 영아 돌보기(Kenkel et al., 2013), 성적

활동(Carter, 1992) 및 정서적 울음(emotional crying; Trimble, 2012)과 같이 깊은 사회적 참여 동기와 각성이 모두 포함되는 독특한 상황에서만 볼 수 있다. 따라서 도덕성 고양 동안 관찰된 두 자율신경계의 활성화는 양육과 보호 모두에 대한 동기가 증가된 것과 관련이 있으며(Kenkel et al., 2013), 대부분의 상승유도 자극에 의해 유발될 수 있다. 이는 고통받는 사람들이 그 고통을 덜어 주기 위한 자비로운 행동을 하는 것을 특징으로 한다.

부교감 및 교감신경 반응은 뇌가 환경과 내부 사건을 처리하여 말초에 나타난 결과들이다. 특정 뇌 영역은 편도 및 시상하부와 같은 피질하 구조를 조절하고(Rodrigues et al., 2009), 이는 차례로 환경적 자극에 통합된 생리적 상태를 지원하기 위해 자율 반응을 시작한다. 예를 들어, 교감신경 활성화 및 피질 자원을 재할당하는 데 핵심 방아쇠가 되는 편도를 전전두엽 피질(prefrontal cortex: PFC)이 강력히 억제한다(Rodrigues et al., 2009; Thayer et al., 2012). 부차적으로, 중뇌 의문핵(nucleus ambiguus)의 연결을 통한 내측 PFC(medial PFC: mPFC)의 활성화는 미주신경 긴장도와 심박(Wong, Masse, Kimmerly, Menon, & Shoemaker, 2007; Ziegler, Dahnke, Yeragani, & Bar, 2009) 및 사회적 신호 처리 조절과 관련이 있다(Amodio & Frith, 2006). 앞서 언급한 미주신경 긴장도 측정치인 RSA는 자율 신경계를 신속하게 제어하는 mPFC의 능력에 상응한다는 보고가 있다(Thayer et al., 2012). 도덕성 고양 동안 mPFC 관여 역할에 대한 연

구는 혼합된 결과를 보여 주었는데, 이는 동적 이미지를 사용한다거나(Englander, Haidt, & Morris, 2012; Englander et al., 2012) 정지 이미지를 사용하는 것과 같은 자극 유형 때문일 수 있다(Immordino-Yang, McColl, Damasio, & Damasio, 2009). 흥미롭게도 우리는 도덕성 고양과 관련된 mPFC 활성화가 자극의 맥락에 의존한다는 것을 관찰하였다(Piper et al., 2015). 우리는 연구에서 도덕성 고양을 유도하기에 적절한 낯선 자비로운 사람들의 이야기를 묘사한 몇몇 비디오 클립을 활용했었다. 신체적 통증에 대한 자비는 mPFC 활동을 증가시키는 것으로 보인다(Immordino-Yang et al., 2009). 신체적으로 부상당한 사람을 돕는 사람들과 관련된 이야기에서는 mPFC 활성화가 있었지만, 사회경제적으로 빈곤한 사람들을 돕는 누군가의 이야기에서는 그렇지 않았다. 따라서 관찰된 고통의 본질은 도덕성 상승 중에 뇌구조적 활성에 영향을 미칠 수 있다. 모든 것이 다른 사람을 돕는 자비로운 행동으로 보여지지만, 도덕성 고양 연구에서 사용되는 자극에는 많은 다양성이 있다. 따라서 향후 연구에서 동물이나 환경 복지에 나타나는 자비로운 행동을 목격하는 것과 같은 다양한 도덕성 고양 유발 자극으로 어떤 패턴이 드러나는지 살펴보는 것은 흥미로울 것이다. 감정 평가와 신체반응 개시에서 편도의 역할을 감안할 때, 특정 고양 유도 자극에 대한 편도의 관여도를 면밀히 평가하는 것 또한 흥미로울 것이다.

우리는 아기를 실험실에 데려온 모유 수유 중인 어머니에게 도덕성 고양이나 즐거움을 이끌어 내기 위해 유도 비디오를 사용한 연구에서 특별한 영감을 얻었다(Silvers & Haidt, 2008). 도덕성 고양 상태의 어머니는 즐거운 상태의 어머니보다 더 많은 수유를 했으며 아기를 안고 키스할 가능성이 더 높았다. 또한 도덕적으로 고양된 어머니들은 더 많은 감동/영감, 눈물/울음, 피부 오한/소름/저릿함을 느낀다고 보고하였다. 도덕성 고양에 따른 모유 배출 및 양육 행동의 증가는 옥시토신 호르몬이 도덕성 고양에 대한 신체 반응에 중요한 역할을 하고 있음을 시사한다. 많은 수유모는 도덕적으로 고양이 있는 동안 삽화적으로 모유 배출이 있었음을 보고한다. 후속 연구의 목표는 이것이 과학적으로 사실임을 증명하는 것이다.

흥미롭게도, 어떤 사람들은 자비를 목격할 때 다른 사람들보다 더 쉽게 '감동받기' 때문에 도덕성 고양 기질(traits)을 자기보고척도를 이용하여 성공적으로 측정할 수 있었다. 한 연구(Landis et al., 2009)는 참가자에게 흔하지 않은 자비로운 행동을 목격했을 때 어떻게 느꼈는지 물음으로써 도덕성 고양 기질의 정도를 평가했다. 척도는 서로 상관관계가 있는 '고양 I 요인' 및 '고양 II 요인'으로 구성되었다. '고양 I 요인'(7개 문항)은 '선한 일을 한 사람에게 감사하거나 보상을 주고 싶다'와 같은 항목으로 다른 사람과의 유대감을 더 많이 포착한다. 반면, '고양 II 요인'(3개 문항)은 '눈물이 난다'와 같은 항목으로 생리적 반응을 평가한다. '고양 I 요인'은 다섯 가지 성격 모델

(McCrae & John, 1992) 중 '외향성', '개방성', '우호성' 요인과 '영적초월' 및 '이타성'과 양의 상관관계에 있었다. 대조적으로 '고양 II 요인'은 영적초월만 상관관계에 있었다. 게다가 예측 변수를 '고양 I 요인'에 두고 다섯 가지 성격 요인(외향성, 개방성, 우호성, 양심, 신경증)과 영적초월을 포함하여 계층적 회귀분석을 실시한 결과 '고양 I 요인'은 자기보고된 이타주의를 가장 강력하게 예측하는 고유 변수였다(Landis et al., 2009). 향후 연구는 자비를 목격하고 결과적으로 자비로운 상태가 되었을 때, 도덕성 고양 기질의 개인별 차이가 삶의 경험, 생물학적 소인 및 생리적 사건과 어떤 관련이 있는지를 탐색하는 것이다.

요약하면, 도덕성 고양에 대한 연구는 자비를 목격하는 것만으로도 생리적, 심리적 상태에 일련의 변화를 일으키고, 다른 사람들이 자비로운 행동을 하도록 영감을 준다는 것을 보여 주었다. 이것은 사회에서 자비로운 행동을 촉진하는 매우 효과적이고 간단한 방법이다. 이러한 전염의 결과로 사람들에게 자비로운 행동을 지켜보게만 해도 우리 세상에 더 많은 자비에 불을 붙일 수 있을 것이다. 그렇다. 자비는 우리 몸과 뇌에 살고 있으며 실질적인 전염성을 가지고 있다.

옥시토신과 도덕성 고양에 대한 이 두 분야의 연구를 종합하면 자비로운 상태와 자비의 기질이 타고난 성향과 삶의 경험 모두에 의해 매우 큰 영향을 받는 것으로 나타났다. 옥시토신의 분비와 옥시토신 수용체의 유전적, 후성 유전적 변이를 포함한 옥시토신 체계 연구에 의하면 자비는 우리 DNA에 '내장되어' 있다. 자비로운 상태와 기질의 개인차는 옥시토신 신호의 선천적 및 경험적 차이와 심리사회적 스트레스에 대처하는 능력과 관련이 있다. 자비로운 행동의 목격을 통한 도덕성 고양은 목격자에게 생리적, 심리적 사건을 통해 자비로운 행동의 강력한 동기를 불러일으킨다. 중요한 것은, 자비를 목격하거나 직접 경험하게 되어 친사회적 행동을 겪게 됨으로써, 단순히 자율신경계 생리의 변화에서 옥시토신 수용체 유전자의 경험 의존적 변형에 이르기까지 우리의 신체 생리는 조정된다. 이 두 가지 이야기를 하나로 묶기 위한 시도로, 나와 다른 연구자들은 이제 도덕성 고양의 경험이 옥시토신 분비의 변화와 옥시토신 수용체의 유전적, 후성 유전적 변이와 어떻게 연결되는지 알아보기 위한 연구 프로젝트를 계획하고 있다. 이것은 우리가 자비를 경험하고 행하는 방법과 이유를 탐구하기 위해 초학문적으로 다중 접근을 통합한 과학적 접근이어서 매우 흥분된다. 자비로운 행동의 기저에 있는 생물학적 기전을 이해함으로써, 우리는 사회 속에서 자비의 촉매와 장애물에 대한 새로운 통찰을 얻을 수 있을 것이다.

감사 인사

이 작업은 국립과학재단(National Science Foundation)의 보조금을 지원받았다(NSF CAREER Grant BCS-1151905).

참고문헌

Aberg, K. A., Xie, L. Y., McClay, J. L., Nerella, S., Vunck, S., Snider, S., ... Van Den Oord, E. J. (2013). Testing two models describing how methylome-wide studies in blood are informative for psychiatric conditions. *Epigenomics, 5*(4), 367-377.

Algoe, S. B., & Haidt, J. (2009). Witnessing excellence in action: The "other-praising" emotions of elevation, gratitude, and admiration. *Journal of Positive Psychology, 4*(2), 105-127. doi:10.1080/17439760802650519

Amodio, D. M., & Frith, C. D. (2006). Meeting of minds: The medial frontal cortex and social cognition. *Nature Reviews Neuroscience, 7*(4), 268-277. doi:10.1038/nrn1884

Apter-Levi, Y., Zagoory-Sharon, O., & Feldman, R. (2014). Oxytocin and vasopressin support distinct configurations of social synchrony. *Brain Research, 1580*, 124-132. http://dx.doi.org/10.1016/j.brainres.2013.10.052

Bakermans-Kranenburg, M. J., & van Ijzendoorn, M. H. (2008). Oxytocin receptor (*OXTR*) and serotonin transporter (5-HTT) genes associated with observed parenting. *Social, Cognitive, & Affective Neuroscience, 3*(2), 128-134.

Bales, K. L., Kim, A. J., Lewis-Reese, A. D., & Carter, C. S. (2004). Both oxytocin and vasopressin may influence alloparental behavior in male prairie voles. *Hormones & Behavior, 45*(5), 354-361.

Baron-Cohen, S., Wheelwright, S., Hill, J., Raste, Y., & Plumb, I. (2001). The "Reading the Mind in the Eyes" Test revised version: A study with normal adults, and adults with Asperger syndrome or high-functioning autism. *Journal of Child Psychology & Psychiatry, 42*(2), 241-251.

Bartz, J. A., Zaki, J., Ochsner, K. N., Bolger, N., Kolevzon, A., Ludwig, N., & Lydon, J. E. (2010). Effects of oxytocin on recollections of maternal care and closeness. *Proceedings of the National Academy of Sciences, 107*(50), 21371-21375.

Beery, A. K., McEwen, L. M., MacIsaac, J. L., Francis, D. D., & Kobor, M. S. (2016). Natural variation in maternal care and cross-tissue patterns of oxytocin receptor gene methylation in rats. *Hormones & Behavior, 77*, 42-52. http://dx.doi.org/10.1016/j.yhbeh.2015.05.022

Benedek, M., & Kaernbach, C. (2011). Physiological correlates and emotional specificity of human piloerection. *Biological Psychology, 86*(3), 320-329.

Berntson, G. G., Cacioppo, J. T., & Grossman, P. (2007). Whither vagal tone. *Biological Psychology, 74*(2), 295-300. http://dx.doi.org/10.1016/j.biopsycho.2006.08.006

Carter, C. S. (1992). Oxytocin and sexual behavior. *Neuroscience & Biobehavioral Reviews, 16*(2), 131-144. doi:10.1016/S0149-7634(05)80176-9

Carter, C. S. (2014). Oxytocin pathways and the evolution of human behavior. *Annual Review of Psychology, 65*(1), 17-39. doi:10.1146/annurev-psych-010213-115110

Carter, C. S., Bales, K. L., & Porges, S. W. (2005). Neuropeptides influence expression of and capacity to form social bonds. *Behavioral & Brain Sciences, 28*(3), 353-354. doi:10.1017/

S0140525X05240062

Champagne, F. A., Francis, D. D., Mar, A., & Meaney, M. J. (2003). Variations in maternal care in the rat as a mediating influence for the effects of environment on development. *Physiology & Behavior*, *79*(3), 359-371.

Champagne, F. A., & Curley, J. P. (2009). Epigenetic mechanisms mediating the long-term effects of maternal care on development. *Neuroscience & Biobehavioral Reviews*, *33*(4), 593-600. doi:S0149-7634(08)00004-3[pii]10.1016/j.neubiorev.2007.10.009

Dadds, M. R., Moul, C., Cauchi, A., Dobson-Stone, C., Hawes, D. J., Brennan, J., ... Ebstein, R. E. (2014). Polymorphisms in the oxytocin receptor gene are associated with the development of psychopathy. *Development & Psychopathology*, *26*(1), 21-31. doi:10.1017/S0954579413000485

Davis, M. H. (1983). Measuring individual differences in empathy: Evidence for a multidimensional approach. *Journal of Personality & Social Psychology*, *44*(1), 113-126.

Domes, G., Heinrichs, M., Michel, A., Berger, C., & Herpertz, S. C. (2007). Oxytocin improves "mind-reading" in humans. *Biological Psychiatry*, *61*(6), 731-733.

Englander, Z. A., Haidt, J., & Morris, J. P. (2012). Neural basis of moral elevation demonstrated through inter-subject synchronization of cortical activity during free-viewing. *PLoS One*, *7*(6), e39384. doi:10.1371/journal.pone.0039384

Feder, A., Nestler, E. J., & Charney, D. S. (2009). Psychobiology and molecular genetics of resilience. *Nature Reviews Neuroscience*, *10*(6), 446-457. http://www.nature.com/nrn/journal/v10/n6/suppinfo/nrn2649_S1.html

Feldman, R. (2012). Oxytocin and social affiliation in humans. *Hormones & Behavior*, *61*(3), 380-391. http://dx.doi.org/10.1016/j.yhbeh.2012.01.008

Feldman, R., Monakhov, M., Pratt, M., & Ebstein, R. P. (2016). Oxytocin pathway genes: Evolutionary ancient system impacting on human affiliation, sociality, and psychopathology. *Biological Psychiatry*, *79*(3), 174-184. http://dx.doi.org/10.1016/j.biopsych.2015.08.008

Feng, C., Lori, A., Waldman, I. D., Binder, E. B., Haroon, E., & Rilling, J. K. (2015). A common oxytocin receptor gene (*OXTR*) polymorphism modulates intranasal oxytocin effects on the neural response to social cooperation in humans. *Genes, Brain & Behavior*, *14*(7), 516-525. doi:10.1111/gbb.12234

Francis, D., Diorio, J., Liu, D., & Meaney, M. J. (1999). Nongenomic transmission across generations of maternal behavior and stress responses in the rat. *Science*, *286*(5442), 1155-1158.

Freeman, D., Aquino, K., & McFerran, B. (2009). Overcoming beneficiary race as an impediment to charitable donations: Social dominance orientation, the experience of moral elevation, and donation behavior. *Personality & Social Psychology Bulletin*, *35*(1), 72-84. doi:10.1177/0146167208325415

Geisler, F. C., Kubiak, T., Siewert, K., & Weber, H. (2013). Cardiac vagal tone is associated with social engagement and self-regulation.

Biological Psychology, 93(2), 279-286. doi:10.1016/j.biopsycho.2013.02.013

Gimpl, G., & Fahrenholz, F. (2001). The oxytocin receptor system: Structure, function, and regulation. *Physiological Reviews, 81*(2), 629-683. Retrieved from http://www.ncbi.nlm.nih.gov/pubmed/11274341.

Goetz, J. L., Keltner, D., & Simon-Thomas, E. (2010). Compassion: An evolutionary analysis and empirical review. *Psychological Bulletin, 136*(3), 351.

Gonzaga, G. C., Turner, R. A., Keltner, D., Campos, B., & Altemus, M. (2006). Romantic love and sexual desire in close relationships. *Emotion, 6*(2), 163.

Gregory, S. G., Connelly, J. J., Towers, A. J., Johnson, J., Biscocho, D., Markunas, C. A., ... Pericak-Vance, M. A. (2009). Genomic and epigenetic evidence for oxytocin receptor deficiency in autism. *BMC Medicine, 7*, 62. doi:1741-7015-7-62[pii]10.1186/1741-7015-7-62

Grewen, K. M., Girdler, S. S., Amico, J., & Light, K. C. (2005). Effects of partner support on resting oxytocin, cortisol, norepinephrine, and blood pressure before and after warm partner contact. *Psychosomatic Medicine, 67*(4), 531-538. doi:10.1097/01.psy.0000170341.88395.47

Haas, B. W., Filkowski, M. M., Cochran, R. N., Denison, L., Ishak, A., Nishitani, S., & Smith, A. K. (2016). Epigenetic modification of OXT and human sociability. *Proceedings of the National Academy of Sciences*, E3816-E3823. doi:10.1073/pnas.1602809113

Haidt, J. (2003). Elevation and the positive psychology of morality. In C. L. M. Keyes & J. Haidt (Eds.), *Flourishing: Positive Psychology and the Life Well-Lived* (pp. 275-289). Washington, DC: American psychological Association.

Immordino-Yang, M. H., McColl, A., Damasio, H., & Damasio, A. (2009). Neural correlates of admiration and compassion. *Proceedings of the National Academy of Sciences U S A, 106*(19), 8021-8026. doi:10.1073/pnas.0810363106

Jack, A., Connelly, J. J., & Morris, J. P. (2012). DNA methylation of the oxytocin receptor gene predicts neural response to ambiguous social stimuli. *Frontiers in Human Neuroscience, 6*, 280. doi:10.3389/fnhum.2012.00280

Jacob, S., Brune, C. W., Carter, C. S., Leventhal, B. L., Lord, C., & Cook, E. H., Jr. (2007). Association of the oxytocin receptor gene (*OXTR*) in Caucasian children and adolescents with autism. *Neuroscience Letters, 417*(1), 6-9. doi:S0304-3940(07)00135-8[pii]10.1016/j.neulet.2007.02.001

Jensen, C. L., & Champagne, F. A. (2012). Epigenetic and neurodevelopmental perspectives on variation in parenting behavior. *Parenting, Science & Practice, 12*(2-3), 202-211. doi:10.1080/15295192.2012.683358

Kanat, M., Heinrichs, M., Schwarzwald, R., & Domes, G. (2015). Oxytocin attenuates neural reactivity to masked threat cues from the eyes. *Neuropsychopharmacology, 40*(2), 287-295.

Kumsta, R., Hummel, E., Chen, F. S., & Heinrichs, M. (2015). Epigenetic regulation of the oxytocin receptor gene: Implications for behavioral neuroscience. *Frontiers in Neuroscience, 7*, 1-6. doi:10.3389/fnins.2013.00083

Keltner, D. (2009). *Born to Be Good: The Science*

of a Meaningful Life. New York: W.W. Norton & Company.

Keltner, D., & Haidt, J. (2003). Approaching awe, a moral, spiritual, and aesthetic emotion. *Cognition & Emotion*, *17*(2), 297-314. doi:10.1080/02699930302297

Keltner, D., Kogan, A., Piff, P. K., & Saturn, S. R. (2014). The Sociocultural Appraisals, Values, and Emotions (SAVE) framework of prosociality: Core processes from gene to meme. *Annual Review of Psychology*, *65*, 425-460. doi:10.1146/annurev-psych-010213-115054

Kenkel, W. M., Paredes, J., Lewis, G. F., Yee, J. R., Pournajafi-Nazarloo, H., Grippo, A. J., … Carter, C. S. (2013). Autonomic substrates of the response to pups in male prairie voles. *PLoS One, 8*(8), e69965. doi:10.1371/journal.pone.0069965

Kim, H. S., & Sasaki, J. Y. (2014). Cultural neuroscience: Biology of the mind in cultural contexts. *Annual Review of Psychology*, *65*(1), 487-514. doi:10.1146/annurev-psych-010213-115040

Kogan, A., Saslow, L. R., Impett, E. A., Oveis, C., Keltner, D., & Rodrigues Saturn, S. (2011). Thin-slicing study of the oxytocin receptor (*OXTR*) gene and the evaluation and expression of the prosocial disposition. *Proceedings of the National Academy of Sciences*, *108*(48), 19189-19192. doi:10.1073/pnas.1112658108

Kok, B. E., & Fredrickson, B. L. (2010). Upward spirals of the heart: Autonomic flexibility, as indexed by vagal tone, reciprocally and prospectively predicts positive emotions and social connectedness. *Biological Psychology*, *85*(3), 432-436. doi:10.1016/j.biopsycho.2010.09.005

Lai, C. K., Haidt, J., & Nosek, B. A. (2013). Moral elevation reduces prejudice against gay men. *Cognition & Emotion*, *28*(5), 781-794. doi:10.1080/02699931.2013.861342

Landis, S. K., Sherman, M. F., Piedmont, R. L., Kirkhart, M. W., Rapp, E. M., & Bike, D. H. (2009). The relation between elevation and self-reported prosocial behavior: Incremental validity over the Five-Factor Model of Personality. *Journal of Positive Psychology*, *4*(1), 71-84. doi:10.1080/17439760802399208

Laursen, H. R., Siebner, H. R., Haren, T., Madsen, K., Groenlund, R., Hulme, O., & Henningsson, S. (2014). Variation in the oxytocin receptor gene is associated with behavioral and neural correlates of empathic accuracy. *Frontiers in Behavioral Neuroscience*, *8*, 423. doi:10.3389/fnbeh.2014.00423

McCrae, R. R., & John, O. P. (1992). An introduction to the Five-Factor Model and its applications. *Journal of Personality*, *60*(2), 175-215. doi:10.1111/j.1467-6494.1992.tb00970.x

McEwen, B. S. (2012). Brain on stress: How the social environment gets under the skin. *Proceedings of the National Academy of Sciences U S A*, *109*(Suppl 2), 17180-17185. doi:10.1073/pnas.1121254109

Michalska, K. J., Decety, J., Liu, C., Chen, Q., Martz, M. E., Jacob, S., … Lahey, B. B. (2014). Genetic imaging of the association of oxytocin receptor gene (*OXTR*) polymorphisms with positive maternal parenting. *Frontiers in

Behavioral Neuroscience, 8, 1-10. doi:10.3389/fnbeh.2014.00021

Numan, M., & Young, L. J. (2016). Neural mechanisms of mother-infant bonding and pair bonding: Similarities, differences, and broader implications. *Hormones & Behavior,* 77, 98-112. http://dx.doi.org/10.1016/j.yhbeh.2015.05.015

Oliver, M. B., Kim, K., Hoewe, J., Chung, M.-Y., Ash, E., Woolley, J. K., & Shade, D. D. (2015). Media-induced elevation as a means of enhancing feelings of intergroup connectedness. *Journal of Social Issues,* 71(1), 106-122. doi:10.1111/josi.12099

Oveis, C., Cohen, A. B., Gruber, J., Shiota, M. N., Haidt, J., & Keltner, D. (2009). Resting respiratory sinus arrhythmia is associated with tonic positive emotionality. *Emotion,* 9(2), 265-270. doi:10.1037/a0015383

Piper, W. T., Saslow, L. R., & Saturn, S. R. (2015). Autonomic and prefrontal events during moral elevation. *Biological Psychology,* 108, 51-55. http://dx.doi.org/10.1016/j.biopsycho. 2015.03.004

Porges, S. W. (2003). Social engagement and attachment: A phylogenetic perspective. *Annals of the New York Academy of Science,* 1008, 31-47. doi:10.1196/annals.1301.004

Porges, S. W. (2007). The polyvagal perspective. *Biological Psychology,* 74(2), 116-143. doi:10.1016/j.biopsycho. 2006.06.009

Puglia, M. H., Lillard, T. S., Morris, J. P., & Connelly, J. J. (2015). Epigenetic modification of the oxytocin receptor gene influences the perception of anger and fear in the human brain. *Proceedings of the National Academy of Sciences,* 112(11), 3308-3313. doi:10.1073/pnas.1422096112

Reiner, I., van Ijzendoorn, M. H., Bakermans-Kranenburg, M. J., Bleich, S., Beutel, M., & Frieling, H. (2015). Methylation of the oxytocin receptor gene in clinically depressed patients compared to controls: The role of *OXTR* rs53576 genotype. *Journal of Psychiatric Research,* 65, 9-15. http://dx.doi.org/10.1016/j.jpsychires.2015.03.012

Rodrigues, S. M., Schafe, G. E., & LeDoux, J. E. (2004). Molecular mechanisms underlying emotional learning and memory in the lateral amygdala. *Neuron,* 44(1), 75-91.

Rodrigues, S. M., LeDoux, J. E., & Sapolsky, R. M. (2009). The influence of stress hormones on fear circuitry. *Annual Review of Neuroscience,* 32, 289-313. doi:10.1146/annurev.neuro. 051508.135620

Rodrigues, S. M., Saslow, L. R., Garcia, N., John, O. P., & Keltner, D. (2009). Oxytocin receptor genetic variation relates to empathy and stress reactivity in humans. *Proceedings of the National Academy of Sciences USA,* 106(50), 21437-21441. doi:0909579106 [pii]

Sapolsky, R. M. (2004). *Why Zebras Don't Get Ulcers* (3rd ed.). New York: Times Books.

Schnall, S., & Roper, J. (2012). Elevation puts moral values into action. *Social Psychological & Personality Science,* 3(3), 373-378.

Schnall, S., Roper, J., & Fessler, D. M. (2010). Elevation leads to altruistic behavior. *Psychological Science,* 21(3), 315-320.

Silvers, J. A., & Haidt, J. (2008). Moral elevation can induce nursing. *Emotion,* 8(2), 291-295. doi:10.1037/1528-3542.8.2.291

Snowdon, C. T., Pieper, B. A., Boe, C. Y., Cronin, K. A., Kurian, A. V., & Ziegler, T. E. (2010). Variation in oxytocin is related to variation in affiliative behavior in monogamous, pairbonded tamarins. *Hormones & Behavior, 58*(4), 614–618. http://dx.doi.org/10.1016/j.yhbeh.2010.06.014

Thayer, J. F., Ahs, F., Fredrikson, M., Sollers, J. J., 3rd, & Wager, T. D. (2012). A meta-analysis of heart rate variability and neuroimaging studies: Implications for heart rate variability as a marker of stress and health. *Neuroscience & Biobehavioral Reviews, 36*(2), 747–756. doi:10.1016/j.neubiorev.2011.11.009

Thomson, A. L., Nakamura, J., Siegel, J. T., & Csikszentmihalyi, M. (2014). Elevation and mentoring: An experimental assessment of causal relations. *Journal of Positive Psychology, 9*(5), 402–413. doi:10.1080/17439760.2014.910824

Tost, H., Kolachana, B., Hakimi, S., Lemaitre, H., Verchinski, B. A., Mattay, V. S., ... Meyer-Lindenberg, A. (2010). A common allele in the oxytocin receptor gene (*OXTR*) impacts prosocial temperament and human hypothalamic-limbic structure and function. *Proceedings of the National Academy of Sciences, 107*(31), 13936–13941. doi:10.1073/pnas.1003296107

Trimble, M. (2012). *Why Humans Like to Cry: Tragedy, Evolution, and the Brain.* Oxford, UK: Oxford University Press.

Unternaehrer, E., Luers, P., Mill, J., Dempster, E., Meyer, A. H., Staehli, S., ... Meinlschmidt, G. (2012). Dynamic changes in DNA methylation of stress-associated genes (*OXTR*, *BDNF*[thinsp]) after acute psychosocial stress. *Translational Psychiatry, 2*, e150. doi:10.1038/tp.2012.77

Unternaehrer, E., Meyer, A. H., Burkhardt, S. C. A., Dempster, E., Staehli, S., Theill, N., ... Meinlschmidt, G. (2015). Childhood maternal care is associated with DNA methylation of the genes for brain-derived neurotrophic factor (*BDNF*) and oxytocin receptor (*OXTR*) in peripheral blood cells in adult men and women. *Stress, 18*(4), 451–461. doi:10.3109/10253890.2015.1038992

Uvnäs-Moberg, K., Handlin, L., & Petersson, M. (2014). Self-soothing behaviors with particular reference to oxytocin release induced by non-noxious sensory stimulation. *Frontiers in Psychology, 5*, 1529. doi:10.3389/fpsyg.2014.01529

Van de Vyver, J., & Abrams, D. (2015). Testing the prosocial effectiveness of the prototypical moral emotions: Elevation increases benevolent behaviors and outrage increases justice behaviors. *Journal of Experimental Social Psychology, 58*, 23–33. http://dx.doi.org/10.1016/j.jesp.2014.12.005

Wang, J., Qin, W., Liu, B., Wang, D., Zhang, Y., Jiang, T., & Yu, C. (2013). Variant in *OXTR* gene and functional connectivity of the hypothalamus in normal subjects. *Neuroimage, 81*, 199–204. http://dx.doi.org/10.1016/j.neuroimage.2013.05.029

Wong, S. W., Masse, N., Kimmerly, D. S., Menon, R. S., & Shoemaker, J. K. (2007). Ventral medial prefrontal cortex and cardiovagal control in conscious humans. *Neuroimage, 35*(2), 698–708. doi:10.1016/

j.neuroimage.2006.12.027

Ziegler, C., Dannlowski, U., Brauer, D., Stevens, S., Laeger, I., Wittmann, H., … Domschke, K. (2015). Oxytocin receptor gene methylation: Converging multilevel evidence for a role in social anxiety. *Neuropsychopharmacology*, *40*(6), 1528-1538. doi:10.1038/npp.2015.2

Ziegler, G., Dahnke, R., Yeragani, V. K., & Bar, K. J. (2009). The relation of ventromedial prefrontal cortex activity and heart rate fluctuations at rest. *European Journal of Neuroscience*, *30*(11), 2205-2210. doi:10.1111/j.1460-9568.2009.07008.x

제11장

자비 명상 훈련이 뇌와 친사회적 행동에 미치는 영향

Helen Y. Weng, Brianna Schuyler, and Richard J. Davidson

요약

자비 명상은 자신과 타인을 향한 자비를 계발하는 정신 훈련의 한 형태로서, 현실 세계에서 친사회적 행동을 증진하는 것으로 생각된다. 자비 명상에 대한 이와 같은 이론 틀은 자비를 안정적인 특질이라기보다는 훈련에 의해 계발될 수 있는 특성으로 보며, 과학자들은 이러한 가설을 신경과학이나 객관적인 행동적 방법을 사용하여 검증하기 시작했다. 내적인 명상 훈련이 어떻게 외적인 행동 변화로 전이되는가? 우리는 자비 명상의 정서-조절 모형을 제안하며, 여기에서 고통에 대한 반응은 세 가지 프로세스를 통해 변화한다: ① 공감 반응의 증가, ② 회피 반응의 감소, ③ 고통에 대한 자비로운 반응의 증가. 이러한 고통에 대한 변화된 반응은 행동상의 변화를 이끌어 비-명상 상태에서도 친사회적 행동이 더 일어나는 것으로 보인다. 우리는 이 모형을 지지하는 것으로 보이는 신경과학과 행동과학 문헌을 요약하고 이 모형에 대한 추가적인 검증을 위해 필요한 앞으로의 연구를 제언할 것이다.

핵심용어

자비 명상, 정신 훈련, 정서 조절, 신경과학, 뇌 영상화, 기능 자기공명영상(fMRI), 친사회적 행동, 이타주의, 공감

최근 현대 서구 과학자들과 명상 전통의 선도적 학자들 간의 협력 연구는 자비가 안녕을 위한 도구이며, 훈련될 수 있는 기술인가에 관한 주장에 초점을 맞추고 있다(Davidson & Harrington, 2001; Lama & Cutler, 1998; Salzberg, 1997). 이에 더하여, 자비의 배양은 실제 세계에서 마주하는 인간 고통을 향한 친사회적 행동을 촉진하는 것으로 믿어진다(Davidson & Harrington, 2001; Lama & Cutler, 1998; Salzberg, 1997). 어떻게 순수한 내적 정신 훈련으로부터 이러한 정서적 변화가 일어나 외적인 사회적 행동의 실제 변화를 일으키는가? 여기에서 우리는 불교 명상 훈련으로부터 많은 부분을 가져온, 자비를 강화하기 위해 설계된 프로그램

의 참여자들에게 어떠한 영향이 있었는가를 조사해 온 연구들을 제시할 것이다. 자비 명상과 관련된 심리적, 행동적 변화를 객관적으로 조사하기 위해, 연구자들은 기능 신경영상과 친사회적 행동의 관찰을 통해 명상에서 행동 변화에 이르는 세 단계를 추적했다: ① 자비 명상 상태 동안의 신경 상태, ② 자비로운 반응의 비-명상 상태로의 전이, ③ 자비로운 반응이 친사회적 행동의 증가로 이어지는 행동적 전이. 우리는 명상 훈련 동안의 자비로운 상태가 어떻게 명상의 맥락을 벗어난 상황에서 고통에 대한 자비로운 반응으로 전이되며 고통을 경감하기 위한 친사회적 행동을 증진하는가를 이론화하기 위해 정서-조절 모형을 사용하여 이러한 발견들을 통합할 것이다.

자비 명상

자비는 타인의 고통에 대한 민감한 정서 반응과 함께 고통을 경감하고자 하는 동기 반응을 포함한다(Goetz, Keltner, & Simon-Thomas, 2010). 자비 명상 훈련은 명상자와의 관계 친밀도가 다양한, 고통을 경험하고 있는 사람들을 향한 자비로운 반응을 배양하는 것을 목표로 한다. 우리가 연구했던 자비 명상에서(Weng, Fox, et al., 2013; Weng, Fox, Hessenthaler, Stodola, & Davidson, 2015)—티베트 불교 명상의 드리쿵 카규 전통(Drikung Kagyu tradition)에 기초한 한 대중적 명상 훈련(a secularized practice)(오디오 파일과 스크립트는 http://centerhealthyminds.org/well-being-tools/compassiontraining/을 보시오)—명상자들은 우선 가까운 사람(사랑하는 사람이나 자기 자신)을 향한 자비를 배양하고, 다음으로 덜 가까운 사람(낯선 사람이나 갈등하고 있는 '어려운 사람')을 목표로 훈련한다. 마지막으로, 모든 살아 있는 존재를 향한 자비를 키운다. 이러한 단계적 과정은 마치 근육 훈련처럼 자비를 훈련하는 것으로 생각될 수 있다. 처음에는 사랑하는 사람(상대적으로 자비를 느끼기 쉬운)이라는 '가장 가벼운 무게'로 시작해서 어려운 사람(보다 힘든 정서가 일어날 수 있는)이라는 더 무거운 무게로 훈련 양을 늘려 나가는 것이다.

자비 명상의 각 목표를 향한 훈련은 세 단계로 구성된다:

① **고통을 상상하기**(Envisioning suffering), 각각의 사람이 고통스러웠던 시간을 상상하기
② **고통 반응에 대한 마음챙김 주의**(Mindful attention to reactions to suffering), 고통을 상상하면서 일어나는 감각, 사고, 느낌 등의 반응에 대해 비판단적인 주의를 보내기
③ **자비를 배양하기**(Cultivating compassion), 목표 대상을 향한 돌봄 및 관심의 느낌과 고통을 경감하고자 하는 소망을 훈련([그림 11-1] 참조)

명상자들은 시각화를 사용해 타인의 고통

자비 명상 단계	전략	반응 요소
1단계. 고통을 상상하기	각 목표 대상에 대해, 시각적으로 고통(신체적, 정서적)을 상상	**공감 반응** 증가 정서적인 경험 공유 인지적인 조망수용
2단계. 고통 반응에 대한 마음챙김 주의	고통에 의해 일어나는 사고, 느낌, 감각에 대한 수용과 비판단적인 주의	**회피 반응** 감소 자기초점과 회피를 일으키는 정서와 사고 순환을 약화(개인적 고통)
3단계. 자비를 배양하기	황금색 빛을 시각화 고통을 경감하기 위한 돌봄, 관심, 소망에 초점 자비로운 구절을 반복 암송	**접근 반응** 증가 친사회 동기와 행동을 일으키는 정서와 사고를 배양(공감적 관심)

[그림 11-1] **자비 명상의 정서 조절 모형.** 명상자들은 각 목표 대상을 향해 자비를 계발한다: 사랑하는 사람, 자기 자신, 낯선 사람, 어려운 사람(갈등 관계에 있는 사람)

을 상상하고(1단계), 고통을 경감하기 위해 자신의 가슴으로부터 타인의 가슴으로 황금색 빛이 방사되는 것을 상상하도록(3단계) 안내받는다. 명상자들은 또한 명상 중 가슴 주변의 내적인 신체 감각[내수용기(interoception)]에 특별히 주의를 기울이도록 지시받으며(1~3단계), 자비의 배양에 도움이 되는 '당신이 고통으로부터 자유롭기를, 당신이 기쁨과 편안함을 경험하기를'과 같은 구절을 반복해서 암송하도록 안내받는다(3단계). (자비 훈련을 위한 다른 방법과 과정에 대한 기술은 이 책의 다른 장을 참고하시오.)

지속적인 자비 명상 훈련을 통해, 몇 가지 변화가 일어날 것으로 가정할 수 있다. 명상 기간 동안 배양된 자비로운 반응은 비-명상 상태로 전이되어, 실제 세계에서 고통을 만났을 때, 자비로운 반응이 일어날 가능성이 더 높아질 것이다. 고통을 경감하고자 하는 소망의 배양은 명상 상태가 아닐 때에도, 고통을 만났을 때 더 큰 친사회적 행동을 일으킬 가능성이 있다. 이에 더하여, 관계적으로 먼 목표 대상(예: 낯선 사람, 어려운 사람)을 향한 자비로운 반응은 관계적으로 보다 가까운 대상(예: 사랑하는 사람, 자기 자신)을 향한 자비와 비슷해질 수 있을 것이다.

자비 명상의 정서-조절 모형

우리 연구 그룹은 정서-조절 모형의 이론 틀을 통해 자비 명상을 연구해 왔다. 이 모형에서 자비 명상은 고통에 대한 정서 반응을 보다 자비롭고 친사회적 행동을 촉진하는 방향으로 변화시킨다고 본다(Lutz, Brefczynski-Lewis, Johnstone, & Davidson, 2008; Weng,

Fox, et al., 2013). 정서 조절은 '정서 반응의 하나 또는 여러 구성요소를 증가, 유지 혹은 감소시키기 위해 사용하는 모든 의식적, 무의식적 전략'으로 정의되며, 여기에서 구성요소란 정서를 구성하는 느낌, 행동, 생리적 반응을 말한다(Gross, 2001). 우리는 자비 명상이 어떻게 정서 조절에 영향을 주는가를 설명하는 작업 모형을 제안한다. 여기에서 자비 명상의 각 단계(즉, 고통을 상상하기, 고통 반응에 대한 마음챙김 주의, 자비를 배양하기)는 고통에 대한 정서 반응의 다양한 요소에 영향을 줌으로써 잇따르는 친사회적 행동을 촉진한다([그림 11-1] 참조). 이 장에서 기술한 명상이 자비의 배양을 위해 주로 시각적, 정서적 전략을 사용했지만, 이 모형은 고통에 대한 자비로운 반응이 인지적, 정서적 수단 모두를 통해서도 배양될 수 있음을 인정한다(Dahl, Lutz, & Davidson, 2015, 2016; Engen & Singer, 2016; Weng, Fox, et al., 2013). 이 모형은 사고와 정서가 서로 간에 양방향의 영향을 주며, 둘 모두 행동 변화를 이끌 수 있다는 심리학 모형과 일치한다(Beck, Rush, Shaw, & Emery, 1987; Greenberg, 2004; Lazarus, 1991).

자비 명상의 정서-조절 모형은 [그림 11-1]에 요약되어 있다. 자비 명상의 각 단계는 고통 자극의 인지, 정서 처리 과정에 영향을 줌으로써 자비로운 반응과 연이은 친사회적 행동을 일으킨다. 1단계의 **고통을 상상하기**에서([그림 11-1], 1단계), 명상자는 각 목표 대상이 신체적, 정서적 아픔과 같은 고통을 겪을 때를 시각적으로 상상한다. 관계에서 가까운 대상의 경우(예: 사랑하는 사람이나 자기 자신), 고통스러운 실제 사건에 대한 기억을 떠올리면서 상상 작업을 한다. 관계에서 먼 대상(예: 낯선 사람 또는 어려운 사람)의 경우, 명상자들은 이들이 신체적 또는 정서적 고통을 겪고 있을 상황을 상상하고 구성할 필요가 있다. 우리는 이 단계가 시각 심상화를 통해 고통에 대한 초기 공감 반응을 증진할 것으로 가정한다. 여기에서 명상자는 타인의 상태에 대한 정서적 경험 공유(시각 및 기억 단서에 의해 촉발된)와 인지적 조망수용 모두를 통해 타인의 내적 상태에 대한 이해가 증가한다(Lamm, Decety, & Singer, 2011; Preston & de Waal, 2002; Zaki & Ochsner, 2012). 고통의 시각화는 낯선 사람이나 어려운 사람에 대한 공감 반응의 증진에 특히 중요한데, 이들은 일반적으로 자기 자신과의 관계가 멀고 자비를 받을 만한 사람으로 인식되지 않는다(Ashar, Andrews-Hanna, Yarkoni, Sills, Halifax et al., 2016; Ashar, Andrews-Hanna, Dimidjian, & Wager, 2016; Chiao & Mathur, 2010; Goetz et al., 2010). 따라서 이 단계는 각 목표 대상의 자기관련성이나 자비를 받을 만한 정도에 대한 무의식적 평가를 변화시킬 수 있다. 우리는 고통에 대한 공감 반응의 증진이 타인의 고통에 대한 자각을 증가시키는 데는 필수적이지만, 자비로운 반응과 친사회적 행동(다음 두 단계가 배양하는)을 가져오기에는 **충분하지 않다**고 판단한다.

자비 명상의 2단계에서, 명상자는 **고통에 대한 반응에 마음챙김 주의**를 가져온다([그림 11-1], 2단계). 여기에서 그들은 고통에 대한 공감 반응이 일으키는 혼란스러운 사고, 느낌, 감각(Halifax, 2012; Kabat-Zinn & Hanh, 2013; Salzberg, 1997)을 수용적이고 비판단적으로 관찰하는 훈련을 한다. 이러한 수용에 기초한 정서-조절 전략(Hayes, Luoma, Bond, Masuda, & Lillis, 2006; Kabat-Zinn & Hanh, 2013)은 부정적인 사건에 의해 촉발될 수 있는 반추 사고와 느낌의 악순환을 단절할 수 있다. 이 단계에서 개인적 고통(personal distress)과 같은 친사회적 행동을 방해하는 반응을 조절하는 것이 중요하다. 개인적 고통은 타인의 고통에 의해 유발되는 부정적인 정서로서(놀람, 혼란, 근심을 느끼는 것과 같은) 자신의 고통을 줄이기 위한 자기초점적인 욕구를 불러일으킬 수 있다(Batson, 1991; Batson, Fultz, & Schoenrade, 1987). 따라서 타인의 고통에 대한 습관적인 혼란스러운 감정 반응을 감소시키는 것은 자비 명상에 의해 개발되는 중요한 기술이며, 이는 회피 행동을 막을 수 있다. 이러한 기술을 배우는 것은 고통에 대한 지각된 대처 능력과 같은 자비-관련 평가를 증진시킬 수 있다(Goetz et al., 2010). 우리는 이 단계가 자비로운 반응이나 행동을 일으키기에 필수적이지도 충분하지도 않지만, 마음챙김 주의를 통한 혼란스러운 감정의 완화는 회피 반응을 줄일 수 있으며 자비로운 반응을 배양하는 데 필요한 보다 많은 인지 자원을 활용할 수 있게 할 것이라고 생각한다(3단계).

자비 명상의 3단계에서([그림 11-1], 3단계), 명상자는 시각화, 정서 및 인지 전략을 활용하여 고통을 겪는 목표 대상을 향한 **자비를 계**발한다(Salzberg, 1997; Weng, Fox, et al., 2013; Weng et al., 2015). 고통을 경감하기 위해 자신의 가슴에서 타인의 가슴으로 방사되는 황금색 빛을 상상하는 시각화가 사용된다. 정서에 기초한 전략은 대상의 안녕을 위한 돌봄 및 관심의 느낌과 그 사람의 고통이 경감되기를 바라는 소망을 일으키기 위해 사용된다(Batson, 1991; Salzberg, 1997). 정서 자각을 돕기 위해, 명상자들은 특히 가슴 주변에서 일어나는 신체 감각에 주의를 기울이도록 안내된다. 마지막으로, '당신이 고통에서 벗어나기를'과 같은 자비를 일으키는 생각을 반복하는 인지 전략이 사용된다. 자비의 배양은 자비-관련 평가 또한 강화할 것으로 여겨지는데, 여기에는 각 대상의 자기와의 관련성, 그 대상이 자비를 받을 만한가의 정도, 명상자의 고통 대처 능력이 포함된다(Ashar et al., 2016a; Ashar et al., 2016b; Goetz et al., 2010). 이러한 정서, 인지 변화로 인해, 자비의 배양은 실제 세계에서 고통을 만날 때 친사회 동기와 접근 행동을 증진시킬 수 있을 것으로 가정할 수 있다.

자비 명상 훈련: 상태에서 특질로의 변화 및 행동 전이 모형

명상 상태 동안 자비의 배양(상태 수준 변화)이 어떻게 비-명상 상태에서 더 큰 자비를 일으키며(특질 수준 변화), 실제 세계에서의 친사회적 행동을 증가(행동적 전이)시키는가? [그림 11-1]에 제시한 자비 명상의 3단계에서 일어날 것으로 가정한 상태 수준 변화에 기초하여, 우리는 이러한 세 가지 정서 반응 구성요소가 기저선에서(자비 명상 훈련 이전) 어떻게 기능하며, 명상 훈련 중 어떻게 변화하고, 지속적인 훈련에 따라 비-명상 상태에서도 어떻게 자비로운 반응이 변화하는가에 관한 모형을 제안한다([그림 11-2] 참조). 이 모형은 정서 조절의 **정서 시간 분석** 원리에 기초한다(Davidson, 1998; Gross, 1998; Schuyler et al., 2012). 여기에서 자비의 각 반응 요소는 시간의 흐름에 따라 전개되는 과정으로 개념화된다. 각 반응 요소는 정점으로의 상승시간, 또는 반응 속도와 강도의 시간 경로, 그리

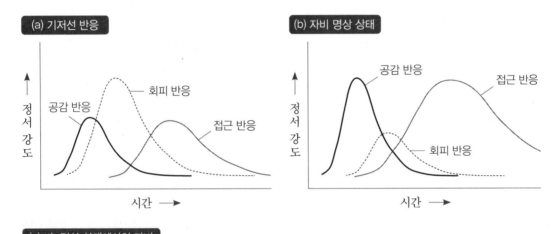

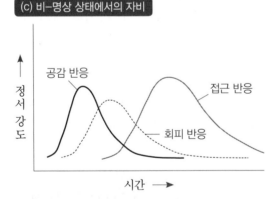

[그림 11-2] **정서 시간 분석법(affective chronometry approach)을 사용한 명상 상태로부터 비-명상 상태로의 자비 명상 훈련에서의 자비 변화.** 우리는 친사회적 행동에 영향을 주는 고통에 대한 반응이 세 가지 구성요소를 포함한다고 제안한다: ① 고통에 대한 공감 반응, 이는 잇따르는 친사회적 반응에 필요한 단서를 제공하는 고통의 인식을 의미한다. ② 친사회적 행동을 방해하는 회피 반응(그것이 일어난다면, 예: 개인적 고통), ③ 친사회적 행동을 촉진하는 접근 반응(예: 공감적 관심). (a) 훈련되지 않은 개인의 가설적 기저선 반응. 고통에 대한 반응은 중간 정도의 공감 반응, 큰 회피 반응, 중간 정도의 접근 반응을 포함한다. (b) 자비 명상 상태 동안의 고통에 대한 반응. 기저선과 비교하여, 고통에 대한 반응은 더 큰 공감 반응, 감소된 회피 반응, 더 큰 접근 반응을 포함한다. (c) 자비 훈련 이후 비-명상 상태 동안의 고통에 대한 반응. 자비 명상 훈련 이후, 비-명상 상태 동안 새롭게 학습된 고통에 대한 반응은 최초 기저선과 명상 상태에서의 반응 사이에 위치할 것이다. 공감 반응은 기저선에 비해 증가하나 명상 상태보다는 감소하며, 회피 반응은 기저선보다는 감소하나 명상 상태보다는 증가한다. 접근 반응은 기저선보다는 증가하며 명상 상태보다는 감소한다.

고 회복시간이나 반응이 기저선으로 돌아가는 시간 경로(자동적 및 통제적 정서 조절 과정 모두에 기인하여)를 포함한다(Davidson, 1998; Schuyler et al., 2012). 단순화를 위해, 우리는 세 가지 반응 요소를 다음과 같이 명명했다.

① **공감 반응**(empathic response), 또는 타인의 고통을 인식하고 이해하는 초기 반응으로서 자비 명상의 1단계에서 배양된다.
② **회피 반응**(avoid response), 또는 고통의 회피를 야기하는 인지와 정서로서 자비 명상의 2단계에서 완화된다.
③ **접근 반응**(approach response), 또는 자비와 친사회적 행동을 촉진하는 인지와 정서로서 자비 명상의 3단계에서 배양된다([그림 11-2]).

자비 명상을 해 보지 않은 사람들의 경우, 고통에 대한 기저선 반응은 중간 정도의 공감 반응, 큰 회피 반응, 중간 정도의 접근 반응을 보일 것이다([그림 11-2] a). 자비 명상 상태 동안, 각 목표 대상에 대한 공감 반응은 증가하고, 회피 반응은 줄어들며, 접근 반응은 늘어날 것이다([그림 11-2] b). 지속적인 훈련을 통해, 명상 상태 동안의 자비로운 반응은 비-명상 상태로 전이되기 시작하며(정서 학습의 형태를 보이면서), 기저선 반응을 명상 상태 반응과 유사하게 변화시킬 것이다(자비 전이). 예를 들어, 기저선 반응과 비교하여 비-명상 상태에서, 명상자는 더 큰 공감 반응, 감소된 회피 반응, 더 많은 접근 반응을 보일 것이다([그림 11-2] c). 그렇지만 우리는 비-명상 상태에서의 이러한 반응이 명상 상태에서의 반응만큼 강하지는 않을 것으로 생각한다. 마지막으로, 훈련 기간 이후 명상 그리고/또는 비-명상 상태 동안의 자비로운 반응은 **행동 전이**를 이끌어야 한다. 여기에서 배양된 고통에 대한 정서 반응은 더 큰 친사회적 행동을 이끈다. 명상 신경과학 분야는 이러한 모형의 구성요소를 연구하기 시작했으며, 우리 그룹은 특히 자비 명상 시 뇌의 상태와 친사회적 행동상 변화 간의 관계를 조사함으로써 행동 전이 가설을 검증해 왔다.

자비 명상의 정서-조절 모형에 대한 경험 증거

앞으로 우리는 자비 명상의 정서-조절 모형에 관한 행동, 신경과학 문헌을 검토하고 종합할 것이다. 우리는 우선 행동 전이 가설에 관한 증거를 검토할 것이다. 행동 전이 가설은 자비 명상 훈련이 고통을 당하는 사람들에 대한 친사회적 행동을 증가시킬 것으로 예측한다. 다음으로 우리는 자비의 각 정서 반응 요소(공감 반응, 친사회적 행동을 방해하는 회피 반응, 친사회적 행동을 촉진하는 접근 반응)가 자비 명상 훈련에 의해 변화되는가에 대한 증거를 검토한다. 마지막으로, 앞으로의 연구를 위해 자비 명상의 정서-조절 모형에 대한 보다 엄격하고 구체적인 검증 요소가 무엇인가를 제언할 것이다.

자비 명상의 행동 전이 가설 검증을 위한 연구 설계

우리가 아는 한, 우리의 작업은 신경과 행동 측정 모두를 사용하여 친사회적 행동 전이 가설을 검증한 첫 번째 연구이다. 우리는 자비 명상 훈련이 친사회적 행동을 증가시키는지, 그리고 행동상의 개인차가 자비 훈련에 기인한 명상 상태 동안의 자비로운 뇌 활동에서의 변화와 관련되는지를 검증했다. 우리는 단기 온라인 자비 훈련(명상 단계는 이전에 상세히 제시했음)과 인지 재평가 훈련을 비교했다. 자비 훈련은 타인에 초점을 두고 공감적 관심과 친사회 동기 증진을 목표로 한다. 반면, 재평가 훈련은 자기에 초점을 두며 개인적인 부정 정서를 줄이도록 설계되어 있다(Ochsner & Gross, 2005; Urry et al., 2006). (보다 자세한 내용은 Weng, Fox, et al., 2013을 보시오. 훈련을 다운로드하고 싶다면 http://centerhealthyminds.org/well-being-tools/compassion-training/에 접속하시오.)

참여자들은 자비 훈련(n=20)과 재평가 훈련(n=21)에 무선 할당되었으며, 두 훈련은 하루 30분 2주 동안 온라인으로 진행되었다. 참여자들은 정서-조절 패러다임을 사용한 2주의 훈련 전과 후에 뇌-스캔을 받았으며, 그동안 고통을 겪는 사람들의 이미지를 향해 두 가지 훈련(자비 또는 재평가)을 지시받았다. 이타 행동을 측정하기 위해, 우리는 행동 경제 방법을 사용했다. 이 방법은 금전 거래의 사회적 상호작용을 체계화하고, (사회적 바람직성의 영향을 감소시키는) 금전상의 결정에 기초한 실제 지불을 요구함으로써 과학적 엄격성을 증대시킬 수 있다. 우리는 새로운 '재분배 게임'을 설계했는데, 여기에서 참여자들은 우선 익명의 두 플레이어 간 불공정한 거래를 목격한 다음, 불공정한 플레이어로부터 다른 플레이어에게 돈을 재분배하기 위해 개인 자금을 쓸 기회를 갖게 된다. 게임은 훈련 이후 실시되었다. 행동 전이 가설을 직접적으로 검증하기 위해, 우리는 자비 명상 상태 동안의 뇌 활동과 함께 친사회적 행동에서의 개인차를 조사했다.

자비 명상 훈련은 고통에 대한 친사회적 행동 반응을 증가시킨다

우리는 우선 자비 훈련이 더 큰 친사회적 행동을 일으키는가를 검증했다. 우리는 단기 자비 훈련이 재평가 훈련과 비교하여 재분배 행동을 증가시킨다는 것을 발견했다(자비 훈련 참여자들은 재평가 훈련 참여자들보다 거의 두 배 가까이 돈을 썼다, Weng, Fox, et al., 2013). 동일한 참여자들을 대상으로, 불공정 플레이어에 대한 처벌과 피해를 입은 플레이어에 대한 도움을 별도로 검증한 경제 게임 결과, 자비 훈련은 처벌보다는 도움행동과 더 관련되었다(Weng et al., 2015). 이러한 결과는 훈련의 맥락을 벗어난 장면에서의 친사회적 행동 증가가 단기 훈련을 통해서도 일어날 수 있음을 보여 주었다. 이는 내적인 정신 훈련이 외적으로 관찰 가능한 행동의 변화를 이끌어 낼 수 있다는 행동 전이 가설을 입증한다. 흥미롭게도, 자비 집단이 재평가 집단보다 사람들을 더 돕기를 원한다고 보고했고(1=전혀 그렇지 않다에서 9=매우 그렇다까지의 척도상에서; 실험 전 t_{39}=2.88, $p<0.01$; 실험 후 t_{39}=3.54, p=0.001), 실험 집단이 실험 전과 비교하여 실험 후 돕고자 하는 소망의 보고가 증가했음에도(대응 t_{19}=3.60, $p<0.01$), 이들 보고의 어떤 것도(사전, 사후, 차이점수에서) 실제 이타적 재분배 행동과는 관계가 없었다(모든 $p>0.33$). 이러한 결과는 돕고자 하는 소망의 주관적 보고가 자비 훈련에 의해 증가될 수 있지만, 주관적 보고가 객관적인 이타 행동의 측정과 반드시 관련되는 것은 아님을 보여 준다. 주관적 보고는 관찰 가능한 행동보다는 사회적 바람직성(또는 실험자에게 좋게 보이고자 하는 소망)에 의해 더 큰 영향을 받을 수 있으며, 특히 참여자들이 비용을 치러야 하는 행동의 경우 더 그러하다. 자비 명상 훈련의 행동 전이 가설을 가장 엄격하게 검증하기 위해, 우리는 재분배 게임과 같은 객관적인 친사회적 행동의 측정을 권고한다.

다른 연구들 또한 자비 훈련이 관찰 가능한 친사회적 행동을 증가시킨다는 가설을 지지한다. 예를 들어, 자비 훈련 참여자들은 대기 통제집단과 비교하여 부상당한 실험 공모자를 더 많이 도왔다(Condon, Desbordes, Miller, & DeSteno, 2013; 이 책의 Condon & DeSteno 참조). 단기 자비 훈련 집단은 기억 훈련을 한 통제집단과 비교하여 컴퓨터 게임에 참여한 다른 플레이어에 대해 비용이 들거나 들지 않는 도움 모두에서 증가를 보였다(Leiberg, Klimecki, & Singer, 2011; 이 책의 Klimecki & Singer 참조). 또 다른 연구에서, 친숙성(familiarity) 작업을 한 통제집단의 기부가 감소한 데 비해, 스마트폰을 통한 4주간 자비 명상 훈련의 자선 기부 수준은 유지되었다(Ashar et al., 2016a; Ashar et al., 2016b). 장기적으로 자비 명상을 훈련한 명상자(티베트 불교의 닝마파 전통의 수련자들로 3년에서 4년 동안 명상 리트릿에 참여했다)는 초보 수련자와 비교하여 불공정한 거래 이후 피해를 당한 플레이어에게 더 큰 보상을 했으며 불공정한 플레이어에 대한 처벌은 더 낮았다(McCall, Steinbeis, Ricard, & Singer, 2014). 어린이를 대상으로 한 자비 훈련(예: 친절 교육) 또한 대기 통제집단과 비교하여 친사회적 행동을 증진시켰다. 이 실험에서 자비 훈련에 참여한 어린이들은 통제집단과 비교하여 자기 반에서 가장 좋아하는 친구와 가장 좋아하지 않는 친구, 친하지 않은 아이, 아픈 아이와 더 많은 스티커를 공유했다(Flook, Goldberg, Pinger, & Davidson, 2015). 이러한 연구들은 자비 훈련이 행동으로 전이될 수 있음을 보여 주는 초기 증거를 제공하는데, 여기에서 실제 세계에서 만나는 고통에 대한 자비로운 반응의 특질 수준 변화는 관찰 가능한 친사회적 행동의 변화를 가져온다.

신경, 심리 변화가 자비 훈련을 통한 친사회적 행동의 증가와 어떻게 관련되는가? 이러한 변화를 이해하기 위해, 우리는 계획적으로 자비를 일으키는 동안(사람들이 고통당하는 장면을 보여 주는 동안) 뇌의 활동과 재분배 행동에서의 개인차를 연구했다. 우리는 재분배 행동이 ① 고통에 대한 공감 반응을 증진시키는, ② 개인적 고통과 같은 회피를 일으키는 반응을 감소시키는, ③ 친사회적 행동을 촉진하는 반응을 증가시키는 뇌의 네트워크에서의 변화와 어떻게 관련되는가를 조사했다.

자비 명상 훈련은 고통에 대한 공감 반응을 증가시킬 것이다(1단계)

자비 명상 초보자를 대상으로 한 연구에서, 우리는 자비 훈련의 사전-사후 비교 시 재분배 행동의 증가가 우 하측 두정 피질(inferior parietal cortex: IPC) 활성도의 증가와 관련된다는 것을 발견했다(Weng, Fox, et al., 2013). 이타 행동과 IPC 활성도 변화의 이러한 연관성은 (중립적인 장면과 비교하여) 부정적인 장면을 볼 때 자비 집단과 재평가 집단에서 더 큰 차이를 보였다. IPC는 타인의 아픔을 공유하는 동안 활성화되는 공감 네트워크와 관련되며(Lamm et al., 2011), 이는 자비 훈련이 타인의 고통에 대한 공감 반응을 증가시킨다는 가설을 지지한다. IPC는 배외측 전전두피질(dorsolateral prefrontal cortex: DLPFC)과 기능적으로 관련되므로, 이는 전측 두정 네트워크(fronto-parietal network)가 공감 반응을 증진하는 정서 조절을 지원하는 데 관여하고 있음을 시사한다(Vincent, Kahn, Snyder, Raichle, & Buckner, 2008). 이러한 데이터는 자비 명상의 행동 전이 가설을 지지하는데, 자비 명상 상태 동안 신경 활성화 및 연결성에서의 변화는

이후 비-명상 상태 동안 일어나는 행동 변화와 관련되었다.

공감 신경 반응의 증가에 영향을 주는 것은 무엇인가? 우리는 자비 훈련이 고통 단서에 대한 시각적 주의를 증가시킨다는 가설을 검증하기 위해 시선-추적 데이터를 조사했다. 우리는 매 시행당 12초가 걸리는 fMRI 작업을 통해, 참여자들이 부정적인 장면과 중립적인 장면에 동시 노출되었을 때 정서적 관심 영역(예: 울고 있는 여성의 얼굴)을 볼 때의 시선-추적 데이터를 수집하고 시간 비율을 계산했다(실험 방법에 대한 자세한 소개는 van Reekum et al., 2007을 보시오). 고화질의 시선-추적 데이터를 얻을 수 있었던 참여자들에서(자비 집단 $n=12$, 재평가 집단 $n=12$), 우리는 훈련 전-후 모두에서 자비 집단이 재평가 집단과 비교하여 정서적 영역을 보는 시간이 더 많다는 것을 발견했다($t_{22}=2.41$, $p<.05$)(Davidson, 2010; Weng, 2014). 재평가 집단은 정서적인 장면으로부터 시선을 피하는 행동 전략을 일부 사용하여 부정 정서를 하향 조절하는 것으로 보인다(van Reekum et al., 2007). 이러한 데이터는 자비 훈련이 고통에 대한 시각적 주의를 증가시키며, 이것이 공감 신경 반응이 증진되는 하나의 기제일 수 있음을 보여 준다.

다른 연구들 또한 자비 명상 훈련이 명상 상태와 비-명상 상태에서 인간 고통에 대한 공감 신경 반응을 증진할 수 있음을 보여 준다. 자비 명상 상태 동안, 장기 명상자들은 초보자들과 비교하여 고통스러운 소리를 들을 때 경험 공유 및 조망수용과 관련

된 뇌 영역에서 더 큰 신경 활성화를 보였다 (Lamm et al., 2011; Zaki & Ochsner, 2012). 관련된 뇌 영역에는 섬엽(insula), 측두 두정 연접부(temporoparietal junction), 상측 측두 뇌구(superior temporal sulcus)가 포함된다(Lutz et al., 2008). 8주간의 자비 훈련을 한 집단은 훈련 이후 비-명상 상태에서, 정서적인 눈 표정에 대한 공감 정확성과 관련된 신경 네트워크가 장기적으로 유지된 반면, 건강에 관한 토론을 한 통제집단의 공감 관련 신경 네트워크 활성화는 감소했다(Mascaro, Rilling, Negi, & Raison, 2013). 이런 영역에는 아래쪽 전두회(inferior frontal gyrus: IFG)와 배내측 전전두엽 피질(dorsomedial prefrontal cortex: dmPFC)이 포함되는데, 이 영역은 공감 정확성 과업에서의 수행을 예측하며(Mascaro et al., 2013; 이 책의 Mascaro & Raison 참조), 경험 공유 및 정신화(mentalizing)와 관련된다(Lamm et al., 2011; Zaki & Ochsner, 2012).

편도체(amygdala)는 장기 명상자들이 자비 명상을 하는 동안 매우 높게 활성화되었는데(Lutz et al., 2008), 이는 고통을 감지했을 때 현저하게 더 큰 정서 자극이 일어나는 것으로 볼 수 있다(Davis & Whalen, 2001). 장기 명상자들에 대한 발견과 유사하게, 8주 자비 명상 훈련은 비-명상 상태 동안 마음챙김-주의 통제집단과 비교하여 고통스러운 장면에 대한 반응으로 우측 편도체의 활성화가 증진되었다(Desbordes et al., 2012). 이러한 편도체 활성화의 증가는 우울 점수의 감소가 가져오는 기능적 이익과 관련된다(Desbordes et

al., 2012). 편도체 반응이 부정적 자극에 대한 부정적 반응의 증가와 관련될 수 있지만(Ochsner & Gross, 2005; Zald, 2003), 자비 훈련에 기인한 편도체 활성화의 증진은 친사회적으로 반응하기 위해 고통이 보다 쉽게 감지되는 기능 변화를 반영하는 것으로 보인다. 고통의 감지와 공감 반응에 연관된 신경 체계는 자비 명상 상태와 자비 훈련 후 비-명상 상태 모두에서 관여되기 때문에 정서 전이(emotional transfer)는 명상 상태 동안 배양된 자비로운 신경 반응이 비-명상 상태로 전이되면서 일어나는 것 같다.

그러나 이 가설은 어떤 연구에서도 엄격하게 검증된 것이 아니며, 연구와 실험 방법에 따라 다른 신경 체계들이 관여되었다.

자비 명상 훈련은 회피를 촉진하고 친사회적 행동을 방해하는 반응을 감소시킬 것이다(2단계)

일부 명상자들에게, 타인의 고통에 대한 더 큰 공감 반응은 정서-조절의 어려움을 야기할 수 있다. 예를 들어, 타인의 고통에 대한 더 큰 자각은 개인적 고통과 같은 회피를 촉진하고 친사회적 행동을 방해하는 정서를 일으킬 수 있으므로(Batson, 1991), 이러한 반응을 완화시킬 수 있는 정서 조절이 필요하다. 자비 명상의 2단계 학습에 의해([그림 11-1]), 고통의 부정적인 정서 반응에 대한 마음챙김 주의는 고통에 대한 철수 경향을 줄이고, 인지 자원이 자비를 배양하는 데 할당될 수 있게 한다(3단계). 우리의 데이터에 의하면 자비의 배양은 정서 각성을 일으키는데, 자비 훈련 참여자들은 재평가 집단과 비교하여 부정적 장면과 중립적 장면 모두에 대해 더 큰 각성(지각된 장면이 생리와 심리를 어떻게 활성화시키는가) 수준을 보고했다($F_{1,39}$=5.59, $p<0.05$; Weng, Motzkin, Stodola, Rogers, & Davidson, 2013). 고통스러운 장면에 대한 반응에서, 우리는 유의미한 집단×시점 간 상호작용을 발견했는데, 자비 집단은 훈련 전과 비교하여 훈련 후 더 큰 각성을 보고했으나 재평가 집단에서는 훈련 전-후 변화가 없었다($F_{1,39}$=5.47, $p<0.05$). 집단 수준에서 자비 훈련은 고통스러운 장면에 대한 각성을 증가시켰지만, 훈련 전-후로 각성을 감소시켰던 자비 훈련 참여자들은 재분배 게임에서 가장 이타적이었다(Weng, Fox, et al., 2013). 이러한 결과는 훈련 후 각성을 조절할 수 있었던 자비 훈련 참여자들이 최적의 각성 수준을 유지하며(Yerkes & Dodson, 1908), 친사회 동기와 계획에 관여할 수 있는 인지 자원을 안정적으로 할당하면서 타인의 고통에 정서적으로 관여한다는 것을 시사한다.

편도체에 관한 탐색적 분석 또한 자비 훈련이 고통에 대한 부정적 반응을 감소시킬 수 있음을 보여 준다. 우리는 가장 친사회적인 자비 훈련 참여자들이 편도체를 둘러싼 영역에서뿐 아니라 해마 내후각 피질(hippocampal entorhinal cortex; Weng, Fox, et al., 2013)에서 가장 큰 감소를 보이는 것을 발견했는데, 이 영역은 각각 정서 현저성(Davis & Whalen,

2001) 및 사회적 기억(Immordino-Yang & Singh, 2011)과 관련된다. 이에 더하여, 자비 훈련에 기인한 DLPFC의 더 큰 활성화는 편도체/해마 피질 활성화의 감소와 관련되지만 재평가 훈련에서 이러한 관련성은 없었다(Weng, Fox, et al., 2013). 이러한 발견은 정서 조절 체계가 편도체의 활성화를 하향 조절하기 위해 사용된다는 것을 시사한다. 자비 훈련, 특별히 고통 반응에 대한 마음챙김-주의 훈련(2단계)은 고통에 대한 보다 균형 잡힌 정서 반응을 배양하는 것으로 보인다.

몇몇 연구는 비-명상 상태 동안의 고통에 대한 부정적 반응이 자비 훈련에 의해 감소될 수 있음을 보여 준다. 3개월의 명상 리트릿 동안 더 많은 자비 훈련을 했던 장기 명상자들은 대기 통제집단과 비교하여 고통스러운 장면이 담긴 비디오를 시청했을 때 거절의 정서를 표현하는 얼굴 표정이 더 적었다(Rosenberg et al., 2015). 단기 공감 훈련 후, 참여자들은 고통 반응에서 더 큰 부정 정서를 보고했지만, 연이은 자비 훈련에서 이러한 효과는 반전되었고 부정 정서는 감소했다(Klimecki, Leiberg, Ricard, & Singer, 2013). 그러나 자비 훈련이 먼저 실시되었다면 어떤 결과가 나타났을지 알려지지 않았기 때문에 이 효과는 불명확하다. 지표 분석(parametric analyses)은 자비 훈련 후 부정 정서의 감소가 좌측 연상회(supramarginal gyrus)에 의해 매개된다는 것을 보여 준다. 또 다른 연구에서, 스마트폰 앱을 이용한 4주간의 자비 훈련 이후, 참여자들은 고통스러운 장면을 볼 때 개인적 고통의 감소를 경험했으며, 이는 더 큰 자선 기부와 관련되었다(Ashar et al., 2016a; Ashar et al., 2016b). 개인적 고통과 기부액 모두 정서적 의미의 구성과 연관되는 복측 전두엽 피질(ventromedial prefrontal cortex: vmPFC)의 중첩 영역에서 활성도 증가와 상관관계가 있었다(Roy, Shohamy, & Wager, 2012). 이러한 발견은 자비 훈련이 비-명상 상태 동안 친사회적 행동을 방해하는(개인적 고통과 같은) 고통에 대한 반응을 감소시킬 수 있음을 시사한다. 실제 명상 훈련을 하는 동안 비-명상 상태에 대한 조사연구의 부족으로, 명상 상태로부터 비-명상 상태로의 방해 반응을 조절하는 전이가 일어나는가에 대한 결론은 아직까지 불확실하다.

자비 명상 훈련은 친사회적 행동을 촉진하는 반응을 증가시킬 것이다 (3단계)

우리는 또한 자비 훈련이 친사회 정서를 증진하는 정서 조절 체계를 통해 친사회적 행동을 증가시키는 신경 증거를 발견했다. DLPFC 및 사회적 보상과 관련된 영역인 측좌핵(nucleus accumbens: NAcc; Sanfey, 2007) 간 기능적 연결성에서의 큰 변화는 자비 집단과 재평가 집단에서의 이타 행동 차이를 예측하는 것으로 밝혀졌다(Weng, Fox, et al., 2013). 이것은 정서 조절 네트워크가 고통에 대한 친사회적 반응을 상향 조절하기 위해 작동된다는 것을 시사하는데, 여기에는 혐오 자극에

대한 긍정 재평가(Wager, Davidson, Hughes, Lindquist, & Ochsner, 2008), 고통당하는 사람들에 대한 친밀감의 증진(Depue & Morrone-Strupinsky, 2005), 희생자의 안녕에 대한 보상가치(reward value)의 증가(Knutson & Cooper, 2005)가 포함된다. 더 큰 DLPFC-NAcc 연결성은 또한 훈련과 관련된 각성 수준의 감소와 관련되며, 이는 각성이 하향 조절되는 직접적인 방식이 아니라 친밀 정서를 촉진함으로써 간접적으로 감소된다는 것을 의미한다(Weng, Fox, et al., 2013).

자비 명상 훈련 연구들은 또한 명상 상태와 비-명상 상태 동안 고통에 대한 친사회적 반응의 변화를 조사해 왔다. 장기 명상 참여자들은 명상 상태 동안 더 큰 긍정 정서를 보고하며(Engen & Singer, 2015), 비-명상 상태에서 고통스러운 장면이 담긴 비디오를 본 명상 초보자들 또한 더 큰 긍정 정서를 보고했다(Klimecki et al., 2013). 비-명상 상태 동안, 장기 명상자들은 3개월간의 명상 리트릿 후 고통을 향한 더 큰 **동감**(sympathy)(공감적 관심이나 **자비**와 유사한 단어)을 보고하며, 동감은 슬픈 얼굴 표정과 연관된다(Rosenberg et al., 2015). 신경 데이터는 일관되게 명상 상태(Engen & Singer, 2015; Klimecki, Leiberg, Lamm, & Singer, 2012)와 비-명상 상태(Klimecki et al., 2013) 모두에서 긍정 정서(Kringelbach & Berridge, 2009), 친밀감(Strathearn, Fonagy, Amico, & Montague, 2009), 보상(Haber & Knutson, 2010)과 관련된 뇌 영역이 활성화됨을 보여 준다. 이들 뇌 영역에는 복측 선조체(ventral striatum), 복측 피개영역(ventral tegmental area), 내측 안와전두피질(medial orbitofrontal cortex)이 포함된다. 또 다른 연구는 비-명상 상태에서 고통을 볼 때 보고된 훈련과 관련된 다정함(tenderness)(따뜻하고 부드러운 느낌)의 증가가 더 큰 자선 기부와 관련된다는 것을 보여 주었으며(Ashar et al., 2016a; Ashar et al., 2016b), 다정함과 기부 모두 vmPFC 활동의 증가와 상관관계를 보였다. 그러나 우리가 가진 데이터에서, 비-명상 상태에서의 변화(여기에서 참여자들은 단순히 고통스러운 장면을 주시하라고 지시받았다)는 이타적 재분배에서의 변화를 예측하지 **못했다**[미출판 자료, $p < 0.01$ 전-뇌 교정(whole-brain corrected)]. 이러한 연구들은 명상 상태로부터 비-명상 상태로 자비로운 반응의 전이가 일어난다는 것을 함의하지만, 이 가설이 어떤 연구에서도 직접적으로 검증되지는 못했다. 행동 전이는 명상과 비-명상 상태 모두에서 정서적 의미, 정서 조절, 보상 처리와 연관된 신경 체계에서의 변화에 의해 매개될 수 있다.

요약과 미래 연구를 위한 제언

최근 들어, 자비 명상 훈련이 일으키는 친사회 행동 변화와 관련된 인지, 정서 변화의 신경적 토대에 대한 연구가 진행되고 있다. 자비 명상 상태 동안, 정서 현저성, 경험 공유, 조망수용, 정서 조절, 긍정 정서, 친밀감과 관련된 뇌의 네트워크가 여러 연구에 걸쳐 확인

되고 있다. 논의된 연구들에 따르면 자비 훈련 후 비-명상 상태에서 고통과 마주쳤을 때, 공감 정확성, 정서 현저성, 긍정 정서, 친밀감과 관련된 네트워크는 모두 증진된다. 이러한 발견은 자비 훈련이 신경 체계를 변화시킴으로써 친사회적 행동을 증진시킨다는 가설을 지지한다. 신경 체계의 변화는 고통에 대한 반응 요소들이 일어나도록 보조하는데 ① 공감 신경 반응을 증가시키고, ② 친사회적 행동을 방해하는 회피 반응을 감소시키며, ③ 친사회적 행동을 촉진하는 접근 반응을 증가시킨다. 이에 더하여, 고통과 만났을 때 명상 상태 동안 일어나는 신경 변화가 비-명상 상태로 전이되는 자비 전이가 일어날 수 있다. 그러나 이 가설은 직접 검증되지는 않았다. 유사한 네트워크가 자비 명상 및 비-명상 상태 동안 활성화되는 것으로 보이지만, 결과는 모집단의 특성, 자비 훈련의 시간, fMRI 시행 방법에 따라 달라졌다.

자비로운 뇌 상태를 반영하는 신경 패턴은 참여자들이 훈련에 어떻게 반응하는가에 따라 영향을 받으며, 자비의 복잡한 심리적 구성요소들로 인해 매우 가변적이다. 예를 들어, 어떤 사람은 초기 공감 반응을 증가시키는 데 중점을 둘 필요가 있는 반면, 다른 사람은 회피 반응을 조절하고/하거나 친사회적 반응을 증진시킬 필요가 있을 것이다. 우리는 특히 초보 명상자들의 경우 신경 활성화의 높은 변동 패턴이 나타나지만, 장기 명상자들은 오랜 훈련 기간에 의해 보다 안정적이고 일관된 패턴을 보일 것으로 기대한다. 훈련 기간

은 훈련에 따른 신경 활성화의 변화 강도 및 탐지 가능성에 영향을 줄 것이다. 예를 들어, 우리의 연구에서 단기 자비 훈련은 다중 비교를 위한 전-뇌 교정 후 자비 훈련과 재평가 훈련 간 집단 수준에서 신경 활성화에서의 어떠한 차이도 일으키지 못했다(미출판 자료). 그러나 훈련에 따른 활성화의 변화는 친사회적 행동과 관련되었으며, 이는 뇌 반응에서의 개인적 가변성이 의미 있는 행동 결과와 연관됨을 보여 준다(Weng, Fox, et al., 2013). 행동 전이 가설은 여러 연구에서 지지되는데, 친사회적 행동은 자비 훈련에 의해 증진되며, 이러한 행동상의 변화는 명상 상태와 비-명상 상태 동안의 신경 활성화에 의해 예측된다.

앞으로의 연구는 명상 동안 일어나는(고통에 대한 세 가지 반응 요소를 반영하는) 자비로운 신경 상태가 비-명상 상태의 자비로운 신경 상태에 어떻게 영향을 미치며, 연이어 이것이 고통에 대한 친사회적 행동을 어떻게 증가시키는가를 보다 직접 검증하는 데 초점을 두어야 한다. 자비의 복잡한 특성을 고려하면서 우리는 이러한 프로세스를 보다 정확히 조사하기 위한 방법론적 진보의 필요성을 제안하려 한다.

자비로운 뇌 상태의 공간, 시간 가변성에 대한 이해: 자비 훈련이 다양한 수준(예: 평가, 정서 반응과 조절, 친사회 동기)의 프로세스에 영향을 미칠 수 있고, 많은 연구 과제와 모집단이 연구되었기 때문에, 여러 연구에서 표준적인 자비로운 뇌 반응을 발견하는 것은 불가능하다. 초보 명상자들의 자비로운 신경 상태는 매우 변동적이라는 가설을 지지하면서, 단기 훈련(하루에서 8주까지) 분석들은 관심 영역(region-of-interest: ROI) 기반의 접근법을 자주 사용하며 전-뇌 분석이 유의미한 결과를 생산하지 못한다는 것을 보여 준다. 이에 더하여, 시간에 걸쳐 자비로운 신경 상태의 발달은 선형 패턴을 따르지 않고 질적, 양적 변동을 보이며 발달한다. 장기 명상자들이 보이는 자비의 신경 패턴은 초보자들과 유사하지 않다. 훈련의 기간과 질에 따라, 사람들은 고통을 조절하고, 친사회 느낌을 증진하며, 타인의 고통에 주의를 두는 능력에 있어 다른 단계에 놓여 있는 것으로 보인다. 사람들은 자주 고통에 대해 복합 반응을 보이는데, 특히 마주치는 고통이 생소하거나 매우 자극적일 때, 고통에 대한 반응을 회피 또는 친사회적인 것으로 단순히 범주화하기 어렵다. 이는 개인별로 가변성이 존재할 가능성을 증가시키며, 특히 자비로운 반응을 일관성 있게 일으키기 어려운 초보자들에게는 더욱 그러할 것이다. 또한 한 영역에서의 활성화는 연구 과제나 모집단에 따라 다양한 기능적 의미를 가질 수 있다. 예를 들어, 의도적으로 자비를 일으키는 실험에서, 장기 명상자들은 고통스러운 소리에 대해 더 큰 편도체 활성화를 보이는(Lutz et al., 2008) 반면, 비-명상 상태에서 8주간의 자비 훈련에 참가한 초보자들 또한 부정적 장면에 대해 더 큰 편도체 활성화를 보였다(Desbordes et al., 2012). 그러나 유사한 부정적 장면에 노출시켜 의도적으로 자비를 일으키는 실험 동안, 훈련과 관련된 편도체와 해마 내후각 피질에서의 활성화 감소는 더 큰 이타 행동을 예측했다(Weng, Fox, et al., 2013). 가변성을 일으키는 많은 요인이 개인 내와 개인 간 모두에서 자비 훈련의 신경 패턴 안에 존재할 수 있으므로, 이러한 가변성을 측정하고 양화할 수 있는 신경 영상화 방법이 필요하다.

자비로운 뇌 상태의 다중변인 기술: 자비로운 뇌 상태의 높은 가변성뿐 아니라 관련된 뇌 영역들이 하나 이상의 프로세스에 관여하기 때문에(예: 개인적 고통과 다정함 모두 vmPFC 활성화와 관련된다; Ashar et al., 2016a), 자비 훈련의 신경 상태를 조사하는 데 있어 다중변인 방법을 사용하는 것이 유익할 수 있다. 다중-화소 패턴 분석(MVPA; Norman, Polyn, Detre, & Haxby, 2006)과 같은 기법은 다음과 같은 이유로 자비 훈련 연구에 적합할 수 있다: ① 복잡한 마음 상태에서의 공간 가변성이 개인 내에서 기술될 수 있으며, 이것은 참여자 간 및 참여자 내 모두에서 자비로운 신경 패턴을 연구하는 데 이상적이다, ② 시간에 따른(매 fMRI 데이터 시점) 뇌 상태의 역동적인 변동을 분류하기 위한 시간 해상도(temporal resolution)를 사용하여 자비로운 뇌 상태 구성요소의 시간에 따른 역동적인 변동(공감 반응이나 친사회적 행동을 방해하고 촉진하는 반응과 같은)을 추적할 수 있다(Norman, Polyn, Detre, & Haxby, 2006). MVPA에서 신경 패턴은(집단 수준 템플릿으로의 규준화 없이) 개인 수준의 고유 공간(native space)에서 분석되며, 이것은 집단 수준에서 분석될 수 있는 개

인적으로 파생된 지표들(metrics)을 산출한다.

단기 자비 훈련 데이터를 활용한 예비 분석에서, 우리는 MVPA에 의해 결정된 분류 정확도를 다른 상태(예: 단순히 장면을 주시하고 있는)와 대비되는 자비로운 뇌 상태의 안정성과 독특성의 간접적인 측정치로 사용했다. 우리는 자비 훈련이 다른 세 조건과 달리 특정적으로 자비로운 뇌 상태의 분류 정확도를 훈련 전[28.5%, 우연 수준(chance level)은 25%]에서 훈련 후(33.5%; $t_{167}=3.77$, $p<0.001$)로 증가시킨다는 것을 발견했다. 이에 더하여, (분류 정확도에 의한) 자비로운 뇌 상태의 안정성과 독특성이 더 클수록, 참여자들은 더 많은 자선 기부를 했다($rho_{27}=0.51$, $p=0.005$; Weng, Lewis-Peacock, Stodola, & Davidson, 2012). 개인적 고통과 다정함을 구분해 주는 vmPFC의 신경 패턴을 조사하기 위해 MVPA를 사용한 연구(Ashar et al., 2016a)와 같이, 다른 연구 그룹 또한 자비 훈련의 신경 발현을 연구하기 위해 다중변인 방법의 적용을 추천하고 있다.

고통에 대한 자비로운 신경 반응의 정서 시간 분석: 고통에 대한 자비로운 반응은 정서 시간 분석법으로도 조사할 수 있다. 이 방법은 신경 반응이 핵심 정보-처리 단계를 통해 시간에 따라 어떻게 전개되는가를 조사한다(Davidson, 1998; Gross, 2001; [그림 11-2]). 연구자들은 정서 자극에 대한 반응의 시간 역동성을 초기 반응과 후기 반응을 비교하면서 조사해 왔다. 예를 들어, 부정적 장면에 대한 편도체 반응은 초기 반응 기간과 후기 회복 기간을 비교함으로써 분석될 수 있으며, 빠른 편

도체 회복 기간(반응 기간을 통제한 후)은 특질 신경증의 감소와 관련되었다(Schuyler et al., 2012).

자비로운 반응이 고통에 대한 회피적 반응과 친사회적 반응 모두와 관련되므로, 이 두 반응을 활용하여 자비 훈련 참여자들이 친사회적 반응의 지속이나 증가뿐 아니라 고통스러운 자극으로부터 얼마나 빠르게 회복될 수 있는가를 조사할 수 있다. 추가적으로, 고통에 대한 초기 공감 반응의 강도는 자비 훈련을 통해 증진되어 고통에 대한 정서 현저성을 증가시킬 수 있다. 장기 자비 명상자들을 대상으로 한 한 연구는 인지 재평가 전략과 비교하여 자비 조절 전략을 사용하는 동안 편도체와 복측 선조체(ventral striatum)의 시간 역동성을 조사했다(Engen & Singer, 2015). 연구자들은 재평가 전략과 비교하여 자비 조절 전략을 사용하는 동안 편도체와 복측 선조체 모두에서 활성화가 지속된다는 것을 발견했다. 이러한 결과는 자비가 재평가와 비교하여 고통에 대한 더 큰 긍정 반응뿐 아니라 더 큰 정서 현저성을 포함한다는 것을 시사한다. 명상 상태와 비-명상 상태 모두에서 정서 시간 분석법을 활용하여 자비로운 반응을 조사할 수 있다.

정서의 객관적 측정: 자기보고식 정서 평정이나 평가는 사람들이 고통에 대한 자극을 어떻게 지각하는가에 대해 귀중한 정보를 제공해 왔다. 그러나 자기보고식 지표는 요구 특성(demand characteristics)에 민감하며 정확한 내성을 필요로 한다. 안면 근전도(facial electromyography; Heller, Greischar, Honor, Anderle, & Davidson, 2011), 안면 근육활동 코딩 체계(facial action coding system; Rosenberg et al., 2015), 심박률(heart rate; Lutz, Greischar, Perlman, & Davidson, 2009), 피부 전도(skin conductance; Schiller et al., 2010)와 같이, 정서에 대한 보다 객관적인 지표가 실험 방법에 통합되어야 한다(fMRI를 사용하여 실시간으로 측정하거나 스캐너 외부에서 측정하거나). 이러한 데이터는 자비 명상 동안 경험되는 정서의 정서가(valence), 각성, 유형에 관한 추가 정보를 제공할 수 있다. 이에 더하여, 시선 추적이나 동공 측정(pupillometry)과 같은 정신 생리적 데이터는 주의 자원과 인지 노력의 할당에 관한 정보를 또한 제공해 줄 수 있다(Johnstone, van Reekum, Urry, Kalin, & Davidson, 2007; van Reekum et al., 2007).

친사회적 행동 평가의 개선: 마지막으로, 이 분야는 자비 훈련의 맥락을 벗어난 곳에서 관찰 가능한 행동을 측정하는 방법을 통해 자비 훈련이 가져오는 친사회 결과를 연구하는 데 있어 진전을 이루어 왔다. 궁극적으로, 우리는 자비 훈련이 가족, 동료, 더 큰 공동체와의 상호작용과 같은 관계에 직접적인 영향을 줄 수 있는가를 검증하기를 원한다. 이러한 상호작용의 질과 양 모두는 건강뿐 아니라 사망에도 영향을 미친다(Brown & Brown, 2015; Cohen, 2004; House, Landis, & Umberson, 1988). 예비 증거는 자애명상(loving-kindness meditation)이 일상생활에서 지각된 사회적 연결감을 증진시킨다는 것을 보여 주며

(Fredrickson, Cohn, Coffey, Pek, & Finkel, 2008; Kok & Fredrickson, 2010), 이것은 보다 친밀한 친사회적 행동을 이끌 것이다. 신경 영상 측정과 생태 순간 평가(ecological momentary assessment; Shiffman, Stone, & Hufford, 2008), 비디오와 오디오를 활용한 상호작용 기록, 자비 훈련자와 관계된 사람의 피드백(상대방 보고)과 같은 일상생활 측정을 결합하는 보다 많은 시도가 이루어져야 한다. 자비로운 행동은 그것이 자비의 수혜자에게 적절하지 않다면 효과적이라고 할 수 없으며, 이것은 친사회적 행동의 질을 평가하는 데 있어 가치 있는 정보원이다. 이 분야는 또한 임상심리학 문헌으로부터 지혜를 끌어올 수도 있는데, 공감 정확성에 관한 상세한 평가 방법이 동기부여 인터뷰 문헌(Miller & Rollnick, 2012)으로부터 개발되었다. 친사회적 행동(Ashar et al., 2016b)과 공감 행동을 평가하는 잘 설계된 연구(예: Zaki, Weber, Bolger, & Ochsner, 2009의 공감 정확성 연구)는 스캐너를 사용한 평가와 스캐너 바깥의 실제 세계에서의 친사회적 행동 평가를 결부하여 실시되어야 한다. 양자 상호작용은 하이퍼스캐닝 fMRI[쌍 데이터-수집(pairwise data-acquisition)]를 사용하여 스캐너 안에서 평가되고 양자 사회적 네트워크 복잡성(dyadic social network complexity; Bilek et al., 2015)과 같은 실제 세계의 사회적 행동과 관련지을 수 있다. 양자 상호작용은 또한 자비로운 신경 반응과의 정신생리적 결합(Levenson & Gottman, 1983)을 사용하여 스캐너 밖에서 평가될 수 있다. 요구 특성에 덜 민감한 종단 연구 설계가 필요하며, 연구에서 행동 효과가 지속되기 위해 어느 정도의 훈련 기간이 필요한가를 조사해야 한다. 궁극적으로, 자비 훈련이 개인 건강과 체계 건강 모두에 긍정적인 영향을 미친다는 가설(Davidson & Harrington, 2001; Lama & Cutler, 1998)을 검증하기 위해, 이러한 신경 변화와 행동 결과는 참여자의 정신, 신체 건강(Fredrickson et al., 2008; Pace et al., 2009)뿐 아니라 참여자들의 사회 네트워크 안에 있는 사람들과도 관련되어야 한다.

명상의 목표: 명상의 특정 목표를 연구하는 것은 가까운 타인들(예: 사랑하는 사람, 은인, 자기)로부터 거리가 먼 타인들(예: 낯선 사람, 어려운 사람)로의 자비 전이를 이해하는 데 있어 중요할 수 있다. 각 목표에 대한 자비로운 반응은 심리적, 임상적으로 의미 있는 정보를 제공한다. 가까운 타인들에 대한 자비로운 반응은 애착 안정성의 신경 지표를 반영할 수 있으며(Mikulincer & Shaver, 2005), 가까운 타인들에 대해 일어난 자비의 질은 덜 가까운 목표에 대해 자비를 느끼는 능력과 관련될 수 있다. 우리는 또한 특별히 연구자들이 분노, 짜증, 공포, 불안과 같은 보다 복잡한 정서들이 유발될 수 있는, 어려운 사람들에 대한 자비로운 반응을 연구해 주기를 권고한다. 고통 반응에 대해 마음챙김 주의를 두기 위해서는 많은 시간이 필요하므로, 공감 훈련(Klimecki et al., 2013)이 자비를 훈련하기 전 필수 단계일 수도 있다. 이러한 과정은 갈등 해결과 같은 문제에 적용할 때 중요할 수 있다.

마지막으로, 자비 훈련은 다양한 집단에 속한 사람들 간의 상호작용을 증진시키기 위해 시행될 수 있다. 연구자들은 낙인찍힌 외-집단 구성원이 훈련 동안 명시적으로 관여되지 않았을 때에도, 자비 훈련이 이들에 대한 내현적 편견(implicit biases)을 감소시킨다는 것을 발견했다(Kang, Gray, & Dovidio, 2013). 이러한 연구 문제는 신경과 사회 행동 기능에 대한 자비 훈련의 영향을 탐구하기 위한 앞으로의 연구에 생산적인 방향을 제시한다.

참고문헌

Ashar, Y. K., Andrews-Hanna, J. R., Dimidjian, S., & Wager, T. (2016a). Towards a neuroscience of compassion: A brain systems-based model and research agenda. In J. D. Greene, I. Morrison & M. E. P. Seligman (Eds.), *Positive Neuroscience Handbook*. Oxford, New York: Oxford University Press.

Ashar, Y. K., Andrews-Hanna, J. R., Yarkoni, T., Sills, J., Halifax, J., Dimidjian, S., & Wager, T. D. (2016b). Effects of compassion meditation on a psychological model of charitable donation. *Emotion*, 16(5), 691-705. http://doi.org/10.1037/emo0000119

Batson, C. D. (1991). *The Altruism Question*. Hillsdale, NJ: Erlbaum.

Batson, C. D., Fultz, J., & Schoenrade, P. A. (1987). Distress and empathy: Two qualitatively distinct vicarious emotions with different motivational consequences. *Journal of Personality*, 55(1), 19-39.

Beck, A. T., Rush, A. J., Shaw, B. F., & Emery, G. (1987). *Cognitive Therapy of Depression* (1st ed.). New York: The Guilford Press.

Bilek, E., Ruf, M., Schäfer, A., Akdeniz, C., Calhoun, V. D., Schmahl, C., ... Meyer-Lindenberg, A. (2015). Information flow between interacting human brains: Identification, validation, and relationship to social expertise. *Proceedings of the National Academy of Sciences of the United States of America*, 112(16), 5207-5212. http://doi.org/10.1073/pnas.1421831112

Brown, S. L., & Brown, R. M. (2015). Connecting prosocial behavior to improved physical health: Contributions from the neurobiology of parenting. *Neuroscience and Biobehavioral Reviews*. http://doi.org/10.1016/j.neubiorev.2015.04.004

Chiao, J. Y., & Mathur, V. A. (2010). Intergroup empathy: How does race affect empathic neural responses? *Current Biology: CB*, 20(11), R478-R480. http://doi.org/10.1016/j.cub.2010.04.001

Cohen, S. (2004). Social relationships and health. *American Psychologist*, 59(8), 676.

Condon, P., Desbordes, G., Miller, W. B., & DeSteno, D. (2013). Meditation increases compassionate responses to suffering. *Psychological Science*, 24(10), 2125-2127. http://doi.org/10.1177/0956797613485603

Dahl, C. J., Lutz, A., & Davidson, R. J. (2015). Reconstructing and deconstructing the self: Cognitive mechanisms in meditation practice. *Trends in Cognitive Sciences*, 19(9), 515-523. http://doi.org/10.1016/j.tics.2015.07.001

Dahl, C. J., Lutz, A., & Davidson, R. J. (2016). Cognitive processes are central in compassion meditation. *Trends in Cognitive Sciences*, *20*(3), 161-162. http://doi.org/10.1016/j.tics.2015.12.005

Davidson, R. J. (1998). Affective style and affective disorders: Perspectives from affective neuroscience. *Cognition and Emotion*, *12*(3), 307-330. http://doi.org/10.1080/026999398379628

Davidson, R. J. (2010). Compassion training increases gaze fixation towards suffering. Presented at the Mind and Life XXI-Mental Training: Impact on Neuronal, Cognitive, and Emotional Plasticity, Center for Investigating Healthy Minds, May 15, 2010, Madison, WI.

Davidson, R. J., & Harrington, A. (2001). *Visions of Compassion: Western Scientists and Tibetan Buddhists Examine Human Nature*. New York: Oxford University Press.

Davis, M., & Whalen, P. J. (2001). The amygdala: Vigilance and emotion. *Molecular Psychiatry*, *6*(1), 13-34.

Depue, R. A., & Morrone-Strupinsky, J. V. (2005). A neurobehavioral model of affiliative bonding: Implications for conceptualizing a human trait of affiliation. *The Behavioral and Brain Sciences*, *28*(3), 313-350; discussion 350-395. http://doi.org/10.1017/S0140525X05000063

Desbordes, G., Negi, L. T., Pace, T. W. W., Wallace, B. A., Raison, C. L., & Schwartz, E. L. (2012). Effects of mindful-attention and compassion meditation training on amygdala response to emotional stimuli in an ordinary, non-meditative state. *Frontiers in Human Neuroscience*, *6*, 292. http://doi.org/10.3389/fnhum.2012.00292

Engen, H. G., & Singer, T. (2015). Compassion-based emotion regulation up-regulates experienced positive affect and associated neural networks. *Social Cognitive and Affective Neuroscience*, *10*(9), 1291-1301. http://doi.org/10.1093/scan/nsv008

Engen, H. G., & Singer, T. (2016). Affect and motivation are critical in constructive meditation. *Trends in Cognitive Sciences*, *20*(3), 159-160. http://doi.org/10.1016/j.tics.2015.11.004

Flook, L., Goldberg, S. B., Pinger, L., & Davidson, R. J. (2015). Promoting prosocial behavior and self-regulatory skills in preschool children through a mindfulness-based Kindness Curriculum. *Developmental Psychology*, *51*(1), 44-51. http://doi.org/10.1037/a0038256

Fredrickson, B. L., Cohn, M. A., Coffey, K. A., Pek, J., & Finkel, S. M. (2008). Open hearts build lives: Positive emotions, induced through loving-kindness meditation, build consequential personal resources. *Journal of Personality and Social Psychology*, *95*(5), 1045-1062.

Goetz, J. L., Keltner, D., & Simon-Thomas, E. (2010). Compassion: An evolutionary analysis and empirical review. *Psychological Bulletin*, *136*(3), 351.

Greenberg, L. S. (2004). Emotion-focused therapy. *Clinical Psychology & Psychotherapy*, *11*(1), 3-16. http://doi.org/10.1002/cpp.388

Gross, J. J. (1998). The emerging field of emotion regulation: An integrative review. *Review of General Psychology*, *2*(3), 271.

Gross, J. J. (2001). Emotion regulation in adulthood: Timing is everything. *Current*

Directions in Psychological Science, *10*(6), 214-219. http://doi.org/10.1111/1467-8721.00152

Haber, S. N., & Knutson, B. (2010). The reward circuit: linking primate anatomy and human imaging. *Neuropsychop harmacology: Official Publication of the American College of Neuropsychopharmacology*, *35*(1), 4-26. http://doi.org/10.1038/npp.2009.129

Halifax, J. (2012). A heuristic model of enactive compassion. *Current Opinion in Supportive and Palliative Care*, *6*(2), 228-235. http://doi.org/10.1097/SPC.0b013e3283530fbe

Hayes, S. C., Luoma, J. B., Bond, F. W., Masuda, A., & Lillis, J. (2006). Acceptance and commitment therapy: Model, processes and outcomes. *Behaviour Research and Therapy*, *44*(1), 1-25. http://doi.org/10.1016/j.brat.2005.06.006

Heller, A. S., Greischar, L. L., Honor, A., Anderle, M. J., & Davidson, R. J. (2011). Simultaneous acquisition of corrugator electromyography and functional magnetic resonance imaging: A new method for objectively measuring affect and neural activity concurrently. *NeuroImage*, *58*(3), 930-934. http://doi.org/10.1016/j.neuroimage.2011.06.057

House, J. S., Landis, K. R., & Umberson, D. (1988). Social relationships and health. *Science*, *241*(4865), 540-545. http://doi.org/10.1126/science.3399889

Immordino-Yang, M. H., & Singh, V. (2011). Hippocampal contributions to the processing of social emotions. *Human Brain Mapping*, *34*(4), 945-955. http://doi.org/10.1002/hbm.21485

Johnstone, T., van Reekum, C. M., Urry, H. L.,

Kalin, N. H., & Davidson, R. J. (2007). Failure to regulate: Counterproductive recruitment of top-down prefrontal-subcortical circuitry in major depression. *The Journal of Neuroscience: The Official Journal of the Society for Neuroscience*, *27*(33), 8877-8884. http://doi.org/10.1523/JNEUROSCI.2063-07.2007

Kabat-Zinn, J., & Hanh, T. N. (2013). *Full Catastrophe Living: Using the Wisdom of Your Body and Mind to Face Stress, Pain, and Illness* (revised updated edition). New York: Bantam.

Kang, Y., Gray, J. R., & Dovidio, J. F. (2013). The nondiscriminating heart: Lovingkindness meditation training decreases implicit intergroup bias. *Journal of Experimental Psychology: General*, *143*(3), 1306-1313. http://doi.org/10.1037/a0034150

Klimecki, O. M., Leiberg, S., Lamm, C., & Singer, T. (2012). Functional neural plasticity and associated changes in positive affect after compassion training. *Cerebral Cortex*, *23*(7), 1552-1561. http://doi.org/10.1093/cercor/bhs142

Klimecki, O. M., Leiberg, S., Ricard, M., & Singer, T. (2013). Differential pattern of functional brain plasticity after compassion and empathy training. *Social Cognitive and Affective Neuroscience*. http://doi.org/10.1093/scan/nst060

Knutson, B., & Cooper, J. C. (2005). Functional magnetic resonance imaging of reward prediction. *Current Opinion in Neurology*, *18*(4), 411-417.

Kok, B. E., & Fredrickson, B. L. (2010). Upward spirals of the heart: Autonomic flexibility, as indexed by vagal tone, reciprocally and prospectively predicts positive emotions and social connectedness. *Biological Psychology*, *85*(3), 432-436. http://doi.org/10.1016/j.biopsycho.2010.09.005

Kringelbach, M. L., & Berridge, K. C. (2009). Towards a functional neuroanatomy of pleasure and happiness. *Trends in Cognitive Sciences*, *13*(11), 479-487. http://doi.org/10.1016/j.tics.2009.08.006

Lama, D., & Cutler, H. C. (1998). *The Art of Happiness: A Handbook for Living*. Riverhead Books.

Lamm, C., Decety, J., & Singer, T. (2011). Meta-analytic evidence for common and distinct neural networks associated with directly experienced pain and empathy for pain. *NeuroImage*, *54*(3), 2492-2502. http://doi.org/10.1016/j.neuroimage.2010.10.014

Lazarus, R. S. (1991). Cognition and motivation in emotion. *The American Psychologist*, *46*(4), 352-367.

Leiberg, S., Klimecki, O., & Singer, T. (2011). Short-term compassion training increases prosocial behavior in a newly developed prosocial game. *PLoS ONE*, *6*(3), e17798. http://doi.org/10.1371/journal.pone.0017798

Levenson, R. W., & Gottman, J. M. (1983). Marital interaction: Physiological linkage and affective exchange. *Journal of Personality and Social Psychology*, *45*(3), 587-597. http://doi.org/10.1037/0022-3514.45.3.587

Lutz, A., Brefczynski-Lewis, J., Johnstone, T., & Davidson, R. J. (2008). Regulation of the neural circuitry of emotion by compassion meditation: Effects of meditative expertise. *PloS ONE*, *3*(3), e1897. http://doi.org/10.1371/journal.pone.0001897

Lutz, A., Greischar, L. L., Perlman, D. M., & Davidson, R. J. (2009). BOLD signal in insula is differentially related to cardiac function during compassion meditation in experts vs. novices. *NeuroImage*, *47*(3), 1038-1046. http://doi.org/10.1016/j.neuroimage.2009.04.081

Mascaro, J. S., Rilling, J. K., Negi, L. T., & Raison, C. L. (2013). Compassion meditation enhances empathic accuracy and related neural activity. *Social Cognitive and Affective Neuroscience*, *8*(1), 48-55. http://doi.org/10.1093/scan/nss095

McCall, C., Steinbeis, N., Ricard, M., & Singer, T. (2014). Compassion meditators show less anger, less punishment, and more compensation of victims in response to fairness violations. *Frontiers in Behavioral Neuroscience*, *8*, 424. http://doi.org/10.3389/fnbeh.2014.00424

Mikulincer, M., & Shaver, P. R. (2005). Attachment security, compassion, and altruism. *Current Directions in Psychological Science*, *14*(1), 34-38. http://doi.org/10.1111/j.0963-7214.2005.00330.x

Miller, W. R., & Rollnick, S. (2012). *Motivational Interviewing: Helping People Change*. New York: Guilford Press.

Norman, K. A., Polyn, S. M., Detre, G. J., & Haxby, J. V. (2006). Beyond mind-reading: Multi-voxel pattern analysis of fMRI data. *Trends in Cognitive Sciences*, *10*(9), 424-430. http://doi.org/10.1016/j.tics.2006.07.005

Ochsner, K. N., & Gross, J. J. (2005). The cognitive control of emotion. *Trends in Cognitive Sciences*, *9*(5), 242-249. http://doi.

org/10.1016/j.tics.2005.03.010

Pace, T. W. W., Negi, L. T., Adame, D. D., Cole, S. P., Sivilli, T. I., Brown, T. D., ... Raison, C. L. (2009). Effect of compassion meditation on neuroendocrine, innate immune and behavioral responses to psychosocial stress. *Psychoneuroendocrinology*, *34*(1), 87-98. http://doi.org/10.1016/j.psyneuen.2008.08.011

Preston, S. D., & de Waal, F. B. M. (2002). Empathy: Its ultimate and proximate bases. *The Behavioral and Brain Sciences*, *25*(1), 1-20; discussion 20-71.

Rosenberg, E. L., Zanesco, A. P., King, B. G., Aichele, S. R., Jacobs, T. L., Bridwell, D. A., ... Saron, C. D. (2015). Intensive meditation training influences emotional responses to suffering. *Emotion*, *15*(6), 775-790. http://doi.org/10.1037/emo0000080

Roy, M., Shohamy, D., & Wager, T. D. (2012). Ventromedial prefrontal-subcortical systems and the generation of affective meaning. *Trends in Cognitive Sciences*, *16*(3), 147-156. http://doi.org/10.1016/j.tics.2012.01.005

Salzberg, S. (1997). *Lovingkindness: The Revolutionary Art of Happiness*. Boston, MA: Shambhala.

Sanfey, A. G. (2007). Social decision-making: Insights from game theory and neuroscience. *Science (New York, N.Y.)*, *318*(5850), 598–602. http://doi.org/10.1126/science.1142996

Schiller, D., Monfils, M.-H., Raio, C. M., Johnson, D. C., LeDoux, J. E., & Phelps, E. A. (2010). Preventing the return of fear in humans using reconsolidation update mechanisms. *Nature*, *463*(7277), 49-53. http://doi.org/10.1038/nature08637

Schuyler, B. S., Kral, T. R. A., Jacquart, J., Burghy, C. A., Weng, H. Y., Perlman, D. M., ... Davidson, R. J. (2012). Temporal dynamics of emotional responding: Amygdala recovery predicts emotional traits. *Social Cognitive and Affective Neuroscience*, *9*(2), 176-181. http://doi.org/10.1093/scan/nss131

Shiffman, S., Stone, A. A., & Hufford, M. R. (2008). Ecological momentary assessment. *Annual Review of Clinical Psychology*, *4*(1), 1-32. http://doi.org/10.1146/annurev.clinpsy.3.022806.091415

Strathearn, L., Fonagy, P., Amico, J., & Montague, P. R. (2009). Adult attachment predicts maternal brain and oxytocin response to infant cues. *Neuropsychopharmacology: Official Publication of the American College of Neuropsychopharmacology*, *34*(13), 2655-2666. http://doi.org/10.1038/npp.2009.103

Urry, H. L., van Reekum, C. M., Johnstone, T., Kalin, N. H., Thurow, M. E., Schaefer, H. S., ... Davidson, R. J. (2006). Amygdala and ventromedial prefrontal cortex are inversely coupled during regulation of negative affect and predict the diurnal pattern of cortisol secretion among older adults. *The Journal of Neuroscience: The Official Journal of the Society for Neuroscience*, *26*(16), 4415-4425. http://doi.org/10.1523/JNEUROSCI.3215-05.2006

van Reekum, C. M., Johnstone, T., Urry, H. L., Thurow, M. E., Schaefer, H. S., Alexander, A. L., & Davidson, R. J. (2007). Gaze fixations predict brain activation during the voluntary regulation of picture-induced negative affect. *NeuroImage*, *36*(3), 1041-1055. http://doi.

org/10.1016/j.neuroimage.2007.03.052

Vincent, J. L., Kahn, I., Snyder, A. Z., Raichle, M. E., & Buckner, R. L. (2008). Evidence for a frontoparietal control system revealed by intrinsic functional connectivity. *Journal of Neurophysiology*, *100*(6), 3328-3342. http://doi.org/10.1152/jn.90355.2008

Wager, T. D., Davidson, M. L., Hughes, B. L., Lindquist, M. A., & Ochsner, K. N. (2008). Prefrontal-subcortical pathways mediating successful emotion regulation. *Neuron*, *59*(6), 1037-1050. http://doi.org/10.1016/j.neuron.2008.09.006

Weng, H. Y. (2014). Behavioral and Neural Effects of Compassion Meditation Training (Doctoral dissertation). Available from Proquest Dissertations and Theses database. (UMI No. 10185437).

Weng, H. Y., Fox, A. S., Hessenthaler, H. C., Stodola, D. E., & Davidson, R. J. (2015). The role of compassion in altruistic helping and punishment behavior. *PLoS ONE*, *10*(12), e0143794. http://doi.org/10.1371/journal.pone.0143794

Weng, H. Y., Fox, A. S., Shackman, A. J., Stodola, D. E., Caldwell, J. Z. K., Olson, M. C., ... Davidson, R. J. (2013). Compassion training alters altruism and neural responses to suffering. *Psychological Science*, *24*(7), 1171-1180. http://doi.org/10.1177/0956797612469537

Weng, H. Y., Lewis-Peacock, J. A., Stodola, D. E., & Davidson, R. J. (2012). Multi-voxel pattern analysis of brain states after compassion training predicts charitable donations (Graduate Student Award winner). Presented at the Annual Meeting of the Cognitive Neuroscience Society, March 31-April 3, 2012, Chicago, IL.

Weng, H. Y., Motzkin, J., Stodola, D. E., Rogers, G. M., & Davidson, R. J. (2013). Neural substrates of arousal in compassion training. Presented at the Annual Meeting of the Cognitive Neuroscience Society, April 13-16, 2013, San Francisco, CA.

Yerkes, R. M., & Dodson, J. D. (1908). The relation of strength of stimulus to rapidity of habit-formation. *Journal of Comparative Neurology and Psychology*, *18*(5), 459-482. http://doi.org/10.1002/cne.920180503

Zaki, J., & Ochsner, K. (2012). The neuroscience of empathy: Progress, pitfalls and promise. *Nature Neuroscience*, *15*(5), 675-680. http://doi.org/10.1038/nn.3085

Zaki, J., Weber, J., Bolger, N., & Ochsner, K. (2009). The neural bases of empathic accuracy. *Proceedings of the National Academy of Sciences of the United States of America*, *106*(27), 11382-11387. http://doi.org/10.1073/pnas.0902666106

Zald, D. H. (2003). The human amygdala and the emotional evaluation of sensory stimuli. *Brain Research. Brain Research Reviews*, *41*(1), 88-123.

제12장

연민과 공감의 문화신경과학

Joan Y. Chiao

요약

'연민'과 '공감'은 정서적, 인지적인 과정을 구성하는 자신과 타인의 고통에 대한 감정적인 반응을 의미한다. 이타심을 포함해서 타인의 정서적인 경험을 이해하는 인간의 능력은 사회적 협동의 기본이다. 많은 과학적 연구는 유전자가 연민과 공감에 기여하는 것을 시사하지만 최근 경험적 진보에 따르면 성장에 따른 문화적 차이뿐만 아니라 유전자-환경 상호작용도 연민과 공감의 경험, 표현, 규율에 영향을 미친다는 것을 보여 준다. 이번 장의 목표는 공감과 연민의 문화신경과학 분야의 최근 이론적, 경험적인 발전을 검토하는 것이다. 공감과 연민의 문화신경과학 연구가 공공정책과 대중의 건강 격차에 끼치는 영향을 논의할 것이다.

핵심용어

문화신경과학, 문화-유전자 진화론, 연민, 공감, 사회적 정체성, 보편성

인간의 고통은 생존에 대한 위협을 지각하는 신호이거나 실제로 경험한 것을 의미한다. 인간 감정 체계의 몇몇 측면은 인간 고통의 경험에 대한 의사소통과 반응을 촉진한다. 슬픔, 분노, 공포, 즐거움과 같은 기본적인 감정은 환경 속에서 자연적이고 인위적인 기회와 도전의 존재나 부재와 소통한다(Darwin, 1859). 수치심, 죄책감, 자부심 등의 자의식 정서는 사람들이 본인 또는 타인으로서 환경 속에서 의사소통 신호를 의식적으로 구별하게끔 하며 자원과 사회적 역할에 따라 고통을

완화시킬 수 있는 방향으로 행동하도록 인도한다(Tracy, Robins, & Tangney, 2007). 공감적 관심과 개인적인 어려움과 같이 자기와 타인 사이에서 정서 경험을 공유하면서 경험한 감정(Davis, 1983)은 타인의 아픔이나 고통을 완화하려는 욕구를 불러일으키는 고통의 내부 감각적 단서를 제공할 수 있다. 아픔을 형성하고 조절하는 문화적 차이는 관심과 어려움의 정서적인 경험에 대한 반응의 성상과 정도에 영향을 끼친다. 연민과 공감은 인권의 근본인 아픔과 고통을 다루는 문화적인 경로를

보여 준다(Brennan, Carr, & Cousins, 2007).

　연민이란 타인의 고통을 인식할 때 생기는 느낌으로 돕고자 하는 동기를 말한다(Goetz, Keltner, & Simon-Thomas, 2010). 공감이란 타인의 감정을 공유하는 것을 말하고 이는 이타주의나 돕는 행위의 선행자가 될 수 있다. 연민과 공감 둘 다 특별히 타인을 돕는 마음 등의 비슷한 행동으로 이어질 수 있다. 하지만 타인의 고통에 대한 정서적, 감정적인 반응에서 연민과 공감은 다를 수 있다. 연민은 타인의 고통에 대하여 일어나는 감정이며, 긍정적(예: 사랑)이거나 부정적(예: 동정)인 감정일 수 있다. 공감은 공포나 즐거움을 간접적으로 느끼는 것처럼 자신과 타인 사이에 공유하는 타인의 감정에 대한 민감도로부터 비롯된다. 연민과 공감의 심리학적, 신경생물학적인 연구는 비교적 잘 진행되고 있지만(이 책의 관련 장 참조: Klimecki & Singer, Weng & Davidson, 제11장; Koopman-Holm & Tsai, 제21장), 문화가 어떻게 연민과 공감과 관련된 신경생물학적인 체계를 조형해 내는지에 대한 이해도는 부족하다. 여기서 저자들은 연민과 공감의 문화신경과학에 대한 이론적, 경험적 접근을 확인하기 위해 '문화신경과학 체계'를 적용하고자 한다.

문화신경과학: 인간의 다양성에 대한 이해

　문화신경과학은 인류학, 심리학, 신경과학, 유전학의 이론과 방법을 종합하여 다중 기간을 거쳐 인간 다양성의 기원을 연구하는 학제간 과학이다(Chiao & Ambady, 2007; Han & Northoff, 2008; Kitayama & Uskul, 2011; Park & Gutchess, 2002; Kim & Sasaki, 2014). 지각, 인지, 감정, 사회적 인식을 포함한 인간의 능력 범주와 관련된 신경회로는 일생 동안 습득한 문화적 가치, 관행 및 신념의 기능으로 다르게 작용하는 것으로 알려지고 있다. 세로토닌 전달체 및 옥시토신 유전자를 포함한 특정 유전자 다형성(polymorphisms)에 의해 조절되는 신경전달체 체계는 특정적이고 문화적인 정보에 근거한 행동 양상에 반응하여 신경 활동의 정도를 조절한다. 유전자 발현에서 후성 유전학적 변화는 문화에 의해 형성되는 특정 뇌 영역의 신경 변화를 보여 준다(Connelly & Morris, 2015; Jack, Connelly, & Morris, 2012; Nikolova et al., 2014; Nikolova & Hariri, 2014; Puglia et al., 2015). 문화적 점화에 의해 촉발된 문화 정체성의 변화는 사회 및 정서적 신경 체계에서 역동적 신경 반응을 유사하게 보여 준다(Harada, Li, & Chiao, 2010; Wang, Oyserman, Liu, Li, & Han, 2013). 최근 문화신경과학의 발전은 인간의 마음과 뇌를 형성하는 유전자와 함께 공진화했을 문화적 차원을 밝혀냈다(Chiao, Cheon, Pornpattananangkul, Blizinsky, & Mrazek, 2013; Cheon, Pornpattananangkul, Blizinsky, Mrazek, & Chiao, 2013).

　문화신경과학의 연구는 인간의 다양성을 이해하기 위해 다학제간 방법을 활용한다

(Chiao, Li, Seligman, & Turner, 2016). 사람들의 태도, 선호도 그리고 믿음을 평가하는 질적(예: 면접)이고 양적(예: 조사)척도가 포함된 인간 행동을 측정하기 위한 실증적 방법은 인간 행동의 변화 범위와 그 정도를 이해할 수 있는 수단을 제공한다. 기능 자기공명영상(functional magnetic resonance imaging: fMRI)과 사건관련전위(event-related potentials: ERP)를 포함한 신경과학 방법은 각각 공간적, 시간적 정밀도를 이용한 신경구조와 기능의 문화적 조사를 가능하게 한다. 기능적 유전자 다형성에 대한 유전자 분석은 문화 집단 내와 문화 집단 간의 특정한 행동 및 신경학적 연관성의 식별을 가능하게 한다(Chen et al., 2016; Sasaki, LeClair, West, & Kim, 2016). 문화적 그리고 생물학적 표현의 변동은 문화적 점화와 DNA 메틸화 분석을 포함한 분명한 방법론으로 연구될 수 있다(Connelly & Morris, 2016).

여러 신경 기전은 문화적 가치, 관행, 신념의 창조와 유지에 중요한 역할을 하는 것으로 확인되었다. 때때로 공감에 관여하는 모방 또는 거울 뉴런은 단순한 몸짓에서 복잡한 예술적 움직임까지 문화적 행동의 학습을 용이하게 한다. Losin과 동료들(2012; 2013)은 최근 인종 및 성별과 같이 사회문화적 정체성이 비슷하거나 비슷하지 않은 사람들을 모방할 때 신경 반응의 정도에 영향을 미친다는 것을 보여 주었다. 신경 가소성의 발달 변화도 뇌에 미치는 문화의 영향과 관련이 있다. 예를 들어, 영아기와 아동기 동안 겪은 더 높은 유연성은 환경으로부터 문화적 지식을 신속하게 습득할 수 있도록 촉진하며, 이는 양육자 및 지역사회와의 사회적 관계를 맺는 데 중요한 지각적, 인지적 편차에 영향을 미친다(Chiao, 출간 예정). 청소년기에 신경 가소성이 최고조에 달하기 때문에, 전전두엽 피질의 성숙은 사회문화적 규범을 획득하고 준수하도록 지원하는 인지조절과 자기조절 기전의 신경생물학적 습득을 가능하게 한다(Choudhury, 2010). 신경 가소성이 안정되는 후기 성인기에는 타인과 공동체에 저장된 자신의 사회집단의 문화적 규범에 대한 지식과 같이 평생에 걸쳐 습득한 문화학습이 사회적 세상을 탐색할 수 있는 토대가 된다(Park & Gutches, 2002).

연민과 공감의 문화-유전 공진화 이론

문화-유전 공진화 이론은 인간의 행동을 형성하는 문화적, 유전적 선택 요소를 의미한다. 문화선택요인과 관련하여, 개인주의와 집단주의의 가치와 같이 사람들은 타인과의 관계에서 자신에 대해 어떻게 생각하는지를 나타낸다(Hofstede, 2001; Markus & Kitayama, 1991). 개인주의 문화는 자율성, 표현의 자유, 타인으로부터 독립된 자신을 강조한다. 대조적으로, 집단주의 문화는 연결성, 조화, 그리고 타인과의 상호의존적인 자신에 대한 생각을 중요시한다. 29개 국가에 걸쳐, 집단주의 국가는 세로토닌 전달체 유전자의 짧은 대립 유전자를 가진 사람이 많을 가능성이 유의하게 높았다(Chiao & Blizinsky, 2010). 특히 짧은 전달체 대립 유전자를 많이 보유한 인구 빈도가 높은 나라들에서는 불안과 기분 장애의 유병률이 낮아지는 등 세계 정신건강 지표에서도 개선된 결과를 보여 주었는데, 아마 부분적으로는 문화적 집단주의가 더 크기 때문일 것이다. 이러한 연구 결과는 유전적으로 정신건강 장애의 유행에 취약한 인구에서 진화된 완충제로서의 문화적 가치의 중요성을 보여 준다.

최근 Mrazek과 동료들(2013)은 여러 국가에 걸쳐 공감과 연민의 경험과 표현에 역할을 하는 도덕적 태도 또는 도덕적 정당성 형성에 대한 문화적, 유전적 기초를 조사했다. Gelfand와 동료들(2011)은 '엄격한 문화'(예: 인도, 싱가포르, 튀르키예, 일본)가 '느슨한 문화'(예: 헝가리, 이스라엘, 네덜란드)보다 적절한 행동을 제한하는 상황적 제약을 만들고 유지할 가능성이 더 높다는 것을 보여 주었다. 엄격한 문화권에 사는 사람들은 느슨한 문화권에 사는 사람들에 비해 충실한 행동, 자기통제, 자기감시, 구조에 대한 욕구가 더 큰 경향이 있다. 사회적으로 일탈적인 행동은 엄격한 문화에서 제재를 받을 가능성이 높으며, 이는 사회적 또는 도덕적 규범의 위반으로 인식되는 행동에 대한 관용이 적다는 것을 시사한다.

지역에 따른 엄격함과 느슨함이라는 문화적 가치의 가변성이 갖는 적절한 적응값을 고려할 때, 어떤 유전적 기제가 주어진 사회나

문화 내에서 엄격하고 느슨한 규범의 선택과 유지를 촉진할 수 있는가? 세로토닌 전달체 유전자는 특정 집단 내에서 엄격함/느슨함을 선택하는 것으로 추정되는 유전 기제이다. 21개국에 걸친 최신 증거는 문화적 엄격함/느슨함이 세로토닌 전달체 유전자를 짧은 대립 유전자로 갖는 빈도와 상관관계가 있음을 보여 준다(Mrazek, Chiao, Blizinsky, Lun, & Gelfand, 2013). 게다가 세로토닌 전달체 유전자의 짧은 대립 유전자가 하는 유전자 선택은 부분적으로 엄격하거나 느슨한 사회 규범의 문화적 선택으로 인한 사회적 또는 도덕적 일탈에 갖는 도덕적 정당성 또는 편협성의 정도를 예측한다. 이러한 발견은 생태학적, 문화적, 생물학적 요인의 상호작용으로서 도덕적 태도를 설명하는 경로 모형에 대한 증거를 제공한다.

연민은 도덕적 판단과 행동에 기여하는 감정이며 사회문화적 맥락에 따라 달라질 수 있다(Goetz, Keltner, & Simon-Thomas, 2010). 엄격한 문화적 환경과 느슨한 문화적 환경 간 경험에 따라 연민의 경험과 표현이 달라지는가? 느슨한 문화에서는 도덕적으로 괜찮다고 여겨지는 사회적 행동이 '사회적 일탈'(예: 버스에서 노래 부르기)로 인식되는 엄격한 문화에서는 문화적으로 다양한 사회적 행동을 하는 사람들에게 연민을 느끼려는 도덕적 직관은 줄어들 수 있다. 결과적으로, 연민을 덜 느끼면서, 엄격한 문화에서는 문화적으로 변동이 심한 사회적 행동에 대응하는 도덕적 행위의 동기 또한 느슨한 문화에 비해 더 낮을 수 있다. 또 다른 가능성은 더 큰 의무감, 자기통

제, 자기감시, 구조의 필요성과 같이 엄격한 문화에서 도덕적 행동을 이끌어 내는 심리적 속성이 동정심을 유발하는 데 할당될 수 있는 정신적 처리 자원을 점유하고 있다는 것이다. 예를 들어, 집행 기능은 인지 및 행동의 선택과 억제를 용이하게 하는 자기조절과 자기감시를 위한 중요한 심리적 자원으로 여겨진다. 마찬가지로, 연민적인 실천은 집행 기능에 의존하는 감정조절과 언어적 전략이 수반될 수 있다. 엄격한 문화에서 도덕적 행동을 위한 집행 기능에 대한 의존은 공유하고 있는 심리적 자원의 고갈로 인해 개인이 연민이나 공감과 관련된 인지적, 정서적 과정을 이끌어 내는 능력을 배제하거나 감소시킬 수 있다. 문화적 엄격함/느슨함이 어떻게 연민과 공감에 영향을 미치는지에 대한 이 '제한된 자원' 설명에서, 자신과 타인의 사회적, 감정적 신호를 처리하기 위한 심리적 자원의 할당량은 유한하다. 그리고 문화가 다른 것을 희생하는 대신 그러한 자원을 편파적으로 할당해 주었을 때 연민이 얼마나 많이, 그리고 자주 나타나는지에 따른 문화적 다양성이 일어날 수 있다. 대조적으로, 사회적 일탈에 대한 관용과 같이 느슨한 문화에서 강화되는 심리적 속성은 자신과 타인을 향한 연민의 감정에 필요한 집행 기능, 자기 표현과 타인 표현을 포함한 심리적 자원과 긍정적인 영향의 모집을 허용하거나 장려할 수 있다. 엄격하거나 느슨한 사회 규범에 대한 문화적 강화는 연민과 공감과 관련된 속성의 다른 선택 과정을 구성할 수 있다.

연민과 공감에 대한 보편성과 문화적 특수성

연민과 공감에 대한 전통적인 진화적 설명은 자연선택에 대한 이론적 설명에 의존한다. 자식에 대한 보살핌은 인간이 타인에 대한 연민을 경험하는 주요한 방법 중 하나로 여겨진다. 어머니 밖의 물리적 환경에서 새로운 도전을 탐색하기 위해 보호자로부터 사랑, 보호 및 자원을 받아야 하는 연약한 자식의 요구는 보호자의 연민에 대한 선행 조건으로 작용할 수 있다(Preston, 2013). 보호자가 갖는 연민적 행동이 보편적으로 존재한다는 것은 가족 내에서 연민적 보살핌이 선택되고 재생산되는 유전적 기전을 시사한다. 연민과 공감의 추정적 유전자 기전은 '유전자-문화 상호작용'의 기능으로서 정서적 지지 추구(Kim et al., 2010), 공감(Luo et al., 2015), 감정조절(Kim et al., 2011)의 행동적 표현을 다양하게 하는 것으로 나타난 옥시토신 수용체 유전자를 포함한다(Sasaki, LeClair, West, & Kim, 2015).

동정심과 공감에 대한 진화론들이 가족 내에서 생물학적으로 전해지고 재생산되는 보호자의 동정적이고 공감적인 행동의 선택을 설명하기 위해 자연 선택 이론에 의존할 수 있는 한편, 어떻게 비친족과의 사회적 상호작용 및 관계에서 연민과 감정이입이 일어나는지는 잘 이해되지 못하고 있다. 이중 상속 이론은 문화와 유전자 선택이 모두 인간의 연민적 행동을 형성하는 데 역할을 한다고 제시한다. 명상과 같이 연민을 실천하는 의례적인 습관을 강조하는 문화적 실천은 연민 행동의 전이를 촉진하기 위해 유전자 선택과 상호작용할 수 있는 문화적 선택 요소를 나타낸다. 연민과 공감의 이중 상속 이론은 뚜렷한 경험적, 생리학적 과정을 포함하여 문화적, 유전적 요인에 의해 형성되는 특정한 심리적, 신경생물학적 기전의 존재와 선택을 제시한다.

동정심과 공감 행동의 문화적 차이는 지역마다 다른 생태적 또는 환경적 요인에 의해서도 발생할 수 있다. 생태학적 문화 이론은 질병 발생률과 같은 환경적 압박이 국가 간 뚜렷한 문화적 규범과 관행의 선택을 예측한다는 것을 보여 주었다. 예를 들어, 문화적 규범으로서 개인주의와 집단주의는 병원균이나 감염병의 역사적이고 동시대적인 유행에서 비롯되었다고 받아들여진다(Fincher et al., 2008). 마찬가지로 문화적 차원으로서의 엄격함과 느슨함은 다른 인공적이고 자연적인 생태학적 압박으로 인해 지리적 위치에 따라 다양하게 선택될 수 있다(Gelfand et al., 2011). 이전의 연구는 생태학적, 환경적 요인이 개인주의/집단주의, 엄격함/느슨함을 포함한 문화적 차원의 선택을 이끈다는 것을 보여 주었지만, 지역에 따른 생태학적이고 환경적인 압박의 변화가 어떻게 연민, 공감, 이타주의의 확산에 영향을 미치는지는 잘 이해되지 않았다. 연민에 대한 추정적인 생태학적 모형 중 하나는 문화적 차원의 선택으로 이어지는 환경적 압박이 결국 연민의 지정학적 분포와 심리학적 요소들의 특정한 묶음이나 연민

을 바탕에 둔 내적 표현형 유전자에 대한 문화적 선택을 변화시킨다는 것이다. 연민과 공감의 경험 및 생리학적 특성은 문화마다 다를 수 있다. 타인의 고통에 대한 감정적 반응으로서의 연민은 비언어적 감정의 표현을 수반하며, 때로는 만지는 것 같은 역동적인 표현을 포함한다. 이전의 행동 연구들은 연민 어린 접촉의 역동적인 표현을 인식함에 있어 연민의 인식에 문화적 차이가 존재한다는 것을 보여 주었다. 연민과 동정심을 느끼는 문화적 경향은 이전에는 미국과 일본에서 상호의존적이거나 집단주의적인 자기구조와 관련이 있었다(Uchida & Kitayama, 2001). 집단주의에서 고통을 받고 있는 집단 구성원에 대한 연민과 동정심은 개인주의 문화에서보다 더 큰 것으로 알려졌다. 집단주의 문화에 사는 사람들은 개인주의 문화에 사는 사람들보다 집단 구성원에게서 도움을 받는 행동을 더 기대하기 쉽다. 반면에 개인주의 문화에서 온 사람들은 다른 집단의 구성원에게 도움을 줄 가능성이 더 높다(Leung & Iwawaki, 1988; Wong & Hong, 2005). 따라서 집단주의 문화 내에서 연민의 표현은 같은 집단 구성원에게 더 잘 향할 수 있는 반면, 개인주의 문화에서 온 사람들은 다른 집단의 구성원들에게 연민 어린 행동을 취할 가능성이 더 높다. 환경적, 문화적, 유전적 요인의 상호작용이 감정과 이타적 행동을 포함한 연민적인 행동 표현의 변화를 어떻게 예측하는지 결정하기 위해서는 추가 연구가 필요할 것이다.

연민과 공감의 문화신경과학 발전

문화적 수행으로서 연민은 명상의 한 형태로 흔히 수행되고 있다. 자신과 타인에 대한 연민을 배양하기 위한 언어적 전략은 감정조절 전략의 한 유형을 수반하는데, 언어적 문구처럼 연민과 관련된 행동을 생각함으로써 자신과 타인에 대한 연민 감정이 배양될 수 있다. 명상과 연민을 훈련하는 것은 고통받는 사람들에 대한 친사회적 감정(예: 신뢰, 걱정, 애정)의 강화를 포함한 감정 상향 조절의 실천을 강조할 수 있다. 연민 명상 전문가와 초보자를 비교하는 신경 영상 연구는 명상 훈련이 감정과 편도체(amygdala), 중변연계 및 뇌섬엽 피질(mesolimbic, and insular cortices)의 활동을 조절하는 신경계에 영향을 미친다는 것을 보여 준다(Desbordes et al., 2012; Immordino-Yang, McColl, Damasio, & Damasio, 2009; Klimecki, Leiberg, Ricard, & Singer, 2014; Lutz et al., 2008; Weng et al., 2013). 연구가 연민의 문화적 수행으로서 연민과 관련된 신경생물학적 체계에 대한 통찰력을 제공하지만(제21장의 Koopman-Holm & Tsai 참조), 인종, 사회경제적 지위, 정체성을

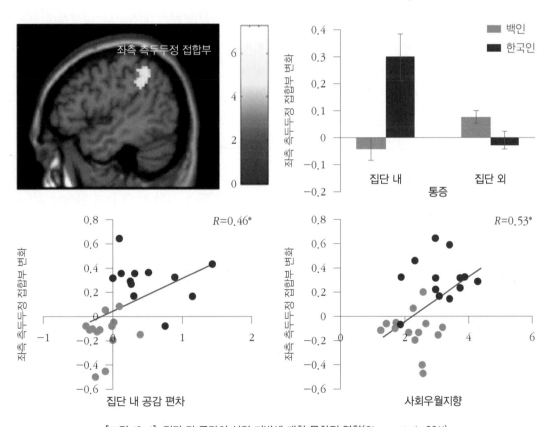

[그림 12-1] 집단 간 공감의 신경 기반에 대한 문화적 영향(Cheon et al., 2011)

포함한 문화가 연민의 심리적이고 신경적 기전에 어떻게 영향을 미치는지에 관한 자료는 적다.

많은 연구는 통증에 대한 공감을 중앙 전대상피질(midline anterior cingulate cortex)과 뇌섬엽 피질(insular cortices)을 포함하는 신경계가 촉진한다는 것을 보여 주었다. 타인의 고통이나 피해를 인식하는 것은 공감 신경 회로 내에서 더 큰 신경 반응을 이끌어 낸다. 자신의 집단이나 다른 집단 구성원의 고통을 대신해서 느끼는 경험은 권력 거리 등 문화적 가치에 의해 조절된다. 평등한 문화(예: 미국)에 비해 계층적인 문화(예: 한국) 또는 계층적인 사회적 상호작용이 기대되거나 선호되는 문화에서는 외부 집단의 구성원보다 집단 내 구성원의 아픔이나 고통을 인식할 때 공감 신경 반응이 더 크다. 예를 들어, 한국에 살고 있는 토종 한국인들은 좌측 측두두정 접합부(left temporoparietal junction: L-TPJ) 내에서 자연재해를 겪고 있는 다른 한국인의 고통에 미국에 살고 있는 백인계 미국인들에게보다 더 큰 공감 신경 반응을 보인다(Cheon et al., 2011, [그림 12-1]). 이러한 발견은 권력 거리 또는 사회적 지배 지향성의 문화적 차원이 집단 구성원에 대한 공감 반응의 주요 예측 변수임을 나타낸다(Cheon & Hong, 2016).

타인중심의 문화적 가치 또한 감정적 고통에 암묵적인 인식에서 신경 반응을 조절하는 것으로 나타났다(Cheon et al., 2013). 타인중심의 경향성이 더 큰 한국인도 집단 구성원의 정서적 고통을 볼 때 전대상피질(anterior cingulate cortex: ACC)과 전방 섬피질(anterior insular: AI)의 신경반응이 증가하였다. 이러한 연구 결과는 일상적으로 민감하고 다른 집단 구성원에 동조화하고 있는 사람들이 그들의 아픔이나 고통을 관찰할 때 감정이 공감 신경 회로를 사용한다는 것을 나타낸다.

사회적 정체성은 타인의 고통에 대한 감정이입이 경험되는지에 대해서도 중요한 역할을 한다. 다수 또는 소수 집단의 일원이 되는 것은 사람들이 다른 사람들의 아픔과 고통에 대해 어떻게 생각하는지에 영향을 미친다. 소수 집단 구성원은 집단 내 다른 구성원의 고통을 인식할 때 내측 전전두엽 피질(medial prefrontal cortex: MPFC)과 같이 전형적으로 사회적 인지와 관련된 뇌 영역을 사용한다(Mathur, Harada, Lipke, & Chiao, 2010). 특히 MPFC 반응의 활용 정도는 사회적(예: 시간) 또는 재정적(예: 돈) 자원을 기부함으로써 다른 사람을 도우려는 의도나 이타적인 동기를 예측한다.

인종 식별 또는 문화 집단에 관한 개인의 정체성 정도는 집단 간 공감이 일어날 때 피질 중앙 구조(cortical midline structures) 내에서 신경 반응의 정도를 예측하는 것으로 나타났다(Mathur, Harada, & Chiao, 2012, [그림 12-2]). 미국의 소수 인종 집단인 아프리카계 미국인들은 집단 내 구성원의 아픔이나 고통을 볼 때 다수 인종 집단인 백인계 미국인에 비해 MPFC, ACC, 그리고 후대상피질(posterior cingulate cortex)을 포함한 피질 중앙 구조 내에서 더 큰 신경 반응을 보인다. 대조적으로,

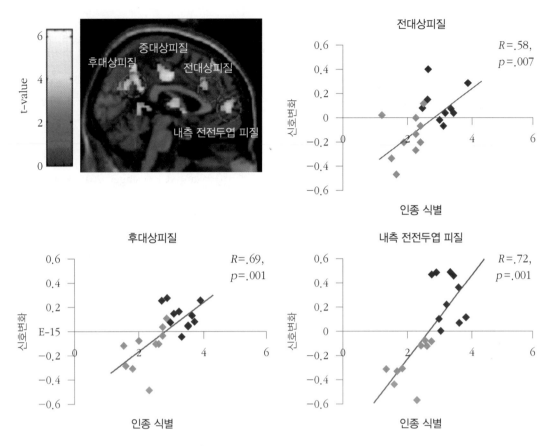

[그림 12-2] 인종 식별은 집단 간 공감이 일어날 때 피질 중앙부 반응을 조절한다(Mathur, Harada, & Chiao, 2012)

백인계 미국인들은 다른 인종 집단 구성원의 고통에 공감할 때 기억과 관련된 뇌 영역을 사용한다. 문화의 기능으로서 공감 신경회로를 조절하는 것은 집단 구성원에 대한 공감을 경험할 때 '사회적 정체성', 또는 자신의 집단과 얼마나 가깝게 동일시하는지의 중요성을 보여 줄 뿐만 아니라 집단의 감정이입이 집단의 이타심으로 어떻게 이어질 수 있는지를 보여 준다.

발달하는 뇌의 문화, 연민 그리고 공감

발달 초기에 영아는 보호자의 연민(즉, 다른 사람으로부터의 연민)을 인지하고 경험한다. 영아가 언제 스스로 연민을 느끼기 시작하는지(즉, 보호자와 친족이 아닌 사람에 대한 연민)에 대해서는 덜 알려져 있다. 영아의 초기 사회적, 정서적 능력 중 하나는 친숙하거나(Pascalis, de Haan, & Nelson, 2002) 친사회적인 타인(Meltzoff & Decety, 2003)을 선호하는 것뿐 아니라 긍정적인 감정과 부정적인 감정을 구별할 수 있는 능력이다(Nelson & De Haan, 1996). 영아의 사회적 인식을 친숙하고 신뢰할 수 있는 타인에게 맞추는 인지적이고 지각적인 편견은 문화적으로 유사한 타인과 보호자로부터의 문화적 학습과 모방을 촉진한다. 영아들은 출생으로 인한 아픔과 고통을 경험할 수 있는 반면, 영아기 동안 지속적으로 의식적 자아가 없는 것은 아마도 타인중심의 연민과 자신을 발달시키는 능력에 영향을 미칠 것이다.

영아 기억소실은 자전적 또는 지속적인 자기 기억 능력이 거의 없는 영아기부터 아동기까지의 기간을 말한다(Bauer, 2015). 처음 3~4세가 되면 영아 기억소실은 점차 감소하며, 자신의 의식적 경험이나 자전적 삽화 기억의 연속적인 흐름에 접근할 수 있게 된다. Wang(2006)은 자전적 기억의 시작과 함께 자신의 문화적 개념이 점진적으로 형성되는 것이 비슷하게 관찰되는 것을 보여 주었다. 양육자 및 부모와의 사회적 상호작용에서 어린아이들은 자신과 타인이 개념화되는 방식의 문화적 편견을 보여 준다. 집단주의 부모는 사회적 역할을 강조하는 방식으로 자신의 자녀가 하도록 하는 언어적 경향을 보이는 반면, 개인주의 부모는 타인으로부터의 자율성을 중시하는 방식을 자녀가 하도록 한다. 연민의 경험이 이전 성인기에 의한 집단주의적 자기구축과 연관되어 왔듯이(Uchida & Kitayama, 2001), 한 가지 가능성은 연민의 발달적 시작은 문화적 자아의 출현과 함께 일어난다는 것이다. 마찬가지로 자기 지식과 자아개념의 발달, 자신과 다른 이들을 향한 연민의 감정과 같은 정서적인 자전적 경험은 보호자와 함께 생각하는 어린 시절의 기억(예: 가난한 사람을 돕거나 자연 재해 이후 자선활동을 한 것을 기억함)의 이야기로 저장될 가능성이 높다(Holland & Kensinger, 2010; Kensinger, 2009).

영아 문화 학습의 주요 경로 중 하나는 가까운 다른 사람들을 모방하는 것이다. 움켜쥐기, 몸짓, 얼굴 표정 등 사회적 행동은 모방 학습을 통해 영아에게 인지되고 만들어진다. 태어날 때부터 존재하는 거울 신경원 체계는 보호자와 비슷한 타인의 운동 활동을 부호화하고 만들어 낸다(Marshall & Meltzoff, 2014). 보호자를 모방하는 것은 유사한 감정을 대리적으로 공유하고 공감 경험을 강화하는 능력에 대한 생물학적 청사진일 수 있다. 언어를 배우기 전의 유아들은 쉽게 자전적 기억을 정교한 이야기로 떠올리거나 기억하지 못할 수 있지만, 그들의 사회적 행동은 공감하는 반응을 통해 이후 그들의 연민이라는 감정의 촉진제가 될 수도 있는 보호자에게 애착을 가지는 그들의 성향을 보여 준다.

태어날 때부터 있는 모방 신경기반의 존재는 성장하는 동안 문화적 학습과 공감의 생물학적 토대를 보여 준다. 사회적 기억, 특히 자전적 기억이 어린 시절에 발달함에 따라, 연민을 위한 문화적 능력은 청소년기에 더 쉽게 드러나고 정교해질 수 있다. 특히 전전두엽과 운동 작용 영역 내에서 문화 학습의 성장학적 토대는 청소년기 동안 동정심과 행동의 신경 전구체로 작용할 수 있다. 성인이 연민을 문화적으로 습득하는 데 있어 알려져 있는 전문지식과 훈련의 역할을 고려할 때, 연민의 신경 발달 궤적이 초기 아동기 후반에 나타난다는 것은 놀라운 일이 아니다.

청소년기 동안 문화적, 생물학적 번식능력의 시작은 자신과 감정조절에 필요한 뇌 영역인 전전두피질(prefrontal cortex: PFC)의 성숙과 동시에 일어난다. 청소년기에 우정 및 공동체와 관련된 문화적 규범을 확인하고 공유하는 **문화적 재생산**의 새로운 능력은 중요한 발전 이정표를 나타낸다. 자신과 타인에 대한 연민은 감정조절, 또는 언어적 전략을 통해 감정을 변화시키는 능력에 의존하는 것으로 나타났다(Weng et al., 2013). 감정조절에서 PFC의 중요성을 고려할 때, 감정조절 전략을 통해 연민을 얻는 것은 유아기보다 청소년기에 더 효과적일 수 있다는 것을 증명했다. 하지만 그럼에도 청소년기는 아마 성숙과 관련된 문화적, 생물학적 기대의 계속되는 조정으로 인해 경험하는 자기연민의 정도에 영향을 미칠 수 있다(Bluth & Blanton, 2015).

청소년기의 중요한 사회문화적 변화 중 하나는 사회적 정체성의 형성이다(Phinney, 1992; Phinney & Ong, 2007). 청년기에 자신의 사회공동체에 대한 참여와 헌신은 증가하고, 공동체 참여와 공동체 내에서 청년을 위한 더 높은 지위에 대한 고조된 기대감과 함께 사회적 정체성이나 사회적 집단에 대한 소속감의 이점이 증가된다. 청소년기에는 조절능력

에 대한 의존도가 높아지면서 건강과 연민의 관련성이 변화하지만, 유아기에 존재하는 공감 능력은 아동기를 거쳐 청소년기까지 계속 나타나고 있다. 그 결과는 공감이 또래로부터의 거절이나 사회적 차별과 같이 사회적으로 고통스러운 사건으로부터 어린이와 청소년을 보호해 줄 수 있다는 것을 시사한다. 청소년기에 또래의 중요한 사회적 영향력이 증가하는 반면, 공감은 사회적 유대를 촉진하고, 우정은 사회 발전의 중요한 시기에 대인관계와 집단 간의 거절로부터 청소년을 보호한다(Masten, Morelli, & Eisenberger, 2011; Masten, Eisenberger, Pfeifer, & Dapretto, 2010; Masten, Telzer, & Eisenberger, 2011).

연민은 전형적으로 젊은 성인들에게 가장 많이 연구되기 때문에, 나이가 들어 감에 따른 연민의 역할은 덜 알려져 있다. 성인기 후반에는 인지능력과 기억능력이 떨어진다. 하지만 그럼에도 정서적 행복은 나이 든 성인에서 상대적으로 안정된 것으로 보이고(Carstensen, 1992), 문화 및 환경 원조에 대한 보상적인 증가는 노년기의 인지 저하로 인한 해로운 영향을 상쇄하는 데 도움이 된다(Park & Gutches, 2002). 예방 보건은 건강하게 늙는 것에 중요한 역할을 한다. 노인에 대한 자기연민은 노화에 대한 긍정적인 반응과 관련이 있으며(Allen & Leary, 2013), 더 불량한 신체 건강으로 고통받는 사람들에게 웰빙으로 가는 중요한 정서적 경로를 제공할 수 있다(Allen, Goldwasser, & Leary, 2012). 연민과 공감의 필요 충분한 신경생물학적 기전을 이해

하는 것은 청소년과 노인 모두를 위한 예방 보건에 대한 문화적 전략과 개입에 도움이 될 수 있다.

제한점과 향후 방향

연민에 대한 최근의 신경과학 연구는 문화가 어떻게 다른 사람들의 아픔과 고통에 대한 신경 반응을 편향시킬 수 있는지를 밝히기 시작했다. 그러나 문화 전반에 걸쳐 발달하는 뇌의 연민과 공감의 기반이 되는 기전에 대해서는 거의 알려져 있지 않다. 마찬가지로, 연민의 함양을 위한 문화적 실천과 훈련의 중요성은 타인의 아픔과 고통에 대한 사회정서적 반응에서 문화적 역동의 역할을 보여 준다. 그러나 연민과 공감의 문화적 함양으로 인해 신경생물학적 또는 유전적 역학이 타인에 대한 연민과 공감을 느끼는 능력에 어떤 영향을 미치는지에 대해서는 거의 알려져 있지 않다. 문화적, 후성 유전적 변화가 타인에 대한 연민과 공감을 경험하고 표현하는 것을 어떻게 촉진하는지 다루기 위해서는 이후의 문화 신경과학 연구가 필요하다. 문화가 연민과 공감의 신경생물학적 기전에 어떻게 영향을 미치는지에 대한 실증적 연구는 고통의 집단 차이의 격차 해소에 새로운 통찰력을 줄 수 있다 (Chiao & Mathur, 2016; Green et al., 2003).

연민과 공감의 문화신경과학이 주는 시사점

집단 건강 차이

인간의 아픔과 고통 경험은 저소득, 중소득 및 고소득 국가에서 전 세계 질병 부담의 약 10%를 차지하며, 미국에서만 장애와 생산성 손실로 인한 재정 비용이 약 3,000억에서 3,500억 달러로 추산된다. 연민과 공감은 아픔과 고통에 대한 문화적 개입을 나타내며, 우리가 고통에 반응하고 완화하도록 동기를 부여한다. 인류 역사가 시작된 이래 명상과 같은 문화적 수행으로 자신뿐만 아니라 다른 이들의 아픔과 고통을 완화하는 것이 배양된 반면에, 문화적 개입이 어떻게 인간의 마음과 뇌의 아픔과 고통을 개선시키는지에 대해서는 알려진 바가 거의 없다. 연민과 공감에 대한 문화신경과학 연구는 문화 간 아픔의 차이를 줄이기 위한 효율적인 비용의 건강 개입을 설계하고 촉진할 뿐만 아니라, 문화 집단에 걸쳐 아픔의 생체지표를 체계적으로 식별할 수 있는 새로운 기회를 나타낸다. 연민과 공감의 인과관계를 이해함으로써 우리는 세계 보건과 인권 달성에 대한 더 큰 통찰력을 얻을 수 있다.

공공정책

공공정책에는 사회의 연민이 반영되고, 도

움이 필요한 사람들을 위한 이타주의와 자원 배분의 원칙이 드러난다. 빈곤층, 건강 돌봄 및 재난구호에 원조를 제공하는 연민 어린 정책들은 종종 지역사회 조직과 노력을 동원한 공정한 자원 배분으로 고통을 완화할 필요가 있다는 관리 방식의 인식을 분명히 보여 준다(Collins, Garlington, & Cooney, 2015). 미국에서 진보/보수 범위를 넘는 관리는 현대 정치영역에서 연민이 달성될 수 있는 경제적, 제도적 수단을 보여 준다. 연민과 공감의 원인을 특징짓기 위한 실증적 노력은 전형적으로 개인 내부의 심리적, 생리학적 기전에 대한 연구를 강조한다. 연민과 공감의 문화신경과학에 대한 연구는 정치적이고 관리 조직의 연민 어린 사회적 행동이 궁극적으로 효과적인 인도주의적 대응과 모두를 위한 고통 완화로 이어질 수 있는 상호작용 기전과 근본 원인을 더 규명할 수 있을 것이다.

감사 인사

유용한 통찰을 준 Vani Mathur에게 특별한 감사를 드린다. 이 출판물에 보고된 연구는 국립보건원 연구번호 R21NS074017-01A1의 후원을 받았다. 이 내용은 저자 단독의 책임이 있고 국립보건원의 공식적인 식견을 대표하는 것은 아니다.

참고문헌

Allen, A. B., & Leary, M. R. (2013). Self-compassionate responses to aging. *The Gerontologist, 54*, 190-200.

Allen, A. B., Goldwasser, E. R., & Leary, M. R. (2012). Self-compassion and well-being among older adults. *Self and Identity, 11*, 428-453.

Bauer, P. J. (2015). A complementary processes account of the development of childhood amnesia and a personal past. *Psychological Review, 122*(2), 204-231.

Bluth, K., & Blanton, P. W. (2015). The influence of self-compassion on emotional well-being among early and older adolescent males and females. *Journal of Positive Psychology, 10*(3), 219-230.

Brennan, F., Carr, D. B., & Cousins, M. (2007). Pain management: A fundamental human right. *Anesthesia & Analgesia, 105*(1), 205-221.

Carstensen, L. L. (1992). Social and emotional patterns in adulthood: Support for socioemotional selectivity theory. *Psychology and Aging, 6*, 28-35.

Chen, C., Moyzis, R. K., Lei, X., Chen, C., & Dong, Q. (2016). The enculturated genome: Molecular evidence for recent divergent evolution in human neurotransmitter genes. In J. Y. Chiao, S. C. Li, R. Seligman, & R. Turner (Eds.), *Oxford Handbook of Cultural Neuroscience* (pp. 315-338). New York: Oxford University Press.

Cheon, B. K., & Hong, Y. Y. (2016). Cultural neuroscience of intergroup bias. In J. Y. Chiao, S. C. Li, R. Seligman, & R. Turner (Eds.), *Oxford Handbook of Cultural Neuroscience* (pp. 249–270). New York: Oxford University Press.

Cheon, B. K., Im, D. M., Harada, T., Kim, J. S., Mathur, V. A., Scimeca, J. M., ... Chiao, J. Y. (2011). Cultural influences on neural basis of intergroup empathy. *Neuroimage, 57*(2), 642–650.

Cheon, B. K., Im, D. M., Harada, T., Kim, J. S., Mathur, V. A., Scimeca, J. M., ... Chiao, J. Y. (2013). Cultural modulation of the neural correlates of emotional pain perception: The role of other-focusedness. *Neuropsychologia, 51*(7), 1177–1186.

Cheon, B. K., Mrazek, A. J., Pornpattanangkul, N., Blizinsky, K. D., & Chiao, J. Y. (2013). Constraints, catalysts and coevolution in cultural neuroscience: Reply to commentaries. *Psychological Inquiry, 24*, 71–79.

Chiao, J. Y. (in press). Cultural neuroscience of the developing social brain in childhood. In M. Sera, M. Maratsos, & S. Carlson (Eds.), *Culture and Developmental Systems* (pp. 1–37). New York: Wiley Press.

Chiao, J. Y., & Ambady, N. (2007). Cultural neuroscience: Parsing universality and diversity across levels of analysis. In S. Kitayama & D. Cohen (Eds.), *Handbook of Cultural Psychology* (pp. 237–254). New York: Guilford Press.

Chiao, J. Y., & Blizinsky, K. D. (2010). Culture-gene coevolution of individualism-collectivism and the serotonin transporter gene (5-HTTLPR). *Proceedings of the Royal Society B: Biological Sciences, 277*(1681), 529–537.

Chiao, J. Y., & Mathur, V. A. (2016). Cultural neuroscience of pain and empathy. In J. Y.

Chiao, S. C. Li, R. Seligman, & R. Turner (Eds.), *Oxford Handbook of Cultural Neuroscience* (pp. 271–278). New York: Oxford University Press.

Chiao, J. Y., Li, S.-C., Seligman, R., & Turner, R. (Eds.). (2016). *The Oxford Handbook of Cultural Neuroscience*. New York: Oxford University Press.

Choudhury, S. (2010). Culturing the adolescent brain: What can neuroscience learn from anthropology. *Social Cognitive and Affective Neuroscience, 5*(2–3), 149–167.

Collins, M. E., Garlington, S., & Cooney, K. (2015). Relieving human suffering: Compassion in social policy. *Journal of Sociology and Social Welfare, XLII*(1), 95–120.

Connelly, J. J., & Morris, J. P. (2016). Epigenetics and social behavior. In J. Y. Chiao, S. C. Li, R. Seligman, & R. Turner (Eds.), *Oxford Handbook of Cultural Neuroscience* (pp. 299–314). New York: Oxford University Press.

Darwin, C. (1859). *On the Origin of Species*. London: John Murray.

Davis, M. H. (1983). Measuring individual differences in empathy: Evidence for a multidimensional approach. *Journal of Personality and Social Psychology, 44*(1), 113–126.

Desbordes, G., Negi, L. T., Pace, T. W. W., Wallace, B. A., Raison, C. L., & Schwartz, E. L. (2012). Effects of mindful-attention and compassion meditation training on amygdala response to emotional stimuli in an ordinary, non-meditative state. *Frontiers of Human Neuroscience, 6*, 292.

Engen, H. G., & Singer, T. (2015). Compassion-based emotion regulation up-regulates experienced positive affect and associated neural networks. *Social Cognitive Affective Neuroscience, 10*(9), 291-301.

Fincher, C. L., Thornhill, R., Murray, D. R., & Schaller, M. (2008). Pathogen prevalence predicts human cross-cultural variability in individualism/collectivism. *Proceedings, Biological Sciences/The Royal Society, 275*(1640), 1279-1285.

Gelfand, M. J., Raver, J. L., Nishii, L., Leslie, L. M., Lun, J., Lim, B. C., ... Yamaguchi, S. (2011). Differences between tight and loose cultures: A 33-nation study. *Science, 332*(6033), 1100-1104.

Goetz, J. L., Keltner, D., & Simon-Thomas, E. (2010). Compassion: An evolutionary analysis and empirical review. *Psychological Bulletin, 136*(3), 351-374.

Green, C. R., Anderson, K. O., Baker, T. A., Campbell, L. C., Decker, S., Fillingim, R. B., ... Vallerand, A. H. (2003). The unequal burden of pain: Confronting racial and ethnic disparities in pain. *Pain Medicine, 4*(3), 277-294.

Han, S., & Northoff, G. (2008). Culture-sensitive neural substrates of human cognition: A transcultural neuroimaging approach. *Nature Neuroscience, 9*, 646-654.

Harada, T., Li, Z., & Chiao, J. Y. (2010). Differential dorsal and ventral medial prefrontal representations of the implicit self modulated by individualism and collectivism: An fMRI study. *Social Neuroscience, 5*(3), 257-271.

Hofstede, G. (2001). *Culture's Consequences: Comparing Values, Behaviors, Institutions and Organizations Across Nations.* Thousand Oaks,

CA: Sage Publications.

Immordino-Yang, M. H., McColl, A., Damasio, H., & Damasio, A. (2009). Neural correlates of admiration and compassion. *Proceedings of the National Academy of Sciences USA, 106*(19), 8021-8026.

Jack, A., Connelly, J. J., & Morris, J. P. (2012). DNA methylation of the oxytocin receptor gene predicts neural response to ambiguous social stimuli. *Frontiers in Human Neuroscience, 6*, 280.

Kensinger, E. A. (2009). What factors need to be considered to understand emotional memories. *Emotion Review, 1*, 116-118.

Kim, H. S., & Sasaki, J. Y. (2014). Cultural neuroscience: Biology of the mind in cultural context. *Annual Review of Psychology, 64*, 487-514.

Kim, H. S., Sherman, D. K., Moraverian, T., Sasaki, J. Y., Park, J., Suh, E. M., & Taylor, S. E. (2011). Gene-culture interaction: Oxytocin receptor polymorphism (OXTR) and emotion regulation. *Social Psychological and Personality Science, 2*, 665-672.

Kim, H. S., Sherman, D. K., Sasaki, J. Y., Xu, J., Chu, T. W., Ryu, C., ... Taylor, S. E. (2010). Culture, distress and oxytocin receptor polymorphism (OXTR) interact to influence emotional support seeking. *Proceedings of the National Academy of Sciences USA, 107*, 15717-15721.

Kitayama, S., & Uskul, A. K. (2011). Culture, mind, and the brain: Current evidence and future directions. *Annual Review of Psychology, 62*, 419-449.

Klimecki, O. M., Leiberg, S., Ricard, M., &

Singer, T. (2014). Differential pattern of functional brain plasticity after compassion and empathy training. *Social Cognitive Affective Neuroscience, 9*, 873-879.

Leung, K., & Iwawaki, S. (1988). Cultural collectivism and distributive behavior. *Journal of Cross-Cultural Psychology, 19*(1), 35-49.

Losin, E. A. R., Iacoboni, M., Martin, A., & Dapretto, M. (2012). Own-gender imitation activates the brain's reward circuitry. *Social Cognitive and Affective Neuroscience, 7*(7), 804-810.

Losin, E. A. R., Iacoboni, M., Martin, A., & Dapretto, M. (2013). Neural processing of race during imitation: Self-similarity versus social status. *Human Brain Mapping, 35*(4), 1723-1739.

Luo, S., Ma, Y., Liu, Y., Li, B., Wang, C., Shi, Z., ... Han, S. (2015). Interaction between oxytocin receptor polymorphism and interdependent culture values on human empathy. *Social Cognitive and Affective Neuroscience, 10*(9), 1273-1281.

Lutz, A., Brefczynski-Lewis, J., Johnstone, T., & Davidson, R. J. (2008). Regulation of the neural circuitry of emotion by compassion meditation: Effects of meditative expertise. *PLoS ONE, 3*(3), e1897.

Markus, H. R., & Kitayama, S. (1991). Culture and the self: Implications for cognition, emotion and motivation. *Psychological Review, 98*(2), 224-253.

Marshall, P. J., & Meltzoff, A. N. (2014). Neural mirroring mechanisms and imitation in human infants. *Philosophical Transactions of the Royal Society B: Biological Sciences, 369*(1644),

20130620.

Masten, C. L., Eisenberger, N. I., Pfeifer, J. H., & Dapretto, M. I. (2010). Witnessing peer rejection during early adolescence: Neural correlates of empathy for experiences of social exclusion. *Social Neuroscience, 5*(5-6), 496-507.

Masten, C. L., Morelli, S. A., & Eisenberger, N. I. (2011). An fMRI investigation of empathy for "social pain" and subsequent prosocial behavior. *Neuroimage, 55*(1), 381-388.

Masten, C. L., Telzer, E. H., & Eisenberger, N. I. (2011). An fMRI investigation of attributing negative social treatment to racial discrimination. *Journal of Cognitive Neuroscience, 23*(5), 1042-1051.

Mathur, V. A., Harada, T., & Chiao, J. Y. (2012). Racial identification modulates default network activity for same and other races. *Human Brain Mapping, 33*(8), 1883-1893.

Mathur, V. A., Harada, T., Lipke, T., & Chiao, J. Y. (2010). Neural basis of extraordinary empathy and altruistic motivation. *Neuroimage, 51*(4), 1468-1475.

Meltzoff, A. N., & Decety, J. (2003). What imitation tells us about social cognition: A rapprochement between developmental psychology and cognitive neuroscience. *Philosophical Transactions of the Royal Society London B: Biological Sciences, 358*(1431), 491-500.

Mrazek, A. J., Chiao, J. Y., Blizinsky, K. D., Lun, J., & Gelfand, M. J. (2013). The role of culture-gene coevolution in morality judgment: Examining the interplay between tightness-looseness and allelic variation of the serotonin transporter gene.

Culture and Brain, 1, 100–117.

Nelson, C. A., & De Haan, M. (1996). Neural correlates of infants' visual responsiveness to facial expressions of emotion. *Developmental Psychobiology, 28*(7), 577–595.

Nikolova, Y. S., & Hariri, A. R. (2015). Can we observe epigenetic effects on human brain function? *Trends in Cognitive Science, 19*(7), 366–373.

Nikolova, Y. S., Koenen, K. C., Galea, S., Wang, C. M., Seney, M. L., Sibille, E., ... Hariri, A. R. (2014). Beyond genotype: Serotonin transporter epigenetic modification predicts human brain function. *Nature Neuroscience, 17*(9), 1153–1155.

Park, D. C., & Gutchess, A. H. (2002). Aging, cognition and culture: A neuroscientific perspective. *Neuroscience and Biobehavioral Reviews, 26*(7), 859–867.

Pascalis, O., de Haan, M. & Nelson, C. A. (2002). Is face processing species-specific during the first year of life? *Science, 296*(5571), 1321–1323.

Phinney, J. S. (1992). The Multigroup Ethnic Identity Measure: A new scale for use with diverse groups. *Journal of Adolescent Research, 7*, 156–176.

Phinney, J. S., & Ong, A. (2007). Conceptualization and measurement of ethnic identity: Current status and future directions. *Journal of Counseling Psychology, 54*(3), 271–281.

Preston, S. D. (2013). The origins of altruism in offspring care. *Psychological Bulletin, 139*(6), 1305–1341.

Puglia, M. H., Lillard, T. S., Morris, J. P., & Connelly, J. J. (2015). Epigenetic modification of the oxytocin receptor gene influences the perception of anger and fear in the human brain. *Proceedings of the National Academy of Sciences, 112*(11), 3308–3313.

Sasaki, J. Y., LeClair, J., West, A., & Kim, H. S. (2016). The gene-culture interaction framework and implications for health. In J. Y. Chiao, S. C. Li, R. Seligman, & R. Turner (Eds.), *Oxford Handbook of Cultural Neuroscience* (pp. 279–298). New York: Oxford University Press.

Tracy, J. L., Robins, R. W., & Tangney, J. P. (Eds.). (2007). *The Self-Conscious Emotions: Theory and Research*. New York: Guilford Press.

Uchida, Y., & Kitayama, S. (2001). Development and validation of a sympathy scale. *Shinrigaku Kenkyu, 72*(4), 275–282.

Wang, C., Oyserman, D., Liu, Q., Li, H., & Han, S. (2013). Accessible cultural mind-set modulates default mode activity: Evidence for the culturally situated brain. *Social Neuroscience, 8*(3), 203–216.

Wang, Q. (2006). Culture and the development of self-knowledge. *Current Directions in Psychological Science, 15*(4), 182–187.

Weng, H. Y., Fox, A. S., Shackman, A. J., Stodola, D. E., Caldwell, J. Z., Olson, M. C., ... Davidson, R. J. (2013). Compassion training alters altruism and neural responses to suffering. *Psychological Science, 24*(7), 1171–1180.

Wong, R. Y., & Hong, Y. Y. (2005). Dynamic influences of culture on cooperation in the Prisoner's Dilemma. *Psychological Science, 16*(6), 429–434.

제13장

연민 신경생물학과 건강

Stephanie L. Brown and R. Michael Brown

요약

이 장에서는 연민과학의 실증적 뿌리와 연민이 건강에 좋을 수 있다는 학설을 살펴본다. 다른 사람들을 돕지 않는 사람에 비해 다른 이들을 돕는 사람이 더 건강하고 오래 산다는 증거를 검토하며, 이 효과에 대한 기전으로서 스트레스 완충과 연민적 동기를 강조한다. 저자들은 신경생물학을 사용하여 연민과 신체 건강을 연결하는 새 모형을 설명하며, 뇌의 특정 영역, 신경 펩타이드, 그리고 다른 사람들을 돕는 것과 관련된 건강상의 이익을 생산하기 위해 가정된 호르몬에 대한 예측을 위한 기초로서 Numan의 부모 행동에 대한 동물 모형을 검토한다. 저자들은 의학 연구, 정신건강 및 행동 개입을 위한 연민 신경생물학의 의미에 대한 논의로 결론을 내었다.

핵심용어

상호 이타주의, 이타주의, 친족 선택, 사회적 유대, 동기부여, 선택 투자 이론, 돌봄 제공, 스트레스 조절

인간이 연민을 통해 다른 사람들을 도울 수 있는지, 즉 고통받는 사람과 필요가 있는 사람에게 향하는 동정이나 관심은 오랜 철학적, 경험적 논쟁의 대상이 되어 온 질문이다. 이 장에서 우리는 개인이 '다른 사람의 고통이나 고통에 대한 민감성과 그 고통을 완화하려는 깊은 욕구'로 정의되어 온 연민을 각 개인이 당연히 경험할 수 있다고 본다(Goetz, Keltner, & Simon-Thomas, 2010). 하지만 연민을 경험하는 것의 본질은 뜨거운 논쟁을 불러일으키

고 있다. 왜냐하면 그것은 사람들이 그들 자신에게 대가를 치르더라도 다른 사람들을 우선시하고 도울 수 있게 하는 복잡한 감정과 동기를 포함하기 때문이다(Brown & Brown, 2006). 자기이익과 심리적 쾌락주의의 과학적 규범에 반하는, 확실하지 않은 연민의 존재는 과학자들이 삼키기 쉬운 알약이 아니다. 인간의 동기 모형은 학습이론에 기반을 두고 있기 때문인데, 이는 긍정적인 기분과 부정적인 상태의 완화가 인간의 동기를 모두 이끌어 낸다

는 것을 시사한다. 이런 관점에서 보면, 도움을 주는 연민 행동이나 돌보는 감정조차도 어느 정도 기분이 좋아지고 싶은 욕망으로 환원할 수 있다. 돌봄 또는 연민 동기의 존재를 인정하는 모형들은 종종 이러한 모순을 무시한다(예: Berscheid & Reiss, 1998). 또는 인정하더라도, 그들은 연민이 다른 사람들을 이용하거나 다른 사람들의 착취로부터 보호하기 위한 이기적인 동기와 함께 공존할 수 있는 방법을 설명하지 못한다(예: Preston, 2013). 우리는 이 토론의 역사를 살펴보고 이러한 관점에서 나타난 이론적이고 경험적인 발전, 즉 새로운 분야와 논란과 신비를 만들어 낸 발전을 검토한다.

이번 장은 **연민 신경생물학**에 초점을 맞추고 있는데, 이것은 고통을 덜어 주는 행동뿐만 아니라 다른 사람의 고통을 덜어 주는 것에 대한 동기를 유발하기 위해 가정된 일련의 신경 기전을 의미한다. 우리는 이러한 행동을 '도와주는' 행동이라고 부르고, 다른 사람의 복지에 대한 다른 중심적인 관심(즉, 연민)과는 반대로, 보상을 얻거나 죄책감을 피하는 등 자기이익을 위한 욕구를 통해 다른 사람을 돕는 것이 가능하다는 것을 인정한다. 다른 사람을 돕는 것에 대한 동기가 실제로 다른 사람을 돕는 것을 목표로 하는 행동을 만들어 내는지의 여부는 이 장의 초점을 벗어난다(이 책에서 Poulin의 연민적 동기를 돕는 행동과 연관시키는 이론과 연구를 참조하라). 하지만 우리는 연민적 동기와 행동의 **결과**를 다룬다.

연민 신경생물학의 새로운 분야는 건강이

결과적으로 연민과 어느 정도 관련되어 있다는 발견에서 비롯되었다. 우리는 다른 사람을 돕는 행동이 건강과 관련되어 있다는 연구를 검토할 것이다. 우리는 이러한 건강상의 이득이 본질적으로 타인중심의 연민적인 동기에만 국한된다는 것을 암시하는 증거를 강조한다. 연민 행동과 건강상의 이득이 관련 있다는 가능성은 사회적 관계에 있는 사람들이 사회적으로 고립된 사람들보다 왜 더 오래 사는지에 대한 신비를 잠재적으로 설명해 주기 때문에 추구해야 할 중요한 지표가 될 수 있다(Brown, Nesse, Vinkur, & Smith, 2003). 이 연구를 설명하기 전에, 우리는 연민 행동이 건강에 이롭다는 생각을 낳은 진화 이론, 도움을 주는 행위와 연민 동기가 건강을 증진시켜 주었다는 증거, 그리고 연민 행동을 신체적 건강과 연결시키기 위해 가설화된 신경생물학적 기전을 고찰한다. 그런 다음 의학 연구, 정신건강, 그리고 행동 개입에 영향을 미치는 연민 신경생물학에 대한 논의로 결론을 내린다.

진화적 프레임워크

우리가 무력한 사람들을 도와주어야 한다는 의무감은 주로 동정 본능의 부수적인 결과인데, 이는 본래 사회적 본능의 일부로서 획득되었지만, 이후 더 따뜻하게 널리 확산되었다. 그렇지 않다면 우리는 단단한 이성에 억눌려서 우리 본성의 가장 고귀한 부분이 손상되지 않고서는 우리의 동정심을 확인할 수 없었을 것이다(Darwin, 1871, p. 873).

연민에 대한 과학적 관심의 기원은 동정과 사랑의 '사회적 본능'을 자연선택의 산물과 부모자식 간 '애착'에서 진화했다고 본 Darwin(1871/1872)으로 거슬러 올라간다. 그는 웃음과 같은 얼굴 동작과 '부드러운 감정'을 동반하는 만지고 싶은 욕구가 위협에 대응하여 어떻게 갑자기 변할 수 있는지를 설명했다. 그는 모성애를 가장 연민적인 감정의 기초로 보았으며 동시에 어머니가 자식을 보호하고 지켜 주어야 할 때 나오는 것과 같이 가장 강력한 감정의 기초로 보았다.

비록 연민에 대한 과학의 씨앗은 Darwin에 의해 뿌려졌지만, 자연 선택에서 연민의 중요성을 공식적으로 강조한 사람은 Peter Kropotkin(1902)이었다. Kropotkin은 혹독한 자연환경이 개인 사이의 협력과 자비로운 행동을 선호했을 것이라고 관찰했다. 그는 이러한 생각들을 그의 저서 『상호 부조(Mutual Aid)』에서 설명하면서, 협력을 우선적으로 선택하게 하는 압력이 경쟁을 우선적으로 선택하게 하는 압력보다 이론적으로 더 강력해야 한다고 주장했다. Kropotkin의 관찰은 Thomas Huxley(1899)에 대한 반응으로 나온 것인데, 그는 사람들 사이에서 지속되는 경쟁이 오직 강한 자만 살아남고 약한 자는 멸망하는 생존 투쟁을 반영한 것이라고 묘사했다. Huxley는 다음과 같이 썼다. "동물의 세계는 검투사들이 보여 주는 세계와 거의 같은 수준

이다. … 가장 강하고, 가장 빠르고, 가장 교활한 자가 다음에 싸우기 위해서 살게 될 것이다."(pp. 199-200).

Huxley가 해석한 Darwin에 대해서 Kropotkin이 보인 반응은 종내 전쟁을 찾아 떠나는 것이었다. 그의 탐구는 다음과 같은 결론을 이끌어 냈다. "열심히 찾았지만 같은 종의 동물 사이에서 생존 수단을 위한 격렬한 투쟁을 찾지 못했다……." Kropotkin(1902)은 **인류 계보**에서의 Darwin을 다음과 같이 요약하고 인용했다(p. 1).

그[다윈]는 무수한 동물 사회에서 생존 수단을 위한 개별 개인 간의 투쟁이 어떻게 사라지고, 어떻게 투쟁이 **협력**으로 대체되는지를 지적했다. 그러한 경우 적자생존자는 육체적으로 가장 강하지도 않고 가장 교활하지도 않지만, 강하게 또는 약하게 결합하는 법을 배우는 사람들이다. … "동정적인 구성원들이 가장 많은 공동체[다윈으로부터 인용]가 가장 잘 번성하고, 가장 많은 자손을 양육할 수 있다."(Darwin, 1871, 2nd ed., p. 163)(Kropotkin, 1902, p. 1)

Kropotkin의 최선의 노력에도 불구하고, 공식적인 연민과학은 20세기 말까지 휴면 상태로 남아 있고 파악하기 어려웠다. Huxley의 견해는 '적자'의 생존에 대한 지배적인 정의로, 진화론의 과학적 패러다임뿐 아니라 승자와 패자를 생존 경쟁의 자연적 산물로 본 **사회적 다윈주의** 정치적 의제의 기초가 되었다.

특히 19세기 후반과 20세기 초반의 사회적 다원주의는 사회적 경쟁이 인간 본성의 본질이라는 개념을 구체화하여 인종주의, 고전주의, 산업 엘리트에 의한 노동자 억압에 대한 '과학적' 정당성을 제공했다.

이러한 배경에서 진화론자들은 인간 사이에서 돕는 행위가 만연하는 것을 이해하고 설명하기 위해 애썼다. 생존과 번식이 체력의 열쇠라면 체력이 소모되는 이타적 감정과 행동이 어떻게 진화할 수 있었을까? 지금까지 이 진화론적 역설의 가장 설득력 있는 해결책은 William Hamilton에 의해 가장 우아하게 묘사된 **포괄적 적합성 이론**으로 명명되었다. Hamilton(1964)은 도움을 주는 대상이 선택적으로 가까운 유전적 친척일 경우 다른 사람을 돕는 재생산 비용을 상쇄할 수 있음을 수학적으로 입증했다. 이 상황에서 유전적으로 연관된 수혜자가 갖고 있는 호혜자의 유전자 사본은 호혜자가 생존하지 않더라도 살아남을 것이다. Hamilton은 '적합성'의 개념이 자신의 생존과 재생산뿐만 아니라 다른 사람들과 공유하는 유전자의 재생산을 특징짓도록 확장되어야 한다고 주장했다. 이에 **포괄적 적합성**이라는 용어가 성립한다. 달리 말하면, 호혜자가 대가를 치르면서 도와주는 행위가 가까운 생물학적 친척(친족)에 이익이 되어서 공통의 유전자의 재생산으로 이끌게 된다면—친족 선택—, 여전히 자연적으로 선택될 수 있다.

물론 인간의 경우, 돕는 행위가 유전적으로 관련이 없는 개인 사이에 만연해 있다는 관찰은 돕는 행위에 대한 포괄적 적합성 설명에 도전을 제기한다. Robert Trivers(1971)는 자연 선택이 미래의 어느 시점에서 작용하는 한 유전적으로 관련 없는 개인을 향한 이타주의를 선호할 것이라고 주장하는 **상호 이타주의**의 개념을 발전시켜 이 문제를 해결했다. 이 이론은 잠재적인 부정행위자(비상호주의자)를 탐지하는 기전뿐만 아니라 보답의 기회가 있을 것이라고 가정한다.

이타주의에 대한 중간 수준의 이 두 가지 진화 이론, 즉 친족 선택과 상호 이타주의는 다른 사람을 돕기 위해 적용할 수 있는 방법에 대해 일반적으로 받아들여지고 인정받는 설명이다(예: Axelrod, 1984; Axelrod & Hamilton, 1981; Burnstein, Crandall, & Kitayama, 1994; Trivers, 1985). 그러나 동시에 그들은 유전적으로 관련이 없는 사람 사이에서 **보답 없이** 도와주는 행동의 빈도나, **어떻게** 개인이 다른 사람을 돕기 위해 자기이익적 동기를 극복하는지 설명하지 못한다(Brown & Brown, 2006; Sober & Wilson, 1998). 이러한 격차를 메우기 위한 시도에는 상호 이타주의 이론의 파생물이 포함되어 있으며, 이는 도와주는 행위에 드는 비용이 결국 도와준 사람이나 공동체에 돌아가는 이익으로 상쇄된다는 생각을 전제로 한다(Brown & Brown, 2006 참조).

동기: 잃어버린 고리

유전자 중심의 진화 이론(공동체에 이익을 가져다주는 모형과 반대되는)은 전통적으로 이타적 행동을 유발할 수 있는 동기 기전을 무시해 왔다(de Waal, 2008).[1] 그러나 동기 문제는 특히 친사회적으로 행동하는 데 따른 적합성 비용(예: 착취, 생존 위협)이 높을 때 이타적으로 대응하는 것이 어떻게 효과적이고 효율적이며 반복적으로 발생할 수 있는지를 이해하는 데 중요하다. de Waal이 설명한 바와 같이, 진화생물학자들은 동기 문제를 다루는 것을 소홀히 했음에도 불구하고 동기 용어를 '도용'하여 개인이 경쟁하거나 생존하거나 번식하려는 이기적인 욕망으로부터 다른 사람을 돕도록(의식적이든 무의식적이든) 동기화된다는 잘못된 인상을 준다. de Waal이 지적한 바와 같이 외적 동기, 즉 다른 사람을 돕는 데 드는 비용과 이점을 의도적으로 저울질해 보는 것은 시간이 너무 많이 걸리기 때문에 타인의 요구에 즉각적으로 대응해야 하는 돕는 행위가 어떻게 진화할 수 있었는지 설명하기에 적합하지 않다.

선택 투자 이론

이 이론적 공백을 해결하는 데 도움이 되도록 우리는 돕는 행위를 만들어 내는 데 있어 타인중심적 동기(예: 사랑, 관계, 연민, 공감적 관심)의 역할을 강조하는 진화 이론을 발전시켰다(S. Brown & R. Brown, 2006; R. Brown & S. Brown, 2006). 우리는 이 타자중심의 동기 부여 체계를 '사회적 유대'라고 부르며, 그 목적은 장기적으로 개인이 다른 사람, 특히 도움이 필요한 사람에게 투자하도록 동기를 부여하는 것이다. 선택 투자 이론은 이익이나 집단 이익을 반환하는 데 도움이 되는 행동을 구속하지 않는다. 그러나 이 이론은 개인이 둘 이상의 개인의 재생산(적합성과 관련된) 운명이 얽혀 있는 상황인 '적합성 상호의존 상태'를 인식할 수 있다고 가정한다. 이론에 따르면, 사회적 유대감은 이러한 상황에서 생겨난다. 다음에서 설명할 것과 같이, 적합성 상호의존 상태는 유대감에 의해 동기가 부여된 돕는 행위의 착취를 방해한다.

적합성 상호의존성

진화적 운명은 다양한 방식으로 적합성 상호의존성을 만들기 위해 공유될 수 있다. 선택 투자 이론은 공유된 유전자와 서로 간의 필요라는 두 가지 유형의 상호의존성을 설명한다. 공유된 유전자를 기반으로 한 적합성 상호의존성은 한 사람의 번식 성공이 다른 사람의 유전자를 계승할 상황을 가리키고, 그 반대의 경우도 마찬가지이다. 서로 간의 필요에 따른 적합성 상호의존성은 개인이 유전자를 공유하지 않더라도 번식 목표를 공유하는 상황을 의미한다. 예를 들어, 서로 사랑하는 파트너는 공통 자손을 키울 수 있는 잠재력에 의해 그들의 진화적 운명을 공유할 수 있다. 오랜 이웃, 동료 또는 공동체의 구성원(예: 군인, 팀 구성원, 국가, 이념)도 모두에게 동등하게 영향을 미치는 두드러진 이익이나 위협이 있는 경우에는 진화적 운명을 공유할 수 있다.

상호의존성을 통해 진화적 운명을 공유할 때, 적합성과 관련된 결과에는 비례적인 상관관계가 있어 한 사람의 복지가 증가하면 다른 사람의 복지도 직접적으로 증가한다. 이것은 두 가지 차원, 즉 다른 것에 대한 필요/의존성의 정도와 해당 의존성의 평등한 정도에 따라 발생할 수 있다. 예를 들어, 비행기 안의 낯선 사람들은 같은 생존 결과를 공유하는 환경에 놓여 있기 때문에 적합성 상호의존성의 가능성이 있다. 그러나 탑승자를 위험에 빠뜨리는 기계적 고장이나 악천후와 같은 위협이 제기되지 않는 한 의존성은 없다.

착취 위협 최소화

적합성 상호의존에 대해 중요한 것은, 다른 사람을 돕기 위해 희생하는 사람들의 번식 적합성에 위협이 되는 착취에 대한 선택 압박에 대응할 수 있는 독특한 방법을 갖추고 있다는 것이다. 이것은 무엇을 의미할까? 돕는 행위에 대한 진화 이론들은 착취의 문제에 시달려 왔다. 돕는 행위는 다른 사람의 도움을 받기만 하고 대가를 치르지 않는 사람들에게 문을 열어 두기 때문이다. '수혜자'가 '조력자'를 희생시키면서 얼마나 빨리 생존하고 번식할지는 상상하기 쉽다. 왜냐하면 그들은 자신의 생존 요구를 충족시키기 위해 다른 사람들(즉, '조력자')을 이용할 수 있기 때문이다. 이것은 잠재적 사기꾼 상어들이 들끓는 수영장 속에서 이타주의를 위한 유전자가 어떻게 진화할 수 있는지 설명해야 하는 이타주의의 진화론적 이론에 도전을 제기한다.

개인이 친족 및 호혜적 이타주의자를 식별(또는 선택적으로 협력)할 수 있는 경우 착취 문제를 합리적으로 해결할 수 있다. 그러나 사랑, 공감, 연민 또는 '사회적 유대'와 같이 타인중심의 동기 상태가 도입되면 문제가 기하급수적으로 증가한다. **선택 투자 이론**에서 정의되는 '사회적 유대'는 장기적으로 자기에게 높은 비용을 지불하고, 심지어 상호성이 없는 경우에도 자기이익을 억제하기 위한 동기 기전으로 가정된다. 이러한 기전은 부정행위를 할 의사가 있는 사람에게 매우 소중한 목표가 될 수 있으며, 장기적으로 부정행위자에게 상당한 물질적 이익을 보장한다. 그러나 적합성 상호의존성 상태는 이러한 가능성에 대한 보험이 되어 준다. 왜냐하면 번식 결과의 긍정적인 상관관계는 조력자를 이용하려는 그 어떠한 시도도 이용당한 사람들만큼 치명적일 수 있는 상황을 부정행위자들에게 조성하기 때문이다. 따라서 이러한 상황에서는 이용하는 것을 선택할 수 없다. 우리는 개인이 '당신에게 먹이를 주는 손을 물지' 않도록 주의할 것을 제안할 때 부정행위가 일반적으로 금지된다는 것을 집단적으로 알고 있다. 따라서 개인이 적합성 상호의존 상태를 인식하고 그러한 경우에 이용당하는 것을 피할 수 있을 때 모든 사람에게 적합성이 극대화된다.

사회적 유대

선택 투자 이론에 따르면, 적합성 상호의존

에 대한 '신호'는 타인초점 지향(공감, 사랑, 관계)을 허용하는 안전 신호를 구성한다. 상호의존성에 대한 인식은 사회적 유대를 형성하기 위한 진화적으로 현실적인 기반을 제공하여 결과적으로 비용이 많이 들고 장기적인 도움행동을 유도한다. '안전' 신호의 생리학적 기질은 일반적으로 사회적 참여 및 접근 방향을 허용하는 미주신경(이 책의 Porges 참조)일 수 있지만 특히 '타인초점' 동기도 가능하다. 악용 위협이 타인초점 동기에 영향을 미칠 수 있다는(즉, 타인초점 동기를 억제하는) 압박 때문에, 우리는 이 체계의 초기 활성화가 다른 사람(악용하는 위험을 만드는 위치에 있지 않은 사람; Brown & Brown, 2015; Preston, 2013)의 취약성이나 필요에 대한 확실한 신호를 감지하는 것으로 시작한다고 가정했다. 우리는 다른 사람들의 필요에 따라 조정되는 이 기본 체계를 **보살핌 체계**라고 언급해 왔다. 보살핌 체계는 도움이 필요한 사람들을 돕는 단기적이고 단일한 사례나, 육아 또는 아프거나 장애가 있는 사람을 돌보는 것과 같은 장기적이고 신뢰할 수 있으며 비용이 많이 드는 돕는 행위를 수용한다. **선택 투자 이론**에 따르면 후자의 경우에는 취약성 또는 적합성 상호의존성에 대한 '신호' 이상의 것이 필요하다. 다른 사람에 대한 값비싼 장기 투자는 자신과 타인 간의 동기적 갈등을 최소화하고 해결하는 포괄적인 감정조절 기전(즉, 사회적 유대)을 필요로 한다. 보다 구체적으로, 우리는 사회적 유대를 무조건적인 사랑 및 관계의 감정과 관련된 인지, 신경 호르몬 및 정서적 특징

을 가진 동적 기억 복합체로 본다. 결합의 동기적 구조에 대한 가설상의 신경생리학적 기질에는 사회적 결합의 출현을 촉진하는 옥시토신과 같은 신경호르몬(이 책의 Carter 참조), 개인적으로 위협적인 상황에 대한 투쟁-도피 반응의 억제, 그리고 부모와 다른 형태의 도움행동의 시작 등이 포함된다(S. Brown & R. Brown, 2006). 앞서 언급했듯이 착취에 대한 상당한 위협은 우리로 하여금 적합성 상호의존 상태가 사회적 유대의 발달에 필요한 전조라고 제안하게 되었다. 그러나 일단 유대가 형성되면, 비록 사랑하는 사람이 생물학적으로 친족이 아니더라도, 불치병에 걸린 사랑하는 사람을 돌보기 위한 시간과 자원을 포기하는 경우처럼, 적합성 상호의존은 더 이상 유대를 유지하거나 행동을 돕는 데 필요하지 않다.

이해관계자 이론

우리가 선택 투자 이론을 개발하고 있을 때, 행동생태학자 Gil Roberts(2005)는 **이해관계자 이론**이라는 이타주의의 진화에 대한 매우 유사한 설명을 독립적으로 만들고 있었다. 그의 이론은 수학적으로 **선택 투자 이론**의 적합성 상호의존성 요소와 동일하다. Roberts는 수학적 모델링을 통해, 공유된 진화적 운명의 규칙(상호의존성)에 기반한 돕는 행위가 부정행위자 집단이나 눈에는 눈 이에는 이 집단을 능가할 수 있다는 것을 입증했다. Roberts는 장기적인 도움이나 사회적 유대의 사례를 다루지 않았지만, 그의 상호의존 이론은 우

리 이론과 마찬가지로 혈연 선택과 상호 이타 주의를 통합하는 근본적인 진화 논리를 확인 해 준다. Roberts가 설명한 것처럼, 돕는 행위 가 번식 성공을 향상시킬 수 있는 상황을 설 명할 때 상호의존성에 기반한 원조는 혈연 선 택과 상호주의를 모두 포함한다. 호혜자가 아 닌 사람, 친척이 아닌 사람, 심지어 낯선 사람 의 번식 결과에 대한 연관성은 착취로 인해 발 생되는 잠재적 비용으로부터 보호하고, 이러 한 비용이 협력의 장점으로 상쇄되도록 한다. 중요한 것은 이해관계자 이론과 선택 투자 이론 모두 부모의 양육에서 협력과 이타주의의 기 원을 찾으며(Preston, 2013 참조), 연민이 어떻 게 이기심에서 진화했는지가 아닌, 이기심이 어떻게 연민에서 진화했는지를 물음으로써 Kroptkin이 놓은 토대에 찬성하며 이론적 조 망을 역전시킨다(R. Brown & S. Brown, 2006).

사회적 관계 내에서의 동기

인간의 동기는 종종 이기적이며, 쾌락을 추 구하고 고통을 피하려는 충동을 특징으로 한 다는 데 거의 공통적으로 동의하고 있다. 문 제가 되는 것은 인간이 돕는 행위와 협력을 이끌어 내는, 다른 이들에게 초점을 맞추는 것과 동정심을 갖는 것이 가능한지 여부이다. 비록 진화론적 통찰력은 이제는 이 질문에 대 한 답이 '그렇다'라는 것을 시사하지만, 이 대 답은 아이러니하게도 아마도 '아니요'라고 대 답했을 Freud(1856~1939)와 Hull(1884~1952)

과 같은 초기 동기에 대한 이론가의 작업에서 점진적으로 출현하였다.

Freud와 Hull은 동기부여를 기본적인 욕구 의 충족으로 묶었다. 1930년대와 1940년대에 학습 이론과 행동주의가 심리학 분야를 지배 하게 되면서(Hull, 1943; Skinner, 1938), **동기부 여의 구성은 강화와 처벌, 즉 즐거움(또는 혐 오) 자극과 짝을 지어 반응을 강화(또는 약화) 하는 방식으로 설명되었다. 학습 이론에 따르 면, 친밀한 관계에서 친사회적 동기와 행동은 이차 (조건부) 강화의 관점에서 이해될 수 있 다. 이차 강화는 처음에 중립적인 자극(예: 종 소리)이 '일차' 강화자와 짝을 이루었기 때문 에 반응을 강화할 수 있는 과정이다. 즉, 자연 적으로 즐겁거나(예: 음식), 자연적으로 혐오 스러운 상태(예: 고통 감소)를 완화하기 때문 에 반응을 강화할 수 있는 자극인 것이다. 예 를 들어, 학습 이론(Dollard & Miller, 1950)에 따르면 어머니에 대한 영아의 정서적 애착은 고전적 조건화와 조작적 조건화를 통해 학습 된 조건화 자극에 대한 반응으로 가장 잘 이 해된다. 이 학습의 핵심은 Freud의 영아 애착 특성에서와 같은 음식을 먹이는 상황이다. 영 아는 수유를 통해 어머니(처음에는 중립적인 자극)를 배고픔의 감소(무조건 즐거운 반응)와 연관시키는 법을 배운다. 결과적으로, 이것 은 아기가 수유하지 않을 때에도 엄마와 가까 이 있고 싶어 하는 동기인 '이차 욕동'을 촉진 한다. 조작적 조건화 측면에서, 어머니는 영 아의 행동에 대해 조건부(또는 이차) 강화자가 된다. 학습 이론과 프로이트 정신분석은 일반적으로 이상한 동반자로 간주되지만, 두 이론 모두 친사회적 감정과 행동에 대한 설명으로서 2차 동기의 개념에 동의한다.

정신분석가인 John Bowlby(1907~1990)는 붉은털 원숭이에 대한 Harry와 Margaret Harlow의 연구에 부분적으로 기반하여 사랑의 대상을 이차 강화자로 생각하는 생각에 도전했다(1958/1969). Harlow 부부의 연구는 음식을 먹는 것이 사랑의 핵심이라는 생각에 반대하고 이차 강화로 환원될 수 없는 영아-어머니 유대에 특별한 무언가가 있음을 보여 주었다(Harlow, 1958). 또한 Harlow 부부는 다양한 실험을 통해 영아의 일차적(생물학적) 욕구가 충족되었음에도 불구하고 모성 결핍이 영아에게 심각한 사회적, 신체적 문제를 야기한다는 것을 입증할 수 있었다(Harlow & Zimmerman, 1959). Harlow 부부와 Bowlby는 둘 다 보호자나 애착 대상과 가까이 있고자 하는 동기가 배고픔과 같은 일차적 욕구의 감소에 달려 있는 것이 아니라, 영아의 보호와 안전을 강화하는 진화의 힘에 의해 형성된 독특한 (애착) 동기부여 체계를 반영한다고 결론 지었다.

보살핌 체계

Bowlby는 애착 행동 체계를 보완하기 위해, 진화론이 부모와 다른 보호자가 영아에게 안전과 보호의 제공을 동기화하는 체계를 선호해야 한다는 점을 인식했다. 그는 이 동기화 체계를 '보살핌 행동 체계'라고 불렀는데, 이것은 부모나 양육자가 어린아이를 양육하고 돌보도록 강제하는 인식, 감정 그리고 동기의 세트이다(Bowlby, 1969). Bowlby에 따르면, 영아의 양육자와의 애착 경험은 성인으로서의 양육 행동 체계에 영향을 미치는 사회적 관계의 '작업 모형'을 형성한다. 만약 보호자가 영아의 요구를 확실하게 충족시킨다면, 영아는 안전한 관계의 '작업 모형'을 내재화할 것이고, 이 모형은 궁극적으로 성인으로서 자신의 양육 동기와 행동을 지시할 것이다.

Bowlby와 그의 동료들은 돌보는 측면보다 동일화의 '애착' 측면에 훨씬 더 많은 관심을 기울였다(Cassidy, 1999). 실제로, '보살핌 체계'는 영아 애착 경험의 차이가 특히 보호를 기반으로 하는 다른 유형의 애착 작업 모형을 어떻게 생성하는지 조사하는 연구에서는 대개 무시되거나 누락되었다(Mikulincer & Shaver, 2003). 비록 이제는 영아 애착 이력을 분류하고 정리하는 다양한 방법이 있지만, 애착 문헌의 대부분은 애착 유형 또는 방향(안정, 불안정)에 대한 영아 애착 경험의 영향과 발달 중인 아동에게 안정 또는 불안정 애착이 미치는 행동, 인지 및 사회적 영향에 초점을 맞추고 있다. ① 애착 유대가 성인의 보살핌과 연민에 어떻게 영향을 미치는지(이 책의 Mikulincer & Shaver; Mikulincer, Shaver, Gillath, & Nitzberg, 2005)와 ② 보살핌 체계가 어떻게 작동하는지(S. Brown & R. Brown, 2006; Brown, Brown, & Preston, 2012; Brown & Brown, 2015; Collins, Ford, Guichard, Kane,

& Feeney, 2010; George & Solomon, 2008; Preston, 2013; Solomon & George, 2011) 이해하고 탐구하려는 체계적인 시도는 불과 지난 20년 동안에 이루어진 것이다.

보살핌 체계는 어떻게 작동하는가

보살핌 체계의 신경생물학을 설명하려는 최근 우리의 노력은 사회적 관계와 사망률 사이의 중요한 연관성을 우연히 발견한 건강심리학의 많은 연구로부터 비롯되었다. 사회적으로 고립된 사람보다 친밀한 관계를 유지하고 있는 사람이 더 오래 사는 것으로 나타났다. Harlow의 시설 환경에서 사회적으로 결핍된 어린이 관찰과 함께한 원숭이를 대상으로 한 사회적 결핍 실험(예: Goldfarb, 1945; Spitz, 1945, 1946)은 사회적 관계의 중요한 측면이 생리학적 효과를 통해 표면적으로 관계를 맺고 있는 상대방의 건강과 웰빙에 깊은 영향을 미칠 가능성을 제기한 실험 중 하나였다. 사회적 관계가 건강에 미치는 효과는 '타인중심적인' 동기와 돕는 행동으로 거슬러 올라갈 수 있다. 그러나 돕는 행동을 건강과 연결하는 과정은 간단하지 않았다. 오히려 그것은 신비에서 비롯된 새로운 가설로 나타났고 『Science』의 선구적인 논문에 의해 밝혀졌다(House, Landis, & Umberson, 1988). House를 비롯한 이들은 인간을 대상으로 하지 않은 실험적 작업과 상관관계가 있는 인간에서의 대규모 연구를 검토한 후, 사회적 관계가 주는 건강상의 이득은 흡연, 음주, 운동이 건강에 미치는 영향만큼 강력하다고 결론 내렸다. 그러나 건강심리학 분야는 사회적 관계가 안전할 수 있는 방법과 이유에 대해서는 알지 못했다.

이 획기적인 논문이 발표된 뒤, 과학자들은 어떻게 사회적 관계가 건강을 지키고 수면을 연장하는지 발견하려는 도전에 긍정적으로 응했다. 즉, '사회적 지원' 가설이다. 안타깝게도 이 가설의 실험은 모순된 결과를 낳았다. 때로는 도움을 받는 것이 유익할 때도 있지만, 그렇지 않다는 많은 소견이 있었고, 어떤 연구는 도움을 받는 사람이 도움을 받지 않는 사람보다 사망 위험이 더 높은 것으로 나타났다(Brown et al., 2003).[2] 사회적으로 도움을 받는 것과 건강 결과 간 연관성에 대한 메타분석은, 도움을 받는 것이 관계 만족도에서 더 나을 것이라고 예측하지만 도움을 받는 것과 신체적 건강의 가정된 연관성은 신뢰할 수 없거나 일반화할 수 없다는 것을 밝혀냈다(Smith et al., 1994). 2001년 House는 사회적 고립이 사람을 죽인다는 것을 알고 있지만, 어떻게 그리고 왜 그런지는 아직 모른다는 자신의 주장을 되풀이했다(House, 2001).

신체 건강과 가까운 관계를 연결하는 새로운 가설

사회적 관계가 어떻게 건강을 증진시키는지에 대한 신비를 풀기 위해, 우리는 선택 투자 이론을 사용하여 사회적 관계에서 오는 건강상의 이득이 상대방에게 받는 도움이 아니라 상대방을 돕는 행위에 기여한다는 가설을 세웠다. 이 가설에 대한 첫 번째 직접적인 시험은 지지적인 결과를 얻었는데, 돕지 않는 사람들에 비해 돕는 사람의 사망 위험이 30~60% 감소했음을 보여 주었다(Brown, Nesse, Vinokur, & Smith, 2003). 이러한 발견을 재현하려는 우리의 시도는 독립적인 시도(Brown, Consedine, & Magai, 2005; Roth et al., 2013)와 마찬가지로 성공적이었다(Brown et al., 2009; Brown, Brown, House, & Smith, 2008). 이제는 사회적 지원을 제공하고, 아픈 가족 구성원을 돌보고, 자원봉사를 하는 것과 같은 형태의 도움들이 종종 돕는 사람의 더 나은 신체적·정신적 건강 결과와 관련이 있음을 보여 주는 연구 영역이 증가하고 있다(Brown & Brown, 2015의 최근 개괄 정리를 확인하라).

신비는 여전히 남아 있다

이러한 발견에도 불구하고, 어떻게 돕는 행동이 신체 건강과 관련이 있는지를 정확하게 이해하는 기전은 잘 설명되지 않는다. 우리의 지식에 있는 이 '격차'는 장수에 영향을 미칠 수 있는 요소들과 '도움을 주는 것'에 대한 신경 생리학이 연결될 수 있는 잠재적 가교를 발견하는 것을 목표로 우리가 도움을 주는 행동에 관한 신경생리학을 연구하도록 이끌었다. 우리는 소위 말하는 포유류 돌봄 모형에 끌렸는데, 이는 돕는 행동과 ① 양육 행동의 기초가 되는 진화 신경회로와 호르몬(예: Brown, Brown, & Preston, 2012; Preston, 2013; Brown & Brown, 2015), ② 스트레스 조절과 면역 기능의 생리학(S. Brown & R. Brown, 2006; Brown & Brown, 2015; Brown, Brown, & Preston, 2012; Eisenberger, 2013)을 연결하는 데 사용될 수 있다. 우리의 모형(이하 설명)은 모성 양육에 관한 설치류 연구(예: Numan, 2006)와 선택 투자 이론(S. Brown & R. Brown, 2006)의 영향을 많이 받았다.

포유류 모성 돌봄 모형

인간 돌봄 체계의 포유류 모형은 모성 행동의 기반이 되는 신경 경로를 조사하는 동물 연구에 기반을 두고 있다. 이 모형은 설치류에서 개발되었지만, 수컷, 청소년, 그리고 양이나 새와 같이 다른 종을 포함한 비어미들에게 일반화하려는 시도도 성공적이었다(Numan, 2006). 동시에, 이 모형은 새끼를 찾거나, 둥지를 만들거나, 포식자를 방어하는 등의 양육 행동을 지시(동기화)하는 데 있어 시상하부의 내측 전 시신경 영역(medial pre-optic area: mPOA)의 역할을 강조한다. 이 발견은 mPOA(혹은 밀접하게 관련된 선조 말단의 복측 기부)의 손상이 양육 행동은 방해하지만 운동 능력, 온도 조절, 먹이 주기와 같이 시상하부의 통제하에 있는 다른 행동에는 지장을 주지 않는다는 사실에 부분적으로 기반을 둔다. 반면에 양육회로의 일부이기도 한 뇌의 보상 영역은 모성 행동에 필수적인 것으로 보이지 않는데, 이러한 영역의 손상[예를 들어, 측좌핵(nuclear accumbens)]이 꼭 양육 행동을 방해하는 것은 아니기 때문이다.

우리의 돌봄 모형

우리의 모형(Brown, Brown, & Preston, 2012; Brown & Brown, 2015; [그림 13-1] 참조)은 **선택 투자 이론**과 Numan(2006)의 양육 모형 둘 다에 기초하는 돌봄 체계의 신경생물학적 모형을 묘사한다. 우리는 착취의 위협이 낮을 때, mPOA의 활성화 증가를 통해 사람들이 서로 돕는 행동이 발생한다는 가설을 세웠다. 돌봄 신경회로 전반에 걸친 옥시토신(oxytocin: OT) 수용체의 존재에 비추어 볼 때(예를 들어, 편도체, 시상하부, 측좌핵), 우리와 다른 사람들(예: Numan, 2006)은 OT가 이 뇌 영역의 결합 가능성(현저성)을 증가시킨다는 가설을 더 세웠다.

이론적으로, OT는 공포와 회피 동기의 조절을 가능하게 하며, 그렇지 않으면 돕는 행동에 방해가 될 수 있다. 실제로 OT가 스트레스 조절에 중요한 역할을 한다는 증거가 있다(Carter, 1998). mPOA의 강력한 활성화는 공포와 회피 동기를 억제하는 경향이 있다. 즉, 동정적 스트레스 반응을 방해한다. Numan(2006)에 따르면, mPOA는 전 시상하부 핵을 억제하거나 전뇌와 하부 뇌간 사이의 신경 상호 연결인 수관주위 회색질에 억제 신호를 보내서 스트레스 반응을 방해한다. 이러한 방식으로 OT에 의해 준비된 보살핌 회로는 스트레스를 중단(즉, 스트레스로부터의 회복을 가속화)할 수 있도록 잘 배치된다. 사실, 편도체(후각 및 비후각 신호)의 신호는 우선 mPOA 활성화를 유발한다(Numan, 2006). 우리는 이것이 다른 사람들의 욕구가 돕는 반응에 동기를 부여하기 위해서 각성 체계를 자극하기 때문에 일어난다는 가설을 세웠다

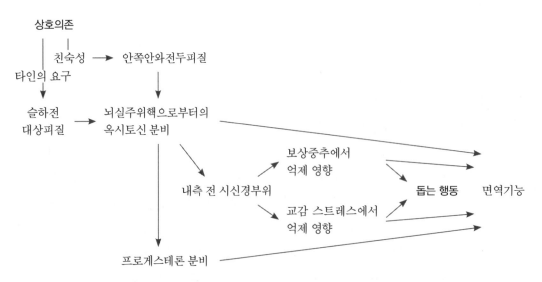

[그림 13-1] 친사회적 행동과 신체적 건강 사이의 연관성에 대한 보살핌 체계 가설 모형(Brown & Brown 2015)

(Brown & Brown, 2015).

mPOA가 돕는 행동에 동기를 부여한다고 가정되는 보다 논쟁의 여지가 있는 경로는 접근 회로를 통하는 것이다. 이것은 논란이 되는데, 동물 모형들이 mPOA가 뇌의 보상 중추를 통해서 돕는 행동을 활성화시키는 운동 프로그램에 영향을 미치는지에 대해 불일치가 있기 때문이다. 구체적으로 말하자면, mPOA가 도파민 방출과 보상 중추를 활성화시키는 것으로 알려진 측좌핵 뇌 영역을 활성화하고, 이는 복측 담창(운동 영역)에 도움을 주는 반응을 일으키도록 신호를 보낸다는 데에는 의견 일치가 있었다. 그러나 이것이 어떻게 달성되는지에 대해서는 약간의 이견이 있다. 일부 모형들(예: Preston, 2013)은 mPOA가 측좌핵을 자극하여 보상 중추를 활성화하고 동기와 행동에 접근하는 도파민을 방출한다는 의견을 제시한다. 사실상, 도움은 어머니들이 자녀를 도와줌으로써 행복한 신체적, 정서적 접촉을 기대하는 것처럼 도움이 필요한 사람을 도와줌으로써 보람 있는 결과를 기대하는 것을 통해 동기를 얻는다. 또는 돕고자 하는 태도는 측좌핵의 mPOA **억제**에 의해 유발될 수 있다(Brown & Brown, 2012; Numan, 2006). 측좌핵은 일반적으로 복측 담창을 억제하고, 복측 담창은 일반적으로 돕는 반응의 운동적 프로그램을 시작하기 때문에, 측좌핵에 대한 mPOA의 억제 효과는 돕는 반응에 대한 탈억제(촉진)를 초래할 수 있다. 행동 수준에서 측좌핵의 억제는 보상에 대한 기대를 억압하여 복측 담창의 돕는 행동 활성화를 가능하게 한

다. 이 신경 시나리오는 다른 사람에게 비용이 많이 드는 도움을 주려는 결정은 필연적으로 경쟁 상대인 이기적인 반응을 억제해야 한다는 생각과 잘 맞아떨어진다(S. Brown & R. Brown, 2006; Sober & Wilson, 1998).

표면적으로는 이 논란이 별로 관련이 없어 보이거나 불필요하게 기술적인 것으로 보일 수 있다. 그러나 그것은 보상이 **없을** 때 돕는 행위가 일어날 수 있는지 그리고 어떻게 일어날 수 있는지를 결정하는 데 중요하다. 우리 모형은 보상 억제 신경회로가 돌봄 신경회로의 필수 구성요소라는 가설을 세웠다. 그렇지 않다면 강화 동기는 돕는 행동의 모든 사례를 설명하기에 충분할 것이다. 우리는 그러한 동기가 다른 사람들을 돕는 것에 대한 충분하지 않은 전조라고 주장해 왔다. 왜냐하면 그들은 도움에 대한 보상의 가치로 시작하고 멈추기 때문이다. 그러한 기전은 도움이 필요한 다른 사람들, 특히 아이들을 필수적인 보살핌 없이 어려움에 처하게 할 것이다. 보상 신경회로의 역할에 대한 이견에도 불구하고, 모형들(예: Brown, Brown, & Preston, 2012; Preston, 2013; Brown & Brown, 2015) 사이에서는 스트레스 조절이 돕는 행위를 활성화하는 데 중요하다는 공감대가 형성되어 있다. 더욱이 이 모형은 또한 비슷하게 연민 혹은 공감(즉, 보살핌) 반응의 위로부터 아래로의 조절자로서 안쪽안와전두피질(orbital frontal cortex: mOFC)과 전대상피질의 피질에 대한 입력을 사실로 상정한다(Brown, Brown, & Preston, 2012; Preston, 2013).

스트레스 조절의 중요성

스트레스 조절이 돕는 행동을 활성화하는 데 중요하다면, 다른 사람을 돕는 것에 수반 되는 스트레스의 감소는 도움을 주는 사람에게 건강상의 이득을 줄 수 있고, 잠재적으로 더 긴 수명을 유도할 수 있다. 스트레스 조절은 매우 중요하다. 연구에 따르면 스트레스 반응의 장기간 활성화는 면역체계의 조절을 저해할 수 있다(McEwen, 2007). 본질적으로, 주변에서 스트레스 요인에 지속적으로 노출되어 있는 사람들은 정상적으로 면역 반응을 조절하고 꺼 버리는 스트레스 호르몬인 코르티솔에 덜 민감하게 반응하도록 변화될 수 있다. 코르티솔에 대한 무감각은 개인을 해로운 면역 환경에 노출시키고 만성적인 염증(Jenny, 2012)의 발생을 유발하여 질병(예: 암, 심장 및 폐 질환, 알츠하이머, 당뇨)과 사망 위험 증가(Heron, 2016)에 기여한다. 스트레스를 조절하는 기전이 면역체계의 기능을 향상시켜 건강, 웰빙, 장수에 대한 포상을 만들어 낼 수 있다는 것은 당연하다.

Brown, Brown, & Preston (2012) 돌봄 체계 모형의 경험적 시험

전향적 연구 결과는 보살핌 체계가 스트레스 조절을 통해 건강에 도움이 될 가능성이 있다는 것에 일관성을 두고 있다. Brown 등(2003)의 도움에 대한 연구상의 자료 재분석

은 삶에서 스트레스를 받는 사건이 발생할 때마다 상대적으로 사망 위험이 30%씩 증가한다는 것을 밝혔지만, 이는 전년도에 다른 사람들을 돕지 않은 개체에게만 해당된다. 돕는 사람들 사이에서는 스트레스와 사망 위험 사이에 연관성이 없었다(Poulin, Brown, Dillard, & Smith, 2013). 이러한 연구 결과는 스트레스 노출의 해로운 영향이 다른 사람을 돕는 사람들에게는 줄어들 수 있다는 것을 암시한다. 사별에 동반되는 우울 증상과 돕는 행동 사이의 관계에서도 비슷한 양상의 결과를 얻었다. 배우자를 잃은 개인에게, 돕는 행위는 시간이 지남에 따라 우울 증상을 감소시켰지만, 이는 애도(스트레스) 반응이 고조된 개인에게만 해당되었다(Brown, Brown, House, & Smith, 2008).

도움을 주는 것과 관련된 정신적, 육체적 이득이 도움을 주도록 하는 다른 이유(예: 즐거움을 찾고, 고통을 피하는 것)와 반대로 보살핌과 관련된 동기 때문이라는 증거는 노인에 대한 종적 연구에서 비롯된다. 예를 들어, 노인 성인 자원봉사자 사이에서 자원봉사의 동기 유형(타인초점 대 자기초점)은 자원봉사와 관련해서 사망률에 이득이 있는지 여부를 결정한다(Konrath, Fuhrel-Forbis, Lou, & Brown, 2011). 특히 사회적 관계와 타인에 대한 관심(타인초점) 등의 이유로 자원봉사를 했다고 말한 사람은 자원봉사를 하지 않은 사람에 비해 사망 위험이 감소했음을 보여 주었다. 한편, 자신에 대해 더 많이 배우고자 하는 등의 이유로(자기초점) 자원봉사를 했다고 진술한 사람은 사망 위험에 있어 자원봉사를 하지 않은

사람과 다르지 않았다.

선택 투자 이론의 직접적인 시험에서, 돕는 행위에 대한 연구에 참여한 알츠하이머 환자의 간병인들은 그 보살핌을 받는 사람들과 상호의존적이라고 느낄 경우, 돕는 행동과 관련해서 높은 수준의 긍정적인 감정을 보여 주었다(Poulin et al., 2010). 다시 말해, 돕는 행동이 긍정적인 감정 상태를 생성하는지 여부를 결정하는 것은 상호의존성(즉, 도움을 받는 사람만큼이나 그 사람이 필요하다는 감정)이었다. 이 발견은 돕는 행동의 결과가 개인 사이의 배려심이나 사회적 관계와 연결된다는 것을 시사한다.

돕는 것과 관련한 건강 이익을 실현시킬 수 있는 다른 방안이 있는가

우리의 돌봄 체계 모형에 대한 실증적 실험이 도움이 되었지만, 이 모형은 돕는 행위와 신체 건강 개선을 연결하는 기전으로서의 스트레스 조절이 갖는 핵심적인 중요성에 크게 의존한다. 이 가설은 교감 스트레스 반응을 갖는 mPOA의 신경 배열과 스트레스 조절에 있어 OT와 같은 신경전달물질의 관여 둘 다에 기초한다. 그러나 우리가 2015년 종설(Brown & Brown, 2015)에서 보고한 바와 같이, OT와 스트레스 조절의 관계는 복잡하며 장수와 웰빙에 역할을 할 가능성이 있는 다른 후보 호르몬을 포함한다. 다음으로 우리는 OT가 돕는 행동과 관련된 건강 관련 이득을 증가시키는 것이 가능한 방법을 설명한다.

옥시토신

1980년대 후반부터 OT는 사회적 유대, 특히 자녀-부모 및 애정적 애착의 신경내분비적 근간으로 간주되어 왔다(Carter, 1998). 다른 많은 사회적 포유류 종 가운데 OT의 실험적인 주입이 시간과 맥락에 걸쳐 지속되는 상대방 선호도를 만들었다는 것이 반복해서 확인되자 이러한 결론은 피할 수 없었다. OT는 또한 실험적으로 부모나 다른 형태의 친사회적 행동이 시작되는 것과는 연계되어 있지만 유지되는 것과는 관련이 없다(S. Brown & R. Brown, 2006 참조). 동시에, 이 연구는 OT가 자기희생을 유발하는 동정심과 같은 동기부여 상태를 촉진하는 뇌의 장기적인 변화를 생성하거나 활성화시키는 신경전달물질임을 보여준다(S. Brown & R. Brown, 2006에서 검토됨).

돌봄 체계의 활성화와 스트레스 조절을 연결하는 모형과 일관되게, OT는 스트레스 조절 기능을 가지고 있다. 예를 들어, OT는 스트레스 호르몬인 코르티솔과 혈압을 낮추고(Uvnäs-Moberg, 1997, 1998a, 1998b), 부신피질자극호르몬(adrenocorticotrophic hormone: ACTH)을 감소시키며(Parker et al., 2005), 스트레스 반응에 관여하는 두 영역—편도체와 수도관주위 회백질—간 뇌의 기능적 결합을 감소시키는 것으로 나타났다(Kirsch et al., 2005). 그러나 OT는 스트레스와 역설적인 관계가 있어, 일부 상황에서 공포 반응을 촉진하고(Grillon et al., 2013; Striepens et al., 2012), ACTH를 증가시키며(Gibbs, 1986; Link et al., 1992), 심박수, 혈압을 상승시킨다는 것을 (Richard et al., 1991) 기억해야 한다.

유사한 역설이 OT와 스트레스 조절 호르몬인 프로게스테론 사이에서 나타났다(Childs et al., 2010). 높은 용량을 투여할 때, OT는 프로게스테론을 감소시키는 것으로 나타났다. 그러나 낮은 용량을 투여할 때는 OT가 프로게스테론의 분비를 유발하는 것으로 나타났다(Barrett & Wathes, 1990; Berndtson et al., 1996; Chandrasekher & Fortune, 1990; Miyamoto & Schams, 1991; Tan et al., 1982a, 1982b). 이러한 OT와 스트레스 조절 사이의 복잡한 관계는, 최소한 OT가 보편적으로는 스트레스 조절에 유익하지 않다는 것을 시사하며, 프로게스테론과 같은 다른 호르몬도 신체적 건강과 돕는 행동을 연결하는 역할을 할 수 있다는 가능성을 불러일으킨다.

프로게스테론

프로게스테론은 면역체계 조절을 촉진하는 것을 포함하여(Jain et al., 2004; Tamura et al., 2011) 생리적 항상성을 유지하는 역할을 하기 때문에(Bitzer, 2009), 저자들은 프로게스테론과 OT의 관계에 흥미를 느꼈다. 프로게스테론이 여성의 성호르몬으로서 번식에서 갖는 역할에 대해 주로 연구되어 왔지만, 중추신경계에서 남성과 여성 모두에게 분비된

다는 증거가 있다. 프로게스테론은 새로운 사회적 관계에 노출되면 남성과 여성 모두에서 증가한다(Schultheiss, Wirth, & Stanton, 2004). 친밀함에 노출되면서 여성에게서 증가하며(Brown et al., 2009b), 스트레스 후 대사 산물이 시상하부 뇌하수체 부신(hypothalamic-pituitary-adrenal: HPA) 축 기능을 회복시킨다(Childs et al., 2010). 프로게스테론이 연민에서 역할을 할 수 있다는 증거는 프로게스테론 수준이 참여자가 상대방을 위해 기꺼이 목숨도 걸 수 있다고 스스로 보고했고, 예측하기도 한 사회적 친밀감과 연관된다는 연구로부터 기인한다(Brown et al., 2009b).

OT와 프로게스테론 둘 다 사회적 유대감의 발달, '타인초점' 동기와 행동의 활성화, 스트레스 조절에 관여하고 있다는 가능성은 돕는 행동이 OT와 프로게스테론 사이의 상호작용을 통해 부분적으로 장수와 웰빙을 증가시킨다는 가설을 세우게 했다. 우리는 현재 이 가능성을 시험하고 있으며, 지금까지 우리의 예비 연구는 사람들이 그들이 아끼는 누군가를 도울 때 OT와 프로게스테론 사이에 강한 정적 상관관계가 있다는 것을 보여 주었다(Brown et al., 2016).

사회적 거부와 스트레스 증가: Eisenberger의 2015년도 포유류 돌봄 모형

연민과 건강 사이의 가능한 연관성을 상호

보완하는 모형은 사회적 관계의 위협, 특히 사회적 거절의 전형적인 비연민적 행동에 초점을 맞춘다(Eisenberger & Lieberman, 2004). 신체적 고통 연결망과 사회적 거절에 대한 심리적 스트레스 반응 사이의 유사성은 다른 사람들에 의한 거절을 경험했을 때 상당한 수준의 스트레스에 노출되는 것을 방지함으로써 사회적 관계와 연민이 건강에 도움이 된다는 것을 예측하기 위해 사용되어 왔다(Inagaki & Eisenberger, 2016). 비록 그 자체로 연민에 직접적으로 초점을 맞추지는 않았지만, 이 모형은 포유류의 돌봄에 기반을 두고 있으며 사회적 관계 내에서 거절감을 느끼는 개개인에 대한 심각한 위협과 번식 결과를 묘사한다. 외로움과 신체적 건강 사이의 연관성에 대해 비슷한 논점이 제기되었는데(Cacioppo & Patrick, 2008), 주목할 만한 것은 사회적 관계가 사회적 고립과 외로움의 스트레스를 증가시키는 특징에 대한 노출을 줄이기 때문에 사회적 관계가 보호된다는 것이다.

동시에 이 모형들은 스트레스 조절과 신체 건강에 대한 사회적 관계와 연민의 중요성을 강조한다. 왜냐하면 그들은 신체적 고통과 사실상 거의 차이가 없는 스트레스 반응을 경험하는 사람이 사회적으로 거절당했거나 고립된 사람이라는 것을 암시하기 때문이다. 따라서 이러한 사람들은 장기간 스트레스 반응에 더 많이 노출되며, 이런 이유로 질병과 사망에 이를 수 있는 면역 기능 장애의 후유증을 겪게 된다.

건강과 웰빙을 위한 연민 신경생물학의 시사점

사회적 관계와 연민이 건강한 방식으로 스트레스 조절을 바꿀 수 있는 힘을 가지고 있다는 가능성은 질병 경로에 대한 지식, 정신건강에 대한 연구, 행동 건강 개입의 발전을 포함한 의학 연구에 유망한 새로운 방향을 제시한다.

질병 경로

면역 기능 조절 장애와 엮여 있는 만성 염증 모형은 현재 암, 심장병, 폐질환을 포함한 가장 치명적인 질병의 원인과 급속 악화를 이해하기 위해 사용되고 있다. 만성 염증 모형은 또한 면역체계의 항상성 균형에 대한 충격의 축적을 통해 노화를 더 잘 이해하도록 도울 수 있다(Weinert & Timiras, 2003). 면역체계 균형을 유지하는 것의 핵심적이고 치명적인 중요성을 보여 주는 위독한 형태의 암 발생에 대한 흥미로운 이론이 있다. 구체적으로 세포에 상처나 손상이 있을 때 전염증성 사이토카인인 인터류킨-6(interleukin-6: IL-6)을 모집함으로써 줄기세포를 동원해 손상을 복구한다. 줄기세포 복구의 섬세한 특성은 면역계가 보내는 수많은 신호가 꺼지기를 요구하는데, IL-6은 새로운 조직의 생성을 보호하기 위해 면역 반응의 양상을 차단하는 신호를 보낸다. 불행하게도 치명적인 암의 경우, 이것은 종양의 과잉 성장을 초래할 수 있고, 손상된 조직을 회복하기 위해 IL-6의 훨씬 더 많은 방출을 촉발한다. 이 치명적인 되먹이 회로는 암을 치료하기 어려운 이유 중 하나로 생각된다. 이 회로에 대한 실험적 단절은 종양 크기를 크게 줄이고 사망 위험을 낮춘다(Korkaya, Liu, & Wicha, 2011; Korkaya et al., 2012).

연민 신경생물학 모델은 치명적인 형태의 암과 만성 염증에 의해 영향을 받는 것으로 추측되는 다른 질병이 커지는 것을 방해하는 자연적인 방법에 대한 통찰력을 제공할 수 있다. 연민적 동기와 행동이 스트레스를 방해하게 되는 정도까지, 그들은 면역 기능을 조절하는 호르몬 체계가 온전할 수 있도록 유지하는 코르티솔에 대한 저항력이 발달하는 것을 자연스럽게 막는다. 또한 우리의 돌봄 체계 모형은 OT 및 mPOA 활성화에 대응하여 프로게스테론이 방출될 가능성을 강조한다. 프로게스테론은 신체에서 생리적인 항상성을 조절하며, IL-6의 억제를 포함한 산화적 스트레스로부터 보호할 수 있는 방식으로 특정 사이토카인들과 관련이 있다(Brown & Brown, 2015).

정신건강

행동 수준에서, 연민 신경생물학 모형은 사회적 관계, 사회적 연결, 수용되고 있다는 느낌, 사회적 용인, 그리고 다른 사람들에게 기여하는 것의 중요성을 강조한다. 이러한 모형들은 사회적 거절이나 평가와 같이 다른

사람들의 스트레스를 증가시킬 수 있는 행동 유형뿐 아니라 심리적 스트레스를 조절해야 하는 사회적 행동과 관련성이 명백하다(Eisenberger & Lieberman, 2004). 생리적 수준에서 OT 및 프로게스테론과 같은 호르몬을 통한 스트레스 조절은 신체적 건강상의 이익뿐만 아니라 심리적, 정신적 건강상의 이익도 제공할 수 있다. 프로게스테론과 그 대사산물들은 감마 아미노부티르산(gamma-aminobutyric acid: GABA)의 톤을 스트레스 요인에 대한 HPA 스트레스 반응으로 회복시키는 것으로 알려져 있다. 이러한 이유로 프로게스테론의 변화나 증가를 동반하는 연민 행동은 정신건강 문제를 일으킬 수 있는 스트레스를 주는 삶의 사건들과 내적 상태에 대한 개인의 회복탄력성을 향상시킬 수 있다.

행동 개입

연민 신경생물학의 모형들은 스트레스와 질병에 대한 회복탄력성을 향상시키는 저비용이며 독립적인 방법들이 친숙하고 가까운 사람을 돕는 활동이나 기회로부터 올 수 있음을 시사한다. 동반자의 관점을 받아들이고, 사회적 관계를 구축하며, 관계 맺는 상대방에 대한 거절이나 고립시키는 소통을 억제하고, 상대방의 필요를 충족시키는 방법을 찾기 위한 노력들이 스트레스를 주는 삶의 사건, 질병, 부상과 싸우기 위해 사용하는 내부 체계의 항상성 균형을 유지하는 방법이 될 수 있다. 그리고 이러한 개입은 개인과 공동체의

신체적, 정신적 건강을 향상시키는 것 이상으로 더 나아갈 수 있다. 개인의 사회적 관계와 기여에 대한 의식을 높이는 것은 또한 학업 성취에 도움이 되고, 창조적인 추구를 자극하며, 직업 성공에 기여할 수 있다.

결론

비록 연민 신경생물학 연구가 초기 단계에 있지만, 이 새로운 분야는 사회적 관계가 어떻게 보호될 수 있는지를 이해하기 위한 더 나은 길을 열어 줄지도 모른다. 경쟁적인 설명에서 나온 미묘하고 간접적인 예측을 실험하는 새로운 기술이 등장함에 따라, 질병 퇴치와 정신건강 향상을 위한 비침습적인 방법에 대해 자세히 알아보기 시작할 예정이다. 그리고 이 새로운 연구 방향에서 중심을 잡고 있는 것은 연민이다. 이 책이 밝히는 것처럼, 연민은 과학과 의학 내에서와 의학에서 다양한 분야를 연결하고 통합하는 가교일 수 있다(예: 이 책의 Cole, 사회 유전학). 비록 Kropotkin이 그의 시대를 앞서갔을지라도 그의 아이디어는 우리가 뇌의 구조를 탐구할 수 있게 해 주는 기술과 함께, 그가 가진 연민 어리며 모범적인 인간 본성에 대한 관점의 진정한 힘을 우리에게 가르쳐 주고 있을지도 모른다.

 주

1. 어떤 다층적 선택이론이 동기를 고려했었으나 (Sober & Wilson, 1998), 이런 이론들은 자연선택이 유전자가 아닌 집단의 주 목표라고 하는 매우 논란이 많은 추론에 의존하고 있다. 그러나 영향력이 큰 주류 진화생물학자들은 집단 간 선택이 강력한 진화적 힘이라는 생각에 의문을 가지고 있는데(Williams, 1966; Maynard Smith, 1976), 이것은 주로 집단 간 선택이 이타주의자들을 착취하는 집단 내 경향을 극복해야 하기 때문이다. 더욱이 집단 선택 설명은 무엇이 집단을 구성하는가를 특정화하는 데 부정확한 경향이 있고(Pinker, 2012), 유전자 중심 이론보다 덜 조심스럽다. 동시에 집단 선택 설명은 이타주의의 진화에 대하여 독특한 예측을 하지 못한다(West et al., 2007).
2. 그리고 이것은 지지를 받는 사람들이 더 아프거나 의존적이 되는 것을 느끼거나 다른 사람에게 짐이 된다고 느끼고, 이런 것은 높은 불안 수준과 심지어 자살 행동과도 관련이 있는 것으로 보이기 때문에 개념적으로 타당하다(이 문제에 대한 토론은 Brown et al., 2003 참조).

참고문헌

Axelrod, R. (1984). *The Evolution of Cooperation*. New York: Basic Books.

Axelrod, R., & Hamilton, W. D. (1981). The evolution of cooperation. *Science, 211*, 1390-1396.

Barrett, J., & Wathes, D. C. (1990). The effect of oxytocin on progesterone secretion and PGF2a on oxytocin secretion from bovine luteal and granulosa cells in culture. *Animal Reproduction Science, 22*, 297-309.

Berndtson, A. K., Weaver, C. J., & Fortune, J. E. (1996). Differential effects of oxytocin on steroid production by bovine granulosa cells. *Molecular & Cellular Endocrinology, 116*, 191–198.

Berscheid, E., & Reis, H. (1998). Attraction and close relationships. In D. T. Gilbert, S. T. Fiske, & G. Lindzey (Eds.), *The Handbook of Social Psychology* (4th ed., Vol. 2, pp. 193–281). New York: McGraw-Hill.

Bitzer, J. (2009). Progesterone, progestogens, and psychosomatic health of the climacteric woman. *Maturitas, 62*, 330–333.

Bowlby, J. (1958). The nature of a child's tie to his mother. *International Journal of Psycho-Analysis, 39*, 350–373.

Bowlby, J. (1969). *Attachment and Loss: Vol. I. Attachment*. New York: Basic Books.

Brown, R. M., & Brown, S. L. (2006). SIT stands and delivers: A reply to the commentaries. *Psychological Inquiry, 17*, 60–74.

Brown, S. L., & Brown, R. M. (2006). TARGET ARTICLE: Selective investment theory: Recasting the functional significance of close relationships. *Psychological Inquiry, 17*(1), 1–29.

Brown, S. L., Brown, R. M., House, J. S., & Smith, D. M. (2008). Coping with spousal loss: Potential buffering effects of self-reported helping behavior. *Personality and Social Psychology Bulletin, 34*, 849–861.

Brown, S. L., Brown, R. M., & Preston, S. (2012). The human caregiving system: A neuroscience model of compassionate motivation and behavior. In S. Brown, R. Brown, & L. Penner (Eds.), *Moving Beyond Self Interest: Perspectives from Evolutionary Biology, Neuroscience, and the Social Sciences* (pp. 75–88). New York: Oxford University Press.

Brown, S. L., & Brown, R. M. (2015). Connecting prosocial behavior to improved physical health: Contributions from the neurobiology of parenting. *Neuroscience and Biobehavioral Reviews, 55*, 1–17.

Brown, S. L., Nesse, R. M., Vinokur, A. D., & Smith, D. M. (2003). Providing social support may be more beneficial than receiving it: Results from a prospective study of mortality. *Psychological Science, 14*, 320–327.

Brown, S. L., Lopez, W., Konrath, S., Smith, D., Fredrickson, B., ... Carter, S. (2016). Hormonal effects of prosocial motivation and behavior (in preparation).

Brown, S. L., Smith, D. M., Schulz, R., Kabeto, M. U., Ubel, P. A., Poulin, M., & Langa, K. M. (2009a). Caregiving behavior is associated with decreased mortality risk. *Psychological Science, 20*, 488–494.

Brown, S. L., Fredrickson, B. L., Wirth, M., Poulin, M., Meirer, E., Heaphy, E., & Schultheiss, O. (2009b). Closeness increases salivary progesterone in humans. *Hormones and Behavior, 56*, 108–111.

Brown, W. M., Consedine, N. S., & Magai, C. (2005). Altruism relates to health in an ethnically diverse sample of older adults. *Journals of Gerontology Series B: Psychological Sciences & Social Sciences, 60*, 143–152.

Burnstein, E. C., Crandall, C., & Kitayama, S. (1994). Some neo-Darwinian decision rules for altruism: Weighing cues for inclusive fitness as a function of the biological importance of the decision. *Journal of Personality and Social Psychology, 67*, 773-789.

Cacioppo, J. T., & Patrick, W. (2008). *Loneliness: Human Nature and the Need for Social Connection*. New York: W.W. Norton.

Carter, C. S. (1998). Neuroendocrine perspectives on social attachment and love. *Psychoneuroendocrinology, 23*, 779-818.

Cassidy, J. (1999). The nature of the child's ties. In J. Cassidy & P. R. Shaver, *Handbook of Attachment: Theory, Research, and Clinical Applications* (pp. 3-20). New York: Guilford Press.

Childs, E., Van Dam, N., & de Wit, H. (2010). Effects of acute progesterone administration upon responses to acute psychosocial stress in men. *Experimental & Clinical Psychopharmacology, 18*, 78-86.

Chandrasekher, Y. A., & Fortune, J. E. (1990). Effects of oxytocin on steroidogenesis by bovine theca and granulosa cells. *Endocrinology, 127*, 926-933.

Collins, N. L., Ford, M. B., Guichard, A. C., Kane, H. S., & Feeney, B. C. (2009). Responding to need in intimate relationships: Social support and caregiving processes in couples. In M. Mikulincer & P. R. Shaver (Eds.), *Prosocial motives, emotions, and behavior* (pp. 367-389). Washington, DC: American Psychological Association.

Darwin, C. (1871). The descent of man, and selection in relation to sex. In E. O. Wilson (Ed.), *From So Simple a Beginning: The Four Great Books of Charles Darwin* (pp. 783-1248). New York: Norton.

Darwin, C. (1872). The expression of the emotions in man and animals. In E. O. Wilson (Ed.), *From So Simple a Beginning: The Four Great Books of Charles Darwin* (pp. 1276-1477). New York: Norton.

de Waal, F. B. M. (2008). Putting the altruism back into altruism: The evolution of empathy. *Annual Review of Psychology, 59*, 279-300.

Dollard, J., & Miller, N. E. (1950). *Personality and Psychotherapy*. New York: McGraw-Hill.

Eisenberger, N. I. (2013). An empirical review of the neural underpinnings of receiving and giving social support: Implications for health. *Psychosomatic Medicine, 75*, 545-546.

Eisenberger, N. I., & Lieberman, M. D. (2004). Why rejection hurts: A common neural alarm system for physical and social pain. *Trends in Cognitive Science, 8*, 294-300.

George, C., & Solomon, J. (1999). Attachment and caregiving: The caregiving behavioral system. In J. Cassidy & P. R. Shaver (Eds.), *Handbook of Attachment: Theory, Research, and Clinical Applications* (pp. 649-670). New York: Guildford.

Gibbs, D. (1986). Stress-specific modulation of ACTH secretion by oxytocin. *Neuroendocrinology, 42*, 456-458.

Goetz, J., Keltner, D., & Simon-Thomas, E. (2010). Compassion: An evolutionary analysis and empirical review. *Psychological Bulletin, 136*, 351-374.

Goldfarb, W. (1945). Effects of psychological deprivation in infancy and subsequent adjustment. *American Journal of Psychiatry, 102*, 18-33.

Grillon, C., Krimsky, M., Charney, D. R., Vytal, K., Ernst, M., & Cornwell, B. (2013). Oxytocin increases anxiety to unpredictable threat. *Molecular Psychiatry, 18*, 958-960.

Hamilton, W. D. (1964). The genetical theory of social behaviour, I, II. *Journal of Theoretical Biology, 7*(1), 1-52.

Harlow, H. (1958). The nature of love. *American Psychologist, 13*, 673-685.

Harlow, H. F., & Zimmermann, R. R. (1959). Affectional Responses in the Infant Monkey. *Science, 130*, 421-432.

Heron, M. (2016). Deaths: Leading causes for 2014. *National Vital Statistics Reports, 65*, 1-95.

House, J. S. (2001). Social isolation kills, but how and why? Comment on "Characteristics of socially isolated patients with coronary artery disease who are at elevated risk for mortality." *Psychosomatic Medicine, 63*, 273-274.

House, J. S., Landis, K. R., & Umberson, D. (1988). Social relationships and health. *Science, 241*, 540-545.

Hull, C. (1943). *Principles of Behavior: An Introduction to Behavior Theory.* New York: Appleton-Century-Crofts.

Huxley, T. H. (1899). *Evolution and Ethics And Other Essays.* New York: D. Appleton & Company.

Inagaki, T., & Eisenberger, N. (2016). Giving support to others reduces sympathetic nervous system-related responses to stress. *Psychophysiology, 53*, 427-435.

Jain, S., Kannan, K., Prouty, L., & Jain, S. (2004). Progesterone, but not 17B-estradiol, increases TNF-a secretion in U937 monocytes. *Cytokine, 26*, 102-105.

Jenny, N. S. (2012). Inflammation in aging: Cause, effect, or both? *Discovery Medicine, 13*, 451-460.

Kirsch, P., Esslinger, C., Chen, Q., Mier, D., Lis, S., Siddhanti, S., & Meyer-Lindenberg, A. (2005). Oxytocin modulates neural circuitry for social cognition and fear in humans. *Journal of Neuroscience, 25*, 11489-11493.

Korkaya, H., Kim, G., Davis, A., Malik, F., Henry, L., Ithimakin, S., ... Wicha, M. (2012). Activation of an Il-6 inflammatory loop mediates trastuzumab resistance in HER2 overexpressing breast cancers by expanding the cancer stem cell population. *Molecular Cell, 47*, 570-584.

Korkaya, H., Liu, S., & Wicha, M. (2011). Regulation of cancer stem cells by cytokine networks: Attacking cancer's inflammatory roots. *Clinical Cancer Research, 17*, 6125-6129.

Konrath, S., Fuhrel-Forbis, A., Lou, A., & Brown, S. (2011). Motives for volunteering are associated with mortality risk in older adults. *Health Psychology, 31*, 87-96.

Kropotkin, P. (1902). *Mutual Aid: A Factor of Evolution.* London, England: William Heinemann.

McEwen, B. S. (2007). The physiology and neurobiology of stress and adaptation: Central role of the brain. *Physiological Reviews, 87*, 873-904.

Link, H., Dayanithi, G., Fohr, K., & Gratzl, M. (1992). Oxytocin at physiological concentrations evokes adrenocorticotropin (ACTH) release from corticotrophs by increasing intracellular free calcium mobilized mainly from intracellular stores. Oxytocin displays synergistic or additive effects on ACTH-releasing factor or arginine vasopressininduced ACTH secretion, respectively. *Endocrinology, 130*, 2183-2191.

Maynard Smith, J. (1976). Group selection. *Quarterly Review of Biology, 51*, 277-283.

Mikulincer, M., & Shaver, P. R. (2003). The attachment behavioral system in adulthood: Activation, psychodynamics, and interpersonal processes. In M. P. Zanna (Ed.), *Advances in Experimental Social Psychology* (Vol. 35, pp. 53-152). San Diego, CA: Academic Press.

Mikulincer, M., Shaver, P. R., Gillath, O., & Nitzberg, R. A. (2005). Attachment, caregiving, and altruism: Boosting attachment security increases compassion and helping. *Journal of Personality and Social Psychology, 89*, 817-839.

Miyamoto, A., & Schams, D. (1991). Oxytocin stimulates progesterone release from microdialyzed bovine corpus luteum in vitro. *Biology of Reproduction, 44*, 1163-1170.

Numan, M. (2006). Hypothalamic neural circuits regulating maternal responsiveness toward infants. *Behavioral Cognitive Neuroscience Review, 5*, 163-190.

Parker, K. J., Buckmaster, C., Schatzberg, A., & Lyons, D. (2005). Intranasal oxytocin administration attenuates the ACTH stress response in monkeys. *Psychoneuroendocrinology, 30*, 924-929.

Pinker, S. (2012). The False Allure of Group Selection, *Edge*. https://www.edge.org/conversation/steven_ pinker-the-false-allure-of-group-selection. Last accessed 2/28/17.

Poulin, M. J., Brown, S. L., Dillard, A., & Smith, D. M. (2013). Giving to others and the association between stress and mortality. *American Journal of Public Health, 103*, 1649-1655.

Poulin, M. J., Brown, S. L., Ubel, P. A., Smith, D. M., Jankovic, A. & Langa, K. M. (2010). Does a helping hand mean a heavy heart? Helping behavior and well-being among spouse caregivers. *Psychology of Aging, 25*, 108-117.

Preston, S. (2013). The origins of altruism in offspring care. *Psychological Bulletin, 139*, 1305-1341.

Richard, P., Moos, F., & Freund-Mercier, M. J. (1991). Central effects of oxytocin. *Physiological Reviews, 71*, 331-370.

Roberts, G. (2005). Cooperation through interdependence. *Animal Behaviour, 70*, 901-908.

Roth, D. L., Haley, W. E., Hovater, M., Perkins, M., Wadley, V. G., & Judd, S. (2013). Family caregiving and all-cause mortality: Findings from a population-based propensity-matched analysis. *American Journal of Epidemiology, 178*, 1571-1578.

Schultheiss, O., Wirth, M., & Stanton, S. (2004). Effects of affiliation and power motivation arousal on salivary progesterone and testosterone. *Hormones and Behavior, 46*, 592-599.

Skinner, B. F. (1938). *The Behavior of Organisms: An Experimental Analysis*. New York: Appleton-Century.

Smith, C. E., Fernengel, K., Holcroft, C., Gerald, K., & Marien, L. (1994). Meta-analysis of the associations between social support and health outcomes. *Annals of Behavioral Medicine, 16*, 352-362.

Sober, E., & Wilson, D. S. (1998). *Unto others:*

The Evolution and Psychology of Unselfish Behavior. Cambridge, MA: Harvard University Press.

Solomon, J., & George, C. (2011). *Disorganized Attachment and Caregiving.* New York: Guilford Press.

Spitz, R. A. (1945). Hospitalism: An inquiry into the genesis of psychiatric conditions in early childhood. *The Psychoanalytic Study of the Child, 1,* 53-74.

Spitz, R. A. (1946). Hospitalism: A follow-up report on investigation described in Volume I, 1945. *The Psychoanalytic Study of the Child, 2,* 113-117.

Striepens, N., Scheele, D., Kendrick, K. M., Becker, B., Schafer, L., Reul, J., ... Hurlemann, R. (2012). Oxytocin facilitates protective responses to aversive social stimuli in males. *Proceedings of the National Academy of Sciences, 109,* 18144-18149.

Tamura, I., Toshiaki, T., Lee, L., Kizuka, F., Taniguchi, K., Maekawa, R., ... Sugino, N. (2011). Differential effects of progesterone on COX-2 and Mn-SOD expressions are associated with histone acetylation status of the promoter region in endometrial stromal cells. *Journal of Clinical Endocrinology & Metabolism, 96,* E1073-E1082.

Tan, G. J. S., Tweedale, R., & Biggs, J. S. G. (1982a). Oxytocin may play a role in the control of the human corpus luteum. *Journal of Endocrinology, 95,* 65-70.

Tan, G. J. S., Tweedale, R., & Biggs, J. S. G. (1982b). Effects of oxytocin on the bovine corpus luteum of early pregnancy. *Journal of Reproduction & Fertility, 37,* 225-231.

Trivers, R. L. (1971). The evolution of reciprocal altruism. *Quarterly Review of Biology, 46,* 35-57.

Trivers, R. (1985). *Social Evolution.* Menlo Park, CA: Benjamin/Cummings.

Uvnäs-Moberg, K. (1997). Oxytocin linked antistress effects-the relaxation and growth response. *Acta Physiologica Scandinavica Supplement, 640,* 38-42.

Uvnäs-Moberg, K. (1998a). Antistress pattern induced by oxytocin. *Physiology, 13,* 22-25.

Uvnäs-Moberg, K. (1998b). Oxytocin may mediate the benefits of positive social interaction and emotions. *Psychoneuroendocrinology, 23,* 819-835.

Weinert, B., & Timiras, P. (2003). Invited Review: Theories of aging. *Journal of Applied Physiology, 95,* 1706-1716.

West, S., Griffin, A., & Gardner, A. (2007). Evolutionary Explanations for Cooperation, *Current Biology, 17,* R661-R672.

Williams, G. C. (1966). *Adaptation and Natural Selection.* Princeton, NJ: Princeton University Press.

제14장

자비의 근원: 진화론적, 신경생물학적 관점

C. Sue Carter, Inbal Ben-Ami Bartal, and Eric C. Porges

요약

타인에 대한 자비와 사회적 지지는 생존 가치와 건강상 이점을 지닌다. 자비는 때로 인간 특유의 것으로 여겨졌지만, 자비의 중요한 요소들은 인간이 아닌 포유류에서도 묘사되어 왔다. 처음에는 사회성 포유류 동물을 대상으로 시작되어 현재는 인간 대상으로 확대된 연구들을 살펴보면, 신경 펩타이드 호르몬(neuropeptide hormones) 특히 옥시토신(oxytocin)이 사회 인지(social cognition), 안전감(sense of safety), 그리고 사회성(sociality) 능력에서 자비로운 반응을 가능하게 한다는 것을 시사한다. 이에 반하여 연관 펩타이드인 바소프레신(vasopressin)과 그 수용체는 선택적 관계를 형성하는 데 필수적인데, 옥시토신과는 명백히 역설적이어서 공포와 회피를 증가시킨다. 자비의 성별 차이에 옥시토신과 바소프레신이 기여한다. 게다가 옥시토신과 바소프레신이 행동과 건강에 영향을 미치는 과정 중에는 자율신경계에도 복합적인 영향을 일으킨다. 자비의 이점에 내재된 뇌 기전에 대한 지식은 긍정적인 사회적 행동과 사회적 지지의 치유력에 새로운 통찰력을 제공해 준다.

핵심용어

자비, 도움행동, 옥시토신, 바소프레신, 자율신경계, 성별 차이, 진화, 신경생물학

개요

이 장에서는 진화론의 렌즈를 통해 자비에 연루된 신경생물학적 기전을 검토한다. 방어 행동은 생존과 번식에 중요한 역할을 하는 것으로 여겨지는 반면, 타인의 고통에 자비를 보이는 것과 같은 친사회적 행동(prosocial behaviors)의 진화적 이득은 널리 인정되고 있지 않다. 그러나 친사회성은 많은 종 사이에서 사회적 행동의 주요 요소이며 집단과 개인에게 많은 이점을 가지고 있다. 다른 사람을 돌보고자 하는 감각은 정서적, 지적 그리고 건강에 유익한 영향을 미칠 수 있다. 타인을 이롭게 하는 행동을 하는 개인이 속한 집단

은 더 번창할 가능성이 높다. 이러한 영향은 개인에서 사회로 확장될 수 있으며, 이 체계에 대한 지식은 인류의 생존과 관련이 있다.

자비는 때때로 인간에만 독특한 것으로 여겨진다(Adolphs, 2006). 실제로 인간은 타인의 관점을 취할 수 있는 복잡한 인지과정과 능력을 가지고 있다(Lamm et al., 2008; Decety & Porges, 2011). 이 과정에는 타인의 고통을 목격하거나 완화하려는 시도를 포함하여 자비를 위한 정교한 능력이 내재되어 있다. 그런데 인간이 아닌 종에서도 자비의 일부 요소가 존재하고 있으며, 다른 포유류 동물에 대한 연구는 자비의 신경생물학적 기반을 이해하는 데 도움을 준다. 여기서 우리는 자비를 인간에게 도움을 주는 행동을 동기부여하는 효과적인 기전으로 개념화한다. 또한 다른 종에서도 자비의 단순한 형태가 도움을 주고자 하는 동기가 될 수 있다고 주장한다. 자비와 유사한 긍정적인 사회적 행동의 보편성을 보여주는 증거로 쥐의 도움행동이 구체적인 사례로 제시될 수 있다.

최근의 증거는 옥시토신과 연관 펩타이드인 바소프레신이 포함된 포유류의 신경 펩타이드들이 사회성 기질(social traits)과 정서를 표현하는 능력에 중심 역할을 한다는 것을 시사한다. 지구상의 생명에 필수적인 초기 단계의 분자들은 호르몬과 수용체의 결합에서부터 복잡한 사회적, 문화적 관행에 이르기까지 많은 생물학적 맥락에서 사용되고 또 재사용된다. 옥시토신과 바소프레신 및 그 수용체의 신경생물학을 이해하는 것 또한 자비를 연구

하거나 자비를 강화하려는 시도에서 개인의 차이를 정교하고 더 정확하게 예측하는 데 도움이 될 수 있다.

자비의 정의

자비는 이 책에서 '다른 사람의 통증이나 고통에 대한 감수성과 그 고통을 덜어 주려는 내면의 욕구'로 정의된다(Goetz, Keltner, & Simon-Thomas, 2010). 만약 자비를 통증, 공포, 갈망(외로움의 외침이나 굶주림의 울음)에 수반된 사회적 반응을 포함하는 것으로 정의 내린다면, 영장류에서 설치류까지 많은 척추동물의 행동목록 중 접근(approach), 위로(consolation), 도움행동(helping behaviors)과 같은 자비의 구성요소들이 검출된다.

자비와 연관된 공감의 개념은 일반적으로 개인이 다른 사람의 감정 상태를 인식하고 지각하며 적절하게 반응하게 하는 감정, 표정, 행동을 설명하는 심리적 구성요소로 제시된다. 현재는 자비와 공감에 복잡한 사회-정서적 능력이 관여하고 있다는 데 의견이 모아지고 있다. 예를 들어, 공감에는 공감 각성(empathic arousal)과 공감 염려(empathic concern)라는 서로 다른 요소들이 들어 있다(Decety et al., 2012). 감정의 무의식적 전염성 공유를 일컫는 **공감 각성**은 개체 발생 중에 나타나는 첫 번째 공감의 구성요소이다(Decety & Michalska, 2010; Michalska et al., 2013; Roth-Hanania et al., 2011). 결과적으로 개인의 자비

와 공감의 수준은 육체적 고통에 빠진 타인을 목격하는 동안 경험하게 되는 각성의 개인 차이와 연관된다. 또한 공감 각성과 공감 염려 등의 심리학적 구조를 구별하기 위해 정신생리학적 및 행동적 측정 방법을 조합하여 사용할 수 있다. 공감 연구에서 사용한 것과 유사한 이슈와 기술이 자비의 분석에도 적용된다.

자비를 포함한 사회적 행동은 진화된 기질이다

타인의 존재는 진화를 형성해 나가는 힘이 된다. 사회적 상호작용과 종내 상호의존은 지구상 생명체의 보편적인 구성요소이다. 심지어 단세포 박테리아도 같은 종들이 있는 곳에서는 더 성공적으로 번식한다. 자비의 정교한 표현이나 충분한 경험은 인간 특유의 인지 과정과 대뇌피질 능력(cortical capacities)에 의존한다. 그런데 보노보 침팬지(Preston & de Waal, 2002), 집쥐(Ben-Ami et al., 2011), 초원쥐(Burkett et al., 2016)처럼 다양한 사회적 종에서도 자비, 공감, 위로를 닮은 행동이 묘사된다.

자비와 여러 형태의 사회성에 필요한 기본적인 신경생물학적 요소들은 많은 종에서 어떤 기초적인 형태로 존재한다. 종과 개인에 따라 천차만별인 신피질이 사회 인지의 유일한 원천은 아니다. 잘 작동하는 뇌간과 자율신경계에 의존하는 신경 과정은 친사회성(prosociality)에 필수적이다. 더욱이 긍정적인

사회성이나 도움과 관련된 정서적 경험은 인간이 아닌 동물들에게 친사회적 행동에 대한 보상에 주요 동기가 될 수 있다.

자비의 진화적 원형으로서 포유류 번식

포유류들은 진화하면서 대개는 같은 종내 타 개체들의 사회적 지지와 사회성 단서들에 점점 더 의존하게 되었다. 사회적 행동은 포유류가 더 안전하게 먹고, 소화시키고, 자고, 짝짓기를 하며 어린 개체를 부양하는 것을 가능하게 하였다. 포유류의 사회적 참여와 의사소통의 진화를 이끈 과정과 일부 종에서의 자비는 중추신경계와 자율신경계의 신경생물학의 진화와 관련이 있다(Porges, 2011; Porges, 이 책 제14장).

감정의 신경기반(neural substrates)은 여러 종에 걸쳐 비슷하다(MacLean, 1990). 이 동일한 시스템은 사회적 접촉, 배우자 고르기, 성적 행동, 모성(motherhood)의 기초 생물학이 포함된 번식의 다양한 측면에 관여한다. 어미의 돌봄이 필요한 어린 포유류는 태아기와 출생 후 영양분을 어미에게 의존한다. 산후 모자 간의 상호작용은 포유류 사회성의 원형으로 작용할 수 있는 매우 잘 보존된 생리 및 행동 패턴을 수반한다. 어미가 자녀에게 하는 것처럼 같은 종의 개체에게도 선택적으로 반응하도록 하는 신경회로들은 현대 포유류의 파충류 조상에서는 아마도 존재하지 않았을

것이다. 게다가 대부분의 인간은 일반적으로 아기에게 끌리기는 하는데, 자신의 아기에게 더 선택적으로 신속하게 정서적 유대감을 형성한다. 사회적 유대감과 모성애에 필수적인 행동적, 정서적 선택성 또한 경우에 따라서는 인간 자비의 특징일 수 있다.

인간 이외의 동물에서 도움행동

타 개체에게 이익을 주기 위한 친사회적 행동은 적응적이며 여러 군과 종에서 발견된다. 타 개체의 고통에 대한 반응이 진화의 본질이라는 구체적인 증거로 다음의 예가 제시된다. 개미들이 다른 개미들을 덫에서 풀어 줌으로써 그들을 돕는다는 것을 보여 준 연구 결과가 있다(Nowbahari et al., 2009). 침팬지는 인간 실험자가 손이 닿지 않는 물체를 찾는 것을 도와주고(Warnecken & Tomasello, 2006), 목표가 분명한 도움을 제공하는 것도 보여 주었다(Yamamoto et al., 2012). 보노보는 다른 보노보가 괴로워하는 표시를 하면 위로하는 행동을 보인다(Clay & de Waal, 2013). 코끼리 (Lee et al., 2016)와 하이에나(Owens & Owens, 1984)는 무리 내에서 공동 육아를 한다. 박쥐는 대가로 어떤 것도 받을 기회가 거의 없음에도 불구하고 장애가 있는 타 개체와 먹이를 나눠 먹는다. 까마귀는 동료들에게 먹이의 위치를 알리기 위해 자신이 먹는 것을 늦추기도 한다(Heinrich & Marzluff, 1995). 또 다른 많은 도움행동, 공동 둥지 짓기, 그리고 새끼 보호행동의 사례들이 보고된다(Ben-Ami et al., 2014; Dugatkin, 1997).

다른 포유류뿐만 아니라 인간에서도 다른 사람의 고통에 대한 정서적 반응은 친사회적 행동에 동기부여를 해 준다. 인간과 여러 포유류는 타 개체의 통증과 고통을 혐오로 경험한다. 이러한 정서적 경험은 타인의 고통을 멈추게 하려는 욕구를 자극하는 중요한 요소가 된다. 정서적 공명(affective resonance), 특히 개인 사이의 고통의 전달은 인간 이외의 많은 동물에게도 존재하며, 이는 공감 각성의 기본적인 형태로 여겨진다. 뒤에 기술하겠지만, 인간과 설치류에서 자비로운 각성을 담당하는 생물학적 요소—동일한 뇌 영역, 자율신경망 내분비 기전—를 공유하고 있다는 증거가 점차 증가하고 있다(Panksepp & Panksepp, 2013). 또한 인간과 마찬가지로 설치류의 도움행동 표현은 암컷이 더 많고 낯선 개체보다 가까운 개체에게 더 강하였다 (Decety et al., 2016). 그러므로 다른 개체의 고통에 반응하여 경험하는 정서적 각성이 동물들이 동족을 돕도록 동기를 부여할 수 있다는 주장은 합리적이다.

실험용 설치류에서도 도움행동이 입증되었다. 예를 들어, 쥐는 특정한 다른 쥐에게 충격을 주는 레버를 누르는 것을 피하고, 공중에서 매달린 쥐를 구해 주기 위해 레버를 누르며, 먹이를 나눠 주는 것에 보답하고, 이기적인 보상보다는 상호 보상을 선호하고, '도움행동 테스트(helping behavior test)'라고 불리는 패러다임에서 우리 안 틀에 갇혀 있는 쥐를 풀어 준다(Decety et al., 2016). 이 테스트에서 쥐들을 매일 1시간 동안 틀에 갇혀 있는 동종의 쥐에 노출시킨다. 틀에는 오직 외부의 쥐만이 밖에서 열 수 있는 문이 있다. 갇힌 쥐들은 육체적인 통증은 없고 틀 안에서 몸을 돌릴 수는 있지만, 대개 틀에서 벗어나려 하면서 괴로움을 느끼는 것으로 보인다. 동종의 갇힌 쥐에 노출된 자유로운 쥐들은 갇힌 쥐에게 반복적으로 접근해 틀의 구멍을 통해 주둥이로 갇힌 쥐를 접촉하고, 틀을 파거나 물어뜯으며, 갇힌 쥐에게 다가가기 위해 시도하는 등 반복적으로 갇힌 쥐에게 접근하려는 움직임 패턴을 보여 준다. 쥐들은 갇힌 쥐가 고통에서 벗어나도록 동기를 부여받았고, 약 5회만에 틀을 여는 방법을 배웠다. 이러한 동작은 처음에는 우발적으로 발생할 수 있지만 점점 의도적으로 되어 가는데, 틀을 여는 일관된 방법을 사용하고, 지체 시간이 줄어들며, 틀 입구 문이 넘어질 때 처음에 있었던 놀람 반응이 줄어드는 것을 보면 명확해진다. 또한 문을 여는 쥐는 문을 연 후 몇 분 만에 활동이 눈에 띄게 활발해졌고, 우위를 명백하게 표현하기 위해 틀 문에 자주 소변을 보는 행동을 보였다. 일단 쥐들이 틀을 여는 방법을 배우고 나면, 그들은 후속 세션에서 매우 빠르고 의도적으로 문을 열었다. 이것은 문 열기가 강화되고 있음을 시사한다. 쥐는 빈 틀이나 장난감 쥐가 들어 있는 틀은 열지 않았다. 이는 틀 자체가 문을 여는 동기가 되는 것이 아니라, 갇힌 쥐의 존재가 문을 여는 동기임을 나타낸다.

설치류는 매우 사회적인 동물이고 인간처럼 쥐도 사회적 상호작용을 통해 보상을 발견한다. 그래서 갇힌 쥐를 풀어 주려는 동기로 가능성이 있는 것은 사회적 접촉을 얻기 위함이다. 연구진은 이 가설을 검증하기 위해 문을 연 후 접촉이 차단될 경우, 쥐가 여전히 동료를 도울 수 있는지 여부를 확인하였다. 이 패러다임에서 관찰 가능한 도움행동을 위해 접촉이 필요하지 않다는 것을 발견했다. 쥐가 문을 연 뒤 별도의 공간으로 방출되었는데도 실험이 중단될 때까지 몇 달 동안 도움행동이 지속되었다. 갇힌 쥐를 없애야만 문을 여는 동작이 사라질 수 있었다. 게다가 도움행동이 초콜릿에 접근하는 것에 불리한 상황일 때에도 쥐들은 도움행동을 보여 주었고, 대부분의 실험에서 갇힌 쥐와 초콜릿을 나누었다.

다른 쥐의 고통으로 인한 부정적인 정서적 반응이기도 한 각성은 쥐의 도움행동에 아주 결정적인 요소이지만(Ben-Ami et al., 2016), 도움행동은 단순히 부정적인 자극을 소멸시키기 때문만이 아니라 쥐에게 보상이 될 수 있기 때문에 가능해진다. 설치류의 다른 사회적 행동도 보상에 관여하는 뇌 부위에 의존하고 있는 것으로 보인다(Dolen et al., 2013; Gunaydin et al., 2014).

이상의 실험들은 쥐가 갇힌 동료를 풀어 주는 것에서 보상이 되는 행위를 발견했다는 것을 보여 준다. 쥐들은 이전의 훈련, 외부 보상, 관찰할 수 있는 혜택이 없는데도 불구하고 수일 동안 의도적이고 신속하게 반복적인 도움행동에 동기를 부여하였다. 그러나 이 모든 실험은 서로 매우 친숙하고, 테스트 이후 같은 우리로 돌아온 쥐를 대상으로 이루어졌다. 연구진은 쥐가 낯선 쥐나 다른 종들에는 어떻게 상호작용하는지 알고 싶었다.

인간에게 동기가 부여된 도움의 가장 명확한 측면 중 하나는 내집단(in-group) 구성원에 대한 편견이다. 인간은 같은 집단 내에 있는 사람들을 돕고자 하는 동기부여가 더 강하다. 이 행동의 생물학적 근거에 대해서는 알려진 바가 별로 없다. 연구진은 쥐가 서로 다른 사회적 상황에서 얼마나 도움행동을 하는지 실험하기 위해 갇힌 낯선 쥐를 대상으로 실험을 하였다. 그 결과 쥐가 틀에 갇힌 친숙한 쥐와 마찬가지로 낯선 쥐에게도 도움을 준다는 사실을 밝혀냈다. 하지만 이 쥐들은 모두 같은 스프래그-다울리 종(Sprague-Dawley strain)에서 온 것이었고, 이는 그것들이 거의 유전적으로 동일하다는 것을 의미한다. 그래서 다음 실험은 다른 종인 검은 망토 롱 에반스 쥐(the black-caped Long-Evans rat)로 실험을 하였다. 쥐들이 틀에 갇힌 같은 종과 낯선 종을 풀어 주도록 동기를 부여받았지만, 낯선 종의 쥐들에게는 문을 열어 주지 않았다. 하지만 다른 종의 쥐와 함께 살았던 쥐들은 다른 종의 쥐들에게도 자신의 계통에게 하듯이 대해 주었다(Ben-Ami et al., 2014). 여기서 중요한 것은 쥐들이 다른 종의 낯선 쥐들을 풀어 주면서 이 행동을 일반화했다는 것이다. 이는 친사회적 동기가 쥐에게 유연하며 사회적 경험에 의해 수정될 수 있음을 보여 준다.

쥐가 다른 종의 쥐를 돕는 법을 배울 수 있다는 사실은 고무적이었고 친사회적 동기는 유전적 관계가 아닌 사회적 경험에 의해 결정된다는 생각으로 이어졌다. 유전적으로 유사한 다른 개체를 돕는 것에 생물학적 의무가 내재되어 있는지 조사하기 위해, 새끼 쥐가 태어나자 다른 종의 어미들에게 교차 육아를 시키고 성체가 되어서는 한 번도 같은 종을 만나지 못하게 했다. 만약 쥐에서 유전적 유사성이 크게 작용한다면, 자신의 종과 사회적 경험이 부족할지라도 성체가 된 같은 종에 도움을 줄 것으로 예상되었다. 하지만 교차 양육된 쥐가 성체가 되어 그들 자신의 종인 낯선 쥐를 틀에 두는 실험을 했을 때, 그들은 갇힌 낯선 쥐들을 풀어 주지 않았다. 대신에 그들은 입양되었던 종을 돕는 것을 선호하였다. 이러한 놀라운 발견을 통해 우리는 생물학적 정체성이 쥐에게 친사회적 동기를 유도할 힘이 없다는 것을 알게 되었고, 오히려 다른 동물들과 함께 습득한 긍정적인 사회적 경험이 그들이 알고 있는 집단 구성원을 돕도록 이끌었다. 친사회적 동기와 정체성은 동일하지 않다는 점에 주목해야 한다. 입증된 바에 의하면 쥐는 한쪽 계통에만 일반화하는 능력에 의해 다른 계통을 구별해 낼 수 있다.

결론적으로 인간과 다른 동물에서 증명된 바와 같이, 쥐의 친사회적 동기는 사회적 맥락에 따라 달라진다. 쥐를 포함한 사회적 동물은 사회적 기억력을 보여 주며 개별 고유종을 구별할 수 있다. 친숙성이나 내집단 구성원처럼 동질성에 기초한 사회적 분류는 고통과 친사회적 동기에 대한 감정 반응을 결정한다(Ben-Ami et al., 2014).

　이러한 종류의 연구는 대부분의 인간뿐만 아니라 인간이 아닌 동물들도 다른 개체들의 감정이나 경험을 감지하고 반응할 수 있다는 것에 의심의 여지가 없게 한다. 이 경험들이 인간이 묘사하거나 경험하는 자비나 공감과 진정으로 동질적인지를 생각해 보는 것은 흥미롭다. 이러한 경험들 사이에 상동성이 있는지는 부분적이나마 이 행동들의 진화와 내재된 생물학적 기전을 이해함으로써 연구될 수 있다.

옥시토신과 바소프레신: 사회성 및 유대감의 구성요소

　자비와 공감의 기원에 대한 진화 연구는 곧바로 신경 펩타이드, 특히 옥시토신과 바소프레신에 주목하게 했다. 사회성을 구현하는 이 분자와 유전적 구성요소는 현대 척추동물의 진화보다 약 7억 년 정도 선행된 것으로 추정된다(Acher et al., 1995). 옥시토신과 바소프레신 모두 수분 균형이 주요 기능인 단일 펩타이드인 바소토신(vasotocin)에서 진화되었다. 옥시토신과 바소프레신에서 발견되는 황 결합(sulfur bond)처럼 화학적 반응이 큰 요소들은 매우 광범위한 기능을 부여받는다. 옥시토신과 바소프레신을 구성하는 아미노산의 화학 작용은 혈액, 뇌, 신체에 퍼져 있는 특정 수용체를 통하여 서로를 끌어당기고 다른 기질에 붙도록 한다(Martin, Davis, & Carter, 미출간

자료). 이처럼 '유대감(bonding)'의 속성은 단순한 것에서 복잡한 것으로, 분자 단위에서 행동의 주요 요소로 확장된다.

　아주 작은 자웅동체 선충인 C. elegans에서 옥시토신이나 바소프레신과 관련된 고대 유전자에 의해 생성된 분자들은 인간의 사회적 경험에 상응하는 감정 상태가 수반되는 정도는 아니라도 사회적 행동이나 성적 행동과 연루되어 있다(Garrison et al., 2012). 무척추 동물에 관한 연구는 신경 펩타이드가 상호 관련이 없는 많은 종에 걸쳐 광범위하게 사회성에 관여하고 있다는 것을 시사하고, 이 과정은 원시적인 본질이 있음을 뒷받침한다.

　옥시토신은 포유류의 성적 행동, 출산, 수유, 모성 행동, 사회적 결합을 촉진하기 때문에 포유류에게 특히 중요하다(Marline et al., 2015; Beery et al., 2016; Carter et al., 1995). 옥시토신은 강력한 근육 수축을 통해 출산 과정을 촉진한다. 동시에 옥시토신은 출산 스트레스 동안 태아의 신경계를 보호한다(Tyzio et al., 2006). 또한 옥시토신은 모유 생성과 수유를 촉진한다. 수유와 산후 양육은 상대적으로 미숙한 영아들이 자랄 수 있게 해 준다. 모유는 또한 호르몬과 조절 인자를 함유하고 있으며 자녀의 산후 지적 발달을 촉진한다. 옥시토신과 바소프레신은 유아기에 특히 중요하지만, 사회적 유대감, 정서적 느낌과 반응, 자율신경계의 기능 등 다양한 과정을 통합하기 위해 일생 동안 작용한다. 특히 옥시토신은 자비를 포함한 다양한 형태의 친사회성에 구성 성분으로 여겨진다.

옥시토신과 바소프레신의 작용은 수용체의 가용성(availability)에 달려 있다. 펩타이드 수용체의 개인과 종별 차이는 아마도 사회성과 사회적 소통의 개인 차이에 중요한 역할을 할 것이다. 펩타이드와 수용체 모두를 평가하는 역량이 늘어남에 따라, 자비의 개인 차이에 필수적인 행동 상태와 반응에서 옥시토신과 바소프레신의 역할을 보다 깊이 이해하게 될 것이다.

옥시토신은 다양한 스트레스 요인에 대한 사회적 행동과 동시 반응(concurrent response)을 조정하는 신경내분비 네트워크의 중심에 자리 잡고 있는데, 일반적으로 스트레스 요인에 대한 반응성을 조절하는 역할을 한다(Carter & Altemus, 1997; Carter, 1998). 옥시토신은 두려움과 불안을 줄이고 스트레스 자극에 대한 내성을 높이는 경향이 있다. 옥시토신은 취약한 포유류 신경계가 원시 상태—고등 뇌신경을 정지시키는 하부 뇌간 활동에 기반을 둔 파충류의 동결 패턴—로 퇴행하는 것을 보호한다. 비교적 큰 피질과 그에 상응하는 높은 수준의 산소가 필요한 포유류는 장시간의 저산소증을 견디지 못한다. 따라서 저산소증처럼 차단 과정으로부터 개체를 보호하는 옥시토신의 역할은 생존에 기본이 된다. 동시에 옥시토신은 모성이나 성적 행동처럼 두려움 없는 친밀감과 침착함을 필요로 하는 다양한 형태의 사회성(Carter, 2014)을 장려하는 것으로 보인다. 옥시토신은 중추신경계와 자율신경계 모두의 경로에 작용하고, 이전에 방어기능이나 기초 대사과정에 관여했던 신경계가 친사회적 행동을 하도록 한다. 예를 들어, 자비의 상태에서 옥시토신의 존재는 정서적 과잉 자율 반응을 줄여 주어 높은 수준의 개인적 고통을 반드시 겪지 않고도 타인의 고통을 목격할 수 있도록 해 준다. 따라서 옥시토신은 도움행동이나 여러 적응적 반응에 관여하는 능력을 유지하면서 자비를 허용하게 한다.

옥시토신은 분비되면 바소프레신과 함께 작용한다. 바소프레신은 구조적으로 옥시토신과 유사한데 9개의 아미노산 중 2개만 다르다. 바소프레신은 수분균형 조절, 혈압 조절, 자율 기능 등에서 중요한 생리기능을 한다. 행동학적으로 바소프레신은 영역성(territoriality)과 공격성을 포함한 적극적인 보호나 방어 행동에 가장 많이 관여하고, 사회적 유대를 특징짓는 선택적 사회성(selective sociality)에 결정적인 것 같다(Carter, 1998). 바소프레신의 작용은 적극적인 반응을 요구하는 선택적 참여와 선택적 형태의 자비를 가능하게 한다. 한편, 바소프레신 수용체의 자극은 낯선 사람에 대한 자비를 억제하는 작용을 하기도 한다.

바소프레신이 자비에 직접적인 역할을 하는지 여부는 아직 연구되지 않았다. 그러나 옥시토신과 바소프레신 분자의 구조적 유사성 때문에 이들 펩타이드들은 잠재적으로 서로 수용체에 영향을 미칠 수 있다. 옥시토신과 바소프레신의 기능은 항상은 아니지만 종종 반대로 작용한다. 옥시토신에 만성적으로 노출되면 스트레스 경험에 대한 행동 및 자율 반응성이 감소되는 경향이 있는데, 이와는 대조적으로 바소프레신은 각성, 운동, 경계와 관련이 있다. 바소프레신은 사회적 행동에도 역할을 하고, 시상하부−뇌하수체 부신(HPA) 축의 조절, 특히 행동적, 생리적 스트레스 요인에 대한 적응 기능을 가지고 있다.

옥시토신과 바소프레신 사이의 역동적 상호작용은 사회성에서 접근과 회피 구성요소에 중요하다. 사람의 경우 비강 흡입 옥시토신은 컴퓨터 게임으로 측정한 '신뢰' 행동(Kosfeld et al., 2005)과 '눈 사진 과제'에서 미묘한 신호를 감지하는 능력(Lischke et al., 2012)을 촉진한다. 사회적 단서에 대한 '현출성 과제(salience task)'(Shamay-Tsoory & Abu-Akel, 2016)에서처럼 사회성의 여러 측면이 이 펩타이드들에 의해 조절될 수 있음을 시사하는 문헌이 증가하고 있다. 이러한 방식으로 이 펩타이드들은 자비에 직간접으로 영향을 미친다.

수용체 역학이 옥시토신과 바소프레신의 행동 작용을 설명하는 데 도움이 될 수 있다

옥시토신과 바소프레신은 시상하부에서 합성되며 특히 이 부위에 풍부하지만, 기능을 발휘하기 위해서는 종종 피질, 뇌간 하부 등 원거리 수용체와 자율 기능을 담당하는 기타 시스템에 도달해야 한다. 그간의 연구에서 옥시토신은 하나의 수용체만을 가지고 있는 것

으로 추정된다. 옥시토신 펩타이드는 신경계, 생식기, 면역 및 소화기 계통을 포함한 몸 전체에서 다양한 기능을 하지만 동일한 수용체를 사용한다. 심장이나 소화기관에 있는 옥시토신 수용체는 여러 적응 기능에 필요한 에너지와 산소를 제공하는 역할을 한다. 이것들은 다시 타인에게 반응하고 도움을 주기 위해 필요하기도 하다. 옥시토신의 이러한 특성은 행동과 생리에 협응 효과(coordinated effects)를 가능하게 한다. 또한 이러한 특성들은 타인의 도전에 행동과 정서 반응을 통합하는 데 어떤 역할을 할 수 있다(Grinevich et al., 2016).

바소프레신은 세 가지 종류의 수용체를 가지고 있다. 이 중 V1a 수용체는 뇌와 심혈관 계통에 풍부하고, 혈압과 국소 체액 조절은 물론 다양한 사회적, 방어적 행동에도 관여한다. 두 번째 바소프레신 수용체인 V1b는 스트레스에 대한 뇌하수체 반응 조절에 역할을 하며 공격성과 모성 방어에 영향을 준다(Bayerl et al., 2015). V2 바소프레신 수용체는 신장에서 발견되고 수분 균형에 중요한 역할을 한다. 옥시토신과 비교했을 때, 바소프레신은 더 원시적인 분자로 생각되며 행동을 물리적 환경과 통합시키는 항상성 효과가 있다. 하지만 두 분자는 아마도 많은 적응 기능을 위해 만들어졌을 것 같다.

옥시토신과 바소프레신 및 그 수용체의 분포는 들쥐에서 영장류에 이르기까지 종에 따라 다양한데(Witt et al., 1991; Freeman et al., 2014), 인간에서는 유전의 가능성이 높다. 하지만 이 펩타이드 수용체의 발현은 후성적으

로 조절될 수도 있다(Gregory et al., 2009). 경험이 이 펩타이드에 대한 수용체 가용성을 변조할 수 있도록 하여 일생 동안 적응 반응에 영향을 미치는 수용체 용량을 증가시키거나 감소시킨다.

옥시토신과 바소프레신이 행동에 미치는 영향은 옥시토신과 바소프레신 수용체 모두의 작용 결과이며, 이것은 성별에 따라 차이가 있는 성적 이형성(sexually dimorphic)이다(Carter, 2007; Albers, 2015). **옥시토신 수용체(OXTR)**와 바소프레신 수용체의 유전자 변이가 사회적 행동과 연관이 있다는 연구들이 반복되어 왔다. 자폐증을 대상으로 진행된 초기 연구를 시작으로 OXTR 유전자의 변이는 사회적 결손(Jacob et al., 2007), 공감 성향, 그리고 광범위한 사회적 행동(Feldman et al., 2016)과 관련이 있다. 자폐증이나 유사 조건에 대한 연구들은 옥시토신 수용체 유전자에서 단일 염기 다형성(single-nucleotide polymorphisms: SNPs)에 의해 지표화될 수 있는 유전자 변이(예: rs53576)를 발견하는 것이 흔히 시행되었다(Rodrigues et al., 2009). OXTR 유전자의 변이도 어떤 행동의 결과와 관련이 있기 때문에 이것은 하나의 예에 불과하다. 대부분의 연구가 소규모이고 연구방법 또한 다양하여 결과 해석은 복잡하다. 더욱이 옥시토신을 비강내 스프레이로 외부에서 투여하더라도 자비를 보이는 피험자의 성별과 자비가 향하는 대상은 OXTR의 유전자 변이와 상호작용할 수 있다(Palgi et al., 2016).

이러한 우려에도 불구하고 여러 연구가 축

적되면서 몇 가지 패턴이 나타나고 있다. 예를 들어, 사회 환경에 매우 민감한 사람은 OXTR의 SNP에서 특정 유전자 패턴을 가지는 반면, 민감성이 덜한 사람은 옥시토신 경로(oxytocin pathway)에서 다른 유전적 배경을 가질 수 있다. 초원 들쥐에 대한 우리의 지속적인 연구는 차별 양육이나 트라우마에 노출되는 것처럼 어린 시절 경험으로 인한 후성유전적 변화가 이 펩타이드 수용체의 개인 차이(Carter et al., 2009; Bartz et al., 2015)와 이로 인한 옥시토신과 바소프레신의 작용에 어떠한 역할을 한다는 가설을 뒷받침하였다. 따라서 자비 능력의 변화는 옥시토신과 바소프레신 및 수용체들의 개별적 차이에 기인하지만, 이에 국한되지 않는 다양한 기전에 의해서도 지지가 되고 있다.

자율신경계는 옥시토신과 바소프레신의 사회적, 정서적 기능에 매우 중요하다

자율신경계는 감각과 운동 요소를 포함한 양방향 체계로 감정 상태의 표현과 경험 모두에 결정적인 역할을 한다. 일반적인 의미에서 자율신경계의 반응과 적응은 감정 경험, 감정 표현, 얼굴 표정, 음성 의사소통, 수반성(contingent) 사회적 행동 등을 포함한 자비에 내재된 여러 과정의 기초가 된다. 잘 조율된 신경 경로는 포유류의 의사소통과 선택적 사회성을 지원한다.

자율상태 조절에 관여하는 뇌간 구조는 내장의 상태와 느낌(visceral states and feelings)의 감시병이 되어 감정 신호를 포함해서 방어 신호도 말초로 전달한다. 뇌간은 사회적 단서를 포함한 말초 감각과 관련된 감각 정보가 피질을 포함한 상위 뇌 구조의 활성화에 기여하는 통로를 제공한다. 따라서 내장기관 조절은 심장과 기타 내장을 조절하는 뇌간 체계에 의해 매개되고 뇌간에도 감각 정보를 전달한다. 뇌간 구조는 다시 자율 상태를 조절하는 피질 영역을 포함한 뇌 영역으로 정보를 전송한다(Critchley et al., 2004).

포유류 신경계는 육아와 같은 긍정적인 사회적 행동과 생명 위협에 대한 반응 사이에서 위험과 전환 상태를 빠르게 감지할 수 있어야 한다. 자기방어를 위한 신경회로는 투쟁/도피(fight/flight) 행동을 조절하고, 더 극단적인 상황에서는 동결(freezing) 또는 폐쇄(shutdown) 반응을 조절한다. 이러한 행동전략은 뇌간과 복잡한 자율신경의 양방향 네트워크를 통해 지원되는데, 이는 심박수, 호흡, 신진대사를 포함한 생리적, 내장기관의 작동과 행동적 요구를 조율하게 된다.

자비는 '내장 감각(gut feeling)'으로 묘사되기도 한다. 내장 감각은 자율신경계를 통해 내장 기관(예: 심장과 내장)과 뇌간 사이의 소통을 드러낸다. 자비와 관련된 정서적 느낌은 두려움의 상태를 극복하고 사회적 소통과 참여를 촉진할 수 있다.

우리가 우리 자신 속에서 상태, 감정, 행동적 특성으로 경험하는 것과 우리가 다른 사람들에게서 지각하는 것은 현대인의 피질 활동보다 선행하고 우선되는 원시의 뇌간과 자율적 과정의 활성을 요구한다. 생존의 기본은 도전이나 스트레스 요인에 반응하고, 조직에 산소를 공급하며, 신체에 영양분을 공급하는 등 중요한 과정마다 필요한 본능적인 항상성 상태를 유지하는 능력이다. 이러한 이유로 사회적 상호작용을 조절하는 데 관여하는 신경 회로와 자비와 같은 감정이 내장기관의 항상성을 조절하는 자율적 과정과 중복될 것으로 예상된다.

부교감신경계와 미주신경은 사회성의 중심이다

정서 조절과 사회참여에 특히 중요한 것은 미주신경(10번째 두개골 신경)이다(Porges, 2011; Porges, 이 책 제14장). 배측 미주운동과정(dorsal vagal motor process)—고대 척추동물 전체에서 발견됨—과 새로운 복측 미주원심성운동신경경로(ventral vagal efferent motor pathway)가 포함된 포유류의 부교감신경 체계는 사회적 의사소통에 특히 중요하다. 미주신경 체계는 부교감신경 기능에 중요한 역할을 하고 있으며, 구심성과 원심성 미주경로 모두 사회 참여와 사회적 의사소통을 조절한다. 배측 미주경로는 얼굴 선조근의 뇌간조절과 자율신경계 조절(Porges, 이 책 제14장) 사이에 신경해부학적 및 신경생리학적으로 연결되어 있다. 부교감신경계와 그것이 조절하는 자율적 과정은 자비에 필요한 신체적인 상태와 느낌 등을 지원하는 데 필요하다.

옥시토신 수용체와 바소프레신 수용체는 대뇌와 심혈관계, 소화기계, 면역계 등 미주신경에 의해 자극되는 말초기관에 풍부하여 운동과 감각과정 모두를 조절한다. 이 체계의 내장 피드백은 긍정적 또는 부정적 감정으로 경험하게 된다. 이러한 경험은 옥시토신과 바소프레신 수용체를 포함한 중추신경계 경로를 통해 여과된다. 따라서 옥시토신과 바소프레신에 의해 일부가 조절되는 내장 신경계는 자비와 연관된 감정을 포함한 다양한 감정에서 타당하다고 여겨지는 역할을 한다.

자율 과정과 원시 뇌 체계가 인지보다 우선할 수 있다

현존하는 생명체에서 인간의 구성요소 중 자비와 같은 것을 조사해 보면, 포유류와 궁극에는 인간 종족으로 성공적인 진화를 하기까지 큰 역할을 한 신경이나 생화학적 과정의 발현을 목격하게 된다(Carter, 2014). 자비를 포함한 감정이나 느낌을 하나하나 해체해 보면, 우리의 신경계가 대체로 '상향식(bottom up)'으로 연결되어 있다는 것을 아는 것이 도움이 된다. 자기보존 또는 생존과 관련된 과정이 자비를 보여 주거나 실천하고 싶은 이성적인 욕구보다 우선한다. 하지만 명상 수련과 같은 것으로 고등 뇌 구조의 상태를 조절하면 하위 뇌간 기능을 조절할 수 있다. 예를 들어,

명상과 호흡 운동은 두려움이나 분노를 자비로운 상태로 전환하게 해 준다(Porges, 이 책 제14장).

자비와 같은 개념을 이해하는 데 있어 가장 중요한 것은 사회 환경의 긍정적 특성과 부정적 특성을 감지하고 평가하는 신경계의 능력을 이해하는 것이다. 따라서 접근과 회피를 조절하는 과정은 일반적으로 사회성의 기본이 된다. 개인은 사회적 단서의 특징을 감지하고 해석한 다음, 감각, 자율, 정서, 운동 체계를 준비시켜 적절한 운동성 또는 자율 반응을 하게 한다. 이 모든 것은 옥시토신 및 바소프레신과 같은 펩타이드에 민감하다. 예를 들어, 정서적 반응성을 떨어뜨리는 옥시토신과 같은 펩타이드는 개인의 과도한 흥분이나 방어적 행동을 줄이고 다른 사람의 고통에 자비를 보여 주는 데 매우 중요하다.

긍정적 사회성에 대한 비교 신경생물학

친사회적 행동과 자비 기질의 기초가 되는 신경 기전을 이해하기 위한 한 가지 접근법은 포유류 사이에 종간 사회성 차이를 조사하는 것이다(Carter et al., 1995). 초원 들쥐와 같은 일부일처제 설치류는 특히 사회적 환경에 민감하여 긍정적인 사회적 경험을 가능하게 하는 신경내분비 기전을 이해하는 데 유용한 모델이다.

초원 들쥐에서 사회적 유대감 형성에 대

한 연구는 옥시토신의 효과를 이해하는 데 특히 도움이 되었다. 동물을 사회적 고립 상태에 두는 연구 결과를 검토해 보면 사회적 상호작용의 중요성을 일부라도 이해할 수 있다. 예를 들어, 장기간의 고립은 암컷의 옥시토신 증가와 관련이 있다. 이 맥락에서 옥시토신의 상승은 고립의 부정적인 결과로부터 보호기능을 한다. 상승된 옥시토신은 결과적으로 이후 사회성으로 향하는 경향을 증가시킬 가능성이 있다. 오피오이드와 도파민은 아마도 옥시토신이나 바소프레신과 상호작용을 통해 사회적 행동과 특히 사회적 유대감에 영향을 미친다는 증거도 있다(Aragona et al., 2006). 사회적 상호작용은 보상 체계에 강력한 영향을 미치고, 자비로운 반응과 관련된 정서적 영향에 기여할 수 있다. 이 분자의 기능에 대해 잘 연구된 문헌들을 살펴보면, 이 호르몬과 신경전달물질은 다른 사람들을 돕는 것과 관련되어 보상이 되는 감정을 강화하면서 다른 사람들의 통증이나 고통을 감지하고 반응하는 것에 영향을 준다.

초원 들쥐 또한 인간과 유사한 자율신경계를 가지고 있는데, 이것은 심장을 조절하는 수초화된 배측미주경로를 통해 미주신경 원심성 활성화를 높은 수준으로 잘 유지하는 것이 특징이다. 초원 들쥐처럼 고도로 사회적인 포유류는 사회성 행동에서 자율신경계와 내장 반응(visceral reaction)을 이해하는 데 모형이 된다. 이러한 예상에 일치하여 초원 들쥐에서 사회적 고립은 심장 미주신경 조절의 심각한 감소, 교감신경 각성의 증가, 스트레스

후 회복 능력의 감소를 초래하였다. 옥시토신 주사는 고립으로 인한 심장 효과를 역전시킬 수 있다(Grippo et al., 2009). 다른 개체의 고통에 대한 초원 들쥐의 행동 반응이 잘 연구되었는데, 이러한 행동 반응은 옥시토신 수용체를 차단함으로써 방지되었다. 이와 같은 사실로 옥시토신이 자비 또는 공감의 한 형태라고 주장한다(Burkett et al., 2016).

옥시토신과 바소프레신 수용체는 확장 편도(extended amygdala), 분계선조침대핵(the bed nucleus of the stria terminalis: BNST), 측막 격막(lateral septum)이 포함된 많은 변연계 구조물에서 발견된다. 편도와 연결체들은 접근 및 회피와 같은 다양한 감각 자극에 대한 반응을 통합하는 기능을 한다. 남성에서 옥시토신의 비강내 흡입은 편도의 활성을 억제하고 자율신경계 조절에 관여하는 뇌간 구조에서 하향하는 연결체들을 변화시킨다. 대뇌(중앙 편도체, BNST 및 측막 격막이 포함된 영역)에서 작용하는 바소프레신은 경계와 방어를 증강시킬 수 있으며, 경우에 따라서는 옥시토신의 효과에 길항제로 작용할 수도 있다(Albers, 2015). 중앙 편도에 의해 매개되는 행동들은 자극에 특정 자극 공포를 매개할 수 있는 반면, BNST는 불안과 관련된 경험들과 관련이 있다. 스트레스를 받고 있는 중에 방출되는 부신피질자극호르몬 방출인자(corticotrophin-releasing factor: CRF)와 같은 여러 펩타이드는 위험하거나 위협적인 단서에 대한 반응을 상향 조절하기 위해 BNST를 포함한 확장 편도에서 작용하는 불안 유발제일 수 있다. 적어

도 CRF 또는 바소프레신의 공포 관련 또는 방어 작용 중 일부는 옥시토신에 의해 차단될 수 있다. 따라서 옥시토신은 공포를 줄이고 스트레스 자극에 의한 교감신경 반응을 진정시키는 능력이 있다.

자비의 성별 차이

옥시토신 연관 펩타이드인 바소프레신 작용의 성별 차이가 자비의 성별 차이에 결정적일 수 있다. 예를 들어, 외인성 옥시토신(비강을 통해서 흡입된)은 남성의 편도에서는 신경 활성을 감소시키는 반면, 여성의 경우 동일한 치료법이 활성을 촉진한다(Domes et al., 2007). 또한 아기 사진과 같은 사회적 자극에도 신경이나 행동 영향이 성별에 따라 다르다(Feng et al., 2015a; Feng et al., 2015b). 외인성 바소프레신의 작용 또한 성별 차이가 있다.

사회성 표현과 그 능력의 성별 차이는 자비의 신경생물학에 단서를 제공한다. 일반적으로 여성이 남성보다 더 공감적인 것으로 기술된다(Chakrabarti & Baron-Cohen, 2006). 이러한 성별 차이에 성호르몬이 관여할 수도 있다. 옥시토신과 바소프레신의 혈중 농도는 성별에 따라 다르지 않다. 그러나 옥시토신과 바소프레신 모두 남성과 여성에서 다소 다르게 조절되는데, 이는 펩타이드와 그 수용체 모두가 호르몬 의존 차이(hormonally dependent differences)가 있기 때문인 것으로 생각된다. 사회적 행동과 특히 관련된 것 중

하나는 시상하부에서 합성되는 바소프레신이 중간 편도체, BNST 및 측막 격막이 포함된 신경 경로의 안드로겐에 의존적이라는 증거가 있다(Albers, 2015). 이 신경 축은 방어적이고 공격적인 행동에 결정적인데, 안드로겐에 노출되고 나면 이 경로에서 바소프레신이 증가한다. 특히 측막 격막에 작용하는 펩타이드들은 사회적 단서에 대한 방어 전략과 민감도를 조절할 수 있는 능력이 성별에 따라 다른 취약성을 만들게 되는데, 이는 자비 능력을 형성하는 구성요소이다. 옥시토신과 바소프레신이 함께 작용하면서 정서적으로 모순되는 과제—방어행동이나 공격성이 포함된 신속 행동과 자율 반응을 하도록 하면서 사회적 유대감을 형성하고 자비를 보이는—에 성적 이형성(sexually dimorphic)의 반응을 하게 한다. 이상의 소견들과 기타 결과들은 자비의 바탕이 되는 기질에 성별 차이가 있음을 보고한다. 예를 들어, 일반적으로 여성이 남성보다 타인의 고통을 더 잘 이해할 수 있다.

고립 기간 동안 옥시토신의 상승도 성적 이형성일 수 있다. 여성에서 옥시토신의 증가는 '사회적 관계의 격차(gaps in social relationships)'와 관련이 있다(Taylor et al., 2006). 옥시토신의 고립 관련 상승의 중요성은 아직 경험적 보고 수준이지만, 옥시토신은 포유류가 고립 또는 기타 스트레스 경험을 처리하는 데 도움이 되는 항상성 또는 대처 과정의 한 구성요소일 가능성이 높다. 또한 그러한 반응은 혼자 있으면 신체적 어려움에 대처할 능력이 남성보다 낮은 여성들에게 특히 적응적일 수 있는

기능인 사회적 참여에 대한 준비를 촉진할 수 있다. 개인 안전의 맥락에서 옥시토신의 분비는 타인의 감정이나 경험을 감지하고 여기에 자비로 반응하는 것과 같은 사회적 상호작용을 촉진할 수 있다.

확장 편도와 측막 격막에 있는 바소프레신은 안드로겐에 의존하여 발생하기 때문에 바소프레신은 사회적 행동의 성별 차이를 설명하는 것 중 주요 후보가 된다(Carter, 2007). 예를 들어, 남성과 여성은 성적 이형성 신경 경로(sexually dimorphic neural pathway)—성별로 다른 신경 경로—를 사용하여 자비유발 자극을 경험하거나 반응할 수 있다.

옥시토신은 자비의 매개자일 가능성이 높으며, 특히 여러 형태의 사회성에 필수적인 공포가 없는 부동화(immobilization)나 정서적 격정이나 공격성을 하향 조절(down-regulation)시키는 행동 반응인 경우에 그렇다(Porges, 1998). 한편, 바소프레신은 적응 반응을 하는 데 더 적극적이고 전략을 동원해야 할 상황과 관련이 있다. 옥시토신, 바소프레신과 이들 수용체들의 가용가능성 및 작용에서의 성별 차이는 자비의 성별 차이를 매개하는 중요한 후보들이다. 그러나 이 펩타이드 체계는 초기 생애와 전 생애에 걸쳐 경험에 의해 조정될 수 있다는 사실을 명심해야 한다. 이러한 조정 과정 또한 성별로 다르기는 하지만, 전 생애 동안 개인의 자비에 변화를 가질 추가적 기회를 제공한다. 따라서 안드로겐이나 바소프레신의 개별 변화는 여성보다 남성에서 자비 능력에 더 큰 변화를 가져다줄

것이라고 추측할 수 있다.

개인별 차이의 자원: 인간 예시

자비와 사회성의 유형에 대한 연구들이 좋은 결실을 보면서, 개인별 차이와 이와 관련된 생물학적 결과물 측정에 대한 연구가 증가되었다. 예를 들어, 한 연구를 보면 남자 대학생들에게 격투기 선수들이 높은 수준의 괴로움과 통증을 가하고 또 경험하는 종합격투기 영상(mixed martial arts: MMA)을 보여 주었다. 이 MMA 비디오에 대한 일련의 반응을 조사하였는데, 여기에는 기질적 공감수준에 따른 관계성, 주관적 각성, 부교감 또는 미주신경 상태[호흡성 동성 부정맥(respiratory sinus arrhythmia: RSA)로 측정], 교감신경 흥분(피부 전기활동으로 측정), 침 테스토스테론이 포함되었다(Porges et al., 2015). 또 다른 연구는 18~35세 남성들을 OXTR의 rs53576 GG 변이와 A 변이에 따라 분류하였다(Smith et al., 2014). A 대립유전자와 비교해서 OXTR rs53576 GG 변이를 가진 사람들은 타인의 통증 목격에 반응하여 주관적 각성과 교감신경 각성이 증가하였다. 이 유전자의 GG 동형접합체(homozygotes)는 또한 공감적 관심을 더 큰 수준으로 나타내었다. 이러한 소견들은 타인이 경험하는 통증에 반응한 정서적 생리적 반응에는 옥시토신 수용체의 변이가 중요하다는 것을 뒷받침한다. 부교감신경 활성이 더 낮은 참가자들은 MMA를 보는 것에 반응하

여 테스토스테론이 더 많이 증가하였는데, 이는 높은 부교감신경 긴장은 테스토스테론 반응과 방어적 반응을 약화시킨다는 것을 시사한다. 이것과 여러 관련 연구에서 나온 결과들은 높은 기준치 미주신경 활성을 가진 사람들은 폭력에 직면했을 때 행동 반응과 생리적 반응에 덜 취약할 수 있다는 것을 의미한다. 반대로, 낮은 미주신경 긴장은 사회적, 정서적 조절 장애에 위험요인이 된다. 낮은 기준치 수준의 미주신경 활성과 동시에 테스토스테론이 증가하는 사람들은 반사회적이고 공격적인 행동의 위험에 처할 수 있으며, 특히 정서적으로 자극적인 상황 앞에서 자비를 보일 능력이 떨어진다.

부교감신경계의 완충이 없으면 어떤 사람들은 개인적 위협 앞에서나 타인의 통증과 고통을 볼 때 감정적 과잉 반응에 취약해진다. 특히 위협 또는 위험 상황에서 '미주신경 제동(vagal brake)'의 철회로 인해 교감신경 활성이 상대적으로 우위를 점할 수 있게 된다. 이러한 조건에서는 공감 능력이 저하될 수 있다(Porges, 2011; 이 책의 Porges). 특히 만성 스트레스의 조건에 놓여 있는 펩타이드에 민감한 개인(예: rs53576 GG가 있는 개인)은 옥시토신(뇌나 자율신경계에 미치는 영향을 통해)이 교감신경 및 정서적 과잉 반응을 약화시킬 수 있다는 가설을 세울 수 있다. OXTR의 특정 변종이나 옥시토신 수용체의 발현을 조절하는 요인이 미주신경 활성을 직접 조절하고 있는지 여부는 향후 연구해야 할 부분이다.

'자비의 어두운 면': 옥시토신과 바소프레신의 상호작용이 타인의 통증이나 고통 반응에 영향을 미치는가

옥시토신을 포함한 펩타이드가 행동에 영향을 미치는 기전에 관한 연구는 이제 시작 단계이다. 하지만 최근 몇몇 연구는 자비와 옥시토신의 '어두운 면(dark side)'으로 묘사된 것에 초점을 맞추고 있다. 타인의 고통에 높은 수준으로 관심을 표하는 개인은 어떤 상황에서는 고통을 초래한 사람에게 처벌을 선택한다. 예를 들어, 외인성 옥시토신을 사용 후 '내집단(in-group)' 선호와 협력, '외집단(out-group)' 배척을 보고하는 경향이 증가하였다(De Dreu & Kret, 2016).

옥시토신과 바소프레신 모두 아마도 다른 사람들의 감정을 감지하고 반응하는 능력에 관여할 것이다. 그런데 타인의 통증을 느끼는 것과 관련된 감정적 반응은 복잡하다(Bartz et al., 2015; Shamay-Tsoory & Abu-Akel, 2016). 예를 들어, 타인의 고통을 느끼는 것은 피해를 입은 사람을 보호하려는 시도나 사랑하는 사람을 위협하는 사람에게 보복을 가하려는 시도로 이어질 수 있다. 남을 보호하기 위해 통증이나 심지어 죽음을 무릅쓰려는 의지는 자살 테러와 전쟁의 원인이 될 수 있다. 이 복잡성은 여전히 잘 이해되지 않고 있다. 이러한 이유들로, 옥시토신과 같은 호르몬을 예방적 치료로 사용하려는 시도는 신중하게 접근해야 한다(Harris & Carter, 2013). 그렇지만 부교감신경 및 옥시토신 시스템의 기능을 급성으로 또는 만성으로 향상시키는 요소들을 이해하는 것은 자비를 증진시키는 자연 발생적 기전을 더 깊이 이해하도록 해 줄 것이다.

펩타이드 수용체의 변이가 사회적 행동의 종과 개인의 차이를 설명하는가

옥시토신의 행동학적 작용에 대한 설명만으로는 사회적 행동에서 옥시토신의 역할을 설명하기에 충분하지 않다. 펩타이드를 주입하고 동시에 특정 유형의 수용체를 불활성화하거나 차단하는 동물 모델에서 여러 증거가 도출된다. 예를 들어, 햄스터에게 옥시토신을 주입하면 바소프레신 수용체에 대한 작용을 통해 사회적 소통의 일종인 옆구리 자국(flank marking)을 유도할 수 있다. 옥시토신의 이러한 효과는 옥시토신 수용체가 차단되었을 때에도 나타났으나 바소프레신 수용체를 사용할 수 없을 때는 나타나지 않았다(Song et al., 2014). 다른 종에서 이와 유사한 연구에서도 옥시토신과 바소프레신이 수용체 수준에서 '상호연락(cross-talk)'을 한다는 것에 거의 의문이 없다(Albers, 2015). 옥시토신과 바소프레신은 수용체 수준에서 서로의 작용을 흥분시키거나 때로는 직접 차단하여 긍정적 혹은 부정적 맥락에 재빨리 반응할 수 있는 역동적 시스템을 구현한다.

인간 행동에서 펩타이드 역할 중 전사(translation)의 중요성을 더욱 복잡하게 만드는 것은 고대 영장류 신경계의 옥시토신 수용체 분포가 설치류에서 발견되는 것과 비슷한지, 다소 다른지에 대한 지속적인 논란이다. 영장류의 옥시토신 수용체는 설치류 연구에 의해 예측된 변연계 부위에 풍부하지 않을 수도 있다. 하지만 고농도의 콜린성 신경과정을 함유하고 있는 뇌 영역에서 옥시토신 수용체가 확인되었다(Freeman et al., 2014). 이러한 소견은 옥시토신의 행동학적 작용 특히 감정 조절과 관련된 작용은 자율신경계의 영향이 매개한다는 가설을 뒷받침한다. 자율신경계는 부분적으로 아세틸콜린에 의해 조절되며, 아세틸콜린은 다양한 억제 과정을 조절한다. 타인의 고통을 느끼면서도 두려움을 억누르는 능력은 자비의 능력과 연관이 있다.

바소프레신 V1a 수용체는 영장류의 뇌 전체에 풍부하다. 설치류에서와 마찬가지로 인간과 다른 영장류에서 외인성 옥시토신을 주입 후 나타나는 효과 중 적어도 일부는 V1a 수용체의 영향 때문이다.

이러한 종류의 역동적 상호작용과 펩타이드 수용체의 복잡한 조절 때문에 옥시토신과 바소프레신의 작용을 단순하게 해석해서는 안 된다. 그렇지만 수백 편의 연구는 자비와 관련된 인간의 사회적 행동에서 옥시토신과 바소프레신 분자의 중요성을 계속 지지하고 있다(Bartz et al., 2015; Shamay-Tsoory & Abu-Akel, 2016; Feldman et al., 2016).

옥시토신 수용체와 바소프레신 V1a 수용

체 모두의 유전자 변이 또한 공격성을 지시하
거나 경험하게 하는 경향을 완화할 수 있다.
이러한 관계는 아마도 자비나 징벌 대상과 관
계의 강도를 포함한 다양한 개입 변수에 따라
달라진다(Buffone & Poulin, 2014). 예를 들어,
OXTR(rs53576 GG)의 SNP는 환경적 맥락에 대
한 민감성과 관련이 있는데, 특히 공감과 관
련이 있는 반면 이 SNP의 대립유전자는 사회
적 환경에 덜 민감하거나 심지어 둔감한 것
같다(Rodrigues et al., 2009; Smith et al., 2014;
Feng et al., 2015a; Feldman et al., 2016).

바소프레신 수용체에 영향을 주는 옥시토
신의 능력(Albers, 2015)은 이상의 소견들을 고
려해야만 한다. 옥시토신의 영향을 받는 상황
에서 바소프레신(또는 바소프레신 수용체를 자
극하는 화합물)에 의해 유도되는 행동 표현형
은 방어적 행동이나 위협에 대한 가용한 반응
으로 여겨진다. 반대로, 바소프레신은 자비의
능력을 방해하거나, 혹은 고통에 빠진 사랑하
는 사람을 방어하려는 경향을 높인다.

옥시토신 및 바소프레신의 다른 기능과 마
찬가지로, 어떤 펩타이드도 정서 반응성(사회
적으로 방어적이거나 편협하게 보일 수 있는 반
응을 포함하여)에 영향을 미치는 데 단독으로
작용하지는 않는다. 게다가 자비 연구에서
는 옥시토신이나 바소프레신 수용체의 유전
적, 후성유전적 지표를 고려할 필요가 있다.
예를 들어, 옥시토신의 혈중 농도는 뇌 활성
을 예측한다. 특히 남성이나 사회적 민감성
을 시사하는 전전두엽 피질 영역에서 그렇다
(Lancaster et al., 2015).

옥시토신과 바소프레신의 신경생물학과
수용체 역학에 대한 심층적인 이해가 특히 중
요하다(Harris & Carter, 2013). 이 체계에 대한
진화생물학은 개인의 차이가 예측하게 한다.
이들 펩타이드 수용체의 유전은 특히 가변적
인 것으로 보인다. 옥시토신과 바소프레신,
그리고 몸 전체에 퍼져 있는 이것들의 표적들
또한 후성유전적 '조정(tuning)'의 대상이 되어
개인의 경험을 통해 감정 시스템의 수정을 가
능하게 한다.

옥시토신과 바소프레신의 신경생물학에 대한 지식이 자비를 촉진하는 데 사용될 수 있을까

가장 흔히 보고된 외인성 옥시토신의 결
과는 긍정적인 사회적 행동의 강화와 다양
한 정신병리에서 행동반응의 개선 경향이다
(MacDonald & Feifel, 2013). 하지만 외인성 옥
시토신을 이용한 치료가 부정적인 결과를 초
래할 수 있다는 증거도 있는데, 특히 유전적
으로 취약한 개인과 위협 또는 두려움과 연관
된 심리적 맥락에서 그렇다(Bartz et al., 2015;
De Dreu & Kret, 2016). 동일한 것으로 여겨지
는 경험에 남자와 여자는 다르게 반응할 수
있다. 비록 그 기전이 완전히 연결되지는 않
았지만 행동 연구에 기초하여 옥시토신이 사
회적 현출성(social salience)을 향상시키기 때
문에 이러한 역설적인 효과가 발생한다고
제안이 있었다(Shamay-Tsoory & Abu-Akel,

2016). 신경내분비를 분석하는 수준에서 살펴보면, 바소프레신 수용체를 자극하는 옥시토신의 능력이 외인성 호르몬에 대한 반응에 개인별 또는 상황별 차이를 설명할 가능성을 고려하여야 한다. 예측되는 개별 민감도의 차이는 부분적으로라도 수용체 변화에 근거하고, 이 차이의 기원은 유전적 그리고 후성유전적일 수 있다.

수용체 발현과 수용체 결합의 조정에 발달 경험이 결정적이다. 생리적 변화와 행동에서 개인 차이에 대한 단서는 혈액, 침 및 기타 체액의 호르몬 측정을 통해 확인할 수 있다(Carter, 2007). 또한 수용체의 개별 차이는 유전적, 후성유전적 표지를 통해 지수화할 수 있다. 이는 기능적 뇌영상 및 기타 정신생리학적 기법과 결합할 수 있으며, 경우에 따라서는 행동을 예측하는 데 탁월한 능력이 있다(Porges et al., 2015; Lancaster et al., 2015). 개별 반응에 대한 보다 완전한 이해는 여러 분석 수준으로 측정을 할 때 가능해진다. 이러한 작업들이 유망은 한데 아직 초기 단계이다.

마지막으로, 자율신경계가 정서적, 사회적 경험에 필수적이라는 것이 점점 더 명백해지고 있다. 자율신경계, 특히 미주신경 활성의 패턴은 펩타이드의 개별 차이와 맥락 의존 효과(context-dependent effects)에 대한 단서를 제공한다(Bartz et al., 2015). 논란은 있지만, 휴식 상태 자율신경계에 관한 정보는 사회적 자극 이후의 반응을 예측할 수 있게 한다(Porges et al., 2015; Porges, 2011; Porges, 이 책 제14장). 옥시토신과 바소프레신 모두 부분적으로 자율적이고 내장 반응을 통해 감정 상태와 기질에 영향을 미친다. 따라서 자율적 과정을 측정하는 것은 사회적 단서에 반응하고 상호작용하는 신경내분비 체계를 비침습적으로 이해할 수 있도록 해 주고, 이는 자비의 기질적 요소를 설명해 준다.

결론

타인을 돕고자 하는 욕구는 타인의 고통을 목격하는 등의 자극에 의해 유도될 수 있다. 전부는 아니지만 일부 개인에게 이러한 종류의 자극은 고통에 자율적인 신경 감각을 유도할 뿐만 아니라 연결감을 유도하는 타고난 능력이 있다. 또한 이러한 경험들은 옥시토신을 분비하거나 내인성 옥시토신에 민감해지게 한다(Kenkel et al., 2013; Mascaro et al., 2014).

정서적 안전의 맥락에 따라 인간의 사회적 행동에 직접 영향을 미치는 옥시토신을 포함한 호르몬들이 동원된 시도들은 복잡한 결과가 나타난다. 예를 들어, 건강한 사람에게는 옥시토신이 안전감을 증가시킬 수 있다. 그러나 옥시토신의 효과는 개인 정서력에 따라 달라진다는 증거가 있다. 방임, 학대 또는 트라우마가 있고 안전의식을 달성하기 어려운 개인은 특히 옥시토신 치료 후 부작용의 위험이 있을 수 있으며, 이는 바소프레신 수용체를 자극하는 옥시토신의 작용을 통해 발생하게 된다(Albers, 2015).

감정과 내장의 상태는 우리가 다른 사람에

대해 느끼고 반응하는 방식과 자비 능력에 영향을 미친다. 정서 반응과 느낌을 조절하는 요인을 인식하는 것은 자비의 진화 신경생물학을 더 깊이 이해하게 한다. 선택적 사회적 행동은 생존과 생식을 촉진하고 안전과 정서적 안정감을 증진시킬 수 있다. 사회성은 인간 존재에 필수적이며, 자비를 가능하게 하는 신경기질과 호르몬 상태는 타인에게 접근하거나 '신뢰'하려는 의지, 타인의 감정이나 고통에 대한 민감성 등 여러 형태의 사회성을 가능하게 한다. 사회적 단서에 대한 민감성은 자비의 한 요소이다. 옥시토신, 바소프레신 등의 뇌간 신경 펩타이드에 의존하는 자율 기능이 포함된 신경계는 이 시스템 조절을 설명하는 데 있어 좋은 예이다.

옥시토신과 바소프레신에 보다 의존하는 신경계를 조사함으로써 사회적 행동을 연구하는 전략이 유전적, 후성유전적 분석 수준으로 확대되었다. 예를 들어, 옥시토신과 바소프레신 수용체의 유전 및 후성유전에서의 개인 차이는 자폐적 특성(Jacob et al., 2007)뿐만 아니라 개인과 성별의 사회성 차이(Feldman et al., 2016)와 사회적 자극의 인식(Puglia et al., 2015)과도 관련이 있다. 옥시토신과 바소프레신의 유전학적 개인 차이 또는 성별 차이는 자비 능력의 개인 차이와도 관련이 있다. 생물학적 안전 기질은 위협이나 위험에 대비한 방어와 반응을 위해 서로 연결되어 있다. 그래서 이러한 체계의 조작은 안전의 맥락에서 신중하게 수행되어야 한다(Harris & Carter, 2013). 이상적인 이러한 연구들은 자율 기능,

이와 동시에 일어나는 호르몬 과정, 영향을 받는 수용체의 민감도 또는 발현에 대한 개인과 성별 변화에 대한 지식을 가지고 수행되어야 한다(Smith et al., 2014; Porges et al., 2015).

감사 인사

우리는 이 장에 인용되고 기술된 많은 동료에게 감사를 표한다. 특히 Stephen W. Porges는 이 장에 개념과 편집에 의견을 주었다. 우리는 또한 Emma Seppälä, Emiliana Simon-Thomas, Stephanie Brown의 사려 깊은 편집 논평에 감사를 표한다. 이 장의 완성은 부분적으로 국립보건원(the National Institutes of Health)(P01 HD 075750)의 지원을 받았다.

참고문헌

Acher, R., Chauvet, J., & Chauvet, M. T. (1995). Man and the chimaera. Selective versus neutral oxytocin evolution. *Advances in Experimental Medicine & Biology*, *395*, 615-627.

Adolphs, R. (2006). How do we know the minds of others? Domain-specificity, simulation, and enactive social cognition. *Brain Research*, *1079*(1), 25-35.

Albers, H. E. (2015). Species, sex and individual differences in the vasotocin/vasopressin system: Relationship to neurochemical signaling in the social behavior neural network. *Frontiers in Neuroendocrinology*, *36*, 49-71.

doi:S0091-3022(14)00072-7

Aragona, B. J., Liu, Y., Yu, Y. J., Curtis, J. T., Detwiler, J. M., ... Insel, T. R. (2006). Nucleus accumbens dopamine differentially mediates the formation and maintenance of monogamous pair bonds. *Nature Neuroscience, 9*(1), 133-139.

Bartz, J. A., Lydon, J. E., Kolevzon, A., Zaki, J., Hollander, E., ... Ludwig, N. (2015). Differential effects of oxytocin on agency and communion for anxiously and avoidantly attached individuals. *Psychological Science, 26*(8), 1177-1186.

Bayerl, D. S., Kaczmarek, V., Jurek, B., van den Burg, E. H., Neumann, I. D., ... Gassner, B. M. (2015). Antagonism of V1b receptors promotes maternal motivation to retrieve pups in the MPOA and impairs pup-directed behavior during maternal defense in the mpBNST of lactating rats. *Hormones & Behavior, 79,* 18-27.

Beery, A. K., McEwen, L. M., MacIsaac, J. L., Francis, D. D., & Kobor, M. S. (2016). Natural variation in maternal care and cross-tissue patterns of oxytocin receptor gene methylation in rats. *Hormones & Behavior, 77,* 42-52.

Ben-Ami, B. I., Decety, J., & Mason, P. (2011). Empathy and pro-social behavior in rats. *Science, 334*(6061), 1427-1430.

Ben-Ami, B. I., Rodgers, D. A., Bernardez Sarria, M. S., Decety, J., & Mason, P. (2014). Pro-social behavior in rats is modulated by social experience. *eLife, 3,* e01385.

Ben-Ami, B. I., Shan, H., Molasky, N., Murray, T., Williams, J., ... Mason, P. (2016). *Frontiers in Psychology 7, 850. Anxiolytic treatment impairs helping behavior in rats.*

Buffone, A. E., & Poulin, M. J. (2014). Empathy, target distress, and neurohormone genes interact to predict aggression for others-even without provocation. *Personality & Social Psychology Bulletin, 40*(11), 1406-1422.

Burkett, J. P., Andari, E., Johnson, Z. V., Curry, D. C., de Waal, F. B., & Young, L. J. (2016). Oxytocin-dependent consolation behavior in rodents. *Science, 351*(6271), 375-378.

Carter, C. S. (1998). Neuroendocrine perspectives on social attachment and love. *Psychoneuroendocrinology, 23*(8), 779-818.

Carter, C. S. (2007). Sex differences in oxytocin and vasopressin: Implications for autism spectrum disorders? *Behavioural Brain Research, 176*(1), 170-186.

Carter, C. S. (2014). Oxytocin pathways and the evolution of human behavior. *Annual Review of Psychology, 65,* 17-39.

Carter, C. S., & Altemus, M. (1997). Integrative functions of lactational hormones in social behavior and stress management. *Annals of the New York Academy of Sciences, 807,* 164-174.

Carter, C. S., Boone, E. M., Pournajafi-Nazarloo, H., & Bales, K. L. (2009). Consequences of early experiences and exposure to oxytocin and vasopressin are sexually dimorphic. *Developmental Neuroscience, 31*(4), 332-341.

Carter, C. S., DeVries, A. C., & Getz, L. L. (1995). Physiological substrates of mammalian monogamy: The prairie vole model. *Neuroscience & Biobehavioral Reviews, 19*(2), 303-314.

Chakrabarti, B., & Baron-Cohen, S. (2006). Empathizing: Neurocognitive developmental mechanisms and individual differences. *Progress in Brain Research*, *156*, 403-417.

Clay, Z., & de Waal, F. B. (2013). Development of socio-emotional competence in bonobos. *Proceedings of the National Academy of Sciences, USA*, *110*(45), 18121-18126.

Critchley, H. D., Wiens, S., Rotshtein, P., Ohman, A., & Dolan, R. J. (2004). Neural systems supporting interoceptive awareness. *Nature Neuroscience*, *7*(2), 189-195.

De Dreu, C. K., & Kret, M. E. (2016). Oxytocin conditions intergroup relations through upregulated in-group empathy, cooperation, conformity, and defense. *Biological Psychiatry*, *79*(3), 165-173.

Decety, J., Bartal, I. B., Uzefovsky, F., & Knafo-Noam, A. (2016). Empathy as a driver of prosocial behaviour: Highly conserved neurobehavioural mechanisms across species. *Philosophical Transactions of the Royal Society of London, B. Biological Sciences*, *371*(1686), 20150077.

Decety, J., & Michalska, K. J. (2010). Neurodevelopmental changes in the circuits underlying empathy and sympathy from childhood to adulthood. *Developmental Science*, *13*(6), 886-899.

Decety, J., Norman, G. J., Berntson, G. G., & Cacioppo, J. T. (2012). A neurobehavioral evolutionary perspective on the mechanisms underlying empathy. *Progress in Neurobiology*, *98*(1), 38-48.

Decety, J., & Porges, E. C. (2011). Imagining being the agent of actions that carry different moral consequences: An fMRI study. *Neuropsychologia*, *49*(11), 2994-3001.

Dolen, G., Darvishzadeh, A., Huang, K. W., & Malenka, R. C. (2013). Social reward requires coordinated activity of nucleus accumbens oxytocin and serotonin. *Nature*, *501*(7466), 179-184.

Domes, G., Heinrichs, M., Michel, A., Berger, C., & Herpertz, S. C. (2007). Oxytocin improves "mind-reading" in humans. *Biological Psychiatry*, *61*(6), 731-733.

Dugatkin, L. A. (1997). *Animal Cooperation Among Animals: An Evolutionary Perspective*. New York: Oxford University Press.

Feldman, R., Monakhov, M., Pratt, M., & Ebstein, R. P. (2016). Oxytocin pathway genes: Evolutionary ancient system impacting on human affiliation, sociality, and psychopathology. *Biological Psychiatry*, *79*(3), 174-184.

Feng, C., Hackett, P. D., DeMarco, A. C., Chen, X., Stair, S., ... Haroon, E. (2015a). Oxytocin and vasopressin effects on the neural response to social cooperation are modulated by sex in humans. *Brain Imaging & Behavior*, *9*(4), 754-764.

Feng, C., Lori, A., Waldman, I. D., Binder, E. B., Haroon, E., & Rilling, J. K. (2015b). A common oxytocin receptor gene (OXTR) polymorphism modulates intranasal oxytocin effects on the neural response to social cooperation in humans. *Genes, Brain & Behavior*, *14*(7), 516-525.

Freeman, S. M., Inoue, K., Smith, A. L., Goodman, M. M., & Young, L. J. (2014). The neuroanatomical distribution of oxytocin receptor binding and mRNA in the male rhesus macaque (*Macaca mulatta*). *Psychoneuroendocrinology*, *45*, 128-141.

Garrison, J. L., Macosko, E. Z., Bernstein, S., Pokala, N., Albrecht, D. R., & Bargmann, C. I. (2012). Oxytocin/vasopressin-related peptides have an ancient role in reproductive behavior. *Science, 338*(6106), 540-543.

Goetz, J. L., Keltner, D., & Simon-Thomas, E. (2010). Compassion: An evolutionary analysis and empirical review. *Psychological Bulletin, 136*(3), 351-374.

Gregory, S. G., Connelly, J. J., Towers, A. J., Johnson, J., Biscocho, D., ... Markunas, C. A. (2009). Genomic and epigenetic evidence for oxytocin receptor deficiency in autism. *BMC Medicine, 7*, 62.

Grinevich, V., Knobloch-Bollmann, H. S., Eliava, M., Busnelli, M., & Chini, B. (2016). Assembling the puzzle: Pathways of oxytocin signaling in the brain. *Biological Psychiatry, 79*(3), 155-164.

Grippo, A. J., Trahanas, D. M., Zimmerman, R. R., Porges, S. W., & Carter, C. S. (2009). Oxytocin protects against negative behavioral and autonomic consequences of long-term social isolation. *Psychoneuroendocrinology, 34*(10), 1542-1553.

Gunaydin, L. A., Grosenick, L., Finkelstein, J. C., Kauvar, I. V., Fenno, L. E., ... Adhikari, A. (2014). Natural neural projection dynamics underlying social behavior. *Cell, 157*(7), 1535-1551.

Harris, J. C., & Carter, C. S. (2013). Therapeutic interventions with oxytocin: Current status and concerns. *Journal of the American Academy of Child & Adolescent Psychiatry, 52*(10), 998-1000.

Heinrich, B., & Marzluff, J. (1995). Why ravens share. *American Scientist, 83*(4), 342-349.

Jacob, S., Brune, C. W., Carter, C. S., Leventhal, B. L., Lord, C., & Cook, E. H., Jr. (2007). Association of the oxytocin receptor gene (*OXTR*) in Caucasian children and adolescents with autism. *Neuroscience Letters, 417*(1), 6-9.

Kenkel, W. M., Paredes, J., Lewis, G. F., Yee, J. R., Pournajafi-Nazarloo, H., ... Grippo, A. J. (2013). Autonomic substrates of the response to pups in male prairie voles. *PLoS ONE, 8*(8), e69965.

Kosfeld, M., Heinrichs, M., Zak, P. J., Fischbacher, U., & Fehr, E. (2005). Oxytocin increases trust in humans. *Nature, 435*(7042), 673-676.

Lamm, C., Porges, E. C., Cacioppo, J. T., & Decety, J. (2008). Perspective taking is associated with specific facial responses during empathy for pain. *Brain Research, 1227*, 153-161.

Lancaster, K., Carter, C. S., Pournajafi-Nazarloo, H., Karaoli, T., Lillard, T. S., ... Jack, A. (2015). Plasma oxytocin explains individual differences in neural substrates of social perception. *Frontiers in Human Neuroscience, 9*, 132.

Lee, P. C., Fishlock, V., Webber, C. E., & Moss, C. J. (2016). The reproductive advantages of a long life: Longevity and senescence in wild female African elephants. *Behavioral Ecology & Sociobiology, 70*, 337-345.

Lischke, A., Gamer, M., Berger, C., Grossmann, A., Hauenstein, K., ... Heinrichs, M. (2012). Oxytocin increases amygdala reactivity to threatening scenes in females. *Psychoneuroendocrinology, 37*(9), 1431-1438.

MacDonald, K., & Feifel, D. (2013). Helping

oxytocin deliver: Considerations in the development of oxytocin-based therapeutics for brain disorders. *Frontiers in Neuroscience*, 7, 35.

MacLean, P. D. (1990). *The Triune Brain in Evolution: Role in Paleocerebral Functions*. New York: Plenum Press.

Marlin, B. J., Mitre, M., D'amour, J. A., Chao, M. V., & Froemke, R. C. (2015). Oxytocin enables maternal behaviour by balancing cortical inhibition. *Nature*, *520*(7548), 499-504.

Mascaro, J. S., Hackett, P. D., & Rilling, J. K. (2014). Differential neural responses to child and sexual stimuli in human fathers and non-fathers and their hormonal correlates. *Psychoneuroendocrinology*, *46*, 153-163.

Michalska, K. J., Kinzler, K. D., & Decety, J. (2013). Age-related sex differences in explicit measures of empathy do not predict brain responses across childhood and adolescence. *Developmental Cognitive Neuroscience*, *3*, 22-32.

Nowbahari, E., Scohier, A., Durand, J. L., & Hollis, K. L. (2009). Ants, *Cataglyphis cursor*, use precisely directed rescue behavior to free entrapped relatives. *PLoS ONE*, *4*(8), e6573.

Owens, D. D., & Owens, M. J. (1984). Helping behaviour in brown hyenas. *Nature*, *308*(5962), 843-845.

Palgi, S., Klein, E., & Shamay-Tsoory, S. G. (2016). Oxytocin improves compassion toward women among patients with PTSD. *Psychoneuroendocrinology*, *64*, 143-149.

Panksepp, J., & Panksepp, J. B. (2013). Toward a cross-species understanding of empathy. *Trends in Neuroscience*, *36*(8), 489-496.

Porges, E. C., Smith, K. E., & Decety, J. (2015). Individual differences in vagal regulation are related to testosterone responses to observed violence. *Frontiers in Psychology*, *6*, 19.

Porges, S. W. (1998). Love: An emergent property of the mammalian autonomic nervous system. *Psychoneuroendocrinology*, *23*(8), 837-861.

Porges, S. W. (2011). *The Polyvagal Theory*. New York: Norton.

Preston, S. D., & de Waal, F. B. M. (2002). Empathy: Its ultimate and proximate bases. *Behavioral & Brain Sciences*, *25*(1), 1-20.

Puglia, M. H., Lillard, T. S., Morris, J. P., & Connelly, J. J. (2015). Epigenetic modification of the oxytocin receptor gene influences the perception of anger and fear in the human brain. *Proceedings of the National Academy of Sciences, USA*, *112*(11), 3308-3313.

Rodrigues, S. M., Saslow, L. R., Garcia, N., John, O. P., & Keltner, D. (2009). Oxytocin receptor genetic variation relates to empathy and stress reactivity in humans. *Proceedings of the National Academy of Sciences, USA*, *106*(50), 21437-21441.

Roth-Hanania, R., Davidov, M., & Zahn-Waxler, C. (2011). Empathy development from 8 to 16 months: Early signs of concern for others. *Infant Behavior & Development*, *34*(3), 447-458.

Shamay-Tsoory, S. G., & Abu-Akel, A. (2016). The social salience hypothesis of oxytocin. *Biological Psychiatry*, *79*(3), 194-202. doi:S0006-3223(15)00639-3 [pii];10.1016/ j.biopsych.2015.07.020. Retrieved from PM:26321019

Smith, K. E., Porges, E. C., Norman, G. J., Connelly, J. J., & Decety, J. (2014). Oxytocin receptor gene variation predicts empathic concern and autonomic arousal while perceiving harm to others. *Social Neuroscience, 9*(1), 1-9. doi:10.1080/17470919.2013.863223. Retrieved from PM:24295535

Song, Z., McCann, K. E., McNeill, J. K., Larkin, T. E., Huhman, K. L., & Albers, H. E. (2014). Oxytocin induces social communication by activating arginine-vasopressin V1a receptors and not oxytocin receptors. *Psychoneuroendocrinology, 50*, 14-19. doi:S0306-4530(14)00309-6 [pii];10.1016/j.psyneuen.2014.08.005. Retrieved from PM:25173438

Taylor, S. E., Gonzaga, G. C., Klein, L. C., Hu, P., Greendale, G. A., & Seeman, T. E. (2006). Relation of oxytocin to psychological stress responses and hypothalamic-pituitary-adrenocortical axis activity in older women. *Psychosomatic Medicine, 68*(2), 238-245.

Thompson, R. R., George, K., Walton, J. C., Orr, S. P., & Benson, J. (2006). Sex-specific influences of vasopressin on human social communication. *Proceedings of the National Academy of Sciences, USA, 103*(20), 7889-7894.

Tyzio, R., Cossart, R., Khalilov, I., Minlebaev, M., Hubner, C. A., ... Represa, A. (2006). Maternal oxytocin triggers a transient inhibitory switch in GABA signaling in the fetal brain during delivery. *Science, 314*(5806), 1788-1792.

Warneken, F., & Tomasello, M. (2006). Altruistic helping in human infants and young chimpanzees. *Science, 311*(5765), 1301-1303.

Wilkinson, G. (1984). Reciprocal food sharing in the vampire bat. *Nature, 308*, 181-184.

Witt, D. M., Carter, C. S., & Insel, T. R. (1991). Oxytocin receptor binding in female prairie voles: Endogenous and exogenous oestradiol stimulation. *Journal of Neuroendocrinology, 3*(2), 155-161.

Yamamoto, S., Humle, T., & Tanaka, M. (2012). Chimpanzees' flexible targeted helping based on an understanding of conspecifics' goals. *Proceedings of the National Academy of Sciences, USA, 109*(9), 3588-3592.

제15장

자비에 이르는 통로: 미주신경 경로

Stephen W. Porges

요약

이 장에서는 명상 수행의 기능이 미주신경을 통해 자율신경계의 조절 능력을 강화하는 신경 운동에 있다고 개념화한다. 제시된 모형은 고대부터 행해지던 의식(儀式)의 특징을 갖고 있으면서도 명상 수행의 핵심인 특정 수의 행동(예: 호흡, 발성, 자세)이 미주신경 경로에 의해 매개되는 생리 상태를 촉발한다. 저자는 이 생리 상태가 건강을 증진하고 주관적 경험을 최적화한다고 주장한다. 이 모형은 명상 수행의 긍정적 혜택을 경험하려면 신체적으로 평온하게 진정되어 안전하다는 느낌이 증진된 맥락에서 명상 수행(예: 찬가, 기도, 명상, 춤)과 관련된 의식을 수행하여야 한다는 점을 강조한다.

핵심용어

자비, 명상 뇌과학, 고대 의식, 자율신경계, 다미주 이론, 미주신경 브레이크, 사회참여체계, 소멸, 신경지

명상 뇌과학이 하나의 학문 분야로 등장함에 따라 자비에 기여하는 신경 경로를 규명하기 위한 연구도 활발히 진행되고 있다. 이러한 과학적 탐구와 병행하여 정신건강 분야의 임상가들은 타인과 자기에게 향하는 자비를 증진시키기 위해 고안된 개입 방법을 개발하고 있다(Gilbert, 2009). 하지만 자비와 관련하여 합의된 정의가 없다는 점이 자비를 조사하고 활용하는 데 제한점으로 작용하고 있다. 이러한 모호성이 자비를 결정하는 신경 경로에 관한 과학적 조사와 자비 기반 치료에 대

한 평가를 제한한다.

자비와 자비를 측정하는 도구를 어떻게 정의하는지는 여러 문헌에서 다양하게 사용된다(Strauss et al., 2016 참조). 자비는 일종의 행위, 느낌, 감정, 동기, 기질 등으로 여겨져 왔다. 문헌 검토로 공통 주제를 추출할 수 있겠지만 어떤 평가 도구도 과학적 연구에 보편적으로 적용될 수 있는 표준에 이르지는 못한다(Strauss et al., 2016). 자비와 관련하여 일치된 정의가 없다면 연구자로서는 과학적 연구를 촉진할 수 있는 도구가 부족한 셈이고, 임

상가는 자비 기반 치료법의 성과를 평가할 수 있는 지표를 갖지 못한다.

종종 자비를 하나의 심리 구조로 정의하는 것과 대조적으로, 이 장에서는 자비가 신경생리 상태에 의존하는 창발 과정이라고 제안한다. 이 관점과 일관성을 유지한다면, 자비는 생리 상태와 무관하게 수의적 행동이나 심리 과정으로서 조사의 대상이 될 수 없다. 자비는 고전적인 학습 법칙을 통해 학습될 수 없을 뿐 아니라, 말초의 생리 상태와 뇌 기능 사이의 양방향 소통과 무관하게 단순히 특정 신경생리적 과정, 행동학적 행위, 주관적 경험 등으로 색인화될 수는 없다. 여기서 제안하는 자비 모델은 생리 상태가 고통을 겪는 사람과 그 사람에 대한 반응 사이를 조정하는 변수로 작용하고, 이는 자비의 조작적 정의를 형성하는 주관적 경험과 행위로 나타난다.

이 장에서는 미주신경 경로를 통해 매개되는 생리 상태가 개인이 자비를 경험하는 데 필요 조건이며 충분 조건은 아니라고 제안한다. 미주신경은 뇌신경의 하나로 뇌와 신체 사이에 일어나는 양방향(운동신경과 감각신경) 소통의 주요 경로이다. 미주신경은 자율신경계 중에서 부교감신경 가지의 주요 요소이다. 기능적으로, 미주신경의 특정 운동경로는 자율신경계 중 교감신경 가지의 반응성을 억제할 수 있다. 반면, 미주신경의 감각경로는 신체와 뇌 사이에서 주요 감시 통로로 작용한다. 나는 자비가 만들어 주는 안전감이 미주신경에 의해 매개된다는 모델을 제안한다. 안전하다는 느낌은 그렇게 느끼는 시간 동안 자신의 신체 반응을 느낄 수 있게 하고 타인의 신체 경험을 수긍하게 한다. 자비를 경험하려면 미주신경을 통해 생리 상태가 전환되어야 한다고 강조하는 것은 역사적으로 명상 훈련에서 의식을 사용했던 것과 맥을 같이한다.

자비가 미주신경에 의해 매개되는 생리 상태에 의존하므로 다른 생리적 기질을 갖고 있는 기타 주관적 체험과 분리될 수 있다. 예를 들어, 흔히 공감을 자비와 호환해서 사용할 수 있다고 여기는데 공감과 관련된 생리 상태는 자비에서 나타나는 생리 상태와 차이가 있다. 널리 사용되는 공감의 조작적 정의는 타인의 고통이나 부정적 감정을 느끼는 것이다 (예: Decety & Ickes, 2009). 신경생물학 관점에서 공감을 해체한다면 공감은 교감신경계 활성화와 연관되어야 한다. 이는 통증에 대한 자율신경계 반응이 미주신경 영향의 위축과 교감신경계 활성으로 특징짓게 되기 때문이다. 자비는 미주신경 경로에 관여하며 따라서 신경생물학 관점으로 보면 자비와 공감은 동등하지 않다.

자비가 미주신경에 의한 평온한 상태와 관련되어 있다면 자비는 평온함과 타인에 대한 수용 쪽으로 향하는 '자기안전'에 관련된 생리 상태를 증진할 것이다. 기능적으로, 미주신경 경로는 역사적으로 **부교감신경계**로 불리던 자율신경계의 한쪽 가지이다. 부교감신경계 기능과 관련된 언어 단서로는 그 이름에 있는 '부(para)'의 사용에 있다. para는 고대 그리스어 $\pi\alpha\rho\dot{\alpha}$에서 유래된 것으로 '반대로' 혹은 '대항하는'의 의미를 갖고 있다. 따라서 부교감신경계는 그 이름이 뜻하듯이 교감신경계와 관련된 방어 반응성을 억제할 것이라고 암묵적으로 이해할 수 있다. 방어 반응을 억제한다는 이러한 관점과 일관되게, 자비 표현으로 이르는 핵심 통로는 교감신경계 반응성을 능동적으로 억제하고 안전과 타인에 대한 수용으로 향하게 하여 평온한 생리 상태를 증진하는 미주신경 경로의 활성화 능력에 의존하게 될 것이다.

미주신경 경로에 의해 매개되는 생리 상태가 자비와 동등하지는 않다. 그보다는 안전감, 타인에 대한 긍정적인 느낌(예: Stellar et al., 2015), 연결성, 타인의 고통과 즐거움 모두를 존중할 수 있는 잠재력 등을 증진하거나 촉진하는 상태를 말한다(예: Kok & Fredrickson, 2010).

그것은 미주신경이 신경생리적 방어(시상하부-뇌하수체-부신-교감신경계 반응)를 억제하는 과정을 통해 일어난다. 미주신경계는 기능적으로 고통에 대한 행동 반응이나 생리 반응을 억누르고 있다. 이러한 억제는 비판단적으로 목격할 수 있는 기회를 제공하고, 이후 자신이나 타인의 고통을 완화하는 데 도움이 된다. 공감과 자비를 구분하기 위해 시도된 뇌영상 연구도 공감 및 자비와 관련된 상태가 서로 차이가 있다는 주장과 일관된 결과를 보여 준다. Klimecki(2014) 등은 타인의 부정적 감정을 과도하게 공유하는 것(즉, 공감)이 부적응적일 수 있고 따라서 자비 훈련이 공감 고통을 약화시키고 회복탄력성을 강화한다고 제안하였다. 비슷하게, 공감이 신경생

리적, 말초생리적, 행동 영역에서 타인의 감정에 공명하거나 상대의 감정을 거울같이 반영하는 과정을 포함한다는 주장이 제기된 바 있다(Decety & Ickes, 2009 참조).

자비의 기반은 자신의 고통을 경험할 수 있는 개인 능력을 존중하는 것이다. 자비는 고통을 경험할 수 있는 개인 능력을 존중함으로써 상대가 자신의 경험을 '목격'하도록 기능적으로 허용할 수 있다. 이는 자신의 고통을 공감적으로 공유하고 상대의 방어적 교감신경계를 활성화함으로써 상대에게 상처를 주지 않은 채 이루어진다. 이 과정은 부정적 평가에 대한 두려움이나 그런 평가에서 발생하는 잠재적 수치심 없이 고통을 표현할 수 있게 한다. 자비는 나의 경험을 '소유'할 수 있는 상대의 권리를 허용하고 존중한다. 이런 식으로 상대를 존중하면 그 자체로 상대에게 힘을 실어 주고 인간이 갖는 고통이나 상실 경험의 가치를 없애거나 감소시키지 않을 수 있으므로 치유 과정에 기여할 수 있다. 자비는 상실을 경험하거나 고통받는 사람이 상실에 대해 방어적이거나 수치심을 경험하지 않도록 해주는 기능을 갖는다. 만일 우리가 자비를 제대로 표현하지 않고 문제를 해결하려고 한다면, 그 개입은 생리적 전환과 관련이 있는 행동이나 생리적 방어전략을 촉발함으로써 개인의 표현 과정을 훼손하게 되고 이는 미주신경 영향의 위축과 교감신경계의 활성으로 특징지어진다. 따라서 자비는 타인의 고통과 괴로움과 직면했을 때 개인으로 하여금 생리적 안전 상태를 유지하고 표현할 수 있게 하는

'신경' 플랫폼에 의존한다.

미주신경 상태는 명상 수행의 역사와 얽혀 있다

인류 역사를 통틀어 찬가, 기도, 명상, 춤, 특정 자세 등 다양한 의식이 명상 수행의 행동 플랫폼을 제공해 왔다. 주의 깊은 탐구 결과, 의식은 미주신경 경로를 연습하는 기능을 갖고 있음이 밝혀졌다(〈표 15-1〉 참조). 비록 찬가, 기도, 명상이 형식적으로 종교에 통합되었지만, 의식의 기능이 종교가 기반을 두는 서사의 기능과는 다를 수 있다. 서사는 역동적으로 변하고 도전해야 하는 세상을 살아가면서 불확실성에서 의미를 창조하고 인간 경험의 신비를 이해하려는 인간 욕구를 충족시키기 위한 시도이다. 이런 가정이 정형화된 종교의 몸통을 이루는 서사의 역사와 일치할 수 있겠지만, 의식의 기능은 건강이나 타인 혹은 신과 연결되는 개인의 주관적 느낌 등에 더 밀접하게 관련되어 있다.

정신건강과 신체건강에 미치는 명상의 긍정적 효과(Bohlmeijer et al., 2010; Chiesa & Serretti, 2009; Davidson et al., 2003)는 마음챙김에 근거한 스트레스 완화 등 건강 관련 개입법으로서 명상 수행에 대한 관심을 자극했다. 과학은 이제 역사적으로 고대 명상 수행에서 유래된 통찰과 서로 접속하고 있다. 그간 축적된 지식에 의하면 명상 수행은 자비의 느낌으로 표현되어 타인과 연결성을 함양하

표 15-1	의식의 생리학
의식	**미주신경 기전**
찬가 (발성)	후두 신경, 인두 신경, 호흡(길게 내쉬고 복부로 깊이 들이쉬면 미주신경 '브레이크'를 강화한다)
명상 (호흡)	호흡(길게 내쉬고 복부로 깊이 들이쉬면 미주신경 '브레이크'를 강화한다)
기도 (자세)	경동맥 압력수용체(미주신경이 혈압 조절에 기여한다)

는 (실재에 대한) 또 다른 관점을 유도할 뿐만 아니라 건강에도 긍정적인 영향을 미칠 수 있음을 시사한다. 이러한 관찰은 명상 수행 중 일어나는 신경 조절 과정의 전환을 문서화하기 위한 시도로서 명상 뇌과학이라는 새로운 분야로 이어졌다.

명상 뇌과학은 명상의 '치유' 기전을 문서화하는 데 집중해 왔다. 따라서 명상 뇌과학은 정신 과정이 신체 기능에 영향을 미치고 잠재적으로 그 기능을 최적화할 수 있는 단방향의 인과관계를 가정한다. 이 '하향식' 모델은 마음과 신체의 관계에서 마음을 강조하고 '생각'이 명상을 효과적으로 기능하게 만드는 원동력이라고 가정한다. 기능적으로, 이 연구는 전문 명상가의 뇌 회로에서 나타나는 영상학적, 전기생리학적 변화를 조사함으로써 마음과 뇌의 관계에 대한 탐구를 강조한다(예: Lutz et al., 2013). 명상 뇌과학 영역에서 볼 때 그동안 내장의 신경 조절에 미치는 명상의 영향에 대한 탐구는 강조되지 않았다.

자비와 관련된 신경 경로에 대한 연구를 포함하여 명상 뇌과학 분야의 지배적인 모델은

정신 활동이 뇌 기능을 유도한다는 단방향 인과관계를 가정한다. 비록 이러한 인과관계의 방향성이 신뢰도 높은 방식으로 문서화되었지만(즉, 정신 과정이 신경 활동에 확실히 영향을 준다) 이 모델에는 한계가 있다. 왜냐하면 명상 수행의 효과성과 효율성을 매개하는 두 개의 개입 변수를 통합하지 않았기 때문이다. 첫째, 이 모델은 신경계에 미치는 맥락의 영향을 인정하지 않는다. 둘째, 이 모델은 말초 생리 상태가 뇌 기능에 미치는 영향을 인정하지 않는다. 이 두 변수를 주의 깊게 살펴보지 않는다면 명상 수행이 정신건강과 육체건강에 미치는 기능적 영향을 제대로 예측할 수 없을 것이다. 더욱이, 연결감과 자비 표현 능력을 향상시키는 명상 수행의 효율성이 제대로 설명되지 못할 것이다.

이 장은 명상 수행이 (전제 조건으로) 생물학적 행동 상태를 조절하는 미주신경의 기능 강화를 필요로 하는 방법이라고 개념화한 모델을 제시한다. 기능적으로, 이러한 방법들은 미주신경 조절을 강화함으로써 효율적으로 건강을 증진시키고 자비 및 보편적 연결성과 관련된 포괄적 주관 경험을 가능하게 만들 수 있다. 이 모델은 고대 의식의 특징을 갖고 있고 명상 수행의 핵심을 이루는 특정 수의적 행동(예: 호흡, 발성, 자세)이 건강을 증진하고 명상 수행의 목표였던 주관 경험을 가능케 하는 생리 상태를 촉발할 잠재력이 있다고 제안한다.

이 모델은 명상 수행의 유익한 속성을 경험하기 위해서는 명확하게 정의된 두 개의 순차적 선행 조건이 필요하다고 강조한다. 첫째, 명상 수행을 하는 환경이 고요하고 안정감을 주는 물리적 특성을 가질 필요가 있다. 역사적으로 또 문화적으로, 명상 수행은 조용하고 안전한 환경에서 이루어져 왔다. 여기에는 특정한 신경생리적 이유가 있다. 인간은 생존을 위해 위험 요소를 확인해야 하고, 환경이나 타인이 안전한지 혹은 위험한지 여부를 탐지해야 한다. 따라서 인간 신경계는 물리적 공간을 정의하는 특성에 민감할 필요가 있는데, 물리적 공간이 방어적인 생리 반응성을 촉발하거나 약화할 수 있다. 둘째, 찬가, 기도, 명상, 춤, 자세 등 여러 종류의 의식은 신경계에 미주신경 경로를 '운동'하도록 강력한 자극을 제공한다. 이 경로는 방어 수준이 낮아지게 조절하므로 평온하고 고요한 상태를 증진한다.

신경계는 안전한 환경에서 더 이상 위험을 예상하고 경계할 필요가 없을 때 질적으로 또 측정 가능한 생리적 수준에서 '안전한' 상태로 전환되는 경향이 있다. 이 '안전한' 상태는 사회적 연결과 자비의 주관적인 느낌을 경험하는 데 '신경' 촉매로 기능할 수 있다. 안전에 대한 적절한 맥락 단서가 없다면, 또 신체가 '안전한' 생리 상태로 전환되지 않는다면, 명상 수행을 시도하는 것이 효과적이지 않을 뿐 아니라 심지어는 자기생존에 초점을 맞춘 방어적 느낌을 촉진할 수도 있다. 이 느낌은 과잉 경계와 반응을 증가시킨다. 개인적으로 의견 교환을 하여 알게 된 것이지만, 외상후스트레스장애를 가진 퇴역 군인을 치료하는 임상의들은 마음챙김 기술이 오히려 방어 경향성을 촉발하였던 상황을 보고해 왔는데, 앞에서 말한 내용과 일관성이 있다.

다미주 이론: 고대 의식을 해체하기

다미주 이론(Porges, 1995, 2011)은 명상 수행과 관련된 의식(義式)이 안전, 신뢰, 연결성에 대한 신체 감각에 어떤 식으로 기여하는지를 설명한다. 다미주 이론은 신경계에 의해 계속 모니터링되는 위험과 안전에 관한 단서들이 안전하고 평온한 상태를 촉진하거나 아니면 잠재적 위협과 방어의 원천으로 향하는 경계 상태를 촉진한다는 주장을 견지한다. 이 이론은 포유류가 안전을 추구하고, 이 안전감 획득이 건강과 사회적 연결성을 촉진한다고 가정한다. 이 이론은 명상 수행과 관련된 의식이 어떤 방식으로 신경의 방어체계를 진정시키는 생리 상태를 촉발하고 자비를 느끼고 표현하게 만드는 안전감을 촉진하는지 설명한다.

인간 신경계는 방어 경향성을 낮추는 신경 기전을 촉발하여 건강과 연결성을 지원하는 평온 상태가 가능하도록 두 가지 경로를 제공한다. 한 경로는 수동적이어서 의식적인 자각을 요구하지 않는 반면(이 장의 신경지 부분 참조), 다른 길은 특정 신경 기전을 촉발하고 이를 통해 다시 생리 상태를 변화시킬 수 있으며 의식적이고 의지에 의한 행동을 필요로 한다. 저절로 일어나는 긍정적인 사회적 행동은 얼굴의 표정과 목소리의 억양으로 표현되며 전자에 의존하고, 명상이나 찬가와 같은 명상 수행의 최적화된 결과는 후자에 의존한다. 긍정적인 사회적 행동 사이의 상호작용을 특징짓는 목소리(즉, 음조 혹은 목소리 억양)와 얼굴의 표정 속성은 방어 회로를 하향 조절하는 신경계에 강력한 신호를 제공한다. 연대감으로 사회에 참여함으로써 평온을 얻는 수동 경로와 대조적으로, 명상 수행은 보통 안전한 느낌과 관련된 생리 상태를 증진하기 위해서 수동경로를 촉발하는 '영적' 공간의 맥락(예를 들어, 평온한 음악이 있는 조용한 공간)에서 수행된다. 일단 안전한 상태가 되면 호흡, 자세 전환, 발성 등 수의적 행동을 시행하라는 지시를 받게 된다. 이는 기능적으로 미주신경 회로를 운동하게 하여 평온한 상태를 한층 더 증진하고, 강화하고, 강력하게 만든다. 우리가 의식이라고 관찰하는 이러한 수의적 행동은 사람의 생리 상태를 효율적으로 조작하는 미주신경회로를 직접 두드려 이 회로가 참여하게 만든다. 이 과정을 통해 의식은 미주신경 경로의 신경 운동이 가능하게끔 기능한다.

양방향 소통에서 미주신경의 역할

고대 파충류에서 포유류로 계통발생적 이행이 일어나는 동안 자율신경계도 변화했다. 고대 파충류에서 자율신경계는 교감신경계와 부교감신경계의 두 하위 시스템을 통해 신체 기관을 조절했다. 현대 파충류도 이 특징을 포괄적으로 공유한다. 교감신경계는 방어를 위한 투쟁이나 도주 행동을 지원하는 내장 변화에 필요한 신경 경로를 제공했다. 이렇게 자기보존을 위해 신체 기능을 동원하는 생리적 조절은 심박수 증가 및 소화 기능의 억제와 관련이 있고, 이를 위해 심장과 내장에 미치는 부교감신경(즉, 미주신경)의 영향을 억제해야 했다.

고대 파충류에서 부교감신경계는 내장기관과 상호작용함으로써 교감신경계의 기능을 보완했다. 파충류의 부교감신경계는 두 가지 주요 적응 기능을 수행했다. ① 방어 체계로 동원되지 않을 때는 건강, 성장, 회복 과정을 지원했다. ② 방어 체계로 동원될 때는 심박수와 호흡을 감소시켜 대사 활성을 줄임으로써 '부동화' 파충류가 되어 잠재적 포식자가 죽은 것으로 여기게 만들었다(즉, '경직' 반응). 파충류에는 자율신경계의 교감신경과 부교감신경 가지들이 신체 기능을 지원하는 내장에 동시적으로 신경 분포를 하고 있다. 위협이 존재하지 않을 때 이들은 서로(자주 길항적으로) 상호작용하며 기능한다. 두 개의 자율신경계 가지 사이에 존재하는 이러한 시너지 효과는 (방어가 아니라) 건강을 지원한다. 이 효과는 포유류에서도 유지되지만 오직 안전할 때만 유지된다. 이와 같이 안전한 상태에서는 자율신경계가 방어를 지원하기 위해 동원될 잠재성이 크게 줄어든다.

부교감신경계의 신경 경로는 대부분 미주신경을 통해 이동한다. 미주신경은 뇌줄기에서 시작하여 신체 전반에 걸쳐 내장과 뇌를 연결하는, 크기가 큰 편에 속하는 뇌신경이다. 미주신경은 척수에서 나오는 신경과 달리 뇌와 신체기관을 직접 연결한다. 미주신경은 내장 기능에 영향을 주는 운동 섬유와 뇌에 이러한 기관의 상태에 관련된 정보를 연속적으로 제공하는 감각 섬유 모두를 포함한다. 신체와 뇌 사이에 일어나는 정보의 흐름은 표적 기관을 조절하는 특정 뇌 회로에 전달된다. 양방향 소통은 심신과학(mind-body science) 혹은 두뇌신체의학(brain-body medicine)에 신경학적 기반을 제공한다. 즉, 말초 미주신경 자극을 통해 뇌 기능부전을 교정하는 개연성 있는 개입 통로를 제공하고(예: 경련성 질환, 우울증, 외상후스트레스장애), 과민성 대장 증후군의 스트레스 관련 삽화처럼 심리 스트레스에 의한 임상 증상의 악화에 개연성 있는 설명을 제공한다. 더욱이 뇌와 특정 내장기관 사이에 일어나는 양방향 소통은 Walter Cannon의 항상성(Cannon, 1932)과 Claude Bernard(Bernard, 1872)의 내면 환경과 같이 생리적 체계들 사이에 존재하는 최적의 균형에 대한 역사적 개념에 해부학적 기초를 제공한다.

다미주 이론: 개관

다미주 이론은 자율신경계 상태와 행동이 어떤 식으로 상호작용을 하는지 재개념화한 것이다. 이 이론은 안전, 위험, 생명 위협이라는 특별한 환경 특징에 대응하는 적응 행동을 지원하도록 진화한 것으로, 자율신경계의 구성요소 사이에 있는 계층 관계를 강조한다(Porges, 2011). 이 이론은 두 개의 미주신경회로가 있음을 강조하기 위해 '다미주(polyvagal)'라고 이름을 붙였다. 두 회로는 방어(경직 반응)와 관련된 고대 미주신경회로와 안전감과의 연결을 위해 저절로 표현되는 사회적 행동과 관련된 회로인데, 후자는 계통발생적으로 더 새로운 회로이다. 이 이론은 두 가지 방어 체계를 설명한다. ① 흔히 '투쟁-도주' 체계로 알려진 것으로 교감신경계 활성화와 관련이 있다. ② 아직 덜 알려져 있는 것으로 부동화와 해리 체계가 있고 계통발생적으로 더 오래된 미주신경 경로의 활성화와 관련이 있다.

다미주 이론은 안전하다는 경험과 생리 상태 사이의 소통 이면에 있는 신경 기전을 설명하고 다음과 같은 개인 능력에 기여한다. ⓐ 안전함을 느끼면 저절로 타인에게 다가가거나 협력한다. ⓑ 위협을 느끼면 방어 전략을 동원한다. ⓒ 죽은 척함으로써 사회적으로 사라지게 된다. 이 이론은 척추 동물의 자율신경계 발달 과정의 관점에서, 세 가지 계통발생적 단계가 어떻게 측정 가능한 별개의 자율신경계 하위 체계와 관련이 있는지 설명한다. 인간에서는 이 세 하위 체계가 각각 활성화되어 있고 특정 조건에서 생리적으로 발현된다(Porges, 2009). 각각의 자율신경계 하위 체계는 계통발생적으로 정렬되어 있고 다음에 열거된 행동의 세 가지 보편적인 적응 영역과 연결되어 있다. ⓐ 사회적 소통(예: 얼굴 표정, 발성, 듣기), ⓑ 움직임과 관련된 방어 전략(예: 투쟁/도주 행동), ⓒ 방어적 부동화(예: 죽은 척하기, 미주신경반사성 실신, 행동 종료, 해리). 척추 동물에서는 자율신경계의 진화 과정에서 일어난 계통발생적 창발에 기초하여 이러한 신경해부학 기반의 하위 체계가 대응 위계를 형성한다.

다미주 이론은 포유류의 자율신경계에서 확인된 서로 다른 두 개의 미주운동신경 경로가 별개의 역할을 한다는 점을 강조한다. 일차적으로 미주신경은 내장에 부교감신경계의 영향을 전달한다(그리고 모니터링한다). 미주신경의 신경 섬유 대부분은 감각신경이다(약 80%). 그러나 주로 관심의 대상이 되는 것은 심장과 장 등의 내장기관을 조절하는 운동신경 섬유이다. 이 운동신경 섬유 중 약 15%만 수초화되어 있다(즉, 전체 미주신경 섬유 중 약 3%). 수초는 신경 섬유를 둘러싸고 있는 지방질 코팅으로 신경 조절 회로가 더 빨리 그리고 더 엄격하게 조절될 수 있게 한다. 심장으로 가는 유수미주신경 경로는 신경 피드백 체계의 빠른 반응 요소이다. 이 신경 피드백 체계는 뇌와 심장을 포함하며 도전 과제에 제대로 반응하기 위해 재빨리 심박수를 조절한다.

다른 포유류와 마찬가지로 인간도 기능적으로 구별되는 두 개의 미주신경회로를 가지고 있다. 한 회로는 계통발생적으로 더 오래된 것으로 수초화가 되어 있지 않다. 그것은 미주신경의 **등쪽 운동핵**(dorsal motor nucleus)으로 불리는 뇌줄기 영역에서 시작한다. 다른 회로는 포유류에만 독특하게 있는 것으로 수초화가 된 것이다. 유수미주신경회로는 **의핵**

(nucleus ambiguus)으로 불리는 뇌줄기 영역에서 비롯된다. 계통발생적으로 더 오래된 무수미주운동신경 경로는 대부분의 척추동물과 포유류에서 공유되고 있다. 이 경로는 방어 체계에 동원되지 않을 때 건강, 성장, 회복을 지원하며 가로막아래기관(즉, 가로막의 밑에 위치한 내부 장기)에 대한 신경 조절을 통해 일어난다. 계통발생적으로 '더 새로운' 유수미주운동신경 경로는 포유류에서 관찰되는데 가로막위기관(예: 심장과 허파)을 조절한다. 이 새로운 미주신경회로는 심박수를 늦추어 평온한 상태가 되도록 돕는다. 이 회로는 자비에 필요한 생리 상태를 매개할 뿐 아니라 명상 수행과 관련된 의식을 수행하는 동안 기능적인 운동을 하게 된다.

미주신경 브레이크: 감정 반응성의 봉쇄 기전

포유류가 진화할 때, 심장을 주로 조절하는 미주신경은 등쪽 운동핵에서 시작되는 무수 경로로부터 의핵에서 시작되는 유수 경로를 포함하는 방식으로 변환되었다. 유수미주신경은 평온한 친사회적 행동과 심리건강 혹은 신체건강을 함양하기 위해 빠르고 효율적으로 내장을 조절하는 기전을 제공하였다. 예를 들어, 유수미주신경은 능동적이고 효율적인 브레이크로 기능한다(Porges et al., 1996). 이 브레이크는 심장에 영향을 미치는 미주신경 긴장도의 신속한 억제와 탈억제를 통해 개인

이 평온한 상태에 있게 하거나 혹은 활동하게 만들 수 있다. 게다가 유수미주신경은 심장에 미치는 교감신경계의 영향을 적극적으로 상쇄하고, 시상하부−뇌하수체−부신(HPA) 축의 활성도를 감소시킨다(Porges, 2001). 미주신경 브레이크는 내장 상태 특히 공감에 흔히 동반되는 교감신경계 반응을 조절할 수 있다. 기능적으로 보면, 미주신경 브레이크를 조절하는 것은 자율신경계 반응성이 방어 행동을 지원하는 범위로 이동하는 것을 막는다. 따라서 미주신경 브레이크는 개인이 대상이나 타인에게 재빨리 참여하거나 멀어지게 하며, 동시에 스스로를 진정하는 행동과 평온한 상태를 증진할 수 있는 생리적 자원을 유지할 수 있게 한다. 고대 의식은 호흡, 자세, 발성을 사용하며 미주신경 브레이크를 능동적으로 동원하도록 연습한다. 이를 통해 방어적 편견을 하향 조절하고 자비의 느낌으로 타인에게 적극적인 참여를 하게 한다.

얼굴과 심장의 연결: 사회참여체계의 출현

개인이 안전하다고 느끼면 중요한 특징 두 가지가 표현된다. 첫째, 성장과 회복을 증진하기 위해 신체 상태가 효율적인 방식으로 조절된다(예: 내장 항상성). 이는 심박수를 늦추고 교감신경계의 투쟁−도주 기전을 억제하기 위해 심장박동조율기(굴심방 결절)에 작용하는 유수미주신경의 운동신경 경로에 미치

는 영향을 증가시킴으로써 달성된다. 또한 유수미주신경 경로는 HPA 축의 스트레스 반응체계(예: 코르티솔)를 약화시키고 면역 반응(예: 사이토카인)을 조절하여 염증을 감소시킨다. 둘째, 진화 과정을 통해 유수미주신경을 조절하는 뇌줄기핵은 특정 내장 날신경(운동신경) 경로를 통해 얼굴과 머리 근육을 조절하는 핵과 통합되었다. 이러한 급격한 신경해부학적 변화는 얼굴과 심장 사이의 연결을 제공하는데, 이 연결에 의해 심장에 미치는 미주신경에 대한 영향과 얼굴과 머리에 있는 줄무늬 근육의 신경 조절 사이에 상호작용이 작동한다. 계통발생적으로 얼굴과 심장 사이의 이러한 새로운 연결은 포유류에게 얼굴 표정과 음조(목소리 억양)를 통해 생리 상태의 정보를 전달할 수 있는 능력을 제공했고, 얼굴 표정과 목소리를 통해 생리 상태를 진정시킬 수 있게 만들었다(Porges, 2011; Porges & Lewis, 2010; Stewart et al., 2013).

포유류는 얼굴과 심장의 연결을 통해 동종의 생물체가 평온한 생리 상태에 있고 접근하기에 '안전'한지, 아니면 운동성이 높고 반응성이 항진되어 교류가 위험할 수 있는 생리 상태에 있는지 여부를 탐지할 수 있다. 얼굴과 심장의 연결은 개인의 얼굴 표정과 목소리 억양을 통해 '안전' 신호를 보낼 수 있고 동시에 잠재적으로는 동요하는 동종의 생물체를 진정시켜 사회관계를 형성할 수도 있다. 포유류가 보유하게 된 새로운 미주신경이 사회적 상호작용에서 최적으로 기능할 때(즉, 투쟁/도주 행동을 증진하는 교감신경계 흥분을 억제하고 방

지함) 감정은 잘 조절되고, 목소리 음조가 풍부해지며, 자율신경 상태는 평온하고 자발적인 사회참여 행동을 지원한다. 얼굴과 심장 연결 체계는 양방향이다. 새로운 유수미주신경회로를 통해 사회적 상호작용에 영향을 미치고, 긍정적인 사회적 상호작용은 다시 미주신경 기능에 영향을 주어 건강을 최적화하고 스트레스와 관련된 생리 상태를 약화시키며 성장과 회복을 지원한다. 사회적 소통과 상호작용하는 **사회참여체계**를 통해 상대와 상호조절하는 능력은 연결감으로 이어지며 이것이 인간에게 특징적인 경험이라고 할 수 있다.

다미주 이론은 생리 상태가 단순히 감정이나 기분의 상관물이 아니라 근원적 요소의 일부라고 주장한다. 이 이론은 뇌와 내장기관 사이에 존재하는 양방향 연계성을 강조하는데, 이는 생각이 생리 상태를 어떻게 변화시키는지, 또 생리 상태가 생각에 어떻게 영향을 미치는지 설명할 것이다. 따라서 명상 수행은 시작부터 생리 상태에 의존하고, 명상 수행을 정의하는 정신 과정을 통해 생리 상태에 영향을 미친다. 한 개인에서 얼굴 표정이나 목소리 억양, 숨 쉬는 패턴, 자세 등이 변화하면 주로 심장으로 가는 유수미주신경의 기능을 조작함으로써 그의 생리 상태 역시 변하고 있다.

유수미주신경을 통해 생리 상태를 조절하는 것이 명상 수행의 이면에서 암묵적으로 일어나는 원리이다. 하지만 명상 수행은 미주신경에 의한 상태 조절을 직접 연습함으로써 수행하는 사람을 반사적으로 평온하게 만들

기 위해 사회적 상호작용의 필요성을 끌어들이고(신경지에 관한 내용을 참조), 친밀한 사회적 네트워크에서 무한한 일체감에 이르기까지 연결감을 확장한다. 신경생리적으로 보면, 명상 수행과 관련된 의식은 안전하다는 신호를 보내려고 포유류에서 진화했던 것과 동일한 신경회로를 유도한다. 이 신호는 계통발생적 역사를 통해 보통 엄마가 그녀의 취약한 아기를 진정시킬 때 유발되었다. 따라서 엄마가 아이를 진정시키는 은유는 신경생리적으로 명상 훈련과 수행에 내재되어 있고, 다양한 영적 이야기에서 자주 사용된다.

얼굴과 심장의 연결에 관해 더 자세히 알게 될수록 명상 수행이 이 체계를 동원하여 평온한 상태를 얻게 한다는 것을 깨닫게 된다. 이는 먼저 전형적인 명상 수행의 경험 맥락에서 안전한 특징을 탐지하는 수동경로를 통해, 이후에는 의식이라고 알려져 있는 효과적이고 신뢰할 만한 행동 조작(예: 호흡, 발성, 자세)을 활용하는 수의적 경로(즉, 신경 운동)를 통해서 순차적으로 이루어진다.

사회참여체계: 감정을 표현하고 수긍하는 체계

사회참여체계와 관련된 행동의 계통발생적 기원은 자율신경계의 계통발생과 뒤섞여 있다. 얼굴과 머리의 근육이 사회참여 구조물로서 창발됨에 따라 새롭게 진화된 자율신경계의 구성요소(즉, 유수미주신경)는 의핵에 의해 조절되었다. 이런 식으로 신경 기전의 융합이 일어나면 섭취, 상태 조절, 사회참여 과정 간의 상호작용뿐 아니라 행동(즉, 신체운동)과 내장 요소의 시너지가 일어나는 통합적 사회참여체계가 만들어진다. 얼굴과 머리의 줄무늬 근육을 조절하는 몇몇 뇌신경에서 기원한 신경 경로(즉, 특정 내장 날신경 경로)와 유수미주신경 섬유는 사회참여체계의 신경 기질을 형성했다(Porges, 1998, 2001, 2003a).

[그림 15-1]에 설명된 바와 같이, 신체운동 요소는 사회적, 감정적 행동과 관련된 신경 구조를 포함한다. 특정 내장 날신경은 줄무늬 근육으로 신경 가지를 보내고, 이는 발생학적으로 고대 아가미궁(gill arches)에서 유래한 구조물을 조절한다(Truex & Carpenter, 1969). 사회참여체계는 대뇌 피질(위 운동신경세포)에 통제를 위한 구성요소를 갖고 있다. 이는 뇌줄기핵(아래 운동신경세포)을 조절하여 눈꺼풀 개방(즉, 보는 행동), 안면 근육(예: 감정 표현), 중이 근육(예: 배경 소음에서 인간의 목소리 추출), 씹는 근육(예: 섭취), 후두 근육과 인두 근육(예: 음조와 억양), 머리 회전 근육(예: 사회적 몸짓과 방향) 등을 통제한다. 이러한 근육들은 전체가 합쳐서 사회 환경에 참여할지 여부를 결정하고 사회 자극을 제한하는 필터로 기능한다. 눈꺼풀을 올리는 동작에 관여하는 신경 경로(즉, 얼굴 신경)는 중이의 등자근도 긴장시키는데, 이는 사람의 목소리 청취를 용이하게 해 준다. 따라서 시선을 마주치는 신경 기전은 사람 목소리를 듣기 위해 필요한 기전과 공유된다. 적절한 주시 능력의 저하, 배경

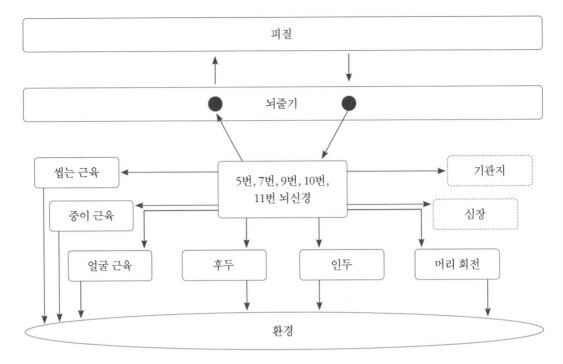

[그림 15-1] 사회참여체계. 사회참여체계는 신체운동 요소(즉, 얼굴과 머리의 가로무늬근을 조절하는 특정 내장 날신경 경로)와 내장운동 요소(즉, 심장과 기관지를 조절하는 유수미주신경)로 구성된다. 실선 박스는 신체운동 요소를 가리키고, 점선 박스는 내장운동 요소를 가리킨다.

음에서 사람 목소리를 추출하는 능력의 장애, 무덤덤한 얼굴 표정, 미미한 머리 제스처, 단조로운 목소리 음조, 빈약한 상태 조절 능력 등은 자폐증이나 다른 정신질환을 가진 사람들의 공통 특징이다.

얼굴과 머리 근육을 포함하여 사회참여체계의 표적 기관으로부터 들어오는 들신경은 사회참여체계의 내장 및 체성 요소 모두를 조절하는 뇌줄기 핵에 강력한 입력 신호를 제공한다. 따라서 신체운동 구성요소(예: 듣기, 섭취, 눈꺼풀 올리기)의 활성화는 사회참여를 지원하는 내장 변화를 촉발할 수 있다. 반면, 내장 상태의 조절은 굴심방 결절(sino-atrial node)에 대한 유수미주신경 날신경의 영향이

증가하는지 혹은 감소하는지(즉, 미주신경 브레이크 영향의 증가 혹은 감소) 여부에 따라 사회참여 행동을 증진하거나 아니면 방해할 수 있다. 예를 들어, 움직임을 증진하는 내장 상태(즉, 투쟁/도주 행동)를 자극하면 사회참여 행동을 표현하는 능력이 방해를 받는다.

명상 수행과 사회참여체계

사회참여체계를 정의하는 경로는 명상 수행과 관련된 많은 과정(예: 경청, 찬가 부르기, 호흡, 기도 중 자세 전환, 얼굴 표정)이 유수미주신경 가지를 통해 생리 상태에 영향을 미치는

과정을 가능하게 만든다. 수동경로는 조용한 환경이나 엄마가 신생아에게 안전 신호로 사용하는 음성에 해당하는 주파수 대역의 음조 발성(예: 찬가)을 제시함으로써 작동하는데 이는 안전 단서를 통해 사회참여체계(배쪽 유수 미주신경을 포함)를 동원하는 것이 된다. 남성 지배적 종교 관행에서는 여성이 안전을 나타내는 음성 신호를 제공할 수 없었으므로, 영적 느낌을 고취하기 위해 소년합창단이나 역사적으로는 거세한 독주자에 의해 여성스러운 목소리를 표현하였다.

호흡 패턴의 변화는 아마도 유수미주신경의 출력을 가장 쉽게 또 강력하게 조작할 수 있는 대상이다. 심장에 미치는 미주신경의 영향을 호흡이 통제한다는 연구 결과가 있다(Eckberg, 2003). 심장박동조율기에 대한 미주신경의 억제 기능은 숨을 내쉬는 동안 강화되고 들이쉬는 동안 약화된다. 따라서 내쉬는 숨의 지속 시간과 들숨/날숨 비율이 미주신경의 심장을 '평온하게 하는' 기능을 조절하는 데 매우 중요하다. 찬가와 같은 의식은 들숨에 비해 날숨의 기간을 늘려야 한다. 게다가 찬가 구절이 길어질수록 호흡 매개변수가 저절로 조절되어 충분한 양의 공기를 공급하게 되고 호흡 움직임이 가슴에서 복부로 확장된다. 복식호흡을 하면 횡격막이 능동적으로 아래 쪽으로 밀린다. 이 작용은 미주신경 들신경을 자극하여 심장으로 가는 미주신경의 흐름에 기능적인 영향을 미친다. 〈표 15-1〉에 기술된 바와 같이, 찬가와 명상을 하는 도중 호흡을 조작하는 일은 미주신경 날신경 활동

을 조절하는 강력한 기전을 제공한다. 따라서 이러한 의식에서 사용되는 호흡 전략은 심장에 대한 미주신경 영향을 최적화하는 연습을 시킨다.

찬가와 같은 형태의 발성은 명상 수행에서 빈번하게 나타나는 특징이다. 이 과정은 호흡을 능동적으로 조작해야 할 뿐만 아니라 사회참여체계의 추가 구성요소를 동원한다. 예를 들어, 찬가는 호흡을 조절하는 동안 소리의 생산과 모니터링을 필요로 한다. 발성 조절에는 음 높이 변화와 음 울림 조절을 위해 후두근과 인두근을 조절하는 신경의 능동적인 참여를 필요로 한다([그림 15-1] 참조). 호흡이 결정적으로 중요한데, 발성의 음향 특징이 통제된 날숨의 생산물이고 소리를 내려면 숨을 내쉬는 동안 공기가 후두부에 있는 구조물을 가로질러 충분히 빠른 속도로 통과해야 하기 때문이다.

발성을 통해 성공적인 사회 소통을 하려면 발성의 생산과 감지 모두에서 신속한 조정이 필요하다. 이 과정에는 안전 혹은 위험 단서를 전달하는 음향 속성을 뇌 영역에 알리는 복잡한 되먹임 고리가 필요하다(신경지 절 참조). 이 단서는 뇌신경을 통해 중이 구조물의 전달 기능을 역동적으로 조정하는 과정으로 이어지는데, 사회 소통이 일어나는 주파수 대역 내에서 소리의 음량을 높이거나 낮추게 된다. 중이 근육으로 가는 신경 긴장도가 충분하지 않으면 우리의 환경 특징인 저주파 배경 잡음에서 인간의 발성 소리는 사라질 것이다.

찬가를 부르게 되면 사실상 그동안 사회

참여체계에 관련된 모든 신경 경로가 동원되어 조정을 받는다([그림 15-1] 참조). 여기에는 입, 얼굴, 목, 중이, 후두, 인두의 근육 조절이 포함된다. 따라서 찬가를 부르는 것은 한편으로는 배쪽 유수미주신경 경로를 통해 평온한 상태를 증진하면서 다른 한편으로는 사회참여체계의 여러 특징을 동원하고 연습하는 데 효율적인 '능동경로'를 제공할 수 있다.

의식은 종종 수의적 자세 전환을 포함한다. 자세 전환은 **압력수용체**로 알려진 혈압수용체에 영향을 미친다. 압력수용체는 뇌줄기로 신호를 보내어 미주신경 날신경의 출력을 낮춰 심박수를 높이거나(종종 교감신경계 출력을 자극함), 아니면 미주신경 날신경의 출력을 높여 심박수를 감소시킨다. 자세 조작은 수의적으로 자신의 생리 상태를 전환하는 데 효율적인 방법이 될 수 있는데, 종종 (배쪽 유수미주신경의 일시적 철회로 인해) 활동하고 있다는 직감적인 느낌을 가능하게 하고, 곧이어 (배쪽 유수미주신경의 재참여로 인해) 재빨리 평온함이 뒤따라오게 할 수 있다.

의식은 사회참여 행동을 보완할 수 있는 기능적인 대안을 제공하는데, 사회참여체계와 관련된 몇 가지 신경 경로를 조절하고 훈련할 수 있는 수의적 행동의 시험 기회가 된다. 개인이 의식에 더 능숙해질수록 자율신경계는 회복탄력성이 더 커지고 방어를 위한 태도가 줄어들며, 건강이나 사회적 행동 혹은 자비의 증진을 지원하는 능력이 더 커짐을 보여 준다.

다미주 이론과 일관되게, 효과적인 명상 수행을 하는 것은 안전하다는 경험을 하는 동안만 가능하다. 오직 안전한 상태에서 신경생물학적 방어 전략이 억제되고 감정 반응성을 방지할 수 있다. 따라서 성공적인 명상 훈련의 핵심은 안전한 느낌을 뒷받침하는 환경에서 명상 수행을 연습하는 것이다. 이 단계는 '수동'경로에 의해 매개되는데, 동시에 불수의적 방어의 하위 체계를 하향 조절하고 새로운 진화 산물인 사회참여체계와 관련된 생리 상태를 강화한다. 기능적으로, 명상을 하는 동안 호흡, 자세, 발성으로 구성된 의식은 능동경로를 통해 사회참여체계에서 설명했던 회로를 활용하여 '신경' 운동을 한다. 이 신경 운동이 방어 체계를 억제하는 신경 경로의 효율성과 신뢰도를 향상시키므로 명상 수행을 하는 사람은 자비의 선행 상태인 안전, 개방성, 연결성에 더 쉽게 접근할 수 있게 된다.

지금까지 '능동'경로의 연습과 관련된 과정과 기전을 설명하였다. '수동'경로가 어떻게 동원되는지 이해하려면 다미주 이론의 두 가지 부가적인 특징인 소멸과 신경지 개념을 이해하는 것이 필요하다. 첫째, 이 이론은 '소멸' 과정을 통해(소멸 절 참조) 자율신경 반응성을 계통발생적으로 조직화된 반응의 위계로 설명한다. 이 위계에서는 새로운 회로가 오래된 회로를 억제한다. 소멸은 특정 자율신경 상태가 어떻게 방어 행동 혹은 평온 행동을 지원하는지 설명한다. 게다가 평온 행동을 지원하는 자율신경 상태는 반응성과 방어를 능동적으로 하향 조절하는 능력도 가지고 있다. 따라서 개인이 방어 행동을 삼가는 것만으로는 충분하지 않다. 또한 개인은 방어 행동과 양립할 수 없는 자율신경 상태에 존재할 수도 있어야 한다. 둘째, 신경지 과정을 통해(신경지 절 참조) 맥락이 자율신경 상태에 영향을 미칠 수 있다. 신경지는 인지적으로 알아차리는 과정과는 별개로 환경 위험을 평가하는 복합 신경과정이다. 신경지는 환경의 감각 패턴에서 위험을 감지하고 개인의 자율신경 상태를 반사적으로 변환시켜 방어적인 혹은 안전한 상호작용 중 하나를 지원한다. 신경지는 수동경로가 어떻게 유발되는지 이해하는 데 실마리를 제공한다. 소멸은 회복탄력성과 취약성에 관련된 자율신경계 요소 중에서 창발하는 위계적 관계성을 이해하게 해 준다.

소멸

다미주 이론에서 정의된 세 개의 회로는 계통발생적으로 결정된 위계에 따라 조직화되어 있다. 이들은 도전에 대응하고 Jackson이 제안한 소멸(dissolution) 원칙과 일치한다. Jackson은 뇌에서 고위 신경회로(즉, 계통발생적으로 새로운)는 하위 신경회로(즉, 계통발생적으로 오래된)를 억제하고 있어서 "고위 회로가 갑자기 기능을 잃게 되면 하위 회로가 작동한다"고 주장하였다(Jackson, 1882, p. 412). Jackson이 손상과 질병으로 인한 뇌 기능 변화를 설명하기 위해 소멸의 개념을 제안했지만, 다미주 이론도 도전에 대한 자율신경계 반응의 단계를 설명하기 위해 계통발생적 순서가 있는 유사한 위계 모델을 제안한다.

인간 신경계도 다른 포유류와 마찬가지로 안전한 환경에서 살아남기 위해서는 물론이고 위험하고 생명이 위협당하는 상황에서도 생존을 촉진하기 위해서 진화했다. 이러한 적응유연성을 달성하기 위해 포유류 자율신경계는 사회참여체계 안에 통합되어 있는 유수미주신경 경로 외에도 방어 전략을 조절하기 위해(즉, 투쟁, 도주, 죽은 척하는 행동) 두 개의 원시신경 경로도 보존하고 있다. 사회적 행동, 사회적 소통, 내장기관의 항상성은 방어를 지원하는 신경생리 상태와 양립할 수 없음에 유의해야 한다. 따라서 인간 신경계는 진화 과정에서 세 개의 신경회로를 유지하고 있는데, 이는 계통발생적으로 조직화된 위계로 기능하는 Jackson의 소멸 원칙과 일치하는 것이다. 이 적응 반응의 위계에서는 가장 새로운 회로가 가장 먼저 사용된다. 그 회로가 안전을 제공하는 데 실패하면 더 오래된 회로가 그다음 단계로 동원된다. 명상 수행의 관점으로 보면 방어를 하향 조절하고 사회참여체계와 유수미주신경을 포함하는, 계통발생적으로 가장 새로운 회로를 동원할 필요가 있다.

앞서 설명했듯이, 의식은 능동경로를 통해 유수미주신경을 포함한 통합된 사회참여체계를 연습한다. 하지만 의식이 효율적인 신경운동으로 기능하기 이전에 개인이 평온하고 안전한 생리 상태에 있어야 한다. 오직 이 상태에서만 능동경로를 사용할 수 있고 적응적 방어 반응과 충돌하지 않는다. 따라서 평온한 생리 상태를 유지하기 위해 수동경로를 조절하는 방법을 이해하는 것이 자비나 보편적 연결성과 관련된 주관적인 경험으로 이어지는 데 최초이자 가장 중요한 단계이다. 신경지는 수동경로를 활성화 혹은 비활성화하는 기전에 대한 통찰을 제공한다.

신경지

포유류의 신경계가 방어 전략을 사회참여 전략으로 효과적으로 전환하기 위해서는 두 가지 중요한 적응 작업을 수행해야 한다. 즉, ① 위험도를 평가하고, ② 환경이 안전하다면 투쟁, 도주, 부동화(예: 죽은 척하기) 등의 행동에 관여하는 원시 변연계 구조물을 억제해야 한다. 안전 단서 신호를 보낼 수 있는 잠재력이 있는 자극이라면 차분한 행동 상태를 증진하고 사회참여체계의 친사회적 행동을 지원할 수 있는, 진화적으로 더 진보된 신경회로를 동원할 수 있는 잠재력도 갖고 있다.

신경계는 환경과 내장기관에서 오는 감각 정보를 처리함으로써 지속적으로 위험성을 평가한다. 다미주 이론은 위험성을 평가하는 신경학적 과정에 의식적인 자각이 필요하지 않고 우리의 계통발생적 조상과 공유하는 신경회로가 기능한다고 제안한다. 따라서 신경지(neuroception, Porges, 2003b, 2004) 용어는 지각과 구별되는 신경학적 과정을 강조하기 위해 도입된 것으로, 이 과정은 안전한지, 위험한지 혹은 생명을 위협하는지 등의 환경 (및 내장기관) 특징을 분별할 수 있다. 안전한 환경일 때 우리의 자율신경 상태는 적응적

으로 잘 조절되어 교감신경계 활성화를 억제하고 산소 의존적 중추신경계, 특히 대뇌 피질을 등쪽 미주신경 복합체의 대사 보존반응(예: 기절)에서 보호한다.

신경지는 긍정적인 사회 행동, 감정조절, 내장기관의 항상성 등이 표현되는 것과 붕괴되는 것 모두를 매개한다(Porges, 2004, 2007). 신경지는 편도 중심핵과 수도관주위 회백질(periaqueductal gray)에 연결된 측두 피질 영역의 특정 탐지기에 의해 촉발될 수 있다. 왜냐하면 변연계 반응성이 목소리, 얼굴, 손짓을 포함한 생물학적 움직임에 대한 측두 피질의 반응에 의해 조절되기 때문이다(Ghazanfar et al., 2005; Pelphrey et al., 2005). 신경지 구축물에는 이러한 움직임과 소리의 '의도'에 반응할 수 있는 신경계 능력이 내재되어 있다. 신경지는 대상이 되는 생물 혹은 무생물의 움직임과 소리의 가상 목표를 기능적으로 해독하고 해석한다. 이 과정은 우리가 인지하지 못하는 사이에 일어난다. 비록 우리는 종종 여러 가지 신경지 반응의 촉발 자극을 인지하지 못하지만, 우리 몸의 반응에 대해서는 알고 있다. 따라서 친숙한 사람, 적절한 음조의 목소리와 따뜻한 표정을 가진 사람에 대한 신경지는 긍정적인 사회적 상호작용으로 해석되어 안전한 느낌을 증진한다.

대부분의 상황에서, '수동경로'는 음조가 있는 발성, 제스처, 얼굴 표정을 포함하여 확인 가능한 사회참여 특징에 따른 사회적 상호작용 도중에 활성화된다. 하지만 제시된 모델의 수동경로는 명상 훈련이 일어나게 될 맥락

의 물리적 특성에 노출될 때 동원된다. 역사는 최적의 맥락을 확인하고 묘사하는 데 도움을 준다. 명상 훈련과 실습은 배경에 있는 소리를 기능적으로 제거하는 물리적 특징이 있는 구조물에서 종종 발생한다. 이런 맥락 특징은 침묵 수련과 유사한데, 여기서는 수동적인 '안전' 촉발이 사회적 상호작용에서 맥락으로 변환된다. 침묵 수련에서는 목소리를 통한 잠재적 사회참여가 억제되는 등 산만한 요소들이 제거되는데 이는 신체가 과잉 경계상태 혹은 상호작용 상태에서 고요한 상태로 이동하는 것을 가능하게 만든다.

역사적으로 보면, 주관적으로 안전하다고 경험했던 건축물은 종종 돌처럼 무겁고 튼튼한 재료(예: 고대 사원)로 지어졌다. 요새(要塞) 속성은 다음 두 개의 영역을 통해 명상 수행을 지원한다. ① 명상 수행과 관련하여 신체적으로 취약한 상태에 있을 때 타인으로부터 보호를 받는다. ② 포식자와 관련된 저주파 소리를 제거하고 산만한 시각 단서를 제한함으로써 위험의 감각 단서를 감소한다. 게다가, 돌 표면은 힘들이지 않고 발성을 들을 수 있는 음향 환경을 제공했고, 신체 일부와 공명할 수 있는 메아리로 음향 특성을 강화했다. 발성이 의식에서 이루어지는 찬가(예: 그레고리안 성가와 불교 찬가)로 되면서, 찬가의 화음이 공간에 울려 퍼졌고, 그 음향 에너지는 영적이고 치유 능력이 있는 것으로 해석되었다. 이러한 안식처의 물리적 특징은 수동경로를 통해 안전감을 증진하였고 또 종종 명상 수행을 가르치고 표현하는 맥락이 되었다. 따

라서 명상 수행이 기능적이고 긍정적인 결과를 얻기 위해서는 자율신경계가 방어를 지원하지 않고 위험 혹은 생명의 위협을 유발하지 않는 맥락의 생리 상태에서 수행되어야 한다.

수동경로와 능동경로를 통한 자율신경 상태 조절

다미주 이론에서 사회적 안전은 평온한 생리 상태를 조성하고, 생리적으로 또 행동에서 회복탄력성을 유지하기 위해 배쪽 미주신경 경로를 동원하는지 여부에 달려 있다. **연민 초점치료**(CFT, Gilbert, 2009)와 일관되게, 사회적 안전 체계의 동원은 자비를 경험하거나 표현하기 위한 전제 조건이다. 신경지는 이 상태를 동원하는 '수동'경로를 설명한다. 신경지는 안전한 환경에서 안전함을 느끼는 첫 단계이다. 안전에 대한 신경지는 심장으로 가는 배쪽 미주신경과 사회참여체계에서 설명한 얼굴과 머리의 줄무늬 근육을 조절하는 특정 내장 날신경 경로 모두의 영향을 증가시킴으로써 우리의 생체 행동 상태를 변환한다.

안전 상태를 경험하기 위해서는 환경에 존재하는 맥락 단서가 신경지를 통해 배쪽 미주신경 경로를 유도해야 한다. 이 경로는 교감신경계와 등쪽 미주신경에 의해 매개되는 자율 방어 체계를 능동적으로 하향 조절한다. 안전하다고 느끼려면 두 가지 보완이 필요하다. 첫째, 과잉 경계 상태는 주의를 산만하게 하는 요소와 잠재적 포식자에 대한 단서를 제

거함으로써 감소된다. 우리의 신경계는 일반적으로 청각과 시각 단서에 주의의 초점이 맞춰져 있는데, 움직임과 소리의 의도성을 해석하도록 그 회로가 내장되어 있기 때문이다. 저주파 소리는 포식자와 잠재적 생명 위협의 단서로 내장되어 있다. 고주파 소리 또한 위험 단서로 내장되어 있을 수 있다(Porges & Lewis, 2010). 우리 신경계는 계속해서 움직임의 의도를 해석하려고 시도하므로 시각적으로 산만한 것을 제거하면 과잉 경계에서 평온함으로 전환될 수 있다.

위험 단서를 제거하는 것만으로 모두가 안전하다고 느끼지는 않는다. 어떤 사람은 조용한 공간을 휴식과 영적인 것으로 경험하는 반면, 사람에 따라 불안해하고 과각성이 되는 경우도 있다. 안전에 대한 신경지를 보장할 수 있으려면, 개인은 반드시 환경에서 추가적인 감각 특징을 처리해야 한다. 이것은 엄마가 불러 주는 자장가의 주파수 대역에서 변조되는 음향 자극을 사용함으로써 가장 신뢰성 있게 달성된다. 기능적으로, 인간은 사람 목소리의 변조에 의해 평온해지도록 회로가 내장되어 있다(Porges & Lewis, 2010).

영아를 안정시키는 음향 특징은 전 세계적으로 보편적이며 클래식 음악 작곡가에 의해 그 용도가 변경되어 사용되었다(Porges, 2008). 작곡가들은 엄마가 자신의 아이를 달랠 때 내는 소리 음역을 복제한 멜로디 주제를 구성함으로써 청중들을 안전한 상태로 들어가게 할 수 있음을(즉, 신경지를 통해) 은연중에 이해하고 있다. 반면, 저주파 소리를 내는 악기는 제한한다. 전례 성악의 음향 구조는 저주파 소리를 최소화하고 양육하는 엄마가 아기를 진정시키는 범위의 목소리를 강조함으로써 유사한 관습을 따른다.

저주파 음을 내는 대형 파이프오르간은 안전이 아닌 경외감을 유발한다. 오르간의 낮은 톤은 포식자 바로 앞에서 꼼짝달싹하지 못하는 우리에게 내장되어 있는 반응과 겹치는 음향 특징을 갖고 있다. 따라서 파이프오르간에서 나오는 크고 낮은 톤은 잠재적으로 수동 경로를 방해할 수 있고 자비나 타인과 연결된 느낌을 경험하는 데 필요한 안전 상태를 방해할 수 있다. 하지만 사방이 막힌 한정된 환경 안에서 저주파 음을 제시하는 것은 신에게 복종하는 심리적 느낌과 관련된 복종감을 촉발할 수도 있다.

일단 수동경로가 효과적으로 생리 상태를 전환하면 두 번째 단계가 시작될 수 있다. 두 번째 단계인 미주신경 브레이크 운동은 호흡, 자세, 발성 조절을 요구하는 의식을 통해 '능동'(수의적인) 경로를 동원한다. 이러한 미주신경 브레이크의 조작은 효율적인 진정 기전으로 심장에 대한 미주신경의 억제 효과를 연습한다. 신경생리적으로, 미주신경은 심장박동 조율기에 브레이크로 기능하므로 심장이 본래 속도보다 상당히 느린 속도로 뛰게 된다.

호흡은 미주신경이 심장에 미치는 영향을 체계적으로 감소시키거나 혹은 증가시키므로 쉽고 효율적으로 접근할 수 있는 수의적인 행동이다. 100여 년 전, Hering(1910)은 심장 기능을 억제하는 미주신경 경로가 호흡 리듬을 갖고 있고, 이 리듬이 심장을 조절하는 미주신경 기능을 역동적으로 조정하는 과정을 반영한다고 보고했다. 이 현상에 대한 추가 설명은 Eckberg(2003)에 의해 '호흡 관문(respiratory gate)'이라는 용어로 요약되었다. 그는 숨을 내쉬는 동안 심장에 대한 미주신경의 영향이 강화되고 들이쉬는 동안 미주신경의 영향이 약화됨을 강조하였다. 많은 의식이 호흡 패턴의 변환을 요구한다. 아마도 가장 분명한 것은 찬가나 다른 형태의 발성에서 날숨의 지속시간을 늘리고 들숨의 지속시간을 줄임으로써 호흡 관문을 조작한다. 기도와 명상을 포함하여 다른 의식에서도 자세 변환을 통해 미주신경 조절에 영향을 줄 수 있다. 자세를 변환하면 뇌 혈류를 조정하는 압력수용기(혈압 수용기)를 촉발한다. 이 과정에는 어지러움과 실신을 피하기 위해(예: 미주신경반사성 실신) 심장에 대한 미주신경 조절 기능을 체계적으로 변화시키는 것이 포함된다.

〈표 15-2〉에 기술된 바와 같이, 다미주 이론은 미주신경 경로 조작이 명상 훈련과 수행의 기반 과정에 어떻게 관여하는지 설명한다. 이 과정에는 자율신경 상태를 조절하고 생리 상태를 이끌어 내기 위한 두 개의 경로(수동경로와 능동경로)가 필요하고, 이는 안전과 자비의 감정을 느끼고 표현할 수 있게 한다. 생리 상태를 조절하는 두 경로를 포함하는 것은 효과적인 명상 수행을 위한 전제 조건이다. 두 경로는 순차적으로 기능한다. 따라서 일단 개인이 안전한 느낌을 지원하는 생리 상태가 된 후 명상 훈련을 성공하면, 괴로움을 겪는 사

표 15-2	자비로 가는 단계
단계	다미주신경 작동 과정
1. 안전한 맥락을 경험(수동경로 동원)	• 안전에 대한 신경지를 개발 －공격자 단서 제거 －사랑하는 어머니의 청각 단서 추가
2. 의식 수행(능동경로 동원)	• 자율신경계 유연성과 회복탄력성을 강화하기 위한 미주신경 브레이크 운동
3. 명상 수행(예: 명상)	• '배쪽' 미주신경 상태의 유지에 의존하는 뇌 기능이 참여하는 정신 훈련
4. 자비와 일체감의 경험	• '배쪽' 미주신경 상태를 유지하면서 고위 두뇌 과정의 속성이 출현

람들이 종종 표현하는 감정 반응성과 고통을 (거울처럼 반사하지 않고) 수긍하는, 높은 회복탄력성을 보유한 자율신경계가 될 것이다.

만일 수동경로가 개인으로 하여금 평온한 배쪽 미주신경 상태에 머물러 있게 하지 못한다면, 이후의 능동경로는 자비 대신 방어 경향을 촉발할 것이다. 만일 개인이 취약한 생리 상태(하향 조절된 배쪽 미주신경의 영향 혹은 상향 조절된 교감신경계의 영향)에서 능동경로에 참여한다면 미주신경 브레이크 연습은 일시적으로 취약한 상태를 만들어 낼 수 있다. 이는 능동경로와 연관된 '신경 운동'이 미주신경 브레이크를 철회하고(예: 명상이나 찬가를 부르면서 숨을 들이쉬는 시간 동안) 투쟁-도주 행동을 지원하기에 충분한 교감신경계 흥분을 촉발할 때 발생한다.

결론

이 장에서는 명상 훈련의 효과를 최적화하여 자비를 느끼고 표현하는 능력을 더 크게 만들 수 있는 다단계 순차 모델이 제시되었다. 이 모델은 다음 단계를 포함한다.

① 감각 단서를 제공하는 환경에서 신경지를 통해 안전하다는 느낌이 유발됨으로써 방어를 하향 조절하는 '수동'경로

② 기능적으로 명상 수행을 최적화하는 '평온한' 신경 플랫폼(즉, 배쪽 미주신경 상태)을 확립할 수 있는 수의적 행동(즉, 미주신경 브레이크의 신경 운동)을 통해 구현되는 '능동'경로

③ 광범위한 명상 훈련

④ 자비를 경험하고 표현하는 것을 포함한 명상 수행의 창발 속성

이 장의 목적은 자비를 경험하고 표현할 수 있는 능력이 뇌줄기에서 시작된 유수미주신경 경로에 의해 매개되는 생리 상태에 의존한다는 주장을 제안하는 것이다. 따라서 이 모델은 자비를 경험하고 표현하는 능력이 미주신경 브레이크를 동원하고 운동하는 선행단계가 먼저 성공적으로 정착해야 가능하다는 생각에 근거를 두고 있다. 이 목적의 이면에는 몇 개의 개연성 있는 가정과 검증 가능한 가설이 존재한다.

① 자율신경 상태가 자비를 경험하고 표현하는 데 결정적으로 중요하다.

② 신경지를 통한 '수동'경로는 배쪽 미주신경 경로와 사회참여체계의 특성을 동원하여 자율신경 조절을 강화한다. 즉, 자율신경 상태를 변환하여 (신경 운동으로서) 의식의 효과성을 충분히 촉진할 수 있다.

③ '능동'경로는 효율적으로 의식을 활용함으로써 건강과 회복탄력성을 최적화하기 위해 자율신경 상태에 대한 미주신경의 조절을 연습한다.

④ 의식의 효율적인 활용은 명상 수행의 성과가 최적화될 수 있는 생리 상태를 증진한다.

따라서 자비의 중요한 전제 조건의 하나로 생리 상태의 기능을 인정하는 것은 연민초점치료 등을 포함한 명상 수행에서 더 효율적이고 긍정적인 결과로 나타날 수 있고 자비 향상으로 이어질 것이다.

참고문헌

Bernard, C. (1872). *De la physiologie générale*. Paris: Hachette.

Bohlmeijer, E., Prenger, R., Taal, E., & Cuijpers, P. (2010). The effects of mindfulness-based stress reduction therapy on mental health of adults with a chronic medical disease: A meta-analysis. *Journal of Psychosomatic Research*, *68*(6), 539-544.

Cannon, W. B. (1932). *The Wisdom of the Body.* New York: W.W. Norton & Co.

Chiesa, A., & Serretti, A. (2009). Mindfulness-based stress reduction for stress management in healthy people: A review and meta-analysis. *The Journal of Alternative and Complementary Medicine, 15*(5), 593-600.

Davidson, R. J., Kabat-Zinn, J., Schumacher, J., Rosenkranz, M., Muller, D., Santorelli, S. F., ... Sheridan, J. F. (2003). Alterations in brain and immune function produced by mindfulness meditation. *Psychosomatic Medicine, 65*(4), 564-570.

Decety, J., & Ickes, W. J. (Eds.). (2009). *The Social Neuroscience of Empathy.* Cambridge, MA: MIT.

Eckberg, D. L. (2003). The human respiratory gate. *The Journal of Physiology, 548*(Pt 2), 339.

Ghazanfar, A. A., Maier, J. X., Hoffman, K. L., & Logothetis, N. K. (2005). Multisensory integration of dynamic faces and voices in rhesus monkey auditory cortex. *The Journal of Neuroscience, 25*(20), 5004-5012.

Gilbert, P. (2009). Introducing compassion-focused therapy. *Advances in Psychiatric Treatment, 15*(3), 199-208.

Hering, H. E. (1910). A functional test of heart vagi in man. *Menschen Munchen Medizinische Wochenschrift, 57,* 1931-1933.

Jackson, J. H. (1882). On some implications of dissolution of the nervous system. *Medical Press and Circular, 2,* 411-414.

Kabat-Zinn, J. (2003). Mindfulness-based interventions in context: Past, present, and future. *Clinical Psychology: Science and Practice, 10*(2), 144-156.

Klimecki, O. M., Leiberg, S., Ricard, M., & Singer, T. (2014). Differential pattern of functional brain plasticity after compassion and empathy training. *Social Cognitive and Affective Neuroscience, 9,* 873-879.

Kok, B. E., & Fredrickson, B. L. (2010). Upward spirals of the heart: Autonomic flexibility, as indexed by vagal tone, reciprocally and prospectively predicts positive emotions and social connectedness. *Biological Psychology, 85*(3), 432-436.

Lutz, A., McFarlin, D. R., Perlman, D. M., Salomons, T. V., & Davidson, R. J. (2013). Altered anterior insula activation during anticipation and experience of painful stimuli in expert meditators. *Neuroimage, 64,* 538-546.

Pelphrey, K. A., Morris, J. P., Michelich, C. R., Allison, T., & McCarthy, G. (2005). Functional anatomy of biological motion perception in posterior temporal cortex: An fMRI study of eye, mouth and hand movements. *Cerebral Cortex, 15*(12), 1866-1876.

Porges, S. W. (1995). Orienting in a defensive world: Mammalian modifications of our evolutionary heritage. A polyvagal theory. *Psychophysiology, 32*(4), 301-318.

Porges, S. W. (1998). Love: An emergent property of the mammalian autonomic nervous system. *Psychoneuroendocrinology, 23*(8), 837-861.

Porges, S. W. (2001). The polyvagal theory: Phylogenetic substrates of a social nervous system. *International Journal of Psychophysiology, 42*(2), 123-146.

Porges, S. W. (2003a). The polyvagal theory: Phylogenetic contributions to social behavior.

Physiology & Behavior, 79(3), 503-513.

Porges, S. W. (2003b). Social engagement and attachment: A phylogenetic perspective. *Roots of Mental Illness in Children. Annals of the New York Academy of Sciences, 1008*(1), 31-47.

Porges, S. W. (2004). Neuroception: A subconscious system for detecting threats and safety. *Zero to Three (J), 24*(5), 19-24.

Porges, S. W. (2007). The polyvagal perspective. *Biological Psychology, 74*(2), 116-143.

Porges, S. W. (2008). Music therapy and trauma: Insights from the Polyvagal Theory. *Symposium on Music Therapy and Trauma: Bridging Theory and Clinical Practice.* New York: Satchnote Press.

Porges, S. W. (2009). The polyvagal theory: New insights into adaptive reactions of the autonomic nervous system. *Cleveland Clinic Journal of Medicine, 76*, S86-90.

Porges, S. W. (2011). *The Polyvagal Theory: Neurophysiological Foundations of Emotions, Attachment, Communication, and Self-Regulation (Norton Series on Interpersonal Neurobiology).* New York: W.W. Norton & Company.

Porges, S. W., & Lewis, G. F. (2010). The polyvagal hypothesis: Common mechanisms mediating autonomic regulation, vocalizations and listening. *Handbook of Behavioral Neuroscience, 19*, 255-264.

Porges, S. W., Doussard-Roosevelt, J. A., Portales, A. L., & Greenspan, S. I. (1996). Infant regulation of the vagal "brake" predicts child behavior problems: A psychobiological model of social behavior. *Developmental Psychobiology, 29*(8), 697-712.

Stellar, J. E., Cohen, A., Oveis, C., & Keltner, D. (2015). Affective and physiological responses to the suffering of others: Compassion and vagal activity. *Journal of Personality and Social Psychology, 108*(4), 572-585.

Stewart, A. M., Lewis, G. F., Heilman, K. J., Davila, M. I., Coleman, D. D., Aylward, S. A., & Porges, S. W. (2013). The covariation of acoustic features of infant cries and autonomic state. *Physiology & Behavior, 120*, 203-210.

Strauss, C., Taylor, B. L., Gu, J., Kuyken, W., Baer, R., Jones, F., & Cavanagh, K. (2016). What is compassion and how can we measure it? A review of definitions and measures. *Clinical Psychology Review, 47*, 15-27.

Truex, R. C., & Carpenter, M. B. (1969). *Human Neuroanatomy.* Baltimore, MD: Williams and Wilkins.

제4부

자비 개입법

제16장

공감-증진 개입법: 현존하는 작업에 대한 검토와 앞으로의 연구 방향에 대한 제언

Erika Weisz and Jamil Zaki

요약

공감—타인의 내적 상태에 대한 공유와 이해 능력—연구의 주요 질문 중 하나는 그것이 증진될 수 있는 가이다. 과학자들은 특히 공감이 약화되는 상황에서, 공감을 증진시키기 위해 많은 효과적인 개입법을 설계해 왔다. 여기에서 우리는 타인에 대한 공감을 경험하거나 공감을 표현하는 개인적인 기술을 증진시키는 데 초점을 둔 시도들을 검토한다. 다음으로 우리는 공감을 동기적으로 설명하는 모형에 기초하여 새로운 방식의 개입법을 제안한다. 여기에는 사람들에게 공감의 방법을 가르치는 것뿐 아니라, 공감을 하고 싶도록 동기를 부여하는 방법 또한 포함된다. 사회심리학 연구 전통은 공감의 동기를 증가시키는 여러 가지 방법을 제공하는데, 이것은 현존하는 작업을 보완할 수 있으며, 타인을 이해하고 배려하는 사람들의 역량을 개발하고자 하는 응용 과학자들의 시도를 확장시킬 수 있을 것이다.

핵심용어

개입법, 공감, 자기지향 개입법, 집단 기반 개입법, 상황 기반 개입법

지구상의 어떤 다른 종보다도, 인간은 타인의 생각과 감정을 대리적으로 경험한다. 공감—다른 누군가(목표 대상)의 내적 상태를 공유하고 이해하는 개인(지각자)의 역량—은 우리가 서로를 연결할 수 있도록 해 주는 사회적인 교량의 역할을 한다. 공감은 또한 개인적 안녕(Davis, 1983; Mehrabian, 1996; Wei, Liao, Ku, & Shaffer, 2011)이나 친사회적 행동(Batson & Shaw, 1991)을 포함하는 많은 중요

한 결과에 영향을 미친다.

그러나 이러한 모든 혜택에도 불구하고, 공감이 보편적인 반응은 아니다. 공감은 어떤 조건하에서는 예측 가능하게 실패한다(Zaki & Cikara, 2015). 예를 들어, 사람들은 갈등 상황 동안이나(Brewer, 1999; Hein, Silani, Preuschoff, Batson, & Singer, 2010; Sherif, 1936) 낯선 타인과 상호작용할 때(Chiao & Mathur, 2010; Mitchell, Macrae, & Banaji, 2006; Singer,

Seymour, & O'Doherty, 2006; Xu, Zuo, Wang, & Han, 2009) 공감이 줄어들거나 심지어 공감이 반전되는 경험을 한다. 다른 경우, 개인의 경험이나 심지어 그들의 직업이 공감을 예측 가능하게 감소시킨다. 예를 들어, 때로 의사들은 환자의 깊은 고통을 정확히 이해하는 데 실패하며(Decety, Yang, & Cheng, 2010; Marquié et al., 2003), 이것은 환자(Hojat et al., 2011)와 의사(Krasner et al., 2009) 모두의 안녕을 감소시킨다. 공감 실패의 원인은 서로 상호작용하며 사태를 악화시킬 수 있다. 예를 들어, 의료 전문가의 공감 결여는 흑인 환자들과 만날 때 악화될 수 있다(Goyal, Kuppermann, Cleary, Teach, & Chamberlain, 2015; Trawalter, Hoffman, & Waytz, 2012). 공감 실패와 이에 따른 파괴적인 결과는 중요한 질문을 떠오르게 한다: 개입을 통해 공감을 증진시키는 것이 가능한가? 이 질문에 대답하기 위해, 우리는 우선 공감의 본질이 무엇인가를 고찰해야 한다. 공감은 고정된 역량인가, 아니면 시간에 따라 개발될 수 있는 기술인가?

공감 경향에서의 개인차는 많은 지표상에서 나타나며, 이들은 공감이 안정적인 특질임을 시사한다. 우선, 사람들은 목표 대상에 대해 어느 정도 공감을 느끼는가에 대한 보고에서 다르다(Davis, 1983; Eisenberg & Miller, 1987; Mehrabian, Young, & Sato, 1988). 사람들은 또한 공감을 전달하는 얼굴 표정(Lundqvist & Dimberg, 1995; Sonnby-Borgström, Jönsson, & Svensson, 2003), 공감과 관련된 뇌의 활동(Hooker, Verosky, Germine, Knight, &

D'Esposito, 2010; Marsh et al., 2008; Singer et al., 2006), 타인의 고통을 마주쳤을 때 도움을 제공하는 능력(Davis et al., 1999; Hein et al., 2010)에서 다르다.

그러나 이러한 주장에 문제를 제기하는 다른 증거들은 공감이 상황적 영향력에 매우 민감하다는 점을 보여 준다. 예를 들어, 어떤 연구들은 여성이 남성보다 더 공감적임을 발견했지만, 보다 정밀한 조사는 이러한 차이가 특정한 맥락적 제약하에서만 나타난다는 것을 보여 준다(공감과 관련된 성별에 따른 기대가 현저하게 나타날 때와 같이)(Ickes, Gesn, & Graham, 2000). 상황적인 특성을 교묘하게 조작하면 이러한 차이는 줄어드는데, 이것은 공감이 맥락에 따라 변화하기 쉽다는 주장을 지지한다. 많은 경우에, 개인차는 공감이나 공감 관련 행동을 예측하는 데 있어 약한 지표일 뿐이다. 때로 상황적 요인들(예: 제한된 시간)이 공감의 특질 지표보다 공감이 일어날 가능성(Shaw, Batson, & Todd, 1994)을 더 변화시키며, 도움행동을 보다 잘 예측한다(Darley & Batson, 1973).

이러한 발견은 공감이 상황의 영향에 민감하다는 관점과 일치한다. 개인의 특질적인 공감 수준에서 차이가 있다는 증거가 있지만, 상황에 따라 일관적이지 않은 공감 반응은 공감이 개발될 수 있다는 개연성을 보여 준다. 공감의 유동성에 대한 추가적인 조사를 위한 노력의 일환으로, 연구자들은 개입을 통해 공감을 변화시키는 시도를 해 오고 있다.

공감과 자비

공감은 적어도 세 가지의 서로 구분되지만 관련되는 하위 과정을 포함한다. **정신화**(mentalizing)는 목표 대상의 생각과 감정에 대해 추론할 수 있는 능력이다(Davis, 1983). **경험 공유**(experience sharing)는 타인의 정서적 상태를 대리적으로 경험하는 과정이다(Hatfield, Cacioppo, & Rapson, 1993). 마지막으로, **공감적 관심**(empathic concern)은 목표 대상의 고통을 경감시키고자 하는 지각자의 욕구를 말한다(Batson, 2009). 행동적으로나 생리적으로 분리되어 있지만, 이 세 가지 하위 요소는 서로 깊이 연관되어 상호작용하고 있다(Zaki & Ochsner, 2012). 예를 들어, 조망수용 훈련은 공감적 관심의 증가를 일으킬 수 있다(Batson et al., 1997; Batson, Turk, Shaw, & Klein, 1995).

이에 비해, **자비**(compassion)는 타인의 고통을 지각하고 경감하고자 하는 역량이다(Goetz, Keltner, & Simon-Thomas, 2010). 공감의 특성(특히 하위 과정 중 공감적 관심)은 자비와 매우 큰 유사성을 갖는다. 공감과 자비 모두 타인의 정서적 상태에 대한 이해와 함께 도우려는 소망을 포함한다. 그러나 이들이 진화적인 근원을 공유하고 있을 수 있지만, 공감과 자비는 개념적으로 구별되는 구성개념이다(Zaki, 2014). 자비는 특정한 **부정적** 정서 상태(통증과 같은)의 인식에 연이어 돕고자 하는 충동의 경험을 수반한다. 공감은 긍정 정서와 부정 정서 모두를 포함하는 다양한 정서

의 공유 및 이해와 관련된다. 또한 공감은 타인의 감정에 대한 공유와 이해를 포함하는 반면, 자비는 지각자가 타인의 감정을 대리적으로 공유하지 않아도 가능할 수 있다. 이 장의 후반부에, 우리는 현존하는 공감 개입법을 보완하기 위한 동기에 초점을 둔 공감 모형을 제공한다. 여기에서 우리는 공감을 강화하기 위해 특별히 설계된 개입법을 설명하지만, 우리가 제안하는 동기에 기초한 체계는 자비 관련 개입에도 유사하게 적용될 수 있음을 인식해야 하는데, 공감과 자비는 모두 타인의 정서에 대한 관여를 포함하고 있기 때문이다(Zaki, 2014).

정신화, 경험 공유, 공감적 관심의 상호작용을 고려하면서(그리고 상대적으로 매우 적은 공감 훈련 연구 때문에), 이 장에서 우리는 이들 세 가지 공감의 하위 요소 중 일부를 증진시키는 데 목적을 둔 개입법을 검토할 것이다. 우리는 우선 공감을 증진하기 위한 시도를 검토하고, 다음으로 공감 개입법을 구축하기 위한 새로운 개념 틀을 제안할 것이다. 결정적으로, 우리는 두 가지 범주의 개입법을 구분할 것이다. 먼저, 우리는 전형적으로 사람들의 공감 **능력**을 강화하는 데 목적을 둔 현존하는 개입법을 검토할 것이다. 다음으로 우리는 사람들의 공감 **동기**를 증진하기 위한 새로운, 이론에 근거한 접근을 탐색하고 동기에 기초한 공감 개입법의 적용을 기술할 것이다.

현존하는 개입법의 검토

많은 공감 개입법은 사람들의 공감 **능력** 개발에 초점을 두며, 타인에 대해 공감을 경험하거나 공감을 표현하는 역량을 높이는 것을 목표로 한다. **경험 기반 개입법**(experience-based interventions)은 목표 대상의 내적 상태에 '주파수를 맞추도록' 동기부여하는 작업에 초점을 둔다. **표현 기반 개입법**(expression-based interventions)은 지각자가 보다 효과적으로 공감을 목표 대상에게 전달하도록 돕는다.

경험 기반 개입법은 지각자가 목표 대상의 입장을 상상하거나 내적 상태를 숙고해 보도록 함으로써, 목표 대상의 조망을 취해 볼 기회를 제공한다. 이러한 두 방법은 목표 대상의 생각과 감정을 더 깊게 이해하도록 하여 목표 대상에 대한 공감을 증진시킨다. 일부 개입법은 역할극 기법을 사용하여 목표 대상의 경험을 모사함으로써 공감을 증진시킨다. 지각자가 목표 대상의 관점에서 세상을 보도록 하는 것은 목표 대상의 내적 상태를 더 잘 이해하도록 촉진함으로써 그들에 대한 공감을 증가시킨다. 이러한 목표를 가진 한 프로젝트에서, 의과대학 학생들은 환자의 관점에서 입원생활을 경험하기 위해 병원에서 하룻밤을 보냈다. 참여한 학생들은 의사와 환자의 관계를 증진하는 문제에 더 큰 관심을 표현했는데, 이는 역할극 훈련이 환자들에 대한 동감(sympathy)을 일으켰다는 것을 말해 준다(Wilkes, Milgrom, & Hoffman, 2002).

Bunn과 Terpstra(2009)는 의과대학 학생들을 대상으로 정신과 회진 동안 새로운 경험적 기법을 사용했다. 학생들은 신경심리 검사를 받는 동안 환자들이 겪는 경험을 이해하기 위한 일환으로 환청 시뮬레이션 상황에서 일련의 인지적 과제를 수행했다. 참가 학생들은 정신질환을 가진 사람들에 대한 자기보고식 공감 측정에서 보다 높은 점수를 기록했다(Bunn & Terpstra, 2009). 유사한 방법들이 또래 친구들에 대한 청소년의 공감 증진을 위해(Jacobs, 1977), 성폭력 피해자에 대한 가해자들의 공감 증진을 위해(Webster, Bowers, Mann, & Marshall, 2005), 장애인에 대한 대학생들의 공감 증진을 위해(Clore & Jeffery, 1972) 사용되었다(어떤 공감 증진 개입법을 선택했는가는 〈표 16-1〉을 보시오. 현존하는 공감 개입법에 대한 보다 전반적인 검토는 Davis & Begovic, 2014를 보시오).

다른 조망수용 기법들은 지각자가 목표 대상의 내적 상태를 숙고하도록 분명하게 지시한다. 한 연구에서, 지각자들은 낙인 집단에 속한 목표 대상의 삶과 감정을 상상하도록 요청받았다. 이러한 개입은 목표 대상뿐 아니라 낙인 집단에 속한 다른 사람들에 대한 긍정적 평가를 증가시켰다(Batson et al., 1997). 유사한 방법을 사용한 한 연구에서, 헤로인 중독자의 생각과 감정을 상상하도록 요청된 참가자들은 보다 많은 돈을 중독 치료기관에 기부했다. 이는 이러한 개입이 도움행동을 이끄는 긍정적인 후속 효과를 일으킨다는 것을 말해 준다(Batson, Chang, Orr, & Rowland, 2002).

연구자들은 또한 목표 대상의 관점에 대한 정보를 전달하기 위해 삽화, 비디오, 이야기, 편지를 사용한다. 이러한 기법은 외-집단에 속한 사람들에 대한 공감을 향상시키기 위해 자주 사용된다. 한 연구는 백인의 특권과 제도적 인종주의를 담은 비디오를 본 백인 학생들이 공감과 인종차별에 대한 인식의 증가를 보였다고 보고했다(Soble, Spanierman, & Liao, 2011). 또 다른 연구에서, 아랍 참여자들은 아들이 테러리스트의 공격으로 죽은 유대인 어머니가 쓴 편지를 읽고 답장을 썼다. 참여자들은 편지 쓰기 활동 후 이스라엘인에 대한 적대감이 줄어들고 더 많은 공감을 경험했다(Shechtman & Tanus, 2006). 유사한 효과는 집단 간의 직접 접촉 후에도 나타난다. 집단 간 접촉은 외-집단 구성원에 대한 조망수용과 공감을 증가시킴으로써(Pettigrew & Tropp, 2008) 선입견과 적대감을 감소시킨다(Pettigrew & Tropp, 2006).

자비 또는 공감적 관심을 촉진하기 위해 설계된 몇몇 개입법은 타인에 대한 이해와 돌봄을 증가시키기 위해 명상과 같은 기법을 사용한다. '자비 훈련'은 타인의 고통에 대한 심리적(Jazaieri et al., 2015), 생리적(Klimecki, Leiberg, Lamm, & Singer, 2013; Weng, Fox, Shackman, & Stodola, 2013), 행동적(Condon, Desbordes, Miller, & DeSteno, 2013; Leiberg, Klimecki, & Singer, 2011) 반응에서의 변화를 일으켰다. 역할극, 미디어 활용, 직접 접촉, 자비 명상을 통해, 경험적인 개입법들은 지각자가 목표 대상의 경험을 더 깊이 이해하도록 함으로써 공감을 증진한다.

표현 기반 개입법은 참여자에게 목표 대상의 내적 상태를 인식하고 적절하게 반응하도록 가르친다. 이러한 개입법은 지각자가 타인의 고통을 인식하는 데 실패하거나, 공감을 목표 대상에게 전달하는 데 문제가 있을 때 자주 시행된다. 표현 기반 개입법은 의사들의 공감 표현 증진과 같이 의료 전문가를 대상으로 자주 사용된다. 공감 표현(예: 타인의 통증을 보며 고통스러운 표정을 짓는 것과 같은)은 목표 대상에게 지각자가 자신의 고통을 이해하고 공유하고 있다는 것을 알림으로써, 의사소통을 증진시킨다(Bavelas, Black, Lemery, & Mullett, 1986). 의사와 환자 간의 관계에서 공감을 표현하는 것이 관계를 증진시킬 수 있기 때문에, 의사소통 기술 훈련 프로그램은 의료 종사자 집단에서 많이 활용되는 기법이다(Back et al., 2007; Bonvicini et al., 2009).[1]

Riess와 동료들은 의사를 위해 특별히 설계된 프로그램을 개발했는데, 이 프로그램은 환자와의 공감이 일으키는 과학적으로 타당한 결과를 보여 준다. 이 프로그램에 참여한 의사들은 의사와 환자 간의 어려운 상호작용을 담은 비디오를 보았다. 비디오는 대화 동안 스크린상에 의사와 환자의 생리적 반응(예: 피부 전도 변화)을 보여 주며, 환자와 감정을 공유했을 때의 개선되는 효과에 대한 정보를 제공했다. 연구자들의 기대와 일치하게, 이 훈련에 참가한 의사들은 얼굴 표정 인식 능력이 증가했으며 환자 만족도 검사에서 더 높은 평가 점수를 기록했다(Riess, Kelley, Bailey, Dunn, & Phillips, 2012).

표 **16–1** 경험 기반 개입법과 표현 기반 개입법의 요약

연구	참여자	유형	훈련	결과
Batson et al. (1997)	여자대학생	경험적	낙인 대상(에이즈 환자, 노숙자, 살인자)의 삶과 감정을 상상하도록 요청	낙인 집단 구성원에 대해 보다 긍정적인 태도
Batson et al. (2002)	대학생	경험적	낙인 대상(마약 거래상)의 삶과 감정을 상상하도록 요청	낙인 집단을 위한 친사회적 행동
Bunn & Terpstra (2009)	의과대학생	경험적	신경심리 검사 중 환청 시뮬레이션	Jefferson 의사 공감 척도에서 높은 점수
Condon et al. (2013)	성인	경험적	티베트 불교 승려가 이끄는 8주 명상 수업 참여	고통받는 사람을 돕는 비율이 증가
Clore & Jeffery (1972)	대학생	경험적	대학생들이 휠체어를 타고 캠퍼스를 돌아다니게 함	장애인에 대한 태도가 증진
Jacobs (1977)	청소년	경험적	학생들이 청소년 대인관계 상호작용을 역할극	공감 측정에서 변화 없음
Jazaieri et al. (2015)	성인	경험적	참여자들이 자비 명상 수업에 참여하고 매일 집에서 명상 수련을 함	자비 훈련은 마음챙김과 행복을 증가시켰고, 이것은 타인에 대한 돌봄의 증가와 관련됨
Klimecki et al. (2013)	성인	경험적	1일 자애명상 코스에 참여	고통에 대한 반응에서 긍정 정서가 증가하고, 친밀감과 긍정 정서를 관장하는 뇌 영역의 활동이 증가
Shechtman & Tanus (2006)	아랍 학생	경험적	유대인 어머니로부터의 편지, 일기를 포함한 다중 회기 개입	이스라엘인에 대한 공감의 증가와 적대감의 감소
Soble et al. (2011)	대학생	경험적	제도적 인종차별주의를 보여주는 비디오 개입	공감과 인종차별주의에 대한 자각의 증가
Webster et al. (2005)	성폭력 가해자	경험적	성폭력 가해자들이 역할극에 참여	희생자들이 겪는 결과에 대한 인식의 증진
Wilkes et al. (2002)	의과대학생	경험적	의과대학 학생들이 하룻밤 동안 병원에 입원	입원 환경 개선에 대한 관심이 증가
Weng et al. (2013)	성인	경험적	참여자는 30분짜리 자비 명상 오디오를 들음	자비 명상은 이타적 행동을 증가시키고 사회적 인지와 정서 조절을 관장하는 뇌 영역을 활성화시킴
Archer & Kagan (1973)	대학생	표현적	정서 인식과 공감 반응	또래 관계 평가 점수와 정서 민감성 척도의 수행이 증진됨

(계속)

Back et al. (2007)	종양학과 동료들	표현적	의사소통 훈련 워크숍	공감적 언어 기술을 포함한 의사소통 기술의 증진
Bonvicini et al. (2009)	의사	표현적	의사소통 훈련 워크숍	훈련은 환자와의 상호작용 동안 의사들의 전반적인 공감과 공감 표현을 증가시킴
Dadds et al. (2012)	행동/정서 장애 아동	표현적	정서 인식 훈련	높은 수준의 냉담하고 감정을 드러내지 않는 특성을 가진 아동의 정서적 공감과 품행장애를 개선
Golan & Baron-Cohen (2006)	아스퍼거 증후군 성인	표현적	얼굴과 목소리에서 감정을 인식하는 컴퓨터 기반 훈련	유사한 정서 인식 과업에서 개선(유사하지 않은 과업에서는 개선 효과가 없음)
Riess et al. (2012)	이비인후과 레지던트	표현적	공감에 기저하는 신경생물학에 초점을 둔 공감–관계 기술 훈련	공감의 신경생물학에 대한 지식, 자기보고한 공감 역량, 환자 만족도가 증가

공감 반응을 전달하기 위해, 지각자는 우선 목표 대상의 고통을 인식해야 한다. 따라서 일부 표현 기반 개입법은 지각자의 정서 인식 능력을 증진시키는 데 초점을 둔다. 이와 같은 훈련 기법은 타인의 의사소통 표현을 읽는 능력의 부족으로 인해 공감 반응의 결여를 보이는 사람들을 대상으로 자주 사용된다. 예를 들어, 자폐증이 있는 사람들은 타인의 표정이나 마음 상태를 이해하는 데 어려움을 겪는다. 체계적인 표현 인식 훈련을 통해, 자폐증을 가진 사람들의 정서 인식 능력이 개선될 수 있다(예: Golan & Baron-Cohen, 2006). 유사한 정서 인식 훈련이 공격적인 청소년을 대상으로 시행되었다. 높은 수준의 냉담하고 감정을 드러내지 않는 특성을 보이는 청소년이 이 정서 인식 훈련으로부터 가장 큰 도움을 받았으며, 정서적 공감에서 유의미한 개선을 보

였다(Dadds, Cauchi, Wimalaweera, Hawes, & Brennan, 2012).

개입법의 요약

현존하는 공감 개입법은 크게 공감 경험 또는 공감 표현을 증진하는 방법으로 분류할 수 있다. 역할극, 조망수용, 정보 공유를 포함한 여러 기법을 사용하여, **경험적 개입법**은 내적인 공감의 느낌을 증가시킨다. 반면, **표현적 개입법**은 지각자에게 목표 대상의 고통을 인식하고 반응하는 법을 훈련시킴으로써 외적으로 공감을 표현하는 방식을 변화시킨다. 현존하는 작업의 특징을 이와 같이 범주화하는 것은 현존하는 연구에서 가장 많이 사용하는 방법을 더 잘 분류하기 위한 것일 뿐이라

는 점을 유의해야 한다. 이러한 분류는 모든 관련 작업을 철저하게 검토한 결과는 아니다. 따라서 이러한 범주화는 단지 독자들에게 지금까지 시행되었던 개입법의 중요한 특징을 소개하기 위한 것이다.

공감 동기에 관한 설명

현존하는 개입법은 공감을 변화시키는 데 효과적이다. 최근의 검토는 개입법이 사람들이 공감을 느끼는 능력과 공감을 표현하는 능력을 변화시킬 수 있으며, 이타적 도움행동과 같은 공감의 후속 효과를 일으킬 수도 있음을 시사한다(van Berkhout & Malouff, 2015). 개입법의 유용성을 고려한다면, 이러한 개입법이 새로운 상황에 적용될 때도 효과적인가에 대한 의문이 일어날 수 있다. 그 대답은 아마도 '그렇다'일 것이지만, 여기에는 단지 특정한 조건하에서만이라는 단서가 붙는다. 이러한 개입법은 지각자들이 공감할 수 있고(즉, 지각자는 타인의 감정을 인식할 수 있고 이에 따라 반응하기 위한 수단을 갖고 있다) 공감을 위한 준비가 되어 있는(목표 대상에 대한 공감을 위축시키는 요인들이 없다) 상황에서 작동하는 것 같다. 그러나 이것이 모든 지각자-목표 대상 간의 관계에서 사실일까? 불행하게도 그렇지 않다. 사람들은 빈번히 특정 목표 대상과의 공감에 실패하는데, 그들이 그렇게 할 수 없어서가 아니라 그들이 그렇게 하고 싶지 않기 때문이다(Zaki, 2014; Zaki & Cikara, 2015).

특히 공감과 유사한 많은 다른 심리 현상(Dweck & Leggett, 1988; Kahneman & Tversky, 1979; Kunda, 1990; Lewin, 1952)은 **접근 동기**와 **회피 동기**의 상호작용을 보여 준다. 접근 동기는 사람들이 공감하도록 추동하는 동기이며 회피 동기는 공감으로부터 철수하도록 추동하는 동기이다. 회피 동기는 사람들이 공감이 많은 대가를 치러야 하거나(Cameron & Payne, 2011; Pancer, Mcmullen, Kabatoff, Johnson, & Pond, 1979; Shaw et al., 1994) 고통스러울 것이라고(Davis et al., 1999; 자비 회피 동기에 대한 심층적인 논의는 이 책의 Paul Gilbert와 Jennifer Mascaro가 쓴 장을 보시오) 예상하는 경우를 포함한다. 사람들은 또한 공감이 자신의 목표(예: 경쟁에서 이기고 싶은)와 갈등할 때 공감 회피 동기를 경험한다. 다시 말해, 미식축구 선수인 어떤 라인백커가 자신이 태클을 한 상대 선수의 아픔을 느낀다면 자신의 역할을 제대로 못 할 수도 있을 것이다. 이와 같은 맥락 속에 있는 사람들이 공감을 회피한다는 것을 시사하는 증거들이 있다. 사형수의 고통을 대단치 않게 여기거나 무시하는 사형 집행인들이 속해 있는 어두운 맥락도 여기에 포함된다(Osofsky, Bandura, & Zimbardo, 2005).

조망수용과 같이 공감을 일으키는 기법은 특정 맥락에서 적용될 때 오히려 역효과를 낼 수도 있다. 예를 들어, 경쟁적인 상황에서, 조망수용 조작은 사람들이 이기적으로 행동할 가능성을 증가시킨다(Epley, Caruso, & Bazerman, 2006). 경쟁적인 상황에서 고통의 인식은 남의 불행에 대한 쾌감(schadenfreude)

과 같은 반-공감적인 정서를 자주 유발한다(Cikara & Fiske, 2011; Lanzetta & Englis, 1989; Yamada, Lamm, & Decety, 2011). 다른 사람의 마음을 생각하는 것은 일종의 '관계 증폭기'가 될 수 있는데, 협력적인 맥락에서는 친사회 상호작용을 촉진하지만 경쟁적인 맥락에서는 부정직하고 속이는 상호작용을 증가시킬 수 있다(Pierce, Kilduff, Galinsky, & Sivanathan, 2013). 이러한 공감 실패는 공감 능력의 부족 때문이라기보다는 공감하려는 동기의 부족을 반영한다. 공감 실패는 말할 필요도 없이 공감이 가장 필요한 상황에서 가장 치명적인 결과를 가져오는 경우가 많다(예: 약자 괴롭히기, 집단 간 갈등).

이러한 사실은 현존하는 개입법에 대해 무엇을 말해 주고 있는가? 현존하는 개입법의 성공에도 불구하고, 이들의 효과는 공감에 영향을 미치는 힘에 대한 불완전한 설명으로 인해 불필요하게 제약될 수 있다. 개입법에 대한 연구와 발견은 고통의 지각과 공감적인 반응 간의 직접 관계에 대한 함의를 제공한다. 즉, 공감은 지각자가 타인의 고통을 탐지할 수 있을 때 '촉발'된다. 그러나 이 이론은 공감이 동기와 관련된 이유로 실패하는 많은 경우를 설명하지 못한다. 공감 경험과 표현만을 변화시키는 것보다는 동시에 공감 동기에 관한 설명을 포함하는 개입법이 더 효과적일 수 있다. 현존하는 기법에 보완적으로 동기에 기반한 접근을 함께 사용함으로써, 우리는 공감 능력에 따른 실패와 공감 동기에 따른 실패 모두를 포함한 '공감 결여(empathy gaps)'의 다양

한 양상과 여기에 영향을 미치는 힘에 대한 이해를 확장하고 교정할 수 있게 될 것이다.

사회심리학과 간단한 개입법

사회심리학은 동기에 기반한 공감 개입법 개발을 위한 이론적 기초를 제공한다. 어떤 행동을 좌우하는 힘의 체계에 대한 정확한 이해를 갖는다면, 작은 동기의 조정이 큰 행동 변화를 이끌 수 있다(Yeager & Walton, 2011).

간단한 사회심리학적 개입법은 주요 지점에서 행동 사이클을 변경시킴으로써 목적을 달성한다. 학교에서의 성취를 개선하기 위해 설계된 한 개입법을 생각해 보자. 노력의 부족으로(능력의 부족이 아니라) 성적이 형편없는 학생들에 대한 교육은 그들이 이후의 과제에 더 많은 노력을 기울이도록 동기를 부여할 것이며, 이것은 성적의 향상을 가져올 것이다(Dweck & Leggett, 1988). 사람들이 상호작용하는 힘의 영향력하에서 행동한다는 점을 고려한다면, 이러한 동기 체계의 요소를 전략적으로 변경하는 것은 지속적인 행동 변화를 가져온다(Lewin, 1943). 간단한 개입법은 개인과 그들의 환경을 변화시킴으로써 지속적으로 한 사람의 행동에 영향을 준다(Walton, 2014).

사회심리학적 개입법은 적어도 세 가지 방식으로 공감을 증진시키기 위해 적용될 수 있다: 자기의 관점을 변화시킴으로써, 지각된 사회적 규준을 변화시킴으로써, 특정한 공감 유발 상황에 대한 사람들의 해석을 변화시킴

으로써. 공감에 영향을 주는 동기를 변화시킴으로써 개입법의 운영자들은 공감이 실패하는 것으로 알려진 맥락에서도 공감을 유지시킬 수 있을 것이다.[2]

자기지향 개입법

Carol Dweck과 동료들의 작업은 신념이 행동에 어느 정도 영향을 주는가를 보여 준다. Dweck은 현상의 본질에 대한 두 가지 유형의 **사고방식**(mindsets) 혹은 신념을 구분했는데, 이것은 어려운 상황에서 사람들의 행동을 예측한다. 지능에 대한 **고정 사고방식**(fixed mindsets)을 가진 사람들은 지능이 변화하지 않는 안정적인 것이라고 믿는다. 반면, 지능에 대해 **성장 사고방식**(growth mindsets)을 가진 사람들은 지능이 노력에 의해 개발될 수 있다고 믿는다(Dweck & Leggett, 1988).

이와 같은 심리적 현상의 본질에 대한 **암묵적 이론**(implicit theories)은 지능의 영역 너머로 확장되어 성격과 대인관계적 기능에 대한 신념을 포함한 다른 사회적 인지 분야에도 영향을 미친다(Chiu & Dweck, 1997; Erdley, Cain, Loomis, Dumas-Hines, & Dweck, 1997). 심리적 현상에 대한 신념 변화를 목표로 하는 개입법은 학업 수행의 개선(Blackwell, Trzesniewski, & Dweck, 2007), 학업적 실패에 대한 회복탄력성(Wilson & Linville, 1982), 사회적 거절에 대한 행동(Yeager et al., 2011)에 엄청난 효과를 갖는다.

이러한 동기에 기초한 개입법으로부터 도출하여, 후속 작업은 사람들의 공감에 대한 통속적인 이론(lay theories) 변화를 목표로 그들의 동기와 행동을 새롭게 조성한다. 2014년에 수행된 한 연구에서, Schumann과 동료들은(사람들을 대상으로 측정하거나 실험적으로 유도된) 공감에 대한 성장 사고방식이 어려운 상황에서(예: 사회적 외–집단에 속한 목표 대상과 상호작용할 때) 더 큰 공감 노력을 예측한다는 것을 발견했다. 특별히 공감이 실패할 수 있는 맥락에서 공감 노력을 증진하기 위한 개입법은 공감의 변화 가능성에 대한 신념 변화를 목표로 함으로써 행동 변화를 이끌 수 있다(Schumann, Zaki, & Dweck, 2014).

사람들이 믿는 통속적인 이론은 또한 실패에 직면할 때 그들의 회복탄력성을 예측한다. 지능의 예로 돌아가면, 지능에 대한 성장 사고방식을 가진 사람들은 실패를 노력의 부족에 더 귀인하는 경향이 있다. 그들은 흔히 실패 이후 인내심을 갖고 버티며 더 큰 노력으로 지능을 개발하는 것에 동기화된다. 지능에 대한 고정 사고방식을 가진 사람들은 실패를 **능력의 부족**에 귀인한다. 지능에 대한 고정 사고방식은 사람들이 실패를 예상하는 맥락에서 철수하도록 이끄는데, 실패가 그들이 가진 지능에 대한 관점을 위협하기 때문이다(Elliott & Dweck, 1988; Hong, Dweck, Lin, & Wan, 1999).

사고방식은 공감 실패의 귀인에도 유사한 영향을 미친다. 사람들이 공감에 실패할 때, 그들은 자신이 공감할 수 없거나 공감적인 사람이 아니라고 결론 내릴 수 있다. 대신, 공감 실패는 노력에 의해 극복될 수 있다는 것을 사람들에게 가르치면, 사람들은 공감 실패에 대한 회복탄력성이 커지며 어려운 상황에서도 더 많은 공감 노력을 하려는 동기가 증가한다.

공감이 변화 가능하며 개발될 수 있다는 점을 가르치기 위해 설계된 개입법은 공감하려는 동기를 증진시키고, 공감 실패에 대한 해석을 변화시키며, 궁극적으로 어려운 상황에서도 타인과 연결하려는 자발성을 증가시킨다.

집단 기반 개입법

집단 역동은 공감 행동에 영향을 준다. 흔히 내−집단 구성원은 외−집단 구성원보다 선호되는데, 이는 **집단 간 편향**(inter-group bias)으로 알려진 현상이다(Brewer, 1979; Tajfel, 1982). 이러한 경향은 공감 행동으로 이어져, 사람들은 일반적으로 외−집단에 소속된 사람들에 대해 둔화된 정서 반응을 보인다(Cikara, Bruneau, & Saxe, 2011). 집단 경계에 대한 지각을 변화시키는 개입 기법은 집단에 기반한 공감 편향을 줄이는 데 유용할 수 있다. 공동 집단 정체성 모형(The Common Group Identity Model)(Gaertner & Dovidio, 1977)은 집단을 정의하는 경계는 유연하다고 주장한다. 내−집단의 개념을 보다 포괄적으로 확장하는 것(예: 뉴욕 시민 대신 미국인으로)은 집단 간 긴장을 줄여 준다.

이 모형이 집단 간 관계를 변화시키기 위해 적용될 수 있는가에 초점을 둔 연구가 이루어져 왔다. 2005년에 수행된 도움행동에 관한 한 연구에서, Levine과 동료들은 사람들의 집단 경계 지각을 변화시킴으로써 내−집단 선호가 바뀔 수 있는가를 조사했다. 내−집단 소속에 대한 단서가 협소할 때(한 특정 축구팀의 지지를 공유하는 경우), 참여자들은 다른 팀 셔츠를 입은 사람(외−집단 구성원)을 덜 돕는 경향을 보였다. 그러나 내−집단 소속에 대한 단서를 보다 포괄적으로 변화시킬 경우(내−집단 소속을 '맨체스터 유나이티드 팬'이 아닌 '축구 팬'으로 정의함으로써), 집단에 기초한 차이는 약화되며, 이전에 외−집단 구성원으로 간주되었던 사람들에 대해 도움행동이 제공되었다(Levine, Prosser, Evans, & Reicher, 2005).

유사하게, 집단 간 상호작용을 바꾸면 집단 경계의 지각을 변화시키고 집단 간 편향을 감소시킬 수 있다. 갈등하고 있는 집단에게 공유하는 목표를 제시하면 긴장은 감소하고 긍정적인 집단 간 상호작용은 증가한다(Sherif, 1958). 후속 연구들 또한 대안적인 집단 소속에 대한 분명한 단서를 제공함으로써 현존하는 집단 경계를 '중단'시킬 수 있었다. 예를 들어, 최소 집단 방법(a minimal groups paradigm)으로 공유된 집단 소속감을 일으키면, 다른 인종의 외−집단 구성원 얼굴에 대한 편향적인 처리는 감소한다(van Bavel, Packer, & Cunningham, 2008). 집단에 기초한 행동이 내−집단 경계에 의해 결정되며 그러한 경계가 유연하다면, 과학자들은 사람들의 내−집단 소속에 대한 견해를 확장함으로써 공감 동기와 공감 행동을 유발할 수 있다.

공감을 촉진하기 위해 집단의 구조를 변화

시키는 것에 더해, 집단의 가치를 변화시키는 것 또한 유사하게 공감 행동에 영향을 준다. 오랜 전통을 가진 한 연구 분야는 사람들이 자신을 둘러싼 타인과 맞추기 위해 자신의 신념과 행동을 자발적으로 조정한다는 것을 보여 준다(Asch, 1956; Sherif, 1936). 이러한 효과는 집단 맥락에서 증폭된다. 집단 소속감을 보존하기 위해, 사람들은 자신의 집단이 고수한다고 **생각하는** 신념을 지지한다(Prentice & Miller, 1993). 자신의 내–집단이 지향하는 가치를 고려하면서, 사람들은 외–집단 구성원에 대한 공감이 지각된 집단 규준에 위배된다고 판단하면 공감을 회피하기 위해 동기화될 것이다.

규준은 집단 구성원의 전형적인 생각과 행동 방식에 강력한 메시지를 전달한다(Cialdini, 2003; Sherif, 1936). 사람들은 이러한 메시지에 민감하며 흔히 규준처럼 보이는 것과 일치하는 방식으로 행동한다(Cialdini, Reno, & Kallgren, 1990). 집단 규준이 집단 소속과 밀접하게 연결되어 있다는 점을 고려하면, 규준의 변경은 구성원의 태도와 가치를 변화시키는 유용한 방법이 될 수 있다.

집단 간 긴장으로 인한 공감 실패의 경우, 현존하는 집단 규준이 무엇이고, 그것이 어떻게 지속되며, 어떻게 그것을 변경할 수 있는가를 이해하는 것이 특히 중요할 것이다. 집단 형성의 초기 단계에서 규준을 도입하는 것이 특별히 유용할 수 있다. 예를 들어, 대학 캠퍼스에서 공감을 증진시키고 싶다면, 새로운 구성원(즉, 대학 신입생)을 모집해서 그들이 들어가는 곳이 공감이 가치 있고 정기적으로 훈련되는 공동체라는 것을 가르치는 것이 현명할 것이다(Nook, Ong, Morelli, Mitchell, & Zaki, 2016; Tarrant, Dazeley, & Cottom, 2009).

집단과 집단을 구성하는 사람들의 본질에 대한 신념은 개인의 행동에 엄청난 영향력을 갖는다. 집단 구조의 변화(집단 경계를 바꿈으로써) 혹은 집단 가치의 변경(중요한 규준을 조정함으로써)은 사람들의 사회적 기능과 공감 행동에 있어 장기적인 변화를 초래할 수 있다.

상황 기반 개입법

세 번째 개입 방식은 공감이 유도되는 **상황**에 대한 사람들의 지각을 변화시키는 것이다. 지각자와 목표 대상의 개인적인 특성이 공감에 영향을 주는 것처럼, 양자 상호작용이 일어나는 맥락의 특정 또한 깊은 영향을 미친다. 개입법은 상황에 내재된 단서에 민감해야 하며, 공감을 촉진하기 위해 상황적인 신호를 조정하는 작업을 할 수 있다. 이것은 공감이 목표와 어떻게 관련되는가를 보여 주는 단서를 특별히 포함하도록 상황을 조성함으로써 이루어질 수 있는데, 공감이 ① 사람들이 만족감을 갖도록 도울 수 있는가, ② 사람들이 자신의 중요한 사회적 역할상의 요구에 부응할 수 있도록 도울 수 있는가에 초점을 둘 것이다.

공감의 개인적 이득을 강조하는 것이 공감적인 관여를 촉진할 수 있다. 공감은 사람들의 신념에 따라 변화하며, 흔히 지각자가 공감이 고통스럽거나 금전적인 비용을 부과한 다고 기대할 때 실패한다. 다행히도, 이러한 신념은 가변적이어서 변화 가능하며, 공감 의 비용에 대한 사람들의 관점을 조정하면 공 감 행동이 변화한다. 한 연구에서, 친사회 도 움행동을 하는 것이 낮은 비용으로 가능하다 는 정보(즉, 목표 대상을 돕는 것이 시간 소모가 없을 것이다)를 들은 참여자는 도움이 필요한 사람들에게 더 많은 공감을 했다(Shaw et al., 1994).

공감의 정서적 대가(즉, 공감 후에 불편한 감 정을 느끼지 않을까)에 대한 사람들의 걱정을 다루는 것이 유사한 결과를 이끌어 낼 수 있 다. 사람들은 공감이 고통스러울 것('정서적인 대가'를 치를 것)으로 예상될 때, 공감을 더 회 피하는 경향을 보인다(Davis et al., 1999). 공 감의 정서적 결과에 대한 사람들의 기대를 변 화시킴으로써, 우리는 사람들이 공감을 고통 스러운 것으로 기대할 때조차도 공감을 촉진 할 수 있을 것이다.

개입법은 공감의 정서적 이득을 강조할 수 도 있다. 정서적 결과에 대한 예측(타인의 행 복을 대리적으로 느끼는 것과 같은)은 행동에 강 력한 영향을 미치며 친사회 목적을 위해 이 용될 수 있다. 한 연구에서 자원봉사가 가져 오는 긍정적인 정서에 대한 사람들의 기대는 후속의 자원봉사 활동을 예측했다(Barraza, 2011). 공감적 관여를 증진하는 개입법을 개 발할 때 공감이 가져오는 이득을 강조(공감이 심리적, 신체적 건강에 미치는 긍정적 영향과 같 은)하는 것이 도움이 될 수 있다.

마지막으로, 사람들은 공감이 **목표**와 어떤 **관련성**이 있는가를 인식할 때 더 공감하는 것 으로 보인다. 공감이 현재의 목표를 어떻게 촉진할 수 있는가를 사람들에게 보여 주는 것 (예를 들어, 그들의 중요한 역할상의 의무를 충 족시키는 것)은 공감을 그들에게 개인적으로 중요한 것으로 만든다. 이전의 개입법은 특 정 행동을 증가시키기 위해 과업 중요성(task significance)을 암시하는 상황을 조정했다. 과 업 중요성이 수행에 미치는 영향을 보여 준 한 연구에서, 수영하는 사람들을 구조한 다른 안전요원에 대한 이야기를 읽은 안전요원은 일로부터 어떻게 기술이나 지식을 개인적으 로 얻을 수 있는가에 대한 이야기를 읽은 안 전요원과 비교하여 더 많은 시간을 자원해서 일했으며 방문자에 의해 더 도움이 되는 것 으로 평가되었다(Grant, 2008). 유사한 연구에 서, 의사들은 손 위생이 환자들에 대해 갖는 이득을 상기하도록 했을 때 더 많이 손을 씻 었다(Grant & Hofmann, 2011).

자신의 정체성이 다른 사람들과의 관계적 연결로부터 만들어지는 이와 같은 직업에서, 새로운 행동이 역할과 관련해 갖는 의미를 강 조하는 것은 참여자의 행동 변화를 촉진한다. 안전요원과 의사의 정체성과 일치되는 행동 의 의미를 강조하는 실험적인 메시지는 동일 한 행동이 갖는 개인적 이득을 강조하는 것보 다 안정적인 행동 변화를 초래했다.

공감이 개인의 중요한 역할이나 정체성과 관련될 때, 공감은 그렇지 않을 때보다 쉽게 일어날 수 있다. 예를 들어, 젠더 가치에 대한 단서가 현저하게 주어질 때, 공감 정확성 검사에서 여성들은 남성보다 더 나은 수행을 보였다. 연구자들이 예측했듯이, 과업이 여성으로서의 역할과 관련된 것으로 제시될 때, 여성들은 여성으로서 자신의 역할과 일치되도록 행동하기 위해 노력함으로써 그 과업을 더 잘하도록 동기화되었으며 남성들보다 더 나은 결과를 보였다(Klein & Hodges, 2001). 공감을 개인 정체성의 의미 있는 측면(직업적 또는 사회적 역할과 같은)과 연결한 개입법은 개인의 공감 동기에 지속적인 효과를 일으키는 것 같다.

제한점

공감 증진을 위한 이 모형의 가능성에도 불구하고, 동기에 기반한 접근의(그리고 보다 일반적으로 공감 개입법의) 제한점이 존재한다. 동기에 기반한 개입법은 경쟁적인 회피 동기가 접근 동기를 압도하는 맥락에서는 실패할 가능성이 크다. 개인이 공감 **능력**은 있지만 공감 **동기**가 결여되는 많은 상황이 존재한다(예: 공감이 고통스럽거나 대가를 치를 것으로 기대되거나 경쟁적 혹은 적대적인 상호작용이 일어나는 동안). 공감을 회피하게 하는 이와 같은 강력한 동기가 작용하는 상황에서, 접근 동기를 강화하도록 설계된 개입법은 실패하기 쉽다(Prentice & Miller, 2013). 따라서 동기에 기초한 공감 개입법을 구성할 때, 지각자와 목표 대상에게 영향을 미치는 동기의 전체 범위를

고려하는 것이 매우 중요하다. 예를 들어, 현명한 연구자라면 접근 동기에서의 큰 증가보다 회피 동기에서의 작은 감소가 더 큰 결과를 낳을 수 있다는 점을 알고 있을 것이다.

이에 더하여, 공감을 개발하기 위한 **어떤 시도**(동기에 기반한 것이든 다른 것이든) 맥락에 따라 좋은 결과가 아니라 해로운 결과를 가져올 수도 있다는 점을 고려하는 것이 중요하다. 몇몇 연구는 조망수용이 가져오는 반-직관적인 반사회적 효과를 연구했다(연구 리뷰와 이론적 탐색을 위해서 Vorauer, 2013을 보시오). 어떤 경우에, 조망수용은 지각자와 목표 대상 간의 긴장을 악화시킬 수 있으며(Paluck, 2007), 지각자가 목표 대상을 해치고자 하는 경향을 증가시킬 수 있다(Okimoto & Wenzel, 2011). 물론, 조망수용과 후속 행동은 맥락에 의해 영향을 받는다. 예를 들어, 조망수용이 외-집단에 대한 부정적 태도를 증가시킨다는 발견을 한 연구는 이러한 결과가 두 집단 간 힘의 불균형이라는 특징을 반영한다고 강조했다(Bruneau & Saxe, 2012). 조망수용의 효과가 지각자-목표 대상 역동이나 더 큰 맥락에 매우 민감하다는 점을 감안한다면, 연구자들이 개입법을 개발할 때 이러한 요인을 고려하는 것은 매우 중요하다.

결론

심리학자들은 성공적으로 공감을 증진시키기 위한 많은 개입법을 개발해 왔다. 공감

'실패'를 다룰 수 있는 가능성에 더하여, 이러한 개입법은 전반적으로 공감의 변동 가능성을 강조한다. 공감에 관한 현존하는 가장 많은 개입법은 사람들을 공감 유도 단서에 노출시키고 타인의 조망을 수용하는 방법이나 더 나은 공감 표현 방법을 가르침으로써 공감 기술을 증진하는 데 초점을 둔다. 이러한 접근이 성공적이지만, 개입법은 또한 공감에 영향을 미치는 근원적인 힘을 목표로 하는 동기에 기반한 접근을 보완적으로 채택함으로써 이득을 얻을 수 있다. 자기의 지각, 집단의 관점 또는 상황적 단서에 대한 해석의 변화를 통해 공감 동기를 변화시킴으로써, 새로운 유형의 개입법은 서로의 경험에 대해 고려하고 공유하며 돌보려는 사람들의 능력과 경향을 보다 강력하게 변화시킬 수 있을 것이다.

주

1. 공감 표현의 개발은 동시에 사람들의 공감 경험을 변화시킬 수 있다. 한 개입에서, 공감 반응을 훈련한 간호사(예: 환자의 이야기에 경청하고 반응하는)는 나중에 환자들에 대한 더 큰 공감을 느낀다고 보고했다(Herbek & Yammarino, 1990). 힘의 구현(power-embodiment)에 관한 연구(Carney, Cuddy, & Yap, 2010)와 일치하게, 공감적 성향(an empathic disposition)을 배양하면 사람들의 공감 표현과 내적인 공감 경험은 변화될 것이다.

2. 이 섹션에서 우리는 사회심리학적 개입법을 세 가지 범주로 구분한다: 자기지향 개입법, 집단 기반 개입법, 상황 기반 개입법. 이러한 분류는 현존하는 사회심리학적 개입법과 이들이 변화

시키려는 동기의 유사성 및 차별성을 강조하기 위한 것이다. 그러나 많은 사회심리학적 개입법은 이러한 범주를 가로지르며 동시에 다양한 동기에 영향을 미칠 수 있다. 따라서 이 범주화는 이러한 개입법이 다루는 모든 동기의 특성에 대한 완전한 묘사가 아니라, 일종의 조직적인 발견 작업(an organizational heuristic)으로 간주되어야 한다.

참고문헌

Archer, J., & Kagan, N. (1973). Teaching interpersonal relationship skills on campus: A pyramid approach. *Journal of Counseling Psychology*, *20*(6), 535–540. http://doi.org/10.1037/h0035098

Asch, S. E. (1956). Studies of independence and conformity: A minority of one against a unanimous majority. *Psychological Monographs: General and Applied*, *70*(9), 1–70.

Back, A. L., Arnold, R. M., Baile, W. F., Fryer-Edwards, K. A., Alexander, S. C., Barley, G. E., ... Tulsky, J. A. (2007). Efficacy of communication skills training for giving bad news and discussing transitions to palliative care. *Archives of Internal Medicine*, *167*(5), 453–460. doi:10.1001/archinte.167.5.453

Barraza, J. A. (2011). Positive emotional expectations predict volunteer outcomes for new volunteers. *Motivation and Emotion*, *35*(2), 211–219. doi:10.1007/s11031-011-9210-4

Batson, C. D. (2009). These Things Called Empathy: Eight Related but Distinct Phenomena. In J. Decety & W. Ickes (Eds.),

The Social Neuroscience of Empathy (pp. 3-16). The MIT Press. http://doi.org/10.7551/mitpress/9780262012973.003.0002

Batson, C. D., Chang, J., Orr, R., & Rowland, J. (2002). Empathy, attitudes, and action: Can feeling for a member of a stigmatized group motivate one to help the group? *Personality and Social Psychology Bulletin, 28*(12), 1656-1666. doi:10.1177/014616702237647

Batson, C. D., Polycarpou, M. P., Harmon-Jones, E., Imhoff, H. J., Mitchener, E. C., Bednar, L. L., ... Highberger, L. (1997). Empathy and attitudes: Can feeling for a member of a stigmatized group improve feelings toward the group? *Journal of Personality and Social Psychology, 72*(1), 105-118. doi:10.1037/0022-3514.72.1.105

Batson, C. D., & Shaw, L. L. (1991). Evidence for altruism: Toward a pluralism of prosocial motives. *Psychological Inquiry, 2*(2), 107-122. doi:10.1207/s15327965pli0202_1

Batson, C. D., Turk, C. L., Shaw, L. L., & Klein, T. R. (1995). Information function of empathic emotion: Learning that we value the other's welfare. *Journal of Personality and Social Psychology, 68*(2), 300-313. http://doi.org/10.1037/0022-3514.68.2.300

Bavel, J. J. V., Packer, D. J., & Cunningham, W. A. (2008). The neural substrates of in-group bias: A functional magnetic resonance imaging investigation. *Psychological Science, 19*(11), 1131-1139.

Bavelas, J. B., Black, A., Lemery, C. R., & Mullett, J. (1986). "I show how you feel": Motor mimicry as a communicative act. *Journal of Personality and Social Psychology, 50*(2), 322-329. doi:10.1037/0022-3514.50.2.322

Blackwell, L. S., Trzesniewski, K. H., & Dweck, C. S. (2007). Implicit theories of intelligence predict achievement across an adolescent transition: A longitudinal study and an intervention. *Child Development, 78*(1), 246-263. doi:10.1111/j.1467-8624.2007.00995.x

Bonvicini, K. A., Perlin, M. J., Bylund, C. L., Carroll, G., Rouse, R. A., & Goldstein, M. G. (2009). Impact of communication training on physician expression of empathy in patient encounters. *Patient Education and Counseling, 75*(1), 3-10. doi:10.1016/j.pec.2008.09.007

Brewer, M. B. (1979). In-group bias in the minimal intergroup situation: A cognitive-motivational analysis. *Psychological Bulletin, 86*(2), 307-324. doi:10.1037/0033-2909.86.2.307

Brewer, M. B. (1999). The psychology of prejudice: Ingroup love and outgroup hate? *Journal of Social Issues, 55*(3), 429-444. doi:10.1111/0022-4537.00126

Bruneau, E. G., & Saxe, R. (2012). The power of being heard: The benefits of "perspective-giving" in the context of intergroup conflict. *Journal of Experimental Social Psychology, 48*(4), 855-866. doi:10.1016/j.jesp.2012.02.017

Bunn, W., & Terpstra, J. (2009). Simulated Auditory Hallucinations. *Academic Psychiatry, 33*(6), 457-460.

Cameron, C., & Payne, B. (2011). Escaping affect: How motivated emotion regulation creates insensitivity to mass suffering. *Journal of Personality and Social Psychology, 100*(1), 1-15. doi:10.1037/a0021643

Carney, D. R., Cuddy, A. J. C., & Yap, A. J.

(2010). Power posing: Brief nonverbal displays affect neuroendocrine levels and risk tolerance. *Psychological Science: A Journal of the American Psychological Society/APS*, *21*(10), 1363-1368. doi:10.1177/0956797610383437

Chiao, J. Y., & Mathur, V. A. (2010). Intergroup empathy: How does race affect empathic neural responses? *Current Biology: CB*, *20*(11), R478-R480. doi:10.1016/j.cub.2010.04.001

Chiu, C. Y., Hong, Y. Y., & Dweck, C. S. (1997). Lay dispositionism and implicit theories of personality. *Journal of Personality and Social Psychology*, *73*(1), 19-30. http://doi.org/10.1037/0022-3514.73.1.19

Cialdini, R. B. (2003). Crafting normative messages to protect the environment. *Current Directions in Psychological Science*, *12*(4), 105-109. doi:10.1111/1467-8721.01242

Cialdini, R. B., Reno, R. R., & Kallgren, C. A. (1990). A focus theory of normative conduct: Recycling the concept of norms to reduce littering in public places. *Journal of Personality and Social Psychology*, *58*(6), 1015-1026. doi:10.1037/0022-3514.58.6.1015

Cikara, M., Bruneau, E. G., & Saxe, R. R. (2011). Us and them: Intergroup failures of empathy. *Current Directions in Psychological Science*, *20*(3), 149-153. doi:10.1177/0963721411408713

Cikara, M., & Fiske, S. T. (2011). Bounded empathy: Neural responses to outgroup targets' (mis)fortunes. *Journal of Cognitive Neuroscience*, *23*(12), 3791-3803.

Clore, G. L., & Jeffery, K. M. (1972). Emotional role playing, attitude change, and attraction toward a disabled person. *Journal of Personality and Social Psychology*, *23*(1), 105-111. doi:10.1037/h0032867

Condon, P., Desbordes, G., Miller, W. B., & DeSteno, D. (2013). Meditation increases compassionate responses to suffering. *Psychological Science*, *24*(10), 2125-2127. doi:10.1177/0956797613485603

Dadds, M. R., Cauchi, a J., Wimalaweera, S., Hawes, D. J., & Brennan, J. (2012). Outcomes, moderators, and mediators of empathic-emotion recognition training for complex conduct problems in childhood. *Psychiatry Research*, *199*(3), 201-207. doi:10.1016/j.psychres.2012.04.033

Darley, J. M., & Batson, C. D. (1973). "From Jerusalem to Jericho": A study of situational and dispositional variables in helping behavior. *Journal of Personality and Social Psychology*, *27*(1), 100-108. doi:10.1037/h0034449

Davis, M. H. (1983). Measuring individual differences in empathy: Evidence for a multidimensional approach. *Journal of Personality and Social Psychology*, *44*(1), 113-126. doi:10.1037//0022-3514.44.1.113

Davis, M. H., Mitchell, K. V, Hall, J. A., Lothert, J., Snapp, T., & Meyer, M. (1999). Empathy, expectations, and situational preferences: Personality influences on the decision to participate in volunteer helping behaviors. *Journal of Personality*, *67*(3), 469-503. doi:10.1111/1467-6494.00062

Davis, M. H., & Begovic, E. (2014). Empathy-Related Interventions. In A. C. Parks & S. M. Schueller (Eds.), *The Wiley Blackwell Handbook of Positive Psychological Interventions* (pp. 111-134).

Decety, J., Yang, C. Y., & Cheng, Y. (2010). Physicians down-regulate their pain empathy response: An event-related brain potential study. *NeuroImage, 50*(4), 1676–1682. doi:10.1016/j.neuroimage.2010.01.025

Dweck, C. S., & Leggett, E. L. (1988). A social-cognitive approach to motivation and personality. *Psychological Review, 95*(2), 256–273. doi:10.1037/0033-295X.95.2.256

Eisenberg, N., & Miller, P. A. (1987). The relation of empathy to prosocial and related behaviors. *Psychological Bulletin, 101*(1), 91–119. doi:10.1037/0033-2909.101.1.91

Elliott, E. S., & Dweck, C. S. (1988). Goals: An approach to motivation and achievement. *Journal of Personality and Social Psychology, 54*(1), 5–12. doi:10.1037/0022-3514.54.1.5

Epley, N., Caruso, E., & Bazerman, M. H. (2006). When perspective taking increases taking: Reactive egoism in social interaction. *Journal of Personality and Social Psychology, 91*(5), 872–889. doi:10.1037/0022-3514.91.5.872

Erdley, C. A., Cain, K. M., Loomis, C. C., Dumas-Hines, F., & Dweck, C. S. (1997). Relations among children's social goals, implicit personality theories, and responses to social failure. *Developmental Psychology, 33*(2), 263–272. http://doi.org/10.1037/0012-1649.33.2.263

Gaertner, S. L., & Dovidio, J. F. (1977). The subtlety of white racism, arousal, and helping behavior. *Journal of Personality and Social Psychology, 35*(10), 691–707. doi:10.1037/0022-3514.35.10.691

Goetz, J., Keltner, D., & Simon-Thomas, E. (2010). Compassion: An evolutionary analysis and empirical review. *Psychological Bulletin, 136*(3), 351–374. doi:10.1037/a0018807.

Golan, O., & Baron-Cohen, S. (2006). Systemizing empathy: Teaching adults with Asperger syndrome or high-functioning autism to recognize complex emotions using interactive multimedia. *Development and Psychopathology, 18*(2), 591–617. doi:10.1017/S0954579406060305

Goyal, M. K., Kuppermann, N., Cleary, S. D., Teach, S. J., & Chamberlain, J. M. (2015). Racial disparities in pain management of children with appendicitis in emergency departments. *Journal of the American Medical Association: Pediatrics, 20010*, 1–7. doi:10.1001/jamapediatrics.2015.1915

Grant, A. M., & Hofmann, D. A. (2011). It's not all about me: Motivating hand hygiene among health care professionals by focusing on patients. *Psychological Science, 22*(12), 1494–1499. doi:10.1177/0956797611419172

Grant, A. M. (2008). The significance of task significance: Job performance effects, relational mechanisms, and boundary conditions. *The Journal of Applied Psychology, 93*(1), 108–124. doi:10.1037/0021-9010.93.1.108

Hatfield, E., Cacioppo, J. T., & Rapson, R. L. (1993). Emotional contagion. *Current Directions in Psychological Sciences, 2*(808), 96–99. doi:10.1086/322897

Hein, G., Silani, G., Preuschoff, K., Batson, C. D., & Singer, T. (2010). Neural responses to ingroup and outgroup members' suffering predict individual differences in costly helping. *Neuron, 68*, 149–160. doi:10.1016/j.neuron.2010.09.003

Herbek, T. A., & Yammarino, F. J. (1990). Empathy training for hospital staff nurses. *Group & Organization Management, 15*(3), 279-295. doi:10.1177/105960119001500304

Hojat, M., Louis, D. Z., Markham, F. W., Wender, R., Rabinowitz, C., & Gonnella, J. S. (2011). Physicians' empathy and clinical outcomes for diabetic patients. *Academic Medicine: Journal of the Association of American Medical Colleges, 86*(3), 359-364. doi:10.1097/ACM.0b013e3182086fe1

Hong, Y., Dweck, C. S., Lin, D. M., & Wan, W. (1999). Implicit theories, attributions, and coping: A meaning system approach. *Journal of Personality and Social Psychology, 77*(3), 588-599.

Hooker, C. I., Verosky, S. C., Germine, L. T., Knight, R. T., & D'Esposito, M. (2010). Neural activity during social signal perception correlates with self-reported empathy. *Brain Research, 1308*, 100-113. doi:10.1016/j.brainres.2009.10.006

Ickes, W., Gesn, P. R., & Graham, T. (2000). Gender differences in empathic accuracy: Differential ability or differential motivation? *Personal Relationships, 7*, 95-109. http://dx.doi.org/10.1111/j.1475-6811.2000.tb00006.x

Jacobs, D. (1977). *Role playing-Role reversal as a method for training adolescents in empathy.* Retrieved on 9/715 from http://www.ruor.uottawa.ca/handle/10393/8194

Jazaieri, H., McGonigal, K., Jinpa, T., Doty, J. R., Gross, J. J., & Goldin, P. R. (2014). A randomized controlled trial of compassion cultivation training: Effects on mindfulness, affect, and emotion regulation. *Motivation and Emotion, 38*(1), 23-35. http://doi.org/10.1007/s11031-013-9368-z

Kahneman, D., & Tversky, A. (1979). Prospect theory: An analysis of decision under risk. *Econometrica, 47*(2), 263-292.

Klein, K. J. K., & Hodges, S. D. (2001). Gender differences, motivation, and empathic accuracy: When it pays to understand. *Personality and Social Psychology Bulletin, 27*(6), 720-730.

Klimecki, O. M., Leiberg, S., Lamm, C., & Singer, T. (2013). Functional neural plasticity and associated changes in positive affect after compassion training. *Cerebral Cortex (New York, NY: 1991), 23*(7), 1552-1561. doi:10.1093/cercor/bhs142

Krasner, M. S., Epstein, R. M., Beckman, H., Suchman, A. L., Chapman, B., Mooney, C. J., & Quill, T. E. (2009). Association of an educational program in mindful communication with burnout, empathy, and attitudes among primary care physicians. *JAMA: The Journal of the American Medical Association, 302*(12), 1284-1293. doi:10.1001/jama.2009.1384

Kunda, Z. (1990). The Case for Motivated Reasoning. *Psychological Bulletin, 103*(1), 480-498. Retrieved on 10/1/13 from http://psycnet.apa.org/journals/bul/108/3/480/

Lanzetta, J. T., & Englis, B. G. (1989). Expectations of cooperation and competition and their effects on observers' vicarious emotional responses. *Journal of Personality and Social Psychology, 56*(4), 543-554. doi:10.1037//0022-3514.56.4.543

Leiberg, S., Klimecki, O., & Singer, T. (2011).

Short-term compassion training increases prosocial behavior in a newly developed prosocial game. *PloS One, 6*(3), e17798. doi:10.1371/journal.pone.0017798

Levine, M., Prosser, A., Evans, D., & Reicher, S. (2005). Identity and emergency intervention: How social group membership and inclusiveness of group boundaries shape helping behavior. *Personality and Social Psychology Bulletin, 31*(4), 443–453. doi:10.1177/0146167204271651

Lewin, K. (1943). Defining the "field at a given time." *Psychological Review, 50*(3), 292–310. doi:10.1037/h0062738

Lewin, K. (1952). Group Decision and Social Change. In G. E. Swanson, T. M. Newcomb, & E. L. Hartley (Eds.), *Group decision and social change* (pp. 459–473). New York: Holt.

Lundqvist, L. O., & Dimberg, U. (1995). Facial expressions are contagious. *Journal of Psychophysiology, 9*(3), 203–211. doi:10.1016/S0167-8760(97)85514-6

Marquié, L., Raufaste, E., Lauque, D., Mariné, C., Ecoiffier, M., & Sorum, P. (2003). Pain rating by patients and physicians: Evidence of systematic pain miscalibration. *Pain, 102*(3), 289–296. doi:10.1016/S0304-3959(02)00402-5

Marsh, A. A, Finger, E. C., Mitchell, D. G. V, Reid, M. E., Sims, C., Kosson, D. S., ... Blair, R. J. R. (2008). Reduced amygdala response to fearful expressions in children and adolescents with callous-unemotional traits and disruptive behavior disorders. *American Journal of Psychiatry, 165*(6), 712–720. http://doi.org/appi.ajp.2007.07071145 [pii] 10.1176/appi.ajp.2007.07071145

Mehrabian, A. (1996). *Manual for the Balanced Emotional Empathy Scale (BEES)*. (Available from Albert Mehrabian, 1130 Alta Mesa Road, Monterey, CA, USA 93940).

Mehrabian, A., Young, A. L., & Sato, S. (1988). Emotional empathy and associated individual differences. *Current Psychology, 7*(3), 221–240. doi:10.1007/BF02686670

Mitchell, J., Macrae, C., & Banaji, M. (2006). Dissociable medial prefrontal contributions to judgments of similar and dissimilar others. *Neuron, 50*(4), 655–663. doi:10.1016/j.neuron.2006.03.040

Mitchell, J. P., Ames, D. L., Jenkins, A. C., & Banaji, M. R. (2009). Neural correlates of stereotype application. *Journal of Cognitive Neuroscience, 21*(3), 594–604.

Nook, E. C., Ong, D. C., Morelli, S. A., Mitchell, J. P., & Zaki, J. (2016). Prosocial conformity: Prosocial norms generalize across behavior and empathy. *Personality and Social Psychology Bulletin, 42*(8), 1045–1062. http://doi.org/10.1177/0146167298248001

Okimoto, T. G., & Wenzel, M. (2011). The other side of perspective taking: Transgression ambiguity and victims' revenge against their offender. *Social Psychological and Personality Science, 2*, 373–378. doi:10.1177/1948550610393032

Osofsky, M. J., Bandura, A., & Zimbardo, P. G. (2005). The role of moral disengagement in the execution process. *Law and Human Behavior, 29*(4), 371–393. doi:10.1007/s10979-005-4930-1

Paluck, E. L. (2007). Reducing intergroup prejudice and conflict with the mass media: A field experiment in Rwanda. *Dissertation*

Abstracts International: Section B: The Sciences and Engineering, 68(6-B), 4179. doi:10.1037/a0011989

Pancer, S. M. (1979). Conflict and avoidance in the helping situation. *Journal of Personality and Social Psychology, 37*(8), 1406-1411. http://doi.org/10.1037//0022-3514.37.8.1406

Pettigrew, T. F., & Tropp, L. R. (2006). A meta-analytic test of intergroup contact theory. *Journal of Personality and Social Psychology, 90*(5), 751-783. doi:10.1037/0022-3514.90.5.751

Pettigrew, T. F., & Tropp, L. R. (2008). How does intergroup contact reduce prejudice? Meta-analytic tests of three mediators. *European Journal of Social Psychology Eur., 38*(March), 922-934. doi:10.1002/ejsp

Pierce, J. R., Kilduff, G. J., Galinsky, A. D., & Sivanathan, N. (2013). From glue to gasoline: How competition turns perspective takers unethical. *Psychological Science, 24*(10), 1986-1994. doi:10.1177/0956797613482144

Prentice, D. A., & Miller, D. T. (1993). Pluralistic ignorance and alcohol use on campus: Some consequences of misperceiving the social norm. *Journal of Personality and Social Psychology, 64*(2), 243-256. doi:10.1037/0022-3514.64.2.243

Miller, D. T., & Prentice, D. A. (2013). Psychological levers of behavior change. In E. Shafir (Ed.), *The behavioral foundations of public policy* (pp. 301-309, NaN, 511). Princeton, NJ: Princeton University Press.

Riess, H., Kelley, J. M., Bailey, R. W., Dunn, E. J., & Phillips, M. (2012). Empathy training for resident physicians: A randomized controlled trial of a neuroscience-informed curriculum. *Journal of General Internal Medicine, 27*(10), 1280-1286. doi:10.1007/s11606-012-2063-z

Schumann, K., Zaki, J., & Dweck, C. S. (2014). Addressing the empathy deficit: Beliefs about the malleability of empathy predict effortful responses when empathy is challenging. *Journal of Personality and Social Psychology, 107*(3), 475-493. doi:10.1037/a0036738

Shaw, L. L., Batson, C. D., & Todd, R. M. (1994). Empathy avoidance: Forestalling feeling for another in order to escape the motivational consequences. *Journal of Personality and Social Psychology, 67*(5), 879-887.

Shechtman, Z., & Tanus, H. (2006). Counseling groups for Arab adolescents in an intergroup conflict in Israel: Report of an outcome study. *Peace and Conflict: Journal of Peace Psychology, 12*(2), 119-137. doi:10.1207/s15327949pac1202_2

Sherif, M. (1936). *The Psychology of Social Norms.* New York: Harper & Row.

Sherif, M. (1958). Superordinate goals in the reduction of intergroup conflict. *American Journal of Sociology, 63*(4), 349-356.

Singer, T., Seymour, B., & O'Doherty, J. (2006). Empathic neural responses are modulated by the perceived fairness of others. *Nature, 439*(7075), 466-469. doi:10.1038/nature04271

Soble, J. R., Spanierman, L. B., & Liao, H.-Y. (2011). Effects of a brief video intervention on white university students' racial attitudes. *Journal of Counseling Psychology, 58*(1), 151-157. doi:10.1037/a0021158

Sonnby-Borgström, M., Jönsson, P., & Svensson, O. (2003). Emotional empathy as related to mimicry reactions at different levels of information processing. *Journal of Nonverbal Behavior, 27*(1), 3-23. doi:10.1023/A:1023608506243

Tajfel, H. (1982). Social psychology of intergroup relations. *Annual Review of Psychology, 33*, 1-39.

Tarrant, M., Dazeley, S., & Cottom, T. (2009). Social categorization and empathy for outgroup members. *British Journal of Social Psychology, 48*(3), 427–446. doi:10.1348/014466608X373589

Tedding van Berkhout, E., & Malouff, J. (2015). The Efficacy of Empathy Training: A Meta-Analysis of Randomized Controlled Trials. *Journal of Counseling Psychology, 63*, 1-10.

Thomas, G., & Maio, G. R. (2008). Man, I feel like a woman: When and how gender-role motivation helps mind-reading. *Journal of Personality and Social Psychology, 95*(5), 1165-1179. doi:10.1037/a0013067

Trawalter, S., Hoffman, K. M., & Waytz, A. (2012). Racial bias in perceptions of others' pain. *PLoS ONE, 7*(11), 1-8. doi:10.1371/journal.pone.0048546

Vorauer, J. (2013). *The Case For and Against Perspective-Taking. Advances in Experimental Social Psychology* (1st ed., Vol. 48). New York: Elsevier. doi:10.1016/B978-0-12-407188-9.00002-8

Walton, G. M. (2014). The new science of wise psychological interventions. *Current Directions in Psychological Science, 23*(1), 73-82. doi:10.1177/0963721413512856

Webster, S. D., Bowers, L. E., Mann, R. E., Marshall, W. L., & E, L. (2005). Developing Empathy in Sexual Offenders: The Value of Offence Re-Enactments. *Sexual Abuse a Journal of Research and Treatment, 17*(1), 63-77. http://doi.org/10.1177/107906320501700107

Wei, M., Liao, K. Y. H., Ku, T. Y., & Shaffer, P. A. (2011). Attachment, self-compassion, empathy, and subjective well-being among college students and community adults. *Journal of Personality, 79*(1), 191-221. doi:10.1111/j.1467-6494.2010.00677.x

Weng, H. Y., Fox, A. S., Shackman, A. J., Stodola, D. E., Caldwell, J. Z. K., Olson, M. C., ... Davidson, R. J. (2013). Compassion training alters altruism and neural responses to suffering. *Psychological Science, 24*(7), 1171-1180. http://doi.org/10.1177/0956797612469537.

Wilkes, M., Milgrom, E., & Hoffman, J. R. (2002). Towards more empathic medical students: A medical student hospitalization experience. *Medical Education, 36*(6), 528-533. doi:10.1046/j.1365-2923.2002.01230.x

Wilson, T. D., & Linville, P. W. (1982). Improving the academic performance of college freshmen: Attribution therapy revisited. *Journal of Personality and Social Psychology, 42*(2), 367-376. doi:10.1037/0022-3514.42.2.367

Xu, X., Zuo, X., Wang, X., & Han, S. (2009). Do you feel my pain? Racial group membership modulates empathic neural responses. *The Journal of Neuroscience, 29*(26), 8525-8529. doi:10.1523/JNEUROSCI.2418-09.2009

Yamada, M., Lamm, C., & Decety, J. (2011). Pleasing frowns, disappointing smiles: An ERP investigation of counterempathy. *Emotion,*

11(6), 1336–1345. doi:10.1037/a0023854

Yeager, D. S., Trzesniewski, K. H., Tirri, K., Nokelainen, P., & Dweck, C. S. (2011). Adolescents' implicit theories predict desire for vengeance after peer conflicts: Correlational and experimental evidence. *Developmental Psychology*, 47(4), 1090–1107. doi:10.1037/a0023769

Yeager, D. S., & Walton, G. M. (2011). Social-psychological interventions in education: They're not magic. *Review of Educational Research*, 81(2), 267–301.

doi:10.3102/0034654311405999

Zaki, J. (2014). Empathy: A motivated account. *Psychological Bulletin*, 140(6), 1608–1647.

Zaki, J., & Cikara, M. (2015). Addressing empathic failures. *Current Directions in Psychological Science*, 24(6), 471–476. doi:10.1177/0963721415599978

Zaki, J., & Ochsner, K. (2012). The neuroscience of empathy: Progress, pitfalls and promise. *Nature Neuroscience*, 15(5), 675–680. doi:10.1038/nn.3085

제17장

자비 수행에 대한 연구: 우리가 배운 것은 무엇인가, 무엇이 모르는 채로 남아 있는가

Alea C. Skwara, Brandon G. King, and Clifford D. Saron

요약

최근 몇 년 동안 고통에 대한 자비로운 반응을 일구는 명상적인 접근에 관한 관심이 증가해 왔다. 이 장은 자비 수행의 분야를 소개하기 위하여 인지, 정서, 사회심리학의 최근 연구를 활용한다. 우리는 자비 수행을 구성하는 것이 무엇인지를 숙고하고, 명상에 바탕을 둔 현재의 접근들을 개략적으로 소개한다. 그런 다음 자비 수행이 사회정서적 과정, 친사회적 행동, 다른 이의 고통 지각에 대한 생리적 스트레스 반응에서의 변화와 어떤 관계가 있는지에 대한 경험적 증거의 개요를 제시한다. 더 나아가, 일정 기간 동안 수행과 관련된 잠재적인 변화의 메커니즘 그리고 자비와 관련한 과정이 어떻게 계발될 수 있는지를 고려하면서, 이 연구들의 자료를 해석하는 데 있어서의 도전을 다룬다. 마지막으로, 미래의 연구를 위한 핵심적인 이론적 도전을 대략적으로 살펴보는 것으로 마무리한다.

핵심용어

명상, 자비, 수행, 명상 수행(contemplative practice), 괴로움에 대한 반응, 감정

우리는 경제와 교역의 체계, 환경 정책, 여행과 통신의 편리, 그리고 대중매체의 세계적인 확장을 통해서 서로 점점 더 연결된 세상 속에 산다. 이 요소의 융합은 우리가 세상에서 일어나고 있는 고통에 대해 그 어느 때보다도 더 잘 알게 되는, 전에 없는 상황 속에 놓이게 한다. 우리는 가상현실을 통해 난민의 이야기에 몰입할 수 있고, 개인 휴대전화 영상으로 찍은 전쟁을 볼 수 있으며, 지진과 지진해일로 허물어지는 도시나 테러리스트의 공격 영상을 볼 수도 있다. 우리는 어떤 소비를 할 것인가에 대한 우리의 선택이 셀 수 없이 많은 다른 종의 삶에 미치는 영향에 대한 증거를 회피할 수 없다. 다른 이들의 고통에 대해 점점 더 증가하는 이 전 지구적인 노출은 우리에게 도전을 제시한다. 그 후 우리는—절망 속에서—자신의 무력함에 의해 압도되고 환멸하게 된다. 또는 이 맹렬한 공격

에 잘 적응하고 능숙하게 대응할 수 있는 능력을 기르는 데 초점을 맞출 수도 있다. 자비의 능력을 키우는 것은 그런 방법의 하나로 우리가 고통과 어떻게 관계를 맺을 것인가를 바꾼다.

명상 전통은 오랫동안 인간의 고통에 대한 질문과 자비의 계발에 관심을 가져왔다(예: Salzberg, 2004; Wallace, 1999). 좀 더 최근에 서양 심리학 전통의 연구자와 임상가들은 명상 전통의 이런 측면을 그들이 이해하는 자비를 발전시켜 가는 데 통합시켜 왔다. 자비를 **수행**하기 위해 명상 전통—특히 명상 수행—을 활용할 수 있는 가능성은 특별한 관심으로 존재해 왔다. 이 분야의 연구가 급속하게 성장하고 있지만, 이 영역은 여전히 초창기이고 많은 핵심적인 질문이 답변되지 않은 채 남아 있다. 이 장은 명상적인 접근을 이용한 자비의 수행에 대해 우리가 아는 것, 그리고 우리가 알지 못하는 것에 대해 탐색할 것이다.

먼저, 우리는 무엇이 자비 수행을 구성하는지를 숙고하고 자비 수행을 탐구하는 최근 연구의 접근을 개략적으로 소개할 것이다. 그런 다음, 심리학적 연구의 맥락에서 자비 수행 및 자비와 관련된 과정의 관계에 대한 경험적인 증거를 대략적으로 소개할 것이다. 아울러 이 과정들이 어떻게 일정 기간 동안 계발될 수 있는지를 숙고하고, 그 해석의 도전을 다루는 것에도 초점을 맞출 것이다. 마지막으로, 우리는 그 분야가 여전히 고심하고 있는 두 가지 핵심적인 문제를 간략히 소개한다. 그것은 미세한 종류의 고통을 특징짓는 것, 그리고 행동을 동반하지 않는 자비의 가능성이다.

자비 수행을 구성하는 것은 무엇인가

심리학 문헌에서 자비 수행의 연구에 대한 접근은 다음과 같이 유용하게 나눌 수 있다. ① 자비 명상 수행에서 폭넓은 경험을 한 명상 전문가나 숙련된 자들에 대한 연구(그들은 종종 관심 분야의 실험 결과에 대해 초보 명상자와 비교된다), 그리고 ② 자비 수행의 개입을 경험한 개인들에 대한 장기적인 연구가 그것이다. 비록 이 장과 첨부한 **안내 책자** 부분에서 설명된 개입이 모두 '자비 수행'으로 분류되었다고 해도, 현존하는 수행 프로그램은 다양한 요소에서 차이가 있다. 아마도 가장 두드러진 것은 수행의 기간과 강도 그리고 그 프로그램들이 포함하는 교육적 설계 요소일 것이다. 자비 수행에 대한 많은 연구가 특정한 명상 기법의 절차상 측면을 강조하지만, 일반적으로 이 프로그램들은 강의, 토론, 그리고 공통의 목표를 향해서 노력하는 개인으로 이루어진 집단의 사회적 지지도 포함한다. 수행의 이런 다양한 측면은 많은 경우에 어떤 관찰된 효과의 이면에 있는 잠재적인 메커니즘을 해석하는 것을 복잡하게 만든다. 더 나아가 초보자나 막 시작하는 수행자들이 그런 프로그램을 경험하는 것은 명상 전문가(대부분의 경우 불교 승려)의 삶의 경험과는 대단히 다를 것으로 추정된다.

비록 이 장이 다른 사람을 위한 자비 계발에 맞춰진 자비 기반 명상 수행을 포함하는 수행 프로그램들에 초점을 맞추고 있지만, 명상을 포함하지 않으면서 공감과 자비를 강화하는 것을 목표로 하는 수행의 접근(예: 이 책의 제16장, Weisz & Zaki 참조), 그리고 자비에 명시적인 초점을 두지 않고 다른 종류의 명상을 강조하는 프로그램[예: 마음챙김에 기반한 스트레스 완화(Mindfulness-Based Stress Reduction: MBSR; Kabat-Zinn, 1990)], 그리고 명상을 포함하지만 주로 자기 자신을 위한 자비의 계발에 초점을 맞추는 프로그램(예: Mindful Self-Compassion; Albertson, Neff, & Dill-Shackleford, 2015; Neff & Germer, 2013; 그리고 이 책의 제27장 Neff & Germer 참조)이 존재한다는 것에 주목하는 것은 중요하다. 이것들 각각은 자비와 관련된 과정의 계발에 영향을 미쳤을 것으로 추정된다(Kabat-Zinn, 2011). 마지막으로, 비록 여기서 우리의 초점이 주로 불교 전통에서 나온 자비 수행 방법에 있지만, 자비의 가르침은 다양한 종교 전통 그리고 비종교적인 인본주의적 전통에 걸쳐 폭넓게 나타난다(기독교의 한 예는 Rogers, 2015; 비종교적인 인본주의는 Becker, 2012, 그리고 그 저널에서 나온 다른 논문들 참조). 그리고 이들 전통에 바탕을 두고 있으면서 불교에서 나온 자비 수행 프로그램들과 개념적으로 상당히 중복되는 점들을 보여 주는 개입도 존재한다(예: 감사는 Bono & McCullough, 2006; Gulliford, Morgan, & Kristjánsson, 2013 참조).

여기서 우리는 불교에 바탕을 둔 자비 수행 프로그램을 연구하는 최근의 접근을 대략적으로 소개하고자 한다. 그것은 그 프로그램들이 주로 차이를 보이는 두 가지 주요 영역을 고찰하는 것에 의해 이루어진다. ① 수행의 기간과 강도, ② 이들 프로그램을 구성하는 여러 가지 수행의 요소(예: 교육적인, 도덕적인, 동기적인)가 그것이다. 그것을 설명하기 위해 우리는 실제로 이루어진 수업의 예 몇 가지를 제시할 것이다. 특정한 결과는 이 장의 '자비 수행의 결과 조사'에서 논의될 것이다.

수행의 기간과 강도

자비 수행에 대한 많은 초기 연구는 평생 동안의 수행으로 얻어진 경험을 활용하는 것을 시도했다. 그것은 명상 전문가(전형적으로 티베트 불교 승려)들을 초심자나 처음 시작하는 명상자들과 비교하는 연구를 통해서 이루어졌다(예: Engen & Singer, 2015b; Lutz, Brefczynski-Lewis, Johnstone, & Davidson, 2008; Lutz, Greischar, Perlman, & Davidson, 2009). 비록 이 연구들이 직접적으로 개입하는 접근을 취하지는 않지만, 그것들은 긴 시간의 수행을 통해 일구어질 수 있는 자비와 관련된 과정의 변화에 대한 통찰을 제공한다.

다른 연구들은 장기적인 그리고/또는 집중적인 수행(예: 하루 온종일 하는 수행)을 채택하고 주어진 수행 프로그램 코스 내내 참가자들을 추적했다. 예를 들어, ReSource 프로젝트는 1년의 코스 동안 시행된 인지-감정조절, 그리고 심리사회적 기능에 대한 명상 수행의 효과에 대한 연구이다(Lumma, Kok, & Singer, 2015; Singer et al., 2016). 그 개입은 3일 집중 안거 세 번을 포함한다. 안거는 연속적인 13주 수행으로 이루어진 세 개의 모듈 각각이 시작되는 시점에 행해지며, 참가자들은 이 짧은 안거들 사이에 매일 집에서 하는 명상을 수행하고, 주간 명상 그룹에 참여하면서 보통의 일상적인 삶을 산다. 또 다른 연구인 사마타 프로젝트는 2007년에 우리 연구소에 의해 시행되었으며(2014년까지 계속해서 후속 자료를 모음), 그 프로젝트는 정식 안거 환경에서 이루어지는 집중 명상 수행의 인지, 정서 그리고 신경생물학적 효과에 대한 다중 방법 연구로서 고안되었다. 참가자들은 콜로라도에 있는 장기 안거 수행처인 샴발라 마운틴 센터에서 머물렀고, 3개월의 코스 수행 기간에 하루 평균 6시간 내지 8시간 명상했다(Jacobs et al., 2013; MacLean et al., 2010; Rosenberg et al., 2015). 이와 같은 집중과 장기 수행 설계는 수행 요소를 더 높은 '용량'으로 제공하며 그럼으로써 표면적으로 주목할 만한 수행의 효과를 산출할 가능성이 더 크다. 집중 수행은 이 높은 용량 때문에 중간 평가 시점(예: 주어진 수행 기간의 시작부터 중간까지) 사이에 주목할 만한 차이를 얻을 가능성 역시 커진다.

그와 같은 집중 계획과는 대조적으로, 대부분의 개입에 대한 연구는 집중적이지 않은 수행 설계(예: 전형적으로 하루 한 시간 이하의 수행, 한 주에 몇 시간 정도의 교육)를 채택했으며, 기간은 보통 6주에서 9주에 이른다. 이

와 같은 유형의 가장 두드러진 프로그램들은 비종교적인 맥락에 적응된 불교 명상 수행을 활용한다. 명시적으로 자비에 초점을 맞추는 수행 프로그램 가운데 가장 연구가 많이 된 것은 자비 계발 수행(Compassion Cultivation Training: CCT; Jinpa, 2010)과 인지기반 자비 훈련(Cognitively-Based Compassion Training: CBCT; Ozawa-de Silva et al., 2012)이다. 자비에 초점을 맞춘 다른 연구들은 CCT나 CBCT와 같은 표준화된 프로그램에서와 같이 여러 가지 같은 수행 요소를 포함하는 비슷한 기간의 수행 설계를 채택하는데, 특정한 집단 또는 연구 목적에 맞게 설정되었다(Condon, Desbordes, Miller, & DeSteno, 2013). 최근에는 마음챙김과 자비를 수행할 수 있는 온라인 도구와 애플리케이션(apps)의 이용 가능성이 계속 증가했다. 그와 같은 마음챙김 수행 도구 가운데 하나로 Andy Puddicombe와 그의 동료들에 의해서 개발된 헤드스페이스(www.headspace.com)는 최근에 친사회적 행동에 대한 마음챙김 수행의 효과를 조사하는 연구에서 수행 방법으로서 이용되었다(Lim, Condon, & DeSteno, 2015).

현재 서로 다른 수행의 기간과 강도의 효과에 대해 분명한 결론을 도출해 낼 수 있게 하는 충분히 큰 규모의 집중 수행이나 장기 수행에 대한 연구는 부재하다. 그러므로 이 장의 나머지 부분에서, 우리는 명상 전문가, 집중 개입 그리고 집중적이지 않은 개입으로부터 발견한 것들을 총괄적으로 살펴볼 것이다. 이런 접근은 현재 알려진 것들에 대한 일반적

인 개요를 파악할 수 있게 하는 반면, 그것이 서로 다른 수행 방법에 따른, 그리고 참여자의 명상 전문성의 다양한 수준에 따른 중요한 잠재적 변수를 덮어 버릴 가능성 또한 있다.

수행의 요소

자비의 개입은 종종 다양한 수행 요소를 포함한다. 공통적인 특징은 집단 명상 수행, 개인 명상 수행, 강의 중심의 설명, 집단 토론, 개인적인 글쓰기 또는 성찰, 그리고 도덕의 틀을 구성하는 것을 포함한다(예: Jinpa, 2010; Ozawa-de Silva et al., 2012; Singer et al., 2016). 그 외에도 개인들은 특정한 수행을 하려는 개인적인 동기에 있어서 매우 다를 수 있다. 이들 다수의 요소를 명시적으로 통제하는 연구가 부재한 가운데, 공통적으로 측정된 결과에 대한 그것들의 개별적, 추가적, 그리고 상호적 영향을 판별하는 것은 불가능하다. 그 어떤 요소 또는 이 모든 요소가 수행과 관련하여 관찰된 변화에 상당한 기여를 할 수 있을 것이다. 주목할 만한 것은, 자비와 관련된 결과를 측정하는 대부분의 수행 연구가 자비에 명시적으로 초점을 맞추는 것을 포함하는 반면, 이런 강조가 효과적인 자비 수행의 필수적인 요소인지는 분명하지 않다는 것이다. 주로(예: Rosenberg et al., 2015) 혹은 전적으로(예: mindfulness group in Condon et al., 2013; Lim et al., 2015에서 마음챙김 집단) 주의나 마음챙김 훈련을 중심으로 한 수행을 채택한 연구들은 수행의 작용으로서 고통에 대한 반응의 변화를 보고해 왔다. 하지만 그 같은 집중된 주의와 마음챙김 수행은 자비 관련 주제를 포함하고 있을 수 있다. 예를 들어, Rosenberg 등이 함께한 연구(사마타 프로젝트)에서 수행의 주된 초점은 집중적으로 하나의 대상에 주의를 기울이는 명상을 하는 것이었지만, 참가자들은 자신과 타인들을 이롭게 하리라는 바람에 초점을 둔 보조적인 명상으로 오직 자비만을 포함하는 수행을 하루에 약 45분 동안 했다. 이 '보조적인' 수행의 시간은 집중적이지 않은 많은 자비 수행 프로그램에서 일반적으로 명상 수행에 할애된 전체 시간과 맞먹는 것이다. Condon 등(2013)과 Lim 등(2015)의 연구에서는 마음챙김에 초점을 맞춘 수행 프로그램만을 포함했는데, 둘 다 친사회적인 행동의 향상을 보고했다. 이 발견들은 자비에 대한 명시적 강조가 프로그램의 필수적인 요소일 필요는 없다는 것, 그럼에도 그것은 괴로움에 참여하고 친사회적으로 반응하는 데 있어서 상당한 변화를 가져온다는 다소 반직관적인 가능성을 시사한다. 이 모든 연구에서 수행 관련 효과의 부분적인 이유가 되는 것으로서 알려지지 않은 그 외의 도덕적 토대(그것이 지도자나 전통적인 텍스트에 의해 제공된 것이든 아니면 참가자들에 의해서 도입된 것이든)가 기여했을 가능성이 있다.

자비 수행과 자비 사이의 관계는 무엇인가

자비 수행 프로그램의 핵심적인 추정은 자비가 실제로 훈련될 수 있다는 발상이다. 자비 수행 프로그램을 이용한 연구들의 초기 증거는 자비를 강화하는 데 있어서 자비 수행의 일반적인 효과를 뒷받침하는 것이었다. 하지만 특정한 결과 그리고 변화의 정확한 메커니즘과 관련해서는 많은 질문이 답변되지 않은 채 남아 있다. 이 책의 다른 장들이 특정한 자비 수행 프로그램과 그 연구에 대한 광범위한 개요를 제시하고 있기 때문에, 여기서 우리는 비임상적인 환경에서의 자비 수행 연구 문헌을 간단히 소개하고자 한다. 우리는 먼저 자비 수행 프로그램을 이용한 연구 및 명상 전문가에 대한 연구에서 나온 자비와 관련된 발견을 대략적으로 소개할 것이다. 그런 다음 그와 같은 수행 프로그램과 관련된 잠재적인 변화의 메커니즘에 대한 이론적 토론을 제공할 것이다. 마지막으로는 자비 수행 연구에서 나온 발견을 해석하는 데 있어서의 핵심적인 도전을 지적하고자 한다.

자비 수행의 결과 조사

자비는 이 책 전체에서 다른 이의 괴로움에 대한 정서적 반응, 그리고 그 괴로움을 덜어 주리라는 바람으로 폭넓게 정의되어 왔다 (Goetz, Keltner, & Simon-Thomas, 2010). 이러

한 동기를 의도적으로 일구는 것은 괴로움—자신 안에 있는, 그리고 다른 사람 안에 있는—의 본질과 원인을 질문하는 것에 의해 뒷받침될 수 있을 것이다. 그런 이해는 상황에 적절하면서도 현실에 기반을 둔 반응을 제시한다(예: Gilbert, 2015; Halifax, 2012). 인지심리학과 사회심리학의 관점에서 보자면, 자비로운 행동과 동기 상태의 이면에는 다수 요소의 과정들이 있다(Batson, Ahmad, & Lishner, 2009; Zaki, 2014; Zaki & Ochsner, 2012). 그리고 그 가운데 많은 것은 자비 수행에 의해 영향을 받고 계발될 수 있을 것이다(예: Ashar et al., 2016). 우리는 여기서 몇 개의 자비 관련 영역 전체에 걸쳐 자비 수행 문헌에서 얻은 핵심적인 발견을 토론할 것이다. 거기에는 정서, 스트레스 생리학, 감정에 대한 인식과 괴로움에 대한 반응성, 혐오, 그리고 관련 있는 사회적 평가의 과정, 친사회적 행동이 포함된다.

정서와 자비

느낌의 상태, 느낌의 조절, 그리고 자비 수행의 관계는 복잡하다. 비록 여기서 제시된 불교에서 영향을 받은 관점의 범위를 넘어 자비 그리고 관련 과정들에 대한 광범위한 연구들이 있었음에도 불구하고(이 책의 제3장 Batson, 그리고 제16장 Weisz & Zaki; Singer & Klimecki, 2014 참조) 우리의 이해에는 여전히 간극이 있다. 그러한 간극의 하나는 괴로움에 대한 자비로운 반응을 일으키는 데 있어서 감정의 정확한 역할과 관련이 있다. 예를 들어, 감정조절이 자비로운 반응의 생성에 있어서

핵심적일 수 있는 반면(예: Decety & Jackson, 2006; Eisenberg, 2000), 정서의 지나친 조절은 친사회적으로 부적응적일 수 있고, 목격된 괴로움에 친사회적으로 참여하는 것을 감소시킬 수 있다(예: Dovidio & Gaertner, 1991). 두 연구에서, Cameron과 Payne(2011)은 두 집단의 참가자들—자신의 감정조절을 자연적으로 잘하는 사람들, 그리고 그들의 감정을 능동적으로 하향 조절하라는 지시를 받은 사람들—이 다른 이들의 괴로움에 대한 두드러진 묘사에서, 괴로움을 겪고 있는 희생자들의 수가 증가될 때 보고된 자비의 감소를 보여 주는 것을 발견했다. 감정조절에 능숙하지 않은 참가자들, 또는 그 과제 동안에 자신의 과정을 그저 '경험'하라는 지침을 받은 사람들은 자비의 감소를 보여 주지 않았다(자비에 대한 동기의 영향에 대한 더 많은 것은 이 책의 제20장 Cameron을 참조). 괴로움을 목격할 때 채택된 감정조절 전략 역시 중요한 것으로 보인다. 즉, 감정조절 기법으로서 억압에 의존하는 것은 공감적 염려와 돕는 행위에 기꺼이 참여하려는 마음이 감소되는 것과 연결되어 왔다. 반면에 재평가에 참여하는 것은 이 같은 결과를 가져오지 않는 듯하다(Lebowitz & Dovidio, 2015).

자비 수행 문헌 가운데, CCT는 자기보고된 자기 자신과 타인을 향한 자비의 느낌 강화(Jazaieri et al., 2013), 성인들에게서 자기보고된 마음챙김과 행복의 강화, 자기보고된 걱정과 정서적 억압의 감소(Jazaieri et al., 2014; 그리고 CCT를 이용한 연구들의 개요는 이 책의 제18장 Goldin & Jazaieri 참조)를 가져왔다고 발표되었다. Jazaieri 등(2014)의 연구가 밝혀낸 자기보고된 마음챙김과 행복의 향상, 그리고 걱정의 감소에도 불구하고 CCT는 감지된 스트레스에 대한 자기보고에서는 관찰된 변화를 가져오지 않았다. 그 연구의 저자들은 걱정이 감소하는데도 감지된 스트레스에는 변화가 없는 이 현상을 CCT 이후에 **적응적인 대처**(adaptive coping)가 향상되었음을 나타내는 지표로 해석하였다. 청소년의 경우, 새로운 카담파 전통(Gyatso, 2003; Lopez, 1998)에 바탕을 둔 불교적 자비 수행은 그와 유사한 스스로 보고한 걱정의 감소, 그리고 스스로 보고한 웰빙 가운데 환경 통제력과 개인적 성장 측면에서의 향상을 입증했다(Ryff & Keyes, 1995). 하지만 스스로 보고한 긍정적인 정서에는 아무런 변화도 보이지 않았다(Bach & Guse, 2015). 이 연구의 저자들은 웰빙에서 보고된 이 변화들이 개인적 관점의 변화—행복이 자애로운 마음의 상태를 일구는 것을 통해서, 특히 외부적인 사건이 쉽게 통제될 수 없는 상황에서 성취될 수 있다—를 반영하는 것일 수 있다고 제안한다. 자비 수행은 또한 무엇이 행복을 만드는가, 그리고 삶에서 무엇이 가치 있는 것인가에 대한 개인의 관점을 변화시킬 수 있다(Ricard, 2008). 그럴 경우 심리적 웰빙은 더 이상 주로 쾌락의 상태나 즐거운 경험이 아니라 오히려 의미 있는 삶을 살 수 있는 능력에 바탕을 둔다(Ryan & Deci, 2001). 관점에서의 이 변화는 결과적으로 자신의 감정 상태를 조절하는 데 있어서 개인적인 효능감의 증가로 나타날 수 있다. 다 함께,

이 발견들은 부정적이거나 괴로움을 가져올 가능성이 있는 사건들과 우리가 관계를 맺는 방식에 자비 수행이 영향을 줄 수 있다는 견해를 뒷받침한다. 그럼으로써 사건들이 덜 싫고 덜 압도적인 것으로 여겨질 수 있을 것이다.

스트레스와 염증의 생체표지자

만일 개인이 스트레스와 도전적인 경험을 어떻게 다루는지를 보고하는 것에 자비 수행이 영향을 미친다면, 우리는 스트레스 생리학 영역에 반영된 이 변화들을 보는 것을 기대할 수 있을 것이다. 일련의 연구를 통해, CBCT는 학부 학생에게서는 스트레스와 염증의 표지(Pace et al., 2009; Pace et al., 2010)를, 그리고 위탁 보호체계에 있는 청소년에게서는 염증 표지(Pace et al., 2013)를 감소시키는 것으로 밝혀졌다. 이전의 연구에서, CBCT 코스 동안 집에서 명상 수행을 하는 데 시간을 더 많이 보내는 것은 불량한 생체표지자의 감소와 연관되어 있었다. 하지만 이 동일한 집단에 의해서 더 큰 표본의 성인에 대해 이루어진 추후 연구는 이러한 결과를 되풀이하는 데 실패했고, 관련된 행동 또는 생물학적인 척도에 대해 CBCT가 나타내는 어떤 효과도 찾을 수 없었다(미출판 자료; 더 깊은 토론은 이 책의 제19장 Mascaro, Negi, & Raison 참조). 이것은 자비 수행에 대한 심리생물학적 반응에서의 잠재적 변동성, 그리고 반복 연구의 필요, 연구들 간의 맥락적 요소의 차이에 대한 주의 깊은 고려를 강조한다(예: Van Bavel, Mende-Siedlecki, Brady, & Reinero, 2016).

감정의 인식 그리고 괴로움에 대한 반응성

명상 전문가들―자비를 특히 강조하는 전통 가운데서 평생 만 시간에서 5만 시간의 명상 경험을 가진 티베트 불교 승려들(예: Jinpa, 2015; Dalai Lama & Ekman, 2008)―은 괴로움의 소리에 대한 반응에서 초심 명상자들과 비교할 때 동공 확대, 섬엽과 대상피질의 활성화(Lutz et al., 2008), 그리고 체성감각 피질에서의 심장박동수와 혈류 산소 수준 활성화 사이의 결합 증가(Lutz et al., 2009)를 보여 준다. 이 발견은 다른 사람의 괴로움 신호에 대한 증가된 반응성을 시사한다. 이들 발견과 일관되게, CBCT를 수행한 초심자들은 오직 눈동자만 있는 사진으로부터 어떤 사람이 느끼는 감정이 무엇인지를 추론하는 능력을 측정했을 때 공감적 정확성이 향상되는 것을 보여 주었다(Mascaro, Rilling, Negi, & Raison, 2012). 이 공감적 정확성의 향상은 하전두회와 배내측 전두피질의 활성화 증가와 함께 나타났다. 이들 뇌 영역은 이전에 마음 이론과 연관되어 있었다(이에 대한 더 많은 연구는 이 책의 제19장 Mascaro et al., 참조). CBCT를 이용한 별도의 다른 연구에서, 수행 참가자들은 국제 정서 사진 모음(International Affective Picture Set: IAPS; Lang, Bradley, & Cuthbert, 2008)의 부정적인 이미지에 대한 편도체의 활성화가 경향 수준에서 증가하는 것을 보여 주었고, 그것은 우울증 점수의 감소(Desbordes et al., 2012)와 상당한 연관성이 있었다. 편도체는 오랫동안 부정적인 정서, 두려움과 관련된 처리와 연관되어 왔음에도 불구하고, 두드러진 것의 탐지와 일반적인 정서 처리에서 더 넓게 암시되었다(Janak & Tye, 2015). 다른 연구자들도 명상 전문가들이 괴로움을 겪고 있는 사람들의 영상을 보면서 자비를 일으키는 동안, 인지적인 재평가와 비교할 때 편도체의 활성화가 증가된 것을 관찰했다(Engen & Singer, 2015b). 이 동일한 연구에서 명상 전문가들은 역시 복부 선조와 내측 안와전두엽(긍정적인 정서 그리고 보상 처리와 관련된 네트워크의 일부), 그리고 중앙 섬엽(친화의 느낌을 뒷받침하는 것으로 해석됨)의 더 큰 활성화를 보였다. 그리고 괴로움의 영상을 보는 동안 자비를 일으키라고 요청되었을 때는, 중립적인 '바라봄'의 조건에서 이 영상들을 보거나 영상에 대한 인지적인 재평가에 참여하라고 요청되었을 때와 비교할 때 스스로 보고한 더 큰 긍정적인 정서가 있었다(이 책의 제9장, Klimecki & Singer 참조).

이 발견들은 모두 자비 수행이 지각의 정확성을 증가시키고 사회정서적 자극의 현저함에 변화를 가져올 수 있음을 시사한다. 그리고 이러한 변화는 관련 신경 활동에서 수행 이후에 나타나는 확인 가능한 차이에 의해 뒷받침될 수 있을 것이다. 단기 개입(예: CCT, CBCT)과 장기적인 숙련의 경우 둘 다 다른 사람들이 보여 주는 정서적 상태에 대한 정서적 반응성이 강화되는 것으로 보인다. Engen과 Singer(2015b)에 의해 제안된 하나의 가능성은 자비 수행과 관련하여 강화된 반응성이 보호 효과를 갖고 있을 수 있다는 것인데, 감정적인 도전을 만났을 때 긍정적인 정서를 증가시킴으로써 공감적 괴로움과 소진을 감소시킬 수 있다는 것이다. 연구자들이 증가된 긍정적 정서의 특정한 기능적인 특징이나 정보의 특징을 분석하는 것이 중요할 것이다. 예를 들면, 괴로움에 직면했을 때 자비를 적극적으로 도입하는 것과 관련된 긍정적인 느낌은 다른 사람을 위한 자비를 느끼는 것이나 도움행동에 참여하는 것에 대한 자기 축하 상태와 분리될 필요가 있다.

생리적인 반응은 보통 정서적 경험, 행동의 결과와 복잡하거나 비선형적인 관계를 보여 준다는 것에 주목하는 것이 중요하다. 예를 들면, 높은 수준의 심장 미주신경 활동—부교감신경계 활동의 간접적인 척도(이 책 제15장의 Porges, S. W. 참조)—은 긍정적인 정서와 연관되고, 자기보고된 더 높은 수준의 자비를 예측하게 한다는 것을 보여 줬지만(Stellar, 2013; Stellar, Cohen, Oveis, & Keltner, 2015), 심장 미주신경 활동이 친사회성과 반대적인 U자 모양의 관계를 보여 준다는 것 또한 밝혀졌고, 그것은 매우 높은 미주신경 활동이 감소된 친사회적 반응과 연관될 수 있음을 시사한다(Kogan et al., 2014). 또 다른 예로, 수행 후 배외측 전두엽 피질과 측좌핵 사이의 기능적 연결 증가는 자비 수행을 경험한 참가자들의 이타적인 행동 증가, 그리고 재평가 훈련을 경험한 참가자들의 이타적인 행동 감소와 연관되었다(Weng et al., 2013). 그러므로 동반되는 경험적인 척도나 행위의 척도가 부재한 생리적 자료의 해석은 충분한 정보를 주지 않을 수 있고 심지어는 잘못 이끌 수도 있을 것이다.

혐오의 반응 그리고 사회적 평가의 과정들

다른 이들의 괴로움에 대한 증가된 반응성은 괴로움을 겪고 있는 사람들을 피하고 싶은 마음이 감소하는 것에 의해 촉진되며(Weng, Schuyler, & Davidson, 이 책의 제11장 참조), 이것은 자비 개입에 의해 훈련되는 핵심적인 능력이다. 이 가능성을 뒷받침하는 몇몇 연구는 수행 이후 다른 이들의 괴로움, 또는 낙인 찍힌 집단에 대해 피하고 싶은 반응의 감소를 보였다고 보고했다(예: Kang, Gray, & Dovidio, 2014; Kemeny et al., 2012; Rosenberg et al., 2015).

사마타 프로젝트의 일부로서, 참가자들은 집중 명상 안거 이전과 이후에 인간의 괴로움에 대한 정서를 환기시키는 비디오 일부를 보도록 요청되었다(Rosenberg et al., 2015). 감정 표현을 확인하기 위해 참가자들의 얼굴 표정이 방해되지 않은 가운데 기록되고, 얼굴 행동 코딩 체계(Facial Action Coding System; Hager, Ekman, & Friesen, 2002)를 이용하여 부호로 처리되었다. 거기에는 슬픔, '거부 감정(rejection emotion)'이라고 이름 붙여진 피하고 싶은 감정 표현(예: 화, 경멸, 그리고 혐오)이 포함되었다. 거부 감정의 표현은 영상에서 괴로움이 생생하게 묘사되는 것에 대해 피하고 싶은 마음이나 방어를 나타내는 것으로 개념화되었다. 석 달 동안의 집중된 주의(shamatha; Wallace, 2006) 명상 안거 후에, 수행 참가자들은 생생하게 그려진 괴로움에 대한 반응으로 슬픔의 얼굴 표정을 보일 가능성이 짝지어진 대기 명단 대조군보다 더 높았

다. 수행 참가자들은 거부 감정의 얼굴 표정도 더 적게 보여 주었다. 중요한 것은 수행 집단에서 수행 후 보여 준 영상에 대한 반응으로 스스로 보고한 동감—하지만 슬픔이나 괴로움이 아닌—의 경험이 슬픔의 얼굴 표정과 긍정적으로(분명히) 연결되었고, 거부 감정의 얼굴 표정과는 부정적으로(반대 방향으로) 연결되었다는 것이다. 이 발견들은 사마타(집중된 주의)와 '사무량심'(자애로운 서원: 자애, 자비, 공감적 기쁨 그리고 평정심) 수행 둘 다를 포함한 집중 명상 수행이 다른 이들의 괴로움에 대한 참여를 촉진한다는 것을 시사한다. 수행이 괴로움에 대한 방어적인 반응도 감소시키는 것으로 보이는데 그것은 거부 감정의 표현 감소로 정의되었다. 사마타 프로젝트 참가자들이 자비 명상(매일 45분 정도까지 사무량심 전체 수행)을 수행하는 동안, 안거의 핵심적인 수행이 사마타 명상이었다는 것에 주목하는 것은 중요하며, 그것은 주의의 안정을 계발하는 것을 목표로 한다(예: MacLean et al., 2010, Sahdra et al., 2011, Zanesco et al., 2013, Zanesco et al., 2016). 전반적으로 이들 발견은 주의에 바탕을 둔 수행이 괴로움에 대해 자비로운 반응이 일어나게 하는 데 미치는 직간접적인 영향에 대한 지속적인 연구의 필요를 강조한다.

관련 있는 발견에서, 대기자 명단 통제집단과 비교할 때, CEB(Cultivating Emotional Balance—자비 중심적 요소와 명상적 요소를 포함하는 수행 프로그램)를 수행한 참가자들은 괴로움을 묘사하는 이미지에 무의식적으로 노

출된 이후에, 어휘 판단 과제에서 자비와 관련된 개념들에 대해 더 빠른 암묵적 접근을 보여 주었다. 그것은 심지어 이 이미지들이 혐오감을 불러일으키도록 고안된 요소들을 포함하고 있었을 때조차도 나타났다(Kemeny et al., 2012). 혐오의 요소를 포함하지 않은 괴로움 이미지의 경우, 참가자들은 어휘 판단 과제에서 혐오와 관련된 개념에 접근하는 데 통제집단보다 더 많은 시간이 걸리는 것으로 보였다. 이 발견은 다시 한번 자비 관련 수행 이후 괴로움을 피하고 싶은 반응의 감소가 가능함을 보여 준다.

때때로 자비의 느낌이나 자비를 일으키는 것에 대한 저항은 괴로움 **자체**를 피하고 싶은 것이 아니라 괴로움을 겪고 있는 **개인**을 피하고 싶은 것에 기인하는 것일 수 있다. 그러므로 자비 수행의 또 다른 핵심적인 목표는 자비롭게 반응할 수 있는 개인의 반경을 넓히는 것이다. 우리는 우리 자신과 비슷하다고 지각하는 대상에게 자비를 더 느끼는 경향이 있고, 유사성 지각의 실험적 조작은 다른 이들을 향한 자비의 느낌과 친사회적 행동의 증가를 보여 주었다(DeSteno, 2015). 그런 반면, 사람들은 종종 사회적 외집단 구성원의 괴로움에 대한 염려를 덜 느끼고 심지어는 축하하기까지 한다(예: Cikara, Bruneau, & Saxe, 2011). 이 전제와 비슷하게, Kang 등(2014)은 자애명상(다른 이들을 향한 다정한 돌봄 그리고 안녕을 기원하는 느낌을 강화하는 데 목적을 둔 수행)의 훈련이 낙인찍힌 집단에 대한 암묵적 편견의 감소(Greenwald & Banaji, 1995)와 관련

이 있다고 보고하였다. 수행 후, 자애명상 수행을 하도록 임의로 할당된 참가자 집단은 대조군과 비교했을 때, 암묵적인 연상 테스트(Greenwald, Nosek, & Banaji, 2003)에 의해 측정된 흑인과 노숙인(공통적으로 낙인찍힌 두 집단)에 대한 암묵적인 편견에서 상당한 감소를 보여 주었다. 하지만 참가자들의 명시적인 태도(예: 자신의 믿음과 느낌에 대해 그들이 말하는 것)는 변화하지 않았다. 이 발견들은 자애명상의 수행이 낙인찍힌 집단에 대한 암시적 반응에 영향을 미친다는 것을 시사하며, 저자들은 그것이 다른 이들을 향한 연결의 느낌이 증가된 것에서 기인한다고 설명한다.

이 부분에서 살펴본 이런 발견들을 종합하면, 자비와 관련된 수행이 괴로움을 목격하는 것에 대해 피하고 싶은 반응을 감소시키고, 자비를 경험하는 대상의 범위를 확대시킬 수 있다는 것을 시사한다.

친사회적 행동

우리는 앞부분에서 자비 수행이 사회적 평가 과정을 순응적으로 조절할 수 있음을 시사하는 증거를 살펴보았다. 짐작건대 그 과정은 괴로움에 직면했을 때 자비로운 반응을 일으키는 토대가 될 것이다. 여기서 우리는 자비 수행을 평가하는 핵심적인 질문을 고려한다. 그것은 괴로움이라는 감정의 경험과 괴로움에 대한 반응성(reactivity)의 변화가 도움을 주는 명시적인 행동으로 전환되는가이다(이 책의 제11장 Weng 등의 '행동적 전이' 참조). 실험실 상황에서 친사회적 행동을 측정

하는 공통적인 한 방법은 경제 게임을 활용하는 것이다. 두 개의 독립적인 연구에서 ① 장기 명상자(평생 4만 시간 이상 수행한 사람들; McCall, Steinbeis, Ricard, & Singer, 2014) 그리고 ② 2주 동안 집에서 자비 개입을 이용한 수행을 한 초심자(Weng et al., 2013) 모두, 경제 게임에서 부당하게 취급된 피해자들을 보상하기 위해 통제집단보다 더 많은 돈을 주었다. McCall 등(2014)에 의한 연구에서 명상 전문가는 자신이 부당한 대우의 피해자였을 때, 자신을 부당하게 다룬 참가자를 통제집단보다 덜 혹독하게 벌주었다. 하지만 부당한 대우의 피해자가 다른 사람이었을 때, 부당하게 행동한 참가자들에게 명상 전문가가 준 벌은 통제집단의 경우와 동일한 것이었다. 그것은 자기 자신보다 다른 사람이 정당하게 대우받게 하고 싶은 더 강한 동기를 시사한다. 통제집단과 비교했을 때, 인지된 부당함의 정도가 동일함에도 불구하고 명상 전문가는 부당한 행동에 대해 화를 덜 경험하는 것(McCall et al., 2014)으로 보고되기도 했다. 이러한 발견은 단기와 장기 자비 수행이 모두 목격된 불평등을 덜어 주기 위한 이타적인 행동을 격려할 수 있다는 것을 뒷받침한다.

실제 세계에 대한 극소수의 연구 가운데 하나인 생태적으로 타당한 도움행동 연구(ecologically valid helping behavior)에서, Condon과 동료들(2013)은 8주 동안 마음챙김이나 자비 가운데 집중적이지 않은 수행 프로그램 하나를 체험한 참가자들이 아무 훈련도 받지 않은 대기자 명단 통제집단과 비교했을 때, 분명한 괴로움(목발을 짚은 채 얼굴을 찡그린) 속에 있는 자기 편 사람에게 자기 자리를 내줄 가능성이 훨씬 더 높다(이 책의 제22장 Condon & DeSteno 참조)는 것을 발견했다. 하지만 명상 수행의 유형(마음챙김 또는 자비)은 도움의 가능성에 대해 유의미한 영향을 미치지 않았다. 이 연구의 발견은 최근에 수행 프로그램으로 모바일 앱 기반의 마음챙김 개입(Headspace)을 이용한 실험에서, 인지 기술 훈련에 바탕을 둔 적극적인 통제 조건과 비교했을 때도 다시 나타났다(비록 효과의 크기가 더 낮은 것으로 보고되긴 했지만)(Lim et al., 2015). 그러므로 자기 자리를 기꺼이 양보하려는 마음은 자비 수행에 특정한 효과라기보다는 명상 수행의 보다 일반적인 효과일 수 있다. 하나의 가능성은 능숙하고 경험이 많은 지도자는 특정하게 자비를 닦는 것이 아닌 수행에서도 중요한 개인적 가치로서 자비를 지지하는 도덕적 관점을 암묵적으로 소통하고 북돋울 수 있다는 것이다. Headspace가 아직까지는 마음챙김 수행 앱으로 제시되었지만, 그 플랫폼의 주요 지도자이자 이전에 불교 승려였던 Andy Puddicombe는 다음과 같이 말했다. "나는 결코 명상을 별개로 가르치지 않는다… 나는 언제나 견해, 명상 그리고 행동을 가르친다. 이타주의 없이 견해를 가르칠 수 없다"(Widdicombe, 2015, http://www.newyorker.com/magazine/2015/07/06/the-higher-life). 이 인용은 '자비' 혹은 '마음챙김'이라는 적절하지 않은 용어를 쓰며 수행 유형을 언급하는 것의 부적절함을 강조한다. 왜냐하면 각각의 수행 유형은 거의 언제나 다른 종류의 수행 측면을 포함할 것이기 때문이다. 자기 자리를 포기하는 작은 개인적 희생으로 추정되는 맥락에서조차도 이 수행이 보편적인 이타주의로 귀결되지는 않았다는 점 역시 주목해야 하는데, 대면 명상 수행에 참여한 집단에서 참가자의 51%(대조군의 경우 84%)는 자기 자리를 내주는 데 실패했다. 반면, Headspace 연구에서는 63%(적극적인 대조군의 경우 86%)가 자기 자리를 내주는 데 실패했다. 그럼에도 수행 이후 실제 세계 상황에서 도움행동의 증가를 보여 주는 것은 주목할 만한 가치가 있다(이 연구에 대해 더 상세한 것은 이 책의 제22장 Condon & DeSteno 참조). 미래의 연구는 실제 세계의 도움행동에 대한 상황적 요소(자원 이용 가능성 또는 사회적 평가 과정 등)의 문제를 고려해야 할 것이다.

요약

전체적으로, 조사된 연구들은 자비 기반의(그리고 어떤 경우에는 주의 또는 마음챙김 기반의) 수행이 참가자들로 하여금 다른 사람의 괴로움에 민감하게 만들고, 다른 이의 괴로움을 감지했을 때의 반응으로 혐오나 화 같은 감정이 아니라 자비나 동감을 경험하는 경향을 증가시킬 수 있음을 보여 준다. 더 나아가, 낙인찍힌 집단을 향한 자동적인 편견으로 나타나는 피하고 싶은 마음을 그 수행이 감소시킬 수 있는 것으로 보인다. 친사회적 행동 측면에서의 발견은 장기와 단기 자비 수행 모두 실험실에서 이루어진 경제 게임의 맥락과 생태

적으로 타당한 상황에서, 비록 여기서 제시한 자료가 드물긴 하지만, 이타적으로 반응하는 경향을 증가시킬 수 있을 것임을 시사한다.

변화의 메커니즘

안내에 따른 의도적인 자비 수행은 세상의 괴로움에 대한 개인의 행동적, 인지적, 심리적 반응을 어떻게 바꿀 수 있는가? 이것은 정말로 열린 질문이다. 토론했던 것처럼, 자비 수행 프로그램은 다양한 설계 요소로 구성되어 있고, 그것들 모두가 자비로운 반응에서 관찰되거나 보고된 변화에 영향을 미칠 수 있을 것이다. 지금까지 이런 변화의 잠재적 메커니즘을 분명히 보여 주려고 시도했던 연구는 거의 없다. 그러므로 그런 메커니즘에 대한 그 어떤 토론도 대부분은 이론적이다. 그럼에도 우리는 미래의 연구 동기를 촉발하고 요소의 과정에 대한 더 상세한 기술을 격려하기 위해서, 자비 수행이 실제 세계에서의 자비로운 반응에 영향을 미칠 수 있는 몇 가지 잠재적인 경로를 제시할 것이다. 첫째, 우리는 다양한 종류의 명상이 자비와 관련된 과정에 영향을 미칠 수 있는 가능한 방식을 토론할 것이다. 그런 다음 명상의 종류 또는 수행과 관계없는 광범위한 훈련 요소들이 어떻게 수행과 관련한 변화를 뒷받침하도록 작용할 수 있는지를 제안할 것이다. 이 경우 가운데 그 어떤 것도 특정한 결과 척도와 수행 요소 사이의 일대일이나 선형적인 관계를 시사하지 않는다는 사실에 주목하는 것은 중요하다.

오히려 우리는 다양한 영향과 수행 요소들이 역동적이고 맥락적으로 의존하는 방식으로 함께, 관찰된 변화를 가져올 수 있음을 지적하고자 한다.

명상

이 장에서 개관된 모든 수행은 안내된 명상 또는 침묵 명상 수행의 요소를 포함한다. 현대의 많은 심리학적 설명 가운데서, 명상 수행은 대개 경험의 다양한 영역에 대한 주의와 알아차림의 적용을 통해 정서와 행동을 자기조절할 수 있는 능력, 그리고 주의의 안정성을 강화할 수 있는 정신적 발달 과정을 촉진하는 것으로 개념화된다(Lutz, Slagter, Dunne, & Davidson, 2008; Lutz et al., 2009; Rosenberg et al., 2015; Sahdra et al., 2011). 명상이 실제 세계의 괴로움에 대한 반응에 영향을 미칠 수 있는 과정은 알려지지 않았고 전반적으로 그 특성이 밝혀지지 않았다. 하지만 명상 수행이 인지나 행동에서 속성 차원에서의 변화를 촉진하는 범위는 특정 명상 수행을 통해 계발될 수 있는 인지-정서적 능력의 융합에 의존하는 것으로 추정된다. 이들 영역은 명상 지도에 깃들어 있는 인지적 작용과 도덕적 헌신, 수행 참가자의 개인적 동기, 수행 참가자와 지도자의 관계(대면인지 아니면 디지털 매체를 통한 것인지), 수행이 제공된 사회문화적 맥락, 그리고 그에 따른 지각, 태도, 반응 경향성의 변화, 그리고 수행에 지속적으로 참여하는 것에서 오는 웰빙을 포함한다. 똑같은 명상 기법이 다른 지도자에 의해서 또는 다른 맥락에서 전달되는 것은 특정한 집단에 다른 영향을 줄 수 있으며, 그 집단의 개인들 역시 동기, 사회정서적 작용 그리고 자비로운 반응을 위한 기본 능력에 있어서 서로 상당한 차이를 보일 가능성이 있다. 맥락의 차이나 개별적 차이의 중요성을 인식하기는 하지만, 일반적으로 명상 수행이 자비와 함께 반응하는 경향을 증가시킬 수 있다는 것 역시 가능하다. 그것은 다른 이들을 보살피려는 마음에 영향을 미치는 것과 이런 동기의 경향을 **실행할 수 있는 능력**(ability to enact)을 강화하는 인지-정서적 가능성을 향상시키는 것에 의해 이루어진다.

어떤 명상 수행(자비, 자애)은 자기 자신과 다른 사람들을 위한 돌봄과 관심의 계발을 명시적으로 강조한다. 이들 수행은 대개 다른 사람들을 향한 긍정적인 느낌과 행동을 증가시키는 특정한 정서, 동기의 상태와 속성을 계발하는 것에 의해 "체계적으로 생각과 감정의 내용을 [변화시키는 것]"(Dahl, Lutz, & Davidson, 2015, p. 518)을 목표로 한다. 하나의 흥미로운 가능성은 이런 종류의 명상 수행이 자신과 다른 사람들 간 연결의 느낌을 촉진하는 것에 의해 자비를 뒷받침할 수 있다는 것이다(Trautwein, Naranjo, & Schmidt, 2014). 실제로, 다른 사람에 대한 연결의 느낌과 가까운 느낌은 친사회적 행동을 증가시키는 것으로 보인다. 예를 들면, 어떤 사람에게 가까움을 느끼거나(Beckes, Coan, & Hasselmo, 2013), 자연 재해가 일어나기 전에 그 재해가 일어난 장소에 있었던 적이 있는 경우(Zagefka, Noor, & Brown, 2013)는 모두 이타적 행동의 증가와 연관이 있었다. 자비 기반 수행이 자기 삶의 괴로움과 연결되는 것, 괴로움과 개인적 행복의 관련성, 그리고 그 괴로움을 만들어 내거나 덜어 주는 자신의 인과적인 작용 등의 중요성을 인식하는 데 있어 변화를 뒷받침한다는 것도 가능하다(Ozawa-de Silva et al., 2012).

다른 명상 수행들은 주의를 조절하고, 어딘가로 향하게 하고, 다시 새로운 방향으로 돌리는 수행자의 능력을 강화하는 것에 의도를 둔다(Dahl et al., 2015; Lutz, Jha, Dunne, & Saron, 2015). 이 주장을 뒷받침하기 위해, 우리 연구실은 주의 기반의 명상 집중 수행을 한 사마타 프로젝트 참가자들이 3개월의 집중 수행 기간 후에 지각적 분별의 향상(MacLean et al., 2010), 주의의 안정성(MacLean et al., 2010) 그리고 반응 억제(Sahdra et al., 2011)를 보여 주었음을 보고하였다. 주의의 안정성과 인지 조절 능력의 향상이 과연, 그리고 어떻게 상황에 적합한 정서적 반응의 변화를 뒷받침하는가는 별도의 열린 질문이다. 사마타 프로젝트에서 반응 억제 훈련과 관련된 향상은 스스로 보고한 더 큰 사회정서적, 심리적 작용과 연결되었다(Sahdra et al., 2011). 이 동일한 참가자들은 괴로움을 묘사하는 영상에 더 참여하고 덜 방어적인 반응을 보였다(Rosenberg et al., 2015).

전반적으로 이 자료들은 다양한 명상 수행 훈련이 사회정서적 결과에 영향을 미칠 수 있다는 것을 시사한다. 특정한 명상 기법의 효과에 대한 해석은 지도자의 영향(가르친 명상

의 유형과는 별도로)에 대한 자료가 없기 때문에 복잡하다. 그것은 지도자가 직접적으로든 간접적으로든, 자신의 행동, 어휘 선택, 대인 관계 상호작용의 방식, 교수법을 통해 자비롭고 이타적인 동기의 모범이 되는 것과 관련이 있다. 그러므로 마음챙김이나 집중된 주의 수행을 통해 훈련된 특정한 인지적 능력은 사회정서적 작용에 영향을 미칠 수 있겠지만, 괴로움에 대한 자비로운 태도의 가치를 전하는 데 있어 지도자의 역할은 자비 수행과 관련하여 중요한 문제이면서도 연구가 덜 된 요소라고 하겠다.

명상 수행이 실제 세계에 자비롭게 반응하는 데 영향을 미칠 수 있는 다른 경로들은 안전한 애착의 최상 상태를 활성화하는 것(Mikulincer & Shaver, 2005; Mikulincer, Shaver, Gillath, & Nitzberg, 2005; Shaver, Lavy, Saron, & Mikulincer, 2007), 괴로움의 경험을 회피하는 것을 감소시키는 것(Chiesa, Anselmi, & Serretti, 2014), 메타 자각을 강화하는 것(Dahl et al., 2015; Lutz et al., 2015), 그리고 다른 이들의 괴로움 신호의 두드러짐을 증가시키는 것(Lutz et al., 2008)을 포함한다. 가설된 이 경로들에 대한 현재의 증거는 희박하다. 변화의 특정한 경로를 밝히기 위해서 고안된 미래의 연구는 그 분야의 지속적 성장을 위해 필수적이다.

비명상적인 수행 요소

자비와 관련된 수행의 결과에 영향을 미치는 다른 요소는 교육된 특정한 명상 기법이나 수행과는 상대적·독립적으로 작동할 수 있

다. 이것들은 도덕적 세계관, 수행에 대한 개인적 선호와 동기, 존경받는 지도자와의 상호작용 그리고 같은 마음을 가진 집단과의 동일시 같은 사회적 요소에서 수행의 토대를 포함한다.

개인들은 다른 의도와 동기로 명상 수행에 참여한다. 그것은 수행하는 동안 개인적인 발달 과정에 영향을 미칠 것으로 추정된다. 예를 들면, 생각의 반추를 줄이려는 목적으로 명상 수행에 참여하는 사람은 자비 계발을 얼마나 강조하는가 하는 측면에서 다른 사람과 더 연결을 느끼려는 목표로 온 사람과는 다를 것이다. 사람들에게는 개인적인 선호가 있고, 그 선호는 그들이 수행 프로그램을 즐기고, 그에 대해 반응하고, 헌신하는 것에 영향을 미친다. 실제로, CBCT 수행 **이전**에 고통스러운 자극에 대해 반응하는 다른 유형의 신경 활동들은 차후에 CBCT 수행 동안 마음챙김과 자비 명상에 소비한 시간을 예측하는 것으로 밝혀졌다(Mascaro, Rilling, Negi, & Raison, 2013). 그러므로 명상 개입의 결과를 평가하는 데 있어서, 또는 개입을 특정 집단에게 맞춤형으로 제공하는 데 있어서 이전부터 존재하는 차이를 고려하는 것이 중요할 것이다.

자비 수행 프로그램은 대개 도덕에 대한 가르침과 설명을 포함한다. CCT와 CBCT에서 가르침과 실습은 주로 비종교적인 틀 안에서 제시되고 있지만, 많은 핵심 개념과 중요 실습은 불교 전통에서 나온 것이다. 그리고 두 프로그램 모두 불교 스승이자 학자인 Geshe Thupten Jinpa와 Geshe Lobsang Tenzin Negi의 지도 아래 개발되었다. 다른 개입들은 더 명시적으로 종교적인 맥락 안에서 일어날 수 있다. 예를 들어, 사마타 프로젝트는 불교적으로 훈련된 명상 스승(B. Alan Wallace)의 지도 아래 불교 안거 센터 환경에서 실시되었다. 그럼에도 명시적으로 불교적인 사마타 프로젝트의 맥락 안에서 참가자들은 자기의 개인적인 종교적 믿음과 불교적 세계관의 고수라는 측면에서 다양한 모습을 보였다. 이런 개인적 차이가 우리가 보고한 결과에 기여한 바는 현재로서는 알려지지 않았다. 이것은 자비 수행에 대한 수많은 연구에 내재한 복잡성의 여러 층위 가운데 한 예일 뿐이다. 그렇기 때문에 명상 수행 안에서 의도, 동기, 믿음의 영향에 대해 아주 적은 연구만이 이루어졌지만, 우리는 이것이 미래의 연구를 위한 필수적인 영역이라고 믿는다. 사마타 프로젝트에서, 우리는 수행하는 동안과 수행 이후에 수집된 인터뷰를 주제별로 부호화하는 것에 의해 수행자들의 세계관, 목표, 삶에 대한 접근에 관한 질적 연구를 함으로써 이 문제를 분석하고 있다. 그 목표는 실험실에서의 경험적 발견들을 통계적으로 결합시키기 위해 네트워크 분석 방법들을 이용하여 참가자들의 보고에서 나타난 질적 변화를 가시화하고 수치화하는 것이다(Pokorny et al., 채택됨).

많은 자비 기반 수행에 내재한 지도자, 동료 수행자와의 사회적 상호작용 역시 관찰된 수행 효과를 뒷받침하는 데 중요한 역할을 한다. 중요한 것은, 이런 사회적 요인을 설명하기 위해 고안된 적극적인 통제집단 개입을 이용한 연구가 다양한 자기보고와 생리적 변수에 대해서 마음챙김 수행과 통제집단 개입이 보여 준 결과의 차이를 찾는 데 실패했다는 것이다(MacCoon et al., 2012; Rosenkranz et al., 2013). 자비와 관련된 결과가 수행 맥락의 비특정적인 효과에 유사하게 민감한지의 여부를 고찰하는 것은 미래의 연구에서 매우 중요할 것이다. 사회적 지지의 효과 이외에도, 지도자의 특정 요소가 수행 결과에 미치는 영향을 고려하는 것 역시 중요할 것이다. 예를 들면, 앞서 개관한 Condon 등(2013)의 연구에서—그것은 마음챙김 또는 자비 명상 수행 후에 친사회적 행동에서 차이가 없음을 발견했다—두 수행 프로그램은 폭넓은 자비 명상 경험을 가진 티베트 불교 라마에 의해 지도되었다. 자비로운 행동을 체화한 지도자와의 상호작용 경험이 그것 자체로 자비 계발의 결정체로서 도움이 되는 것은 가능할 것이다. 지도자의 특정한 요소의 영향은 전달된 내용 또는 수행 자료와는 별개로, 미래의 연구를 위한 중요한 고려 사항이다.

요약

자비 수행은 가정된 다양한 경로에 의해 자비 관련 결과에 영향을 미칠 수 있다. 거기에는 증가된 동기, 무언가를 필요로 하는 다른 사람들에게 반응하는 능력, 자신의 도덕적 우선순위를 찾거나 재구축하는 것, 그리고 새로워진 사회적 지지와 다른 사람으로부터의 안내가 포함된다. 연구자들이 이런 서로 다른 수행 요소의 효과를 구별하는 것을 가능하

게 하는 연구는 현재 아주 소수이다. 그런 까닭에, 수행 효과에 대한 기계론적인 설명에는 분명한 경험의 뒷받침이 결여되어 있다. 기계론적인 가설을 허용하고 예측된 결과를 테스트할 수 있는 모델을 끌어내는 미래의 연구 계획(예: Ashar et al., 2016)은 그 분야의 발전을 위해 필수적일 것이다. 하지만 우리는 수행 문헌에 종종 등장하는 핵심적인 동기 유발 원인으로 추정되는 것에 대해 질문하는 것도 건강한 것이라고 믿는다. 그것은 분리 가능한 인지적, 정서적 능력의 계발에 직접적으로 상응하는 주요한 '능동적 요소'를 연구자들이 찾아야 한다는 것이다. 이 단계에서, 마음챙김과 자비 수행 프로그램에서 나온 이용 가능한 증거들은 복잡하고, 가변적이며, 맥락에 의존하는 발전 과정을 시사한다. 그 가운데 획득된 기술은 다양한 영역에 일반화할 수 있고, 서로 연결된 여러 과정에 의해 뒷받침된다. 이 분야에서의 확대된 연구는 주로 그와 같이 역동적이고 상호적인 과정이 어떻게 작용할 수 있는지에 대한 이론적이고 체험적인 설명(예: Halifax, 2012)으로 이루어진다. 그리고 지도에 따른 이론적인 발전이 요구된다.

수행 결과 해석의 문제

자비 수행과 관련된 결과의 해석을 복잡하게 만드는 다양한 문제가 있다. 핵심적인 도전들은 명상 전문가에 대한 평가에서 나온 발견들을 비전문 집단으로 일반화하는 것, 엄정하고 적극적인 통제집단 개입의 일반적인 결

여(특히 CBCT와 CCT 같은 몇 주 대면 수행의 경우), 자비의 느낌과 적절한 행동에 대한 인식 사이의 가능한 분리, 그리고 뇌 영상, 스스로 보고한 경험 그리고 측정된 행동을 포함하는 다양한 방법의 연구에서 추론을 이끌어 내는 것의 복잡성이다. 우리는 이것 각각을 차례대로 토론할 것이다.

명상 전문가

이 분야에서의 많은 핵심적인 통찰은—그리고 이 장에서 인용된 것처럼—남성 티베트 불교 승려가 대부분인 명상 전문가로부터 수집된 자료에 바탕을 둔 것이다. 그들은 이들 연구에서 대조군 비교로 자주 이용되는 초심 명상자들과는 매우 다른 일상의 경험을 갖고 있다. 또한 그와 같은 전문가들이 자신의 명상 수행을 위해 갖고 있는 도덕적 틀과 동기(Santideva, 1997)는 세속화된 단기 개입에서 전형적으로 제시된 것이나 초심자들이 연구에 참여하도록 동기부여한 것(보수나 학문적 인정 등)과는 매우 다를 것이다. 이러한 동기와 문화적 차이 이상의 추가적인 문제는 전달된 가르침을 이해하고 따르는 것, 특정한 수행에 참여하는 데 요구되는 노력을 관리하는 것을 포함하며 그 모든 것이 획득된 전문성과 함께 변화하고 발전할 가능성이 있다. 전문가들은 일반적으로 단지 자비 계발의 특정한 목표에만 그치는 것이 아닌 다양한 명상 기법에 대한 광범위한 수행 이력을 갖고 있다. 그러므로 관찰된 효과는 어떤 특정한 수행에서의 훈련에 귀속될 수 없고, 추정하건대 다양한

요소 전체에 기인할 것이다. 거기에는 특정한 명상 수행, 학문적인 지식, 세계관 그리고 삶의 경험이 포함된다.

적극적인 통제집단 개입

명상 수행 관련 문헌 대부분의 경우에서 엄정하고 적극적인 통제집단 개입을 시행할 필요가 있다(Davidson & Kaszniak, 2015). 많은 연구는 대기자 명단 통제집단 조건(예: Rosenberg et al., 2015)을 함께 도입하였는데 그것은 일반 인구 표준 요인에 대한 통제를 위해 고안된 것이다. 거기에는 인구 통계, 수행의 동기, 명상에 참여하는 의도, 그리고 장기적인 설계에서 반복된 실험적 시험의 단순한 '수행' 효과를 수량화하는 것과 같은 것이 포함된다. 그럼에도 그 연구들이 개입 이후의 결과에서 나타난 차이를 보고할 때, 대부분 이런 관찰된 변화가 관심을 갖는 특정 수행 요소(이를테면 자비 명상)의 결과라고 보는 것은 어렵다. 오히려 그런 변화들은 다수 수행 요소의 융합, 또는 수행과 대체로 관계가 없는 다른 요소들, 이를테면 요구 특성(demand characteristics)에 의해 영향을 받은 것일 수 있다. 이 점에 관하여, 위스콘신 매디슨 대학교의 연구자들은 건강 강화 프로그램(Health Enhancement Program: HEP)을 개발했는데, 그것은 마음챙김에 기반한 스트레스 완화(Mindfulness-Based Stress Reduction: MBSR, Kabat-Zinn, 1990) 프로그램의 평가를 위한 적극적인 통제집단 개입이다. HEP와 MBSR 두 프로그램을 비교하는 연구에서는, 열 통증 과

제(MacCoon et al., 2012)의 경우에 스스로 보고된 그 어떤 정서적 경험의 차이도 보고되지 않았고, 극심한 사회적 스트레스 요인에 대한 반응으로 코르티솔 증가(Rosenkranz et al., 2013)도 나타나지 않았다. 이 발견들은 자비로운 지도자의 존재, 사회적 지지, 그리고 적절한 가르침의 내용처럼 특정 기법에 대한 가르침을 전하는 것과 관계가 없는 명상 기반 개입의 측면을 설명하는 것이 중요함을 강조한다.

자비 그리고 적절한 행동

특정한 상황에 대해 적절한 행동의 반응을 선택할 수 있는 능력은 자비로운 느낌을 일으키는 능력이나 다른 이들을 도우리라는 동기를 느끼는 능력과 관계가 없을 수 있다. 어떤 사람이 자비롭게 반응하리라는 의도를 가진 상황에서 적절한 반응을 성공적으로 취하는 것은 상황 맥락의 역동에 대한 이해, 서로 다른 행위가 낳을 수 있는 결과에 대한 인식, 그리고 그 상황에 대처할 수 있다고 느껴지는 능력을 요구한다(Halifax, 2012). 우리가 아는 한에서는, 도움을 필요로 하는 다른 사람들을 목격했을 때 적절한 행동을 결정하는 능력에 대한 자비 수행의 효과, 또는 그와 같은 행동이 전문성 훈련, 그리고 심리적 특성이나 정서적 특징의 개인차에 의해 어떻게 조절되는지를 고찰한 연구는 존재하지 않는다. 이 질문을 더 복잡하게 만드는 것은, 자비로운 반응의 행위적 표현이 상황이나 대인관계의 맥락에 따라 매우 다르게 보일 수 있다는 것이다. 예를 들면, 능숙하고 자비로운 양육은 때로는 부드러운 보살핌이나 유연한 안내를 요구하고, 또 다른 때에는 엄격한 말이나 강한 제약 두기를 요구한다. 어떤 상황에서 어떤 것이 자비로운 반응을 구성하는지를 결정하는 것은 만만찮은 도전이다.

뇌, 경험 그리고 행동

많은 연구는 수행 효과 진단을 위해 자기보고 척도와 함께 뇌 영상 자료에 의존한다. 자비 계발의 신경생물학적 체계를 이해하기 위해 신경 메커니즘을 들여다보는 것이 유용할 수 있는 반면, 이 접근은 수행과 관련한 변화의 이면에 있는 과정에 관한 불분명한 추론으로 이어질 수 있다. 예를 들면, 자비 수행 대(對) 재평가 훈련 연구에서, Weng 등(2013)은 그 두 개입 집단에서 수행 후에 배외측 전전두피질과 대뇌 측좌핵 간 신경적 연결성의 유사 패턴을 관찰했다. 하지만 자비 수행 그룹에서 나타난 증가된 연결성은 경제 게임에서 펀드의 더 큰 이타적 재분배를 예측한 반면, 재평가 그룹에서는 이들 영역에서 증가된 연결성이 펀드의 적은 재분배를 예측했다. 연결성을 측정한 것에서 나타난 똑같은 변화 유형이 수행 집단들에서의 다양한 행동 변화와 관련이 있다는 사실은 수행, 뇌 활동 그리고 행동 사이의 복잡한 관계를 강조한다. 경험적인 설명과 행동 측정을 통합하기 위한 지속적인 노력은 자비의 계발과 경험, 그리고 이것들이 다양한 개인과 맥락을 통해서 어떻게 다를 수 있는지에 대한 이해를 강화할 것이다.

요약

이 부분에서 우리는 자비 수행이 힘든 감정에 대한 참가자의 태도에 영향을 미치고, 사회정서적 처리를 강화하며 괴로움 또는 낙인 찍힌 사람들을 피하고 싶은 마음을 감소시키고, 친사회적 행동을 지지할 수 있다는 증거를 살펴보았다. 특정한 메커니즘에 대한 증거가 드물다는 것을 인정하면서, 우리는 수행과 관련된 변화의 가능한 경로들에 대해 토론하였고, 그런 자료 해석상의 핵심적인 문제를 지적했다. 거기에는 적절한 경험적 정보와 행동의 정보에 대한 복합적인 고려가 포함된다.

자비 수행의 궤도는 무엇인가

자비의 수행은 발달적인 과정으로 개념화될 수 있다. 즉, 자비와 관련한 과정에서의 변화는 긴 시간에 걸쳐 일어난다. 그리고 그것들은 획득된 전문성과 함께 심화되고 강화된다. 관련된 발달 곡선의 모양은 요소들의 과정 간에 그리고 개인 간에 차이가 있을 수 있다. 설명을 위해 다음 특성과 함께 가설적인 수행의 궤도를 고려한다.

① 괴로움에 자비롭게 반응하는 데 요구되는 인지적 노력은 선형적인 음의 경사(negative slope)를 갖는다. 초심자들의 경우 가장 높은 노력이, 전문가들의 경우 가장 낮은 노력이 나타났다.

② 괴로움의 정서/동기의 두드러짐은 독립적이고 기하급수적인 양의 경사(positive slope)를 따른다. 전문성과 함께 급히 증가하고 그런 다음 시간이 흐르면서 고르게 된다.

③ 고통에 대한 개인적인 괴로움은 U 자 반대 모양의 곡선을 갖는다. 괴로움이 처음에는 급속히 증가하고, 적당한 수준의 수행과 함께 정점에 이르며, 그런 다음 전문성이 더 높은 차원일 때 감소한다.

상상된 이 시나리오에서 요소의 발달 곡선의 세목—그리고 그것들 사이의 어떤 상호작용—은 연구자들이 자비의 경험에 대한 가설을 세우고 수행의 여러 지점에서 자비와 관련된 결과를 측정하는 지표를 예측하는 데 유용할 것이다. 그와 같은 곡선의 잠재적인 유용함에도 불구하고, 발달 궤도를 모형화하려고 시도하는 연구는 매우 드물다. 중요한 점은 자비 수행의 궤도를 고려할 때 이 개념적인 접근이 몇몇 다른 기간, 즉 한 회기(명상 회기 또는 실험실에서의 과제 수행 회기)의 궤도, 또는 정해진 수행 기간 전체(이를테면 CCT 또는 CBCT)의 궤도, 그리고 평생 수행의 궤도 안에서의 연구와 이론에 정보를 줄 것이라는 점이다. 여기서 우리는 연구 질문을 생성하는 데 있어서 이 기간 각각의 잠재적 유용성을 고려해 볼 것이다.

한 회기의 궤도

특정한 자비 명상의 회기 또는 자비와 관련된 과제 안에서 선택된 인지적, 정서적 과정이 점차 증가하는 시간 경로에 대해서는 지극히 제한적인 이해가 있을 뿐이다(한 예는 Engen & Singer, 2015b 참조). 뇌 영상 기술을 이용한 연구들에서, 신경 활동은 전형적으로 전체적인 실험 구간이나 명상 기간에 걸친 평균치이다. 그러므로 거기서 시간의 역동에 대한 정보는 상실된다. 하지만 자비와 관련된 과정의 시간 경로 분석은 이 과정들이 어떻게 펼쳐지는가에 대한 더 깊은 통찰을 제공할 것이다. 예를 들면, 명상 전문가의 경우 자비 기반 감정조절의 시간 경로 분석은 괴로움을 야기하는 영상 시작 전에 보상, 사회적 연결과 관련된 뇌 영역의 활성화를 보여 주었다. 그것은 참가자들이 도전적인 자극 제시에 앞서 긍정적 정서를 상향 조절하고 있었다는 것을 시사한다(Engen & Singer, 2015b). 회기 안에서의 시간 역동을 이런 방식으로 고려함으로써, 자비 이해에 대해 다른 함의를 갖는 경쟁적인 가설들의 차이를 분명히 보여 주는 것이 가능하다. 이 경우, 그것은 선행하는 상향 조절(up-regulation) 대 스트레스를 유발하도록 고안된 자극에 대한 긍정적 정서 반응이다. 이 예는 지지적인 과정을 밝히고 적절한 자료를 해석하는 데 있어 자비의 시간 경로를 고려하는 것의 유용성을 보여 준다. 회기 내 시간적 역동의 중요성과 그와 같은 분석을 실행하는 가능한 방법론에 대한 더 깊은 토론은

이 책 제11장 Weng 등을 참조하기 바란다.

수행 코스 전체의 궤도

한 회기의 수행 이외에도, 여러 회기로 이루어진 개입 코스 전체의 궤도를 고려해 볼 수 있다. 개입 연구는 전형적으로 수행 전, 수행 후의 두 측정 시점을 채택한다. 수행 전에서 후까지의 변화가 주는 정보가 있겠지만, 그것은 수행 코스 **동안** 과정이 **어떻게** 전개되는가에 대한 통찰은 제공하지 않는다. 이것은 대체로 탐색되지 않은 질문의 영역으로 남아 있다. 이 단락을 소개할 때 제시된 수행의 발달 곡선에 대한 개념 설명으로 돌아가면, 수행 기간과 특정 수행 프로그램 안에서의 측정 시점은 이 가설적인 곡선의 다른 지점에 측정한 수행 결과가 배치되게 할 것이다. 특정한 개인의 잠재적인 발달 궤도에 대한 측정이 배치되는 지점은 보고된 영향의 강도와 방향에 거의 확실하게 영향을 줄 것이다. 우리의 가설적인 예에서 토론한 것처럼, 수행 발달의 궤도는 수행의 다른 요소 전체에 걸쳐 다양할 수 있고, 이 다양한 곡선과 그것들의 상호작용은 결과 측정에 차별적인 영향을 미칠 것이다. 이런 접근의 유용성의 예를 보여 주기 위하여, Lumma 등(2015)은 ReSource 프로젝트 안에서 장기적인 심장 박동수(HR), 높은 빈도의 심박 변이(HF-HRV), 참가자들이 코스를 얼마나 좋아했는가에 대한 보고, 그리고 서로 다른 명상 유형에 대한 인지된 노력을 고찰하였다. 일 년 동안의 이 수행은 균형 잡힌

3개월 수행 모듈 세 개로 나뉜다. 각각의 모듈에서는 호흡에 대한 마음챙김, 생각 관찰, 그리고 자애와 같은 서로 다른 명상 수행 교육이 이루어진다. 분석들에 따르면 일 년의 수행 코스 동안 어떤 특정한 수행을 즐기는 비율은 증가했고 인지된 노력은 감소했다. 일 년의 수행 코스 동안 명상 중의 심장 박동수가 증가했다 할지라도, 이것은 단지 3개월 동안의 자애명상, 3개월 동안 생각 관찰 명상에만 해당되었다. 3개월 동안의 호흡 명상 동안에는 심장 박동수 증가가 없었다. 그와 유사하게, 높은 빈도의 심박 변이는 일 년의 수행 코스 동안 상당히 감소했지만, 그 수행 기간 전체를 특정한 3개월 수행 모듈에 따라 분석했을 때 이 감소는 오직 자애와 생각 관찰 명상 유형의 경우에만 중요하게 나타났다. 이 효과의 유형은 수행의 궤도가 실제로는 수행 요소(이 경우, 수행 종류마다. 하지만 가정하건대 주의, 감정조절, 인지 통제 등과 관련 있는 과정들 전체에서. Dahl, Lutz, & Davidson, 2016; Engen & Singer, 2015a 참조)와 결과 측정 전체에 걸쳐서 다를 수 있다는 생각을 뒷받침한다.

평생의 궤도

자비의 계발은 정식 수행 회기로 끝나지 않는다. 개인은 계속해서 관점, 동기 그리고 수행 중에 일구어진 능력을 그들의 지속적인 삶의 경험에 통합시키고 적용한다. 그럼에도 정식 수행 프로그램 종결을 넘어 참가자들을 추적하는 연구는 거의 없다. 그러므로 개인이 어떻게 관찰된 수행의 효과를 그들의 일상 삶에 통합시키는가에 대해 알려진 바는 극히 적다. 연구자들이 능동적인 수행과 일상의 삶 사이의 개념적인 구분선을 특징짓고 실제 세계의 맥락에 최적화된 자비로운 행동 척도와 함께 장기 연구를 진행하기 시작함에 따라 이 문제에 대한 훨씬 더 많은 사유가 요구된다. 가까운 사람과 짝을 지어 하는 상호작용, 2인칭 보고 또는 공동체 관여 척도와 같은 분명한 실제 세계의 함의를 지닌 척도들은 정식 수행 후에, 그리고 궁극적으로 한 개인의 평생을 통한 자비 계발을 더 온전히 이해하는 데 유용할 것이다.

상태 대 속성 효과에 대한 주석

자비 수행의 발달적인 속성 강조와는 대조적으로 단지 몇 분간의 자애 수행도 낯선 사람을 향한 사회적 연결의 느낌과 긍정성의 증가를 일으킨다는 것을 보여 준다(Hutcherson, Seppälä, & Gross, 2008). 마찬가지로 하루 동안의 자애명상 역시 자기보고된 긍정적 정서와 공감의 증가, 괴로움을 불러일으키는 비디오에 대한 반응으로 나타난 관련 신경 활동의 증가(Klimecki, Leiberg, Lamm, & Singer, 2012), 그리고 친사회적 게임에서 도움을 주는 행위의 증가(Leiberg, Klimecki, & Singer, 2011)를 가져오는 것으로 나타났다. 우리가 구성한 수행의 개념은 오랜 시간에 걸쳐서 기술이나 능력이 계발된다는 것을 시사한다. 하지만 이들 더 단기적인 개입의 경우 그런 확대된 발달 궤도가 없음에도 불구하고 자비와 관련된 측정에 영향을 미치는 것으로 보인다. 더 나아가 이 분명한 대조의 원인이 되는 것은 상태와 같은 능력 대 긴 시간에 걸친 속성과 같은 능력에서의 변화를 측정하고 개념화하는 문제이다. 상황이나 맥락의 요소를 조정하는 아주 짧은 개입도 상태 차원의 변화를 이끌어 내는 데 충분할 수 있을 것이다. 반면, 더 장기적인 기간의 수행이나 집중 수행은 속성과 같은 성향에 영향을 미칠 가능성이 더 높을 것이고, 그것은 다시 상황에 따른 반응에 영향을 미친다. 이 두 차원에서 분석된 수행과 개입은 자비로운 반응에 영향을 미치는 것으로 나타났다. 자비로운 행동에 영향을 미칠 수 있는 상황이나 맥락의 요소 중에는 괴로움을 겪는 피해자의 수(Cameron & Payne, 2011), 괴로움의 원인에 대한 설명(Gill, Andreychik, & Getty, 2013), 힘(agency)에 대한 자각(Akitsuki & Decety, 2009), 그리고 지속적인 문화적 갈등과 같은 사회적 요소(Bruneau, Dufour, & Saxe, 2012)가 있다. 속성 같은 것에 기여하는 요소에는 애착 안정의 발달과 같은 초기 형성기 삶의 경험 등이 포함될 수 있다(Mikulincer & Shaver, 2005; 이 책 제7장의 Mikulincer & Shaver). 속성의 차원과 맥락적인 요소는 둘 다 괴로움에 대한 실제 세계의 반응에 매우 중요한 영향을 미칠 수 있다. 즉, 어떤 사람이 괴로움을 만났을 때 자비를 경험하고 일으킬 수 있는 그 사람의 능력은 상황적으로 특정한 요소들과 만난다. 그리고 그것은 역동적으로 특정한 상황에서의 자비의 표현을 변화시킨다(이 책 제22장, Condon & DeSteno 참조).

결론: 행동 없는 자비 그리고 미세한 형태의 괴로움

이 장에서 우리는 자비 수행에 대한 현재의 접근, 그리고 이런 접근이 자비의 발달과 자비 수행의 궤도에 시사하는 바에 대해 개괄적으로 살펴보았다. 이 마지막 단락에서는 연구에 상당한 도전이 되지만 일상적인 삶의 결과와 밀접한 관련이 있는 두 가지 핵심적인 문제를 다루고자 한다. 그것은 다른 사람의 괴로움을 덜어 주기 위해서 즉각적으로 할 수 있는 것이 아무것도 없을 때 자비의 역할, 그리고 인간의 경험에 공통적이지만 자비에 대한 연구에서 대체로 간과되어 온 괴로움의 징후이다.

우리는 즉각적으로 도움을 줄 수 없는 다른 사람의 괴로움에 자주 노출된다. 그것은 이를테면 미디어에서 묘사하는 전쟁, 인류학살, 기근, 그리고 자연 재해 등이다. 이런 상황에서 적절한 반응이라고 여겨지는 것은 무엇인가? 괴로움의 규모가 그것을 덜어 줄 수 있는 우리의 자원에 대한 인식을 뛰어넘는 것일 때 우리는 '연민붕괴(compassion collapse)'를 경험하는 경향이 있다(Cameron & Payne, 2011). 그렇다면 멀리 떨어져 있고 우리의 통제가 미치지 않는 곳에 있는 괴로움을 목격할 때 우리는 어떻게 자비롭게 응답할 수 있을까? 우리는 이 경우에 자기돌봄이 중요한 자비의 행동이 된다는 것을 주장하려고 한다. 우리가 덜어 줄 수 없는 괴로움에 공감하고 다른 사람의 고통 앞에서 우리 자신의 무력함을 느끼는 순간, 괴로움이 증가할 것이다. 그러므로 우리 자신의 괴로움을 인식하고, 고통을 인정하고, 그 고통과 관계를 맺고, 이를 돌보기 위해서 뭔가를 하는 것 자체가 자비의 행동이다. 이러한 개념적인 해석에서 자신에 대한 자비로운 시선은 웰빙의 중요한 측면이 된다(이 책 제27장, Neff & Germer 참조).

이 질문과 관련하여, 자비에 대한 심리학적 연구에서 제시된 괴로움은 분명한 신체적(절단, 굶주림), 정서적(슬픔, 괴로움) 고통, 아니면 사회적 불의의 사례(보통 경제 게임을 통해)를 묘사하는 경향이 있다. 이런 형태의 괴로움이 부정할 수 없이 두드러진 것은 사실이지만, 이것은 우리가 일상적인 삶에서 자주 만나는 다양한 차원의 괴로움을 온전히 드러내지는 못한다. 서로 다른 종류의 괴로움과 그것이 일어나는 다양한 맥락은 다른 종류의 정서와 동기 상태를 일으키고, 독특한 행동 또는 그에 맞추어진 행동의 반응을 요구할 수 있으며, 그 모든 것이 여전히 '자비롭다'고 여겨질 수 있다(Ekman, 2014). 다른 말로 하면, 괴로움은 언제나 명백한 형태로 나타나지는 않는다. 다양한 정서와 동기의 상태는 특정한 자비의 반응으로 이어질 수 있고, 그 반응이 행동으로 표현되는 것은 대부분 상황의 맥락에 달려 있다. 그러므로 인지된 괴로움에 대한 적절한 반응은 특정한 상황에 따라 매우

다를 수 있고 환원주의적이거나 단순화된 방식으로 이 반응이 작동하게 하는 것은 어려울 것이다. 명상 과학의 영역은 다양한 경험적, 심리적 차원과 함께 자비를 특징지으려는 이론적 모델을 개발하는 것에서 도움을 받을 것이다. 마음챙김과 관련 과정들에 대한 현상학적 분류를 개관하는 최근의 연구(Lutz et al., 2015)는 자비 기반의 수행을 체계화하기 위해 유사한 틀을 만드는 데 유용한 지침으로 활용될 수 있을 것이다.

불교적인 관점에서 핵심적인 형태의 괴로움은 변화의 괴로움이다. 이는 모든 삶의 상황과 조건은 그것이 아무리 만족스러운 것일지라도 일시적일 뿐이라는 것이다(Patrul, 1998). 이 관점에서 보자면 우리의 기본적인 생물학적, 심리학적 본성은 욕구를 만족시키고 그다음에 또 다른 욕구를 만족시켜야만 하는 필요를 영속시킨다. "나는 배가 고프다. 그래서 나는 먹는다.", "나는 먹었다. 그래서 나는 피곤하다.", "나는 피곤하다. 그래서 이제 나는 쉬어야만 한다." 등등. 그러므로 웰빙의 쾌락적 측면만을 강조하는 삶에 대한 접근(즐거움을 얻고 고통을 피하려고 함. 예: Ryan & Deci, 2001)은 이 욕구를 충족시키려는 결코 끝나지 않는 추구로 귀결될 것이다. 역설적으로, 마음챙김과 자기를 자비롭게 바라보는 것을 훈련하는 것은 즐거운 목표나 대상에 웰빙의 느낌을 귀속시키지 않고 이 순간적인 경험의 즐거운 면을 음미하게 할 수 있을 것이다. 반복된 수행과 함께, 즐거움과 고통의 순간적인 경험으로부터 웰빙을 분리하는 것은

행복의 조건을 만드는 데 있어서 우리가 가진 힘을 이해하는 데 도움이 될 것이다. 그 행복의 조건은 궁극적으로 웰빙에 대한 더 깊은 차원의 행복의 관점(eudaimonic view)과 훨씬 더 일치할 것이다(Bach & Guse, 2015; Ryan & Deci, 2001).

경험의 일시적 본성에서 오는 괴로움에 대해 자비를 일구는 것은 아직 연구되지 않았지만 잠재적으로 넓게 적용될 수 있는 질문의 영역을 제시한다. 이것은 기본적인 필요(음식, 물, 안식처 그리고 신체적인 안전)가 확실히 보장된 현대 사회의 성인들에게 특히 더 적절할 수 있을 것이다. 미세한 형태의 괴로움은, 그것들이 물질적으로 가장 풍요로운 개인에게 만연한 일상적인 조건일 때조차도 대부분 알아차려지지 않는다. 예를 들면, 명상의 관점에서, 쾌락의 상태(예: 맛있는 식사의 마지막 한 입, 좋은 책의 마지막 장)에 일어나는 일상의 소소한 상실과 변화의 불가피한 흐름을 알아차리도록 돕는 명상 기반의 수행은 더 깊은 이해의 문을 열어 줄 수 있을 것이다. 그것은 편안함과 웰빙의 주요한 외적 근원인 사랑하는 사람, 고용, 건강, 장수 역시 일시적인 본성을 가졌다는 것에 대한 이해이다. 익숙하면서도 겉보기에는 덜 중요한 것으로 보이는 삶의 영역에서 괴로움과 관계를 맺는 방법의 틀을 만드는 것은 결과적으로 몸의 고통이나 사랑하는 사람을 잃는 것과 같은 다른 더 분명한 괴로움에 대한 자비로운 반응을 경험할 수 있는 토대를 제공할 것이다. 이것은 궁극적으로 더 극단적인 종류의 괴로움—이를테면 폭력, 전쟁 또는 기근—으로 확대될 수 있을 것이다. 설령 그런 조건에 대해 전혀 익숙하지 않은 경우에도 말이다. 아무리 미세한 것일지라도 모두가 괴로움을 경험한다는 사실을 이해하는 것은 공통성의 느낌에 불꽃을 일으킬 것이다. 그 가운데 자비의 뿌리를 내리고, 삶과 경험과 괴로움의 표현이 우리와는 매우 다른 사람들에게까지 그것을 확장할 수도 있다. 그러므로 더 미세하지만 피할 수 없는 종류의 괴로움에 대한 이해는 전 지구적인 자비(이 책의 제4장, Ekman & Ekman 참조)를 향해 나아가는 데, 그리고 이상화된 자비에서 실천된 자비로 나아가는 데 매우 중요하다(예: Raiche, 2016).

감사 인사

저자들은 이 장에서 다루어진 생각과 관련하여 Saron 연구실 구성원의 지지와 유익한 토론에 대해 감사하고 싶다. 우리는 이전 원고 초안에 대해 날카롭고 유용한 논평을 해 준 Anthony Zanesco와 Quinn Conklin, 그리고 교정을 해 준 Rayna Saron에게 감사한다. 이 장의 준비는 John Templeton 재단의 보조금 39970, Hershey Family 재단, 그리고 무명 기부자들의 기금으로 뒷받침되었다.

참고문헌

Akitsuki, Y., & Decety, J. (2009). Social context and perceived agency affects empathy for pain: An event-related fMRI investigation. *Neuroimage, 47*, 722-734.

Albertson, E. R., Neff, K. D., & Dill-Shackleford, K. E. (2015). Self-compassion and body dissatisfaction in women: A randomized controlled trial of a brief meditation intervention. *Mindfulness, 6*, 444-454.

Ashar, Y. K., Andrews-Hanna, J. R., Yarkoni, T., Sills, J., Halifax, J., Dimidjian, S., & Wager, T. D. (2016). Effects of compassion meditation on a psychological model of charitable donation. *Emotion, 16*(5), 691. http://dx.doi.org/10.1037/emo0000119

Bach, J. M., & Guse, T. (2015). The effect of contemplation and meditation on "great compassionon" the psychological well-being of adolescents. *The Journal of Positive Psychology, 10*(4), 359-369.

Batson, C. D., Ahmad, N., & Lishner, D. A. (2009). Empathy and altruism. In S. J. Lopez & C. R. Snyder (Eds.), *The Oxford Handbook of Positive Psychology* (3rd ed., pp. 417-426). New York: Oxford University Press.

Becker, L. (2012). Secular humanism with a pulse: The new activists. *Free Inquiry, 32*(5), 20-21.

Beckes, L., Coan, J. A., & Hasselmo, K. (2013). Familiarity promotes the blurring of self and other in the neural representation of threat. *Social Cognitive and Affective Neuroscience, 8*, 670-677.

Bono, G., & McCullough, M. E. (2006). Positive responses to benefit and harm: Bringing forgiveness and gratitude into cognitive psychotherapy. *Journal of Cognitive Psychotherapy, 20*, 147-158.

Bruneau, E. G., Dufour, N., & Saxe, R. (2012). Social cognition in members of conflict groups: Behavioural and neural responses in Arabs, Israelis and South Americans to each others misfortunes. *Philosophical Transactions of the Royal Society B: Biological Sciences, 367*(1589), 717-730.

Cameron, C. D., & Payne, B. K. (2011). Escaping affect: How motivated emotion regulation creates insensitivity to mass suffering. *Journal of Personality and Social Psychology, 100*, 1-15.

Chiesa, A., Anselmi, R., & Serretti, A. (2014). Psychological mechanisms of mindfulness-based interventions: What do we know? *Holistic Nursing Practice, 28*, 124-148.

Cikara, M., Bruneau, E. G., & Saxe, R. R. (2011). Us and them intergrou failures of empathy. *Current Directions in Psychological Science, 20*, 149-153.

Condon, P., Desbordes, G., Miller, W. B., & DeSteno, D. (2013). Meditation increases compassionate responses to suffering. *Psychological Science 24*, 2125-2127.

Dahl, C. J., Lutz, A., & Davidson, R. J. (2015). Reconstructing and deconstructing the self: Cognitive mechanisms in meditation practice. *Trends in Cognitive Sciences, 19*, 515-523.

Dahl, C. J., Lutz, A., & Davidson, R. J. (2016). Cognitive processes are central in compassion meditation. *Trends in Cognitive Sciences, 20*, 161-162.

Dalai Lama, & Ekman, P. (2008). *Emotional Awareness: Overcoming the Obstacles to Psychological Balance and Compassion*. New York: Macmillan.

Davidson, R. J., & Kaszniak, A. W. (2015). Conceptual and methodological issues in research on mindfulness and meditation. *American Psychologist, 70*, 581-592. doi: 10.1037/a0039512

Decety, J., & Jackson, P. L. (2006). A social-neuroscience perspective on empathy. *Current Directions in Psychological Science, 15*, 54-58.

Desbordes, G., Negi, L. T., Pace, T. W., Wallace, B. A., Raison, C. L., & Schwartz, E. L. (2012). Effects of mindful-attention and compassion meditation training on amygdala response to emotional stimuli in an ordinary, non-meditative state. *Frontiers in Human Neuroscience, 6*, 292.

DeSteno, D. (2015). Compassion and altruism: How our minds determine who is worthy of help. *Current Opinion in Behavioral Sciences, 3*, 80-83.

Dovidio, J. F., & Gaertner, S. L. (1991). Changes in the expression and assessment of racial prejudice. In H. J. Knopke, R. J. Norrell, & R. W. Rogers (Eds.), *Opening Doors: Perspectives on Race Relations in Contemporary America* (pp. 119-148). Tuscaloosa, AL: The University of Alabama Press.

Eisenberg, N. (2000). Emotion, regulation, and moral development. *Annual Review of Psychology, 51*, 665-697.

Ekman, P. (2014). *Moving Toward Global Compassion*. San Francisco, CA: Paul Ekman.

Engen, H. G., & Singer, T. (2015a). Affect and motivation are critical in constructive meditation. *Trends in Cognitive Sciences, 20*, 159-160.

Engen, H. G., & Singer, T. (2015b). Compassion-based emotion regulation up-regulates experienced positive affect and associated neural networks. *Social Cognitive and Affective Neuroscience, 10*, 1291-1301.

Gilbert, P. (2015, August 25). Compassion: Universally misunderstood [web log comment]. Retrieved on June 1, 2016 from http://www.huffingtonpost.co.uk/professor-paul-gilbert-obe/compassion-universally-misunderstood_b_8028276.html

Gill, M. J., Andreychik, M. R., & Getty, P. D. (2013). More than a lack of control external explanations can evoke compassion for outgroups by increasing perceptions of suffering (independent of perceived control). *Personality and Social Psychology Bulletin, 3*, 73-87.

Goetz, J. L., Keltner, D., & Simon-Thomas, E. (2010). Compassion: An evolutionary analysis and empirical review. *Psychological Bulletin, 136*, 351.

Greenwald, A. G., ScBanaji, M. R. (1995). Implicit social cognition: Attitudes, self-esteem, and stereotypes. *Psychological Review, 102*, 4.

Greenwald, A. G., Nosek, B. A., & Banaji, M. R. (2003). Understanding and using the Implicit Association Test: I. An improved scoring algorithm. *Journal of Personality and Social Psychology, 85*, 197-216.

Gulliford, L., Morgan, B., & Kristjánsson, K. (2013). Recent work on the concept of gratitude in philosophy and psychology.

Journal of Value Inquiry, 41, 285.

Gyatso, G. K. (2003). *The New Meditation Handbook* (4th ed.). Ulverston, UK: Tharpa.

Hager, J. C., Ekman, P., & Friesen, W. V. (2002). *Facial Action Coding System*. Salt Lake City, UT: A Human Face.

Halifax, J. (2012). A heuristic model of enactive compassion. *Current Opinion in Supportive and Palliative Care, 6*, 228-235.

Hutcherson, C. A., Seppälä, E. M., & Gross, J. J. (2008). Loving-kindness meditation increases social connectedness. *Emotion, 8*, 720.

Jacobs, T. L., Shaver, P. R., Epel, E. S., Zanesco, A. P., Aichele, S. R., Bridwell, D. A., ... Saron, C. D. (2013). Self-reported mindfulness and cortisol during a Shamatha meditation retreat. *Health Psychology, 32*(10), 1104.

Janak, P. H., & Tye, K. M. (2015). From circuits to behaviour in the amygdala. *Nature, 577*(7534), 284-292.

Jazaieri, H., Jinpa, G. T., McGonigal, K., Rosenberg, E. L., Finkelstein, J., Simon-Thomas, E., ... Goldin, P. R. (2013). Enhancing compassion: A randomized controlled trial of a compassion cultivation training program. *Journal of Happiness Studies, 14*, 1113-1126.

Jazaieri, H., McGonigal, K., Jinpa, T., Doty, J. R., Gross, J. J., & Goldin, P. R. (2014). A randomized controlled trial of compassion cultivation training: Effects on mindfulness, affect, and emotion regulation. *Motivation and Emotion, 38*, 23-35.

Jinpa, T. (2010). "Compassion Cultivation Training (CCT): Instructor's Manual." *Unpublished, Stanford, CA.*

Jinpa, T. (2015). *A Fearless Heart: How the Courage to Be Compassionate Can Transform Our Lives.* New York: Penguin.

Kabat-Zinn, J. (1990). *Full Catastrophe Living: Using the Wisdom of Your Mind and Body to Face Stress, Pain, and Illness.* New York: Delacorte.

Kabat-Zinn, J. (2011). Some reflections on the origins of MBSR, skillful means, and the trouble with maps. *Contemporary Buddhism, 12*, 281-306.

Kang, Y., Gray, J. R., & Dovidio, J. F. (2014). The nondiscriminating heart: Lovingkindness meditation training decreases implicit intergroup bias. *Journal of Experimental Psychology: General, 143*, 1306.

Kemeny, M. E., Foltz, C., Cavanagh, J. F., Cullen, M., Giese-Davis, J., Jennings, P., ... Ekman, P. (2012). Contemplative/emotion training reduces negative emotional behavior and promotes prosocial responses. *Emotion, 12*, 338.

Klimecki, O. M., Leiberg, S., Lamm, C., & Singer, T. (2012). Functional neural plasticity and associated changes in positive affect after compassion training. *Cerebral Cortex, 23*, 1552-1561.

Kogan, A., Oveis, C., Carr, E. W., Gruber, J., Mauss, I. B., Shallcross, A., ... Keltner, D. (2014). Vagal activity is quadratically related to prosocial traits, prosocial emotions, and observer perceptions of prosociality. *Journal of Personality and Social Psychology, 107*, 1051.

Lang, P. J., Bradley, M. M., & Cuthbert, B. N. (2008). *International Affective Picture System (IAPS): Affective Ratings of Pictures and*

Instruction Manual. Technical Report A-8. Gainesville, FL: University of Florida.

Lebowitz, M. S., & Dovidio, J. F. (2015). Implications of emotion regulation strategies for empathic concern, social attitudes, and helping behavior. *Emotion, 15*, 187.

Leiberg, S., Klimecki, O., & Singer, T. (2011). Short-term compassion training increases prosocial behavior in a newly developed prosocial game. *PloS ONE, 6*(3), e17798.

Lim, D., Condon, P., & DeSteno, D. (2015). Mindfulness and compassion: An examination of mechanism and scalability. *PloS ONE, 10*(2), e0118221.

Lopez, D. S. Jr., (1998). Two sides of the same God. *Tricycle: The Buddhist Review, 7*(3), 67–69.

Lumma, A. L., Kok, B. E., & Singer, T. (2015). Is meditation always relaxing? Investigating heart rate, heart rate variability, experienced effort and likeability during training of three types of meditation. *International Journal of Psychophysiology, 97*, 38–45.

Lutz, A., Brefczynski-Lewis, J., Johnstone, T., & Davidson, R. J. (2008). Regulation of the neural circuitry of emotion by compassion meditation: Effects of meditative expertise. *PloS ONE, 3*(3), e1897.

Lutz, A., Greischar, L. L., Perlman, D. M., & Davidson, R. J. (2009). BOLD signal in insula is differentially related to cardiac function during compassion meditation in experts vs. novices. *Neuroimage, 47*, 1038–1046.

Lutz, A., Jha, A. P., Dunne, J. D., & Saron, C. D. (2015). Investigating the phenomenological matrix of mindfulness-related practices from a neurocognitive perspective. *American Psychologist, 70*, 632.

Lutz, A., Slagter, H. A., Dunne, J. D., & Davidson, R. J. (2008). Attention regulation and monitoring in meditation. *Trends in Cognitive Sciences, 12*, 163–169.

Lutz, A., Slagter, H. A., Rawlings, N. B., Francis, A. D., Greischar, L. L., & Davidson, R. J. (2009). Mental training enhances attentional stability: Neural and behavioral evidence. *The Journal of Neuroscience, 29*, 13418–13427.

MacCoon, D. G., Imel, Z. E., Rosenkranz, M. A., Sheftel, J. G., Weng, H. Y., Sullivan, J. C., ... Lutz, A. (2012). The validation of an active control intervention for Mindfulness Based Stress Reduction (MBSR). *Behaviour Research and Therapy, 50*, 3–12.

MacLean, K. A., Ferrer, E., Aichele, S. R., Bridwell, D. A., Zanesco, A. P., Jacobs, T. L., ... Saron, C. D. (2010). Intensive meditation training improves perceptual discrimination and sustained attention. *Psychological Science, 21*(6), 829–839.

Mascaro, J. S., Rilling, J. K., Negi, L. T., & Raison, C. (2012). Compassion meditation enhances empathic accuracy and related neural activity. *Social Cognitive and Affective Neuroscience, 8*, 48–55.

Mascaro, J. S., Rilling, J. K., Negi, L. T., & Raison, C. L. (2013). Pre-existing brain function predicts subsequent practice of mindfulness and compassion meditation. *Neuroimage, 69*, 35–42.

McCall, C., Steinbeis, N., Ricard, M., & Singer, T. (2014). Compassion meditators show less anger, less punishment, and more compensation of victims in response to fairness violations. *Frontiers in Behavioral Neuroscience, 8,* 424.

Mikulincer, M., & Shaver, P. R. (2005). Attachment security, compassion, and altruism. *Current Directions in Psychological Science, 14,* 34–38.

Mikulincer, M., Shaver, P. R., Gillath, O., & Nitzberg, R. A. (2005). Attachment, caregiving, and altruism: Boosting attachment security increases compassion and helping. *Journal of Personality and Social Psychology, 89,* 817.

Neff, K. D., & Germer, C. K. (2013). A pilot study and randomized controlled trial of the Mindful Self-Compassion program. *Journal of Clinical Psychology, 69,* 28–44.

Ozawa-de Silva, B. R., Dodson-Lavelle, B., Raison, C. L., Negi, L. T., Silva, B., & Phil, D. (2012). Compassion and ethics: Scientific and practical approaches to the cultivation of compassion as a foundation for ethical subjectivity and well-being. *Journal of Healthcare Science and the Humanities, 2,* 145–161.

Pace, T. W., Negi, L. T., Adame, D. D., Cole, S. P., Sivilli, T. I., Brown, T. D., ... Raison, C. L. (2009). Effect of compassion meditation on neuroendocrine, innate immune and behavioral responses to psychosocial stress. *Psychoneuroendocrinology 34,* 87–98.

Pace, T. W., Negi, L. T., Dodson-Lavelle, B., Ozawa-de Silva, B., Reddy, S. D., Cole, S. P., ... Raison, C. L. (2013). Engagement with cognitively-based compassion training is associated with reduced salivary C-reactive protein from before to after

training in foster care program adolescents. *Psychoneuroendocrinology, 38,* 294–299.

Pace, T. W., Negi, L. T., Sivilli, T. I., Issa, M. J., Cole, S. P., Adame, D. D., & Raison, C. L. (2010). Innate immune, neuroendocrine and behavioral responses to psychosocial stress do not predict subsequent compassion meditation practice time. *Psychoneuroendocrinology, 55,* 310–315.

Patrul, Rinpoche. (1998). *The Words of My Perfect Teacher: A Complete Translation of a Classic Introduction to Tibetan Buddhism.* Lanham, MD: Rowman & Littlefield.

Pokorny, J. J., Norman, A., Zanesco, A. P., Bauer-Wu, S. M., Sahdra, B. K., & Saron, C. D. (accepted). Network analysis for the visualization and analysis of qualitative data. *Psychological Methods.* Available from https://www.ncbi.nlm.nih.gov/labs/articles/28637246/

Raiche, C. (2016). #BlackLivesMatter and living the bodhisattva vow. *Harvard Divinity Bulletin, Winter/Spring 2016.* Retrieved on June 1, 2016 from https://bulletin.hds.harvard.edu/articles/winterspring2016/blacklivesmatter-and-living-bodhisattva-vow

Ricard, M. (2008). *Happiness: A Guide to Developing Life's Most Important Skill.* New York: Little, Brown & Company.

Rogers, F. J. (2015). *Practicing Compassion.* Nashville, TN: Fresh Air Books.

Rosenberg, E. L., Zanesco, A. P., King, B. G., Aichele, S. R., Jacobs, T. L., Bridwell, D. A., ... Saron, C. D. (2015). Intensive meditation training influences emotional responses to suffering. *Emotion, 15*(6), 775–790.

Rosenkranz, M. A., Davidson, R. J., MacCoon, D. G., Sheridan, J. F., Kalin, N. H., & Lutz, A. (2013). A comparison of mindfulness-based stress reduction and an active control in modulation of neurogenic inflammation. *Brain, Behavior, and Immunity, 27*, 174-184.

Ryan, R. M., & Deci, E. L. (2001). On happiness and human potentials: A review of research on hedonic and eudaimonic well-being. *Annual Review of Psychology, 52*, 141-166.

Ryff, C. D., & Keyes, C. L. M. (1995). The structure of psychological well-being revisited. *Journal Personality and Social Psychology, 69*, 719.

Sahdra, B. K., MacLean, K. A., Ferrer, E., Shaver, P. R., Rosenberg, E. L., Jacobs, T. L., ... Saron, C. D. (2011). Enhanced response inhibition during intensive meditation training predicts improvements in self-reported adaptive socioemotional functioning. *Emotion, 11*(2), 299-312.

Salzberg, S. (2004). *Lovingkindness: The Revolutionary Art of Happiness*. Boston, MA: Shambhala Publications.

Santideva. (1997). *A Guide to the Bodhisattva Way of Life (Bodhicaryavatara)*. (V. A. Wallace & B. A. Wallace, Trans.). Ithaca, NY: Snow Lion Publications.

Shaver, P. R., Lavy, S., Saron, C. D., & Mikulincer, M. (2007). Social foundations of the capacity for mindfulness: An attachment perspective. *Psychological Inquiry, 18*, 264-271.

Singer, T., & Klimecki, O. M. (2014). Empathy and compassion. *Current Biology, 24*, R875-R878.

Singer, T., Kok, B. E., Bornemann, B., Zurborg, S., Bolz, M., & Bochow, C. (2016). *The Re Source Project: Background, design, samples, and measurements* (2nd ed.). Leipzig: Max Planck Institute for Human Cognitive and Brain Sciences.

Stellar, J. E. (2013). Vagal Reactivity and Compassionate Responses to the Suffering of Others. Doctoral dissertation, University of California, Berkeley.

Stellar, J. E., Cohen, A., Oveis, C., & Keltner, D. (2015). Affective and physiological responses to the suffering of others: Compassion and vagal activity. *Journal of Personality and Social Psychology, 108*, 572.

Trautwein, F.-M., Naranjo, J. R., & Schmidt, S. (2014). Meditation effects in the social domain: Self-other connectedness as a general mechanism? In S. Schmidt & H. Walach (Eds.), *Meditation-Neuroscientific Approaches and Philosophical Implications* (pp. 175-198). Cham, Switzerland: Springer International Publishing.

Van Bavel, J. J., Mende-Siedlecki, P., Brady, W. J., & Reinero, D. A. (2016). Contextual sensitivity in scientific reproducibility. *Proceedings of the National Academy of Sciences, 113*, 6454-6459.

Wallace, B. A. (1999). *The Four Immeasurables: Cultivating a Boundless Heart*. Boston, MA: Snow Lion Publications.

Wallace, B. A. (2006). *The Attention Revolution: Unlocking the Power of the Focused Mind*. Somerville, MA: Wisdom Publications.

Weng, H. Y., Fox, A. S., Shackman, A. J., Stodola, D. E., Caldwell, J. Z., Olson, M.

C., ... Davidson, R. J. (2013). Compassion training alters altruism and neural responses to suffering. *Psychological Science, 24*, 1171–1180.

Widdicombe, L. (2015, July 6). The higher life: A mindfulness guru for the tech set. *The New Yorker*. Retrieved on June 1, 2016 from http://www.newyorker.com/ magazine/2015/07/06/the-higher-life

Zagefka, H., Noor, M., & Brown, R. (2013). Familiarity breeds compassion: Knowledge of disaster areas and willingness to donate money to disaster victims. *Applied Psychology, 62*, 640-654.

Zaki, J. (2014). Empathy: A motivated account. *Psychological Bulletin, 140*(6), 1608-1647.

Zaki, J., & Ochsner, K. N. (2012). The neuroscience of empathy: Progress, pitfalls and promise. *Nature Neuroscience, 15*, 675-680.

Zanesco, A. P., King, B. G., MacLean, K. A., Jacobs, T. L., Aichele, S. R., Wallace, B. A., ... Saron, C. D. (2016). Meditation training influences mind wandering and mindless reading. *Psychology of Consciousness: Theory, Research, and Practice, 3*(1), 12-33.

Zanesco, A. P., King, B. G., MacLean, K. A., & Saron, C. D. (2013). Executive control and felt concentrative engagement following intensive meditation training. *Frontiers in Human Neuroscience, 7*, 566.

제18장

자비 계발 수행 프로그램

Philippe R. Goldin and Hooria Jazaieri

요약

자비는 인간 경험의 강력한 특성이다. 그리고 개인, 대인관계, 조직 및 사회의 웰빙에 핵심적인 요소이다. 자비는 훈련될 수 있는 근본적인 기술이다. 자비의 계발은 개인과 집단 그리고 조직에서의 지속적인 웰빙에 기여할 수 있다. 최근에는 자비가 어떻게 계발될 수 있는지를 이해하는 것에 대한 과학적, 임상적 관심이 증가 중이고, 자비 수행 프로그램에 의해 어떤 심리학적 과정이 변화되는지를 고찰할 필요가 대두되고 있다. 이 장의 목표는 자비의 복잡한 개념을 간단히 정의하고, 스탠퍼드 대학교에서 만들어진 자비 계발 수행(CCT)의 구조와 내용을 설명하는 것이다. 그런 다음 몇몇 집단을 대상으로 실시한 CCT 연구를 통해서 경험적으로 발견한 것들을 공유하는 것이다.

핵심용어

자비, 명상, 체계, 자비 요법의 결과, 헤매는 마음의 조절, 수행

자비는 인간 경험의 강력한 특성이다. 그리고 개인, 대인관계, 조직 및 사회의 웰빙에 핵심적인 요소이다. 자비는 훈련될 수 있는 근본적인 기술이다. 하지만 자비가 무엇을 의미하는지를 이해하고, 자비의 구성요소를 분석하고, 자비를 계발하는 방법을 찾는 것, 그리고 자비를 공부하는 법을 확정하는 것은 복잡한 문제이다. 개인이 자비를 수행하게 하는 것은 수천 년 동안 다양한 명상 전통의 중요한 부분으로 존재해 왔다. 최근에는 과학과 임상 집단의 관심이 현저하게 증가했으며, 그 결과 자비가 어떻게 정의되고, 수행되고, 측정되고, 다양한 임상, 조직, 집단 상황에서 접목될 수 있는지에 대한 매우 효과적인 탐색에 이르게 되었다. 예를 들어, 임상 과학자들은 자비가 감정 경험, 감정조절, 그리고 심리적 유연성에 어떻게 영향을 미치는가를 연구하는 데 깊은 관심을 갖고 있다 (예: Fredrickson et al., 2008; Jazaieri et al., 2014; Leiberg, Klimecki, & Singer, 2011). 더 넓게

는 정신건강과 신체건강을 강화하고 유지하기 위한 도구로서 교육과 조직, 임상의 영역 그리고 집단에 자비 수행을 통합시킬 수 있는 커다란 가능성이 존재한다(예: Hofmann et al., 2015; Hofmann, Grossman, & Hinton 2011; Johnson et al., 2011; Kearney et al., 2013). 자비를 가장 잘 심어 줄 수 있는 방법에 대한 증거 기반의 결론을 도출해 내기 위해서는 다양한 종류의 자비 수행에 의해 도출된 결과들을 분석하고 그 이면에 있는 변화의 심리적 메커니즘을 설명할 필요가 있다. 이와 같이 자비 수행이 어떻게, 누구를 위해, 왜 개인과 사회에 도움이 될 수 있는지를 알게 되는 것에 대한 커다란 기대와 가능성이 존재한다. 이 장에서 우리는 자비를 간단히 정의하고, 스탠퍼드 대학교에서 만들어진 자비 계발 수행(CCT) 프로그램을 소개하고, CCT에 대한 연구의 경험적인 발견들을 공유할 것이다.

자비 정의하기

자비는 여러 가지 방식(Goetz, Keltner, & Simon-Thomas, 2010 참조)으로 정의되어 온 복잡한 개념이다. 우리의 관점에서 보자면, 자비는 고통을 인식하는 지향성(orientation)이다. 자비는 자기 자신, 다른 사람들, 그리고 사회에 고통이 일어나게 하는 원인과 조건을 이해하고 그것을 덜어 주리라는 두려움 없는 동기를 포함한다. 자비는 도덕, 집중, 통찰의 계발과 개인적 헌신을 포함하는 풍요로운 맥락 안에서 일어난다는 사실에 주목하는 것이 중요하다. 이것들은 다양한 자비 수행 프로그램을 개발하고 실험할 때 우리가 염두에 두어야 할 자질이자 요소이다.

자비의 정의는 분명히 인간의 잠재력과 능력을 계발하는 것에 대한 사유를 형성하는 역사적 시기와 문화적 영향에 의해 좌우될 것이다. 여기에서 우리는 핵심적으로 상호작용하는 네 가지 요소를 가진 다면적인 정신적 상태로서 자비를 특징짓는 정의를 제안한다(Jinpa, 2010; Jinpa & Weiss, 2013). 이 네 요소는 자비의 존재론(정의와 관련한 구성요소), 그리고 현상학(생생한 경험적 특성)에 도움이 된다.

① 자비는 **괴로움에 대한 알아차림**(인지의 요소)을 수반한다. 알아차림은 여러 인지적 과정과 관계가 있으며 거기에는 다른 사람에 대한 집중된 주의, 다른 사람의 관점을 취하는 것, 그들의 괴로움(예: 고충, 고통, 불안, 혼란, 불만족, 불안정 등)을 인식하는 것, 그리고 집중된 주의와 작업 기억 속에 그 괴로움을 어느 정도 시간 동안 보듬는 것을 포함한다. 이 알아차림은 강도가 다양하며 비판단적이고, 피하기보다는 끌어안는다.

② 자비는 괴로움에 의해 정서적으로 움직이는 것(정서의 요소)과 관련된 **부드러운 돌봄의 관심**을 수반한다. 이것은 마음을 부드럽게 만드는 경험을 기꺼이 하려는 것, 다른 사람들과의 정서적 울림, 다른 사람들에 대한 공감적 염려로부터 일어

난다. 깊은 감정적 경험은 요구되지 않지만, 인지적 요소의 결과로서 그것이 일어날 수도 있다.

③ 자비는 **괴로움이 덜어지는 것을 보고 싶은**, 더 특정하게는 괴로움을 일으키는 원인과 조건의 변화를 보고 싶은 **진정한 바람**을 포함한다(의도의 요소).

④ 자비는 반응성 또는 그 괴로움을 덜어주기 위해 어떤 식으로 **행동을 취할 준비**가 되어 있음(이타적인 행위의 활성화를 위한 동기의 요소)을 포함한다. 우리는 이 네 가지 요소가 자비를 수행하고, 자비의 수준에 있어서 개인적 차이를 평가하고, 자비 수행 프로그램을 정제하기 위한 토대로서 도움이 될 수 있는 구조를 제공한다고 제안한다.

예비적인 경험의 증거는 자비에 깃든 이 네 가지 요소의 활용 그리고 이후 그 요소들의 측정법을 뒷받침한다(Jazaieri et al., 준비 중인 논문).

자비의 복합성을 고려할 때, 자비 수행의 효과를 조절하고 이 네 요소가 개개인에게서 얼마나 잘 계발되는가에 영향을 미치는 생물학적, 심리학적 요소에는 다수의 개인적 차이가 있을 가능성이 높다. 자비를 특징짓는 추가적인 심리적, 생물학적 요소들의 세세한 목록은 미래의 연구에서 설명되어야 하는 영역으로 남아 있다.

요약하자면 여기에서 우리는 인지, 정서, 의도, 동기라는 요소들의 복합적인 상호작용으로 자비를 정의하는 개념적 토대를 제안한다. 그 요소들은 서로 다른 맥락들에서 마음을 괴로움으로 향하게 하고, 협력하는 이타적 행위를 일으킬 수 있을 것이다(Jinpa, 2010; Jinpa & Weiss, 2013).

CCT 프로그램

자비 계발 수행(Compassion Cultivation Training: CCT) 프로그램은 스탠퍼드 대학교의 심리학자, 신경과학자, 명상 연구자들로 구성된 다학제적 팀으로부터 도움을 받아 Thupten Jinpa에 의해 개발된 종합적인 자비 수행 프로그램이다. 이 프로그램은 정신적, 정서적 웰빙을 위한 일련의 기법을 수행하며, 자기 자신, 사랑하는 사람들, 힘들게 하는 사람들, 그리고 모든 존재를 위해 자비, 공감, 친절을 계발하기 위해 만들어졌다. 이 프로그램은 인도 티베트 불교 전통에서 온 명상 수행에 의해 크게 영향을 받았지만, CCT에서 제시된 수행들이 초종파적이고 비종교적일 것을 분명히 하는 데 각별한 주의가 기울여졌다. 이 결정의 이면에 있는 의도는 CCT를 가능한 한 많은 집단과 개인에 의해서 받아들여지도록 만들기 위한 것이다. 더 특정하게, 그 의도는 수행을 강조하고 내면의 경험을 직접적으로 뒷받침하는 방식으로 자비 수행 기법을 함께 나누려는 것이다. CCT는 자비가 인간의 본성에 있어서 핵심적이고, 인간으로서 매일 겪는 경험의 한 부분이라는 이해에 바탕을 두고 만들어졌다(Jinpa, 2015).

CCT의 일반적인 배경과 구조

표준적인 CCT 프로그램은 8주 또는 9주 동안(소개하는 회기가 선택적으로 있을 수 있고, 그 뒤를 이은 8주 동안의 회기가 있으며, 각 회기는 2시간이다) 진행된다. CCT는 적게는 5명에서 많게는 35명에 이르는 집단에서 교육되어 왔는데, 우리는 적절한 가르침과 수행 경험 나누기가 가능하도록 20~30명의 집단에서 교육이 이루어질 것을 제안한다. 하지만 최적의 규모는 개별 지도자, 그리고 집단의 역동을 조절할 수 있는 그들의 역량에 달려 있다. 핵심은 배움, 소통 그리고 직접적인 경험을 뒷받침하는 환경을 만드는 것이다. 주요 대상이라는 측면에서 CCT는 원래 공동체에서 거주하는 성인을 대상으로 만들어졌다. 하지만 만성적인 통증 환자(예: Chapin et al., 2014), 부모, 암 환자, 교사, 의료 서비스 제공자 등과 같은 특정한 집단에 CCT를 제공한 것은 자기 자신과 타인을 위한 자비 계발에 집중된 수행으로부터 특히 도움을 받을 수 있는 대상들로 CCT가 자연스럽게 발전하고 확대된 것을 상징한다. CCT에는 참여를 위한 전제 조건이 따로 없다. 그러므로 참가는 모든 개인에게 열려 있으며, 명상 수행이나 안거 경험이 없는 개인도 참여할 수 있다. 하지만 향후 CCT에 대한 경험적 연구는 특정 참가자와 지도자의 특성이 더 나은 CCT 결과를 예측하게 하는지를 설명할 것이다.

참가자에게는 CCT 프로그램이 두 달에 걸친 단계적인 방식에 따라, 강의 중심의 교육을 통해서 그리고 경험적으로 구축된다는 것이 소개된다. 이것은 강조해야 할 중요한 사실인데, 그 까닭은 참가자들이 처음 자비 수행을 배울 때 낙담과 괴로움을 경험할 수 있기 때문이다. 그러므로 CCT 프로그램의 장기적인 궤도를 이해하는 것은 단기적인 어려움을 완화하는 데 도움이 될 것이다. 참가자는 처음에 매일 집에서 15분, 나중에는 매일 25~35분 정도 수행하는 습관을 기르도록 격려된다. 목표는 수행의 다양성, 그리고 그 수행에 대한 반응 유형의 다양성과 함께 익숙함과 탄력을 구축하기 위한 것이다. 집에서의 수행을 뒷받침하기 위해 참가자에게는 매주 수행을 안내하는 음성 녹음 CD가 제공되거나, MP3 파일에 대한 접근이 허용된다. CCT에서 매일 안내에 따라 정식으로 앉아서 하는 명상 수행 외에 매주 제시되는 과제에는 일상적인 수행이 포함된다. 일상적인 수행의 목표는 참가자가 그 주의 수업에서 강의를 통해 배운 것과 정식 명상 수행을 자신의 개인적인 삶, 일과 연결된 삶에 통합시키도록 돕기 위한 것이다. 예를 들면, 다섯 번째 단계(추후 설명)에서 참가자들이 다른 사람을 위한 자비를 계발할 때의 일상적인 수행은 자비를 넓히는 것이 자신에게 가져오는 이로움에 대해 일기를 쓰는 것, 또는 매일의 삶에서 자비를 일으키는 데 도전이 되는 것을 관찰하는 것을 포함할 수 있다. 그 관찰은 다른 사람들을 위한 자비를 계발하는 데 있어서 저항, 어려움, 한계를 느끼는 특정한 사람이나 상황 또는 조건을 알아차리는 것이다. 이와 같이 CCT 코스 동안 자비를 배우기 위한 발판을 만들고자 다양한 방법이 이용된다.

CCT의 매주는 그 이전 주들의 내용을 바탕으로 구축되어 있기 때문에, 참가자가 미리 정해진 일정 때문에 CCT 코스에 규칙적으로 참여할 수 없거나 집에서 수행하기 위한 충분한 시간을 낼 수 없는 상황이라면, 수업에 꾸준히 참가하고 집에서의 수행을 계속 해 나갈 수 있을 때까지 코스 참여를 미루는 것이 최선이라는 안내를 받는다. CCT에 대해 지금까지 이루어진 예비적인 연구는 투여한 시간과 반응 사이의 상관관계를 시사한다. 그것은 CCT 코스 동안 안내에 따라 하는 정식 명상 수행 시간의 양이 더 나은 결과와 연관되어 있다는 것이다(Jazaieri et al., 2013; Jazaieri et al., 2015; Jazaieri et al., 2014). CCT 참가자에게 이 프로그램이 다른 자비 수행 프로그램(예: Gilbert, 2010)과 달리 특정한 정신병리학을 다루려는 의도를 갖고 있지 않으며, 심리치료를 대신하려는 의도 역시 없다는 것에 대해 특히 주의하도록 요청된다. 실제로 참가자는 CCT가 부정적인 감정이나 기억 같은 다양한 반응을 일으킬 수 있다는 것에 대해 안내를 받는다. CCT 코스 동안에 외부 전문가의 도움을 청하는 것이 필요한지에 대한 판단을 받고 실제로 그런 필요가 생길 경우 도움을 받도록 격려된다.

매주의 CCT 수업은 앞서 배운 것을 강화하고 새로운 내용을 소개하는 비슷한 구조를 따른다. 수업의 구조는 다음과 같이 이루어져 있다.

① 안내에 따라 하는 짧은 도입부 명상 수행
② 집에서의 수행 돌아보기. 두세 명의 참가자로 구성된 작은 그룹, 그리고 이어지는 전체 그룹 토론에서 이루어진다.
③ 그 주의 특정한 단계에 대한 소개(추후 설명). 교육적인 강의, 능동적인 집단 토론과 함께 이루어진다.
④ 다른 사람에 대한 열린 마음과 연결의 느낌을 일으키기 위해 만들어진 상호작용에 바탕을 둔 실습. 시를 읽거나 영감을 주는 이야기에 대한 성찰을 통해 이루어진다.
⑤ 그 주의 특정한 단계에 대한 좀 더 긴 안내 명상. 이어서 그에 대한 경험 나눔과 토론이 이루어진다.
⑥ 새로운 과제 안내. 그것은 그 주의 정식 명상 수행과 일상에서의 수행을 포함한다.
⑦ 간단한 마무리 활동

2시간의 수업 동안 중간에 10~15분의 짧은 휴식이 있다. 이 수업 구조는 지도자와 코스 참가자 모두에게 중요하다. 왜냐하면 그것이 규칙성과 명확성을 제공하기 때문이다. 과제의 기능은 참가자들이 자비의 원리를 수업 밖의 삶과 상호작용에 통합시키도록 격려하고 돕는 것이다.

이상적으로는, 시간이 흐르면서 내면의 자비 경험과 대인관계에서의 자비 표현이 점점 일치하고 더 자연스럽게 흘러가게 될 것이다. 각 지도자는 그 주의 특정 단계 주제에 적합한 고무적인 이야기를 수업에 포함시킬 수 있다. 이것은 지도자가 수업을 더 생생하게 만들고 자비로운 행위가 세상에서 어떻게 존재하는지를 강조할 수 있도록 돕는다. CCT 수업은 생각, 감정, 느낌의 상호작용 그리고 그것들이 우리의 웰빙과 어떤 관계가 있는지에 대한 기본적인 심리교육도 포함한다.

CCT 프로그램의 중요한 측면에는 매주 파트너, 소그룹과 함께하는 나눔이 포함된다. 참가자들은 이 실습 중에 자비로운 듣기를 수행하는 법을 배운다. 그것은 공감에 대한 과학적 이해에 뿌리를 두고 있다(예: 집중적인 주의, 눈맞춤, 몸의 언어, 관점 취하기, 비판단적인 태도와 받아들임 대 충고하기). 예를 들어, '보편적인 인간성'을 공부하는 주에는 참가자들이 두 명씩 짝을 지은 다음, 한 참가자가 먼저 수행과 관련하여 지난주에 경험한 것을 파트너와 나눈다. 이야기의 주제는 수행에서 잘할 수 있었던 것 또는 어려움을 느끼거나 실망한 것 등을 포함할 수 있다. 한 참가자가 자신의 경험을 파트너와 나누는 동안, 상대방(듣는 사람)은 실습의 파트너를 바라보면서 주의를 기울이고 깊이 참여하는 온전한 현존과 함께 머문다. 참가자가 나누기를 끝냈을 때, 듣는 사람은 나누어진 모든 것에 대한 응답으로서 그저 "고맙습니다."라고 말한다. 그런 다음 역할을 바꾸어 그 과정을 되풀이한다. 이번에는 앞서 말했던 사람이 듣는 사람의 역할을 맡고, 지난주 수행의 경험을 나누어 준 상대방에 대한 응답으로 그저 "고맙습니다."라고 말한다. 이 실습의 마지막에는 두 참가자가 그 실습의 경험이 어땠는지에 대해서 토론한다. 거기에는 경험을 말하는 사람의 관점과 듣는 사람의 관점이 다 포함된다. 코스를 거듭하면서 이 소그룹 실습, 그리고 파트너와 함께하는 실습은 CCT 프로그램의 가장 강력한 경험 가운데 하나로 보고되어 왔다. 파트너와 함께하는 실습은 자비의 경험이 행위의 차원에서 단순하면서도 강력하고 의미 있는 방식으로 펼쳐지게 한다.

CCT의 6단계

CCT의 내용은 참가자들이 프로그램 코스 기간 동안 진척되어 가는 6단계(〈표 18-1〉 참조)로 구성되어 있다.

1단계는 마음을 고요하게 하고 하나로 모으는 것을 포함한다. 그것은 어떤 정신적 성찰에도 반드시 필요한 기본적인 기술로 여겨진다. 예를 들면, 참가자들은 깊은 횡격막 호흡으로 이루어진 예비적인 '정화 호흡' 실습과 함께 시작한다. 이어지는 호흡 수행은 들이쉬고 내쉬는 호흡의 순환을 고요히 마음속으로 세는 것, 자기 호흡의 움직임에 대한 알아차림에서 마음이 쉬게 하는 것을 포함한다. 참가자들은 생각과 감정을 순전히 관찰적인 방식으로 치우침 없이 바라보도록 격려된다. 그것은 기본적인 마음챙김 수행의 요소이며, 마음속에 떠오르는 습관적인 패턴들에 주목하는 심리교육의 한 부분이다. 무엇보다 중요한 주제

표 18-1 CCT(자비 계발 수행) 코스의 여섯 단계

회기	단계	주요 내용
1	1	코스 소개 및 마음을 고요하게 하고 하나로 모으기
2※	1	마음을 고요하게 하고 하나로 모으기
3	2	사랑하는 사람을 위한 자애와 자비
4	3a	자신을 위한 자비
5	3b	자신을 위한 자애
6	4	보편적인 인간성 끌어안기, 다른 사람들에 대한 감사 일구기
7	5	다른 사람들을 위한 자비 계발하기
8	6	적극적인 자비의 수행(통렌)
9		하나로 모은 일상에서의 자비 수행 (1~6단계)

※ 코스가 8주 회기로 교육될 때는 2회기가 생략된다.

는 이어지는 모든 명상 수행의 토대인 정신적 알아차림을 일구는 것이다. 호흡 수행은 CCT 코스 전체에서 자비에 초점을 둔 각각의 명상에 앞서 이루어진다.

2단계에서, 참가자는 사랑하는 사람을 위한 자애(loving-kindness)와 자비(compassion)를 수행한다. 이것은 다른 사람을 향한 돌봄, 사랑, 자비를 느낄 수 있는, 우리 내면에 깃든 자연스러운 능력과 연결되는 것을 포함한다. CCT 전체를 통해서 참가자는 따뜻함, 부드러움, 염려 그리고 연결의 느낌을 일구고 이러한 느낌과 함께 일어나는 체화된 몸의 감각에 주목하도록 격려된다. 여기에서 먼저 사랑하는 사람과 함께 수행을 시작하는 것은 대부분의 참가자에게 자신이나 지인, 힘들게 느껴지는 사람까지 다 포함하도록 관점을 확장하기 전에 먼저 사랑하는 사람을 향해 따뜻함, 부드러

움, 염려 그리고 연결의 느낌을 확대하는 것이 더 쉬울 수 있기 때문이다.

3단계에서 참가자는 자기 자신을 향한 자애와 자비를 일구는 것을 배운다. 이 수행은 어떤 참가자에게는 도전적인 것일 수 있다. 그러므로 3단계 수행은 이런 경험에 천천히 다가갈 수 있는 충분한 시간을 주기 위해 두 주에 걸쳐서 이루어진다. 참가자는 자신을 향한 수용, 비판단 그리고 부드러움의 태도를 점진적으로 일으키는 것을 통해 스스로를 위한 자비를 일구도록 훈련된다(3단계 a). 그다음에 참가자는 자신을 향한 자애를 수행한다. 그것은 따뜻함, 깊은 이해, 기쁨 그리고 감사의 자질에 집중하는 것을 포함한다(3단계 b). 이 과정이 함께 3단계를 구성하며, 그것은 매우 중요한(또한 도전적인) 단계로 여겨진다. 왜냐하면 자기 자신의 느낌, 필요 그리고 경험과 진정으로 연결되고 자신을 향한 자애와 자비를 일으키는 것이 중요하기 때문이다.

4단계는 다른 사람들을 향한 자비의 토대를 구축하는 것으로 이동한다. 여기서는 다른 이들을 향한 진정한 자비를 일구기 위해 두 가지 핵심적인 요소가 강조된다. 첫째는 보편적인 인간성, 또는 근본적인 필요와 바람이라는 측면에서 다른 사람들과 내가 비슷하다는 것에 대한 인식이다. 그것은 행복과 고통으로부터의 자유에 대한 인간의 공통적인 바람을 기억하는 것을 포함한다. 보편적인 인간성 또는 '내가 그렇듯이'라고 하는 이 관점은 공감, 예를 들면 다른 사람의 관점을 취하는 것을 위해 필수적인 것으로 여겨진다. CCT에서 다른

사람을 향한 자비는 더 쉬운 대상에서 더 힘든 대상으로 점진적으로 계발된다. 이것은 자비를 일구는 발판을 마련하기 위해 명시적으로 이루어진다. 수행의 순서는 사랑하는 사람과 함께 시작된다. 그런 다음 중립적인 사람, 힘든 사람, 내집단, 외집단, 그리고 궁극적으로 모든 살아 있는 존재로 확대된다. 이 순서는 자비의 깊이와 안정성을 최적화한다. 그 목표는 모든 존재를 다 아우르는 보편적인 자비를 일구는 것이다. 이것은 두 번째 통찰, 즉 모든 존재의 실제적인 상호 연결에 대한 깊은 이해의 토대로서 도움이 된다. 예를 들면, 참가자는 기본적인 생존(예: 음식과 쉴 곳)과 개인적인 웰빙(예: 안전과 교육)을 위해 그들이 수없이 많은 사람에게 얼마나 깊이 의존하고 있는지를 인식하고 인정한다. 이런 측면에서 참가자는 자기가 아는 사람이든 모르는 사람이든, 자신을 직간접적으로 뒷받침해 온 수많은 사람을 향해 감사의 느낌을 일으키도록 격려된다. 이 통찰은 다른 사람들을 분리되고, 독립적이며, 따로 떨어진 존재라고 생각하고 그렇게 대해 왔던 과잉 학습된 습관적 경향을 뒤집는다. 그 대신 모든 존재가 깊고 광대하게 서로 연결되어 있다는 본성을 이해하기 위한 더 정제된 관점이 생긴다. 이 분별은 어딘가에 속해 있다는 느낌, 자기와 타인들의 상호 의존에 대한 보편적인 감각, 그리고 세상의 고통, 혼란, 괴로움을 덜어 주기 위해 기꺼이 행동하려는 마음을 일으키는 확대된 자비를 낳는다.

5단계는 **모든 존재**를 향한 자비를 일구는 것으로 그 이전의 단계를 확대한다. 4단계에서와 마찬가지로 여기서 참가자는 사랑하는 사람, 중립적인 사람, 그리고 힘들게 하는 사람에게 집중하면서, 마침내 그들의 자비와 관심의 반경이 모든 인류를 포함하도록 확대시킨다. 그것은 다른 모든 사람 역시 자기와 마찬가지로 행복과 고통으로부터의 자유를 경험하고 싶어 한다는 것을 이해함으로써 가능해진다. 그러므로 다른 사람들 또한 행복과 고통으로부터의 자유를 누릴 자격이 있는 것이다. 참가자는 온 세상이 서로 친절과 자비를 주고받는 것에 의존하고 있다는 관점을 갖게 된다. 그것은 그들이 뭔가 더 큰 것의 일부임을 느끼게 하고, 자신의 삶이 세상과 함께 존재한다는 관점을 형성하도록 도울 수 있다.

CCT의 6단계는 **적극적인 자비의 수행**이라고 일컬어진다. 이 단계에서 참가자는 다른 이들의 고통에 대해서 무엇인가를 하리라는 바람을 일으킨다. 이 단계에서 소개되는 정식으로 앉는 수행은 **통렌** 또는 '주고받기'라고 불리는 티베트 수행에서 온 것이다. 참가자는 이 수행에서 다른 사람들의 고통(파괴적인 생각과 행동을 포함한)을 가져오는 것을 상상한다. 그런 다음 다른 사람들에게 편안함과 마음의 평화, 행복, 웰빙, 그리고 고통으로부터의 자유를 가져오는 것은 그 무엇이든 다 주는 것을 상상한다. 이것은 이전 단계에서 익힌 모든 것을 토대로 구축된 높은 단계의 자비 수행 중 한 형태이다. 통렌은 자기 확신, 높은 수준의 정신적, 정서적 안정, 그리고 자기이익을 기꺼이 내려놓고 다른 사람들의 웰빙을 도모하려는 마음을 필요로 한다.

CCT의 마지막 수업에서 지도자는 여섯 단계 전체를 하나의 자비 명상 수행으로 통합시킨 마지막 수행을 소개한다. 이 수행은 마음을 고요하게 하고 하나로 모으는 것, 사랑하는 사람을 위한 자애와 자비, 자신을 위한 자애와 자비, 다른 사람들을 향한 자비의 토대를 다지는 것, 다른 사람들을 향한 자비를 일구는 것, 그리고 적극적인 자비 또는 **통렌**의 수행을 통해서 진척되어 간다. 그 목표는 코스가 끝난 후에 참가자가 일상의 수행으로서 실천할 수 있는 하나로 통합된 명상을 제공하는 것이다. CCT는 수행을 위한 모든 방법을 다 망라하고 있지는 않지만, 포괄적이고 논리적인 일련의 명상 수행을 제공한다. 그것은 개인들이 자비의 견고한 토대를 구축하는 것을 목표로 한다.

CCT 지도자

CCT 코스는 인증 지도자(CCT 인증 지도자 명단은 http://ccare.stanford.edu/education/directory-of-compassion-teachers/, https://www.compassioninstitute.com/about-us/teacher-directory/ 방문)에 의해 교육된다. 비록 흔하지는 않지만, 어떤 상황과 조건에서 공동 진행자(그 사람 역시 CCT 인증 지도자)가 있는 것은 코스에 적절한 적응이라고 할 수 있겠다. CCT 프로그램 지도자의 자격은 다양한 자비 수행을 포괄하는 정식 명상 수행, 그리고 명상 수행 지도 경험을 포함한다. 심리

학 분야에서의 높은 단계 수련은 요구되지는 않지만 적극 추천된다. CCT 지도자 트레이닝 프로그램의 지원자는 자비의 과학과 철학, 수행을 널리 나누는 능력을 심화하고자 하는 다양한 배경과 분야에서 온 국제적인 전문가 그룹 가운데에서 선택된다. 자격을 갖춘 지원자는 일 년 과정의 지도자 트레이닝 프로그램에 참여한다. 그런 다음 스탠퍼드 대학교의 자비와 이타주의 연구교육센터(CCARE)를 통해 CCT 상급 지도자의 지휘 감독을 받으며 실제로 CCT를 가르치는 과정이 이어진다.

일 년 동안의 CCT 지도자 트레이닝 프로그램은 명상 수행이 강조되는 안거 외에, 몇 개의 이론적인 코스로 이루어진다. 거기에는 자비의 과학과 자비에 대한 철학적 관점 등이 포함된다. 지도자 트레이닝 프로그램에 참여하는 동안, 참가자는 상세한 CCT 지도자 안내 책자(Jinpa, 2010)에 접근할 수 있으며, 상급 지도자의 지휘 감독을 받으며 가르치는 기간 동안 그리고 그 이후에 매뉴얼을 바탕으로 CCT 프로그램을 가르친다. 일 년 동안의 지도자 트레이닝 프로그램에 이어서 지휘 감독과 함께하는 교육 동안, 트레이닝 중인 지도자는 매 수업을 오디오와 비디오로 기록하고(기록은 인증 여부의 판단을 위해 제출된다), 그들의 코스를 지휘 감독하는 상급 지도자와 주기적으로 만난다. 아울러 서로 도움을 주고받기 위해 트레이닝 중에 있는 동료들과의 만남도 이루어진다. 그리고 CCT 수업 동안 최소한 두 차례 정식으로 작성된 코스 참가자 피드백을 수집한다(참가자의 코스 평가와 피드백 역시 지

도자 인증 결정의 일부 요소로서 제출된다).

CCT에 대한 경험적 연구

자비 수행의 효과에 대한 점증하는 관심을 고려할 때, 자비 수행이 어떻게, 어떤 사람들에게 작용하는지, 그와 같은 수행의 효과는 어떤 것인지에 대한 경험적 이해를 도출하는 것은 매우 중요하다. 우리는 이 질문에 대한 답변을 시작하는 연구들을 진행해 왔다. 우리가 시행한 통제 실험에서는 성인 표본 집단을 임의로 9주의 CCT 교육 집단, 그리고 아무 훈련도 받지 않는 9주가 지난 후에 CCT 교육을 받는 대기자 통제집단에 각각 할당하였다. 우리의 첫 번째 질문은 CCT가 다른 종류의 자비에 변화를 가져왔는지 여부를 결정하는 것이었다. 자기보고로 이루어진 참가자의 응답은 CCT가 다른 사람을 위한 자비에서 상당한 증가를 보였고, 다른 사람들과 자기 자신을 위한 자비에 대한 두려움, 그리고 다른 사람들로부터 자비를 받는 대상이 되는 것에 대한 두려움의 감소를 가져온다는 것을 시사했다(Jazaieri et al., 2013). 중요한 것은 CCT 참가자들이 그 프로그램에 전념하고 있고, 녹음된 안내 명상을 들으면서 하는 정식 수행에 매주 평균 95분을 할애하는 것을 보여 주었다는 것이다. 9주 동안의 CCT 코스 중에 집에서 정식으로 하는 명상 수행의 시간이 안정적으로 유지될 때, 일상적인 삶 속에서 자발적으로 하는 자비 수행의 시간 역시 9주 코스 내내 지속

적으로 증가되었다. 명상 과학의 영역에서 고심해 온 중요한 질문은 집에서 하는 수행 시간이 자비를 비롯한 CCT 관련 결과에 중요한가 하는 것이었다. 우리는 이 질문을 시험하기 위한 분석을 실시했고 명상의 투여와 반응 사이의 상관관계를 발견했다. 특히 집에서 하는 명상 수행 시간의 증가는 CCT와 관련된 몇 가지 변화를 예측할 수 있게 했다. 거기에는 걱정, 감정적 억압, 불쾌한 주제를 떠올리며 헤매고 다니는 마음의 감소 그리고 다른 사람을 위한 자비의 증가가 포함된다(Jazaieri et al., 2014; Jazaieri et al., 2016).

우리는 CCT가 정신적 유연성, 대인관계의 효율, 자비로운 행동으로 세상에 참여하는 것과 관련이 있는 다른 요소들의 변화를 가져오는지도 알고 싶었다. CCT는 **감정의 경험**(긍정적인 정서의 증가, 부정적인 정서와 지각된 스트레스의 감소)과 감정조절(인지적 재평가와 수용의 증가, 감정 억압의 감소), 그리고 **인지조절**(마음챙김 기술의 증가, 헤매는 마음과 부정적인 반추의 감소)에 있어서 상당한 변화를 가져왔다(Jazaieri et al., 2015; Jazaieri et al., 2014). 헤매는 마음과 관련하여, 참가자들은 CCT 참여 이전에 약 59.1% 정도의 헤매는 마음을 보고했는데 그것은 일반적인 집단 표본에서 보고되어 온 것(46.9%; Killingsworth & Gilbert, 2010)보다 더 높은 비율이었다. 하지만 CCT 교육 후에 마음이 헤매는 경향, 특히 불쾌한 생각으로 향하는 경향의 감소가 관찰되었다. 이 성인 집단 표본(Jazaieri et al., 2014) 가운데 증상 체크 목록 27(Symptom-Checklist-27,

Hardt et al., 2004)에 나오는 정신 병리적 증상 다수가 상당히 감소한 것도 발견되었다. 그것은 CCT가 기분장애와 불안장애 같은 정신의학적 문제를 가진 환자들을 위한 현 단계의 임상적 개입에 부가적인 것으로서 유용할 수 있는가, 그리고 만일 그렇다면 어떻게 누구에게 도움이 될 수 있는가에 대한 질문을 제기한다.

우리는 내면적 변화가 대인관계에서의 변화와 관련이 있는지를 고찰하는 데도 관심이 있었고, 이것을 여러 가지 방식으로 시험하였다. CCT는 예기 불안(anticipatory anxiety)과 사회적 상호작용 동안의 불안에서 상당한 감소를 가져왔다. 이것이 중요한 까닭은 일반적인 자비 수행 그리고 특히 CCT의 암묵적인 목표가 내면적인 헌신과 자비의 다양한 기법(skill)을 구축하는 것으로부터 세상에 자비롭게 참여하는 것을 향해 나아가는 것이기 때문이다. 더 나아가 다른 사람을 위한 공감적 염려(empathic concern)에 대한 CCT의 영향도 시험했다. 그것은 성인들이 존엄의 상실로 괴로움을 겪었던, 개인적으로 고통스러운 사회적 상황을 묘사한 것을 보여 주는 비디오 클립을 이용한 것이었다(Goldin et al., 준비 중인 논문). 우리는 참가자에게 CCT 이전과 이후에 그와 같은 비디오의 일부 몇 개를 보여 주었고, 감정에 대한 알아차림과 다른 이들에 대한 공감적 염려를 측정하는 몇 가지 조사를 아울러 진행했다. 그 결과는 매우 풍부했고 아주 분명한 유형을 보여 주었다. CCT는 **표현 억압**(expressive suppression)이라는 특정한 형태의 부적응적 감정조절을 상당히 감소시키는 결과를 보여 주었다. 이것은 자신의 감정 표현을 억누름으로써 다른 이들이 그 사람의 현재 감정 상태를 분간할 수 없게 만드는 것을 가리킨다. 회귀분석(regression analysis)이 밝힌 바에 따르면 CCT 이전과 이후에 일어난 표현 억압의 상당한 감소는 참가자들이 자신은 물론 비디오로 녹화된 사람의 정서 상태를 감지하는 능력의 증가를 예측하게 했는데 그것은 CCT 수행과 관련이 있는 것이었다. 뿐만 아니라 참가자의 돌봄, 기꺼이 도우려는 마음, 그리고 비디오로 녹화된 사람에게 제공된 시간의 증가도 예측되었다. 이러한 발견은 감정에 대한 알아차림 그리고 대인관계에서의 돌봄과 관련한 CCT의 영향을 강조한다.

우리의 다음 질문은 CCT가 돌봄 행위에 어떤 유의미한 변화를 가져오는가의 여부에 집중되어 있었다(Jazaieri et al., 2016). 이 질문을 고찰하기 위해서 일상적인 경험 표본 추출 방식(daily experience sampling method)을 시행했다. 거기에는 CCT 1주 전, CCT 9주 동안, 그리고 CCT 1주 후 매일 이루어진 평가가 포함되었다. 여기에는 임의로 하루 두 번, 아침과 저녁에 각각 한 번씩 스마트폰을 통해서 각 참가자에 대해 이루어지는 자동화된 평가가 들어 있다. 이해를 돕기 위해서 참가자들에게 CCT 시작 1주 전에 자기를 돌보는 행위와 다른 사람을 돌보는 행위의 목록이 제시되었다(행위의 목록은 Jazaieri et al., 2015 참조). 우리는 매번 한 자동화된 평가에서 정서, 명상 수행, 그리고 돌봄의 행위와 관련된 몇 가지 질문을 했다. 그것을 통해 발견한 것은 CCT 9주 기간 동안, 매주 자신을 향한 돌봄 행위의 수준에서 참가자들이 상당한 차이를 보인다는 것이었다(예: '나 자신을 비판하는 것을 삼감', '도움이 필요할 때 다른 사람들에게 도움을 청함', '나 자신이 휴식하고 편안해지게 함'). 돌봄의 행위에 참여하는 것은 수행 과정 동안 CCT의 특정 요소들에 의해서 나타난 변화가 반영된 것으로 보인다. 대조적으로, 9주에 걸친 시간 동안 다른 사람에게 초점을 맞춘 돌봄 행위에 참여하는 경향에서는 작지만 상당한 변화가 있었다(예: '누군가를 위해 호의를 베풀었는가', '다른 사람을 위해 봉사했던 시간', '누군가를 칭찬해 줌'). 이 비대칭은 CCT(그리고 다른 명상 수행) 동안 자주 관찰되는 현상을 반영하는 것이다. 그것은 다른 사람에게 초점을 맞춘 자애와 자비를 일으키는 것이 자신을 위해 자애와 자비를 일으키는 것보다 더 쉽고, 아마도 더 직관적이라는 것이다. 돌봄 행위에서의 이 불균등은 명상 수행과 임상 개입 작업에서 매우 중요한 문제이다. 하지만 매일의 명상 수행이 돌봄 행위에 영향을 미쳤는지의 여부를 물었을 때, 우리의 분석은 매우 고무적인 유형을 분명히 밝혔다. 9주에 걸친 매일의 경험 표본 평균으로 보면, 그 사람이 그날 집에서 명상 수행을 했는지 안 했는지가 돌봄 행위의 빈도에 상당히 영향을 미친 것으로 나타났다. 어떤 사람이 그날 명상을 수행했을 때, 특히 다른 사람에 초점을 맞춘 돌봄 행위의 가능성은 3.5배 증가했다. 이것은 예측된 결과였다. 왜냐하면 다른 사람에게 초점

을 맞춘 돌봄 행위 증가가 CCT의 명시적인 목표였기 때문이다. 놀랍게도 우리는 특정한 날 사전에 한 명상이 자기돌봄 행위의 가능성을 6.5배 증가시켰다는 것 또한 발견했다. 그것은 다른 사람에게 초점을 맞춘 돌봄 행위에서 분명하게 드러난 것보다 훨씬 더 강한 연결을 시사하는 것이었다. 더 나아가 자기를 돌보는 행위와 다른 사람을 돌보는 행위가 서로에게 미치는 영향을 분석했을 때 방향성이 없는 긍정적인 관계를 발견했다. 만일 어떤 사람이 자기돌봄의 행위를 했다면 그다음에 다른 사람을 돌보는 행위를 할 가능성이 9.3배에 이르렀다(혹은 그 반대). 이 발견들은 매우 고무적이다. 하지만 그것들이 믿을 만하고, 재생산될 수 있으며, 유의미하다는 것에 대한 완전한 확신을 얻기 전에, 다른 다양한 CCT 지도자들과 함께 수행한 별도의 표본에서 그 발견들이 반복되어야 할 필요가 있다.

연구의 또 다른 중요한 질문은 CCT 프로그램을 시작하기 전에 참가자들이 갖고 있는 특정한 속성이나 특징 가운데 CCT와 관련된 변화를 예측할 만한 것이 있는지를 규명하는 것이었다(Goldin et al., 준비 중인 논문). 우리가 시행한 조절 변수 분석(moderator analyses)은 성별이 자기자비에 영향을 미친다는 것을 밝혀냈다. CCT 전후의 변화를 고찰했을 때, 여성과 비교하여 남성이 자기자비에 대한 두려움에서 상당히 더 큰 감소를 보였다. 비록 모든 사람이 자기자비에서 향상을 보였지만 남성이 여성보다 훨씬 더 도움을 받았다. 성별에 따른 자기자비 조절에 대한 하나의 설명

은 CCT 수행 이전 기준점에서 남성과 비교했을 때 여성이 자기 자신과 다른 사람들을 위한 더 높은 수준의 자비를 갖고 있었다는 것이다. 그렇기 때문에 남성에게 CCT 수행과 함께 향상될 여지가 더 많았던 것이다. 성별은 CCT 수행의 다른 결과와도 관련이 있다. 남성과 비교할 때 여성은 더 큰 자기존중감과 삶에 대한 만족, 뿐만 아니라 더 적은 우울증 증상과 사회적 상호작용 불안을 경험했다. 기준점에서 이전의 명상 안거, 규칙적인 명상 수행, 그리고 규칙적인 요가 수행의 경험은 자신과 다른 사람을 위한 자비에서 더 큰 향상을 예측하게 했다. 이들 조절 변수의 발견은 누가, 어떤 영역에서 CCT로부터 도움을 받는지에 대해 숙고하게 만든다는 면에서 고무적이다. 서로 다른 특성과 삶의 경험을 가진 사람들을 더 잘 돕기 위해서 CCT의 특정 요소들을 어떻게 변화시킬 수 있을까? CCT를 더 알맞게 수정해서 남성과 여성 각 집단에 그 영향을 증폭시킬 수 있는 길이 있을까? 아니면 자비 수행은 정말로 성별에 구애받지 않는 것일까? 더 나아가, 이전에 수행한 어떤, 혹은 얼마만큼의 요가나 명상 수행이 CCT의 효과를 강화하는 데 최적일 수 있을까? 자료가 시사하는 것은 남성과 비교할 때 여성의 경우 우울증과 불안 증상, 자기존중감, 삶에 대한 만족에 더 큰 도움이 된다는 것이다. 하지만 이 효과는 CCT가 끝난 후에 얼마나 지속될 것인가? 이런 발견들은 분명히 매우 고무적이고 성인 집단 표본에서 CCT가 매우 도움이 될 수 있을 것임을 시사한다. 하지만 우리가 그 발견들이 재생 가능하고, 타당하고 유의미하다는 것에 대해 온전히 확신할 수 있을 때까지는 더 다양한 CCT 지도자와 함께 여러 집단에서 그 발견들이 되풀이되어야 한다.

결론

자비의 시대가 왔고, CCT의 미래는 밝다. CCT는 스탠퍼드 대학교(예: 평생교육원, 학부, 경영대학, 의과대학), UC 버클리, UC 데이비스, 구글, 비영리 기관, 외래 암 환자 센터, 입원 환자 의료 서비스 센터와 병원 그리고 심지어는 미국 국가보훈처의 의료 서비스 제공자와 외상 후 스트레스 장애(PTSD)로 고통받는 미국 퇴역 군인을 포함한 다양한 조직과 환경에서 제공되어 왔다.

자비의 중요성과 그것에 대한 경험적 연구는 임상 과학의 영역을 넘어 경영학(예: Allred, Mallozzi, Matsui, & Raia, 1997; Molinsky, Grant, & Margolis, 2012), 교육(예: Wear & Zarconi, 2008), 의료 서비스(예: Papadopoulos & Ali, 2015), 그리고 그 이상의 분야들에서 등장하기 시작했다. 거기에는 자비 수행의 과학적 고찰에 대한 커다란 관심과 가능성이 존재한다. 하지만 관련된 수많은 문제를 다루기 위해서는 훨씬 더 많은 연구가 이루어져야 한다. 자비 수행으로부터 도움을 받을 가능성이 가장 큰 사람은 누구인가? 어떤 사람이 자비 명상을 배우기에 앞서 더 준비되어 있거나 덜 준비되어 있게 하는 특성은 무엇인가? 하나 또는 몇 개로 이루어진 최적의 명상 수행 순서, 이를 테면 일정 기간 마음챙김 명상으로 시작한 다음, 단기 명상 안거, 그리고 자비 명상 수행으로 나아가는 것 등이 있을 수 있을까? 자신과 다른 사람을 위한 자비에 초점을 맞춘 특정한 명상 수행과 프로그램이 있지만 우리는 현재 자비의 이 두 측면(자신을 위한 자비, 다른 사람을 위한 자비)이 시간이 흐르면서 서로 다른 수행들과 함께 어떻게 변화할 것인지에 대해서는 아주 조금밖에 알지 못한다. 더 나아가 온라인 수행 코스가 도입되고 여러 자원의 이용이 가능해졌기 때문에 개인에 특정한 변수들과 수업 환경의 특징을 확정해서 어떤 사람이 개인 대 집단, 대면 대 온라인 수행 경험 가운데 어느 것에 가장 적합한지도 정해져야 한다. 자비 수행을 현 단계 임상적 개입의 보조적인 요소(예: Linehan, 2014)로서 또는 독자적인 개입(예: Gilbert, 2010)으로서 통합시키는 가능성과 관련해서는 예비적인 증거가 있지만, 어떤 수행이 임상 증상에서의 변화를 가져오고 각기 다른 집단(예: 주우울증, 불안장애, 돌보는 사람의 소진 등)이 제대로 기능하도록 촉진할지를 탐구하는 연구들이 필요하다. 너무 많은 고통과 불만족이 직장에서 일어나고 있다는 것을 감안할 때, 다양한 조직 안에 있는 팀에 자비 수행이 어떻게 영향을 미치는지를 경험적으로 시험하는 통제된 연구가 필요하다.

마지막으로, 자비는 사회 정의의 중요한 측면일 수 있다. 특히 다양한 차원의 사회적 서열을 고찰하고 자비 수행이 사회의 다양한 계층(예: 특권층 대 잘 드러나지 않는 집단, 정치적 힘이 높은 집단 대 낮은 집단, 부유층 대 빈곤층) 사이의 상호작용에 어떤 영향을 미치는지를 밝히는 더 많은 연구가 필요하다. 요약하자면, 자비 수행에 대한 과학적 이해와 실용적인 통합의 전망은 분명하다. 하지만 개인, 팀, 조직에서 자비의 기술을 가장 잘 훈련하는 방법, 그리고 지속적인 자비 계발을 가장 잘 뒷받침하는 법을 이해하기 위한 더 정제된 연구가 필요하다.

참 고문헌

Allred, K. G., Mallozzi, J. S., Matsui, F., & Raia, C. P. (1997). The influence of anger and compassion on negotiation performance. *Organizational Behavior and Human Decision Processes, 70,* 175-187.

Gilbert, P. (2010). *Compassion Focused Therapy: Distinctive Features.* London: Routledge.

Goetz, J. L., Keltner, D., & Simon-Thomas, E. (2010). Compassion: An evolutionary analysis and empirical review. *Psychological Bulletin, 136,* 351-374. doi:10.1037/a0018807

Jazaieri, H., Jinpa, T. L., McGonigal, K., Rosenberg, E., Finkelstein, J., Simon-Thomas, E., ... Goldin, P. R. (2013). Enhancing compassion: A randomized controlled trial of a compassion cultivation training program. *Journal of Happiness Studies, 14,* 1113-1126. doi:10.1007/s10902-012-9373-z

Jazaieri, H., Lee, I. A., McGonigal, K., Jinpa, T., Doty, J. R., Gross, J. J., & Goldin, P. R. (2015). A wandering mind is a less caring mind: Daily experience sampling during compassion meditation training. *The Journal of Positive Psychology* (2015), 1-14. doi:10.1080/1743976 0.2015.1025418

Jazaieri, H., McGonigal, K. M., Jinpa, T. L., Doty, J. R., Gross, J. J., & Goldin, P. R. (2014). A randomized controlled trial of compassion cultivation training: Effects on mindfulness, affect, and emotion regulation. *Motivation and Emotion, 38*, 23-35. doi:10.1007/s11031-013-9368-z

Jinpa, T. L. (2010). Compassion Cultivation Training (CCT): Instructor's Manual. Unpublished.

Jinpa, T. L. (2015). *A Fearless Heart: How the Courage to Be Compassionate Can Transform Our Lives*. New York: Hudson Street Press.

Jinpa, T. L., & Weiss, L. (2013). Compassion Cultivation Training (CCT). In T. Singer & M. Boltz (Eds.), *Compassion: Bridging Practice and Science* (pp. 441-449). Leipzig: Max Planck Institute for Human Cognitive and Brain Sciences.

Molinsky, A. L., Grant, A. M., & Margolis, J. D. (2012). The bedside manner of homo economicus: How and why priming an economic schema reduces compassion. *Organizational Behavior and Human Decision Processes, 119*, 27-37. doi:10.1016/j.obhdp.2012.05.001

Papadopoulos, I., & Ali, S. (2015). Measuring compassion in nurses and other healthcare professionals: An integrative review. *Nurse Education in Practice, 16*, 133-139. doi:10.1016/j.nepr.2015.08.001

Wear, D., & Zarconi, J. (2008). Can compassion be taught? Let's ask our students. *Journal of General Internal Medicine, 23*, 948-953. doi:10.1007/s11606-007-0501-0

제**19**장

인지기반 자비 훈련의 특정한
생리적 효과로부터 보편성 수집하기

Jennifer Mascaro, Lobsang Tenzin Negi and Charles L. Raison

요약

최근의 연구는 인지기반 자비 훈련(CBCT)을 포함한 자애기반 명상 수행의 유익한 영향을 검증해 왔다. 여기에서 우리는 CBCT에 대한 이론적, 수행적 설명을 제공하고 뇌와 몸에 건강한 영향을 미치는 최근 연구에 대한 고찰을 제공할 것이다. 초기 연구는 CBCT가 면역기능과 스트레스 생리를 변화시키고, 공감을 증가시킬 뿐만 아니라 그것을 지지하는 신경활동을 예시했다. 보다 최근 연구들은 CBCT가 훈련 집단에 따라서 다르게 영향을 미친다는 사실을 보여 준다. 우리는 CBCT가 건강과 웰빙에 미치는 복합적인 효과를 가장 잘 검증하기 위해 앞으로의 연구 방향을 제안하고자 한다.

핵심용어

연민, 공감, 공감 정확성, 면역체계, 발화, 세포 간 전달물질, 반응성 단백질, fMRI, 옥시토신

지난 25년간, 명상 수행이 정신질환을 완화하고 웰빙과 회복탄력성을 증가시키는 데 효과적으로 개입한다는 통찰에 동기화되면서 명상에 관한 연구가 임상 및 기초 분야에서 발달하였다. 게다가 명상 수행이 과학자들로 하여금 인간의 뇌, 신체, 뇌와 신체 연결을 이해하도록 돕는 도구로 사용될 수 있다는 사실을 한층 더 인정하게 만들었다. 이와 관련된 연구들은 주로 마음챙김적 주의수행에 관한 것이었는데, 보다 최근 연구자들은 그들의 주의를 자애기반 수행으로 돌려서,

'자애가 훈련될 수 있는가?'라는 질문을 자주 한다. 점점 더 그 대답은 'yes'로 드러나고 있다(Fredrickson et al., 2008; Hutcherson et al., 2008).

이 장은 '자애기반의 수행이 우리에게 좋은가?'와 관련된 질문을 묻는 연구에 초점을 맞출 것이다. 그 외 우리를 비롯한 다른 연구자들은 현재 일어나고 있는 자애에 기반한 명상 수행 분야의 생리적 신경생리적 효과를 고찰해 왔다(Galante et al., 2014; Mascaro et al., 2015). 여기서 우리는 단 한 개의, 거의

유일하게 CBCT(Cognitively-Based Compassion Training) 명상 수행의 생리적 효과를 세분화해서 검증함으로써 또 다른 관점을 제공하고자 한다(Ozawa-de Silva & Dodson-Lavelle, 2011). 마지막 부분에서 우리는 CBCT에 대한 이론적 수행적 설명을 시작할 것이다.

이론적 이해와 수행에 대한 특수성을 고려해 볼 때, CBCT가 수행자의 몸에 미치는 영향이 무엇인지를 질문할 것이다. 그런 다음 우리는 CBCT를 배우고 참여하는 것이 뇌와 몸을 변화시키는가와 관련해서 점점 늘어나고 있는 연구를 고찰할 것이다. CBCT는 수행하는 집단에 따라서 효과가 다르게 나타나는 일종의 수수께끼로 드러났다. 우리는 이렇게 복잡해 보이는 것을 의미 있게 만들려고 시도해 볼 것이다. 마지막으로, 우리는 이 훈련에서 특히 가장 많은 것을 얻을 수 있는 임상분야를 위해 CBCT와 그 외 다른 명상 수행에 대해 보다 진전된 조사가 필요한 미래 연구에 대해 논의할 것이다.

인지기반 자비 훈련: 이론과 실제

CBCT는 8세기 인도에서 티베트로 간 산티데바 스님의 중요한 가르침에 깊이 뿌리를 두고 있는 11세기 티베트 불교 로종(lojong, '마음훈련') 전통에 주로 의존하고 있다. 티베트의 전통 승단과 서양 종교학 양쪽에서 훈련받은 드물게 뛰어난 사람 가운데 한 사람인 게쉐 툽텐 진파(Geshe Thupten Jinpa)는 로종

의 특징을 다른 사람과의 관계에 대해 수행자의 관점을 새롭게 함으로써 궁극적으로는 이타적인 마음을 계발하고 배양하기 위해 고안된 분석적이고 교훈적인 접근이라고 정의한다(Jinpa et al., 2014). Ozawa-de Silva와 Dodson-Lavelle(2011)는 명상 수행과 관련된 것 가운데 CBCT를 독특하게 만드는 것은 이러한 분석적 접근이라고 주장해 왔다. 흔히 개방적이고 비판단적인 자각을 강조하는 대중화된 마음챙김 적용과는 대조적으로, CBCT에서 배양되는 공감과 연민은 생각, 가치, 관계에 대한 분석 과정과 적극적인 방향 전환을 통해서 이루어진다(Ozawa-de Silva & Dodson-Lavelle, 2011). **자비 계발 수행**(CCT; Jazaieri et al., 2013)이나 임상 심리학자 또는 공동으로 계발된 **자비로운 마음 훈련**(CMT; Gilbert & Procter, 2006)과는 대조적으로, 특히 CBCT는 거의 서양 임상가들의 초기 작업 없이 불교전통에서 나온 것이다.

이러한 이론적 배경에서, CBCT는 경험이 없고 세속적인 사람들을 위해서 두 가지 중요한 방식으로 로종의 표준 과정을 변형했다. 첫째, 비종교적 용어로 프로그램을 제시한다. 그러므로 모든 구원론적, 실존적 주제(불성의 성취, 업)에 대한 논의는 배제되었다. 둘째, 연민 특수 기법을 곧장 시작하기보다 CBCT는 주의를 이끌어 내는 것을 목표로 기초수행을 소개하는 것으로 시작한다. 특히 CBCT는 흔히 호흡에 대한 자각을 이끌어 내는 일주일간의 집중(즉, 사마타) 수행으로 시작한다. 두 번째 모듈은 개방된 현존 수행을 소개하는데,

여기서는 주의를 호흡의 한 지점에서 정신적 내용에 대한 자각으로 더 넓게 확장한다. 이러한 기법은 일반적으로 티베트의 영적 전통에서는 상급 수준으로 여겨지는데, 종종 연민 수행과 연계해서 수행하고, 분석수행에 관여하는 데 필요한 초점과 자각의 수립을 필수적인 것으로 여긴다(HHDL, 2001; Wallace, 2001). CBCT 입문과정은 다음과 같은 순서와 목적으로 전개된다.

모듈 1: 마음의 주의와 안정 계발하기—수행의 기초는 기본적인 수준의 정제된 주의와 정신적 안정의 배양이다.

모듈 2: 정신적 경험의 본질에 대한 통찰 배양—안정된 마음은 생각, 느낌, 감정, 반응의 내적 세계의 본질에 대한 통찰을 얻기 위해 쓰인다.

모듈 3: 자기연민 배양—수행자는 행복과 웰빙에 대해 자신의 타고난 소망 및 불행과 불만족으로부터 해방되고자 하는 소망(예를 들면, 정신적 상태가 그러한 소망의 성취에 이바지하거나 방해한다는 것)을 관찰한다. 그런 다음 참가자는 불행을 촉진시키는 독이 되는 정신적 · 정서적 상태를 물리치고자 하는 결정을 한다.

모듈 4: 평정심 계발—사람들을 친구, 적, 낯선 사람의 범주로 나누고 그 범주에 따라서 과도한 집착, 무관심, 싫어함을 가지고 평등하지 않게 반응하는 경향이 있다. 이러한 범주를 면밀하게 검사해서, 참가자는 자신의 얄팍함을 이해하게 되고 모든 사람은 행복하기를 원하고 불행을 피하고 싶어 한다는 깊은 관점

으로 사람들과 관계 맺는 법을 배우게 된다.

모듈 5: 타자에 대한 고마움과 감사 계발하기—비록 사람들은 스스로를 독립적이고 자급자족하는 행위자로 보지만, 누구도 수많은 사람의 지원 없이는 번성하거나 생존할 수 없다는 것이 진리이다. 참가자는 다른 사람들과의 상호연결성을 깨닫고, 날마다 남들이 이익을 제공한다는 사실을 깨달을 때, 고마움과 감사를 계발한다.

모듈 6: 애정과 공감 계발하기—자애는 권리로서 보답되어야 한다는 자각과 함께, 무수한 사람으로부터 무한한 이익이 오는 방법에 대한 깊은 명상과 통찰이 참가자로 하여금 다른 사람들과 더 깊은 연결감과 애정으로 관계하도록 만든다. 깊은 애정과 애정 어린 표현으로 다른 사람들과 관계함으로써 참가자는 그들과 깊이 공감할 수 있다. 참가자는 다른 사람들이 불행으로 고통하는 것을 차마 볼 수가 없고 그들의 행복을 기뻐하지 않을 수 없게 된다.

모듈 7: 소망하고 염원하는 연민 실현하기—타자에 대해 강화된 공감은 그들의 고통과 고통의 원인에 대해 친숙한 자각과 결부되고 자연히 연민이 일어나게 된다. 다른 사람들이 고통과 고통을 일으키는 조건에서 해방되기를 바란다.

모듈 8: 타자에 대한 적극적인 연민 실현하기—마지막 단계에서 참가자는 타자가 불행에서 벗어나기를 단순하게 바라는 것에서, 그들이 고통에서 벗어나서 행복과 자유를 추구하도록 적극적으로 돕는 것으로 이동하도록

고안된 명상으로 안내받는다.

활성 성분

여기서 우리의 초점은 CBCT의 생리적 효과를 문서화하는 것이기 때문에 기존에 있는 경험적 자료(〈표 19-1〉)를 더 잘 위치시키기 위해서 '활성 성분'에 대해 추측해 볼 가치가 있다. 우리의 시각으로 볼 때, 거기에는 여러 가지가 있다. 첫째, 처음에 수행되는 마음챙김과 주의요소 때문에 어떤 효과가 일어나는 것이 가능하다. 마음챙김적 주의가 특별히 불안과 우울을 개선하는 데 효과적(Goyal et al., 2014)이라는 점에서 이 연구는 논의의 여지가 없다. 그러나 재검토되었을 때, CBCT를 마음챙김과 직접적으로 비교하는 연구들은 둘의 효과에 차이가 있었다(Desbordes et al., 2012b; Desbordes et al., 2014). 그러므로 만일 CBCT가 마음챙김적 주의를 변화시킴으로써 이익을 준다면, 그 영향은 두말할 필요 없이 처음 두 모듈의 영향일 수 있다.

두 번째 가능한 활성 성분은 자기연민의 배양이다. 모듈 3은 자존감이나 다른 자기연민 프로그램(Neff, 2003)과 뭔가 쉽게 오해될 수 있다. 그런데 CBCT의 가르침과 수행은 고통으로부터 자유롭고자 하는 수행자의 깊은 열망에 대한 비판적인 탐구를 촉진시킴으로써 시작된다. 이는 날마다 자신의 정신적 경험의 질에 영향을 미치는 방식으로 마음을 배양하고 형성하는 타고난 능력에 대한 심사숙고를 통해서 일어난다. 일련의 최근 연구는 공감이

표 19-1 CBCT 모듈 및 가설적인 '활성 성분'

모듈 목적	가설적인 활성 성분(들)
1. 주의 계발과 마음의 안정	마음챙김
2. 정신적 경험의 통찰 배양	
3. 자기연민 배양	마음의 태도 성장 또는 숙달 배양
4. 평정심 계발	고마움과 감사 계발
5. 타자에 대한 고마움과 감사 계발	
6. 애정과 공감 계발	
7. 소망하고 염원하는 연민 실현	연민
8. 타자에 대한 적극적인 연민 실현	

형성될 수 있고 계발될 수 있다는 믿음에 대한 개인 차이가 힘든 상황에 공감하는 개인의 성향을 예측한다는 사실을 보여 준다(Schumann et al., 2014). 동기와 인내에 관한 연구는 모듈 3의 목적과 같은 마음자세의 **성장**이나 **숙달**이 학습과 광범위하게 관련된 아주 다양하게 폭넓은 사회인지적 영역에 최적화될 수 있다고 제안한다(Dweck & Leggett, 1988). 공감과 연민수준이 배양될 수 있는 특성이라는 사실을 이해할 수 있도록 수행자들에게 힘을 실어 줌으로써, CBCT는 몸이 세상과 관여하는 방식(예를 들면, 면역체계)을 포함해서 수행자들이 세상과 관계하는 습관을 변화시키는 마음자세의 성장을 촉진시킬 수 있다.

세 번째로 가능한 적극적인 활성 성분은 타자에 대한 깊은 애정과 감사의 생성으로, 모듈 4에서 6까지의 목적이다. 많은 연구는 감

사가 건강(Hill et al., 2013)과 웰빙(Emmons & McCullough, 2003; Wood et al., 2010)에 긍정적인 영향을 미치고, 스트레스와 우울(Wood et al., 2008)에는 완충 작용을 한다고 증명한다. 게다가 감사와 애정은 만성적인 사회적 소외를 방지하는 대인관계 연결 패턴을 촉진시킨다. 이는 많은 연구에서 해로운 전염증성 신호를 특징으로 빠르게 활성화하는 선천적인 면역반응에 대해 개인의 면역체계에 영향을 주는 것으로 나타났다(Cole, 2009). 더욱이 최근 연구는 행복한 웰빙이 전염증성 면역체계에 미치는 효과가 분명해졌고(Fredrickson et al., 2013), 심지어 고독의 해로운 영향으로부터 개인을 보호해 준다는 사실을 보여 준다(Cole et al., 2015). 보편적 인간성에 대한 감각을 배양하고 그것을 집단 내에서 끊임없이 확장시킴으로써 CBCT는 수행자들로 하여금 그들의 세계를 안전하고 상호 연결되어 있다고 해석하도록 영향을 줄 수 있으며, 그 결과 그들의 면역체계 반응을 최적으로 형성하게 한다.

만일 CBCT가 전염증성 면역기능에 영향을 미친다면, 정신신경면역학에 관한 최근 연구는 우리가 전염증성 면역기능효과에 대해 보다 역동적인 견해를 가져야 한다고 제안한다. 즉, 최근 연구는 만성적인 소외와 고독이 해로운 전염증성 면역체계에 있는 신호를 증가시킬 뿐만 아니라, 염증의 증가가 고립감을 더 증가시키고 사회적 자극(Inagaki et al., 2012)과 우울(Musselman et al., 2001)을 위협하는 편도체 반응을 증진시킨다는 것을 보여 준다. 이러한 연구들을 종합해 보면 고립과 우울이 염증을 증가시키고, 이는 다시 주관적인 고립을 더욱 증가시키는 반면, 반면에 공감과 연민을 감소시키는 일종의 강력한 순환을 보여 준다(Cusi et al., 2011).

이러한 부정적인 순환에 대한 낙관적인 전망은 이들 연구가 사회적 연결감이 주관적이라는 사실과 그러한 느낌을 지지하는 이면에 생리적 체계가 있다고 주장하면서 연민수행이 이러한 순환을 완화시킬 수 있다는 것이다. 다시 말해서 연민수행이 염증 및 염증과 관련된 우울을 약화시킬 수 있다는 것이다. 그런데 CBCT는 수행자 자신의 고통을 감소시킴으로써 어느 정도 연민을 증가시킬 수 있고, 그 결과 상호연결성을 키우고 연민적인 성향을 드러내게 한다.

CBCT를 작동시키는 마지막 활성 성분은 프로그램의 대미를 장식하는 적극적으로 염원하는 연민의 배양이다. 연구는 건강한 연민의 효과를 증명한다. 예를 들면, 연민은 종교성 및 그와 관련된 심리적 웰빙 사이에서 많은 일을 할 수 있다(Steffen & Masters, 2005). 부가적으로 이타적인 베풂에 관한 탐구(Moll et al., 2006)에서부터 타자의 고통을 보고 연민적인 태도를 적용하는 연구(Kim et al., 2009; Morelli et al., 2012), 인간 부모의 돌봄에 관한 연구(Mascaro et al., 2013a; Rilling, 2013), 동물을 대상으로 새끼양육을 위한 식욕증진 욕구에 관한 연구(Numan & Stolzenberg, 2009)에 이르기까지 많은 다양한 연구는 적극적인 연민에 중간변연 도파민 체계가 연루되어 있음을 보여 준다(제9장과 제11장 참조). 이는 수행자들이 타자를 향해 연민을 느끼게 하는 보상과 동기를 필연적으로 증진시키면서, 신경체계가 CBCT에 의해 변화된다는 재미있는 가능성을 불러일으킨다.

과학의 현황

몸에 미치는 효과

이와 같이 전망이 밝다는 생각을 염두에 두고, 우리는 스트레스 생리학과 면역기능에 미치는 CBCT의 효과를 검증하기 위한 연구 프로그램을 시작했다. 첫 번째 연구에서(Pace et al., 2009b), 우리는 의학적, 정신병리학적으로 건강한 대학교 신입생들을 6주간의 CBCT 프로그램 또는 활발한 통제조건(건강교육 집단)에 임의적으로 할당한 다음, 그들을 심리사회적 스트레스를 유발하는 표준화된 실험에 참여시켰다(트리어 사회적 스트레스 검사, TSST). 스트레스 자극을 받기 이전과 받는 동안, 우리는 코르티솔과 전염증성 분자를 시험하기 위해 혈액 샘플을 채취했다. 초기 기대와는 달리, TSST에 대한 코르티솔 반응에서 집단과제의 효과가 없었다. 그러나 우리는 CBCT를 수행하는 시간의 양(연민집단 내에서)과 코르티솔 반응 사이에 한 가지 흥미 있는 관계를 발견했다. 집에서 실제로 수행을 했던 참가자들은 연구기간 동안 최소의 수행만을 했던 개인에 비해 코르티솔 수준이 스트레스 자극을 받기 이전의 기본 수준으로 돌아가는 속도가

의미 있게 빨랐다. 그런데 CBCT 수행은 스트레스를 유발하는 자극에 대한 초기 코르티솔 반응을 변화시키지 않았다. 이러한 결과는 CBCT가 일단 스트레스 자극이 지나가고 나면 부적응적으로 연장되는 스트레스 반응을 줄임으로써 스트레스 반응을 적절하게 유지한다는 사실을 암시한다. 이는 많은 연구에서 보아 왔듯이, 화와 일련의 정신의학적 및 의학적 병에 대한 위험을 증가시키는 반추유형을 줄인다는 의미이다(Nolen-Hoeksema, 2000).

코르티솔 발견과 마찬가지로, TSST의 선천적인 면역 전염증성 시토카인(cytokine) 반응[즉, 혈장 인터류킨, plasma interleukin (IL)-6]에서 집단 간에 아무런 차이가 없었다. 그러나 CBCT 집단 내에서 CBCT 수행을 하는 데 보낸 시간의 양이 TSST에 대한 혈장 인터류킨 반응과 강하게 연합되어 있었다. 특히 보다 많은 수행시간을 보낸 참가자는 수행을 적게 한 사람에 비해서 스트레스 유발자에 대한 혈장 인터류킨 반응을 더 적게 했다. 이러한 자료들을 통한 전체적 그림은 수행시간을 늘리는 것이 TSST에 대한 자율신경계 반응을 줄이는 것과 관련이 있다. 다시 말해서 수행을 많이 하는 것이 스트레스 유발자에 대해 낮은 혈장 인터류킨 반응을 예측한다는 의미이다(미발표 자료). 수행을 더 많이 한 참가자들이 스트레스 반응에서 자율신경계를 더 적게 활성화시키고, 즉각적인 반응 감소가 스트레스 발생 90분 후 혈장 인터류킨의 혈장농도를 감소시키는 것과 상당한 관련이 있었다. 이러한 발견은 CBCT의 수행이 염증 감소를 유발하

는 자동반응을 감소시키는 지수로서, TSST에 노출된 개인들이 받는 스트레스 수준을 감소시킨다는 사실을 제안한다. 이는 다시 말해서 모든 일련의 증거가 스트레스에 대한 자동반응이 염증을 조절하는 데 중요한 역할을 한다는 것이다(Bierhaus et al., 2006).

이러한 초기 발견들은 고무적이다. 그러나 사회적 스트레스에 대한 자동적, 신경내분비 면역반응에 미치는 CBCT의 효과가 다른 연령 집단이나 의료적 질환 및 정신적 질환을 가진 집단에도 보이는가는 알려져 있지 않다. 초기 삶의 불행에 노출된 어린이의 경우처럼 높은 염증활성화로 고통받는 사람들에게 미치는 CBCT의 효과를 검증하는 추후 연구가 있었다. 조지아주의 양육돌봄 체계에 있는 청소년(71명)이 6주간의 CBCT 그룹과 대기 그룹에 임의로 할당되었다. 초기 연구와 마찬가지로 6주간의 훈련 기간 동안 진행한 CBCT 실습 시간은 급성 반응물질의 타액 농도인 C반응성 단백질 지수인 휴지기 염증의 감소와 연합되어 있었다(Pace et al., 2013). 이러한 발견은 초기 연구 집단에서 높게 나타났던 C반응성 단백질 수준이 미국에서 양육 돌봄 조건에 있는 아동에게서 초기 아동기 트라우마 비율이 높은 것과 일치하고, 또 초기 삶의 힘겨움과 높은 C반응성 단백질 사이의 연합이 반복된다는 사실을 감안하면 특히 고무적이다(Danese et al., 2008). 이와 같이 명상이 염증을 감소시킨다는 사실이 명상 훈련 이후에도 지속되는지, 또는 질병에 대항해서 장기적으로 보호하는지는 명상과 내분비학, 또는 명상

과 면역학 분야에서 아직 해결되지 않은 중요한 질문 가운데 하나이다.

뇌에 미치는 영향

만일 CBCT가 면역기능과 스트레스 생리학을 변화시킨다면, 뇌 기능이 그러한 효과를 조절해야만 한다. 그 가능성을 검증하는 첫 시도로 Desbordes와 동료들은 건강한 성인 명상초보자를 대상으로 CBCT 종단연구를 실시했다. 참가자들은 CBCT 그룹, 마음챙김적 주의명상, 또는 건강논의 통제그룹에 임의로 할당되기 전에 기능 자기공명영상(fMRI)을 찍었다. 개입 이후에 그들은 다시 fMRI 검사를 받았다. 연구자들은 CBCT에 할당된 개인에게서 명상 수행 시간이 비록 그 효과는 겨우 통계적으로 유의미한 수준이었지만 공감을 유도하는 자각 반응에서 편도체의 활성화가 증가됨을 볼 수 있었다. 그러나 임의로 할당된 주의명상 그룹에서는 나타나지 않았다(Desbordes et al., 2012). 공감 맥락에서 편도체는 감각신호에 기반한 사회적 정보를 탐지하고 배우는 데 중요한 역할을 하는 것으로 여겨지고(Blair, 2008) 공감의 감정적 차원에 비판적으로 관여할 수도 있다(Hurlemann et al., 2010). 중요하게도 CBCT 그룹에서 관찰된 편도체 활성화의 증가는 연구기간 동안 우울에 대한 자기보고 증상을 줄이는 것과 관련이 있었다(Desbordes et al., 2012). 이는 임상적으로 우울한 사람들에 관한 연구가 아니라는 사실을 염두에 두는 것이 중요하다. 한편,

염증과 우울 간의 관련성에 관한 사실을 고려하면, 이러한 발견은 CBCT가 심리사회적 스트레스에 대한 반응과 휴지기 둘 다에 염증 생물지표를 감소시킨다고 보고했던 초기 연구들(Pace et al., 2009a; Pace et al., 2013) 및 연민기반 수행이 우울증상 감소를 유도한다는 사실을 보여 주는 연구들(Gilbert & Procter, 2006)과도 일치한다. 게다가 이는 기본적으로 개인의 고통에 의해 손상된 공감과 연민을 드러냄으로써, CBCT의 핵심 요소가 우울증상을 개선하고 선천적인 면역반응을 돕는 활동을 향상시킨다는 아이디어를 지지한다. CBCT와 관련해서 편도체 활동의 증가와 우울감소 사이에 관련성이 있다는 사실을 발견한 것은 항우울증 약이 편도체 활성화에 반대(즉, 약화시킴) 효과를 가지고 있다는 의미 있는 증거를 고려하면 놀라운 일이다(Sheline et al., 2001). 만일 미래의 연구에서 확인이 된다면, Desbordes와 동료들의 발견은 타자의 고통에 대한 정서적 반응을 줄이거나 늘리는데, 에너지를 느끼게 하고 긍정적인 효과를 느끼는 방식으로 함으로써 우울증을 감소시킬 수 있다는 것을 암시한다. 비록 이러한 사색은 과학적 탐구가 필요하지만, Desbordes 연구에서 CBCT에 참가한 초보 수행자들에게서 관찰되는 편도체 활성화의 증가는 연민기반 수행에 적극적으로 참가한 아주 경력이 많은 대부분의 장기 명상가(Lutz et al., 2008)에게서도 관찰되어 왔다.

스트레스 및 우울과 관련된 신경계에 더해서, 두 번째 연구는 CBCT가 공감 및 우울과 같은 친사회적 상태들을 지지하는 신경생리학을 변화시키는가를 조사했다. Desbordes와 동료들이 했던 것과 유사한 종단연구 설계를 사용했는데, 건강교육통제집단에 비해 CBCT에 임의로 할당된 사람들이 빈곤한 얼굴 이미지를 통해서 타자들의 정신상태를 평가하는 공감 정확도 과제(Baron-Cohen et al., 1997; Baron-Cohen et al., 2001)에서 점수가 증가했음을 발견했다(Mascaro et al., 2012). 참가자들은 fMRI 스캐너['눈 검사로 마음 읽기'(RMET)로 알려진]에서 공감 정확도 과제를 완수했고 과제 점수의 증가는 사회적 조건에 중요한 여러 뇌영역에 있는 신경활동을 증가시키는 것과 관련되어 있었다. 첫째, 점수의 증가는 안면 표정에 기반한 타자의 정신상태를 추론하는 데 필수적인 가상 거울뉴런계의 중추인 하전두회의 활동 증가와 관련되어 있었다(Carr et al., 2003; Caspers et al., 2010; Dapretto, 2006). 왜 CBCT가 하전두회 활동을 증가시켰는가는 분명하지 않지만, 다른 연구들이 가상거울 체계를 동기가 조절한다는 사실을 보여 주었고(예: Cheng et al., 2007), CBCT는 타자에 대한 조망을 취하도록 참가자의 동기를 증가시켰을 수도 있다.

RMET 검사에서 공감 정확도가 증진된 것은 또한 타자의 마음 상태를 읽는 데 중요한 영역인 배내측 전전두엽의 활동 증가에 CBCT가 관련되어 있었다(Lieberman, 2007). 배내측 전전두엽의 활동은 상대적으로 통제된 반성적인 조망수용과 관련 있는 것으로 여겨지고, 그래서 이 연구의 결과는 CBCT가 보다 인지적인 공감요소를 증진시켰으며, 그 결과 타자의 마음 상태를 정확하게 보고하는 참가자의 능력을 증가시켰다(Mascaro et al., 2012).

때로 부정적인 결과는 긍정적인 결과만큼 중요한데, 이 경우가 그러한 예이다. 여기에 제시된 발견은 요구 특성으로 해석되어야만 한다. 즉, 연구 결과는 실험 목적에 대해 참가자가 가지고 있는 암시적 또는 명백한 믿음에 의해 가장 잘 설명되는데, 이것이 바로 참가자의 행동을 결정한다. 그러나 이러한 가능성은 분명하게 줄어든다. 왜냐하면 동일한 참가집단은 또한 CBCT가 공감이나 연민과 관계된 신경활동을 증진시킨다는 가설에 기초해서 고통스러운 충격을 받고 있는 사람들에 관한 비디오를 보는 고통에 대한 공감 과제를 완성했기 때문이다(Lamm et al., 2010). 우리는 CBCT가 정서적인 아픔 반응을 모의실험하거나 연민에 중요하다고 알려진 영역의 신경활동을 변화시켰다는 사실을 발견하지 못했다(Mascaro et al., 2013b). 이는 뇌에 미치는 CBCT의 효과가 구체적이고 기대편향에 의해 설명되지 않는다는 사실을 암시한다. 요약하면, 지금까지의 연구는 CBCT가 공감지각/운동과 인지적 측면에 중요한 뇌의 영역인 편도체, 하전두회, 배내측 전전두엽을 표적으로 삼고 있다는 사실을 암시한다. 고통에 대한 감각이나 애정적인 경험을 모의실험하는 데 중요한 뇌의 영역들은 지금까지 CBCT 훈련에 의해 변화하지 않는 것으로 보인다.

최종 주의 사항

심리사회적 스트레스의 염증반응에 관한 CBCT의 효과에 대해 우리의 초기 연구는 CBCT의 항염증성 효과와 관련된 매우 거대한 반복연구를 실행하기 위해서, 그리고 나아가 CBCT를 마음챙김 명상뿐만 아니라 건강 논의 집단과도 비교하기 위해서 우리의 연구단체가 자금 지원을 받을 수 있을 정도로 충분한 관심을 축적했다. 그 결과들이 출판을 준비하고 있다. 그러나 초기 분석은 어떤 개입도 관련된 행동이나 생물학적인 측정에 영향을 미치지 않았다. 그러므로 이전 연구에서 제시되었던 과도하게 긍정적인 발견이 보다 더 많은 연구를 통해서 CBCT의 잠재적 이익이 동일하게 반복적으로 나오지 않았기 때문에 연구에 대한 열정이 다소 수그러들 것이다. 그러나 연구들이 정교해짐에 따라서 이러한 부정적인 결과는 CBCT가 뇌와 몸에 영향을 미치는 방식에 중요한 차이를 드러내는 것이 가능해질 것이다.

난제, 미해결된 문제, 그리고 미래 연구

간단히 말해서, 여기서 검토한 연구는 CBCT가 심리사회적 스트레스로 인한 전염증과 장기적인 코르티솔 반응을 완화시키는 데 도움을 줄 수 있음을 암시한다. 그리고 초기 삶의 고난이 평생 지속되는 만성적인 선천 면역 활성이 높아진 청소년에게 CBCT가 말초 염증의 휴지기 수준을 감소시킬 수 있다고 한다. 게다가 CBCT는 공감 정확도를 증진시키면서, 편도체, 하전두회, 배내측 전전두엽의 활동을 증가시키고, 공감자극에 대한 신경활동 반응에 영향을 미친다. 분명 다음 단계는 이렇게 몸과 뇌에 미치는 외형적 효과가 관련이 있는지의 여부를 검증하는 것이다. 즉, 면역기능과 스트레스 생리학에서의 변화가 중추신경계 변화와 관련이 있는지, 만일 있다면 어떻게 있는지 검증하는 것이다. 관련이 있다면, 연민 수준이 면역기능과 스트레스 생리의 변화를 조정하는지 여부를 검증하는 것이 중요할 것이다. 이러한 검토는 또한 이 장 뒷부분에서 상술할 CBCT에 관한 미래 연구가 부딪치게 될 여러 도전에 대해 관심을 가질 것을 강조한다.

부정적인 발견

가장 확실한 수수께끼는 성인을 대상으로 한 많은 연구에서 나온 부정적인 발견이다. 명상연구에서 부정적인 발견은 흔히 추적해 보지 않는다. 그리고 출판 편향에 대해서 일종의 공식적인 통계분석이 행해진 적도 없는 것으로 알고 있다. 그런데 최근 메타분석은 편향이 명상연구에 존재하는 한 가지 문제라고 주장한다(Goyal et al., 2014). 명상연구 분야에서 흔히 명상 수행에 사적으로 관여하는 연구자들은 특히 부정적인 발견은 발표하지 않기 때문에(대신에 서류 보관함으로 밀려나는),

드러난 효과를 그릇되게 과장하는 '파일서랍(file drawer)' 효과에 주의를 기울여야 한다고 한다. CBCT의 경우에, 상반된 발견들이 이론적으로 보다 흥미 있는 상태를 보여 줄 수 있다(미래 의문은 [글상자 19-1]에 요약되어 있다). 가장 단순한 수준에서, 명상 수행이 뭔가를 할 수 있다는 이유 때문에, 명상은 어떤 주어진 개체군에서 그렇게 할 것이라는 것을 의미하지는 않으며, 그것이 어떤 일련의 이유들로 인해서 사실이 될 수도 있다는 사실을 기억하는 것이 중요하다.

젊음과 가소성

CBCT 연구에서 가장 일치하는 긍정적 발견은 놀랍게도 청소년과 대학생 연령, 그리고 그보다 더 어린 사람을 대상으로 한 연구에서 볼 수 있다. 면역체계에 미치는 긍정효과의 평균 연령은 18.5세(Pace et al., 2009b)와 14.7세(Pace et al., 2013)인 반면, 염증에 대한 CBCT의 효과가 발견되지 않는 보다 최근 연구의 평균 연령은 33.9세이다. 초기 삶의 우울이 훗날 염증에 중요한 역할(Raison et al., 2010)을 하는 것으로 알려진 많은 현대의 질병 발달을 예측한다는 반복된 관찰을 감안하면, 청소년 집단에 미치는 CBCT의 효과는 특별히 중요하다. 만일 나이가 정말로 CBCT의 효과에 영향을 미친다면, 이러한 현상을 어떻게 설명할 수 있는가? 어쩌면 강력한 가소성이 CBCT로 하여금 이 시기 동안에 특별히 작용하게 하는 것일 수도 있다. 이와 관련해서

CBCT(인지기반 자비 훈련)와 관련된 미래 질문

미래 질문

1. 어느 추정 활성 성분이 CBCT의 작용에 작동하는가?
2. 연민의 변화가 면역기능과 스트레스 생리학에 있는 CBCT와 관계된 변화를 조정하는가?
3. 어떻게 성격바탕과 생리학이 CBCT 훈련에 영향을 미치는가?
4. 옥시토신 시스템은 CBCT 훈련에 의해 강화되었는가?
5. CBCT가 어떤 연령의 수행자에게 보다 더 많은 영향을 미치는가?

하나 또는 그 이상의 CBCT의 추정 활성 성분이 후기 청소년기와 초기 성인기 동안에 영향을 더 잘 받을 수도 있다. 젊은 성인은 또한 더 많은 자동신경계를 가지고 있다. 스트레스에 대한 자동신경계 반응의 감소와 염증성 시토카인의 추가 감소 사이에 어떤 연관성이 있음을 고려할 때, CBCT의 중요한 활성기제는 젊은 사람들에게 더 도움이 될 수 있다. 또는 CBCT가 젊은 연령층과 더 잘 공명하는 것일 수도 있다. 만일 그러한 경우라면, 우리는 수행시간과 출석이 젊은 연령층에서 상대적으로 더 높게 나온 것으로 기대할 수도 있다. 마찬가지로 미래 연구를 통해 자기보고식으로 CBCT를 받은 후의 효과를 비교하는 것은 CBCT가 젊은 연령층과 더 잘 공명한다는 가설을 검증하는 데 유익할 것이다.

인지에 기반한 자비 훈련 영향의 중재자

아직까지 앞서 언급한 잘 짜여진 메타분석을 실행하기에 충분할 정도로 CBCT에 관한 일관된 연구는 없다. 그러나 CBCT가 특정한 집단과 더 잘 공명할 수 있다는 개념은 연민과학 분야와 CBCT에 관해 보다 구체적으로 연구할 수 있는 광범위한 문제를 가리킨다. 즉, 자비 훈련과 명상의 효과를 보다 광범위하게 이해하고, 과소평가된 효과를 이해하는 데 중요한 요인은 이면에 있는 성격과 생물학적 프로필이 초보자가 CBCT와 같은 명상적인 연민수행을 시작하는 방법, 다시 말해서 생물학적인 수행 결과를 조절하는 방법을 형성할 가능성이다. 여기에 또 다시 CBCT에 관한 연구가 혼재되어 있다. 한 연구는 CBCT에 앞서서 시행된 트리어 사회적 스트레스 검사에 대한 반응과 피험자의 추가 명상 수행 사이에 아무런 관련성을 발견하지 못한(Pace et al., 2016) 반면에, 두 개의 다른 연구는 연민과 공감 관련 뇌 활동의 기저수준이 수행시간과 긍정적으로 관련되어 있다고 주장한다(Mascaro et al., 2016; Mascaro et al., 2013b). 이러한 발견에 대한 결정적인 영향, 특히 임상 개체군에서 CBCT 훈련에 중요한 것은 CBCT로부터 가장 유익을 얻을지도 모를 사람들에게 CBCT가 가장 어렵거나 가장 공명이 작을 수도 있다는 사실이다. 관련된 의문은 수행자의 신앙심이나 영적인 믿음이 CBCT의 참여에 영향을 미치는가이다. 이는 CBCT가 불교에서 왔고 다른 연민 프로그램에 비해 상대적으로 덜 세속화되어서 임상적인 영향이 적다는 점을 고려할 때 특히 중요할 수도 있다.

관련된 문제는 수행자의 목적이 명상 결과에 영향을 미친다는 생각이다. 마음챙김에 관한 연구는 수행자의 의도에 관심을 둠으로써 혜택을 봤다(Shapiro et al., 2006). 예를 들면, 한 연구는 위파사나(Vipassana) 수행자의 목적이 그들의 수행에 영향을 미친다는 사실을 보여 주었다(Shapiro, 1992). 흥미롭게도 CBCT에 관한 우리의 연구에서는 뇌 기능에 미치는 CBCT의 효과가 수행자의 목적에 의해 조정되지 않았기 때문에 위파사나와 마음챙김에서 나온 결과와 일치하지 않는다(Mascaro, 2011). 수행자의 의도와 목적은 특정한 명상 수행에 더 많은 영향을 미치는 것 같다.

수행시간

CBCT에 관해 밝혀진 또 다른 의문은 수행의 중요성이다. 수업시간 동안에 CBCT 내용에 관한 이론적 가르침을 듣는 것으로 충분한 것인지, 아니면 방석 위에서 보내는 시간이 반드시 필요한 것인지이다. 몇몇 연구는 CBCT의 생물학적 효과가 수행시간과 관계가 있다는 사실을 지적했고(Desbordes et al., 2012; Pace et al., 2013; Pace et al., 2009b), 다른 연구들은 수행시간과 결과 사이에 어떤 관계를 발견하지 못했다(Mascaro et al., 2012). 이러한 상반된 발견은 수행시간이 특정한 결과

를 좀 더 직접적으로 조정하거나 특정한 개체군에 더 중요하다는 사실을 지적한다. 명상 수행이 부여하는 효과 이면에 있는 기제에 대한 의문은 명상과학 분야 내에서 보다 광범위하게 일어나고 있고, 최근의 연구 설계는 수행시간과 이론수업 시간의 중요성을 경험적으로 검증하기 시작했으며(예를 들면, Jha et al., 2015), 이것이 CBCT에 관한 미래 연구의 한 모형으로 기여할 수 있다.

옥시토신에 관한 한마디

옥시토신 체계가 공감에 중요한 역할을 한다고 제안하는 문헌들이 빠르게 성장하는 것을 고려해 볼 때, 우리는 CBCT의 효과가 적어도 어느 정도까지는 이러한 체계의 변화를 조절한다고 예측한다. 이러한 직관은 옥시토신이 광범위하게 작용하는 신경조절물질(Carter, 2014)로서 역할한다는 사실에 의해 지지받는다. 이는 스트레스 생리학, 면역기능, 사회적 인지에 미치는 CBCT의 여러 효과에 대해 인색한 설명을 제공한다. 여러 연구는 눈검사로 마음을 읽는 RMET(Reading the Mind the Eyes Test)에 대한 공감 정확도 성과가 옥시토신 체계 관리에 의해 영향을 받는다는 사실을 지적한다(Rodrigues et al., 2009). 게다가 옥시토신 조절이 CBCT에서 관찰된 변화와 유사한 방식으로 심리사회적 스트레스 반응에 영향을 미친다(Pace et al., 2009b). 흥미롭게도 또 다른 연구는 옥시토신 조절이 고통에 대한 공감 과제에 대해 신경반응에 아

무런 영향이 없다는 것을 보여 준다는 사실은 옥시토신이 우리가 CBCT에서 관찰한 효과나 효과의 부재 둘 다에 중요한 역할을 할 수도 있다는 것을 암시한다.

옥시토신 체계에서의 변화는 신경계 활동 기능에 영향을 미치는 뉴로펩티드 순환 수준 증가, 수용기 밀도 증가, 또는 이 둘 다를 포함할 수 있다. 그러나 지금까지 우리가 아는 바로는 CBCT나 어떤 명상 수행도 옥시토신 체계를 변화시킨다는 증거는 없다. 이는 아마도 옥시토신의 중추신경계 수준을 검사하는 것이 매우 어렵기 때문에 방법론적인 어려움을 반영하는 것으로 보이며 혈장 측정이 뇌와 행동에 영향을 미치는 옥시토신 수준을 정확하게 반영하지 못할 수도 있다(Kagerbauer et al., 2013). 초기 시도들은 옥시토신에 대해 양전자 방사 단층촬영 방사성리간드를 발달시키기 위한 시도 중에 있고(Baribeau & Anagnostou, 2015; Smith et al., 2013), 만일 이러한 혁신이 인간에게 사용하는 데 적합하다면 옥시토신에 관한 혁신적인 연구가 될 것이다. 또한 명상연구가들이 최근에 파악하기 어려운 가설을 보다 직접적으로 검증할 수 있게 될 것이다.

결론

CBCT에 관한 연구는 유아 수준 단계에 있지만 초기 발견에서 보이는 조짐과 수수께끼에 의해 가속화되고 있다. 이번 검토는 CBCT

가 면역기능과 스트레스 생리학을 변경시킬 뿐만 아니라 공감과 사회적 연결감을 지지하는 신경생물학도 변화시킨다는 사실을 지적한다. 연민과학 분야가 발전될수록 CBCT와 같은 특정한 수행에 대해, 특히 공감손상에 의한 임상개체군을 위해 엄격한 기계론적인 검사가 이루어질 것이다. 미래 연구는 CBCT가 어떻게 수행자의 웰빙에 영향을 미치는가를 가장 잘 이해하기 위해 기계론적인 검증을 행동적, 심리적 평가와 연결하게 될 것이다.

참고문헌

Baribeau, D. A., & Anagnostou, E. (2015). Oxytocin and vasopressin: Linking pituitary neuropeptides and their receptors to social neurocircuits. *Frontiers in Neuroscience, 9,* 335.

Baron-Cohen, S., Jolliffe, T., Mortimore, C., & Robertson, M. (1997). Another advanced test of theory of mind: Evidence from very high functioning adults with autism or Asperger syndrome. *Journal of Child Psychology & Psychiatry, 38,* 813-822.

Baron-Cohen, S., Wheelwright, S., Hill, J., Raste, Y., & Plumb, I. (2001). The "Reading the Mind in the Eyes" Test revised version: A study with normal adults, and adults with Asperger syndrome or high-functioning autism. *Journal of Child Psychology & Psychiatry, 42,* 241-251.

Bierhaus, A., Humpert, P. M., & Nawroth, P. P. (2006). Linking stress to inflammation. *Anesthesiology Clinics, 24,* 325-340.

Blair, R. J. R. (2008). The amygdala and

ventromedial prefrontal cortex: Functional contributions and dysfunction in psychopathy. *Philosophical Transactions of the Royal Society B: Biological Sciences, 363*, 2557-2565.

Carr, L., Iacoboni, M., Dubeau, M.-C., Mazziotta, J. C., & Lenzi, G. L. (2003). Neural mechanisms of empathy in humans: A relay from neural systems for imitation to limbic areas. *Proceedings of the National Academy of Sciences, 100*, 5497-5502.

Carter, C. S. (2014). Oxytocin pathways and the evolution of human behavior. *Annual Review of Psychology, 65*, 17-39.

Caspers, S., Zilles, K., Laird, A. R., & Eickhoff, S. B. (2010). ALE meta-analysis of action observation and imitation in the human brain. *Neuroimage, 50*, 1148-1167.

Cheng, Y., Meltzoff, A. N., & Decety, J. (2007). Motivation modulates the activity of the human mirror-neuron system. *Cerebral Cortex, 17*, 1979-1986.

Cole, S. W. (2009). Social regulation of human gene expression. *Current Directions in Psychological Science, 18*, 132-137.

Cole, S. W., Levine, M. E., Arevalo, J. M. G., Ma, J., Weir, D. R., & Crimmins, E. M. (2015). Loneliness, eudaimonia, and the human conserved transcriptional response to adversity. *Psychoneuroendocrinology, 62*, 11-17.

Cusi, A. M., MacQueen, G. M., Spreng, R. N., & McKinnon, M. C. (2011). Altered empathic responding in major depressive disorder: Relation to symptom severity, illness burden, and psychosocial outcome. *Psychiatry Research, 188*, 231-236.

Danese, A., Moffitt, T. E., Pariante, C. M.,

Ambler, A., Poulton, R., & Caspi, A. (2008). Elevated inflammation levels in depressed adults with a history of childhood maltreatment. *Archives in General Psychiatry, 65*, 409-415.

Dapretto, M. (2006). Understanding emotions in others: Mirror neuron dysfunction in children with autism spectrum disorders. *Nature Neuroscience, 9*, 28-30.

Desbordes, G., Negi, L. T., Pace, T. W., Wallace, B. A., Raison, C. L., & Schwartz, E. L. (2012). Effects of mindful-attention and compassion meditation training on amygdala response to emotional stimuli in an ordinary, non-meditative state. *Frontiers in Human Neuroscience, 292*, 1-15.

Desbordes, G., Negi, L. T., Pace, T. W., Wallace, B. A., Raison, C. L., & Schwartz, E. L. (2014). Effects of eight-week meditation training on hippocampal volume: A comparison of mindful attention training and cognitively based compassion training. *The Journal of Alternative and Complementary Medicine, 20*, A24-A24.

Desbordes, G., Negi, L. T., Pace, T. W. W., Wallace, A. B., Raison, C., & Schwartz, E. L. (2012b). Effects of mindful-attention and compassion meditation training on amygdala response to emotional stimuli in an ordinary, non-meditative state. *Frontiers in Human Neuroscience, 6*, 1-15.

Domes, G., Heinrichs, M., Michel, A., Berger, C., & Herpertz, S. C. (2007). Oxytocin improves "mind-reading" in humans. *Biological Psychiatry, 61*, 731-733.

Dweck, C. S., & Leggett, E. L. (1988). A social-cognitive approach to motivation and personality. *Psychological Review*, *95*, 256.

Emmons, R. A., McCullough, M. E. (2003). Counting blessings versus burdens: An experimental investigation of gratitude and subjective well-being in daily life. *Journal of Personality and Social Psychology*, *84*, 377.

Fredrickson, B. L., Cohn, M. A., Coffey, K. A., Pek, J., & Finkel, S. M. (2008). Open hearts build lives: Positive emotions, induced through loving-kindness meditation, build consequential personal resources. *Journal of Personality and Social Psychology*, *95*, 1045.

Fredrickson, B. L., Grewen, K. M., Coffey, K. A., Algoe, S. B., ... Firestine, A. M. (2013). A functional genomic perspective on human well-being. *Proceedings of the National Academy of Sciences*, *110*, 13684-13689.

Galante, J., Galante, I., Bekkers, M.-J., & Gallacher, J. (2014). Effect of kindness-based meditation on health and well-being: A systematic review and meta-analysis. *Journal of Consulting and Clinical Psychology*, *82*(6), 1101-1114.

Gilbert, P., & Procter, S. (2006). Compassionate mind training for people with high shame and self-criticism: Overview and pilot study of a group therapy approach. *Clinical Psychology & Psychotherapy*, *13*, 353-379.

Goyal, M., Singh, S., Sibinga, E. M., Gould, N. F., Rowland-Seymour, A., Sharma, R., ... & Ranasinghe, P. D. (2014). Meditation programs for psychological stress and well-being: A systematic review and meta-analysis. *Journal of the American Medical Association: Internal Medicine*, *174*, 357-368.

Guastella, A. J., Einfeld, S. L., Gray, K. M., Rinehart, N. J., ... Tonge, B. J. (2010). Intranasal oxytocin improves emotion recognition for youth with autism spectrum disorders. *Biological Psychiatry*, *67*, 692-694.

His Holiness the Dalai Lama. (2001). *An Open Heart*. New York: Little Brown and Company.

Hill, P. L., Allemand, M., & Roberts, B. W. (2013). Examining the pathways between gratitude and self-rated physical health across adulthood. *Personality and Individual Differences*, *54*, 92-96.

Hurlemann, R., Patin, A., Onur, O. A., Cohen, M. X., ... Baumgartner, T. (2010). Oxytocin enhances amygdala-dependent, socially reinforced learning and emotional empathy in humans. *The Journal of Neuroscience*, *30*, 4999-5007.

Hutcherson, C. A., Seppälä, E. M., & Gross, J. J. (2008). Loving-kindness meditation increases social connectedness. *Emotion*, *8*, 720.

Inagaki, T. K., Muscatell, K. A., Irwin, M. R., Cole, S. W., & Eisenberger, N. I. (2012). Inflammation selectively enhances amygdala activity to socially threatening images. *Neuroimage*, *59*, 3222-3226.

Jazaieri, H., Jinpa, G. T., McGonigal, K., Rosenberg, E. L., ... Finkelstein, J. (2013). Enhancing compassion: A randomized controlled trial of a compassion cultivation training program. *Journal of Happiness Studies*, *14*, 1113-1126.

Jha, A. P., Morrison, A. B., Dainer-Best, J., Parker, S., Rostrup, N., & Stanley, E. A. (2015). Minds "at attention": Mindfulness training curbs attentional lapses in military cohorts. *PLoS ONE*, *10*, e0116889.

Jinpa, T., Gyalchok, S., & Gyaltsen, K. (2014). *Mind Training: The Great Collection*. New York: Simon & Schuster.

Kagerbauer, S. M., Martin, J., Schuster, T., Blobner, M., Kochs, E. F., & Landgraf, R. (2013). Plasma oxytocin and vasopressin do not predict neuropeptide concentrations in human cerebrospinal fluid. *Journal of Neuroendocrinology, 25*, 668-673.

Kim, J.-W., Kim, S.-E., Kim, J.-J., Jeong, B., ... Park, C.-H. (2009). Compassionate attitude towards others' suffering activates the mesolimbic neural system. *Neuropsychologia, 47*, 2073-2081.

Lamm, C., Decety, J., & Singer, T. (2010). Meta-analytic evidence for common and distinct neural networks associated with directly experienced pain and empathy for pain. *Neuroimage, 54*, 2492-2502.

Lieberman, M. D. (2007). Social cognitive neuroscience: A review of core processes. *Annual Review of Psychology, 58*, 259-289.

Lutz, A., Brefczynski-Lewis, J., Johnstone, T., & Davidson, R. J. (2008). Regulation of the neural circuitry of emotion by compassion meditation: Effects of meditative expertise. *PLoS ONE, 3*, e1897.

Mascaro, J. S. (2011). *A Longitudinal Investigation of Empathic Behavior and Neural Activity and Their Modulation by Compassion Meditation*. Atlanta, GA: Emory University.

Mascaro, J. S., Darcher, A., Negi, L. T., & Raison, C. L. (2015). The neural mediators of kindness-based meditation: A theoretical model. *Frontiers in Psychology, 109*, 1-12.

Mascaro, J. S., Hackett, P. D., & Rilling, J.

K. (2013a). Testicular volume is inversely correlated with nurturing-related brain activity in human fathers. *Proceedings of the National Academy of Sciences, 110*, 15746-15751.

Mascaro, J. S., Kelley, S., Darcher, A., Negi, L. T., ... Worthman, C. M. (2016). Meditation buffers medical student compassion from the deleterious effects of depression. *The Journal of Positive Psychology*, 1-10.

Mascaro, J. S., Rilling, J. K., Negi, L. T., & Raison, C. (2012). Compassion meditation enhances empathic accuracy and related neural activity. *Social Cognitive and Affective Neuroscience, 8*(1), 48-55.

Mascaro, J. S., Rilling, J. K., Negi, L. T., & Raison, C. L. (2013b). Pre-existing brain function predicts subsequent practice of mindfulness and compassion meditation. *Neuroimage, 69*, 35-42.

Moll, J., Krueger, F., Zahn, R., Pardini, M., de Oliveira-Souza, R., & Grafman, J. (2006). Human fronto-mesolimbic networks guide decisions about charitable donation. *Proceedings of the National Academy of Sciences, 103*, 15623-15628.

Morelli, S. A., Rameson, L. T., & Lieberman, M. D. (2012). The neural components of empathy: Predicting daily prosocial behavior. *Social Cognitive and Affective Neuroscience, 9*(1), 39-47.

Musselman, D. L., Lawson, D. H., Gumnick, J. F., Manatunga, A. K., ... Penna, S. (2001). Paroxetine for the prevention of depression induced by high-dose interferon alfa. *New England Journal of Medicine, 344*, 961-966.

Neff, K. (2003). Self-compassion: An alternative

conceptualization of a healthy attitude toward oneself. *Self and Identity*, *2*, 85-101.

Nolen-Hoeksema, S. (2000). The role of rumination in depressive disorders and mixed anxiety/depressive symptoms. *Journal of Abnormal Psychology*, *109*, 504-511.

Numan, M., & Stolzenberg, D. S. (2009). Medial preoptic area interactions with dopamine neural systems in the control of the onset and maintenance of maternal behavior in rats. *Frontiers in Neuroendocrinology*, *30*, 46-64.

Ozawa-de Silva, B., Dodson-Lavelle, B. (2011). An education of heart and mind: Practical and theoretical issues in teaching cognitive-based compassion training to children. *Practical Matters*, *1*, 1-28.

Pace, T. W., Negi, L. T., Adame, D. D., Cole, S. P., ... Sivilli, T. I. (2009a). Effect of compassion meditation on neuroendocrine, innate immune and behavioral responses to psychosocial stress. *Psychoneuroendocrinology*, *34*, 87-98.

Pace, T. W., Negi, L. T., Dodson-Lavelle, B., Ozawa-de Silva, B., ... Reddy, S. D. (2013). Engagement with cognitively-based compassion training is associated with reduced salivary C-reactive protein from before to after training in foster care program adolescents. *Psychoneuroendocrinology*, *38*, 294-299.

Pace, T. W., Negi, L. T., Sivilli, T. I., Issa, M. J., ... Cole, S. P. (2010a). Innate immune, neuroendocrine and behavioral responses to psychosocial stress do not predict subsequent compassion meditation practice time. *Psychoneuroendocrinology*, *35*, 310-315.

Pace, T. W., Negi, L. T., Sivilli, T. I., Issa, M. J., ... Cole, S. P. (2010b). Innate immune, neuroendocrine and behavioral responses to psychosocial stress do not predict subsequent compassion meditation practice time. *Psychoneuroendocrinology*, *35*, 310-315.

Pace, T. W. W., Negi, L. T., Adame, D. D., Cole, S. P., ... Sivilli, T. I. (2009b). Effect of compassion meditation on neuroendocrine, innate immune and behavioral responses to psychosocial stress. *Psychoneuroendocrinology*, *34*, 87-98.

Raison, C. L., Lowry, C. A., & Rook, G. A. (2010). Inflammation, sanitation, and consternation: Loss of contact with coevolved, tolerogenic microorganisms and the pathophysiology and treatment of major depression. *Archives in General Psychiatry*, *67*, 1211-1224.

Rilling, J. K. (2013). The neural and hormonal bases of human parental care. *Neuropsychologia*, *51*, 731-747.

Rodrigues, S. M., Saslow, L. R., Garcia, N., John, O. P., & Keltner, D. (2009). Oxytocin receptor genetic variation relates to empathy and stress reactivity in humans. *Proceedings of the National Academy of Sciences*, *106*, 21437-21441.

Schumann, K., Zaki, J., & Dweck, C. S. (2014). Addressing the empathy deficit: Beliefs about the malleability of empathy predict effortful responses when empathy is challenging. *Journal of Personality and Social Psychology*, *107*, 475.

Shapiro, D. H. (1992). A preliminary study of long term meditators: Goals, effects, religious orientation, cognitions. *Journal of Transpersonal Psychology*, *24*, 23-39.

Shapiro, S. L., Carlson, L. E., Astin, J. A.,

& Freedman, B. (2006). Mechanisms of mindfulness. *Journal of Clinical Psychology*, *62*, 373-386.

Sheline, Y. I., Barch, D. M., Donnelly, J. M., Ollinger, J. M., Snyder, A. Z., & Mintun, M. A. (2001). Increased amygdala response to masked emotional faces in depressed subjects resolves with antidepressant treatment: An fMRI study. *Biological Psychiatry*, *50*, 651-658.

Singer, T., Snozzi, R., Bird, G., Petrovic, P., … Silani, G. (2008). Effects of oxytocin and prosocial behavior on brain responses to direct and vicariously experienced pain. *Emotion*, *8*, 781.

Smith, A. L., Freeman, S. M., Voll, R. J., Young, L. J., & Goodman, M. M. (2013). Investigation of an F-18 oxytocin receptor selective ligand via PET imaging. *Bioorganic & Medicinal Chemistry Letters*, *23*, 5415-5420.

Steffen, P. R., & Masters, K. S. (2005). Does compassion mediate the intrinsic religion-health relationship? *Annals of Behavioral Medicine*, *30*, 217-224.

Wallace, B. A. (2001). Intersubjectivity in Indo-Tibetan Buddhism. *Journal of Consciousness Studies*, *8*, 5-7.

Wood, A. M., Froh, J. J., & Geraghty, A. W. (2010). Gratitude and well-being: A review and theoretical integration. *Clinical Psychology Review*, *30*, 890-905.

Wood, A. M., Maltby, J., Gillett, R., Linley, P. A., & Joseph, S. (2008). The role of gratitude in the development of social support, stress, and depression: Two longitudinal studies. *Journal of Research in Personality*, *42*, 854-871.

제5부

사회심리학 및 사회학적 접근

제20장

연민붕괴: 왜 우리는 많은 수의 희생에 둔감한가

C. Daryl Cameron

요약

이 장에서는 고통받는 피해자가 한 사람일 때에 비해 여러 사람일 때는 연민의 느낌이나 행동이 감소하는 경향이 있다는 연민붕괴 현상에 관해 논의한다. 이런 현상은 자연 재해나 인종 학살 같은 많은 수의 사람이 피해자로 고통받는 상황에 대해 어떻게 반응하고 또한 반응해야 하는가에 관한 사람들의 일반적인 기대와 상반되는 것이다. 정확히 말하자면, 연민이 가장 필요할 것 같은 경우인데 오히려 연민을 덜 느끼는 현상이다. 이 장에서 나는 이런 효과를 발견한 연구들을 설명하고 왜 연민붕괴가 일어나는가에 대한 두 개의 설명을 비교할 것이다. 하나는 기본적인 연민 역량의 한계에 초점을 맞춘 설명이고, 다른 하나는 사람들이 전략적으로 연민을 회피하게 하는 동기요인에 초점을 맞춘 것이다. 이런 현상에 대해 열려 있는 질문과 향후 연구 방향을 논의하는 것으로 마무리한다.

핵심용어

연민, 이타주의, 공감, 동기, 정서 조절, 친사회적

2015년 여름, 두 개의 뉴스 기사가 대중의 강력한 관심을 끌었다. 하나는 한 미국인 사냥꾼이 Cecil이라는 유명한 아프리카 사자를 보호 구역 밖으로 유인해서 살해한 사건이었다. 즉각 대중의 분노가 폭발했고 이 사건은 정의와 동물 권리에 대한 큰 관심을 촉구하였다. 반면에 매년 수천 마리의 동물이 스포츠를 위해 살해되지만, 사람들은 이런 것에 대해서는 거의 반응이 없다. 같은 해 늦은 여름

사람들은 고국에서 박해를 피하려 탈출하다가 익사한 한 시리아 소년의 처참한 사진을 보게 되었다. 그 이미지는 충격적이었고 전 세계에서 강력한 연민과 지원의 목소리를 불러일으켰다. 그러나 고통받고 있거나 살해당한 수천 명의 시리아 난민은 그런 종류의 강력한 동정적 반응을 이끌어 내지 못하고 있다. 연민은 누군지 알 수 있는 한 사람의 피해자와 마주했을 때는 매우 강력해 보이는 반

면, 하나의 집단과 마주할 때는 연민이 약해지는 것 같다.

이 사례는 위기에 처한 피해자의 수가 증가함에 따라 연민의 정서와 행동이 감소하는 연민붕괴(compassion collapse)라는 현상을 보여 준다. 이런 효과는 두 가지 이유로 놀랍다. 첫째, 그것은 우리가 그러한 상황에서 어떤 반응을 보일지에 대한 우리의 기대, 즉 연민은 피해자 숫자에 따라 선형 방식으로 증가할 것이라는 기대와 모순된다. 둘째, 이런 현상은 하나하나의 인간 생명이 무엇과도 바꿀 수 없는 가치가 있다는 점을 감안하면 우리가 어떻게 대응해야만 하는가에 대한 우리 대부분의 기대와 상반된다. 이 장에서는 이런 효과를 기록한 연구를 소개하고 이 효과의 발생 이유에 대한 두 가지 상반되는 설명을 비교할 것이다. 하나는 연민에 대한 기본적인 역량 한계에 초점을 맞춘 것이고 다른 하나는 사람들이 전략적으로 연민을 회피하게 하는 동기요인에 초점을 맞춘 것이다. 이 현상에 대한 열린 질문과 향후 연구 방향을 논의하는 것으로 글을 마무리할 것이다.

이 글에서 나는 Goetz와 동료들(2010)이 제공한 '연민은 다른 사람의 괴로움을 목격했을 때 발생하며 도와주려는 욕구를 동기화하는 느낌'이라는 정의를 사용한다. 연민은 다른 사람과 동일한 내적 상태를 느끼는 공감의 한 측면인 경험 공유(experience-sharing)와 다르며, 타인의 생각과 느낌을 이해하려고 적극적으로 시도하는 관점 수용(perspective-taking)과도 다르다(Decety & Cowell, 2014). 나는 연민을 별개인 하나의 정서(emotion)로서, 즉 현재 자신의 환경과 관련해서 얼마나 좋은/싫은 그리고 흥분/안정 상태의 느낌인가 하는 핵심 감정(Russell, 2003) 및 삶의 경험과 문화적 규범을 통해 축적된 연민에 대한 개념지식(이 책 제21장, Birgit-Koopman & Tsai 참조)에서 생겨난 하나의 정신적 상태로 정의한다. 이렇듯, 연민은 긍정적인 감정(affect)과 동일하지 않은데, 이에 대해서는 나중에 다시 언급한다. 마지막으로, 하나의 정서로서 연민은 기부와 같은 '연민적 행동'과 구분된다. 행동은 다양한 정서, 동기 및 감정 상태에 의해 복합적으로 결정되며(Batson, 이 책 제3장 참조), 특정 정서와 특정 행동 간의 관계가 다양하다는 점(Cameron, Lindquist, & Gray, 2015)을 고려하면, 정서와 행동 효과를 구분하는 것이 중요하다.

연민붕괴란 무엇인가

연민은 보살핌의 정서이다. 타인이 위해를 당한다는 인식에 의해 유발되며 고통을 줄이려는 행동을 유발한다. 관련된 피해자가 많은 경우처럼 피해와 괴로움이 클수록 연민이 증가할 것으로 기대하는 것이 합리적이다. 울고 있는 아이처럼 쉽게 인식할 수 있는 한 사람의 피해자는 우리의 마음을 잘 움직일 수 있다. 그래서 그런 아이가 네 명이라면 분명히 도움이 필요한 사람 수에 비례하여 더 많은 연민을 느낄 것이다. 이런 양상은 사람들에게 어떤 위기 상황에 자신이 어떻게 대응할지 예측해 보라는 질문을 했을 때 나타나는 양상이며(Dunn & Ashton-James, 2008), 사람들이 적절한 규범적 반응으로 추천하는 것이기도 하다(Dickert et al., 2015). 그러나 많은 연구에서 정확히 반대 패턴이 나타난다. 즉, 위기에 처한 피해자의 수가 증가할수록 연민적인 정서와 행동이 오히려 감소한다는 것이다. 연민은 그것이 가장 필요한 순간에 무너지는 것 같다.

이런 효과를 보여 준 초기 연구 중 하나에서 Kogut과 Ritov(2005)는 참가자에게 의료지원이 필요한 아동 수를 한 명 또는 여덟 명으로 제시하고 아동을 식별할 수 있는 정보의 양을 달리 제공하였다. 그들은 돈을 기부하려는 의향이 개별 아동일 때보다 집단 아동일 때 더 낮다는 결과를 얻었고, 후속 연구에서 이러한 효과가 집단 아동의 고통에 대한 자기보고 감소에 의해 매개된다는 것을 발견했다. 이들 연구에서 괴로움 평정치는 개인보다 그룹일 때 더 높았지만 연민 평정치는 차이가 없었고 기부 의사와 상관관계도 없었다. 이 효과는 한 사람의 피해자를 '통계적 피해자'와 비교할 때도 발생한다(즉, 이름과 같은 식별 정보 없이 묘사된 수천 명의 피해자; Friedrich & McGuire, 2010; Small, Loewenstein, & Slovic, 2007).

이 효과는 실험실에만 국한되지 않고 실제 세상의 연민행동에서도 발생한다. Galak, Small 및 Stephen(2011)의 연구에서는 다양한 필요에 따라 대출을 요청할 수 있는 소액대출 사이트 Kiva.org에 대한 기부 행동을 조사했다. Galak과 동료들(2011)은 개인 프로필(대 집단 프로필)을 해당 사진과 함께 제시하고 이들에 대한 기부 금액과 소액 대출 요청을 이행하는 시간을 비교했다. 실험실 환경에서 발견한 연민붕괴와 마찬가지로, 기부금액은 개인 프로필보다 그룹 프로필일 때 더 낮았고, 이행시간은 개인 요청일 때보다 집단 요청일 때 더 오래 걸렸다. 또 다른 적용 사례로 Slovic과 동료들(2017)은 익사한 시리아 소년 Aylan Kurdi의 상징적인 사진이 실린 후에 시리아 난민 위기에 대한 Google 검색과 적십자에 대한 기부가 단기적으로 증가했음을 발견했다.

이런 효과는 인도적 위기에 국한되지 않고 기업 등 다른 집단에 대한 인식으로도 확장될 수 있다. 최근 연구에서 사람들이 개인보다 기업에 대해 동정심을 덜 느낄 가능성이 있음을 발견했는데, 이는 사람들이 기업에 대해서는 고통이나 정서와 같은 경험적 정신상태를 느낄 가능성이 적기 때문이다(Rai & Diermeier, 2015). 이 효과는 위해에 대한 인식으로까지 확장된다. '범위-심각도의 역설'에 대한 연구에 따르면 어떤 행동이 많은 사람에게 해를 입힐 때는(피해자가 적은 경우에 비해), 예를 들어 오염된 음식을 회수하지 않아서 피해자가 20명인 경우(2명인 경우에 비해) 덜 해로운 것으로 인식되며, 위반자는 더 적은 처벌을 받는다(Nordgren & McDonnell, 2011).

중요한 것은 연민붕괴는 '식별 가능한 피해자 효과'와 구별된다는 것이다. 이전 연구에서는 사진, 이름, 나이와 같은 피해자의 신원을 식별할 수 있는 정보는 공감과 연민을 증가시킨다는 것을 발견했다(예: Genevsky et al., 2013; Small & Loewenstein, 2003). 단일 피해자와 통계적 피해자 비교연구에는 피해자수와 신원확인 정보의 존재가 혼입되어 있다. 그래서 최근의 연민붕괴 연구들은 신원이 확인된 한 명의 피해자와 복수의 피해자를 비교함으로써 이런 혼입을 제거하려 하고 있으며, 그 결과 피해자 수가 증가하면 연민붕괴가 발생한다는 것을 발견했다(Cameron & Payne, 2011; Dickert, Kleber, Peters, & Slovic, 2011; Dickert & Slovic, 2009; Dickert, Sagara, & Slovic, 2011; Markowitz, Slovic, Västfjäll, & Hodges, 2013; Rubaltelli & Agnoli, 2012; Smith, Faro, & Burson, 2013).

연민붕괴는 왜 발생할까

연민붕괴라는 현상의 견고함과 사회적 중요성 때문에 여러 사람이 그 효과의 이유에 대한 설명을 개발하게 되었다. 모든 인류에 대한 연민은 불교 사상의 중심 교리 중 하나이지만, 앞의 결과는 그러한 '세계적 연민'을 달성하는 것이 어렵고 심지어 불가능할 수도 있음을 시사한다(Ekman & Ekman, 제4장 참조). 연민붕괴가 연민적 경험의 기본 결함인지 아니면 연민을 회피하려는 동기에 의한 선택 때문인지 아는 것은 대규모의 범세계적 문제해결에 대한 인간의 잠재력을 이해하는 데 매우 중요하다. 한 저명한 설명에 따르면 연

민의 붕괴는 연민이 화석 연료와 같기 때문에 발생한다. 즉, 연민은 무한정 확장할 수 없는, 용량이 제한된 자원이다(Slovic, 2007). 다른 설명에 따르면 연민의 용량에 한계가 있어 보이는 것은 실제로는 연민의 대가(cost)를 피하려는 동기에 의한 전략의 결과일 수 있다(Cameron & Payne, 2011). 다음 절에서 나는 결국 동기적 접근이 궁극적으로 지지증거도 더 많고 연민과학에서 이루어진 광범한 연구결과들과 더 일치한다는 결론을 내리기 전에 각 접근 방식을 요약한다.

용량 한계라는 설명

연민붕괴에 대한 한 저명한 설명에 따르면, 연민은 정서 자체의 기본적인 한계 때문에 무한하지 않다(Slovic, 2007). Västfjäll 등(2014)의 지적처럼, "도움이 필요한 사람들에게 동정심을 느끼는 우리의 능력은 제한된 것으로 보이며, 이러한 형태의 연민 피로는 무관심과 무활동으로 이어질 수 있다." Bloom(2013)과 같이 공감의 한계를 논의한 다른 학자들도 이런 견해를 공유하고 있다. "하지만 당신이 70억의 낯선 사람에게 공감하거나 또는 만난 적도 없는 타인에 대해 자녀나 친구, 연인에게 느끼는 정도의 관심을 느끼게 하는 것은 불가능하다. 사람들이 모든 인류를 가족으로 생각하게 하는 것이 미래에 대한 우리의 최선의 희망은 아니다. 그것은 불가능하다."

이 용량 제한은 심상(imagery)과 주의라는 두 가지 요소에서 비롯된 것으로 생각된

다. 개별 피해자는 집단에 비해 인지적으로 더 생생하고 응집된 것으로 표상되며, 이는 더 강한 정서 반응을 이끌어 낸다(Hamilton & Sherman, 1996). 반면에 피해자가 복수여서 유한한 주의와 심상능력이 모든 사람에게 고르게 퍼져야 하는 경우, 피해자에 대한 정신적 표상은 흐릿하고 파편화되어 연민을 덜 불러일으킨다. 이 관점에 대한 지지는 여러 피해자를 단일 개체로 해석하는 것이 연민붕괴를 역전시킬 수 있다는 최근 연구에서 비롯된다(Smith, Faro, & Burson, 2013). Smith와 동료들(2013)은 참가자들에게 한 명의 피해자, 6명의 무관한 피해자 또는 한 가족의 일원이었던 6명의 피해자에 대해 읽게 하여 단일 개체로 인식되도록 했다. 6명의 무관한 피해자는 단일 피해자에 비해 덜 긍정적으로 평가되고 기부금도 적게 받았지만, 연결된 6명의 피해자에 대해서는 그런 차이가 없었다.

두 번째 요인은 주의이다. 복수의 피해자가 있으면 각각의 피해자에 대한 주의를 분산시켜 단일 피해자에 대한 정서적 반응을 약화시킬 수 있다(Dickert & Slovic, 2009). 한 연구에서 Dickert와 Slovic(2009)은 참가자들에게 혼자 또는 다른 7명의 아동과 함께 제공된 한 표적 아동에 대한 동정심을 반복측정 방식으로 판단하게 했다. 동정심은 단일 피해자 시행에 비해 복수 피해자 시행일 때 더 낮았고, 이는 주의가 연민의 용량 제한을 야기하는 두 번째 메커니즘일 수 있음을 시사한다.

이 같은 심상과 주의력의 제한은 사람들이 연민을 느낄 수 있는 정도에 대한 고정된 제약으로 생각된다. Small과 Loewenstein, Slovic(2007)은 참여자에게 단일 피해자 또는 통계적 피해자에 대해 읽게 하면서 그들이 숙고적 또는 정서적 마음태세(mindset)를 갖도록 조작했다. 숙고적 태세는 복수의 피해자에 대한 기부를 강화하기보다는 1인 피해자에 대한 기부를 감소시켰다. 이러한 효과로 인해 용량으로 설명하는 것을 지지하는 사람들은 개개인이 이런 편파를 극복하기 위해 할 수 있는 것이 별로 없으며, 그보다는 대규모의 범세계적 문제를 다루려면 개인적인 도덕적 정서보다는 협동적인 제도적 노력이 필요하리라는 주장을 하게 되었다(Slovic, 2007; Bloom, 2013). 이 주제에 대해 저명한 연구자들이 말한 것처럼, 이 '연민의 수학'은 일종의 고정된 용량 한계이므로 우리는 "심리학적으로 한번에 한 사람만 돕도록 되어 있다"(Slovic & Slovic, 2015).

동기적 설명

또 다른 가능성은 연민붕괴가 예상되는 비용 때문에 연민을 회피하려는 동기에 따른 선택의 결과라는 것이다(Cameron, Inzlicht, & Cunningham, 2015; Cameron & Rapier, 2017). 앞서 언급했듯이 사람들은 피해자 수가 늘어날수록 더 많은 공감과 연민을 느낄 것이라 기대한다. 이런 감정적 예측은 연민의 대가(cost)에 대한 우려를 일으킬 수 있다. 일부 대가에는 물질적 비용이 포함될 수 있는데, 사람들은 여러 피해자를 돕는 것이 더 비싸거나 덜 효과적인 지출(예: '양동이에 물 한 방울')이 될 것으로 예상할 수 있다. 또한 사람들이 대규모 괴로움에 대한 연민이 정서적으로 지치고 압도적일 것이라고 우려할 수 있기 때문에 대가가 심리적일 수도 있다(Cameron, Harris, & Payne, 2016). 피해자들이 낙인찍힌 집단에 속한 경우 관련된 특정 피해자에 대한 혐오감이 있을 수도 있다. 물론 이런 상황에서 연민이 갖는 심리적 이점도 있을 수 있다. 예를 들어, 도덕적 자아상을 유지하고, 돕거나 도움을 열망하여 따뜻한 느낌을 얻거나, 사회적 자본을 구축하고 다른 사람의 눈에 비치는 자신의 평판을 관리하는 것과 같은 것들이다. 동기적 관점에서(Gilbert & Mascaro, 제29장; Weisz & Zaki, 제16장 참조) 사람들이 연민을 느낄 것인지 여부는 이런 경쟁 목표들이 연민을 유발하는 상황 내에서 어떻게 균형을 맞추느냐에 달려 있다. 공감 회피(Dovidio et al., 1991; Hodges & Biswas-Diener, 2007; Shaw et al., 1994) 및 도구적 정서 조절(Tamir, Mitchell, & Gross, 2008; Tamir, 2009)에 대한 과거 연구는 사람들이 자신의 정서를 목표 추구에 얼마나 유용할지에 따라 전략적으로 조절한다는 것을 발견했다. 연민붕괴는 사람들이 느끼려고 하는 것이 무엇인가에 따라 달라질 수 있다.

지난 연구에서 나는 연민붕괴를 동기화한 정서 조절로 설명하는 것을 검증했었다. 이 동기적 설명에 따르면 연민붕괴는 예측 가능한 조건, 즉 사람들이 복수의 피해자에 대한 연민을 피하도록 동기화했을 때와 복수의 피해자에 대한 연민을 줄이기 위해 정서 조절

과정에 들어갈 때에만 나타나야 한다. 중요한 것은 연민붕괴에 대한 대부분의 연구는 동기 변수를 조작하지 않기 때문에 용량 제한이라는 설명의 불확증이 어렵다(연민과학에서 불확증 검증의 필요성에 대한 자세한 내용은 이 책의 제3장, Batson 참조).

한 연구에서 우리는 사람들이 기대하는 연민 때문에 예상되는 재정적 대가를 조작했다. 사전 검사에서 우리는 사람들이 수단의 다르푸르 지역에서 온 여덟 명의 난민 아동을 돕는 것이 한 명의 난민 아동을 돕는 것보다 돈이 더 많이 들 것으로 예상하도록 했다. 대부분의 연민붕괴 연구는 명시적으로 금전적 기부를 요청하기 때문에 그렇게 하면 사람들이 예상되는 높은 대가 때문에 연민을 전략적으로 피하게 할 수 있을 것이다. 높은 대가에 대한 이러한 혐오감은 인색해서 그럴 수도 있고(즉, 개인 자원 보호) 아니면 그저 어떤 차이를 만들 만큼 충분하지 않아서 그럴 수도 있다. 우리는 사람들에게 다르푸르에 있는 한 명 또는 여덟 명의 난민 아동에 대해 읽게 했고 참가자의 절반에게는 실험 말미에 금전적 기부를 요청받을 것이라 예상하게 했다. 기부 요청을 예상한 조건에서는 여덟 명의 피해자보다 한 명에게 더 많은 연민을 보이는 경향은 유의하지 않았다. 그러나 이러한 기대가 부과되지 않았을 때는 양상이 반전되어 한 명의 피해자보다 여덟 명의 피해자에 대한 연민이 더 컸다. 다시 말해서 친사회적 기대와 자기효능감 문제를 모두 제거하는 것이 참가자로 하여금 걱정하는 것에 대해 덜 걱정하게 했다.

추수연구에서 우리는 동기요인을 고정시키고 정서 조절에 초점을 맞췄다. 사람들이 복수의 피해자에 대한 연민을 피하고 싶어 한다 해도 그러려면 자신의 정서를 잘 조절할 수 있는 경우에만 이 전략을 실행할 수 있을 것이다. 두 번째 실험에서 참여자들에게 한 명, 네 명 또는 여덟 명의 피해자에 관한 이야기를 읽고 1분 동안 얼마나 스트레스를 느꼈는지 평가하게 했다. 우리는 또한 자신의 정서를 얼마나 잘 통제할 수 있는지 평가하는 자기보고 척도인 정서 조절 곤란도 척도(Gratz & Roemer, 2004)를 사용하여 정서 조절 능력을 평가했다. 결과는 피해자의 수가 많을수록 괴로움이 줄었지만, 이는 정서를 능숙하게 조절할 수 있는 참여자에서만 그랬다. 이는 효과를 위해 정서 조절이 필요함을 시사한다.

세 번째 실험에서 우리는 이전 연구의 토대 위에서 인지 재평가를 실험적으로 조작하였다. 참가자들에게 이전과 같이 1인 또는 8인의 난민 아동에 대해 읽고, 자신의 정서를 통제하려 하지 말고 그냥 경험하거나 또는 정서를 줄일 수 있는 방식으로 상황을 재평가해보라고 지시했다. 그 결과, 연민붕괴는 정서를 조절하라는 지시를 받은 집단에서만 관찰되었는데, 이는 정서 조절 능력에 대한 연구 결과를 재현한 셈이다. 자신의 정서를 통제하지 말고 그냥 경험하라는 지시는 이런 조절과정을 억제했고 그래서 연민의 붕괴가 나타나지 않았다. 연민붕괴는 사람들이 자신의 정서를 조절하도록 동기화하고 그런 정서를 조절할 수 있을 때에만 나타났고, 이는 동기화한 정서 조절이라는 설명을 지지하는 것이다.

연민붕괴에 대한 용량 제한 설명을 지지하려는 틀에서 이루어진 연구이지만 동기적 설명을 지지하는 다른 연구도 있다. 예를 들어, Markowitz와 동료들(2013)은 멸종 위기 동물이 한 마리일 때와 여러 마리일 때의 연민붕괴가 스스로를 환경운동가로 자처하지 않는 사람들에서만 발생한다는 것을 발견했다. 저자는 이 결과를 환경운동가들이 환경 문제에 대해 지식이 더 많기 때문에 나타난 것으로 설명한다. 또 다른 설명은 동기적 설명이다. 즉, 환경운동가들은 복수 동물의 괴로움을 생각할 때 정서적이거나 물질적으로 치러야 할 대가가 있어도 더 큰 연민을 느낌으로써 자신의 도덕적 원칙을 고수할 필요를 느낀다. 이와 비슷하게, 최근 증거(Kogut, Slovic, & Västfjäll, 2015)에 따르면 연민붕괴는 집단주의적 신념에 따라 다르다. 즉, 연민붕괴는 개인주의적 국가와 강력한 개인주의적 신념을 가진 사람들에게서는 나타나지만, 집합주의적 국가나 강력한 집합주의적 신념을 가진 사람들에게서는 나타나지 않는다. 이런 효과는 개인주의자나 집합주의자가 개인과 집단을 어떻게 표상하는가의 차이 때문일 수 있지만, 이런 조절 양상이 집합주의자로 하여금 개인보다는 집단의 괴로움을 더 많이 돌보도록 동기화하는 도덕적 가치의 차이를 반영하는 것일 수도 있다.

연민붕괴에 대한 용량적 설명과 동기적 설명의 상충되는 가설을 검증하려면 더 많은 작업이 필요하다. 첫째, 동기화한 선택의 경계가 어디인지 검증할 가치가 있다. 앞의 연구들에서는 효과에 대한 원래 연구(Kogut & Ritov, 2005)를 유지하면서 단일 피해자와 소수 피해자 간의 차이를 대비시켰고, 또한 신원식별이 가능한 정보의 존재가 피해자 수와 혼입되지 않도록 분명히 하였다. 동기 요인이 사람들로 하여금 피해자가 한 명일 때는 피해자가 1,000명이거나 또는 10,000명일 때에 비해서도 더 많은 연민을 느낄지 여부를 결정하는 것일까? 이 질문은 미검증 상태로 남아 있다. 둘째, 연민붕괴를 가속화할 수 있는 다른 동기를 검증할 필요가 있다. 아마 즉각 검증할 필요가 있는 동기는 정서적 대가일 것이다. 많은 피해자가 받는 고통과 괴로움에 대해 생각하면 정서적 소모와 소진(burnout)의 우려가 생길 수 있다. 대량의 고통에 대한 정서적 대가는 재정적 대가와는 별개로 불가피할 수 있다. 예상되는 정서적 비용을 제거함으로써 연민붕괴를 되돌릴 수 있을 것이다.

향후 연구는 연민붕괴의 용량이론에 내재된 대표적 가정들을 검증해야 한다. 사람들이 실제로 복수의 피해자에 대한 세부정보를 단일 피해자의 세부정보에 비해 피상적이고 '모호하다'고 느낄 것인가? 예를 들어, 총격 사건의 복수의 피해자에 대해 순차적으로 읽을 수 있는 충분한 기회와 시간이 주어진다면 사람들은 각 피해자의 고통을 비슷한 정도로 자세하게 부호화할지도 모른다. 복수의 피해자는 각 피해자 간의 주의전환이 필요할 수 있지만, 피해자 집단의 고통을 특정 개인별로 부호화함으로써 모든 표상손상을 제거할 수도

있을 것이다.

자연 재해, 기후 변화 및 전쟁과 같은 대규모 세계적 문제의 해결에 도움이 되는 세계적 연민에 대해 그리고 연민의 잠재력에 대해 이러한 연구 결과에서 어떤 함의를 끌어낼 수 있을까? 한 가지 중요한 메시지는 변화가 가능하다는 것이다. 용량이론의 주장과 달리 동기적 설명은 사람들이 대규모의 고통에 대해 더 많은 연민을 느끼는 것을 선택할 수 있음을 시사한다. 사람들이 이러한 경우에 연민 회피를 선택하는 것이 실망스러운 것으로 보일 수 있지만, 다른 한편으로는 동기가 바뀌면 사람들이 바뀔 수 있다고 긍정적으로 읽을 수도 있다. 개인이 연민의 범위를 넓힐 수 있다면 제도적 변화만이 답은 아닐 것이다. 즉, 사람들은 대규모 고통에 대해 연민을 느끼지 못하는 것이 아니라 단지 연민 느끼기를 원하지 않는 것일 수도 있다.

물론 동기와 용량 모두 연민붕괴에 역할을 할 수 있다. 대량의 고통을 인식하기 위해서는 상황에 주의를 기울여야 하는데, 주어진 순간에 얼마나 많은 정보가 의식적 주의에 머물거나 작업기억에 보유될 수 있는지 또 그런 사건이나 상황에 관해 얼마나 많은 정보를 기억할 수 있는지에는 한계가 있을 수 있다. 그러나 정보를 더 쉽게 처리할 수 있는 단위로 '군집화'하는 것처럼 사람들이 주의를 기울이고 관심을 갖는 범위를 늘리는 데 사용할 수 있는 전략이 있다. 피해자 10,000명의 개별적인 고통을 인지적으로 표상하는 것은 엄청나게 어려울 수 있지만, 피해자 5~6명의 고

통을 피해자 10,000명의 고통의 무게로 일반화하는 것은 우리가 이런 인지 전략을 쓰고자 하는 동기에 따라 가능할 수도 있다. 실제로 연민과 편견에 대한 연구는 단일 피해자에 대한 연민을 유도하는 것이 피해자가 속한 그룹에 대한 긍정적인 태도로 일반화될 수 있음을 보여 주었는데(Batson et al., 1997), 이런 결과는 단일 개인에 대한 연민을 집단에 대한 것으로 전환할 수 있으며 이는 사람들의 정보처리가 어떻게 동기화되는가에 달려 있음을 시사한다.

열린 질문과 앞으로의 방향

지금까지 나는 최소한 어떤 경우에는 연민붕괴가 사람들이 느낄 수 있는 연민의 정도에 대한 기본적인 용량 제한보다는 동기요인에 의해 설명될 수 있음을 시사하는 증거를 요약했다. 다음으로 세 가지 열린 질문에 대해 논의한다. ① 연민붕괴의 인과적 원인과 기전은 무엇인가? ② 연민붕괴의 맥락적 경계는 무엇인가? ③ 어떤 동기적 중재가 연민붕괴를 막을 수 있는가?

연민붕괴의 원인과 기전은 무엇인가

첫째, 연민붕괴에는 어떤 감정이나 정서경험이 포함되어 있는가 하는 질문이 있다. 이런 경험이 미치는 효과는 연민, 스트레스 또는 일반적 감정에 관한 것인가? 이런 경험은 정서에 대해 더 강력할까, 아니면 행동에 대해 더 강할까? 일부 연구에서는 공감적 스트레스에 대한 효과를 발견한 반면(Kogut & Ritov, 2005; Cameron & Payne, 2011), 다른 연구에서는 연민(Dickert & Slovic, 2009)이나 기부(Galak et al., 2011)에 대한 효과를 발견했다. 더 최근의 연구에 따르면 '연민 소멸'은 긍정적 감정의 감소를 포함한다(Genevsky et al., 2013; Västfjäll et al., 2014). 이러한 모든 상태가 연민의 맥락에 포함될 가능성이 높지만, 이들은 호환되는 것으로 취급해서는 안 되는 별개의 반응이다.

연민과 긍정 감정의 차이를 생각해 보자. 최근 Västfjäll과 동료들(2014)은 피해자의 수가 증가함에 따라 긍정적인 감정의 자기보고 및 생리적 측정이 감소한다는 것을 발견하고 이 효과를 '연민소멸(compassion fade)'이라고 명명했다. 이 발견은 신원이 밝혀진(또는 안 밝혀진) 단일 피해자가 더 강력한 긍정적 각성을 유발하며, 이것이 더 많은 기부를 예측한다는 이전의 연구(Genevsky et al., 2013)를 기반으로 한 것이다. 그러나 감정(affect)은 정서(emotion)와 같은 것이 아니다. 연민과 같은 구체적 정서는 감정뿐만 아니라 감정을 하나의 의미 있는 경험으로 가능케 하는 개념적 지식을 포함한다(Cameron et al., 2015). 게다가 연민이 **긍정** 감정을 포함하는지 여부는 논쟁의 여지가 있다. 즉, 연민에 대한 사람들의 추상적 원형은 긍정적인 것으로 보이지만 실험적으로 유도된 연민은 **때때로** 부정적으로 경험된다(Condon & Barrett, 2013).

이 문제를 명확히 하려면 예상되는 정서와 경험한 정서를 구별해야 한다. Västfjäll 등(2014)에 따르면, 연민붕괴에 대한 동기적 설명을 다음과 같이 주장한다. 즉, "도움을 필요로 하는 생명의 수효가 늘어남에 따라 사람들은 부정적인 감정을 경험하고 그 문제에 대한 주의를 다른 곳으로 돌림으로써 이러한 부정적인 느낌을 조절하려고 시도한다." 동기적 설명을 이렇게 묘사하는 것은 틀린 것이다.

이 주장은 도움이 필요한 상황에서 경험한 정서에 관한 것이 아니다. 오히려 **예상되는** 정서에 관한 것이다. 대규모 고통이라는 맥락에서 사람들은 자신이 더 많은 정서를 느낄 것이라고 예측하며, 경험한 정서보다는 이러한 예측된 정서가 방어적 정서 조절을 유발한다. 물론 구체적으로 어떤 정서 상태를 예측하는지 특정할 수 있으려면 더 많은 작업이 필요하다. 공감적인 상황에서 많은 사람은 자신이 어떻게 느낄지 예측할 때 스트레스나 기타 다른 감정 상태를 연민과 잘 구별하지 못하는 것 같다. 이 주장을 뒷받침하는 증거로 Shaw와 동료들(1994)은 사람들이 도움에 대한 정서 반응을 예측할 때 연민과 스트레스, 슬픔을 구별하지 않는다는 것을 발견했다.

이 점에 관해 향후 연구는 도움 상황에서 감정 예측을 바꾸는 것이 공감회피를 어떻게 변화시키는지 연구하는 것으로 확장되어야 한다. 예를 들어, 사람들에게 연민이나 스트레스 같은 구체적인 정서를 예측하도록 조장하면, 그것이 공감회피나 연민붕괴의 변화로 이어질까? 만일 연민이 긍정적이고 고양되는 것으로 인식되는 반면, 스트레스는 부정적이고 고갈시키는 것으로 인식된다면, 이에 따라 사람들은 자신의 정서를 조절하는 방법을 바꿀 것이다(Klimecki, Leiberg, Ricard, & Singer, 2013). 이와 관련하여 연민에 의한 돌봄 행동과 결합된 괴로움 완화에 따른 공감적 기쁨을 기대하는 것은 연민적 접근을 유지시킬 것이다.

예상된 정서와 경험된 정서의 역할을 명확히 하는 것 외에도 향후 연구에서는 연민붕괴 효과를 매개하는 정서 조절 기전을 조사해야 한다. 이전 연구에서는 연민붕괴가 정서 조절 기술과 인지적 재평가 조작의 함수로 달라진다는 것을 발견했다(Cameron & Payne, 2011). 이 작업을 기반으로 연구에서는 주의분산이나 상황선택과 같은 정서 조절 전략에 대한 자발적 개입을 측정해야만 한다. 예를 들어, 연구에서 눈 추적을 사용하여 한 명 또는 복수의 피해자를 만났을 때 사람들이 시선을 고정하는 위치를 조사할 수 있다. 동기화된 정서 조절을 사용하는 참가자는 연민을 예방하기 위해 사전에 시선을 피할 가능성이 더 높을 수 있다. 유사하게, 연구에서 참가자들에게 단일 피해자 또는 복수의 피해자에 대해 배우는 것 중에서 선택할 수 있는 기회를 제공할 수 있다. 다수의 피해자에 대한 연민이 비용이 많이 들 것으로 예상되는 만큼 참가자는 다수의 피해자가 제시되는 상황에 들어가거나 접근할 가능성이 낮을 것이다. 실제로 이 마지막 전략은 아마 사람들이 쉽게 유니세프 봉투를 쓰레기통에 버리거나 인도적 지원 광고에서 채널을 변경하는 등의 일상생활에서 발생하는 것과 가장 유사할 것이다. 최근 우리 연구실에서는 사람들이 자유 선택 측정치에서 공감회피에 대한 강력한 선호가 있으며, 이것이 공감은 비용이 많이 들고 비효율적이라는 인식과 관련이 있음을 발견했다(Cameron, Hutcherson, Ferguson, Scheffer, & Inzlicht, 2016; 이 패러다임은 향후 연구에서 연민붕괴를 검증하는 데 쉽게 적용할 수 있을 것이다).

마지막으로, 추가 작업에서는 정서 조절의 서로 다른 **표적**, 특히 예상정서와 경험정서를 명시해야 한다. 사람들이 위협이나 대가가 크리라 예상할 때는 복수의 피해자에 대한 연민 경험을 하향 조절할 수 있고 그래서 연민붕괴가 일어날 수 있다. 반대로, 사람들은 여러 피해자에 대해 경험할 것으로 예측하는 정서를 하향 조절할 수 있으며 그렇게 하면 복수의 피해자에 대한 연민 경험을 촉진하여 연민붕괴를 제거할 수 있다.

연민붕괴의 맥락적 경계는 무엇인가

연민의 붕괴가 맥락과 인구에 따라 어떻게 다른가 하는 열린 질문이 있다. 일반적으로 연구는 자연 재해나 대량 학살과 같은 사건에 초점을 맞추고 이러한 맥락 간의 차이점에 대해서는 관심을 덜 기울인다. 어떤 맥락은 허리케인이나 지진해일과 같이 일상 상황에서 갑자기 벗어나는 경우도 있고 그와 달리 대량 학살이나 전쟁과 같은 만성적 고통과 괴로움을 포함하는 경우도 있다. 일부 증거에 따르면 신원이 확인된 피해자에 대한 연민은 만

성적 사건일 때에 비해 급작스러운 경우일 때 더 강하며, 통계적 피해자의 경우는 이와 반대 양상이 된다(Small, 2010). 향후 연구는 피해자 수와 재난 유형(자연 재해, 대량 학살)을 교차시키는 실험을 통해 이 효과가 상황에 따라 증폭되거나 약화되는지 확인해야 할 것이다. 이원적 도덕성에 대한 연구(Gray, Young, & Waytz, 2012)는 현출한 영향요인이 포함된 사건의 경우 피해자의 곤경을 더 쉽게 느낄 수 있음을 시사하는데, 이런 설명을 기반으로 숫자 규모가 큰 인종 학살의 경우 그와 관련된 도덕적 악인들이 확실히 두드러지기 때문에 연민의 느낌을 유발할 것으로 기대할 수 있다.

마찬가지로, 집단 간 요인이 어떻게 연민붕괴를 형성하는지 연구해야 한다. 많은 이전 작업에서 외집단(out-group)에 대해서는 공감과 연민이 감소한다는 것을 발견했다(Cikara, Bruneau, & Saxe, 2011). 연민붕괴에 대한 대부분의 연구에는 외집단 피해자가 포함되며, 집단의 유사성을 명시적으로 조작하지 않는다. 일부 연구가 집단 간을 고려할 때 연민붕괴가 어떻게 형성되는지 검증했다. Kogut과 Ritov(2007)는 사람들이 내집단(in-group) 피해자 한 명을 돕는 데 더 많은 돈을 기부했으며 외집단의 피해자 한 명과 복수의 집단에 대한 기부에 차이가 없음을 발견했다. 이보다 최근의 연구는 상반되는 증거를 제공한다(Ritov & Kogut, 2011). 즉, 집단 간 위협 조건에서 신원이 확인된 외집단 대상은 확인되지 않은 외집단 대상에 비해 더 많은 동정과 기

부를 이끌어 낸다. 이 논문은 연구 결과를 내외집단 대상에 대해 사회적 거리의 함수로서 서로 다른 인지적 표상을 형성하기 때문인 것으로 설명했다.

그러나 또 다른 가능성은 동기적 변수가 집단 간 연민을 형성할 수 있다는 것이다. 도움 행동의 인종적 편견에 대한 메타분석은 그러한 편견이 높은 개인적 비용이나 낮은 도움 효율성처럼 돕지 않는 것에 대한 인종 중립적 정당화가 가능할 때 가장 분명하다는 것을 보여 주었다(Saucier, Miller, & Doucet, 2005). 대규모 고통이라는 맥락은 이런 합리화의 기회를 제공할 수 있다. 사람들은 여러 피해자를 돕는 것이 재정적으로 더 많은 비용이 들고(Cameron & Payne, 2011) 덜 효과적일 것이라 예상한다(Västfjäll et al., 2015). 더욱이 선입견과 혐오적 인종차별주의를 통제하려는 동기와 같은 인종 관련 동기들은 여러 피해자를 돕는 데 드는 비용을 더 크게 인식하게 할 수 있다. 이 예측에 따르면, 연민의 비용은 다수의 외집단 피해자에게 가장 높기 때문에 연민붕괴는 내집단 피해자보다는 외집단 피해자에서 더 강할 것이다.

연민붕괴를 역전시킬 수 있는 동기적 중재법은 무엇일까

세 번째 중요한 연구 분야는 연민붕괴에 대응하기 위한 동기적 중재법을 다루는 것이다. 동기화한 정서 조절이라는 관점은 그러한 중재가 회피 동기를 줄이고 접근 동기를 증가시킴으로써 연민붕괴를 약화시키거나 역전시킬 수 있다는 독특한 예측을 한다(Weisz & Zaki, 이 책의 제16장 참조).

한 가지 접근법은 연민을 피하기보다는 접근하려는 일반화된 동기를 목표로 하는 것이다. 심리학 및 신경과학 분야에서 점점 더 많은 연구가 마음챙김 명상 수련에서 나오고 있다(Condon & DeSteno, 이 책의 제22장 참조). 최근 증거에 따르면 8주간의 마음챙김 명상과 연민 명상은 방관자 개입과 같은 값비싼 대가가 있는 친사회적 행동을 증가시킬 수 있지만(Condon et al., 2013), 다른 연구에서는 이보다 짧은 단기적 연민 중재법도 친사회적 행동을 증가시킬 수 있음을 발견했다(Klimecki et al., 2013; Weng et al., 2013).

이 효과의 기전을 밝히려면 더 많은 작업이 필요하지만, 그러한 중재는 연민붕괴를 막을 수 있다. 명상 수련과 연민붕괴 사이의 관계는 해당 명상의 유형에 따라 달라질 수 있다. 마음챙김 명상은 부정적인 경험을 수용할 뿐만 아니라 현재 순간에 주의를 기울이도록 권장한다(Bishop et al., 2004). 그러한 수련은 사람들로 하여금 대량 고통의 맥락에서 예상되는 정서를 더 잘 자각하고 연민의 결과를 덜 두려워하게 할 수 있다. 반면에 연민 중심의 명상은 연민의 상향 조절을 촉진한다. 그런 명시적인 연민의 생성은 자신에서 시작해서 단일 피해자와 모든 인류에게로 유용하게 확장될 수 있다(Klimecki et al., 2014). 두 접근 방식 모두 대량 고통에 대한 사람들의 연민을 증가시킬 수 있을 것이며, 연민붕괴를 역전시키는 최선의 전략이 무엇인지는 개인의 정서적 성향과 현출한 동기에 달려 있다.

이러한 장기 중재와 달리 연민붕괴에 대응하는 또 다른 접근 방식으로 단기적인 동기 조작을 활용하는 방법이 있다. 한 가지는 대량 고통을 표상하기 전에 도덕적 목표 또는 도덕적 자기개념을 활성화하는 것이다. 도덕적인 사람이 되려는 목표를 활성화하는 것은 재정적 또는 물질적 비용을 피한다는 경쟁 목표를 무시하게 할 수 있고, 사람들로 하여금 연민을 하향 조절하는 것에 대해 다시 생각하게 할 수 있다. 이와 관련된 접근 방식은 연민에 대해 인식하고 있는 사회적 규범을 바꾸는 것이다(Tarrant et al., 2009). 사람들이 자신이 동일시하는 내집단이 연민을 중요하게 여긴다고 믿게 할 수 있으면, 더 많은 연민이 최적인 상황을 제시함으로써 사람들로 하여금 연민을 느끼기 위해 더 많은 노력을 기울이게 할 수 있다(관련 토론으로는 이 책 제16장 Weisz & Zaki 참조). 세 번째 접근법은 효과성과 영향력에 대한 사람들의 인식을 높이는 것이다. 사람들이 도움을 주는 것이 어떤 차이를 만들어 낼 수 있고 단순히 양동이의 물에 한 방울 더하는 것 이상이 된다고 믿게 되면 복수의 피해자에 대해 연민을 느끼고 연민적 행동을 하려는 노력을 더 할 수 있다.

또 다른 접근법은 연민붕괴에 문제가 될 수 있는 이념적 요인을 검토하는 것이다. 사회경제적 지위(SES)가 높은 사람들은 그 지위가 낮은 사람들에 비해 타인에 대한 연민을 덜 느끼는 경향이 있는데, 이는 아마도 그들이 생존을

위해 다른 사람에게 의존할 필요가 적기 때문일 수 있다(이에 관한 논의는 이 책 제24장 Piff & Moskowitz 참조). 지금까지 연민붕괴라는 맥락에서 SES를 다룬 연구는 없지만 경쟁 가설을 도출할 수는 있다. 한편으로, SES가 높은 사람들은 연민이 타인에 대한 과도한 의존 위험이 있기 때문에 타인에 대한 연민을 위협적인 것으로 인식할 수 있다. 따라서 어떤 위기 상황에서 고통받는 희생자가 더 많다면 얽힐 위험이 가장 큰 것이고 그렇다면 그에 따라 연민도 낮아질 것이다. 또 한편으로, SES가 낮은 사람들은 다른 사람들을 돕는 데 더 큰 가치를 두기 때문에 더 많은 사람의 고통에 보다 잘 적응되어 있을 것이다. 그러나 역가설도 성립할 수 있다. 즉, SES가 낮은 사람들이 일반적으로 더 연민적이라는 점을 감안할 때, 그들은 연민의 정서적 대가(즉, 정서적으로 지치고 많은 사람의 고통에 압도됨)의 위험이 가장 클 수 있어서 연민붕괴를 보일 가능성이 더 높을 수 있다. 반대로, SES가 높은 사람들은 정서적 위협을 느끼지 않을 수 있으며 실제로 더 큰 집단에 이익이 되는 공리적 행동에 참여할 기회를 가치 있게 여길 수 있다(Côté, Piff, & Willer, 2013). 이런 이념적 요인이 다른 요인과 함께 어떻게 연민붕괴를 증폭 또는 감소시킬 수 있는지 더 많은 연구가 필요하다. 또한 기업이나 의료와 같은 특정 조직 맥락은 다른 사람들에 대한 연민을 구조적으로 억압하는 소모적인 일상 활동, 의무 및 규범을 부과할 수도 있다.

마지막 접근법은 연민에 대한 사람들의 생

활 이론과 기대를 변화시키는 것이다. 선행 연구에서는 기질적으로 연민심이 높은 사람들은 장차 일어날 일에 대해 더 긍정적인 기대를 갖고 있기 때문에 연민을 유발하는 상황에 들어갈 가능성이 더 높다는 것을 발견했다(Davis et al., 1999). 다른 연구에서는 사람들로 하여금 공감을 어떤 고정된 성격 특성이 아니라 점진적으로 향상될 수 있는 기술로 간주하도록 장려하는 것이 사람들로 하여금 어려운 상황에서도 공감을 느끼려는 노력을 더 많이 하게 한다는 것을 발견했다(Schumann, Zaki, & Dweck, 2014). 연민붕괴에 대응하는 데에도 이와 유사한 조작을 적용할 수 있다. 연민에는 용량의 한계가 있고 많은 저술가가 전하는 메시지처럼(Bloom, 2013; Slovic, 2007) 대량의 고통에 대해서는 근본적으로 무반응적이라는 믿음을 사람들이 갖게 하면 그것이 실제로 자기충족적 예언을 만들어서 사람들이 세계적 연민에 참여하려는 노력을 포기하게 할 수 있을까? 그들에게 연민은 하나의 선택이라고 말하거나 또는 연민은 마르지 않고 지칠 줄 모르는 것이라고 말해 주는 것은 어떨까?

연민붕괴에 대한 논의는 임상 및 건강 맥락에서 연민 피로 및 간병인 소진과 관련된 주제와 만난다. 연민 피로의 발견은 연민의 정서적 비용이 있음을 시사하며, 이는 장기간에 걸친 반복적인 보살핌에 참여한 결과로 발생한다(예: 간호사, 사회복지사, 1차 간병인 및 사회정의 옹호자 사이). 이런 사람들은 그런 직업을 선택했다는 점에서 연민을 느끼려는 동기가 높을 가능성이 있지만 그래도 시간이 지남에 따라 반복되는 보살핌 때문에 고통을 경험한다. 연민 피로는 종종 오랜 시간에 걸쳐 단일 피해자를 돕거나 또는 순차적으로 한 사람을 돕는 것과 관련이 있다. 이는 단일 피해자와 여러 피해자에 대한 연민을 동시에 대조하는 일회성 연민붕괴 시나리오와는 다른 것 같다. 연민붕괴 시나리오를 오랜 시간에 걸친 순차적인 개별 피해자 돕기를 포함하도록 수정한다면, 연민 피로를 관찰하는 맥락과 더 유사할 것이다. 동일한 동기화의 논리가 작동할 가능성도 있다. 즉, 점점 더 많은 개별 피해자를 돕는 물질적 또는 심리적 비용이 누적됨에 따라 이러한 비용을 피하려고 정서를 방어적으로 조절할 가능성이 커질 것이다.

마지막으로, 연민붕괴가 어떤 맥락에서 어떤 사람들에게 적응적일 수 있는지 질문할 가치가 있다. 연민과 친사회적 행동은 여러 가지 긍정적인 신체적, 정신적 건강상의 이점을 가질 수 있지만 도움을 통해 얻는 이점은 소수의 개인을 돕는 것에 국한될 수 있다. 피해자의 수가 늘어나고 그에 따라 물질적, 심리적 비용이 늘어남에 따라 도움의 개인적 유용성이 감소할 수 있다. 진화의 과정에서 사람들이 많은 수의 피해자를 도울 기회는 없었으리라는 점을 감안할 때, 도움의 개인적인 이득은 적은 수를 돕는 것일 때 가장 쉽게 나타난다는 것이 그럴 듯하다. 그러나 소셜 미디어와 기타 형태의 범세계적 커뮤니케이션의 출현으로 사람들은 생물학적 유산을 넘어서는 방식으로 피해자 집단을 도울 기회를 갖게 되었는데, 집단을 돕는 것이 뚜렷한 기능적

이점을 보이는지 여부는 여전히 밝혀야 할 문제이다. 예를 들어, 사람들이 한 명의 피해자를 도울 때 공감적인 기쁨을 기대하는데, 집단을 도울 때는 배가된 기쁨을 예상한다면 이는 도움의 정서적 보상을 증폭시키고 미래의 친사회적 행동을 강화할 수 있다. 더욱이, 많은 사람을 돕는 것에 수반되는 추상화는 단일 피해자 돕기에 관련된 연민 피로를 유발할 수 있는 몰입적 도움에 비해 심리적인 거리를 두는 연민을 가능하게 해서 결국은 더 오래 지속되는 연민을 가능하게 할 수 있다.

결론

연민붕괴는 다수의 피해자에 비해 한 명의 피해자에게 더 연민을 느끼고 더 연민적인 행동을 하는 경향이다. 이 현상은 실험실에서는 강력한 현상이고 일상생활에서도 나타난다. 연민붕괴는 자연 재해나 대량 학살, 기후 변화 및 전염병에 대한 대중의 반응에서 관찰할 수 있으며 우리가 세계적인 큰 문제들과 관계하는 방식에 직접적인 영향을 미친다. 일부 사람들은 이 세계적인 연민의 실패에 대해 우리가 할 수 있는 일이 없다고 주장한다. 즉, 우리는 많은 사람에 대해서는 그저 연민을 느낄 수 없고 연민의 용량이 제한적이라는 것이다. 이 장에서 나는 연민의 범위가 우리가 무엇을 느끼고자 하는가에 따라서 적어도 어느 정도는 우리 자신의 통제하에 있다고 주장했다. 우리가 일단 주어진 맥락에서 연민의 대

가와 이득이 무엇인지 평가하고 나면, 우리는 연민의 범위를 확장하거나 축소하는 선택을 할 수 있다. 연민이 하나의 선택이라면, 우리는 변화하도록 동기화할 수 있다.

감사 인사

이 장의 초판본에 대해 조언해 준 Paul Condon과 Emiliana Simon-Thomas, 그리고 초록 작성에 도움을 준 Eliana Hadjiandreou에게 감사한다.

 고문헌

Batson, C. D., Polycarpou, M. P., Harmon-Jones, E., Imhoff, H. J., Mitchener, E. C., Bednar, L. L., … Highberger, L. (1997). Empathy and attitudes: Can feeling for a member of a stigmatized group improve feelings toward the group? *Journal of Personality and Social Psychology*, 72(1), 105-118. doi:10.1037//0022-3514.72.1.105

Bishop, S. R., Lau, M., Shapiro, S., Carlson, L., Anderson, N. D., Carmody, J., … Devins, G. (2004). Mindfulness: A proposed operational definition. *Clinical Psychology: Science and Practice*, 11(3), 230-241. doi:10.1093/clipsy.bph077

Bloom, P. (2013). The baby in the well. *The New Yorker*. May 20, p. 00.

Cameron, C. D., & Payne, B. K. (2011). Escaping affect: How motivated emotion regulation creates insensitivity to mass suffering. *Journal of Personality and Social Psychology, 100*(1), 1-15. doi:10.1037/a0021643

Cameron, C. D., Harris, L. T., & Payne, B. K. (2016). The emotional cost of humanity: Anticipated exhaustion motivates dehumanization of stigmatized targets. *Social Psychological and Personality Science, 7*(2), 105-112. doi:10.1177/1948550615604453

Cameron, C. D., Hutcherson, C., Ferguson, A. M., Scheffer, J. A., & Inzlicht, M. (2016, December 20). Empathy is a choice: People are empathy misers because they are cognitive misers. Retrieved from: osf.io/preprints/psyarxiv/jkc4n

Cameron, C. D., Inzlicht, M., & Cunningham, W. A. (2015, July 10). Empathy is actually a choice. *New York Times*. Retrieved from: https://www.nytimes.com/2015/07/12/opinion/sunday/empathy-is-actually-a-choice.html

Cameron, C. D., Lindquist, K. A., & Gray, K. (2015). A constructionist review of morality and emotions: No evidence for specific links between moral content and discrete emotions. *Personality and Social Psychology Review, 19*(4), 371-394. doi:10.1177/1088868314566683

Cameron, C. D., & Rapier, K. (2017). Compassion is a motivated choice. In W. Sinnott-Armstrong & C. Miller (Eds.), *Moral Psychology, Vol. 5: Virtue and Character*. MIT Press.

Cikara, M., Bruneau, E. G., & Saxe, R. R. (2011). Us and them intergroup failures of empathy. *Current Directions in Psychological Science, 20*(3), 149-153. doi:10.1177/0963721411408713

Condon, P., & Barrett, L. F. (2013). Conceptualizing and experiencing compassion. *Emotion, 13*(5), 817-821. doi:10.1037/a0033747

Condon, P., Desbordes, G., Miller, W. B., & DeSteno, D. (2013). Meditation increases compassionate responses to suffering. *Psychological Science, 24*(10), 2125-2127. doi:10.1177/0956797613485603

Côté, S., Piff, P. K., & Willer, R. (2013). For whom do the ends justify the means? Social class and utilitarian moral judgment. *Journal of Personality and Social Psychology, 104*(3), 490-503. doi:10.1037/a0030931

Davis, M. H., Mitchell, K. V., Hall, J. A., Lothert, J., Snapp, T., & Meyer, M. (1999). Empathy, expectations, and situational preferences: Personality influences on the decision to participate in volunteer helping behaviors. *Journal of Personality, 67*(3), 469-503. doi:10.1111/1467-6494.00062

Decety, J., & Cowell, J. M. (2014). The complex relation between morality and empathy. *Trends in Cognitive Sciences, 18*(7), 337-339. doi:10.1016/j.tics.2014.04.008

Dickert, S., & Slovic, P. (2009). Attentional mechanisms in the generation of sympathy. *Judgment and Decision Making, 4*(4), 297-306.

Dickert, S., Kleber, J., Peters, E., & Slovic, P. (2011). Numeracy as a precursor to pro-social behavior: The impact of numeracy and presentation format on the cognitive mechanisms underlying donation decisions. *Judgment and Decision Making, 6*(7), 638-650.

Dickert, S., Sagara, N., & Slovic, P. (2011). Affective motivations to help others: A two-stage model of donation decisions. *Journal of Behavioral Decision Making*, 24(4), 361-376. doi:10.1002/bdm.697

Dickert, S., Västfjäll, D., Kleber, J., & Slovic, P. (2015). Scope insensitivity: The limits of intuitive valuation of human lives in public policy. *Journal of Applied Research in Memory and Cognition*, 4(3), 248-255. doi:10.1016/j.jarmac.2014.09.002

Dovidio, J. F., Piliavin, J. A., Gaertner, S. L., Schroeder, D. A., & Clark R. D. III, (1991). The arousal: Cost-reward model and the process of intervention: A review of the evidence. In M. S. Clark (Ed.), *Prosocial Behavior* (pp. 86-118). Thousand Oaks, CA: Sage Publications.

Dunn, E. W., & Ashton-James, C. (2008). On emotional innumeracy: Predicted and actual affective responses to grand-scale tragedies. *Journal of Experimental Social Psychology*, 44(3), 692-698. doi:10.1016/j.jesp.2007.04.011

Friedrich, J., & McGuire, A. (2010). Individual differences in reasoning style as a moderator of the identifiable victim effect. *Social Influence*, 5(3), 182-201. doi:10.1080/15534511003707352

Galak, J., Small, D., & Stephen, A. T. (2011). Microfinance decision making: A field study of prosocial lending. *Journal of Marketing Research*, 48(SPL), 130-137. doi:10.1509/jmkr.48.spl.s130

Genevsky, A., Västfjäll, D., Slovic, P., & Knutson, B. (2013). Neural underpinnings of the identifiable victim effect: Affect shifts preferences for giving. *Journal of Neuroscience*, 33(43), 17188-17196. doi:10.1523/jneurosci.2348-13.2013

Goetz, J. L., Keltner, D., & Simon-Thomas, E. (2010). Compassion: An evolutionary analysis and empirical review. *Psychological Bulletin*, 136(3), 351-374. doi:10.1037/a0018807

Gratz, K. L., & Roemer, L. (2004). Multidimensional assessment of emotion regulation and dysregulation: Development, factor structure, and initial validation of the difficulties in emotion regulation scale. *Journal of Psychopathology and Behavioral Assessment*, 26(1), 41-54. doi:10.1023/b:joba.0000007455.08539.94

Gray, K., Young, L., & Waytz, A. (2012). Mind perception is the essence of morality. *Psychological Inquiry*, 23(2), 101-124.

Hamilton, D. L., & Sherman, S. J. (1996). Perceiving persons and groups. *Psychological Review*, 103(2), 336-355. doi:10.1037//0033-295x.103.2.336

Hodges, S. D., & Biswas-Diener, R. (2007). Balancing the empathy expense account: Strategies for regulating empathic response. In T. F. D. Farrow & P. W. R. Woodruff (Eds.), *Empathy in Mental Illness and Health* (pp. 389-407). Cambridge, UK: Cambridge University Press.

Klimecki, O. M., Leiberg, S., Ricard, M., & Singer, T. (2014). Differential pattern of functional brain plasticity after compassion and empathy training. *Social Cognitive and Affective Neuroscience*, 9(6), 873-879. doi:10.1093/scan/nst060

Kogut, T., & Kogut, E. (2013). Exploring the relationship between adult attachment style and the identifiable victim effect in helping behavior. *Journal of Experimental Social*

Psychology, 49(4), 651-660. doi:10.1016/j.jesp.2013.02.011

Kogut, T., & Ritov, I. (2005). The "identified victim" effect: An identified group, or just a single individual? *Journal of Behavioral Decision Making, 18*(3), 157-167.

Kogut, T., & Ritov, I. (2007). "One of us": Outstanding willingness to help save a single identified compatriot. *Organizational Behavior and Human Decision Processes, 104*(2), 150-157. doi:10.1016/j.obhdp.2007.04.006

Kogut, T., Slovic, P., & Västfjäll, D. (2015). Scope insensitivity in helping decisions: Is it a matter of culture and values? *Journal of Experimental Psychology: General, 144*(6), 1042-1052. doi:10.1037/a0039708

Markowitz, E. M., Slovic, P., Västfjäll, D., & Hodges, S. D. (2013). Compassion fade and the challenge of environmental conservation. *Judgment and Decision Making, 8*(4), 397-406.

Nordgren, L. F., & McDonnell, M. M. (2011). The scope-severity paradox: Why doing more harm is judged to be less harmful. *Social Psychological and Personality Science, 2*(1), 97-102. doi:10.1177/1948550610382308

Rai, T. S., & Diermeier, D. (2015). Corporations are cyborgs: Organizations elicit anger but not sympathy when they can think but cannot feel. *Organizational Behavior and Human Decision Processes, 126*, 18-26. doi:10.1016/j.obhdp.2014.10.001

Ritov, I., & Kogut, T. (2011). Ally or adversary: The effect of identifiability in inter-group conflict situations. *Organizational Behavior and Human Decision Processes, 116*(1), 96-103. doi:10.1016/j.obhdp.2011.05.005

Russell, J. A. (2003). Core affect and the psychological construction of emotion. *Psychological Review, 110*(1), 145-172. doi:10.1037/0033-295X.110.1.145

Rubaltelli, E., & Agnoli, S. (2012). The emotional cost of charitable donations. *Cognition & Emotion, 26*(5), 769-785. doi:10.1080/02699931.2011.613921

Saucier, D. A., Miller, C. T., & Doucet, N. (2005). Differences in helping whites and blacks: A meta-analysis. *Personality and Social Psychology Review, 9*(1), 2-16. doi:10.1207/s15327957pspr0901_1

Schumann, K., Zaki, J., & Dweck, C. S. (2014). Addressing the empathy deficit: Beliefs about the malleability of empathy predict effortful responses when empathy is challenging. *Journal of Personality and Social Psychology, 107*(3), 475-493. doi:10.1037/a0036738

Shaw, L. L., Batson, C. D., & Todd, R. M. (1994). Empathy avoidance: Forestalling feeling for another in order to escape the motivational consequences. *Journal of Personality and Social Psychology, 67*(5), 879-887. doi:10.1037/0022-3514.67.5.879

Slovic, P. (2007). "If I look at the mass I will never act": Psychic numbing and genocide. *Judgment and Decision Making, 2*(2), 79-95.

Slovic, P., Västfjäll, D., Erlandsson, A., & Gregory, R. (2017). Iconic photographs and the ebb and flow of empathic response to humanitarian disasters. *Proceedings of the National Academy of Sciences, 114*, 640-644. doi:10.1073/pnas.1613977114

Slovic, S., & Slovic, P. (2015, Dec. 4). The arithmetic of compassion. *New York Times.*

Retrieved from: https://www.nytimes.com/2015/12/06/opinion/the-arithmetic-of-compassion.html

Small, D. A. (2010). Reference-dependent sympathy. *Organizational Behavior and Human Decision Processes*, *112*(2), 151–160. doi:10.1016/j.obhdp.2010.03.001

Small, D. A., & Loewenstein, G. (2003). Helping a victim or helping the victim: Altruism and identifiability. *Journal of Risk and Uncertainty*, *26*(1), 5–16. doi:10.1023/A:1022299422219

Small, D. A., Loewenstein, G., & Slovic, P. (2007). Sympathy and callousness: The impact of deliberative thought on donations to identifiable and statistical victims. *Organizational Behavior and Human Decision Processes*, *102*(2), 143–153. doi:10.1016/j.obhdp.2006.01.005

Smith, R. W., Faro, D., & Burson, K. A. (2013). More for the many: The influence of entitativity on charitable giving. *Journal of Consumer Research*, *39*(5), 961–976. doi:10.1086/666470

Tamir, M. (2009). What do people want to feel and why? Pleasure and utility in emotion regulation. *Current Directions in Psychological Science*, *18*(2), 101–105. doi:10.1111/j.1467-8721.2009.01617.x

Tamir, M., Mitchell, C., & Gross, J. J. (2008). Hedonic and instrumental motives in anger regulation. *Psychological Science*, *19*(4), 324–328. doi:10.1111/j.1467-9280.2008.02088.x

Tarrant, M., Dazeley, S., & Cottom, T. (2009). Social categorization and empathy for outgroup members. *British Journal of Social Psychology*, *48*(3), 427–446. doi:10.1348/014466608x373589

Västfjäll, D., Slovic, P., & Mayorga, M. (2015). Pseudoinefficacy: Negative feelings from children who cannot be helped reduce warm glow for children who can be helped. *Frontiers in Psychology*, *6*, 616. doi:10.3389/fpsyg.2015.00616

Västfjäll, D., Slovic, P., Mayorga, M., & Peters, E. (2014). Compassion fade: Affect and charity are greatest for a single child in need. *PLoS ONE*, *9*(6), e100115. doi:10.1371/journal.pone.0100115

Weng, H. Y., Fox, A. S., Shackman, A. J., Stodola, D. E., Caldwell, J. Z., Olson, M. C., ... Davidson, R. J. (2013). Compassion training alters altruism and neural responses to suffering. *Psychological Science*, *24*(7), 1171–1180. doi:10.1177/0956797612469537

제**21**장

연민의 문화적 조형

Birgit Koopmann-Holm and Jeanne L. Tsai

요약

이 장에서는 먼저 연민의 여러 횡문화 연구에 대한 기존 문헌을 검토한다. 문화적 유사성이 있는 반면에 연민의 개념, 경험, 표현에서의 문화적 차이점을 설명한다. 그런 다음, 우리의 이론적 체계인 정서 평가 이론(예: Tsai, Knutson, & Fung, 2006)을 소개하면서 연민의 문화적 형성에 대한 연구 결과를 제시한다. 부정적 느낌을 피하고 싶어 하는 욕망이 부분적으로 어떻게 연민의 개념화와 표현에서 문화적 차이를 설명하는지 제시한다. 구체적으로 부정적인 감정을 피하고 싶어 할수록 타인에게 반응할 때 부정적인 것(예: 누군가의 죽음에 대한 고통)보다 긍정적인 것(예: 위로가 되는 추억)에 초점을 맞추려 하고, 긍정적인 것(대 부정적인 것)에 초점을 맞춘 반응이 더 도움이 된다. 마지막으로, 상담, 의료 및 공공 서비스 환경뿐만 아니라 연민을 증진하는 것을 목표로 개입했던 작업의 함의에 대해 논의한다.

핵심용어

문화, 연민, 동정, 정서 평가 이론, 감정, 미국인, 독일인

『인간의 유래와 성 선택(The Descent of Man, and Selection in Relation to Sex)』에서, 찰스 다윈은 고통받는 사람에 대한 우려(즉, 연민)를 '우리 본성의 가장 고귀한 부분'을 구성하는 인간의 기본적인 본능으로 기술했다(Darwin, 1871, p. 162). 점점 더 많은 연구 결과가 연민 경험이 더 큰 심리적 행복 및 친사회적 행동과 관련이 있다는 것을 시사하지만(예: Allred, Mallozzi, Matsui, & Raia, 1997; Condon &

DeSteno, 2011; Hofmann, Grossman, & Hinton, 2011; Neff, Hsieh, & Dejitterat, 2005; Neff, Kirkpatrick, & Rude, 2007; Pace et al., 2009), 이 연구의 대부분은 서양의 표본에 초점을 맞추고 있다. 그 결과, 우리는 여전히 연민의 개념, 경험, 표현에서 문화가 어떤 역할을 하는지 비교적 많이 알지 못하고 있으며, 이것은 연민의 어떤 측면이 '기본적'이고 '직관적'인지에 대한 함축적인 의미를 가지게 된다(Wuthnow, 2012,

p. 306). 이 책의 다른 장에 따라, 우리는 '연민'을 다른 사람의 고통이나 고통에 대한 민감도, 고통을 완화하려는 깊은 열망으로 정의한다(Goetz, Keltner, & Simon-Thomas, 2010). 그러나 이전 연구진들이 연민과 겹치고 연관된 상태와 행동을 지칭하기 위해 다른 용어(예: '동정', '공감', '이타심')를 사용했기 때문에 이러한 상태에 초점을 맞춘 연구도 참조한다. 이 장에서는 연민에 대한 기존 문화 간 연구를 검토한 후 이 영역에서 저자들의 연구 자료를 설명하고자 한다. 먼저, 저자들이 말하는 '문화'에 대해 기술해 보고자 한다.

문화란 무엇인가

'문화'라는 용어는 공동의 관행, 제품 및 제도에서 구체화된 사회적으로 전해지고 역사적으로 파생된 신념을 말한다(Kroeber & Kluckhohn, 1952). 문화적 신념은 좋은 사람이 되는 방법에 대한 틀을 개인에게 제공하며(Shweder, 1991), 이 틀에 소속됨으로써 각 개개인은 타인을 위해 이 틀을 재창조한다(Markus & Kitayama, 2010). 이러한 과정을 '문화와 주체의 상호 구성'(Markus & Kitayama, 2010) 또는 '문화 주기'(Markus & Conner, 2013)라고 부른다. 예를 들어, 여성 잡지의 광고에는 광고주의 이상적인 아름다움을 투영하는 모델이 등장한다. 이 잡지의 독자들은 적어도 어느 정도는 의식적으로 혹은 무의식적으로 이러한 이상적인 아름다움을 내재화시킬 수

있다. 결과적으로, 그들은 이상을 반영하는 옷과 다른 상품들을 구매함으로써 이러한 이상을 모방하려고 할 수 있다. 더 나아가, 독자들은 다른 사람들의 아름다움을 판단할 때 의식적으로 또는 무의식적으로 이러한 이상을 사용할 수 있다.

문화는 이상적 아름다움뿐 아니라 이상적인 감정을 형성한다(Markus & Kitayama, 2010). 감정에 대한 '문화 구성' 접근법(Boiger & Mesquita, 2012)은 사람들의 문화적 맥락이 각각의 감정적인 삽화를 해석하는 틀을 제공함으로써 사람들의 감정을 형성한다고 주장한다. 예를 들어, 미국과 같이 사람들이 다른 사람들에게 영향을 미치도록 장려되는 문화적 맥락에서 흥분, 열정, 그리고 다른 긍정적인 높은 각성 상태들은 부분적으로 바람직하게 보이는데, 이는 흥분한 상태가 개인의 욕망, 믿음 그리고 선호에 부합하도록 그들의 환경을 바꾸는 데 도움을 주기 때문이다(Tsai, Knutson, & Fung, 2006; Tsai, Miao, Seppälä, Fung, & Yeung, 2007). 따라서 많은 미국적 맥락에서, 사람들은 그들의 흥분과 열정을 보여 주고 표현하도록 격려받으며, 이런 상태를 드러내는 사람들을 더 긍정적으로 평가한다(Sims & Tsai, 2015). 대조적으로, 사람들이 타인에게 적응하도록 장려되는 동아시아의 문화권에서는, 차분함, 평화로움, 그리고 다른 낮은 각성의 긍정 상태는 개인이 자신의 환경에 관심을 기울이고, 궁극적으로는 자신의 욕망, 신념, 선호를 다른 사람들의 것과 일치하도록 변화시키는 데 도움을 주기 때문에 부분

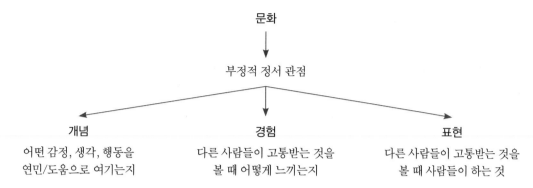

[그림 21-1] 부정적 정서의 관점을 통한 연민의 문화적 조형

적으로 바람직하게 여겨진다.

따라서 많은 동아시아 문화권에서 사람들은 그들의 차분함과 평화로움을 보여 주고 표현하도록 장려되며, 이러한 점을 보여 주는 사람들은 더 긍정적으로 평가된다(Tsai, Blevins, Bencharit, Chim, Yeung, & Fung, 출간 심사 중). 결과적으로, 흥분의 경험과 표현은 동아시아와 미국의 맥락에서 무엇인가 다르다는 것을 의미한다.

이 장에서 저자들은 문화가 연민의 다른 측면을 조형한다고 주장한다(연민에 문화적 차이를 가져올 수 있는 다른 요소에 대한 논의는 Chiao, 이 책 제12장 참조). 더 구체적으로, 우리는 [그림 21-1]에서 표현된 것처럼 사람들이 어떻게 연민을 **개념화하는지**(즉, 사람들이 어떤 감정, 생각, 행동을 연민/도움으로 여기는지), 어떻게 연민을 **경험하는지**(즉, 다른 사람들이 고통받는 것을 볼 때 어떻게 느끼는지), 그리고 어떻게 연민을 **표현하는지**(즉, 다른 사람들이 고통받는 것을 볼 때 사람들이 하는 것)를 문화가 조형할 수 있다고 설명한다. 여기서 우리는 부정적인 관점의 문화적 차이가 개인이 어떻게

연민을 개념화하고 표현하는지에 영향을 미치는 구체적 사례에 초점을 맞춘다. 여러 문화에서 상담, 건강 돌봄, 공공 서비스에 대한 문화적 차이의 영향에 대해 이 장의 끝에서 논의하고자 한다.

횡문화적으로 연민에 대해 우리는 무엇을 알고 있는가

먼저, 문화적 유사점과 차이점을 보여 주는 연민과 관련된 상태의 개념, 경험, 표현에 대한 기존의 횡문화적 연구를 검토하고자 한다.

개념

다른 문화에 걸쳐 사람들은 연민과 다른 연관된 상태(예: 동정, 공감)를 감정적인 것으로 생각한다(예: Shaver, Murdaya, & Fraley, 2001). 동시에, 문화에 따라 어떤 것이 연민을 갖는 것으로 이해되는지 다른 것으로 나타나기도 한다. 예를 들어, 대부분의 서양에서 연민이

라는 개념은 사람들이 그들을 동일시할 수 있는 사람들(Batson, O'Quin, Fultz, Vanderplas, & Isen, 1983), 공유할 수 있는 관점을 가진 사람들(Toi & Batson, 1982)과 그들이 비슷하게 느끼는 사람들에게 가장 많은 연민을 느껴야 한다고 가정한다(Batson, Duncan, Ackerman, Buckley, & Birch, 1981; Batson, Fultz, & Schoenrade, 1987). 반대로, 불교에서의 연민이라는 개념은 모든 사람과 모든 것이 서로 연결되어 있다고 가정한다(Dalai Lama, 1997). 따라서 사람들은 적과 범죄자를 포함한 모든 존재에 연민을 느낄 수 있어야 한다.

연민과 관련된 상태에 대한 개념화의 차이는 독립적인 문화권과 상호의존적인 문화권 사이에서 입증되었다. 예를 들어, Kitayama와 Markus(2000)는 동정(누군가의 고통에 대해 걱정하고 안타까워함)과 같은 사회 참여적인 감정이 미국인 표본보다 일본인 표본에서 좋은 감정을 느끼는 것과 더 관련이 있다는 것을 발견했다. 또 다른 연구(Davis, 1980; Siu & Shek, 2005)에서 참가자들은 타고난 공감(즉, 다른 사람의 감정을 식별하고 공유하고 이해하는 능력)을 평가하기 위해 일반적으로 사용되는 척도 검사를 시행했다[대인관계 반응성 지수(Interpersonal Reactivity Index: IRI); Davis, 1980]. 영어 사용자에게서는 공감의 네 가지 측면 [공상(가상의 인물들의 감정을 상상하는 경향), 관점 수용(타인의 관점을 채택하는 경향), 공감 관심(타인에 대한 관심과 동정을 경험하는 경향), 그리고 개인적 곤란(타인이 괴로울 때 불안을 느끼는 경향); Davis, 1980]이 나타났다. 중

국어를 사용하는 사람들에게 공상과 개인적인 곤란은 나타난 한편, 관점 수용과 공감 관심은 하나의 요인으로 나타났는데 이는 중국어 사용자에게는 공감의 인지적 측면과 감정적 측면의 구분이 적다는 것을 시사한다(Siu & Shek, 2005). 유사하게 칠레인 표본의 IRI의 요인 구조를 조사한 다른 연구에서는(Fernández, Dufey, & Kramp, 2011) 남성 참가자의 관점 수용과 개인적 곤란 사이의 상관관계를 발견하지 못했다. 종합하면, 이러한 자료는 공감의 인지적 측면과 감정적 측면의 차이가 문화권에 따라 다를 수 있음을 시사한다.

문화에 따라 그들이 어떤 것을 '이타적인'(즉, 자신의 필요를 무시하면서 상대를 위해 누군가를 돕는 행위) 것으로 간주하는지 또한 다양하다. 예를 들어, 미국과 인도에서는 타인을 돕는 것이 일반적으로 도덕적인 행위로 간주되지만, 미국인들에게 있어서 자발적으로 돕는 행위는 도움의 상호 행동보다 더 이타적인 동기와 연관이 있다. 그러나 힌두 인도인들에게 이타적 동기는 두 가지 돕는 행동 유형과 비슷한 정도로 연관이 있다(Miller & Bersoff, 1994). 종합하자면, 이러한 연구들은 문화가 사람들의 연민과 다른 관련된 상태의 개념을 조형할 수 있다는 것을 시사한다.

경험

여러 연구에서 동정 유도 요인은 문화 전반에 걸쳐 유사하다는 것을 시사한다. 사람들은 본인의 통제를 벗어난 이유로 고통받는

타인에게 동정을 느낀다(예: Zhang, Xia, & Li, 2007). 독일·이스라엘·인도네시아·말레이시아 문화권에서 아이들은 소중한 장난감을 잃어버려 슬퍼하는 대상에게 동정(예: 그들은 안쪽 눈썹을 치켜들면서 부드러운 목소리로 말하는 것)을 표현했다(Trommsdorff, Friedlmeier, & Mayer, 2007). 게다가 동정을 느끼는 것은 모든 문화에서 비슷한 결과를 가져오는 것처럼 보인다. 예를 들어, 북미와 브라질 아이들에게는 동정을 느끼는 것이 돕는 행동(예: 도움이 필요한 낯선 이에게 돈을 기부하는 행위)으로 이어진다는 수많은 보고가 이어졌다(Eisenberg, Zhou, & Koller, 2001).

타인의 고통에 대한 공감은 다른 문화에 걸쳐 뇌 활동의 구체적 양상과 연결되어 있다(예: 좌측 하전두피질과 좌측 섬엽의 유사한 뇌 활성화 양상; de Greck et al., 2012; C. Jiang, Varnum, Hou, & Han, 2014). 그러나 차이점도 관찰되었다(예: de Greck et al., 2012; C. Jiang et al., 2014)(문화 신경과학에 대한 설명은 Chiao, 이 책 제12장 참조). 예를 들어, 중국 참가자들은 친숙한 화난 대상에 공감할 때 자신의 감정을 조절하는 뇌의 활동 양상을 보인 반면, 독일 참가자들은 화난 대상의 관점을 가정하고 있음을 암시하는 뇌 활동 양상을 나타내었다(de Greck et al., 2012). 나아가 유럽계 미국인보다 사회적 위계를 중시하는 한국인 참가자들의 경우, 집단 내 좌측 측두두정 연접부에서 감정적 고통을 겪는 외부 집단에 비해 공감신경 반응이 더 컸다(Cheon et al., 2011; Chiao, 이 책 제12장 참조).

공감의 경험적 결과 또한 문화에 따라 다르게 나타난다. 예를 들어, J. Park, Haslam, Kashima 및 Norasakkunkit(2015)는 일본에서 공감은 자신에 대한 집중을 감소시키지만, 호주에서는 그렇지 않다는 것을 발견했다. 좀 더 구체적으로, 그들은 자기 자신을 평균적인 다른 사람들보다 더 인간적이라고 보는 편견인 자기 인간화 편향을 조사했다. 다른 사람과 공감했던 것을 떠올린 후, 일본인은 호주인보다 자기 인간화 편향을 보일 가능성이 낮았다. 다시 말해, 공감을 경험하는 것은 일본인에게 호주인에 비해 자신에 대한 집중력이 감소되고 타인의 인간적 특성을 더 많이 보게 되는 결과를 나타냈다(J. Park et al., 2015).

또 다른 일련의 연구 결과(Atkins, Uskul, & Cooper, 2016)는 영국 참가자가 동아시아 참가자보다 공감적 관심을 보인 반면, 동아시아 참가자는 다른 사람들의 사회적 고통을 목격할 때 영국 참가자보다 공감 정확성(다른 사람의 감정과 생각을 올바르게 식별하는 기술)을 보여 주었다. 공감 정확성의 결과에 대한 하나의 가능한 설명은 감정이 인지 과제를 간섭할 수 있기 때문에 영국 참가자 사이의 더 많은 공감적 관심이 공감 정확성을 방해했을 수 있다는 것이다(Atkins et al., 2016). 아니면 동아시아인 사이에서는 공감이 더 타인초점적이기 때문에, 공감적 관심을 보이기 전에 우선 타인이 어떻게 느끼는지를 먼저 이해하려고 노력할 수도 있다. 공감적 관심에 관한 연구 결과는 서구의 청소년과 청년이 동아시아 청소년과 청년보다 타인의 고통에 직면했을 때 더 많은 공감적 관심을 보였다고 보고한 다른 연구 결과와 일치한다(Cassels, Chan, Chung, & Birch, 2010; Trommsdorff, 1995).

마지막으로, 문화적 이상은 수행에서 구체화될 수 있기 때문에(Krober & Kluckhohn, 1952), 다른 연구들은 명상과 같은 문화적이거나 종교적인 수행의 관점에서 문화를 조사했다. 이러한 연구는 명상을 하는 사람들의 공감(Lutz, Brefczynski-Lewis, Johnstone, & Davidson, 2008; Shapiro, Schwartz, & Bonner, 1998), 사회적 연결성뿐만 아니라 (Hutcherson, Seppälä, & Gross, 2008), 타인을 위한 희망과 낙관주의(Koopmann-Holm, Sze, & Tsai 근거)의 증가를 보여 주었다. 종합하자면, 이러한 연구들은 연민과 관련된 상태를 유발하는 사람들은 유사할 수 있지만 연민을 경험하는 다양한 측면은 횡문화적으로 다를 수 있다는 것을 시사한다.

표현

연민과 관련된 상태의 표현에 초점을 맞춘 연구는 상대적으로 적었다. 한 연구는 동정 어린 피부접촉이 다른 감정의 접촉과 구별된다는 것을 발견했다. Hertenstein과 동료들 (Hertenstein, Keltner, App, Bulleit, & Jaskolka, 2006)은 미국과 스페인의 참가자에게 보거나 서로 대화하지 않으면서 다른 참가자의 팔을 만지는 방법으로 구체적인 감정을 전달해 보라고 요청했다. 미국과 스페인 참가자는 강제 선택 응답 형식을 사용하여 동정 어린 피부접

촉(두드리기 후에 쓰다듬기)과 분노, 두려움, 혐오, 놀라움, 사랑, 감사의 접촉을 구별할 수 있었다.

다른 연구에서는 어떤 문화적 이상과 행동에 따라 사람들이 연민을 표현할 가능성이 증가함을 보여 준다. 예를 들어, 명상에 참여하는 것은 연민의 표현을 증가시키는 것으로 보인다(예: Condon, Desbordes, Miller, & DeSteno, 2013; Kemeny et al., 2012; Leiberg, Klimecki, & Singer, 2011; Weng et al., 2013). Condon과 동료들(2013)은 8주간의 명상 과정에 무작위로 배정된 참가자들이 (어떠한 통제도 없는 집단에 비해) 목발을 짚은 사람에게 의자를 제공할 가능성이 더 높다는 것을 발견했다.

아마도 연민의 표현에 대한 가장 대규모 국가 간 연구 중 하나인 Levine, Norenzayan 및 Philbrick(2001)의 연구는 낯선 사람들이 도움이 필요한 상황(예: 펜을 떨어뜨린 사람, 다리를 다친 사람, 길을 건너려고 하는 시각장애인)에서 세계 23개국 사람들이 어떻게 반응하는지 조사했다. 브라질과 코스타리카와 같이 심파티아(라틴 문화에서 가장 귀중한 가치로 여겨지는, 타인의 안녕을 생각하고 관계 속에서의 화합을 도모하는 경향) 전통을 가진 나라 출신이 싱가포르, 말레이시아와 같이 심파티아 전통이 없는 나라 출신보다 이런 상황에서 다른 사람을 돕는 경향이 더 높았다(Levine et al., 2001).

그 연구에서 더 가난한 나라(예: 말라위, 인도) 출신의 사람들은 네덜란드와 미국 같은 부유한 나라 출신의 사람들보다 다른 사람

들을 도울 가능성이 더 높았다. 이 발견은 미국에서 낮은 사회경제적 지위의 개인은 높은 사회경제적 지위의 개인보다 스트레스를 받는 면접을 보는 또래에게 연민을 더 많이 느낀다고 보고한 Stellar, Manzo, Kraus와 Keltner(2012)의 연구와 일치한다. 이러한 사회적 계급의 차이와 국가 간 빈부격차는 문화 때문일 것이다. 더 높은 사회경제적 문화권에 비해, 낮은 사회경제적 문화권은 개인이 다른 사람의 요구에 더 민감히 반응하도록 장려하는 더 '상호의존적인' 자아 모형을 지지한다(Snibbe & Markus, 2005).

그러나 Levine 등(2001)이 한 이 연구의 주요 한계 하나는 연민을 표현하는 것이 문화 전반에 걸쳐 유사하다고 가정한다는 것이다. 예를 들어, Levine 등(2001)은 시각장애인이 길을 건너는 것을 돕는 것은 연민의 행동이라고 가정한다. 다시 말하지만, 이것은 문화가 얼마나 개인주의적이거나 집단주의적인지에 따라 달라질 수 있다. 독립심을 촉진하는 문화(개인주의적 문화)에서 시각장애인을 도와 길을 건너게 하는 것은 사람들의 자율성과 통제력을 약화시킬 수 있다. 따라서 이러한 문화에서, 연민의 행동은 먼저 시각장애인이 도움을 필요로 하는지 가늠해 보는 것일 수 있다. 다음 절에서 우리는 부정적인 감정의 관점에서 문화적 차이가 연민을 표현하는 구성요소에 어떻게 영향을 미치는지 설명하겠다.

정서 평가 이론: 회피되는 부정적인 정서의 문화적 차이

Verweinen lasst die Nächte mich,
Solang ich weinen mag.
[눈물 흘리며 밤을 보내게 하소서,
울고 싶은 만큼.]
(Johann Wolfgang von Goethe, 1749-
1832; Goethe, 1827, p. 316)

가만히 있어라, 슬픈 마음아! 더 이상 억누르지 마라.
구름 뒤에는 아직도 태양이 빛나고 있다.
(Henry Wadsworth Longfellow, 1807-
1882; Longfellow, 1842, p. 112)

대부분의 사람은 부정적인 상태보다는 긍정적으로 느끼고 싶어 하고, 실제보다 더 긍정적이고 덜 부정적으로 느끼고 싶어 한다. 하지만 그럼에도 사람들은 부정적인 감정을 피하고자 하는 욕구(예: Tsai et al., 2006), 뿐만 아니라 그들이 느끼고 싶은 구체적인 긍정 감정이 다양하다(Koopmann-Holm & Tsai, 2014). 정서 평가 이론(affect valuation theory: AVT)은 이러한 다양성을 정서와 감정 모형에 함입시킨다. 비록 대부분의 우리 연구가 사람들이 이상적으로 느끼고 싶어 하는 감정적 상태(그들의 '이상적인 감정')의 문화적, 개인적 다양성에 초점을 맞추고 있지만(예: D. Jiang, Fung, Sims, Tsai, & Zhang, 2015; Koopmann-Holm, Sze, Ochs, & Tsai, 2013; B. Park, Tsai,

Chim, Blevins, & Knutson, 2016; Sims & Tsai, 2015; Tsai, 2007; Tsai et al., 2016; Tsai et al., 2006; Tsai, Louie, Chen, & Uchida, 2007; Tsai, Miao, & Seppälä, 2007; Tsai, Miao, Seppälä, et al., 2007), 우리의 최근 연구는 AVT의 전제가 사람들이 느끼는 것을 피하고자 하는 감정 상태('회피한 감정')까지 확장하는 것을 입증한다(Koopmann-Holm & Tsai, 2014). 이 장에서는 주로 이 새로운 연구에 초점을 맞출 것이지만, 이 장의 마지막 부분에서는 연민이 이상적인 감정에 의해 어떻게 영향을 받을지에 대해 논의할 것이다.

AVT의 첫 번째 전제는 사람들이 실제로 어떻게 느끼는지(그들의 '실제 감정')는 그들이 이상적으로 어떻게 느끼고 싶어 하는지(그들의 '이상적 감정')와 어떻게 감정을 피하고 싶어 하는지(그들의 '회피한 감정')가 종종 다르다는 것을 상정한다. 앞서 언급했듯이, 대부분의 사람은 부정적인 상태를 피하고 싶어 한다. 물론, 회피한 정서가 긍정적 상태를 포함하는 특정 상황도 있을 수 있다. 예를 들어, 사람들은 기회가 생기지 않을 때 그들의 실망을 최소화하기 위해서 가능성이 있는 기회에 대해 지나치게 흥분하는 것을 피하려고 할 수 있다. 그러나 미국과 독일 같은 서구 문화권에서 사람들은 긍정적인 감정 상태보다 부정적인 감정 상태를 피하고 싶어 한다(Koopmann-Holm & Tsai, 2014). 사람들이 이러한 부정적인 상태를 피할 수 없을 때가 있지만, 사람들은 종종 그들이 상황을 피하고 싶어 한다는 것을 느끼지 못하기도 한다(Koopmann-Holm

& Tsai, 2014). 게다가 구조 방정식 모형은 미국과 독일에서 실제적이고, 이상적이고, 회피한 부정적 정서가 별개의 구조임을 보여 준다(Koopmann-Holm & Tsai, 2014). 다시 말해, 실제로 부정적인 상태를 느끼는 것, 이상적으로 부정적인 상태를 느끼고 싶은 것, 그리고 부정적인 상태를 피하고 싶은 것은 우리의 감정적인 삶에서 구별되는 측면이다.

AVT의 두 번째 전제는 문화가 실제 정서보다 이상적인 정서와 회피한 정서를 더 조형하는 반면, 기질은 이상적인 정서와 회피한 정서보다 실제 정서를 더 조형한다고 예측한다. Rozin(2003)과 Shweder(2003)는 문화적 요소들이 사람들이 바람직하다고 여기는 것—선함, 도덕적임, 고결함—과, 더 나아가 바람직하지 않다고 여기는 것—나쁨, 비도덕적, 죄스러움—을 조형한다고 주장한다. 이와 유사하게, AVT는 문화적 요인이 사람들이 바람직하고 바람직하지 않다고 여기는 정서 상태를 조형해야 한다고 예측한다. 문화적인 요소들은 사람들이 실제로 느끼는 정서 상태를 조형하기도 하지만(Kitayama, Markus, & Kurokawa, 2000; Mesquita & Markus, 2004), 문화 전반에 걸친 수십 년의 경험적 연구에 의하면, 실제 정서는 주로 사람들의 기질뿐만 아니라 그들의 조절 능력과 눈앞에 닥친 환경(예: Gross, 1998)에 의해 조형된다는 것을 시사한다(Costa & McCrae, 1980; David, Green, Martin, & Suls, 1997; Diener & Lucas, 1999; Gross, Sutton, & Ketelaar, 1998; Lykken & Tellegen, 1996; McCrae, Costa, & Yik, 1996; Rusting &

Larsen, 1997; Schimmack, Radhakrishnan, Oishi, Dzokoto, & Ahadi, 2002; Tsai et al., 2006). 이러한 예측을 뒷받침하는 세 가지 연구를 통해 우리는 평균적으로 유럽계 미국인들은 독일인보다 부정적인 상태를 느끼는 것을 더 피하고 싶어 한다는 것을 관찰했다. 따라서 대부분의 사람이 부정적인 상태를 피하고 싶어 하지만, 부정적인 느낌을 얼마나 피하고 싶어 하는지의 정도는 문화마다 차이가 있다. 이에 반해, 실제 부정적인 정서에서 문화적 차이는 연구마다 그렇게 강력하거나 신뢰성이 있지는 않았다(Koopmann-Holm & Tsai, 2014).

미국과 독일 간 회피된 부정적 정서의 차이

이렇게 관찰된 회피된 부정적인 정서의 차이는 역사적인 설명과 개인적인 일화에 의해 뒷받침된다. 예를 들어, 역사학자 Peter Stearns는 『미국인의 멋짐(American Cool)』이라는 책에서 미국 사회에서 "두려움과 분노는 긍정적인 역할을 하지 않았다. … 지시를 받기보다는 가능한 피해야 했다."고 말한다(Stearns, 1994, p. 96). 『행복에 반하여(Against Happiness)』에서 Wilson은 최초의 미국 정착민들을 '약속의 땅'으로 이주함으로써 슬픔을 피한 매우 낙천적인 사람들로 묘사하고 있다. "그들은 미국 해안에서 진정한 행복을 발견하고 가장 큰 슬픔을 물리칠 것이라고 생각했다."(Wilson, 2008, p. 11) 비슷하게, McAdams는 현대 미국인 정체성의 주요 특징을 "개

인적인 고통을 자신의 삶을 구원하고 정당화하는 긍정적인 삶의 장면으로의 탈바꿈"(McAdams, 2004, p. 96)이라고 묘사하는데, 이는 특징적으로 긍정적인 결말을 가지고 있는 미국식 스토리텔링에 반영되어 있다. 실제로, 『밝은 면(Bright-Sided)』에서 Ehrenreich(2009)는 그녀가 자신의 진단에 대해 분노와 불안을 표현했을 때 다른 유방암 환자들로부터 어떻게 꾸지람과 질책을 받았으며 전문가의 도움을 받으라는 말을 들었는지 설명한다. Ehrenreich의 경험이 보여 주는 바와 같이, Held와 Bohart는 미국 문화가 얼마나 '부정적인 성향, 불평, 비관주의'를 죄악으로 보는지 설명한다(Held & Bohart, 2002, p. 961).

대조적으로, 독일 배우 Michael Lesch는 그의 책 『지옥에서의 1년(Ein Jahr Hölle)』에서 그의 암 투병을 '끔찍'하고, 불안과 공포, 충격으로 가득 차 있다고 묘사한다(Lesch, 2008). 실제로 독일 문화는 염세(Weltschmerz)와 불안(Angst)이라는 단어가 암시하는 것처럼 우울하고 비관적인 것으로 종종 묘사된다(Clair, 2005; Gelfert, 2005). 이는 18세기 독일 문학과 음악에서 극단적으로 긍정적 감정과 부정적 감정을 둘 다 자유롭게 표현하는 것이 특징인 Sturm und Drang('질풍과 노도') 운동의 영향을 받았다. 이 운동에서는 부정적인 감정이 받아들여졌을 뿐만 아니라 미화되기도 했다.

이전의 경험적인 연구들도 미국과 독일의 차이에 대해 역사적, 민족학적, 개인적 설명을 뒷받침한다. 예를 들어, 독일 학자 Hedderich(1999)는 다른 나라에서 6개월 이

상을 지내 본 미국인, 독일인 직원들과 반구조화 면담을 진행했다. 그는 그들에게 문화 간의 차이점에 대해 물었고, 독일인과 비교했을 때 미국인들은 그들의 실패에 대해 말하는 것을 거부하며, 간접적으로 그것을 "발전을 위한 여지"(Hedderich, 1999, p. 161)라고 지칭하고, 대신 그들의 업적에 대해 서로를 칭찬한다고 결론지었다. 이에 발맞춰 Friday(1989)는 한 기업 내에서 독일 직원과 미국 직원의 토론 방식을 비교한 결과, 독일 직원들이 미국 직원들에 비해 더 강압적인 것을 발견했다. 마찬가지로, Koopmann-Holm과 Matsumoto(2011)는 감정 표현 방식에서 차이를 발견했으며, 독일의 표현 방식은 미국 표현 방식보다 분노와 슬픔의 표현을 더 많이 허용했다. 이러한 발견은 미국 문화권에 있는 사람들이 독일 문화권에 있는 사람들보다 부정적인 상태를 더 피하고 싶어 한다는 우리 연구 결과를 뒷받침한다.

이러한 문화적 차이는 어디에서 기인했을까? 미국 문화는 독일 문화보다 '개척자 정신'(즉, 목표를 달성하고, 주변 환경에 영향을 미치고, 자연을 극복하는 것)을 더 지지한다 (Koopmann-Holm & Tsai, 2014). 초기 미국 정착민들은 부정적인 환경에서 벗어나 삶을 개선하기 위해 신세계로 갔고, 그 결과 개인이 부정적인 상황을 피하고 싶어 하는 문화를 만들었을지도 모른다. 대조적으로, 오늘날 유럽인의 조상들은 고국에 머물며 그들의 부정적인 생활 환경에 적응해야만 했다. 이 개인은 부정적인 것을 더 많이 수용하는 것을 지지하

는 문화를 만들었을지도 모른다. 실제로, 우리는 미국 문화가 독일 문화보다 개척자 정신의 가치(즉, 본연보다 성취를 중시)를 더 지지하기 때문에, 미국인들은 독일인들보다 부정적인 감정을 더 피하고 싶어 한다는 것을 확인했다(Koopmann-Holm & Chai, 2014, 연구 3).

연민에 대한 시사점

AVT의 세 번째 전제는 부정적인 상태를 피하려는 사람들의 욕구가 그들의 행동을 움직인다는 것이다. Carver와 Scheier(1998)는 그들의 행동 통제 이론에서 대부분의 행동은 목표를 향하거나 목표를 방해하는 것에서 멀어지며, 각각 차이 감소 또는 차이 확장 피드백 체계에 의해 조절된다고 주장한다. 차이 감소 체계가 유기체들을 그들의 목표에 더 가깝게 하는 반면, 차이 확장 과정은 유기체들을 '목표를 방해하는 것'으로부터 더 멀리 이동시킨다. 우리는 회피한 부정적 정서가 '목표를 방해하는 것'과 같이 작동할 것이라고 제안한다. 그래서 사람들은 그들이 피하고 싶은 부정적인 상태로부터 적극적으로 거리를 두는 방식으로 행동한다. 예를 들어, 누군가가 부정적인 감정을 피하고 싶어 할수록, 그 사람은 고통받는 사람이 자신의 기분을 나쁘게 만들까 봐 두려워서 고통받는 사람(예: 돈을 요구하는 노숙자)의 시선을 피할 가능성이 높다. 일부 기초자료는 이런 예측을 뒷받침한다. 고통스러워 보이거나, 웃는 것처럼 보이거나, 또는 둘 다로 보일 수 있는 하나의 이미지

동감의 마음으로
당신의 기억이 마음을
치유하고
영혼을 키우시기를

깊은 슬픔으로
그 누구도 당신이 느끼는
상실과 겪어 내야 하는
슬픔을 정말로 이해할 수는
없을 것입니다.

[그림 21-2] 전형적인 미국식(왼쪽) 및 독일식(오른쪽) 애도 카드 묘사

를 제시했을 때, 참가자들이 부정적인 정서를 더 많이 피하고자 할수록, 웃는 얼굴만 보인다고 응답할 가능성이 더 높았다(Koopmann-Holm, Bartel, Bin Meshar, & Yang, 준비 중). 이런 연구 결과들은 회피된 부정적인 정서에 있는 문화적 차이가 연민의 경험에 결과를 가져올 수 있다는 것을 암시한다. 예를 들어, 사람들은 연민을 경험하기 전에 타인의 고통을 인식해야 하기 때문에, 부정적인 정서를 피하고 싶어 하는 사람일수록 다른 사람의 고통을 지켜봐야 할지 모르는 상황에 자신을 두지 않을 가능성이 있다. 타인의 고통을 적게 보려고 할수록, 연민을 경험할 기회가 줄어든다.

게다가 회피된 부정적인 정서는 사람들이 다른 사람에게 동정이나 연민을 **표현**하는 방식에 역할을 할 수 있다. 사람들이 부정적인 상태를 더 피하도록 권장하는 문화에서, 사람들은 긍정적인 것에 더 많이 초점을 맞추고 부정적인 것에 초점을 덜 맞추는 것이 보다 도움이 되며 연민을 느끼는 것이라고 응답할 수 있다. 하지만 사람들이 부정적인 상태를 덜 피하도록 권장하는 문화에서, 사람들

은 부정적인 것에 더 많이 초점을 맞추고 긍정적인 것에 더 적게 초점을 맞추는 것이 더욱더 도움이 되며 연민을 느끼는 것이라고 응답할 수 있다. 이 가설을 시험하기 위해 미국과 독일 카드 매장에서 판매되는 대표적인 미국과 독일 애도 카드 샘플의 감정적인 내용을 비교했다. 우리는 이러한 문화적 상품들이 타인의 고통에 반응하기 위한 방법으로서 특별히 고안되었기 때문에 이 문화적 상품들을 조사했다. 미국과 독일 모두, 사람들은 다른 사람들에게 그들의 걱정과 연민을 표현하기 위해 애도 카드를 보낸다. 우리의 가설을 뒷받침하자면, 우리는 독일 카드보다 미국 카드가 더 많은 긍정적인 단어, 더 생기 있는 이미지, 더 적은 부정적인 단어, 그리고 더 적은 죽음의 이미지를 포함한다는 것을 발견했다([그림 21-2]와 [그림 21-3] 참조).

문화와 연민, 회피된 부정적 정서에 대한 우리의 가설을 좀 더 시험해 보기 위해, 우리는 유럽계 미국인과 독일인 참가자에게 지인 중 한 명의 아버지가 방금 돌아가셨고, 지인이 매우 슬퍼한다는 상상을 해 보라고 했다.

그다음 우리는 그들에게 세 쌍의 애도 카드를 제시했다. 각각의 쌍 중 하나는 부정적인 것에 초점을 맞춘 카드(예: '심각한 상실… 애도하는 데 시간이 걸릴 것')였고 하나는 긍정적인 것에 초점을 맞춘 카드(예: '기억하라… 시간이 당신의 영혼을 치유하게 하라')였다. 예상대로, 미국인들은 독일인들보다 주로 부정적인 내용이 담긴 애도 카드를 보내는 것을 더 불편하게 느꼈고, 이러한 차이는 회피된 부정적 정서의 문화적 차이에 의해 영향을 받았다. 독일인의 72%가 제시된 세 쌍의 카드 중 최소 하나의 부정적인 카드를 선택한 반면, 유럽계 미국인의 37%만이 그런 카드를 선택했다 (Koopmann-Holm & Tsai, 2014).

이러한 자료가 상관관계가 있기 때문에, 우리는 실험 설계를 사용한 또 다른 연구를 수행하여 부정적인 정서를 피하려는 경향이 부정적인 카드보다 긍정적인 카드를 선택하도록 더 많은 영향을 끼치는지 여부를 조사했다 (Koopmann-Holm & Tsai, 2014, 연구 4). 미국과 독일 참가자들은 무작위로 '부정적인 정서를 피하거나', '부정적인 정서에 가까워지는' 실험 조건에 배정되었다. '부정적인 정서를 피하는' 실험 조건에서, 참가자들은 컴퓨터 화면에서 부정적인(중립적인 이미지에 비해) 이미지를 보았을 때 조이스틱을 본인으로부터 밀어내라는 지시를 받았다. '부정적인 정서에 가까워지는' 실험 조건에서, 참가자들은 컴퓨터 화면에서 부정적인(중립적인 이미지에 비해) 이미지를 보았을 때 본인 쪽으로 조이스틱을 당기라는 지시를 받았다. 이후 그들은 사랑하는 사람을 잃은 지 얼마 안 된 누군가에게 보낼 카드를 선택해야 하는 상황에 놓였다. 전반적으로 '부정적인 정서를 피하는' 조건의 참가자들은 '부정적인 정서에 가까워지는' 조건의 참가자들보다 긍정적인 내용이 담겨 있는 애도 카드(그리고 부정적인 내용이 더 적은 카드)를 더 선호했다. 이러한 연구 결과는 회피된 부정적 정서의 차이가 최소한 부분적으로라도 고통에 대한 다른 반응으로 이끈다는 것을 시사한다.

사람들이 스스로 고통받고 있는 것이 자신일 때도 같은 차이가 나타날까? 이 질문에 답하기 위해, 우리는 참가자들에게 다음과 같이 요청하였다. "당신의 사랑하는 사람 중 한 명이 방금 죽었다고 상상해 보세요……. 그리고 당신이 방금 지인 중 한 명으로부터 애도 카드를 받았다고 상상해 보세요." 그런 다음 우

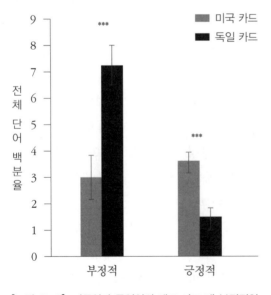

[그림 21-3] 미국인과 독일인의 애도 카드 내 부정적인 단어와 긍정적인 단어의 빈도(전체 단어에서 부정적이거나 긍정적인 단어의 백분율)

리는 참가자들에게 두 짝의 다른 애도 카드를 제시했다. 앞서 설명한 것처럼, 하나는 부정적인 카드, 하나는 긍정적인 카드였다. 그리고 참가자들에게 각각의 카드가 얼마나 위로가 되고 도움이 되는지 말해 달라고 요청했다. 예상대로 미국인은 독일인보다 부정적인 카드를 덜 위안이 되고 도움이 별로 되지 않는다고 평가했다. 어떤 종류의 카드를 받겠냐는 질문에는 유럽계 미국인의 16%만이 부정적 카드 2장 중 최소 1장을 선택한 반면, 독일인의 38%는 부정적 카드 2장 중 최소 1장을 선택했다. 다시 말하지만, 이러한 문화적 차이는 부분적으로 부정적인 상태를 피하고자 하는 욕구의 차이 때문이다. 개인이 부정적인 감정을 더 피하고 싶어 할수록, 그들은 부정적인 카드가 덜 위로가 되고 별로 도움이 되지 않는다고 했다(Koopmann-Holm, Bruchmann, Pearson, Oduye, Mann, & Fuchs, 준비 중).

종합적으로, 이 연구 결과들은 사람들이 문화에 따라 다른 방식으로 연민을 표현하고, 도움이 된다고 생각하는 연민의 반응이 사람마다 다르다는 것을 보여 준다.

상담, 건강 돌봄, 공공 서비스 및 개입을 위한 시사점

우리의 작업은 한 문화권에서 연민적인 것으로 간주되는 행동들이 다른 문화권에서는 그렇지 않을 수도 있다는 것을 보여 준다. 독일 문화권에서는 긍정적인 것에 초점을 맞추는 것이 피상적이라고 여겨질 수 있는 반면, 미국 문화권에서는 부정적인 것에 집중하는 것이 의욕을 떨어트리고 심지어 병적으로 여겨질 수 있다. 게다가 우리의 연구 결과는 연민과 공감을 받아들이는 미국의 지배적인 모형이 부정적인 영향을 덜 피하고 싶어 하는 독일 문화권과 다른 문화권에는 적용되지 않을 수 있다는 것을 시사한다. 실제로, 연민 어린 반응을 설명하는 가장 유명한 두 모형인 Batson과 동료들의 공감-이타주의 가설(1981, 1983; 1991)과 Cialdini와 동료들의 부정적 상태 완화 모형(1973)은 사람들이 부정적인 감정을 원하지 않는다고 가정한다. 공감-이타주의 가설은 고통받는 사람을 볼 때 곤란을 더 많이 느낄수록 덜 돕는다는 것을 시사하는데, 이는 사람들이 그런 곤란을 느끼고 싶어 하지 않기 때문이다. 미국인은 독일인보다 더 부정적인 감정을 피하고 싶어 하기 때문에, 실제로 부정적이거나 곤란을 느끼는 것은 독일인보다 미국인의 도움행동을 방해할 수도 있다. 부정적 상태 완화 모형은 다른 사람의 고통으로 인해 누군가가 곤란을 겪을 때, 다른 사람을 도움으로써 자신의 기분이 나아지기를 바라기 때문에(즉, 그들의 곤란을 줄이는), 이러한 곤란은 더 많은 돕는 행위로 이어진다는 것을 보여 준다. 미국인은 자신의 곤란을 줄이기 위해 다른 사람들을 돕지만, 독일인은 부정적인 감정을 더 잘 받아들이기 때문에 그들 자신의 곤란을 줄이려는 경향이 더 적을 수 있다. 따라서 독일 맥락에서는 자기 자신의 곤란을 줄이기 위한 동기는 연민 반응이 일어나는 것과 관련이 덜할 수도 있다.

우리 연구 결과는 문화가 어떻게 연민의 표현을 형성할 수 있는지에 대한 단지 한 가지의 예를 제공한다. 연민의 문화적 차이를 이해하는 것은 여러 가지 이유로 중요하다. 첫째, 연민의 문화적 차이를 이해하는 것은 효과적인 다문화 간 상담을 개발하는 데 매우 중요할 수 있다(Chung & Bemak, 2002). 예를 들어, 슬픔과 트라우마 상담은 국제적으로 정리되고 제공되는 경우가 많지만 상담받는 사람들의 문화를 고려하지 않아 효과가 없는 경우가 많다(Watters, 2010). 심지어 서양 임상 치료법들 중에서도, 일부는 개인이 부정적인 감정을 얼마나 피하고 싶은지에 따라 어떤 방법이 다른 치료법들보다 더 효과적일 수 있다. 예를 들어, 정신분석학의 아버지인 Sigmund Freud는 오스트리아인이었고 따라서 독일 문화의 영향을 받았다. 그러므로 부정적인 감정을 억누르고 회피하는 것은 정상적인 상태가 아니고, 자신의 부정적인 감정을 '치유'로서 방출하고, 수용하며, 이야기해야 한다는 가정은 독일인의 부정적 감정 수용을 반영하는 것일 수도 있다. 인지치료의 아버지인 Aaron Beck은 미국인이었다. 부정적인 기분을 수정해야 한다는 인지치료의 가정(즉, 긍정적으로 만드는 것)은 부정적인 감정을 피하고 싶어 하는 미국인의 바람을 나타낼 수 있다. 실제로, 정신분석학적 생각과 달리, 억압적인 대처(즉, 부정적인 생각과 감정을 무시하거나 억압하는 것)는 미국인 표본에서 사랑하는 사람을 잃은 후에 더 나은 정신적, 육체적 건강으로 이끄는데(Coifman, Bonanno, Ray, & Gross, 2007), 아마도 그것이 부정적인 감정을 피하는 것에 기반한 미국의 가치와 일치하기 때문일 것이다. 따라서 회피된 부정적 정서의 문화, 개인의 차이점을 이해하면 치료사와 다른 의료인에게 타인의 고통에 가장 잘 대응할 수 있는 방법을 알려 줄 수 있다. 어떤 사람들은 Goethe(1827, p. 316)가 묘사한 것처럼 '마음껏 울 수 있는 눈물로 가득찬 밤'을 선호할 수도 있는 반면, 다른 사람들은 Longfellow(1842, p. 112)가 묘사한 것처럼 '구름 뒤 태양은 여전히 빛나고 있기 때문에 억압을 중단'하는 것을 선호할 수도 있다.

연민의 문화적 차이를 아는 것은 상담 상황뿐 아니라, 연민이 더 나은 전귀(outcome)로 이끌 수 있는 건강 돌봄과 공공 서비스 분야에서도 중요할 수 있다(Amador, Flynn, & Betancourt, 2015). 예를 들어, 점점 다문화가 증가하는 세상에서, 임상의들이 환자와 그들의 가족에게 불치병 진단을 어떻게 연민 어리게 전달할지를 아는 것은 중요하다. 게다가 교육 상황에서 연민의 문화적 차이에 대한 인식은 다양한 문화적 배경을 가진 학생들에게 자문하는 데 중요하며, '민족 문화적 공감'(Wang et al., 2003)이나 다른 인종의 관점을 이해하는 데 중요하다.

연민의 표현에서 문화적, 개인적 차이를 이해하는 것은 다른 문화에서 연민, 공감, 동정, 이타주의를 촉진하는 것을 목표로 하는 개입에도 매우 중요하다. 예를 들어, 이전의 연구는 명상이 연민을 증가시킨다는 것을 입증했지만(예: Condon et al., 2013; Kemeny et al.,

2012; Leiberg et al., 2011; Weng et al., 2013), 다른 인종과 문화 집단에 걸쳐 적용되는지를 조사한 연구 결과는 없다. 실제로, Layous, Lee, Choi, 그리고 Lyubomirsky(2013)는 특정한 행복 개입이 북미와 한국의 문화권에서 비슷하게 효과적인 것처럼 보이지 않는다는 것을 입증했다. 다른 문화권에서의 개입 효과를 연구하는 것 외에도, 연구진들은 연민의 개념, 경험, 표현에 문화적 차이점을 반영하는 연민 척도를 포함해야만 한다.

한계와 향후 연구

우리의 연구는 향후 연구에서 다루어야 할 몇 가지 한계를 안고 있다.

첫째, 우리는 지인의 고통에 대한 가상의 반응을 통해 부정적 영향을 피하는 방법을 조사했다. 향후 연구는 이러한 발견이 실제 부정적인 사건에도 일반화되는지 여부를 검토해야 한다. 예를 들어, 우리는 최근 사별을 겪은 유가족들에게 어떤 종류의 카드가 가장 도움이 된다고 생각하는지 조사 중이며, 또한 실제 고통을 받는 게시글이 트위터에 올라왔을 때 사람들이 어떤 반응을 보이는지도 조사하고 있다. 향후 연구는 다른 개인에 대한 반응(예: 가족이나 친구의 고통)과 다른 유형의 고통(예: 에이즈나 암, 직업 또는 결혼생활의 어려움)에 대한 반응도 조사해야 한다.

둘째, 우리는 미국(주로 유럽계 미국인)과 독일계 표본을 사용하여 연민과 관련된 문화적인 차이점에 대하여 조사하기 시작했다. 흥미롭게도, 이 두 문화는 종종 '개인주의적이고 서구적인' 문화로 함께 묶인다. 향후 연구는 다른 문화권에서도 공감과 연민의 표현을 검토해야 한다(예: Gaines & Farmer, 1986; Grossmann & Kross, 2010).

셋째, 이러한 연민의 문화적 차이가 연민 피로에 어떤 영향을 미치는지 살펴보는 것이 중요할 것이다. 사람들은 부정적인 감정을 피하고 싶을 때 연민 피로에 더 예민해질까? 우리의 연구는 부정적인 감정을 피하고 싶어 하는 사람들이 부정적인 자극에 노출되었을 때 훨씬 더 부정적인 느낌을 받을 수 있다는 것을 시사한다(Koopmann-Holm & Tsai, 2014, p. 1109 참조). 따라서 부정적인 감정을 더 많이 피하려고 하는 사람들이 부정적인 감정을 덜 피하고자 하는 사람들보다 더 일찍 그리고/또는 더 큰 연민 피로의 징후를 보일 수 있다. 향후 연구에서는 이 예측을 시험해 봐야 한다.

또한 향후 연구는 이상적인 감정(사람들이 이상적으로 느끼기를 원하는 정서 상태; Tsai et al., 2006)이 연민을 어떻게 조형할 수 있는지 연구하여야 한다. 앞서 언급한 바와 같이, 우리는 미국 문화가 여러 동아시아 문화권보다 흥분 상태를 더 가치 있게 여기고 차분한 상태를 덜 가치 있게 여긴다는 것을 발견했다(Tsai et al., 2006). 연민 반응이 긍정적인 감정을 포함할 정도로, 흥분 상태를 더 가치 있게 여기는 문화권의 사람들은 흥분된 반응을 더 연민적으로 생각하는 반면, 차분한 상태를 더 가치 있게 여기는 문화권의 사람들은 차분한 반응을 더 연민적으로 생각할 수 있다.

향후 연구에서 다루어야 할 또 다른 중요한 점은 연민이 문화적 맥락에 걸쳐서뿐만 아니라 그 안에서도 어떻게 평가되어야 하는가이다. 서구권 개념의 연민으로 제시된 것처럼, 사람들이 그들이 관련이 있고 비슷하게 느끼는 누군가에 대해 어떻게 반응하는지를 조사하는 데 우리의 노력을 집중해야 할 것인가 (Batson et al., 1981; Batson et al., 1987)? 아니면 모든 존재의 상호 연결성을 강조하여 범칙자와 적을 포함한 모든 사람에게 연민을 장려하는 불교적 관점을 포함시켜야 할 것인가 (Dalai Lama, 1997)? 횡문화적 관점에서 이 구성을 이해하기 위해 우리는 연민 척도를 대체하는 방안의 중요성을 논의한다(Koopmann-Holm, Sze, et al., 준비 중). 연민을 확장하는 차원(집단 내 구성원뿐만 아니라 범칙자와 적을 포함한 모든 사람에 대한)을 포함할 뿐만 아니라, 좀 더 집단주의적 관점에서 연민을 바라보는 것도 중요할 것이다. 예를 들어, 집단 연대는 반드시 개인의 감정과 평가로부터 비롯된 것이 아니라 집단적이고 사회적 정체성에서 비롯된 연민의 행동을 포함한다(M. Gaborit, 사적 의견 교류, 2016년 2월 19일). Stavrova와 Schlösser(2015)는 연대를 '취약계층과의 공유된 정체성에 의해 추진되고 그들의 조건을 개선하는 행동'으로 정의하며, 이는 이 책에서의 연민의 정의와 매우 일치한다.

마지막으로, 우리 연구는 연민의 개념적 해석과 표현의 문화적 형성에 초점을 맞췄다. 이러한 차이점들이 어떻게 연민의 경험을 형성하는지를 조사하기 위해서는 더 많은 연구가 필요하다. 우리의 결론은 사람들이 부정적 감정을 피하고자 하는 정도에 따라 연민이 다르게 표현된다는 것을 보여 준다. 연민이 다르게 표현되기 때문에, '문화적 구성'에 기반한 감정의 관점(Boiger & Mesquita, 2012)에 따라 연민 또한 다르게 경험될 수 있다. 이전의 연구들은 사람들이 공감과 이타적 동기를 경험하는 방법에 문화적 차이가 존재함을 시사한다(de Greck et al., 2012; Miller & Bersoff, 1994; Siu & Shek, 2005). 우리의 연구는 부정적인 느낌을 피하고자 하는 사람들이 부정적인 장면에 노출되었을 때 실제로 더 부정적으로 느낄 수 있다는 것을 시사한다(Koopmann-Holm & Tsai, 2014, p. 1109 참조). 하지만 부정적인 감정을 피하고자 하는 사람들은 누군가의 고통에 반응할 때 긍정적인 것에 더 초점을 맞춘다. 이것은 부정적 감정을 피하고자 하지 않는 사람들과 비교하여, 누군가의 고통을 볼 때 실제로 더 긍정적으로 느끼도록 만들 수 있다. 예를 들어, 부정적인 감정을 피하고자 하는 사람들이 다른 사람의 고통을 볼 때, 그들은 긍정적인 것에 더 집중하기 때문에 부정적인 감정을 덜 피하고자 하는 사람들과는 상황을 다르게 해석한다. 그들은 사랑하는 이를 떠나보내고 슬픔에 잠긴 사람이 사랑하는 이와 보냈던 좋은 시간에 집중할 수 있고, 이것은 연민을 느낄 때 '따스한 빛 같은 만족 심리'를 경험할 수 있게 할 수도 있다. 부정적인 감정을 피하는 것을 덜 원하는 사람들에게는, 사랑하는 사람을 잃은 사람이 느끼는 고통에 집중할 수 있고, 이것은 연민을 느낄 때 고통으로 이어질 수 있다. 향후 연구에서 이러한 예측을 시험해 볼 필요가 있으며, 연민을 느끼는 동안 더 부정적으로 느끼는 것이 연민의 긍정적인 감정(예: '따스한 빛 같은 만족 심리')을 지우는 것인지, 아니면 긍정적인 감정과 부정적인 감정이 공존하는 것인지 또한 검토해야 한다.

중요하게도, 이전의 연구들은 연민의 명확한 문화적 유사성을 문서로 기술해 왔다. 사실, 타인과 관계를 맺고 타인의 고통에 반응하는 핵심적인 경향은 Darwin이 시사한 것처럼 매우 보편적일 수 있다(Darwin, 1871). 비록 우리가 유럽계 미국인과 독일인의 맥락에서 사람들이 누군가의 고통에 어떻게 반응하는지, 그리고 그들이 도움이 된다고 여기는 것에서 문화적 차이를 발견할지라도, 애도 카드는 두 문화권 내에서 손쉽게 사용될 수 있다. 이는 연민을 표현하기 위해 애도 카드를 보내는 일이 이러한 문화적 상품이 존재할 만큼 빈번하게 있는 일이라는 것을 보여 주며, 연민에서의 문화적 유사성을 보여 준다. 그러나 우리 연구는 연민을 가지고 도움을 주기 원하는(즉, 사람들이 긍정적인 것에 초점을 맞추는지 부정적인 것에 초점을 맞추는지 여부와 상관없이) 초기의 감정적 경향을 따르는 동기가 문화에 의해 형성된다는 것을 보여 준다.

결론적으로, 비록 연민을 느끼는 경향이 기본적이고 본능적이라고 한 Darwin의 주장이 옳았을지라도, 문화에 따라 연민의 개념, 경험, 표현의 차이가 있다는 것은 분명하다. 여기에서 우리는 사람들이 부정적 감정을 피하고 싶어 하는 정도의 문화적 차이가 타인의 고통에 어떻게 반응하는지를 예측할 뿐만 아니라, 다른 사람들이 자신의 고통에 어떻게 반응하는지에 대한 선호도(즉, 그들이 생각하는 가장 도움이 되고 연민을 나타내는) 또한 예측한다는 것을 증명한다. 부정적인 정서를 피하고 싶을수록 타인에게 반응할 때 더 (부정적인 것에 비하여) 긍정적 측면에 초점에 맞추고, 자신의 고통에 대해 연민을 표현해 줄 때 타인이 (부정적인 것에 비하여) 긍정적 측면에 초점을 맞추기를 바라는 것이다. 우리의 희망은 향후 늘어나는 연구를 통해서 문화가 연민의 개념, 경험 그리고 표현을 조형하는 다른 방법들을 규명하게 되는 것이다.

참고문헌

Allred, K. G., Mallozzi, J. S., Matsui, F., & Raia, C. P. (1997). The influence of anger and compassion on negotiation performance. *Organizational Behavior and Human Decision Processes*, 70(3), 175-187.

Amador, J. A., Flynn, P. M., & Betancourt, H. (2015). Cultural beliefs about health professionals and perceived empathy influence continuity of cancer screening following a negative encounter. *Journal of Behavioral Medicine*, 38(5), 798-808. doi:10.1007/s10865-015-9646-1

Atkins, D., Uskul, A. K., & Cooper, N. (2016). Culture shapes empathic responses to physical and social pain. *Emotion*, 16(5), 587-601.

Batson, C. D. (1981). Is empathic emotion a source of altruistic motivation? *Journal of Personality and Social Psychology, 40*(2), 290-302.

Batson, C. D. (1983). Influence of self-reported distress and empathy on egoistic versus altruistic motivation to help. *Journal of Personality and Social Psychology, 45*(3), 706-718.

Batson, C. D., Batson, J. G., Slingsby, J. K., Harrell, K. L., Peekna, H. M., & Todd, R. M. (1991). Empathic joy and the empathy-altruism hypothesis. *Journal of Personality and Social Psychology, 61*, 413-426.

Batson, C. D., Duncan, B. D., Ackerman, P., Buckley, T., & Birch, K. (1981). Is empathic emotion a source of altruistic motivation? *Journal of Personality and Social Psychology, 40*(2), 290-302.

Batson, C. D., Fultz, J., & Schoenrade, P. A. (1987). Distress and empathy: Two qualitatively distinct vicarious emotions with different motivational consequences. *Journal of Personality, 55*(1), 19-39.

Batson, C. D., O'Quin, K., Fultz, J., Vanderplas, M., & Isen, A. M. (1983). Influence of self-reported distress and empathy on egoistic versus altruistic motivation to help. *Journal of Personality and Social Psychology, 45*(3), 706-718.

Boiger, M., & Mesquita, B. (2012). The construction of emotion in interactions, relationships, and cultures. *Emotion Review, 4*(3), 221-229. doi:10.1177/1754073912439765

Carver, C., & Scheier, M. (1998). *On the Self-Regulation of Behavior.* New York: Cambridge University Press.

Cassels, T. G., Chan, S., Chung, W., & Birch, S. A. J. (2010). The role of culture in affective empathy: Cultural and bicultural differences. *Journal of Cognition and Culture, 10*(3-4), 309-326. doi:10.1163/156853710x531203

Cheon, B. K., Im, D.-M., Harada, T., Kim, J.-S., Mathur, V. A., Scimeca, J. M., ... Chiao, J. Y. (2011). Cultural influences on neural basis of intergroup empathy. *Neuroimage, 57*(2), 642-650. doi:10.1016/j.neuroimage.2011.04.031

Chung, R. C. Y., & Bemak, F. (2002). The relationship of culture and empathy in cross-cultural counseling. *Journal of Counseling & Development, 80*(2), 154-159.

Cialdini, R. B., Darby, B. L., & Vincent, J. E. (1973). Transgression and altruism: A case for hedonism. *Journal of Experimental Social Psychology, 9*, 502-516.

Clair, J. (2005). *Melancholie: Genie und Wahnsinn in der Kunst* [Melancholy: Genius and madness in the arts]. Ostfilden-Ruit, Germany: Hatje Cantz.

Coifman, K. G., Bonanno, G. A., Ray, R. D., & Gross, J. J. (2007). Does repressive coping promote resilience? Affective-autonomic response discrepancy during bereavement. *Journal of Personality and Social Psychology, 92*(4), 745-758.

Condon, P., Desbordes, G., Miller, W. B., & DeSteno, D. (2013). Meditation increases compassionate responses to suffering. *Psychological Science, 24*(10), 2125-2127.

Condon, P., & DeSteno, D. (2011). Compassion for one reduces punishment for another. *Journal of Experimental Social Psychology, 47*(3), 698-701.

Costa, P. T., & McCrae, R. R. (1980). Influence of extraversion and neuroticism on subjective well-being: Happy and unhappy people. *Journal of Personality and Social Psychology*, *38*(4), 668-678.

Darwin, C. (1871). *The Descent of Man and Selection in Relation to Sex*. New York: D. Appleton.

David, J. P., Green, P. J., Martin, R., & Suls, J. (1997). Differential roles of neuroticism, extraversion, and event desirability for mood in daily life: An integrative model of top-down and bottom-up influences. *Journal of Personality and Social Psychology*, *73*(1), 149-159.

Davis, M. (1980). Interpersonal Reactivity Index. A multidimensional approach to individual differences in empathy. *JSAS Catalog of Selected Documents in Psychology*, *10*, 85.

de Greck, M., Shi, Z., Wang, G., Zuo, X., Yang, X., Wang, X., ... Han, S. (2012). Culture modulates brain activity during empathy with anger. *Neuroimage*, *59*(3), 2871-2882.

Diener, E., & Lucas, R. (1999). Personality and subjective well-being. In D. Kahneman, E. Diener & N. Schwarz (Eds.), *Well-being: Foundations of Hedonic Psychology* (pp. 213-229). New York: Russell Sage Foundation.

Ehrenreich, B. (2009). *Bright-sided: How the Relentless Promotion of Positive Thinking Has Undermined America*. New York: Metropolitan Books.

Eisenberg, N., Zhou, Q., & Koller, S. (2001). Brazilian adolescents' prosocial moral judgment and behavior: Relations to sympathy, perspective-taking, gender-role orientation, and demographic characteristics. *Child Development*, *72*(2), 518-534.

Fernández, A. M., Dufey, M., & Kramp, U. (2011). Testing the psychometric properties of the Interpersonal Reactivity Index (IRI) in Chile: Empathy in a different cultural context. *European Journal of Psychological Assessment*, *27*(3), 179-185. doi:10.1027/1015-5759/a000065

Friday, R. A. (1989). Contrasts in discussion behaviors of German and American managers. *International Journal of Intercultural Relations*, *13*, 429-446.

Gaines, A. D., & Farmer, P. E. (1986). Visible saints: Social cynosures and dysphoria in the Mediterranean tradition. *Culture, Medicine and Psychiatry*, *10*(4), 295-330.

Gelfert, H.-D. (2005). *Was ist deutsch? Wie die Deutschen wurden, was sie sind* [What is German? How the Germans became the way they are]. Munich: C. H. Beck Verlag.

Goethe, J. W. (1827). *Goethes Werke: Vollständige Ausgabe letzter Hand* [Goethe's Works: complete edition, in the author's final version]. Stuttgart, Germany: Cotta.

Goetz, J. L., Keltner, D., & Simon-Thomas, E. (2010). Compassion: An evolutionary analysis and empirical review. *Psychological Bulletin*, *136*(3), 351-374.

Gross, J. J. (1998). The emerging field of emotion regulation: An integrative review. *Review of General Psychology*, *2*, 271-299.

Gross, J. J., Sutton, S. K., & Ketelaar, T. (1998). Relations between affect and personality: Support for the affect-level and affective reactivity views. *Personality and Social Psychology Bulletin*, *24*(3), 279-288.

Grossmann, I., & Kross, E. (2010). The impact of culture on adaptive versus maladaptive self-reflection. *Psychological Science, 21*(8), 1150-1157.

Hedderich, N. (1999). When cultures clash: Views from the professions. *Die Unterrichtspraxis/Teaching German, 32*(2), 158-165.

Held, B. S., & Bohart, A. C. (2002). Introduction: The (overlooked) virtues of "unvirtuous" attitudes and behavior: Reconsidering negativity, complaining, pessimism, and "false" hope. *Journal of Clinical Psychology, 58*(9), 961-964.

Hertenstein, M. J., Keltner, D., App, B., Bulleit, B. A., & Jaskolka, A. R. (2006). Touch communicates distinct emotions. *Emotion, 6*(3), 528-533.

Hofmann, S. G., Grossman, P., & Hinton, D. E. (2011). Loving-kindness and compassion meditation: Potential for psychological interventions. *Clinical Psychology Review, 31*, 1126-1132.

Hutcherson, C. A., Seppälä, E. M., & Gross, J. J. (2008). Loving-kindness meditation increases social connectedness. *Emotion, 8*, 720-724.

Jiang, C., Varnum, M. E., Hou, Y., & Han, S. (2014). Distinct effects of self-construal priming on empathic neural responses in Chinese and Westerners. *Social Neuroscience, 9*(2), 130-138.

Jiang, D., Fung, H. H., Sims, T., Tsai, J. L., & Zhang, F. (2015). Limited time perspective increases the value of calm. *Emotion, 16*(1), 52-62.

Kemeny, M. E., Foltz, C., Cavanagh, J. F., Cullen, M., Giese-Davis, J., Jennings, P., … Wallace, B. A. (2012). Contemplative/emotion training reduces negative emotional behavior and promotes prosocial responses. *Emotion, 12*(2), 338-350.

Kitayama, S., & Markus, H. R. (2000). The pursuit of happiness and the realization of sympathy: Cultural patterns of self, social relations, and well-being. In E. Diener & E. Suh (Eds.), *Subjective Well-being Across Cultures* (pp. 113-161). Cambridge, MA: MIT Press.

Kitayama, S., Markus, H. R., & Kurokawa, M. (2000). Culture, emotion, and well-being: Good feelings in Japan and the United States. *Cognition & Emotion, 14*, 93-124.

Koopmann-Holm, B., Bartel, K., Bin Meshar, M., & Yang, H. (in preparation). Seeing the whole picture? Wanting to avoid negative emotions predicts information processing above and beyond feeling negative emotions.

Koopmann-Holm, B., Bruchmann, K., Pearson, M., Oduye, A., Mann, S., & Fuchs, M. (in preparation). What constitutes a compassionate response? The important role of culture.

Koopmann-Holm, B., & Matsumoto, D. (2011). Values and display rules for specific emotions. *Journal of Cross-Cultural Psychology, 42*(3), 355-371.

Koopmann-Holm, B., Sze, J., Ochs, C., & Tsai, J. L. (2013). Buddhist-inspired meditation increases the value of calm. *Emotion, 13*(3), 497.

Koopmann-Holm, B., Sze, J., & Tsai, J. L. (in preparation). Broadening studies of meditation: The case of compassion.

Koopmann-Holm, B., & Tsai, J. L. (2014).

Focusing on the negative: Cultural differences in expressions of sympathy. *Journal of Personality and Social Psychology*, 107(6), 1092-1115.

Kroeber, A. L., & Kluckhohn, C. (1952). *Culture: A Critical Review of Concepts and Definitions*. Cambridge, MA: Peabody Museum of Archaeology & Ethnology.

Lama, D. (1997). *Healing Anger: The Power of Patience from a Buddhist Perspective*. New York: Snow Lion Publications.

Layous, K., Lee, H., Choi, I., & Lyubomirsky, S. (2013). Culture matters when designing a successful happiness-increasing activity: A comparison of the United States and South Korea. *Journal of Cross-Cultural Psychology*, 44(8), 1294-1303.

Leiberg, S., Klimecki, O., & Singer, T. (2011). Short-term compassion training increases prosocial behavior in a newly developed prosocial game. *PLoS ONE*, 6(3), e17798. doi:10.1371/journal.pone.0017798

Lesch, M. (2008). *Ein Jahr Hölle*. Cologne, Germany: Bastei Lübbe.

Levine, R., Norenzayan, A., & Philbrick, K. (2001). Cross-cultural differences in helping strangers. *Journal of Cross-Cultural Psychology*, 32(5), 543-560.

Longfellow, H. W. (1842). *Ballads and Other Poems*. Cambridge, MA: Owen.

Lutz, A., Brefczynski-Lewis, J., Johnstone, T., & Davidson, R. J. (2008). Regulation of the neural circuitry of emotion by compassion meditation: Effects of meditative expertise. *PloS ONE*, 3(3), e1897. doi:10.1371/journal.pone.0001897

Lykken, D., & Tellegen, A. (1996). Happiness is a stochastic phenomenon. *Psychological Science*, 7, 186-189.

Markus, H. R., & Conner, A. (2013). *Clash! Eight Cultural Conflicts That Make Us Who We Are*. New York: Penguin/Hudson Street Press.

Markus, H. R., & Kitayama, S. (2010). Cultures and selves: A cycle of mutual constitution. *Perspectives on Psychological Science*, 5(4), 420-430.

McAdams, D. (2004). The redemptive self: Narrative identity in America today. In D. R. Beike, J. M. Lampinen, & D. A. Behrend (Eds.), *The Self and Memory* (pp. 95-115). New York: Psychology Press.

McCrae, R. R., Costa, P. T., & Yik, M. (1996). Universal aspects of Chinese personality structure. In M. H. Bond (Ed.), *The Handbook of Chinese Psychology* (pp. 189-207). New York: Oxford University Press.

Mesquita, B., & Markus, H. R. (2004). Culture and emotion: Models of agency as sources of cultural variation in emotion. In N. H. Frijda, A. S. R. Manstead, & A. Fisher (Eds.), *Feelings and Emotions: The Amsterdam Symposium* (pp. 341-358). Cambridge, MA: Cambridge University Press.

Miller, J. G., & Bersoff, D. M. (1994). Cultural influences on the moral status of reciprocity and the discounting of endogenous motivation. *Personality and Social Psychology Bulletin*, 20(5), 592-602.

Neff, K. D., Hsieh, Y.-P., & Dejitterat, K. (2005). Self-compassion, achievement goals, and coping with academic failure. *Self and Identity*, 4(3), 263-287.

Neff, K. D., Kirkpatrick, K. L., & Rude, S.

S. (2007). Self-compassion and adaptive psychological functioning. *Journal of Research in Personality, 41*(1), 139-154.

Pace, T. W. W., Negi, L. T., Adame, D. D., Cole, S. P., Sivilli, T. I., Brown, T. D., ... Raison, C. L. (2009). Effect of compassion meditation on neuroendocrine, innate immune and behavioral responses to psychosocial stress. *Psychoneuroendocrinology, 34*, 87-98.

Park, B., Tsai, J. L., Chim, L., Blevins, E., & Knutson, B. (2016). Neural evidence for cultural differences in the valuation of positive facial expressions. *Social Cognitive & Affective Neuroscience, 11*(2), 243-252.

Park, J., Haslam, N., Kashima, Y., & Norasakkunkit, V. (2016). Empathy, culture and self-humanising: Empathising reduces the attribution of greater humanness to the self more in Japan than Australia. *International Journal of Psychology, 51*(4), 301-306. doi:10. 1002/ijop.12164

Rozin, P. (2003). Five potential principles for understanding cultural differences in relation to individual differences. *Journal of Research in Personality, 37*, 273-283.

Rusting, C. L., & Larsen, R. J. (1997). Extraversion, neuroticism, and susceptibility to positive and negative affect: A test of two theoretical models. *Personality and Individual Differences, 22*(5), 607-612.

Schimmack, U., Radhakrishnan, P., Oishi, S., Dzokoto, V., & Ahadi, S. (2002). Culture, personality, and subjective well-being: Integrating process models of life satisfaction. *Journal of Personality and Social Psychology, 82*(4), 582-593.

Shapiro, S. L., Schwartz, G. E., & Bonner, G. (1998). Effects of mindfulness-based stress reduction on medical and premedical students. *Journal of Behavioral Medicine, 21*, 581-599.

Shaver, P. R., Murdaya, U., & Fraley, R. C. (2001). Structure of the Indonesian emotion lexicon. *Asian Journal of Social Psychology, 4*(3), 201-224.

Shweder, R. A. (1991). *Thinking Through Cultures: Expeditions in Cultural Psychology.* Cambridge, MA: Harvard University Press.

Shweder, R. A. (2003). *Why do Men Barbecue? Recipes for Cultural Psychology.* Cambridge, MA: Harvard University Press.

Sims, T., & Tsai, J. L. (2015). Patients respond more positively to physicians who focus on their ideal affect. *Emotion, 15*(3), 303.

Siu, A. M., & Shek, D. T. (2005). Validation of the interpersonal reactivity index in a Chinese context. *Research on Social Work Practice, 15*(2), 118-126.

Snibbe, A. C., & Markus, H. R. (2005). You can't always get what you want: Educational attainment, agency, and choice. *Journal of Personality and Social Psychology, 88*(4), 703.

Stavrova, O., & Schlösser, T. (2015). Solidarity and social justice: Effect of individual differences in justice sensitivity on solidarity behaviour. *European Journal of Personality, 29*(1), 2-16. doi:10.1002/per.1981

Stearns, P. N. (1994). *American Cool: Constructing a Twentieth-century Emotional Style.* New York: New York University Press.

Stellar, J. E., Manzo, V. M., Kraus, M. W., & Keltner, D. (2012). Class and compassion: Socioeconomic factors predict responses to suffering. *Emotion, 12*(3), 449–459.

Toi, M., & Batson, C. D. (1982). More evidence that empathy is a source of altruistic motivation. *Journal of Personality and Social Psychology, 43*, 281–292.

Trommsdorff, G. (1995). Person-context relations as developmental conditions for empathy and prosocial action: A cross-cultural analysis. In T. A. Kindermann & J. Valsiner (Eds.), *Development of Person-Context Relations* (pp. 113–146). Hillsdale, NY: Erlbaum.

Trommsdorff, G., Friedlmeier, W., & Mayer, B. (2007). Sympathy, distress, and prosocial behavior of preschool children in four cultures. *International Journal of Behavioral Development, 31*(3), 284–293.

Tsai, J. L. (2007). Ideal affect: Cultural causes and behavioral consequences. *Perspectives on Psychological Science, 2*, 242–259.

Tsai, J. L., Ang, J. Y. Z., Blevins, E., Goernandt, J., Fung, H. H., Jiang, D., … Haddouk, L. (2016). Leaders' smiles reflect cultural differences in ideal affect. *Emotion, 16*(2), 183–195. doi:10.1037/emo0000133

Tsai, J. L., Blevins, E., Bencharit, L. Z., Chim, L., Yeung, D. Y., & Fung, H. H. (2017). Judgments of extraversion vary by culture and ideal affect. Manuscript under review.

Tsai, J. L., Knutson, B., & Fung, H. (2006). Cultural variation in affect valuation. *Journal of Personality and Social Psychology, 90*, 288–307.

Tsai, J. L., Louie, J. Y., Chen, E. E., & Uchida, Y. (2007). Learning what feelings to desire: Socialization of ideal affect through children's storybooks. *Personality and Social Psychology Bulletin, 33*(1), 17–30.

Tsai, J. L., Miao, F. F., & Seppälä, E. (2007). Good feelings in Christianity and Buddhism: Religious differences in ideal affect. *Personality and Social Psychology Bulletin, 33*, 409–421.

Tsai, J. L., Miao, F. F., Seppälä, E., Fung, H., & Yeung, D. (2007). Influence and adjustment goals: Sources of cultural differences in ideal affect. *Journal of Personality and Social Psychology, 92*, 1102–1117.

Wang, Y.-W., Davidson, M. M., Yakushko, O. F., Savoy, H. B., Tan, J. A., & Bleier, J. K. (2003). The scale of ethnocultural empathy: Development, validation, and reliability. *Journal of Counseling Psychology, 50*(2), 221.

Watters, E. (2010). *Crazy Like Us: The Globalization of the American Psyche.* New York: Simon & Schuster.

Weng, H. Y., Fox, A. S., Shackman, A. J., Stodola, D. E., Caldwell, J. Z., Olson, M. C., … Davidson, R. J. (2013). Compassion training alters altruism and neural responses to suffering. *Psychological Science, 24*(7), 1171–1180.

Wilson, E. G. (2008). *Against Happiness: In Praise of Melancholy.* New York: Sarah Crichton Books.

Wuthnow, R. (2012). *Acts of Compassion: Caring for Others and Helping Ourselves.* Princeton, NJ: Princeton University Press.

Zhang, A., Xia, F., & Li, C. (2007). The antecedents of help giving in Chinese culture: Attribution, judgment of responsibility, expectation change and the reaction of affect. *Social Behavior and Personality, 35*(1), 135–142.

제22장

연민향상: 사회심리학적 관점

Paul Condon and David DeSteno

▶ 요약

역사적으로 사회심리학자들은 자비로운 충동과 친사회적 행동을 억제하는 상황의 힘을 입증한 것으로 유명하다. 예를 들어, 단순한 타인의 존재 그 자체가 사람들이 남을 돕는 행동의 비율을 감소시킬 수 있다. 그러나 더 최근의 발견은 다른 사람을 돕고 관계를 구축하려는 의도와 행동을 증가시키는 타인지향적인 정서 상태를 유발하는 상황의 힘 또한 강조한다. 이 장에서 우리는 연민에 대한 현재의 사회심리학 문헌을 검토하고, 도덕적 의사결정과 인간관계 형성에서 연민의 역할을 살펴본다. 그런 다음 우리는 급성장하는 명상과학 분야로 돌아가 친사회적 특성의 형성에서 명상 수행의 역할을 실증해 보인다. 마지막으로, 이 글은 인간이 상황적 힘에 순응해서 자비로운 반응 쪽으로 잣대가 기울어질 수 있음을 주장한다. 게다가 이런 행동은 간단하면서도 쉽게 접할 수 있는 명상기반 실습을 통해 증진할 수 있다.

▶ 핵심용어

정서, 친사회적 행동, 도덕적 의사결정, 명상, 마음챙김, 사회심리학

연민 연구에 대한 사회심리학의 기여는 인간이 연민 행동에 실패하는 유명한 사례에서 시작된다. 실험 사회심리학의 초기 몇 년은 도움이 필요한 다른 사람들에 대한 자비로운 반응을 방해하는 상황의 힘을 보여 주는 것으로 유명했다. 38명의 목격자가 있었으나 아무도 도움을 제공하지 않은 것으로 알려진 1964년의 키티 제노비스(Kitty Genovese) 살인 사건은 목격자가 타인의 곤경을 무시하게 만드는 상황의 힘에 대한 대중과 학계의 관심을 촉발했다.[1] 나중의 실험 연구 결과는 비반응적인 구경꾼의 존재가 '방관자 효과'(Darley & Latané, 1968; Fischer et al., 2011; Latané & Nida, 1981)라는 도움행동의 일반적인 감소를 야기한다는 것을 보여 주었다.

후속 연구는 상황요인이 연민과 같은 가치에 자신의 삶을 바친 사람들에서도 친사회적 반응을 감소시킬 수 있음을 보여 주었다. 널

리 인용되는 연구에서, 늦지 않게 도착해서 관대함과 연민에 관한 발표를 해야 하는 시간 압박을 받는 신학생들은 그렇지 않은 신학생들에 비해 노숙자인 척 연기한 배우를 도울 가능성이 낮았다(Darley & Batson, 1973). 복종에 대한 Stanley Milgram의 연구는 권위 있는 사람이 타인에게 해를 끼치도록 부추겼을 때 사람들이 권위에 복종하여 자비로운 행동의 충동을 무시하는 압도적인 경향이 있음을 보여 주었다(Milgram, 1963). 우리 학문 분야는 도움이 필요한 사람들에 대한 자비로운 행동을 방해하는 상황에 집중함으로써 꽃을 피웠다. 다행히도 그 후에는 사회심리학자들이 연민을 향상시키는 상황적 요인을 밝혀내게 되었다.

1980년대 초부터는 초점이 친사회적 반응을 촉진하는 정서 또는 감정 상태로 이동하는 것을 보게 되었고, 이는 연민에 대한 두 가지 핵심 통찰을 제공했다. 첫째, 사회심리학자들은 타인지향적 정서 상태가 타인의 고통을 완화해 주려는 도움행동을 촉진한다는 것을 보여 주었다. 이 연구들은 일반적으로 '연민(compassion)'보다는 '공감적 관심(empathic concern)'이라는 용어를 사용하는 것들로 도움행동에 대한 20세기 후반의 사회심리학 문헌의 대부분을 차지한다(Batson, 1991, 2011; Eisenberg & Miller, 1987). 수많은 실험 환경에서 타인에 대한 연민 경험은 ① 자신의 혐오적인 공감적 각성을 줄이고, ② 도움을 주지 않는 것에 대한 사회적 처벌과 자기비판을 피하고, ③ 도움에 따른 사회적 보상이나 자기

승인을 얻으려는 욕구를 포함하는 여타 이기적 동기와 관계없이 대가가 큰 도움의 가능성을 높이는 것으로 나타났다(Batson, 1991, 2011). 더욱이 이러한 타인지향적 경험은 공감적 고통(empathic distress) 경험에 비해 독특한 예측 타당도를 가지고 있었다. 따라서 연민이나 공감적 관심은 타인의 고통을 경감하려는 욕구와 결합된 타인에 대한 느낌이라기보다는 목격자가 타인에 대해 느끼는 하나의 독특한 정서 상태를 반영하는 것 같다(Batson, 1991, 2011). 이런 관점은 연민에 대한 현대 사회심리학의 개념화에 반향을 일으켜 이 분야에서는 연민을 타인의 고통에 반응하여 희생이 따르는 도움행동을 촉진하는 하나의 감정상태로 정의한다(Goetz, Keltner, & Simon-Thomas, 2010).

사회심리학의 두 번째 핵심 기여는 연민기반의 정서반응들이 미묘한 상황적 단서에 의해 조절된다는 발견이다. 예를 들어, 특정 표적인물의 특성에 관한 지각은 목격자가 동정심을 느끼고 도우려는 행동을 할 가능성에 극적인 영향을 미칠 수 있다. 목격자가 타인을 자신과 유사하다고 지각하는 정도는 공감적 관심 이상의 도움행동을 예측한다(Cialdini, Brown, Lewis, Luce, & Neuberg, 1997). 이러한 결과는 사람들이 내집단 구성원에게 더 많은 도움과 자원을 제공한다는 발견과 일치한다(Tajfel & Turner, 1979). 따라서 연민과 관련된 상태는 유사하다는 또는 하나라는 느낌을 신호하는 미묘한 단서에 따라 커지거나 작아질 수 있다(Penner, Dovidio, Piliavin, & Schroeder,

2005). 그 시사점이 바로 이 책의 핵심과 맞닿아 있다. 사회심리학자는 상황 요인과 훈련 프로그램을 활용하여 자비로운 상태와 친사회적 행동을 증진시킬 수 있다.

이 장의 나머지 부분에서는 연민이 인간의 사회적 삶에 근본적인 것이라는 이유를 보여주는 사회심리학 연구를 검토하고 그것을 향상시키는 방법을 개관한다. 특히 우리는 방금 설명한 두 가지 핵심적 기여를 중심으로 살펴본다. 첫째, 친사회적 결정에 영향을 미치는 연민기반 정서경험에 대한 사회심리학 문헌을 검토할 것이다. 둘째, 상황 단서 및 명상기반 훈련 프로그램을 포함하여 연민을 향상시키는 방법을 검토할 것이다. 열린 질문을 제기하고 향후 연구를 제안하는 것으로 결론을 맺었다.

도덕적 힘으로서 연민

인간의 사회적 삶에서 근본적인 문제 하나는 협동적인 사회적 관계와 공동체의 개발에 관한 것이다. 정서 이론가들은 오래 전부터 장기적인 관계를 구축하는 의사결정과 행동의 형성에서 정서 상태가 하는 역할을 고려했다(예: Frank, 1988). 사회적 존재에게 사회적 지형을 탐색하는 것은 물리적 지형을 탐색하는 것만큼이나 생존의 열쇠이다(예: 포식자 피하기, 식량 확보). 이러한 관점에서 정서는 기능적이다. 정서는 적응적으로 중요한 문제를 해결하는 방식으로 행동하도록 동기화한다. 감사, 사랑, 연민과 같은 정서 상태는 비록 어떤 행동이 단기적으로는 비용을 수반하더라도 장기적 관계를 촉진하는 방식으로 행동하게 부추기는 기능을 한다(DeSteno, 2009; Frank, 1988). 연민은 전 생애에 걸친 친사회적 행동과 보살핌, 관계 형성에 분명한 시사점을 갖는 하나의 감정 상태이다(Batson, 1991, 2011; Goetz et al., 2010). 그러나 연민은 단순히 친사회적 행동을 동기화하는 것 이상의 기능을 하는 것 같다. 즉, 연민은 세상의 해로운 것을 완화하고 다른 사람들을 도우려는 우리의 의지를 확장하는 하나의 감정 상태로 작용하는 것으로 보인다.

연민은 타인을 용서하거나 처벌하기로 하는 것 같은 단순한 도움 반응을 넘어 직관적인 판단과 행동을 일으킬 수 있는 하나의 도덕적 정서로서 여러 학문 분야에서 높은 관심을 끌고 있다. Goetz 등(2010)은 연민이 다른 도덕적 정서와 마찬가지로 부당한 위해를 치료하고 개인의 자유와 권리를 증가시키려는 동기를 지닌 도덕적 직관으로 작용할 수 있다고 주장했다. 마찬가지로 Singer와 Steinbeis(2009)는 연민기반의 협동과 처벌 동기는 공평성기반의 동기와 달리 복수하려는 욕구와 이에 따른 반복적인 비협조나 폭력성의 증가를 상쇄할 수 있다고 제안한다. 처벌은 타인의 복지에 대한 관심과 친절을 침해하는 것인 만큼, 자비로운 정서반응은 실제로 처벌 경향을 줄일 것이다.

이론가들은 연민이 취약하고 약한 자손을 돌볼 필요성에서 비롯된다고 본다(Goetz,

Keltner, & Simon-Thomas, 2010; Mikulincer & Shaver, 2005). 그러나 자연 선택의 결과로 나타나는 다른 현상들과 마찬가지로 연민은 때때로 연민을 출현하게 한 조건을 넘어서 혈연이 아닌 다른 사람들과의 상호작용에도 영향을 미치는 표현형질(spandrel)로 작용할 수 있다(Sober, 2002). 따라서 연민은 도덕적 결정을 가족 관계 이상의 관계에 대해서까지 우호적인 것으로 바꾸는 기능을 할 수 있다(Goetz et al., 2010). 이러한 원리는 인간의 정서적 레퍼토리에서 기본적 역량인 연민에 대한 이론적 지지를 제공한다. 이 절에서 우리는 연민이 직접적인 친사회적 도움과 연결된 것 이상으로 도덕적 의사결정과 행동을 동기화함으로써 관계를 지원한다는 증거를 검토한다(연민과 도움행동 간의 관계에 대한 연구 개관은 이 책의 Batson 참조).

연민 동기는 새로운 관계의 발전을 예측하는 것으로 입증되었다. Crocker와 동료들은 무작위로 룸메이트를 배정받은 1학기 대학 신입생의 경험을 연구하여 타인의 복지에 관심을 갖는 사람들(즉, '연민 목표'에 의해 동기화한 사람들)이 자기이득에 의해 동기화한 사람들(즉, '자기 이미지 목표')에 비해 자기 자신과 타인의 목표를 만족시킬 가능성이 더 높다는 것을 보여 주었다(살펴보려면, Crocker & Canevello, 2012 참조). 자존감 추구에는 다양한 장단기적 유대감 감소, 불안 및 우울 증가를 포함한 대가가 따르지만, 타인의 웰빙을 돌보는 것은 사회적 자본 구축을 통해 간접적으로 자신의 웰빙을 촉진한다(Crocker & Canevello, 2008). Crocker와 Canevello는 첫 학기 이후의 변화를 추적한 종단적 자료를 토대로 연민 목표를 유지하는 사람들이 자기 이미지 목표를 우선시하는 사람들에 비해 새로운 관계의 맥락에서 타인에게 더 많은 지원을 제공한다는 것을 발견했다. 또한 높은 연민 목표와 낮은 자기 이미지 목표를 유지한 사람은 친구와 중요한 사람들로부터 더 큰 사회적 지지와 신뢰를 받는 것으로 나타났다. 따라서 자비로운 성향은 새로운 관계의 발전을 뒷받침하는 것으로 보인다. 이러한 발견은 또한 전반적인 웰빙에 대한 연민의 긍정적인 영향을 시사한다. 이에 따라 연민 목표는 신뢰감, 친밀감, 외로움 및 대인관계 갈등 감소의 자기보고로 드러나는 심리적 웰빙을 예측했다(Crocker & Canevello, 2008).

협력 관계의 개발에 대한 연민의 효과는 양자관계를 넘어 더 큰 집단으로 확장될 수도 있다. 경험적 증거는 협력 집단들이 징벌을 일삼는 집단들에 비해 점차적으로 더 많은 자원을 축적한다는 주장을 뒷받침한다. Dreber와 동료들은 경제적 교환의 시뮬레이션을 통해 징벌적 행동을 자제하는 그룹이 징벌적 행동을 특징으로 하는 그룹보다 더 큰 공동 이익을 거둔다는 것을 보여 주었다(Dreber, Rand, Fudenberg, & Nowak, 2008). 요컨대, 처벌보다는 협력이 공동체의 번영을 촉진한다. 따라서 단기적인 자원손실 가능성이라는 불확실성에도 불구하고 협력을 촉진할 수 있는 요소를 밝혀내는 것은 큰 가치가 있다. 이러한 맥락에서 우리 연구실은 사회적 위반이나 범법행위를 한 사람들에 대한 친사회적 행동과 용서를 동기화하는 연민의 잠재력에 관심을 가졌다.

연민이 도덕적 의사결정에 미치는 영향에 대한 초기 연구들은 연민이 제3자에 대한 위반을 저지르고 용서를 구하지 않는 경우에도 위반자에 대한 처벌 감소를 촉진할 수 있다는 증거를 보여 주었다(Condon & DeSteno, 2011). 우리는 미리 준비한 시나리오를 사용하여 참가자들에게 공모자(즉, 배우)가 돈을 따려고 속임수를 쓰는 것을 목격하게 했다. 참가자들은 나중에 위반자가 먹을 매운 소스의 양을 결정하도록 하여 위반자를 처벌할 기회를 가졌다(Lieberman, Solomon, Greenberg, & McGregor, 1999 참조). 또한 일부 참가자는 주변의 여성 공모자의 강렬한 슬픔에 노출되게 하였다. 예상대로 여성 공모자의 슬픔에 대한 연민의 경험은 위반자에게 먹으라고 강제하는 매운 소스 양의 감소를 매개했다. 즉, 연민은 폭력의 확대를 줄이는 효과적인 메커니즘으로 기능할 수 있다. 위반을 처벌하지 않는 것은 대가가 따르지만, 공격행동을 피하는 것이 장기적으로는 심리적 스트레스가 줄고 쾌락적 웰빙이 커지게 할 수 있으며(Bushman, 2002; Carlsmith, Wilson, & Gilbert, 2008), 이는 자비로운 행위가 위반자에 대한 것일 때에조차 적응적일 수 있음을 시사한다.

새로 등장하는 질문 하나는 연민이 도덕적 위반이 포함된 상황에서 협력 행동을 촉진하는 방식에 관한 것이다. 고통을 줄여 주려는 동기는 아마도 사람들로 하여금 타인의 권리를 보호하는 정책과 가치를 지지하게 할 것이다(Goetz et al., 2010). 이에 따라 연민은 사람들로 하여금 궁극적 목표는 집단적 고통을 줄이는 것이지만 그의 고통을 최소화하는 방식으로 위반자의 행위를 교정하려는 동기를 갖게 할 가능성이 높다. 그러나 이런 해석은 여전히 추측에 불과하며 실증적 연구가 필요하다. 더욱이 우리는 피해자의 고통이 위반자의 행위와 인과적으로 분리되어 있을 때는 연민이 처벌을 감소시키는 능력이 있음을 실증하였지만, 피해자의 괴로움이 위반자의 행위 때문인 경우에도 동일한 관계가 성립할 수 있을지는 미해결 문제이다. 이러한 경우에 관찰된 고통의 수준과 이에 따라 느끼는 연민의 수준은 고통의 원인(즉, 위반자)에 대한 적개심 수준과 밀접하게 공변할 수 있다. 그러한 경우, 연민증가의 영향이 고통의 근원을 처벌하려는 욕망과 연결될 수 있다(예: Meyers, Lynn, & Arbuthnot, 2002; Keller & Pfattheicher, 2013). 명상 수련에 대한 최근 연구(나중에 더 자세히 검토할 것임)는 위반자를 처벌하는 것이 피해자에게 도움이 될 때는 연민 훈련이 처벌 행동을 증가시킬 수 있음을 보여 주었다(Weng et al., 2013). 하지만 그 행동의 동기가 가해자를 처벌하려는 욕구 때문인지 아니면 피해자를 도우려는 욕구 때문인지는 불분명하다. 추수 연구에서는 연민 훈련을 받은 참가자에게 선택권이 있을 경우, 피해자를 도우려고 자원을 제공할 가능성은 더 높았지만 위반자를 처벌할 가능성은 더 높지 않은 것으로 나타났다(Weng et al., 2015). 연민효과의 기저에 있는 기전이 무엇인가에 따라 이런 힘들의 상호작용의 정확한 특성을 예측하기 어렵다. 요컨대, 연민은 부분적으로 사람들이 자신의 단기적 이익을 포기하도록 장려함으로써 새로운 관계와 공동 이익의 발전을 뒷받침한다. 따라서 자비로운 정서 상태와 행동을 육성하는 방법에 대한 질문은 매우 중요하다.

연민 강화

지난 20년 동안 축적된 증거는 인간을 단기적으로는 자신이 대가(즉, 시간, 자원)를 치르더라도 장기적으로 관계의 이익을 선호하는 행동을 장려하는 친사회적 정서 상태를 경험하는 존재로 그려 보게 한다. 이러한 발견은 연민의 정서 상태와 친사회적 행동을 강화하기 위해 사회심리학적 접근을 활용할 수 있는 가능성을 시사한다. 이에 관해 최근 두 가지 핵심 주제가 등장했다. 첫째, 지속적인 마음 훈련을 통해 연민을 향상시킬 가능성, 둘째, 마음이 타인에게 반응하는 방식을 조절하는 미묘한 상황적 단서를 통해 연민을 촉진할 가능성이다.

사회심리학적 명상연구

과학자들은 이미 1930년대 이래 수십 년 동안 명상에 대한 경험적 연구를 해 왔다(Houshmand, Harrington, Saron, & Davidson, 2002 참조). 명상에 대한 대부분의 초기 과학적 연구는 오랜 기간 동안의 반복적 수행에 따른 건강 및 인지적 이점에 초점을 맞췄다. 경험적 연구에 따르면 다양한 형태의 명상 수련이 주의 관련 뇌 영역 및 네트워크에서 향상된 뇌 활동을 생성하고(Cahn & Polich, 2006; Fox et al., 2014; Holzel et al., 2012; Vago & Silbersweig, 2012) 인지 수행 능력을 향상시키며(Slagter, Lutz, Greischar, Nieuwenhuis, & Davidson, 2009) 심신 건강을 향상시킨다(Grossman, Niemann, Schmidt, & Walach, 2004; Hofmann, Sawyer, Witt, & Oh, 2010). 그러나 놀랍게도 이 초기 연구 중 명상이 사회적 또는 인간관계를 향상시키는 능력을 연구한 것은 거의 없다.

과학자들이 기본적 인지 기술에 치중한 것은 부분적으로 명상 수행이 무엇보다도 기본적 인지 과정을 겨냥한다는 가정에 기인한 것일 수 있다(검토를 위해 Davidson, 2010 참조). 사실, 가장 보편적인 형태의 불교 명상(즉, 사마타)은 집중력 향상을 목표로 한다(Lutz, Dunne, & Davidson, 2007). 더욱이 불교와 과학자의 대화를 주도한 주요 인물들은 마음과 뇌의 상응 및 주관적 경험에 큰 관심을 가진 생물학자와 신경과학자들이었다(예: Hayward & Varela, 1992; Varela, Thompson, & Rosch, 1992). 이것으로 인지 활동과 관련된 신경계의 명상 효과에 대한 경험적 연구의 확산을 설명할 수 있다. 그래도 불교 명상과 관련 수련법들은 괴로움의 원인(즉, 탐욕, 증오, 망상; Gethin, 1998)에 대항하는 고결한 정신 상태와 행동의 개발을 지원하기 위해 인지 및 정서 상태를 변화시키는 것 또한 목표로 삼는다.

여러 과학 논문이 긍정적인 대인관계 효과의 계발에서 명상의 잠재적인 역할을 강조했다(Brown, Ryan, & Creswell, 2007; Ekman, Davidson, Ricard, & Wallace, 2005; Lutz et al., 2007; Vago & Silbersweig, 2012). 예를 들어, Brown과 동료들(2007)은 마음챙김 명상을 통해 개발된 주의와 자각의 질은 자신의 내부 상태뿐만 아니라 다른 사람의 생각과 정서, 웰빙에 대한 주의력을 증가시킬 것이며 따라서 의사소통 능력을 높이고 파괴적인 행동을 줄일 것이라 주장했다. 그러나 초기의 경험적 연구는 양도 적었고 좋은 정신 상태와 행동의 질을 촉진하는 명상의 인과적 효과성에 대한 강력한 주장을 뒷받침하는 것으로는 한계가 있었다. 많은 연구는 일상생활의 맥락이 제거된 자기보고나 신경 활동 측정치에 의존했다. 따라서 초기 문헌은 유익한 결과를 촉진하는 명상의 역할에 대해 인과적 주장을 하는 능력이 제한적이었다. 그러나 지난 5년간 이런 지식의 허점을 겨냥한 경험적 연구의 성장을 보게 되었다.

명상에 대한 많은 경험적 연구는 마음챙김, 자애, 연민 훈련이 긍정 정서, 사회적 연결성, 연민에 미치는 영향을 자기보고 측정치로 검증했다. Fredrickson과 동료들(Fredrickson, Cohn, Coffey, Pek, & Finkel, 2008; Kok et al., 2013)은 일련의 주목할 만한 연구를 통해 6주짜리 자애명상(loving-kindness meditation: LKM) 훈련 프로그램의 효과를 일상의 정서경험 및 인지적, 심리적, 신체적, 사회적 자원과 관련지어 살펴보았다. 그들은 LKM을 완료한 참가자가 대기자 통제집단(wait-list control: WLC) 참가자에 비해 훈련 전반에 걸쳐 긍정적인 정서(예: 즐거움, 경외, 만족, 감사, 희망, 관심, 기쁨, 사랑, 자부심)가 증가했다고 보고함을 보여 주었다(Fredrickson et al., 2008; Kok et al., 2013). 또한 긍정 정서의 증가는 긍정적 대인관계 및 사회적 연결감을 포함하는 다양한 개인적 자원의 증가를 설명했다(Fredrickson et al., 2008; Kok et al., 2013). 이와 유사하게, 연민 및/또는 자애 훈련의 효과를 검증한 몇 개의 후속 연구는 자기보고한 연민 및 관련 친사회적 자질의 증가를 보여 주었다(Jazaieri et al., 2013; Neff & Germer, 2013; Sahdra et al., 2011; Wallmark, Safarzadeh, Daukantaitė, & Maddux, 2013). 이런 연구들은 다양한 형태의 명상이 공감, 연민, 긍정적인 대인관계 기능과 같은 자질을 증가시킨다는 초기 증거를 제공했다.

그러나 명상과 친사회적인 긍정적 결과에 대한 주장에 관해 불확실성이 남아 있었는데, 이는 주로 자기보고 방식에 의존했기 때문이다. 사람들은 일반적으로 의식 경험의 기초가 되는 과정에 접근하는 것이 제한적이다(Nisbett & Wilson, 1977). 정서 상태와 자기에 대한 신념이나 휴리스틱은 과거의 정서 상태에 대한 회고적이고 전반적인 평정에 영향을 미칠 수 있다(Barrett, 1997; Robinson & Clore, 2002a, 2002b). 예를 들어, 남성과 여성은 성역할 지식의 영향을 받는 종합적 측정을 사용할 때는 자신을 다르게 평정하지만 일시적인 상태에 대해 보고할 때는 그렇지 않다(Barrett, Robin, Pietromonaco, & Eyssell, 1998; Robinson, Johnson, & Shields , 1998). 명상과 친사회적 결과에 관한 문헌에서 사용된 방법들도 비슷한 한계가 있다. 일반적으로 참가자들은 6~8주 과정 전후에 연민 및 관련 자질에 대한 전반적 평정(rating)을 하도록 요청받았다. 이 척도는 참가자가 다양한 경험(예: 지난 24시간, 주, 한 달 또는 일생 동안)을 요약하고 이를 종합하여 일반적인 정서적 상태 또는 사회적 행동에 대한 전체적인 판단을 내리도록 요구한다. 이러한 전반적 판단은 일반적으로 정서경험 또는 에피소드 자체에 대한 정확한 정보보다는 정서에 대한 고정관념적 정보(즉, 정서에 대한 신념)에 의해 주도된다(Robinson & Clore, 2002a, 2002b).

자기보고법에 대한 우려는 명상 연구에서 특히 두드러진다. 명상 훈련을 제공하는 연구에 참여하는 사람들은 아마도 명상이 효과적이었다고 보고하려는 동기가 생겼을 것이다. 여러 명상 과학자가 인정하듯이 마음챙김과 같은 명상 관련 특성에 관한 자기보고 측정은 성취와 열망을 혼동할 가능성이 있다 (Grossman & Van Dam, 2011). 이러한 우려가 있지만, 앞서 설명한 초기 연구는 명상 훈련에서 드러나는 윤리적, 도덕적 자질에 대한 한 가지 연구 초점을 설정하는 데 도움이 되었다. 명상이 긍정적인 결과를 촉진하는지를 검증하려면 회고적 자기보고 이상의 측정치가 결정적으로 중요하다는 것이다. 이 견해에 따라 Lutz 등(2007)은 명상이 실험실 밖의 행동과 일상생활의 기본적인 정신 기능에 어떻게 영향을 미치는지 검증하는 연구의 필요성을 주장했다. 이런 관점은 심리학 전반에 걸쳐 현장 연구와 실생활의 행동을 다룰 것을 요구하는 사회심리학자들의 메시지를 반영하는 것이다(Baumeister, Vohs, & Funder, 2007; Cialdini, 2009).

지금까지의 연구에서는 연민 및 타인의 고통 감소와 간접적으로 관련된 행동을 측정했다. 예를 들어, 친사회적 행동의 평가에 사용되는 측정에는 사회적 유대의 측정치로서 사회적 자극의 암묵적 분류가 포함된다(Hutcherson, Seppälä, & Gross, 2008; Kang, Gray, & Dovidio, 2014). 즉, 소속감, 관심 또는 적대감 부재를 나타내는 비언어적 행동(Kemeny et al., 2012)이나 컴퓨터기반 비디오 게임 및 거래에서 보이는 경제적 관대함(Leiberg, Klimecki, & Singer, 2011; Weng et al., 2013) 등이다. 예를 들어, 실험실에서 하는 7분간의 짧은 자애명상(LKM) 훈련은 매우 짧은 시간임에도 연습 후에는 명시적이든 암묵적이든 중립적인 타인에 대한 사회적 평가에 긍정적인 효과가 있는 것으로 나타났는데(예: Hutcherson et al., 2008), 이는 명상과 대인관계의 조화 사이에 관련이 있을 수 있다는 증거가 된다. 이 방향의 연구는 LKM이 다른 사회 집단에 대한 암묵적인 편견을 줄이는 것을 보여 주었다(Kang et al., 2014). 이러한 연구는 고무적이며 긍정적인 사회적 행동과 관계를 촉진하는 데에 명상이 할 수 있는 역할을 시사한다.

이 책의 여러 동료를 비롯한 많은 연구자가 명상이 타인의 고통에 대한 신경 반응성에 미치는 영향을 연구했다(제9장 Singer & Klimecki; 제11장 Weng & Davidson 참조). 여러 독립 연구집단은 자애명상(LKM)과 유사하지만 다른 기법인 연민기반(compassion-based) 명상이 다른 사람의 고통에 대한 사람들의 공감적 반응을 증가시킨다는 것을 보여 주었다(Klimecki, Leiberg, Ricard, & Singer, 2014; Lutz, Brefczynski-Lewis, Johnstone, & Davidson, 2008; Mascaro, Rilling, Tenzin Negi, & Raison, 2013). 나아가 이렇게 증가된 공감 반응은 후속 친사회적 행동을 예측하는 것으로 나타났다. 예를 들어, 자애기반(loving-kindness-based) 훈련은 컴퓨터기반 거래에서 경제적 관대함을 증가시켰으며, 이는 명상이 유발한 타인의 고통에 대한 신경 반응성의 변화로 예측했던 것이다(Weng et al., 2013).

과학자들이 친사회적 행동에 대한 명상의 효과를 검증하기 시작했지만, 연민과 관련하여 도출할 수 있는 결론은 고통에 초점을 둔 실시간 대인 상호작용이 없는 연구 설계 때문에 제한적이다. 이전 연구에서는 이타적 행동을 평가하기 위해 경제적 관대함이나 협력이 필요한 컴퓨터기반 경제 게임 상황에서 나타나는 명상가의 행동을 활용했다(예: Leiberg, Klimecki, & Singer, 2011; Weng et al., 2013, 2015). 이러한 방법은 명상이 일반적으로 친사회적 반응을 증가시킬 수 있음을 시사하는 것이기는 하지만 타인의 고통을 완화하기 위한 반응을 직접 포착하는 것은 아니다. 사회심리학은 행동을 실시간으로 평가하는 방법을 통해 중요한 기여를 한다.

우리는 명상을 타인의 고통에 대한 연민반응과 직접 연결하기 위해 실험실 밖에서 하는 행동을 눈에 띄지 않게 측정함으로써 요구 특성을 줄이도록 설계된 패러다임을 구축했다. 연구 참가자들이 연구실 밖에서 다른 사람의 고통에 노출되게 하려고 공모자들(즉, 연구에 참여하는 척하는 남녀 배우)을 활용했다. 모든 공모자는 해당 실험 가설과 각 참가자의 실험 조건에 대해 알지 못하는 맹목 상태를 유지했다. 참가자가 도착하기 전에 두 명의 여성 공모자가 세 개의 의자가 있는 지정된 대기 공간에 앉아 있었다. 대기실에 도착한 참가자는 마지막 남은 의자에 앉았다. 참가자가 앉은 지 1분 후에 '괴로운 사람' 역할을 하는 세 번째 여성 공모자가 목발과 커다란 운동화를 들고 모퉁이를 돌아 나타났다. 이 여성 공모자는 눈에 띄게 비척거리며 걸어와 의자가 있는 곳에 도착했다. 그런 다음 그녀는 휴대전화를 보고 누구나 들을 수 있게 크게 한숨을 쉬면서 벽에 등을 기댔다.

우리는 연민 반응을 평가하고자 참가자가 공모자의 고통을 줄여 주기 위해 실제로 자리를 양보하는지 측정했다. 앉아 있는 공모자 중 한 명이 보이지 않는 곳에서 기다리고 있던 실험자에게 문자 메시지를 통해 참가자가 자리를 양보했는지 몰래 알렸다. 2분이 지났는데도 참가자가 자리를 양보하지 않으면 실험을 끝내고 비도움 반응으로 간주하였다. 그런 다음 실험자는 대기 구역에 들어가서 참가자를 맞이하고 실험실로 데려가 일련의 무관한 측정을 했다. 가장 중요한 점은 이 시나리오가 비반응적인 타인이 있으면 일반적으로 도움행동이 감소하는 고전적인 '방관자' 상황을 구성한다는 점이다(Darley & Latané, 1968; Fischer et al., 2011).

우리의 초기 연구에 따르면 8주간의 연민기반 또는 마음챙김기반 명상 수련은 참가자가 고통받는 공모자의 고통을 완화하기 위해 자리를 제공할 가능성을 크게 향상시켰다(훈련집단은 50%, 대기집단은 15%)(Condon, Desbordes, Miller, & DeSteno, 2013). 이 강화된 연민 반응은 주변 사람들이 고통받는 사람을 모른 척하는 방관자 상황의 맥락에서도 발생했다(Darley & Latané, 1968). 중요한 것은 마음챙김기반 훈련에는 명시적으로 연민 훈련의 특징이나 연민에 대한 토론이 포함되지 않았다는 점이다. 연민 훈련 집단과 마음챙김 훈련 집단의 사람들이 도움을 제공할 가능성은 같았는데, 이는 강화된 연민행동이 전적으로 연민 훈련 과정에 있는 연민에 대한 토론의 역할에 의한 것이 아님을 시사한다.

종합하면 이런 결과는 연구 초기에 연민과 마음챙김 중재가 요구 특성과 참가자 기대의 영향을 넘어 연민 반응을 향상시킬 수 있다는 확신을 제공했다. 그러나 명상에 관한 다른 연구와 마찬가지로 우리 설계의 특징은 한 집단(즉, 명상집단)이 여러 수련회기 동안 연구에 참여하는 참가자들과 상호작용할 수밖에 없는 맥락을 구성했다. 대기자 명단 집단은 구조화된 수업에 참여했기 때문에 다른 사람들과 상호작용할 가능성이 없었다. 명상 훈련 중에 동료 참가자들과 반복적으로 상호작용하는 경험은 대기자 통제집단에 비해 도움행동의 수준이 높아진 것을 설명할 수 있는 사회적 결과를 낳을 수 있다(예: 사회적 자원 증가). 이러한 가능성을 배제하기 위해 우리는 사회적 네트워크 지수(Social Network Index; Cohen, Doyle, Skoner, Rabin, & Gwaltney, 1997)를 사용하여 훈련 전후에 참가자들이 정기적으로 상호작용한 사람들의 수를 측정했다. 참가자들은 다양한 사회적 범주(예: **룸메이트, 동료, 가족, 친구, 지인**)에 걸쳐 최소 2주에 한 번 상호작용한 각 개인의 이니셜을 나열하여 정기적으로 상호작용한 사회적 접촉의 수를 표시했다. 명상 수업이 사회적 자본을 증가시킨다면, 우리는 명상집단의 사람들이 대기자 집단에 비해 사후 측정에서 관계 빈도의 증가를 보고할 것으로 예상할 수 있다. 그러나 명상집단의 참가자들은 조직화된 수업 참여로 인한 사회적 네트워크의 성장을 경험하지 못했다. 따라서 집단 활동에 참여해서 발생하는 사회적 자본의 증가는 우리의 핵심 결과를 설명하지 못한다. 그렇지만 우리는 이 한계를 직접 해결하기 위해 후속 연구에서는 능동 통제집단(active control group)을 사용했다.

많은 사람이 전문 수행자나 기타 다른 공인 교사가 직접 가르치는 명상 코스에 쉽게 접근할 수 없다는 점을 감안하여 우리는 모바일 장비로 제공되는 명상 훈련이 자비로운 행동을 비슷하게 증가시킬 수 있는지 검증하는 후속 실험을 설계했다(Lim, Condon, & DeSteno,

2015). 그렇게 하면 개인이 스마트폰을 활용하여 일상생활에서 편리하게 수행할 수 있기 때문에 연민 중재로 명상을 활용하는 것의 확장성이 유망할 것이다. 실제로 Weng 등(2013)은 연민 명상 훈련을 위한 기본 도구로 CD 또는 오디오 파일로 제공되는 특별히 제작된 오디오물들을 성공적으로 활용했다. 그러나 이런 기술의 활용과 대인관계 맥락에서 고통의 완화를 직접 목표로 하는 행동의 증가에 관해서는 여전히 연구할 것이 남아 있다.

우리는 참가자들이 간단한 명상 과정에 참여하거나 참여하지 않은 이후 타인의 고통에 직면하는 상황에 노출하게 되는 이전 연구(Condon et al., 2013)의 그것과 유사한 틀을 활용했다. 이 실험은 이전 작업과 구조는 유사하지만 세 가지 주요 차이점이 있다. 첫 번째는 능동 통제집단의 사용과 관련이 있다. 과제에 정기적으로 참여하는 단순한 행위(명상 수업의 대기자 명단에 배정되는 것과는 달리) 자체가 정서적 또는 동기적 변화를 일으킬 수 있다는 점을 감안해서, 본 실험의 대조군 참가자는 기억 및 인지 기술 훈련 프로그램에 참여했다. 두 번째 차이점은 스마트폰 기반 교육법(명상 및 통제집단 교육 과정 모두에 대해)의 사용과 관련이 있다. 우리의 이전 작업에서는 숙련된 불교 수행자가 명상 교육을 제공했다. 이와 달리 여기서는 불교 승려로 훈련받은 사람이 설계한 영리적인 Headspace 플랫폼을 통해 명상 안내를 제공했다. 마지막으로, 이 연구는 연민 명상이 아닌 마음챙김 명상에만 초점을 맞췄다. 연민 훈련은 특히 타

인의 감정을 살피고 그가 고통에서 벗어나기를 바라는 것의 중요성을 강조하기 때문에 친사회적 행동에 대한 효과가 요구 특성에서 비롯될 가능성을 높인다. 여기에서 우리는 요구 특성이 포함될 우려를 제거한 친사회적 행동에 대한 마음챙김 명상의 효과만을 검증했다.

이전과 마찬가지로 도움이 필요한 척하는 공모자에 대한 연민 반응의 비율은 마음챙김 훈련을 마친 집단(37%)이 능동 통제집단(14%)에 비해 높은 것으로 나타났다. 더욱 중요한 것은, 능동 통제집단의 상대적인 연민행동 수준은 우리의 이전 연구에서 대기자 통제그룹(16%)과 비슷했는데, 이는 명상 참가자의 도움행동이 기준선보다 23% 증가했음을 나타낸다(즉, 능동 통제집단은 규범적 수준에 비해 다소간 감소한 것과는 대조적으로).

이러한 발견은 몇 가지 이유로 주목할 만한 것이다. 첫째, 이런 결과는 마음챙김 명상에 대한 짧은 참여가 자비로운 행동을 향상시킨다는 것을 보여 주는 초기 발견의 강력한 재현 역할을 한다(Condon et al., 2013). 이러한 발견은 또한 더 자비로운 사회를 건설하기 위한 기술로서 명상의 잠재적 확장성을 시사한다. 분명히 알 수 있듯이, 많은 사람은 자격을 갖춘 강사와 함께하는 명상 훈련에 접근하거나 정기적으로 참석할 시간이 없다. 적은 비용으로 웹 및 모바일 기반 기술을 사용하여 전문가 지침에 접근할 수 있는 능력은 관심 있는 모든 개인이 명상 수행에 참여하는 것을 크게 촉진할 것이다. 더욱이 연민동기를 나타내는 사람의 수가 증가할 뿐만 아니라

그런 친절을 받은 사람들 사이에서 '선행 나누기' 효과에 의해 친사회적 행동의 확산 가능성이 강화될 것이다. 우리의 과거 작업에서 알 수 있듯이, 도움에 감사하는 수혜자들은 이후에 전혀 낯선 사람일지라도 다른 사람들에게 도움을 확장할 가능성이 현저히 증가한다(Bartlett & DeSteno, 2006; DeSteno, Bartlett, Baumann, Williams, & Dickens, 2010).

미묘한 상황 단서를 통한 연민 강화

사회심리학자들은 연민을 향상시키는 데에도 효과적일 수 있는 다양한 비명상기반 기법을 연구했다. 특히 환경 내에서 미묘한 상황 단서를 조작하면 구경꾼이 도움이 필요한 다른 사람을 도울 가능성이 바뀔 수 있다. 실험적 연구에 따르면 유사성(Valdesolo & DeSteno, 2011)과 안전감(Mikulincer, Shaver, Gillath, & Nitzberg, 2005)이 높아지면 연민과 도움행동이 늘어난다. 두 연구 흐름 모두에서 미묘한 단서만으로도 충분히 연민의 느낌과 이에 따른 도움행동을 증가시킬 수 있었다. 우리 연구실의 연구에서 운동 동시성의 단순한 조작이 낯선 사람과의 유사성 느낌을 확대하는 결과가 있었고, 이것이 이후 낯선 사람의 곤경과 그를 돕기 위한 행동에 대한 연민의 느낌을 매개했다(Valdesolo & DeSteno, 2011). Mikulincer와 동료들(또한 이 책의 Mikulincer와 동료들의 장 참조)은 안전감을 느끼게 하는 미묘한 조작이 타인의 고통에 대한 자비로운 반응을 증가시킨다는 것을 보여 주

었다(Mikulincer et al., 2005). 이 연구에서 안전한 애착 대상의 이름(예: 참가자의 어머니, 친한 친구 또는 기타 관계 파트너처럼 도움이 필요할 때 보살피고 반응해 준 사람의 이름)의 식역하 점화물(subliminal primes)을 본 참가자는 중립적인 콘텐츠의 식역하 점화물을 본 참가자에 비해 나중에 도움이 필요한 어떤 여성을 기꺼이 도우려는 의도가 더 컸다.

이러한 요인을 포함하는 중재는 명상기반 훈련을 포함하지 않는 중재의 잠재적인 표적이 될 수 있다. 이러한 비교적 초기 단계의 발견을 함께 묶을 수 있는 하나의 잠재적인 공통 요인에 주목하는 것은 흥미롭다. 많은 명상 기법의 목표는 평정(equanimity) 상태, 즉 일반적으로 사람들을 구분하는 데 사용되는 사회적 범주를 무너뜨린 상태를 촉진하는 것이다(Desbordes et al., 2015). 정의상 그러한 상태는 개인 간의 유사성을 증가시킨다. 이는 미묘한 유사성 조작이 연민을 증가시키는 능력이 장기적인 마음훈련에서 비롯된 것과 유사한 이득을 달성하는 효율적인 기전을 반영하는 것일 수 있다. 이러한 견해는 연민 유도가 타인과의 유사성을 강화한다는 것을 보여 주는 연구에 의해 뒷받침되며(Oveis, Horberg, & Keltner, 2010), 따라서 관련 기전 간의 상호작용 가능성을 시사한다. 물론 다른 사람과 유사성이 높다는 느낌은 해당 인물이 자신의 호의에 대해 장래에 후속 지원을 제공함으로써 기꺼이 보답할 가능성이 더 많다는 지표가 된다(de Waal, 2008). 중요하게도, 유사성과 하나라는 느낌을 증대하는 것이 연민과 개인

간의 조화를 내집단 너머로 확장하는 하나의 실행 가능한 경로인 것으로 보인다(Dovidio et al., 1997; Dovidio, Gaertner, & Kawakami, 2003). 예를 들어, Dovidio와 동료들은 참가자들이 두 집단을 하나로 재분류하도록 유도함으로써 외집단보다 내집단 구성원을 더 많이 도우려는 편향을 줄일 수 있음을 발견했다. 게다가 초기 증거는 명상수련이 서로 다른 사회 집단에 대한 범주화와 암묵적인 태도를 바꾸는 능력이 있음을 보여 주었다(Kang et al., 2014; Lueke & Gibson, 2015).

질문과 비판

우리는 세 가지 주요 질문이 연민 향상에 대한 향후 연구의 의제를 나타낸다고 믿는다. 첫째, 이 분야가 성숙함에 따라 명상이 연민 효과를 어느 정도까지 증가시킬까를 예측하는 잠재적 상황 요인(예: 사회적 맥락, 수련 환경)을 검증하는 것이 중요할 것이다. 연구의 다음 물결은 친사회적 행동 향상의 기저에 있는 마음챙김 및 연민기반 훈련과 관련된 정확한 기전을 이해하는 것을 목표로 해야만 한다. 둘째, 연구자는 명상 훈련을 통한 연민기반 향상에 대한 개인의 수용성(susceptibility)에 대한 연구에 우선순위를 두어야 한다. 마지막으로, 우리는 '연민 피로'(이 책의 Figley & Figley 참조)와 사람들이 많은 수의 희생자보다 적은 수의 희생자를 도울 가능성이 더 높다는 연민붕괴(Cameron & Payne, 2011 참조)

를 극복하는 데 도움이 될 수 있는 요인으로서 명상 수행과 상황적 단서를 탐구하는 것이 성과가 풍부할 것이라 믿는다. 이제 하나씩 논의해 보자.

우리의 연구는 마음챙김과 연민에 기반한 명상이 친사회적 반응의 가능성을 높인다는 것을 보여 주었다. 향후 작업에서 특히 흥미로운 것은 마음챙김과 연민기반 명상이 서로 다른 기전을 통해 연민 효과를 높일 수 있다는 가능성이다. 연민 명상은 공감 과정과 친사회적 정서를 통해 연민 행동을 증가시킬 수 있는 반면, 마음챙김 명상은 모든 자극에 대한 주의 증가(MacLean et al., 2010), 자기관련 감정편향의 감소(Hölzel, Lazar, et al., 2011; Vago & Silbersweig, 2012) 또는 집행 기능의 향상(Sahdra et al., 2011)과 같은 여러 가능한 기전을 통해 연민행동을 증가시킬지 모른다. 향후 연구는 연민행동 증가에 관한 수행 특정적 매개변인에 대한 검증에 우선순위를 두어야만 할 것이다. 이러한 연구들이 특정 인구집단에 대한 연민 효과를 촉진하는 데 서로 다른 수련법이 더 또는 덜 효과적인지 여부를 결정하는 데 도움이 될 것이다.

미래 연구에 대한 두 번째 질문은 연민과 친사회적 행동에 대해 사회심리학과 성격심리학 접근법을 통합하는 데 중점을 둔다. 첫 관점에서 보면 상황적 힘(예: 유사성 또는 안전감)이 연민을 조절할 수 있다. 두 번째 관점에서는 만성적 기질(예: 기질적 연민)이 연민 경험을 조절할 수 있다. 이러한 상충되는 관점은 1960년대 후반부터 성격 특성이나 성향의 예측 타당성에 관해 사회심리학자와 성격심리학자 사이에 오랫동안 지속되어 온 논쟁과 평행선을 이룬다. 사회심리학자들은 인간 행동을 상황적 요인 때문으로 보는 설명을 선호하는 반면, 성격심리학자들은 개인적 성향이나 특질이 행동을 설명한다고 주장했다. Walter Mischel(1968)은 특질이 행동의 변량을 일부만 설명한다고 주장하면서 특질 접근법을 비판하는 획기적인 책을 저술했다. 그 이후로 두 분야가 서로 다른 분야로 갈라졌지만 대부분의 성격 및 사회심리학자는 일반적으로 성격 요인과 상황이 상호작용하여 행동을 생성한다는 **상호작용주의자의 관점**을 취한다(Donnellan, Lucas, & Fleeson, 2009).

연민과 친사회적 행동에 대한 연구는 상호작용적 관점과 일치하는 것 같다. 즉, 상황은 타인의 도움요구에 대한 자비로운 반응에 영향을 미치지만 맥락 변수와 개인차는 타인의 고통을 줄이려는 연민적 행동에 영향을 미칠 수 있다. 이러한 맥락에서, 우리 연구실은 과거 역경의 심각성이 클수록 공감과정과 기질적 연민의 수준이 더 높을 것임을 예측한다는 것을 보여 주었다. 또한 이러한 만성적 변수는 타인의 고통에 노출되었을 때 자비로운 감정상태의 강도와 도움이 필요한 사람들을 도우려는 후속 행동을 예측했다(Lim & DeSteno, 2016). 따라서 연민 상태는 친사회적 행동을 추동하지만, 그런 행동의 출현은 상황적 변수와 만성적 변수 간 상호작용의 함수일 수 있다. 우리는 연구자들이 향후 연구에서 상호작용주의적 접근 방식을 취할 것을 권장한다.

마지막으로, 이 탐구 영역에서 풀리지 않은 수수께끼는 연민이 지속가능한 정도에 관한 것이다. 많은 학자는 반복적인 돌봄 사건이 공감적 고통과 괴로움을 유발하는 '연민 피로'를 경험하는 경향을 설명했다(예: Figley, 2002; 이 책의 Figley & Figley; Klimecki & Singer, 2012 참조). 비슷한 맥락에서 Cameron과 동료들(이 책의 Cameron; Cameron & Payne, 2011 참조)은 사람들이 적은 수에 비해 많은 수의 사람들의 도움 요청을 예상할 때 연민경험을 하향 조절한다는 것을 보여 주었다. 또한 사람들은 신원이 확인되지 않은 대규모 피해자 집단보다는 신원이 확인된 구체적 개인을 돌보고 도움을 제공할 가능성이 더 크다(Jenni & Loewenstein, 1997; Small & Loewenstein, 2003). 비록 전망이기는 하지만, 현재의 개관은 명상 기반 수련이 대규모의 지속가능한 연민에 대한 이 같은 장벽을 극복하는 실행 가능한 경로를 제공할 수 있음을 시사한다. 실제로 이 책의 동료들이 입증했듯이, 명상 수행은 타인의 고통을 만났을 때 공감적 고통을 겪기보다는 자비로운 정신 상태를 경험할 수 있는 능력을 증가시킨다(예: Klimecki, Leiberg, Ricard, & Singer, 2014). 그러한 훈련이 도움이 필요한 많은 사람에 대한 장기적 돌봄이나 도움을 제공해야 하는 맥락에서 소진(burnout)을 예방할 수 있는지는 연구해 보아야 한다. 인간은 고통받는 다른 사람들을 외면하게 하는 상황적 힘에 취약하지만, 또한 인간은 연민 반응 쪽으로 저울을 기울게 하는 상황적 힘에도 쉽게 순응한다. 게다가 그러한 행동은 마음챙김과 연민기반 명상과 같은 간단하고 쉽게 사용할 수 있는 연습을 통해 증진할 수 있다. 이런 작업을 기반으로 더욱 자비로운 사회를 지향하는 향후 연구의 문은 열려 있다.

주

1. 당시와 그 이후 수년간의 역사적 기록에 따르면 바쁜 대도시 환경에서 38명의 구경꾼이 제노비스(Genovese)의 살해를 목격했지만 그녀를 돕지 못했다는 보고가 있었다. 제노비스 사례는 최근 재구성되었는데 일부 저자는 38명의 구경꾼이 사건을 직접 관찰했다는 증거가 없다고 주장했다(Manning, Levine, & Collins, 2007). 그렇지만 사건의 원래 보고서는 친사회적 행동에 대한 상황적 영향에 대한 학문적 관심에 대한 자극제였다(Batson, 2012).

 참고문헌

Barrett, L. F. (1997). The relationships among momentary emotion experiences, personality descriptions, and retrospective ratings of emotion. *Personality and Social Psychology Bulletin*, *23*, 1100-1110.

Barrett, L. F., Robin, L., Pietromonaco, P. R., & Eyssell, K. M. (1998). Are women the "more emotional" sex? Evidence from emotional experiences in social context. *Cognition & Emotion*, *12*, 555-578.

Bartlett, M. Y., & DeSteno, D. (2006). Gratitude and prosocial behavior: Helping when it costs you. *Psychological Science*, *17*, 319-325.

Batson, C. D. (1991). *The altruism question: Toward a social-psychological answer*. Hillsdale, NJ: Lawrence Erlbaum Associates.

Batson, C. D. (2011). *Altruism in humans*. New York, NY: Oxford University Press.

Baumeister, R. F., Vohs, K. D., & Funder, D. C. (2007). Psychology as the science of self-reports and finger movements: Whatever happened to actual behavior? *Perspectives on Psychological Science*, *2*, 396-403.

Brown, K. W., Ryan, R. M., & Creswell, J. D. (2007). Mindfulness: Theoretical foundations and evidence for its salutary effects. *Psychological Inquiry*, *18*, 211-237.

Bushman, B. J. (2002). Does venting anger feed or extinguish the flame? Catharsis, rumination, distraction, anger, and aggressive responding. *Personality and Social Psychology Bulletin*, *28*, 724-731.

Cahn, B. R., & Polich, J. (2006). Meditation states and traits: EEG, ERP, and neuroimaging studies. *Psychological Bulletin*, *132*, 180-211.

Cameron, C. D., & Payne, B. K. (2011). Escaping affect: How motivated emotion regulation creates insensitivity to mass suffering. *Journal of Personality and Social Psychology*, *100*, 1-15.

Carlsmith, K. M., Wilson, T. D., & Gilbert, D. T. (2008). The paradoxical consequences of revenge. *Journal of Personality and Social Psychology*, *95*, 1316-1324.

Cialdini, R. B. (2009). We have to break up. *Perspectives on Psychological Science*, *4*, 5-6.

Cialdini, R. B., Brown, S. L., Lewis, B. P., Luce, C., & Neuberg, S. L. (1997). Reinterpreting the empathy-altruism relationship: When one into one equals oneness. *Journal of Personality and*

Social Psychology, 73, 481-494.

Condon, P., Desbordes, G., Miller, W. B., & DeSteno, D. (2013). Meditation increases compassionate responses to suffering. *Psychological Science, 24*, 2125-2127.

Condon, P., & DeSteno, D. (2011). Compassion for one reduces punishment for another. *Journal of Experimental Social Psychology, 47*, 698-701.

Crocker, J., & Canevello, A. (2008). Creating and undermining social support in communal relationships: The role of compassionate and self-image goals. *Journal of Personality and Social Psychology, 95*, 555-575.

Crocker, J., & Canevello, A. (2012). Consequences of self-image and compassionate goals. *Advances in Experimental Social Psychology, 45*, 229-277.

Darley, J., & Batson, C. (1973). From Jerusalem to Jericho: A study of situational and dispositional variables in helping behavior. *Journal of Personality and Social Psychology, 27*, 100-108.

Darley, J., & Latané, B. (1968). Bystander intervention in emergencies: Diffusion of responsibility. *Journal of Personality and Social Psychology, 8*, 377-383.

Davidson, R. J. (2010). Empirical explorations of mindfulness: Conceptual and methodological conundrums. *Emotion, 10*, 8-11.

de Waal, F. B. M. (2008). Putting the altruism back into altruism: The evolution of empathy. *Annual Review of Psychology, 59*, 279-300.

Desbordes, G., Gard, T., Hoge, E. A., Hölzel, B. K., Kerr, C., Lazar, S. W., ... Vago, D. R. (2015). Moving beyond mindfulness: Defining equanimity as an outcome measure in meditation and contemplative research. *Mindfulness, 6*, 356-372.

DeSteno, D. (2009). Social emotions and intertemporal choice: "Hot" mechanisms for building social and economic capital. *Current Directions in Psychological Science, 18*, 280-284.

DeSteno, D., Bartlett, M. Y., Baumann, J., Williams, L. A., & Dickens, L. (2010). Gratitude as moral sentiment: Emotion-guided cooperation in economic exchange. *Emotion, 10*, 289-293.

Donnellan, M. B., Lucas, R. E., & Fleeson, W. (2009). Introduction to personality and assessment at age 40: Reflections on the legacy of the person-situation debate and the future of person-situation integration. *Journal of Research in Personality, 43*, 117-119.

Dreber, A., Rand, D. G., Fudenberg, D., & Nowak, M. A. (2008). Winners don't punish. *Nature, 452*, 348-351.

Eisenberg, N., & Miller, P. A. (1987). The relation of empathy to prosocial and related behaviors. *Psychological Bulletin, 101*, 91-119.

Ekman, P., Davidson, R. J., Ricard, M., & Wallace, B. A. (2005). Buddhist and psychological perspectives on emotions and well-being. *Current Directions in Psychological Science, 14*, 59-63.

Figley, C. R. (2002). Compassion fatigue: Psychotherapists' chronic lack of self care. *Journal of Clinical Psychology, 58*, 1433-1441.

Fischer, P., Krueger, J. I., Greitemeyer, T., Vogrincic, C., Kastenmüller, A., Frey, D., ... Kainbacher, M. (2011). The bystander-effect: A meta-analytic review on bystander intervention in dangerous and non-dangerous emergencies. *Psychological Bulletin, 137,* 517-537.

Fox, K. C. R., Nijeboer, S., Dixon, M. L., Floman, J. L., Ellamil, M., Rumak, S. P., ... Christoff, K. (2014). Is meditation associated with altered brain structure? A systematic review and meta-analysis of morphometric neuroimaging in meditation practitioners. *Neuroscience and Biobehavioral Reviews, 43,* 48-73.

Frank, R. H. (1988). *Passions Within Reason: The Strategic Role of Emotions.* New York: Norton.

Fredrickson, B. L., Cohn, M. A., Coffey, K. A., Pek, J., & Finkel, S. M. (2008). Open hearts build lives: Positive emotions, induced through loving-kindness meditation, build consequential personal resources. *Journal of Personality and Social Psychology, 95,* 1045-1062.

Goetz, J. L., Keltner, D., & Simon-Thomas, E. (2010). Compassion: An evolutionary analysis and empirical review. *Psychological Bulletin, 136,* 351-374.

Grossman, P., Niemann, L., Schmidt, S., & Walach, H. (2004). Mindfulness-based stress reduction and health benefits: A meta-analysis. *Journal of Psychosomatic Research, 57,* 35-43.

Grossman, P., & Van Dam, N. T. (2011). Mindfulness, by any other name: Trials and tribulations of *sati* in Western psychology and science. *Contemporary Buddhism, 12,* 219-239.

Hofmann, S. G., Sawyer, A. T., Witt, A. A., & Oh, D. (2010). The effect of mindfulness-based therapy on anxiety and depression: A meta-analytic review. *Journal of Consulting and Clinical Psychology, 78,* 169-183.

Hölzel, B. K., Lazar, S. W., Gard, T., Schuman-Olivier, Z., Vago, D. R., & Ott, U. (2011). How does mindfulness meditation work? Proposing mechanisms of action from a conceptual and neural perspective. *Perspectives on Psychological Science, 6,* 537-559.

Hutcherson, C. A., Seppälä, E. M., & Gross, J. J. (2008). Loving-kindness meditation increases social connectedness. *Emotion, 8,* 720-724.

Jazaieri, H., Jinpa, G. T., McGonigal, K., Rosenberg, E. L., Finkelstein, J., Simon-Thomas, E., ... Goldin, P. R. (2013). Enhancing compassion: A randomized controlled trial of a compassion cultivation training program. *Journal of Happiness Studies, 14,* 1113-1126.

Jenni, K. E., & Loewenstein, G. (1997). Explaining the "identifiable victim effect." *Journal of Risk and Uncertainty, 14,* 235-257.

Kang, Y., Gray, J. R., & Dovidio, J. F. (2014). The nondiscriminating heart: lovingkindness meditation training decreases implicit intergroup bias. *Journal of Experimental Psychology, General, 143,* 1306-1313.

Keller, J., & Pfattheicher, S. (2013). The compassion-hostility paradox: The interplay of vigilant, prevention-focused self-regulation, compassion, and hostility. *Personality and Social Psychology Bulletin, 39,* 1518-1529.

Kemeny, M. E., Foltz, C., Cavanagh, J. F., Cullen, M., Giese-Davis, J., Jennings, P., ... Ekman, P. (2012). Contemplative/emotion training reduces negative emotional behavior and promotes prosocial responses. *Emotion, 12,* 338-350.

Klimecki, O. M., Leiberg, S., Ricard, M., & Singer, T. (2014). Differential pattern of functional brain plasticity after compassion and empathy training. *Social Cognitive and Affective Neuroscience, 9*, 873-879.

Klimecki, O. M., & Singer, T. (2012). Empathic distress fatigue rather than compassion fatigue? Integrating findings from empathy research in psychology and social neuroscience. In B. Oakley, A. Knafo, G. Madhavan, & D. S. Wilson (Eds.), *Pathological Altruism* (pp. 368-383). New York: Oxford University Press.

Kok, B. E., Coffey, K. A., Cohn, M. A., Catalino, L. I., Vacharkulksemsuk, T., Algoe, S. B., … Fredrickson, B. L. (2013). How positive emotions build physical health: Perceived positive social connections account for the upward spiral between positive emotions and vagal tone. *Psychological Science, 24*, 1123-1132.

Latané, B., & Nida, S. (1981). Ten years of research on group size and helping. *Psychological Bulletin, 89*, 308-324.

Leiberg, S., Klimecki, O., & Singer, T. (2011). Short-term compassion training increases prosocial behavior in a newly developed prosocial game. *PLoS ONE, 6*, e17798.

Lieberman, J. D., Solomon, S., Greenberg, J., & McGregor, H. A. (1999). A hot new way to measure aggression: Hot sauce allocation. *Aggressive Behavior, 25*, 331-348.

Lim, D., Condon, P., & DeSteno, D. (2015). Mindfulness and compassion: An examination of mechanism and scalability. *PLoS ONE, 10*, e0118221.

Lueke, A., & Gibson, B. (2015). Mindfulness meditation reduces implicit age and race bias: The role of reduced automaticity of responding. *Social Psychological and Personality Science, 6*, 284-291.

Lutz, A., Brefczynski-Lewis, J., Johnstone, T., & Davidson, R. J. (2008). Regulation of the neural circuitry of emotion by compassion meditation: Effects of meditative expertise. *PLoS ONE, 3*, e1897.

Lutz, A., Dunne, J. D., & Davidson, R. J. (2007). Meditation and the neuroscience of consciousness: An introduction. In P. D. Zelazo, M. Moscovitch, & E. Thompson (Eds.), *The Cambridge Handbook of Consciousness* (pp. 499-551). New York: Cambridge University Press.

MacLean, K. A., Ferrer, E., Aichele, S. R., Bridwell, D. A., Zanesco, A. P., Jacobs, T. L., … Saron, C. D. (2010). Intensive meditation training improves perceptual discrimination and sustained attention. *Psychological Science, 21*, 829-839.

Manning, R., Levine, M., & Collins, A. (2007). The Kitty Genovese murder and the social psychology of helping: The parable of the 38 witnesses. *The American Psychologist, 62*, 555-562.

Mascaro, J. S., Rilling, J. K., Tenzin Negi, L., & Raison, C. L. (2013). Compassion meditation enhances empathic accuracy and related neural activity. *Social Cognitive and Affective Neuroscience, 8*, 48-55.

Mikulincer, M., Shaver, P. R., Gillath, O., & Nitzberg, R. A. (2005). Attachment, caregiving, and altruism: Boosting attachment security increases compassion and helping. *Journal of*

Personality and Social Psychology, 89, 817–839.

Milgram, S. (1963). Behavioral study of obedience. *Journal of Abnormal Psychology, 67*, 371–378.

Neff, K. D., & Germer, C. K. (2013). A pilot study and randomized controlled trial of the mindful self-compassion program. *Journal of Clinical Psychology, 69*, 28–44.

Nisbett, R. E., & Wilson, T. D. (1977). Telling more than we can know: Verbal reports on mental processes. *Psychological Review, 84*, 231–259.

Oveis, C., Horberg, E. J., & Keltner, D. (2010). Compassion, pride, and social intuitions of self-other similarity. *Journal of Personality and Social Psychology, 98*, 618–630.

Penner, L. A., Dovidio, J. F., Piliavin, J. A., & Schroeder, D. A. (2005). Prosocial behavior: Multilevel perspectives. *Annual Review of Psychology, 56*, 365–392.

Robinson, M. D., & Clore, G. L. (2002a). Belief and feeling: Evidence for an accessibility model of emotional self-report. *Psychological Bulletin, 128*, 934–960.

Robinson, M. D., & Clore, G. L. (2002b). Episodic and semantic knowledge in emotional self-report: Evidence for two judgment processes. *Journal of Personality and Social Psychology, 83*, 198–215.

Robinson, M. D., Johnson, J. T., & Shields, S. A. (1998). The gender heuristic and the database: Factors affecting the perception of gender-related differences in the experience and display of emotions. *Basic and Applied Social Psychology, 20*, 206–219.

Sahdra, B. K., MacLean, K. A., Ferrer, E., Shaver, P. R., Rosenberg, E. L., Jacobs, T. L., ... Saron, C. D. (2011). Enhanced response inhibition during intensive meditation training predicts improvements in self-reported adaptive socioemotional functioning. *Emotion, 11*, 299–312.

Singer, T., & Steinbeis, N. (2009). Differential roles of fairness-and compassion-based motivations for cooperation, defection, and punishment. *Annals of the New York Academy of Sciences, 1167*, 41–50.

Slagter, H. A., Lutz, A., Greischar, L. L., Nieuwenhuis, S., & Davidson, R. J. (2009). Theta phase synchrony and conscious target perception: Impact of intensive mental training. *Journal of Cognitive Neuroscience, 21*, 1536–1549.

Small, D. A., & Loewenstein, G. (2003). Helping a victim or helping the victim: Altruism and identifiability. *Journal of Risk and Uncertainty, 26*, 5–16.

Sober, E. (2002). Kindness and cruelty in evolution. In R. J. Davidson & A. Harrington (Eds.), *Visions of Compassion: Western Scientists and Buddhists Examine Human Nature* (pp. 46–65). New York: Oxford University Press.

Tajfel, H., & Turner, J. (1979). An integrative theory of intergroup conflict. In W.G. Austin & S. Worchel (Eds.), *The social psychology of intergroup relations*. Monterey, CA: Brooks/Cole.

Vago, D. R., & Silbersweig, D. A. (2012). Self-awareness, self-regulation, and self-transcendence (S-ART): A framework for understanding the neurobiological mechanisms of mindfulness. *Frontiers in Human Neuroscience*, *6*, 296.

Valdesolo, P., & DeSteno, D. (2011). Synchrony and the social tuning of compassion. *Emotion*, *11*, 262-266.

Wallmark, E., Safarzadeh, K., Daukantaitė, D., & Maddux, R. E. (2013). Promoting altruism through meditation: An 8-week randomized controlled pilot study. *Mindfulness*, *4*, 223-234.

Weng, H. Y., Fox, A. S., Shackman, A. J., Stodola, D. E., Caldwell, J. Z. K., Olson, M. C., ... Davidson, R. J. (2013). Compassion training alters altruism and neural responses to suffering. *Psychological Science*, *24*, 1171-1180.

Weng, H. Y., Fox, A. S., Hessenthaler, H. C., Stodola, D. E., & Davidson, R. J. (2015). The role of compassion in altruistic helping and punishment behavior. *PLoS ONE*, *10*, e0143794.

제23장

공감과 자비, 사회적 관계

Mark H. Davis

요약

공감은 정서와 인지 모두에서 다양한 측면을 갖고 있는 것으로 널리 인정받고 있다. 이 장에서는 자비와 조망수용이라는 두 측면이 사회적 관계에 미치는 효과에 관한 증거들을 검토한다. 원만한 사회적 기능/관계의 질, 사회적 지지, 가해 행동(transgression)에 대한 반응이라는 세 분야에 초점을 맞출 것이다. 증거에 따르면, 조망수용은 전반적인 관계 만족과 대인관계 적대감을 포함하는 관계 질 척도와 일관된 관련이 있다. 이와 달리 자비는 더 약하고 덜 일관된 연관성을 보인다. 사회적 지지에서도 유사한 패턴이 발견된다. 조망수용은 다양한 유형의 관계 지지 제공에 일관되게 유익한 영향을 미친다. 자비의 효과는 약하다. 그러나 파트너 폭력에 대한 반응에서는 다른 패턴이 나타난다. 용서의 가장 강력한 예측요인은 가해자에 대한 자비를 경험하는 것이다. 마지막으로, 이러한 주제를 다루는 비교 문화연구에서 제시된 제한적 증거에 따르면 이러한 패턴이 미국 외 표본에서도 유지되었다.

핵심용어

공감, 동감, 조망수용, 자비, 사회적 지지, 관계 만족, 적대감, 용서

사회적 교류가 공감 역량에 상당한 영향을 받는다는 것은 새로운 이야기가 아니다. 수 세기 전 Smith(1759/1976)와 Spencer(1870)는 타인의 경험을 '동감(sympathize)'하려는 경향에서—다시 말해 '비슷한 종류의 감정(fellow feeling)'을 공유하려는 경향에서—중요한 사회적 결과들이 도출된다고 주장했다. 공감에 대해 뚜렷한 인지적 관점을 가진 이후의 이론

가들(예: Mead, 1934; Piaget, 1932) 또한 공감적 역량을 소유하는 것이 사회적 삶을 향상시킨다고 주장했다. 두 접근법 모두의 공통적인 인식은 타인이라는 사회적 삶의 근본적인 장애물을 다루는 데에는 어떤 식이든 공감이 필요하다는 것이다. 지난 40년간 사회적 관계 내에서 공감의 역할은 다양한 방식으로 연구되었다. 이 장은 다음 두 가지 질문에 답하

기 위한 시도로 이 증거 중 일부를 검토할 것이다. ① 공감과 사회적 관계 사이의 가장 일관된 연관성은 무엇인가? ② 이러한 연관성은 문화들 전반에 걸쳐 얼마나 일관되는가?

하지만 이 책의 중점이 자비라는 점을 감안할 때, 공감과 자비 사이의 관계를 어느 정도 설명할 필요가 있다. 짧게 말해, 나는 공감을 정의하는 것은 다른 사람의 경험에 대한 한 개인의 반응과 관련된 모든 구성개념이라고 광범위하고 포괄적으로 정의하는 것이 최선의 방법이라 믿는다. 자비는 이러한 구성개념 중의 하나이자 특별히 중요한 개념이다. 사회적 관계에서 공감의 역할에 대한 연구는 흔히 자비의 효과를 조사하는 것이었는데, 자비라는 이름으로 언급된 것은 많지 않았다.

공감이란 무엇인가

공감을 정의하려는 시도에는 길고 복잡한 역사가 있다. 수년에 걸쳐, 공감은 인지적 과정(예: Wispé, 1986), 타인에 대한 정확한 이해(예: Dymond, 1950), 대상과의 정서적 상태의 공유(예: Hoffman, 1984), 동감의 특정 정서 반응(동감적 정서 반응의 일종)(예: Batson, 1991)의 개념으로 파악되었다. 이전에 나는 이 모든 접근법을 하나의 포괄적 공감 치료 과정으로 조직하기 위해 설계한 모델을 제안했다. [그림 23-1]에는 이 모델을 약간 수정하고 업데이트한 버전이 포함되어 있다(Davis, 2006). 이전의 많은 연구와 달리, 이 모델의 정신은

의도적으로 포괄적인데, 이는 이러한 구성개념 간의 연결을 강조하도록 설계했기 때문이다. 따라서 공감은 타인의 경험에 대한 한 개인의 반응과 관련된 일련의 구성개념으로 광범위하게 정의된다. 이러한 구성개념들은 특히 관찰자 내에서 일어나는 과정과 이 과정이 원인이 되는 정서적 및 비정서적 결과를 모두 포함한다. 이 정의에 기초하여, 이 모델에서는 전형적인 공감 '에피소드'가 관찰자가 어떤 식으로 대상에 노출된 후, 관찰자에 의한 인지적, 정서적, 동기부여적 또는 행동적 반응이 일어나는 것으로 이루어져 있다고 개념화한다. 이러한 전형적 에피소드 내에서는 다음의 네 가지 구성개념이 식별될 수 있다. 관찰자, 대상, 상황의 특징으로서의 선행사건, 공감 결과가 생성되는 메커니즘으로서의 과정, 반드시 외현적 행동으로 나타나는 것은 아닌 관찰자 내에서 생성되는 행동인지적, 정서적, 동기부여적 반응으로서의 개인내적 결과, 대상을 향한 행동 반응으로서의 대인관계적 결과가 그것이다. 이는 개인의 사회적 관계에 좋든 나쁘든 영향을 미치는 행동은 대인관계적 결과의 중요한 범주임을 나타낸다.

선행사건

개인

모든 관찰자는 과정과 결과에 영향을 미칠 수 있는 어떤 특징을 에피소드에 부여한다. 이 장의 목적상 가장 중요한 부분은 성격의 개인차이다. 공감과 관련된 기질적 성향

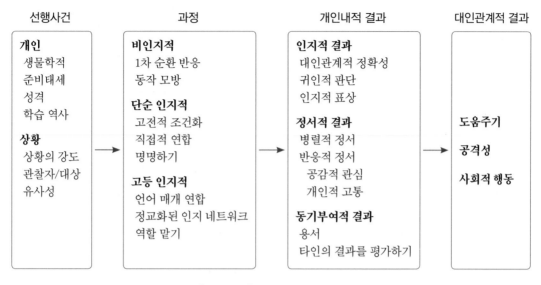

[그림 23-1] 조직화된 공감 모델

을 평가하기 위해 다양한 척도가 수년에 걸쳐 개발되었다. 공감 관련 과정으로서의 조망수용(예: Davis, 1980; Hogan, 1969) 또는 공감 관련 정서의 경험(예: Davis, 1980; Mehrabian & Epstein, 1972)에 대한 척도들이 그것이다. 여기서는 특히 대인관계적 행동에 영향을 미칠 가능성이 있는 두 가지 개인차에 주목할 필요가 있다. 하나는 다른 사람의 관점을 취하는 경향이고, 다른 하나는 고통에 처한 사람에 대한 **동감**의 느낌을 경험하는 경향이다.

상황

인지적이든 정서적이든, 다른 사람에 대한 모든 반응은 어떤 구체적인 상황 맥락에서 생겨나며, 이러한 맥락은 특정 차원에 따라 달라진다. 그러한 차원 중 하나는 상황의 강도로, 이는 관찰자에게 정서적 반응을 불러일으키는 힘으로 정의된다. 예를 들어, 약하거나

무력한 대상의 부정적 정서가 명백하게 드러나는 상황은 특히 강렬한 관찰자 정서를 일으킬 수 있으며, 이는 '강력한' 상황으로 분류될 수 있다. 대조적으로, 그러한 환기적 정서 단서가 결여된 상황은 상대적으로 약하다고 여겨질 수 있다. 두 번째 상황적 특징은 관찰자와 대상 간 유사성의 정도이다(사실상, 유사성은 대상과 관찰자 모두에게 연결된 기능이지만, 편의상 여기에 넣는다).

과정

이 모델의 두 번째 주요 구성개념은 관찰자에게 공감 결과를 생성하는 구체적 과정으로 이루어져 있다. Hoffman(1984)과 Eisenberg (Eisenberg, Shea, Carlo, & Knight, 1991)의 연구에 기초한 이 모델은 공감 관련 과정을 세 가지로 폭넓게 분류하는데, 이는 주로 과정의

작동에 필요한 인지적 노력과 정교함의 정도에 의해 서로 구별된다. 어떤 의미에서, 이 과정들을 '인지적' 또는 '정서적'으로 특징짓는 것은 오도할 가능성이 있다. 이런 식으로 더욱 명료하게 식별될 수 있는 것은 이 과정의 **결과**이며, 각 과정은 모두 인지적 및 정서적 결과를 낳을 수 있다. 하지만 그 과정의 작동에 필요한 인지적 정교함의 수준에 분명한 차이가 있다는 점을 고려하면, 이 세 가지 폭넓은 분류를 설명하기 위해 이러한 차원을 사용하는 게 합리적으로 보인다.

비인지적 과정

공감 결과로 이어지는 일부 과정에는 인지적 활동이 거의 요구되지 않는다. Hoffman(1984)이 **1차 순환 반응**이라고 지칭한 것인데, 일례로 신생아가 다른 사람의 울음소리에 반응하여 우는 뚜렷한 선천적 경향이 그것이다. 또 다른 비인지적 과정은 관찰자가 자동적이고 무의식적으로 대상을 모방하는 경향인 **동작 모방(motor mimicry)**이다. 모방의 초기 개념은 타인을 '깊이 느끼기(feeling into)' 위한 다소 의도적인 전략이라고 보았지만, 더 최근의 접근(예: Hatfield, Cacioppo, & Rapson, 1994; Hoffman, 1984; van Baaren, Decety, Dijksterhuis, van der Lie, & Leeuwen, 2009)에서는 상대적으로 자동적이며, 대체로 비인지적 과정이라 여겼다.

단순 인지적 과정

비인지적 과정과 달리, 다른 과정에는 관찰자의 입장에서 적어도 기본적인 인지 능력이 필요하다. **고전적 조건화**가 그 예이다. 만약 관찰자가 이전에 한 정서를 경험하는 동안 다른 사람의 정서적 단서를 지각했다면(아마 관찰자와 대상이 동시에 동일한 불쾌 자극에 노출되었기 때문에), 대상의 정서적 단서는 바로 그 정서적 상태를 불러일으킬 수 있다. 예를 들어, 어린 시절 아끼던 애완동물이 죽어 두 자매 모두 눈물을 흘릴 만큼 슬퍼한다면, 한 자매가 경험하는 정서적 상태(슬픔)는 다른 자매에게서 그 고통 단서를 보는 일과 연합될 수 있다. 이제부터, 다른 사람에게서 그러한 단서를 보면 그러한 슬픔의 느낌이 환기될 수 있다. **직접적 연합**(Hoffman, 1984)과 **명명하기**(labeling; Eisenberg et al., 1991)라는 비교적 정교하고 유사한 과정이 제안되기도 했다. 예를 들면, 관찰자는 (대학 졸업 같은) 특정 상황이 대체로 행복감을 가져다준다는 것을 알 수 있다. 졸업하는 사람을 목격하는 것은 눈앞에 다른 단서가 보이더라도 그 사람이 행복하다는 추론으로 이어질 수 있다.

고등 인지적 과정

마지막으로, 일부 과정은 고등 인지 활동을 필요로 한다. 한 예는 Hoffman이 말하는 **언어 매개 연합(language-mediated association)**으로, 관찰자 자신의 느낌이나 경험과의 연합을 촉발하는 언어 기반 인지 네트워크를 활성화함으로써 대상의 곤경에 대한 관찰자의 반응을 생성하는 것이다. "해고됐어."라고 말하는 대상은 고통을 보여 주는 명백한 얼굴 또는 음성 단서를 표시하지 않을 수 있지만, 관찰자는 대상의 말에 의해 개인적 관련 기억이 활성화되기 때문에 공감적으로 반응할 수 있다. Eisenberg 등(1991)의 **정교화된 인지 네트워크**(elaborated cognitive networks)와 Karniol(1986)의 **규칙 변환 모델**(rule-transformation model)은 이와 유사한 과정을 설명하는 것이다. 하지만 제일 고등한 과정이자, 경험적 관심을 가장 많이 받는 과정은 한 개인이 타인의 관점을 상상함으로써 다른 사람을 이해하려는 시도인 **조망수용**이다. 이것은 일반적으로 사건에 대한 자기중심적 관점을 억제하고 다른 사람의 관점을 품어 보려고 노력하는 과정이다.

개인내적 결과

이 모델의 세 번째 주요 구성개념은—대상에 노출된 결과로 인한 인지적, 정서적, 동기부여적 반응인—개인내적 결과로 이루어져 있다. 이러한 결과들은 주로 이 모델의 이전 단계에서 확인되는 다양한 과정의 산물로 생각된다.

인지적 결과

인지적 결과 중 하나는 **대인관계적 정확성**, 즉 다른 사람의 생각, 느낌, 특성을 성공적으로 평가하는 것이다(예: Dymond, 1950; Ickes, 1997). 최근 들어, 조망수용은 지각자가 대상에 대해 구성하는 **인지적 표상**의 변화와—이러한 표상이 자기에 대한 인지적 표상과 유사한 정도와—관계가 있는 것으로 밝혀졌다

(Davis, Conklin, Smith, & Luce, 1996; Galinsky & Moskowitz, 2000). 예를 들어, Davis 등(1996)은 관찰자들이 자신과 대상을 긴 형용사 체크리스트를 가지고 평가하도록 했다. 조망수용 지침을 받은 이들은 앞서 자신에게 귀속시켰던 특성을 상대방이 소유할 가능성을 더 높게 평가했는데, 이는 본질적으로 자기와 타자에 대한 인지적 표상을 더 많이 병합했다는 것을 의미한다.

정서적 결과

정서적 결과라는 범주는 대상의 경험을 관찰한 뒤의 반응으로서 정서적 반응으로 이루어져 있으며, 이는 병렬적 결과와 반응적 결과라는 두 가지 형태로 더 세분화된다. **병렬적 정서**(parallel emotion)는 어떤 의미에서 전형적인 정서적 반응으로 생각될 수 있다. 즉, 대상의 느낌에 대한 관찰자의 실제 재생산물이다. 이 같은 정서적 '매칭'은 일부 역사적 접근법(Spencer, 1870; McDougall, 1908) 및 몇몇 현대적 접근(Eisenberg & Strayer, 1987)에서 관심의 대상이었다. 반면에 **반응적 정서**(reactive emotion)는 관찰된 정서와는 다른, 타자의 경험에 대한 정동적 반응으로 정의된다. 이는 관찰자에게 그 상태를 단순히 재생산하는 것이 아니라 타자의 상태에 대한 공감적 반응이기 때문에 그렇게 명명된 것이다. 이 범주에 잘 맞아떨어지는 한 가지 반응은 **동감**(sympathy; Wispé, 1986), **공감**(empathy; Batson, 1991), **공감적 관심**(empathic concern; Davis, 1983)이다.

동기부여적 결과

개인내적 결과의 세 번째 범주는 다소간 두 번째 범주와 관련이 있으며 공감 관련 과정에 의해 관찰자에게 생산된 동기부여적 상태를 포함한다. 예를 들어, 용서는 종종 잘못을 저지른 파트너에 대한 동기부여의 변형으로 개념화되는데, 이는 복수 욕구는 줄어들고 화해 욕구는 늘어난 상태를 말한다(Kelley, Holmes, Kerr, Reis, Rusbult, & Van Lange, 2003; McCullough, Worthington, & Rachal, 1997). 더 일반적으로, 공감적 과정은 타인의 결과를 **가치 있게 평가**하려는—다시 말해, 다른 사람의 전반적인 행복과 안녕을 소중하게 평가하려는—동기가 증가하는 것과도 관련이 있다(Batson, Turk, Shaw, & Klein, 1995).

대인관계적 결과

이 모델의 마지막 구성개념은 대인관계적 결과로 이루어져 있으며, 해당 대상에게 노출된 이후 그 결과로 대상을 향한 직접적인 행동으로 정의된다. 공감 이론가 및 연구자들로부터 가장 큰 주목을 받았던 대인관계적 결과는 **친사회적 행동**인데, 공감의 인지적 및 정서적 측면 모두 관찰자로 하여금 어려운 처지의 대상에 도움을 줄 가능성에 기여하는 것으로 오랫동안 여겨져 왔다. **공격적 행동** 역시 공감 관련 과정 및 기질과 이론적으로 연결되어 있는데, 이는 공감이 공격적 행위와 부정적으로 관련이 있으리란 예상 때문이었다. 최종적인 대인관계적 결과이자 이 장에서 다룰 내용은 사회적 관계 내에서 일어나는 행동이다.

물론 공감 관련 과정과 개인내적 결과는 사회적 관계에서 다양한 방식으로 역할을 할 수 있다. 이 중 일부는 도움, 관대함, 협력 같은 '친관계적(pro-relationship)' 행동에 기여하는 공감에서 비롯될 수 있다. 다른 일부는 갈등, 무례함, 이기심 같은 '반관계적(anti-relationship)' 행동을 억제하는 공감에서 초래될 수 있다. 더욱이 공감은 매일매일 일어나는 일상의 관계를 유지하는 역할로서도 관계에 영향을 미칠 수 있지만, 관계가 가령 파트너의 심각한 부정행위와 같은 훨씬 더 심각한 위협에 직면할 때에도 결정적으로 중요한 역할을 할 수 있다. 이러한 각각의 가능성을 다루는 연구들에 대해 이 장에서 설명할 것이다.

공감과 자비: 아주 짧은 개관

자비는 이 모델의 어디에 들어맞을까? 나는 타인의 고통과 괴로움에 대한 감수성으로 정의되며, 그 괴로움을 덜어 주려는 깊은 바람과 결합(Goetz, Keltner, & Simon-Thomas, 2010)되어 있는 자비가 공감 연구에서 **공감적 관심**으로 일반적으로 언급되는 구성개념과 거의 완벽하게 일치한다고 믿고 있다. 공감적 관심은 다른 사람을 위한 다정한 관심과 동감의 느낌('타인의 고통이나 괴로움에 대한 민감성')을 특징으로 하는, 상대방에 대한 정서적 반응이다. 상당한 증거에 따르면, 그러한 느낌은 흔히 대상의 안녕을 중시하는 태도를 동반하며, 도움에 비용('괴로움을 덜어 주려는 깊은 바람')

이 많이 들더라도 도와줄 가능성을 높인다. 이러한 이유로, 나는 공감적 관심에 대한 탐구가 대체로 자비에 대한 탐구로 여겨질 수 있다고 믿는다. 공감적 관심은 때로는 일시적 정서 상태로 연구되기도 하고, 때로는 안정적인 성격 특징으로 다뤄지기도 해 왔다. 이 장에서는 두 가지 유형의 연구를 검토할 것이다.

게다가 자비는 또 다른 주요 공감 구성개념인 조망수용과 다소 덜 직접적인 관련이 있다. 조망수용은 자비와는 무관한 경로(예를 들어, 자신의 파트너에 대한 정확한 지각)를 통해 사회적 관계에 영향을 미칠 수 있는 정교화된 인지적 과정이다. 하지만 중요한 점은 조망수용이 자비와 관련이 있다고 볼 수 있다는 것이다. 상당한 양의 연구는 다른 사람의 관점을 취하는 것과 그 사람에 대한 공감적 관심의 느낌을 경험하는 것이 연결되어 있음을 뒷받침한다(이 문헌에 대한 검토는 Davis, 1994 참조). 따라서 공감의 인지적 형태는 공감이 낳을 수 있는 비정서적 결과들과 함께, 실질적으로 자비의 느낌에도 기여할 것이다.

공감/자비와 사회적 기능 사이의 연관성은 무엇인가

공감이 개념화되는 다양한 방식을 감안할 때, 공감과 사회적 개념 사이의 관계에 대한 가설이 수많은 각양각색의 형태를 취해 왔다는 것은 놀랄 일이 아니다. 공감과 사회적 행동 사이에 있을 수 있는 대단히 폭넓은 연결점이 수년에 걸쳐 제안되었는데, 여기에는 친사회적 행동에 미칠 수 있는 영향(Batson, 1991; 또한 제3장), 공격성(Miller & Eisenberg, 1988), 사회적 파트너의 행동에 대한 귀인(Bradbury & Fincham, 1990), 사회적 지지(Verhofstadt, Buysse, Ickes, Davis, & Devoldre, 2008), 파트너의 가해 행위에 대한 용서(McCullough et al., 1998), 상호작용 중 행동 동기화(Chartrand & Bargh, 1999), 자기 개방(Davis & Kraus, 1991)이 포함된다. 이 문헌을 완전히 검토하는 것은 이 장의 범위를 벗어난다. 대신, 나는 원활한 사회적 기능/관계 질, 사회적 지지, 파트너 가해 행동에 대한 반응이라는 세 가지 영역에 초점을 맞출 것이다.

원활한 사회적 기능/관계 질

공감이 사회적 삶에 영향을 미칠 수 있는 한 가지 방법은 갈등을 매끄럽게 만드는 메커니즘을 제공하는 것이다. 우리 모두가 확고하게 자기이익을 추구한다는 점을 고려하면, 사회적 삶에는 대인관계적 마찰의 위기가 많을 수밖에 없다. 사회적 파트너에 대한 자비와 상대의 관점을 기꺼이 받아들이려는 의지는 그러한 마찰을 상쇄시킬 수 있다.

전반적인 만족

사회적 기능을 평가하는 한 가지 간단한 방법은 종합적인 관계 만족을 측정하는 것이다. 그러한 만족은 의심의 여지없이 많은 요인에 의해 영향을 받지만, 관계 질은 공감적인 참여자에게 더 높을 것으로 보인다. 공감을 그러한 종합적인 만족과 연결할 때는 언제나 공감 기질을 측정하는 방식을 사용했으며, 그 증거는 그러한 측정이 전반적인 만족과 확실히 관련되어 있음을 시사한다.

Franzoi, Davis와 Young(1985)은 연애 중인 커플 두 구성원에게 기질적 조망수용[대인관계 반응지수(Interpersonal Reactivity Index: IRI)에 기반한 조망수용(PT) 척도] 및 관계 만족도에 대한 측정이 포함된 질문지를 작성하도록 했다. 남성의 관계 만족도는 자신 및 파트너의 PT 점수와 유의미하고 긍정적인 관련이 있었고, 여성의 만족도는 자신의 PT 점수와 유사한 관련이 있었지만 파트너의 점수와는 관련이 없었다. 하지만 조금 비슷한 연구에서, Fincham과 Bradbury(1989)는 상충되는 결과를 발견했다. 대규모 연구의 일환으로, 부부 두 구성원에 대해 조망수용(PT 척도)과 결혼 만족도가 평가되었다. 남편의 경우, 만족도는 자신의 PT 점수와 유의미하고 긍정적인 관련이 있었지만, 아내는 관련이 없었다. 아내의 경우, 만족도는 어느 한 배우자의 PT 점수와도 관련이 없었다.

Long과 Andrews(1990)는 이 문제를 보다 포괄적인 방식으로 조사했다. 두 배우자 모두 결혼 적응도(본질적으로 결혼 만족도) 및 다음의 세 가지 조망수용 척도에 대한 측정이 포함된 질문지를 작성했다. ① PT 척도, ② (일반 대중이 아니라) 특히 결혼 파트너의 관점을 채택하는 경향을 평가하는 척도, ③ 파트너의 조망수용 경향에 대한 응답자의 지각을 측정

하는 것이다. 한 배우자(A)의 만족도를 다른 배우자(B)의 일반적 PT, 파트너 특정적 PT, B의 PT에 대한 A의 지각을 통해 예측하는 분석이 수행되었다. 남편과 아내 모두에게 결혼 적응도는 세 가지 조망수용 지표 모두와 유의미한 관련이 있었다. 하지만 파트너의 조망수용에 대한 지각은 결혼 만족도와 가장 강한 연관성을 보였다. 파트너의 조망수용 경향이 높다고 지각할수록 적응도가 더 나은 것으로 나타난 것이다. 파트너 스스로 보고한 관계 내에서의 역할 수행 경향은 비록 덜 강하긴 하지만 유사한 관련이 있었다. 하지만 예상과 달리, 일단 이들 두 변수의 효과를 통계적으로 통제한 후에는 파트너의 일반적 조망수용은 실제로 결혼 적응도와 부적으로 상관이 있었다.

Levesque, Lafontaine, Caron, Flesch, Bjornson(2014)은 또한 파트너 특정적 PT 및 공감적 관심(EC), 파트너의 고통에 대한 자기 보고식 대처 전략, 관계 만족도를 평가했다. 이들은 캐나다의 이성애 커플의 샘플을 사용해 남성과 여성 모두 파트너에게 더 큰 공감적 관심을 가지는 것이 자신의 만족도 수준과 강한 관련이 있음을 발견했다. 대조적으로 파트너 특정적 PT는 만족도와 관련이 없었다.

Rusbult, Verette, Whitney, Slovik과 Lipkus(1991)는 밀접한 관계에서의 조절(accommodation)을 조사하는 대규모 연구에서, (커플이 아닌) 개별 참가자들로 하여금 관계 만족도, 일반적 조망수용(PT 척도), Long과 Andrews가 사용한 척도와 유사한 파트너

특정적 조망수용 척도, 기질적인 공감적 관심 척도(IRI의 EC 척도)를 측정하도록 했다. 다중 회귀분석에 따르면, 파트너 특정적 조망수용은 자신의 만족도와 유의미하고 긍정적인 관련이 있는 반면, 일반적 조망수용과 공감적 관심은 그렇지 않은 것으로 나타났다. 따라서 자신의 연애 파트너에 국한해 그 관점을 취하는 경향이 클수록 자신의 만족도가 높아진다.

이러한 문제는 거의 대부분 아동 및 청소년 모집단으로 이루어진 비연애 관계에서도 조사되었다. Smith와 Rose(2011)는 동성 친구관계 쌍을 사용하여 친구관계 질에 대한 여러 변수의 영향을 조사했다. 이 조사를 검토하기 위해, IRI의 PT 척도 6문항과 공감 지수(Empathy Quotient: EQ; Baron-Cohen & Wheelwright, 2004) 13문항으로 구성된 이들의 '사회적 조망수용' 척도에 초점을 맞추었다. 특정 관계 내에서 조망수용에 참여하는 경향을 측정하기 위해 문항들이 수정되었다. 그러한 양자관계에서 나타나는 PT는 친구관계 질 척도와 유의미하고 정적인 관련이 있었다. 즉, 양자관계의 개별 구성원이 조망수용에 더 많이 참여할수록 이들은 자신의 관계를 더욱 긍정적으로 지각했다.

Chow, Ruhl과 Buhrmester(2013)는 행위자-파트너 상호의존 모델(Actor-Partner Interdependence Model: APIM)을 사용해 10학년 동성 친구 쌍을 조사했다. 공감은 IRI의 PT 및 EC 척도를 가지고 측정되었지만, Chow 등은 이 척도들을 개별 구성개념으로 취급하지 않고 단일한 공감 척도로 결합했다. 예상대로, 공감은 (만족도의 합리적인 지표처럼 보이는) 친구관계 친밀감과 긍정적인 관련이 있었고 친구관계 불화와는 부정적인 관련이 있었다. Clark와 Ladd(2000)는 5세 아동의 '사회정서적 지향(socioemotional orientation)'을 조사했는데, 이는 아동이 고통에 처한 타인에게 관심을 표현하고 도움이나 위안을 제공하는 정도를 교사 평가를 통해 측정했다. 이러한 평가는 아동의 친구관계 질에 대한 교사 평가와 실질적인 상관관계가 있었다.

전체적으로 볼 때, 이 연구 결과들은 흥미로운 패턴을 보여 준다. 자신의 관계 파트너에 국한해 그 관점을 취하는 경향은 자신 및 파트너의 만족도와 일관되게 정적인 관련이 있었다. 다른 한편으로, 전반적인 조망수용 측정은 유사하지만 약한 관련성을 보이는 경향이 있었다. 이러한 패턴은 해당 사회적 맥락에 가장 적합한 방식으로 기질적 공감을 평가해야 한다는 것을 강조하고 있다. 즉, 특정한 관계의 맥락 속에서는 그 관계에 특정적인 공감적 경향 척도가 가장 유용할 가능성이 높다는 것이다. 공감적 관심이 항상 이 연구에 포함된 것은 아니다. 하지만 이를 포함시켰을 때 공감적 관심의 효과는 조망수용의 효과와 유사하지만 약한 경향이 있었다.

인기/사회적 기술

사회적 능력을 측정하는 또 다른 방법은 인기 및 사회적 능숙함 지표를 사용하는 것이다. 이러한 접근법은 종종 학교 맥락 내의 아동 및 청소년 연구에서 주로 채택되었다. 예를 들어, Eisenberg, Fabes, Murphy, Karbon, Smith와 Maszk(1996)는 동감의 느낌을 가장 잘 포착할 가능성이 높아 보이는 Bryant(1982) 척도의 일부 문항뿐만 아니라, 타인에 대한 자비의 느낌을 특정해 측정하는 문항으로 구성된 척도를 사용하여 2학년 학생의 기질적 동감 수준을 조사했다. 이러한 기질적 자비 척도에 대한 점수는 더 큰 (교사의 평가에 따른) 사회적 기술과 또래 사이에서의 (또래의 평가에 따른) 인기와 관련이 있었다. 마찬가지로 앞서 Clark와 Ladd(2000)가 설명한 연구에서 아동의 사회정서적 지향(본질적으로 자비)은 친구 수(상호 친구 관계 지명) 및 (또래의 평가에 따른) 또래 수용과 관련이 있었다.

적대감과 갈등

사회적 기능의 원활함을 평가하는 세 번째 방식은 적대적이거나 공격적인 행동의 수준을 직접 평가하는 것이다. 이론적으로, 공감은 두 가지 광범위한 이유로 인해 낮은 수준의 적대감과 관련이 있을 수 있다. 첫째, 타인의 고통에 대한 관찰자의 정서적 반응은 그러한 타인을 향한 관찰자의 공격 가능성을 줄일 수 있다. 따라서 피해자의 고통은 가해자인 관찰자에게 자비를 불러일으킬 수 있으며, 이는 관찰자로 하여금 공격을 멈추거나 줄이도록 할 수 있다. 공감이 적대적이고 공격적인 행위의 발생을 줄일 수 있는 두 번째 방법은 조망수용의 과정을 통해서이다. 즉, 잠재적으로 도발적인 방식으로 행위하는 사람의 관점을 채택하면 그 사람의 행위에 대해 더욱

관대하고 이해하는 지각으로 이어질 수 있다. 그러한 관용은 결과적으로 보복이 일어날 가능성을 줄일 수 있다.

공감이 대인관계적 공격성과 관련이 있을 것이라는 일반적 명제를 검토하는 한 가지 방법은 이 두 구성개념의 개인차 척도 사이의 연관성을 조사하는 것이다. Davis(1994)는 IRI와 두 가지 널리 사용되는 기질적 공격성 척도인 Buss-Durkee(Buss & Durkee, 1957) 및 Cook-Medley(Cook & Medley, 1954) 공격성 척도를 작성한 대학생 표본의 데이터를 보고했다. IRI 척도를 예측 변인으로, 다양한 공격성 척도가 독립 변인으로 사용된 일련의 다중 회귀분석이 수행되었다. 남성의 경우, PT 점수는 가장 전반적인 공격성 척도인 Buss-Durkee와 Cook-Medley 척도의 총점과 유의미한 관련이 있었다. 여성의 경우, EC만이 모든 전반적인 척도(Cook-Medley 척도)에 유의미한 영향을 미쳤다. 더 흥미로운 것은 IRI 점수가 Buss-Durkee 총점을 구성하는 개별 하위 척도를 예측하는 데 사용되었을 때 발견된 패턴이다. 기질적 공감은—신체와 언어를 통해 타인을 적대시하는 경향인—대립적(antagonistic) 공격성과 관련이 있었지만, 그 패턴은 남녀가 달랐다. 여성은 대립적 공격성 측정과 기질적인 공감적 관심 측정 사이에 유의미한 부정적 연관성을 나타냈지만, 남성은 그렇지 않았다. 남성은 대립적 공격성과 기질적 조망수용 사이에 부정적 연관성을 나타냈지만, 여성은 그렇지 않았다.

공감이 공격성에 어떤 기여를 하는지에 대

해 조사하는 또 다른 방법은 관찰되거나 자기가 보고한 실제 행동을 검토하는 것이다. 이러한 노력은 대체로 기질적 PT에 집중되었다. 예를 들어, Davis와 Kraus(1991)는 청소년기와 청소년기 이전 소년의 두 가지 표본에서 기질적 PT와 지난 2년 동안 자신이 보고한 싸움 및 논쟁 횟수 사이에 유의미한 부적 상관관계가 있다고 보고했다. Sessa(1996)는 간호팀에 대한 연구에서, 기질적 조망수용 척도에서 평균 점수가 더 높은 팀은 자신의 집단을 (특히 해로운) '사람중심의' 갈등은 적고 (덜 해로운) '일중심의' 갈등이 많다고 지각하는 경향이 있음을 발견했다. 두 연구(Richardson, Hammock, Smith, Gardner, & Signo, 1994; Richardson, Green, & Lago, 1998)에서, Richardson은 실험실 환경에서 기질적 PT와 실제 언어 공격 사이의 관계를 조사했는데, 조망수용 점수가 높은 사람은 자신을 가볍게 자극한 상대에게 보복할 가능성이 적다는 증거를 발견했다.

중요한 사회적 파트너를 향한 공격성에 영향을 미치는 공감의 역할 또한 주목을 받았다. Loudin, Loukas와 Robinson(2003)은 대학생들에게 IRI의 PT 및 EC 척도와 "대인관계를 의도적으로 조작하고 손상시켜 타인에게 해를 끼치는 것"(p. 431)으로 정의되는 **관계적 공격성(relational aggression)** 척도를 작성하도록 했다. 예를 들어, 한 집단에서 누군가를 의도적으로 배제하는 일은 그러한 공격성의 예가 될 것이다. 회귀분석 결과, 기질적 PT는 관계적 공격성과 유의미한 부적 관계가 있으며 이

관계는 남성과 여성 모두에게 유지되는 것으로 나타났다. 이에 반해, 기질적 EC는 남성의 경우에서만 공격성과 부적 관계가 있었다.

Péloquin, Lafontaine과 Brassard(2011)는 캐나다 동거 커플의 두 구성원을 대상으로 연구를 수행했다. 커플의 각 구성원은 파트너 특정적 버전의 PT 및 EC 척도와, 신체적 공격을 수반하지 않는 여러 적대적 행위(예: 말로 파트너를 비하하는 것, 소유물을 파손하는 것)를 저지른 빈도를 평가하는 심리적 공격성 척도를 작성했다. Loudin 등(2003)의 연구와 마찬가지로, 파트너의 관점을 취하는 것은 해당 파트너를 향해 심리적으로 공격적인 행위를 저지르는 것과 유의미한 부적 관계가 있는 것으로 밝혀졌으며, 이 관계는 남성과 여성 모두에게 발견되었다. 파트너 특정적 EC는 낮은 공격성과 관계가 있었는데, 오직 여성들 사이에서만 그랬다.

마지막으로, 젊은 모집단을 대상으로 한 연구에서도 공감과 대인관계적 갈등 사이의 관계가 지지되었다. 앞서 설명한 5세 아동에 대한 Clark와 Ladd(2000)의 연구에 따르면, 아동의 기질적 자비는 교사의 평가에 따른 또래와의 갈등 수준과 부적인 관련이 있었다. 이와 유사하게 Chow 등(2013)의 10학년 친구관계 쌍에 대한 연구에서, 결합된 PT/EC 공감 측정은 효과적인 갈등 관리와 유의미한 관련이 있는데, 이는 다시(결국) 친구관계의 불화와 부적인 관계가 있었다.

전체적으로 보면, 이 분야의 연구에서 나타나는 아주 분명한 패턴은 기질적 PT는 적대

감/공격성에 가장 일관되고 확실한 영향을 미친다는 것이다. 그러한 공격성이 어떻게 조작적으로 정의되든 상관없이 말이다. 공감의 다른 측면 역시 역할을 하지만, 그 효과는 다른 변수에—특히 성별—의해 종종 조절되며, 조절되는 방식은 일관되지 않을 때도 있다. 결과적으로, 공감과 공격성을 연결짓는 두 번째 이론적 메커니즘에 대한 증거가 훨씬 더 강력해 보인다. 공격성은 잠재적인 가해자의 정서적 반응이 아니라, 타인의 관점을 이해하려고 노력하는 보다 인지적인 과정에 의해 가장 확실히 억제되는 것으로 보인다.

미국 외 증거

미국 밖에서 수행된 몇몇 연구에서는 공감과 전반적인 관계 만족을 조사했다. 그중 두 가지는 청소년 모집단의 친구관계에 초점을 맞췄다. Soenens, Duriez, Vansteenkiste와 Goossens(2007)는 벨기에 청소년을 조사한 결과, PT 척도 및 EC 척도 모두 가장 친한 친구와의 관계에 대해 자기가 보고한 질과 관련이 있음을 발견했다. 하지만 두 형태의 공감 양자가 구조방정식 모델에 포함될 때 EC의 효과는 무의미한 수준으로 떨어진 반면, PT의 효과는 유지되었다. 이와 비슷한 맥락에서, Wölfer, Cortina와 Baumert(2012)는 독일의 7학년 집단을 대상으로 소셜 네트워크에서 공감과 배태성(embeddedness) 사이의 관계를 연구했다. 공감은 Chow 등(2013)이 IRI의 PT 및 EC 척도를 결합하여 사용한 것과 동일한 방식으로 평가되었다. 배태성은 한 학급

의 모든 구성원이 친구관계를 지명하게 함으로써 측정되었다. 지명을 하고 받은 수가 더 많을수록 사회적 네트워크에 더 배태된 것으로 여겨진다. 공감이 높을수록 배태성도 더 높게 나타났다.

다른 연구들은 연애 관계 만족에 초점을 맞췄다. 이탈리아 기혼 부부의 용서라는 주제를 주로 다룬 두 연구에서, Fincham, Paleari와 Regalia(2002), Paleari, Regalia와 Fincham(2005)은 배우자가 가장 최근에 저지른 관계의 배신 이후 배우자를 향해 느끼는 자비의 양과 관계 질의 전반적인 수준을 평가했다. 두 연구에서, 남편이 느끼는 자비의 양은 관계 만족도와 유의미한 상관관계가 있었다. 아내의 경우, 그러한 상관관계는 더 약했고 덜 확실했다. Chung(2014)은 한국 교사 표본을 사용하여 특질 공감 수준이 남편과 아내 모두의 결혼 만족도와 유의미한 관련이 있음을 발견했다. 이 연구에서의 공감 측정은 Mehrabian과 Epstein(1972)의 **정서적 공감**(emotional empathy) 척도의 한국어판으로, 자비뿐만 아니라 일반적인 정서성과 정서 전염도 측정하는 항목을 포함하고 있다. 마지막으로, 미국과 중국의 학부생을 직접 비교한 연구에서 Lin과 Rusbult(1995)는 관계 만족도가 파트너 특정적 PT 측정과 관련이 있음을 발견했다.

미국 밖의 연구들도 기질적 공감과 공격적 행동 사이의 연관성을 조사했다. 네덜란드 소년과 소녀를 대상으로 한 연구에서 deKemp, Overbeek, de Wied, Engels와 Scholte(2007)

는 Bryant(1982)가 개발한 질문지를 사용해서 정서적 공감을 평가하고, 지난 6개월 동안의 공격적 행위를 측정하는 8개 항목의 자기보고 척도를 통해 다른 사람을 향한 공격적 행동을 평가했다. 소년과 소녀 모두에게 기질적인 정서적 공감은 공격성과 유의미하고 부정적인 관련이 있었다. Gini, Albiero, Benelli와 Altoè(2007)도 중학교에 다니는 이탈리아 청소년의 표본을 대상으로 공격적 행동을 조사했다. 기질적 공감은 이탈리아어판 IRI로 측정되었다. 공격적 행동은 다른 학생을 괴롭히거나 괴롭히는 데 기여한 급우를 지명하도록 학생들에게 요청하는 또래 지명 과정을 통해 평가되었다. 기질적 PT 및 EC는 모두 낮은 수준의 공격성과 관련이 있었다. 하지만 이 패턴은 오직 남학생의 경우에만 유의미했다.

사회적 지지

공감이 의미 있는 역할을 할 수 있는 또 다른 영역은 우리가 서로에게 제공하는 일상적 도움으로 폭넓게 정의되는 **사회적 지지**이다 (Pasch & Bradbury, 1998). 사회적 지지는 관계 유지 및 결혼의 웰빙에 핵심 요소로 간주되며 (Bradbury, Fincham, & Beach, 2000; Bradbury & Karney, 2004), 파트너의 더 큰 지지는 더 큰 결혼 만족도와 관련이 있다(Cramer, 2004; Pasch & Bradbury, 1998; Pasch, Bradbury, & Sullivan, 1997).

지지의 유형은 또한 다양하게 구별될 수 있다. 특히 연구자들은 지지 제공에 부정적 형태와 긍정적 형태가 있음을 인정했다(Pasch, Harris, Sullivan, & Bradbury, 2004). 긍정적 형태는 두 가지로 구별될 수 있다. 즉, 정서적 지지 제공과 도구적 지지 제공이 그것이다. 정서적 지지 제공은 정서의 관리를 목표로 한다. 배우자를 안심시키거나 격려하는 것이 그러한 지지의 예가 될 것이다. 이와 달리, 도구적 지지는 문제를 직접 다루려고 시도한다. 그러한 도움을 줄 때, 구체적 제안을 제시하거나 문제에 관한 정보에 접근하게 한다. 이 두 형태의 긍정적 지지와는 대조적으로, **부정적 지지 제공**의 예에는 배우자를 비판하거나 비난하고, 배우자에게 부정적 감정을 표현하며, 문제를 최소화하는 것이 포함된다(Bradbury & Pasch, 1994; Cohen, Gottlieb, & Underwood, 2000). 물론, 실제로 그러한 반응들은 전혀 지지에 해당하지 않는다. 하지만 이는 대개 지지를 요청하는 자가 암묵적이든 명시적이든 도움을 요청한 것에 대한 반응으로 일어나며, 종종 지지를 제공하는 자가 정당한 도움의 형태로 의도한 것이기도 하다.

공감은 두 가지 이유로 사회적 지지에 영향을 미칠 것으로 예상된다. 첫째, 조망수용을 통해 개인은 파트너가 지지를 필요로 하는 시점을 이해하고 지원의 형태를 정확하게 결정할 수 있다. 둘째, 파트너에 대한 자비의 느낌은 동기부여 기능을 제공하여, 그 사람이 더 쉽게 도움을 줄 수 있도록 한다. 두 경우 모두 공감의 효과가 유익할 것이다. 도구적 및 정서적 지지는 더 높은 수준의 조망수용 및 자비와 관련이 있을 것이다. 일반적으로 부정적인 지지의 경우는 반대 패턴이 발견될 것이다. 물론 예외도 있긴 하지만, 이는 상당한 수준에서 실제로 발견된 패턴이다.

Davis와 Oathout(1987; 1992)의 두 초기 연구는 이 문제를 탐색한 것으로 볼 수 있지만 그 연구는 사회적 지지에 대한 연구로 명시적으로 고안된 것은 아니었다. 두 연구에서 연애관계에 있는 대학생들은 IRI를 작성했으며, 자신의 파트너를 향해 얼마나 자주 특정한 구체적 행동을 표시했는지도 보고했다. 이러한 행동 중 많은 수는 사회적 지지를 형성하는 것으로 간주될 수 있다. 남성과 여성 모두에서 기질적 EC는 파트너를 향한 지지, 관대함, 사랑이 포함된 일련의 행동과 긍정적인 관련이 있는 것으로 밝혀졌다. 남성과 여성 모두에서 기질적 PT는 부정적 사회적 지지로 간주될 수 있는 행위, 즉 비판, 잔소리, 무례, 위압 등의 일련의 행동과 반비례 관계에 있었다.

최근 몇 년 동안 사회적 지지에서 공감의 역할을 조사하기 위해 훨씬 더 많은 협동적인 노력이 이루어졌다. 벨기에 연구팀은 사회적 지지를 평가하는 다양한 방법을 사용하여 공감이 결혼 지지와 관련된 방식을 입증했다. 일련의 연구를 통해 사회적 지지와 기질적 공감의 관계에 대한 자기보고에 초점이 맞춰졌다. Devoldre, Davis, Verhofstadt와 Buysse(2010)는 이 문제를 조사하기 위해 두 가지 연구를 수행했다. 첫 번째로 이들은 연애 파트너에게 정서적, 도구적, 부정적 지지를 제공한 정도를 평가하는 척도를 작성하도록 여대생들에게 요청했다. 두 번째 연구에서

이들은 결혼한 부부 표본의 두 구성원에게 동일한 질문을 했다. 각 연구에서 참가자들은 네덜란드어판 IRI도 작성했다. 전반적으로, 기질적 공감의 세 가지 형태 각각은 지지 제공과 유의미한 연관성을 보였다. 가장 일관된 효과는 다음과 같이 요약될 수 있다. ① 기질적 조망수용은 더 많은 도구적 지지를 제공하는 것과 관련이 있었다. ② 기질적 조망수용은 더 적은 부정적 지지를 제공하는 것과 관련이 있었다. ③ 기질적인 개인적 고통은 더 많은 부정적 지지를 제공하는 것과 관련이 있었다.

Devoldre, Verhofstadt, Davis와 Buysse (2013)는 동일한 문제를 다루었지만, 지지 평가에 다른 기법을 사용했다. 관계에서 자신의 행동에 대한 전반적인 자기보고에 의존하지 않고, Devoldre 등은 참가자들에게 연애 파트너가 어떤 형태의 스트레스를 경험하고 있는지 상상하는 일련의 가상 시나리오를 제시했다. 그런 다음 가능한 일단의 선택지에서 가장 가능성이 높은 반응을 선택하도록 했다. 일부 선택지는 도구적 지지를, 일부는 정서적 지지를, 일부는 부정적 지지를 반영한다. 덧붙여 이러한 유형의 지지 각각은 지시적 또는 비지시적인 두 가지 형태로 나타났다. 이러한 구별은 지지 제공자가 지지 수혜자의 자율성을 존중하는 정도와 관련이 있다. 지지의 지시적 형태는 대체로 지지 수혜자에게 무엇을 해야 하는지 명시적으로 알려 주는 것으로 구성된다. 따라서 특정한 대처 반응을 강요하는 경향이 있다. 비지시적 지지는 이러한 형태를

띠지 않으며, 수혜자가 자신의 반응을 결정할 수 있도록 한다. 예를 들어, 비지시적 형태의 정서적 지지는 파트너의 말을 주의 깊고 동정어린 마음으로 경청하는 것일 수 있다. 정서적 지지의 지시형 형태는 파트너에게 더 많은 자신감을 가질 필요가 있다고 이야기해 주는 것일 수 있다.

Devoldre 등은 결혼했거나 파트너와 동거 중인 벨기에 성인의 표본을 사용하여 연구하였는데, 기질적 PT는 더 많은 도구적 지지 반응을 선택하는 것과 관련이 있고, 기질적 PT는 더 많은 정서적 지지 반응을 선택하는 것과 관련이 있음을 발견했다. 하지만 흥미롭게도 이는 이러한 지지 형태 중 비지시형 형태에만 해당되었다. 기질적 공감은 지시형 지지와 아무 관련이 없는 것으로 나타났다. 따라서 이 연구에서 공감은 다른 사람의 자율성을 명시적으로 인정하는 지원의 형태와만 관련이 있는 것으로 나타났다. 즉, 공감은 다른 사람의 관점을 무시하는 지지와는 전혀 관련이 없었다는 것이다.

지금까지 설명한 사회적 지지 연구는 조망수용, 공감적 관심, 때로는 개인적 고통에 대한 측정을 제공하기 위해 IRI를 사용했다. 한 연구에서는 이러한 척도의 파트너 특정 버전을 사용하여 기질적 공감과 사회적 지지의 연관성을 조사했다. 앞서 설명한 Levesque 등 (2014)의 연구에서는 그러한 파트너 특정 척도와, 사람들이 파트너 스트레스를 어떻게 다뤘는지 보고하는 방식을 평가하는, '양자적 (dyadic) 대처'라는 척도를 사용했다(견본 항

목: '나는 내 파트너를 돕기 위해 그/그녀가 일상적으로 하는 일들을 맡아서 한다'). 따라서 이를 사회적 지지의 측정이라고 생각하는 것도 그럴듯해 보인다. 남성과 여성 모두의 경우에 파트너 특정적 PT 및 EC는 자신들이 보고한 수준의 지지와 관련이 있었다. 사실상 그 상관의 크기(.43에서 .58까지의 상관관계)는 전반적 IRI 척도를 사용해 발견된 상관보다 상당히 더 컸다.

미국 외 증거

미국 밖의 표본에서 공감과 사회적 지지 사이의 연관성에 대한 증거는 상당하다. 사실, 여기에서 설명된 사회적 지지 연구의 대부분은 네덜란드어판 IRI를 사용하여 벨기에에서 수행되었다. 따라서 다소 의아하게도, 공감 및 사회적 지지에 대한 대부분의 연구는 원본 영어판보다는 IRI의 번역본을 사용하여 진행되었다. 이미 설명한 연구 외에도, Kaźmierczak과 Davis(2013)는 700명이 넘는 폴란드 기혼 부부를 대상으로 한 대규모 연구에서 기질적 공감과 사회적 지지 사이의 연관성을 조사했다. 기질적 공감은 원본 IRI 척도 중 조망수용, 공감적 관심, 개인적 고통 이 세 가지만 제시된 폴란드어 IRI 개정판을 통해 평가되었다. 사회적 지지는 도구적·정서적·부정적 지표를 만들기 위한 결혼생활 의사소통 질문지(Communication in Marriage Questionnaire; Kaźmierczak & Plopa, 2005)의 항목을 사용하여 측정되었다. 벨기에 연구와 일반적으로 일치하는 패턴이 발견되었는데,

기질적 공감은 예상한 바와 같이 사회적 지지와 중간 정도 수준으로 유의미하게 관련이 있었다. 조망수용은 더 많은 도구적 및 정서적 지지와 더 적은 부정적 지지를 제공하는 것과 관련이 있었다. 공감적 관심은 더 많은 도구적 및 정서적 지지를 제공하는 것과 관련이 있었다. 개인적 고통은 더 적은 도구적 지지와 더 많은 부정적 지지를 제공하는 것과 관련이 있었다.

마지막으로, Paleari, Tagliabue와 Lanz (2011)는 사회적 관계 모델(Social Relations Model: SRM)에 기반한 야심찬 접근법을 사용하여 공감과 사회적 지지 사이의 연관성을 연구했다. 117명의 이탈리아 가족 구성원 모두가 참여하여 두 가지 척도를 작성했다. 첫째, 각 구성원은 다른 가족 구성원 각각으로부터 받은 사회적 지지 정도를 보고했다. 둘째, 각 구성원은 또한 다른 가족 구성원 각각의 관점을 이해하려 시도한 정도를 보고하는 양자적 PT 척도를 작성했다. SRM 분석 결과, 각각의 가족 관계(엄마-아빠, 엄마-자녀, 아빠-자녀, 자녀-자녀)를 향한 공감과 지각된 지지 사이에 유의미하고 긍정적인 연관성이 있음이 드러났다. 다시 말해, 어떤 가족 구성원이든 다른 가족 구성원의 관점을 취하려고 하면 할수록, 전자의 가족 구성원은 후자의 가족 구성원에 의해 더 많은 지지를 받는다고 지각되었다.

요컨대, 사회적 지지 연구에서 도출된 전반적인 패턴은 두 가지 폭넓은 결론을 뒷받침한다. 첫째, 기질적 공감은 일반적으로 사회적 지지에 긍정적인 영향을 미친다. 이는 평균적으로 더 많은 유용한 형태의 지지(정서적, 도구적)를 제공하고, 유용하지 않은 부정적인 형태의 지지는 덜 제공하는 것과 관련되는 경향이 있다. 둘째, 사회적 지지에 가장 일관된 영향을 미치는 공감의 측면은 조망수용이다. 여기서 검토한 연구 모두에 따르면, 조망수용과 적어도 한 가지 형태의 사회적 지지 사이에 어떤 연관성이 있음이 드러났다.

가해 행동에 대한 반응

공감이 중요한 역할을 하는 사회적 삶의 마지막 영역은 아마도 가장 정서적으로 우려스러운 관계 사건, 즉 관계에 일종의 위협을 가하는 파트너의 폭력과 관련이 있을 것이다. 이러한 위협은 흔히 있는 관계 가해 행동이라고 생각할 수 있는 꽤 경미한 것일 수도 있고, 아니면 파트너에게 가장 상처를 주고 피해를 주는 유형의 행동이 포함된 실로 매우 심각한 것일 수도 있다. 어느 경우든, 공감은 그러한 가해 행동에 대해 일종의 반응을 형성하는 데 역할을 할 수 있다.

조절

덜 심각한 유형의 위협에 대한 반응을 이해하는 한 가지 영향력 있는 접근법은 Rusbult의 조절에 대한 연구에서 찾아볼 수 있다 (Rusbult et al., 1991). Rusbult 등은 가까운 관계에 있는 한 파트너가 빠뜨리거나(예: 기념일을 잊어버리는 것) 과실을 저지르는(예: 배우자에게 소리를 지르는 것) 등 좋지 못한 행동을 할 때, 다른 파트너의 일차적인, 처리되지 않은 충동은 일반적으로 보복을 하는 것이라고 가정했다. 따라서 한 파트너의 파괴적 행위는 일반적으로 다른 파트너에게 보복하려는 충동을 낳는다. 하지만 많은 경우, 그러한 보복은 일어나지 않는다. 대신, 피해를 입은 쪽은 즉각적인 파괴적 충동을 억제하고 건설적인 방식으로 행동한다. 아마도 가해 행위를 무시하거나 이를 단지 사소한 짜증으로 취급하면서 말이다. Rusbult 등(1991)은 이러한 건설적인 반응을 **조절**이라 명명한다.

이 현상을 입증하기 위해, Rusbult 등은 피험자에게 파트너가 저지를 수 있는 일련의 가상의 파괴적 행위(예: 무시하는 것, 비판하는 것)를 제시하고 그러한 행위에 대해 가장 할 수 있을 법한 반응을 보고하도록 요청했다. 반응을 조절하는 경향은 피험자에 의해, 즉 관계에 대한 헌신(commitment)에 의해 가장 강력한 영향을 받았다—관계에 보다 헌신적인 피험자는 조절할 가능성이 더 높았다. 하지만 헌신의 효과 이상으로, 파트너의 관점에서 바라본다는 자기보고 경향이 클수록 더 많이 조절하는 것으로 드러났다. 반면, 기질적인 공감적 관심은 그러한 효과가 없었다.

Arriaga와 Rusbult(1998)는 이후 조절을 촉진하는 데 조망수용의 역할을 조사하는 다중 연구를 수행했다. 첫 번째 연구에서, 남편과 아내 모두 Rusbult 등(1991)이 사용했던 척도를 참고한 조절 척도를 작성했다. 또한 IRI의 PT 척도의 파트너 버전을 작성했다. 이러한 파트너 PT는 반응을 조절하는 것과 유의미하

고 일관된 관계가 있었다. 세 가지 추가 연구에서 대학생들은 연애 파트너가 어떤 식으로 가해하는 시나리오(예: 당신이 잡은 저녁 약속을 갑자기 취소하는 것)를 상상하도록 요청받고는, 나타낼 가능성이 가장 높은 반응을 나타내도록 요청받았다. 파트너 PT는 첫 번째 연구에서와 동일하게 측정되었다. 게다가 가상의 사건에 대해 파트너가 취할 법한 관점을 고려하도록(또는 고려하지 않도록) 자극하기 위해 PT 조작을 사용했다. 조작된 PT는 반응을 더욱 조절하는 것과 중간 정도 상관이 있었으며, 파트너 PT는 그러한 반응과 강한 관련이 있었다.

용서

파트너들이 주는 비교적 일반적인 일상의 실망감을 넘어, 관계에 더 극적인 위협을 가하는 더 심각한 가해와 배신도 존재한다. 이러한 경우, 피해 당사자의 핵심 반응은 조절 반응과 같은 단순한 인내가 아니라 가해 당사자를 용서하려는, 보다 근본적인 의지에 있다. 지난 25년 동안 이 중요한 대인관계적 현상에 대한 관심이 증가했다(예: Enright, Gassin, & Wu, 1992; McCullough, Pargament, & Thoresen, 2000). 다양한 정의가 주창되었지만 가장 영향력 있는 것은 McCullough 등(1997)의 정의인데, 그는 **용서**를, 가해하는 파트너에게 복수하고 소원함을 유지하려는 욕구는 낮아지고 화해하려는 욕구는 높아짐을 특징으로 하는, 일련의 동기부여적 변화라고 정의한다. 따라서 그 본질에 있어 용서는 피해

당사자의 동기부여에 있어서의 변화라 할 수 있다.

이 모든 것에서 공감의 역할은 무엇인가? McCullough 등(1997)은 가해자에 대한 자비(이들은 '공감'이라 부른다)를 가해 행동 이후 용서의 가장 중요한 원인으로 식별하는 아주 영향력 있는 모델을 제안했다. 피해 당사자가 (아마도 가해자가 사과한 결과로) 자비를 느끼는 정도 한에서, 당사자는 "복수하고 …… 소원해지려는 동기를 품는 대신, 피해를 당한 파트너로 하여금 가해한 파트너를 돌보려는 동기를 증가시키고, 화해 행위 과정을 촉진하고자 하는 동기 또한 증가시키는"(McCullough et al., 1997, p. 323) 변화를 경험한다.

상당한 증거들 또한 이 모델을 지지한다. 예를 들어, 한 쌍의 연구에서 McCullough 등(1997)은 자신의 가설과 같이, 자비의 느낌이 이전에 자신을 가해했던 개인에 대한 더 큰 용서와 관련이 있음을 발견했다. 더욱이 용서는 더 적은 회피와 더 큰 화해와도 관련이 있었다. McCullough 등(1998; 연구 4)은 다른 사람에게 부당한 대우를 받는 것에 관한 두 가지 변별적인 행동 반응인 회피와 복수에 대한 연구에서도 유사한 결과를 보였다. 가해자에 대한 자비의 느낌은 이 두 행동 모두의 동기를 감소시켰다. 한 쌍의 종단 연구에서, McCullough, Fincham과 Tsang(2003)은 개인에게 대인관계적 피해를 겪은 이후 몇 주 동안 반복적으로 질문했다. 두 연구에서 피해를 당한 당시의 공감은 즉각적인 용서와 유의미한 관계가 있었지만, 시간이 지남에 따라 추

가적인 용서를 예측할 가능성은 훨씬 적었다. 즉, 자비는 다른 사람의 잘못된 행동 직후 용서하려는 동기부여에 가장 큰 영향을 미치는 것일 수 있다.

흥미로운 연구 중 하나로, Witvliet과 동료들은 두 가지 특정 인지 전략인 자비로운 재평가와 정서적 억제가 공감과 용서에 미치는 영향을 조사했다. 예를 들어, Witvliet, Mohr, Hinman과 Knoll(2015)은 참가자에게 남이 자신에게 상처를 주었던 과거의 실제 가해 상황을 회상하고 반추하게 했다. 일부 참가자는 가해자를 나쁘게 행동했던 한 '인간'으로 생각하도록 하고 이 사람이 긍정적인 변환을 겪기를 바라도록 노력하라는 자비로운 재평가 지침을 받았다. 다른 참가자들은 정서적으로 되지 않도록, 또 경험할지 모르는 부정적인 정서를 드러내지 않도록 하라는 정서적 억제 지침을 받았다. 자비로운 재평가는 정서적 억제보다 가해자에 대한 더 큰 공감과 더 큰 용서로 이어졌다.

용서에 관한 문헌이 빠르게 성장함에 따라 이 연구에 대한 메타분석 연구가 촉발되었는데, 그러한 두 가지 분석을 통해 대인관계적 용서의 상관관계에 대한 증거가 연구되었다. Fehr, Gelfand와 Nag(2010)는 175개 연구와 25,000명 이상의 참가자로부터 얻은 결과를 분석하여 용서의 상황적 및 기질적 상관관계에 대한 근거를 평가했다. 이러한 노력의 일환으로, 이들은 공감의 세 가지 측면인 특질 PT, 특질 EC, 상태 EC(자비)를 검토했다. 특성 변수는 용서와 상대적으로 적지만 신뢰할 만

한 연관성을 나타냈다(기질적 PT, 평균 $r=.17$; 기질적 EC, 평균 $r=.11$). 이와 달리, 상태 자비의 수준은 용서와 강한 관련이 있었다(평균 $r=.53$). 사실, 상태 자비는 메타분석에 포함된 변수 중 용서와 강한 연관성을 보였다.

Riekr과 Mania(2011)는 103개의 학술지 논문 및 연구 논문에서 추출한 158개의 표본을 기반으로 메타분석을 수행했다. Fehr 등(2010)의 분석에서처럼, Riek과 Mania는 상태 및 특질 EC 모두를 조사했다. 하지만 이들은 분명 단일 범주 내의 상태 및 특질 PT의 연구를 결합했다. 하지만 결과의 전반적인 패턴은 Fehr의 것과 매우 유사했다. 용서와 가장 강한 연관성은 상태 EC($r=.50$)에서 발견되었는데, 특질 EC($r=.24$) 및 PT($r=.25$)도 작지만 신뢰할 만한 효과를 나타냈다. Fehr 등의 분석에서처럼, 상태 EC는 고려 중인 모든 변수 중 용서와 가장 높은 연관성을 보였다.

미국 외 증거

많은 연구를 통해 미국 이외의 모집단을 대상으로 공감과 용서 사이의 관계를 조사했다. 특히 한 쌍의 이탈리아 심리학자가 포함된 한 연구팀은 공감–용서 관계를 조사한 여러 연구를 발표했다. Fincham 등(2002)은 이탈리아 부부의 남편과 아내에게 파트너가 여러 가지 부정적인 행동을 하는 모습을 생생하게 상상하도록 요청했다. 각각 그렇게 한 후, 배우자를 얼마나 용서할 수 있는지 또 얼마나 정서적 공감(본질적으로 공감적 관심)을 느낄 수 있는지 표시했다. 자비와 용서 사이의 실질

적인 긍정적 상관관계는 남편과 아내 모두에게서 발견되었다. Paleari 등(2005)은 이탈리아 부부에 대한 종단 연구에서, 남편과 아내가 지난 6개월 동안 배우자가 저질렀던 가장 심각한 가해를 식별하게 하고, 배우자를 향해 얼마나 자비를 느꼈는지 또 배우자를 얼마나 용서했는지 정도를 표시하게 했다. 두 지점 모두에서, 더 큰 자비는 더 큰 용서와 관련이 있었다. 용서에 대한 다른 측정도구를 사용한 Paleari, Regalia와 Fincham(2009)의 연구에서도 유사한 결과를 얻었다. 마지막으로 Paleari, Regalia와 Fincham(2003)은 이탈리아 청소년이 부모의 문제 행동을 상상하도록 요청받았을 때 공감과 용서 사이의 유사한 연관성을 발견했다. 청소년들이 보고한 자비가 클수록 부모의 잘못된 행동에 대한 용서의 정도가 더 커진 것이다.

비서구의 가장 집단주의적 문화에서의 공감–용서 연관성도 여러 연구를 통해 조사되었다. Mellor, Fung과 Binti Mamat(2012)는 말레이시아 학부생들에게 IRI와 특질 용서 척도인 가해행동 관련 대인관계 동기 척도 12(Transgression-Related Interpersonal Motivations Inventory-12: TRIM12; McCullough et al., 1998)를 작성하도록 했다. Mellor 등은 개인주의적인 서구 문화에서 기질적 공감과 용서 사이에서 발견되는 연관성은 더욱 집단주의적인 문화에서보다 더 약하거나, 심지어 존재하지 않을 수도 있다고 추측했다. 그들의 논리는 집단주의적 문화에서는 사회적 조화에 대한 사회적 강조가 개인적 성격 특성

의 영향을 무효화할 수 있다는 것이었다. 하지만 흥미롭게도, 그들은 또한 기질적 조망수용이 기질적인 공감적 관심보다 더 강하게 용서와 관련이 있을 것이라 예상했다. 전반적으로, PT와 EC 모두 유의미하게 긍정적으로 용서와 관계가 있었다. 남성들 사이에서 PT는 용서의 한 측면[복수 추구(revenge-seeking)]에서 EC보다는 다소 더 강한 관계가 있었다. 하지만 그 차이는 통계적으로 유의미하지 않았다. 여성의 경우, 상관관계의 강도에는 본질적으로 전혀 차이가 없었다. 따라서 이 말레이시아 표본에서 기질적 공감과 용서 사이의 관계는 서구 모집단에서 발견되는 것과 아주 유사했다. 인도(Baghel & Pradhan, 2014) 및 한국(Chung, 2014)의 모집단에서도 유사한 결과가 보고되었는데, 여기서는 자비보다는 타인에 대한 정서적 반응을 경험하는 일반적 경향을 평가하는 특질 공감 척도가 사용되었다.

마지막으로, Merolla, Zhang과 Sun(2012)은 개인주의적(미국) 및 집단주의적(중국) 문화의 데이터를 사용해 공감과 용서 사이의 관계를 조사했다. 하지만 그들은 지금까지 설명한 여타의 용서 연구와는 다소 다른 방식으로 조사했다. Merolla 등은 용서 의사소통—피해 당사자가 용서했다는 사실을 가해자에게 어떻게 전달하는지—에 특히 관심이 있었다. Merolla와 동료들은 미국과 중국 학부생 표본을 사용하여 참가자에게 친구나 연애 파트너가 저지른 상처를 준 행위와 이를 용서한 행위를 식별하게 했다. 참가자는 그런 뒤 가해자를 향한 상태 공감적 관심 척도와 공감

적 의사소통 척도를 포함하여 해당 가해에 관한 여러 질문에 응답하도록 요청받았다. 후자의 측정은 피해 당한 당사자가 용서를 전달할 수 있는 다음의 세 가지 방식을 이용한다. 직접적 방식(예를 들어, 용서한다고 말했다), 비표현적 방식(용서했지만 이를 말하진 않았다), 조건적 방식(상황이 변하는 경우에만 용서하리라고 말했다)이 그것이다. 예상과 달리, 공감은 어떤 경우에서도 용서 형태와는 거의 유의미한 연관성이 없었다. 하지만 돌이켜 보면, 이러한 패턴은 그리 놀라운 일이 아닐지 모른다. 용서 의사소통 측정은 이미 용서가 일어난 **이후에** 사람들이 용서를 어떻게 전달하는지 평가한다. 이와 달리, 여기서 검토한 거의 모든 여타의 용서 연구는 결과적으로 용서가 일어날지의 여부를 예측하는 일과 관련이 있다. 따라서 공감이 잘못 행동하는 사회적 파트너에 대한 용서의 확고한 예측요인이라는 증거는 분명하지만, 이는 용서를 하거나 하지 않는 것을 예측하는 데 있어서는 상대적으로 약한 예측 요인임을 증명하는 것일 수 있다. 불행히도, 이러한 방법론적 차이로 인해 Merolla 등의 연구는 용서 그 자체의 문화적 차이를 이해하는 데 있어 다소 제한적인 가치를 지니게 된다.

결론

공감과 사회적 기능에 대한 문헌을 선별해 검토하면서 일반적 결론에 대한 두 가지 강

력한 증거와 세 번째 결론에 대한 암시적 증거를 확보했다. 무엇보다도, 공감이 모든 양상과 형태에 있어 사회적 기능의 여러 지표에 강력하고 확실한 영향을 미친다는 점은 분명하다. 공감의 기질적 형태는 더 큰 관계 만족도, 더 큰 인기, 더 낮은 수준의 갈등과 공격성, 더 높은 수준의 효과적인 지지 제공, 파트너의 잘못된 행동에 대한 더 큰 관용, 더 큰 용서 의지와 관련이 있다. 자비의 상태 수준은 사회적 지지 제공과 일관된 관련이 있으며 특히 용서와 강력한 관계가 있다. 또한 다소 복잡한 방식으로 관계 만족도와도 관련이 있다. 따라서 크고 작은 다양한 방식으로 공감은 사회적 관계의 질을 강화하는 경향이 있다. 둘째, 현재까지의 증거는 공감이 사회적 관계에 미치는 경향이 문화 전반에 걸쳐 일관됨을 시사한다. 물론 더 많은 연구가 필요하지만, 현재로서는 그러한 연관성의 증거가 미국이나 아마도 일반적으로 서구 문화에 국한되어 있는 것 같지는 않다.

마지막으로, 결과의 패턴은 공감이 어떻게 작동하는 경향이 있는지에 관한 흥미로운 점을 시사한다. 이 검토에서 고려된 대부분의 사회적 기능에 대한 지표의 경우, 일반적으로 더 큰 역할을 하는 것은 공감의 인지적 측면이었다. 관계 만족도와 적대감/공격성은 조망수용 측정과 가장 일관된 관련이 있었다(하지만 인기는 공감적 관심과 일관된 관계가 있었다). 마찬가지로, 사회적 지지 제공에 대한 약간 더 일관된 영향은 기질적 조망수용에서 발견되었는데, 기질적 조망수용은 부정적 지지

의 가능성을 감소시키는 반면 도구적 지지의 가능성은 증가시켰다. 상대적으로 사소한 파트너의 잘못된 행동에 대한 조정 반응에 대한 연구도 이러한 패턴을 보여 주었다. 파트너의 조망수용은 파트너의 부정행위에 대한 보다 건설적인 방응과 일관된 관련이 있었다.

이러한 패턴의 놀라운 예외는 용서에 대한 연구이다. 파트너가 심각한 가해 행위를 저질렀을 때 가장 강력하고 일관되게 용서와 관련된 공감의 측면은 상태 공감적 관심이다. 사회적 기능의 다른 모든 지표와 달리, 용서와 관련하여 단연코 가장 유력한 요인은 공감의 정서적 측면, 즉 특히 자비의 느낌이다. 따라서 사회적 삶에서 공감이 흥미로운 역동적 역할을 한다는 것은 분명하다. 사회적 관계를 오랫동안 유지하려면—파트너를 이해하고, 적절한 지지를 제공하며, 나쁜 행동을 저지르지 않도록 하려면—일반적으로 파트너의 심리적 관점을 이해하려는 의지와 능력이 중요하다. 하지만 파트너 중 한 사람의 심각한 가해 행동으로 인해 관계가 가장 위험에 처할 때, 그 가해 행동이 용서될지 여부를 대체로 결정하는 것은 가해자에 대한 정서적 자비 반응이다.

이러한 패턴은 용서의 특수한 본성에서 비롯되는 것일 수 있는데, 이는 일종의 관계 '연금술'로 생각될 수 있다—우리가 배신에 직면할 때 용서는 강력한 즉각적인 보복 반응을 보다 온화하고 자애로운 반응으로 변화시킨다. 파트너의 관점을 이해하는 것은 이러한 변화에 기여할 수 있지만, 여기에는 단순한

이해 이상의 것이 필요해 보인다. 이 같은 변화에 필요한 것은 가해자를 향한 긍정적인 정동적 지향을 가진 정서라는 연료가 채워진 힘이다. 간단히 말해, 필요한 것은 관계라는 납을 금으로 만들기에 충분한 힘을 가진 자비로운 반응일 것이다.

향후 방향

사회적 관계에서 자비의 역할에 대한 향후 연구의 유용한 방향 중 하나는 자비의 효과가 실현되는 메커니즘에 대한 관심을 증대하는 쪽이 될 것이다. 조직 공감 모델([그림 23-1] 참조)의 측면에서는 이 모델의 두 번째 및 세 번째 단계인 공감 관련 과정 및 개인내적 결과에 초점을 맞추는 것이 유용해 보인다. 이에 대한 유망한 연구 방향은 다음과 같다. 예를 들어, 인지적 과정의 역할(예: 조망수용) 및 결과(예: 파트너의 행동에 대한 귀인적 설명)는 커질 것으로 보인다. 자신이 파트너의 행위를 설명하는 방식이 이후의 정서적 반응 및 관계 행동을 일으키는 데 영향을 미친다는 상당한 증거가 존재한다(Bradbury & Fincham, 1990; Fletcher & Fincham, 2013). 자비는 그러한 귀인에 의해 형성될 가능성이 매우 높아 보인다. 즉, 나쁜 결과에 대해 전적인 책임을 묻지 않을 때 파트너에 대해 자비를 느끼기가 더 쉽다는 것이다. 또한 자비는 차례로 사후적인 귀인에도 영향을 미칠 것이다. 즉, 우리가 진정으로 동감과 관심을 느낀다면 비난하지 않고도 파트너와 관계를 유지하기가 더 쉬워질 것이다.

또 다른 유용한 접근법은 핵심 구성개념의 척도를 문제의 특정 관계에 맞게 조정하는 것이다. 관계 만족도를 조사하는 연구에서 드러난 일반적인 패턴은, 기질적 조망수용 및 공감적 관심에 있어서 '포괄적인' 척도가 동일한 구성개념의 파트너 특정 버전보다 결과 변수와 덜 강한 관련이 있다는 것이었다. 또한 태도-행동 상관관계의 크기(예: Fishbein & Ajzen, 1975; Eagly & Chakin, 1993) 및 특질 척도와 외현적 행동 사이의 연관성(예: Epstein, 1979; Ajzen, 1988)을 평가할 때 특수성-매칭이 중요하다는 것을 시사하는 대규모 문헌을 고려하면, 특정 관계에 맞게 조정된 방식의 척도를 사용하는 것은 매우 타당하다. 따라서 파트너 특정 공감 척도는 가능할 때마다 선호되는 공감 측정의 형태가 될 것임이 분명해 보인다. 용서에 있어서는 자비의 상태 수준이 아주 강한 효과를 나타냈는데, 이는 부분적으로는 더 높은 수준의 특수성에 기인한 것일 수 있다. 즉, 그러한 연구에서 사용된 척도가 한 명의 특정 사람, 즉 가해자에 대한 자비와 용서를 평가하는 것이었기 때문일 수 있다는 것이다.

마지막으로, 비서구 문화에서 이러한 문제를 검토하는 것은 훨씬 높은 가치가 있을 것이다. 현재 가용한 미국 이외의 증거는 상당히 많은 수준이지만 대부분 서구 국가나, 특히 유럽에서 수행되었다. 비서구, 즉 보다 확실히 집단주의적인 사회에서 수행된 연구는 거의 없으며, 서구 및 비서구 모집단을 직접 비교하는 연구는 거의 부재한다. 여기서 검토된 미국 이외의 증거는 관계 결과와 유사한 연관성이 미국 밖에서도 발견된다는 점을 시사한다. 하지만 확연하게 다른 문화와 비교했을 때, 그 결과가 얼마나 유사할지는 아직 미해결 과제이다.

참고문헌

Ajzen, I. (1988). *Attitudes, Personality, and Behavior*. Chicago, IL: Dorsey.

Arriaga, X. B., & Rusbult, C. E. (1998). Standing in my partner's shoes: Partner perspective taking and reactions to accommodative dilemmas. *Personality and Social Psychology Bulletin, 24*, 927-948.

Baghel, S., & Pradham, M. (2014). Self-efficacy as a moderator between empathy and forgiveness relationship. *Indian Journal of Positive Psychology, 5*, 388-392.

Baron-Cohen, S., & Wheelwright, S. (2004). The empathy quotient: An investigation of adults with Asperger syndrome or high functioning autism, and normal sex differences. *Journal of Autism and Developmental Disorders, 34*, 163-175.

Batson, C. D. (1991). *The Altruism Question: Toward a Social-Psychological Answer*. Hillsdale, NJ: Lawrence Erlbaum Associates.

Batson, C. D. (2017). The empathy-altruism hypothesis. In E. Seppälä (Ed.), *The Oxford Handbook of Compassion Science*. New York: Oxford University Press.

Batson, C. D., Turk, C. L., Shaw, L. L., & Klein, T. R. (1995). Information function of empathic emotion: Learning that we value the other's welfare. *Journal of Personality and Social Psychology, 68*, 300-313.

Bradbury, T. N., & Fincham, F. D. (1990). Attributions in marriage: Review and critique. *Psychological Bulletin, 107*, 3-33.

Bradbury, T. N., Fincham, F. D., & Beach, S. R. H. (2000). Research on the nature and determinants of marital satisfaction: A decade interview. *Journal of Marriage and the Family, 62*, 964-980.

Bradbury, T. N., & Karney, B. R. (2004). Understanding and altering the longitudinal course of marriage. *Journal of Marriage and the Family, 66*(4), 862-881.

Bradbury, T. N., & Pasch, L. A. (1994). The Social Support Interaction Coding System (SSICS). Unpublished coding manual. Los Angeles: University of California.

Bryant, B. K. (1982). An index of empathy for children and adolescents. *Child Development, 53*, 413-425.

Buss, A. H., & Durkee, M. (1957). An inventory for assessing different kinds of hostility. *Journal of Consulting Psychology, 21*, 343-348.

Chartrand, T. A., & Bargh, J. A. (1999). The chameleon effect: The perception-behavior link and social interaction. *Journal of Personality and Social Psychology, 76*, 893-910.

Chow, C. M., Ruhl, H., & Buhrmester, D. (2013). The mediating role of interpersonal competence between adolescents' empathy and friendship quality: A dyadic approach. *Journal of Adolescence, 36*, 191-200.

Chung, M. (2014). Pathways between attachment

and marital satisfaction: The mediating roles of rumination, empathy, and forgiveness. *Personality and Individual Differences, 70*, 246-251.

Clark, K. E., & Ladd, G. W. (2000). Connectedness and autonomy support in parent-child relationships: Links to children's socioemotional orientation and peer relationships. *Developmental Psychology, 36*, 485-498.

Cohen, S., Gottlieb, B. H., & Underwood, L. G. (2000). Social relationships and health. In S. Cohen, B. H. Gottlieb, & L. G. Underwood (Eds.), *Social Support Measurement and Intervention: A Guide for Health and Social Scientists* (pp. 3-28). New York: Oxford University Press.

Cook, W. W., & Medley, D. M. (1954). Proposed hostility and pharisaic-virtue scales for the MMPI. *The Journal of Applied Psychology, 38*, 414-418.

Cramer, D. (2004). Emotional support, conflict, depression, and relationship satisfaction in a romantic partner. *Journal of Psychology, 138*, 532-542.

Davis, M. H. (1980). A multidimensional approach to individual differences in empathy. *JSAS Catalog of Selected Documents in Psychology, 10*, 85.

Davis, M. H. (1983). Measuring individual differences in empathy: Evidence for a multidimensional approach. *Journal of Personality and Social Psychology, 44*, 113-126.

Davis, M. H. (1994). Empathy: *A Social Psychological Approach*. Boulder, CO: Westview Press.

Davis, M. H. (2006). Empathy. In J. Stets & J. Turner (Eds.), *The Handbook of the Sociology of Emotions* (pp. 443-466). New York: Springer Press.

Davis, M. H., Conklin, L., Smith, A., & Luce, C. (1996). Effect of perspective taking on the cognitive representation of persons: A merging of self and other. *Journal of Personality and Social Psychology, 70*, 713-726.

Davis, M. H., & Kraus, L. A. (1991). Dispositional empathy and social relationships. In W. H. Jones & D. Perlman (Eds.), *Advances in Personal Relationships. Vol. 3*. (pp. 75-115). London: Jessica Kingsley Publishers.

Davis, M. H., & Oathout, H. A. (1987). Maintenance of satisfaction in romantic relationships: Empathy and relational competence. *Journal of Personality and Social Psychology, 53*, 397-410.

Davis, M. H., & Oathout, H. A. (1992). The effect of dispositional empathy on romantic relationship behaviors: Hetero social anxiety as a moderating influence. *Personality and Social Psychology Bulletin, 18*, 76-83.

De Kemp, R. A. T., Overbeek, G., de Wied, M., Engels, R. C. M. E., & Scholte, R. H. J. (2007). Early adolescent empathy, parental support, and antisocial behavior. *The Journal of Genetic Psychology, 168*, 5-18.

Devoldre, I., Davis, M. H., Verhofstadt, L. L., & Buysse, A. (2010). Empathy and social support provision in couples: Social support and the need to study the underlying processes. *The Journal of Psychology: Interdisciplinary and Applied, 144*(3), 259-284.

Devoldre, I., Verhofstadt, L. L., Davis, M. H., & Buysse, A. (2013). Are empathic people more supportive to their spouses?: A scenario-based study. Unpublished manuscript.

Dymond, R. F. (1950). Personality and empathy. *Journal of Consulting Psychology, 14*, 343-350.

Eagly, A. H., & Chaiken, S. (1993). *The Psychology of Attitudes.* Orlando, FL: Harcourt Brace Jovanovich.

Eisenberg, N., Fabes, R. A., Murphy, B., Karbon, M., Smith, M., & Maszk, P. (1996). The relations of children's dispositional empathy related responding to their emotionality, regulation, and social functioning. *Developmental Psychology, 32*, 195-209.

Eisenberg, N., Shea, C. L., Carlo, G., & Knight, G. P. (1991). Empathy-related responding and cognition: A "chicken and the egg" dilemma. In W. Kurtines J. Gewirtz (Eds.), *Handbook of Moral Behavior and Development Research* (Vol. 2, pp. 63-88). Hillsdale, NJ: Lawrence Erlbaum Associates.

Eisenberg, N., & Strayer, J. (1987). Critical issues in the study of empathy. In N. Eisenberg & J. Strayer (Eds.), *Empathy and Its Development* (pp. 3-13). Cambridge, UK: Cambridge University Press.

Enright, R. D., Gassin, E. A., & Wu, C. (1992). Forgiveness: A developmental view. *Journal of Moral Development, 21*, 99-114.

Epstein, S. (1979). The stability of behavior: I. On predicting most of the people much of the time. *Journal of Personality and Social Psychology, 37*, 1097-1126.

Fehr, R., Gelfand, M. J., & Nag, M. (2010). The road to forgiveness: A meta-analytic synthesis of its situational and dispositional correlates. *Psychological Bulletin, 136*, 894-914.

Fincham, F. D., & Bradbury, T. N. (1989). The impact of attributions in marriage: An individual difference analysis. *Journal of Social and Personal Relationships, 6*, 69-85.

Fincham, F. D., Paleari, G., & Regalia, C. (2002). Forgiveness in marriage: The role of relationship quality, attributions and empathy. *Persona/Relationships, 9*, 27-37.

Fishbein, M., & Ajzen, I. (1975). *Beliefs Attitude, Intention, and Behavior: An Introduction to Theory and Research.* Reading, MA: Addison Wesley.

Fletcher, G. J., & Fincham, F. D. (Eds.). (2013). *Cognition in Close Relationships.* Psychology Press.

Franzoi, S. L., Davis, M. H., & Young, R. D. (1985). The effects of private self-consciousness and perspective taking on satisfaction in close relationships. *Journal of Personality and Social Psychology, 48*, 1584-1594.

Galinsky, A. D., & Moskowitz, G. B. (2000). Perspective-taking: Decreasing stereotype expression, stereotype accessibility, and in-group favoritism. *Journal of Personality and Social Psychology, 78*, 708-724.

Gini, G., Albiero, P., Benelli, B., & Altoé, G. (2007). Does empathy predict adolescents, bullying and defending behavior? *Aggressive Behavior, 33*, 467-476.

Goetz, J. L., Keltner, D., & Simon-Thomas, E. (2010). Compassion: An evolutionary analysis and empirical review. *Psychological Bulletin, 136*, 351-374.

Hatfield, E., Cacioppo, J. T., & Rap son, R. L. (1994). *Emotional Contagion*. Cambridge, UK: Cambridge University Press.

Hoffman, M. L. (1984). Interaction of affect and cognition in empathy. In C. E. Izard, J. Kagan, & R. B. Zajonc (Eds.), *Emotions, Cognition, and Behavior* (pp. 103-131). Cambridge, UK: Cambridge University Press.

Hogan, R. (1969). Development of an empathy scale. *Journal of Consulting and Clinical Psychology, 33*, 307-316.

Ickes, W. (Ed.) (1997). *Empathic Accuracy*. New York: Guilford Press.

Kaźmierczak, M., & Davis, M. H. (2013). Show Me You Care: Marital Support and Intimacy Within Marriage. Unpublished manuscript.

Kaźmierczak, M., & Plopa, M. (2005). Kwestionariusz komunikacji malzenskiej [Communication in Marriage Questionnaire]. In M. Plopa (Ed.), *Wiezi w Malzenstwie IRodzinie. Metody Badan* [*Marriage and Family Ties. Research Methods*] (pp. 109-158). Cracow, Poland: Impuls.

Karniol, R. (1986). What will they think of next? Transformation rules used to predict other people's thoughts and feelings. *Journal of Personality and Social Psychology, 51*, 932-944.

Kelley, H. H., Holmes, J. G., Kerr, N., Reis, H. T., Rusbult, C. E., & Van Lange, P. A. M. (2003). *An Atlas of Interpersonal Situations*. New York: Cambridge University Press.

Levesque, C., Lafbntaine, M., Caron, A., Flesch, J. L., & Bjornson, S. (2014). Dyadic empathy, dyadic coping, and relationship satisfaction: Adyadic model. *Europe's Journal of Psychology, 10*, 118-134.

Lin, Y. W., & Rusbult, C. E. (1995). Commitment to dating relationships and cross-sex friendships in America and China. *Journal of Social and Personal Relationships, 12*, 7-26.

Long, E. C. J., & Andrews, D. W. (1990). Perspective taking as a predictor of marital adjustment. *Journal of Personality and Social Psychology, 59*, 126-131.

Loudin, J. L., Loukas, A., & Robinson, S. (2003). Relational aggression in college students: Examining the roles of social anxiety and empathy. *Aggressive Behavior, 29*, 430-439.

McCullough, M. E., Fincham, F. D., & Tsang, J. A. (2003). Forgiveness, forbearance, and time: The temporal unfolding of transgression related interpersonal motivations. *Journal of Personality and Social Psychology, 84*(3), 540-557.

McCullough, M. E., Pargament, K. I., & Thoresen, C. E. (2000). The psychology of forgiveness: History, conceptual issues, and overview. In M. E. McCullough, K. I. Pargament, and C. E. Thoresen (Eds.), *Forgiveness: Theory, Research, and Practice* (pp. 1-14). New York: Guilford.

McCullough, M. E., Rachal, K. C., Sandage, S. J., Worthington, E. L., Jr., Brown, S. W., & Hight, T. L. (1998). Interpersonal forgiving inclose relationships, II: Theoretical elaboration and measurement. *Journal of Personality and Social Psychology, 75*, 1586-1603.

McCullough, M. E., Worthington, L. L., Jr., & Rachal, K. C. (1997). Interpersonal forgiving in close relationships. *Journal of Personality and Social Psychology, 73*, 321-336.

McDougall, W. (1908). *An Introduction to Social Psychology*. London: Methuen.

Mead, G. H. (1934). *Mind, Self, and Society*. Chicago, IL: University of Chicago Press.

Mehrabian, A., & Epstein, N. (1972). A measure of emotional empathy. *Journal Personality, 40*, 525-543.

Mellor, D., Fung, S. W. T., & Binti Mamat, N. H. (2012). Forgiveness, empathy and gender-A Malaysian perspective. *Sex Roles, 67*, 98-107.

Merolla, A. J., Zhang, S., & Sun, S. (2012). Forgiveness in the United States and China: Antecedents, consequences, and communication style comparisons. *Communication Research, 40*, 595-622.

Miller, P. A., & Eisenberg, N. (1988). The relation of empathy to aggressive and externalizing/ antisocial behavior. *Psychological Bulletin 103*, 324-344.

Paleari, F. G., Regalia, C., & Fincham, F. (2003). Adolescents, willingness to forgive their parents: An empirical model. *Parenting: Science and Practice, 3*, 155-174.

Paleari, F. G., Regalia, C., & Fincham, F. (2005). Marital quality, forgiveness, empathy, and rumination: A longitudinal analysis. *Personality and Social Psychology Bulletin, 31*, 368-378.

Paleari, F. G., Regalia, C., & Fincham, F. (2009). Measuring offence-specific forgiveness in marriage: The Marital Offence-Specific Forgiveness Scale (MOFS). *Psychological Assessment, 21*, 194-209.

Paleari, F. G., Tagliabue, S., & Lanz, M. (2011). Empathic perspective taking in family relationships: A social relations analysis. In D. J. Scapaletti (Ed.), *Psychology of Empathy* (pp. 185-202). Hauppauge, NY: Nova Science.

Pasch, L. A., & Bradbury, T. N. (1998). Social support, conflict, and the development of marital dysfunction. *Journal of Consulting and Clinical Psychology, 66*(2), 219-230.

Pasch, L. A., Bradbury, T. N., & Sullivan, K. T. (1997). Social support in marriage: An analysis of intraindividual and interpersonal components. In G. R. Pierce, B. Lakey, I. G. Sarason, & B. R. Sarason (Eds.), *Source book of Social Support and Personality* (pp. 229-256). New York: Plenum.

Pasch, L. A., Harris, K. W., Sullivan, K. T., & Bradbury, T. N. (2004). The social support interaction coding system. In P. Kerig & D. Baucom (Eds.), *Couple Observational Coding Systems* (pp. 319-334). New York: Guilford.

Péloquin, K., Lafbntaine, M., & Brassard, A. (2011). A dyadic approach to the study of romantic attachment, dyadic empathy, and psychological partner aggression. *Journal of Social and Personal Relationships, 28*, 915-942.

Piaget, J. (1932). *The Moral Judgement of the Child* (trans.). London: Kegan Paul, Trench, Trubner.

Richardson, D. R., Green, L. R., & Lago, T. (1998). The relationship between perspective-taking and nonaggressive responding in the face of an attack. *Journal of Personality, 66*, 235-256.

Richardson, D. R., Hammock, G. S., Smith, S. M., Gardner, W., & Signo, M. (1994). Empathy as a cognitive inhibitor of interpersonal aggression. *Aggressive Behavior, 20*, 275-289.

Riek, B. M., & Mania, E. W. (2011). The

antecedents and consequences of interpersonal forgiveness: A meta-analytic review. *Personal Relationships, 19,* 304-325.

Rusbult, C. E., Verette, J., Whitney, G. A., Slovik, L. F., & Lipkus, I. (1991). Accommodation processes in close relationships: Theory and preliminary empirical evidence. *Journal of Personality and Social Psychology, 60,* 53-78.

Sessa, V. I. (1996). Using perspective taking to manage conflict and affect in teams. *Journal of Applied Behavioral Science, 32,* 101-115.

Smith, A. (1759/1976). *The Theory of Moral Sentiments.* Oxford, UK: Clarendon Press.

Smith, R. L., & Rose, A. J. (2011). The "cost of caring" in youths' friendships: Considering associations among social perspective-taking, co-rumination, and empathetic distress. *Developmental Psychology, 47,* 1792-1803.

Soenens, B., Duriez, B., Vansteenkiste, M., & Goossens, L. (2007). The intergenerational transmission of empathy-related responding in adolescence: The role of maternal support. *Personality and Social Psychology Bulletin, 33,* 299-311.

Spencer, H. (1870). *The Principles of Psychology.* London: Williams and Norgate.

Van Baaren, R. B., Decety, J., Dijksterhuis, A., van der Leij, A., & van Leeuwen, M. L. (2009). Being imitated: Consequences of nonconsciously showing empathy. In J. Decety & W. Ickes (Eds.), *The Social Neuroscience of Empathy* (pp. 31-42). Cambridge, MA: The MIT Press.

Verhofstadt, L. L., Buysse, A., Ickes, W., Davis, M., & Devoldre, I. (2008). Social support in couples: The role of emotional similarity and empathic accuracy. *Emotion, 8*(6), 792-802.

Wispé, L. (1986). The distinction between sympathy and empathy: To call forth a concept, a word is needed. *Journal of Personality and Social Psychology, 50,* 314-321.

Witvliet, C., Mohr, A. J. H., Hinman, N. G., & Knoll, R. W. (2015). Transforming or restraining rumination: The impact of compassionate reappraisal versus emotion suppression on empathy, forgiveness, and affective psychophysiology. *The Journal of Positive Psychology, 10,* 248-261.

Wolfer, R., Cortina, K. S., & Baumert, J. (2012). Embeddedness and empathy: How the social network shapes adolescents, social understanding. *Journal of Adolescence, 35,* 1295-1305.

제24장

사회 계층 간 자비 격차: 사회경제적 요인이 자비에 미치는 영향

Paul K. Piff and Jake P. Moskowitz

요약

누가 자비를 경험할 가능성이 더 높을까? 부자일까, 아니면 가난한 사람일까? 이 장에서는 심리학이 이 질문을 어떻게 밝혀낼 수 있을지에 대해 검토한다. 우리는 객관적인 물질적 자원(예를 들어, 소득)에 있어서의 사회적 계층 차이 및 그에 상응하는 지위에 대한 주관적 지각이 각각 상위계층 및 하위계층 개인 사이에서 사회적 인지 및 행동에 대한 자기 대 타인지향적 패턴을 생성한다고 주장한다. 이러한 틀을 자비의 영역으로 확장한 경험적 연구들은 낮은 사회적 계층의 개인이 높은 사회적 계층의 개인에 비해 자비를 느끼는 경향이 더 크고, 다른 사람들과 공유하고 돌보고 돕는 것과 같이 자비로운 방식으로 행동할 가능성이 더 높다는 것을 밝혀 왔다. 이 연구는 계층 간 자비 격차에 대한 경계 조건과 완화 요인에 대해 설명하고, 향후 연구를 위한 주요 질문과 탐구 방향을 개괄하는 것으로 결론을 짓고자 한다.

핵심용어

사회 계층, 사회경제적 지위(SES), 자비, 공감, 친사회적 행동, 관대함

2014년 OckTV라는 단체는 '사회적 실험'이라고 묘사한 영상을 온라인에 게시했다. 영상에는 서로 다른 청년들이 뉴욕에서 피자를 먹고 있는 낯선 사람들에게 다가가 배가 고프다고 말한 뒤 한 조각 나눠 줄 수 있는지 물었다. 그 청년들은 계속 거절당했고, 때로 그 거절은 매우 적대적이기까지 했다. 그러다 마침내 노숙자인 것처럼 보이는 한 사람이 피자를 한 조각 나눠 주었다. 이 영상의 메시지는 간단하다. 형편이 더 나은 사람들은 도움이 필요한 사람을 돕기를 거부한 반면, 기꺼이 도움을 준 사람은 줄 것이 거의 없는 노숙자였다는 것이다.

이 영상에는 한계가 있었지만(노숙자 남자는 먼저 피자를 제공받았다), 순식간에 입소문을 타서 이 글을 쓰는 시점에는 조회수가 3천만이 넘었다. 이 영상은 의견을 제시하는 사람들의 댓글이 쏟아지면서 온라인상에서 상

당한 논란을 일으켰다. 일부는 낯선 사람이 음식을 요구하면 어떻게 반응할지에 대해 성찰하는 댓글을 달기도 했다. 다른 이들은 영상의 결론에 동의하면서 더 가난한 환경에 처한 개인이 보다 자비롭고 더 베푸는 경향이 있음을 관찰했다. 또 다른 이들은 사람들은 자신이 가진 것을 위해 열심히 일하는데, 덜 가진 사람들은 덜 근면하고 타인에게 의존적이며 심지어 사회에 해가 되고, 비열한 경향이 있다며 반박했다. 이 영상이 사람들의 신경을 건드렸다는 점은 분명했다.

자비에 대한 관심, 그리고 자비가 개인의 사회경제적 지위라는 요인에 따라 달라지는지에 대한 관심은 새롭지만은 않다. 수 세기 동안, 학자와 일반인들은 타인을 돌보는 성향을 형성하는 데 사회적 계층이 기여하는 바에 대해 논의해 왔다(예: Marx, 1977/1867; Plato, 1987/380 B.C.E.). 상이한 결론의 노선은 그 방향이 서로 대치하고 있음을 나타낸다. 한편, 많은 문화권에는 더 많은 자원을 가진 사람이 덜 가진 사람을 도와야 한다는 노블레스 오블리주의 원칙이 있으며(Pratto, Sidanius, Stallworth, & Malle, 1994), 또 부유한 개인이 자선의 방식으로 행동하는 주목할 만한 사례들도 있다. 이는 사회적 계층이 높아지면 타인을 돌보는 성향이 높아질 수 있음을 나타낸다. 반면에 맘몬(Mommon, 부와 돈을 상징하는 사악한 신)을 둘러싼 이야기 등의 설화와 가난한 이들을 찬미하고 부유한 이들을 훈계하는 널리 알려진 고정관념과 같은 무수한 종교적 가르침도 존재하는데(예: Fiske, Cuddy, Glick,

& Xu, 2002; 또한 Pew Research Center, 2012 참조)—이 모두는 높은 사회적 계층이 자비를 손상시킬 수 있다는 것을 나타낸다.

사회적 계층이 사람들의 생각, 느낌, 행위에 어떤 영향을 미치는지에 대한 관심이 높아지고 있는데, 심리학 연구는 오랫동안 논란이 되어 온 이 질문에 대한 고유한 통찰을 제공한다. 상위계층 및 하위계층 개인은 자비에 관해서 어떻게 의견이 나뉠 것인가? 우리는 이에 관한 새로운 연구를 이번 장에서 검토하고자 한다. 이 장의 첫 번째 절에서는 사회적 계층이 자비에 미치는 영향을 이해하기 위한 이론적 틀을 제공하기 위해 사회적 계층에 대한 기존의 이론 및 연구를 먼저 요약하고자 한다. 넓은 의미에서, 우리는 상위계층 사람들 사이에서 자원과 지위가 높아짐에 따라 **내적인 자기지향적 초점**이 생긴다고 주장한다. 즉, 이는 자신의 내적 상태와 목표에 더 큰 관심을 쏟는 것을 그 특징으로 하는 사회-인지적, 행동적 경향이다. 이와 대조적으로, 하위계층 개인 사이에서는 자원과 지위가 낮아짐에 따라 **외적인 타인지향적 초점**이 생겨난다. 즉, 이는 외적인 사회 환경 및 이 환경 내의 다른 개인에 대해 초점이 높아지는 것을 특징으로 하는 사회-인지적, 행동적 경향이다.

이 장의 두 번째 절에서는 이 이론적 틀을 자비의 영역으로 확장한다. 이 분야의 기존 이론 및 연구의 도움을 받아, 우리는 자비를 고통받거나 취약한 사람들에 대한 관심과 타인의 복지를 향상시키고자 하는 동기를 부여하는 것을 특징으로 하는 정서적 상태로 개념화하였다(예: Goetz, Keltner, & Simon-Thomas, 2010; Oveis, Horberg, & Keltner, 2010). 우리는 사람들이 자신의 사회적 세계를 지향하는 방식에 대한 기본적인 계층 차이가 자비의 경험에서 서로 다르게 나타난다고 제시하는 연구 결과들을 검토하였는데, 이는 낮은 사회적 계층 배경의 개인이 높은 사회적 계층 배경의 개인보다 자비를 더 잘 느낀다는 결과들이다. 또한 우리는 정서적 상태로서의 자비를 넘어 행동적 영역으로까지 분석을 확장하고—공유하고, 돌보고, 돕는 경향인—친사회성을 비롯하여 타인의 복지에 대한 상대적 관심(또는 무시)을 반영하는 자비로운 행위에 있어서 계층적 차이를 찾는 연구들을 기술하겠다. 이 장의 세 번째이자 마지막 절에서는 향후 연구를 안내하기 위한 중요한 질문과 탐구 방향을 개괄하고, 가능한 경계 조건과 완화 요인(조망수용, 접촉, 공리주의)을 탐색하고자 한다.

사회 계층에 대한 심리학의 부상

사람들은 신체적 우월, 매력, 능력, 명성, 권력, 사회적 계층(또는 사회경제적 지위) 등 사회적 삶의 여러 다양한 차원에 기반을 둔 상이한 종류의 위계로 나뉜다. 앞서 이론화한 바와 유사하게, 우리는 사회 계층이 개인이 소유하고 있는 객관적 물질 자원(예: 부)을 부분적으로 반영한다고 보는데, 이는 다시 타인과 비교한 자신의 주관적인 사회적 계층 순위에 대한 추론과 지각을 불러일으킨다

(Kraus, Piff, & Keltner, 2011). 따라서 개인의 사회계층 정체성은 객관적 자원과 이에 따른 사회적 계층 순위에 대한 지각 모두를 포함한다. 한 사람의 물질 자원은 재정적 부나 소득, 교육 수준, 직업적 명성 같은 '객관적' 특성을 사용하여 가장 일반적으로 지수화된다(Oakes & Rossi, 2003). 반면, 주관적 평가는 개인에게 특정 사회적 계층 범주(예: '하위계층', '중간계층')에 속하는 것으로 자기 동일시를 하도록 하거나, 소득 · 교육 · 직업적 명성의 측면에서 타인과 비교하도록 만든다(예: Adler, Epel, Castellazzo, & Ickovics, 2000; Kraus, Piff, Mendoza-Denton, Rheinschmidt, & Keltner, 2012; Piff, 2014). 비판적으로 볼 때, 주관적인 사회적 계층 순위는 객관적 자원과 통계적으로 관련이 있지만, 객관적 자원과 별도로 개인의 건강과 삶의 결과에 기여한다. 예를 들어, 사회적 계층에 대한 객관적 측정(예: 교육, 소득)과 비교했을 때, 주관적인 사회적 계층 순위는 스스로 평가한 건강 수준 및 체지방 분포와 같은 신체 건강 결과를 더 강력하게 예측했다(예: Adler et al., 2000). 이러한 결과는 사회적 계층 순위에 대한 지각이 사회적 계층 및 이와 관련된 결과를 경험하는 데 중요함을 강조한다.

상위계층과 하위계층에 사이에 존재하는 자원 및 지각된 순위의 격차는 개인으로 하여금 고유한 사고방식을 개발하게 하고, 다양한 상황을 다르게 지각 · 해석하며 반응하게 한다. 풍부한 자원과 높은 순위는 상위계층 배경을 가진 개인에게 있어 자유와 통제

력을 증가시키며(Kraus, Piff, & Keltner, 2009), 이들의 삶은 외부의 영향, 위협, 예측 불가능성으로부터 상대적으로 보호된다(Johnson & Krueger, 2005). 상위계층 개인은 또한 지리적 이동뿐 아니라 더 높은 계층으로의 사회적 이동이 증가되며(Chetty, Hendren, Kline, Saez, & Turner, 2014), 신체 및 정신적 건강의 향상(Adler et al., 2000), 개인 및 직업 생활 면에서도 더 많은 선택권을 경험한다(Stephens, Markus, & Townsend, 2007). 더욱이 상위계층 환경은 개별성을 강조하고 개인적 성취 및 재능을 강조할 가능성이 더 높다(Kohn, 1963; Lareau, 2002). 자유 및 통제력 증가, 독립성 증대, 타인 의존성 감소 등의 결합은 개별적, 독립적 자기에 대해 더욱 초점을 맞추게 하는 사회적 인지 및 행동의 자기중심적 패턴을 초래함으로써, 상위계층 개인을 개인주의적인 방향으로 이동시킨다(Kraus et al., 2012; Piff, Kraus, Côté, Cheng, & Keltner, 2010).

하위계층 개인의 환경과 삶의 결과는 객관적으로나 주관적 해석의 측면에서나 상위계층 개인의 것과 대조를 이룬다. 하위계층 개인은 더 큰 위협과 환경적 예측 불가능성을 경험하지만(예: 경제적 불안정, 더 위험한 이웃, 자금 지원이 부족한 학교; Evans, Gonnella, Marcynyszyn, Gentile, & Salpekar, 2005; Gallo & Matthews, 2003), 이들에게 이러한 난제를 극복하기 위한 자원은 부족하다. 하위계층 개인에게는 더 위협적인 환경, 물질 자원의 상대적 부족, 저하된 사회적 지위, 개인 통제력의 감소 등이 주어지므로, 이들은 다양한 방식의

적응적인 사회적 인지를 보이게 된다. 그러한 반응의 하나는 사회적 환경에 대한 경계를 높이는 것인데, 이는 잠재적 위협에 대한 탐지를 증가시키고 사회적 환경에서 타인에게 더 많은 주의를 쏟게 한다(Chen & Matthews, 2001; Kraus et al., 2009). 스트레스가 많고 위협적인 환경에 대처하기 위한 두 번째 전략은 상호 원조의 협력 네트워크를 구축하는 친화적 행동에 참여하는 것인데, 이러한 행동은 난관을 견디고 장애를 극복하는 데 도움이 된다(예: Bowlby, 1978; Piff, Stancato, Martinez, Kraus, & Keltner, 2012; Taylor, 2006). 이 이론에 따르면, 하위계층 개인은 배려 및 친교 반응에 참여하는데, 이는 타인의 욕구에 더 많은 초점을 맞추게 하고 고통에 더 자비롭게 반응하게 하는 타인중심적 사회적 인지 및 행동 패턴을 촉진한다.

요약하면, 우리는 타인에 대한 더 큰 독립성 및 의존성 감소가 상위계층 개인이 자신의 내적 상태와 목표에 더 초점을 맞추되 타인의 필요에 덜 민감하게 만든다고 제안한다. 대조적으로, 하위계층 개인은 사회적 환경에 대한 경계가 증가하여, 지지적이고 상호의존적인 유대의 개발에 더 많이 투자하게 되기 때문에 타인을 향한 주의력, 알아차림, 관심의 증가를 보인다. 타인을 향한 관심의 계층적 차이를 입증하는 수많은 경험적 증거가 존재하며, 이를 통해 사회적 계층이 자비에 어떤 영향을 미치는지에 대한 논의의 발판이 마련되고 있다.

사회적 계층과 타인에 대한 주의력

최근 등장한 한 심리학 연구는 서로 다른 사회적 계층 집단 간 개인 사이에 상이한 사회성의 패턴이 있음을 입증하고 있다. 학생, 온라인, 국가별 대표, 국제적 표본을 사용한 다양한 연구에 따르면, 상위계층 개인은 자기에 더 초점을 맞추고 자기를 더 우선시하는 반면, 하위계층 개인은 타인의 상태와 욕구에 더 초점을 맞춘다(리뷰는 Kraus et al., 2012; Piff, Stancato, & Horberg, 2016 참조). 객관적 평가(예: 부모의 학력) 및 주관적 평가(예: 자신이 지각하는 사회경제적 지위)에서 높은 사회적 계층은 높은 자기애 수준 및 타인에 비해 자신이 더 중요하고 가치 있다고 느끼는 심리적 특권의식(entitlement)과 관련이 있었다(Cai, Kwan, & Sedikides, 2012; Foster, Campbell, & Twenge, 2003; Piff, 2014). 대략 3,000명의 미국 성인을 대상으로 한 대표 표본에서 연간 가계 소득, 자산, 교육, 직업적 명성의 조합은 자비, 협력, 신뢰를 반영하는 특성을 구성하는 핵심 요소인 우호성(agreeableness)과 부적 상관이 있었다(Chapman, Fiscella, Kawachi, & Duberstein, 2010). 다른 연구에서 (교육 수준에 따라 지수화된) 하위계층 개인은 더 친밀한 사회적 관계를 맺고, 사회 관여 정서(예: 친근함, 죄책감)의 수준이 높으며, 상위계층 개인에 비해 사회 분리 정서(예: 자부심, 분노)의 수준이 낮다고 보고했다(Na et al., 2010).

하위계층 배경의 개인은 가족 구성원과 시간을 보내고, 타인을 돌보는 데 관여하며, 대가족 유대를 더 강하게 느낄 가능성이 더 높았다(Argyle, 1994; Lareau, 2002). 한 조사에서 (부모의 교육 수준을 기준으로 평가된) 하위계층 학생들은 상위계층 학생들보다 대학 진학에 대해 상호의존적 동기(예를 들어, 자신의 가족을 돕고, 지역사회에 환원하고자 하는 동기)가 있다고 보고할 확률이 거의 두 배나 높았다(Stephens, Fryberg, Markus, Johnson, & Covarrubias, 2012). 사회적 상호작용에 대한 연구들은 행동에서도 유사한 계층 차이를 보여 준다. 낯선 사람과의 상호작용을 촬영한 연구에서 보면, (부모의 교육 및 가계 소득에 따라 지수화된) 상위계층 개인은 하위계층 또래에 비해 사회적 관여 행동은 감소했지만(눈을 자주 마주치지 않고, 고개를 끄덕이는 횟수가 적음) 질문지에 낙서를 하거나 옆의 물건을 만지작거리는 등 분리−관련 행동은 늘어난 것으로 나타났다(Kraus & Keltner, 2009).

타인에 대한 주의력의 계층 차이는 타인의 내적 상태에 초점을 맞추고 관계 맺는 과정을 광범위하게 다루는 **공감** 연구들에 의해 다시 증명되었다(Zaki & Ochsner, 2012). 이러한 과정의 하나는 **공감 정확성**, 다시 말해 타인의 생각과 정서를 정확히 추론하는 능력이며(Ickes, Stinson, Bissonnette, & Garcia, 1990), 이는 자비 경험에 필수적이다. 연구에 따르면, 높은 사회적 계층은 하위계층 상대보다 공감 정확성이 떨어진다. 한 연구에서 Kraus와 동료들(2010)은 성별과 우호성(공감적 정확성과 관련된 요인)의 효과를 배제했을 때, 4년제 대학 학위를 가진 참여자들은 인간의 얼굴 사진을 보고 정서를 정확하게 식별하는 능력을 측정하는 검사에서 유의미하게 저조한 성과를 보인다는 점을 발견했다(Kraus, Côté, & Keltner, 2010). 또 다른 연구에서, 주관적으로 낮은 사회경제적 지위(SES)를 가진 참여자들은 모의 취업 면접 후 파트너의 정서적 상태를 더 정확하게 추론했다. 심지어 다른 여러 공변인(예를 들어, 배우/파트너 성별·민족·우호성의 영향)을 통제한 뒤에도 말이다. 후속 실험에서—사회경제적 사다리의 맨 아래 있는 사람과 자신을 비교함으로써—주관적 SES에서 더 높다고 느끼도록 유도된 참여자는 얼굴의 눈 영역 이미지를 바탕으로 개인의 정서적 상태를 추정하는 데 덜 효과적이었다['눈으로 마음 읽기' 검사(Reading the Mind in the Eyes test); Baron-Cohen, Wheelwright, Hill, Raste, & Plumb, 2001]. 높은 사회 계층적 지위(교육)에 대한 객관적 지표뿐만 아니라, 상대적으로 높은 사회 계층적 지위에 대한 단순한 **지각조차**—심지어 순간적인 사회적 비교 과정을 통해 촉발된 지각일지라도—공감 정확성을 약화시키는 것으로 보인다(Kraus, Côté, & Keltner, 2010). 객관적인 자원 측정과 주관적인 사회적 계층 순위를 조작하는 것이 유사하게 공감적 정확성을 예측한다는 점은 객관적인 사회적 계층과 주관적인 사회적 계층 순위 모두 계층을 기반으로 하는 심리적 결과에 영향을 미친다는 것을 시사한다. 더 넓게 보면, 이러한 결과는 사회적 계층 순위에 대한 주관적 경험 및 계층 기반 정서 패턴을 변화시키는 사회적 맥락의 중요성을 강조한다. 이 점

은 논의에서 다시 다루도록 하겠다.

신경영상 연구는 낮은 사회적 계층과 증가된 공감 사이의 연관성을 더욱 강조한다. 연구에 따르면, 배내측 전전두피질(dorsomedial prefrontal cortex)과 후대상피질(posterior cingulate cortex)과 같이 타인의 정신 상태를 이해하는 데 필요한 과제와 관련된 일련의 뇌 영역(Frith & Frith, 2006; Lieberman, 2010; Mitchell, 2009; Zaki, Weber, Bolger, & Ochsner, 2009)인 정신화(mentalizing) 신경망은 낮은 계층 개인에게 더욱 활성화된다. 한 조사에서, 주관적 SES가 낮은 학생들은 대학 신학기의 시작에 관한 자신의 생각과 느낌을 설명하는 가상의 1인칭 내러티브를 읽는 동안 정신화 신경망의 더 큰 활성화를 경험했다(Muscatell et al., 2012). 유사한 맥락에서, Varnum과 동료들(2015)은 고통에 처한 타인의 이미지에 반응하는 상위계층 및 하위계층 개인 사이에서 공감의 신경 지표인 전두-중앙(fronto-central) P2 활성화 패턴을 연구했다(Varnum, Blais, Hampton, & Brewer, 2015). 소득, 최상위 부모 교육, 주관적 SES의 조합은 전두-중앙 P2 활성화와 부적 관련이 있었는데, 이는 높은 사회적 계층에서 타인의 고통을 향해 신경 공감적 반응이 축소되어 있었음을 나타낸다.

이상으로 검토한 연구에 따르면, 다음과 같은 흥미로운 패턴을 읽을 수 있다. 낮은 사회적 계층은 증가된 상호의존성, 더 큰 타인중심성, 높아진 공감 반응과 관련이 있다는 것이다. 일반적으로 타인의 정서를 대리적으로 경험하는 것을 일컫는 '공감'은 타인의 고통

에 의해 촉발되며 도와주고자 하는 욕구에 동기를 부여하는 특정 정서(Goetz et al., 2010)인 '자비'와 구별될 수 있지만, 이러한 발견은 사회적 계층이 자비의 차별적 경험의 기저를 이룰 수 있음을 나타낸다.

자비의 사회적 계층 차이

Goetz, Simon-Thomas와 Keltner(2010)는 주요한 리뷰에서 "다른 사람의 고통을 목격할 때 일어나는, 또 그에 따른 도움을 주고자 하는 욕구에 동기를 부여하는 느낌"(Goetz et al., 2010)으로 자비를 정의한다. 이 개념화에 따르면, 자비는 어떤 태도나 일반적인 행동 반응이 아니라 내적인 정서 상태이며, 자비는 타인의 고통에 대한 반응으로 일어날 수 있는 동감(sympathy), 공감(empathy), 연민(pity)의 느낌과 개념적으로나 경험적으로 관련되어 있지만, 고통받는 개인의 경험을 개선하는 데 도움을 주고자 하는 추가적인 욕구를 수반한다는 면에 있어서 이것들과 구별할 수 있다(또한 Gilbert, 2015 참조).

개별적 자기에 대한 주의를 강화하거나 상호의존성에 역행하는 **개별화** 과정은 자비와 자비 관련 상태에 강력한 영향을 미친다. 예를 들어, 미국 및 일본의 표본 모두에서 상호의존적인 자기개념과 집단주의(즉, 자신을 전체의 일부로 보는 것)는 자비 및 동감의 경험과 긍정적 관계가 있었다(Dalsky, Gohm, Noguchi, & Shiomura, 2008; Uchida & Kitayama,

2001). 게다가 보다 자기중심적이고, 자기애적이며, 자기고양적인 사람들은 공감 경향과 조망수용이 낮게 나타났다(Watson, Grisham, Trotter, & Biderman, 1984; Eysenck, 1981). 상위계층 개인이 더 자기중심적이고, 타인에게 덜 주의를 기울이며, 더 공감적인 한, 이들은 자비 또한 덜 경험할 것이다.

사회적 권력에 관한 연구는 자비에 대해 가능한 계층적 차이의 논의와도 관련된다. 사회적 계층과 사회적 관계에서 자원에 대한 비대칭적 통제를 가리키는 '권력'은 개념적으로나 경험적으로 구별되지만(예: Kraus et al., 2012), 높은 사회적 계층은 더 많은 물질적 자원을 가짐으로써 강력함(powerfulness)이라는 심리적 느낌을 증가시킬 수 있고, 강력함을 느끼는 것은 오히려 자비로운 반응의 감소와 연관되어 있었다. 한 연구에서, 권력감 척도(Sense of Power scale)(예: 나는 타인과의 관계에서 내가 원하는 것을 타인이 하게 할 수 있다; Anderson & Galinsky, 2006)를 통해 측정된, 증대된 권력감을 가진 개인은 실험 파트너로부터 '막대한 정서적 괴로움과 고통을 초래한' 최근 사건에 대해 들은 뒤, 권력이 낮은 사람들보다 자비를 덜 느낀다고 보고했다(van Kleef et al., 2008). 이러한 결과는 약하다는 느낌이 자비로운 반응의 증가와 관련되며, (덜 강력하다고 느낄 수 있는) 하위계층 개인이 상위계층 상대보다 더 자비로울 수 있음을 나타낸다.

사회적 계층이 자비 경험과 관련된다는 직접적인 증거

여기서 사회적 계층, 타인에 대한 주의력, 공감에 대해 검토한 연구뿐만 아니라, 개인 수준의 자비를 결정하는 요인(예를 들면, 상호 의존성, 권력)에 대해 설명한 결과는 사회적 계층이 타인의 고통에 대한 반응에 영향을 미칠 수 있다는 점을 보여 준다. 지금까지 선별된 연구들은 사회적 계층과 자비 사이의 연관성을 구체적으로 조사했으며, 그 결과는 하위계층 개인들이 상위계층 상대보다 더 자비로울 수 있다는 주장을 뒷받침하는, 제한적이지만 지지적인 증거를 내놓고 있다.

Stellar, Manzo, Kraus와 Keltner(2012)는 여러 연구에 걸쳐 사회적 계층과 자비 사이의 구체적 연관성을 시험하면서 이 분야에서 가장 적합한 연구 중 하나를 실시했다. 초기 연구에서, 참여자들은 자신의 현재 사회적 계층 수준(예: '하위계층', '중간계층')을 표시하고, 사랑, 경외감, 자부심, 그리고 결정적으로 자비와 같은 여러 변별적인 긍정적 정서를 경험하는 개인의 성향(propensity)(또는 특질 같은 경향)에 대해 잘 타당화된 측정도구인 긍정적 정서 기질 척도(Dispositional Positive Emotion Scale: DPES)에 응답하였다(Shiota, Keltner, & John, 2006). 이 척도에서 참여자는 각각의 정서에 대한 핵심적 평가 및 경험에 대한 다양한 진술에 동의하는 정도를 밝힌다. 도움이 필요한 타인에 대한 주의력(나는 종종 도움이 필요한 사람들을 알아차린다)과 그들을 대신하여 행동하려는 동기부여(누군가가 다치거나 도움이 필요한 것을 보면, 나는 이들을 돌보고 싶은 강한 충동을 느낀다) 같은 것들을 포착하는 다섯 문항은 자비 점수를 나타낸다. 자신을 사회적 계층에서 더 높게 범주화한 개인은 자신을 더 낮게 범주화한 개인보다 자비를 덜 경험한다고 보고했으며, 이러한 경향은 관련 공변인(성별, 민족, 영성)을 통제할 때에도 유의미하게 유지되었다. 추가 분석을 통해 사회적 계층과 DPES에 의해 포착된 그 밖의 여섯 가지 긍정적 정서(기쁨, 만족, 자부심, 사랑, 즐거움, 경외감) 사이에 유의미한 상관관계가 없다는 것이 드러났는데, 이는 하위계층 개인의 증가된 자비가 전반적으로 긍정 정서 증가를 보고하는 경향 때문이 아니라는 점을 시사한다.

일상생활에서 자비를 경험하는 자기보고 경향을 평가하는 것 외에도, Stellar와 동료들(2012)은 고통받거나 아니면 취약한 개인들에 대한 특정 상황에서 사람들의 정서적 반응을 측정했는데, 이러한 특정 상황은 연구하기에 이상적일 뿐만 아니라 자비 경험에도 핵심적인 조건이 된다(Goetz et al., 2010). 한 후속 연구에서, 참여자는 2.5분짜리 영상 두 개를 보았다. 하나는 (비교를 목적으로 기저선 조건을 제공하기 위해) 테라스를 만드는 법을 설명하는 중립 정서 영상이었고, 다른 하나는 화학요법의 괴로움을 겪고 있는 암에 걸린 아이들과 그 가족의 경험을 묘사하는 자비 유도 영상이었다. 각 영상이 끝난 뒤, 참여자는 영상을 보는 동안 기타 여러 정서(예: 행복한, 고무된)뿐만 아니라, '자비/동감'의 느낌을 얼마나 경험했는지 보고하도록 요청받았다. 이 영상들은 5분의 휴식 시간으로 분리되었고 심박수는 ECG를 사용하여 전체에 걸쳐 측정되었는데, 이는 연구자들이 자기보고식 자비와 함께 타인을 지향하고 타인과 관계 맺는 것과 관련된 생리적 반응의 하나인 심박수 감소(Eisenberg et al., 1989)가 사회적 계층에 따라 달라질 수 있는지 여부를 조사하기 위한 것이었다. 자신들의 첫 번째 연구 결과와 유사하지만, 객관적 자원 기반의 사회적 계층 척도(가계 소득과 부모의 교육수준)를 사용한 이 조사에서는 하위계층 참여자가 상위계층 참여자보다 중립적 영상에서 자비 유발 영상에 이르기까지 전반적으로 자비가 더 많이 증가했다고 보고했다. 비슷한 패턴이 참여자의 심박수 감소에서도 관찰되었다. 하위계층 개인은 상위계층 참여자보다 중립적 영상에서 자비-유도 영상에 이르기까지 더 높은 수준의 심박수 감소를 보였다.

보완적인 증거를 제시한 Stellar와 동료들의 마지막 연구(Stellar et al., 2012, 연구 3)에서, 참여자는 경쟁적인 모의 구직 면접에 참여했다. 실험자는 가상의 심리학 연구실 관리자 자리를 놓고 서로 마주 보고 앉아 있는 연구 참여자를 짝을 지어 면접했다. 참여자는 최고의 면접 대상자가 상금을 받을 것이라는 말을 들었다. 면접이 끝난 뒤, 참여자는 구직 면접 동안 자비를 포함한 20가지 긍정 및 부정 정서에 대한 자신과 파트너의 경험을 평가했다. 저자들의 예측과 일치하고 이전 두 연구의 결과와 유사하게, (가계 소득과 부모 교육의 측면

에서 평가된) 하위계층 참여자는 성별, 민족, 파트너의 사회적 계층을 비롯해 다른 여러 요인들을 통제했을 때에도 파트너에게 더 자비를 느낀다고 보고했다. 이 연구는 자비의 계층 차이의 기저를 이루는 메커니즘을 추가로 밝혀냈으며, 이는 타인에 대한 주의력의 계층 차이를 다룬 우리의 이전 논의를 떠올리게 한다. 특히 하위계층 개인은 분명 스트레스가 많고 불안감을 유발하는 과제인 모의 면접 동안 파트너로부터 더 큰 고통을 지각했는데, 이는 통계적으로 자비의 증가를 매개했다. 요약하면, 하위계층 개인들 사이에서 증가된 자비는 부분적으로 타인의 고통에 대한 증가된 주의력 때문일 수 있다는 것이다.

Côté, Piff와 Willer(2013)가 한 별도의 연구에서도 Stellar 등(2012)의 연구와 같은 결과가 나왔다. Côté와 동료들의 연구에서 핵심 질문은 상위계층 및 하위계층 개인이 도덕적 의사결정을 할 때 공리주의적인 수준에서 차이가 나타나는지의 여부였다—구체적으로 말해, 특히 더 큰 이익을 위해 작은 해를 끼칠 수 있는 사람들의 의지에 사회적 계층 차이가 존재하는지이다. 여러 연구에서 연구자들은 상위계층 참여자가 더 공리주의적인 방식으로 행동했음을 발견했다. 그들은 집단의 이익을 극대화하기 위해 한 사람을 기꺼이 해할 의지가 더 있다는 것이다.

우리의 검토와 가장 관련이 있는 부분은 애초에 공리주의적 의사결정에서 이러한 계층 차이가 왜 나타났는가 하는 점이다. 연구자들은 상위계층 개인이 하위계층 개인보다 이러

한 판단에 의해 해를 입는 사람들에 대해 자비를 덜 느끼기 때문에 더 실용적인 판단을 할 것이라고 가설을 세웠다. 한 대표적인 연구에서, 연구자들은 가상의 경제 게임에서 진 플레이어에 대한 자비 느낌의 계층 차이를 조사했다(Côté et al., 2013, 연구 2). 연구 참여자들은 자신들이 '결정자' 역할을 하도록 선택되었으며 다른 집단 구성원의 금전적 이득을 극대화하기 위해 지명된 온라인 플레이어('패배한 구성원')로부터 돈을 받는 것을 선택할 수 있다고 들었다. 게임에 이어서, 참여자들—경제적 웰빙에 직접 타격을 입을 수 있는—은 패배한 회원에게 얼마나 많은 자비, 동감, 기타 공감적 정서를 느꼈는지 보고했다. 그들의 예측과 일관되게, 그리고 심지어는 몇 가지 다른 요인들(성별, 나이, 민족, 종교, 정치적 성향)을 고려할 때에도 고소득 참여자들은 저소득 참여자에 비해 패배한 회원에 대해 자비를 덜 느꼈다고 보고했으며, 자비의 이러한 계층 차이는 사회적 계층과 공리주의적 판단 사이의 연관성을 설명했다.

후속 연구에서, Côté 등(2013)은 자비의 계층 차이가 보다 일반적으로 정서적 반응성의 계층 차이 때문일 수 있는지 여부를 검사했다—예를 들어, 하위계층 개인은 내용이나 정서가에 상관없이 정서를 유발하는 모든 자극에 단순히 더 반응적일 수 있다. 이 가능성을 연구하기 위해, 연구자들은 참여자에게 자부심(예: 미국의 국가적 명소 사진), 재미(예: 웃고 있는 원숭이 사진), 자비(예: 무력함과 취약함의 사진)를 유도하는 사진 세트를 제시했다.

슬라이드를 본 뒤, 참여자는 각각 느낀 정서 수준을 보고했는데, 이를 통해 조작이 각각의 타깃 정서를 유발하는 데 성공했는지를 확인했다. 예상대로, 하위소득 참여자는 상위소득 참여자보다 타인의 고통 이미지를 보는 데 대한 반응으로 더 큰 자비를 보고했지만, 자부심이나 재미를 유발하는 이미지에 대한 반응에서는 소득 차이가 나타나지 않았다—이는 높은 사회적 계층이 특히 자비를 유발하는 자극에 대해 감소된 반응성과 연관이 있음을 시사하는 증거이다.

이러한 초기 결과들은 사회적 계층이 사람들의 자비 수준을 형성하며 하위계층 배경의 개인이 상위계층 배경의 개인보다 더 큰 자비를 경험한다는 주장과 일치한다는 점을 보여준다. 객관적 자원 기반 측정(예: 소득)과 주관적 순위 기반 측정 모두에 걸쳐, 하위계층 개인은 일상생활에서 더 많은 자비를 경험할 뿐만 아니라—자기보고와 자비 관련 생리학적 평가를 통해—타인의 고통에 직면할 때 더 큰 자비로 반응한다고 보고하였다. 더욱이 자비의 이러한 계층 차이는 사회적 계층과 공변인이 될 수 있는 요인들(예: 민족, 정치적 성향, 종교)로는 환원될 수 없으며, 정서적 반응의 보다 일반적인 계층 차이에 기인하지도 않는다. 우리가 이론화한 바에 따르면, 하위계층 개인의 더욱 자비로운 반응은 이후에 자신의 더욱 위협적이고 자원이 부족한 환경에 대처할 수 있도록 도와줄 수 있는 사회적 연결을 강화할 수 있다.

사회적 계층은 자비로운 행위 (공유, 돌봄, 지원)에 어떻게 영향을 미치는가

사회적 계층의 심리학적 영향을 이해하는 데 대한 과학적 관심이 증가하고 있는 가운데, 연구자들은 사회적 계층이 사람들의 생각과 느낌뿐만 아니라, 사회적 환경에서 타인에 대한 행동 반응에도 어떤 영향을 미치는지 탐구했다(리뷰는 Kraus et al., 2012; Piff et al., 2016 참조). 이 영역에 대한 연구를 통해 도움이 필요하다는 것을 지각하고 나서 시작된 특정적인 행동 반응뿐만 아니라 더 모호하거나 협력적인 형태의 도움(예를 들어, 고통받고 있거나 절실한 도움이 필요한 상태에 있는 것으로 확인되지 않은 익명의 타깃을 돕는 것)의 측면에서도 공유하고 돌보며 지원하는 경향(Keltner, Kogan, Piff, & Saturn, 2014)과 같은 친사회적 행동에 많은 계층 차이가 있다는 것이 입증되었다.

타인의 관심에 대한 상대적 관심(또는 무시)을 반영하는 자비로운 행위의 계층적 차이에 대한 연구를 설명하면서 우리는 자비와 친사회적 행동이 동일함을 제시하려는 것은 아니다. 사실, 이것들을 구별할 이유가 있다. 무엇보다도 우리는 자비를 타인의 고통에 의해 촉발되는, 또 도와주고자 하는 욕구에 동기를 부여하는 특정한 주관적 느낌 상태로 개념화했는데, 이는 자비라는 구성개념을 활용한 선행 치료적 접근에서와 유사하다(예: Gilbert, 2015; Goetz et al., 2010). 즉, 자비는 고통과 무관한 타인에 대한 일반적인 자선 반응과는 구별된다. 둘째, 자비의 느낌이 이후의 도움행동을 촉발할 수 있지만, 자비와 도움은 서로 환원될 수 없다. 즉, 자비가 항상 도움행동으로 이행되지는 않는다는 것이다―예를 들어, 도움의 대가가 너무 높다고 생각될 때가 그렇다(Keltner et al., 2014; 또한 이 책의 Cameron & Payne, 2011; 이 책의 Cameron D. 참조). 또 도움행동은 감사(예: Bartlett & DeSteno, 2006), 도덕적 고양(Schnall, Roper, & Fessler, 2010), 경외감(Piff, Dietze, Feinberg, Stancato, & Keltner, 2015)을 비롯해 자비 이외의 다양한 상태에 의해 동기부여될 수 있다.

이러한 중요한 구분에도 불구하고, 정서적 상태로서의 자비와 도움 및 관대함 같은 자비로운 행위 사이에는 이론적으로나 경험적으로나 겹치는 부분이 많은데(Gilbert, 2015), 이는 친사회성의 계층적 차이에 대한 연구가 계급과 자비에 대해 우리가 검토한 바와 관련이 있음을 방증한다. 중요한 것은 고통을 경감시키려는 동기부여가 자비를 규정하는 특징이라는 점이다(Goetz et al., 2010). 이러한 동기부여는 다양한 행위로 표현될 수 있지만, 가장 잘 입증된 것 중 하나는 도움행동이다. 이 개념과 일관되게, 연구에 따르면 자비의 느낌에 대한 성향이 증가한 개인은 더 높은 수준의 친사회성을 나타낸다. 예를 들어, 전국적인 성인 대표 표본에서 더 큰 자비를 경험했다고 보고한 개인은 다른 긍정적 친사회적 정서(예: 사랑; Piff et al., 2015; 또한 Batson, 1998; Batson & Shaw, 1991 참조)의 영향을 감안한 뒤에도 익명의 연구 파트너에게 보다 관대한 방식으로 행동했다. 우리가 주장한 바와 같이, 또 이전의 연구 결과에 따르면, 하위계층 사람들이 상위계층 상대보다 타인의 필요에 더 주의를 기울인다는 점에서 이들은 자비를 느낄 가능성뿐만 아니라, 타인의 필요와 관심을 우선시함으로써 자비로운 방식으로 행동할 가능성 역시 더 높은 것으로 드러났다.

미국의 자선 기부에 대한 전국적 조사에 따르면 이른바 '기부 격차'가 흔히 발견된다. 저소득 가구가 흔히 고소득 가구보다 연간 소득의 더 많은 비율을 자선단체에 기부한다는 것이다(Gipple & Gose, 2012; Greve, 2009; James & Sharpe, 2007; Johnston, 2005; Independent Sector, 2001). 예를 들어, 미국 국세청(IRS)의 자선 기부 기록에 대해 미국의 자선활동 전문지인 **크로니클 오브 필란트로피**(Chronicle of Philanthropy)가 실시한 대규모 분석에서, 연간 소득이 50,000~75,000달러인 개인은 재량 소득의 평균 7.6%를 자선단체에 기부한 반면, 연간 소득이 100,000달러 이상인 개인들은 재량 소득의 4.2%를 자선단체에 기부했다(Gipple & Gose, 2012; 다른 관점에 대해서는 Korndörfer, Egloff, & Schmukle, 2015 참조). 이러한 패턴은 다소 도발적으로 말하면, 덜 가진 사람들이 때로 더 많이 기부할 수 있다는 것을 시사한다.

다른 개인에 의해 관찰되는 실험 상황에서 친사회적인 반응을 보인 것으로 나타났던 결과들은 익명성의 조건에서 확증적인 결과를 나타내었다. 참여자들이 자신과 익명의 타인 사이에 점수를 나누는 관대함(generosity) 측정 절차인 독재자 게임(Dictator Game)을 사용한 한 연구(예: Forsythe, Horowitz, Savin, & Sefton, 1994)에서 주관적 SES가 낮은 개인은 주관적 SES가 높은 개인보다 더 많은 크레딧—나중에 현금으로 교환될—을 파트너에게 기부했다(Piff et al., 2010, 연구 1). 또 다른 실험에서, 사회경제적 사다리의 맨 위에 있는 사람과 자신을 비교함으로써 사회적 계층 지위가 상대적으로 낮다고 느끼도록 만들어진 개인은 사회적 사다리의 맨 아래에 있는 사람과 자신을 비교함으로써 사회적 계층 지위가 상대적으로 높다고 느끼도록 준비된 개인에 비해 자선 기부가 더 높게 나타났다(Piff et al., 2010, 연구 2). 이 연구는 객관적인 사회적 계층의 독립적 효과를 동시에 밝혀냈다. 저소득 개인은 조작된 사회적 계층 순위의 효과를 조정할 때조차, 고소득 개인보다 더욱 자선적이라는 것이다. 이러한 결과는 객관적인 사회적 계층을 비롯해 **상대적** 사회적 계층 순위에 대한—심지어 사회적 비교를 통해 촉발된—주관적 지각이 자비로운 행동을 변화시킬 수 있음을 나타낸다.

기부의 계층 관련 차이가 사회적 계층과 관대함에 대한 다양한 측정(예: Kirkpatrick, Delton, de Wit, & Robertson, 2015)에, 그리고 다양한 연령 집단과 문화적 맥락에도 일반화될 수 있다는 일부 초기 증거가 있다(예: Chen, Zhu, & Chen, 2013; Kirkpatrick, Delton, de Wit, & Robertson, 2015; Miller, Kahle, & Hastings, 2015). 이 영역의 한 연구에서 연구자들은 부

의 측면에 따라 달라지는 가정 내 미취학 아동의 기부 패턴을 관찰했다. 저소득 가정의 아동들은 부유한 가정의 아동들보다 더욱 이타적으로 행동했는데, 이들은 익명의 아픈 아동들에게 더 많은 상금을 기부했다(Miller et al., 2015). 이러한 예비적 증거에도 불구하고, 친사회성의 사회적 계층 차이가 어떻게 다른 모집단과 문화적 맥락에 걸쳐 나타나는지에 대한 문제는 앞서 검토했던 연구들과 중요하고도 널리 개방된 연장선상에 있다고 할 수 있다.

연구에 따르면 하위계층 개인은 더 친사회적인 데 반해, 상위계층 개인은 타인을 해치거나 아니면 자신의 이익을 위해 비윤리적인 방식으로 행동할 가능성이 더 높다고 드러났다(리뷰는 Piff et al., 2016 참조). 한 관련 연구(Piff, Stancato, Côté, Mendoza-Denton, & Keltner, 2012)에서, 주관적 SES가 높은 개인은 뇌물을 받거나 타인을 속이는 등 다양한 비윤리적 행동을 지지할 가능성이 더 높았으며, 상금을 탈 기회를 높이기 위해 게임에서 부정행위를 할 가능성이 더 높았다. 이 조사의 일부이기도 했던 두 가지 현장 연구에서, 더 비싼 차량을 보유한 운전자는 사거리 교차로에서 다른 운전자를 가로막거나, 횡단보도를 건너려고 기다리는 보행자—실제로는 연구의 일원—에게 양보하지 않을 가능성이 더 높았는데, 이러한 행위는 불법일 뿐만 아니라 타인을 염려하는 데 관심을 기울이지 않는 태도를 반영하는 것이기도 하다(또한 Blanco et al., 2008; Dubois, Rucker, & Galinsky, 2015;

Johns & Slemrod, 2010; Konigsberg, MacGregor, Johnson, Massey, & Daubman, 2013; Lyons et al., 2012; Wang & Murnighan, 2014 참조).

친사회적 행동에서 이러한 계층 차이의 기저를 이루는 기제는 무엇일까? Piff와 동료들(2010, 연구 4)은 자비가 친사회성에 있어서 계층 차이를 만드는 강력한 동인이라 강조하는 한 실험을 수행했다. Piff와 동료들은 타인의 복지에 대한 민감성과 자비의 느낌은 하위계층 개인이 상위계층 개인보다 더 많이 친사회적 행동에 참여하는지에 대한 이유를 설명할 수 있다고 이론화했다. 이어서 이들은 참여자에게 곤경에 처한 사람들을 도울 기회를 주는 맥락에서 이 질문에 대한 테스트를 시행했다.

연구 참여자는 두 가지 실험 조건 중 하나에 무작위로 할당되었다. 통제 조건에서, 참여자들은 법정에서 두 배우가 서로 조용히 대화하는 영상을 봤다. 이 영상은 중립적인 정서적 반응을 유발하기 위해 제작된 것이다. 자비 유도 조건에서, 참여자들은 빈곤 아동에 관한 영상을 봤는데, 이 영상은 고통과 취약성의 이미지를 보여 줌으로써 자비를 유발하기 위한 것이었다. 영상을 본 직후에, 실험 파트너로 상정된 사람이—실제로는 실험의 일원—실험실로 달려와 고전적인 비언어적 고통의 징후를 내보이면서(예: 눈동자 넓히기, 눈썹 위아래로 움직이기; Eisenberg et al., 1989; Gross & Levenson, 1993) 늦은 것에 대해 사과하고는 여전히 참여할 수 있는지 물었다. 그런 뒤 파트너는 인접한 방에 앉아 있었으며, 표면상 파트너가 늦게 도착하여 잃어버린 시간을 보충하기 위해, 참여자들은 지정된 시간 요건을 가진 각각의 과제 목록을 자신과 파트너 간에 나누는 것을 도우라는 요구를 받았다. 선택된 과제의 총 시간은 도움행동에 대한 측정으로 사용되었다. 즉, 참여자들이 연구에서 고통받은 파트너를 돕기로 자원한 시간이 더 많을수록 이들은 더 도움을 준다는 것이다.

Piff와 동료들은 기본적으로 하위계층 개인들이 더 자비를 느끼고 그에 따른 친사회적 행동을 하는 경향이 있다면, 자비 및 중립적 조건 모두에서 높은 도움을 보여야 한다고 예측했다. 한편, 기본적으로 낮은 자비와 친사회적 행동을 보이는 상위계층 개인들은 자비 조건에서는 높은 도움을 보일 것이지만 중립적 조건에서는 그렇지 않을 것이다. 달리 말해, 만약 친사회성의 계급적 차이가 부분적으로 자비 느낌의 계층 차이에 뿌리를 둔다면, 상위계층 참여자들의 자비 느낌의 증가를 유도하는 것은 하위계층 참여자들만큼 도움을 주도록 할 것이다.

예측과 일치하게, 중립적 조건의 저소득 참여자는 고소득 참여자보다 파트너를 더 많이 돕는 것으로 나타났는데, 이는 상위계층 참여자의 친사회성이 낮음을 보여 주는 과거 결과를 반영하는 것이다. 하지만 아동 빈곤에 관한 짧은 영상을 통해 실험적으로 자비를 유도하는 것은 도움행동의 계층 차이를 사라지게 했다. 자비를 유도하면 고소득 참여자는 저소득 또래와 일치하는 수준의 도움행동을 나타내게 된 것이다. 이러한 결과는 두 가지 중

요한 지점을 강조하는 데 도움이 된다. 첫째, 이 결과는 친사회성의 계층 기반 차이가 적어도 부분적으로는 자비 기저선의 계층적 차이에 기인하는 것일 수 있음을 나타낸다. 둘째, 이 결과는 자비로운 행동의 계층 기반 차이가 불변하는 것이 아니라 타인의 필요와 자비를 '자극하는(nudges)' 짧은 상기에도 민감하게 달라질 수 있다는 것을 보여 준다.

이 연구는 자비로운 행동의 계층 차이가 앞서 설명한 자비 느낌의 계층 차이와 유사함을 나타낸다. 상위계층 개인에 비해 하위계층 개인은 타인에 대해 공유하고 돌보며 돕는 데 있어 높은 경향을 보이는데, 이 경향은 타인에 대한 높은 주의력 및 자비의 기저선에서 비롯된 것이다. 중요한 것은, 상위계층 개인이 자비를 느끼도록 유도될 때(가령, 타인의 고통을 상기시키는 것을 통해), 이들은 하위계층 개인만큼 친사회적이 될 수 있다. 자비로운 행위의 계층 차이는 축소된 역량에서 비롯하는 것이 아니라 오히려 상위계층 개인 사이의 자비에 대한 감소된 기본적 경향에서 비롯하는 것으로 보인다. 그렇다면 상위계층의 쪽에서 자비가 언제 또 어디서 나타날지 결정하는 것은 무엇인가? 어떤 요인이 자비를 장려하는 데 도움이 될까? 우리는 마지막 절에서 이 질문을 살펴보고자 한다.

사회 계층과 자비 연구에 있어서 열린 질문과 향후 방향

이 장에서 우리는 상위계층 개인이 하위계층 개인보다 자비를 덜 나타낸다는 새로운 연구 결과 패턴을 설명했다(Côté et al., 2013; Piff et al., 2010; Stellar et al., 2012). 도발적이긴 했지만 우리가 기술한 연구는 예비적인 데다 여전히 중요한 문제를 많이 품고 있다. 예를 들어, 이러한 영향은 극한의 부와 빈곤이나 자비의 다른 사례로 확장되는가? 그리고 자비의 계층 차이는 고통받는 사람의 기능적 요인에 따라—예를 들어, 그 사람이 부자인지 가난한지에 따라—달라지는가?

한 가지 중요한 질문은 자비의 계층 차이의 기원, 특히 사회적 계층의 어떤 측면이 이러한 차이의 기저를 이루는지에 관한 것이다. 우리는 '사회적 계층'이 객관적 자원과 주관적인 사회적 계층 순위 둘 다로 구성되며, 이 두 구성요소가 함께 상위계층 개인 사이의 내적, 자기지향적 초점을, 또 하위계층 개인 사이의 외적, 타자지향적 초점을 만들어 내며, 자비의 계층 차이에까지 이르는 광범위한 사회인지적 차이를 만들어 낸다고 주장했다. 우리는 상대적 계층 순위에 대한 주관적 지각과 이러한 지각을 변화시키는 맥락 특정적인 사회적 비교조차도 자비로운 반응과 관련이 있다는 것을 보여 주는 연구들을 검토했다. 그 반응은 사회적 계층에 대한 보다 객관적인 자원-기반 척도에서 나타난 것과 유사한 것이었다.

이러한 결과는 자비의 계층 차이가 복합적으로 결정될 가능성이 아주 높다는 것을 시사하는데, 이는 사회적 계층의 객관적 특성 및 사회적 계층 순위에 대한 주관적 인식과 관련이 있는 문화적·환경적·사회인지적 요인의 복합적인 영향에서 비롯되는 것이다.

계층적인 자비 격차의 어떤 측면이 상대적으로 지속적이고 안정적인지에 대한 연구들을 조사함으로써 이러한 발견을 구축해 나가는 것이 중요할 것이다. 예를 들어, 타인에 대한 상대적 독립성과 자율성 증가와 같은 상위계층 환경이 지닌 구조적 특징은 사회적 상호작용의 기회를 줄이고 타인의 욕구를 돌보는 경험을 감소시킬 수 있는데, 이 두 가지 모두 자비를 약화시키는 것이다. 자비는 또한 상위계층의 맥락에서는 덜 규범적일 수 있으며, 이는 상위계층이라고 밝히는 개인 사이에서 자비의 사회적 가치를 감소시킬 수 있다(예: Lareau, 2002). 향후 연구는 문화적 가치, 정체성, 자율성을 포함하는 비교적 영속적인 높은 사회적 계층의 특징이 만성적으로 낮은 자비의 느낌을 얼마나 형성하는지 그 정도를 기술해야 할 것이다(예: Snibbe & Markus, 2005; Stephens et al., 2007).

자비는 또한 우리가 논의한 바와 같이 사회적 계층 순위에 대한 지각에 영향을 받을 수 있는데, 이는 상대적 지위에 대한 사회적 맥락 및 상황별 지각이라는 요인에 따라 변화할 수 있는 것이다. 이 점은 연구자들이 자비의 계층 차이는 본질적이거나 범주적인 것이라고 확고한 결론을 내리지 않도록 주의하게 한다. 오히려 자비의 계층 패턴은 맥락 및 상황적 요소의 영향을 강하게 받는다. 높은 사회적 계층 순위에 대한 지각은 높은 객관적 자원(예: 더 큰 부, 더 높은 교육 수준; Kraus et al., 2012)을 가진 개인 사이에서 더 만성적으로 활성화될 수 있는데 이는 사회적 환경에 대한 습관화된 반응을 형성할 수 있다. 동시에 상대적으로 낮은 사회적 계층 순위에 대한 지각을 유도하는 사회적 맥락은—사회적 비교는—객관적으로 부유한 개인 사이에서도 자비로운 반응을 증가시킬 수 있다(예: Piff et al., 2010).

향후 연구는 상대적으로 낮아진 사회적 계층 순위에 대한 지각이 독립적으로 자비를 증가시킬 수 있는 경로를 더 잘 이해하기 위해 노력해야 한다. 사회적 순위는 사람들이 사회적 영역을 탐색하는 근본적인 수단이며, 가치 있는 자원(예: 번식 파트너; Keltner, van Kleef, Chen, & Kraus, 2008)에 대한 개인의 특권적 접근을 결정한다. 우리는 자신의 상대적으로 낮은 계층 순위에 대한 지각이 사회적 맥락에 대한 높은 경계심과 타인중심적인 사회적 지향을 촉발한다고 주장하는데, 이는 보다 불안정한 환경을 탐색하는 하위계층 개인에게 있어 잘 입증되고 적응적인 전략이며(예: Kraus et al., 2009; Piff et al., 2010), 이 두 전략 모두 자비를 증가시킬 수 있다. 우리는 지각된 사회적 계층 순위 효과가 권력(예: Guinote & Vescio, 2010)이나 경쟁에서 이기는 것(Schurr & Ritov, 2016)처럼 자기중심 패턴 대 타인중심 패턴을 변화시키는 듯 보이는 여타의 순위

기반 과정의 효과와 유사하지만 구분되는 것이라고 가정하는데, 이는 연구를 위한 흥미로운 방향이 될 수 있다.

자비에 있어서 계급 차이의 가변성은 상위계층 개인이 타인의 필요를 짧게 상기시키는 것과 같은 심리적 개입을 통해 자비롭고 친사회적 행위로 반응했다는 앞서 설명한 결과를 통해서도 강조될 수 있다(예: Piff et al., 2010). 이러한 발견은 자비의 계층 차이가 상위계층 사이의 낮은 자비 **역량**을 반영한다는 개념에 더 많은 의문을 던진다. 오히려 상위 및 하위 계층 개인에게 자비를 둘러싼 동기부여에 차이가 있는 것일 수 있다. 한 가지 가능성은, 상위계층 사람들은 자비가 자기와 관련된 목표를 억제한다고 예측하기 때문에 자비를 조절하거나 심지어 회피하는 반면, 하위계층 개인들은 자비가 자신의 목표를 발전시킨다고 믿기 때문에 자비에 더 많은 가치를 두는 것일 수 있다. 사회적 권력에 대한 연구는 이러한 동기부여적 관점에 신빙성을 부여하는데, 이 연구를 통해 권력이 높은 개인들은 타인의 고통에 대한 정서를 조절할 수 있기에 전반적인 자비의 느낌을 감소시킬 수 있다는 것을 발견했다(van Kleef et al., 2008). 향후의 연구는 상위계층 및 하위계층 개인들이 자비를 둘러싼 다른 동기를 가지고 있는지의 여부, 그리고 자비의 비용에 대비한 상대적 이익을 미리 자극함으로써 자비로운 반응이 흘러나올 수 있도록 할 수 있는지의 여부를 검토해야 한다.

우리가 설명한 패턴에서 주목할 만한 함의

중 하나는 자신의 높은 지위 및 자원으로 인해 타인을 돌볼 수 있는 최선의 위치에 있는 사람들이 어쩌면 그렇게 할 가능성이 가장 적다는 것이다. 곤경에 처한 타인을 향한 상위계층 개인들의 낮은 자비는 불평등이 이미 만연한 사회경제적 풍조에서 계층 분화를 악화시킬 수 있다(예: Saez & Zucman, 2014). 그렇다면 이러한 추세를 바꾸기 위해 무엇을 할 수 있을까? 다음에서 우리는 세 가지 유망한 요인, 즉 향후 중요할 방향과 가능한 개입을 지향하는 조망수용, 접촉, 공리주의에 대해 논의하고자 한다.

자비로 가는 한 가지 길은 자기초점을 타인을 향한 조망수용으로 바꾸는 것이다. 이미 살펴봤듯이, 상위계층 개인은 사회적 환경에서 더욱 자신에게 초점을 맞추고 타인에게는 주의를 덜 기울인다. 타인의 눈을 통해 세상을 보는 경향이 낮다는 것은 상위계층 개인이 기본적 지각 수준에서 타인의 고통을 직접 직면할 때라도 이를 덜 인지한다는 것을 의미할 수 있다. 사회심리학 연구에 따르면—예를 들어, 상대가 어떻게 생각하고 느낄지 상상함으로써—다른 사람의 관점을 취하는 것은 공감과 자비를 강화시킨다(예: Coke, Batson, & McDavis, 1978; Eisenberg & Miller, 1987; Underwood & Moore, 1982). 상위계층 개인이 조망수용은 불이익을 준다는 견해를 갖고 있다는 점을 감안할 때, 앞서 언급했던 한 가지 가능성, 즉 효과적인 전략은 조망수용을 자기이익적 가치와 결부시키는 것이다. 대개는 자비와 조망수용을 약화시켰을 자기이익을

자비를 증진시키는 데 활용하는 것이다. 향후 연구는 명시적인 훈련 프로그램[예를 들어, 자비 훈련(compassion training); Jazaieri et al., 2016] 등을 통해서 상위계층 개인 사이의 고질적으로 낮은 조망수용을 증가시키는 효과적인 개입을 밝혀낼 수 있을 것이다.

상위계층의 자비를 증가시키는 두 번째 길은 집단 간 접촉에 참여시키는 것이다. 사람들은 비슷한 계층을 배경으로 하는 사람들에 둘러싸여 있는 경향이 있다. 결과적으로 편안한 환경에 사는 부유한 개인은 타인의 고통에 직면할 기회가 적어진다. 이로 인해 타인의 고통에 직면할 때 개인적 효능감이 약화될 수 있다. 즉, 어떤 의미에서는 어떻게 반응해야 할지 모른다는 것이다. 더욱이 부유한 개인은 고통받고 있는 개인을 자신과 유사하지 않다고(또는 외집단에 속하는 것으로) 지각함으로써 자비로운 반응을 저해하는 방식으로 범주화할 가능성이 더 높아질 수 있다(예: Cikara, Bruneau, Van Bavel, & Saxe, 2014; Tarrant, Dazeley, & Cotton, 2009). 이러한 저해 요인을 일단락시키는 한 가지 방법은 사회경제적으로 다양한 타인과의 장기적이고 상호의존적인 접촉을 통하는 것이다(예: Aronson & Patnoe, 2011). 낮은 사회적 계층 사람들과 개인적 접촉을 증가하는 것은 상위계층 개인이 타인의 고통에 효과적으로 반응할 수 있는 기술을 쌓고, 친밀감과 이해심을 강화하며, 사회경제적으로 덜 우월한 사람들까지 포함하도록 내집단의 정의를 넓히는 데 도움이 될 수 있다. 이 맥락에서 연구의 흥미로운 방향

은 실험적으로 유도된 계층 간 접촉이 사회적 계층의 경계를 넘어 자비를 증가시킬 수 있는지 여부를 검증하는 일이 될 것이다(예: Page-Gould, Mendoza-Denton, & Tropp, 2008).

자비로 가는 마지막 경로는 상위계층 개인의 공리주의적 성향을 활용하는 것이다. 우리는 특정한 도덕적 결정을 내릴 때 상위계층 개인이 소수보다 다수의 필요를 우선시할 가능성이 유의미하게 높다는 연구 결과를 설명했다. 이들은 최대 다수의 사람을 위한 최대 이익을 극대화하기 위해 노력하는 것이다(Côté et al., 2013). 이전 연구를 통해 고통받는 특정 개인에 대한 자비의 계층 차이를 검증한 바를 고려하면, 상위계층 개인은 실용적이지 않다고 여기기 때문에 자비의 느낌을 둔화시키는 것일 수 있다. 이 실마리를 따른다면, 상위계층 개인은 집단 또는 다수가 고통을 겪는 사례와 같이 많은 수의 사람에게 부정적인 영향을 미친다고 스스로 믿는 문제들에 대해서는 자비롭게 반응할 경향이 가장 강할지도 모른다. 향후 연구를 통해 고통의 사례를 보다 집단적인 방식으로—예를 들어, 어떻게 한 개인의 고통을 통해 수많은 타인이 연루되는지를 강조함으로써—구성함으로써 상위계층 사람들의 자비를 끌어올릴 수 있는지 여부를 조사할 수 있을 것이다. 요약하면, 상위계층의 자비는 자비를 공리주의와 연결하는 과정을 통해 촉진될 수 있다.

결론

사람들은 오늘날 우리 문화가 자비의 결핍을 겪고 있다고 주장한다. 지난 50년 동안 사람들은 자비의 사회적 쇠퇴를 나타내는 모든 경향, 즉 보다 개인주의적이고, 보다 자기중심적이고, 타인과 덜 연결되고, 덜 공감적인 모습을 보이게 되었다(예: Twenge, Campbell, & Freeman, 2012). 최근 몇 년간, 자비와 이를 촉진하는 요인들에 대한 과학적 관심이 급증한 것은 아마도 부분적으로는 이러한 이유 때문일 것이다. 이 장에서는 자비에 대한 개인의 성향이 자신의 사회적 계층과 결부되어 있다는 점을 나타내는 결과들을 검토했다. 높은 사회적 계층은 흔히 덜 자비로운 반응과 관련이 있었다. 우리는 이러한 관련성을 뒷받침하는 몇 가지 가능한 심리적 요인들을 개괄했으며, 이 요인을 감소시킬 수 있는 특정한 심리적, 상황적, 구조적 요인을 설명했다. 계층 간 자비 격차를, 또 결국은 이 격차를 어떻게 메울 수 있는지를 더 잘 이해하려면, 향후 연구에서 이러한 초기 통찰을 발판으로 삼아야 할 것이다.

참고문헌

Adler, N. E., Epel, E. S., Castellazzo, G., & Ickovics, J. R. (2000). Relationship of subjective and objective social status with psychological and physiological functioning: Preliminary data in healthy, white women. *Health Psychology, 19*(6), 586-592.

Anderson, C., & Galinsky, A. D. (2006). Power, optimism, and risk-taking. *European Journal of Social Psychology, 36*(4), 511-536.

Argyle, M. (1994). *The Psychology of Social Class.* London: Routledge.

Aronson, E., & Patnoe, S. (2011). *Cooperation in the Classroom: The Jigsaw Classroom.* London: Pinter and Martin.

Baron-Cohen, S., Wheelwright, S., Hill, J., Raste, Y., & Plumb, I. (2001). The "Reading the Mind in the Eyes" test, revised version: A study with normal adults, and adults with Asperger syndrome or high-functioning autism. *Journal of Child Psychology and Psychiatry, 42*(2), 241-251.

Bartlett, M. Y., & DeSteno, D. (2006). Gratitude and prosocial behavior: Helping when it costs you. *Psychological Science, 17*(4), 319-325.

Batson, C. D. (1998). Altruism and prosocial behavior. In S. T. Fiske, D. T. Gilbert, & G. Lindzey (Eds.), *Handbook of Social Psychology* (pp. 282-316). Boston, MA: McGraw-Hill.

Batson, C. D., & Shaw, L. L. (1991). Evidence for altruism: Toward a pluralism of prosocial motives. *Psychological Inquiry, 2*(2), 107-122.

Blanco, C., Grant, J., Petry, N. M., Simpson, H. B., Alegria, A., Liu, S., & Hasin, D. (2008). Prevalence and correlates of shoplifting in the United States: Results from the National Epidemiologic Survey on Alcohol and Related Conditions (NESARC). *American Journal of Psychiatry, 765*(7), 905-913.

Bowlby, J. (1978). Attachment theory and its therapeutic implications. *Adolescent Psychiatry, 6,* 5-33.

Cai, H., Kwan, V. S., & Sedikides, C. (2012). A sociocultural approach to narcissism: The case of modern China. *European Journal of Personality, 26*(5), 529-535.

Cameron, C. D., & Payne, B. K. (2011). Escaping affect: How motivated emotion regulation creates insensitivity to mass suffering. *Journal of Personality and Social Psychology, 100*(1), 1-15.

Chapman, B. P., Fiscella, K., Kawachi, I., & Duberstein, P. R. (2010). Personality, socioeconomic status, and all-cause mortality in the United States. *American Journal of Epidemiology, 171*(1), 83-92.

Chen, E., & Matthews, K. A. (2001). Cognitive appraisal biases: An approach to understanding the relation between socioeconomic status and cardiovascular reactivity in children. *Annals of Behavioral Medicine, 23*(2), 101-111.

Chen, Y., Zhu, L., & Chen, Z. (2013). Family income affects children's altruistic behavior in the Dictator Game. *PLoS ONE, 8*(11), e80419.

Chetty, R., Hendren, N., Kline, P., Saez, E., & Turner, N. (2014). Is the United States still a land of opportunity? Recent trends in intergenerational mobility. National Bureau of Economic Research (NBER Working Paper No. 19844).

Cikara, M., Bruneau, E., Van Bavel, J. J., & Saxe, R. (2014). Their pain gives us pleasure: How intergroup dynamics shape empathic failures and counter-empathic responses. *Journal of Experimental Social Psychology, 55,* 110-125.

Coke, J. S., Batson, C. D., & McDavis, K. (1978). Empathic mediation of helping: A two-stage model. *Journal of Personality and Social Psychology, 36*(7), 752-766.

Côté, S., Piff, P. K., & Willer, R. (2013). For whom do the ends justify the means? Social class and utilitarian moral judgment. *Journal of Personality and Social Psychology, 104*(3), 490-503.

Dalsky, D., Gohm, C. L., Noguchi, K., & Shiomura, K. (2008). Mutual self-enhancement in Japan and the United States. *Journal of Cross-Cultural Psychology, 39*(2), 215-223.

Dubois, D., Rucker, D. D., & Galinsky, A. D. (2015). Social class, power, and selfishness: When and why upper and lower class individuals behave unethically. *Journal of Personality and Social Psychology, 108*(3), 436-449.

Eisenberg, N., Fabes, R. A., Miller, P. A., Fultz, J., Shell, R., Mathy, R. M., & Reno, R. R. (1989). Relation of sympathy and personal distress to prosocial behavior: A multi-method study. *Journal of Personality and Social Psychology, 57*(1), 55-66.

Eisenberg, N., & Miller, P. A. (1987). The relation of empathy to prosocial and related behaviors. *Psychological Bulletin, 101*(1), 91-119.

Evans, G. W., Gonnella, C., Marcynyszyn, L. A., Gentile, L., & Salpekar, N. (2005). The role of chaos in poverty and children's socioemotional adjustment. *Psychological Science, 16*(7), 560-565.

Eysenck, S. B. (1981). Impulsiveness and antisocial behaviour in children. *Current Psychological Research, 7*(1), 31-37.

Fiske, S. T., Cuddy, A. J., Glick, P., & Xu, J. (2002). A model of (often mixed) stereotype content: Competence and warmth respectively follow from perceived status and competition. *Journal of Personality and Social Psychology, 82*(6), 878-902.

Forsythe, R., Horowitz, J. L., Savin, N. E., & Sefton, M. (1994). Fairness in simple bargaining experiments. *Games and Economic Behavior, 6*(3), 347-369.

Foster, J. D., Campbell, W. K., & Twenge, J. M. (2003). Individual differences in narcissism: Inflated self-views across the lifespan and around the world. *Journal of Research in Personality, 57*(6), 469-486.

Frith, C. D., & Frith, U. (2006). The neural basis of mentalizing. *Neuron, 50*(4), 531-534.

Gallo, L. C., & Matthews, K. A. (2003). Understanding the association between socioeconomic status and physical health: Do negative emotions play a role? *Psychological Bulletin, 129*(1), 10-51.

Gilbert, P. (2015). The evolution and social dynamics of compassion. *Social and Personality Psychology Compass, 9*(6), 239-254.

Gipple, E., & Gose, B. (2012, August 19). America's generosity divide. *The Chronicle of Philanthropy*. Retrieved February 26, 2016, from https://philanthropy.com/article/America-s-Generosity-Divide/156175

Goetz, J. L., Keltner, D., & Simon-Thomas, E. (2010). Compassion: An evolutionary analysis and empirical review. *Psychological Bulletin, 756*(3), 351-374.

Greve, F. (2009, May 23). America's poor are its most generous. *The Seattle Times*, Nation & World. Retrieved February 26, 2016, from http://www.seattletimes.com/nation-world/americas-poor-are-its-most-generous-donors/

Gross, J. L., & Levenson, R. W. (1993). Emotional suppression: Physiology, self-report, and expressive behavior. *Journal of Personality and Social Psychology, 64*(6), 970-986.

Guinote, A., & Vescio, T. (2010). *The Social Psychology of Power*. New York: Guilford Press.

Ickes, W., Stinson, L., Bissonnette, V., & Garcia, S. (1990). Naturalistic social cognition: Empathic accuracy in mixed-sex dyads. *Journal of Personality and Social Psychology, 59*(4), 730-742.

Independent Sector. (2001). Giving and volunteering in the United States. Washington, DC. Retrieved February 26, 2016, from http://www.cpanda.org/pdfs/gv/GV01Report.pdf

James, R. N., Ill, & Sharpe, D. L. (2007). The nature and causes of the U-shaped charitable giving profile. *Nonprofit and Voluntary Sector Quarterly, 36*(2), 218-238.

Jazaieri, H., Lee, I. A., McGonigal, K., Jinpa, T., Doty, J. R., Gross, J. J., & Goldin, P. R. (2016). A wandering mind is a less caring mind: Daily experience sampling during compassion meditation training. *The Journal of Positive Psychology, 71*(1), 37-50.

Johns, A., & Slemrod, J. (2010). The distribution of income tax noncompliance. *National Tax Journal, 65*(3), 397-418.

Johnson, W., & Krueger, R. F. (2005). Genetic effects on physical health: Lower at higher income levels. *Behavior Genetics, 55*(5), 579-590.

Johnson, D. C. (2005, December 19). Study shows the superrich are not the most generous. *The New York Times*. Retrieved February 26, 2016, from http://www.nytimes.com/2005/12/19/us/study-shows-the-superrich-are-not-the-most-generous.html

Keltner, D., Kogan, A., Piff, P. K., & Saturn, S. R. (2014). The sociocultural appraisals, values, and emotions (SAVE) framework of prosociality: Core processes from gene to meme. *Annual Review of Psychology, 65*, 425-460.

Keltner, D., Van Kleef G. A., Chen, S., & Kraus, M. W. (2008). A reciprocal influence model of social power: Emerging principles and lines of inquiry. *Advances in Experimental Social Psychology, 40*, 151-192.

Kirkpatrick, M., Delton, A. W., de Wit, H., & Robertson, T. E. (2015). Prosocial effects of MDMA: A measure of generosity. *Journal of Psychopharmacology, 29*(6), 661-668.

Kohn, M. L. (1963). Social class and parent-child relationships: An interpretation. *American Journal of Sociology, 68*(4), 471-480.

Konigsberg, L., MacGregor, S., Johnson, M., Massey, A., & Daubman, K. (2013). Higher SES predicts unethical behavior in men. Retrieved February 26, 2016, from http://www.psychfiledrawer.org/replication.php?attempt=MTUw

Korndörfer, M., Egloff B., & Schmukle, S. C. (2015). A large scale test of the effect of social class on prosocial behavior. *PLoS ONE, 10*(7), e0133193.

Kraus, M. W., Côté, S., & Keltner, D. (2010). Social class, contextualism, and empathic accuracy. *Psychological Science, 27*(11), 1716–1723.

Kraus, M. W., & Keltner, D. (2009). Signs of socioeconomic status: A thin-slicing approach. *Psychological Science, 20*(1), 99–106.

Kraus, M. W., Piff, P. K., & Keltner, D. (2009). Social class, sense of control, and social explanation. *Journal of Personality and Social Psychology, 97*(6), 992–1004.

Kraus, M. W., Piff, P. K., & Keltner, D. (2011). Social class as culture the convergence of resources and rank in the social realm. *Current Directions in Psychological Science, 20*(4), 246–250.

Kraus, M. W., Piff, P. K., Mendoza-Denton, R., Rheinschmidt, M. L., & Keltner, D. (2012). Social class, solipsism, and contextualism: How the rich are different from the poor. *Psychological Review, 119*(3), 546–572.

Lareau, A. (2002). Invisible inequality: Social class and childrearing in black families and white families. *American Sociological Review, 67*(5), 747–776.

Lieberman, M. D. (2010). Social cognitive neuroscience. In S. T. Fiske, D. T. Gilbert, & G. Lindzey (Eds.), *Handbook of Social Psychology* (5th ed., pp. 143–193). New York: McGraw-Hill.

Lyons, J., Born, K., Pearsen, J., Fox, M., Collins, C., Trosch, E., & Daubman, K. (2012). Higher SES predicts unethical decision making. Retrieved February 26, 2016, from http://www.psychfiledrawer.org/replication.php?attempt=MTMx

Marx, K. (1977). *Capital: Critique of Political Economy* (Vol. 1). New York: Vintage.

(Original work published 1867).

Miller, J., Kahle, S., & Hastings, P. (2015). Roots and benefits of costly giving: Young children's altruism is related to having less family wealth and more autonomic flexibility. *Psychological Science, 26*(7), 1038–1045.

Mitchell, J. P. (2009). Inferences about mental states. *Philosophical Transactions of the Royal Society B, 364*(1521), 1309–1316.

MoeAndET. (2014, October 22). *Asking Strangers for Food! (Social Experiment)* [video file]. Retrieved February 26, 2016, from https://www.youtube.eom/watchPv:lfC6RP6tZlQ

Muscatell, K. A., Morelli, S. A., Falk, E. B., Way, B. M., Pfeifer, J. H., Galinsky, A. D., … Eisenberger, N. I. (2012). Social status modulates neural activity in the mentalizing network. *NeuroImage, 60*(3), 1771–1777.

Na, J., Grossmann, I., Varnum, M. E., Kitayama, S., Gonzalez, R., & Nisbett, R. E. (2010). Cultural differences are not always reducible to individual differences. *Proceedings of the National Academy Sciences, 107*(14), 6192–6197.

Oakes, J. M., & Rossi, P. H. (2003). The measurement of SES in health research: Current practice and steps toward a new approach. *Social Science & Medicine, 56*(4), 769–784.

Oveis, C., Horberg, E. J., & Keltner, D. (2010). Compassion, pride, and social intuitions of self-other similarity. *Journal of Personality and Social Psychology, 98*(4), 618–630.

Page-Gould, E., Mendoza-Denton, R., & Tropp, L. R. (2008). With a little help from my cross-group friend: Reducing anxiety in intergroup contexts through cross-group friendship.

Journal of Personality and Social Psychology, 95(5), 1080-1094.

Pew Research Center. (2012, August 27). *Yes, the Rich Are Different.* Retrieved February 26, 2016, from http://www.pewsocialtrends.org/2012/08/27/yes-the-rich-are-different/

Piff, P. K., Dietze, P., Feinberg, M., Stancato, D. M., & Keltner, D. (2015). Awe, the small self, and prosocial behavior. *Journal of Personality and Social Psychology, 108*(6), 883-899.

Piff, P. K., Kraus, M. W., Côté, S., Cheng, B. H., & Keltner, D. (2010). Having less, giving more: The influence of social class on prosocial behavior. *Journal of Personality and Social Psychology, 99*(5), 771-784.

Piff, P. K., Stancato, D. M., Côté, S., Mendoza-Denton, R., & Keltner, D. (2012). Higher social class predicts increased unethical behavior. *Proceedings of the National Academy of Sciences, 109*(11), 4086-4091.

Piff, P. K., Stancato, D. M., & Horberg, E. J. (2016). Wealth and wrongdoing: Social dass differences in ethical reasoning and behavior. In J. W. Van Prooijen, & P. A. M. van Lange (Eds.), *Cheating, Corruption, and Concealment: The Roots of Dishonest Behavior.* Cambridge, UK: Cambridge University Press.

Piff, P. K., Stancato, D. M., Martinez, A. G., Kraus, M. W., & Keltner, D. (2012). Class, chaos, and the construction of community. *Journal of Personality and Social Psychology, 103*(6), 949-962.

Piff, P. K. (2014). Wealth and the inflated self: Class, entitlement, and narcissism. *Personality and Social Psychology Bulletin, 40*(1), 34-43.

Plato. (1987). *The Republic.* New York: Penguin. (Original work published 380$_{B.C.E.}$)

Pratto, F., Sidanius, J., Stallworth, L. M., & Malle, B. F. (1994). Social dominance orientation: A personality variable predicting social and political attitudes. *Journal of Personality and Social Psychology, 67*(4), 741-763.

Saez, E., & Zucman, G. (2014). Wealth inequality in the United States since 1913: Evidence from capitalized income tax data. *National Bureau of Economic Research* (NBER Working Paper No. 20625).

Schnall, S., Roper, J., & Fessler, D. M. (2010). Elevation leads to altruistic behavior. *Psychological Science, 21*(3), 315-320.

Schurr, A., & Ritov, I. (2016). Winning a competition predicts dishonest behavior. *Proceedings of the National Academy of Sciences, 113*(7), 1754-1759.

Shiota, M. N., Keltner, D., & John, O. J. (2006). Positive emotion dispositions differentially associated with Big Five personality and attachment style. *Journal of Positive Psychology, 7*(2), 61-71.

Snibbe, A. C., & Markus, H. R. (2005). You can't always get what you want: Educational attainment, agency, and choice. *Journal of Personality and Social Psychology, 88*(4), 703-720.

Stellar, J. E., Manzo, V. M., Kraus, M. W., & Keltner, D. (2012). Class and compassion: Socioeconomic factors predict responses to suffering. *Emotion, 72*(3), 449-459.

Stephens, N. M., Fryberg, S. A., Markus, H. R., Johnson, C. S., & Covarrubias, R. (2012). Unseen disadvantage: How American universities, focus on independence undermines the academic performance of first-generation college students. *Journal of Personality and Social Psychology, 102*(6), 1178-1197.

Stephens, N. M., Markus, H. R., & Townsend, S. M. (2007). Choice as an act of meaning: The case of social class. *Journal of Personality and Social Psychology, 93*(5), 814-830.

Tarrant, M., Dazeley, S., & Cotton, T. (2009). Social categorization and empathy for outgroup members. *British Journal of Social Psychology, 48*(3), 427-446.

Taylor, S. E. (2006). Tend and befriend: Biobehavioral bases of affiliation under stress. *Current Directions in Psychological Science, 15*, 273-277.

Twenge, J. M., Campbell, W. K., & Freeman, E. C. (2012). Generational differences in young adults' life goals, concern for others, and civic orientation, 1966-2009. *Journal of Personality and Social Psychology, 102*(5), 1045-1062.

Uchida, Y., & Kitayama, S. (2001). Development and validation of a sympathy scale. *Japanese Journal of Psychology, 72*(4), 275-282.

Underwood, B., & Moore, B. (1982). Perspective-taking and altruism. *Psychological Bulletin, 97*(1), 143-173.

van Kleef, G. A., Oveis, C., van der Löwe, I., LuoKogan, A., Goetz, J., & Keltner, D. (2008). Power, distress, and compassion: Turning a blind eye to the suffering of others. *Psychological Science, 79*(12), 1315-1322.

Varnum, M. E. W., Blais, C., Hampton, R. S., & Brewer, G. A. (2015). Social class affects neural empathic responses. *Culture and Brain, 3*(2), 122-130.

Wang, L., & Murnighan, J. K. (2014). Money, emotions, and ethics across individuals and countries. *Journal of Business Ethics, 725*(1), 163-176.

Watson, P. J., Grisham, S. O., Trotter, M. V., & Biderman, M. D. (1984). Narcissism and empathy: Validity evidence for the Narcissistic Personality Inventory. *Journal of Personality Assessment, 43*(3), 301-305.

Zaki, J., & Ochsner, K. N. (2012). The neuroscience of empathy: Progress, pitfalls and promise. *Nature Neuroscience, 75*(5), 675-680.

Zaki, J., Weber, J., Bolger, N., & Ochsner, K. (2009). The neural bases of empathic accuracy. *Proceedings of the National Academy of Sciences, 106*(27), 11382-11387.

제25장

미국에서 자비 관련 변인의 변천

Sasha Zarins and Sara Konrath

요약

자비 또는 공감적 관심은 타인의 고통을 경감하기 위해 행동하려는 욕구와 동반된 정서적 반응이다. 모든 역사를 통틀어, 기성세대는 젊은 세대들이 자신들에 비해 더 자기중심적이라고 비난해 왔다. 그러나 이와 관련된 변인에서 시간 경과에 따라 어떠한 변화가 있어 왔는가를 실제 데이터를 통해 조사하는 것이 중요하다. 그렇게 하지 않는다면, 우리는 젊은 미국인들에 대해 해롭고 부정확한 고정관념을 확산시킬 수도 있다. 이 장의 목표는 미국에서 자비와 관련된 변인들의 변천을 조사한 연구를 검토하는 것이다. 연구는 자기중심적 변인은 증가한 반면, 자비 관련 변인은 실로 감소하고 있음을 시사한다. 그러나 우리는 또한 반대 주장과 증거에 관해 논의하고 이 연구의 함의를 제시할 것이다.

핵심용어

자비, 공감적 관심, 시간적 변화, 사회적 변화, 타인중심, 자기중심

개요

오늘날 미국의 젊은이들은 나쁜 평판을 받고 있다. 2010년대 초반 뉴스 헤드라인을 언뜻 살펴봐도 소위 밀레니얼 세대를 향해 버릇없고(Lukianoff & Haidt, 2015), 불평 투성이며(Proud, 2015), 게으른 나르시시스트라고 비난하는 글을 쉽게 발견할 수 있다. 그러나 젊은 세대를 향한 기성세대의 비난이 역사적으로 반복되는 경향이라는 점에 비추어 보면

(Eibach & Libby, 2009), 이와 같은 변인이 시간에 걸쳐 어떻게 변화해 왔는가를 실제 데이터를 통해 조사하는 것이 중요하다. 그렇게 하지 않는다면 우리는 젊은 미국인들에 대한 해롭고 부정확한 고정관념을 확산시킬 수도 있다.

이 장에서 우리는 미국에서 자비와 관련된 변인의 변천을 조사한 연구를 검토할 것이다. 미국에서 자비가 줄어들고 자기중심성이 늘어나는 역사적인 추세가 존재하는가? 우리의 종합적인 검토 결과는 자기중심적인 변인

은 증가해 온 반면, 자비 관련 변인은 감소하고 있다는 사실을 보여 준다. 다른 가능한 설명 중에서도, 기술과 미디어의 병행적인 변화는 이러한 변화가 일어나는 보다 넓은 문화적 맥락을 더 잘 이해하는 데 도움을 줄 것이다. 우리는 또한 이 연구가 함의하는 점을 검토하고, 반대 주장과 증거에 관해서도 논의할 것이다. 우리는 미래 연구 방향에 대한 시사점을 제안하면서 이 글을 마무리할 것이다.

자비란 무엇인가

자비나 자비 관련 개념에 대한 연구는 정의의 문제(definitional issues)를 초래한다. **자비**(compassion), **공감**(empathy), **동감**(sympathy)과 같은 용어는 종종 서로 교환되며 사용된다. 이들이 밀접하게 관련된 개념이기는 하지만, 각각의 용어는 구별되는 구성개념을 반영하고 있다. **자비**는 타인이 아프거나 고통을 겪고 있다는 것을 자각하고, 그 고통을 경감하기 위해 어떤 것을 하려는 동기를 갖는 것을 말한다(Goetz, Keltner, & Simon-Thomas, 2010). 반면, **공감**은 흔히 정서적이고 인지적인 구성개념 모두를 포함하는 것으로 정의된다. 정서적 요소인 **공감적 관심**(empathic concern)은 타인의 고통에 대한 관심이나 돌봄과 같은 타인지향의 정시를 말한다. 사대를 더 복잡하게 만드는 것은, 공감적 관심이 때때로 **동감**으로 언급된다는 점이다(Lennon & Eisenberg, 1987). 그러나 **동감**은 또한 동정심과 같은 의미로 사

용되기도 한다(Gerdes, 2011). 공감적 관심의 정서는 흔히 타인의 고통을 경감하기 위해 어떤 행동을 하려는 욕구를 동기화한다(Batson, 2011). 이와 같이 공감적 관심과 자비의 구성개념 간에는 많은 공통점이 있는데 이는 두 가지 구성개념 모두가 타인의 고통에 대한 정서적 반응으로서 이타적인 친사회적 행동을 동기화하기 때문이다. **조망수용**(perspective-taking) 또는 인지적 공감은 타인의 관점을 상상하는 능력과 관련된다(Davis, 1983). 조망수용 그 자체가 친사회적이지는 않다. 사람들은 조망수용 기술을 사용해 타인을 조종하거나 자신이 원하는 것을 타인들로부터 얻어 낼 수도 있기 때문이다(Epley, Caruso, & Bazerman, 2006). 많은 연구자는 자비(또는 공감적 관심)를 고통이나 결핍 상태에 있는 타인을 볼 때 일어날 수 있는 두 가지 반응 중의 하나로 간주한다. 다른 반응은 타인의 고통에 대한 보다 자기초점적인 반응으로서, 때때로 혼란스러운 용어인 **공감적 고통**(empathic distress)으로 불린다(Davis, 1983; Singer & Klimecki, 2014).

이 장에서 우리는 앞에서 언급한 것과 같은, 자비와 관련된 특질이나 행동의 변천 과정을 살펴볼 것이다. **친사회적 행동**(prosocial behavior)은 타인에게 이익을 주기 위해 의도된 행동을 말한다(Batson & Powell, 2003). 친사회적 행동은 타인에게 이익을 주기 위한 욕구인 **이타주의**(altruism)에 의해 동기화될 수 있지만, 자신의 이익을 추구하는 **이기주의**(egoism)에 의해서도 동기화될 수 있다(Batson & Powell, 2003). 인지적이고 정서적인 공감 모두는 더

많은 친사회적 행동과 관련된다(Batson, 2011; Eisenberg & Miller, 1987; Underwood & Moore, 1982).

다양한 방법에 따른 다양한 의미

자비 관련 변인의 변천을 검토하기 전에, 우리는 이 글에서 사용한 다양한 방법론을 설명할 것이다. 이는 여러 조사 결과를 이해하고 적절한 결론을 내리는 데 있어 중요하다. 우리는 이 장을 세대 간 변화[소위 **코호트 효과**(cohort effects)라고 일컫는]에 대한 증거의 강도에 따라 보다 약한 것[횡단적(cross-sectional)]에서부터 보다 강한 것[일정 연령에 대한 반복 조사연구(repeated surveys with age held constant), 또는 종단 메타분석(cross-temporal meta-analyses)]으로 정리했다.

단일 시점 횡단 조사연구

코호트 효과에 대한 가장 약한 증거는 횡단 연구에서 얻어지는데, 이 방법은 단일 시점에서 다양한 연령 집단의 사람들에게 질문이나 표준화된 검사를 통해 얻은 상관 자료(correlational data)를 사용한다. 이런 자료를 통해 얻은 결과들이 세대 또는 출생 코호트 효과로 잘못 논의되는 경우가 흔하며 이러한 논의는 잘못된 결론을 내릴 수 있다. 단일 시점에서 얻은 자료를 통해 어떤 결과가 자연 발달적인 변화로부터 기인하는가를 결정하는 것은 불가능한데, 자연 발달적인 변화

는 사람들의 나이(발달 효과)나 집단의 태도에 영향을 미치는 세대 간 변화(코호트 효과) 또는 양 효과의 결합을 통해 발생하기 때문이다. 출생 코호트(또는 세대 코호트)는 성장 기간에 기초하여 유사하게 중요한 사건과 사회적 규준을 경험한 특정 기간에 태어난 사람들로서 정의된다(Stewart & Healy, 1989; Twenge, 2000). 통상적으로 사용되는 네 세대는 **침묵 세대**(Silent Generation)(1925~1945년 사이에 출생), **베이비부머**(Baby Boomers)(1946~1964년 사이에 출생), **X세대**(Generation X)(1965~1979년 사이에 출생), **밀레니얼**(Millennials)(1980~2000년 사이에 출생; Howe & Strauss, 2009)이다. 그렇지만 임의적으로 세대를 가르는 것이 타당한가에 대한 논쟁이 존재한다(Twenge, 2014). 전반적으로, 단일 시점 횡단 연구의 결과는 주의깊게 해석되어야 한다.

문화적 산물의 경향

문화적 산물에는 책, 노래, 정치적 연설, 인사장(greeting card), 예술 그리고 다른 인공물들이 포함된다(Morling & Lamoreaux, 2008). 이것들이 사람들의 특성이나 태도에 대한 직접적인 척도는 아니지만 자비와 연관된 보다 간접적인 사회적 경향을 분석하는 데 사용될 수 있다. 문화적 산물을 사용할 경우 하나의 강점은 표준화된 측정 도구를 사용하기 전에 이것들을 활용해 볼 수 있다는 점이다. 예를 들어, 구글 엔그램(Google Ngram)은 1800년부터 현재까지 수백만 권의 디지털화된 책을 검색할 수 있게 함으로써(Michel et al., 2011),

우리는 이처럼 장기간 동안에 사용된 단어의 빈도를 조사할 수 있다.

종단 메타분석

종단 메타분석은 출판 혹은 미출판된 자료로부터 어떤 특성이나 다른 표준화된 측정치의 데이터를 수집하고 시간에 따른 변화를 조사하는 방법이다. 종단적 메타분석은 일정한 연령에 대한 자료를 수집할 수 있기 때문에 다양한 코호트 간의 시간에 걸친 변화를 분석할 수 있다. 예를 들어, 1980년대 20세 대학생들의 성향적 공감 점수와 1990년대에서 2000년대까지의 20세 대학생들의 공감 점수를 비교할 수 있다. 이 방법의 장점에도 불구하고, 이 방법을 사용하는 연구들은 사용한 표본의 제약을 받는 경우가 흔하다. 거의 모든 연구는 대학생 표본에 의지하는데 대학생은 심리학 연구에서 가장 많이 사용되는 참여자이기 때문이다. 따라서 이러한 연구들은 미국 사회의 덜 부유한 집단을 포함한 다른 집단에 일반화할 수 없다. 또 다른 문제는 이 방법이 표준화된 척도에 의존하기 때문에 그 척도가 개발된 시점 이후로부터만 연구가 가능하다는 점이다. 이에 이 방법은 장기간보다는 상대적으로 짧은 기간(예: 1970년대에서 현재까지)에서의 한정된 심리적 변화만을 보여 주는 경우가 많다.

다년간 조사연구

여러 해 동안 정기적으로(매년 혹은 연 2회) 자비 관련 조사를 해 오고 있는 전국적인 규모의 몇 가지 데이터 세트가 있다. 이러한 조사는 전체 미국 모집단[예: 종합 사회 조사(General Social Survey)], 또는 특정 연령 집단[예: 미래 모니터링 연구(Monitoring the Future Study)에 포함된 고등학생]을 표본으로 사용한다. 어떤 경우든, 이러한 방식의 조사를 통해 시간적 변화를 분석하는 것은 관심 변인이 사회적 수준에서 어떠한 심리적 변화가 있는가를 분석하는 적절한 방식이다. 이 조사법의 한 가지 장점은 전국적인 대표 표본을 사용하기 때문에, 분석 결과를 모집단의 특정 하위 집합이 아닌 미국민 전체에 일반화할 수 있다는 점이다.

타인중심적 변인의 변천

우리는 우선 타인중심적인 성격 특성, 태도, 행동과 문화적 지표가 시간에 따라 어떻게 변화했는가를 논의할 것이다.

타인중심적 특성

단일 시점 횡단 조사연구

2015년 NBC 뉴스에 의해 수행된 조사에서, 미국 성인 2,650명 중 62%가 오늘날의 아이들이 과거의 아이들보다 덜 친절하다고 대답했다(Raymond, 2015). 그러나 단일 시점의 단일 조사로부터 결론 내릴 수 있는 것은 거의 없다. 예를 들어, 우리는 1990년대와 1970년대의 성인 중 비슷한 비율이 동일한 대답을 했을 것이라고 말할 수 없다. 실제로, 대부분의 인간 역사에 걸쳐, 기성세대는 젊은이의 도덕적 태도에 대해 우려를 표명해 왔다. 기원적 700년에 있었던 한 사례로서, 그리스 시인 Hesiod는 다음과 같이 썼다: "사람들은 늙어 가는 부모를 모욕하고, 불평하며, 심한 말로 야단하고, 냉정하게 대하며, 신들의 무서움을 모른다. 그들은 자신들을 키워 준 나이 든 부모에게 보답하지 않고, 가진 것을 자기들의 권리라고 생각한다." 이 인용문에서 표현된 생각은 현대와 다를 바 없게 보일 것이다. 이와 같은 사례들은 문자로 쓰인 역사 어디에서든 찾을 수 있다(Eibach & Libby, 2009). 이는 한 사회에서 시간에 걸쳐 일어나는 실제 변화를 이해하기 위해서는 경험적인 접근을 사용한 주의깊은 조사가 필요하다는 사실을 말해 준다.

종단 메타분석

앞서 논의했던 공감과 자비의 정의상 관련성을 고려하면서, 우리는 우선 공감의 시간에 따른 변화를 조사했다. 미국 대학생의 성향적 공감의 변화를 조사한 한 종단 메타분석은 1997년에서 2009년 사이 공감적 관심(정서적 공감)과 조망수용(인지적 공감) 점수의 감소를 보여 주었다(Konrath, O'Brien, & Hsing, 2010). 이러한 점수의 감소는 2000년 이후 가장 두드러졌다.

다음으로, **성인 애착 유형**(adult attachment styles)은 사람들이 타인과 연결되고 관계 맺는 방식을 말한다(Bartholomew & Horowitz, 1991). 자기와 타인 간 안정적인 애착의 느낌은 자비에 대한 기초를 제공하는 반면, 불안정 애착은 자비를 느끼는 능력을 저해한다(Diehl, Elnick, Bourbeau, & Labouvie-Vief, 1998; Mikulincer & Shaver, 2005). 성인 애착 유형에 관한 한 종단 메타분석은 1988년에서 2011년 사이 안정 애착 유형을 보고한 미국 대학생의 비율이 감소했음을 발견했다(Konrath, Chopik, Hsing, & O'Brien, 2014).

타인중심적 태도와 가치

다년간 조사연구

도덕 추론(moral reasoning)은 사람들이 자신, 타인, 사회에 미치는 결과에 따라 도덕 규칙에 순응하는 정도를 의미한다(Kohlberg, 1976). 낮은 수준의 도덕 추론은 자신에 대한 부정적 결과(예: 처벌)를 회피하는 데 초점을 둔다. 반면, 타인에게 미치는 결과를 고려하는 사람의 경우 보다 진보된 도덕 추론을 가진 것으로 본다. 가장 높은 수준은 전체 사회에 미치는 결과를 고려하는 경우이다. 도덕 추론은 자비와 관련되는데, 보다 공감적인 성인에게서 더 높은 수준의 도덕 추론이 나타나기 때문이다(Eisenberg-Berg & Mussen, 1978; Hoffman, 2001). 한 다년간 연구는 1979년부터 2005년 사이 도덕 추론 수준이 낮아졌음을 보고했다(Thoma & Bebeau, 2008).

미래 모니터링 연구와 미국 신입생 조사(American Freshman Survey) 모두 타인에 대한 관심을 담은 문항들을 포함한다. 1966년에서 2009년 사이, 고등학교 3학년생과 대학 신입생들의 외집단에 대한 공감 표현이 감소했고, 타인을 돕는 직업(예: 사회복지사)에 대한 선호도 줄었으며, 가난한 사람들이 더 많은 음식을 먹도록 하기 위해 식습관을 바꾸겠다는 대답도 줄어들었다(Twenge, Campbell, & Freeman, 2012). 이와 같은 타인에 대한 낮은 수준의 관심은 타인을 향한 자비에 어려움이 있음을 시사한다.

다음으로, 신뢰(trust)는 타인에 대한 긍정적인 기대를 포함한다(Rotter, 1971). 보다 신뢰로운 사람들은 더 공감적인 경향이 있다(Nadler & Liviatan, 2006). 따라서 시간의 경과에 따른 신뢰의 변화는 타인을 향한 자비로운 반응에 대한 함의를 가질 수 있으며, 타인에 대한 긍정적인 초점의 변화를 보여 줄 수 있다. 1976년에서 2012년 사이 미국 성인의 타인에 대한 신뢰는 감소했으며(종합 사회 조사), 1972년에서 2012년까지 고등학교 3학년생의 신뢰 점수 또한 하락했다(미래 모니터링 연구; Twenge, Campbell, & Carter, 2014).

타인중심적 행동

단일 시점 횡단 조사연구

국가 및 지역사회 서비스 조합(Corporation for National and Community Service: CNCS)은 2014년, 자원봉사 지원에 있어 미국 밀레니얼 세대들이 가장 낮은 비율(21.7%)을 보였으며 X세대가 가장 높은 비율(29.4%)을 나타냈다고 보고했다. 베이비부머 세대(27.2%)와 더 나이 든 성인들(24.0%)은 중간 정도였다

(CNCS, 2015). 그러나 여러 기간에 걸친 비교 없이는 이러한 결과를 발달적인 코호트 효과가 있다고 주장할 수 없다.

다년간 조사연구

자선 기부(charitable donations)는 비영리 기관이나 도움이 필요한 사람들에게 무상으로 돈을 제공하는 것이다(Bekkers, 2005). 자선 제공의 동기는 자기중심적일 수도 타인중심적일 수도 있지만, 자선 제공이 타인에게 이익을 주기 때문에, 우리는 그것을 타인중심적 행동으로 판단했다. 실제로 더 공감적인 사람들이 자선 제공에 더 참여하는 경향이 있다(Bekkers, 2006).

1966년에서 2009년 사이, 미래 모니터링 연구는 앞으로 자선 기부를 할 것이라는 고등학교 3학년생의 대답이 유의미하게 줄어들었음을 발견했다(Twenge, Campbell, & Freeman, 2012). 그러나 이 연구는 자기보고식으로 미래에 대한 기대를 측정했기 때문에 자선 제공에 대한 매우 강력한 증거는 아니다. Giving USA 재단은 매년 국세청(Internal Revenue Service), 자선 패널 연구(Philanthropy Panel Study), 인구 조사국(Census Bureau)과 같은 기관으로부터 보다 신뢰할 만한 자료를 수집하여 세금 자료, 경제적 지표, 인구학적 지표를 분석한다(Giving USA Foundation, 2015). 1974년에서 2014년 사이, 개인의 자선 기부 총액은 인플레이션을 감안하여 조정했을 때도 유의미하게 증가했다. 그러나 같은 기간 동안 자선 제공은 가처분 소득의 2% 선에서 유지되었다.

자선 기부가 전반적으로 증가했기 때문에 혹자는 미국인들이 더 관대해졌다고 결론 내릴 수도 있을 것이다. 그러나 미국인이 가처분 소득을 기준으로 했을 경우 더 높은 비율로 기부를 한 것은 아니기 때문에 이러한 가설은 의심받을 수 있다. 이에 더하여, 자선 기부가 반드시 이타적 동기를 의미하는 것은 아니기 때문에, 자선 기부 총액이 늘어났다는 것이 미국에서 자비가 증가했다는 것을 정확히 시사하지는 않는다.

자원봉사는 또 다른 공식적인 친사회적 행동으로 비영리 조직에 무상으로 시간을 제공하는 것을 포함한다(Wilson, 2000). 몇 개의 다년간 연구가 시간 경과에 따른 자원봉사 비율을 조사해 왔다.

- 1984년에서 1997년 사이, ABC News/Washington Post 조사는 조사 연도 기준으로 지난해 자원봉사에 참여한 미국인의 비율이 44%에서 58%로 증가했음을 발견했다(Ladd, 1999에서 보고).
- 1977년에서 1995년 사이, Gallup/Princeton 여론 조사는 사회복지 사업에 참여했다고 보고한 미국인의 비율이 26%에서 54%로 증가했음을 발견했다(Ladd, 1999에서 보고).
- 1989년에서 2007년 사이, CNCS는 모든 연령 집단에서 자원봉사 비율이 증가했으며, 가장 큰 증가를 보인 집단은 십 대였다고 보고했다(CNCS, 2007).
- 1966년에서 2009년 사이, 미래 모니터링

연구와 미국 신입생 조사는 고등학교 3학년생과 대학교 신입생들이 시간 경과에 따라 자원봉사에 더 많이 참여했음을 보고했다(Twenge, Campbell, & Freeman, 2012). 그러나 2003년에서 2013년 사이, Giving USA 재단은 자원봉사 비율이 점진적으로 감소하고 있다고 보고했다(Giving USA Foundation, 2015).

전반적으로, 자원봉사는 20세기 중반으로부터 21세기 첫 십 년까지는 증가하지만 이후에는 감소하는 것으로 보인다. 자원봉사 또한 반드시 이타적 동기와 연관된다고 할 수는 없다. 보다 공감적인 사람들이 자선 기부(Bekkers, 2006)와 자원봉사(Bekkers, 2005; Penner, 2002)를 포함하여 더 친사회적 행동을 하지만, 사람들은 다른 많은 이유로 자원봉사를 한다(Clary & Snyder, 1999). 예를 들어, 자기애적인 성향을 더 가진 사람들은 이타적인 이유보다는 전략적이거나 이기적인 이유로 사람들을 돕는 경우가 많다(Konrath, Ho, & Zarins, 2016). 따라서 시간 경과에 따른 자원봉사 비율의 증가가 반드시 자비의 증가를 시사하는 것은 아니다. 전반적으로, 우리는 특성, 태도, 가치의 변화라는 더 큰 맥락 안에서 이러한 행동 변화를 고려해야 한다.

한 연구에서는 분실 편지 방법(lost letter paradigm)을 사용하여 시간에 걸친 도움행동의 변화를 측정했다. 분실 편지 방법은 공공 장소에서 '분실된' 주소와 우표가 붙은 편지의 회수율을 측정한다(Milgram, Mann, & Harter,

1965). 미국에서 편지의 회수율은 2001년 (58.68%)에 비해 2011년(49.46%) 줄어들었다. 그러나 이러한 도움행동의 감소가 캐나다에서는 일어나지 않았다. 캐나다에서의 회수율은 2001년(53.59%)과 2011년(51.40%)이 비슷했다(Hampton, 2016).

도움행동, 자원봉사, 자선 기부 외에도 사람들은 다양한 방식으로 사회에 참여한다. 사회나 정치(예: 투표에 더 참여하는)에 더 적극적으로 참여하는 사람들은 공감적 관심 점수가 더 높다(Bekkers, 2005). 미래 모니터링 연구와 미국 신입생 조사는 1966년에서 2009년 사이, 젊은 미국인들의 사회 참여와 사회 자본이 줄어들고 있음을 발견했다(Twenge, Campbell, & Freeman, 2012). 밀레니얼 세대는 이전의 젊은 미국인 세대와 비교하여, 사회적 문제에 대한 생각, 정부에 대한 관심, 투표, 공무원에게 편지 쓰기, 데모 참여, 정치 헌금, 환경 보호 운동 참여가 줄어드는 것으로 나타났다(Twenge, Campbell, & Freeman, 2012). 이러한 경향의 유일한 예외는 밀레니얼 세대가 X 세대와 비교했을 때 동일 기간 동안 정치에 대한 토론을 더 많이 했다는 점이다(Twenge, Campbell, & Freeman, 2012). 전반적으로, 이와 같은 사회 참여의 감소는 다른 배경을 가진 타인을 향한 자비에 관해 시사하는 바가 있다.

지금까지 우리는 일반적인 사회 참여 경향의 변화를 논의해 왔지만, 보다 개인적/관계적 수준에서의 변화 또한 살펴볼 것이다. 사회적으로 더 연결된 사람들은 중요한 사회 문제를 함께 토론할 더 많은 친구와 사람들을 갖는

다(McPherson, Smith-Lovin, & Brashears, 2006). 종합 사회 조사를 활용한 다년간 연구는 미국인들이 중요한 사회 문제를 함께 토론한 타인의 수가 1985년 평균 2.94명에서 2004년 평균 2.08명으로 줄어들었음을 발견했다(McPherson et al., 2006). 그러나 같은 기간 동안, 미국인들은 중요한 문제를 자신의 배우자와 더 많이 토론했다(McPherson et al., 2006). 공감은 타인과의 사회적 연결을 증진시키며 또한 사회적 연결에 의해 공감이 증진될 수도 있기 때문에(Watt, 2005), 친밀한 타인 수의 감소는 타인을 향한 사람들의 자비에 대한 함의를 제공할 수 있다.

종합해 보면, 우리가 이 장에서 보고한 경향은 20세기 후반 이래 타인에 대한 신뢰, 사회적 연결, 정치적·사회적·종교적 참여의 감소를 보다 심층적으로 연구한 선행의 학술적 보고와 궤를 같이한다(Putnam, 2001).

타인중심적인 문화적 지표들

문화적 산물은 얼마나 개인주의(독립)적인가 또는 집단주의(상호의존)적인가의 정도에 있어서 매우 다양하다(Morling & Lamoreaux, 2008). 보다 타인중심적 측면인 **집단주의**는 자신을 타인과 상호 연관된 집단의 일부로 인식한다(Markus & Kitayama, 1991). 보다 집단주의적인 사람들은 더 공감적인 경향이 있다(Realo & Luik, 2002). 자신을 타인과의 관계의 맥락에서 인식하는 것은 타인에 대해 자비로운 태도를 더 갖기 쉽게 만드는 것 같다.

1960년에서 2008년까지(Twenge, Campbell, & Gentile, 2012b) 그리고 1860년에서 2006년까지(Grossmann & Varnum, 2015), 미국에서 출판된 책에서 상호의존적/집단주의적 단어와 구는 감소해 왔다.[1] 이에 더하여, 미국 책에서 '자기-통제'라는 용어의 사용은 1900년에서 2000년 사이 줄어들었으며(Konrath & Anderson, 2011), 일인칭 복수 대명사(예: '우리')의 사용은 1960년에서 2008년 사이 감소했다(Twenge, Campbell, & Gentile, 2013). 노랫말에서 사용된 타인중심 언어를 조사했을 때도 유사한 변화가 나타났다. 예를 들어, 한 연구는 1980년에서 2007년 사이, 대중가요에서 타인중심적인 단어, 사회적 상호작용 단어, 긍정적 정서 단어 모두가 감소했음을 보여 주었다(DeWall, Pond Jr., Campbell, & Twenge, 2011). 마지막으로, 또 다른 연구는 1970년에서 2012년까지 미국 대통령 연두교서 **연설문**에서 타인에 대한 관심을 표현하는 단어(예: 친구에 대한 언급)가 감소했음을 발견했다(Chopik, Joshi, & Konrath, 2014).[2]

타인중심적 변인 연구 결과의 요약

개인, 가족, 사회적 수준에서 많은 타인중심적 변인의 변화가 있어 왔다. 종합적으로, 타인중심적 특성, 태도, 가치, 행동에 있어 유의미한 감소가 나타났다. 문화적 지표 또한 미국 사회에서 집단주의의 감소 경향을 보여 준다(상세한 요약은 〈표 25-1〉을 보시오). 집단주의적 가치로부터 멀어져 가는 문화적 경향과 동반된, 공감, 안정 애착, 도덕 추론, 타인에 대한 관심, 신뢰의 감소를 고려한다면, 우리는 조각의 정보를 연결하여 자비 관련 변인의 전반적인 경향에 대한 보다 명료한 그림을 얻을 수 있다. 자원봉사와 자선 기부에서 나타나는 불일치하는 행동적 증거를 감안하더라도, 다른 행동 측정치들은 타인중심적 행동들의 감소를 보여 준다(예: 시민활동 참여와 사회적 연결). 이러한 특성, 태도, 가치의 감소는 최근의 미국 대학생 세대가 자비를 배양하는 것을 더 어렵게 만들 수 있다.

표 25-1 자비 관련 변인의 시간적 경향에 관한 선행 연구 요약

변인	시간에 따른 변화	기간	참여자	연구 유형	측정/조사	인용
타인중심적 특성						
아동의 공감 지각	응답자들은 오늘날의 아동이 이전 세대의 아동에 비해 덜 공감적이라고 믿음	특정되지 않음	N=2,650 성인 (전국 대표 표본)	단일 시점 횡단 조사연구	NBC 뉴스 친절 여론조사의 변화 추이	(Raymond, 2015)
성향적 공감	공감적 관심과 조망수용의 감소	1979~2009	N=13,737 72개 연구에서 대학생	종단 메타분석	대인관계 반응지수 (Davis, 1983)	(Konrath et al., 2010)
성인 애착 유형	안정 애착은 감소, 불안정 애착은 증가	1988~2011	N=25,243 94개 연구에서 대학생	종단 메타분석	관계 질문지 (Bartholomew & Horowitz, 1991)	(Konrath et al., 2014)
타인중심적 태도와 가치						
도덕 발달	도덕 추론 수준의 감소	1979~2006	N=15,115 대학생과 대학원생	다년간 조사연구	도덕 판단력 검사 (Defining Issues Test) (Rest, 1990)	(Thoma & Bebeau, 2008)
타인에 대한 태도	타인에 대한 관심의 감소	1966~2009	MtF[1]: N=463,753 고등학생 (전국 대표 표본), AF[2]: N=8.7백만 대학생 (전국 대표 표본)	다년간 조사연구	미래 모니터링 연구 & 미국 신입생 조사	(Twenge, Campbell, & Freeman, 2012)
타인 신뢰	타인 신뢰 감소	1972~2012	GSS[3]: N=37,493 성인 (전국 대표 표본), MtF: N=101,633 고등학생 (전국 대표 표본)	다년간 조사연구	종합 사회 조사 & 미래 모니터링 연구	(Twenge et al., 2014)

(계속)

타인중심적 행동 지표						
자원봉사	미국 밀레니얼 세대는 가장 낮은 수준의 자원봉사 비율(21.7%)을 보고, X세대는 가장 높은 비율(29.4%)을 보임. 베이비부머 세대(27.2%)와 더 나이 든 성인(24.0%)은 중간	2014	매달 ~100,000 성인 (전국 대표 표본)	단일 시점 조사연구	최신 인구 조사의 자원봉사 추이 (Volunteer supplement of the Current Population Survey)	(CNCS, 2015)
자선 제공	자선 기부 의도의 감소	1966~2009	MtF: N=463,753 고등학생 (전국 대표 표본)	다년간 조사연구	미래 모니터링 연구	(Twenge, Campbell, & Freeman, 2012)
자선 제공	자선 제공 총액은 증가했으나, GDP 대비 비율과 가처분 소득 대비 비율은 2% 선을 유지	1974~2014	소득세 신고를 한 모든 미국 시민	다년간 조사연구	Giving USA	(Giving USA Foundation, 2015)
자원봉사	자원봉사 비율과 미래의 자원봉사 기대가 증가	1966~2009	MtF: N=463,753 고등학생 (전국 대표 표본), AF: N=8.7백만 대학생 (전국 대표 표본)	다년간 조사연구	미래 모니터링 연구 & 미국 신입생 조사	(Twenge, Campbell, & Freeman, 2012)
자원봉사	자원봉사 증가	1974~2007	매달 ~100,000 성인 (전국 대표 표본)	다년간 조사연구	최신 인구 조사의 자원봉사 추이	(CNCS, 2007)
자원봉사	자원봉사 증가	1977~1997	참여자 수가 제시되지 않음[3]	다년간 조사연구	ABC 뉴스/워싱턴 포스트 여론조사 (1984~1997) & 갤럽과 프린스턴 조사연구 연합 여론조사(1977~1995)	(Ladd, 1999)

(계속)

				다년간 조사 연구	Giving USA—최신 인구 조사의 자원봉사 추이	(Giving USA Foundation, 2015)
자원봉사	자원봉사 감소	2003~2013	매년 ~100,000 성인 (전국 대표 표본)	다년간 조사 연구	Giving USA—최신 인구 조사의 자원봉사 추이	(Giving USA Foundation, 2015)
도움행동	미국에서 회수된 편지의 수 감소	2001~2011	미국—2001: 2,161개의 편지 2011: 2,210개의 편지, 캐나다—2001: 1,560개의 편지, 2011: 1,535개의 편지 (전국 대표 표본)	다년간 조사연구	분실 편지 방법 (Milgram et al., 1965)	(Hampton, 2016)
시민활동 참여	시민활동 참여 감소	1966~2009	MtF: N=463,753 고등학생 (전국 대표 표본), AF: N=8.7백만 대학생 (전국 대표 표본)	다년간 조사연구	미래 모니터링 연구 & 미국 신입생 조사	(Twenge, Campbell, & Freeman, 2012)
종교 참여	종교 예배 참여와 종교 가입 감소	1976~2013	N=11.2백만 고등학생 (전국 대표 표본), AF: N=8.7백만 대학생 (전국 대표 표본)	다년간 조사연구	미래 모니터링 연구, 미래 모니터링 연구 8학년 & 10학년 조사 & 미국 신입생 조사	(Twenge, Exline, et al., 2015)
사회적 연결	성인은 중요한 문제를 토론할 더 적은 친구를 보고	1985~2004	년간 ~1,100 가계 (전국 대표 표본)	다년간 조사연구	종합 사회 조사	(McPherson et al., 2006)
타인중심적 문화적 지표						
집단주의/공동체 단어	공동체 단어와 구의 사용이 감소	1860~2006 1960~2008	미국 소설과 논픽션 책들	문화적 산물	Google Ngrams	(Grossmann & Varnum, 2015; Twenge, Campbell, et al., 2012b)
'자기-통제'	'자기-통제' 단어 사용 감소	1900~2000	영어로 쓰인 책	문화적 산물	Google Ngrams	(Konrath & Anderson, 2011)

(계속)

대명사 사용	일인칭 복수 대명사(집단주의 가치를 표현하는) 사용의 감소	1960~2008	미국 소설과 논픽션 책들	문화적 산물	Google Ngrams	(Twenge, Campbell, et al., 2013)
노래 가사	타인중심 단어, 사회적 상호작용과 관련된 단어, 긍정적 정서 단어 사용의 감소	1980~2007	매년 미국 톱 10 노래	문화적 산물	노래 가사	(DeWall et al., 2011)
연두교서	타인 대명사의 사용과 친구의 언급이 감소	1970~2012	226개의 연두교서	문화적 산물	연두교서	(Chopik et al., 2014)
자기중심적 특성						
자기애	자기애 증가	1979~2008	107개 연구에서 N=49,818 대학생	종단 메타분석	자기애적 성격 검사 (Raskin & Hall, 1979)	(Twenge & Foster, 2010; Twenge et al., 2008)
자기애	한 대학 캠퍼스에서 자기애 증가	1994~2009	South Alabama 대학교 기초 심리학 수강생 N=4,152	다년간 조사연구	자기애적 성격 검사 (Raskin & Hall, 1979)	(Twenge & Foster, 2010)
자기-존중감	대학생에서 자기-존중감 증가	1968~1994	199개 학생 표본 N=65,965	종단 메타분석	로젠버그 자기-존중감 척도 (Rosenberg, 1965)	(Twenge & Campbell, 2001)
자기-존중감	아동의 자기-존중감이 1965년에서 1979년까지 감소하다 1980년에서 1993년까지 증가	1965~1993	156개 학생 표본 N=39,353	종단 메타분석	쿠퍼스미스 자기-존중감 질문지 (Coopersmith, 1967)	(Twenge & Campbell, 2001)
자기-존중감	자기-존중감 증가	1988~2008	264개의 중학생, 고등학생, 대학생 표본 N=77,522	종단 메타분석	로젠버그 자기-존중감 척도 (Rosenberg, 1965)	(Gentile et al., 2010)

(계속)

야망	청소년의 야망 증가	1976~2000	매년 125개 고등학교로부터 고등학교 3학년생 표본 수의 범위는 1,946(2000)에서 3,295(1978)	다년간 조사연구	미래 모니터링 연구	(Reynolds, Stewart, MacDonald, & Sischo, 2006)
자기애	자기애 증가	1990~2008	대학생과 대학원생 N=933	다년간 조사연구	캘리포니아 성격 검사 (Gough, 1956)	(Stewart & Bernhardt, 2010)
행위자 특성	행위자 특성에 관한 자기-평가 증가	1966~2009	N=6.5백만 대학생	다년간 조사연구	미국 신입생 조사	(Twenge, Campbell, et al., 2012a)

자기중심적 태도와 가치

원하는 직업 특성 (내재적 대 외재적 보상)	① 내재적 및 사회적 보상의 가치 감소 ② 휴가 보상의 가치 증가 ③ 외재적 보상의 가치는 1976년에서 1991년까지 증가, 1991년에서 2006년까지 약간 감소, 그러나 1976년에서 2006년까지 전반적으로 증가 ④ 이타적 보상의 가치에서는 차이가 없음	1976, 1991, 2006	N=16,507 고등학생	다년간 조사연구	미래 모니터링 연구	(Twenge, Campbell, et al., 2010)

(계속)

변인	지표	연도	표본	연구 유형	자료원	출처
인생 목표(내재적 대 외재적 목표)	내재적 인생 목표는 감소하고 외재적 인생 목표는 증가	1966~2010	MtF: N=463,753 고등학생 (전국 대표 표본), AF: N=8.7백만 대학생 (전국 대표 표본), San Diego 주립대학교의 대학생 182명	다년간 조사연구	미래 모니터링 연구 & 미국 신입생 조사	(Twenge, Campbell, & Freeman, 2012)

자기중심성적 문화적 지표

변인	지표	연도	표본	연구 유형	자료원	출처
개인주의적 단어	개인주의적 단어와 구의 사용 증가	1860~2006 1960~2008	미국 소설과 논픽션 책들	문화적 산물	Google Ngrams	(Grossmann & Varnum, 2015; Twenge, Campbell, et al., 2012b)
'자기-존중감'	'자기-존중감' 단어 사용 증가	1900~2000	영어로 쓰인 책	문화적 산물	Google Ngrams	(Konrath & Anderson, 2011)
대명사 사용	일인칭 단수 및 이인칭 대명사(개인주의적 가치를 표현하는)의 사용 증가	1960~2008	미국 소설과 논픽션 책들	문화적 산물	Google Ngrams	(Twenge, Campbell, et al., 2013)
노래 가사	자기중심적 단어와 반사회적 단어 및 구의 사용 증가	1980~2007	매년 미국 톱 10 가요	문화적 산물	노래 가사	(DeWall et al., 2011)
연두교서	일인칭 대명사(단수 및 복수)의 사용과 가족의 언급 증가	1970~2012	226개의 연두교서	문화적 산물	연두교서	(Chopik et al., 2014)

(계속)

아기 이름	고유한 아기 이름 선호 증가	1880~2012 1880~2007	사회 보장 카드를 받은 모든 미국 시민	역사적 데이터	사회 보장국 신생아 이름 데이터베이스	(Grossmann & Varnum, 2015; Twenge, Abebe, et al., 2010)
가계 크기	① 다자녀 가족과 비교하여 한자녀 가족의 빈도 증가 ② 다세대 가계와 비교하여 단일세대 가계의 빈도 증가 ③ 홀로 사는 성인과 노인의 비율 증가 ④ 평균 가족 크기 감소 ⑤ 결혼 비율과 비교하여 이혼 비율 증가	① 1880~2012 ② 1880~2012 ③ 1880~2012 ④ 1860~2012 ⑤ 1900~2009	모든 미국 시민	역사적 데이터	미국 인구조사 & 미국 지역사회 조사, 미국 보건복지국의 국립 건강 통계 센터로부터 나온 정부 기록	(Grossmann & Varnum, 2015)
반대 증가						
외로움	외로움 감소	1978~2009	48개 대학생 표본 N=13,041	종단 메타분석	UCLA 외로움 척도 (Russell, 1996)	(Clark et al., 2014)
외로움	외로움 감소	1991~2012	N=385,153 고등학생 (전국 대표 표본)	다년간 조사연구	미래 모니터링 연구	(Clark et al., 2014)
출로 보내는 시간	공공장소에서 출로 보내는 시간 감소, 반면 공공장소에서 집단과 보내는 시간은 증가	1979~2010	143,593명의 사람을 네 곳의 공동장소에서 코딩	다년간 조사연구	시간 기록 영화 및 비디오로 주변 코딩	(Hampton et al., 2015)

(계속)

괴롭힘	① 학교 관련 폭력 희생자 감소 ② 괴롭힘과 또래 희생자 감소	1992~2011	매년 12~18세 청소년 N~160,000	다년간 조사연구	국립 범죄 희생자 조사(National Crime Victimization Survey)	(Finkelhor, 2014)
괴롭힘	① 신체적 싸움과 학교에서의 싸움 감소 ② 2009년에서 2011년 사이 전국적으로 괴롭힘의 유의미한 변화가 없음 ③ 메사추세츠에서 학교 괴롭힘 감소	1991~2011	매년 N~12,000~17,000 고등학생	다년간 조사연구	청소년 위험 행동 조사(Youth Risk Behaviors Survey)	(Finkelhor, 2014)
괴롭힘	괴롭힘 가해자 또는 희생자 경험을 보고한 학생의 감소	1998~2010	매년 6~10학년 학생 N~4,500	다년간 조사연구	학령 아동 연구에서 건강 행동	(Finkelhor, 2014)
괴롭힘	학교에서 대인관계적 상해의 위협에 대한 노출 감소, 희생자 경험을 보고한 학생들은 제외	1991~2010	매년 125개 고등학교로부터 고등학교 3학년 생 N~2,500	다년간 조사연구	미래 모니터링 연구	(Finkelhor, 2014)
괴롭힘	학교에서 밀치기, 붙잡기, 때밀기 감소	1995~2010	6학년, 9학년, 12학년생 (표본수는 보고하지 않음)	다년간 조사연구	미네소타 괴롭힘 조사	(Finkelhor, 2014)
괴롭힘	신체적 위험, 정서적 괴롭힘, 또래와 형제 공격 감소	2006, 2009, 2011	매년 아동 N~4,500	다년간 조사연구	국립 아동 폭력 노출 조사	(Finkelhor, 2014)

(계속)

변인	내용	연도	표본	연구 유형	측정 도구	출처
과롭함	① 직접적인 온라인 과롭함에 의해 일어나는 온라인 과롭함 증가 ② 전반적인 과롭함의 증가에 비례하는 고통스러운 과롭함 증가 ③ 동일 인물에 의한 반복적 과롭함 증가 ④ 과롭함 범죄 증가	2000, 2005, 2010	인터넷을 사용하는 10~17세 청소년 N=4,561 (전국 대표 표본)	다년간 조사연구	청소년 인터넷 안전 조사	(Jones et al., 2013)
관용	논란이 되는 신념이나 생활양식을 가진 타인에 대한 관용 증가	1972~2012	N=35,048 성인 (전국 대표 표본)	다년간 조사연구	종합 사회조사	(Twenge, Carter, et al., 2015)
자기애	시간에 걸쳐 자기애의 변화 없음	1982~2007	N=26,867 캘리포니아 대학교 (데이비스, 산타크루즈, 버클리)의 학생	다년간 조사연구	자기애적 성격 검사 (Raskin & Hall, 1979)	(Trzesniewski et al., 2008)
자기-고양	시간에 걸친 자기-고양의 변화 없음	1976~2006	N=410,527 고등학교 3학년생과 캘리포니아 대학교 (데이비스, 산타크루즈, 버클리)의 학생	다년간 조사연구	캘리포니아 대학교 기초 심리학 검사 초기, 미래 모니터링 연구	(Trzesniewski et al., 2008)
자기애	시간에 걸친 자기애의 변화 없음	1996~2008	캘리포니아 대학교 (데이비스와 버클리)의 학생 N=30,073	다년간 조사연구	자기애적 성격검사 (Raskin & Hall, 1979)	(Donnellan et al., 2009)

[1] Monitoring the Future (미래 모니터링 연구)
[2] The American Freshman (미국 신입생 조사)
[3] General Social Survey (종합 사회 조사)

자기중심적 변인의 변천

다음으로 우리는 보다 자기중심적인 성격 특성, 태도, 문화적 지표의 시간에 따른 변화를 검토할 것이다.

자기중심적 특성

종단 메타분석

자기애(narcissism)는 과도하게 긍정적인 자기에 대한 견해를 가진 성격 특성으로서 낮은 공감 능력과 연관된다(Watson, Grisham, Trotter, & Biderman, 1984). 한 종단 메타분석은 1979년에서 2006년 사이 미국 대학생의 자기애가 유의미하게 증가했으며(Twenge, Konrath, Foster, Keith Campbell, & Bushman, 2008), 2006년과 2008년 사이 계속해서 상승했음을 보여 주었다(Twenge & Foster, 2010). 자기애는 1994년과 2006년 사이 한 대학캠퍼스에서도 증가했다(Twenge & Foster, 2010). 자기애의 정의에 낮은 공감이 포함되기 때문에, 자기중심성이 증가한 젊은 성인들이 타인에 대한 자비를 갖기는 어려울 것이다.

다음으로, **자기-존중감(self-esteem)**은 사람들이 자신을 얼마나 긍정적 혹은 부정적으로 보는가를 측정한다(Rosenberg, 1965). 높은 자기-존중감 점수를 가진 사람들은 자기애에서도 높은 점수를 보이는 경향이 있다(Watson, Little, Sawrie, & Biderman, 1992). 자기애적인 사람들이 높은 자기-존중감과 더불어 타인을 평가절하하는 반면, 높은 자기-존중감과 함께 타인에 대해 배려하는 사람들이 있기 때문에, 높은 자기-존중감을 가진 사람을 반드시 자기애적인 사람이라고 볼 수만은 없다(Campbell, Rudich, & Sedikides, 2002). 한 종단 메타분석은 1968년에서 1994년 사이 대학생들의 자기-존중감이 증가했다고 보고했다. 그러나 초등학생과 중학생에게서는 보다 복잡한 패턴이 나타났는데 1965년에서 1979년까지는 자기-존중감이 감소한 반면, 1980년에서 1993년까지는 증가한 것이다(Twenge & Campbell, 2001). 다른 종단 메타분석은 1988년에서 2008년까지 중학생, 고등학생, 대학생의 자기-존중감이 증가했음을 발견했다(Gentile, Twenge, & Campbell, 2010). 자기-존중감은 자기애와 관련되기 때문에(Watson et al., 1992), 자기-존중감의 증가를 젊은 세대의 자비 감소로 볼 수도 있다. 그러나 높은 자기-존중감과 타인에 대한 배려를 동시에 가진 사람들이 있다는 것을 고려한다면(Campbell et al., 2002), 자기-존중감의 변화가 자비의 변화를 보여 주는 지표가 아닐 수도 있다.

다년간 조사연구

앞에서 논의한 종단 메타분석에 더하여, 한 다년간 연구는 2004년에서 2008년 사이 대학생 및 대학원 학생과 1990년 이전 대학생을 비교했고, 캘리포니아 성격 검사의 자기애 척도에서 유의미한 증가가 있음을 발견했다(Gough, 1956; Stewart & Bernhardt, 2010). 그러나 비교 집단이 다르기 때문에 이 연구의 결과를 해석하는 데 있어서 주의가 필요하다.

행위자 특성(agentic traits)은 자기에 초점(예: 야망, 능력)을 두는 반면, 공동체 특성(communal traits)은 타인에 초점(예: 협동, 타인이해)을 둔다(Abele & Wojciszke, 2007). 공감 수준이 높은 사람들은 낮은 행위자 특성을 보이는 경향이 있다(Davis, 1983). 1966년과 2009년 사이, 미국 신입생 조사에서 대학 신입생들의 행위자 특성은 증가했다(Twenge, Campbell, & Gentile, 2012a). 이러한 결과는 이 기간 동안 자기중심적 특성의 증가가 있었음을 의미하며 타인을 향한 자비의 변화에 대해서도 함의를 가질 수 있다.

자기중심적 태도와 가치

다년간 연구

내재적 동기(intrinsic motivation)는 흥미나 즐거움 때문에 어떤 일을 하는 것이며, 외재적 동기(extrinsic motivation)는 외적 보상 때문에 무언가를 하는 것이다(Ryan & Deci, 2000). 내재적으로 동기화된 사람들일수록 보다 친사회 성격을 갖는 경향이 있다(Finkelstien, 2009). 미래 모니터링 연구에는 채용 시 기대하는 보상에 대한 질문이 포함된다. 1976년에서 2006년 사이, 보다 자기중심적인 직업 보상[예: 휴가와 같은 여가 보상(leisure rewards)이나 명성과 같은 외재적 보상]에 대한 고등학생의 가치 평가 점수가 증가했다. 반면, 덜 자기중심적인 보상[예: 흥미 있는 직업을 갖는 것과 같은 내재적 보

상이나 친구를 사귀는 것과 같은 사회적 보상(social rewards)에 가치를 두는 것은 같은 기간 감소했다(Twenge, Campbell, Hoffman, & Lance, 2010). 그러나 이타적 보상에 대한 욕구는 변화하지 않았다(Twenge, Campbell, et al., 2010).

또 다른 연구는 미래 모니터링 연구와 미국 신입생 조사에서 인생 목표의 변화를 조사하였다. 인생 목표는 사회 공헌과 같이 보다 내재적/타인중심적인 것과 재정적인 풍요와 같은 외재적/자기중심적인 것으로 나눌 수 있다. 1966년에서 2009년 사이 학생들의 내재적 인생 목표는 감소한 반면, 같은 기간 외재적 인생 목표는 증가했다(Twenge, Campbell, & Freeman, 2012). 내재적으로 동기화된 사람들이 보다 친사회 성격을 가진다는 점을 고려하면(Finkelstien, 2009), 내재적 보상의 감소와 외재적 보상의 증가는 자비 관련 반응에 대해 함의하는 바가 있다.

자기중심적인 문화적 지표

개인주의(독립)는 자신을 타인과 분리되고 고유한 존재로 보며 자신의 목표와 욕구를 타인의 것보다 중요하게 여긴다(Markus & Kitayama, 1991). 자기에 대해 초점을 두는 것은 타인을 향한 자비를 보다 어렵게 할 것이다(Wiehe, 2004). 연구자들은 미국의 문화적 산물에서 개인주의 지표가 어떻게 변천해 왔는가를 조사했다.

1960년에서 2008년까지(Twenge, Campbell, et al., 2012b) 그리고 1860년에서 2006년까지

(Grossmann & Varnum, 2015), 미국 책에서 개인주의적/독립적 단어와 구의 사용이 증가했다. 이에 더하여, 미국 책에서 '자기–존중감'이라는 용어의 사용이 1900년에서 2000년 사이 증가했으며, 일인칭 단수(예: '나')와 이인칭 대명사(예: '너')의 사용은 1960년에서 2008년 사이 보다 흔해졌다(Twenge, Campbell, et al., 2013). 노랫말에서 자기중심적 단어를 조사했을 때도 유사한 변화가 관찰되었는데, 1980년에서 2007년 사이 노랫말에 사용된 자기중심적이고 반사회적인 단어의 숫자가 증가했다(DeWall et al., 2011). 마지막으로, 또 다른 연구는 1970년에서 2012년 사이 미국 대통령 연두교서 연설문에서 자기–관심(self-interest)(예: 일인칭 대명사)을 반영하는 단어의 사용이 증가했음을 발견했다(Chopik et al., 2014).

단어나 구 이외에도 개인주의를 담고 있는 다른 문화적 지표도 있다. 사회 보장국(Social Security Administration: SSA)은 1879년 이래 매년 신생아의 이름을 데이터베이스로 관리한다(SSA, 2015). 전반적으로, 1880년에서 2012년 사이 미국 부모는 아이에게 고유한 이름을 지어 주는 경향이 유의미하게 증가했으며,[4] 이는 1950년 이후 가장 두드러졌다(Grossmann & Varnum, 2015; Twenge, Abebe, et al., 2010). 가족이나 가정 수준에서 다른 변화들도 유사한 패턴을 보였다. 예를 들어, 미국 인구조사 데이터에 기초한 연구는 한 아이 가족, 한 세대 가정, 혼자 사는 성인의 수가 증가해 온 반면, 평균 가족 크기는 1860년 이래 줄어들고 있음을 보여 준다(Grossmann & Varnum,

2015). 마지막으로, 정부 기록에 따르면 이혼 비율은 1900년 이래 유의미하게 증가했다(Grossmann & Varnum, 2015).

결과 요약

개인, 가족, 사회적 수준에서 많은 자기중심적 변인의 변화가 일어났다. 종합적으로, 자기중심적 특성, 태도, 가치, 행동에서 유의미한 증가가 있었다. 문화적 지표 또한 미국 사회에서 개인주의의 증가 경향을 보여 준다(자세한 요약은 〈표 25–1〉 참조). 개인주의적 가치를 향한 문화적 경향과 함께 자기애, 자기–존중감, 행위자 특성, 외재적 동기와 목표의 증가를 고려한다면, 우리는 자비 관련 변인의 전반적인 경향을 보다 명료하게 볼 수 있을 것이다. 이러한 특성, 태도, 가치의 증가는 사람들이 더 자기중심적으로 되어 가고 덜 자비로워지는 경향을 보여 준다.

가설적인 설명

여러 증거를 종합하면 21세기의 첫 십 년에 이르기까지, 타인에 대한 관심은 감소하고 자기에 대한 관심은 증가하는 광범위한 문화적 전환을 볼 수 있다. 이러한 문화적 변화는 어떻게 그리고 왜 일어나고 있는가? 이러한 결과를 이해하고자 할 때 활용할 수 있는 두 가지 이론적 틀이 있다([그림 25–1] 참조).

생태학적 모형

첫 번째로 Bronfenbrenner(1977)가 제안한 인간 발달의 생태 이론은 이러한 변화의 양상을 볼 수 있게 하는 틀을 제공한다. 이 이론은 사회의 다양한 수준에서 동시적으로 많은 변화가 일어날 때, 특정한 원인을 정확히 찾아내려는 시도가 갖는 복잡성을 보여 준다. 생태학적 모형은 개인이 당면하는 일상 환경을 다루는 개인 수준의 **미시체계(microsystem)**로부터 시작하여 다중 수준의 분석을 포함한다. 미시체계는 개인 자체, 그들의 가족과 가까운 친구, 이들이 소속된 가정, 학교, 교회, 직장, 이웃과 같은 물리적 맥락을 포함한다. **중간체계(mesosystem)**는 가족 구성원, 친구, 학교 간 상호작용과 같은 개인의 미시체계 사이의 관계를 다룬다. **외부체계(exosystem)**는 정부, 대중매체, 경제와 같이 개인의 미시체계에 영향을 주는 더 큰 사회 구조를 포함한다. 마지막으로, **거시체계(macrosystem)**는 자본주의, 개인주의, 불평등 허용과 같은 지배적인 문화적 가치를 다룬다. Harrison 등(2011)의 6-C 모형과 같이 이러한 이론적 틀의 현대적 적용은 특히 자비 관련 변인의 변화에 대한 이유를 이해하는 데 있어 유익하다.

이러한 이론적 틀은 다양한 생태적 수준에서 일어나는 역동적이며 교호적인 변화를 이해하는 데 도움을 준다. 생태적 수준 각각에서 일어나는 동시적 변화가 자비 관련 변인의 변화에 직접적으로 영향을 미치는가를 분명하게 결정할 수는 없지만, 그럴 만한 인과적 요인에 관한 증거를 조직하기 위해 생태적 틀을 활용할 수 있다.

예를 들어, 성향적 공감에 대한 연구는 미시체계의 일부인 양육이 아동의 공감 수준에 영향을 미칠 수 있음을 발견했다(Fortuna & Knafo, 2014). 만약 시간의 경과에 따라 양육 방식의 상응하는 변화의 증거를 발견했다면, 이것을 자비가 줄어드는 하나의 가능한 원인으로 추정할 수 있을 것이다. 다른 연구는 친사회 미디어에 대한 노출이 공감과 친사회 행동의 증가를 가져올 수 있음을 발견했다(Coyne & Smith, 2014). 이것이 사실이라면 휴대전화는 사회적 연결이나 공감을 방해할 수도 증진시킬 수도 있을 것이다(Davis et al., 2016). 신기술의 도입과 신속한 채택, 특

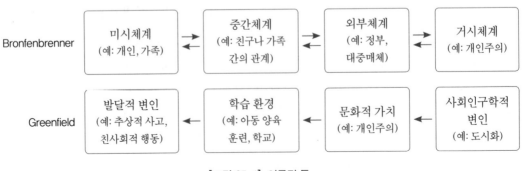

[그림 25-1] 이론적 틀

히 미국 젊은이들(Lenhart, Purcell, Smith, & Zickuhr, 2010)에서 늘어나고 있는 인터넷과 휴대전화 의존[질병 통제와 예방센터(Centers for Disease Control & Prevention: CDC), 2012; Jones, Mitchell, & Finkelhor, 2013]을 포함한 미디어 환경의 경천동지할 변화는 더 넓은 생태적 수준에서 설명 가능한 인과적 역할을 제시할 수 있다(즉, 외부체계). 유사하게, 자비 관련 변인의 변화는 1950년대 이래 미국에서 수입 불평등의 드라마틱한 증가(Atkinson & Bourguignon, 2014; Heathcote, Perri, & Violante, 2010; Piketty, 2014)나 종교 참여의 감소(Grant, 2008; Putnam, 2001; Twenge, Exline, Grubbs, Sastry, & Campbell, 2015)와 같은 더 넓은 생태적 변인에서의 변화와 동반된다.

이들 각 분석 수준에서의 모든 증거를 체계적으로 검토하는 것은 이 장의 범위를 벗어나지만, 앞으로의 연구에서 이러한 검토는 생태적 수준이 어떤 개입에 가장 잘 반응하는가를 구분해서 파악하는 데 도움을 줄 것이다. 그러나 다양한 수준은 상호적으로 영향을 주므로 단지 하나의 특정한 인과적 요인(예: 미디어)만으로 변화를 설명하는 것은 생산적이지 않을 것이다.

사회 변화와 인간 발달 이론

Greenfield(2009)는 그녀의 사회 변화와 인간 발달 이론에서, 도시화, 상대적인 부, 평균 교육 수준과 같은 사회적 수준의 사회 인구학적 조건의 변화가 이 장에서 검토한 문화적 변동을 이끌 수 있다고 주장했다. 생태학적 모형과 Greenfield의 이론은 어느 정도 이론적으로 겹치는 부분이 있지만([그림 25-1] 참조), 주요한 차이는 Greenfield 이론이 인과의 방향이 보다 분명하다는 점이다. Greenfield는 사회 인구학적 조건들(예: 도시화)의 변화는 개인주의와 같은 핵심 문화적 가치를 변화시킬 수 있으며, 문화적 가치의 변화는 아동 양육 훈련이나 학교 환경과 같은 학습 환경의 변화를 초래할 수 있다고 주장한다. 이어 학습 환경은 인지 발달(예: 세부사항에 대한 주의, 추상적 사고)이나 사회 발달(예: 친사회적 행동)과 같은 인간 발달에 영향을 미친다.

Greenfield는 사회 인구학적 변화가 **공동사회**(Gemeinshaft)와 **이익사회**(Gesellschaft) 간의 연속체를 변동시킨다는 점을 기정사실로 인정한다. 독일어로 공동체라는 의미를 갖는 Gemeinshaft는 상대적으로 낮은 기술과 교육 수준을 가진 시골의 소규모 공동체를 기술하기 위해 사용된다. 이런 공동체는 일반적으로 가난하고, 자족적이며, 동질적이다. 대조적으로 독일어로 **사회**를 의미하는 Gesellschaft는 기술과 교육 수준이 높은 크고, 복잡한 도시 사회를 기술하기 위해 사용된다. 이런 사회는 일반적으로 부유하고, 이질적이며, 외부 세계와의 접촉이 더 많다. 사회 인구학적 변인들이 어떤 방향으로 변화할 때, 발달적 변인 또한 같은 방향으로 변동하는 것 같다. 예를 들어, 도시화가 더 진행된 사회는 나중에 더 개인주의적으로 변모한다. 이것은 연이어 아동 돌봄 센터나 공식 학교 체계를 통해 보다 공식화된 교육을 이끌 수 있다. 마지막으로, 이러한 변화는 추상적 사고는 증가시키는 반면 상호의존적인 사회적 관계는 줄일 수 있다. 그러나 세계가 더 도시화되고, 부유해지며, 첨단 기술과 고등 교육에의 접근이 더 가능해질수록 공동사회로부터 이익사회로의 변동은 점점 더 보편화되고 있다(Greenfield, 2009).

요약

전반적으로, 21세기 초입까지 왜 개인적 수준의 특성과 가치 그리고 보다 넓은 문화적 수준의 지표들이 자기중심성의 증가와 타인 중심성의 감소를 향해 이동하는 것으로 보이는가에 대해 확실한 대답을 하는 것은 어렵다. 그러나 이런 질문에 대한 이해를 증진시키는 데 도움이 될 수 있는 두 개의 주요 이론적 틀이 존재한다.

반대 증거

지금까지 우리는 미국에서 자비 관련 특성, 가치, 문화적 지표의 감소에 관한 증거를 제시했다. 그러나 이러한 패턴에 부합하지 않는 증거를 제시하는 것 또한 중요하다.

종단 메타분석

외로움(loneliness)은 사회적 그리고/또는 정서적 고립의 인식(Weiss, 1973)이며, 공감 수준

이 높은 사람들은 외로움을 덜 느낀다(Beadle, Brown, Keady, Tranel, & Paradiso, 2012; Davis, 1983). UCLA 외로움 척도(Russell, 1996; Russell, Peplau, & Ferguson, 1978)를 사용한 한 종단 메타분석은 1978년에서 2009년 사이 외로움이 실제로 감소했음을 보고했다(Clark, Loxton, & Tobin, 2014). 이것은 밀접한 사회적 관계망의 크기가 점점 줄어들고 있지만, 기술적 진보가 친밀한 타인과의 연결을 보다 쉽게 만들어 주었기 때문으로 보인다(McPherson et al., 2006).

다년간 연구

유사하게, 미래 모니터링 연구는 1991년에서 2012년 사이 고등학교 3학년생의 외로움 수준이 낮아졌다고 보고했다(Clark et al., 2014). 다시 말하지만, 동반되는 기술적 변화가 이와 같은 명백해 보이는 모순되는 현상을 설명하는 데 도움을 줄 것이다.

1979년과 1980년 공공장소를 찍은 기록 영화와 2008년에서 2010년까지 동일한 공공장소를 찍은 비디오를 비교한 한 연구는, 1979년과 1980년에 비해 2008년에서 2010년 사이에 더 적은 사람들이 홀로 시간을 보냈고, 더 많은 사람이 집단에서 시간을 보냈음을 보여 주었다. 이에 더하여, 사람들이 홀로 산책을 하는 공간에서 휴대전화 사용이 더 늘어났다(Hampton, Goulet, & Albanesius, 2015).

자비 관련 특성과 관련하여, 대학생의 자기애가 증가했다는 발견(Twenge & Foster, 2010)과 반대되는 적어도 두 개의 연구가 있다. 그

중 하나의 연구에서는 1982년에서 2007년 사이 자기애의 증가를 보여 주는 어떠한 증거도 발견할 수 없었다(Donnellan, Trzesniewski, & Robins, 2009; Trzesniewski, Donnellan, & Robins, 2008). 또 다른 연구는 1976년에서 2006년까지 고등학교 3학년생의 자기-고양(self-enhancement)이 증가했다는 증거는 없다고 밝혔다(Trzesniewski et al., 2008). 그러나 연구자들은 시간 경과에 따른 변화를 조사하는 연구에서 전형적으로 사용하는 방법과는 다른 방법으로 데이터를 분석하고 해석했다.

자비 관련 태도에서, 관용(tolerance)은 사람들이 반대되는 견해나 생활양식을 어느 정도 수용하는가에 대한 지표이다(Twenge, Carter, & Campbell, 2015). 정서적 공감 수준이 높은 사람들은 이질적이거나 낙인찍힌 타인에 대한 관용이 유의미하게 높은 경향을 보이지만, 타인에 대해 불관용적인 사람들에 대해서는 약간 덜 관용적이었다(Butrus & Witenberg, 2013). 종합 사회 조사는 다양한 종류의 사람들에 대한 관용을 묻는 질문을 포함한다. 1972년에서 2012년 사이 반대되는 견해나 생활양식을 가진 사람들에 대한 관용은 유의미한 증가를 보였다(Twenge, Carter, et al., 2015). 동성애와 같은 논란이 되는 생활양식에 대한 관용의 증가는 특히 컸지만, 인종차별주의와 같은 문제가 되는 견해에 대한 관용은 아주 크게 늘어나지는 않았다(Twenge, Carter, et al., 2015). 타인에 대한 관용의 증가는 타인에 대한 보다 많은 자비를 의미할 수 있다. 그러나 기본적 수준에서 관용은 고유성

이나 차이에 대한 존중을 포함하므로 관용을 개인주의의 표현으로 볼 수도 있다. 자비는 타인을 사랑하고, 수용하며 돌본다는 점에서 타인에 대한 단순한 관용 이상의 깊은 의미를 담고 있다.

자비 관련 행동의 변화: 괴롭힘(bullying)은 한 사람이 다른 사람을 해칠 의도를 갖고 반복적으로 언어적 또는 행동적 폭력을 행사할 때 일어난다(Craig, 1998; Nansel et al., 2001). 가해자들은 정서적 공감 수준이 낮은 경향을 보인다(Jolliffe & Farrington, 2006). 중학생과 고등학생을 대상으로 괴롭힘 행동을 질문한 많은 조사연구가 있다. 전반적으로, 〈표 25-1〉에서 보이는 바와 같이, 몇몇 유형의 괴롭힘은 증가하고(예: 온라인 괴롭힘; Finkelhor, 2014) 있는 반면, 1991년에서 2011년 사이 괴롭힘 가해와 피해의 비율은 줄어들었다(Finkelhor, 2014). 이것은 괴롭힘에 대한 관심과 개입이 증가했기 때문인 것 같다. 텔레비전, 영화, 책들은 빈번히 괴롭힘 문제를 소개하고, 학교는 괴롭힘의 부정적 결과를 자주 가르친다. 아마도 괴롭힘을 줄이려는 이와 같은 직접적인 호소와 괴롭힘이 일어나는 현장에 대한 경찰의 개입과 법집행이 1991년에서 2011년 사이 괴롭힘의 분명한 감소를 부분적으로 설명한다.

결론과 미래 방향

이 장을 통해 우리는 타인에 대한 관심의 감소와 자기에 대한 관심의 증가를 보여 주는 증거를 제시했다. 괴롭힘 비율과 외로움의 감소, 논란이 있는 견해에 대한 관용의 증가와 같이 이러한 전반적인 경향과 맞지 않는 일부의 증거가 있지만, 거의 모든 증거는 타인중심에서 자기중심으로의 변화를 확인해 준다 (〈표 25-1〉 참조).

함의

타인에 대한 돌봄과 관심은 그 자체로 내재적 가치를 가진 핵심 도덕적 덕목으로 알려져 왔다. 타인중심적 특성(예: 공감적 관심, 자비)과 행동(예: 친사회적 행동)은 자기와 타인 모두에게 이롭다. 개인적 이익의 측면에서, 자비로운 특성과 행동은 높은 안녕감, 낮은 불안과 스트레스, 더 좋은 신체적 건강과 관련된다(Konrath, 2014, 2016; Konrath & Brown, 2013; Seppälä, Rossomando, & Doty, 2013). 대인관계적 이익의 측면에서, 자비로운 특성과 행동은 보다 빈번하고 많은 사회적 연결, 보다 친밀하고 만족스러운 대인관계와 연관된다(Crocker & Canevello, 2008; Konrath, 2016; Konrath & Grynberg, 2016). 자기와 타인 모두에 대한 자비와 친사회적 행동의 이익을 고려한다면, 이러한 특성과 행동의 시간에 따른 변화는 개인과 사회적 관계에 대해 중요한 함의를 가질 수 있다. 문화적 변화에 관한 생태학적 그리고 발달적 이론들은 사람들 간의 핵심적인 사회적 연결의 변화는 보다 광범위한 사회적 함의를 지닐 수 있다고 주장한다.

연구의 한계와 미래 방향

이 장에서 검토한 모든 연구는 미국에서 출판된 것으로 대부분의 최근 연구가 미국에서 수행되었다. 우리가 검토하지 못한 다른 나라로부터의 몇몇 연구가 있기는 하지만(예: Billstedt et al., 2016; Blanchflower & Oswald, 2004; Lindfors, Solantaus, & Rimpelä, 2012), 간문화적인 연구(cross-cultural research)는 거의 없다. 보다 집단주의적 문화에서 시간에 따른 변화가 어떻게 나타나는지 특별한 관심을 가질 필요가 있다. 앞으로의 연구는 이러한 변화가 여러 문화에 걸쳐 어느 정도로 일어나며, 어떤 요인들이 그러한 변화에 영향을 미치는가를 조사해야 한다. 유사하게, 몇몇 연구가 1700년대 후반과 1800년대 초반 이래의 변화를 조사하고 있지만, 대부분의 연구는 대략 1970년에서 2010년까지로 제한된다. 보다 장기간의 조사를 포함하는 더 많은 연구가 필요하다. 마지막으로, 제시한 대부분의 종단 메타분석은 대학생이라는 매우 특별한 모집단을 사용하고 있다. 많은 전국적인 대표 조사 연구는 고등학생이나 대학생을 포함한다. 미래의 연구는 데이터를 사용할 수 있다면 전국적인 대표 집단을 포함하는 데 지속적인 노력을 기울여야 한다.

결론

이 장을 시작하면서, 우리는 자비를 타인의 아픔과 고통에 대한 자각과 고통의 경감을 위해 어떤 것을 하려는 동기라고 정의했다(Goetz et al., 2010). 전반적으로, 많은 증거는 자비 관련 변인이 시간에 따라 감소한 반면, 자기중심적 변인은 증가해 오고 있음을 말해준다. 이 연구가 함의하는 것은 이러한 경향이 21세기까지 계속 이어진다면 해결 곤란한 문제들을 만들어 낼 것이란 점이다.

 주

1. 이 두 연구는 집단주의적 단어와 개인주의적 단어를 결정하는 데 있어 매우 다른 방법을 사용했다. 첫 번째 연구에서, 20개의 개인주의적 단어와 20개의 개인주의적 구문의 리스트가 미국 성인 표본에 대한 질문을 통해 만들어졌다. 다음으로 두 번째 미국 성인 표본에게 단어들이 어느 정도 개인주의적인가를 평가하게 했다. 동일한 절차가 개인주의적 구문의 리스트를 확정하기 위해 사용되었다(Twenge, Campbell, et al., 2012b). 두 번째 연구에서, 연구자들은 문화 심리학자의 관점에 기초한 리스트를 개발하기 위해 보편적인 개인주의 척도를 사용하여 개인주의적 단어와 구문 리스트를 만들었다(Grossmann & Varnum, 2015). 집단주의적 그리고 개인주의적 단어와 구문을 결정하기 위해 사용된 다른 방법에도 불구하고, 두 연구 모두 미국 책에서 시간에 걸친 유사한 변화를 발견했다.
2. 이 연구와 미국 책에서 대명사의 사용을 조사한 연구는 다른 방식으로 대명사를 분류했다는 점을 언급해야겠다. 연두교서를 조사한 이 연구에서는 복수 일인칭 대명사(예: '우리')를 자기지향적인 것으로 분류한 반면, 미국 책을 조사한 연구는 복수 일인칭 대명사를 타인지향적인 것으로 분류했다. 유사하게, 이 연구는 타인(또는 이인칭) 대명사(예: '너')를 타인지향적인 것으로 분류했지만, 이전 연구는 이인칭 대명사를 자기지향적인 것으로 분류했다.
3. ABC 뉴스/워싱턴 포스트는 각 여론조사에서 (전국적인 대표 표본으로) ~1,000명의 성인 표본을 사용하며, 갤럽/프린스턴 조사연구 연합은 전형적으로 매 여론조사에서 (전국적인 대표 표본으로) ~1,500명의 성인 표본을 사용한다.
4. 한 연구는 성별에 따라 가장 흔한 20개의 이름을 받은 아이의 비율에 초점(Grossmann & Varnum, 2015)을 둔 반면, 다른 연구는 아이가 탄생한 해 동안 가장 흔한 이름을 받거나, 혹은 가장 흔한 이름 10개, 25개, 50개 중 하나의 이름을 받은 아이의 비율을 조사했다(Twenge, Abebe, & Campbell, 2010).

참고문헌

Abele, A. E., & Wojciszke, B. (2007). Agency and communion from the perspective of self versus others. *Journal of Personality and Social Psychology, 93*(5), 751.

Astin, A. (1966). *The American Freshman*. Los Angeles: Higher Education Research Institute, University of California.

Atkinson, A. B., & Bourguignon, F. (2014). *Handbook of Income Distribution SET, vols. 2A–2B*. Amsterdam: Elsevier.

Bachman, J. G., & Johnston, L. D. (1978).

Monitoring the Future. Ann Arbor, MI: Institute for Social Research, The University of Michigan.

Bartholomew, K., & Horowitz, L. M. (1991). Attachment styles among young adults: A test of a four-category model. *Journal of Personality and Social Psychology*, *61*(2), 226.

Batson, C. D. (2011). *Altruism in Humans*. New York: Oxford University Press.

Batson, C. D., & Powell, A. A. (2003). Altruism and prosocial behavior. In *Handbook of Psychology* (Vol. 5). Hoboken: John Wiley & Sons, Inc.

Beadle, J. N., Brown, V., Keady, B., Tranel, D., & Paradiso, S. (2012). Trait empathy as a predictor of individual differences in perceived loneliness. *Psychological Reports*, *110*(1), 3-15.

Bekkers, R. (2005). Participation in voluntary associations: Relations with resources, personality, and political values. *Political Psychology*, *26*(3), 439-454.

Bekkers, R. (2006). Traditional and health-related philanthropy: The role of resources and personality. *Social Psychology Quarterly*, *69*(4), 349-366.

Billstedt, E., Waern, M., Falk, H., Duberstein, P., Ostling, S., Hallstrom, T., & Skoog, I. (2016). Time trends in Murray's psychogenic needs over three decades in Swedish 75-year-olds. *Gerontology*, *63*(1), 45-54.

Blanchflower, D. G., & Oswald, A. J. (2004). Well-being over time in Britain and the USA. *Journal of Public Economics*, *88*(7), 1359-1386.

Bronfenbrenner, U. (1977). Toward an experimental ecology of human development. *American Psychologist*, *32*(7), 513.

Butrus, N., & Witenberg, R. T. (2013). Some personality predictors of tolerance to human diversity: The roles of openness, agreeableness, and empathy. *Australian Psychologist*, *48*(4), 290-298.

Campbell, W. K., Rudich, E. A., & Sedikides, C. (2002). Narcissism, self-esteem, and the positivity of self-views: Two portraits of self-love. *Personality and Social Psychology Bulletin*, *28*(3), 358-368.

Centers for Disease Control & Prevention (CDC). (2012). *Trends in the prevalence of behaviors that contribute to violence-National YRBS: 1991-2011 [Survey]*. Retrieved December 12, 2015, from http://www.cdc.gov/healthyyouth/yrbs/pdf/us_ violence_ trend_ yrbs.pdf

Chopik, W. J., Joshi, D. H., & Konrath, S. H. (2014). Historical changes in American self-interest: State of the Union addresses 1790 to 2012. *Personality and Individual Differences*, *66*, 128-133.

Clark, D. M. T., Loxton, N. J., & Tobin, S. J. (2014). Declining loneliness over time: Evidence from American colleges and high schools. *Personality and Social Psychology Bulletin*, *41*(1), 78-89.

Clary, E. G., & Snyder, M. (1999). The motivations to volunteer theoretical and practical considerations. *Current Directions in Psychological Science*, *8*(5), 156-159.

Corporation for National and Community Service (CNCS). (2007). *Volunteering in America: 2007 State Trends and Rankings in Civic Life*. Washington, DC: CNCS.

Corporation for National and Community Service

(CNCS). (2015). *Volunteering Across the Generations*. Washington, DC: CNCS.

Coopersmith, S. (1967). *The Antecedents of Self-Esteem*. San Francisco: W. H. Freeman.

Coyne, S. M., & Smith, N. J. (2014). Sweetness on the screen. In L. M. Padilla-Walker, & D. Carlo (Eds.), *Prosocial Development: A Multidimensional Approach* (pp. 156-177). New York: Oxford University Press.

Craig, W. M. (1998). The relationship among bullying, victimization, depression, anxiety, and aggression in elementary school children. *Personality and Individual Differences, 24*(1), 123-130.

Crocker, J., & Canevello, A. (2008). Creating and undermining social support in communal relationships: The role of compassionate and self-image goals. *Journal of Personality and Social Psychology, 95*(3), 555.

Davis, K., James, C., Charmaraman, L., Dillon, F., Konrath, S., Magid, L., … Yarosh, L. (2016). Digital life and youth well-being, social-connectedness, empathy, and narcissism: The current state of knowledge and critical questions for future research. *Pediatrics* (Suppl.).

Davis, M. H. (1983). Measuring individual differences in empathy: Evidence for a multidimensional approach. *Journal of Personality and Social Psychology, 44*(1), 113-126. doi:10.1037/0022-3514.44.1.113

DeWall, C. N., Pond R. S., Jr., Campbell, W. K., & Twenge, J. M. (2011). Tuning in to psychological change: Linguistic markers of psychological traits and emotions over time in popular US song lyrics. *Psychology of Aesthetics, Creativity, and the Arts, 5*(3), 200.

Diehl, M., Elnick, A. B., Bourbeau, L. S., & Labouvie-Vief, G. (1998). Adult attachment styles: Their relations to family context and personality. *Journal of Personality and Social Psychology, 74*(6), 1656.

Donnellan, M. B., Trzesniewski, K. H., & Robins, R. W. (2009). An emerging epidemic of narcissism or much ado about nothing? *Journal of Research in Personality, 43*(3), 498-501.

Eibach, R. P., & Libby, L. K. (2009). Ideology of the good old days: Exaggerated perceptions of moral decline and conservative politics. In Jost, J. T., Kay, A. C. Thorisdottir, K. H. (Eds.), *Social and Psychological Bases of Ideology and System Justification* (pp. 402-423). New York: Oxford University Press.

Eisenberg-Berg, N., & Mussen, P. (1978). Empathy and moral development in adolescence. *Developmental Psychology, 14*(2), 185.

Eisenberg, N., & Miller, P. A. (1987). The relation of empathy to prosocial and related behaviors. *Psychological Bulletin, 101*(1), 91.

Epley, N., Caruso, E., & Bazerman, M. H. (2006). When perspective taking increases taking: Reactive egoism in social interaction. *Journal of Personality and Social Psychology, 91*(5), 872.

Finkelhor, D. (2014). *Trends in Bullying and Peer Victimization*. Durham: Crimes against Children Research Center.

Finkelstien, M. A. (2009). Intrinsic vs. extrinsic motivational orientations and the volunteer process. *Personality and Individual Differences, 46*(5), 653-658.

Fortuna, K., & Knafo, A. (2014). Parental and

genetic contributions to prosocial behavior during childhood. In L. M. Padilla-Walker, & D. Carlo (Eds.), *Prosocial Development: A Multidimensional Approach* (pp. 70-89). New York: Oxford University Press.

Gentile, B., Twenge, J. M., & Campbell, W. K. (2010). Birth cohort differences in self-esteem, 1988-2008: A cross-temporal meta-analysis. *Review of General Psychology*, *14*(3), 261.

Gerdes, K. E. (2011). Empathy, sympathy, and pity: 21st-century definitions and implications for practice and research. *Journal of Social Service Research*, *37*(3), 230-241.

Giving USA: The Annual Report on Philanthropy for the Year 2014 (2015). Chicago: Giving USA Foundation.

Goetz, J. L., Keltner, D., & Simon-Thomas, E. (2010). Compassion: An evolutionary analysis and empirical review. *Psychological Bulletin*, *136*(3), 351.

Gough, H. G. (1956). *California Psychological Inventory*. Palo Alto: Consulting Psychologists Press.

Grant, J. T. (2008). Measuring aggregate religiosity in the United States, 1952-2005. *Sociological Spectrum*, *28*(5), 460-476.

Greenfield, P. M. (2009). Linking social change and developmental change: Shifting pathways of human development. *Developmental Psychology*, *45*(2), 401.

Grossmann, I., & Varnum, M. E. (2015). Social structure, infectious diseases, disasters, secularism, and cultural change in America. *Psychological Science*, *26*(3), 311-324.

Hampton, K. N. (2016). Why is helping behavior declining in the United States but not in Canada? Ethnic diversity, new technologies, and other explanations. *City & Community*, *15*(4), 380-399.

Hampton, K. N., Goulet, L. S., & Albanesius, G. (2015). Changes in the social life of urban public spaces: The rise of mobile phones and women, and the decline of aloneness over thirty years. *Urban Studies*, *52*(8), 1489-1504.

Harrison, K., Bost, K. K., McBride, B. A., Donovan, S. M., Grigsby-Toussaint, D. S., Kim, J., ... Jacobsohn, G. C. (2011). Toward a developmental conceptualization of contributors to overweight and obesity in childhood: The Six-Cs model. *Child Development Perspectives*, *5*(1), 50-58.

Heathcote, J., Perri, F., & Violante, G. L. (2010). Unequal we stand: An empirical analysis of economic inequality in the United States, 1967-2006. *Review of Economic Dynamics*, *13*(1), 15-51.

Hesiod. (ca. 700 bce). *Works and Days*. H. G. Evelyn-White, Trans. Cambridge: Harvard University Press.

Hoffman, M. L. (2001). *Empathy and Moral Development: Implications for Caring and Justice*. Cambridge, UK: Cambridge University Press.

Howe, N., & Strauss, W. (2009). *Millennials Rising: The Next Great Generation*. New York: Vintage Books.

Jolliffe, D., & Farrington, D. P. (2006). Examining the relationship between low empathy and bullying. *Aggressive Behavior*, *32*(6), 540-550.

Jones, L. M., Mitchell, K. J., & Finkelhor, D. (2013). Online harassment in context: Trends from three Youth Internet Safety surveys (2000,

2005, 2010). *Psychology of Violence, 3*(1), 53.

Kohlberg, L. (1976). Moral stages and moralization: The cognitive-developmental approach. *Moral Development and Behavior: Theory, Research, and Social Issues* (pp. 31-53). Dumfries: Hold McDougal.

Konrath, S. (2014). The power of philanthropy and volunteering. In F. A. Huppert & C. L. Cooper (Eds.), *Wellbeing: A Complete Reference Guide* (Vol. VI, pp. 387-427). Hoboken: John Wiley & Sons, Inc.

Konrath, S. (2016). The joy of giving. In E. Temple, T. Seiler, & D. Burlingame (Eds.), *Achieving Excellence in Fundraising* (pp. 11-25). New York: Wiley.

Konrath, S., & Anderson, P. A. (2012). A century of self-esteem. In S. De Wals & K. Meszaros (Eds.), *Handbook on Psychology of Self-Esteem*. Hauppauge: Nova Science Publishers.

Konrath, S., & Brown, S. (2013). The effects of giving on givers. In N. Roberts & M. Newman (Eds.), *Handbook of Health and Social Relationships*. Washington, D.C.: American Psychological Association.

Konrath, S., Chopik, W. J., Hsing, C., & O'Brien, E. H. (2014). Changes in adult attachment styles in American college students over time: A meta-analysis. *Personality and Social Psychology Review, 18*(4), 1-23.

Konrath, S., & Grynberg, D. (2016). The positive (and negative) psychology of empathy. In D. F. Watt & J. Panksepp (Eds.), *The Neurobiology and Psychology of Empathy*. Hauppauge: Nova Science Publishers.

Konrath, S., Ho, M.-H., & Zarins, S. (2016). The strategic helper: Narcissism and prosocial motives and behaviors. *Current Psychology, 35*(2), 182-194.

Konrath, S., O'Brien, E. H., & Hsing, C. (2010). Changes in dispositional empathy in American college students over time: A meta-analysis. *Personality and Social Psychology Review, 15*(2), 180-198.

Ladd, E. C. (1999). *The Ladd Report*. New York: Free Press.

Lenhart, A., Purcell, K., Smith, A., & Zickuhr, K. (2010). Social media and mobile internet use among teens and young adults, millennials. *Pew Internet & American Life Project*. Washington, D.C.: Pew Research Center.

Lennon, R., & Eisenberg, N. (1987). Gender and age differences in empathy and sympathy. In N. Eisenberg & J. Strayer (Eds.), *Empathy and Its Development* (pp. 195-217). Cambridge: Cambridge University Press.

Lindfors, P., Solantaus, T., & Rimpelä, A. (2012). Fears for the future among Finnish adolescents in 1983-2007: From global concerns to ill health and loneliness. *Journal of Adolescence, 35*(4), 991-999.

Lukianoff, G., & Haidt, J. (2015, September). The coddling of the American mind. *The Atlantic*. Retrieved, March 9, 2016, from https://www.theatlantic.com/magazine/archive/2015/09/the-coddling-of-the-american-mind/399356/

Markus, H. R., & Kitayama, S. (1991). Culture and the self: Implications for cognition, emotion, and motivation. *Psychological Review, 98*(2), 224.

McPherson, M., Smith-Lovin, L., & Brashears, M. E. (2006). Social isolation in America: Changes in core discussion networks over two decades.

American Sociological Review, 71(3), 353-375.

Michel, J.-B., Shen, Y. K., Aiden, A. P., Veres, A., Gray, M. K., Pickett, J. P., ... Orwant, J. (2011). Quantitative analysis of culture using millions of digitized books. *Science, 331*(6014), 176-182.

Mikulincer, M., & Shaver, P. R. (2005). Attachment security, compassion, and altruism. *Current Directions in Psychological Science, 14*(1), 34-38.

Milgram, S., Mann, L., & Harter, S. (1965). The lost-letter technique: A tool for social research. *Public Opinion Quarterly, 29*(3), 437-438.

Morling, B., & Lamoreaux, M. (2008). Measuring culture outside the head: A meta-analysis of individualism-collectivism in cultural products. *Personality and Social Psychology Review 12*(3), 199-221.

Nadler, A., & Liviatan, I. (2006). Intergroup reconciliation: Effects of adversary's expressions of empathy, responsibility, and recipients' trust. *Personality and Social Psychology Bulletin, 32*(4), 459-470.

Nansel, T. R., Overpeck, M., Pilla, R. S., Ruan, W. J., Simons-Morton, B., & Scheidt, P. (2001). Bullying behaviors among US youth: Prevalence and association with psychosocial adjustment. *Journal of the American Medical Association, 285*(16), 2094-2100.

Penner, L. A. (2002). Dispositional and organizational influences on sustained volunteerism: An interactionist perspective. *Journal of Social Issues, 58*(3), 447-467.

Piketty, T. (2014). *Capital in the Twenty-first Century.* Cambridge, MA: Harvard University Press.

Proud, A. (2015). Crybaby millennials need to stop whinging and work hard like the rest of us. *The Telegraph.* Retrieved May 19, 2016, from http://www.telegraph.co.uk/men/thinking-man/crybaby-millennials-need-to-stop-whinging-and-work hard-like-the/

Putnam, R. D. (2001). *Bowling Alone: The Collapse and Revival of American Community.* New York: Simon and Schuster.

Raskin, R., & Hall, C. S. (1979). A narcissistic personality inventory. *Psychological Reports, 45*(2), 590-590.

Raymond, J. (2015). Are today's kids kind? Most Americans say no, and guess what's to blame. *NBC's Season of Kindness.* Retrieved December 6, 2015 from http://www.today.com/kindness/are-todays-kids-kind-most-americans-say-no-guess-whats-t57326

Realo, A., & Luik, M. (2002). On the relationship between collectivism and empathy in the context of personality traits. *Trames, 6*(56/51), 218-233.

Rest, J. R. (1990). *DIT Manual: Manual for the Defining Issues Test.* Tuscaloosa: Center for the Study of Ethical Development, University of Minnesota and The University of Alabama.

Reynolds, J., Stewart, M., MacDonald, R., & Sischo, L. (2006). Have adolescents become too ambitious? High school seniors' educational and occupational plans, 1976 to 2000. *Social Problems, 53*(2), 186-206.

Rosenberg, M. (1965). *Society and the Adolescent Self-Image* (Vol. 11, p. 326). Princeton: Princeton University Press.

Rotter, J. B. (1971). Generalized expectancies for interpersonal trust. *American Psychologist,*

26(5), 443.

Russell, D. W. (1996). UCLA Loneliness Scale (Version 3): Reliability, validity, and factor structure. *Journal of Personality Assessment, 66*(1), 20-40.

Russell, D. W., Peplau, L. A., & Ferguson, M. L. (1978). Developing a measure of loneliness. *Journal of Personality Assessment, 42*(3), 290-294.

Ryan, R. M., & Deci, E. L. (2000). Intrinsic and extrinsic motivations: Classic definitions and new directions. *Contemporary Educational Psychology, 25*(1), 54-67.

Seppälä, E., Rossomando, T., & Doty, J. R. (2013). Social connection and compassion: Important predictors of health and well-being. *Social Research, 80*(2), 411.

Singer, T., & Klimecki, O. M. (2014). Empathy and compassion. *Current Biology, 24*(18), R875-R878.

Social Security Administration (SSA). (2015). Baby names: Background information. Retrieved April 1, 2016, from https://www.ssa. gov/OACT/babynames/background.html

Stein, J. (2013). Millennials: The me me me generation. *Time Magazine, 20*, 1-8.

Stewart, A. J., & Healy, J. M. (1989). Linking individual development and social changes. *American Psychologist, 44*(1), 30.

Stewart, K. D., & Bernhardt, P. C. (2010). Comparing millennials to pre-1987 students and with one another. *North American Journal of Psychology, 12*(3), 579-602.

Thoma, S., & Bebeau, M. (2008). *Moral Judgment Competency Is Declining Over Time: Evidence from Twenty Years of Defining Issues Test Data*. Paper presented March 24, 2008 at the Annual Meeting of the American Educational Research Association, New York.

Trzesniewski, K. H., Donnellan, M. B., & Robins, R. W. (2008). Do today's young people really think they are so extraordinary? An examination of secular trends in narcissism and self-enhancement. *Psychological Science, 19*(2), 181-188.

Twenge, J. M. (2000). The Age of Anxiety? The birth cohort change in anxiety and neuroticism, 1952-1993. *Journal of Personality and Social Psychology, 79*(6), 1007.

Twenge, J. M. (2014). *Generation Me-Revised and Updated: Why Today's Young Americans Are More Confident, Assertive, Entitled-and More Miserable Than Ever Before*. New York: Simon & Schuster.

Twenge, J. M., Abebe, E. M., & Campbell, W. K. (2010). Fitting in or standing out: Trends in American parents' choices for children's names, 1880-2007. *Social Psychological and Personality Science, 1*(1), 19-25.

Twenge, J. M., Campbell, S. M., Hoffman, B. J., & Lance, C. E. (2010). Generational differences in work values: Leisure and extrinsic values increasing, social and intrinsic values decreasing. *Journal of Management, 36*(5), 1117-1142.

Twenge, J. M., & Campbell, W. K. (2001). Age and birth cohort differences in self-esteem: A cross-temporal meta-analysis. *Personality and Social Psychology Review, 5*(4), 321-344.

Twenge, J. M., Campbell, W. K., & Carter, N. T. (2014). Declines in trust in others and confidence in institutions among American adults and late adolescents, 1972-2012. *Psychological Science, 25*(10), 1914-1923.

Twenge, J. M., Campbell, W. K., & Freeman, E. C. (2012). Generational differences in young adults' life goals, concern for others, and civic orientation, 1966-2009. *Journal of Personality and Social Psychology, 102*(5), 1045-1062.

Twenge, J. M., Campbell, W. K., & Gentile, B. (2012a). Generational increases in agentic self-evaluations among American college students, 1966-2009. *Self and Identity, 11*(4), 409-427.

Twenge, J. M., Campbell, W. K., & Gentile, B. (2012b). Increases in individualistic words and phrases in American books, 1960-2008. *PLoS ONE, 7*(7), e40181.

Twenge, J. M., Campbell, W. K., & Gentile, B. (2013). Changes in pronoun use in American books and the rise of individualism, 1960-2008. *Journal of Cross-Cultural Psychology, 44*(3), 406-415.

Twenge, J. M., Carter, N. T., & Campbell, W. K. (2015). Time period, generational, and age differences in tolerance for controversial beliefs and lifestyles in the United States, 1972-2012. *Social Forces, 94*(1), 379-399.

Twenge, J. M., Exline, J. J., Grubbs, J. B., Sastry, R., & Campbell, W. K. (2015). Generational and time period differences in American adolescents' religious orientation, 1966-2014. *PLoS ONE, 10*(5), e0121454.

Twenge, J. M., & Foster, J. D. (2010). Birth cohort increases in narcissistic personality traits among American college students, 1982-2009.

Social Psychological and Personality Science, 1(1), 99-106.

Twenge, J. M., Konrath, S., Foster, J. D., Keith Campbell, W., & Bushman, B. J. (2008). Egos inflating over time: A cross-temporal meta-analysis of the Narcissistic Personality Inventory. *Journal of Personality, 76*(4), 875-902.

Underwood, B., & Moore, B. (1982). Perspective-taking and altruism. *Psychological Bulletin, 91*(1), 143.

Watson, P., Grisham, S. O., Trotter, M. V., & Biderman, M. D. (1984). Narcissism and empathy: Validity evidence for the Narcissistic Personality Inventory. *Journal of Personality Assessment, 48*(3), 301-305.

Watson, P., Little, T., Sawrie, S. M., & Biderman, M. D. (1992). Measures of the narcissistic personality: Complexity of relationships with self-esteem and empathy. *Journal of Personality Disorders, 6*(4), 434.

Watt, D. F. (2005). Social bonds and the nature of empathy. *Journal of Consciousness Studies, 12*(8-10), 185-209.

Weiss, R. S. (1973). *Loneliness: The Experience of Emotional and Social Isolation.* Cambridge: The MIT Press.

Wiehe, V. R. (2004). Violence and the ethos of individualism. *Journal of Religion & Abuse, 5*(4), 15-28.

Wilson, J. (2000). Volunteering. *Annual Review of Sociology, 26*(1), 215-240.

제26장

목표 전념을 돕거나 돕지 않음과 자비의 선함

Michael J. Poulin

▶ **요약**

자비가 도움, 감정, 웰빙과 서로 다른 연관성을 갖는 것처럼 보이는 이유는 무엇일까? 한 가지 가능성은 자비가 항상 다른 사람을 돕고자 하는 욕구를 불러일으키지만 때로는 그 목표에 대한 전념으로 이어진다는 것이다. 목표 추구의 행동 단계 모델을 바탕으로, 나는 자비가 도움이 필요한 사람들과 목표를 돕는 데 전념하도록 유도하는 요소가 있는 잠재적인 조력자에게 가장 유익한 결과를 제공한다고 제안한다. 이러한 요소 중에는 도움 목표와 관련된 구현 의도, 쉽게 인식되는 도움 수단, 도움 목표와 관련하여 반환할 수 없는 지점[일명 '루비콘(Rubicon)']을 통과했다는 인식이 있다. 이 모델에 대한 연구는 사회생활에서 자비의 진정한 역할을 보다 구체적으로 밝혀낼 수 있다.

▶ **핵심용어**

자비, 목표 전념, 도움 목표, 행동 단계 모델, 사고방식, 구현 의도, 자기보호, 루비콘

타인의 고통에 대한 감정적 반응인 자비는 도움, 단기적 감정, 장기적 웰빙과 이질적인 연관이 있는 것으로 보인다. 즉, 자비는 도움의 잘 알려진 예측 변수이지만(Haidt, 2003; Batson & Shaw, 1991; Goetz, Keltner, & Simon-Thomas, 2010; McCullough, Kilpatrick, Emmons, & Larson, 2001), 자비의 느낌이 행동을 보장하지는 않는다. 또한 자비는 때때로 혐오스러운 것으로 묘사되고 괴로움과 연결되지만(예: van Kleef et al., 2008), 또한 비험오적이고 괴로움과 구별되는 것으로 개념화되었다(Batson, Early, & Salvarani, 1997; Oveis, Horberg, & Keltner, 2010). 그리고 자비(또는 최소한 자비로운 행동)는 건강과 웰빙에 유리한 결과를 예측하는 것으로 나타났지만(예: Cosley, McCoy, Saslow, & Epel, 2010; Poulin, 2014; Steffen & Masters, 2005), 사례에서 자비는 부정적인 건강 결과를 예측하는 것으로 보인다(McNulty & Fincham, 2012; Monin, Schulz, & Feeney, 2014; Rothschild, 2006).

자비의 이러한 효과 불일치 중 일부는 의심할 여지 없이 용어와 측정의 차이로 인한 것이지만 이러한 불일치 중 일부는 자비를 불러일으키는 상황과 다른 사람을 도우려는 동기 간의 연결이 다소 모호하다는 사실로도 설명될 수 있다. Goetz와 동료들(2010)은 자비의 훌륭한 정의를 '다른 사람의 고통을 목격할 때 발생하는 느낌이며 이후에 **도움이 되고자** 하는 **욕구**를 유발하는 느낌'이라고 말했다. 그러나 이 정의에도 모호함이 있다. 자비와 함께 도우려는 열망은 얼마나 강한가? 자비와 함께 존재하는 유일한 욕망이 돕고 싶은 욕망인가, 아니면 다른 욕망과도 겹칠 수 있는가? 도우려는 욕구와 도우려는 결정 사이에 차이가 있는가?

이 장에서 나는 도움, 단기적 감정, 장기적 웰빙에 대한 자비 효과의 모호함 중 대부분이 도움을 주고자 하는 열망이나 목표를 갖는 것, 그리고 다른 사람을 돕는 것과 실제로 그 목표에의 전념 사이에 차이가 있다는 사실에서 비롯된다고 제안한다. 사고방식 mindset 이론과 목표 추구의 행동 단계 모델에 대한 연구를 바탕으로(Gollwitzer, 1990; Gollwitzer & Bayer, 1999; Gollwitzer, Fujita, & Oettingen, 2004), 나는 자비를 불러일으키는 상황의 효과는, 어떤 사람이 단지 다른 사람을 돕겠다는 목표(많은 목표 중 한 가지 목표)를 가지고 있는지 또는 돕는 목표에 **전념**하는지에 따라 달라질 수 있다고 주장한다. 즉, 목표 전념의 효과도 이해하지 않고서는 자비의 효과를 이해하는 것이 불가능할 수 있다.

목표 추구의 행동 단계 모델

주어진 순간에 개인의 행동은 다양한 수준의 구체적 목표에 의해 동기부여되는 것으로 설명될 수 있다(Ach, 1935; Cantor, 2003; Carver & Scheier, 2001; Pervin, 1982). 예를 들면, 현재 친구와 함께 점심을 먹고 있는 Rose라는 여성을 상상해 보라. 우리는 Rose가 배고픔을 줄이고 즐거운 사회적 교류를 하려는 목표를 충족 중이라고 추측할 수 있다. 우리는 또한 그녀가 무엇을 먹고 있는지에 따라 Rose가 맛있는 것을 즐기기 위한 목표를 추구하거나 신체 건강을 유지하기 위한 목표를 추구한다고 추측할 수 있다.

이러한 방식으로 Rose의 행동을 설명함으로써 우리는 행동이 목표에 반응한다는 사실을 설명한다. 그러나 Rose가 이미 참여하고 있는 행동에서 시작했기 때문에, 목표 추구의 또 다른 중요한 부분인 Rose가 이 행동에 참여하기로 한 결정을 놓치고 있다. 항상은 아니지만 종종 행동에 참여하려면 주어진 순간에 추구할 가치가 있는 많은 목표를 먼저 선택해야 한다(Brandtstädter, & Rothermund, 2002; Carstensen, 2006; Heckhausen, Wrosch, & Schulz, 2010). 이 과정은 도전적이고 인지적으로 집약적일 수 있다. 특히 목표는 종종 서로 경쟁하거나 대립하기 때문에 한번에 모든 목표를 추구하는 것이 거의 불가능하기 때문이다. Rose의 예를 계속한다면 그녀는 다행스럽게도 생리적(배고픔 감소) 및 사회적(친구와 시간) 목표를 동시에 추구하는 방법을 찾았다. 그러나 그 과정에서 그녀는 맛있는 것을 즐기려는 목표와 신체 건강을 개선하는 목표 사이에서 어느 정도 결정을 내려야 했을 것이다. 예를 들어, Rose는 감자 튀김을 좋아하지만 혈압을 낮추는 데 많은 투자를 할 수 있으므로, 여기에 포함된 지방, 소금 및 탄수화물이 자신의 건강에 위협이 된다고 생각할 수 있다. 튀김을 주문할지 여부를 결정할 때 Rose는 기본적으로 이러한 목표(맛 또는 건강) 중 자신이 추구할 목표를 결정해야 한다. 일단 그녀가 결정을 내리면 그녀는 결정 과정의 부담을 짊어지고 그에 따라 행동할 수 있다.

Rose의 시나리오가 보여 주는 것은 **목표 추구의 행동 단계[또는 루비콘(Rubicon)] 모델**이다(Gollwitzer, 1990; Gollwitzer & Bayer, 1999; Gollwitzer, Fujita, & Oettingen, 2004). 이 모델에서 목표 추구는 인지, 감정 및 행동의 근본적으로 구별되는 두 단계를 통해 발생할 수 있다. 개인이 우선순위를 지정하고 행동할 목표를 고려하는 첫 번째 단계를 **동기부여** 또는 **심의 단계**라 한다. 사람이 목표(또는 비경쟁적 목표)를 약속하고 그것을 실행에 옮기는 두 번째 단계를 **의지적** 또는 **구현 단계**라고 한다(Gollwitzer, Heckhausen, & Steller, 1990). 이것은 특정 목표에 대해 행동하기로 한 결정으로 구분된다. **루비콘**이라고 하는 지점([그림 26-1] 참조)은 이 지점을 건너는 것이 극적인 출발과 '돌아갈 수 없는 지점'을 표시하기 때문이다. 루비콘강은 로마를 정복하기 위해 길을 가다가 시저가 건너 버린 강이다. 목표 추구의 각

단계의 특징을 검토하면 이 은유의 적절성이 드러난다.

심의 단계

상황이 여러 상호 배타적 행동 과정을 가능하게 하고 가치 있는 목표 중에서 결정하도록 동기를 부여할 때 사람은 심의 단계에 들어간다. 그러한 상황의 예는 매우 다양하다. 예를 들어, 대학 전공이나 연인을 선택하는 것과 같이 인생에 큰 영향을 미치는 결정, 메뉴에서 무엇을 주문할지와 같은 작은 순간적인 결정 또는 (이 장에서 중요한) 도움이 필요한 사람을 돕거나 돕지 않거나 등이다. 결정을 내리기 전에 선택을 하는 사람은 웰빙이나 적응성의 다른 기준 측면에서 장기적으로 어떤 행동 과정이 가장 큰 성과를 낼지 결정해야 하는 도전에 직면한다(Heckhausen et al., 2010). 이것은 각 행동 과정이 ⓐ 결정과 관련된 자신의 가치 있는 목표의 중요성, 그리고 ⓑ 행동이 성공할 가능성이 있는지 여부에 따라 평가되어야 함을 의미한다.

정의에 따르면 그러한 결정 지점은 여러 가지, 때로는 상충되는 목표를 두드러지게 만든다(Puca, 2001; Taylor & Gollwitzer, 1995). 나는 자비를 불러일으키는 상황의 예에서 이것이 어떻게 작동하는지 곧 논의할 것이다. 그러나 먼저 Rose가 메뉴 선택을 정독하는 다소 간단한 경우를 살펴보겠다. 이 예에서는 맛있는 음식을 먹고 혈압을 관리하려는 그녀의 목표가 모두 존재한다. 그리고 이러한 목

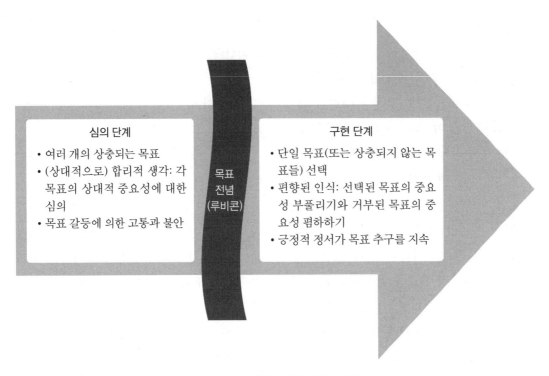

심의 단계
- 여러 개의 상충되는 목표
- (상대적으로) 합리적 생각: 각 목표의 상대적 중요성에 대한 심의
- 목표 갈등에 의한 고통과 불안

목표 전념 (루비콘)

구현 단계
- 단일 목표(또는 상충되지 않는 목표들) 선택
- 편향된 인식: 선택된 목표의 중요성 부풀리기와 거부된 목표의 중요성 폄하하기
- 긍정적 정서가 목표 추구를 지속

[그림 26-1] 행동 단계의 루비콘 모델

표가 상충하는 한, 그 갈등은 또한 결정을 내려야 할 필요성에 의해 두드러지게 나타난다. Rose의 경우 감자 튀김을 주문할 가능성이 이러한 충돌을 나타낸다. 결정을 내려야 하는 요구 사항과 갈등의 존재는 차례로 (상대적으로) 합리적인 사고의 필요성을 촉진한다(Armor & Taylor, 2003; Puca, 2001; Taylor & Gollwitzer, 1995). Rose는 ⓐ 그녀가 좋아하는 것을 먹는 것의 상대적 중요성 대 그녀의 건강 증진의 중요성을, 그리고 ⓑ 감자 튀김을 주문하는 것이 이 두 가지 목표에 얼마나 기여하는지(또는 감소하는지) 따져 보아야 한다. 목표 충돌이 있을 때 숙고하는 것은 종종 고통과 불안을 동반한다(Armor & Taylor, 2003; Cantor, Acker, & Cook-Flannagan, 1992; Cantor

& Blanton, 1996; Carver & Scheier, 1990). 사람들은 선택을 하려면 하나 또는 그 이상의 가치 있는 목표와 관련하여 희생이 필요하다는 사실에 마주치게 된다. 요약하면, 심의 단계는 ① 여러 개의 잠재적으로 상충되는 가치 있는 목표의 존재, ② 그러한 목표의 가치와 목표 선택의 의미에 대한 상대적으로 합리적인 숙고, ③ 목표 간의 갈등에 대한 고통과 불안으로 특징지을 수 있다.

구현 단계

문제의 목표에 따라 심의 단계는 짧은 순간 동안만 지속되거나 몇 분에서 몇 주, 몇 년에 걸쳐 장기간 지속될 수 있다(Heckhausen et al., 2010). 실제로 어떤 사람이 인지 부하를 받고 있거나 여러 목표를 진지하게 추구하는 경향이 없다면 암묵적인 태도가 목표 선택을 인도할 수 있으며 이 사람은 심의를 완전히 건너뛸 수 있다(Fazio, 1990; Olson & Fazio, 2008). 그러나 행동 과정을 '선택', '결정' 또는 '전념'이라고 가정하면(이 문구는 서로 바꿔서 사용할 수 있음) 심의 단계가 끝나고 구현 단계에 들어간다. 이 언어는 극적으로 보일 수 있지만 구현 단계의 심리적 특징이 심의 단계의 심리적 특징과 실질적으로 다르기 때문에 틀림없이 적절하다. Rose가 결정을 한다고 가정하면(이 경우에는 아마도 결국 감자 튀김을 주문하기로 결정) 그녀의 생각과 감정은 그녀가 선택한 목표를 쉽게 추구할 수 있는 방향으로 바뀔 것이다.

첫째, 가장 분명한 것은 행동 방침을 선택할 때 그녀는 더 이상 여러 상충되는 목표 추구를 적극적으로 고려하지 않는다는 점이다. 그녀는 이제 단 하나, 즉 자신이 즐기는 것을 먹는 목표만 추구하고 있다. 그렇게 함으로써 갈등 속에 있었던 각각의 목표에 대한 그녀의 인식은 그녀가 내린 결정을 지지하도록 전환될 가능성이 높다. 이전에 Rose는 각 목표의 중요성과 각 목표를 충족하기 위한 메뉴 선택의 관련성을 저울질했지만 이러한 차원에 대한 그녀의 인식은 그녀가 선택한 행동과 일치할 것이다. 그녀가 즐기는 것을 먹는 목표와 관련하여 그녀는 그 목표의 인지된 중요성을 높일 가능성이 많다(Heckhausen et al., 2010). 다시 말해, 그녀는 자신이 추구하기로 선택한 목표가 자신의 행복과 웰빙에 중요하다는 인식을 높일 것이다.

그녀는 또한 감자 튀김을 먹는 것이 그 목표를 만족시킬 것이라는 그녀의 믿음을 키울 것이다(Brandstätter, Giesinger, Job, & Frank, 2015; Gollwitzer & Kinney, 1989; Heckhausen et al., 2010). 특히 감자 튀김을 좋아하고 감자 튀김을 먹음으로써 받게 될 정서적 보상에 대한 기대감을 고조시킨다. 대조적으로, 그녀의 인식은 아마도 그녀가 추구하지 않기로 선택한 목표, 즉 그녀의 건강이나 웰빙을 유지하는 목표에 대해 반대 방향으로 이동할 것이다. 예를 들어, 그녀는 적어도 단기적으로는 다음을 상기시킴으로써 그 목표의 중요성을 폄하할 수 있다(Achtziger, Gollwitzer, & Sheeran, 2008; Heckhausen et al., 2010; Köpetz, Faber, Fishbach, & Kruglanski, 2011). 그녀가 자신의 건강을 지원하기 위해 얼마나 많은 다른 일을 하는지(예: 운동) 등이다. 따라서 이 경우 목표를 제쳐 두는 것을 정당화할 수 있다.

Rose는 또한 아마도 그녀가 주문할 수 있었던 더 나쁜 것에 집중함으로써('적어도 나초는 아니었다') 그녀가 선택한 행동 과정이 그녀의 건강 목표에 미치는 영향을 무시할 수 있다. 다시 말해, 행동 목표를 선택하는 효과는 선택되지 않은 행동 과정과 비교하여 선택한 행동 과정의 가치와 효율성에 대한 일련의 긍정적인 환상으로 이어진다(Armor & Taylor, 2003; Taylor & Gollwitzer, 1995). 긍정적인 환상을 지원하기 위해 이러한 인지는 Rose의 만족감과 웰빙을 강화하여 일반적으로 쾌적한 마음 상태를 촉진한다(Armor & Taylor, 2003; Taylor & Gollwitzer, 1995). 요컨대, 행동의 구현 단계는 다음과 같은 특징이 있다는 점에서 심의 단계의 반대이다. ① 잠정적으로 갈등이 있는 목표들이 아니라, 선택한 가치 있는 목표에 대한 집중, ② 그러한 목표의 가치와 목표에 대한 선택의 의미에 대한 상대적으로 편향된 인식, ③ 웰빙의 느낌.

심의에서 구현으로의 전환 추진

사람이 심의 단계에서 구현 단계로 루비콘을 건너는 이유는 무엇인가? 고려 중인 한 목표의 가치가 다른 목표보다 훨씬 크거나 단 하나의 목표만 추구할 수 있을 때 결정을 내리고 루비콘을 건너는 것은 틀림없이 쉽다. 그러나 Rose의 예나 다른 많은 유형의 결정에서와 같이 이러한 속성이 밀접하게 일치할 때 다른 요소가 작용한다. 만약 그들이 어떻게 그리고 어떤 조건에서 행동할 것인지에 대한 계획을 세웠을 때, 즉 목표와 관련하여 **구현 의도**를 발전시켰을 때(Gollwitzer, 1993, 1999; Gollwitzer & Sheeran, 2006; Oettingen, Hoig, & Gollwitzer, 2000). 무엇보다도 사람들은 주어진 목표에 대해 행동할 가능성이 가장 크다. 따라서 Rose는 감자 튀김이 자신의 건강 목표에 미치는 장벽에 대해 이미 생각하고 그러한 우려가 발생하더라도 제쳐 두고 정말로 원하는 것을 주문하기로 결정한 경우 감자 튀김을 주문할 가능성이 더 높다(물론 반대의 경우도 적용된다. 그녀가 건강 목표와 관련하여 구현 의도를 공식화했다면 감자 튀김이 제기할 유혹에 대해 생각하고 그러한 유혹에 직면하더라도 더 건강한 대안을 주문한다고 결정할 것이다).

그러나 미리 수립된 구현 의도가 없는 경우에도 사람이나 상황의 몇 가지 미묘한 특징이 사람이 계속 심의할지 또는 행동 방침을 선택할지를 결정할 수 있다. 첫째, 목표 추구를 위한 명확한 단계의 존재는 목표 선택을 용이하게 한다(Jin, Huang, & Zhang, 2013). 예를 들어, Rose가 감자 튀김에 대해 심의할 때 이미 샌드위치를 주문하기로 결정했다면 메뉴에서 샌드위치를 선택해야 하는 경우보다 메뉴가 샌드위치를 선택하는 옵션, 즉 메뉴의 사이드 디쉬로 선택하는 옵션이 제공될 경우, 샌드위치를 주문할 가능성이 더 높다. 둘째, 목표를 추구하는 여러 수단이 있으면 해당 행동을 선택할 가능성이 높아진다(Etkin & Ratner, 2012; Kruglanski, Pierro, & Sheveland, 2011). 따라서 레스토랑에서 감자 튀김을 주문한 후 맞춤화할 수 있는 다양한 방법(예: 다른 디핑 소스)을 제공하는 경우 Rose는 주문할 가능성이 더 크다. 이것은 선택할 수 있는 가능한 목표가 너무 많다는 점(예: 주문할 감자 튀김의 다중 선택)과 다르다는 점에 유의하는 것이 중요하다. 이는 실제로 그녀의 선택에 대한 목표 전념과 만족도에 반대 효과가 있을 수 있다(Inbar, Botti, & Hanko, 2011; Iyengar & Lepper, 2000; Shah & Wolford, 2007). 셋째, 이미 실수로 루비콘강을 건넜다는 인식은 목표 전념으로 이어지기에 충분할 수 있다(Gu, Botti, & Faro, 2013; Zhao, Lee, & Soman,

2012). 예를 들어, Rose가 아직 감자 튀김에 대해 심의하고 있을 때 샌드위치를 주문했지만, 샌드위치가 기본적으로 감자 튀김과 함께 제공된다는 것을 알게 되면, Rose는 다른 사이드 오더를 대체할 수 있는 옵션이 있더라도 감자 튀김을 먹기로 약속할 가능성이 더 높아진다. 마찬가지로, Rose의 친구가 감자 튀김을 주문하면 그 예에서도 감자 튀김을 주문하는 것이 당연한 결론처럼 보일 수 있다. 마지막으로, 관련이 없는 다른 결정에 대해 숙고적이거나 실행적인 사고 방식을 취하는 것은 사람을 목표 전념에 더 가깝게 또는 더 멀리 밀어낼 수 있다(Gollwitzer & Bayer, 1999; Gollwitzer, Fujita, & Oettingen, 2004; Heckhausen & Gollwitzer, 1987; Henderson, de Liver, & Gollwitzer, 2008). Rose와 그녀의 친구가 현재 직장을 그만둬야 할지 말아야 할지에 대해 심도 있는 대화를 나누고 각 행동의 장단점을 고려한다면 Rose는 두 친구가 토론을 끝내고 방금 조치를 결정한 경우보다도 감자 튀김을 먹을지 결정하는 데 더 큰 어려움을 겪을 수 있다. 요컨대, 심의 단계에서 구현 단계로 넘어가는 루비콘을 건너는 것은(이에 수반되는 모든 인지 및 정서적 변화와 함께) 결정 자체와 직접적으로 관련이 없는 많은 요인의 영향을 받을 수 있다.

자비의 행동 단계 모델

도움이 필요한 사람의 고통을 목격하는 것은 특히 그 사람이 어떤 식으로든 가치가 있고 그 사람을 돕는 것이 가능한 경우 그 사람의 괴로움을 완화하는 데 도움이 되고자 하는 열망 또는 목표를 불러일으킨다(Goetz et al., 2010). 그러나 이러한 욕망은 그 자체로 다른 가치 있는 목표와 종종 긴장 관계에 놓인다. 다른 사람을 돕는 것은 시간, 노력, 돈 또는 관계 위험(예: 거부 또는 갈등) 면에서 거의 항상 자신에게 어느 정도의 비용을 수반한다. 이러한 이유로, 돕고자 하는 욕구는 거의 항상 자신과 자신의 자원에 대한 위협을 피하려는 욕구를 동반한다(Batson, Duncan, Ackerman, Buckley, & Birch, 1981). 이러한 이유로, 나는 한 사람이 다른 사람의 괴로움을 완화하기 위한 목표에 전념할 때까지 자비를 불러일으키는 상황이 돕는 행동과 잠재적인 도우미의 웰빙에 복잡하고 불분명한 영향을 미칠 수 있다고 제안한다. 다시 말해, 자비의 상관관계는 도움의 심의 단계와 구현 단계 사이에서 다르다. 자비와 돕고자 하는 열망은 다른 많은 목표와 다를 수 있지만, 다른 사람의 괴로움을 완화하려는 목표에 전념하는 것은 종종 웰빙에 방해가 되는 경쟁적 목표, 즉 자신에 대한 위협을 피하려는 열망을 제쳐 놓는 것을 포함한다는 점에서 다르다.

심의 단계의 자비

자비의 감정을 불러일으키는 조건은 여러 행동 과정을 가능하게 한다. 가장 주목할 만한 점은 소중한 다른 사람의 고통을 목격하는 것은 시간, 노력 및/또는 자원을 사용하여 도움을 제공할 수 있는 선택권을 제공하고, 따라서 다른 사람의 고통을 완화하기 위한 목표에 따라 행동할 수 있는 선택권을 제공한다는 것이다. 도움을 주지 않음으로써 시간, 노력 및/또는 자원을 절약할 수 있다. 예를 들어, Rose가 점심이 아니라 친구를 도울지 여부에 대해 결정을 내려야 한다고 상상할 수 있다. Rose의 친구 Amy가 최근에 어머니를 여의고 지금 슬퍼하고 있다고 가정해 보겠다. 어느 날 Rose는 자신이 일하는 식료품점에서 근무를 마치면서 Amy를 생각하고 그녀에 대해 느낀다. 즉, 더 구체적으로 Rose는 Amy에게 자비를 느낀다. Rose는 Amy가 집에 있을 것이라는 사실을 알고 있어서 아마도 지금이 Amy에게 가서 시간을 보내기에 좋은 시간임을 알고 있다. Amy는 이전에 친구가 있으면 통증을 완화하는 데 도움이 되며 Rose는 확실히 시간이 있다고 말했다. 한편, Rose는 Amy의 집에 갈까 생각하며 불안에 떨고 있다. 왜냐하면 Rose는 고통받는 친구를 보는 것이 너무 고통스러울까 걱정되기도 하고, Amy의 상황을 생각하면 어떻게 될까 하는 괴로운 생각도 하기 때문이다. Rose의 어머니가 돌아가셨을 때처럼 말이다. 따라서 Rose는 Amy의 집에 가야 할지 말아야 할지 확신이 서지 않으며 이 불확실성 자체가 고통스럽다. 아마도 Rose는 그녀가 Amy의 집에 한 번 더 갈 것이라고 생각한다.

요컨대, Rose가 자비를 경험할 수 있는 여건은 무르익었지만, Rose는 Amy의 고통을 덜어 주기 위한 목표의 심의 단계에 있기 때문에 다른 감정들도 무르익었다. 이것은 처음부터 자비를 경험하지 못하는 것과는 다르다는 것을 주목해야 한다. Goetz와 동료들(2010)은 일련의 조건이 충족되면 자비가 발생한다고 명시한다. 그 사람이 고통받는 것을 원하지 않는다면, 고통받는 다른 사람이 도움을 받을 자격이 있는 경우, 도움을 줄 수 있는 자원이 있다면 말이다. Rose의 상황은 Goetz와 동료들(2010)의 모든 기준을 충족한다. Amy는 고통받고 있다. Amy는 친구이기 때문에 Amy의 결과는 Rose에게 의미가 있다. Rose는 Amy가 고통받는 것을 원하지 않는다. 친구인 Amy는 도움을 받을 자격이 있다. Rose는 도움을 제공할 시간적 여유가 있다. 그래서 Rose는 실제로 Amy의 고통에 대한 보답으로 무언가를 느끼고, 그 감정이 Amy를 돕고 싶은 마음으로 이어진다. 그러나 이러한 상황은 다른 욕망을 불러일으키기도 한다. 특히 그것은 자신의 정서적 안녕에 대한 위협을 피하려는 Rose의 욕망을 불러일으킨다. 이러한 욕망은 Rose가 어떻게 또는 언제 행동할지 알기 어렵게 만든다. 그녀는 Amy의 집에 갈 것인가 말 것인가? 그리고 그렇지 않다면, 그녀는 Amy를 '다음에' 방문할 것이라고 믿으면서 이 결정을 스스로에게 만족스럽게 만들 것인가?

Rose의 상황은 심의 단계에서 위협을 피하기 위한 목표와 함께 자비가 존재할 수 있는 방법의 한 예일 뿐이나, 여러 증거에 따르면 항상 그런 것은 아니지만 자주 그런 경우가 있음을 시사한다. 예를 들어, 다른 사람들의 고통을 목격하는 것은 종종 고통을 일으키고 도움을 제공하지 않더라도 잠재적인 도움 상황에서 벗어나고자 하는 욕구로 이어진다(예: Batson et al., 1981). 보다 최근의 증거에 따르면 사람들은 자비를 느끼는 것이 불가능하거나 자신에게 큰 비용을 초래할 수 있는 상황에서 실제로 자비를 피하려는 동기가 있음을 시사한다(예: Cameron & Payne, 2011; 2012). 또한 다른 사람에게 도움을 제공할 때 관련된 과정의 기초가 되는 신경회로 모델은 그렇게 하는 것이 사회적 접근과 자기보존 모두를 위한 네트워크의 활성화를 수반한다고 제시한다(Brown & Brown, 2006; Brown & Brown, 2015; Brown, Brown, & Preston, 2011). 더욱이 Murray와 Holmes(2009)의 위험 조절 모델인 대인관계 기능의 저명한 모델은 다른 사람과 연결할 수 있는 기회가 항상 자동으로 자기보호 관심이자 연결 목표에 따른 관심을 활성화한다고 제안한다는 점에 주목할 가치가 있다. 친밀한 관계의 맥락에서 자기보호 목표는 대부분 거절을 피하는 것을 의미한다. 가까운 사람부터 낯선 사람까지, 다른 사람을 더 폭넓게 돕는 목표의 맥락에서, 이러한 우려는 다른 사람의 곤경에 대한 고통, 그 괴로움이 자신의 것이 될 가능성, 그리고 시간, 돈 또는 (Rose의 경우는 아니지만) 신체적 안전의 잠재적 손실에 대한 불안 등 Rose의 사례와 같은 다른 우려들을 포함할 수 있다.

요컨대, 자비는 돕고자 하는 욕망을 수반할 수 있지만, 도와주겠다는 결정이 없는 경우 그 욕망은 다른 욕망, 특히 자기에 대한 위협을 피하려는 욕망과 함께 불안하게 존재한다. Batson(1997)은 행동을 돕는 데 있어 공감적 관심, 자비와 유사한 감정 상태의 역할을 설명할 때 유사한 통찰력을 가지고 있다.

공감–이타주의 가설은 공감적 관심 자체가 도움에 영향을 미친다고 주장하지 않는다. 공감은 이타적인 동기를 불러일으킨다고 주장한다. 이타적 동기가 반드시 도움행동으로 이어지는 것은 아니다. 그것이 가능한지 여부는 이타적인 목표에 도달하기 위한 다양한 가능한 방법의 비용과 이익이 그 당시에 존재하는 다른 동기의 맥락에서 고려되는 쾌락적 계산의 결과에 의해 결정되며, 그중 일부는 공감을 불러일으킨 같은 필요 상황에 대한 인식에 의해 유발되었을 수 있다. 상충하는 동기의 상대적인 강도와 이용 가능한 행동 옵션에 따라 이타적인 동기가 부여된 개인이 도움을 주거나 다른 사람이 돕게 하거나 전혀 돕지 않을 수 있다(Batson, 1997, p. 520).

이 통찰이 참으로 중요하지만, 나는 그것이 사람이 돕는 목표에 전념하기 전에 심의 단계에서 자비/공감 관심의 역할을 구체적으로 언급한다고 주장한다. 누군가가 도움과 관련하여 루비콘을 건너면 자비가 완전히 다르게 기능할 수 있나? 즉, 돕고자 하는 열망이 도우려는 의지가 될 때 자비는 어떤 역할을 하나?

구현 단계의 자비

목표 추구의 행동 단계 모델의 논리는 한 사람이 루비콘을 넘고 다른 사람의 고통을 완화하기 위한 목표에 전념하면, 도움을 줄 것인지 아니면 여전히 심의할 때와 비교하여 그들의 생각과 감정이 상당히 극적으로 변해야 한다고 제안하거나 제안하지 않는다([그림 26-2] 참조). 그러나 자비의 구현 단계가 어떤 모습일지 검토하기 전에 먼저 사람이 루비콘을 건너는 이유를 고려하는 것이 중요하다. 한 가지 간단하고 분명한 대답은, 주어진 경우에 다른 사람의 고통을 완화하려는 목표가 위협 회피 목표보다 압도적으로 더 중요한 경우 도움을 주기로 선택할 수 있다는 것이다.

예를 들어, Rose의 가장 친한 친구가 중병에 걸려 골수 이식이 필요하고 Rose가 적격한 기증자라면, 친구에 대한 Rose의 자비 감정은 기증에 대한 전념으로 이어질 가능성이 높다. 그렇게 하는 것이 Rose에게 실질적인 비용을 부과하더라도 그녀 친구의 필요, 따라서 도움의 가치가 훨씬 더 클 것이기 때문이다. 이것은 또한 사람들이 전혀 숙고하지 않고 행동에 나서는 영웅적이거나 반사적인 도움을 특징으로 할 수 있다. 도움의 목표가 위협 회피 목표와 상충하지 않는 경우 다른 사람의 고통을 완화하기 위한 목표 전념으로 직접 이어지는 또 다른 상황이 있다. 예를 들어, Rose에게 이미 갈 예정이었던 가게에서 약을 사 오라고 요청한 아픈 친구가 있다면, 그 친구에 대한

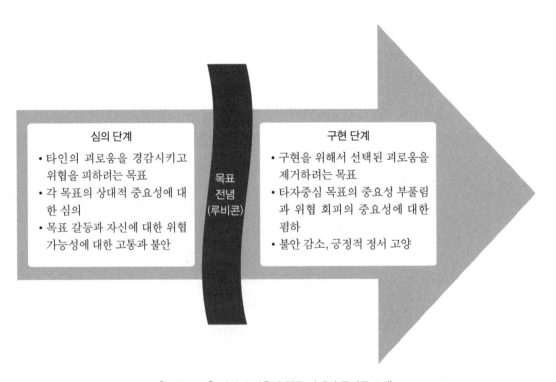

[그림 26-2] 자비에 적용된 행동 단계의 루비콘 모델

자비는 Rose가 실질적으로 비용이 들지 않는 이 행동 과정에 전념하도록 거의 확실하게 이끌 것이다.

다른 사람의 고통을 덜어 주기 위한 자비와 전념 사이의 연결고리가 덜 확실해지는 곳은 다른 초점을 맞춘 목표와 위협 회피 목표가 비슷하거나 달성 가능성이 있는 상황이다. Rose가 슬픔에 잠긴 친구 Amy를 방문하는 것을 고려하고 있을 때, 그녀의 방문 가치는 친구의 고통과 부모의 상실에 맞서는 감정적 비용에 대한 걱정으로 긴장된다. 이 상황에서 Rose가 자비 중심의 도움 목표에 대한 전념으로 루비콘을 통과하는지 여부를 결정하는 다른 요인이 있을 수 있다. 예를 들어, Rose가 Amy를 방문하는 것과 관련하여 구현 의도를 공식화했을 수 있다. 즉, 그녀는 자신이 가지 않으려는 유혹을 받을 것임을 미리 알고 그러한 유혹에 직면하더라도 친구를 돕고 지원하는 목표를 우선시하기로 결정했을 수 있다. Amy를 방문하려는 Rose의 의도와 같이 구현 의도가 특정 행동 과정에 대해 구체적일 필요는 없다는 점에 유의하는 것이 중요하다. 또한 Rose는 가능한 한 Amy의 고통을 완화하기 위한 목표에 더 일반적으로 전념할 수 있으며 향후 조치를 취할 기회에 주의를 기울일 수 있다. 따라서 즉각적이거나 분명한 도움이 없을 때에도 타인의 고통에 대한 자비의 실천적 단계에 머무는 것이 가능하다.

구현 의도가 없는 경우에도 상대적으로 미묘한 상황적 영향이 Rose가 자비 중심의 도움 목표에 전념하는지 여부를 결정할 수 있다. 예를 들어, 목표 추구를 위한 명확한 단계가 목표 전념에 영향을 미친다는 점을 감안할 때, Rose는 직장에서 Amy의 집까지 가는 방법을 이미 알고 있다면 그녀가 해당 정보를 찾아야 하는 경우보다 Amy를 돕기로 약속할 가능성이 더 높을 수 있다. 또한 목표를 달성할 수 있는 여러 가지 가능한 수단이 있으면 목표 전념이 용이하므로 Rose는 방문하는 동안 Amy와 대화하기, 요리하기와 같이 Amy를 도울 수 있는 여러 가지 방법을 쉽게 생각할 수 있을 때 돕기에 전념할 가능성이 더 높을 것이다. 그녀를 위해 식사를 하거나 그녀와 조용히 앉아 있을 뿐이라 하더라도. 더욱이 누군가가 (무심코) 목표를 향해 루비콘을 건넜다는 것을 인지하는 것은 목표 전념을 촉진하기 때문에, Rose는 아마도 Amy의 거리에서 우연히 운전을 하고 있을 때 Amy의 상황을 생각하거나, 친구가 Amy의 집으로 가는 길에 Rose를 기다리고 있다면 Amy를 도울 가능성이 더 높을 것이다. 마지막으로, 이미 구현적인 사고방식이 중요한 목표에 대한 전념을 촉진한다는 점을 감안하면, Rose는 Amy를 방문할 가능성에 대해 생각할 때 식료품점에서 몇 가지 구매 결정을 내린 경우, 관련 없는 결정이 여전히 미정인 상태인 경우보다는 Amy를 돕는 데 전념할 가능성이 있다.

그러나 도움의 목표 전념이 발생하는 경우, Rose 또는 다른 사람의 고통을 완화하기로 결정한 모든 사람에게 구현 단계의 자비는 어떤 모습이어야 하는가? 첫째, 그 목표를 행동의 초점으로 선택함으로써 목표 추구를 지속하기 위해서는 그 목표의 중요성과 달성 가능성을 높여야 한다. 일단 Rose가 Amy를 방문하여 도움을 주기로 결정하면, Rose가 결정하기 전에 그렇게 하는 것이 Rose가 생각했던 것보다 더 중요하고 이전에 생각했던 것보다 더 보람을 느낄 것이라고 믿게 될 것이다(Inagaki & Eisenberger, 2012 참조). 그리고 그녀는 또한 그녀의 도움이 이전에 믿었던 것보다 더 효과적일 것이라고 믿어야 한다. 또한 Rose는 Amy의 위협 회피 지향 목표가 아니라 Amy의 고통을 완화하기 위한 목표에 따라 행동하기로 결정했기 때문에 불확실성의 부담을 완화해야 한다. 물론 이것은 Rose가 위협 회피 목표가 결정을 내리기 전보다 덜 중요하다고 믿게 됨을 의미한다. Amy를 방문하는 경쟁적인 대안이 선택되면 정서적인 불편함을 피하는 것이 덜 강력한 동기로 느껴져야 한다. 다시 말해, Rose는 Amy를 돕는 것을 우선시하기 위해 최소한 당분간은 위협 회피 목표에서 벗어날 것이다.

도움이 되는 목표에 전념하는 데에는 덜 즉각적이지만 심리적인 특징이 또 있다. 종종 도움 목표를 추구하는 데 방해가 되는 위협 회피 목표로부터의 이탈은 스트레스와 불안을 보다 일반적으로 감소시킬 수 있다. 위협 회피 목표는 금전적 손실을 피하거나 정서적 불편을 피하거나 다른 해로운 경험을 피하는 방식으로, 잠재적인 위협이나 손실의 배열을 피하려는 욕구를 수반한다(Jonas et al., 2014; Meleshko & Alden, 1993). 그리고 회피 관련 동기는 특히 장기적으로 볼 때 불안, 웰빙 감소, 성과 저하와 관련이 있다(Elliot & Thrash, 2002; Roskes, Elliot, & De Dreu, 2014). 따라서 도움 목표에 대한 전념에 봉사하는 위협 회피 목표로부터의 이탈은 도움 작업과 관련이 없는 출처에서라도 불안과 고통을 완화할 수 있다. 다시 말해, Rose가 Amy를 도우려는 목표에 전념하면 그녀는 직업, 가족, 개인적 좌절 등과 같은 삶의 다른 측면에서 비롯되는 사기 중심적 불안과 고통이 줄어들 수 있다. 즉, 돕는 목표에의 전념은 스트레스 완충제 역할을 할 수 있다.

자비의 행동 단계 모델에 대한 증거

지금까지 나는 자비를 불러일으키는 상황이 다른 사람의 고통을 완화하기 위한 목표에 전념하기 전과 후의 행동과 웰빙에 대해 다른 의미를 가질 수 있다고 주장했다. 그렇다면 자비 및 관련 현상에 대한 기존 문헌에서 이 모델과 일치하는 증거를 찾을 수 있을 것이다. 지금까지 나는 돕는 목표에 대한 전념이 핵심 결과에 대한 자비의 영향을 조절한다는 주장을 직접 테스트한 연구를 알지 못한다. 그러나 내 자신의 연구와 다른 사람들의 연구 결과는 이 모델과 대체로 일치하며 추가 연구에 박차를 가할 수 있는 간접적인 증거를 제공한다.

자기중심적 목표가
타인중심적 목표에 미치는 영향

첫째, 다른 사람의 고통을 경감하는 목표는 위협 회피 목표와 긴장 관계에 있으며, 다른 주안점의 목표에 대한 전념은 위협 회피 목표의 감소를 필요로 한다는 명제와 일관되게, 위협 회피 목표를 충족시키는 것이 자비 중심의 도움 목표에 대한 행동을 촉진한다는 증거가 있다. 애착 이론(Ainsworth, Blehar, Waters, & Wall, 1978; Bowlby, 1969; Brennan, Clark, & Shaver, 1998)은 부모, 낭만적 파트너 및 가까운 친구를 포함한 친밀한 사람들과 강하고 안정된 유대감이 안전과 안전감을 촉진한다고 가정한다. 이러한 감정 또는 **안정감**은 새로운 사회적 상호작용에 참여하는 것을 촉진하고 거부 또는 위협에 대한 가능한 우려로부터 사람들을 완충시킨다. Mikulincer, Gillath 및 동료들은 애착 안정의 실험적 조작과 성향 예측자가 공감, 자비 및 도움행동의 더 높은 수준을 예측한다는 것을 발견했다(Gillath et al., 2005; Mikulincer, Shaver, Gillath, & Nitzberg, 2005). 이것은 위협 회피 목표를 달성하면 다른 초점을 맞춘 목표에 대한 몰입을 촉진한다는 것을 시사한다.

위협 회피 목표를 만족시키는 것이 자비 지향적인 도움 목표에 대한 간섭을 줄이는 유일한 방법은 아닐 수도 있다. 대신, 개인 자아의 중요성이나 중심성을 감소시키는 것('탈중심화'와 유사한 접근; Bernstein et al., 2015 참조)은 또한 자비 중심의 도움 목표에 대한 행동을 촉진할 수 있다. Piff와 동료들은 최근 경외의 감정이 친사회적 행동을 촉진하며, 이는 부분적으로 '작은 자기'의 감정, 즉 타인 또는 집단과 비교하여 자신의 우려가 감소한다는 느낌을 유발함으로써 이루어진다는 것을 발견했다(Piff, Dietze, Feinberg, Stancato, & Keltner, 2015). 요컨대, 이러한 연구는 지원 목표가 위협 회피 목표와 긴장 관계에 있을 수 있으며 위협 회피 목표의 관련성 또는 중요성을 줄이는 것이 사람들이 루비콘을 건너 도움 목표에 전념하는 데 도움이 될 수 있음을 시사한다.

자기중심적 목표에 대한
타인중심적 목표의 효과

다른 사람의 고통을 완화하려는 목표가 위협 회피 목표와 긴장 관계에 있는 경우가 많다면, 타인에 초점을 맞춘 목표에 대한 전념이 개인으로 하여금 위협 회피 목표에서 멀어지게 하는가? 우리 연구실의 최근 연구는 고통받는 사람의 감정을 다른 사람과 가까운 곳에 우선순위로 두는 것은 자기 자신과 그 관심에 대한 집중을 감소시킨다는 점에서 이러한 가능성과 일치한다. 공감에 대한 Batson (1991, 2011)의 고전적인 연구를 바탕으로, 우리는 참가자에게 고통받는 다른 사람의 감정에 초점을 맞추거나 그렇지 않은 것에 초점을 맞추도록 요청하기 위해 관점 수용 지침을 사용한다. 이러한 지시에 따라 행동함으로써 참가자는 그러한 명시적 지시 없이 고통받는 다른 사람을 만났을 때 경험할 수 있는 심의를 우회하고 고통받는 다른 사람의 감정을 우선시하는 목표에 전념한다. 자비의 행동 단계 모델의 논리에 따르면 이는 위협 회피와 같은 자기중심적 목표에서 벗어나도록 유도해야 한다. 우리의 결과는 이 예측과 일치한다.

예를 들어, 우리는 최근 다른 사람이 고통받는 감정을 우선시하면 자기 개념의 자기보호적 측면에 대한 인식이 줄어든다는 증거를 얻었다(DeLury, Buffone, Ministero, & Poulin, 2016). 자아 개념에 대한 연구에 따르면 사람들이 자신의 핵심적이고 가장 가치 있는 특성, 즉 진정한 자아로 간주하는 것과 사람들이 세상과 가장 편안하게 공유할 수 있는 자아의 특성인 대중적 자아(공적 자아) 사이에는 차이가 있음이 밝혀졌다(Bargh, McKenna, & Fitzsimons, 2002; Schlegel & Hicks, 2011; Schlegel, Hicks, Arndt, & King, 2009). 사람들은 가능한 거부나 위협으로부터 진정한 자아를 보호하기 원하므로 공적 자아는 어떤 의미에서는 위협 회피 충동의 표현으로 존재한다. 이것이 사실임을 감안할 때, 다른 사람의 고통에 초점을 맞추는 것이 위협 회피 목표를 감소시킨다면, 고통받는 다른 사람의 감정을 우선시할 때, 공적인 자아의 중요성이 줄어들 것이라고 예측했다.

이를 조사하기 위해 동료와 나는 참가자($N=158$)가 실험실에 와서, 자신의 진정한 자아와 대중적 자아에 적합하다고 느끼는 특성 목록을 각각 선택하게 했다. 그런 다음 나중에 실험실 회기에서 이 참가자가 돌아와서 그들 중 일부는 가까운 다른 사람이 필요할 때

를 생각하고 그 사람의 감정에 집중(즉, 원근법 참여)할지 말지 지시했다. 다른 참가자들은 단순한 산만함이나 사회적 연결을 포함하여 다른 사람의 감정을 우선시하는 효과에 대한 상충되는 설명을 배제하도록 설계된 세 가지 통제 작업 중 하나에 참여했다. 이러한 작업에는 참가자가 다른 사람의 입장에서 어떻게 느낄지 상상하고, 개인적인 필요를 위해 자신에게 자비를 확장하고, 단순히 친구에게 메모를 작성하는 것이 포함되었다. 다음으로 참가자들은 화면의 문자열이 단어인지 여부를 가능한 한 빨리 결정해야 하는 컴퓨터에서 어휘 결정 작업에 참여했다. 참가자들이 본 단어 중 일부는 자신을 설명하기 위해 선택한 단어이고 일부는 그렇지 않은 단어였다. 그리고 자기묘사적 단어 중 일부는 진정한 자아 단어였고 일부는 공적 자아 단어였다. 우리는 다른 사람의 고통에 초점을 맞추도록 지시받은 참가자들이 대중의 자기 말에는 반응하는 데

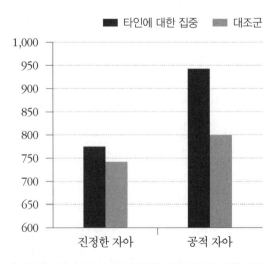

[그림 26-3] 공적 자아와 진정한 자아 단어에 대한 응답 시간(대기 시간, 밀리초)

더 오래 걸렸지만 진정한 자아 단어에는 반응하지 않았다는 것을 발견했다([그림 26-3] 참조).

위협을 피하려는 욕구는 자기 관련 인지 패턴에 영향을 미칠 뿐만 아니라 스트레스 생리학에도 영향을 미친다(Blascovich & Mendes, 2000; Seery, 2013). 우리 연구실은 고통받는 다른 사람의 감정을 우선시하면 심혈관 생리학에 의해 지표화되는 심리적 스트레스가 감소한다는 것을 발견했다(Buffone et al., 2017). 특히 우리는 참가자들이 연구실에 와서 'Katie Banks'라는 동료 학생에 대한 많은 공감 연구(검토는 Batson, 1991; 2011 참조)에 사용된 이야기를 읽게 했다. Katie(실제로 가상의 인물)는 교통사고로 부모님을 여의고 두 어린 동생을 돌보기 위해 고군분투하고 있다. 우리는 무작위로 참가자(N=212)에게 Katie의 감정에 집중하거나, Katie의 입장에 있는 자신을 상상하거나, 객관적인 상태를 유지하도록 할당했다. 그런 다음 우리는 참가자들에게 비디오로 녹화된 연설을 전달하고 나중에 Katie에게 보여 주도록 요청했으며, Katie는 그녀의 상황에 대해 조언했다. 연설을 하는 동안 참가자들은 말초혈관 수축으로 평가되는 참가자의 생리적 위협 정도를 측정할 수 있는 장비에 연결되었다(Blascovich & Mendes, 2000; Seery, 2013). 우리는 Katie의 감정에 집중하도록 지시받은 참가자들이 다른 두 조건의 참가자들에 비해 더 낮은 수준의 위협을 경험했다는 것을 발견했다([그림 26-4] 참조). 즉, 자신이 아닌 Katie에 대해 생각하거나 객관적인 태도를 취하면 위협 회피에 대한 우려가 감소하는 것으로 나타났다.

다른 사람의 고통을 완화하기 위한 전념의 스트레스 완충 역할에 대한 추가적인 증거는 행동 및 웰빙을 돕는 것에 대한 문헌이 증가하고 있음을 알 수 있다. 도움을 주거나 자원봉사에 참여하면 시간이 지남에 따라 신체적, 정신적 건강이 더 좋아지고 사망 위험이 감소할 것으로 예측된다. 즉, 수명이 길어진다(예: Brown, Brown, House, & Smith, 2008; Brown, Nesse, Vinokur, & Smith, 2003; Brown et al., 2009; Konrath, Fuhrel-Forbis, Lou, & Brown, 2011; Poulin, 2014; Poulin et al., 2013; O'Reilly, Connolly, Rosato, & Patterson, 2008; Post, 2007, 개관 참조). 더욱이 실험적으로 조작하는 친사회적 행동(중립적인 행동이나 자기 자신에 대한 친절에 비해)은 긍정적인 감정과 심리적 번영을 증가시킬 뿐만 아니라 부정적인 감정을 감소시킨다(Nelson, Layous, Cole, & Lyubomirsky, 2016). 유사하게, 다른 사람에게 돈을 쓰도록 유도된 참가자는 자신을 위해 돈을 쓰도록 유도된 참가자보다 혈압이 더 낮았다(Whillans, Dunn, Sandstrom, Dickerson, & Madden, 2016). 친사회적 행동이 그러한 심리적, 생리학적 건강상의 이점을 가져올 수 있는 정확한 메커니즘은 현재 알려져 있지 않지만, 돕는 행동에 참여하는 것은 다른 사람의 고통을 완화하려는 목표에 대한 전념을 반영하는 것일 수 있다. 그러한 전념은 위협 회피 목표로부터의 이탈뿐만 아니라 관련 행동에 참여하는 것의 정서적 보상에 대한 인식을 증가시켜(Inagaki & Eisenberger 참조) 스트레스를 감소시킬 수 있다. 문헌에 대한 이러한 해석은 추측에 불과하지만 행동과 웰빙을 돕는 것과 관련된 몇 가지 다른 발견은 이 모델과 일치한다. 첫째, 행동을 돕는 것이 위협 회피 충동을 줄여 스트레스를 줄인다는 아이디어와 일치하여 행동과 자비는 특히 스트레스가 많은 사건의 영향을 줄임으로써 장수와 정서적 웰빙을 촉진하는 것으로 보인다(Cosley et al., 2010; Poulin et al., 2013; Raposa, Laws, & Ansell, 2016). 둘째, 위협과 관련된 우려를 줄이는 것이 특히 다른 사람의 고통을 경감시키는 데 전념한다는 생각에 따라 도움과 건강에 대한 연구는 도움의 이점이 개인의 동기에 달려 있음을 나타낸다. 사람들은 다양한 이유로 자원봉사를 하거나 돕는 행동에 참여할 수 있으며, 그중 일부는 다른 사람들보다 위협 회피와 더 밀접하게 일치한다. 예를 들어, 사람들은 직장이나 학교에 대한 요구 사항 때문에

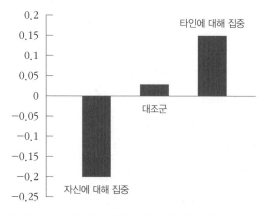

[그림 26-4] 상태별 심혈관 위협 반응성의 평균. 도전/위협 지수의 점수가 높을수록 상대적 도전이 더 크다는 것을 나타내고, 점수가 낮을수록 상대적 위협이 더 크다는 것을 나타내며 0은 표본 평균을 나타낸다.

자원봉사를 할 수도 있고 귀중한 기술이나 전문 지식을 얻기 위해 또는 사회적 지위를 얻기 위해 자원봉사를 할 수도 있다. 그러나 친사회적 이유로 자원봉사를 하는 사람들만이 자원봉사를 통해 장수 혜택을 받는 것으로 보인다(Konrath et al., 2011). 더욱이 도움의 스트레스 완충 효과는 다른 사람들이 선하고 가치 있다고 믿는 사람들에게만 나타난다(Poulin, 2014). 이러한 발견은 자신에 대한 위협을 피하는 것과 충돌할 수 있는 다른 사람의 복지에 대한 관심이 단순히 돕는 동작을 수행하는 것보다 더 중요함을 시사한다.

심의적인 사고방식이 도움-목표 전념에 미치는 영향

고통받는 다른 사람의 감정에 초점을 맞추는 것이 다른 사람의 고통을 완화하기 위한 목표에 어느 정도 전념을 수반하기 때문에 위협 회피를 감소시킨다면, 이러한 조작의 효과는 목표 전념 가능성이 있을 때만 작동해야 한다. 즉, 관점 수용의 많은 효과는 참가자가 목표를 돕는 것과 관련하여 심의 단계에서 실행 단계로 쉽게 넘어갈 수 있을 때만 존재해야 한다. 이전에 검토한 바와 같이 이에 영향을 줄 수 있는 한 가지 요인은 개인이 이미 다른 목표에 대해 심의적 또는 실행적 사고방식을 갖고 있는지 여부이다. 따라서 어떤 사람이 이미 심의적 사고방식을 갖고 있다면, 고통받는 다른 사람의 감정에 초점을 맞추는 것이 심의적 사고방식에 있지 않을 때보다 목

표를 돕는 데 전념할 가능성이 낮아야 한다. 우리 연구실은 최근 심의적 사고방식을 유도하는 다른 사람의 고통에 초점을 맞추는 것이 도움행동에 미치는 영향을 약화시킬 것이라는 예측을 테스트하면서 이 아이디어를 검토했다(Ministero, Poulin, Buffone, & DeLury, 2016).

그렇게 하기 위해 우리는 실험실에 온 사람들(*N*=240)에게 현재 사건에 대한 그들의 반응에 관심이 있다고 말했다. 그리고 구체적으로(Cameron & Payne, 2011에서 개발한 표지 및 자료를 사용하여) 수단 다르푸르 지역의 위기에 대한 그들의 대응을 평가하고 싶었다. 그러나 먼저 참가자의 절반을 심의적 사고방식에 무작위로 할당하고 다른 절반을 중립적 통제 조건에 할당했다. 그렇게 하기 위해 우리는 문장이 합리적 심의와 관련이 있든 없든(Gervais & Norenzayan, 2012 참조) 참가자들이 문장을 제대로 나열하도록 했다. 예를 들어, 심의적 사고방식에서 참가자에게 '숫자, 회전, 주의 깊게, 분석'이라는 단어가 표시되면 참가자는 '숫자를 신중하게 분석'이라는 문장으로 바꾼다(참가자들은 한 단어를 버리라고 들었다). 대조적으로, 중립 조건에서 참가자는 '높은, 날다, 젖은, 비행기'라는 단어를 볼 수 있으며 '비행기가 높이 날아간다'라는 문장이 생성된다. 참가자들이 이 중 5개 문장을 자신의 상태에 맞게 풀고 나면 다르푸르에서 고통받는 아이들의 사진을 보여 주고 참가자가 그 그림을 보는 동안 절반의 사람들은 아이들의 감정에 대해 생각하게 하고 나

머지 절반은 아이들의 감정에 대해 생각하라는 지시를 받지 않았다. 이후 참가자들은 희생자를 대신해 적십자에 기부할 의사가 있는지 물었다. 우리의 결과는 고통받는 아이들의 감정에 대해 생각하는 것이 중립적 통제(무심의) 조건에서 기부를 유도했지만, 그러한 초점은 심의 조건에서 기부를 유도하지 못했다는 것을 보여 주었다([그림 26-5] 참조). 즉, 합리적 심의는 다른 사람의 고통에 초점을 맞추는 것이 도움행동에 미치는 영향을 제거했다. 이 발견은 심의가 일반적으로 친사회적

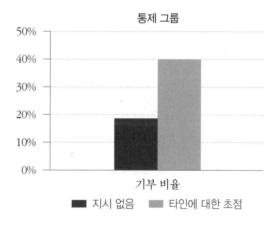

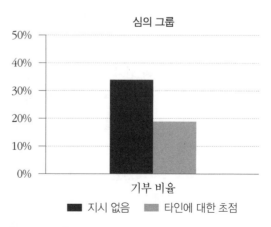

[그림 26-5] 심의 있는 기부와 심의 없는 기부에 대한 다른 초점의 효과

행동을 약화시키는 경향이 있음을 보여 주는 이전 연구에 맥락을 추가한다(Christov-Moore & Iacoboni, 2016; Christov-Moore, Sugiyama, Gigaityte, & Iacoboni, 2016; Fermin et al., 2016; Rand, Greene, & Nowak, 2012). 자비를 불러일으키는 상황이 행동으로 이어지기 위해서는 사람들이 도움을 주는 목표 추구의 심의 단계를 통해 편향된 구현 단계로 가는 길을 찾아야 한다는 추가 증거를 제공한다.

자비의 행동 단계 모델의 의미

이 장에서 나는 본질적으로 자비의 일부인 단순히 돕고자 하는 열망이나 목표를 갖는 것과 자비 외 추가 요소의 존재를 요구할 수 있는 그러한 목표에 전념하는 것 사이의 구별이 중요함을 강조했다. 즉, 나는 다른 사람의 고통을 완화하기 위한 목표를 추구하는 여러 단계(심의 단계와 구현 단계)에 자비가 존재할 수 있고 자비를 불러일으키는 상황이 돕는 행동과 (잠재적) 돕는 자의 웰빙에 미치는 영향이 이 두 단계에서 다르다는 것을 증명하려고 노력했다. 특히 심의 단계에서 그러한 상황은 도움의 목표를 이끌어 낼 수 있지만 반드시 도움이 되는 행동은 아닐 수 있으며, 사람들이 위협 회피 우려와 도움을 주어야 하는지에 대한 불확실성에 직면할 때 고통으로 이어질 수 있다. 대조적으로, 구현 단계에서 자비를 불러일으키는 상황은 도움에 대한 전념이 증가하고 돕는 행동이 증가할 뿐만 아니라 스트레스 및 위협 관련 우려가 감소할 수 있다. 이 자비 모델이 정확하다면 두 가지 실제적 및 이론적 함의가 있다고 생각한다. 특히 이 모델은 이러한 분야 각각에 대한 미래 연구의 방향을 제시하면서, 자비의 영향과 관련된, 그러나 겉으로 보기에 분명한 행동을 돕는 것의 효과를 밝히는 데 도움이 될 수 있다고 생각한다.

무엇보다도 자비의 행동 단계 모델은 자비를 불러일으키는 상황이 잠재적인 돕는 자의 특정 감정 패턴과 도움행동을 유발하는 조건을 명확히 할 수 있다. 내가 검토한 바와 같이, 자비와 돕는 행동 사이의 연관성은 절대적이지 않다. 자비는 도움을 예측할 수 있지만 필연적으로 돕는 행동을 일으키지는 않는다. 자비를 불러일으키는 상황과 잠재적인 조력자의 다른 감정 사이의 연관성도 불분명하다. 이러한 감정은 유쾌하고 바람직한가, 아니면 사람들이 피하려고 애쓰는 혐오스러운 감정인가? 자비의 행동 단계 모델은 한 사람이 다른 사람의 고통을 완화하기 위한 목표와 관련하여 심의 단계에 있을 때 자비를 불러일으키는 상황은 도움행동으로 이어질 가능성이 낮고, 불확실성, 괴로움, 불안과 연관될 수 있다고 제안할 수 있다. 이와는 대조적으로, 상황이 사람으로 하여금 루비콘을 건너 다른 사람의 고통을 완화하기 위한 목표에 전념하도록 이끌어 그들을 구현 단계에 놓이게 할 때, 자비를 불러일으키는 상황은 돕는 행동 및 위협과 관련된 우려 감정의 감소 둘 다를 산출할 수 있다.

특히 다른 사람의 고통을 경감하는 목표가 위협 회피 목표와 유사하게 인식되는 상황, 그리고 루비콘을 건너 다른 목표에 전념할 요인이 없는 상황에서는 사람들의 감정이 대부분 혐오스럽고 도움이 될 것 같지 않다고 예상한다. 상기 요인에는 구현 의도의 존재, 목표 달성을 위한 명확한 경로, 목표 달성을 위한 여러 수단 존재, 루비콘을 넘어 이미 구현 사고방식에 임하고 있다는 인식 등이 포함된다. 이와는 대조적으로, 돕는 목표가 위협 회피 목표보다 분명히 더 중요하거나 책임 강화 요인이 있을 때, 자비는 특히 더 가능성이 높으며, 도움이 될 수 있다.

이러한 예측은 경험적 테스트에 적합하며, 연구는 다른 사람의 고통을 완화하기 위한 목표에 대한 전념을 촉진하거나 억제하는 다른 요인도 밝혀낼 수 있다. 예를 들어, 개인의 도덕적 정체성을 두드러지게 만드는 것은(Reed, Kay, Finnel, Aquino, & Levy, 2016 참조) 잠재적인 도움 상황에서 다른 사람에게 초점을 맞춘 동기와 관련하여 이미 루비콘을 넘었다는 신호로 기능할 수 있다. 전념을 강화하거나 억제하는 요인을 테스트하면 자비의 더 풍부한 이론적 행동 단계 모델에 기여할 수 있다. 그러한 모델은 또한 보다 응용된 맥락에서 연구에 기여할 수 있다. 예를 들어, 자비와 전념의 조합이 도움행동을 가장 강력하게 예측하는 경우, 자원봉사 또는 자선 참여를 촉진하기 위한 새로운 개입을 제안할 수 있다. 친사회적 행동을 촉진하기 위한 많은 이전 작업은 인센티브를 통해 또는 규범 기반 동기에 대

한 호소를 통해 개인을 위한 목표를 돕는 것의 가치를 높이는 데 중점을 두었다(검토는 Stukas, Snyder, & Clary, 2016 참조). 그러나 자비의 행동 단계 모델은 위협 회피 동기를 감소시키기 위해 설계된 개입과 같이 고통에 대한 관심과 구현 의도와 같은 전념 촉진요인도 효과적일 수 있음을 시사한다. 실제로 자비 훈련의 실습(예: Jinpa, 2016)에는 이미 구현 의도가 하나의 구성요소로 포함되어 있다. 또한 자비가 돕는 목표 전념이 있는 경우와 없는 경우의 웰빙에 대해 서로 다른 의미를 갖는다면 자비 피로, 소진 또는 간병인 부담과 같은 경험에 대한 더 나은 이해와 개입으로 이어질 수 있다.

둘째, 자비의 행동 단계 모델은 돕는 행동이 신체적, 정신적 건강을 촉진하는 것처럼 보일 수 있는 새로운 메커니즘을 제공할 수 있다. 돕는 행동과 웰빙을 연구하는 이전 연구자들은 친사회적 행동에 참여하는 것이 도움이 될 수 있는 많은 가능한 메커니즘을 제안했다. 이러한 메커니즘 중에는 자존감 증가, 의미, 목적이나 통제감 증가, 부정적 영향의 완화나 사회적 접촉 증가(이러한 것의 검토는 Post, 2007 참조), 또는 돌봄 행동 시스템과 관련된 생물학적 메커니즘(Brown & Brown, 2006; Brown & Brown, 2015; Brown, Brown, & Preston, 2011) 등이 있다. 그러나 자비의 행동 단계 모델은 다른 가능성을 제시한다. 단순히 다른 사람의 고통을 완화하려는 목표에 전념하는 것은 위험 관련 우려에서 이탈하여 스트레스 감소로 이어질 수 있다. 즉, 타인의

고통 자체를 경감시키는 목표를 추구하는 구현 단계에 진입하는 것은 그 자체로 도움행동의 효과와 완전히 독립적인 정신 및 신체 건강에 대한 이점을 가져올 수 있다. 향후 연구에서는 스트레스 또는 위협 대 접근 생리학의 심혈관 평가를 포함한 다양한 기술을 사용하여 이 예측을 테스트할 수 있다(Buffone et al., 2017; Stellar, Cohen, Oveis, & Keltner, 2015 참조). 이것은 돕는 행동이 돕는 자의 웰빙에 영향을 미치지 않는다는 것을 말하는 것이 아니다. 돕는 목표 전념과 돕는 행동 모두가 독특하거나 시너지 효과가 있는 경우가 쉽게 있을 수 있다.

다른 초점을 맞춘 목표에 대한 전념이 돕는 행동과 관계 없이 도우미의 웰빙을 향상시킬 수 있다는 아이디어는 테스트되지 않았지만 향후 연구에서 매우 흥미로운 대상이 될 수 있다. 다시 말하지만, 만약 이 메커니즘이 자비의 행동 단계 모델이 예측하는 것처럼 기능한다면, 이것은 또한 스트레스를 경험하는 사람들의 웰빙을 개선하는 데 유용한 도구가 될 수 있다. 다른 사람을 돌보는 사람을 포함하되 이에 국한되지 않는다.

다른 목표에 대한 전념이 돕는 행동과는 무관하게 돕는 자의 웰빙 향상을 가져올 수 있다는 생각은 검증되지 않았지만, 향후 연구에 매우 흥미로운 목표가 될 수 있다. 다시 말하지만, 이 메커니즘이 행동 단계 모델의 예측대로 기능한다면, 이것은 또한 스트레스를 경험하는 사람들의 복지를 개선하는 데 다른 초점을 맞춘 목표에 대한 전념을 다른 사람들을 돌보는 것을 포함하지만 이에 국한되지 않는 유용한 도구로 만들 수 있다.

결론

자비는 괴로워하는 다른 사람을 돕고자 하는 욕망으로 이어지지만, 특히 도우려는 욕망이 종종 자신을 보호하려는 욕망과 긴장 관계에 있기 때문에 그러한 욕망이 반드시 전념으로 이어지는 것은 아니다. 자비의 행동 단계 모델은 자비를 불러일으키는 상황이 돕는 목표에 전념하기 전과 후에 도움이 되는 행동과 잠재적인 돕는 자의 웰빙에 다른 영향을 미친다는 것을 시사한다. 이 모델은 도움행동에 대한 선행 연구와 대체로 일치하고 자비에 대한 연구에서 상충되거나 불분명한 결과를 이해하는 데 도움이 되며 향후 연구의 새로운 방향을 제안한다. 자비의 행동 단계 모델을 적용하면 사회 생활에서 자비의 진정한 역할을 여는 데 도움이 될 수 있다.

참고문헌

Ach, N. (1935). Analyse des Willens. *Handbuch der biologischen Arbeitsmethoden*. Berlin: Urban & Schwarzenberg.

Achtziger, A., Gollwitzer, P. M., & Sheeran, P. (2008). Implementation intentions and shielding goal striving from unwanted thoughts and feelings. *Personality and Social Psychology Bulletin, 34*, 381-393.

Ainsworth, M. D. S., Blehar, M. C., Waters, E., & Wall, S. N. (1978). *Patterns of Attachment: A Psychological Study of the Strange Situation*. New York: Psychology Press.

Armor, D. A., & Taylor, S. E. (2003). The effects of mindset on behavior: Self-regulation in deliberative and implemental frames of mind. *Personality and Social Psychology Bulletin*, *29*, 86-95.

Batson, C. D. (1991). *The Altruism Question: Towards a Social-Psychological Answer*. Hillsdale, NJ: Erlbaum.

Batson, C. D. (1997). Self-other merging and the empathy-altruism hypothesis: Reply to Neuberg et al. (1997). *Journal of Personality and Social Psychology*, *73*, 517-522.

Batson, C. D. (2011). *Altruism in Humans*. New York: Oxford University Press.

Batson, C. D., Duncan, B. D., Ackerman, P., Buckley, T., & Birch, K. (1981). Is empathic emotion a source of altruistic motivation? *Journal of Personality and Social Psychology*, *40*, 290.

Batson, C. D., Early, S., & Salvarani, G. (1997). Perspective taking: Imagining how another feels versus imaging how you would feel. *Personality and Social Psychology Bulletin*, *23*, 751-758.

Batson, C. D., & Shaw, L. L. (1991). Evidence for altruism: Toward a pluralism of prosocial motives. *Psychological Inquiry*, *2*, 107-122.

Bargh, J. A., McKenna, K. Y., & Fitzsimons, G. M. (2002). Can you see the real me? Activation and expression of the "true self" on the Internet. *Journal of Social Issues*, *58*, 33-48.

Bernstein, A., Hadash, Y., Lichtash, Y., Tanay, G., Shepherd, K., & Fresco, D. M. (2015). Decentering and related constructs: A critical review and metacognitive processes model. *Perspectives on Psychological Science*, *10*, 599-617.

Blascovich, J., & Mendes, W. B. (2000). Challenge and threat appraisals: The role of affective cues. In J. P. Forgas (Ed.), *Feeling and Thinking: The Role of Affect in Social Cognition* (pp. 59-82). Paris: Cambridge University Press.

Bowlby, J. (1969). *Attachment and Loss, Vol. 1: Attachment*. New York: Basic Books.

Brandstätter, V., Giesinger, L., Job, V., & Frank, E. (2015). The role of deliberative versus implemental mindsets in time prediction and task accomplishment. *Social Psychology*, *46*, 104-115.

Brandtstädter, J., & Rothermund, K. (2002). The life-course dynamics of goal pursuit and goal adjustment: A two-process framework. *Developmental Review*, *22*, 117-150.

Brennan, K. A., Clark, C. L., & Shaver, P. R. (1998). Self-report measurement of adult romantic attachment: An integrative overview. In J. A. Simpson & W. S. Rholes (Eds.), *Attachment Theory and Close Relationships* (pp. 46-76). New York: Guilford Press.

Brown, S. L., & Brown, R. M. (2006). Selective investment theory: Recasting the functional significance of close relationships. *Psychological Inquiry*, *17*, 1-29.

Brown, S. L., & Brown, R. M. (2015). Connecting prosocial behavior to improved physical health: Contributions from the neurobiology of parenting. *Neuroscience & Biobehavioral*

Reviews, 55, 1-17.

Brown, S. L., Brown, R. M., House, J. S., & Smith, D. M. (2008). Coping with spousal loss: Potential buffering effects of self-reported helping behavior. *Personality and Social Psychology Bulletin, 34*, 849-861.

Brown, S. L., Brown, R. M., & Preston, S. (2011). A model of human caregiving motivation. In S. L. Brown, R. M. Brown, & L. A. Penner (Eds.), *Moving Beyond Self-Interest: Perspectives from Evolutionary Biology, Neuroscience, and the Social Sciences* (pp. 75-88). New York: Oxford University Press.

Brown, S. L., Nesse, R. M., Vinokur, A. D., & Smith, D. M. (2003). Providing social support may be more beneficial than receiving it: Results from a prospective study of mortality. *Psychological Science, 14*, 320-327.

Brown, S. L., Smith, D. M., Schulz, R., Kabeto, M. U., Ubel, P. A., Poulin, M., ... Langa, K. M. (2003). Caregiving behavior is associated with decreased mortality risk. *Psychological Science, 20*, 488-494.

Buffone, A. E. K., Poulin, M. J., DeLury, S. S., Ministero, L. M., Morrison, C. D., & Scalco, M. (2017). Don't walk in her shoes! Different forms of perspective taking affect stress physiology. *Journal of Experimental Social Psychology.* doi: 10.1016/j.jesp.2017.04.001

Cameron, C. D., & Payne, B. K. (2011). Escaping affect: How motivated emotion regulation creates insensitivity to mass suffering. *Journal of Personality and Social Psychology, 100*, 1-15.

Cameron, C. D., & Payne, B. K. (2012). The cost of callousness: Regulating compassion influences the moral self-concept. *Psychological Science, 23*, 225-229.

Cantor, N. (2003). Constructive cognition, personal goals, and the social embedding of personality. In L. G. Aspinwall & U. M. Staudinger (Eds.), *A Psychology of Human Strengths: Fundamental Questions and Future Directions for a Positive Psychology* (pp. 49-60). Washington, DC: American Psychological Association.

Cantor, N., Acker, M., & Cook-Flannagan, C. (1992). Conflict and preoccupation in the intimacy life task. *Journal of Personality and Social Psychology, 63*, 644-655.

Cantor, N., & Blanton, H. (1996). Effortful pursuit of personal goals in daily life. In P. M. Gollwitzer & J. A. Bargh (Eds.), *The Psychology of Action: Linking Cognition and Motivation to Behavior* (pp. 338-359). New York: Guilford.

Carstensen, L. L. (2006). The influence of a sense of time on human development. *Science, 312*, 1913-1915.

Carver, C. S., & Scheier, M. F. (1990). Origins and functions of positive and negative affect: A control-process view. *Psychological Review, 97*, 19-35.

Carver, C. S., & Scheier, M. F. (2001). *On the Self-Regulation of Behavior.* Cambridge, UK: Cambridge University Press.

Cosley, B. J., McCoy, S. K., Saslow, L. R., & Epel, E. S. (2010). Is compassion for others stress buffering? Consequences of compassion and social support for physiological reactivity to stress. *Journal of Experimental Social Psychology, 46*, 816-823.

Christov-Moore, L., & Iacoboni, M. (2016). Self-other resonance, its control and prosocial inclinations: Brain-behavior relationships. *Human Brain Mapping, 37*, 1544-1558.

Christov-Moore, L., Sugiyama, T., Grigaityte, K., & Iacoboni, M. (2016). Increasing generosity by disrupting prefrontal cortex. *Social Neuroscience, 12*, 174-181.

DeLury, S. S., Buffone, A. E. K., Ministero, L. M., & Poulin, M. J. (2016). Compassion Is (Partially) Selfless: Dynamic Self-Concept Accessibility Following Compassion and Threat. Manuscript submitted for publication.

Elliot, A. J., & Thrash, T. M. (2002). Approach-avoidance motivation in personality: Approach and avoidance temperaments and goals. *Journal of Personality and Social Psychology, 82*, 804-818.

Etkin, J., & Ratner, R. K. (2012). The dynamic impact of variety among means on motivation. *Journal of Consumer Research, 38*, 1076-1092.

Fazio, R. H. (1990). Multiple processes by which attitudes guide behavior: The MODE model as an integrative framework. *Advances in Experimental Social Psychology, 23*, 75-109.

Fermin, A. S., Sakagami, M., Kiyonari, T., Li, Y., Matsumoto, Y., & Yamagishi, T. (2016). Representation of economic preferences in the structure and function of the amygdala and prefrontal cortex. *Scientific Reports, 6*, 20982. doi:10.1038/srep20982

Gervais, W. M., & Norenzayan, A. (2012). Analytic thinking promotes religious disbelief. *Science, 336*, 493-496.

Gillath, O., Shaver, P. R., Mikulincer, M., Nitzberg, R. E., Erez, A., & van IJzendoorn, M. H. (2005). Attachment, caregiving, and volunteering: Placing volunteerism in an attachment-theoretical framework. *Personal Relationships, 12*, 425-446.

Goetz, J. L., Keltner, D., & Simon-Thomas, E. (2010). Compassion: An evolutionary analysis and empirical review. *Psychological Bulletin, 136*, 351-374.

Gollwitzer, P. M. (1990). Action phases and mind-sets. In E. T. Higgins & R. M. Sorrentino (Eds.), *Handbook of Motivation and Cognition: Foundations of Social Behavior* (Vol. 2, pp. 53-92). New York: Guilford Press.

Gollwitzer, P. M. (1993). Goal achievement: The role of intentions. In W. Stroebe & M. Hewstone (Eds.), *European Review of Social Psychology* (Vol. 4, pp. 141-185). New York: Wiley.

Gollwitzer, P. M. (1999). Implementation intentions: Strong effect of simple plans. *American Psychologist, 54*, 493-503.

Gollwitzer, P. M., & Bayer, U. (1999). Deliberative versus implemental mindsets in the control of action. In S. Chaiken & Y. Trope (Eds.), *Dual-Process Theories in Social Psychology* (pp. 403-422). New York: Guilford Press.

Gollwitzer, P. M., Fujita, K., & Oettingen, G. (2004). Planning and the implementation of goals. In R. F. Baumeister & K. D. Vohs (Eds.), *Handbook of Self-regulation: Research, Theory, and Applications* (pp. 211-228). New York: Guilford Press.

Gollwitzer, P. M., Heckhausen, H., & Steller, B. (1990). Deliberative and implemental mind-sets: Cognitive tuning toward congruous thoughts and information. *Journal of Personality and Social Psychology, 59*, 1119-1127.

Gollwitzer, P. M., & Kinney, R. F. (1989). Effects of deliberative and implemental mind-sets on illusion of control. *Journal of Personality and Social Psychology, 56*, 531-542.

Gollwitzer, P. M., & Sheeran, P. (2006). Implementation intentions and goal achievements: A meta-analysis of its effects and processes. In M. A. Zanna (Ed.), *Advances in Experimental Social Psychology* (Vol. 38, pp. 69-119). New York: Academic Press.

Gu, Y., Botti, S., & Faro, D. (2013). Turning the page: The impact of choice closure on satisfaction. *Journal of Consumer Research, 40*, 268-283.

Haidt, J. (2003). The moral emotions. In R. J. Davidson, K. R. Scherer, & H. H. Goldsmith (Eds.), *Handbook of Affective Sciences* (pp. 852-870). New York: Oxford University Press.

Heckhausen, H., & Gollwitzer, P. M. (1987). Thought contents and cognitive functioning in motivational versus volitional states of mind. *Motivation and Emotion, 11*, 101-120.

Heckhausen, J., Wrosch, C., & Schulz, R. (2010). A motivational theory of life-span development. *Psychological Review, 117*, 32.

Henderson, M. D., de Liver, Y., & Gollwitzer, P. M. (2008). The effects of an implemental mind-set on attitude strength. *Journal of Personality and Social Psychology, 94*, 396-411.

Inagaki, T. K., & Eisenberger, N. I. (2012). Neural correlates of giving support to a loved one. *Psychosomatic Medicine, 74*, 3-7.

Inbar, Y., Botti, S., & Hanko, K. (2011). Decision speed and choice regret: When haste feels like waste. *Journal of Experimental Social Psychology, 47*, 533-540.

Iyengar, S. S., & Lepper, M. (2000). When choice is demotivating: Can one desire too much of a good thing? *Journal of Personality and Social Psychology, 79*, 995-1006.

Jin, L., Huang, S., & Zhang, Y. (2013). The unexpected positive impact of fixed structures on goal completion. *Journal of Consumer Research, 40*, 711-725.

Jinpa, T. (2016). *A Fearless Heart: How the Courage to Be Compassionate Can Transform Our Lives.* New York: Avery.

Jonas, E., McGregor, I., Klackl, J., Agroskin, D., Fritsche, I., Holbrook, C., & Quirin, M. (2014). Threat and defense: From anxiety to approach. *Advances in Experimental Social Psychology, 49*, 219-286.

Konrath, S., Fuhrel-Forbis, A., Lou, A., & Brown, S. L. (2011). Motives for volunteering are associated with mortality risk. *Health Psychology, 31*, 87-96.

Köpetz, C., Faber, T., Fishbach, A., & Kruglanski, A. W. (2011). The multifinality constraints effect: How goal multiplicity narrows the means set to a focal end. *Journal of Personality and Social Psychology, 100*, 810-826.

Kruglanski, A. W., Pierro, A., & Sheveland, A. (2011). How many roads lead to Rome? Equifinality, set-size, and commitment to goals and means. *European Journal of Social Psychology, 41*, 344-352.

McCullough, M. E., Kilpatrick, S. D., Emmons, R. A., & Larson, D. B. (2001). Is gratitude a moral affect? *Psychological Bulletin, 127*, 249-266.

McNulty, J. K., & Fincham, F. D. (2012). Beyond positive psychology? Toward a contextual view of psychological processes and well-being. *American Psychologist, 67,* 101.

Meleshko, K. G., & Alden, L. E. (1993). Anxiety and self-disclosure: Toward a motivational model. *Journal of Personality and Social Psychology, 64,* 1000-1009.

Mikulincer, M., Shaver, P., Gillath, O., & Nitzberg, R. (2005). Attachment, caregiving, and altruism: Boosting attachment security increases compassion and helping. *Journal of Personality and Social Psychology, 89,* 817-839.

Ministero, L. M., Poulin, M. J., Buffone, A. E. K., & DeLury, S. S. (2016). Do You Feel Softhearted or Are You Driven to Help? Empathic Concern and Valuing as Separable Components of Compassionate Responding. Unpublished manuscript.

Monin, J. K., Schulz, R., & Feeney, B. C. (2014). Compassionate love in individuals with Alzheimer's disease and their spousal caregivers: Associations with caregivers' psychological health. *The Gerontologist, 55,* 981-989.

Murray, S. L., & Holmes, J. G. (2009). The architecture of interdependent minds: A Motivation-management theory of mutual responsiveness. *Psychological Review, 116,* 908-928.

Nelson, S. K., Layous, K., Cole, S. W., & Lyubomirsky, S. (2016). Do unto others or treat yourself? The effects of prosocial and self-focused behavior on psychological flourishing. *Emotion, 16,* 850-861.

Oettingen, G., Hoig, G., & Gollwitzer, P. M. (2000). Effective self regulation of goal-attainment. *International Journal of Educational Research, 33,* 705-732.

Olson, M. A., & Fazio, R. H. (2008). Implicit and explicit measures of attitudes: The perspective of the MODE model. In R. E. Petty, R. H. Fazio, & P. Briñol (Eds.), *Attitudes: Insights from the New Implicit Measures* (pp. 19-63). New York: Psychology Press.

O'Reilly, D., Connolly, S., Rosato, M., & Patterson, C. (2008). Is caring associated with an increased risk of mortality? A longitudinal study. *Social Science & Medicine, 67,* 1282-1290.

Oveis, C., Horberg, E. J., & Keltner, D. (2010). Compassion, pride, and social intuitions of self-other similarity. *Journal of Personality and Social Psychology, 98,* 618-630.

Pervin, L. A. (1982). The stasis and flow of behavior: Toward a theory of goals. In *Nebraska Symposium on Motivation* (pp. 1-53). Lincoln, NE: University of Nebraska Press.

Piff, P. K., Dietze, P., Feinberg, M., Stancato, D. M., & Keltner, D. (2015). Awe, the small self, and prosocial behavior. *Journal of Personality and Social Psychology, 108,* 883-899.

Post, S. G. (2007). *Altruism and Health: Perspectives from Empirical Research.* New York: Oxford University Press.

Poulin, M. J. (2014). Volunteering predicts health among those who value others: Two national studies. *Health Psychology, 33,* 120-129.

Poulin, M. J., Brown, S. L., Dillard, A., & Smith, D. M. (2013). Stress does not predict increased mortality among those who give to others. *American Journal of Public Health, 103,* 1649-

1655.

Puca, R. M. (2001). Preferred difficulty and subjective probability in different action phases. *Motivation and Emotion*, 25, 307–326.

Rand, D. G., Greene, J. D., & Nowak, M. A. (2012). Spontaneous giving and calculated greed. *Nature*, 489, 427–430.

Raposa, E. B., Laws, H. B., & Ansell, E. B. (2016). Prosocial behavior mitigates the negative effects of stress in everyday life. *Clinical Psychological Science*. doi:10.1177/2167702615611073

Reed A., II, Kay, A., Finnel, S., Aquino, K., & Levy, E. (2016). I don't want the money, I just want your time: How moral identity overcomes the aversion to giving time to prosocial causes. *Journal of Personality and Social Psychology*, 110, 435–457.

Roskes, M., Elliot, A. J., & De Dreu, C. K. (2014). Why is avoidance motivation problematic, and what can be done about it? *Current Directions in Psychological Science*, 23, 133–138.

Rothschild, B. (2006). *Help for the Helper: The Psychophysiology of Compassion Fatigue and Vicarious Trauma*. New York: W.W. Norton & Co.

Schlegel, R. J., & Hicks, J. A. (2011). The true self and psychological health: Emerging evidence and future directions. *Social and Personality Psychology Compass*, 5, 989–1003.

Schlegel, R. J., Hicks, J. A., Arndt, J., & King, L. A. (2009). Thine own self: True self-concept accessibility and meaning in life. *Journal of Personality and Social Psychology*, 96, 473–490.

Seery, M. D. (2013). The biopsychosocial model of challenge and threat: Using the heart to measure the mind. *Social and Personality Psychology Compass*, 7, 637–653.

Shah, A. M., & Wolford, G. (2007). Buying behavior as a function of parametric variation of number of choices. *Psychological Science*, 18, 369–370.

Steffen, P. R., & Masters, K. S. (2005). Does compassion mediate the intrinsic religion-health relationship? *Annals of Behavioral Medicine*, 30, 217–224.

Stellar, J. E., Cohen, A., Oveis, C., & Keltner, D. (2015). Affective and physiological responses to the suffering of others: Compassion and vagal activity. *Journal of Personality and Social Psychology*, 108, 572–585.

Stukas, A. A., Snyder, M., & Clary, E. G. (2016). Understanding and encouraging volunteerism and community involvement. *The Journal of Social Psychology*, 156, 243–255.

Taylor, S., & Gollwitzer, P. M. (1995). Effects of mindset on positive illusions. *Journal of Personality and Social Psychology*, 69, 213–226.

Van Kleef, G. A., Oveis, C., van der Löwe, I., LuoKogan, A., Goetz, J., & Keltner, D. (2008). Power, distress, and compassion: Turning a blind eye to the suffering of others. *Psychological Science*, 19, 1315–1322.

Whillans, A. V., Dunn, E. W., Sandstrom, G. M., Dickerson, S. S., & Madden, K. M. (2016). Is spending money on others good for your heart? *Health Psychology*, 35, 574–583.

Zhao, M., Lee, L., & Soman, D. (2012). Crossing the virtual boundary: The effect of task-irrelevant environmental cues on task implementation. *Psychological Science*, 23, 1200–1207.

제6부

임상적 접근

제27장

자기연민과 심리적 웰빙

Kristin Neff and Christopher Germer

요약

자기연민은 자신의 고통을 회피하거나 단절하지 않고, 친절로 고통을 완화하고 스스로를 치유하려는 욕구를 일으키면서, 자기 자신의 고통에 개방하고 고통과 접촉하는 것과 관련되어 있다. 또한 자기연민은 자신의 아픔, 부적절함, 실패에 대해 비판단적 이해를 제공함으로써 자신의 경험을 보다 큰 인간경험의 일부로 보게 하는 일에 관계한다. 이 장은 자기연민에 관한 이론과 연구를 개관하고 임상실습의 목적인 심리적 웰빙과의 연관성을 제공할 것이다. 무엇이 자기연민이고 무엇이 자기연민이 아닌지(예를 들면, 나약함이나 이기심의 형태)를 논의할 것이고 이러한 차이를 지지해 주는 경험적 증거를 제공할 것이다. 마지막으로, 이 장에서는 일상에서 개인이 보다 더 자기연민적일 수 있도록 가르치기 위해 개발된 방법들을 논의하고, 자기연민 훈련의 임상 적용과 미래연구의 방향을 논의할 것이다.

핵심용어

자기연민, 자기친절, 보편적 인간경험, 마음챙김, 치료적 개입

무엇이 자기연민인가

자기연민이란 말의 의도를 더 잘 이해하기 위해서, 우리에게 익숙하게 알려진 개념인, 타자를 향해 연민을 느낀다는 것이 어떤 의미인지에 대해 먼저 생각해 보는 것이 도움이 된다. 연민은 고통을 완화시키고자 하는 깊은 욕구와 결합된, 고통스러운 경험에 대한 민감성과 관련이 있다(Goertz, Keltner, & Simon-Thomas, 2010). 이는 타자의 아픔을 회피하거나 단절하지 않고, 타자를 향해 친절한 감정으로 그들의 고통이 낫기를 바라면서 타자의 아픔에 자신의 자각을 개방하는 것을 의미한다(Wispe, 1991). 연민은 또한 인간은 누구나 약하고 완전하지 않은, 있는 그대로의 인간조건에 대한 이해와 관련이 있고, 사람들이 실패하거나 실수할 때 기꺼이 이해하는 방향으로 확장된다. 이를테면 당신이 신호등에 걸려

차를 세웠을 때, 신호등 옆에 있는 노숙자를 보고 시선을 피하거나 창문을 올리는 대신에 잠시 멈추고 그 사람이 얼마나 힘든지에 대해 생각하게 된다. 당신이 평소에 가지고 있는 생각의 틀에서 벗어나 그 노숙자의 입장에서 생각해 봄으로써, 당신은 그를 아픔을 겪고 있는 진짜 한 인간 존재로 보기 시작한다. 일단 그런 일이 일어나고 나면, 당신의 가슴은 그와 공명하지 않을 수 없다. 연민은 말 그대로 '함께 고통한다(to suffer with)'는 뜻이다 (Lewis & Short, 1879). 그를 무시하는 대신에, 그가 처한 상황이 당신의 마음을 움직여서 어떤 식으로든 그의 아픔을 덜어 주고 싶어지게 한다는 사실을 발견하게 될 것이다.

자기연민은 간단하게 말해서 연민이 내면으로 향해 있는 것이다. 타자의 고통에 연민을 느낄 수 있는 것처럼, 우리는 우리가 고통을 경험하고 있을 때 우리 자신을 향해 연민을 확장시킬 수 있다. 그 고통이 외적인 환경에서 비롯되었든 우리 자신의 실수나 실패, 개인적인 결점에서 비롯된 것이든 관계없이 말이다. 그러므로 자기연민은 자신의 고통을 회피하거나 단절하지 않고 그 고통을 완화시키고 친절로서 자신을 치유하고자 하는 욕구를 일으키면서 자신의 고통에 접촉하고 개방하는 것과 관련이 있다. 자기연민은 또한 자신의 아픔, 결점, 실패를 판단하지 않고 이해해 줌으로써 자신의 경험을 보다 큰 관점에서 인간경험의 일부로 바라보도록 해 준다.

자기연민의 세 가지 요소

여러 불교 스승의 글에 의하면 자기연민은 세 가지 주요 요소(친절, 보편적 인간경험에 대한 감각, 마음챙김)로 이루어져서 작용한다(예: Salzberg, 1997; Neff, 2003b). 이 요소들은 자기연민적인 마음의 틀을 생성하기 위해 결합하고 상호작용한다. 자기연민은 통제하기 힘든 고통스러운 삶의 상황에 직면했을 때만이 아니라, 개인적인 결점, 실수, 실패감을 느끼는 때와도 관련이 있다.

자기친절

서구문화는 친구, 가족, 이웃이 힘들어할 때 친절해야 한다는 것을 매우 강조한다. 그러나 우리 자신이 그런 힘겨움을 겪고 있을 때는 그렇지 않다. 우리가 실수했거나 어떤 식으로든 실패했을 때, 우리는 친구들에게 하듯이 우리 자신의 어깨를 감싸 주기보다는 오히려 우리 자신에게 더 많은 상처를 준다. 이러한 자기비난의 경향성은 특히 불안장애나 우울을 겪는 사람들에게서 자주 일어난다 (Blatt, 1995). 심지어 우리의 문제가 어떤 사고나 트라우마 사건과 같은 통제할 수 없는 경우조차, 우리는 우리 자신을 진정시키고 위로하기보다 그 문제를 고치는 데 더 많이 집중한다(Austenfeld & Stanton, 2004). 서구문화는 종종 서부 영화에 나오는 존 웨인 같은 카우보이처럼 강한 사람이 되어야 하고, 자기 자신의 고통에 대해서는 침묵해야 한다는 메시지를 보낸다. 불행하게도 이러한 태도는 우리가 상처받고 도움이 필요할 때, 삶의 힘겨움을 다루는 데 가장 강력한 극복 기제 가운데 하나인, 우리 자신을 위로하는 능력을 빼앗아 버린다.

자기연민은 우리의 결점을 알았을 때, 우리 자신을 지지하고 공감하는 경향성을 말하는데, 자신을 가혹하게 판단하는 것과는 반대되는 것이다. 자기연민은 우리의 실수와 실패에 인내심을 갖게 하고 완벽할 수 없다는 사실에 대한 이해와 인식을 갖게 해 준다. 자기연민은 매정하거나 헐뜯는 대신 친절하고 격려하는 내적인 대화로 표현된다. 우리 자신의 결점을 비난하는 대신에 따뜻하고 무조건적인 수용으로 우리 자신을 대한다. 고통스러운 상황에 직면했을 때, 문제를 해결하려는 모드에 고정되거나 자신의 고통을 무시하는 대신에, 먼저 우리 자신을 정서적으로 위로하기 위해 멈춘다. 자기친절로서 우리 자신의 따뜻함, 너그러움, 공감을 스스로에게 평화롭게 제공함으로써 진정한 치유가 일어날 수 있게 만든다.

보편적 인간경험

모든 인간은 결점을 가지고 있고, 성장하는 과정 중에 있다. 누구나 실패, 실수하고 역기능적인 행동을 한다. 우리 모두는 우리가 가질 수 없는 것을 갈망하고, 필사적으로 피하고 싶은 힘든 경험에 직면해야만 한다. 2,600여 년 전에 붓다가 깨달았듯이 우리는 모두 고통한다(Makransky, 2012). 그러나 종종, 우리의 투쟁과 개인적 결점들을 생각할 때, 마치 실패나 아픔이 일탈적인 행동인 것처럼 불합리하

게 반응하면서 소외감을 느끼고 다른 사람들로부터 우리 자신을 차단한다. 이것은 논리적 과정이 아니다. 인간에 대한 보다 큰 전체적 시야를 잃어버리고 주로 나약하고 무가치하게 보이는 우리 자신에게 집중되어 있는 일종의 터널성 시야이다. 마찬가지로 우리 자신의 잘못과는 아무런 상관없이 우리의 외적인 삶의 과정에서 뭔가가 잘못되고 있을 때, 우리는 종종 다른 사람들은 평탄하게 잘 살고 있다고 가정한다. 우리 자신의 상황은 비정상적이고 불공평하다고 가정한다. 정상적이고 행복한 삶을 살고 있다고 여겨지는 다른 사람들로부터 단절감과 소외감을 느낀다. 이러한 자기중심적 반응은 청소년들에게서 공통적으로 발견되는 '개인적 우화(personal fable)'와 유사한 것으로서, 자신의 사적인 경험이 유일하고 다른 이들은 자기와 같은 경험을 하지 않는다고 믿는다(Lapsley, FitzGerald, Rice, & Jackson, 1989). 그러한 믿음은 성인이 되어서도 여전히 작용하는데, 특히 우리가 우리 자신의 고통과 관계를 맺는 방식에 남아 있다.

그러므로 우리는 자기연민을 통해서 타자에게 하는 연민적인 자세를 우리 자신에게 취할 수 있다. 그러한 조망수용(perspective-taking) 행동을 통해서, 삶의 도전과 개인적 실패가 그냥 인간 존재의 일부라는 사실을 인식하면서 우리의 세계관은 보다 더 확장되고 포괄적이 될 수 있다. 자기연민은 우리가 고통 중에 있을 때, 더 많은 연결감을 느끼고 더 적게 소외감을 느끼도록 돕는다. 이 외에도 자기연민은 우리 자신의 상황을 맥락 속으로

데려가도록 돕는다. 어쩌면 처음에는 세상이 끝나는 것처럼 보이는 상황, 이를테면 직장에서 해고당했을 때, 자기 집을 날려 버렸거나 사랑하는 사람을 잃어버린 사람들을 생각한다면 자신의 상황이 그다지 끔찍하게 보이지 않을 것이다. 사람들이 겪고 있는 고통의 본질을 떠올리게 되면, 우리는 소외감을 덜 느끼게 되고 상황은 더 나빠질 수도 있었다는 사실을 깨닫게 된다.

보편적 인간경험에 대한 인식은 또한 자기 자신이 된다는 것의 의미를 재구성하게 해 준다. 우리가 우리의 결점에 대해 자신을 비난할 때, 거기에는 실제로 실패에 대해 정확하게 규정짓고 비난받을 수 있는 '나'라고 불리는 하나의 분리되고 분명하게 경계지을 수 있는 존재가 있다는 것을 가정하는 것이다. 그러나 이것이 정말로 사실인가? 우리는 항상 현재 순간의 맥락 속에 존재하고 우리의 행동 반응 범위는 우리 개인의 역사에 의해 이루어진다(Hayes, 1984). 화를 내는 자신을 비난한다고 해 보자. 당신을 그렇게 화나게 하는 원인과 조건은 무엇인가? 어쩌면 선천적인 유전이 작용했을 수도 있다. 그런데 당신이 이 세상에 오기 전에 당신의 유전자를 당신이 선택했었는가? 어쩌면 당신은 오직 소리 지르고 화를 내는 갈등적인 가정에서 자랐을 수도 있다. 그렇다면 그러한 가정을 당신이 선택했는가? 만일 우리가 우리의 개인적인 실패를 자세히 들여다보면 그러한 실패가 완전히 개인적인 문제가 아니라는 사실이 금방 분명해질 것이다. 우리는 현재 순간에 존재하

는 우리를 함께 만든 수백만 가지 상황의 표현이다. 우리의 경제적·사회적 배경, 우리의 과거 결합과 관계, 가족사, 유전자 모두가 지금의 우리를 만드는 데 엄청난 역할을 해 왔다(Krueger, South, Johnson, & Iacono, 2008; Riemann, Angleitner, & Strelau, 1997; Triandis & Suh, 2002). 그러므로 우리는 왜 우리가 원하는 완벽한 사람이 아닌지에 대해 좀 더 수용하고 이해할 수 있다.

마음챙김

마음챙김은 현재 순간의 경험에 대해 명료하고 균형 잡힌 태도로 자각하는 것에 관여한다(Brown & Ryan, 2003). 마음챙김적 수용은 판단이나 회피, 또는 억압하지 않고 생각, 감정, 감각이 우리의 자각 속에 들어가도록 허용하면서 현재 순간의 실제에 경험적으로 개방하는 것에 관여한다(Bishop et al., 2004). 왜 마음챙김이 자기연민의 필수 요소인가? 첫째, 당신 자신에게 연민을 주기 위해서는 당신이 고통하고 있다는 사실을 인식하는 것이 필요하다. 고통이 명백하게 보이는데도, 많은 사람은 그들 자신의 아픔을 받아들이지 못한다. 특히 그 아픔이 자기비난에서 올 때 그렇다. 또는 인생의 도전에 직면했을 때, 사람들은 종종 그 문제를 해결하려는 과정에 너무 빠져 있어서, 잠시 멈추고 자신이 얼마나 투쟁하고 있는가를 생각하지 않는다. 아픔을 억압하거나 무시하는 경향성은 매우 인간적이며, 부정적인 감정으로 극복하는 회피 스타일은 약물남용, 폭식, 사회적 위축과 같은 역기

능적이고 궁극적으로는 비효과적인 전략들로 이끌 수 있다(Holahan & Moos, 1987). 마음챙김은 불쾌할 때조차도 우리의 경험을 지켜볼 수 있도록 허용하면서 괴로운 생각과 감정을 피하는 경향성에 대항한다.

　동시에 마음챙김의 상태에 있다는 것은 부정적 생각이나 느낌과 과잉동일시를 하지 않는다는 것을 의미하고, 그럼으로써 우리의 해로운 반응들에 사로잡히거나 휩쓸리지 않게 된다(Bishop et al., 2004). 그러한 유형의 반추는 우리의 초점을 편협하게 만들고 자기가치를 과도하게 부정적인 결과로 만든다(Nolen-Hoeksema, 1991). 나는 실패했을 뿐만 아니라, "나는 **실패자다.**" 나는 실망했을 뿐만 아니라, "**나의 인생이 실망이다.**" 과잉 동일시는 우리 자신을 우리의 행동으로 규정하고 그 행동이 결정적이고 영원한 것처럼 구체화하는 것을 의미한다. 그러나 우리가 우리의 아픔을 마음챙김으로 지켜보면, 새로운 행동이 가능하다. 물결이 없는 깨끗하고 고요한 웅덩이처럼, 마음챙김은 보다 현명하고 보다 객관적인 관점으로 우리 자신과 우리의 삶을 받아들이도록 하면서 왜곡하지 않고 일어나는 것을 비추어 준다.

자기연민에 관한 연구

　지금까지 자기연민과 웰빙 간의 관계를 검증하는 많은 연구가 자기연민의 특성 수준을 평가하는 자기연민 척도(SCS; Neff, 2003a)를

사용해서 연구되어 왔다. 자기연민 척도는 자기연민의 다양한 요소와 연합된 생각, 정서, 행동을 명시적으로 나타내기 위해 계발되었다. 자기연민 척도는 사람들이 결점이나 고통을 얼마나 자주 **자기친절**(예를 들면, '나는 내가 정서적으로 고통을 느낄 때 내 자신에게 애정적으로 대하려고 노력한다'), **자기판단**('나는 나의 결점과 부적절함에 대해 못마땅해하고 판단하는 편이다'), **보편적 인간경험**('나는 나의 실패를 인간조건의 일부로 보려고 노력한다'), **소외**('나는 나의 결점을 생각하면 나 자신을 세상과 더 많이 분리되고 단절되게 만드는 경향이 있다'), **마음챙김**('뭔가 괴로운 일이 일어났을 때, 나는 그 상황을 균형 있는 시각으로 보려고 노력하는 경향이 있다'), **과잉동일시**('나는 기분이 가라앉을 때 모든 것이 잘못되었다는 생각에 사로잡히고 고정되는 경향이 있다')로 반응하는가를 측정하는 항목으로 구성되어 있다. 반응은 '거의 아니다'에서 '거의 항상 그렇다'까지 5점 척도로 주어진다. 고통에 대해 자기연민적이지 않은 반응을 나타내는 항목은 거꾸로 계산하고 높은 점수일수록 더 낮은 반응빈도를 나타낸다. 각각의 하위척도에 대해 평균 점수를 계산한 다음, 자기연민의 전체적인 측정을 나타내는 전체 평균을 계산한다. 그러므로 자기연민 척도는 자기연민에 대한 전반적인 측정을 위해 사용될 수 있다. 자기연민 척도에서 6개의 하위척도는 분리해서 측정될 수 있다.

　자기연민 척도의 구성요소가 모든 개체군에 일반화될 수 있는지(예: Costa et al., 2015; Williams, Dalgleish, Karl, & Kuyken, 2014), 그

리고 전체적인 자기연민 점수가 확실하게 사용될 수 있는지에 대해서는 약간의 논쟁이 있어 왔다. 그러나 2-요인 분석을 사용한 최근 연구는, 자기연민 척도의 전체 점수가 전반적인 자기연민 특성 수준을 나타낸다는 사실을 지지하면서, 자기연민 요소가 학생, 지역사회, 명상가, 임상 개체군을 통해서 적어도 90%의 항목변인을 설명한다고 제안한다(Neff, Whittaker, & Karl, 2017).

연구들은 자기연민의 특성 수준이 웰빙과 연결되어 있다고 제안한다(Zessin, Dickhauser, & Garbade, 2015). 예를 들면, 높은 자기연민 척도 점수는 더 높은 행복, 낙천주의, 삶의 만족, 몸에 대한 감사, 유능감 지각, 동기수준과 연합되어 있다(Hollis-Walker & Colosimo, 2011; Neff, Hsieh, & Dejitthirat, 2005; Neff, Pisitsungkagarn, & Hsieh, 2008; Neff, Rude, & Kirkpatrick, 2007). 뿐만 아니라 낮은 수준의 우울, 불안, 스트레스, 반추, 몸에 대한 수치심, 실패에 대한 두려움과 연합되어 있다(Daye, Webb, & Jafari, 2014; Finlay-Jones, Rees, & Kane, 2015; Neff, Hseih, & Dejitthirat, 2005; Raes, 2010). 높은 자기연민 점수는 스트레스에 대해 더 건강한 심리적 반응과 관련이 있다(Breines, Thoma, et al., 2014; Breines, Toole, et al., 2014; Friis et al., 2015).

그러나 점차 기분 유도(예: Breines, & Chen, 2012), 행동관찰(Sbarra, Smith, & Mehl, 2012), 단기개입(예: Smeets, Neff, Alberts, & Peters, 2014), 장기개입(예: Neff & Germer, 2013)과 같이 자기연민과 웰빙 간의 관계를 검증하기 위

해 다양한 방법을 사용하기 시작했다. 자기보고식과 다른 방법론을 사용한 발견은 자기연민 척도에서 얻은 발견과 융합되는 경향이 있다. 예를 들면, 자기연민 개입은 낙천주의, 행복, 삶의 만족, 자기효능감, 몸에 대한 감사를 증가시키고, 반추, 우울, 불안, 스트레스, 몸에 대한 수치심은 감소시키며(Albertson et al., 2014; Neff & Germer, 2013; Shapira & Mongrain, 2010; Smeets et al., 2014), 스트레스에 대한 심리적 반응에는 긍정적인 영향을 미치는 것으로 나타났다(Arch et al., 2014). 이와 유사하게, 자기연민적인 기분을 일으키도록 고안된 경험 연구들은 긍정적인 영향과 동기를 향상시키고 불안, 수치심, 우울과 같은 부정적인 감정은 감소시킨다는 사실을 보여 주고 있다(Breines & Chen, 2012; Diedrich et al., 2014; Johnson & O'Brien, 2013; Leary et al., 2007; Odou & Brinker, 2014).

점점 증가하고 있는 연구들을 요약하면, 문헌에서 일관되게 발견되는 것은 자기연민이 정신병리와는 부적으로 연합되어 있다는 사실이다. 실제로 최근의 메타분석(MacBeth & Gumley, 2012)은 20개의 연구를 통해서 자기연민과 우울, 불안과 같은 부정적 상태 간의 연결성을 검증했을 때 엄청난 효과가 있음을 발견했다. 물론 자기연민의 주요 특징은 자기비난 수준이 낮고 자기비난은 불안과 우울의 중요한 예측인자로 알려져 있다(Blatt, 1995). 그러나 자기연민은 자기비난과 부정적 영향을 통제했을 때에도 여전히 불안과 우울의 부적 예측자이다(Neff, 2003a; Neff, Kirkpatrick, &

Rude, 2007). 또한 자기연민이 높을수록 반추, 완벽주의, 실패에 대한 두려움과 낮게 연결되어 있었다(Neff, 2003a; Neff, Hsieh, & Dejitterat, 2005). 자기연민이 부정적인 마음 상태에 대항하도록 제공하는 회복탄력성은 자신에게 연민을 주는 것이 코르티솔을 감소시키고, 심장박동의 가변성은 증가시키는(스트레스를 받을 때 자기를 위로하는 능력; Rockliff, Gilbert, McEwan, Lightman, & Glover, 2008) 경향이 있다는 발견과 관련되어 있을지도 모른다.

자기연민은 부정적인 사건에 대한 사람들의 반응을 완화시킴으로써 극복을 촉진하는 것으로 보인다. 한 훌륭한 실험연구 시리즈에서, Leary 등(2007)은 대학생들에게 불쾌한 사건들을 떠올리게 했다. 실패, 상실, 굴욕감에 대한 가상적인 상황을 상상하는 것, 창피한 과제 수행, 상반된 피드백을 주는 사람들에게 개인적인 정보를 노출하는 것 등이다. 그 결과 높은 자기연민 특성을 가진 개인은 덜 극단적인 반응, 즉 덜 부정적인 감정을 드러냈고, 보다 더 수용적인 생각과 자신의 문제를 더 관점적으로 보는 경향을 드러냈다. 동시에 자기연민이 낮은 사람들보다 자신의 책임을 더 잘 받아들였다.

자기연민은 부정적인 것에 대한 집착을 느슨하게 하지만 부정적인 감정을 제거하거나 밀쳐 내는 것이 아니라는 사실을 기억하는 것이 중요하다. 실제로 자기연민적인 사람들은 덜 자기연민적인 사람들에 비해서 원하지 않는 생각이나 감정을 더 적게 억압하고(Neff, 2003a), 자기감정의 중요성을 더 잘 수용하며

타당하게 여겼다(Leary et al., 2007; Neff, Hseih, & Dejitterat, 2005). 예를 들면, 한 연구에서 Neff 등(2007)은 참가자들에게 '자신의 최대 약점을 기술해 보라'고 요청하는 모의 취직 인터뷰를 실시했다. 그 결과 사람들이 자신의 약점을 기술할 때 사용하는 부정적인 자기-서술어의 숫자와 자기연민 수준은 관계가 없었다. 그런데 보다 더 자기연민적인 사람들은 인터뷰 결과에 대해 불안을 더 적게 느꼈다. 또 자기연민이 큰 사람들은 자신의 약점을 기술할 때 분리보다는 연결을 가리키는 언어를 사용하는 경향이 있었다. 예를 들면, 그들은 '우리'와 같은 1인칭 복수 대명사를 좋아해서 '나'라는 1인칭 단수 대명사를 더 적게 사용했고 친구, 가족, 다른 사람들과 같은 사회적 기준을 더 많이 만들었다. 이러한 발견은 자기연민이 부적응적인 정서적 반응을 감소시킬 수 있다는 사실을 암시하는데, 이는 인간경험을 함께 공유하고 있다는 관점에서 보면 약점이 덜 위협적으로 느껴지기 때문이다.

자기연민이 일련의 긍정적인 심리적 강점과 연합되어 있다고 제안하는 연구가 있다. 예를 들면, 자기연민 특성이 높은 사람들은 낮은 사람들에 비해 더 많은 행복감을 보고한다(Hollis-Walker & Colosimo, 2011; Neff, Rude, & Kirkpatrick, 2007; Shapira & Mongrain, 2010; Smeets et al., 2014). 또한 그들은 대체적으로 낙천주의, 감사, 긍정적 영향을 더 많이 보여준다(Breen, Kashdan, Lenser, & Fincham, 2010; Neff, Rude, & Kirkpatrick, 2007). 자기연민은 또한 의미 있는 삶의 중요한 구성요소인 정

서 지능, 지혜, 개인적 주도, 호기심, 지적 유연성, 삶의 만족, 사회적 연결감과 연결되어 있다(Heffernan, Griffin, McNulty, & Fitzpatrick, 2010; Martin, Staggers, & Anderson, 2011; Neff, 2003a; Neff, Rude, & Kirkpatrick, 2007). 거기에 더해서 자기연민은 Ryan과 Deci(2001)가 행복한 웰빙의 바탕이라고 주장하는 기본적인 심리적 욕구를 충족시키도록 돕고, 자기연민 특성은 자율성, 유능성, 관계성, 자기결정성의 느낌과 연합되어 있다(Magnus, Kowalski, & McHugh, 2010; Neff, 2003a).

자기연민이 왜 긍정적인 마음 상태를 생성하는 동시에 부정적인 마음 상태를 개선하는지를 이해하기 위해서는, 자애, 연결, 현존(친절, 연결됨, 마음챙김)이라는 말로 자기연민의 세 요소에 대해 생각해 볼 필요가 있다. 우리가 '사랑스러운 연결된 현존'으로 우리의 아픔을 유지할 때, 우리는 자기위로를 통해서 우리의 부정적인 정서를 완화하는 동시에 긍정적인 정서를 생성한다.

그런데 많은 사람이 자기연민에 대해 오해하고 있기 때문에, 실제로 이러한 심적 태도를 취하는 데 방해를 받는다. 사실 많은 사람은 자기연민적이 되는 것을 두려워한다. 그들은 자기연민이 어떤 방식으로 자신을 해롭게 할 것이라고 믿기 때문이다(Gilbert, McEwan, Matos, & Rivis, 2011). 다행히 이러한 오해들이 지금은 자기연민에 대해 잘못된 생각, 잘못된 믿음, 잘못된 이해 때문이라는 사실을 나타내는 연구 증거가 충분하다. 우리는 이러한 오해를 하나씩 설명할 것이다.

자기연민에 대한 오해

자기연민은 약하다

자기연민은 여성적인 사람들을 위한 것이다. 그렇지 않은가? 가슴과 꽃들은 우리를 부드럽게 만드는 삶으로 다가가게 한다. 실제로 심리학자들은 자기연민이 극복과 회복탄력성을 위한 강력한 자원이라는 사실을 발견하고 있다. 예를 들면, Sbarra 등(2012)은 이혼한 사람들의 적응을 돕는 데 자기연민이 중요하다는 사실을 발견했다. 연구자들은 이혼을 한 성인들에게 헤어지는 경험에 대해 4분 동안 의식의 흐름을 기록하도록 요청했고 객관적인 외부 심사원들로 하여금 이들의 대화가 얼마나 자기연민적인지 평가하게 했다. 그들이 이혼에 대해 이야기할 때 높은 자기연민을 보였던 사람들은 심리적인 적응을 더 잘했을 뿐만 아니라 동시에 그 효과가 9개월 이상 지속되었다. 자기연민은 또한 대학생활 적응을 돕는 것으로 나타났다. 자기연민 수준이 높은 대학생들이 학업과 사회적 어려움에 직면했을 때 더 적은 심리적 스트레스를 경험했고(Kyeong, 2013), 대학 첫 학기 동안 향수병도 더 적게 느꼈다(Terry, Leary, & Mehta, 2013).

자기연민은 또한 다양한 건강문제를 성공적으로 극복하는 데 중요한 도구라는 사실을 보여 주는 연구가 있다. 예를 들면, 자기연민적인 사람일수록 더 나은 정서적 균형을 유지하고, 일상에서 더 잘 기능하고, 만성적인 아픔을 주관적으로 더 적게 지각했다(Costa & Pinto-Gouveia, 2011; Wren et al., 2012). 자기연민은 또한 척추파열(Hayter & Dorstyn, 2013), 유방암(Przezdziecki et al., 2013), HIV 양성(Brion, Leary, & Drabkin, 2014)을 가진 성인들의 회복탄력성과도 관계가 있었다. 자기연민은 또한 외상후 스트레스 장애(PTSD)에 대응하는 중요한 보호요인일 수 있다(Thompson & Waltz, 2008). 예를 들면, 자기연민 수준은 이라크와 아프가니스탄에서 돌아온 퇴역군인들의 자기연민 수준이 전쟁노출 수준 자체보다 PTSD 징후를 더 잘 예측했다(Hiraoka et al., 2015). 마찬가지로, 자폐아동의 부모가 얼마나 많은 스트레스를 경험하는가는 아동 자폐증의 심각성 정도보다 자폐아동부모의 자기연민 수준에 따라서 더 많이 달라졌다(Neff & Faso, 2014). 힘겨움을 감당해 내는 능력을 결정하는 것은 단순히 인생에서 무엇을 직면하느냐의 문제가 아니라, 삶이 힘들 때 당신 자신을 어떻게 대하는가이다.

자기연민은 게으르다

아마도 자기연민에 대한 가장 큰 오해는 자기연민이 우리의 동기를 손상시킬 것이라는 믿음이다. 실제로 어떤 사람들은 자기연민적이 되는 것을 두려워하는데, 그 이유가 자기연민이 자신의 목표에 도달하려는 노력을 손상시킨다는 생각 때문이라고 한다(Gilbert et al., 2011). 그런데 과연 사실일까? 하나의 좋은 비유는 좋은 부모가 자녀를 어떻게 동기화시키는지에서 발견할 수 있다. 연민적인 아버지가 자기 아들이 실패했을 때 아들에게 희망이 없는 실패자라고 무자비하게 비난할까? 물론 아니다. 그는 실수를 하는 것은 인간이기 때문이라고 자기 아들을 안심시키고 아들이 최선을 다하도록 필요로 하는 것은 무엇이든 제공할 것이다. 그 아들은 자신이 실패했을 때 무시받거나 무가치하다고 느끼기보다 아버지의 격려와 수용에 의지할 수 있을 때 자기 삶의 목적을 성취하기 위해 훨씬 더 많이 동기화될 것이다.

건강한 양육에 대해 생각하면, 연민적이 되는 것이 쉬워 보인다. 그러나 똑같은 논리로 우리 자신에게 적용하는 것은 그렇게 쉽지 않다. 우리는 자기비난에 깊이 집착되어 있고 어느 수준까지는 아마도 아픔이 도움이 된다고 생각할 것이다. 자기비난이 어느 정도는 동기유발자로 작용한다. 왜냐하면 우리가 실패할 때 자기판단을 피하려는 욕구에 의해 동기화되기 때문이다. 그러나 만일 실패가 연속적인 자기비난으로 이루어질 것이라는 사실을 안다면, 때로는 너무 놀라서 시도할 수 없을 것이다. 그러나 자기연민과 함께라면 우리는 아주 다른 이유, 즉 우리가 염려하기 때문에 성취하려고 노력한다. 자기연민의 동기는 사랑에서 나오고, 자기비난의 동기는 두려움에서 나온다고 말할 수도 있다. 만일 우리가 우리 자신을 진정으로 염려한다면, 우리는 새로운 프로젝트에 도전하거나 새로운 기술을 배우는 등, 우리 자신이 행복하도록 도울 수 있는 뭔가를 할 것이다. 자기연민은 우리의 약점을 인정하는 데 필요한 안전을 주기 때문에 우리는 더 좋아지기 위해서 그 약점을 변화시키는 더 나은 위치에 있게 될 것이다.

자기연민이 동기를 방해하는 것이 아니라 증진시킨다는 생각을 지지하는 경험적 증거는 충분히 많다. 예를 들면, 자기연민은 완벽주의와 부적으로 관련되어 있는 반면에, 자아에게 적용되는 실행기준의 정도와는 아무런 관련이 없다(Neff, 2003a). 자기연민적인 사람들은 목적을 높게 가지고 있지만, 그들은 또한 자신이 항상 자기 목적에 도달할 수는 없다는 사실을 인지하고 수용한다. 자기연민 수준이 높은 사람들은 동기적인 불안을 적게 가지고 있고, 자기연민수준이 낮은 사람들에 비해 질질 끄는 자기 핸디캡적인 행동을 더 적게 한다(Sirois, 2014; Williams, Stark, & Foster, 2008).

네 개의 경험적 연구에서 Breines와 Chen (2012)은 개인적인 약점, 실패, 과거의 도덕 위반에 대해 자기연민의 느낌을 불러일으키는 기분유도를 사용했다. 자기존중 유도(예: "당신의 긍정적 자질에 대해 생각해 보세요.")나 긍정적인 기분 전환자(예: "당신이 좋아하는 취미에 대해 생각해 보세요.")와 비교했을 때, 자기연민 유도(예: "친절과 이해를 표현해 보세요.")가 더 좋아지기 위해 변화하려는 동기가 더 많고, 더 열심히 배우고자 노력하고, 과거의 해로움을 고치고, 과거의 실수를 반복하지 않으려고 했다. 더 자기연민적인 사람들이 실패를 덜 두려워하고(Neff, Hsieh, & Dejitthirat, 2005), 실패했을 때 더 쉽게 재도전했다(Neely, Schallert, Mohammed, Roberts, & Chen, 2009).

자기연민은 자기방종을 의미한다

당신 자신에게 친절하다는 것이 당신이 원하는 것은 무엇이든지 해 준다는 의미인가? 그건 아니다. 자기연민은 고통을 완화시키는 데 관심이 있다. 반면에 자기방종은 장기적으로는 해롭더라도 당장의 즐거움을 주는 것과 관련이 있다. 연민적인 어머니는 딸에게 무한정으로 아이스크림을 주고 딸이 원하면 언제든지 학교를 결석하도록 내버려 두지는 않는다. 그렇게 한다면 방종이다. 연민적인 어머니는 숙제를 하게 하고, 야채를 먹으라고 말한다. 자기연민은 자기방종적인 행동을 가까이 하지 않는다. 왜냐하면 장기적으로 해로움을 주기 때문이고, 웰빙은 종종 당장의 만족을 거부하라고 요구하기 때문이다.

자기연민은 보다 건강한 삶과 연결되어 있다. 예를 들면, 자기연민 특성은 건강한 노화에 중요한 특징으로 보인다(Allen, Goldwasser, & Leary, 2012; Allen & Leary, 2013; Terry & Leary, 2011). 최근의 메타분석은 자기연민이 건강과 관련된 다양한 행동과 연합되어 있다는 것을 보여 준다(Sirois, Kitner, & Hirsch, 2015). Kelly, Zuroff, Foa와 Gilbert (2009)는 자기연민이 담배를 끊게 하거나 줄이는 데 도움을 주는지 검사했다. 금연의 어려움에 대해 연민을 느끼도록 훈련받은 사람들은 자신의 흡연을 되돌아보고 모니터를 하도록 훈련받은 사람들에 비해서 훨씬 더 많이 담배를 줄였다. 자기연민 개입이 특히 자기비난이 심하고 변화에 거부적인 사람들에게 효과적이었다. 또 다른 연구는 자기연민의 증가가 알코올 의존적인 사람이 알코올을 줄이는 데 도움을 준다고 한다(Brooks, Kay-Lambkin, Bowman, & Childs, 2012). 자기연민적인 여성이 운동하려는 동기가 기본적으로 더 강하고 운동의 목적이 에고 때문이 아니라 건강과 관련이 있다는 사실을 발견했다(Magnus et al., 2010; Mosewich, Kowalski, Sabiston, Sedgwick, & Tracy, 2011).

행동 변화에 더해서 자기연민은 면역기능을 강화함으로써 직접적으로 건강을 증진시킬 수 있다. Brienes 등(2014)에 의한 최근 연구는 자기연민 수준이 높은 사람들은 표준적인 실험실 기반의 스트레스 요인[트리어 사회적 스트레스 검사(the Trier Social Stress Test)]에 노출되었을 때 더 나은 면역기능을 보인다는 사실을 발견했다. 게다가 자기연민은 자존감과 우울수준이 통제된 때에도 면역반응을 예측했다(Arch et al., 2014). 그러므로 자기연민은 신체적·정신적 웰빙을 증진시키는 것으로 보인다.

자기연민은 자아도취적이다

그런데 자기연민은 우리가 타자들보다 낫다고 믿는 방법인 일종의 고리타분한 자존감의 재탕이 아닌가? 많은 사람은 이 경우일 것이라고 우려한다. 그러나 자기연민과 자존감 사이에는 중요한 차이가 있다. '자존감'은 우리가 우리 자신을 긍정적으로 평가하는 정도를 표현한다. 자존감은 좋은 정신건강을 위해서 필수적인 데 반해 자존감의 부족은 우울, 불안, 그 밖의 다른 병리들을 양산함으로써 웰빙을 손상시킨다는 사실에 일반적으로 의견이 일치한다(Leary, 1999). 그런데 자존감을 가지고 있다는 것이 문제가 아니라 자존감을 얻거나 유지한다는 말 자체로 인해서 높은 자존감에는 잠재적인 문제가 있다(Crocker & Park, 2004). 미국 문화에서 높은 자존감은 특별하고 평균 이상이어야 하며 집단에서 뛰어날 것을 요구한다(Heine, Lehman, Markus, & Kitayama, 1999). 자존감은 종종 다른 사람들과의 비교에 기반을 두고 성공에 의존한다(Harter, 1999). 미국에서 자존감 운동은 또한 대학생 사이에 만연한 나르시시즘과도 관련이 있다(Twenge & Campbell, 2009). 이와는 대조적으로 자기연민은 긍정적인 판단이나 평가에 기반을 두지 않으며 우리 자신과 관계를 맺는 방식이다. 자기연민은 단지 자기평가를 부정적인 데서 긍정적인 것으로 바꾸는 것이 아니라 단순하게 우리의 한계를 친절하게 인정하는 것을 요구한다는 점에서 자존감보다 자기연민이 성취하기 더 쉽다. 우리가 특별하거나 평균 이상이기 때문이 아니라 우리는 인간 존재이기 때문에 자기연민을 가지고 있다. 이 말은 우리 자신에 대해서 기분 좋게 느끼려면 다른 사람보다 더 낫다고 느껴야만 하는 것이 아니라는 뜻이다. 자기연민은 또한 자존감에 비해 더 많은 정서적 안정을 제공한다. 왜냐하면 자기연민은 좋을 때나 나쁠 때나 항상 이용 가능하기 때문이다.

자기연민은 자존감과 비슷한 정신건강 이익을 주지만, 사회적 비교나 끊임없이 성공적인 일을 해야 하는 그런 위험이 없다. 예를 들면, 네덜란드에 있는 한 커다란 지역사회에서 실시한 조사(Neff & Vonk, 2009)에서 18개월 동안 개인이 얼마나 가치 있게 느끼는지(자기가치 상태)에 대해 12차례 평가한 결과를 보면, 자기연민 특성이 글로벌 수준의 자존감 특성에 비해서 훨씬 더 안정된 자기가치 상태를 느낀 것으로 나타났다. 이는 자존감과는 달리 자기연민은 신체적 매력이나 성공적인 일과 같은 것에 의존하는 자기가치에 대한 감각과 약하게 연결되어 있다는 사실과 관련이 있다. 연구 결과는 자기연민 특성은 자존감에 비해 사회적 비교, 대중적인 자아의식, 자아반추, 분노, 소심함과 낮게 연합되어 있다는 것을 나타낸다. 또한 자존감은 나르시시즘과 확고하게 연합되어 있는 반면에 자기연민은 나르시시즘과 아무런 관계가 없다. 이러한 발견은 자존감을 가진 사람과는 대조적으로 자기연민적인 사람들은 남들과 비교해서 우월감을 느끼거나 다른 사람이 자신을 어떻게 평가하는가에 대해 걱정하거나 자신의 관점을 방어하거나 자신에게 동의하지 않는 사람들에게 분노로 반응하는 데 더 적은 관심을 가진다는 사실을 의미한다.

Leary 등(2007)은 기분 유도를 사용해서 자기연민과 자존감을 비교했다. 참가자들은 그들 자신에 대해 나쁜 느낌이 들게 했던 이전의 실패, 거부, 상실을 상기하도록 지시를 받은 다음, 그 사건에 대한 자신의 느낌을 평가하는 일련의 질문을 받았다. 참가자들은 일어났던 사건에 대해 곧바로 자기연민적으로 글을 쓰거나(예: "그 사건에 대해 친절, 보편적 인간 경험, 마음챙김으로 숙고해 보세요."), 또는 자존감을 부추기는 방식("당신의 긍정적인 성격에 대해 쓰고, 당신 자신에 대해 더 좋게 느끼게 만드는 방식으로 그 사건을 해석하세요.")으로 글을 쓰게 했다. 자기연민 지시를 받은 참가자들은 과거 사건에 대해 생각하게 했을 때 자존감 조건에 참가한 사람들에 비해 부정적인 정서를 더 적게 보고했다. 그들은 또한 자존감 조건에 참가한 사람들에 비해 사건에 대한 개인적인 책임을 더 많이 가졌다. 이는 자기연민이 낚시 바늘에서 스스로를 벗어나게 이끄는 것이 아니라는 사실을 의미한다.

또 다른 연구(Leary et al., 2007)에서 참가자들은 자기 자신을 소개하고 기술하는 비디오테이프를 만들도록 요청받았다. 그들에게 누군가가 그들의 테이프를 볼 것이고 얼마나 따뜻하고 친절하고 지적이고 호감이 가고 성숙하게 보이는가에 대해 피드백을 줄 거라고 말했다(피드백은 연구공모자가 했다). 참가자의 반은 긍정 피드백을 받았고, 나머지 반은 중립적인 피드백을 받았다. 높은 자기연민 특성을 가진 참가자들은 피드백이 긍정적이든 중립적이든 관계없이 상대적으로 덜 당황했고, 기꺼이 그 피드백이 그들 자신의 성격에 기반해서 한 것이라고 말했다. 그러나 높은 자존감을 가진 사람들은 중립적인 피드백을 받았을 때 화를 내는 경향이 있었다("뭐, 고작 평균밖에 안 된다고?"). 그들은 중립적인 피드백을 관찰자의 기분과 같은 요인 탓으로 돌리고 자기 자신의 성격에 의한 것이라는 사실을 더 쉽게 부정했다. 이는 자기연민이 다른 사람들로부터 받는 칭찬의 정도와 관계없이 있는 그대로의 자신을 더 잘 수용하게 한다는 사실을 암시한다.

자기연민은 이기적이다

자기연민이 이기적이라는 것이 사실인가? 실제로 우리가 관심을 두는 사람들을 대하듯이 똑같은 방법으로 우리 자신을 대우함으로써 우리는 적어도 타자들과 더 잘 연결된다. 지속적인 자기비난은 반추적인 자기초점(Lyubomirsky, Tucker, Caldwell, & Berg, 1999; Nolen-Hoeksema, 2000)으로 이끄는 반면에, 자기친절과 같은 긍정적 정서(Fredrickson, 2001; Hutcherson, Seppälä, & Gross, 2008)는 사회적 연결감을 생성한다. 자기연민이 자기동정과는 아주 다르다는 사실을 기억하는 것 또한 중요하다. 자기동정은 자기중심적인 분리감을 강조하고 개인적인 고통의 정도를 과장하는 반면, 자기연민은 왜곡하지 않고 자아와 타자가 연결된 경험을 보도록 해 준다. 게다가 우리의 보편적 인간 경험은 우리 자신의 상황을 더 나은 조망으로 볼 수 있도록 도와준다.

자기연민이 대인관계에 이익을 준다는 연구증거가 있다. 이성 커플에 관한 연구(Neff & Beretvas, 2013)에서 보다 자기연민적인 사람들이 덜 자기연민적인 사람들에 비해서 정서적으로 더 연결되어 있고 수용적이고 자율적이며 지지적이라고 그들의 파트너들이 기술한 반면, 덜 무심하고 덜 통제적이고 언어적·신체적으로 덜 공격적이라고 기술했다.

자기연민은 또한 관계에 대한 만족도가 더 크고 애착 안전도가 더 컸다. 사람들은 자기 자신에게 돌봄과 지지를 줄 때 자기 파트너에게 줄 수 있는 정서적 자원 또한 더 많은 것으로 드러났다. 연구는 자기연민 수준이 높은 대학생들이 친구나 룸메이트와의 관계에서 보다 연민적인 목적을 갖는 경향이 있음을 발견했는데, 이는 자기연민 수준이 높은 학생들이 사회적 지지를 제공하고 대인관계의 신뢰를 격려하는 경향이 있다는 것을 의미한다(Crocker & Canevello, 2008). 또 다른 연구(Yarnell & Neff, 2013)는 자기연민이 큰 개인이 어머니, 아버지, 연인과 갈등상황에서 더 쉽게 타협하는 반면, 덜 자기연민적인 사람은 자신의 욕구를 타자의 욕구보다 더 아래에 두는 경향이 있다는 사실을 보여 준다. 자기연민이 높은 사람들은 다른 사람에게 하듯이 자기 자신에게도 친절한 경향이 있다고 말하는 반면에, 자기연민이 낮은 사람은 자기 자신보다 다른 사람들에게 더 친절한 경향이 있다고 말한다는 사실을 고려하면, 이러한 패턴은 일리가 있다(Neff, 2003a). 마지막으로, 자기연민은 과거의 해로운 관계를 사과하고 수정하는 경향과 관련이 있고(Breines & Chen, 2012; Howell, Dopko, Turowski, & Buro, 2011), 그렇게 함으로써 관계 안에서 조화를 촉진시킨다.

흥미 있는 질문은 자기연민적인 사람이 일반적으로 타자들에게 더 연민적인지 아닌지에 관한 의문이다. 어떤 증거들은 자기연민이 타자중심 연민과 연합된 뇌의 부분들을 자극한다고 제안한다. 기능 자기공명영상(fMRI)

기술을 사용해서 Longe 등(2009)은 개인에게 자기연민적이 되라고 지시하는 것은 타자에 대한 공감을 불러일으키는 것과 유사한 신경 활동을 자극한다는 사실을 발견했다. 이러한 발견은 관심과 배려로 고통에 반응하는 경향성이 자신과 타자에게 널리 적용 가능한 과정이라는 사실을 제안한다. 그러나 자신과 타자에 대한 연민 사이의 연결은 그렇게 간단하지 않다. 그것은 나이와 삶의 경험에 따라서 어느 정도 차이가 있다.

Neff와 Pommier(2013)는 대학생, 오래된 지역사회 표본, 불교명상을 수행하는 개인 가운데 자기연민과 타자초점 관심 사이의 관계성을 검사했다. 세 집단 모두에서 자기연민 수준이 높은 사람들이 개인적인 고통을 덜 경험했다. 즉, 그들은 고통에 압도당하지 않고 타자의 고통에 더 잘 직면했다. 뿐만 아니라 자기연민은 용서와 의미 있게 연관되어 있었다. 타자를 용서하는 일은 사람들의 행동을 유발하는 원인과 조건에 대한 거대한 연결망에 대한 이해를 필요로 한다. 결점이 있는 자신의 인간 본성을 용서하고 수용하는 능력은 타자에게도 똑같이 적용할 수 있는 것으로 보인다. 자기연민은 타자에 대한 연민, 공감적 관심, 그리고 지역사회와 불자 표본의 이타주의와 의미는 있지만 약하게 관련(r<.30)되어 있었다. 이러한 연관성은 기대했던 것만큼 강력하지는 않았다. 왜냐하면 대부분의 사람이 자기 자신보다는 타자들에게 더 친절하다고 보고했는데(Neff, 2003a), 이는 상관관계를 약화시키기 때문이다. 흥미롭게도 대학생 사이

에는 자기연민과 타자초점 관심(즉, 연민, 공감적 관심, 이타심) 사이에 아무런 관계가 발견되지 않았다. 심지어 자기연민과 타자초점 관심 수준이 지역사회 성인의 경우에도 마찬가지였다. 자아와 타자 간에 관련성이 부족한 것은 젊은 성인은 타자와 자신의 차이를 과대평가함으로써 자기 자신과 타자의 인생 경험에서 공통된 측면을 인지하는 데 어려움을 겪기 때문인 것으로 여겨진다(Lapsley, FitzGerald, Rice, & Jackson, 1989). 자기 자신이 왜 당연히 돌봄을 받아야 하는가에 대한 믿음과 왜 타자가 당연히 돌봄을 받아야 하는가에 대한 믿음은 통합이 잘 안 되는 것 같다. 자기연민과 타자초점 관심 사이의 연결은 명상가 사이에서 가장 강했다. 이는 자신과 타자에 대한 연민을 동시에 배양하는 자애명상과 같은 수행의 결과일 수 있다(Hofmann, Grossman, & Hinton, 2011).

세상에는 타자에게는 연민적이지만 자신에게는 그렇지 않은 사람들이 많이 있다. 그러나 그러한 경우의 사람들은 소진되지 않고 유지하기는 어렵다. 자기연민 특성은 상담가의 연민 피로와 관련이 더 적은 반면, 자신의 일을 통해서 더 큰 '연민 만족', 즉 세상을 바꾸는 일을 할 수 있다는 것에 대해 에너지를 얻는 느낌, 행복감, 감사함과 같은 긍정적 느낌과 더 많이 관련되어 있다는 것을 보여 준다(Newsome, Waldo, & Gruszka, 2012; Shapiro, Brown, & Biegel, 2007). 이와 유사하게 Barnard와 Curry(2012)는 보다 연민적인 성직자들이 자기 신도들의 요구를 들어주는

데서 비롯되는 소진으로 인한 고통을 더 적게 받는 경향이 있고, 그들은 또한 자신의 성직자 일에 더 많이 만족했다는 사실을 발견했다. 건강돌봄 전문가들에 관한 연구에서, Shapiro, Astin, Bishop과 Codova(2005)는 마음챙김 훈련이 참가자의 자기연민을 증가시킨다는 것을 발견했다. 즉, 자기연민이 스트레스 수준을 감소시켰다. 그러므로 자신에게 연민을 주는 것은 타자를 돌보는 데 필요한 정서적 자원을 제공하는 것으로 보인다.

자기연민은 학습 가능한가

자기연민은 기존의 성격특성과는 달리 훈련을 통해서 심리적 웰빙을 증진시킬 수 있다. 여러 연구가 비교적 간단한 자기연민 훈련으로 높은 효과를 낼 수 있다고 주장한다. 예를 들면, Smeets 등(2014)은 대학생들을 위한 3주 과정의 자기연민 개입을 개발했다. 이 개입은 토론, 고통할 때 손을 가슴에 얹는 것과 같은 자기연민 실습, 그리고 내적 비난을 확인하는 데 초점을 맞추고 자신을 동기화하는 연민적인 방법을 보내는 다양한 훈련을 조합한 것이다. 그 결과, 시간관리 통제집단과 비교해서 실험조건에 있는 학생들은 자기연민, 마음챙김, 낙천주의, 자기효능감에서 매우 의미 있는 증가를 보였고, 반추에서는 감소를 보였다. Shapiro와 Mongrain(2010)은 친한 친구에게 하듯이 친절하고 이해하는 방식으로 최근에 겪은 힘겨움에 대해 한 단락 글

을 쓰는 자기연민적인 편지 쓰기 개입의 영향을 검증했다. 7일 동안 글쓰기를 한 후에 그들은 이 글쓰기 활동이 3개월 동안 우울수준을 감소시켰고, 6개월 동안 행복수준을 향상시켰다는 것을 발견했다. 이와 유사한 연구로, Albertson, Neff와 Dill-Shackleford(2014)는 외모염려증을 가진 여성들을 대상으로 3주간 인터넷상으로 자기연민 명상을 듣는 실험을 했다. 그 결과, 대기통제집단과 비교해서 몸에 대한 만족도, 몸에 대한 수치심, 외형적인 모습에 기반한 자기가치에서 의미 있는 감소를 가져왔고, 자기연민과 몸에 대한 감사가 증가했음을 발견했다. 이러한 결과들은 모두 3개월 동안 유지되었다. 이는 짧은 자기연민 개입도 자기연민 기술을 가르치고 웰빙을 증진시키는 데 효과적일 수 있다는 사실을 가리킨다.

자기연민은 또한 장기간 개입을 통해 강화된다. 예를 들면, 강화된 자기연민은 마음챙김에 기반한 스트레스 완화(MBSR) 및 수용과 전념치료(Yadavaia, Hayes, & Vilardaga, 2014)와 같은 마음챙김에 기반한 개입의 중요한 결과로 드러난다. Shapiro 등(2005)은 MBSR 프로그램에 참가했던 건강돌봄 전문가들이 통제집단에 비해 자기연민이 의미 있게 증가했고, 스트레스 수준은 감소했다고 보고하는 것을 발견했다. 그들은 또한 자기연민의 증가가 프로그램과 관련된 스트레스 감소를 가져왔다는 사실을 발견했다.

Neff와 Germer는 일반인에게 자기연민 기술을 가르치기 위해 마음챙김−자기연민

(MSC; Neff & Germer, 2013)이라 불리는 프로그램을 계발했다. 이 프로그램에서(뒤에 자세하게 설명되어 있음), 참가자들은 8주 동안 일주일에 한 번씩 2시간 30분 정도 만나고 반나절 동안 묵언명상 안거에 참가한다. MSC 프로그램은 다양한 명상(예: 자애, 애정 어린 호흡)과 일상에서 사용할 수 있는 일상실습(예: 부드러운 접촉, 자기연민적 편지쓰기)을 가르친다. 자기연민은 수업 중에 이루어지는 경험훈련을 이용해서 배양되고 숙제는 참가자들로 하여금 자기연민 습관을 발달시키도록 돕는다. 프로그램 과정은 일차적으로 자기연민 기술을 구축하는 데 초점을 두고, 과정 중에 진행되는 여러 명상법과 훈련은 자기연민과 타자연민이 서로를 지지한다는 측면에서, 타자연민을 유지하고 확장하는 수단으로 자기연민을 이용하는 데 초점이 맞추어진다. 하루 중 40분 정도 공식적인 좌선명상이나 일상명상을 함으로써 이러한 기법들을 훈련하도록 참가자들을 격려한다.

　MSC 집단은 대개 10~25명의 참가자로 구성하고 집단 크기에 따라서 한 명 또는 두 명의 지도자가 가르친다. 집단 참가자는 불편한 감정과 직면하기 쉽기 때문에 적어도 두 명의 공동 지도자 가운데 한 사람은 훈련받은 정신건강 전문가이기를 추천한다. MSC 공동 지도자들은 연민과 자기연민을 체화함으로써 참가자에게 모형학습이 되도록 한다. 지도자는 또한 참가자가 그들 자신의 경험을 안전하고 비밀을 유지하며 존중받는 분위기에서 공유하면서 자기연민의 길을 가도록 서로를 지지

하고 격려한다. 프로그램 과정의 목적은 참가자의 삶에서 힘겨움이 일어날 때 그들이 안전하게 그 힘겨움과 관계할 수 있도록 자기연민의 내적 자원을 발달시키는 데 있다.

　Neff와 Germer(2013)는 MSC 프로그램에 대한 무작위 통제 연구를 실행하고 실험집단($N=24$; 78% female; M age$=51.21$)과 통제집단($N=27$; 82% female; M age$=49.11$)의 결과를 비교했다. 통제집단에 비해, MSC 참가자들은 자기연민, 마음챙김, 타자연민, 삶의 만족에서 유의미한 증가를 보였고, 반면에 우울, 불안, 스트레스, 정서적 회피에는 감소를 보였다. 이러한 결과들은 모두 6개월과 1년 뒤 후속 연구에서도 유지되었다.

임상적 의미

　자기연민은 마음챙김에 기반한 인지치료(MBCT; Kuyken et al., 2010)를 포함해서 마음챙김 기반의 치료개입(Baer, 2010) 효과에 핵심적인 작용기제로 보인다. 예를 들면, Kuyken 등(2010)은 우울증상 재발에 미치는 MBCT와 유지관리 항우울제의 효과를 비교했다. 그들은 MBCT에 참가한 후에 마음챙김과 자기연민의 증가가 15개월이 지난 후속연구에서 MBCT와 우울증상 간의 관계에 영향을 미친다는 것을 발견했다. 그들은 또한 MBCT가 인지반응(즉, 우울한 생각을 가지고 있는 슬픈 감정에 반응하는 경향성)과 우울재발 간의 관계를 감소시키고, 자기연민의 증가(마음

챙김에서는 일어나지 않음)가 이들의 관계를 조정한다는 사실을 발견했다. 이러한 결과는 자기연민이 습관적인 생각 패턴을 변화시킴으로써 우울한 에피소드를 다시 촉발시키지 않게 하는 데 중요한 역할을 한다는 것을 암시한다.

이와 유사하게, 단기간의 정신역동 치료 이후에, 자기연민의 높은 수준은 불안, 수치심, 죄책감의 감소와 슬픔, 화, 친밀감의 증가를 예측했다(Schanche, 2011). 동일한 연구에서 자기연민의 증가는 정신증적 증상과 대인관계 문제를 더 적게 야기했다. 자기연민은 자신에 대한 판단 없이 힘든 감정과 연결하기 때문에 보다 건강한 심리적 작용을 가능하게 하는 것으로 보인다.

자기연민이 부족한 사람들은 연민적인 사람들에 비해 더 비판적인 어머니들이 있었고, 역기능적인 가정에서 자랐으며, 불안전한 애착 유형을 더 많이 보이는 경향이 있음을 보여 준다(Neff & McGeehee, 2010; Wei, Liao, Ku, & Shaffer, 2011). 아동기 정서적 학대는 낮은 자기연민과 연합되어 있고, 자기연민이 낮은 개인들은 더 많은 정서적 고통을 경험하고 더 쉽게 알코올을 남용하거나 심각한 자살 시도를 하는 경향이 있다(Tanaka et al., 2011; Vettese, Dyer, Li, & Wekerle, 2011). 자기연민이 아동기 학대와 훗날 정서 조절 장애 사이의 관계를 중재하는데, 이는 자기연민 수준이 높은 학대받은 개인들은 화가 나는 사건을 더 잘 극복한다는 사실을 의미한다(Vettese, Dyer, Li, & Wekerle, 2011). 이러한 관계는 학

대받은 이후에도 현재 고통수준, 또는 약물남용으로 이어지게 하는데, 이는 자기연민이 아동기 때 외상을 겪은 사람들에게 중요한 회복 요인이라는 사실을 암시한다.

아동기 방치나 학대와 같은 초기 트라우마는 보다 쉽게 자기비난이나 수치심으로 유도될 수 있다. 왜냐하면 그러한 사람들은 아동기 때 충분한 온정, 위로, 애정을 받지 못했기 때문이다(Gilbert & Proctor, 2006). Gilbert와 동료들은 연민초점치료(CFT; Gilbert, 2009, 2010)라 불리는 자기연민에 기반한 새로운 치료모형을 계발했다. Gilbert는 아동학대로부터 생존한 사람들은 부적응적인 생각패턴("나는 사랑스럽지 않아.")을 쉽게 동일시할 수 있고, 대안적인 자기진술("어떤 사람은 나를 사랑해.")을 제공하지만, 정서적으로 안심시켜 주는 과정을 반드시 발견하는 것은 아니라고 말한다. 그러므로 연민초점치료의 목적은 그러한 '대화를 따뜻하게 데우는 것'이다(개인적 소통에서, 2011). 연민초점치료 기법은 마음챙김 훈련, 시각화, 연민적인 인지적 반응, 자기연민적으로 드러나는 행동과 습관 참여하기를 포함한다. 연민초점치료에 기반을 둔 구조화된 프로그램인 연민적인 마음훈련에 대한 예비 연구에서 수치심과 자기비난으로 투쟁하는 병원 외래 환자들은 우울, 자기공격, 수치심, 열등감에서 의미 있는 감소를 보였다(Gilbert & Proctor, 2006). 연민초점치료는 최근에 식이장애, 불안장애, 조울증, 정신증을 치료하는 데 명백하게 성공적으로 사용되고 있다(Braehler et al., 2013; Gilbert, 2010).

자기연민이 정신병리, 특히 불안 및 우울과 부적으로 연합되어 있다는 일관된 증거를 고려할 때(MacBeth & Gumley, 2012), 치료에서 자기연민을 증진시키는 노력은 명백하게 보장받는다. 자기연민은 연민적인 치료관계를 통해서나 내담자에게 자기연민 훈련을 실습하라고 말해 줌으로써 배양될 수 있다(Desmond, 2016; Germer, 2012; Germer & Neff, 2013). 자기연민은 또한 돌봄피로를 완화시켜 주는 내적자원으로도 효과적이다(Finley-Jones, Rees, & Kane, 2015).

미래 방향

자기연민에 관한 연구가 빠르게 성장하고 있는 반면에, 자신에게 친절하게 대할 때 일어나는 결과에 대해 우리가 모르는 것이 여전히 많이 있다. 이는 앞으로의 연구에서 탐구되어야 한다. 예를 들면, 자기연민을 훈련하는 것에 어떤 숨겨진 불이익이 있는가이다. 지금까지 자기연민에 대해 어떤 부정적인 측면을 확인한 연구논문은 특정한 맥락에 있는 특정한 대상, 즉 낮은 양심수준을 가진 연인관계에 있는 사람들에게서만 발견된 오직 한 편의 논문만 있다. 일련의 연구에서 Baker와 McNulty(2011)는 양심이 낮은 남성들에게 있어서 자기연민은 연인관계에서 상호 간의 실수를 고치고 건설적인 문제해결 행동에 관여하려는 동기가 낮다는 사실을 발견했다. 그런데 여성의 경우는 양심수준과 관계없이 자기연민이 그들의 관계에 긍정적인 영향을 미쳤다는 사실에 주목할 필요가 있다. Neff와 Germer는 이러한 발견을 관계에서 실수를 고치려는 동기는 자기연민과 관련이 없고 다른 어떤 원인, 즉 양심적이거나(남자의 경우에서) 문화적 또는 생리적 이유들(여성의 경우)에 기인한다고 해석한다. 물론 비양심적인 남자들은 단순히 그들 자신의 생각과 행동에 대한 명확성이 결핍되어 있고 자신에게 친절하라는 개념을 나쁜 행동을 숨기는 데 사용하는 경향이 있었을 수도 있다. 어쨌든 미래연구에서는 누가 언제 자기연민에 대한 생각을 잘못 이용하거나 어떤 식으로든 해로울 수 있는가를 결정하는 것이 중요하다.

우리는 또한 집단 간의 자기연민 차이에 대해 거의 알지 못한다. 최근의 메타분석(Yarnell et al., 2015)은 자기연민이 나이와 함께 증가하고 여성이 남성에 비해 덜 연민적인 경향이 있다는 사실을 발견했다. 그러나 효과크기는 아주 작고 이러한 차이 이면에 있는 이유들이 분명하지 않다. 어린 개인은 세상에서 자신의 위치를 발견하기 위해 애쓰고 있기 때문에, 자신을 덜 수용하게 되는 반면에 성숙해지면서 사람들은 보다 조화롭게 자신의 불완전함을 수용하는 경향이 있기 때문일 수도 있다. 성별의 차이는 여성이 남성들에 비해 보다 자기비난적이고 더 반추적인 극복유형을 가지고 있는 경향성에 기인하는지도 모른다(Leadbeater, Kuperminc, Blatt, & Hertzog, 1999; Nolen-Hoeksema, 1987). 아니면 자기희생을 강조하고 타자의 욕구를 충족시켜 주는 여성의 성역할 규범에 기인할 수도 있다(Ruble & Martin, 1998). 분명히 나이와 성별의 차이가 어떻게 발달하는가에 대해 이해되어야 할 것이 많이 있다.

마찬가지로 자기연민에 관한 문화 간의 차이에 관한 연구도 거의 없다. 예를 들면, 자기연민의 결핍이 일차적으로 서양인들의 문제인가? Neff, Pisitsungkagarn과 Hseih(2008)는 태국, 타이완, 미국에서 자기연민 수준을 검사했는데, 태국에서 자기연민 수준이 가장 높았고, 타이완이 가장 낮았으며 미국은 그 중간이라는 사실을 발견했다. 이는 아마도 태국 사람들은 불교의 영향을 많이 받아서 연민의 가치가 양육훈련과 일상의 관계에서 강조되었기 때문일 수도 있다. 반면에 타이완 사람들은 유교의 영향을 더 많이 받아서 수치심과 자기비난이 양육과 사회적 통제 수단으로 강조되었을 수도 있다. 아마 미국 문화는 긍정적 자존심(예를 들면, 자존감을 강하게 강조하면서 또한 소외되고 비교되는 풍토)이라는 말로 주어지는 혼합된 메시지 때문에 자기연민 수준이 보다 중화되었는지도 모른다. 실제로 미국인들은 나머지 두 집단에 비해 자존감 수준이 의미 있게 더 높았다. 그러나 이 세 문화 모두에서 높은 자기연민은 더 적은 우울과 더 큰 삶의 만족을 의미 있게 예측했다. 이는 문화적 차이가 엄청남에도 불구하고 자기연민에는 글로벌 이점이 있음을 암시한다. 인종이나 사회적 지위를 포함해서, 자기연민의 발달에 문화가 하는 역할을 이해하기 위해서는 여전히 엄청난 연구가 필요하다(타자에 대한 연민

표현에서 문화 및 사회적 지위의 역할에 대한 논의는 제21장과 제24장을 보라).

또한 마음챙김과 자기연민이 어느 정도 다른지도 분명하지 않다. 온전하게 이해하기 위해서는 더 많은 연구가 필요하다. 마음챙김은 자기연민의 요소인 반면에 온정과 상호연결이 더해진 감정은 신체적·정신적 기능 둘 다에 중요한 방식으로 영향을 미친다. 미래연구에서 중요한 분야는 마음챙김과 자기연민 훈련이 어떻게, 언제, 누구를 위해 결합되어야 하는가를 결정하기 위한 연구가 될 것이다. 직관적으로 마음챙김이 연민을 필요로 한다고 하더라도 자기연민 전에 마음챙김을 배우는 것이 적절해 보인다. 그러나 심한 수치심이나 자기비난으로 고통받는 사람들은 마음챙김으로 자기의 고통에 스스로를 개방하는 데 필요한 정서적 안전감을 갖기 위해서는 자기연민을 먼저 배양할 필요가 있다. 마찬가지로, 사람들은 타자에 대한 연민을 발달시키기 위한 훈련 프로그램(자비 계발 수행 프로그램과 같은, 제18장 참조)을 받기 전에 자기연민적으로 되는 것을 배워야만 하는가? 아니면 타자연민 훈련 프로그램을 받고 난 이후에 자기연민적인 것을 배워야 하는가? 이러한 질문에 대한 답은 초기성장의 역사, 자기비난에 대한 습관적 경향성, 그리고 마음챙김, 자기연민 또는 먼저 타자연민을 배우고자 하는 동기 등 다양한 요인에 따라 달라진다.

마지막으로, 특정한 임상조건을 위해 경험적으로 지지를 받는 자기연민 개입의 발달이 바람직하다. 예를 들면, 자기연민이 마음챙김

훈련과 우울재발의 관계를 중재하는 것으로 보인다면(Kuyken et al., 2010), 특수화된 자기 연민 훈련이 우울한 사람들에 대한 성과를 어떻게 증가시키는가? 그리고 자기연민을 아동 기 트라우마 치료에 적용할 때, 안전하고 효과적인 치료를 보장하기 위해 어떤 특별한 적용이 필요한가? 일반적으로 마음챙김이 임상 현장에서 주류가 되고, 자기연민이 마음챙김의 핵심기제가 된 이래, 자기연민을 증진시키기 위해 특별히 고안된 개입이 상당한 잠재력을 갖는 것으로 보인다.

결론

자신을 연민적으로 대하고 돌보는 정도가 심리적 건강에 중요한 역할을 한다는 연구가 늘어나고 있다. 자기연민에 관한 대부분의 연구가 서로 상관관계가 있는 한편, 인과 관계의 방향을 가정할 수는 없지만 무아보고 방법론(non-self-report methodologies)을 사용한 자기연민의 이익을 연구한 결과들이 많아지면서 자기연민은 개인 내의 웰빙과 개인 간의 웰빙을 증진시키는 강력한 방식이라는 결론에 더 많은 확신을 제공하기 시작했다. 우리가 우리 자신의 고통을 마음챙김하고 고통은 인간조건의 일부라는 사실을 기억하면서 친절로 반응할 때, 우리는 삶의 힘거움을 더 잘 극복할 수 있는 것으로 보인다. 사랑하고 연결되고 균형 있는 마음 상태를 채택하는 것은 정신병리를 감소시키는 동시에 삶의 즐거움과 의미를 증가시키는 것으로 보인다. 현재 순간의 경험에 대한 수용과 고통으로부터 해방되어 행복하고자 하는 연민적인 욕구를 결합함으로써, 우리는 치유하는 능력을 최대화하고 완전한 잠재력에 도달한다.

이러한 결론을 확인하기 위해 더 많은 연구가 필요하다. 그러나 자기연민이 웰빙을 증진시키는지 아닌지 그 여부를 조사하는 가장 좋은 방법은 스스로 자기연민을 시도해 보는 것이다. 점차적으로 1인칭과 3인칭 관점이 통합된 과학자-수행자 모형(Lane & Corrie, 2007), 즉 인간 정신이 어떻게 작용하는지에 대해 독특한 통찰을 일으킬 수 있는 과정을 채택하는 개인이 늘어나고 있다. 궁극적으로, 우리가 자기연민의 이익을 의심하는 내면의 적으로서 우리 자신을 대하는 것이 아니라 내면의 동지로 대우할 때, 그것이 자기연민에 대한 경험이고, 일어나는 것에 대한 직접적인 관찰이다.

참고문헌

Albertson, E. R., Neff, K. D., & Dill-Shackleford, K. E. (2014). Self-compassion and body dissatisfaction in women: A randomized controlled trial of a brief meditation intervention. *Mindfulness*, 6(3), 444-454.

Allen, A. B., Goldwasser, E. R., & Leary, M. R. (2012). Self-compassion and well-being among older adults. *Self and Identity*, 11(4), 428-453. doi:10.1080/15298868.2011.595082.

Allen, A., & Leary, M. R. (2013). A self-compassionate response to aging. *The Gerontologist.*, *54*(2), 190–200. doi:10.1093/geront/gns204

Arch, J. J., Brown, K. W., Dean, D. J., Landy, L. N., Brown, K. D., & Laudenslager, M. L. (2014). Self-compassion training modulates alpha-amylase, heart rate variability, and subjective responses to social evaluative threat in women. *Psychoneuroendocrinology*, *42*, 49–58.

Austenfeld, J. L., & Stanton, A. L. (2004). Coping through emotional approach: A new look at emotion, coping, and health-related outcomes. *Journal of Personality*, *72*(6), 1335–1364.

Baer, R. A. (2010). Self-compassion as a mechanism of change in mindfulness-and acceptance-based treatments. In R. A. Baer (Ed.), *Assessing mindfulness & acceptance processes in clients* (pp. 135–154). Oakland: New Harbinger.

Baker, L. R., & McNulty, J. K. (2011). Self-compassion and relationship maintenance: The moderating roles of conscientiousness and gender. *Journal of Personality and Social Psychology*, *100*, 853–873.

Barnard, L. K., & Curry, J. F. (2012). The relationship of clergy burnout to self-compassion and other personality dimensions. *Pastoral Psychology*, *61*, 149–163.

Bishop, S. R., Lau, M., Shapiro, S., Carlson, L., Anderson, N. D., ... Carmody, J. (2004). Mindfulness: A proposed operational definition. *Clinical Psychology: Science and Practice*, *11*, 191–206.

Blatt, S. J. (1995). Representational structures in psychopathology. In D. Cicchetti & S. Toth (Eds.), *Rochester Symposium on Developmental Psychopathology: Emotion, Cognition, and Representation* (Vol. 6, pp. 1–34). Rochester, NY: University of Rochester Press.

Braehler, C., Gumley, A., Harper, J., Wallace, S., Norrie, J., & Gilbert, P. (2013). Exploring change processes in compassion focused therapy in psychosis: Results of a feasibility randomized controlled trial. *British Journal of Clinical Psychology*, *52*(2), 199–214.

Breen, W. E., Kashdan, T. B., Lenser, M. L., & Fincham, F. D. (2010). Gratitude and forgiveness: Convergence and divergence on self-report and informant ratings. *Personality and Individual Differences*, *49*, 932–937.

Breines, J. G., & Chen, S. (2012). Self-compassion increases self-improvement motivation. *Personality and Social Psychology Bulletin*, *38*(9), 1133–1143.

Breines, J. G., Thoma, M. V., Gianferante, D., Hanlin, L., Chen, X., & Rohleder, N. (2014). Self-compassion as a predictor of interleukin-6 response to acute psychosocial stress. *Brain, Behavior, and Immunity*, *37*, 109–114.

Breines, J., Toole, A., Tu, C., & Chen, S. (2014). Self-compassion, body image, and self-reported disordered eating. *Self and Identity*, *13*(4), 432–448.

Brooks, M., Kay-Lambkin, F., Bowman, J., & Childs, S. (2012). Self-compassion amongst clients with problematic alcohol use. *Mindfulness*, *3*(4), 308–317.

Brion, J. M., Leary, M. R., & Drabkin, A. S. (2014). Self-compassion and reactions to serious illness: The case of HIV. *Journal of*

Health Psychology, 19(2), 218-229.

Brown, K. W., & Ryan, R. M. (2003). The benefits of being present: Mindfulness and its role in psychological well-being. *Journal of Personality and Social Psychology, 84*, 822-848.

Costa, J., Marôco, J., Pinto-Gouveia, J., Ferreira, C., & Castilho, P. (2015). Validation of the psychometric properties of the Self-Compassion Scale. Testing the factorial validity and factorial invariance of the measure among borderline personality disorder, anxiety disorder, eating disorder and general populations. *Clinical Psychology & Psychotherapy, 23*(5), 460-468.

Costa, J., & Pinto-Gouveia, J. (2011). Acceptance of pain, self-compassion and psychopathology: Using the Chronic Pain Acceptance questionnaire to identify patients subgroups. *Clinical Psychology and Psychotherapy, 18*, 292-302.

Crocker, J., & Canevello, A. (2008). Creating and undermining social support in communal relationships: The role of compassionate and self-image goals. *Journal of Personality and Social Psychology, 95*, 555-575.

Crocker, J., & Park, L. E. (2004). The costly pursuit of self-esteem. *Psychological Bulletin, 130*, 392-414.

Daye, C. A., Webb, J. B., & Jafari, N. (2014). Exploring self-compassion as a refuge against recalling the body-related shaming of caregiver eating messages on dimensions of objectified body consciousness in college women. *Body Image, 11*(4), 547-556.

Desmond, T. (2016). *Self-Compassion in Psychotherapy.* New York: Norton.

Diedrich, A., Grant, M., Hofmann, S. G., Hiller, W., & Berking, M. (2014). Self-compassion as an emotion regulation strategy in major depressive disorder. *Behaviour Research and Therapy, 58*, 43-51.

Finlay-Jones, A. L., Rees, C. S., & Kane, R. T. (2015). Self-compassion, emotion regulation and stress among Australian psychologists: Testing an emotion regulation model of self-compassion using structural equation modeling. *PLoS ONE, 10*(7), p. e0133481.

Fredrickson, B. L. (2001). The role of positive emotions in positive psychology: The broaden-and-build theory of positive emotions. *American Psychologist, 56*(3), 218.

Friis, A. M., Johnson, M. H., Cutfield, R. G., & Consedine, N. S. (2015). Does kindness matter? Self-compassion buffers the negative impact of diabetes-distress on HbA1c. *Diabetic Medicine, 32*(12), 1634-1640.

Germer, C. (2012). Cultivating compassion in psychotherapy. In C. K. Germer & R. D. Siegel (Eds.), *Wisdom and Compassion in Psychotherapy* (pp. 93-110). New York: Guilford Press.

Germer, C., & Neff, K. (2013). Self-compassion in clinical practice. *Journal of Clinical Psychology: In Session, 69*(8), 856-867.

Gilbert, P. (2009). *The Compassionate Mind: A New Approach to Life's Challenges.* Oakland, CA: New Harbinger Press.

Gilbert, P. (2010). *Compassion Focused Therapy: The CBT Distinctive Features* series. London: Routledge.

Gilbert, P., McEwan, K., Matos, M., & Rivis, A. (2011). Fears of compassion: Development of three self-report measures. *Psychology and Psychotherapy: Theory, Research and Practice, 84*, 239-255.

Gilbert, P., & Proctor, S. (2006). Compassionate mind training for people with high shame and self-criticism: Overview and pilot study of a group therapy approach. *Clinical Psychology and Psychotherapy, 13*, 353-379.

Goetz, J. L., Keltner, D., & Simon-Thomas, E. (2010). Compassion: An evolutionary analysis and empirical review. *Psychological Bulletin, 136*, 351-374.

Harter, S. (1999). *The Construction of the Self: A Developmental Perspective*. New York: Guilford Press.

Hayes, S. C. (1984). Making sense of spirituality. *Behaviorism, 12*, 99-110.

Hayter, M. R., & Dorstyn, D. S. (2013). Resilience, self-esteem and self-compassion in adults with spina bifida. *Spinal Cord, 52*(2), 167-171.

Heffernan, M., Griffin, M., McNulty, S., & Fitzpatrick, J. J. (2010). Self-compassion and emotional intelligence in nurses. *International Journal of Nursing Practice, 16*, 366-373.

Heine, S. H., Lehman, D. R., Markus, H. R., & Kitayama, S. (1999). Is there a universal need for positive self-regard? *Psychological Review, 106*, 766-794.

Hiraoka, R., Meyer, E. C., Kimbrel, N. A., B. DeBeer, B. B., Gulliver, S. B., & Morissette, S. B. (2015). Self-compassion as a prospective predictor of PTSD symptom severity among trauma-exposed U.S. Iraq and Afghanistan war veterans. *Journal of Traumatic Stress, 28*, 1-7.

Hofmann, S. G., Grossman, P., & Hinton, D. E. (2011). Loving-kindness and compassion meditation: Potential for psychological interventions. *Clinical Psychology Review, 31*, 1126-1132.

Holahan, C. J., & Moos, R. H. (1987). Personal and contextual determinants of coping strategies. *Journal of Personality and Social Psychology, 52*(5), 946-955.

Hollis-Walker, L., & Colosimo, K. (2011). Mindfulness, self-compassion, and happiness in non-meditators: A theoretical and empirical examination. *Personality and Individual Differences, 50*, 222-227.

Howell, A. J., Dopko, R. L., Turowski, J. B., & Buro, K. (2011). The disposition to apologize. *Personality and Individual Differences, 51*(4), 509-514.

Hutcherson, C. A., Seppälä, E. M., & Gross, J. J. (2008). Loving-kindness meditation increases social connectedness. *Emotion, 8*(5), 720.

Johnson, E. A., & O'Brien, K. A. (2013). Self-compassion soothes the savage ego-threat system: Effects on negative affect, shame, rumination, and depressive symptoms. *Journal of Social and Clinical Psychology, 32*(9), 939-963.

Kelly, A. C., Zuroff, D. C., Foa, C. L., & Gilbert, P. (2009). Who benefits from training in self-compassionate self-regulation? A study of smoking reduction. *Journal of Social and Clinical Psychology, 29*, 727-755.

Krueger, R. F., South, S., Johnson, W., & Iacono, W. (2008). The heritability of personality is not always 50%: Gene-environment interactions and correlations between personality and parenting. *Journal of Personality, 76*(6), 1485-

1522.

Kuyken, W., Watkins, E., Holden, E., White, K., Taylor, R. S., Byford, S., & Dalgleish, T. (2010). How does mindfulness-based cognitive therapy work? *Behavior Research and Therapy*, *48*, 1105-1112.

Kyeong, L. W. (2013). Self-compassion as a moderator of the relationship between academic burn-out and psychological health in Korean cyber university students. *Personality and Individual Differences*, *54*(8), 899-902.

Lane, D. A., & Corrie, S. (2007). *The Modern Scientist-Practitioner: A Guide to Practice in Psychology*. New York: Routledge.

Lapsley, D. K., FitzGerald, D., Rice, K., & Jackson, S. (1989). Separation-individuation and the "new look" at the imaginary audience and personal fable: A test of an integrative model. *Journal of Adolescent Research*, *4*, 483-505.

Leadbeater, B., Kuperminc, G., Blatt, S., & Hertzog, C. (1999). A multivariate model of gender differences in adolescents' internalizing and externalizing problems. *Developmental Psychology*, *35*, 1268-1282.

Leary, M. R. (1999). Making sense of self-esteem. *Current Directions in Psychological Science*, *8*, 32-35.

Leary, M. R., Tate, E. B., Adams, C. E., Allen, A. B., & Hancock, J. (2007). Self-compassion and reactions to unpleasant self-relevant events: The implications of treating oneself kindly. *Journal of Personality and Social Psychology*, *92*, 887-904.

Lewis, C. T., & Short, C. (1879). *A Latin Dictionary*. New York: Harper & Brothers.

Longe, O., Maratos, F. A., Gilbert, P., Evans, G., Volker, F., ... Rockliff, H. (2009). Having a word with yourself: Neural correlates of self-criticism and self-reassurance. *Neuroimage*, *49*, 1849-1856.

Lyubomirsky, S., Tucker, K. L., Caldwell, N. D., & Berg, K. (1999). Why ruminators are poor problem solvers: Clues from the phenomenology of dysphoric rumination. *Journal of Personality and Social Psychology*, *77*, 1041-1060.

MacBeth, A., & Gumley, A. (2012). Exploring compassion: A meta-analysis of the association between self-compassion and psychopathology. *Clinical Psychology Review*, *32*, 545-552.

Magnus, C. M. R., Kowalski, K. C., & McHugh, T. L. F. (2010). The role of self-compassion in women's self-determined motives to exercise and exercise-related outcomes. *Self & Identity*, *9*, 363-382.

Makransky, J. (2012). Compassion in Buddhist psychology. In C. K. Germer & R. D. Siegel (Eds.), *Wisdom and Compassion in Psychotherapy: Deepening Mindfulness in Clinical Practice* (pp. 61-74). New York: Guilford Press.

Martin, M. M., Staggers, S. M., & Anderson, C. M. (2011). The relationships between cognitive flexibility with dogmatism, intellectual flexibility, preference for consistency, and self-compassion. *Communication Research Reports*, *28*, 275-280.

Mosewich, A. D., Kowalski, K. C., Sabiston, C. M., Sedgwick, W. A., & Tracy, J. L. (2011). Self-compassion: A potential resource for young women athletes. *Journal of Sport & Exercise Psychology, 33*, 103-123.

Neely, M. E., Schallert, D. L., Mohammed, S. S., Roberts, R. M., & Chen, Y. (2009). Self-kindness when facing stress: The role of self-compassion, goal regulation, and support in college students well-being. *Motivation and Emotion, 33*, 88-97.

Neff, K. D. (2003a). Development and validation of a scale to measure self-compassion. *Self and Identity, 2*, 223-250.

Neff, K. D. (2003b). Self-compassion: An alternative conceptualization of a healthy attitude toward oneself. *Self and Identity, 2*, 85-102.

Neff, K. D., & Beretvas, S. N. (2013). The role of self-compassion in romantic relationships. *Self and Identity, 12*(1), 78-98.

Neff, K. D., & Faso, D. J. (2014). Self-compassion and well-being in parents of children with autism. *Mindfulness, 6*(4), 938-947.

Neff, K. D., & Germer, C. K. (2013). A pilot study and randomized controlled trial of the mindful self-compassion program. *Journal of Clinical Psychology, 69*(1), 28-44.

Neff, K. D., Hseih, Y., & Dejitthirat, K. (2005). Self-compassion, achievement goals, and coping with academic failure. *Self and Identity, 4*, 263-287.

Neff, K. D., Kirkpatrick, K., & Rude, S. S. (2007). Self-compassion and its link to adaptive psychological functioning. *Journal of Research in Personality, 41*, 139-154.

Neff, K., & McGeehee, P. (2010). Self-compassion and psychological resilience among adolescents and young adults. *Self and Identity, 9*, 225-240.

Neff, K. D., Pisitsungkagarn, K., & Hseih, Y. (2008). Self-compassion and self-construal in the United States, Thailand, and Taiwan. *Journal of Cross-Cultural Psychology, 39*, 267-285.

Neff, K. D., & Pommier, E. (2013). The relationship between self-compassion and other-focused concern among college undergraduates, community adults, and practicing meditators. *Self and Identity, 12*(2), 160-176.

Neff, K. D., Rude, S. S., & Kirkpatrick, K. (2007). An examination of self-compassion in relation to positive psychological functioning and personality traits. *Journal of Research in Personality, 41*, 908-916.

Neff, K. D., & Vonk, R. (2009). Self-compassion versus global self-esteem: Two different ways of relating to oneself. *Journal of Personality, 77*, 23-50.

Neff, K. D., Whittaker, T., & Karl, A. (2017). Evaluating the factor structure of the Self-Compassion Scale in four distinct populations: Is the use of a total self-compassion score justified? *Journal of Personality Assessment*. doi:10.1080/00223891.2016.1269334.

Newsome, S., Waldo, M., & Gruszka, C. (2012). Mindfulness group work: Preventing stress and increasing self-compassion among helping professionals in training. *The Journal for Specialists in Group Work, 37*(4), 297-311.

Nolen-Hoeksema, S. (1987). Sex differences in unipolar depression: Evidence and theory. *Psychological Bulletin, 101*, 259-282.

Nolen-Hoeksema, S. (2000). The role of rumination in depressive disorders and mixed anxiety/depressive symptoms. *Journal of Abnormal Psychology, 109*(3), 504.

Nolen-Hoeksema, S. (1991). Responses to depression and their effects on the duration of depressive episodes. *Journal of Abnormal Psychology, 100*, 569-582.

Odou, N., & Brinker, J. (2014). Exploring the relationship between rumination, self-compassion, and mood. *Self and Identity, 13*(4), 449-459.

Przezdziecki, A., Sherman, K. A., Baillie, A., Taylor, A., Foley, E., & Stalgis-Bilinski, K. (2013). My changed body: breast cancer, body image, distress and self-compassion. *Psycho-Oncology, 22*(8), 1872-1879.

Raes, F. (2010). Rumination and worry as mediators of the relationship between self-compassion and depression and anxiety. *Personality and Individual Differences, 48*, 757-761.

Riemann, R., Angleitner, A., & Strelau, J. (1997). Genetic and environmental influences on personality: A study of twins reared together using the self-and peer-report NEO-FFI scales. *Journal of Personality, 65*(3), 449-475.

Rockliff, H., Gilbert, P., McEwan, K., Lightman, S., & Glover, D. (2008). A pilot exploration of heart rate variability and salivary cortisol responses to compassion-focused imagery. *Clinical Neuropsychiatry, 5*, 132-139.

Ruble, D. N., & Martin, C. L. (1998). Gender development. In W. Damon (Series Ed.) & N. Eisenberg (Vol. Ed.), *Handbook of Child Psychology: Social, Emotional, and Personality Development* (5th ed., Vol. 3, pp. 933-1016). New York: Wiley.

Ryan, R. M., & Deci, E. L. (2001). On happiness and human potentials: A review of research on hedonic and eudaimonic well-being. *Annual Review of Psychology, 52*, 141-166.

Salzberg, S. (1997). *Lovingkindness: The Revolutionary Art of Happiness.* Boston, MA: Shambala.

Sbarra, D. A., Smith, H. L., & Mehl, M. R. (2012). When leaving your ex, love yourself: Observational ratings of self-compassion predict the course of emotional recovery following marital separation. *Psychological Science, 23*(3), 261-269.

Schanche, E., Stiles, T., McCollough, L., Swartberg, M., & Nielsen, G. (2011). The relationship between activating affects, inhibitory affects, and self-compassion in patients with cluster C personality disorders. *Psychotherapy: Theory, Research, Practice, Training*, advance online publication. doi:10.1037/a0022012.

Shapira, L. B., & Mongrain, M. (2010). The benefits of self-compassion and optimism exercises for individuals vulnerable to depression. *The Journal of Positive Psychology, 5*, 377-389.

Shapiro, S. L., Astin, J. A., Bishop, S. R., & Cordova, M. (2005). Mindfulness-Based Stress Reduction for health care professionals: Results from a randomized trial. *International Journal of Stress Management, 12*, 164-176.

Shapiro, S. L., Brown, K. W., & Biegel, G. M (2007). Teaching self-care to caregivers: Effects of mindfulness-based stress reduction on the mental health of therapists in training. *Training and Education in Professional Psychology*, *1*, 105-115.

Sirois, F. M. (2014). Procrastination and stress: Exploring the role of self-compassion. *Self and Identity*, *13*(2), 128-145. doi:10.1080/15298868. 2013.763404

Sirois, F. M., Kitner, R., & Hirsch, J. K. (2015). Self-compassion, affect, and health-promoting behaviors. *Health Psychology*, *34*(6), 661.

Smeets, E., Neff, K., Alberts, H., & Peters, M. (2014). Meeting suffering with kindness: Effects of a brief self-compassion intervention for female college students. *Journal of Clinical Psychology*, *70*(9), 794-807.

Tanaka, M., Wekerle, C., Schmuck, M., Paglia-Boak, A., & The MAP Research Team. (2011). The linkages among childhood maltreatment, adolescent mental health, and self-compassion in child welfare adolescents. *Child Abuse and Neglect*, *35*, 887-898.

Terry, M. L., & Leary, M. R. (2011). Self-compassion, self-regulation, and health. *Self and Identity*, *10*, 352-362.

Terry, M. L., Leary, M. R., & Mehta, S. (2013). Self-compassion as a buffer against homesickness, depression, and dissatisfaction in the transition to college. *Self and Identity*, *12*(3), 278-290.

Thompson, B. L., & Waltz, J. (2008). Self-compassion and PTSD symptom severity. *Journal of Traumatic Stress*, *21*, 556-558.

Triandis, H. C., & Suh, E. M. (2002). Cultural influences on personality. *Annual Review of Psychology*, *53*(1), 133-160.

Twenge, J. M., & Campbell, W. K. (2009). *The Narcissism Epidemic: Living in the Age of Entitlement*. New York: Free Press.

Vettese, L., Dyer, C., Li, W., & Wekerle, C. (2011). Does self-compassion mitigate the association between childhood maltreatment and later regulation difficulties? A preliminary investigation. *International Journal of Mental Health and Addiction*, *5*, 480-491.

Wei, M., Liao, K., Ku, T., & Shaffer, P. (2011). Attachment, self-compassion, empathy, and subjective well-being among college students and community adults. *Journal of Personality*, *79*(1), 191-221.

Williams, M. J., Dalgleish, T., Karl, A., & Kuyken, W. (2014). Examining the factor structures of the Five Facet Mindfulness Questionnaire and the Self-Compassion Scale. *Psychological Assessment*, *26*(2), 407.

Williams, J. G., Stark, S. K., & Foster, E. E. (2008). Start today or the very last day? The relationships among self-compassion, motivation, and procrastination. *American Journal of Psychological Research*, *4*, 37-44.

Wispe, L. (1991). *The Psychology of Sympathy*. New York: Plenum.

Wren, A. A., Somers, T. J., Wright, M. A., Goetz, M. C., Leary, M. R., Fras, A. M., ... Keefe, F. J. (2012). Self-compassion in patients with persistent musculoskeletal pain: Relationship of self-compassion to adjustment to persistent pain. *Journal of Pain and Symptom Management*, *43*(4), 759-770.

Yadavaia, J. E., Hayes, S. C., & Vilardaga, R. (2014). Using acceptance and commitment therapy to increase self-compassion: A randomized controlled trial. *Journal of*

Contextual Behavioral Science, 3(4), 248-257.

Yarnell, L. M., & Neff, K. D. (2013). Self-compassion, interpersonal conflict resolutions, and well-being. *Self and Identity, 12*(2), 146-159.

Yarnell, L. M., Stafford, R. E., Neff, K. D., Reilly, E. D., Knox, M. C., & Mullarkey, M. (2015).

Meta-analysis of gender differences in self-compassion. *Self and Identity. 14*(5), 499-520.

Zessin, U., Dickhauser, O., & Garbade, S. (2015). The relationship between self-compassion and well-being: A meta-analysis. *Applied Psychology: Health and Well-Being, 7*(3), 340-364.

제28장

자비 피로 회복탄력성

Charles R. Figley and Kathleen Regan Figley

요약

우리는 48년 넘게 타인을 돕는 자비로운 사람들과 함께 일한 경험을 바탕으로, 새로운 자비 피로 회복탄력성 모델(Compassion Fatigue Resilience Model)을 논하고 유용한 적용을 제시하였다. 이와 관련한 연구와 이론적 문헌을 간단히 검토하면서, 인적 서비스 종사자들이 종종 자신의 안위를 잊고 타인에게 제공하는 서비스의 무게를 자각하지 못하고 있음을 발견하였다. 몇몇 사례 연구는 무엇이 자비 피로 회복탄력성 구축을 촉진하는 노력인지를 제시하고 이러한 노력이 성공적일 때 삶이 개선된다는 것을 보여 준다. 즉, 인적 서비스 종사자들의 정신건강에 대한 주목이 그들의 건강과 사기를 증진시켜 줄 뿐만 아니라 직장 내 상호지지를 확장시켜 준다.

핵심용어

자비, 피로, 자비 피로, 자해, 스트레스, 회복탄력성, 자비 피로 회복탄력성, 예방

미국노동통계청(U. S. Bureau of Labor Statistics, 2014)에 따르면, 건강돌봄 실무자들과 기술 분야가 미국 노동의 약 6%를 차지한다고 보고했다. 덧붙이자면, 이들의 약 2%가 공동체와 사회봉사에 종사한다. 오늘날 미국 전역에서는, 수천만 명의 사람 대상 서비스 종사자들이 고통받는 사람들을 도와주고 있다. 이 장은 그들의 복지, 더 구체적으로 자비 만족, 자비 피로, 회복탄력성을 가지기 위한 자원들에 관한 것이다.[1]

사람 대상 서비스는 그들의 전문성에 요구되는 윤리 기준과 치료 표준에 따라야, 환자와 효율적인 작업관계를 만들 수 있다(Hersong, Hogland, Monsen, & Havik, 2001; Horvath & Symonds, 1991). 인적 서비스 종사자들이 치료 계획을 개발하고 합의된 목표를 달성하도록 도우려면 환자들의 신뢰와 지지를 얻어야만 한다. 이 과정은 상당히 복잡하며, 적응력, 창의성, 특히 환자에 대한 공감과 라포가 요구된다. 환자의 스타일과 욕구를 이

해하는 전문가는 환자와 좋은 관계를 빠르게 형성하여 그들의 목표를 이루도록 도와줄 것이다. Abendroth와 Figley(2014)는 간호사들이 환자들의 치료에 주력하는 동시에 자기 자신의 복지와 그 경계에도 집중하는 것이 매우 중요하다고 언급했다. 그렇지 않으면 간호사들이 다른 사람들의 복지로 쉽게 옮겨 가게 되기 때문이다.

Figley(1995a)는 **자비 피로**(compassion fatigue)를 기존 돌봄제공자의 공감 능력이나 흥미가 줄어들거나 혹은 의뢰인들의 고통을 견디는 능력의 감퇴 그리고 "어떤 사람이 겪은 고통스럽고 트라우마 사건을 아는 것에서 일어나는 자연스러운 행동과 감정의 결과"라고 정의한다(p. 7 참조; Figley, 2002a, 2002b). 자비 피로(CF)는 인적 서비스 전문가로서 환자 돌봄 요구가 자기 돌봄을 넘어섰다는 징후이다. CF는 자비를 날마다, 해마다 나눠 주는 것에서 오는 피로감이다. 그러므로 자비 피로는 주로 트라우마의 임상 현장과 최초 응대자와 관련한 위험이다.

전문가들은 매일같이 자비와 공감을 요구받는다. 만일 이들에게 자비가 부족해지기 시작하면 어떻게 될까? 만일 이들의 일이 건강에 해를 끼치거나 전문적인 판단을 방해하게 되면 어떻게 될까? 우리는 이런 질문들을 자비 피로 회복탄력성 모델(Compassion Fatigue Resilience Model: CFRM)의 관점에서 살펴보고자 한다. 이 모델은 비슷한 상황에서 자비 피로로 발달하게 될 사람과 자비 피로의 회복탄력성을 가지게 될 사람을 예측하는 13개의 경험기반 변인으로 이루어져 있다. 우리는 관련 용어 및 개념을 정의하고 자비 피로 회복탄력성 모델을 소개한 후, 전문적인 자기돌봄 운동으로부터 일어난 근본적인 질문들을 검토하고 가능한 대안들을 제안하였다. 우리는 이 질문들에 대해 어떻게 전문가들이 발전하며 탄력성 구축(즉, 자기돌봄의 습관과 효과적인 자비 스트레스 관리/탄력성 계획을 통한 마음챙김)을 통해 자비 피로로부터 벗어나게 되는지 그 기제에 관한 설명을 제시하였다. 우리는 그 과정에서 자비 피로와 그 해독제인 회복탄력성에 대한 현상학적이고 경험적인 이해를 높이기 위해 구체적인 사례 연구들을 사용할 것이다.

사례 연구 1: Sasha Wilkinson, MSW

Sasha는 이메일로 "제가 자비 피로를 앓고 있는 것 같아요."라고 말했다. "하지만 차츰 나아지고 있는 것 같아요." Sasha는 자비 피로에 대해 적은 필자의 책(Figley, 2002a)을 읽었고, 자신의 박사학위 연구로 자비 피로 현상에 초점을 맞추고 싶어 했다. 그녀는 1990년대에 자비 피로에 관한 워크숍에서 필자를 잠시 만난 적이 있다. 나중에 안 사실이지만, Sasha는 대학원을 졸업하고 나서 임종간호 사회복지사로서 일을 시작하였다. 그녀는 지역사회의 호스피스에게 깊은 감명을 받았다. 그녀는 모든 의료진이 그녀의 사랑하는 할머니의 생애 마지막 몇 달을 가장 편안하게 만들 수 있도록 최선을 다했다고 믿었다. 처음 몇 주 동안 Sasha는 다른 네 명의 사회복지사를 보조하며 일을 배웠다. 그곳에서 일하는 모두가 매우 전문적이고 타인을 잘 보살피는 듯 보였다. 그녀는 남들을 도와주고자 하는 열정이 있었고 스스로 직종에 매우 잘 맞는다고 여겼다. 교대근무에도 불구하고, 그녀는 자신의 자리에서 잘 해내고 있었고 첫 10년 동안 꾸준히 성장했다.

그녀는 죽음이란 두려워할 것이 아니라는 것을 알게 되었다. 하지만 그녀가 말기 환자 병원에서 근무한 지 10년 2주째 되던 날에 사회복지사로서 자신의 능력을 의심하게 만드는 충격적인 사건이 일어났다. 나는 그녀와 몇 번의 대화와 전화가 오간 후, 최선의 노력에도 불구하고 한 환자의 남편이 아내의 자살을 도와주었다고 자백했다는 사실을 알게 되었다. 남편은 살인 혐의로 기소되었다. 80대의 나이 든 남성은 그의 아내를 살인한 것으로 감옥에 수감되었다.

Sasha는 그 부부와 3주 동안 함께 일하였고 그들이 필요로 하는 것들을 모두 안다고 생각하였다. 환자는 말기 암으로 죽어 가고 있었고, 병원은 그녀와 가족들에게 그녀의 죽음의 순간이 가장 안락할 수 있도록 도움을 주고 있었다. 하지만 의사인 남편은 아내가 잘 깨어 있지 않고, 또 과다약물치료로 인해 아내를 서서히 잃어 가고 있다고 계속해서 불평하였다. 아내는 남편에게 분명하게 자신의 삶을 끊어 달라고, 안락사를 부탁했다. 그리고 그

는 그 부탁을 들어주었다.

Sasha는 이 소식에 엄청난 충격을 받았다. 동료 스태프와 얘기를 해 보아도 마음이 진정되지 않았다. 그녀는 그 부부의 상담을 맡은 다른 동료들보다 부부와의 접촉이 적었음에도 불구하고, 동료들이 그런 상황을 파악하지도 막지도 못했다는 이유로 그녀를 탓할 것만 같았다. Sasha는 편히 잠들지 못하였다. 친구들이 왜 그녀가 속상한지에 대해 물을까 염려되어 친구들도 피하였다. 그녀는 그 사건을 다시 경험하고 싶지 않았다. Sasha는 옆 도시에서 비슷한 직업을 구할 수 있었고, 새 시작이 그녀를 도울 수 있을 것이라고 생각했다. 그녀는 의뢰인들의 위험 요소, 특히 자살에 지나치게 조심스러워졌다. 그녀는 자신이 환자를 대할 때 상당히 반응적으로 될 뿐만 아니라 동료들과 일할 때조차도 스스로에 대한 자신감이 떨어졌음을 알아차렸다. 이것은 3년 동안 지속되었다.

Sasha는 그전의 일을 그리워하지는 않았지만, 예전만큼 만족감을 느끼지 않았다. 그녀는 동료들과 거리감도 있었다—그녀가 스트레스 관리 연수회에 참가하기 전까지는 말이다. 그녀는 간단한 호흡 운동과 요가 동작을 통해 스트레스를 효율적으로 관리하는 능력을 가지는 것이 자신의 두려움을 마주하는 것이며, 궁극적으로는 상사와 대화를 나누고 싶어 한다는 것을 알았다. 서서히 그녀는 죽어 가는 환자들과 일하는 것에 다시 감사하기 시작했고 환자의 자살을 두려워하지 않게 되었다. 그리고 난 후 그녀는 다른 사람들에게 자

신의 경험에 관하여 이야기하는 것에 관심을 가지게 되었고, 무언가를 두려워하던 경험으로부터 배운 것을 다른 사람들과 공유할 수 있었다.

Sasha의 트라우마 경험은 사람 대상 서비스 제공자로서 특이한 것이 아니다. 의사-도움의 자살은 암 환자들에게 상당히 흔하다(Vann der Mass, van der Wal, & Haverkate, et al., 1996). 그녀의 작업 환경이 특별하게 스트레스적인 것은 아니지만 '자비 스트레스'는 직장에서 오는 다른 어떤 스트레스처럼 상실에 직면하여 자비롭게 행동할 것을 요구한다. 이제 우리는 Sasha의 경험을 설명하는 데 중요한 개념과 유용한 변인을 확인하고 정의할 것이다.

정의

자비

자비란 Goetz, Keltner와 Simon-Thomas(2010)에 의해 정의되었던 바와 같이, '타인의 고통과 아픔에 대한 민감성과 더불어, 그 고통을 덜어 주고 싶어 하는 강한 욕구'이다. 자비가 모든 사람 대상 서비스 직종의 종사자들에게 필수요소라고 말해도 무방할 것이다. 이런 서비스 제공자들의 도움이 필요한 사람들을 이해하고 돕는 능력은 그들의 자비, 공감 능력과 그 결과에 달려 있다(Figley, 2002b). 그들이 환자들의 고통과 아픔에 몹시 예민하다는 뜻이다. 이러한 고통스러운 정보와 유대감

은 환자들과의 대면 상담 후에도 마음속에 남아 있을 것이다. 실무자의 자비란 환자의 고통에 대한 예민성과 고통 완화를 위한 그들의 열정적인 도움을 합친 것이다.

실무자의 자비를 독특하게 만드는 하나의 요소는 타인의 고통과 괴로움에 대한 민감성이 흔히 그들의 확고한 가치와 전문적이고 도덕적인 가치실현에 대한 최상의 기준을 위한 헌신으로부터 나온다는 것이다. 실무자가 자비롭게 되는 것은 고통을 평가하고 돕는 데 효율적으로 되는 것이다. 예를 들어, '우선적으로 해하지 말라'는 의미는 사람 대상 직종자들이 서비스의 질과 윤리를 보장하기 위해서 '먼저 본인 스스로를 해하지 말라'는 개념이다(Figley, Huggard, & Rees, 2013).

스트레스

스트레스라는 용어는 본래 '우리 몸의 어떠한 변화를 위한 요구에 대한 불특정한 반응'이라고 정의되었다(Selye, 1936). Selye는 세상에는 끝없이 많은 변화를 위한 요구(스트레스요인)가 존재하는데, 실험실 동물은 많은 종류의 요구(예: 요란한 소음, 불빛, 또는 온도 변화 등과 같은 해로운 신체적, 정신적 자극)를 받고 있음에도 불구하고, 모두 똑같은 생리학적 반응을 보인다는 것을 밝혀냈다. 지속적인 스트레스는 의학적, 감정적 고장을 일으킬 수 있다. 그는 병원체만이 질병에 대한 책임이 있다는 생각에서, 스트레스와 같은 환경적 요인들을 함께 검토해야 한다는 데로 주의를

옮기는 데 기여하였다. 외상후 스트레스 장애(PTSD)를 예로 살펴보면, 가장 최근의『정신질환의 진단 및 통계 편람 제5판』(DSM-5; APA, 2013)에 규정되어 있듯이, PTSD의 진단 기준은 다음을 포함한다.

① 특정 조건에 부합하는 외상 사건에 노출된 과거력
② 각각 네 가지 증상군에서의 증상들-침습 증상군
③ 증상의 회피
④ 인지와 정서에서 부정적인 변화
⑤ 각성과 증상 반응도의 변화
⑥ 증상의 지속
⑦ 기능 평가
⑧ 물질 남용이나 의학적인 이유로 동시 발생하는 데 기여하지 않는 증상

또한 증상의 장기 노출과 PTSD의 해리성 아형이 있다. 스트레스에는 2차 외상 스트레스(Secondary Traumatic Stress: STS)와 외상 스트레스가 있다. 외상 스트레스는 돕는 행동이 부담되어 그들을 해치는 방식으로 경험되는 것이다. STS는 이해하고 돕고자 하는 행동이 해가 될 정도로 부담되는 것이다. 즉, 내담자의 고통에 자비와 공감을 경험하면서 트라우마에 간접 노출된다.

피로

우리의 목적에 맞게 정의하자면, 피로란 신체적 또는 정신적인 노력으로 인한 소진을 의미한다. 이는 회복하거나 되돌릴 수 있는 능력이 모두 고갈된 상태인 것이다. 생리적 측면에서 피로는 과도한 힘이나 자극 후에 장기, 조기 또는 세포의 과민성이나 기능의 일시적인 감소를 의미한다(Dictionary.com).

자비 피로(CF)

CF는 자비 스트레스(이차 외상)의 축적으로 발생하게 된다. 이는 괴로워하고 있는 환자에게 서비스를 제공하면서 누적되는 스트레스원을 매일같이 느끼도록 만드는 이차 스트레스를 강화시킨다. 환자의 고통에 노출되면서 발생하는 정서적인 잔여 에너지의 축적은 치료자에게 막대한 피해를 주게 된다. 게다가 그 피해는 과거 트라우마 기억, 고통에 대한 과도한 노출 그리고 인생의 예상치 못한 스트레스 요인들로 인해 더욱 증가한다.

회복탄력성

회복탄력성은 업무 관련 사고나 많은 스트레스가 부가되는 사건 또는 난관을 겪은 후에 예전의 모습으로 되돌아가기 위한 서비스업 종사자의 능력으로 정의된다. 회복탄력성은 수많은 인적 자원의 지표로, 종사자가 환자에게 서비스를 직접적으로 제공하는 과정에서 따르는 정서적 혼란을 포함하여 여러 과제를 극복할 수 있게 한다. 예를 들어, 근로자가 환자에게 공격을 받거나, 고객의 가족에게 가슴

아픈 소식을 전해야 하는 것으로부터 얼마나 잘 회복하는지는 근로자의 회복탄력성을 보여 주는 지표가 될 수 있다. 회복탄력성 개념의 인기는 George Bonanno(2004)의 생각에서 영향을 받았다. 그는 극도로 혐오적인 사건들 이후에도 번영할 수 있는 인간의 능력을 심리학이 과소평가했다고 주장한다. 그는 정신병리학의 결손 모델과 환자들을 신난으로 바라보는 패러다임에서 벗어나 건강, 복지, 재활과 회복력에 초점을 맞춘 보다 중립적이고 긍정적인 접근을 요구하고 있다.

가장 최근에 Hobfoll, Stevens와 Zalta(2015)는 회복탄력성의 개념이 전반적인 스트레스 감소와 관리 과정을 이해하는 데 중요하다고 제안하였다. Bonanno, Romero와 Klein(2015)은 스트레스 회복탄력성 연구를 이끌어 갈 문헌에 나타난 몇 가지 핵심 요소를 설명하였다. 예를 들어, 이 요소에는 개인의 기능 수준에서 회복탄력성을 수량화하는 것뿐만 아니라 가족과 지역사회 수준에서 스트레스를 정량화하는 것을 포함된다. 회복탄력성은 엄청난 불행 속에서 역량과 기능의 지표로 시도되었다(Ferrira & Figley, 2015).

자비 피로 회복탄력성

현재 논점에서 조금 더 구체적으로 살펴보면, 자비 피로 회복탄력성은 인적 서비스 종사자가 사용할 수 있는 매우 낮은 회복탄력성에서 매우 높은 회복탄력성까지 다양한 자원 스펙트럼이다. 높은 회복탄력성에는 탄력성 또는 '보호'요인으로 간주되는 **자기돌봄, 거리두기, 만족감과 사회적 지지**를 통한 최적화와 자기양육이 포함된다. 이러한 회복탄력성은 STS에 대한 저항뿐만 아니라 적응과 대처를 가능하게 한다. 그 결과, 트라우마에 노출된 사람은 자신감 있고 배려심이 강하고 유능하며 능률적인 근로자이자 사회적 일원으로 발전할 수 있게 된다. CF의 회복탄력성은 한 사람의 자비 핵심(내담자, 자기 그리고 동료에 대한 동정심)을 함양하고 구축할 때 획득할 수 있다(Harrison & Westwood, 2009). 그것은 보호적이고 활력을 주는 정교한 형태의 공감으로 이어진다. 그러므로 우리의 초점은 CF 회복탄력성을 높이는 자기자비와 같은 보호요인들에 있다.

회복탄력성을 수량화하는 데 초점을 맞춘 것은 우리의 CFRM(자비 피로 회복탄력성 모델)과 일치한다. 모델은 개인에 초점을 맞추고 있지만, 성과 저하로 이어질 수 있는 인적 서비스 제공자가 경험하는 재난에 대한 개인의 취약성과 서비스하는 공동체의 전반적인 회복탄력성을 계산함으로써 체계적이고 공동체적인 영향을 고려하게 된다.

자비 피로 모델

CFRM은 누가 번아웃, CF(자비 피로), 간접 외상에 취약한지를 예측하는 데 잠정적으로 유용한 이론적 도구이다. CFRM은 사회복지사, 심리학자, 간호사 및 의사를 포함하여 모든 환자의 삶을 개선하기 위해 환자와 직접 접촉하는 인적 서비스를 제공하는 종사자에게 적용된다(Woodside & McClam, 2011). 이 모델은 CF 개발을 위해 주요 위험요인에 대한 최근의 이해를 반영하고 있다. 동시에, CFRM은 트라우마를 경험한 사람들을 돕기 위한 지침(로드맵)으로, 실무자들이 트라우마 경험자들의 CF 회복탄력성을 증가시키기 위해 함양할 수 있는 보호요인과 연관되는 위험요인에 관한 것이다. 여기에 제시된 CFRM은 많은 실험 연구와 이론적 고찰을 반영하여 이전 버전에 비해 개선되었다(Figley, 1995). 원래 CF 모델은 CF의 변화를 설명하기 위해 개발되었고 이후 치료에 초점을 맞추고자 수정되었다(Figley, 2002a).

[그림 28-1](Figley & Ludinick, 2016)은 CF의 원인과 치료를 설명한다. 이 다이어그램에 따르면, STS를 낮추고 관리하는 데 용이한 변수는 점선으로 둘러싸인 네 개의 상자이다(자기돌봄, 거리두기, 만족감, 사회적 지지). 이들은 CF의 영향을 상쇄시킨다. 이와 달리 실선의 네 변인은 STS를 상승시키고, CFR 점수를 낮추는 데 기여한다. 공감 반응은 실무자들에게 그들의 보살핌을 받고 있는 내담자를 위해 공감과 자비를 경험할 것을 요구한다.

이 모델에 따르면, 높은 CF 회복탄력성을 가진 실무자는 타인의 상당한 고통을 견딜 수 있는 능력을 가진 반면, 낮은 CF 회복탄력성을 가진 실무자는 고통스러운 증상과 CF와 관련된 장애물을 경험하며 또 다른 이의 고통을 목격하는 데 어려움을 겪게 된다.

왼쪽에서 오른쪽으로 살펴보면, 이 모델은 앞서 언급한 것처럼 공감 반응의 중요성에서 시작된다. 인적 서비스 종사자가 직접적으로 고통받는 환자를 치료하려면, 공감 능력과 관심이 있어야 적절한 공감 반응을 보일 수

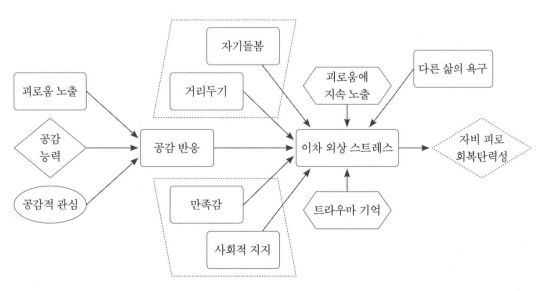

[그림 28-1] 자비 피로 회복탄력성 모델

있다.

이 모델은 자비가 어떻게 그리고 언제 CF로 이어지는지를 설명하며, 회복탄력성의 역할도 이 모델에 따른다. 구체적으로, 자비 스트레스의 양을 설명하는 네 개의 변인인 ① 공감 반응과 관련된 스트레스, ② 트라우마 기억과 관련된 스트레스, ③ 트라우마와 관련된 스트레스에 과다 노출, ④ 스트레스 가득한 생활 사건과 관련된 스트레스는 7개의 CF 보호요인에 의해 조절되고 잠재적으로 균형을 이룰 수 있다. 그렇다면 올바른 공감 반응을 적절한 환자에게 적절한 시기에 제공하는 것이 도전과제가 된다. 기술과 공감의 조합은 다른 사람들을 상담하고 돕는 예술(과학이라기보다는)을 나타낸다(Figley, 1989). 각각의 4개 범주와 11개 변수는 추후 더 구체적으로 다룰 것이다.

괴로움에의 노출

노출요인은 종사자들이 치료를 찾아온 고통스러워하는 환자와 직접적으로 상호작용하는 정도에 관한 것이다(Figley, 1995). Karademas(2009)는 괴로움에 노출되는 것이 자비 스트레스로 가는 첫 번째 경로라고 언급하였다. 외상과 관련된 업무를 회피하거나 축소시키는 사람들은 그들의 위험을 줄일 수 있다(보호요인). 그러나 고통받고 있는 사람들과 함께 일하는 이들은 직접적으로 인지 손상을 경험할 수 있으며 또한 긍정적인 기분이 감소될 수 있다. 이런 노출은 실무자들의 인

지, 정서적 반응을 활성화하여 자기 자신과 개인적 안녕감에 대한 평가에 영향을 미친다(Karademas, 2009). 사례 예시는 인적 서비스 종사자들이 고통을 다루는 그들의 직업을 제외한 다른 모든 일을 무시하고, 심지어 때로는 숨 쉬는 것조차 잊어버리면서 어떻게 터널 시야를 발달시킬 수 있는지를 잘 보여 준다.

공감적 관심

공감적 관심(Davis, 1983)은 고통받고 있는 환자에 대한 효과적인 대인관계 반응을 설명하는 맥락에서, 내담자에게 필요한 목표를 달성하도록 도와주는 종사자들의 외현적이고, 높은 수준의 자비와 관심으로 정의된다. Schroeder, Dovidio, Sibicky, Matthews와 Allen(1988)은 괴로워하고 있는 낯선 사람에게 노출된 피험자 실험에서, 자신의 감정 상태보다 타인의 고통에 대한 관심은 도움을 주려는 기본적인 동기가 될 수 있다는 사실을 발견하였다. 공감은 사람으로서나 전문가로서나 고통에 대한 적절한 반응의 주요 메커니즘이다.

공감의 이러한 본질적이고 보편적인 중요성 때문에 공감은 STS에서 매우 중요한 경로일 수 있다. 구체적으로 살펴보면, 보편적인 공감이나 한 개인의 공감적인 관심이 없다면 사람 간의 정서적 공감이나 연결이 불충분하기 때문에 2차 스트레스는 발생하지 않을 수 있다.

공감 능력

공감 능력은 타인의 괴로움을 알아차리는 개인의 능력과 성향을 말한다(Batson, 1990; Figley, 2002c). 올바른 공감 반응을 할 수 있도록 치료자에게 요구되는 것은 다른 이의 입장, 감정, 요구와 고통을 이해하고 맞출 수 있는 능력이다. 공감과 공감적 관심은 보호할 수 있는 동시에 위해를 가할 수 있는 능력 모두를 가지고 있다(Salston & Figley, 2003). 공감 능력이나 정확성은 환자의 고통과 괴로움을 이해함으로써 환자와 온전히 관계를 맺을 수 있다. 이러한 정밀하고 원시적인 정보는 환자가 회복했을 때 알아차릴 수 있고 환자가 회복할 수 있도록 최선의 치료 계획을 결정하고 정확하게 평가하는 데 중요하다(Figley, 2002c).

외상을 경험한 사람과 함께 작업하는 치료자들은 치유자가 되는 것이 큰 책임이라고 인지하고 있다. 공감 능력은 치유자가 효율적으로 외상을 입은 환자들의 감정을 읽을 수 있게 하고, 재트라우마에 취약해지는 것을 예측하고 특별한 민감성으로 반응할 수 있게 함으로써 해를 입히지 않도록 한다(Boscarino et al., 2004). 모든 유형의 치료 서비스를 제공할 때 트라우마 환자들의 특별한 요구에 부응하는 것은 외상 주력 돌봄 기조와 일치한다[*](Hopper, Bassuk, & Olivet, 2010). 국내외적으로 인적 서비스의 모든 영역에서 공감 중심의 서비스 제공 목표에 특별한 관심이 부각되고 있다.

공감 반응

환자를 돌보는 사람들의 **공감 반응**은 환자에게 큰 관심을 갖는 상태에서 괴로움에 노출되었을 때 공감 능력의 반응이다. 환자들을 효율적으로 돕기 위한 정확하고 올바르며 세심한 반응이다. 공감 반응은 효과적인 인적 서비스의 핵심 요소로서, 고통받는 환자의 안전감과 신뢰를 확립하고 유지하는 것이 요구된다. 메타분석에서 공감과 긍정적인 치료 결과 간에는 통계적으로, 그리고 임상적으로 유의미한 관계가 있음을 발견하였다(Greenberg et al., 2003).

또한 공감 반응은 공감 스트레스를 경험하고 시간이 지남에 따라 CF를 경험하는 핵심 경로이다. 인간은 타인과 연결되도록 강하게 동기부여받았다(Batson, 1990). 공감 반응은 공감, 통찰력 그리고 보살핌과 함께 환자를 만족시키기 위해 노력하고 반응하는 질이다(Figley, 1995c). 공감 반응은 공감적 관심과 공감 능력에 영향을 받는다. 공감 반응을 할 때, 종사자는 환자의 공포나 두려움을 경험하면서도 고통스러워하는 환자의 입장에 투영된다. 지속적인 공감 반응은 시간이 지남에 따

---

[*] 역자 주: 미국 외상 주력 돌봄 센터(National center for trauma-informed care)는 정신건강 서비스 기관이 지원하는 의학적 자선단체이다.

라 종사자를 망연자실하게 만들고 자비 스트레스를 이끌어 낼 수 있다(Figley, 1995c).

자비 스트레스

자비 스트레스는 인적 서비스 종사자가 인식하는 바와 같이, 자비로워지려는 요구사항에서 온다. 스트레스의 수준과 만성성(완화 없이 얼마나 지속되는지)은 CF 회복탄력성의 수준과 직접적으로 관련이 있다. 위험요인은 스트레스를 증가시키고 CF 회복탄력성을 저하시키며, 보호요인은 스트레스를 감소시키고 회복탄력성을 증가시킨다. 이러한 위험요인들은 뒤에서 다룰 것이다.

외상 기억(위험요인)

외상 기억의 개념은 과거 외상 사건에 대한 기억으로 정의된다. 이는 촉발요인과 관련되어 있으며, 종종 억수처럼 쏟아지는 부정적인 이미지를 유발시켜 원하지 않는 감정들이 따라온다. 이런 증상은 정확한 평가 및 진단과 후속 치료 계획에서 중요하다. 실무자의 외상 기억은 환자와 다르지 않다. 실무자와 환자 모두의 외상 기억은 우리의 기능에 영향을 줄 수 있다. 외상 기억은 실무자 개인의 외상 과거력이나 최근 환자를 치료할 때 다룬 트라우마 기억의 형태를 가지는 한 개인의 외상 기억이다(Figley, 2002c). 이러한 기억은 잠재적으로 재활성화될 수 있고 더 많은 고통, 걱정 그리고 우울을 일으킬 수 있다.

괴로움에 지속 노출

지속적인 노출은 "오랜 시간 괴로움에 시달려 온 사람의 고통을 보살피는 것에 대한 지속적인 책임감을 느끼고, 자비 스트레스를 줄일 수 없는 무능감과 책임감의 부담으로부터 오는 안도감 부족과 관련된 것"을 의미한다(Figley, 2011, p. 253). 이러한 끊임없는 노출과 반복되는 공감적 관계는 실무자로서의 역량에 대한 자기의심과 다른 의심들 그리고 스트레스 반응을 포함하여 해로운 정서적 에너지를 남기게 된다. 이를 방치하게 될 경우, 정서적 괴로움과 부정적인 에너지가 축적되어 환자나 환자를 보살피는 당사자에게 큰 피해를 줄 수 있다(Radey & Figley, 2007).

다른 삶의 욕구들

이 용어는 이혼, 자녀 또는 배우자의 사망을 포함하여 일정이나 직위의 변화, 이사, 이직과 같은 개인의 직업 생활에 때때로 들이닥치는 업무 외의 스트레스 요인을 말한다(Homes & Rahe, 1967). 이러한 상황은 주의를 요하며, 기능을 일시적으로 방해할 수 있다(Figley, 2002a). 일상에서 스케줄의 예기치 않은 변화나 재정적 어려움, 사회적 지위의 변화, 질병 및 추가적인 의무들과 같이 요구사항이 많은 책임을 처리해야 할 경우 부담이 가중될 수 있다. 그러나 특정 삶의 변화는 모델에서 다른 변수들과 조합하여 자비 스트레스와 이후의 CF에 영향을 미친다(Figley, 1995). 스트레스가 넘쳐나는 사람에게는 예상치 못한 사소한 사건도 재앙적이고 극복할 수 없을 것처럼 보일 수 있지만, 잘 지내는 사람에게는 좀처럼 큰 파문을 일으키지 않을 것이다.

자기돌봄

자기돌봄은 개인의 전반적인 편안함과 심리적 및 신체적 건강을 유지하거나 개선시키는 데 성공적인 사고와 행동으로 정의된다. Gantz(1990, p. 2)는 15명의 자기돌봄 전문가 패널이 일치된 정의에 도달할 수 없었지만, 자기돌봄의 네 가지 특징에 대해서는 동의할 수 있었다고 언급했다. 자기돌봄에 포함되는 이들 특징은 ⓐ 상황과 문화에 특화된 것, ⓑ 행동하고 선택을 할 수 있는 능력, ⓒ 지식, 기술, 가치, 동기, 통제 소재 및 효능감에 영향을 받는 것, ⓓ 개인의 통제 내에서 건강 관리 측면에 초점을 맞추는 것(사회 정책과 입법과는 반대)이다. 인적 서비스(human service) 제공자의 경우, 최적의 자기돌봄 프로그램은 전반적인 회복탄력성을 증진하는 것이다. 그 이유는 탄력성과 자기돌봄에 관련된 특성들이 중첩되기 때문이다(Barnett, Baker, Elman, & Schoener, 2007). 두 가지 모두 어떤 상황에서든 적응하고 어떤 새로운 스트레스에 대처할 준비성으로 정의하고 있다.

인적 서비스 제공자들은 더 효율적으로 기능하기 위해 업무 스트레스와 자기돌봄의 균형을 맞추어야 한다(Figley, 2002a). 사례를 과도하게 맡게 되면서 기본적인 자기돌봄을 수행하지 못하는 경우가 많은데, 기본적인 자기돌봄에는 다음과 같은 내용이 포함된다. ① 영양과 수분 섭취를 효과적으로 모니터링하기, ② 잘 자고 잘 쉴 수 있도록 관리하기, ③ 사회적 지지를 유지하기, ④ 삶에서 즐거움을 주기적으로 경험하기, ⑤ 몇 가지 신체적 운동에 주기적으로 참여하기 등이다. 효과적인 자기돌봄은 일반적으로 탄력성, 특히 이 장에서 논의했던 CF탄력성을 강화한다. 게다가 자기돌봄은 외상 후 성장과 관련 있다(Tedeshi & Calhoun, 1996). Kulkarni, Bell, Hartman과 Herman-Smith(2013)는 자기돌봄에 더 많은 시간을 투자하는 것이 낮은 수준의 스트레스와 명백한 관련이 있음을 발견하였는데, 이는 놀랍지 않은 일이다. 이들은 자기돌봄에 전념하는 것이 STS에 대항하여 많은 보호 잠재력을 지니고 있다고 결론지었다. 유사하게, Newsome, Waldo와 Gruszka(2012)는 빈약한 자기돌봄이 저조한 수행으로 이어지며, 시련에 적응하는 데 어려움을 초래한다는 것을 발견하였다.

거리두기

인적 서비스 근무자의 관점에서 볼 때, 거리두기는 일로부터 정신적, 육체적 휴식을 취할 수 있다는 것을 의미하는데, 이는 상당히 쉽지 않은 영역이다. 업무로부터 거리두기는 성과를 위해 업무 스트레스를 조절하는 종사자에게, 자원으로서 역할을 한다. 따라서 우리는 Figley(1985)의 관점, 즉 거리두기가 보호요인이라는 것을 지지한다. Sonnentag, Fritz 와 동료들(2014)은 업무로부터 의도적인 거리 두기를 통한 회복이 직업 스트레스를 낮추는 데 중요하다는 것을 발견했다. 모두가 똑같은 거리두기 능력 및 동기를 공유하는 것은 아니지만, 이것이 포괄적인 자기돌봄 방안에 포함되는 경우가 많다.

그러나 최근까지도 외상의 근간이 되는 것에서 직업적 거리두기의 역할에 관한 연구는 드물다(Sonnentag, Arbeus, Mahn, & Fritz, 2014 참조). 최근에 PTSD로 인해 고통을 받는 사람들이 주로 외상 기억으로부터 벗어나는 것에 어려움을 겪는다는 증거들이 발견되었다 (Aupperle, Melrose, Stein, & Paulus, 2011 참조). 실무자들 또한 트라우마 기억으로부터 벗어나는 데 어려움을 겪는다. 실무자들이 외상의 재료로부터 거리두기가 불가능한 것은 가족, 친구들, 긍정 정서, 즐거운 활동 같은 영역에 참여하는 것을 방해하므로, 결국 트라우마 노출의 여파에서 흔히 볼 수 있는 정서적 무감각과 우울 증상을 지속시킬 수 있다.

사회적 지지

사회적 지지의 개념과 변인들에 대한 연구는 한 세대에 걸쳐 이어져 오고 있다. 30년도 더 전인 1985년에, Kessler, Price와 Wortman은 그해 『Annual Review of Psychology』 저널에 「정신병리의 사회적 요인: 스트레스, 사회적 지지, 대처 과정」을 투고했다. 그들은 선구적인 Dohrenwend와 Dohrenwend(1974) 연구를 인용했는데, 이는 처음으로 스트레스 대처의 맥락에서 사회적 지지에 대해 관심을 갖고 시작한 연구이다.

사회적 지지는 자비 스트레스 탄력성을 강화하고 CF를 낮추는 다섯 가지 보호요인 중 하나이다(Figley, 2002b). 몇몇의 학자는 사회적 지지가 인간 존재의 본질을 나타낸다고 주장한다. Hirsch(1980)가 제안한 바에 따르면, 사회적 지지란 개인이 필요로 할 때 정서적 지지, 충고, 실질적인 원조, 동료애, 격려를 구하여 받는 데 성공한 지각된 지지이며 흔히 Purdue 사회적 지지 척도(Figley, 1989)를 사용해서 얻는다. Erikson, Vande Kemp, Gorsuch, Hoke와 Foy(2001)는 국제구호단체 직원들이 외상 사건에 노출되거나 외상 사건을 들은 이후, 그들의 적응에 사회적 지지가 결정적인 역할을 한다는 것을 발견했다. 사회적 지지는 완충제로, 특히 외상 노출 수준이 높은 실무자들에게 더욱 그러하다. Lerias와 Byrne(2003)는 사회적 지지가 외상 노출을 다루는 개인의 능력을 북돋우는 중요한 요인이라고 단언했다.

자비 만족

자비 만족(compassion satisfaction)이라는 용어는 Beth Stamm(2009)의 연구에서 등장했다. 그녀는 실무자들의 ProQOL 설문(CF의 측정도구)의 점수를 통해 유독 자비 만족이 CF로 이어지는 낮은 STS 수준과 관련되는 보호요인임을 발견하였다. Stamm은 원래 자비 만족을 자신의 일을 잘할 수 있는 데서 얻는 즐거움으로 정의했다. 이런 즐거운 생각은 희망 및 성취감과 관련이 있다. 앞에서 제시된 첫 번째 사례 연구에서, Sasha는 대학원의 임상 실습에서 첫 번째 내담자를 포함하여 대부분의 내담자로부터 짜릿한 만족감을 얻었다. 그녀의 만족감은 자신의 돌봄이 내담자의 능력과 가치를 가능하게 했다는 믿음에서 비롯하였다. 그러나 이러한 믿음은 내담자의 자살사건 이후 자신의 임무가 실패했다고 여기게 만들어 엄청난 당황스러움과 죄책감을 느꼈던 이유가 되기도 했다. 다음으로 우리는 Sasha와는 상당히 다른 경험을 가진 두 번째 사례 연구인 Bob Gomez 사제를 소개한다.

사례 연구 2: Bob Gomez, MS, CPC

Bob Gomez는 종교학 석사학위를 마친 뒤 2002년 대위로 미 육군에 입대했다. 그는 근무를 하면서 육군 사제가 되는 것을 배웠다. 그는 학부 과정을 마치고, 잠시 인턴십을 한 것 외에는 아무런 실무 경험도 없이 곧바로 성직자로서의 이학 석사 과정에 들어갔다. 그는 아무런 염려 없이 하느님의 인도에 집중하였다. Bob은 곧 소령으로 진급했고, 포트후드(Ft.Hood)에 있는 육군 대대의 5명의 군목(Army chaplains)을 감독하는 책임을 맡았다. 그리고 나서 그들은 이라크에 배치되었다. Bob은 자신보다 나이가 많고 경험이 많은 목

사들과 함께 일하면서 부적절감이 갈수록 늘어났다. 그는 자신의 교육이 부족하다는 것을 깨달았고 직업적 실패가 하느님을 실망시킨 것으로 해석했다.

Bob 목사는 사람들의 마음을 읽는 것에 그다지 능숙하지 않았다. 그는 사람들과 있는 것보다 책 읽는 것을 더욱 편안해했다. 그는 임상 목사 인턴십 과정에서 고군분투했다. 그의 수퍼바이저들은 그가 공감 능력이 부족해 내담자들의 감정과 입장을 정확하게 요약하는 데 어려움을 겪는다고 보았다. 어떤 사람은 "Bob이 말하는 사람이라기보다는 생각하는 사람이었다."고 말했다. 그의 일상 업무에서는 치료 기술이 크게 요구되지 않았지만, 추가 병력이 필요할 정도의 큰 이라크 저항세력의 공격을 받으면서 상황이 달라졌다. 이런 전시 상황은 목사들에게 상당한 압력을 주었으며, Bob도 부대에 있는 군인들에게 사제서비스를 제공하도록 강요받았다. 세 명의 군내담자는 모두 다른 이유와 각기 다른 스트레스 요인들로부터 공포 반응을 경험하고 있었고, 이것이 Bob을 곤혹스럽게 했다. 저녁마다 Bob은 그날 만난 내담자의 상황에 대해 강박적으로 매달렸다. 그는 잠을 푹 잘 수 없었다. 그는 다음날이면 피곤했고, 새로운 내담자를 기피하며, 영적, 임상적 도전을 받았다. Bob에게 자비 스트레스를 경험하게 하는 특정 병사나 증상은 딱히 없었다. 그의 설명에 따르면, 그것은 '무감각한 느낌'이었다. 즉, 도움 요청에 효과적으로 응답할 수 없다는 무능감, 도움을 줄 수 없는 존재로서 무력감이다.

CFRM을 Bob 사례에 적용해 보면, 그는 군인들을 어떻게 도울지 확신하지 못했기 때문에 직접적인 실무에 관심이 없었고, 노력을 하고 싶지도 않았다. 결과적으로 그는 자신도 이전보다 덜 돌보게 되었다. 그는 이러한 변화를 자신이 '사람들과 어울리기 좋아하는 사람'이 아니라고 말하면서 정당화했다. Bob은 처음에는 공감적으로나 자비를 느끼는 방식으로 내담자들에게 관여하지 않았기 때문에, 자비 피로로 이어질 수 있는 자비 스트레스에 취약하지 않았다. 그러나 그는 점차 무감각했고, 자신의 감정도, 내담자의 감정도, 그리고 수퍼바이지 목사의 감정까지 제쳐 두었던 것이다.

Bob은 Sasha와 다른 점이 있었다. 사회적 지지는 충분히 좋았다. 비록 그는 자비 만족감이 0에 가까웠지만 실망하지 않았고, 애초에 자비가 만족감을 가져다줄 것이라고 기대도 하지 않았다. Bob은 이인화(depersonalization)와 구획화(compartmentalization)의 달인이었던 것이다. 그는 다른 사람들과 그들의 욕구로부터 자신을 분리하는 방법을 알고 있었기 때문에 대부분 하루 중의 스트레스는 보통 수준이었다. 그는 자비로워 보이려고 노력했다. 그는 임상 수련에서 몇 가지 좋지 않은 경험 때문에 인적 서비스를 제공하는 것으로부터 거의 만족을 얻지 못했다. 그의 내담자들은 Bob이 자비가 부족하다고 Bob의 수퍼바이저에게 불만을 보고했지만, 개선을 위한 제안은 없었다. 그는 좀처럼 자비심을 드러내지 않았기 때문에 자비 피로가 없었다. 그러나 때때로 불확실성과 스트레스가 뒤따라왔다.

자비 피로 회복탄력성 모델의 실제

우리는 Sasha와 Bob 사례의 명백한 차이점을 고려하면서, 사례 연구에 입각하여 CF 탄력성과 관련된 CFRM의 12개 변인을 면밀히 검토하고자 한다. 사회복지사 Sasha의 경우, 언제나 공감 능력이 있었다. 이것이 그녀가 스스로를 좋은 사회복지사라고 여기는 이유 중 하나였다. 그녀는 힘든 날도 있었지만 공감적 관심을 가지고 있었기에 매일 출근하여 괴롭고 슬픈 환자들과 그 가족들을 마주하기를 기대하였다. 그녀의 공감은 환자와 그의 가족들의 이야기에 경청할 수 있게 해 주었고, 그들에게 별다른 노력 없이도 친절하고 보살피는 방식으로 올바른 공감 반응을 보일 수 있었다.

환자와 그들 가족의 충격적인 정보를 얻는 과정에서 보이는 실무자들의 공감 반응은 자비 스트레스의 수준에 직접적인 영향을 미친다. 따라서 인간의 고통에 대한 노출이 Sasha의 인지 및 정서적 반응을 활성화시켜서 자기 자신과 개인적인 안녕감에 대한 평가에 영향을 미쳤다.

자비 스트레스는 다른 변수에 의해 악화되거나 감소될 수 있으며, 여기에는 공감 반응뿐만 아니라 고통에 장기 노출, 삶에서의 또 다른 요구사항들, 트라우마 기억이 포함된다. Sasha의 경우, 낮에 충분한 휴식을 취하지 못하고, 점심 식사를 거르거나, 일에 대해 이야기하는 동료들과 식사하는 경우가 많아서 스트레스를 완화해 줄 수 있는 쉼이 사라졌다. 그녀는 짧은 휴가를 가졌으나, 일 이외에도 상당한 삶의 요구들이 많았다. 이런 개인적인 문제들이 Sasha에게 더 큰 부담을 주었다. 반면에 Bob 목사는 이라크에서 방해요소가 거의 없었다. 그는 천막의 일부인 그만의 '방'이 있었고, 임무가 있었지만 상당한 자유 시간이 있었다.

모델에 따르면, 위험요인의 반대는 자비 스트레스를 줄이고 탄력성을 향상시키는 네 가지 보호요인이다: **자기돌봄, 거리두기, 자비 만족, 사회적 지지.** Sasha는 운 좋게도 자기돌봄에 대해서 알고 있었으며 이를 실천하였다. 그녀는 어떻게 자기돌봄 계획을 만들고 유지하는지 배웠다. 여기에는 좋은 영양 섭취, 합리적이고 지속가능한 운동 프로그램, 그리고 일에 대한 생각을 피하는 데 도움이 되는 다양한 흥미와 활동이 포함된다. 그녀는 사회복지사로서 처음 몇 년 동안, 특히 퇴근 후에 고된 일로부터 휴식 시간을 제공하고 활력을 되찾기 위해 필요에 따라 일을 구분하고 분리하는 법을 배웠다. Sasha는 임종을 앞둔 사람 및 그의 가족들과 일하는 것으로부터 큰 만족감을 얻었고, 생존한 가족들로부터 수십 통의 감사 편지를 받았을 뿐만 아니라 그녀의 고용주와 현장에서 수많은 상을 받았다. 마침내 Sasha는 직장과 가정 모두에서 상당한 사회적 지지를 받았고, 격려, 우정, 조언, 영감을 얻기 위해 신뢰하는 다른 사람들에게 의지했다.

자비 스트레스와 탄력성을 설명하는 메커니즘

공감 반응을 제공하는 인적 서비스는 실무자들에게 그들의 고객에 대해 깊이 생각할 것을 요구한다. 각각의 새로운 환자에게 접근하고, 도움을 주며, 작업을 완료하는 최선의 방법이 무엇인지에 대한 올바른 결정에 이르기 위해서이다. 실무자가 각 환자에 대한 데이터의 평가, 치료 및 기록에 있어 업무의 표준을 준수할 수 있도록 하는 상당수의 지침은 직원교육, 수퍼비전 및 동료 코칭으로부터 얻어질 수 있다. 자기돌봄과 인적 서비스 수요의 변성을 위한 지침은 거의 또는 전무하다. 실무자는 중요한 인적 서비스를 수행하기 위해서 고객과 그들 가족의 생각과 행동에 공감할 수 있고 자비로울 수 있는 능력을 반드시 갖춰야 한다. 따라서 공감 능력이 떨어지는 반응은 고객과 그들 가족에게 좋지 않다. 그러나 동시에, 공감 반응 부족은 많은 자비 스트레스와 피로로부터 보호하는 것으로도 설명할 수 있다.

공감 반응 부족을 설명하는 세 가지 요소는 실무자의 ① 낮은 공감 능력(유용한 공감 반응을 표현하고 전달하는 데 어떠한 부정적인 영향도 부인함), ② 외상화 회피(따라서 정서와 괴로움에 노출되지 않음), ③ 외상 환자들을 돌보는 것에 대한 흥미 결여(그래서 외상 환자들을 향해 공감을 보이지 않음)이다.

이런 동일 지표들이 자비 스트레스와 피로

에 반하는 보호요인으로도 역할을 할 수 있
다. 왜냐하면 의료 종사자가 내담자에게 공감
적으로 관여하지 않는다면 그로 인해 기분이
나빠질 감정적인 동기가 거의 없기 때문이다.
Bob이 그러한 실무자의 좋은 예다. 그러나
그는 추가적인 훈련과 경험에서 임상적 기술
(공감)이 요구되면서 과거 내담자의 비판(공감
이 부족하다고 지적한)이 자신이 인정했던 것보
다 더 큰 상처를 줬다는 것을 인식하기 시작했
다. 그렇게 고통받는 사람들과 작업하면서 점
차적으로 소모감과 양가성이 사라졌다.

사회복지사로 살아남기 위해 Sasha는 [그
림 28-1]의 모델에 제시된 보호요인(사회적
지지, 자기돌봄, 거리두기, 자비 만족)이 필요했
다. 그러나 Bob은 공감에 대한 에너지를 거
의 소비하지 않았는데, 그것이 그의 페르소나
의 한 부분이다. 그는 Sasha보다 자기돌봄이
뛰어났다. 그는 더 나은 자기돌봄을 제공하는
것에 있어서 부분적으로는 탁월한 거리두기
능력을 가지고 있었다. 그는 내담자의 피드백
으로부터 좋지 않은 경험을 하여 인적 서비스
제공으로 인한 만족감을 거의 얻지 못했다.
이는 아마도 그가 직접적인 실무 경험을 절대
추구하지 않았던 이유일 것이다. 그는 일찍부
터 대학원 교육과 훈련을 통해 사람들에게 공
감하는 것이 쉽게 얻어지지 않는다는 것과,
이를 제공할 때 내담자에게 환영받지 못한다
는 것을 배웠던 것이다.

자비 피로 예방

자비 스트레스를 낮추고 자비 소진을 예방
하는 첫 번째 단계는 CF의 징후와 증상을 인
식하는 것이다. 실무자는 무감각, 놀라운 반
응, 침투적 생각, 악몽, 불면증, 불안, 상황 회
피의 존재를 유념할 필요가 있다. CF가 축적
되고 지속되는 것을 해결하기 위해서는 실무
자의 근무환경과 사생활 모두에 대한 성실한
모니터링이 시행되어야 한다(Bride & Figley,
2009).

다음 단계는 증상을 낮추거나 제거하는 계
획을 세우는 것이다. 모델에서 지적한 바와
같이, 자비 스트레스 수준이 낮을수록 CF의
발생 가능성은 낮아진다. 게다가 자비 스트레
스의 결과를 경험한 인적 서비스 근로자들은
이러한 형태의 스트레스가 어떤 병적인 약점
이나 질병 또는 개인적인 실패의 징후가 아니
라는 사실로부터 어느 정도의 위안을 얻을 수
있다. 오히려 이러한 증상은 리더와 실무자들
의 실행에 따른 것으로, 외상 환자들에게 보
살핌을 제공하면서 자연스럽게 얻어지는 결
과이다.

CF를 예방하는 것은 실무자의 탄력성을 높
이는 것을 의미한다. 그들의 탄력성을 높인
다는 것은 무엇보다도 탄력성을 높일 수 있
는 변인에 집중하는 것을 의미하며, 이는 CF
탄력성의 메커니즘에 대한 설명과 일관된다.
CF의 탄력성과 여타 업무 관련, 원치 않는 고
통 표식은 여러 가지 기술의 조합과 영감을

주는 만트라, 자비 만족의 수준, CFR, 그리고 이 책의 다른 곳에서 언급했던 외상 후 성장(Tedeshi, & Calhoun, 1996)과 자기자비(Neff, 2003)의 조합을 필요로 한다. 이러한 역량의 조합이 자비롭게 하여 외상 환자와의 작업을 매우 유능하고 효과적으로 만든다. 외상 환자와 함께 작업하는 모든 사람에게 CF 탄력성 개발을 용이하게 하는 프로그램을 설계하면, 트라우마 실무자들이 정서적으로 해로운 스트레스 요인들에 직면했을 때도 잘 지낼 수 있다.

자비 스트레스는 예방 가능하고 치료에 잘 반응하며, 종종 매우 적은 노력으로도 개선된다(Figley & Figley, 2001; Figley, 2011). CFRM이 제안하는 바에 따르면, CF를 예방하기 위해서는 잘 알려져 있는 보호요인은 높이고 위험요인은 줄임으로써 자비 스트레스를 효과적으로 모니터링하고 완화할 수 있으며, 이로써 탄력성을 높일 수 있다고 제안한다. 아직 이 주장을 구체적으로 시험한 연구는 없다. 그러나 사회적 지지가 웰빙과 삶의 만족감 및 개인적 편안함을 향상시킨다는 긍정적 효과에 관한 많은 연구가 있다(Hirsch & Barton, 2011 참조). 이 모형을 구축하고 검증하는 데 도움이 된 탄력성 연구들은, 특히 CF 탄력성을 이해하는 데 도움이 되었다. 그러나 아직 연구되지 않은 지역사회에서 시범적으로 실시하고 이 모형으로 인도하는 것에 있어서, 첫 번째 단계는 문화에 맞게 변인의 측정도구를 정비하는 것이다.

이 장은 자비로운 사람들을 위한 자비에 관한 것이다. Sasha와 Bob의 이야기를 들으면서, 당신은 그들과 그들이 제공하는 서비스의 질에 대해 궁금했을지도 모른다. 그들은 미국에 있는 수만 명의 실무자와 전 세계적으로 더 많은 사람을 대표한다. 그들은 매주 수십 명의 감정에 관여하는 실제 인물들을 대표한다. 그들은 노력과 목적의식, 윤리를 통해 친절과 자비를 베풀고 있다. 그리고 우리는 그 덕분에 더 좋아지고 있다.

 주

1. 이 장에서 사용한 용어들은 정의 부분에서 자세하게 설명하였다.

참고문헌

Abendroth, M., & Figley, C. R. (2014). Vicarious traumatization and empathic discernment: Maintaining healthy boundaries. In D. Murphy, S. Joseph, & B. Harris (Eds.), *Trauma, Recovery, and the Therapeutic Relationship: Putting the Therapeutic Relationship at the Heart of Trauma Therapy* (pp. 111-125). London: Taylor & Francis.

Aupperle, R. L., Melrose, A., Stein, M. B., & Paulus, M. P. (2011). Executive function and PTSD: disengaging from trauma. *Neuropharmacology, 62*(2), 686-694.

Batson, C. D. (1990). How social an animal? The human capacity for caring. *American Psychologist, 45*, 336-346.

Bride, B., & Figley, C. R. (2009). Secondary

traumatic stress. In B. Fisher & S. Lab (Eds.), *Encyclopedia of Victimology and Crime Prevention*. Thousand Oaks, CA: Sage Publications.

Bureau of Labor Statistics (BLS). (2014). Occupational Employment and Wages –May 2014. BLS News Release. Accessed January 10, 2016, from http://www.bls.gov/news.release/pdf/ocwage.pdf.

Barnett, J. E., Baker, E. K., Elman, N. S., & Schoener, G. R. (2007). In pursuit of wellness: The self-care imperative. *Professional Psychology: Research and Practice*, *38*(6), 603–612.

Bonanno, G. A. (2004). Loss, trauma, and human resilience: Have we underestimated the human capacity to thrive after extremely aversive events? *American Psychologist*, *59*, 20–28.

Bonanno, G. A., Romero, S. A., & Klein, S. I. (2015). The temporal elements of psychological resilience: An integrative framework for the study of individuals, families, and communities. *Psychological Inquiry*, *26*(2), 139–169.

Boscarino, J., Figley, C. R., Adams, R. E., et al. (2004). Adverse reactions associated with studying persons recently exposed to mass urban disaster. *Journal of Nervous and Mental Disease*, *192*(8), 515–524.

Davis, M. H. (1983). Measuring individual differences in empathy: Evidence for a multidimensional approach. *Journal of Personality and Social Psychology*, *44*(1), 113–126.

Dohrenwend, B. P., & Dohrenwend, B. S. (1974). Social and cultural influences on psychopathology. *Annual Review of Psychology*, *25*, 417–542.

Ferreira, R., & Figley C. R., (2015). Longer-term mental health needs of disaster survivors, 125–139. In R. R. Watson, J. A. Tabor, J. E. Ehiri & V. R. Pready (Eds.), *Handbook of Public Health in Natural Disasters*. Wageningen Academic Publishers.

Figley, C. R., Huggard, P., & Charlotte Rees. (2013). Introduction. In C. R. Figley, P. Huggard & C. Rees (Eds.), *First Do No Self-Harm: Understanding and Promoting Physician Stress Resilience*. New York: Oxford University Press.

Figley, C. R., & Figley, K. R. (2001). September 11th terrorist attack: Application of disaster management principles in providing emergency mental-health services. *Traumatology*, *7*(4), 143–151.

Figley, C. R. (Ed.). (1995). *Compassion Fatigue: Coping with Secondary Traumatic Stress Disorder in Those Who Treat the Traumatized*. New York: Brunner/Mazel.

Figley, C. R. (1995a). Introduction. In Figley, C. R. (Ed.),*Compassion Fatigue: Secondary Traumatic Stress Disorders from Treating the Traumatized*, xii-xiii. New York: Brunner Mazel.

Figley, C. R. (1995b). Epilogue. In C. R. Figley (Ed.), *Compassion Fatigue: Secondary Traumatic Stress Disorders from Treating the Traumatized* (pp. 249-254). New York: Brunner/Mazel.

Figley, C. R. (2002a). Theory driven and research informed brief treatments. In C. R. Figley (Ed.), *Brief Treatments for the Traumatized* (pp. 1-15). Westport, CT: Greenwood Press.

Figley, C. R. (Ed.). (2002b). *Treating Compassion Fatigue*. New York: Routledge.

Figley, C. R. (2002c). Compassion fatigue and the psychotherapist's chronic lack of self care. *Journal of Clinical Psychology, 58*(11), 1433-1441.

Figley, C. R. (2011). The empathic response in clinical practice: Antecedents and consequences. In J. Decety (Ed.), *The Social Neuroscience of Empathy: From Bench to Bedside* (pp. 263-274). Boston, MA: MIT Press.

Figley, C. R., Huggard, P., & Charlotte Rees (Eds.) (2013). *First Do No Self-Harm: Understanding and Promoting Physician Stress Resilience*. New York: Oxford University Press.

Greenberg, M. T., Weissberg, R. P., O'Brien, M. U., et al. (2003). Enhancing school-based prevention and youth development through coordinated social, emotional, and academic learning. *American Psychologist, 58*, 466-474.

Goetz, J. L., Keltner, D., & Simon-Thomas, E. (2010). Compassion: An evolutionary analysis and empirical review. *Psychological Bulletin, 136*(3), 351-374.

Harrison, R. L., & Westwood, M. J. (2009). Preventing vicarious traumatization of mental health therapists: Identifying protective practices. *Psychotherapy Theory, Research, Practice, Training, 46*(2), 203-219.

Hobfoll, S. E., Stevens, N. R., & Zalta, A. K. (2015). Expanding the science of resilience: Conserving resources in the aid of adaptation. *Psychological Inquiry, 26*(2), 174-180. http://doi.org/10.1080/1047840X.2015.1002377

Holmes T. H., & Rahe R. H. (1967). The social readjustment rating scale. *Journal of Psychosomatic Research, 11*(2), 213-218.

Hirsch, B. J. (1980). Natural support systems and coping with major life changes. *American Journal of Community Psychology, 8*, 159-172.

Hopper, E. K., Bassuk, E. L., & Olivet, J. (2010). Shelter from the storm: Trauma-informed care in homeless services settings. *The Open Health Services and Policy Journal, 3*, 80-100.

Horvath, A. O., & Symonds, B. D. (1991). Relation between working alliance and outcome in psychotherapy: A meta-analysis. *Journal of Counseling Psychology, 38*(2), 139-149.

Karademas, E. C. (2009). Exposure to suffering is the first pathway to STS. Those who avoid trauma caseloads minimize their risk. *Health, Sept, 13*(5), 491-504.

Kulkarni, S., Bell, H., Hartman, J. L., & Herman-Smith, R. L. (2013). Exploring individual and organizational factors contributing to compassion satisfaction, secondary traumatic stress, and burnout in domestic violence service providers. *Journal of the Society for Social Work and Research, 4*(2), 114-130. doi:10.5243/jsswr.2013.8.

Lerias, D., & Byrne, M. K. (2003). Vicarious traumatization: Symptoms and predictors. *Stress & Health, 19*, 129-138.

Neff, K. D. (2003). The development and validation of a scale to measure self-compassion. *Self and Identity, 2*(3), 223-250.

Newsome S., Waldo M., & Gruszka C. (2012). Mindfulness group work: Preventing stress and increasing self-compassion among helping professions in training. *Journal for Specialists in Group Work, 37*(4), 297-311.

Radey, M., & Figley, C. R. (2007). The social psychology of compassion. *Clinical Social Work Journal, 35,* 207-214.

Salston, M. D., & Figley, C. R. (2003). Secondary traumatic stress effects of working with survivors of criminal victimization. *Journal of Traumatic Stress, 16*(2), 167-174.

Schroeder, D. A., Dovidio, J. F., Sibicky, M. E., Matthews, L. L., & Allen, J. L. (1988). Empathic concern and helping behavior: Egoism or altruism? *Journal of Experimental Social Psychology, 24*(4), 333-353.

Scileppi, J. A., Teed, E. L., & Torres, R. D. (2000). *Community psychology: A common sense approach to mental health.* NY: Pearson.

Selye, H. (1936). A Syndrome Produced by Diverse Nocuous Agents. *Nature, 138,* 32.

Sonnentag, S., Arbeus, H. Mahn, C. & Fritz, C. (2014). Exhaustion and lack of psychological detachment from work during off-job time: Moderator effects of time pressure and leisure experiences. *Journal of Occupational Health Psychology, 19*(2), 206-216. doi:10.1037/a0035760

Sonnentag, S., & Fritz, C. (2014). Recovery from job stress: The stressor-detachment model as an integrative framework. *Journal of Organizational Behavior, 36*(S1), S72-S103.

Stamm, B. H. (2009). Professional quality of life: Compassion satisfaction and fatigue version 5 (ProQOL). Available at www.proqol.org, November 15, 2015.

Tedeshi, R. G., & Calhoun, L. G. (1996). The posttraumatic growth inventory: Measuring the positive legacy of trauma. *Journal of Traumatic Stress, 9,* 455-471.

Vann der Mass, P. J., van der Wal, G., Haverkate, I., et al. (1996). Euthanasia, physician-assisted suicide, and other medical practices involving the end of life in the Netherlands, 1990-1995. *New England Journal of Medicine, 335,* 1699-1705.

Woodside, M. R., & McClam, T. (2011). *An Introduction to Human Services.* NY: Brooks/Cole.

제**29**장

자비 불안, 차단 및 저항의 진화적 탐색

Paul Gilbert and Jennifer Mascaro

요약

모든 동기와 마찬가지로 자비가 가지는 이점과 촉진요인 그리고 억제요인에 대한 연구가 증가하고 있다. 다른 장에서 자비의 이점에 대해서 다루었기 때문에, 이 장에서는 자비 억제요인인 자비 불안, 차단 및 저항(FBRs)과 이들의 진화적 및 심리학적 기원을 고찰해 보고자 한다. 우리는 자비 모델에 대한 설명으로 시작해서 자비가 차별적으로 억제될 수 있는 요인들과 자질이 어떻게 구성되어 있는지 살펴볼 것이다. 그런 다음, Ernst Mayr(1961)의 고전적 휴리스틱, 즉 '궁극(ultimate)'과 '근접(proximate)' 분석을 사용하여 자비 억제를 이해해 보고자 한다. 마지막으로, 우리는 이러한 억제요인들에 대한 해결책을 살펴보고 결론지을 것이다. 자비 억제요인의 본질에 대한 더 많은 연구와 억제요인을 어떻게 다룰 것인지에 대한 통찰은 삶의 다양한 영역에서 자비의 사용을 증가시킬 것이다.

핵심용어

자비, 친사회성, 촉진요인, 억제요인, 불안, 차단, 저항

친사회적이고 자비로운 행동의 이점은 명상과 종교에서 수천 년 동안 칭송받아 왔다(Leighton, 2003; Plante, 2015; Ricard, 2015). 지난 30여 년 동안, 자기 자신과 다른 사람들에게 자비를 함양하는 것과 심리치료(Braehler et al., 2013; Germer & Siegel, 2012; Gilbert, 2010; Hoffmann, Grossman, & Hinton, 2011; Kirby & Gilbert, 2017; Leaviss & Uttley, 2015)로서 친사회적인 행동의 이점과 촉진요인에 대한 과학적인 연구가 증가해 왔다(Klimecki, Leiberg, Ricard, & Singer, 2014; Keltner, Kogan, Piff, & Saturn, 2014; Kogan et al., 2014; Music, 2014; Ricard, 2015; Singer & Bolz, 2012; Weng et al., 2013; Mascaro et al., 2012). 또한 친사회적 연계, 보살핌, 자비에 관한 역량의 진화가 최근 인류의 사회적 지능과 능력을 이끌었다는 증거가 많아지고 있다(Spikins, 2015). 실제로 타인을 돕는 진화된 가치는 영아 생존, 친

척과 동맹의 생존을 포함하여 바람직한 친구, 성적 파트너, 협력적인 동맹으로서 자신을 나타내는 등 많은 이점을 가지고 있다(Brown & Brown, 2015; Geary, 2000; Gilbert, 1989, 2009; Goetz, Keltner, & Simon-Thomas, 2010; Spikins, 2015). 우리에게 잠재되어 있는 자비는 보살핌에 대한 동기 처리과정으로 진화에 뿌리를 두고 있으며(Brown & Brown, 2015; Gilbert, 1989/2016; Mayseless, 2016), 어린 시절에 형성되어(Mikulincer & Shaver, 2017; Narvaez, 2017) 일반적으로 이후 삶의 도덕적, 윤리적 사고와 행동의 기초를 형성한다(Music, 2014; Narvaez, 2017)고 알려져 있다. 또한 자비와 친사회적 행동의 유전학적인 측면과 어떻게 초기 삶의 경험이 친사회적 동기와 행동에 영향을 미칠 수 있는지에 대한 연구도 증가하고 있다(Conway & Slavich, 2017).

모든 동기와 마찬가지로 보살핌과 친사회적 동기는 목표가 될 수 있으며, 거기에는 촉진요인뿐만 아니라 억제요인도 있을 것이다. 예를 들어, 우리는 친척이 아닌 사람, 친구로서 좋거나 또는 싫은 사람, 매력적이지 않고 원하지 않는 사람과 관계를 맺을 때, 그리고 협력하기보다는 경쟁할 때, 자비를 느낄 가능성이 적다(Loewenstein & Small, 2007). 타인에게 해를 끼치고 훔치고, 속이고, 무시하고 그리고 타인을 희생하여, 자신의 이익을 챙기는 동기는 명백하게 자비 억제요인이다(Gilbert, 2005). 이 장에서는 다른 장에서 탐색한 자비의 이점에 대해서는 다루지 않고, 대신에 자비 억제요인과 관련된 **불안, 차단과 저항**(fears,

blocks, and resistances: FBRs)을 다룰 것이다(Gilbert, McEwan, Catarino, & Baião, 2014; Gilbert, McEwan, Gibbons, Chotai, Duarte, & Matos, 2013; Gilbert, McEwan, Matos, & Rivis, 2011; Goetz et al., 2010; Loewenstein & Small, 2007; Plante, 2015).

이를 위해 우리는 자비 모델에 대한 설명으로 시작할 것이다(정의에 대한 논의는 Gilbert, 2015a, 2017a; Strauss, Taylor, Gu, et al., 2016 참조). 이 장에서 우리는 자비가 어떻게 차별적으로 억제될 수 있는 요인과 자질로 구성되어 있는지, 비판적으로 살펴볼 것이다. 그런 다음, 우리는 자비 억제를 이해하기 위해 Ernst Mayr(1961)의 고전적 휴리스틱, 즉 '궁극(ultimate)' 및 '근접(proximate)' 분석을 활용할 것이다. 자비의 한계와 억제의 가능성이 있는 궁극적인 원인들에 대한 통찰은 자연 선택의 장기적인 영향과 계통 발생론의 고찰에서 얻을 수 있다. 근접 원인은 개체 발생론과 국소적인, 상황적 제약 및 문제들과 관련이 있다. 각각을 살펴본 다음, 우리는 사회적, 개인적 개입이 자비의 억제요인을 줄일 수 있다는 것을 제시하면서 이러한 억제요인들에 대한 해결책을 탐색하고 결론을 내릴 것이다.

자비의 FBRs는 많다. 예를 들어, 기본적인 반감, '방관자 효과'라고 알려져 있는 공공장소에서 도움을 주는 것을 부적절한 행동으로 간주하는 두려움(Fischer, Krueger, Greitemeyer, et al., 2011), 자비가 약점 또는 자기방종이라는 불안, 한 사람의 자비 노력이 무능력하고 도움이 되지 않으며 거절당하거나 수치스러울 것이라는 기대, 타인의 필요에 의해 부담을 지게 되거나(Vitaliano et al., 2003) 마음이 상하게 될 것이라는 불안(개인적 괴로움), 자신의 자비가 교묘하게 조종하는 것처럼 보이거나 이기적인 것처럼 보일 수 있다는 불안이 있다. **차단**(blocks)은 반드시 두려움에 기반한 것은 아니지만, 환경적인 우발적 사건들과 관련될 수 있다. 예를 들어, 관료체계와 직원 부족으로 곤경에 빠진 병원은 직원들이 자비롭게 일할 수 있는 능력을 상당히 방해할 수 있다(Brown et al., 2014). 불교에서는 자신에 대한 무지와 일시적인 통찰의 결핍 그리고 허황된 성격이 자비에 대한 주요 방해물이다(Leighton, 2003). **저항**(resistances)은 단순히 자비롭게 되고 싶지 않거나 자비를 거부할 때 일어난다. 예를 들어, 주로 권력이 있는 사람들에게 흔히 있는 것처럼, 보유하고 있는 자신의 자원을 다른 이들과 나누기보다는 소유함으로써 경쟁적인 자기이익에 더욱 초점을 맞추려고 한다(Keltner, 2016). 개인적인 논쟁이나 부족 간의 갈등으로 복수심을 보이는 일부 특성(Furnham, Richards, & Paulhus, 2013; Ho, Sidanius, Kteily, et al., 2015)은 자비를 억제할 수 있다(Goetz et al., 2010; 이 장의 뒷부분 참조). 때때로 저항은 타인에 대한 두려움 같은 깊은 공포에서 유래할 수 있다. 또한 해리, 억압, 부인과 같은 심리적 방어기제(Dalenberg & Paulson, 2009)의 사용은 타인에게 받는 자비와 자기자비의 개방성, 타인을 향한 자비에 영향을 미칠 수 있다(다음 참조).

자비 모델: 구성요소와 기술

자비와 관련된 FBRs를 살펴보기 위해, 우리는 자비의 구성요소와 기술을 명확하게 설명하고자 한다. FBRs는 자비의 각각 다른 구성요소에 근거하기 때문이다. 현재 자비 모델에 대한 다양한 정의가 있다(Gilbert, 2017a, b; Strauss et al., 2016). Goetz와 동료들(2010)은 정서적인 용어로 자비를 "다른 사람이 고통받는 것을 목격할 때 발생하는 감정이며, 뒤이어 도움을 주고자 하는 욕구를 자극하는 감정"으로 정의하였다(p. 351). 대승불교의 보리심 사상에서 자비는 '모든 지각이 있는 존재들이 괴로움과 괴로움의 원인으로부터 자유로워지기를 바라는 진심 어린 마음'에 초점을 맞추고 있다(Dalai Lama, 1995; Ricard, 2015, personal communication; Tsering, 2008). 어조(nuance)는 차치하고라도, 어떤 동기(성적, 경쟁적 또는 보살핌)는 인간에게 행동을 유발하는 정서와 함께 적절한 주의 초점과 추론, 계획, 예측, 생각하는 적절한 방식을 유발할 수 있다. 일부 연구자들은 자비가 두 가지 핵심 요소를 가지고 있다고 주장한다. 고통받는 다른 사람을 돌보는 것 그리고 고통을 덜어 주기 위한 동기와 관련된 정서나 감정이다. 다른 연구자들은 감정이 중요하지 행동이 필요한 것은 아니라고 주장하는데, 실제로 우리가 감정에만 의존한다면 자비는 제한적일 수 있다(Loewenstein & Small, 2007). 자비에서 주의와 의도가 핵심인데, 우리가 고통의 신호를 알아차리지 못하거나 보살핌의 의도가 없다면 그 어떤 것도 뒤따르지 않을 수 있기 때문이다. 그래서 이 두 가지 요소에 유념하여, 이 장에서는 '고통을 완화하고 예방하려는 노력과 함께 자신과 타인의 고통에 대한 민감성'이라는 자비에 대한 비교적 일반적인 정의를 사용할 것이다(Gilbert, 2017a; Gilbert & Choden, 2013).

괴로움에 대한 민감성과 참여

특히 보살핌과 자비에 대한 중요성은 괴로움에 대한 도움 요청과 필요에 반응하고 주의를 집중할 수 있도록 동기를 갖게 하는 기술이다. 보다 구체적으로 다음과 같은 기술이 있다.

① 상대방을 음식, 성관계, 위협 또는 무관심의 자원이 아닌 돌봄을 위한 대상으로 인식하기. MacLean(1985)은 돌봄의 뇌는 부모가 아이를 하나의 먹잇감으로 취급하는 것을 막는 메커니즘으로 진화했다는 것에 주목하였다.
② 매우 근접해 있을 때는 싸움, 도망 또는 회피보다는 혈연(친족)과 친밀감을 인식하기(Bell, 2001; Carter, 2014; Porges, 2007)
③ 타인의 요구(예: 아기)에 특정한 방식으로 주의 기울이기
④ 타인(예: 아기 울음 대 웃음)이 표출하는 여러 종류의 신호를 구분하기
⑤ 적절한 반응 선택하기(배고픈 아기에게

밥 주기, 고통 덜어 주기, 길 잃은 사람을 찾고 구조해 주기; Gilbert, 1989/2016). 심지어 악어들도 부화하는 새끼들의 소리를 들을 수 있고, 입으로 새끼들을 물가로 운반할 수 있다. 결정적으로 악어들은 오직 자신이 갓 부화한 새끼들만 챙긴다. 그래서(혈연 중심) 괴로움 민감성은 오랜 기원을 가지고 있다.

괴로움을 완화하고 예방하기 위한 행동

포유류의 보살핌은 아이의 도움 요청에 반응하는 적응적으로 선택된 접근 행동이다(Bowlby, 1969; Porges, 2007). 괴로움의 시스템에 주의를 돌리고 접근하는 것이 진화하였으며 최근의 진화적 변화는 높은 수준의 괴로움을 알아차리고 처리하는 능력이 전전두피질에 의존하는 것으로 생각되었다(Brown & Brown, 2015). 여기에는 종족(예: 자손)이 번성하기를 원하고, 번성하기 위해 무엇이 요구되는지 다양한 욕구에 맞춰 제공하고 이해하며 해결하는 것을 포함할 수 있다(Geary, 2000; Rilling, 2013). Bowlby(1969)는 영아에게 심리발달상 최적의 환경을 만들기 위해 안전기반과 안전기지를 제공하는 것처럼, 심리사회적 욕구를 강조하였다. 또한 자비는 고통의 원인을 해결하고 예방하려고 한다(Ricard, 2015). 따라서 다른 사람들의 욕구를 해결하는 것이 핵심인데, 만약 이러한 욕구(예: 기본적인 음식, 보호와 안정감)가 충족되지 않으면

괴로움이 유발되기 때문이다. 이것이 바로 자비의 정의에, 순간순간 고통의 완화뿐만 아니라 괴로움의 예방이라는 개념을 포함해야 하는 이유이다. 사실, 불교에서 자비심 계발(보리심)은 미래의 괴로움을 예방하기 위한 것이다(Leighton, 2003). 우리가 어린 시절에 자비를 많이 경험할수록 성숙해져 감에 따라 다른 이들을 위한 자비를 발달시키는 것이 더 쉽다는 증거가 증가하고 있다(Gillath, Shaver, & Mikulinker, 2005; Mikulinker & Shaver, 2017; Narvaez, 2017).

자비의 두 가지 측면: 참여와 행동

자비의 정의와 개념은 포유류의 진화 역사에 기반하고 있으며(보호와 보살핌을 제공받기 위한 전략에 투자함; Mayseless, 2016), 이러한 동기 및 자비 기반 체계에는 두 가지 기본적인 심리과정이 있다. 첫 번째는 괴로움을 외면하거나 도망가고 해리되기보다는 민감하게 인지하고 주의를 기울이며 참여하고 견디기 위해 필요한 기술이다. 두 번째 과정은 적절한 행동을 취하는 것이다. 이는 [그림 29-1](Gilbert, 2009, 2015, 2017b; Gilbert & Choden, 2013)의 내부와 외부 원들에서 볼 수 있듯이, 수백만 년 동안 진화한 일련의 상호작용과정으로 설명하고 있다. [그림 29-1]에서 묘사하고 있듯이 이 12개의 역량은 각각 여러 개의 FBRs를 가질 수 있다.

첫 번째 자비 참여의 역량

간략하게 설명하면, [그림 29-1]의 내부 원은 괴로움에 참여하는 첫 번째 심리에 대해 다루고 있다. 다른 동기시스템과 마찬가지로, 진화 과정은 유기체가 어떤 자극이 있을 때 특정한 방식으로 행동하기를 원하거나 또는 그렇게 행동하도록 재촉하는 내부 메커니즘을 선택한다. 다시 말해서 동기는 생리학적 패턴과 행동을 유발하는 특정한 신호에 민감하다. 이를 간략하게 설명할 것이다.

자비의 초기 기술은 괴로움을 향한 움직임과 참여를 촉진시킨다. 공간상의 이유로, 각 기술에 대한 상세한 검토를 제공할 수 없으므로 다른 책을 참고하기 바란다(Gilbert, 2009, 2010, 2014, 2017b). 하지만 간단하게 말해 본다면 자비의 정의에서 시사하고 있는 것처럼 자비는 도움과 돌봄에 대한 동기에 기초하고 있다. 일단 괴로움의 신호에 주의를 기울이면(즉, 민감성), 동물이 괴로움의 신호에 조치를 취하기 위해 움직이는 것과 같은 생리적 반응이 유발된다. 이것은 전형적인 **동감(sympathy)**으로 간주된다(Eisenberg, Van Schyndel, & Hofer, 2015). 동감의 감정은 대개 다른 사람이 경험한 감정과 일치할 수도 있고 그렇지 않을 수도 있는 개인의 괴로움이나 경계의 감정이다(Eisenberg et al., 2015). 사실, 타인의 괴로움에 대해 개방하고 동감의 느낌은 자비를 불쾌한 정서경험으로 만들 수 있다(Condon & Barrett, 2013). 실제로, 슬픔, 걱정 그리고 심지어 분노는 자비 행동을 유발하는 요인이 될 수도 있지만, 동시에 억제요인이 될 수 있다(Gilbert, 2009). 우리가 위험에 처한 아이를 보고, 그 아이를 구하기 위해 불타는 집으로 달려 들어갈 때 불안으로 인한 자비 행동이 나타날 수 있다. 사실상 자비는 도덕적인 용기를 요구하기 때문에 우리가 부당한 것을 목격했을 때 분노가 유발될 수 있으며, 분노의 감정을 경험하고 참을 수 있는 개인은 분노 감정을 회피하려는 사람들보다는 타인의 복지를 위해 자비롭게 행동할 가능성이 있다(Halmburger, Baumert, & Schmitt, 2015).

따라서 그러한 감정을 누그러뜨리거나 회피하기보다는 인내해야 하며, 그렇게 함으로써 자비 기술의 중심이 되는 고통 감내를 실현할 수 있다. 특히 임상에 적용할 때, 자신의 슬픔과 비애를 포함한 고통스럽고 위협적인 감정을 참을 수 없어서 자비에 두려울 정도로 저항하는 사람들을 발견할 수 있다(Gilbert, 2010). Soeng(2007)은 불교 개념에 대한 많은 서양의 연구가 종종 진정한 자비를 계발하는 핵심 기술로서 삶의 내재된 고통에 대한 슬픔과 비애를 감내하는 것이 중요성을 간과하고 있다고 지적하였다. Eisenberg와 동료들(2015) 역시 동감의 괴로움('개인적 고통'으로 명명된)이 너무 커서 사람들은 괴로움을 외면하고, 부인 방어('보이는 것만큼 나쁘지 않을 거야. 실제로 일어나지 않았어.'), 포기('내가 할 수 있는 건 아무것도 없어.'), 해리('알아차림을 차단함'), 정당화('너무 복잡해서 고통받을 수밖에 없어.')를 사용하거나 자신의 괴로움을 가라앉히기 위해 단순하게 행동할 수 있다고 보았다. 때때로 타인의 괴로움은 우리가 마주하고 싶지 않고

벗어나고 싶은 고통을 상기시킨다. 이러한 모든 것은 괴로움과 연결되는 순간부터 시작되는 자비에 대한 명백한 FBRs이다. 중요한 것은 Rosenberg와 동료들(2015)이 강도 높은 자비 명상 훈련을 통해 슬픔을 감내하려는 의지를 높일 수 있음을 증명하였다는 점이다.

우리가 괴로움을 겪을 때 생기는 다양한 감정을 견딜 수 있는 능력은 괴로움의 본질과 근원에 대한 통찰을 발달시키는 데 도움이 된다. 이것은 **공감**을 가지며(Zaki, 2014), 여기에는 대략적으로 감정 전염 및 조율과 정신화의 형태(Fonagy, Gergely, Jurist, & Target, 2002), 마음이론과 상호주관성(Cortina & Liotti, 2010)을 포함한다. 공감은 다양한 정의로 매우 진부한 개념이 될 수 있지만, 연구자들이 동의하는 두 가지 핵심 특징은 다음과 같다. ① 거울 뉴런으로 연결되어 다른 사람과 비슷하거나 같은 감정을 느끼는 정도, 그리고 ② 다른 사람의 경험에 대한 인지적 통찰력을 가질 수 있게 해 주는 조망수용이다(Decety & Cowell, 2014). 감정 전염과 조율은 자동적일 수 있는 반면, 조망수용은 다른 사람이 실제로 느낄지도 모르는 감정과 그 이유를 파악해 보기로 선택하는 것을 포함하기 때문에 더 신중하고 반성적이다. 조망수용은 사람들의 감정뿐만 아니라 동기를 이해하려고 노력하는 정신화와 관련이 있다. 마지막으로, 비판단은 어떠한 비판이나 비난 없이 자비의 과정을 수용하고 받아들이는 것이다.

이러한 공감은 질병이나 포식자, 부상의 위험을 나타내는 신호일 수 있기 때문에 공감의

기원은 보살핌이 아니라 다른 사람의 괴로움을 피하게 하는 데 있을 수 있다(Panksepp & Panksepp, 2013). 우리는 모르는 사람보다는 좋아하고 알고 있으며 이해할 수 있는 사람에게 공감하는 것이 더 쉽다. 게다가 공감은 항상 좋은 의도로 사용되는 것은 아니다. 예를 들어, 사이코패스는 다른 사람들을 조종하기 위한 어떠한 형태의 공감을 가지고 있으며(Meffert, Gazzola, den Boer, Bartels, & Keysers, 2013), 감정에 입각한 심문관과 고문관은 공감을 하지 않는 이보다 나을 가능성이 있다. 그리고 피해자에 대한 공감은 가해자에 대한 공감을 감소시키고 복수를 자극할 수 있다(Loewenstein & Small, 2007). 그래서 공감은 자비와 관련이 없는 많은 삶의 영역이 있는 것이다(Zaki & Cikara, 2015).

두 번째 자비 반응 및 행동 역량

자비심의 두 번째 측면인 행동 취하기는, 우선 우리의 **주의**가 실제 괴로움이 아니라 그 괴로움에서 벗어나는 것이다. 예를 들어, 의사가 환자의 어려움을 파악하면, 어떤 진통제를 사용해야 할지에 주의를 기울이는 등 그들이 무엇을 해야 하는지에 초점을 맞춘다. 의사들은 어떻게 하는 것이 최선인지 분별력과 지혜, **추론**을 뒷받침하여 그들 마음속에서 다양한 시나리오를 돌려 볼 수 있다. 여기서 공감하는 기술과 식견을 끌어와 활용한다. 만약 우리가 무엇을 해야 할지 모른다면, 우리는 행동을 취하는 데 있어서 더 불편함을 느

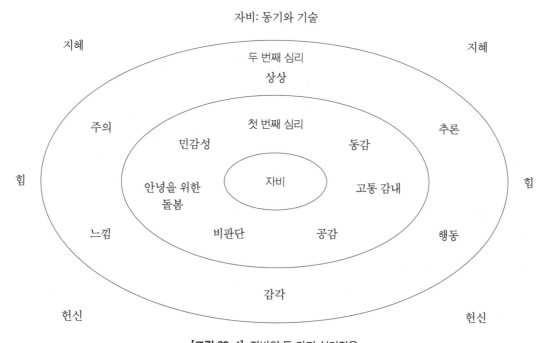

[그림 29-1] 자비의 두 가지 심리작용

출처: P. Gilbert (2009), 『The Compassionate Mind』로부터 친절하게 허락을 얻음. Constable & Robinson.

낄 수 있다. 불교에서 괴로움의 본질에 대한 통찰을 얻게 되면(사성제), 마음을 훈련함으로써 괴로움을 경감시키는 데 주의를 돌리게 된다(Tsering, 2008). 자비로운 **행동**은 다양한 유형일 수 있다. 하나는 달래고, 진정시키고, 타당화하고, 그리고 때때로 애정 어린 것이지만, 또 다른 유형은 행동하는 것, 즉 외과 수술, 누군가를 구하기 위해 불에 타고 있는 집으로 뛰어드는 것, 심리치료에서처럼 다른 사람들이 두려워할 수도 있는 것을 하도록 격려하는 것, 또는 부당함에 직면하고 들고 일어서는 것들이다. Stellar와 Keltner(2017)는 우리가 필요한 행동에 따라, 예를 들어 진정시키고 위로할지 또는 행동으로 옮기고 구조할 것인지와 같이, 생리적으로 고통과 괴로움에 다르게 반응한다는 증거를 살펴보았다. 예방과 관련하여, 모든 종류의 심신훈련과 지혜 추구가 중요하다. 그래서 감정은 행동하고자 하는 맥락에 따라 달라질 것이다. 자비에 대한 매우 다양한 촉발요인이 있겠지만, 상황과 관련된 반성적인 지혜를 가져오는 평온하고 통찰력 있는 마음을 작동시키는 것은 자비 훈련의 공통적인 목표이다. 이것은 우리가 현재에 머무르도록 도울 뿐만 아니라 시간이 지남에 따라 우리가 자비로운 자아정체성에 전념할 수 있도록 돕는 생리학적인 조건을 갖추게 하기 위함이다(Gilbert & Choden, 2013; Ricard, 2015; Singer & Bolz, 2012). 그래서 자비 의도는 행동에 대한 지혜를 얻기 위해 전념하고자 하는 것이다.

요약

여기서 자비의 본질과 자비의 기술들에 대해 살펴보았다. 각각의 자비 기술들은 관련된 FBRs를 가질 수 있으며, 이는 메타 인지적 신념과 사회적 맥락 및 양육 관습과 같은 개인적인 특성과 신경적, 호르몬의 처리 과정인 유전적인 요인과의 다양한 상호작용이 관련있다(Conway & Slavich, 2017; Narvaez, 2017). 우리가 이러한 자비의 억제요인들에 대해 더 많이 이해할수록, 우리는 개인적, 사회적, 정치적 삶에서 자비로운 행동과 동기 및 친사회성을 촉진시키기 위해 억제요인들을 더 많이 다룰 수 있을 것이다. 다음 장에서는 진화적·동기적 체계에서 발생하여, 다른 사람과 상호작용하는 맥락에서 FBRs에 대한 통찰이나 알아차림 없이 인간의 뇌에서 상대적으로 자동적으로 작동하는 FBRs의 기원을 더 깊이 살펴보고자 한다.

자비의 억제요인

자비 억제요인에 대한 근본적인 설명

Darwin(1988)이 동정심과 도움을 논의한 이후로 진화 이론은 다른 사람을 돕는 그러한 행동이 어떻게 진화되었는지에 대해 의문을 제기하였다. 기본적인 견해는 유전자가 생존과 번식(유전자 복제)에 초점이 맞춰져 있는 개인과 친족이 자원을 두고 경쟁하도록 만드는 주된 경쟁적인 과정이 진화라는 것이다. 이 견해에 따르면, 이러한 과정은 우리 본성에 도움이 되는 면과 어두운 면을 모두 야기하며, 나중에는 약탈적 족벌주의, 복수심, 냉혹한 부족주의와 탐욕과 같은 것들이 될 수 있다. 우리가 보살핌과 도움이 특정한 유전자군의 복제를 촉진한다는 것을 알고 있지만, 보살핌에 대한 잠재성은 강력한 자기초점적 경쟁력과 타인에 대한 적대감과 더불어 존재한다(Barrett, Dunbar, & Lycett, 2002; Buss, 2014). 게다가 진화 이론가들은 부모-영아 경쟁(Geary, 2000), 성 내 및 성 간 경쟁, 집단 경쟁과 같은 다양한 영역의 경쟁을 강조한다. 그리고 이러한 영역에서는 갈등이 일반적으로 자비를 억제한다(Buss, 2014).

그래서 다양한 동기, 원형적 전략과 성격 특질은 상당히 비자비적이고 자기초점적이다. 그들 중 한 집단은 **어둠의 세 구조(Dark Triad)**로 확인되고 명명되는 마키아벨리즘, 나르시시즘, 사이코패스이다(Furnham et al., 2013). 또 다른 하나는 무자비한(경쟁적인) 야망(Tang-Smith et al., 2014; Zuroff, Fournier, Pattall, & Leybman, 2010)이다. 이것은 사회적 지배 지향성으로(Ho et al., 2015), 이러한 다양한 유형은 기업과 정부의 상위계층에서 과도하게 제시되며, 자비와는 명백하게 반대되는 공통 속성인 **냉담함**을 공유한다(Furnham et al., 2013). 이러한 사람들은 **돌봄에 대한 동기**가 부족한 것처럼 보이지만(또는 만성적으로 억제), 여전히 유능한 공감자가 될 수 있다

(Meffert et al., 2013). 또한 이것은 사람 사이에서만 달라질 수 있는 범주라기보다는 맥락과 기분 상태에 따라서 개인 내에서도 달라질 수 있는 차원적인 특성으로 보일 수 있다. 우리 대부분은 때때로 냉담하게 행동할 수 있다.

돌봄의 대가

최종적인 설명 분석에서 돌봄과 자비에 관한 명백하지만 중요한 한계는 종종 베푸는 데 비용이 많이 드는 자원이라는 것이다. 그래서 계통 발생학적으로 장기간에 걸쳐서 유전자 복제를 지지하는 맥락에서만 진화할 수 있었다(Bell, 2001; Burnstein et al., 1994; Preston, 2013). 예를 들어, 우리가 알지 못하는 사람들보다는 관계가 있는 사람들에게 훨씬 더 자비로울 수 있다는 것은 잘 알려져 있다(굶주린 아이들에게 자원을 제공하는데, 어쩌면 자원이 별로 필요하지 않거나 심지어 부유한 자신의 혈연관계에 있는 친족인 자손, 사촌, 조카들에게 제공하는 것과 동일한 경우는 거의 없다.). 우리는 잘 알지 못하면 좋아하지 않으며, 우리와 다른 사람보다는 우리가 잘 알고 좋아하며 비슷한 가치를 가지고 있다고 믿는 사람들에게 더 자비로울 가능성이 크다(Goetz et al., 2010; Loewenstein & Small, 2007).

그래서 혈연관계, 동맹관계, 우정은 자비의 자연적인 경계이다. 외부 집단, 특히 우리가 서로 다르고 적대적이라고 보는 집단에게 자비를 느끼기란 쉽지 않다(Loewenstein & Small, 2007). 우리는 그들의 고통에 반응하고 싶지 않을뿐더러 그들이 번영하도록 자원을

제공하고 싶은 마음도 없다. 사실상, 옥시토신 호르몬에 대한 최근 연구에서 옥시토신 호르몬이 친족, 친구 및 그룹 구성원에 대한 공감, 친화적이고 자비로운 행동을 증가시킬 수 있는 반면, 외부 그룹 구성원이나 또는 여성의 경우 자신의 아이에게 잠재적으로 위협적인 대상에 대한 공격성을 증가시킬 수 있다고 밝혔다(Mayseless, 2016). 이것은 자비가 맥락과 자비의 대상에 민감하다는 사실을 다시 한번 강조하는 바이다(Loewenstein & Small, 2007).

직접적인 비용 외에도, 자비와 돌봄은 여러 가지 역할과 관련된 상황에서 어려움을 겪을 수 있다. 여기에는 다음과 같은 것들이 포함된다. 돌봄이 어떤 면에서 의무적으로 느껴질 때, 다른 사람들의 요구가 이용 가능한 자원을 초과하거나 또는 한 사람이 무엇을 해야 할지 확실하지 않고 혼란스러울 때, 그리고 사회적 지지가 부족할 때이다. 스트레스를 유발하는 돌봄 역할에서 이러한 상황은 건강에 해로울 수 있다(Vitaliano et al., 2003). 실제로, 치매와 같은 만성적인 질병 상태에 있는 사람을 돌보는 사람들은 우울 비율이 30~50% 사이에 해당한다(Schultz & Williamson, 1991; Pagel, Becker, & Coppel, 1985). Molyneux, McCarthy, McEniff, Cryan과 Conroy(2008)는 지역사회 장면에서 정신질환 클리닉에 다니는 사람들의 주 보호자에게서 높은 수준의 우울증을 발견하였다. 게다가 Baumgarten과 동료들(1992)은 신체적 질병이 있는 사람을 돌보는 사람들보다, 치매가 있는 사람을 돌보는 사람들에게서 유의미하게 더 높은 수준의

우울과 신체적 증상이 나타난다고 밝혔다. 치매 보호자의 수치심, 죄책감 그리고 속박감에 대한 연구에서, Martin, Gilbert, McEwan과 Irons(2006)는 이러한 것들이 우울과 유의미하게 관련이 있음을 발견하였다. 사실, 돌봄의 역할에 갇혔다고 느끼는 것은 돌보고 싶은 마음도 있지만, 자신의 삶에 미치는 영향에 대해 분함을 느끼는 것과 이러한 자신의 분함에 대해 수치심과 죄책감을 느끼는 것 사이에서 심각한 갈등을 일으킬 수 있다.

우리는 자비나 공감 피로와 같은 개념에 주의해야만 한다. 왜냐하면 돌보는 사람들의 정신건강 문제에 관한 연구에서, 소진과 피로가 사회적 지지의 부족, 질병이 있기 전에 존재했던 상실로 인한 슬픔, 돌보는 사람에게 요구적이고 신체적 도움 혹은 공격성 같은 행동변화에 대처하는 어려움, 부적절한 보살핌에 대한 두려움, 재정적인 어려움 등등 때문일 수 있다고 밝혀졌기 때문이다(Molyneux et al., 2008). 그러므로 중요한 것은 소위 말하는 자비 피로를 불러일으키는 요인이 공감 또는 자비 그것 자체의 구성요소가 아니라, 보살핌의 역할에서 오는 압박감을 둘러싼 다른 문제일 수 있다는 것이다. Brown, Crawford, Gilbert, Gilbert와 Gale(2014)은 급성 정신질환에 대한 자비 경험과 임상의를 살펴보았다. 모든 임상의는 자비의 기본적인 성질에 대한 통찰과 그들의 환자에게 자비로운 치료를 제공하려는 바람을 가지고 있었지만, 문제와 피로를 불러일으키는 것은 직원 부족, 관료주의, 돌봄의 역할에서 심각한 시간 제한, 비용

절감을 위한 직원 강등, 지속적인 관리의 재구성, 일이 잘못되었을 때 지원의 부족과 미래에 대한 불확실성과 같은 맥락과 관련되어 있었다.

가장 분명한 돌봄의 역할 중 하나는 당연히 부모의 역할이며, 여기서도 우리는 아이들에게 제공하는 자비로운 돌봄의 능력은 개인마다 다르다고 보았다(Koren-Karie, Oppenheim, Dolev, Sher, & Etzion-Carasso, 2002). 아이들에 대한 자비를 억제시키는 환경을 만드는 많은 맥락적 그리고 가족력, 개인력, 과거력 요인들이 있다. 방임과 학대의 과거력이 있고, 정신건강 문제와 학습장애가 있는 부모들은 특히 자비가 억제되는 위험이 있다(Mikulincer & Shaver, 2017; Narvaez, 2017). 초기 삶이 뇌의 성숙과 심지어 유전자 발현에 어떻게 영향을 미칠 수 있는지에 대해 알고 있으면서도(Slavich & Cole, 2013), 모든 아이가 자비로운 환경에서 성장하기 어렵다는 것은 매우 안타까운 일이다. '어떻게 전 세계 아이들이 끔찍한 환경에서 양육되는가'라는 문제의 규모와 본질을 파악하지 못하는 실패가 아마도 인류의 가장 큰 자비 실패일 것이다(Gilbert, 2009; Van der Kolt, 2014).

사회적 경쟁

자비의 직간접적인 비용 외에도, 자비가 또 다른 핵심적인 내적 동기인 경쟁과 직접적으로 상충되는 경우가 많다. 실제로, 자기초점적인 경쟁(예: 자존심)이 돌보는 것과는 다른 뇌 시스템을 통해 작동한다는 신경생리학적 증거가 있다(Simon-Thomas, Godzik, Castle, Antonenko, Ponz, Kogan, & Keltner, 2011). 사회적, 대인관계적 경쟁은 다양한 상호작용 영역(예: 부모-자손, 성적 자원 획득 및 보유 등)을 포함한다. 인류 진화의 대부분은 자원이 부족하고(과도한 자기초점적 경쟁력보다는) 공유와 상호 지원이 생존에 필수적인 소규모 유목민 친족 기반 그룹에서 일어났다(Hrdy, 2009; Spikins, 2015). 그러나 농업의 출현은 점점 더 큰 집단 규모와 잉여를 창출할 수 있는 능력이 있는 비유동적인 정착을 하게 되었고, 이는 자원을 둘러싼 경쟁적 갈등과 혈연적 지위(대부분 남성) 위계질서를 활성화시켰다. 간단히 말해서, 자신과 친족 중심의 경쟁은 이러한 환경에서 더욱 두드러지게 된 것이다. 사실상 부가 증가하면서, 지역사회와 친사회적 자비 가치들에 대한 손상과 함께 자기초점적 경쟁력 또한 증가하였다. Galbraith(1987, 1992)와 Twenge, Campbell, 그리고 Freeman(2012)은 상대적으로 가난한 지역사회에서는 사람들이 자원을 함께 모을 수 있지만, 부의 증가로 인해 집단에서 빠져나온 개인은 자원의 공유를 지향하지 않고 더 많은 재산을 축적하여 집을 구매하고 개인 의료 서비스 및 교육을 받고자 하며 공동의 재산에 많은 이바지를 하지 않았다고 언급하였다. 경제학자들 또한 통제되지 않고 규제되지 않은 자본주의와 경쟁력이 우리의 많은 친사회적 가치와 일을 하는 도덕적인 방식을 변질시키고 있다고 점점 더 우려하고 있다. 실제로, 많은 영역에서 사람들은 효율성과 이익을 추구하기 위해 더 긴 시간을 일할 것으로 예상하면서 직업 생활은 스트레스가 더 많아졌다(Hutton, 2015; Sachs, 2012).

권력과 지위 상승으로 인한 자비의 억제

경쟁적인 행동의 실제 목표와 결과 중 하나는 지위와 권력을 증가시키기 위함이며, 이로 인해 생존과 번식에 도움이 될 수 있는 자원을 통제할 수 있게 된다. 사람들이 더 많은 자원, 통제력 또는 지위를 획득할수록 그들은 더욱 관대하고 자비롭게 된다고 생각했다. 그러나 안타깝게도, 증거는 정반대였다(Keltner, 2016). 실제로, 사람들은 사회 집단에서 세력이 강해지면서 다른 사람들의 고통에 덜 민감해지고 자비가 덜해진다는 많은 증거가 늘어나고 있다(James, 2007; Keltner, 2016; Van Kleef, Overis, Lowe, LouKogan, Goetz, & Keltner, 2008). 물론 분명한 박애주의의 예외가 있지만, Piff(2014)는 부의 증가가 나누고자 하는 지향성의 감소와 나르시시즘적인 특권의식의 증가가 흔히 동반된다고 보여 주었다. 달리 말하면, 부의 증가는 잠재적으로 이타적인 전략을 희생시키면서 어둠의 세 구조(마키아벨리즘, 나르시시즘, 사이코패스)와 오만한 형태의 전략을 유리하게 만들 수 있다. 실제로, 역사를 통틀어 거의 모든 문화의 부유한 엘리트는 자원을 공유하기보다는 축적하고 보유하는 이러한 방식을 따랐다.

현대사회에서 부의 축적에 대한 기회는 개인의 자원을 소유하려는 열망을 자극하고, 이는 다른 사람에게 주는 것보다 적응적일 것

이다. 확실히, 친족에게 주는 것이 나을 것이다. 이것은 가진 자와 가지지 못한 자 사이의 엄청난 부의 불균형이 어떻게 자원을 보유하고 있는 사람들에 대한 도덕적인 우려를 야기하지 않는 것처럼 보이는지에 대한 몇 가지 설명 중 하나이며, 사실상 부자들은 그들이 가진 부와 특권을 정당화시키고자 노력한다(Sachs, 2012; Van Kleef et al., 2008). 무엇보다도 우리는 기본적인 포유류 동물의 돌봄에 기반한 자비 기술과 관심으로 바꾸게 만든 소규모의 수렵채집 사회와는 매우 다른 문화들을 창조해 왔다. 비록 많은 사람이 교사, 임상의 및 경찰과 같은 보살핌의 직종에 들어가려는 동기가 강하지만, 우리는 자신과 가족들에게 가장 좋은 집, 교육, 건강 의료를 원하는 축적자이기 때문에, 공정한 자원 분배를 위해 고군분투하고 있다(Galbraith, 1992). 누군가는 공정한 자원 분배가 문화적이고 상황에 따른 것이라고 주장할 수 있지만, 여기서 요점은 이러한 맥락이 허용될 경우 나타날 수 있는 것은 온정이 있는 공유가 아니라, 더 오래된 과거의 자원 경쟁과 보유라는 것이다. 사실 공산주의의 요구에도 불구하고, 부의 공평하고 평등한 분배를 해 온 문명을 생각하기는 어렵다.

경쟁은 다양한 형태를 가질 수 있다. 예를 들어, 인간은 공격적으로 경쟁할 수 있지만 성적인 파트너, 친구 또는 고용인과 같은 다양하게 유리한 역할로 존중받고 원하고 선택받기 위한 사회적인 매력을 가지고 경쟁할 수도 있다. 실제로, 다른 사람들의 마음에 긍정적인 인상을 심어 주기 위해 경쟁하는 것은

사회 지능을 이끌어 왔다(Gilbert, 1992, 1998, 2007; Gilbert, Price, & Allan, 1995).

그러므로 많은 사람이 제안해 왔듯이, 돌봄의 이타심과 자비는 친족을 돌보는 이점이나 보답(Buss, 2014), 뿐만 아니라 다른 사람들의 마음속에 '이 사람은 도움이 되고 신뢰할 수 있는 파트너가 될 것이다'와 같이 자신에 대한 긍정적인 정서를 만들어 내기 때문에, 그리고 이러한 인상과 평판이 자신에게 중요한 득을 주었기 때문에 발전해 왔다고 주장하였다. 〈표 29-1〉에서 공격을 기반으로 한 경쟁과 매력을 기반으로 한 경쟁의 서로 다른 전략의 예시를 보여 주었다.

앞서 짧게 언급했듯이, 다양한 동기와 전략은 우리 내부에서 서로 경쟁하고 있다(Huang & Bargh, 2014; Ornstein, 1986). 예를 들면, 우리 자신의 다양한 동기 간 주요한 '경쟁' 중 하나는 다른 사람들의 고통으로 눈을 돌려 그들

표 29-1 사회적 역할에서 계급-지위를 획득하고 얻기 위한 전략들

전략	공격	매력
사용된 전략	권위주의적이고 강압적으로 위협하기	재능을 보여 주고 자신감과 친밀감 보이기
원하는 결과	순종하게 되는 것, 무시할 수 없는 존재로 여겨지는 것, 굴복하게 되는 것	존중받고 선택받고 자유가 주어지는 것
전략 목표	다른 이들을 저지시키고 두려움을 자극하는 것	다른 이들에게 매력과 영감을 주고 긍정적인 정서를 자극하는 것

과 함께 나누고 그들의 복지에 관심을 가질 것인지, 아니면 훨씬 더 자기중심적이고 우리 자신의 이익과 그것을 보호하는 방법에 초점을 맞출 것인지이다. 이렇게 각기 다른 동기들은 우리가 주의를 기울이고, 우리에게 기쁨이나 두려움을 주는 것 그리고 우리의 이력을 발전시키는 것과 같은 행동에 자원을 할당하는 데 영향을 미친다. 자기이익에 대한 위협이 활성화되고 도움의 비용이 증가하면, 자비의 잠재성이 감소할 수 있다(Loewenstein & Small, 2007).

자기중심과 타인중심 간의 싸움에 대한 증거는 경쟁적인 자기중심이 자비와 도움을 억제한다는 것을 밝히는 오랜 역사의 연구로부터 생겨났다(Darley & Batson, 1973; Music, 2014). 최근 하버드 교육대학원은 33개의 다양한 학교에서 중고등학생 10,000명을 대상으로 자기중심적인 경쟁적 성취와 공정하고 다른 사람을 돕는 동기를 탐색하는 설문조사를 보고하였다. 연구자들은 자기중심적인 행동과 성취가 다른 사람들에 대한 관심보다 개인적인 가치로서 훨씬 더 높게 평가된다는 사실에 주목하였고, 이러한 차이는 지난 20년 동안 강조되었다. 그들은 부모와 학교 모두 친사회적 행동보다 자기중심적인 경쟁과 개인적 성취를 치하하고 강조해 왔다는 점을 시사하였다. 이 보고서에 의하면, 자기중심적인 경쟁의 증가가 타인에 대한 관심과 자비로운 참여를 상당히 억압 및 억제할 수 있음을 강조하였다(Narvaez, 2017).

한편, 자기 대 타인중심에 대한 다른 연구

결과도 있다. Crocker와 Canevello(2008)는 자비 중심과 자기중심 각각의 다른 동기부여가 학생들의 사회적 관계와 복지에 미치는 영향을 조사하였다. 자비 목표는 학생들이 '다른 사람들에게 도움이 되고, 그들의 실수에 대해 자비를 가지며, 상처를 주는 일을 피하려고 노력하는 정도'에 따라 측정하였다. 자기중심 목표는 '자신의 긍정적인 자질이 드러나고 사람들이 당신이 옳다는 것을 알게 하며, 거절당하지 않고 약점을 가지거나 실수가 드러나는 것을 피하려는 욕구'로 측정하였다. 그 결과 자기중심적인 동기는 더 외롭고, 혼란스럽고, 단절되고, 고립감을 느끼는 것과 더 가난하고 우울한 것과 관련 있는 것으로 나타났다. 이처럼 서구 사회가 사람들에게 자기중심적이고 고군분투하며 경쟁적이 되도록 가르친다는 사실에도 불구하고, 실제로 친사회적 우정, 돌봄, 자비롭고 협동적인 목표가 웰빙에 더 도움이 된다는 증거가 증가하고 있다(Brown & Brown, 2015; Keltner et al., 2014; Ricard, 2015; Singer & Bolz, 2012).

자비의 억제요인으로서
안팎 간의 성적 경쟁

이제 우리는 경쟁하려는 경향을 전반적으로 살펴봄으로써, 생존과 생식 전략의 경쟁 동기를 찾아내는 좀 더 미묘한 접근법에 집중할 수 있다. 여기서 요점은 각기 다른 종류의 생존 및 번식 전략이 어떻게 각각의 억제요인을 일으키는지를 나타내는 것이다.

진화생물학자들은 새끼를 낳고 번식할 기회가 주로 성 내부(intra-sexual) 및 성 외부(inter-sexual)(Barrett et al., 2002; Buss, 2014) 구성원 간의 복잡한 경쟁적 상호작용을 포함한다는 사실을 강조해 왔다. 자원을 위한 경쟁에서 수컷의 번식 전략은 친화적이거나, 적대적 지위, 권력, 자원 및 성관계를 위한 갈등과 함께 적대적 경쟁을 포함하는 고위험 및 고소득 전략을 사용한다. 동물들이 집단 내에서 살아가기 위해서, 계층구조는 이러한 갈등으로부터 발생할 수 있는 부상 정도와 부상 위험을 최소화할 수 있는 다양한 순종적 행동과 더불어 진화한다(Gilbert, 2000). 그러나 복종적 지위는 복종자의 건강에 부정적인 영향을 미칠 수 있고(Sapolsky, 2005), 권위자에게 복종하고 따르는 성향은 종교의 이름 아래 저질러진 것을 포함하여(Garcia, 2015), 엄청난 잔인함을 가능하게 만들 수 있다(Kelman & Hamiltion, 1989; Milgram, 1974; Zimbardo, 2016).

지위 또는 권력을 얻기 위해 사용되는 공격성의 정도는 성격 특질과 관련 있지만, 문화 및 맥락과도 관련이 있다. 예를 들어, 개코 원숭이에 대한 연구들은 각각 다른 두 가지 리더십 스타일을 보여 주는데, 어떤 우두머리 수컷은 친화적인 반면, 공격적인 우두머리 수컷도 있었다(Sapolsky, 1990). Gilbert와 McGuire(1998)는 낮은 세로토닌의 원숭이들이 얼마나 시비를 걸고, 예측 불가능하며, 기본적으로 불안한 공동체 환경을 조성하고, 복종의 표시를 요구하며, 그들의 권위에 도전하는 것을 억제하는 경향이 있는지에 주목했다. 즉, 적대적인 지배 전략은 그 전략을 성공시키기 위해 주변에 두려움과 복종심을 유발시킨다. 반면에 높은 세로토닌의 수컷들은 더 친화적이며 지위를 획득하고 유지하기 위해 친화적인 방법을 생산할 가능성이 높다.

점점 더 많은 연구가 보여 주는 것은, 자기중심적이고 공격적인 수컷의 생식 전략 유형들이 집단의 맥락에서 작동하고 지배할 때, 숨거나 비위를 맞추려고 하거나 우두머리 수컷의 의지를 따르고자 하는 복종자들을 위협, 협박, 두려움, 그리고 불안하게 하는 데 초점이 맞춰진다는 것이다(Shackelford & Goetz, 2012). 집단의 측면에서, 통제 및 영역 획득의 자원 그리고 부의 흐름은 상위계층으로 올라가는 데 초점이 맞춰지며, 실제로 상위계층은 그들의 부를 그들의 지위를 유지하기 위해, 때로는 놀라울 정도로 납세를 은닉하거나 탈세를 한다(Sachs, 2012). 성적 통제, 특히 암컷의 섹슈얼리티를 규제하는 데 집중하는 것은 모두 자비를 방해할 수 있다.

암컷들 또한 자원과 성적 접근 기회를 위해 서로 경쟁한다. 수컷들처럼 이들도 친화적이고 협력적일 수 있지만 서로에게 적대적일 수도 있다(Buss & Dreden, 1990). 이들의 전술은 육체적 위협이라기보다는 회피와 조롱의 전술이다(Stockley & Campbell, 2013). 게다가 아내, 자매 그리고 어머니들은 그들의 남편, 아들 그리고 남성 친척이 경쟁자에게 공격적이고 지배적인 방식으로 행동하도록 유도되어 왔다(Gay, 1995). 그래서 두 성별 모두는 그들의 경쟁자를 폄하하고 해치는 방식을 지니고 있다(Buss & Dreden, 1990; Shackelford & Goetz, 2012).

성 내 경쟁이 **동성** 간의 갈등과 관련이 있는 반면, 성 간 경쟁은 성별 간에 발생하며 다른 성별 개체들의 상이한 이해관계에 의해 형성된다. 성적 파트너에게 매력을 끌기 위해 경쟁하는 것은(이로써 개인은 성적 파트너로서 선택 및 수용될 수 있음) 신체적으로나 자원 보유자로서나 모든 종류의 '매력' 표시로 이어진다(Buss, 2014). 실제로 육체적 매력은 성적 파트너로 갈망되는 것을 넘어서서 취업, 동맹, 용서, 자비로운 도움을 받는 것의 측면에서 많은 이점을 가져다주는데, Ectoff(1999)는 이 현상을 '가장 예쁜 사람의 생존'이라고 부른다. 매력적인(예: 유용하고 이타적인) 짝짓기 선택 및 동맹의 대상이 되는 것 또한 이타심과 자비의 진화를 지지해 왔다(Goetz et al., 2010). 그러나 비극적이게도 많은 종에게서 성적 동기와 전략들은 매우 강압적일 수 있는데, 각 젠더가 상대에게 생식 이익을 강요하려고 시도하기 때문이다. 이는 인간에게도 드문 것이 아니며 당연히 자비를 억제할 것이다. 여성의 억압, 종속, 착취, 괴로움에 대한 관심이 부족했던 역사는 자비를 억제하는 강력하고 비극적인 예이다(가정폭력에 대한 WHO의 충격적인 보고서를 보라. Garcia-Moreno Jansen, Ellsberg, Heise, & Watts, 2006). 그래서 우리는 이러한 사회적 맥락과 믿음 체계가 유지되는 것이 '누구에게 이익인지'를 명심해야 한다.

잔인함

자비에 대한 FBRs의 또 다른 최악의 선천적인 원천은 **잔인함**이고, 고의적으로 다른 사람에게 고통을 주는 것이다(Abbott, 1993; Gilbert, 2005; Gilbert & Gilbert, 2015; Glover, 1999; Nell, 2006; Plante, 2015; Taylor, 2009). 앞에서 언급했듯이, 경쟁자를 제거하고 억압하는 것은 다른 개체들을 해치려는 욕망의 한 원천이다. 그러나 잔인함에 대한 또 다른 진화 메커니즘이 제안되고 있다. Nell(2006)은 자비의 반대인 인간의 잔인함에 이르는 경로 중 하나는 사냥과 먹잇감을 죽이는 것에서 진화해 온 것일 수도 있다는 매력적인 분석을 제공하였다. 왜냐하면 포식자로 하여금, 먹기 위해 죽이는 것은 죽이면서 가하는 고통으로부터 오는 괴로움에 대해 어떤 '우려'나 억제적인 반응을 완전히 끄도록 요구하기 때문이다. 실제로, 먹잇감은 먹히고 죽임을 당하면서 높은 수준의 '괴로움 신호'를 보낸다. 때때로 사자가 버팔로를 죽이는 데 거의 한 시간이 걸리고 하이에나는 달리는 동안 먹이로부터 살을 뜯는데, 이것은 극심한 공포의 비명을 자아낸다(Nell, 2006). 침팬지는 다른 원숭이들을 죽이고 먹는데, 죽임을 당하는 원숭이의 괴로움에 대하여 돌봄 반응을 다시 한번 완전히 억제해야 한다.

육식동물로서 인간은 틀림없이 동물, 특히 우리가 먹고자 하는 동물을 상당히 잔인하게(단지 공장식 축산업뿐만이 아니다) 대해 왔으며 여전히 그러하다. 고통에 대한 민감성을 끄는 몇몇 메커니즘은 사냥 및 포식자 행동의 진화에 뿌리를 두고 있을 수 있다. 이러한 메커니즘은 타인에 대한 잔인함을 가능케 하여 그 이후에 진화한 집단 간 폭력에 사용되었을지도 모른다.

요약

이 절에서는 자연 선택이 인간의 성향을 조형할 수 있어서 어떤 사람에게는 자비롭지만 다른 사람에게는 자비를 철회하며, 잔인하고 적대적일 수 있음을 알아보았다. 가장 일반적인 진화론적 설명은, 에너지 및 자원 소모의 측면에서 자비가 많은 비용이 든다는 것이다(Burnstein et al., 1994; Buss, 2014). 게다가 우리는 어떤 고통 신호에는 반응하고 싶지 않을 수도 있는데, 그 신호가 위험을 알릴 경우(예: 질병) 또는 자신에게 해를 끼칠 위험이 있는 경우가 이에 해당된다(Panksepp & Panksepp, 2013). 심각한 편집증, 약물 및 알코올 문제, 또는 에볼라를 지닌 누군가를 돌보는 것은 쉽지 않을 것이다. 누군가를 돌보는 것 또한 정신건강 측면에서 비용이 든다(Vitaliano et al., 2003). 이 모든 것은 혈연관계와 동맹관계 그리고 상대적으로 안전한 타인에게 선별적으로 집중하게 만든다.

또 다른 설명은 성 연계 번식 전략에 따른 성 내, 성 간 경쟁에서 자비가 일어나기는 쉽지 않다는 것이다. 젠더 폭력과 착취에 대한 성격적 소인과 부모 헌신의 질 모두가 여기에 뿌리를 두고 있다. 실제로 사람들이 그들의 성적 및 자원 경쟁에서 타인을 희생시키면서 자기 자신에게 집중하는 정도는 자연 선택이 다수의 반대되는 동기를 조형시켰다는 것을 의미한다(Huang & Bargh, 2014).

실제로 공감과 고통 민감성을 꺼 버리도록 진화한 내적 메커니즘과 관련해서(Zaki & Cikara, 2015), 이는 위협 그리고 돌봄 비용과 관련될 뿐만 아니라 인류 조상들이 필요한 음식 섭취를 충족시킬 수 있도록 돕는 데 의도적으로 피식자의 고통을 바라보는 능력을 필요로 하는 포식자 경향으로부터 진화해 온 것일 수 있다(Nell, 2006). 진화는 이미 존재하던 메커니즘을 다른 용도로 채택하기 때문에(Buss, 2014), 우리의 잠재적인 잔인함은 여러 가지 근원을 가질 수 있다. 이러한 궁극적인 설명을 염두에 둠으로써 우리는 자비 요소의 근접한, 지역적, 문화적, 맥락적 원인을 더 잘 고려할 수 있다.

자비의 근접 억제요인(FBRs)

궁극적이고 근접한 설명의 연계

유전자들은 그들의 목표를 달성하기 위해서, 전략(그리고 그들의 동기 체계)을 부호화하여 자신이 번성하고 번식할 수 있게 하는 사회적 맥락을 만들어 낸다. 박테리아가 심지어 그들 주인의 음식 선호도에 영향을 미침으로써 내장 안에서 생존 및 번식할 수 있는 조건을 만들어 내려고 하는 것처럼, **전략**은 그들 주인의 마음뿐만 아니라 주인 주변에도 영향을 미칠 만한 행동을 만들어 낸다. 전략이 번성할 수 있게 타인의 정신 상태를 만들어 낸다. 자비 FBRs에 대한 우리의 가장 근접한 이해 범위는 이러한 정신상태이다.

예를 들어, 공격적인 전략은 다른 사람들의 마음속에 두려움과 복종이라는 사회적 맥락을 만들어 내려고 한다. 게다가 그들은 협력적인 전략보다는 공격적인 전략의 사용을 지지하는 신념을 부채질하는 사회적 담론을 만들어 낼 것이다(예: '이곳은 서로 잡아먹고 잡아먹히는 험한 밀림 세계이다.', '우리는 모두 강해져야 한다.', '삶은 위협적이기 때문에 남들 도움 없이 스스로 자신을 돌봐야 한다.'). 이런 믿음은 드물지 않지만, 만약 이것들이 지지된다면 분명히 모든 범위의 행동에 영향을 미칠 것이다(Perry et al., 2013). 이와는 대조적으로, 친화적, 이타적 전략은 다른 사람들의 마음에서 협력적 동기를 독려하고, 따라서 안전감, 신뢰감 그리고 동종의 개방성을 가진 보살핌 환경을 고무시키려고 한다. 다시 말해, 서로 다른 전략은 그들이 상호작용하는 마음속에서 매우 다른 정신 상태를 만들어 내려고 한다. 모든 인구에서 이러한 다양한 전략(예: 투자 대 속임, 공격 대 친화, 종족 대 개방)이 표현되기 위해, 다른 사람의 마음에 영향을 미치기 위해, 그리고 궁극적으로 복제되기 위해 경쟁할 것이다. 이러한 전략은 분명히 흑과 백이라고 할 수 없을뿐더러 둘 중 또는 둘 다가 아닌, 다른 맥락에서 다른 시간에 다른 사람들에게 다양한 수준으로 작동할 수 있다. 그리고 어느 한 개인 안에서 충돌할 것이다(Huang &

Bargh, 2014). 그러나 우리의 요점은, 진화해 온 사회적 전략이 자비 담론을 용이하게 하거나 또는 종식시킬 수 있는 역동적, 상호적, 사회적 안무를 창조하기 위한 표현형이라는 것이다. 다음의 내용에서 우리는 사람들이 사회적 맥락에서 스스로를 어떤 상황에 놓는지와 관련된 자비 억제의 더 가깝고 지엽적 맥락인 원인을 분석한다.

수치심에 의한 자비의 억제

윤리적, 도덕적, 그리고 자비로운 행동 전반에 영향을 미칠 수 있는 가장 중요한 사회적 및 개인적 판단은 수치심이다. 수치심은 다른 사람들에 의해 비난, 조롱, 혹은 거절당하는 것에 대한 방어적인 반응이다(Gilbert, 1998). 수치심은 우리 자신의 부정적인 자기평가에 집중될 수 있다: 개인적 열등감, 부적절감을 느끼거나, 결점이 있고, 실수 또는 나쁜 행동을 함(내적 수치심이라고 함). 게다가 사람들은 스스로를 대할 때 가벼운 자기비난에서 자기학대와 자기혐오까지 갈 수 있다. 이는 자기자비, 자기수용 및 자기용서의 주요 억제 요인이다. 내적 수치심이 내부적으로 초점이 맞춰지는 반면, 수치심 경험은 종종 다른 사람들의 부정적인 평가와 행동으로부터 형성된 외부세계에서 시작된다. 우리는 타인이 나를 불충분하고, 결함이 있고, 바람직하지 않고, 매력적이지 않거나, 어떤 면에서 나쁘게 보는 것으로 경험한다. 우리는 다른 사람들의 눈과 마음에 수치스럽고, 폄하되거나, 경시된

다고 느낀다(외적 수치심이라고 함; Gilbert, 1998, 2007). 이는 자신감을 가지고 사회적으로 참여하는 것과 유익한 관계를 확보하는 것에 잠재적으로 심각한 영향을 미친다는 점에서 사회적 입지의 주요 경쟁력 상실이다.

Tangney와 동료들의 광범위한 연구가 여러 차례 보여 주었듯이, 수치심은 책임감, 분노, 은폐, 공격성, 범죄 및 비도덕적 행동에 취약함, 우울 및 편집증과 연관될 가능성이 더 높았는데 이는 도덕적 정서를 뒷받침하는 것과는 거리가 있다(예: Stuewig, Tangney, Kendall, Folk, Meyer, & Dearing, 2014; Tangney, Stuewig, & Mashek, 2007의 연구를 보라).

수치심이 사회적 정체성의 위협과 관련된 것이라는 점에서(따라서 사회적 경쟁력 및 매력 순위에도 위협이 됨), 우리는 수치스러워질 수 있는 잠재성과, 따라서 거부되고 심지어 공격당하는 것을 두려워할 수 있다. 게다가 수치스러워지는 것을 피하기 위해(예: 겁쟁이 또는 충실하지 못한 사람) 우리는 자기 자신 및 타인에게 해로울 수 있는 행동을 따르도록 유도될 수 있다(Gilbert, 1998, 2007를 보라). Kelman과 Hamiliton(1989)은 이를 '범죄의 복종'이라고 하였다. 수치심의 상황을 만들어 내는 문화에 대한 비극적인 예시도 있는데, 이는 어마어마한 고통을 초래하거나(예: 중국의 전족, Mao, 2007) 상대적으로 경미한 잘못에 대해 가장 끔찍한 처벌을 허가하기도 한다(Abbott, 1993).

'방관자 효과'는 사회적 표현과 수치심 회피와 일부 관련이 있다. Tice와 Baumeister(1985)는 만약 돕는 행동이 자신의 마초적인 자기상

을 약화시킬 경우(또는 수치스럽게 하면) 남성 안의 마초적인 자기상이 돕기 행동을 억제할 수 있음을 발견했다. 실제로, 문화적으로 각 본화된 '거칠고, 대담하며, 자신의 감정을 통제하는' 남성성의 '마초' 이미지는 문화가 서로 경쟁적인 남성을 추구할 때, 위험한 생태계일 때, 부족 갈등이 남성으로 하여금 위험을 감수하고 싸우도록 요구할 때 더 흔하다(Gilmore, 1990). 자애롭고 협력적인 환경에서 평화 유지, 나눔, 상냥함과 같은 자비의 가치는 꽤나 다르게 받아들여진다(Gilmore, 1990).

대인관계 친밀함과 자비를 두려워하는 사람들은 '만약 네가 진짜 나를 알게 되거나 내가 무슨 생각을 했는지 안다면, 내가 자비를 받을 자격이 있다고 생각하지 않을 거야.'라고 믿을 수 있다(Pauley & McPherson, 2010). 실제로 내적, 외적 수치심의 관계는 타인으로부터 또는 자기 자신으로부터 자비를 받는 것의 주요한 방해물 중 하나이다(Gilbert, 2007, 2010; Gilbert et al., 2011). 사실, 아마 모든 사람은 내적 판타지가 드러나는 것에 어느 정도 두려움을 가지고 있을 것이다! 보호해 주고 친절해야 하는 타인이 상처를 주고, 사랑받을 만하지 않다거나 어떤 점에서 나쁘다는 말을 듣게 되는 학대적 환경에서 자랐던 개인은 다른 사람에게 마음을 엶으로써 오는 상호주체성과 가까움을 두려워할 수 있다. 그들은 '만약 나에게 가까이 온다면, 너는 내 안의 나쁜 것을 보게 될 거야. 나에게 가까이 온다면, 네 안의 나쁜 것을 보게 될 거야.'라는 모토를 가지고 있다. 여기에는 가까운 관계 또는 나눔

의 관계에서 일어나는 것에 기본적인 불신이 있을 수 있다. 즉, 핵심은 수치심에 대한 두려움이 자비를 억제할 수 있으며, 도덕적 용기와 무자비한 행동 및 불의에 맞서 싸우기 위한 준비성을 억누를 수 있다는 것이다. 수치심은 우리가 타인에게 손을 뻗는 것을 멈추게 할 수 있고, 자비를 주고받는 것을 멈추게 할 수 있다(Gilbert, 2017b).

수치심이 자기중심적, 경쟁적 동기 시스템에 뿌리를 두고 있는 반면, 죄책감은 위해를 끼치는 것을 피하는 데 초점을 두고 있으며 돌봄 동기에 뿌리를 두고 있다. 따라서 죄책감은 잘못에 대한 슬픔 및 회한과 같은 다른 정서와 관련 있으며, 자비와 연관될 가능성이 훨씬 높다(Gilbert, 2009, 2017b; Tangney et al., 2007). 그러면 확실히 우리는 사람들을 수치스럽게 하여 자비를 느끼도록 만들 수 없으며, 죄책감이나 후회를 촉진하는 것이 자비와 관련 있는데 왜냐하면 죄책감은 수치심의 방식과는 달리 타인의 고통에 대한 민감성을 포함하고 있기 때문이다(Gilbert, 2017b).

권력과 지위로부터 자비의 억제

지위 위계질서와 리더-추종자 관계의 현상학은 성적 및 자원 경쟁의 종(種)-주제 역동에 의해 가능해진다. 그렇지만 중요한 것은 추종자에 대한 리더의 영향은 반응일 뿐만 아니라 자비를 촉진하거나 억제하도록 준비시키는 사회적 맥락을 제공한다는 점이다. 리더와 그들 인격의 중요성은 Sapolsky와

Share(2004)의 매력적인 연구에서 우연히 발견되었다. 그들이 관찰하고 있던 원숭이 한 무리가 지역 쓰레기장에서 먹이를 먹기 시작했고 우두머리가 가장 큰 몫을 가졌다. 결핵이 발병했을 때, 우두머리 수컷들은 병에 걸려서 죽을 가능성이 가장 높았다. 이 수컷들이 죽고 난 뒤, 그 그룹의 사회적 결이 달라졌는데, 몸치장과 친애가 증가했고, 수컷들 사이에서 공격성과 스트레스가 줄어들었다. 심지어 새로운 개코원숭이들이 무리에 합류했는데도 수년간 더욱 평화롭고 평등한 문화가 지속되었다. 실제로, 집단은 그들의 리더에 따라서 폭력적이거나 평화로울 수 있다(인도 간디와 남아프리카 넬슨 만델라의 영향력은 어떻게 권력의 이양이 폭력적인 충돌을 통해서가 아니라 평화적으로 이루어졌는지를 보여 주는 핵심 사례이다).

권력 획득은 인격의 오만함을 불러일으키는 결과를 낳기도 한다(Garrard & Robinson, 2015). 권력의 자기팽창에 사로잡힌 리더들은 판단력이 흐려지거나 무자비한 가치를 촉진할 수 있다(Jakovljević, 2011). 세간의 이목을 끄는 현대의 리더십과 관련된 스트레스와 위협은 특정 인격을 일부 선택하거나 개인적인 불확실성과 취약성에 대한 방어로서 자만심의 위험을 증가시킬 수 있다(Lindholm, 1993; Owen, 2008, 2012).

좋거나 나쁜 집단 행동에 대한 리더의 중요성은 Green, Glaser와 Rich(1998)와 같은 연구에 의해 드러난다. 그들은 불리한 경제 상황(예: 높은 실업률)과 소수 민족을 향한 증오 범죄(린치와 구타) 사이의 연관성에 대한 역사적 기록을 살펴보았다. 통념에 따르면, 상대적 빈곤의 증가와 함께 질투와 좌절이 쌓여 증오 범죄의 증가로 이어진다고 한다. 하지만 이러한 연관성은 빈약한 것으로 증명되었다. Green 등(1998)은 증오범죄 발생의 중요한 요인이 자신들만의 목적이나 이유로 폭력을 지휘하고 조정하는 지도자와 권력 엘리트의 출현이라고 보았다. Lindholm(1993)과 Gay(1995)도 같은 결론을 내렸다. 확실히 오늘날 전 세계의 많은 분쟁에서 폭력은 권력 엘리트에 의해 조직되는 반면에 실제로 전투에 참여하는 사람들은 극심한 고통을 겪는다(Kelman & Hamilton, 1989; Pratto, Sidanius, Stallworth, & Malle, 1994). 사실 사람들로 하여금 다른 사람들에게 공격적이고 해롭게 행동하도록 유도하는 것은 놀라울 정도로 쉽다(Zimbardo, 2006).

Gay(1995)는 정치적 미사여구가 어떻게 청중을 두려움, 외부인에 대한 증오, 증오는 아니더라도 동정심과 능력을 억압하는 우월감이나 특권의식을 쉽게 자극할 수 있는지를 개략적으로 설명한다. 실제로, 그룹 내 유대가 강할수록, 그들을 보호해야 한다는 의식이 커지며, 따라서 외부인에 대한 적대감이 커진다(Gay, 1995). 발칸 반도와 르완다 전쟁과 같은 많은 다른 전쟁의 비극 중 하나는 민족이 다르긴 하지만, 이전에는 인정 많고 우호적인 이웃이었던 사람들이 '민족 국가'라는 현수막 아래 그들의 지도자에 의해 너무나도 쉽게 끔찍한 방법으로 서로에게 달려들도록 유도되었다는 것이다. 이는 일반적으로 공격적이고 국수주의적인 남성 집단의 영향인 것으로 인식된다(Ingnatiff, 1999). 수 세기 동안 강력한 정치적 메시지들은 표와 추종자를 얻기 위해 '아웃사이더에 대한 두려움'과 '삶의 방식에 대한 위협감'을 만들어 내기 위해 노력해 왔다. 슬프게도, 현대 서구 정치인과 언론의 영역도 다르지 않다.

리더는 집단의 정체성, 결속력, 보호를 유지하기 위해 고려되는 것이지 그것을 느슨하게 하기 위해서가 아니다(Linholm, 1993). 1974년에 Stanley Milgram은 사람들이 작은 권위가 주어지면 다른 사람들에게(리더에게 복종) 잔인하게 행동할 수 있다는 것을 보여 주는 고전적으로 잘 알려진 일련의 실험을 발표했다. 확실히, 우리의 잔혹한 역사에는 잔인한 지도자가 유화책과 환심을 사려고 하고 집단은 그 규준과 가치에 따라 순응하는 것이 많이 나타난다(Kelman & Hamilton, 1989; Zimbardo, 2006). 순종적이고 달래는 행동이 오히려 자비를 억누르고 예상치 못한 방향으로 이끌 수 있다. 예를 들어, 비록 많은 연구가 자비가 **우호성**(agreeableness)과 **성실성**(conscientiousness)의 성격 특질과 관련 있다는 것을 밝혀냈지만, Bègue, Beauvois, Courbet 등(2015)은 그리고 Milgram-유형 실험에서 이 두 가지 특질이 '순응, 문제를 일으키고 싶지 않은 것, 복종과 관련 있다'는 것을 보여 주었다.

우리가 또한 주목해야 할 것은 종교가 종종 편안함과 도덕적 방향을 제공할 수 있긴 하지만, 예외적인 폭력의 원천이 될 수 있고 사람들의 생식전략을 통제하려는 것을 포함하여 인간 삶의 가장 사적인 영역에 도달하려고 한다는 것이다(Garcia, 2015). 그래서 어떤 종교는 매우 부족적이고, 공격적이고, 통제적이고, 남성 지배적이며, 마음속에 자비가 자리하고 있다고 선언하면서도 굉장히 무자비하다.

위협으로부터 자비 억제

자비의 FBRs는 위협의 지각과 명백한 관련이 있다. 비록 자비가 고통에 대한 민감성에 관한 것이지만, 고통 민감성이 처음에는 고통받는 사람으로부터 도피와 회피를 촉발하는 위협 및 경고 신호에서 시작되었다는 것을 명심하는 것이 중요하다(Panksepp & Panksepp, 2013). 그러므로 상당수가 어떤 종류의 고통이 일어나고 있는지, 어떤 맥락에서 일어나고 있는지, 그리고 누가 고통받는지에 좌우될 수 있다(Goetz et al., 2010). 고통에 대한 인식의 예시는 경고 신호로 작용하며 두려움을 유발하는데, 이는 보살핌을 억제할 수 있고 접근보다는 회피를 촉발시킬 수 있다. 삶의 가장 중요한 과제 중 하나는 자신 및 친족 관계를 향한 위협을 빠르고 효율적으로 인식하고 대처하는 것이다. 이것은 우리의 위협 시스템이 우리의 가장 지배적인 정보처리 시스템이라는 것을 의미한다. 그것은 빠르게 각성될 수 있고, 고전적 조건화에 매우 민감하며, 주의 편향을 만들어 내고, 긍정적인(그리고 친화적인) 정서를 쉽게 억제할 수 있는 능력을 가지고 있으며, 자비를 억제할 수 있는 불안, 분노, 혐오와 같은 방어적인 감정을 자극한다. 이것은 Baumeister, Bratslavsky, Finkenauer과 Vohs(2001)가 제안한 것처럼, 선천적인 부정적 편향 또는 '나쁜 것이 좋은 것보다 강하다'로 간주되어 왔다.

세상을 위험한 곳(위협 경계와 자기보호에 주의를 기울이도록 요구하는)으로 보면 볼수록, 우리는 자원을 나누는 협력적이고 자비로운 행동에 주의를 덜 기울이며 더욱 보수적으로 변한다(Janoff-Bulman, 2009). Perry, Sibley와 Duckitt(2013)의 메타분석 연구는 위협 민감성과 관련된 서로 다른 두 가지 이데올로기적 유형의 믿음을 밝혀냈으며, 이는 협력 및 자비의 가치에 영향을 미친다. ① 세상은 좋은 사람들이 나쁜 일로 끊임없이 위협을 받는 위험한 곳이다, ② 이곳은 비도덕적이고 무자비한 투쟁과 경쟁으로 특징지어지는 경쟁적인 장소이자 정글이다. 먹고 먹히는 세상이고 여기서 번성하기 위해서는 이러한 작전을 채택하거나 작전에 대처해야 한다. 흥미롭게도, 자비에 대한 두려움 척도 연구에서 타인을 향한 자비 두려움은 자비를 받는 것과 자기자비에 대한 두려움에 그리 상관이 높지 않다(Gilbert et al., 2011, 2013, 2014). 실로, 현재까지 그러한 이념을 가진 사람들이 자비가 덜하다는 증거는 없다. 자비의 또 다른 흔한 장애물에는 여러 종류의 부러움이나 타인에 대한 경멸적인 시선을 지니는 것도 포함된다(Gilbert, 2010).

추가적으로, 위험 및 스트레스의 생리적 상태는 자비의 과정을 방해하고 타인보다 자기 자신을 돌볼 필요성에 주의가 가게 한다(Porges, 2007). 게다가 반추와 자기초점을 증가시키는 우울 및 편집증을 포함한 모든 종류의 정신건강 문제는 자비 두려움과 관련 있다(Gilbert et al., 2011).

자비 억제요인으로서 동기적 갈등의 역할

앞서 우리는 자비 FBRs의 궁극적인 설명으로서 동기적 갈등에 대한 개념을 소개했다. 이러한 갈등은 진화적 시간을 걸쳐 '비용-편익' 분석의 종류로 진화했다(Buss, 2014; Gilbert, 1989/2016; Huang & Bargh, 2014). 하지만 결정적으로, 각각의 전략과 잠재된 동기가 발현되려면, 개체 안에서 경쟁되어야 한다. 이러한 개체의 이력과 맥락은 무엇이 개발되고 발생하는지에 큰 영향을 준다(Huang & Bargh, 2014; Narvaez, 2017). 예를 들어, 화와 분노는 명백한 이유로 자비의 FBRs가 될 수 있다. 사람들이 화나 분노를 인내하고 다스리기 위해 자비와 용기가 계발되어야 한다고 여기는 것과 달리, 자비는 그런 감정을 없애기 위해 가져야 하는 것이라고 여길 때 자기자비와 자기수용을 억제할 수 있다. 다른 맥락-특정적 동기 맥락들이 차례로 논의될 것이다.

자비에 영향을 미칠 수 있는 갈등은 가치의 영역에서도 발생할 수 있는데, 여기에는 윤리도 포함된다(Music, 2014). 예를 들어, Batson, Klein, Highberger와 Shaw(1995)는 정의의 윤리가 자비의 윤리와 상충될 수 있다고 지적했다. 게다가 한 개인의 도덕적 본성은 자비에 영향을 미칠 수 있다. 더욱이 공감적이고 기술적인 자비를 보내는 능력은 자비를 받는 능력 또는 이를 억제하는 능력에 의해 좌우될 수 있다(Hermanto & Zuroff, 2016). 그리고 어떤 사람들은 진심 어린 공감에 의해서라기보다 호감을 얻기 위해 자비를 행하려고 노력한다(Catarino, Sousa, Ceresatto, Moore, & Gilbert, 2014).

그룹 간 갈등-부족중심주의

부족중심주의(Tribalism)가 부분적으로는 근본적인 궁극의 과정임이 확실하다. 실제로 많은 종은 부족중심적이며, 부족중심주의가 자신과 무관한 그룹의 개체들을 죽이는 토대가 된다. 인간 역시 매우 부족중심적일 수 있다. 부족중심주의와 부족 전쟁, 그리고 이들의 노예제도는 군비에 지출되는 막대한 자원은 말할 것도 없이 어마어마한 고통의 이유이다(Van Vugt & Park, 2009). 앞에서 언급한 바와 같이, 부족중심주의는 집단 간 갈등에 대한 지도자들의 호소에 의해 쉽게 자극된다. 예를 들어, 순결-역겨움과 오염의 두려움, 해로움 또는 자원 손실 두려움이 있다. 여기서 타인은 '우리를 오염시키는 이질적인' 것으로 간주된다. 예를 들어, 히틀러는 유대인을 '질병과 해충'으로 묘사했다(Glover, 1999). 일단 '오염과 질병'에 대한 심리에 잡히면, 질병에 대한 전형적인 접근을 '찾고, 근절하고, 말살

하려는' 욕구가 다른 사람들을 생각하고 대하는 방식을 지배할 수 있고, 이때 동정심은 명백하게 뒷전으로 밀려난다(Gay, 1995; Gilbert, 2005). 또한 '침략', 점령 또는 장악당하는 것에 대한 두려움도 있을 수 있는데, 이는 이민자와 난민에 대한 전형적인 수식어로 이들은 종종 푸대접을 받고 동정받지 못한다. 부족중심주의의 진화심리학에 뿌리를 두고 있는 것은 **집단 중심의 사회적 지배**(group-focused social dominance) 개념이다. Sidanius와 Pratto(2004)는 "집단 갈등과 억압의 형태(예: 인종주의, 민족중심주의, 성차별주의, 민족주의, 계급주의, 지역주의) 대부분은 집단 기반 사회 계층을 형성하려는 인간의 동일한 기본적 성향에 기반하나 각기 다르게 발현되는 것으로 간주된다"(p. 319)고 주장하였다. Martin 등(2014)은 자비에 대한 두려움과 사회적 지배 특질의 측정에 대해 탐구하였으며, 사회적 지배와 불평등을 정당화하는 것이 모든 형태의 자비 두려움과 관련됨을 보여 주었다. 그래서 집단 중심적인, 사회적 정체성과 의사소통 네트워크가 할 수 있는 중요한 역할 중 하나는 불평등을 정당화하는 내러티브를 제공(예: 다른 사람을 자격이 없거나 어떤 면에서 열등하다고 생각하는 것)하고, 차이에 대한 두려움과 공포를 조장하며 잔인함을 정당화하는 것이다. 다른 사람들의 잔인함을 받게 되는 쪽에서는, 물론 굴욕감, 분함, 보복 욕구가 있을 것이다.

고통의 즐거움

사디즘과 잔혹함의 힘은 단지 사냥, 위협, 보호 또는 복수만을 나타내는 것이 아니라 실제적인 즐거움이다. 독일어에는 Schadenfreude라는 단어가 있는데 '남의 불행과 고통에서 만족을 얻는'다는 의미로(Leach, Spears, Branscombe, & Dossje, 2003), 자비와 정확히 반대된다. 실로, 인간은 복수를 즐길 수 있다(Leach et al., 2003). 인기 있는 미디어는 물론 상당수의 스토리텔링은 '좋은 사람들'이 '나쁜 사람들'에게 폭력적인 복수를 하는 모습을 본다는 발상에 기반하고 있다. 우리가 희생자와 더 **공감할수록** 더 많은 복수를 원할 수 있다. 때때로 정말 못된 나쁜 사람들에게 더 폭력적이고 잔인하게 처벌할수록, 사람들은 더 많이 즐긴다. 우리가 비난하는 것은 잔인함이 아니라, 누가, 어떤 이유로 그것을 사용하는가이다. 보복의 가치에 대한 진화적인 근거가 있다는 것은 놀라운 일이 아닌데, 왜냐하면 보복은 억제제 역할을 하기 때문이다. 하지만 인간은 이를 극단으로 끌고 갈 수 있다. 잔인함 그리고 고문하거나 고통을 주고자 하는 동기는 흔히 위험, 적, 또는 사회 질서를 위협하는 외부인으로 간주되는 개인들에게로 향하며, 또는 복수가 단순히 처벌로 사용되기도 한다. 지옥에 대한 믿음과 묘사는 그러한 주제에 의해 촉진된다. 자애롭고 자비로운 신이 지옥과 공존한다는 개념은 서로 양립할 수 없더라도 드물지 않다.

고문이 자신의 집단과 국가를 돌보고 보호하는 서비스에 사용될 수 있다는 발상 또한 흔하다. 상원위원 보고에 따르면, 미국과 같은 강력한 국가도 고문을 사용해 왔다(Senate Select Committee on Intelligence, 2015).

그러나 우리가 잔혹함과 가학성에 매료되는 것은 이러한 문제가 없을 때에도 발생하며 단순히 흥미와 즐거움을 위한 것일 수도 있다. 실제로 700년 동안 로마 게임(the Roman games)은 로마인의 삶에 중요한 특징이었다. 오늘날 우리의 오락물은 점점 더 폭력적·가학적으로 되어 가고 있다(예: 로마인들을 상기시키는 **왕좌의 게임**). 그래서 우리가 가학성과 잔인함에 매료되는 것의 원천과 이것이 자비에 미치는 영향에 대해 중요한 연구 문제가 존재한다.

요약

이 장에서 우리는 FBRs를 뒷받침하는 즉시적인 맥락적, 대인관계적 특징 몇 가지를 고려하여 자비를 억제하는 가장 근접한 메커니즘을 탐색하였다. 우리는 수치심과 죄책감의 유발이 비록 차이는 있지만 자비에 강력한 영향을 미친다는 것에 주목했다. 권력, 자원, 지위 격차와 위협감을 유발하는 것 또한 타인의 고통에 대한 자비에 분명한 억제 효과를 미친다. 마지막으로, 우리는 복수와 잔인함 같은 몇몇 이질적인 동기를 범주화하였다. 잔인한 동기는 특정 맥락에서 촉발되는 상태 범주이며 자비와는 배타적인 것이다. FBRs의 근접 원인을 이해하는 것은 자비 억제의 잠재적인 해독제에 대한 이해를 향상시킨다. 여기에는 물론 초기 생애 경험과 가족 환경의 영향처럼 다른 개인적인 원인도 많이 있다. 이는 치료적 문헌들에서 더욱 자세하게 알아볼 수 있다(Gilbert, 2014).

억제요인 다루기

이 장의 도입 부분에서 언급했듯이, 이제는 친애, 공감, 돌봄, 친사회적 행동, 이타주의, 자비의 발달에 초점을 맞춘 다양한 기술 훈련 및 치료법이 존재한다(Kirby & Gilbert, 2017). 그러나 모든 동기가 촉진요인과 억제요인을 가지고 있고, 자비에 대한 지금까지의 연구가 대부분 촉진요인에 관한 것임을 감안하여, 이 장은 억제요인을 탐구하고자 하였다. 억제요인은 사회적 경쟁을 위한 진화된 동기 및 전략과 연관되어 있으며 문화적 조성과 대인관계적 정보처리에 민감하다. 결정적으로 우리 안에 어떤 동기 시스템이 구축되고 성숙하는지, 그리고 특정 종류의 문화적 및 사회적 맥락에서 어떤 친사회적 동기들이 자라나는지에 관련하여 문화적, 사회적, 학교 및 가족적 맥락이 어마어마한 역할을 할 수 있음(Cortina & Liotti, 2010; Mikulincer & Shaver, 2017; Narvaez, 2017)을 우리는 알고 있다. 실제로 신경 가소성, 신경 발생, 후생유전학, 그리고 유전적 발현을 포함하여 우리를 조형하는 사회적 맥락의 엄청난 힘 때문에 이러한 억제요인을 지혜롭고 신중하게 다룰 수 있다. 억제요인을 감소

시키는 것과 관련된 몇 안 되는 연구 중 하나로, Jazaieri 등(2013)은 특정 자비 훈련이 자비의 세 영역에 걸친 자비 두려움(타인을 향한 자비, 타인으로부터 받는 자비, 자기자비)을 감소시켰다는 것을 발견했다. 최근 연구에서 자비로운 자기훈련 또한 자비 두려움을 유의미하게 감소시켰다(Matos, Durate, Durate, et al., 출판 중). 학교나 조직에서 자비를 함양하기 위해 FBRs에 더욱 주목할 수 있다(Harvard Graduate School of Education, 2014; Murphy, 2016; Welford & Langmead, 2014). 모든 사회기반시설에 걸쳐 자아도취적이고 경쟁적인 자기이해를 식별하고 감소시키며, 윤리적이고 자비로운 가치 및 행동을 촉진시키는 작업은 미래를 위한 도전과제가 될 것이다(Narvaez, 2017; Sachs, 2012). 또한 중요하게도, 우리는 친사회적이고 자비로운 행동이 후생유전적 조절의 대상이며, 자비를 위해 튼튼한 생리적 원형을 촉진하는 초기 생애 경험을 이해하는 것이 중요하다는 것을 안다(Conway & Slavich, 2017).

마음챙김 용서

언급한 바와 같이, 진화는 이해의 충돌에 의해 부분적으로 추진되는데, 이는 적대적이고 거부적인 행동과 감정을 발생시킬 수 있다. 우리의 진화된 두뇌 덕분에 어떤 갈등이 발생하기 쉬운지, 이해 갈등에 어떻게 자비롭게 관여할 수 있는지 인식하면서 사람들을 돕는 것은 억제요인 완화에 도움이 된다(Matos et al., 출판 중). 전형적으로 우리는 다른 사람

들이 자신을 다치게 하거나 상처를 입혔다고 느낄 때 복수심을 가질 수 있다. 복수의 해독제는 용서이다. 용서를 뒷받침하는 여러 동기가 있다(Worthington, O'Conor, Berry, Harp, Murray, & Yi, 2005). 하나는 용서하는 것과 분노를 놓아주는 것이 일종의 내적 평화를 가능하게 한다는 인식이다. 또 다른 형태의 용서는 우리가 괴로움의 원인을 깊이 들여다볼 때, 그리고 우리가 진화해 온 방식이 거기에 얼마나 많이 관련되어 있는지 들여다볼 때—이것은 우리의 잘못이 아니며, 단 대응하는 것의 책임이라는 것을 깊이 이해하는 것—발생한다.

결론

이 장의 핵심 주제는 자비가 내적 동기 중 하나인 진화된 동기 시스템이라는 것이다. 자비는 여러 가지 요소(피해-회피, 위협), 자기중심적 경쟁, 부족중심주의, 성별 그리고 권력 추구 등과 함께 잠재적 능력으로서 작동한다. 이 모든 것은 유전적 생존과 복제를 위한 진화적인 전략에 기반하였다. 이들은 다른 방식으로 주의, 정서, 추론과 행동을 조직하는 각각의 동기 시스템을 활성화시킨다. 우리는 오랜 시간 동안 사회적 집단 안에서 그리고 자기 스스로도, 서로 다른 능력, 동기 그리고 정서 사이에 주요한 이해 갈등이 있다는 것을 알고 있었다. 자비의 억제요인 중 다수는 이와 같은 (개인 내, 개인 간) 동기적인 경쟁 과정

과 관련이 있다.

그러므로 우리는 잠재적으로 뿌리 깊이 자비로운 종이지만, 매우 이기적인 능력을 지니며 끔찍한 탐욕과 잔인함, 다른 사람들의 고통을 무시하는 것 또한 가능하다는 것을 인정해야 한다. 우리는 인류 역사가 꽤나 자주 보여 주었듯이, 공포스러운 어두운 면을 가지고 있다. 그래서 자비는 우리가 창조해 온, 살아온, 지지해 온 사회적 맥락 및 문화와 관련된 괴로움의 참된 원인을 바라보고 거기에 관여하기 위해 용기가 필요하다. 우리는 문화적 신념이 보다 깊이 진화된 전략, 즉 개인 간, 개인 내적으로 서로 끊임없이 경쟁하는 전략을 반영한다는 것을 인식할 수 있다. 리더는 추종자에게서 어떤 감정, 동기, 가치가 자극되는지에 영향을 미친다. 인지치료 접근의 시금석이 되는 사적 신념은 보통 개인에게 이익이 되는 특정 종류의 전략(자기중심적 대 친사회적 및 나눔)을 전파하는 문화적 내러티브가 반영된 것이다. 용기의 형태로 자비를 바라보는 것은 자비가 친절하고 부드럽고 온화한 것이라는 관점에 반대될 수 있다. 친절과 온화함은 **자비로워지는** 방법이지만 그 자체로 자비라고 할 수 없다. 이는 자비가 왜 항상 강력한 억제요인과 부딪히는지에 대한 아주 좋은 이유들이다. 따라서 궁극적이고 근접한 설명 수준에서 자비의 촉진요인과 억제요인을 모두 이해하는 것은 개인적 및 문화적 수준 모두에서 어떻게 자비 억제요인을 확인하고 무효화할지에 대한 향후 연구를 뒷받침할 것이다. 이것이 미래 자비 연구의 숙제이다.

참고문헌

Abbott, G. (1993). *Rack, Rope and Red-Hot Pinchers: A History of Torture and Its Instruments*. London: Headline.

Barrett, L., Dunbar, R., & Lycett, J. (2002). *Human Evolutionary Psychology*. London: Palgrave.

Batson, C. D., Klein, T. R., Highberger, L., & Shaw, L. L. (1995). Immorality from empathy-induced altruism: When compassion and justice conflict. *Journal of Personality and Social Psychology, 68*, 1042-1054.

Baumeister, R. F., Bratslavsky, E., Finkenauer, C., & Vohs, K. D. (2001). Bad is stronger than good. *Review of General Psychology, 5*, 323-370.

Baumgarten, M., Battista, R., Infante-Rivard, C., Hanley, J., Becker, R., & Gauther, S. (1992). The psychological and physical health of family members caring for an elderly person with dementia. *Journal of Clinical Epidemiology, 45*, 61-70.

Bègue, L., Beauvois, J. L., Courbet, D., Oberlé, D., Lepage, J., & Duke, A. A. (2015). Personality predicts obedience in a Milgram paradigm. *Journal of Personality, 83*, 299-306. doi:10.1111/jopy.12104

Bell, D. C. (2001). Evolution of care giving behavior. *Personality and Social Psychology Review, 5*, 216-229.

Bowlby, J. (1969). *Attachment: Attachment and Loss, Vol. 1*. London: Hogarth Press.

Braehler, C., Gumley, A., Harper, J., Wallace, S., Norrie, J., & Gilbert, P. (2013). Exploring change processes in compassion focused therapy in psychosis: Results of a feasibility randomized controlled trial. *British Journal of Clinical Psychology, 52*, 199-214.

Brown, B., Crawford, P., Gilbert, P., Gilbert, J., & Gale, C. (2014). Practical compassions: Repertoires of practice and compassion talk in acute mental healthcare. *Sociology of Health & Illness, 36*, 383-399. doi:10.1111/1467-9566.12065

Brown, S. L., & Brown, R. M. (2015). Connecting prosocial behavior to improved physical health: Contributions from the neurobiology of parenting. *Neuroscience and Biobehavioral Reviews, 55*, 1-17.

Burnstein, E., Crandall, C., & Kitayama, S. (1994). Some neo-Darwinian rules for altruism: Weighing cues for inclusive fitness as a function of biological importance of the decision. *Journal of Personality and Social Psychology, 67*, 773-807.

Buss, D. M. (2014). *Evolutionary Psychology: The New Science of the Mind* (5th ed.). London: Psychology Press.

Buss, D. M., & Dreden, L. A. (1990). Derogation of competitors. *Journal of Social and Person Relationships, 7*, 395-422.

Carter, C. S. (2014). Oxytocin pathways and the evolution of human behavior. *Annual Review of Psychology, 65*, 17-39.

Catarino, F., Sousa, J., Ceresatto, L., Moore, R., & Gilbert, P. (2014). An exploration of different empathic competencies in submissive and genuine compassion. *Journal of Social and Clinical Psychology, 33*, 399-412.

Condon, P., & Barrett, L. F. (2013). Conceptualizing and experiencing compassion.

Emotion, 13, 817-821. http://dx.doi.org/10.1037/a0033747.

Conway, C. C., & Slavich, G. M. (2017). Behavior genetics of prosocial behavior. In P. Gilbert (Ed.), *Compassion: Concepts, Research and Applications* (pp. 151-170). London: Routledge.

Cortina, M., & Liotti, G. (2010). Attachment is about safety and protection, intersubjectivity is about sharing and social understanding: The relationships between attachment and intersubjectivity. *Psychoanalytic Psychology, 27*, 410-441.

Crocker, J., & Canevello, A. (2008). Creating and undermining social support in communal relationships: The role of compassionate and self-image goals. *Journal of Personality and Social Psychology, 95*, 555-575.

Dalai Lama. (1995). *The Power of Compassion*. India: HarperCollins.

Dalenberg, C. J., & Paulson, K. (2009). The case for the study of "normal" dissociation processes. In P. F. Dell & J. A. O'Neil (Eds.), *Dissociation and the Dissociative Disorders: DSM-V and Beyond* (pp. 145-154). London: Routledge.

Darley, J. M., & Batson, C. D. (1973). "From Jerusalem to Jericho": A study of situational and dispositional variables in helping behavior. *Journal of Personality and Social Psychology, 27*, 100-108.

Darwin, C. (1888). *The Descent of Man, and Selection in Relation to Sex*. London: J. Murray.

De Waal, F. B. (2008). Putting the altruism back into altruism: The evolution of empathy. *Annual Review of Psychology, 59*, 279-300.

Decety, J., & Cowell, J. M. (2014). Friends or foes: Is empathy necessary for moral behavior? *Perspectives on Psychological Science, 9*, 525-937.

Eisenberg, N., Van Schyndel, S. K., & Hofer, C. (2015). The association of maternal socialization in childhood and adolescence with adult offspring's sympathy/caring. *Developmental Psychology, 51*, 7-16.

Etcoff, N. (1999). *Survival of the Prettiest: The Science of Beauty*. New York: Doubleday.

Fischer, P., Krueger, J. I., Greitemeyer, T., Vogrincic, C., Kastenmüller, A., Frey, D., ... Kainbacher, M. (2011). The bystander-effect: A meta-analytic review on bystander intervention in dangerous and non-dangerous emergencies. *Psychological Bulletin, 137*, 517-537. doi:10.1037/a0023304

Fonagy, P., Gergely, G., Jurist, E. L., & Target, M. (2002). *Affect Regulation, Mentalization, and the Development of the Self*. London: Other Press.

Francis, A. (2013). *Report of the Mid-Staffordshire NHS Foundation Trust Public Inquiry*. Retrieved from http://webarchive.nationalarchives.gov.uk/20150407084003/http://www.midstaffspublicinquiry.com/report

Furnham, A., Richards, S. C., & Paulhus, D. L. (2013). The dark triad of personality: A 10-year review. *Social and Personality Psychology Compass, 7*(3), 199-221.

Galbraith, J. K. (1987). *The Affluent Society* (4th ed.). New York: Penguin Books.

Galbraith, J. K. (1992). *The Culture of Contentment*. New York: Penguin Books.

Garcia, H. A. (2015). *The Alpha God: The*

Psychology of Religious Violence and Oppression. New York: Prometheus Books.

Garcia-Moreno C. L., Jansen, H. A., Ellsberg, M., Heise, L., & Watts, C. H. (2006). WHO multi-country study on women's health and domestic violence against women study team. Prevalence of intimate partner violence: findings from the WHO multi-country study on women's health and domestic violence. *Lancet*, *7, 368*(9543), 1260-1269.

Garrard, P., & Robinson, G. (2015). *Intoxication of Power: Interdisciplinary Insights*: London: AIAA.

Gay, P. (1995). *The Cultivation of Hatred*. London: Fontana Press.

Geary, D. C. (2000). Evolution and proximate expression of human parental investment. *Psychological Bulletin*, *126*, 55-77.

Germer, C. K., & Siegel, R. D. (2012). *Wisdom and Compassion in Psychotherapy*. New York: Guilford.

Gilbert, P. (1989/2016). *Human Nature and Suffering*. Hove, UK: Lawrence Erlbaum Associates. 2016 reissue: London: Routledge.

Gilbert, P. (1992/2016). *Depression: The Evolution of Powerlessness*. London: Lawrence Erlbaum Associates.

Gilbert, P. (1998). Evolutionary psychopathology: Why isn't the mind better designed than it is? *British Journal of Medical Psychology, 71*, 353-373.

Gilbert, P. (1998). What is shame? Some core issues and controversies. In P. Gilbert & B. Andrews (Eds.), *Shame: Interpersonal Behavior, Psychopathology and Culture* (pp. 3-36). New York: Oxford University Press.

Gilbert, P. (2000). Social mentalities: Internal "social" conflicts and the role of inner warmth and compassion in cognitive therapy. In P. Gilbert & K. G. Bailey (Eds.), *Genes on the Couch: Explorations in Evolutionary Psychotherapy* (pp. 118-150). Hove, UK: Psychology Press.

Gilbert, P. (2005). Compassion and cruelty: A biopsychosocial approach. In P. Gilbert (Ed.), *Compassion: Conceptualisations, Research and Use in Psychotherapy* (pp. 3-74). London: Routledge.

Gilbert, P. (2007). The evolution of shame as a marker for relationship security. In J. L. Tracy, R. W. Robins, & J. P. Tangney (Eds.), *The Self-Conscious Emotions: Theory and Research* (pp. 283-309). New York: Guilford.

Gilbert, P. (2009). *The Compassionate Mind: A New Approach to the Challenge of Life*. London: Constable & Robinson.

Gilbert, P. (2010). *Compassion Focused Therapy: The CBT Distinctive Features Series*. London: Routledge.

Gilbert, P. (2014). The origins and nature of compassion focused therapy. *British Journal of Clinical Psychology, 53*, 6-41. doi:10.1111/bjc.12043

Gilbert, P. (2015a). The evolution and social dynamics of compassion. *Journal of Social & Personality Psychology Compass, 9*, 239-254. doi:10.1111/spc3.12176

Gilbert, P. (2015b). An evolutionary approach to emotion in mental health with a focus on affiliative emotions. *Emotion Review (special issues Normal and Abnormal Emotion, K. Scherer, Ed.), 7*, 230-237. doi:

10.1177/1754073915576552

Gilbert, P. (2017a). Compassion: Definitions and controversies. In, P. Gilbert (Ed.), *Compassion: Concepts, Research and Applications* (pp. 3-15). London: Routledge.

Gilbert, P. (2017b). Compassion as a social mentality. In, P. Gilbert (Ed.), *Compassion: Concepts, Research and Applications* (pp. 31-68). London: Routledge

Gilbert, P., & Choden. (2013). *Mindful Compassion*. London: Constable-Robinson.

Gilbert, P., & Gilbert, H. (2015). Cruelty, evolution, and religion: The challenge for the new spiritualities. In T. G. Plante (Ed.), *The Psychology of Compassion and Cruelty: Understanding the Emotional, Spiritual and Religious Influences* (pp. 1-15). Praeger: Oxford.

Gilbert, P., & McGuire, M. (1998). Shame, status and social roles: The psychobiological continuum from monkeys to humans. In P. Gilbert & B. Andrews (Eds.), *Shame: Interpersonal Behavior, Psychopathology and Culture* (pp. 99-125). New York: Oxford University Press.

Gilbert, P., McEwan, K., Catarino, F., & Baião, R. (2014). Fears of compassion in a depressed population: Implications for psychotherapy. *Journal of Depression and Anxiety*. http://dx.doi.org/10.4172/2167-1044.S2-003.

Gilbert, P., McEwan, K., Gibbons, L., Chotai, S., Duarte, J., & Matos, M. (2013). Fears of compassion and happiness in relation to alexithymia, mindfulness and self-criticism. *Psychology and Psychotherapy, 84*, 239-255. doi:10.1348/147608310X526511

Gilbert, P., McEwan, K., Matos, M., & Rivis, A. (2011). Fears of compassion: Development of three self-report measures. *Psychology and Psychotherapy, 84*, 239-255. doi:10.1348/147608310X526511

Gilbert, P., Price, J. S., & Allan, S. (1995). Social comparison, social attractiveness and evolution: How might they be related? *New Ideas in Psychology, 13*, 149-165.

Gillath, O., Shaver, P. R., & Mikulincer, M. (2005). An attachment-theoretical approach to compassion and altruism. In P. Gilbert (Ed.), *Compassion: Conceptualisations, Research and Use in Psychotherapy* (pp. 121-147). London: Routledge.

Gilmore, D. D. (1990). *Manhood in the Making: Cultural Concepts of Masculinity*. New Haven, CT: Yale University Press.

Glover, J. (1999). *Humanity: A Moral History of the 20th Century* (2nd ed.). New Haven, CT: Yale University Press.

Goetz, J. L., Keltner, D., & Simon-Thomas, E. (2010). Compassion: An evolutionary analysis and empirical review. *Psychological Bulletin, 136*(3), 351-374. doi:10.1037/a0018807

Green, D. P., Glaser, J., & Rich, A. (1998). From lynching to gay bashing: The elusive connection between economic conditions and hate crime. *Journal of Personality and Social Psychology, 75*, 82-92.

Halifax, J. (2012). A heuristic model of enactive compassion. *Current Opinion in Supportive and Palliative Care, 6*, 228-235.

Halmburger, A., Baumert, A., & Schmitt, M. (2015). Anger as driving factor of moral courage in comparison with guilt and global mood: A multimethod approach. *European Journal of Social Psychology*, *45*, 39-51. doi:10.1002/ejsp.2071

Harvard Graduate School of Education. (2014). *Research Report: The Children We Mean to Raise*. Retrieved from http://mcc.gse.harvard.edu/resources-publications/research-report.

Hermanto, N., & Zuroff, D. C. (2016). The social mentality theory of self-compassion and self-reassurance: The interactive effect of care-seeking and caregiving. *Journal of Social Psychology* (advance online doi:10.1080/00224 545.2015.1135779)

Ho, A. K., Sidanius, J., Kteily, N., Sheehy-Skeffington, J., Pratto, F., Henkel, K. E., … Stewart, A. L. (2015). The nature of social dominance orientation: Theorizing and measuring preferences for intergroup inequality using the new SDO7 scale. *Journal of Personality and Social Psychology*, *109*(6), 1003-1028. doi.org/10.1037/pspi0000033

Hoffmann, S. G., Grossman, P., & Hinton, D. E. (2011). Loving-kindness and compassion meditation: Potential for psychological intervention. *Clinical Psychology Review*, *13*, 1126-1132.

Hrdy, S. B. (2009). *Mothers and Others: The Evolutionary Origins of Mutual Understanding*. Cambridge, UK: Belknap Press.

Huang, J. A., & Bargh, J. A. (2014). The selfish goal: Autonomously operating motivational structures as the proximate cause of human judgment and behavior. *Brain and Behavioral Sciences*, *37*, 121-175.

Hutton, W. (2015). *How Good We Can Be: Ending the Mercenary Society and Building a Great Country*. London: Abacus.

Ingnatiff, M. (1999). *The Warrior's Honor: Ethnic War and Modern Conscience*. London: Vintage.

Jakovljević, M. (2011). Hubris syndrome and a new perspective on political psychiatry: Need to protect prosocial behavior, public benefit and safety of our civilisation. *Psychiatria Danubina*, *23*, 136-138.

James, O. (2007). *Affluenza: How to Be Successful and Stay Sane*. London: Vermilion.

Janoff-Bulman, R. (2009). To provide or protect: Motivational bases of political liberalism and conservatism. *Psychological Inquiry*, *20*, 120-128. doi:10.1080/10478400903028581

Jazaieri, H., Jinpa, G. T., McGonigal, K., Rosenberg, E., Finkelstein, J., Simon-Thomas, E., & Goldin, P. R. (2013). Enhancing compassion: A randomized controlled trial of a compassion cultivation training program. *Journal of Happiness Studies*, *14*, 1113-1126. doi:10.1007/s10902-012-9373-z

Kelman, H. C., & Hamilton, V. L. (1989). *Crimes of Obedience*. New Haven, CT: Yale University Press.

Keltner, D. (2016). *The Power Paradox: How we Gain and Lose Influence*. London: Allen Lane.

Keltner, D., Kogan, A., Piff, P. K., & Saturn, S. R. (2014). The sociocultural appraisals, values, and emotions (SAVE) framework of prosociality: Core processes from gene to meme. *The Annual Review of Psychology*, *65*, 425-460.

Kirby, J., & Gilbert, P. (2017). Compassion Focused Therapies. In P. Gilbert (Ed.), *Compassion: Concepts, Research and*

Applications (pp. 258-285). London: Routledge.

Klimecki, O. M., Leiberg, S., Ricard, M., & Singer, T. (2014). Differential pattern of functional brain plasticity after compassion and empathy training. *Social Cognitive & Affective Neuroscience, 9*, 873-879.

Kogan, A., Oveis, C., Carr, E. W., et al. (2014). Vagal activity is quadratically related to prosocial traits, prosocial emotions, and observer perceptions of prosociality. *Journal of Personality and Social Psychology, 107*, 1051-1063.

Koren-Karie, N., Oppenheim, D., Dolev, S., Sher, S., & Etzion-Carasso, A. (2002). Mothers' insightfulness regarding their infants' internal experience: Relations with maternal sensitivity and infant attachment. *Developmental Psychology, 38*, 534-542.

Leach, C. W., Spears, R., Branscombe, N. R., & Dossje, B. (2003). Malicious pleasure. Schadenfreude at the suffering of another group. *Journal of Personality and Social Psychology, 84*, 932-943.

Leaviss, J., & Uttley, L. (2015). Psychotherapeutic benefits of compassion-focused therapy: An early systematic review. *Psychological Medicine, 45*, 927-945. doi:10.1017/S0033 291714002141

Leighton, T. D. (2003). *Faces of Compassion: Classic Bodhissattva Archetypes and Their Modern Expression.* Massachusetts, MA: Wisdom.

Lindholm, C. (1993). *Charisma.* Oxford, UK: Blackwell.

Loewenstein, G., & Small, D. A. (2007). The Scarecrow and the Tin Man: The vicissitudes of human sympathy and caring. *Review of General Psychology, 11*, 112-126.

MacLean, P. (1985). Brain evolution relating to family, play and the separation call. *Archives of General Psychiatry, 42*, 405-417.

Mao, J. (2007). Foot binding: Beauty and torture. *The Internet Journal of Biological Anthropology.* https://ispub.com/IJBA/1/2/7565

Martin, D., Seppala, E., Heineberg, Y., Rossomando, T., Doty, J., ... Zimbardo, P. (2014). Multiple facets of compassion: The impact of social dominance orientation and economic systems justification. *Journal of Business Ethics, 120*, 1-13.

Martin, Y., Gilbert, P., McEwan, K., & Irons, C. (2006). The relation of entrapment, shame and guilt to depression, in carers of people with dementia. *Aging and Mental Health, 10*, 101-106.

Mascaro, J. S., Rilling, J. K., Tenzin Negi, L., & Raison, C. L. (2012). Compassion meditation enhances empathic accuracy and related neural activity. *Social Cognitive and Affective Neuroscience, 8*(1), 48-55.

Matos, M., Durate, C., Durate, J., Petrocchi, N., Pinto Gouvia, J., & Gilbert, P. (in press). Cultivating the compassionate self: A randomized control trial of an evolution informed model of compassionate self training. Mindfulness.

Mayr, E. (1961). Cause and effect in biology. *Science, 134*, 1501-1506.

Mayseless, O. (2016). *The Caring Motivation: An Integrated Theory.* New York: Oxford University Press.

Meffert, H., Gazzola, V., den Boer, J. A., Bartels, A. A. J., & Keysers, C. (2013). Reduced spontaneous but relatively normal deliberate vicarious representations in psychopathy. *Brain, 136*, 2550-2562.

Milgram, S. (1974). *Obedience to Authority: An Experimental View*. New York: HarperCollins.

Mikulincer, M., & Shaver, P. R. (2017). Attachment Perspective on Compassion and Altruism. In P. Gilbert (Ed.), *Compassion: Concepts, Research and Applications* (pp. 172-202). London: Routledge.

Molyneux, G. J., McCarthy, G. M., McEniff, S., Cryan, M., & Conroy, R. M. (2008). Prevalence and predictors of carer burden and depression in carers of patients referred to an old age psychiatric service. *International Psychogeriatrics, 20*, 1193-1202.

Music, G. (2014). *The Good Life: Well Being and the Neuroscience of Altruism, Selfishness and Immorality*. London: Routledge.

Narvaez, D. (2017). Evolution, child raising and compassionate morality. In P. Gilbert (Ed.), *Compassion: Concepts, Research and Applications* (pp. 172-201). London: Routledge.

Nell, V. (2006). Cruelty's rewards: The gratifications of perpetrators and spectators. *Behavioral and Brain Sciences, 29*, 211-257.

Ornstein, R. (1986). *Multimind: A New Way of Looking at Human Beings*. London: Macmillan.

Owen, D. (2008). Hubris syndrome. *Clinical Medicine, 8*, 428-432 (available at http://www.clinmed.rcpjournal.org/content/8/4/428.full.pdf).

Owen, D. (2012). *The Hubris Syndrome: Bush, Blair, and the Intoxication of Power*. London: Methuen.

Pagel, M., Becker, J., & Coppel, D. (1985). Loss of control, self-blame, and depression: An investigation of spouse caregivers of Alzheimer's disease patients. *Journal of Abnormal Psychology, 94*, 169-182.

Paluck, E. L., & Green, D. P. (2009). Prejudice reduction: What works? A review and assessment of research and practice. *Annual Review of Psychology, 60*, 339-367.

Panksepp, J., & Panksepp, J. B. (2013). Toward a cross-species understanding of empathy. *Trends in Neurosciences, 36*, 489-496.

Pauley, G., & McPherson, S. (2010). The experience and meaning of compassion and self-compassion for individuals with depression or anxiety. *Psychology and Psychotherapy, 83*, 129-143.

Perry, R., Sibley, G., & Duckitt J. (2013). Dangerous and competitive worldviews: A meta-analysis of their associations with social dominance orientation and right-wing authoritarianism. *Journal of Research in Personality, 47*, 116-127.

Piff, P. K. (2014). Wealth and the inflated self: Class, entitlement, and narcissism. *Personality and Social Psychology Bulletin, 40*, 34-43.

Plante, T. S. (Ed.). (2015). *The Psychology of Compassion and Cruelty: Understanding the Emotional Spiritual and Religious Influences*. Santa Barbara, CA: Praeger.

Porges, S. W. (2007). The polyvagal perspective. *Biological Psychology, 74*, 116-143.

Postman, N. (1987). *Amusing Ourselves to Death*. New York: Methuen.

Pratto, F., Sidanius, J., Stallworth, L. M., & Malle, B. F. (1994). Social dominance orientation: A personality variable predicting social and political attitudes. *Journal of Personality and Social Psychology*, *67*(4), 741-763. doi. org/10.1037/0022-3514.67.4.741

Preston, S. D. (2013). The origins of altruism in offspring care. *Psychological Bulletin*, *139*, 1305-1341.

Ricard, M. (2015). *Altruism: The Power of Compassion to Change Yourself and the World*. London: Atlantic Books.

Rilling, J. K. (2013). The neural and hormonal bases of human parental care. *Neuropsychologia*, *51*, 731-747.

Robert, T. (1972). *Parental investment and sexual selection. Sexual Selection* & the Descent of Man, Aldine de Gruyter, New York, 136-179.

Rosenberg, E. L., Zanesco, A. P., King, B. G., et al. (2015). Intensive meditation training influences emotional responses to suffering. *Emotion*. Advance online publication: http://dx.doi.org/10.1037/emo0000080

Sachs, J. (2012). *The Price of Civilization: Economics and Ethics After the Fall*. London: Vintage.

Sapolsky, R. M. (1990). Adrenocortical function, social rank and personality among wild baboons. *Biological Psychiatry*, *28*, 862-878.

Sapolsky, R. M. (2005). The influence of social hierarchy on primate health. *Science, 308*, 648-652. doi:10.1126/science.1106477

Sapolsky, R. M., & Share, L. J. (2004). A pacific culture among wild baboons: Its emergence and transmission. *PLoS Biol, 2*(4), e106. doi:10.1371/journal.pbio.0020106

Schulz, R., & Williamson, G. (1991). A two-year longitudinal study of depression among Alzheimer's caregivers. *Psychology of Aging, 6*, 569-578.

Senate Select Committee on Intelligence. (2015). The Senate Intelligence Committee report on torture paperback. New York: Melville House.

Shackelford, T. K., & Goetz, A. T. (2012). *The Oxford Handbook of Sexual Conflict in Humans*. Oxford, UK: Oxford University Press.

Sidanius, J., & Pratto, F. (2004). Social dominance theory: A new synthesis. In J. T. Jost & J. Sidanius (Eds.), *Political Psychology* (pp. 315-322). London: Routledge.

Simon-Thomas, E. R., Godzik, J., Castle, E., Antonenko, O., Ponz, A., Kogan, A., & Keltner, D. J. (2011). An fMRI study of caring vs. self-focus during induced compassion and pride. *Social Cognitive and Affective Neuroscience, 7*, 635-648. doi:10.1093/scan/nsr045.

Singer, T., & Bolz, M. (Eds.). (2012). Compassion: Bridging practice and science. At http://www.compassion-training.org/

Singer, T., & Klimecki, O. M. (2014). Empathy and compassion. *Current Biology, 24*, R875-R878.

Slavich, G. M., & Cole, S. W. (2013). The emerging field of human social genomics. *Clinical Psychological Science, 1*, 331-348.

Soeng, M. (2007). How deep (and sad) is your love. *Buddhadharma, Fall*, 62-65.

Spikins, P. (2015). *How Compassion Made Us Human: The Evolutionary Origins of Tenderness, Trust and Morality*. Pen and Sword.

Stellar, J. E., & Keltner D. (2017). Compassion

in the autonomic system. In, P. Gilbert (Ed.), Compassion: *Concepts, Research and Applications* (pp. 203-217). London: Routledge.

Stockley, P., & Campbell, A. (2013). Female competition and aggression: Interdisciplinary perspectives. *Philosophical Transactions of the Royal Society of London B: Biological Sciences*, *368*(1631), 0073.

Strauss, C., Taylor, B. L., Gu, J., Kuyken, W., Baer, Fergal Jones, Kate Cavanagh. (2016). What is compassion and how can we measure it? A review of definitions and measures. *Clinical Psychology Review*, 47, 15-27. doi: 10.1016/j.cpr.2016.05.004

Stuewig, J., Tangney, J. P., Kendall, S., Folk, J. B., Meyer, C. R., & Dearing, R. L. (2014). Children's proneness to shame and guilt predict risky and illegal behaviors in young adulthood. *Child Psychiatry and Human Development* (advance online publication). doi:10.1007/s10578-014-0467-1

Tangney, J. P., Stuewig, J., & Mashek, D. J. (2007). What's moral about the self-conscious emotions? In J. L. Tracy, R. W. Robins, & J. P. Tangney (Eds.), *The Self-Conscious Emotions: Theory and Research* (pp. 21-37). New York: Guilford.

Tang-Smith, E., Johnson, S. L., & Chen, S. (2014). The dominance behavioral system: A multidimensional transdiagnostic approach. *Psychology and Psychotherapy Theory Research and Practice*, *88*, 394-411. doi:10.1111/papt.12050

Taylor, K. (2009). *Cruelty and the Human Brain*. Oxford, UK: Oxford University Press.

Tice, D. M., & Baumeister, R. F. (1985). Masculinity inhibits helping in emergencies: Personality does predict the bystander effect. *Journal of Personality and Social Psychology*, *49*, 420-428.

Tsering, G. T. (2008). *The Awakening Mind: The Foundation of Buddhist Thought Volume 4*. London: Wisdom Publications.

Twenge, J. M., Campbell, W. K., & Freeman, E. C. (2012). Generational differences in young adults' life goals, concern for others, and civic orientation, 1966-2009. *Journal of Personality and Social Psychology*, *2012*, 1045-1062. doi:10.1037/a0027408

Van der Kolt, B. (2014). *The Body Keeps the Score: Brain, Mind, and Body in the Healing of Trauma*. London: Viking.

Van Kleef, G. A., Overis, C., Lowe, L., LouKogan, A., Goetz, J., & Keltner, D. A. (2008). Power, distress, and compassion: Turning a blind eye to the suffering of others. *Psychological Science*, *19*(12), 1315-1322. doi:10.1111/j.1467-9280.2008.02241.x

Van Vugt, M., & Park, J. H. (2009). Guns, germs, and sex: How evolution shaped our intergroup psychology. *Social and Personality Psychology Compass*, *3*, 927-938. doi:10.1111/j.1751-9004.2009.00221.x

Vitaliano, P. P., Zhang, J., & Scanlan, J. M. (2003). Is care-giving hazardous to one's health? A meta-analysis. *Psychological Bulletin*, *129*, 946-972.

Vonk, R. (1998). The slime effect: Suspicion and dislike of likeable behavior toward superiors. *Journal of Personality and Social Psychology*, *74*, 849-864. http://dx.doi.org/10.1037/0022-

3514.74.4.849

Weisman, O., Zagoory-Sharon, O., & Feldman, R. (2014). Oxytocin administration, salivary testosterone, and father–infant social behavior. *Progress in Neuro-psychopharmacology and Biological Psychiatry, 49*, 47-52.

Welford, M., & Langmead, K. (2014). Compassion-based initiatives in educational settings. *Educational & Child Psychology, 32*, 71-80.

Weng, H. Y., Fox, A. S., Shackman, A. J., Stodola, D. E., Caldwell, J. Z., Olson, M. C., & Davison, R. J. (2013). Compassion training alters altruism and neural responses to suffering. *Psychological Science, 24*(7), 1171-1180. doi:10.1177/0956797612469537

Worthington, E. L., O'Connor, L., Berry, J. W., Share, C., Murray, R., & Yi, E. (2005). Compassion and forgiveness: implications for psychotherapy. In P. Gilbert (Ed.), *Compassion: Conceptualisations, Research and Use in Psychotherapy* (pp. 168-192). London: Routledge

Zaki, J. (2014). Empathy: A motivated account. *Psychological Bulletin, 140*, 1608-1647. http://dx.doi.org/10.1037/a0037679

Zaki, J., & Cikara, M. (2015). Addressing empathic failures. *Current Directions in Psychological Science, 24*, 471-476. doi:10.1177/0963721415599978

Zimbardo, P. (2008). *The Lucifer Effect: How Good People Turn Evil.* London: Rider.

Zuroff, D. C., Fournier, M. A., Pattall, E. A., & Leybman, M. J. (2010). Steps toward an evolutionary personality psychology: Individual differences in the social rank domain. *Canadian Psychology, 51*, 58-66.

제7부

응용 자비

제30장

조직을 통한 조직적 자비의 발현

Kim Cameron

요약

이 장에서는 조직 수준에서 경험되고 표현되는 자비에 대해 논의한다. 이러한 집단적 수준으로의 분석 전환은 자비의 정의가 두 가지 추가적인 속성, 즉 ① 조직과 그 구성원을 통한 자비의 적극적인 표현, 그리고 ② 보상의 획득보다 내재된 덕성에 의해 동기부여된 행동을 포함하도록 확장될 필요가 있음을 시사한다. 이 장에서는 덕목과 조직의 기대 성과 간 관계를 검토한 조직환경에서의 실증적 연구들을 소개한다. 자비 그 자체가 조직 성과의 단일 예측 변수가 되는 경우는 드물지만, 다른 조직 덕목과 결합하면 상당한 영향을 미친다는 것이 밝혀졌다. 이 장에서는 왜 자비가 조직의 성과에 중요한 영향을 미치는가에 대한 이론적 근거를 제공한다. 또한 왜 자비가 이러한 효과성을 예측하는지를 설명하는 세 가지 메커니즘을 규명하였다. 이 장은 자비와 그것이 조직에 미치는 영향에 대한 우리의 이해를 넓히는 데 필요한 몇 가지 기본 원칙을 강조하며 결론을 내린다.

핵심용어

자비, 조직적 자비, 덕성, 미덕, 조직 문화, 조직 성과, 긍정

이 장에서는 조직 수준에서 분석한 경험되고 표현된 자비에 대해 논의하였다. 이러한 집단적 수준으로의 분석 전환은 자비의 정의가 Goetz, Keltner와 Simon-Thomas(2010)가 제안한 바와 같이 ① 조직과 조직구성원을 통한 자비의 적극적인 표현, ② 인정이나 보상의 획득보다 내재된 덕성에 의해 동기부여된 행동이라는 두 가지 추가적인 속성을 포함하도록 확장될 필요가 있음을 시사한다. 이러한 속성을 설명하기 위해 자비를 나타내는 조직의 예를 설명하였다.

이 장에서는 조직환경에서 미덕(집단적 자비 포함)과 조직의 기대 성과 사이의 관계를 검토한 실증적 연구들을 소개하였다. 자비 그 자체가 조직 성과의 단일 예측 변수가 되는 경우는 드물지만, 다른 조직 덕목과 결합했을

때 상당한 영향을 미치는 것으로 나타났다.

마지막으로, 자비가 조직 성과에 중요한 영향을 미치는 이유에 대한 이론적 근거를 제공하였다. 또한 자비가 왜 이러한 효과성을 예측하는지에 대한 세 가지 메커니즘을 규명하였다. 이 장은 자비가 조직에 미치는 영향에 대한 이해를 넓히는 데 필요한 몇 가지 기본 원칙을 강조하며 끝맺는다.

조직적 자비

이 장에서 자비는 '다른 사람의 상처나 고통에 대한 민감성과 결합되어 그 고통을 완화시키고자 하는 깊은 열망'(Goetz, Keltner, & Simon-Thomas, 2010)으로 정의된다. 우리가 조직에서의 자비를 분석하는 것을 고려할 때, 이 개념에는 추가적인 속성이 생긴다. Kanov 등(2004, p. 810)은 조직에서의 자비를 역동적이고 관계적인 과정으로 설명했다. 이것은 고통을 완화시키려는 공감적 감정과 열망을 포함할 뿐만 아니라 고통을 경감시키기 위해 돕거나 반응하는 시도를 포함한다. '조직적 자비는 시스템 속 구성원이 집단적으로 그 시스템에 속한 구성원이 경험하는 고통을 알아차리고, 느끼고, 반응할 때 존재한다.' 자비가 조직적 맥락에서 정당화되어 조직 구성원 사이에서 전파될 때 개인이 아닌 조직 차원이 되며, 자비는 단순한 감정의 전염을 넘어 집단 행동을 포함하는 것으로 확장된다.

조직은 자비의 문화를 개발할 수 있지만,

필연적으로 조직 문화는 그 정의에 따르면, 암묵적이고 인식할 수 없는 가정과 가치를 포함하고 있다. 예를 들면, 우리 대부분은 오늘 아침에 일어나 우리의 모국어로 말하겠다는 의식적인 결정을 내리지는 않는다. 우리는 우리의 모국어로 말하지 않는 사람을 만나기 전까지 우리가 모국어로 말한다는 것을 인지하지 못한다. 또는 우리가 하는 기본적인 가정에 대해 다른 사람들이 도전하거나 강조할 때까지 그것을 인식하지 못한다. 조직 문화는 거의 전적으로 암묵적이다(Schein, 2010; Cameron & Quinn, 2011). 마찬가지로 조직의 자비 문화는 집단 행동을 위한 기회가 생기거나 집단적 자비 성향이 시험될 때 분명하게 드러난다.

Dutton, Worline, Frost와 Lilius(2007, p. 60)는 조직의 자비가 "조직 내 개개인이 인간의 고통을 조직적 방법을 통해 집단적으로 알아차리고, 느끼고, 반응할 때" 나타난다고 설명했다. 개인 간의 조직화는 조직적 자비를 활성화하는 핵심 메커니즘이므로, 상처나 고통에 대한 반응은 가치, 관행 및 일상을 통해 개인 사이에서 동시에 발생한다. 조직에서의 자비는 고통에 대한 민감성이나 이에 반응하고자 하는 열망뿐만 아니라, 다른 사람들이 경험하는 고통에 대처하는 데 도움을 주거나 지원하는 것을 목표로 하는 조직적 대응을 포함한다.

중서부 경영대학원의 외국인 대학원생 세 명이 기말고사 직전 아파트 화재로 전 재산을 잃었을 때, 이들이 소속된 조직은 집단적 자비를 보여 주었다. 경영대학원의 구성원은 공감적 감정과 욕구를 표현했을 뿐만 아니라, 조직 자체에서 다양한 방식으로 조직적 자비를 보여 주었다. 동료 학생들은 기본적 생필품뿐만 아니라 피해자들의 의복을 교체하기 위해 자발적으로 의류를 모았다. 경영대학원에서는 학생들이 기말고사를 치르고 계속 지낼 수 있는 숙소를 확보하기 위해 필요한 일정 시간 동안 경영진 숙소를 무료로 제공했다. 급우들은 이들이 기말고사를 치를 수 있도록 수업 노트와 자료, 컴퓨터를 공유했다. 학교의 학장은 전체 교직원 회의에서 개인 수표를 작성하며 피해 학생들을 위한 기금을 모으기 위해 개인적으로 노력하기도 했다(Dutton et al., 2007). 조직 차원 자비의 핵심은 타인의 고통에 대한 조직적인 대응이었다. 이것은 그들이 상처와 고통을 목격했을 때 나타나는 개인의 단순한 감정, 욕망, 혹은 의도를 넘어서는 것이었으며 조직적인 행동이 요구되는 것이었다.

조직을 통한 다양한 자비

조직의 자비 행동은 다양한 형태로 나타날 수 있지만 고통에 대한 모든 집단적 행동을 '조직적 자비'로 정의할 수는 없다. 예를 들어, 기업의 사회적 책임 이니셔티브는 조직에 의해 수행되지만 진정한 자비의 예가 될 수도 있고 아닐 수도 있다. 몇 가지 사례로 이러한 차이를 설명하고자 한다.

자비의 문화는 예상치 못한 사건이나 위기의 결과로 리더가 목소리를 낼 때까지 눈에 띄지 않을 수 있다. 공감적 감정, 돕고자 하는 성향이나 친사회적 동기가 조직에 존재할 수 있지만, 리더에 의해 활성화되는 범위 내에서 조직적으로 나타난다.

예를 들어, 미국에 본사를 둔 Prudential Real Estate and Relocation Company에 새로 임명된 CEO인 Jim Mallozzi는 취임 첫해 동안 회사의 고객뿐만 아니라 조직의 동료 직원들에 대한 자비적 관심의 가치를 명료화하고 강화했다. "우리는 사람들이 그들의 삶에서 가장 취약한 시기에 있을 때 그들을 돕는다. 그것이 바로 우리입니다."(Cameron & Plews, 2012, p. 101) 이러한 자비 문화의 발현은 다음의 사건으로 설명할 수 있다. Mallozzi는 다음과 같이 회고했다.

약 18개월 전, 저는 다양한 고객을 만나기 위해 런던을 방문했습니다. British Petroleum(BP)은 미국이 아니라 유럽에 있는 우리의 고객 중 하나였습니다. 저는 그들의 HR(인사)부서 사람들과 만나 저를 새로운 CEO로 소개했습니다. 저는 긍정조직학(Positive Organizational Scholarship)과 우리가 어떻게 회사의 문화를 바꾸려는지에 대해 이야기했습니다. 저는 우리가 그들을 참여시키고 그들로부터 배우고 싶다고 말했습니다. 좋은 만남이었습니다. 그리고 약 3~4주 후 Deep Water Horizon 기름 유출 사고가 발생하여 10여 명의 인명 피해와 역사상 최대 규모의 환경 유출 사고가 발생했습니다. 미국과 전 세계의 언론에서 BP 사람들의 반응 시간, 그들이 무엇을 하고 있었는지, 무엇을 하지 않았는지 등에 대해 비난을 하고 있다는 것을 TV에서 읽고 볼 수 있었습니다. BP의 사람들은 이 모든 것에 대해 상당히 기분이 좋지 않았습니다. 우리 회사도 마찬가지였습니다. 저는 알고 있던 선임 인사담당자에게 전화를 걸어 이렇게 말했습니다.

"저는 미국에서 무슨 일이 일어나고 있는지 알 수 있습니다. 이런 일이 일어나서 유감입니다. 당신이 이 위기에 대처하기 위해 Gulf 지역으로 많은 사람을 옮기려고 하는 것을 이해합니다. 아마 그곳에도 당신을 도울 공급업체가 있다는 것을 알고 있지만 우리는 파견 기업(relocation company)입니다. 위기 기간 동안 무료로 우리 회사의 서비스를 제공하고 싶습니다."

그는 "왜 그런 제안을 합니까?"라고 말하더군요. "매우 간단한 대답은 우리 모두가 Gulf 지역에서 일어나는 일에 대한 책임이 있다는 것입니다. 우리 모두는 크고 작은 방법으로 도우려고 노력해야 합니다. 이것이 내가 생각하기에 당신을 도울 수 있는 최선의 방법이며 진심 어린 제안입니다. 당신이 제안을 수락해도 좋고 그렇지 않아도 괜찮습니다. 저는 확실히 이해할 수 있습니다."

약 이틀 후 BP의 고위 경영진으로부터 다시 전화가 왔습니다. "먼저, 전화를 주신 것에 감사드립니다. 현재 전 세계적으로 우리가 거래하고 있는 여러 거래처가 있습니다. 많은 곳에서 그들의 서비스를 제공하겠다고 연락이 왔지만 무료로 해 주겠다고 한 건 당신뿐이었습니다. 우리가 그 제안을 받아들이지는 않겠지만 당신의 성의 표현에 감사드립니다." 저는 이렇게 말했습니다. "괜찮습니다. 만약 마음이 바뀌시면 저희가 도울 수 있는 건 뭐든지 하겠습니다. 다시 한번 말하지만, 여기에서도 우리는 모두 책임이 있고, 그저 도움이 되고 싶을 뿐입니다."(Cameron & Plews, 2012, p. 103)

그의 조직을 대표하여 동정심을 표현한 것은 Mallozzi였지만, 이 제안은 Prudential의 고객뿐만 아니라 관련 없는 고객에게도 조직적 자비를 기꺼이 보여 주고자 준비된 수천 명의 직원을 대표한 것이었다. 자비의 미덕이 조직 문화의 일부로 제도화되었기 때문에 Mallozzi의 제안은 조직에 충격이나 놀라움을 주는 것이 아니었다.[1]

또 다른 예는 2001년 미국 항공업계에서 발생한 사례에서 찾아볼 수 있다. 9·11 테러는 미국 항공 산업에 막대한 피해를 입혔다. 사람들은 항공사가 테러리스트의 주요 표적이 될 것을 두려워하여 비행을 중단했는데, 특히 단거리 노선 비행을 이용하는 것을 중단했다. 승객 수는 평균 20% 감소했고, 모든 항공사는 규모를 축소할 수밖에 없었다. Southwest Airlines는 단거리 항공편에 의존했기 때문에 업계 평균보다 더 큰 재정적 손실을 입었지만, 이곳의 CEO는 조직에 고유한 자비의 미덕을 반영했다. 매일 수백만 달러의 손실을 입고, 업계 전체가 인원 감축을 하고 있었음에도 불구하고 CEO인 Jim Parker는 대안적이고 자비적인 대응을 분명히 표현했다.

분명히 우리가 이것을 무한정 계속할 수는 없겠지만, 우리 직원들의 일자리를 보호하기 위해서라면 주가의 하락도 감수할 용의가 있습니다. 정리해고만큼 회사의 문화를 해치는 것은 없습니다. 아무도 Southwest에서 해고된 적이 없으며 이것은 항공업계에서 전례가 없는 일입니다. 이것은 우리에게 큰 힘이 되었고 우리가 노조 계약 협상을 하는 데에도 도움이 되었습니다. 한번은 노조 간부 중 한 명이 협상을 위해 찾아와 이렇게 말했습니다. "고용 안정에 대해서라면 여러분과 이야기할 필요가 없다는 것을 알고 있습니다." 우리는 여러 번 해고를 통해 더 많은 이익을 낼 수 있었지만 저는 항상 그것이 근시안적이라고 생각했습니다. 사람들에게 당신이 그들을 소중히 여기고 있다는 것을 보여 주고, 단지 단기간의 더 많은 이익을 얻기 위해 그들을 해치지 않아야 합니다. 직원을 해고하지 않으면 충성심이 높아지고, 안정감을 키워 주며 신뢰감을 심어 줍니다(Gittell, Cameron, Likm, & Rivas, 2006, p. 318).

이 위기는 Southwest의 자비 문화가 명료해지는 계기가 되었다. 조직이 직면했던 시험은 심각한 경제적 압박이 그 반대의 대응이 필요할 때 자비적으로 대응할 것인지의 여부를 선택하는 것이었다.[2]

다른 종류의 자비 활동 또한 꽤 흔히 일어난다. Tsui(2013)는 경영 아카데미 회장 연설에서 『Fourtune』지 선정 500대 기업의 90%가 어떤 형태로든 자원봉사 프로그램을 후원하고 있다고 설명한 후 다양한 예를 들며 강조했다. 예를 들어, Disney는 지난 20년간 6백만 시간 이상의 자원봉사를 지원했으며 작년에는 문맹 퇴치, 기아 및 노숙자 구호 의료 지원, 가족 서비스 및 환경을 지원하기 위해 50만 시간 이상의 직원 시간에 대해 직접적으로 보상했다.

OfficeMax는 공립학교 교사가 개인 자금으로 교실 용품을 구입하는 데 평균 1,000달러를 쓴다는 사실을 알게 된 후, 2007년부터 900개 점포에 수거함을 비치해 지역 교사들에게 기부할 사무용품을 모으기 시작했다. 미시건주 Ann Arbor에 설립된 단체인 Food Gatherers는 매일 식당, 호텔, 카페테리아, 학교로부터 보통은 버려지지만 여전히 먹을 수 있고 위생적인 음식을 모은다. 이 음식은 소외계층이나 노숙자에게 음식을 제공하는 노숙자 쉼터와 사회봉사단체에 기부된다.

조직에서 이러한 종류의 활동은 흔히 '기업의 사회적 책임(CSR)'이라고 불리며, 지난 수십 년 동안 특히 미국에서 상당히 널리 퍼져 있었다. 그러나 조직적 자비는 CSR과 동일하거나 동일하지 않을 수 있다. 자비의 중요한 특성 중 하나는 그것이 덕행으로 나타난다는 것이다. 덕행은 정의상 그 자체로 보상이 된다. 그것은 그 자체로 좋은 것이다. 그것은 상호 호혜적인 이득을 얻고자 하는 욕구에 의한 것이 아니라 단지 고통을 경감시키고자 하는 바람에 의해 동기화된다.

그러나 조직은 중요한 도구적, 재정적 혹은 명성을 얻는 이득을 위해 CSR에 참여하는 경우가 많다(Bollier, 1996). 일부 연구자들은 CSR이 일반적으로 회사 평판의 획득 또는 호혜적인 거래의 결과를 위해 시작된다고 보고했다(Batson, Klein, Highberger, & Shaw, 1995; Fry, Keim, & Meiners, 1982; Moore & Richardson, 1988; Piliavin & Charng, 1990). 자비의 핵심은 미덕이기 때문에 교환이나 호혜주의, 이기적인 동기는 조직적 자비를 나타낸다고 볼 수 없다. 조직적 자비에 대한 추가적인 기준은 다음 섹션에서 논의하기로 한다.

미덕으로서의 자비

Nussbaum(1996)은 자비가 인간이 된다는 것의 핵심이라고 주장했다. 모든 주요 종교, 도덕 철학자, 사회 이론가들은 인간의 미덕을 나타내는 상징으로 자비를 가치 있게 여겼다. 즉, 자비는 자비가 없는 것(예: 무정한)이나 혹은 그것의 반대(예: 경멸)보다 보편적으로 훨씬 나은 것으로 받아들여진다. 자비는 보편적인 강점과 덕목에 대한 인용문에 열거된 핵심 덕목이며(Peterson & Seligman, 2004), 인간 발달에 대한 진화론은 이제 자비를 인간의 생존과 번

영의 중심 세력으로 여긴다(Goetz et al., 2010). 다시 말해 자비는 미덕의 핵심 요소이다.

미덕은 힘(strength)이나 탁월함(excellence)을 의미하는 라틴어 virtus에 뿌리를 두고 있다. 고대의 플라톤과 아리스토텔레스는 미덕과 인간의 행복(eudaimonia), 다시 말해 궁극적인 행복의 조건과 인간의 번영을 동일시했다. 미덕은 최고의 인간 상태, 가장 고상한 행동과 결과, 인간의 탁월함과 본질, 인간의 가장 높은 열망을 나타낸다(Cameron & Caza, 2013; Comte-Sponville, 2001; Huta, 2013; MacIntyre, 1984; Tjeltveit, 2003). 경제학자 Adam Smith(1976/1790)와 사회학자 Georg Simmel(1950)에 따르면, 미덕은 모든 사회와 경제가 번영하는 토대가 되는데, 왜냐하면 사회적 조화를 만드는 도덕적 규칙의 내면화와 밀접한 관계가 있기 때문이다(Baumeister & Exline, 1999). 미덕은 사회의 지속을 보장하는 데 필요한 훌륭한 시민의식(White, 1996), 호혜주의(Simmel, 1950) 및 안정성(Smith, 1976/1790)의 필수 요소를 제공한다. 고대 그리스어에서 arête(미덕)는 개인과 집단 차원에서 모두 나타나는 것으로 알려졌기 때문에(Schudt, 2000), 미덕은 개인이나 조직 모두에게 전형적일 수 있다.

조직적 미덕은 조직 내의 미덕과 조직을 통한 미덕 두 가지로 나누어 생각할 수 있다. '조직 내의 미덕'은 조직 환경에서 인간으로서 다른 사람의 번영을 위해 돕는 개인의 행동을 의미한다(Tjeltveit, 2003). 자비, 희망, 감사, 지혜, 용서, 용기와 같은 개인 미덕의 징후와 결

과는 긍정심리학자들에 의해 상당히 광범위하게 연구되었다. 이러한 형태의 미덕은 작업 환경에서 개인에 의해 표현될 수 있지만, 그것이 반드시 조직화된 집단적인 노력을 의미하는 것은 아니다.

'조직을 **통한** 미덕'은 도덕적 우수성과 개인의 가장 높은 열망을 육성하고 영속시키는 조직화되고 집단적인 행동을 의미한다. 개인이 혼자 행동해서는 달성할 수 없는 행동도 여기에 포함된다. 이러한 의미에서의 미덕은 조직 문화를 대표하는 경우가 많은데, 조직에서는 인간의 번영을 추구하려는 욕구가 의사결정을 이끄는 공통 요인이 되기 때문이다 (Cameron, 2008). 이 장에서 주로 다루는 것은 바로 '조직을 **통한** 자비'이다.

고정적 및 유동적 덕성

조직적 자비와 관련하여 중요하게 인식해야 하는 한 가지 미묘한 차이가 있는데, 이것은 한 가지의 덕행이 단독으로 발생하는 경우는 거의 없다는 사실에 근거한다. 추후 논의하겠지만 실증적이고 실험적으로 볼 때, 한 가지 덕행이 다른 덕행과 독립되어 단독으로 발생하지 않는 경향이 있다. 예를 들어, 자비가 나타날 때 그것은 친절, 자선, 관대함, 감사, 사랑과 같은 다른 덕행과 함께 일어난다 (Cameron, Mora, Leutscher, & Calarco, 2011; Dutton, Workman, & Hardin, 2014; Peterson & Seligman, 2004). 이것이 우리가 자비가 해당

하는 범주를 설명할 때 미덕(virtuousness)이라는 용어를 사용하는 이유 중 하나이다.

게다가 덕성은 고정적(tonic) 혹은 유동적 (phasic) 특성으로 나누어 설명할 수 있다. 고정적 덕성(tonic virtues)은 인류의 이익을 지향하며 개인이나 조직이 가지고 있는 일반적인 성향을 의미한다. 어떠한 상황에서도 우수성, 유희성, 공익을 위한 일관된 노력을 하는 것은 고정적 덕성을 나타낸다(Arjoon, 2000). 고정적 덕성은 '무엇이 그래야 하고' 혹은 '무엇이 좋은지'에 대한 규범적 가정을 구성한다는 점에서 문화적이며, 그렇기 때문에 그것들은 지지된 가치에 영향을 미치고 특정한 행동을 촉진한다(Schein, 2010). 고정적 덕성의 예로는 겸손, 관대함, 친절함, 성실함, 사랑이 있다. 이것들은 상황과 관계없이 내재되어 나타날 수 있다.

반면, 유동적 덕성(phasic virtues)은 특정한 상황에서만 나타난다. 예를 들어, 용서는 범죄를 경험했거나, 해를 입었거나, 고통을 받았을 때만 나타난다. 상처를 받지 않았는데 누군가를 용서한다는 것은 말이 되지 않는다.

자비는 괴로움과 고통을 받는 조건에서만 증명되고 경험된다는 점에서 유동적 덕성의 한 예이다. 용서와 자비는 개인의 성격이나 조직 문화의 영구적인 일부분이 될 수도 있다. 따라서 조직은 자비의 문화를 개발하여 그 조직이 고통과 불편함이 있을 때 이를 알아차리고, 느끼고, 보여 주려는 경향을 가지게 할 수 있다. 이것은 조건적이고 유동적이다. 다음 섹션에서 조직의 자비에 대한 실

증적 연구를 논의할 때, 고정적 덕성과 유동적 덕성의 예측력이 다르기 때문에 이를 구분하는 것은 중요하다(Bright, Cameron, & Caza, 2006).

자비가 조직 성과에 미치는 영향

자비에 대한 대부분의 연구는 개인 혹은 쌍방(dyadic) 수준의 분석에서 수행되었다. 연구는 주로 개인이나 두 사람(한 명은 고통을 겪고 있고 다른 한 명을 자비를 경험하거나 행동하는 사람)의 관계에서 일어나는 감정, 반응, 관계에 초점을 맞추고 있다. 연구를 통해 자비를 느끼는 사람들이 더 높은 수준의 도움을 주는 행동, 도덕적 추론, 연결성, 그리고 더 강한 대인관계를 보여 주었을 뿐만 아니라 자비가 우울증, 기분 저하, 그리고 정신질환을 감소시킨다는 것이 밝혀졌다(Cassell, 2002). 또한 자비를 느끼는 사람들은 다른 사람들에게 더 나은 리더로 평가받거나, 더 지능적인 것으로 평가되었다(Melwani, Mueller, & Overbeck, 2012). 자비에 의해 동기가 부여된 보살핌, 지원, 또는 도움을 받은 사람들은 부상이나 질병으로부터 신체적으로 회복되는 경향이 있으며(Brody, 1992), 슬픔으로부터 정서적으로 더 빠르고 완전하게 회복되는 경향이 있고(Bento, 1994), 다른 사람들보다 더 높은 헌신, 자존감, 자기효능감, 친사회적 정체성, 존엄성을 나타내는 것으로 밝혀졌다(Dutton, Workman, & Hardin, 2014).

반면에 Kanov와 그의 동료들(2004)은 조직 환경에서 개인의 자비가 잠재적인 단점을 가질 수도 있음을 지적했다. 연구자들은 조직에서의 자비 표현은 시간과 에너지를 소모하여, 시간이 지남에 따라 실제로 자비가 성과를 감소시킬 수 있다고 주장했다. 즉, 자비는 자원을 분산시키고 에너지와 시간을 더 중요한 활동에 쓰는 것을 방해할 수 있다는 것이다. George(2013) 또한 자비가 자본주의적 동기 및 성과와 정반대라고 주장하면서 비슷한 점을 지적했다. 그녀는 조직적 맥락에서의 자비는 개인적 수준이나 쌍방 수준의 자비에서 나타나는 전형적인 긍정적 결과보다는 더 많은 부정적인 효과를 나타낸다고 주장했다.

개인, 쌍방 및 조직 수준에서 나타나는 효과의 차이는 조직의 자비와 그 효과를 경험적으로 검토해야 하는 필요성을 강조한다. 조직의 자비 효과에 초점을 맞춘 경험적 연구의 수는 제한적이지만 몇몇 연구에서는 직장에서의 집단 자비 효과를 강조한다.

산업에 따른 자비

한 세트의 연구에서 16개의 서로 다른 산업을 대표하는 18개 조직의 표본을 조사했다. 산업의 종류에는 소매업, 제조업, 철강, 자동차, 홍보, 운송, 비즈니스 컨설팅, 의료, 전력 및 사회 서비스업이 포함되었다(Cameron, Bright, & Caza, 2004; Bright, Cameron, & Caza, 2006). 이들 중 두 개의 조직을 제외한 모든 조직은 모두 인원 감축 중이거나 최근 감축이 일어난 상태여서 조직이 고통을 받고 있을 가능성이 높았다. 인원 감축은 거의 항상 조직에 피해와 고통을 초래하며 결과적으로 생존자들의 성과를 저하시킨다(Cameron, 1998; Cameron, Kim, & Whetten, 1987).[3]

이들 조직의 조직 미덕(organizational virtuousness) 유무를 평가하기 위한 설문 척도가 개발되었다. 기존의 척도들과 보편적 덕성에 대한 문헌 연구(예: Peterson & Seligman, 2004; Sandage & Hill, 2001)를 바탕으로 32개의 덕성 항목이 포함되었다. 설문지는 18개 조직의 다양한 기능 및 계층의 직원 1,437명에게 배포되었다. 각 조직의 응답자 수는 11명에서 96명까지 다양했다. 문항은 개인의 행동보다는 조직 차원에서 구현된 집단적 미덕을 측정하는 것이었다. 문항의 예로는 '이 조직에서는 자비의 행위가 일반적이다.', '이 조직의 모든 사람에게 친절과 자비를 기대할 수 있다.', '직원들은 서로의 실수를 용서하는 경향이 있다.' 등이 있었다.

한 연구(Cameron, Bright, & Caza, 2004)에서 조직 성과에 영향을 미치는 미덕의 영향을 조사했으며, 성과의 객관적 지표(예: 수익성, 생산성, 이직률, 고객 유지)와 주관적 결과(예: 혁신, 품질, 사기)를 분석에 포함시켰다. 전반적으로 조직 미덕은 객관적 성과와 주관적 성과 모두에서 통계적으로 유의미한 영향을 미치는 것으로 나타났으며(P < .001), 변량의 15%에서 18%를 예측하는 것으로 나타났다. 자비는 단독으로 p < .05 수준에서 유의한 것으로 나타났다. 즉, 자비를 포함한 높은 수준의 미덕을 보여 주는 조직은 객관적이고 주관적 결과 모두에서 다른 조직보다 유의미하게 더 나은 성과를 나타내는 것으로 밝혀졌다. 이러한 결과는 Kanov 등(2004)과 George(2013)의 조직 내에서의 자비에 대한 주장과는 반대되는 것이다.

인원 감축에서의 자비

동일한 척도를 사용한 또 다른 연구(Bright, Cameron, & Caza, 2006)는 인원 감축으로 인한 해로운 영향이 조직의 성과에 미치는 영향에 초점을 맞추었다. 이전 연구들에서(Cameron, Kim, & Whetten, 1987; Cameron, 1994; Freeman & Cameron, 1993; Cameron, 1998) 인원 감축은 12개의 부정적이고 역기능적인 결과와 관련 있는 것으로 나타났으며 이러한 결과는 일자리를 없애고 노동자들을 해고하기로 선택한 조직에서 거의 보편적으로 나타나는 것으로 밝혀졌다.[4] 또한 이 12가지 요인은 거의 보편적으로 조직 성과를 악화시키는 원인이 되는 것으로 밝혀졌다.

이 특정 연구에서 고정적 덕성(예: 친절, 관대함, 진실함, 겸손함)과 유동적 덕성(예: 용서, 동정심, 용기)을 요인분석으로 검증하였다. 고정적 덕성과 유동적 덕성 모두 인원 감축으로 인한 해로운 효과와 부적 상관이 있는 것으로 나타났지만 자비와 같은 유동적 덕성이 더 강력한 예측 변수인 것으로 나타났다. 즉, 높은 수준의 자비와 용서를 특징으로 하는 조직은 다른 조직보다 인원 감축과 관련된 12가지 부정적인 속성을 경험할 가능성이 훨씬 적었다. 이러한 결과는 조직 미덕이 존재할 때 조직 성과가 높아진다는 사실도 확인시켜 주었다. 혁신, 고객 유지, 수익성, 품질 및 직원 이직률 감소는 모두 조직 미덕과 정적 상관이 있는 것으로 나타났다.

금융 서비스 및 의료 서비스에서의 자비

　금융 서비스 산업의 40개 사업부에서 수행된 첫 번째 연구와 의료 산업의 29개 간호부서에서 두 번째로 실시된 두 개의 추가 연구는 조직 성과에 영향을 미치는 조직적 자비에 대한 추가적인 통찰을 제공한다(Cameron, Mora, Leutscher, & Calarco, 2011). 금융 서비스 산업이 선정된 이유는 그 무엇보다도 수익을 위한 동기가 전형적으로 팽배한 이 업종이 조직적 자비와 미덕으로 결부되는 경우가 많지 않기 때문이다. 반면, 간호는 고정관념적으로 자비적인 보살핌과 봉사와 관련이 있는 것으로 여겨진다.

　조직 미덕을 평가하기 위한 고유 척도가 개발되었으며 척도는 조직 수준에서의 미덕 행위를 나타내는 114개의 리커트 척도 문항으로 구성되었다. 문항의 예로는 '우리는 서로를 존중한다.', '우리는 서로를 신뢰한다.', '우리는 어려움에 처한 사람들을 돕는다.', '우리는 서로를 진심으로 아낀다.', '우리는 실수를 해도 서로를 비난하지 않는다.' 등이 있었다.

　탐색적 요인분석 결과, 다양한 직원의 응답을 설명하는 6개 요인이 밝혀졌으며, 이 요인을 활용하여 두 산업 분야에서의 조직적 효과를 예측했다. 요인은 보살핌과 친절, 자비와 지지, 용서, 영감과 초월, 의미와 의미적 중요성, 존중, 진실성 그리고 감사로 나타났다.

　자비적 지지는 조직 수준에서 다음의 항목으로 측정되었으며 문항신뢰도는 .95인 것으로 나타났다.

　　우리는 어려움에 처한 사람들을 돕는다.
　　우리는 힘들어하는 소수의 직원을 위해 있을 것이다.
　　우리는 서로에게 정서적 지원을 제공한다.
　　우리는 서로에게 자비를 보여 준다.
　　우리는 서로에게 친절을 보여 준다.

　두 조직에서 인과관계를 탐색하기 위해, 1차 연도와 2차 연도에 설문을 실시하고 시간이 흐름에 따라 미덕과 자비 발생의 향상이 있었는지의 여부를 측정하였다. 확실한 인과적 방향성을 확보하기 위해 미덕의 평가는 일년의 시차를 두고 다양한 결과 측정으로 이루어졌다.

　금융 서비스 조직에서, 조직 미덕의 향상은 재무 성과, 업무 환경, 이직률 및 효율성에 대한 고위 경영진의 평가와 유의미한 관련이 있는 것으로 나타났다. 2년의 기간 동안 조직 미덕이 개선된 금융 서비스 조직은 개선되지 않은 조직보다 유의하게 더 많은 수익, 더 나은 근무 환경, 적은 이직률, 그리고 더 많은 고객 유지율을 나타냈다. [그림 30-1]에 이러한 결

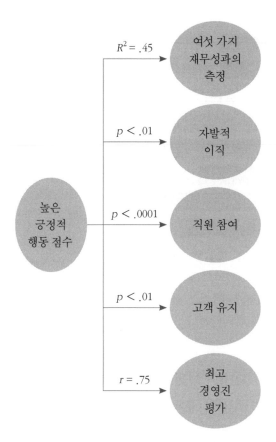

[그림 30-1] 금융 서비스 조직 성과에 영향을 미치는 미덕의 효과(Cameron, Mora, Leutscher, & Calarco, 2011)

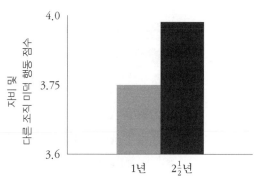

[그림 30-2] 의료 조직 성과에 영향을 미치는 미덕의 효과(Cameron et al., 2011)

과가 요약되어 있다.

전통적으로 조직 미덕이 거의 강조되지 않고 재정적인 성과가 중요시되는 산업에서도 조직 미덕의 실행을 통해 조직의 성과가 크게 향상되는 것으로 나타났다.[5] 자비는 단일 차원으로는 이러한 결과를 예측하지 못했으며 다른 덕행과 같이 실행되었을 때만 유의한 효과를 보이는 것으로 나타났다.

같은 척도를 사용해 실시한 의료 산업을 대상으로 한 연구에서도 2년의 기간 동안 긍정적인 개선이 나타났다. 다수의 변인에 대한 지연 평가가 수행되었으며 2년 동안 변화한

점수가 예측 변수로 사용되었다. [그림 30-2]는 결과를 요약한 것이다.

조직 차원에서의 조직 미덕 행동이 직원 이직률, 환자 만족도, 조직 분위기, 조직에 대한 직원 참여, 진료의 질, 경영지원 및 인적자원 관리의 개선을 예측하는 것으로 나타났다. 간호 조직을 대상으로 한 연구에서 가장 예측 가능한 것으로 나타난 구체적인 긍정적 예로는 자비, 존경, 진실, 감사, 용서, 영감, 의미 있는 일 등 인적자원의 개발과 지원과 관련된 것이었다. 자비 그 자체만으로는 결과를 보통 수준에서 예측할 수 있었지만 다른 덕행과 함께할 때 훨씬 더 강력한 예측 변수가 되는 것으로 나타났다. 다양한 종류의 결과에서 2년 동안 두 자릿수의 향상이 나타난 것을 [그림 30-3]에서 확인할 수 있다.

덕행의 정의에 따르면 그것이 전통적으로 추구되며 가치 있다고 여겨지는 조직 성과를 창출할 필요가 없다는 점을 잊지 않아야 한다. 예를 들어, 수익성의 증가는 조직에서 자비의 가치를 결정하는 기준이 아니다. 미덕은

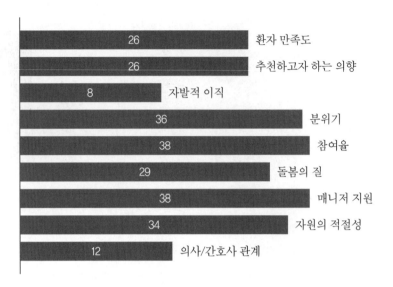

환자 만족도 26

추천하고자 하는 의향 26

자발적 이직 8

분위기 36

참여율 38

돌봄의 질 29

매니저 지원 38

자원의 적절성 34

의사/간호사 관계 12

[그림 30-3] 의료 조직에서 2년 동안의 개선 비율(Cameron et al., 2011)

궁극적인 행복(eudaimonic)이기 때문에 본질적으로 가치 있는 것이다. 이것은 보편적으로 인간이 가질 수 있는 가장 높은 수준의 열망이다(Aristotle, *Metaphysics XII*, p. 3). 도구적인 결과는 조직에서 조직 미덕을 어느 정도로 추구해야 하는지를 결정하는 데 관련된 기준이 아니다. 그럼에도 자비를 포함한 조직 미덕은 리더와 관리자가 책임져야 하는 결과에 영향을 미친다. 자비를 포함한 제도화된 조직 미덕은 조직이 원하는 결과에서 상당히 높은 수준의 성과를 달성하는 데 도움을 주는 것으로 나타났다(Cameron et al., 2004; Cameron et al., 2011; Gittell et al., 2006).

자비가 성과에 영향을 미치는 이유에 대한 설명

자비와 다른 덕행이 어떻게 조직의 성과를 높일 수 있는지에 대해서 증폭 효과(amplifying effects), 완충 효과(buffering effects), 굴광성 효과(heliotropic effects)라는 적어도 세 가지 설명이 있다(Cameron, Mora, Leutcher, & Calarco, 2011). 이 논의는 자비가 아니라 주로 미덕에 초점을 맞추고 있지만, 앞서 언급했던 것처럼 자비는 다른 덕행과 겹치는 경향이 있으며 미덕의 핵심 지표로 간주될 수 있다.

증폭 효과

덕행은 긍정적인 감정 및 사회적 자본과의 연관성 때문에 증폭 효과를 제공한다

(Cameron, Bright, & Caza, 2004). 몇몇 연구자는 덕행에 노출되면 개인에게 긍정적인 감정이 생성되며 이는 결국 조직에서 개인의 성과 향상으로 이어진다고 보고했다(Fredrickson, 1998; Seligman, 2002; Fineman, 1996; Staw, Sutton, & Pellod, 1994; Kok & Fredrickson, 2010). 예를 들어, 조직 구성원이 자비를 관찰하거나, 감사를 경험하거나, 용서를 목격할 때 상호 강화 순환(mutually reinforcing cycle)이 시작된다. 그들은 자비, 감사, 용서로 행동해야 한다고 느끼기 때문에 미덕의 경험을 확대하거나 증폭시킨다. Fredrickson(2003, p. 173)은 선행을 목격한 사람이 곧 선행을 실천하는 사람이 될 가능성이 높아지며, 이러한 상승은 상향적 선순환(upward spiral)이 나타날 가능성을 높이고, 결국 조직은 더 자비적이고 조화로운 장소로 변하게 된다고 주장했다.

이러한 효과는 소셜 네트워크 연구로 잘 설명된다(Christakis & Fowler, 2009). Staw와 Barsade(1993)는 긍정적인 감정이 조직 구성원 사이에 더 나은 인지 기능, 더 나은 의사결정, 더 효과적인 대인관계를 만든다는 것을 발견했다. 긍정적인 감정을 경험한 직원들은 고객에게 더 도움이 되고, 더 창의적이며, 서로에게 더 관심을 기울이고 존중하는 것으로 나타났다(George, 1998; Sharot, Riccardi, Raio, & Phelps, 2007).

조직에서 미덕의 증폭 효과가 나타나는 두 번째 이유는 사회적 자본 형성과의 연관성 때문이다(Coleman, 1998; Baker, 2000). 조직에서 '사회적 자본'은 정보, 영향력 및 자원의 흐름이 일어나는 개인 간의 관계를 의미한다(Adler & Kwon, 2002; Leana & Van Buren, 1999; Nahapiet & Ghoshal, 1998). 몇몇 연구자는 직원들이 동료 직원 사이에서 자비, 친절, 관대함, 보살핌 등과 같은 미덕의 표현을 관찰하게 되면, 그 결과 호감, 헌신, 참여, 신뢰 및 협력이 향상되며 이 모든 것은 조직 성과에 기여할 수 있다고 주장했다(Podsakoff, MacKensie, Paine, & Bachrach, 2000; Koys, 2001; Walz & Niehoff, 2000). 이렇게 향상된 관계는 조직의 성과가 형성되는 사회적 자본의 역할을 한다. 이것은 효율성을 촉진시키는 자원의 비축으로 이어진다.

전에 언급한 Gittell, Cameron, Lim과 Rivas (2006)의 연구에서 9·11 테러 이후 항공사 회복의 주요 예측 변수가 이러한 사회적 관계의 비축임이 확인되었다. 9·11 위기에 대응하기 위해 가장 많은 미덕을 행한 항공사들이 향후 5년간 가장 높은 재무 실적을 보인 것으로 나타났다. 덕행을 확대하는 것은 더 많은 사회적 자본, 더 나은 조직 분위기, 더 나은 협력과 의사결정, 고객과 동료 직원에 대한 더 나은 배려를 촉진하기 때문에 조직 성과가 향상될 가능성이 높다.

완충 효과

덕행은 회복탄력성, 연대감, 효능감을 향상시킴으로써 트라우마나 고통의 부정적인 충격에서 조직을 보호하는 완충 효과를 가진다(Masten, Hubbard, Gest, Tellegen, Garmezy,

& Ramirez, 1999; Weick, Sutcliffe, & Obstfeld, 1999). Seligman과 Csikszentmihalyi(2000)는 덕행의 개발이 개인 및 집단 차원에서 기능장애와 질병에 대한 완충 역할을 한다고 보고했다. 그들은 자비, 용기, 용서, 진실성, 낙관주의가 심리적 고통, 중독, 역기능적인 행동을 예방한다고 주장했다(Seligman, Schulman, DeRubeis, & Hollon, 1999).

집단 및 조직 차원에서 덕행은 위협과 트라우마의 충격을 흡수하고 역경으로부터 회복하는 능력을 향상시키는데(Dutton, Frost, Worline, Lilius, & Kanov, 2002; Wildavsky, 1991), 여기에는 업무 관련 스트레스를 처리하는 것(Cohen, 2003; Kaplan, 2003; Kiecolt-Glaser, 2003)과 외상사건에서의 회복이 포함된다(Powley & Cameron, 2007). 덕행은 회복력과 '강인함'의 원천으로 작용한다(Dienstbier & Zillig, 2002). 즉, 사회적 자본과 집단적 효능을 보존하는 데 도움을 주고(Sutcliffe & Vogus, 2003), 조직을 강화하고 보충하며 유연하게 한다는 것이다(Worline et al., 2003). 이들은 조직을 보호하고 예방하는 완충제 역할을 하여 조직이 불행에서 회복하고 실적 악화를 피할 수 있도록 한다. 이전에 언급한 Bright, Cameron과 Caza(2006)의 연구에서는 인원감축을 한 조직이 미덕을 경험했을 때 조직의 탄력성과 회복력이 어떤지를 보여 준다.

굴광성 효과

덕행은 또한 굴광성(Drexelius, 1627, 1862)과 일치하는 특성을 가지고 있다. 굴광성 효과(heliotropic effect)는 모든 생명체는 빛을 향하고 어둠에서는 멀어지려고 하며, 긍정적인 에너지를 향하고 부정적인 에너지로부터 멀어지려고 하며(태양은 자연에서 긍정적인 에너지의 원천이다), 생명을 주는 것을 향하고 생명을 고갈시키는 것으로부터 멀어지려 하는 것이다(Smith & Baker, 1960; D'Amato & Jagoda, 1962; Mrosovsky & Kingsmill, 1985). 모든 생명체는 긍정적이고 생명을 증진시키는 힘을 향하고, 부정적이고 생명을 고갈시키는 힘으로부터는 멀어지려는 선천적인 성향을 가지고 있다. 덕행을 특징으로 하는 조직은 구성원 사이의 긍정적인 에너지를 조성하고, 긍정적인 에너지는 향상된 성과를 만들어 낸다(Erhardt-Siebold, 1937; Dutton, 2003; Cameron, 2012).

인간과 인간의 시스템에 왜 굴광성 경향이 존재하는지에 대한 몇 가지 설명이 있다. Erdelyi(1974)는 긍정편향(positive biases)을 개인 인지 발달의 산물로 설명했다. 부정적인 정보의 영향을 상쇄하기 위해 지각적 방어기제(예: 부인, 감정 전이)가 나타나므로 뇌에서는 긍정적 성향이 발달된다. 뇌 스캔 연구에서 인간의 뇌는 자연 상태일 때 낙관적이고 긍정적인 방향으로 향하는 경향이 있으며, 부정적이거나 비관적인 이미지를 볼 때보다 긍정적이고 낙관적인 이미지를 볼 때 뇌의 더 많은 영향이 활성화된다는 것을 발견했다(Sharot, Riccardi, Raio, & Phelps, 2007, p. 102).

Unkelbach 등(2008)은 인간의 뇌는 부정적

인 정보보다 긍정적인 정보를 더 빠르고 정확하게 처리하기 때문에 인간의 생산성과 성과는 부정적인 것보다 긍정적인 것에 의해 더 높아진다고 주장했다. 학습 이론가들(예: Skinner, 1965)은 긍정편향이 강화와 연관되어 있다고 주장한다. 긍정적으로 강화되는 활동은 반복되는 반면, 처벌을 받거나 불쾌함을 느끼게 되는 활동은 소멸된다. Hamlin(2013)의 연구에서 생후 3~8개월까지의 영아들을 대상으로 실험을 진행했는데, 영아들에게 유용하고 자비롭게 묘사되는 손 인형을 선택하거나 도움이 되지 않고 인정이 없는 것으로 묘사된 손 인형을 선택해 가지고 놀게 했다. 영아들은 압도적으로 자비롭게 묘사된 인형을 선호하는 것으로 나타났다. 이 연구는 심지어 언어 사용 전 단계에 있는 영아들에게도 미덕과 자비를 선호하는 선천적 경향이 있다는 것을 보여 준다.

조직 차원에서 살펴보면 사회적 과정의 굴광성 경향은 조직화하려는 사회 시스템의 기본적 동기로 설명될 수 있다(Merton, 1968; Weick, 1999). 간단히 말해서 조직화는 집단에 이익을 주기 위해 발생하므로 인간 조직의 그 핵심에 긍정적인 이익을 촉진하도록 되어 있다. 인간에게 있는 행복을 추구하는 경향은 사람들을 돕거나 기여하는 행동을 하게 이끌며(Krebs, 1987), 다른 사람들이 이런 행동들을 관찰하면 그들은 그러한 기여에 동참하고 발전시켜 나가야 한다고 느낀다(Sethi & Nicholson, 2001).

Gouldner(1960)는 역할 모델링과 사회적 규범의 형성이 긍정을 추구하는 경향을 만든다고 주장했다. 미덕이 있는 사회 과정은 부정적인 사회 과정보다 장기적으로 더 잘 살아남고 번성할 가능성이 높은데 미덕은 집단을 위한 기능을 하기 때문이다. 집단은 긍정적인 규범에 의존할 때 생존할 수 있으며 이러한 규범들은 입증된 미덕의 직접적인 산물이다. 진화론적 관점에서 비도덕적인 관행의 역기능적 결과는 집단을 결국 소멸되게 한다(Seppälä & Cameron, 2015).

요약하면, 조직의 미덕과 자비가 더 높은 성과를 예측하는 이유에 대해 문헌 연구를 바탕으로 적어도 세 가지의 근거를 찾을 수 있다. 인지적, 감정적, 행동적, 생리학적, 사회적 관점에서, 인간은 시스템상 선천적으로 미덕에 노출되는 것을 선호한다는 증거가 있으며, 따라서 조직의 성과가 덕행과 자비의 표현으로 향상될 수 있을 것으로 기대한다.

예외

물론 '모든 햇빛은 사막을 만든다'는 사실을 마음에 새기는 것이 중요하다. 즉, 덕행에 지속적이고 전적으로 초점을 맞추는 것은 조직에 해로운 영향을 미칠 수 있다. Baumeister와 그의 동료들(2001)은 「나쁜 것이 좋은 것보다 강하다(Bad is stronger than good)」라는 논문에서 이를 강조했다. 그들은 부정적인 사건이 일반적으로 긍정적인 사건과 자비의 경향을 압도한다고 지적했다. 예를 들어, 부정적인 피드백은 긍정적인 피드백보다 사람들에게 더 감정적인 영향을 미치며(Coleman, Jussim, & Abraham, 1987), 부정적인 정보와 부정적인 사건의 효과는 긍정적인 정보나 즐거운 사건의 효과보다 사라지는 데 더 오랜 시간이 걸린다는 것이다(Brickman, Coates, & Jason-Bulman, 1978). 단일 외상 경험(예: 학대, 폭력)은 많은 긍정적 사건의 영향을 압도하지만, 단일 긍정적 사건으로는 일반적으로 단일 외상적 사건의 부정적 영향을 극복하지 못한다(Laumann, Gagon, Michael, & Michaels, 1994; Laumann, Paik, & Rosen, 1999). 일반적으로 조직에서는 부정적인 사건이 더 많이 일어나기 때문에, 조직 내의 자비 반응을 조장하기 위해서는 조직 구성원의 의식적인 노력과 자비로운 조직 문화를 필요로 한다.

조직적 자비에 대한 질문, 이슈 그리고 향후 연구

자비 연구에 대한 관심이 증가하고는 있으나, 조직적 자비와 관련된 연구는 여전히 걸음마 단계에 있다. 이 분야에 대한 이론적, 경험적 연구 모두 아직 기초 단계에 있다. 이 분야의 초석을 다지기 위해 다음에 설명하는 것들에 대한 연구가 더 필요하다.

- **정확한 정의**: 조직 수준의 분석에서, 이 장에서 제안된 정의에도 불구하고, 자비에 대해 합의된 정확한 정의가 개발될 필요가 있다. 지금까지의 연구는 조직 내 자비의 다양한 지표와 속성을 조사하는 데 있어 표면적인 것만 살펴보았을 뿐이다. 기초를 구축하기 위해서는 추정적 정의와 경험적으로 증명된 유효한 측정도구(척도)가 필요하다.

- **경험적 토대**: 조직의 수준에서 자비를 분석한 엄격한 경험적 연구는 거의 없다. 자비의 측정, 영향력, 그리고 자비와 인센티브 시스템, 참여, 문화, 리더십과 같은 다양한 조직 역학과의 관계는 거의 검토되지 않았다. 이 장에서 언급한 몇 가지 연구를 제외하면, 자비와 비슷한 유동적 덕성과 다양한 조직적 성과—생산성, 품질, 고객 충성도, 수익 창출 및 혁신—와의 관계는 거의 밝혀지지 않았다.

- **차원**: 앞서 설명한 일련의 경험적 연구에서 조직적 자비는 고정적 미덕이라기보다는 유동적인 것으로 밝혀졌다. 그러나 모든 미덕과 마찬가지로, 조직적 자비는 다차원적일 가능성이 있다. 자비가 독립적인 효과를 갖는 조건, 어떤 특정한 미덕이 있을 때 발생하는지, 어떤 상황에서 자비가 독립적으로 나타나는지 등은 모두 탐구되지 않은 질문들이다. 자비와 함께 나타나는 덕목의 군집은 아직 밝혀지지 않았다.

- **조직적 맥락**: 발생하는 괴로움, 고통, 슬픔, 불편함의 종류와 정도는 조직마다 다르다. 자비가 다른 상황에서 얼마나 상이하게 나타나고 다른 종류의 조직에서 얼마나 상이한 효과를 보이는지에 대한 연

구는 이루어지지 않았다. 다양한 조직 성과에 대한 자비의 영향과 마찬가지로, 조직의 다차원성과 조직 내에서 표현되는 자비의 다중적인 표현 또한 아직 연구되지 않았다.

- **자비 피로(compassion fatigue)**: 자비 피로는 자비 행동이 인정받거나 보상받지 못할 때(Adams, Boscarino, & Figley, 2006), 혹은 자비를 보여 주어야 한다는 요구가 압도적일 때 발생한다(예를 들어, 고통과 비극에 대한 과도한 신문 보도는 자비 피로로 이어진다고 보고되었다; Dart Cemter, 2008; 또한 Cameron, '연민붕괴' 참조). 어떤 조직 세팅에서 어느 정도 범위의 자비 표현이 부적절한지는 여전히 알려지지 않았으며 조직 내에서 자비의 한계와 자비가 조직에 미치는 영향은 밝혀지지 않았다.
- **자문화 중심주의(Ethnocentrism)**: 긍정조직학과 긍정심리학에 대한 비판 중 하나는 그들이 문화적으로 편향된 관점을 나타낸다는 것이다. 그들은 서구의 가치를 다른 문화에 덧씌운다는 비난을 받고 있다. 다른 문화와 민족은 미국에서 지지되고 연구되는 것과 같은 방식으로 자비를 가치 있게 여기지 않을 수 있다(이 책의 Koopmann-Holm & Tsai). 자비의 미덕이 다양한 문화적, 지리적 맥락에서 어떻게 표현되고, 조직 성과에 어떻게 영향을 미치는지에 대해서는 상대적으로 거의 알지 못한다.
- **조직 강화**: 조직이 자비를 가장 잘 조장하

고 촉진하는 메커니즘과 조직이 사용할 수 있는 일반화된 인센티브 또는 전략의 범위는 아직 확실하지 않다. 지금까지의 연구에서는 조직의 자비가 조직이 원하는 결과에 긍정적인 영향을 미친다고 나타났지만, 리더와 조직이 조직 차원에서 더 많은 자비를 가능하게 할 수 있는지에 대해서는 알려진 바가 거의 없다.

결론

이 장에서는 조직 수준의 분석에서 자비의 두 가지 추가적인 정의적 속성을 밝혀냈다. 조직의 자비를 감지하기 위해서는 타인의 고통이나 괴로움에 대한 민감성과 그 고통을 완화시키고자 하는 깊은 열망과 함께 고통에 능동적으로 대응하고 돕는 것이 필요하다. 자비가 조직 문화의 일부로 존재하는 것을 확인하려면 행동이 증명되어야 한다.

또한 자비는 미덕이므로 어떤 유익한 결과가 감지되지 않더라도 본질적으로 가치 있는 것이다. 아리스토텔레스에 의하면 미덕은 그 자체로 가치가 있는 '첫 번째 의도'의 선이다. 자비는 인정이나 보상에 대한 기대와 상관없이 나타난다.

게다가 자비는 조직에서 독립적으로 나타나는 경우가 거의 없다. 실증적이고 실험적인 연구들에서 자비는 친절, 자선, 관대함, 감사, 사랑과 같은 다른 미덕들이 있을 때 나타났다. 이러한 다양한 종류의 미덕은 괴로움, 슬품, 고통을 경험할 때 상황에 따라 다른 영향을 미칠 수 있다.

조직 수준에서 자비를 연구한 몇 가지 연구에 따르면 조직에서 시간이 지남에 따라 자비가 향상될 때 상당히 긍정적인 효과가 발생하는 것으로 나타났다. 자비와 덕행이 향상되면 조직의 성과 또한 개선된다는 것이 밝혀졌다. 그러나 대부분의 연구가 개인 및 쌍방 분석 수준에서 이루어졌기 때문에, 조직의 자비에 대한 명확하고 잘 뒷받침된 결론을 내리기 위해서는 아직 밝혀져야 할 것이 많다.

1. 이 사례의 내용과 해당 조직의 자비 문화가 어떻게 발전했는지에 대한 자세한 설명은 Cameron & Plews, 2012에서 확인할 수 있다.

2. Southwest Airlines는 2001년 9월 11일 이후 단 한 분기도 적자를 겪지 않은 유일한 항공사이며, 재무 수익은 동 업계 평균을 4배 초과했다. 중요한 것은 집단적 자비를 나타내지 않은 항공사 대비 8배를 초과하는 재무적 성과를 나타냈다는 것이다(Southwest의 재무적 성과를 설명하는 요인에 대한 보다 자세한 설명은 Gittell, Cameron, Lim, & Rivas, 2006을 참조하면 된다).

3. 지난 20년간 조직의 인원 감축과 실직에 대한 연구 조사에서 실직은 직장 신뢰, 개인 안전, 우울증, 정의에 대한 인식, 사회적 관계, 헌신, 충성도, 추가 역할 행동, 가족관계, 작업그룹 지원 그리고 친사회적 행동들을 심각하게 악화시킨다는 연관성이 발견되었다(Cooper, Pandey, & Quick, 2012). 따라서 조직의 인원을 감축하는

것은 조직적 자비의 효과를 연구하는 데 이상적인 맥락을 제공한다.

4. 조직의 인원 감축과 관련된 보편적인 12가지 기능 장애 요인은 다음과 같다. **중앙 집중화**: 의사결정이 조직의 최고 경영자에 의해 이루어진다. 권한이 공유되지 않는다. **단기적이고 위기 대응적 멘털**: 장기 계획을 소홀히 한다. 여유 자원을 모두 소진시킨다. 선험적이고 습관적인 반응이 지배적이다. 위협-경직 반응이 발생한다. **혁신성 상실**: 시행착오를 통한 학습이 축소된다. 창의적 활동과 관련된 위험과 실패에 대한 인내가 적어진다. **변화에 대한 저항**: 두려움, 불확실성 그리고 잠재적 손실은 보수주의, '위축' 그리고 보호주의적인 입장으로 이어진다. **사기 저하**: 내부 갈등과 '비열한 분위기'가 조직에 스며든다. **정치화된 환경**: 특별한 이해관계 그룹이 조직화되어 더 큰 목소리를 낸다. 분위기가 정치화된다. **충성도 상실**: 부정, 비밀, 불분명한 우선순위에 대한 인식이 대두됨에 따라 조직 및 다른 구성원들에 대한 헌신이 악화된다. **신뢰 상실**: 리더는 부하들의 신뢰를 잃고, 서로에 대한 불신, 미래, 조직에 대한 불신이 구성원들 사이에서 커진다. **갈등 증가**: 자원이 적으면 내부 경쟁이 발생하고 더 작은 파이를 위해 다투게 된다. 자원을 획득하기 위한 노력이 결과물을 만들어 내기 위한 노력을 대체하기 때문에 목표 이동이 발생한다. **제한된 커뮤니케이션**: 좋은 소식만 위쪽으로 전달된다. 두려움과 불신 때문에 정보가 널리 공유되지 않는다. **팀워크 부족**: 개인주의와 단절감은 팀워크를 어렵게 만든다. 개인은 서로 나누거나, 서로를 위해, 자비롭게 행동하려는 경향이 없다. **리더십 빈혈**: 리더는 희생양이 되고, 우선순위가 불분명하며, 적들에게 둘러싸여 있다는 심리가 팽배해지고, 최고의 리더는 퇴출되는 경향이 있다(Cameron, Kim, & Whetten, 1987; Cameron,

1994).

5. 이러한 긍정적인 결과를 가져오는 선순환의 예는 Cameron & Plews, 2012 및 Cameron & Vanette, 2009를 참조하면 된다.

참고문헌

Adams, R., Boscarino, J., & Figley, J. (2006). Compassion fatigue and psychological distress among social workers: A validation study. *American Journal of Orthopsychiatry, 76*, 103–108.

Adler, P. S., & Kwon, S. (2002). Social capital: Prospects for a new concept. *Academy of Management Review, 27*, 17–40.

Aristotle (1933 BCE). *Metaphysics XII, 7*, 3–4.

Arjoon, S. (2000). Virtue theory as a dynamic theory of business. *Journal of Business Ethics, 28*, 159–178.

Baker, W. (2000). *Achieving Success Through Social Capital*. San Francisco, CA: Jossey-Bass.

Batson, C. D., Klein, T. R., Highberger, L., & Shaw, L. L. (1995). Immorality from empathy-induced altruism: When compassion and justice conflict. *Journal of Personality and Social Psychology, 68*, 1042–1054.

Baumeister, R. F., & Exline, J. J. (1999). Virtue, personality, and social relations: Self-control as the moral muscle. *Journal of Personality, 67*, 1165–1194.

Baumeister, R. F., Bratslavsky, E., Finkenauer, C., Vohs, K. D. (2001). Bad is stronger than good. *Review of General Psychology, 5*, 323–370.

Bento, R. F. (1994). When the show must go on: Disenfranchised grief in organizations. *Journal of Managerial Psychology, 9*, 35–44.

Bollier, D. (1996). *Aiming Higher: 25 Stories of How Companies Prosper by Combining Sound Management and Social Vision*. New York: Amacom.

Brickman, P., Coates, D., & Janoff-Bulman, R. (1978). Lottery winners and accident victims: Is happiness relative? *Journal of Personality and Social Psychology, 36*, 917–927.

Bright, D. S., Cameron, K. S., & Caza, A. (2006). The amplifying and buffering effects of virtuousness in downsized organizations. *Journal of Business Ethics, 64*, 249–269.

Brody, H. (1992). Assisted death: A compassionate response to a medical failure. *New England Journal of Medicine, 327*, 1384–1388.

Cameron, K. S. (1994). Strategies for successful organizational downsizing. *Human Resource Management Journal, 33*, 89–112.

Cameron, K. S. (1998). Strategic organizational downsizing: An extreme case. *Research in Organizational Behavior, 20*, 185–229.

Cameron, K. S. (2008). Paradox in positive organizational change. *Journal of Applied Behavioral Science, 44*, 7–24.

Cameron, K. S. (2012). *Positive Leadership*. San Francisco, CA: Berrett Koehler.

Cameron, K. S., Bright, D., & Caza, A. (2004). Exploring the relationships between organizational virtuousness and performance. *American Behavioral Scientist, 47*, 766–790.

Cameron, K. S., & Caza, A. (2013). Virtuousness as a source of happiness in organizations. In S. A. David, I. Boniwell, & A. Conley-Ayers (Eds.), *The Oxford Handbook of Happiness* (pp. 676-692). Oxford, UK: Oxford University Press.

Cameron, K. S., Kim, M. U., & Whetten, D. A. (1987). Organizational effects of decline and turbulence. *Administrative Science Quarterly*, *32*, 222-240.

Cameron, K. S., Mora, C., Leutscher, T., & Calarco, M. (2011). Effects of positive practices on organizational effectiveness. *Journal of Applied Behavioral Science*, *47*, 266-308.

Cameron, K. S., & Plews, E. (2012). Positive leadership in action: Applications of POS by Jim Mallozzi. *Organizational Dynamics*, *41*, 99-105.

Cameron, K. S., & Quinn, R. E. (2011). *Diagnosing and Changing Organizational Culture* (3rd ed.). San Francisco, CA: Jossey Bass.

Cameron, K. S., & Vanette, D. (2009). *Implementing positive organizational scholarship at Prudential*. William Davidson Institute, Ross School of Business, University of Michigan.

Cassell, E. J. (2002). Diagnosing suffering: A perspective. *Annuals of Internal Medicine*, *131*, 531-534.

Cohen, S. (2003). The social environment and susceptibility to infectious disease. Conference on the Role of Environmental Influences on Health and Performance: From Organism to Organization. University of Michigan, September 150.

Coleman, J. S. (1998). Social capital in the creation of human capital. *American Journal of Sociology*, *94*(Suppl), S95-S120.

Coleman, L. M., Jussim, L., & Abraham, J. (1987). Students' reactions to teacher evaluations: The unique impact of negative feedback. *Journal of Applied Social Psychology*, *17*, 1051-1070.

Comte-Sponville, A. (2001). *A Small Treatise of the Great Virtues*. Trans. C. Temerson. New York: Metropolitan Books.

Cooper, C. L., Pandy, A., & Quick, J. C. (2012). *Downsizing*. New York: Cambridge University Press.

Christakis, N. A., & Fowler, J. H. (2009). *Connected: The Surprising Power of Our Social Networks and How They Shape Our Lives*. New York: Little, Brown.

D'Amato, M. R., & Jagoda, H. (1962). Effect of early exposure to photic stimulation on brightness discrimination and exploratory behavior. *Journal of Genetic Psychology*, *101*, 267-278.

Dienstbier, R. A., & Zillig, L. M. P. (2002). Toughness. In C. R. Snyder & S. J. Lopez (Eds.), *Handbook of Positive Psychology* (pp. 515-527). New York: Oxford University Press.

Drexelius, J. (1627). *The Heliotropium, or Conformity of the Human Will to the Divine*. R. N. I. Shutte, Trans. New York: The Devin-Adair Company.

Dutton, J. E. (2003). *Energize Your Workplace*. San Francisco, CA: Jossey-Bass.

Dutton, J. E., Frost, P. J., Worline, M. C., Lilius, J. M., & Kanov, J. M. (2002). Leading in times of trauma. *Harvard Business Review*, *1*, 54-61.

Dutton, J. E., Worline, M. C., Frost, P. J., & Lilius, J. M. (2007). Explaining compassion organizing. *Administrative Science Quarterly*, *51*, 59-96.

Dutton, J. E., Workman, K. M., & Hardin, A. E.

(2014). Compassion at work. *Annual Review of Organizational Psychology, 1*, 277-304.

Erdelyi, E. H. (1974). A new look at a New Look: Perceptual defense and vigilance. *Psychological Review, 81*, 1-25.

Erhard-Seibold, E. V. (1937). The heliotrope tradition. *Orisis, 3*, 22-46.

Fineman, S. (1996). Emotion and organizing. In S. R. Clegg, C. Hardy, & W. R. Nord (Eds.), *The Handbook of Organizational Studies* (pp. 543-564). London: Sage.

Fredrickson, B. L. (1998). What good are positive emotions? *Review of General Psychology, 2*, 300-319.

Fredrickson, B. L. (2003). Positive emotions and upward spirals in organizations. In K. S. Cameron, J. E. Dutton, & R. E. Quinn (Eds.), *Positive Organizational Scholarship: Foundations of a New Discipline* (pp. 163-175). San Francisco, CA: Berrett-Koehler.

Freeman, S. J., & Cameron, K. S. (1993). Organizational downsizing: A convergence and reorientation framework. *Organizational Science, 4*, 10-29.

Fry, L. W., Keim, G. D., & Meiners, R. E. (1982). Corporate contributions: Altruistic of for-profit? *Academy of Management Journal, 25*, 94-106.

George, J. M. (1998). Salesperson mood at work: Implications for helping customers. *Journal of Personal Selling and Sales Management, 18*, 23-30.

George, J. M. (2013). Compassion and capitalism: Implications for organizational studies. *Journal of Management, 40*, 5-15.

Gittell, J. H., Cameron, K. S., Lim, S., & Rivas, V. (2006). Relationships, layoffs, and organizational resilience. *Journal of Applied Behavioral Science, 42*, 300-328.

Goetz, J. L., Keltner, D., & Simon-Thomas, E. (2010). Compassion: An evolutionary analysis and empirical review. *Psychological Bulletin, 136*, 351-374.

Gouldner, A. (1960). The norm of reciprocity: A preliminary statement. *American Sociological Review, 25*, 161-179.

Hamlin, J. K. (2013). Moral judgment and action in preverbal infants and toddlers: Evidence for an innate moral core. *Current Directions in Psychological Science, 22*(3), 186-193.

Huta, V. (2013). Eudaimonia. In S. A. David, I. Boniwell, & A. Conley-Ayers (Eds.), *The Oxford Handbook of Happiness* (pp. 201-213). Oxford, UK: Oxford University Press.

Kanov, J. M., Maitlis, S., Worline, M. C., Dutton, J. E., Frost, P. J., & Lilius, J. M. (2004). Compassion in organizational life. *American Behavioral Scientist, 47*, 808-827.

Kaplan, J. (2003). Status, stress, and atherosclerosis: The role of environment and individual behavior. Conference on the Role of Environmental Influences on Health and Performance: From Organism to Organization. University of Michigan, September 015

Kiecolt-Glaser, J. (2003). The effect of environmental factors on health: Wound healing as a model. Conference on the Role of Environmental Influences on Health and Performance: From Organism to Organization. University of Michigan, September 15.

Kok, B. E., & Fredrickson, B. L. (2010). Upward spirals of the heart: Autonomic flexibility, as indexed by vagal tone, reciprocally and prospectively predicts positive emotions and social connectedness. *Biological Psychology*, *85*(3), 432-436.

Koys, D. J. (2001). The effects of employee satisfaction, organizational citizenship behavior, and turnover on organizational effectiveness. *Personnel Psychology*, *54*, 101-114.

Krebs, D. (1987). The challenge of altruism in biology and psychology. In C. Crawford, M. Smith, & D. Krebs (Eds.), *Sociobiology and Psychology* (pp. 337-368). Hillsdale, NJ: Lawrence Erlbaum.

Laumann, E. O., Gagnon, J. H., Michael, R. T., & Michaels, S. (1994). *The Social Organization of Sexuality: Sexual Practices in the United States*. Chicago, IL: University of Chicago Press.

Laumann, E. O., Paik, A., & Rosen, R. C. (1999). Sexual dysfunction in the United States: Prevalence and predictors. *Journal of the American Medical Association*, *281*, 537-544.

Leana, C. R., & Van Buren, H. J. (1999). Organizational social capital and employment practices. *Academy of Management Review*, *24*, 538-555.

MacIntyre, A. (1984). *After Virtue: A Study in Moral Theory* (2nd ed.). Notre Dame, IN: University of Notre Dame Press.

Masten, A. S., Hubbard, J. J., Gest, S. D., Tellegen, A., Garmezy, N., & Ramirez, M. (1999). Competence in the context of adversity: Pathways to reliance and maladaptation from childhood to late adolescence. *Development and Psychopathology*, *11*, 143-169.

Melwani, S., Mueller, J. S., & Overbeck, J. R. (2012). Looking down: The influence of contempt and compassion on emergent leadership categorizations. *Journal of Applied Psychology*, *97*, 1171-1185.

Merton, R. K. (1968). *Social Organization and Social Structure*. New York: Free Press.

Moore, C., & Richardson, J. J. (1988). The politics and practice of corporate responsibility is Great Britain. *Research in Corporate Social Performance and Policy*, *10*, 267-290.

Mrosovsky, N., & Kingsmill, S. F. (1985). How turtles find the sea. *Zeitschrift Fur Tierpsychologie—Journal of Comparative Ethology*, *67*(1-4), 237-256.

Nahapiet, J., & Ghoshal, S. (1998). Social capital, intellectual capital, and the organizational advantage. *Academy of Management Review*, *23*, 242-266.

Nussbaum, M. C. (1996). Compassion: The basic social emotion. *Social Philosophy and Policy*, *13*, 27-58.

Peterson, C., & Seligman, M. E. D. (2004). *Character Strengths and Virtues*. New York: Oxford University Press.

Piliavin, J. A., & Charng, H. (1990). Altruism: A review of recent theory and research. *Annual Review of Sociology*, *16*, 27-65.

Podsakoff, P. M., Mackenzie, S. B., Paine, J. B., & Bachrach, D. G. (2000). Organizational citizenship behaviors: A critical review of the theoretical and empirical literature and suggestions for future research. *Journal of Management*, *26*, 513-563.

Powley, E. H., & Cameron, K. S. (2007). Organizational healing: Lived virtuousness amidst organizational crisis. *Journal of Management, Spirituality, and Religion*, *3*, 13-

33.

Sánchez, C. M. (2000). Motives for corporate philanthropy in El Salvador: Altruism and political legitimacy. *Journal of Business Ethics*, *27*, 363-375.

Sandage, S. J., & Hill, P. C. (2001). The virtues of positive psychology: The rapprochement and challenges of the affirmative postmodern perspective. *Journal for the Theory of Social Behavior*, *31*, 241-260.

Seppälä, E., & Cameron, K. S. (2015). Proof that positive work cultures are more productive. *Harvard Business Review*, December 1.

Sharot, T., Riccardi, A. M., Raio, C. M., & Phelps, E. A. (2007). Neural mechanisms mediating optimism bias. *Nature*, *450*, 102-106.

Schein, E. H. (2010). *Organizational Culture and Leadership* (4th ed.). San Francisco, CA: Jossey-Bass.

Schudt, K. (2000). Taming the corporate monster: An Aristotelian approach to corporate virtues. *Business Ethics Quarterly*, *10*, 711-723.

Seligman, M. E. P. (2002). *Authentic Happiness*. New York: Free Press.

Seligman, M. E. P., & Csikszentmihalyi, M. (2000). Positive psychology: An introduction. *American Psychologist*, *55*, 5-14.

Seligman, M. E. P., Schulman, P., DeRubeis, R. J., & Hollon, S. D. (1999). The prevention of depression and anxiety. *Prevention and Treatment*, Vol 2(1), No Pagination Specified Article 8a. http://dx.doi.org/10.1037/1522-3736.2.1.28a

Sethi, R., & Nicholson, C. Y. (2001). Structural and contextual correlates of charged behavior in product development teams. *Journal of Product Innovation Management*, *18*, 154-168.

Simmel, G. (1950). *The Sociology of George Simmel*. Glencoe, IL: Free Press.

Skinner, B. F. (1965). *Science and Human Behavior*. New York: Free Press.

Smith, A. (1976/1790). *The Theory of Moral Sentiments* (6th ed.). Oxford, UK: Clarendon Press.

Smith, J. C., & Baker, H. D. (1960). Conditioning in the Horseshoe Crab. *Journal of Comparative and Physiological Psychology*, *53*, 279-281.

Staw, B. M., & Barsade, S. G. (1993). Affect and managerial performance: A test of the sadder-but-wiser versus happier-and-smarter hypothesis. *Administrative Science Quarterly*, *38*, 304-331.

Staw, B. M., Sutton, R. I., & Pellod, L. H. (1994). Employee positive emotion and favorable outcomes at the workplace. *Organization Science*, *5*, 51-71.

Sutcliffe, K. M., & Vogus, T. J. (2003). Organizing for resilience. In K. S. Cameron, J. E. Dutton, & R. E. Quinn (Eds.), *Positive Organizational Scholarship* (pp. 94-110). San Francisco, CA: Berrett-Koehler.

Tjeltveit, A. C. (2003). Implicit virtues, divergent goods, multiple communities. *American Behavioral Scientist*, *47*(4), 395-414.

Tsui, A. S. (2013). On compassion in scholarship: Why should we care? *Academy of Management Review*, *13*(2), 167-183.

Unkelbach, C., Fiedler, K., Bayer, M., Stegmuller, M., & Danner, D. (2008). Why positive information is processed faster: The density hypothesis. *Journal of Personality and Social Psychology*, *95*, 36-49.

Walz, S. M., & Niehoff, B. P. (2000). Organizational citizenship behaviors: Their relationship to organizational effectiveness. *Journal of Hospitality and Tourism Research*, *24*, 301-319.

Weick, K. E. (1999). *The Social Psychology of Organizing*. Reading, MA: Addison-Wesley.

Weick, K. E., Sutcliffe, K. M., & Obstfeld, D. (1999). Organizing for high reliability: Processes of collective mindfulness. *Research in Organizational Behavior*, *21*, 81-123.

White, P. (1996). *Civic Virtues and Public Schooling: Educating Citizens for a Democratic Society*. NY: Teachers College Press.

Wildavsky, A. (1991). *Searching for Safety*. New Brunswick, NJ: Transaction Books.

Worline, M. C., Dutton, J. E., Frost, P. J., Kanov, J., Lilius, J., & Maitlis, S. (2003). Creating fertile soil: The organizing dynamics of resilience. Working paper, University of Michigan School of Business, Ann Arbor, MI.

제**31**장

리더가 조직의 자비 프로세스를 형성하는 방법

Monica C. Worline and Jane E. Dutton

요약

이 장에서는 조직에서 자비를 표현하는 데 리더가 얼마나 중요한지에 대해 초점을 맞추었다. 리더는 고통에 대한 개인과 조직의 반응을 형성하는 도구적인 힘과 상징적 힘을 가지고 있다. 리더가 시스템의 자비 반응에 어떤 영향을 미치는지 이해하기 위해 우리는 고통받고 있는 사람들이나 고통을 완화하고자 하는 사람들과 관련해 리더가 취하는 행동으로 정의되는 '리더십 움직임(leadership moves)'에 초점을 맞추었다. 12개의 리더십 움직임을 확인했으며, 어떻게 리더의 12가지 움직임이 우발적인 자비 프로세스가 일어나는 데 영향을 미치는지에 대한 이론적 관점을 제공했다. 특히 ① 어떻게 리더십 움직임이 고통의 표현을 형성하게 하는지, ② 어떻게 리더가 고통으로 주의를 끌어오는지, ③ 어떻게 리더가 감정을 느끼고 표현하는지, ④ 어떻게 리더가 고통을 표현하고 서술하는지에 초점을 맞췄다. 이 연구에서는 리더가 중요한 이유를 다양한 방식으로 조명하고 자비와 리더십에 대한 새로운 질문과 후속 연구에 대해 제언하였다.

핵심용어

리더십, 감정, 센스메이킹, 역할 모델링, 직장에서의 고통

직업 조직은 고통을 생성하고 완화하는 데 중추적인 역할을 한다(Frost, 1999). 현대 생활에서 직장은 많은 사람이 깨어 있는 시간의 대부분을 보내는 영역이다. 일은 목적, 성취, 성장 및 번영의 원천일 뿐 아니라(Sonenshein, Dutton, Grant, Spreitzer, & Sutcliffe, 2013), 사람들의 중요한 정체성이 나타나는 장소이다(Ashforth & Mael, 1989). 반면, 일의 부재는 사람들과 지역사회에 중대한 경제적 고통의 원인이 될 수 있다(Arulampalam, 2001; Wilson, 1996). 또한 일의 부재는 정체성, 목적, 존엄성 및 다른 사람들과 의미 있는 관계를 맺지 못하는 데에서 비롯되는 정신적, 정서적 고통을 유발한다(Driver, 2007; Paul & Moser, 2009; Wilson, 1996).

고통을 겪을 때 많은 경우 조직의 경계가

모호해진다. 사람들은 집에서 만들어진 고통을 직장, 학교, 교회, 지역사회 조직으로 가져온다. 일을 마치는 데 있어 이러한 상호작용은 우리가 '고통을 문 앞에서 점검해라'를 실천하지 못하고 있다는 것을 명백하게 한다. 마찬가지로 조직에서 발생하는 고통도 사람들과 함께 집으로 돌아간다. 직장 맥락 안팎으로의 고통의 흐름은 개인적인 측면에서의 자비 연구뿐만 아니라, 어떻게 조직의 리더, 문화, 구조 및 관행이 직장과 가정의 반투막(semipermeable membrane)을 넘나드는 고통에 대응하는 조직 구성원의 능력과 의지를 형성하게 하는지 이해하는 것을 중요하게 만든다(Lilius, Worline, Dutton, Kanov, & Maitlis, 2011). 이 장에서는 특히 직장에서 고통에 대한 개인 및 조직의 반응을 형성하는 도구적, 상징적 힘을 지닌 리더에게 초점을 맞춘다. 또한 리더가 고통에 대한 조직적인 자비 반응에 영향을 미치는 프로세스를 풀기 위해 그들이 취하는 '움직임'의 행동과 상호작용에 초점을 맞춘다.

시스템에서 자비를 이끌어 내는 프로세스를 이해하기 위해서는 리더의 움직임이 시스템의 자비반응에 어떻게 영향을 미치는지 이해하는 것의 중요성을 강조한다. 이 목표에 따라 우리는 리더십에 대한 사회적 상호작용 관점을 채택했다. 여기서 '리더십'은 개인주의적, 위계적 또는 일방향적이 아닌 "반복적인 선행-후속 상호작용"으로 정의된다(DeRue, 2011, p. 126). 이러한 관점에서 리더십은 맥락에 따른 사람들 간의 상호작용을 통

해 구성된다. 리더는 업무환경을 구성하는 방법뿐 아니라 사람들과의 상호작용을 통해 조직의 자비에 영향을 미칠 수 있다. 이러한 정의에서는 리더와 구성원이 관계, 정체성 및 자원을 공동으로 구축하여 집단적 수준에서 패턴을 생성한다고 가정하며, 이를 리더십이라고 부른다(DeRue, 2011).

조직 내 프로세스로서의 자비

이 장에서는 분명히 조직적인 자비에 대한 관점을 제공한다. 이 책의 다른 장들에서 연구되어 소개된 생리적 그리고 심리학적 연구들뿐만 아니라, 조직 이론의 교차점에 있는 조직 행동, 사회학, 심리학, 경제학 간의 학제 간 연구를 기반으로 하고 있다. 자비에 대한 심리학적 연구에 익숙한 많은 독자는 여기에 제안된 종류의 프로세스를 인식할 수 있겠지만, 사회 구조, 사회적 프로세스 및 집단 결과와 강한 연관이 있는 조직 이론에 대해서는 낯설어할 수도 있을 것이다(Scott & Davis, 2007; Hatch & Cunliffe, 2012). 리더십과 자비 사이에 맥락적으로 내재된 관계를 이해하기 위해서는 이러한 이론들을 전면에 두는 것이 중요하다. 따라서 우리는 자비의 심리학적 정의를 약간 확장하면서, 조직에서 자비에 필수적인 네 가지 사회적 프로세스를 포함하는 방식으로 자비에 대한 심리학적이고 사회학적인 접근방식을 통합할 수 있다.

우리가 채택한 네 단계 프로세스 관점 일부

는 "다른 사람이 고통받는 것을 목격할 때 발생하는 감정이며 이 감정이 돕고자 하는 욕구를 유발하는 것"(Goetz, Keltner, & Simon-Thomas, 2010, p. 351)이라는 이 책의 자비에 대한 정의를 통해 명확히 알 수 있다. Dutton, Workman과 Hardin(2014)은 자비를 조직적 프로세스로 해석했으며, 자비의 정의에 대해 상황에 맞는 고통을 해석하거나 이해하는 것 외에도 고통에 대한 주의와 인식을 필요로 하며, 이 두 가지 과정은 고통에 반응하는 동기와 행위뿐 아니라 일어나는 감정도 알려 준다고 하였다. 우리는 개인적인 감정으로서의 자비를 설명하는 것에 더해 사회적 과정으로 자비를 설명하는 Dutton, Workman과 Hardin(2014)의 관점을 추가하였다. 따라서 자비를 ① 고통에 대한 주의, ② 고통에 대한 '센스메이킹', ③ 공감적 관심, ④ 고통을 완화하기 위한 행동 네 단계의 프로세스로 정의하였다. Dutton, Workman과 Hardin(2014)의 연구를 바탕으로 일부 수정하여 자비를 네 단계의 사회적 프로세스로 해석한 것이 [그림 31-1]에 나와 있다. 여기에는 사회적 프로세스로서 자비의 핵심적 측면과, 리더십을 포함한 조직이 이에 어떻게 영향을 미치는지가 설명되어 있다.

또한 조직의 자비 프로세스에 대한 리더의 영향도 이 프로세스 관점에 대응하는 네 단계로 나누어 설명할 것이다. 첫째, 리더가 고통에 대해 어떻게 관심 혹은 무관심을 형성하는지 묻는다. 둘째, 리더가 어떻게 고통의 의미를 형성하는지에 초점을 맞춘다. 셋째, 리더

가 자비 프로세스의 일부인 공감적 관심에 어떻게 영향을 미치는지 강조한다. 넷째, 조직에서는 자비가 고통을 경감시키기 위한 행동으로 구성되며 리더가 이 중요한 과정에 영향을 미친다는 것을 강조하였다.

프로세스로서의 자비에 대한 이해

자비를 프로세스로 보는 관점은 개인주의적 이해를 넘어 상황에서 사람들 사이에 나타나는 자비를 볼 수 있게 한다. [그림 31-1]을 바탕으로 개인적인 측면에서의 자비에 더 익숙한 사람들에게 자비 프로세스에 대해 간략히 설명하고자 한다.

[그림 31-1]의 포인트 A는 Lilius와 동료들(Lilius, Worline, Maitlis, Kanov, Dutton, & Frost, 2008)이 '고통 유발요인(pain triggers)'이라고 부른, 조직적 맥락 안에서 어떻게 고통이 나타나는지를 설명한다. 고통 유발요인에는 업무 외의 생활에서 발생하는 상황뿐만 아니라 잘못으로 인해 처벌을 받거나 무시당하는 등 업무 자체에서 발생하는 고통도 포함된다. [그림 31-1]의 포인트 A에 따르면 고통은 사례를 조직하는 과정에서 시작되며, 그 과정의 차후 양상은 고통의 사례에 고유하게 나타난다.

[그림 31-1]의 포인트 B에서는 고통은 다양한 방식으로 표현될 수 있으며, 고통의 표현은 그 과정이 어떻게 전개되는가에 결정적이라는 것을 강조한다. 조직 구성원의 자비가 나타나기 위해서는 표현된 고통을 인지하고 이해해야 한다. 조직에서의 고통을 표현

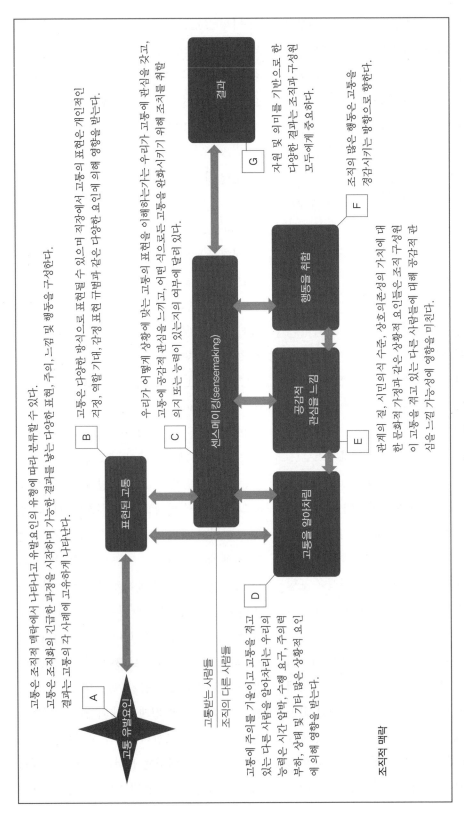

[그림 31-1] 조직의 사회적 프로세스로서 자비의 핵심적 측면들

Dutton, Workman, & Hardin (2014). Compassion at work, *Annual Review of Organizational Psychology & Organizational Behavior*, 1, 277–304.

하려는 사람들의 의지와 능력은 다른 사람들을 화나게 하는 것에 대한 개인적인 걱정(Goodrum, 2008), 전문성에 대한 역할 기대(Atkins & Parker, 2012), 관계적 친밀감(Clark, 1987), 감정 표현에 대한 규범(Elfenbein, 2007), 그리고 리더십을 포함한 많은 다른 요인에 달려 있다(Dutton et al., 2014). 우리는 리더와, 리더가 자비 프로세스에 미치는 영향에 직접적으로 초점을 맞추었다(다른 조직적 측면과 자비의 영향에 대해서는 제30장 참조).

[그림 31-1]의 포인트 C에서는 사회적 과정으로서 자비의 전개에서 센스메이킹 또는 의미 형성의 중요한 역할을 강조한다. 조직에서 자비 프로세스의 각 과정은 무슨 일이 일어나고 있는가에 대해 사람들이 만드는 의미에 달려 있다. 조직 내 사람들이 고통에 대해, 전문적이지 못하다거나 불법적이라고 이해하면(예: Goodrum, 2008; Simpson, Clegg, & Pitsis, 2014a) 자비는 나타나지 않을 수 있다. 우리는 고통에 대한 모든 표현이 자비로 받아들여지기를 바라지만 연구에 따르면 고통에 대한 '평가' 또는 의미 있는 설명은, 공감하는 감정과 자비적으로 행동하려는 의지에 직접적인 영향을 준다(Atkins & Parker, 2012; Goetz et al., 2010). 고통에 대해 더 많은 자비를 장려하도록 하는 평가와 집단적 센스메이킹을 형성하는 데 있어 리더의 중요성에 대해 추후 논의할 것이다.

[그림 31-1]의 포인트 D에서는 조직에서 고통이 무시될 수 있음을 강조한다. 맥락은 강력한 방식으로 사람들이 무엇에 주의를 기울일지를 형성한다. 연구에 따르면 고통이 인식되는지 아닌지는 주의력 부하, 시간 압박 및 수행 요구 사항에 영향을 받는데, 이는 개인적으로 자비를 가지고 행동할 가능성이 있는 사람들에게도 해당된다(예: Chugh, 2004; Darley & Batson, 1973). 잘 알려진 한 사회심리학 연구에서, 신학교에서 모집된 참가자들은 낯선 사람을 돕는 것과 관련된 성경의 우화인 '착한 사마리아인'이라는 주제에 대해 즉석에서 3~5분가량의 연설을 준비하고 전달하라는 요청을 받았다. 한 조건에서, 참가자들은 그들이 늦었으며 연설이 있을 방으로 서둘러 가야 한다는 말을 들었다. 연구 설계의 일환으로 모든 참가자는 연설을 할 방으로 가기 위해 골목을 지나가야 했다. 골목에는 참가자가 지나갈 때 출입구에 쓰러져 기침과 신음소리를 내는 사람이 있었다. 실제로는 연구자 중 한 명이었던 그 사람은 실험 참가자들이 도움을 주는 정도를 기록했다. 착한 사마리아인에 대한 연설을 하기 위해 서두르고 있던 중이었음에도 불구하고, 서두르라는 말을 들은 사람들 중 오직 10%만이 도움을 주기 위해 멈춰 섰다(Darley & Batson, 1973). 업무 조직은 시간과 성과 압박으로 가득 차 있으며, 이는 사람들을 사로잡고 다른 사람들의 상태를 알아차리는 능력을 방해한다.

[그림 31-1]의 포인트 E에서는 고통에 대한 주의와 의미 형성이 공감적 관심을 느낄 가능성에 영향을 미친다는 것을 강조한다. Batson(2014)과 같은 학자들은 공감적 관심을 느끼는 것은 자비 프로세스의 주요 구성요

소이며 자비로운 행동을 유발하는 데 중요하다고 주장한다. 여기서 우리는 상황적 요인이 고통을 알아차리는 것과 공감적 관심을 느끼는 것 사이의 연결을 형성하는 데 중요하다는 사실을 주목하고자 한다. 예를 들어, 유해한 업무 관계는 서로의 고통에 대해 걱정하기보다는 서로에 대해 무관심한 방향으로 사람들을 안 좋은 쪽으로 몰아갈 수 있다(Frost, 2003; Scandura, 1998). 상호의존과 상호존중보다 독립과 자립을 중시하는 일부 직업 조직에서, 사람들은 직무 스트레스와 번아웃으로부터 오는 고통을 자비보다는 비판으로 대한다(예: Meyerson, 1994). 직장 내 무례함이 널리 퍼져 있는 상태에서 조직 구성원은 고통에 대한 공감적 관심을 가지기보다는, 고통의 지표를 무시하거나 스트레스를 느낀다(Frost 2003; Pearson & Porath, 2009). 앞으로 설명하겠지만 공감적 관심 및 자비로운 행동과 관련하여, 리더는 어떻게 느끼고 어떻게 행동해야 하는지에 대해 모델링 대상이 되는 주요한 원천이다.

[그림 31-1]의 포인트 F는 프로세스의 이러한 모든 요소가 조직에서의 자비적 행동의 전반적인 가능성과 형태에 기여한다는 것을 보여 준다. 자비적인 행동은 어깨에 손을 얹는 것 같은 사소한 것부터 대규모 금전 기부처럼 큰 것까지 매우 다양하다. 조직에서의 사회적, 정서적 지원을 입증하는, 겉보기에는 사소한 행위도 때로는 중요한 것으로 인식되기 때문에, 이러한 행동으로 인한 영향은 외부인들이 미리 결정하거나 미리 쉽게 포착할 수 없다(Lilius et al., 2008).

[그림 31-1]의 포인트 G는 펼쳐지는 프로세스의 다양한 결과에 주의를 기울인다. 결과 중 일부는 동료들이 고통을 완화하기 위해 돈이나 기타 물품을 기부하는 것과 같은 물질적 자원이다. 다른 것은 대처와 회복을 위한 사회적, 정서적 지지와 같은 심리적 자원이다. 또 다른 것은 직장에서 자기나 동료들에 대한 다른 관점과 같은 의미 기반 자원이다(Lilius et al., 2008). 조직에서 자비를 주거나 받거나 목격하는 것은 조직을 위한 더 큰 정서적 애착과 헌신과 같은 자원을 만든다(Lilius et al., 2008; Grant, Dutton, & Rosso, 2008).

[그림 31-1]에서 표현한 자비 프로세스가 지나치게 선형적이게 보일 수 있지만, 다양한 양방향 화살표는 많은 피드백 회로와 다양한 패턴의 가능성을 나타낸다. 자비를 사회적 과정으로 보는 것은 자비가 단독행동으로 나타나는 일은 거의 없다는 것을 상기시켜 준다. 조직적 맥락에서 나타나는 고통의 유형에 따라, 대응은 종종 많은 사람, 여러 그룹, 네트워크 및 역할의 동원을 포함한다(Dutton, Worline, Frost, & Lilius, 2006). 이 과정이 진행되는 모든 단계에서 리더는 중요하다. 이 장의 나머지 부분에서는 프로세스가 전개되는 과정에 리더가 어떤 영향을 미치는지, 어떻게 리더의 행동이 프로세스를 통해 조직의 자비를 증폭시키거나 감소시킬 수 있는지에 초점을 맞출 것이다.

왜 리더에 주목해야 하는가

조직에서 자비가 전개될 때, 리더는 자비를 형성하는 데 중추적인 역할을 한다(Frost, 1999; 2003). 중추적인 중요성 때문에 리더십 메시지와 행동은 큰 영향을 미칠 수 있다. 리더십 연구자 Heifetz(1994)는 우리가 좌절감이나 불안을 관리하기 위해서뿐만 아니라 심리적 스트레스를 받는 시기에 특히 리더에게 희망과 비전을 찾는다고 주장했다.

> 고난의 시기에 우리는 권위에 의지한다. 한계점까지, 우리는 우리의 희망과 좌절감을 성취 가능성이 있는 지식, 지혜, 기술을 보여 주는 사람들에게 맡긴다. 권위자들은 우리의 염려와 열망을 담고 있는 저장고 역할을 하며, 우리가 그들에게 주는 권력의 대가로 그것들을 붙잡고 있다(p. 69).

조직에서 리더가 **자비**에 미치는 특정한 영향에 대한 연구는 아직 초기 단계에 머물러 있다. 리더십과 자비 사이의 관계를 조사하기 위해 엄격한 연구 설계를 사용한 연구는 거의 없다. 고통 및 자비와 관련된 리더들의 의지, 능력, 기술은 더 큰 자비의 문화나 분위기를 구축하는 데 필수적인 것으로 알려져 있지만 여전히 거의 연구되지 않았고 이에 대한 이해도 거의 없다.

확립되어 있는 큰 연구 결과가 없는 상황에서, 우리는 앞에서 설명한 사회적 프로세스로

서 자비의 이론적 틀을 구축하여 미래 연구를 구체화하고 유익한 질문을 이끌어 내기를 희망한다. 우리는 조직에서 자비 프로세스를 형성하는 **리더십 움직임**(leadership moves)에 대해 높은 수준의 이론적 배경을 제시할 것이다. 우리는 Goffman(1981)의 연구에 따라 리더십 움직임을 대인관계를 구성하며 다른 사람과 관련하여 취하는 행동으로 정의한다. 자비와 관련된 리더십 움직임은 고통받는 사람들에게 리더가 취하는 행동이나 조직에서 고통을 완화하고자 하는 사람들과 관련하여 리더가 취하는 행동이다. 예를 들어, 조직의 자비에 대해 관심을 상기시키는 연설을 하는 공식적 리더 역할을 맡은 사람은 '자비와 관련된 리더십 움직임'을 하고 있는 것이다. 왜냐하면 그것이 고통에 대한 관심 및 그 고통을 완화하기 위한 행동을 강화하거나 증폭시키기 때문이다.

'움직임'에 대한 이론화는 사회 구조를 구성하는 상호작용에 대한 사회학적 관점을 기반으로 하는 조직 연구에서 흔히 찾아볼 수 있다. 움직임은 실천적 행동 지식(knowing-in-action)의 한 형태(Dutton, Ashford, O'Neill & Lawrence, 2001; Pentland, 1992) 또는 사소한 일상의 행위(micro-acts of a routine)(Grodal, Nelson, & Siino, 2015; Pentland & Rueter, 1994)이다. 움직임은 일반적인 조직 패턴을 촉진하는 대인관계 행동이다. 자비와 관련하여 리더의 움직임은 영향력 있는 위치에 있는 사람들이 실천적 행동 지식을 사용하여 자비가 실행되는지의 여부와 어떻게 자비가 실행되는지

에 영향을 미칠 수 있는 방법을 보여 준다. 리더의 움직임에 초점을 맞추면 사회적 프로세스와 이끌고–따르는 상호작용을 강조하여, 리더십을 지나치게 개인주의적인 것으로 보거나 위계적인 것으로 혼동하는 것을 피할 수 있다(DeRue & Ashford, 2010). 이러한 관점에서, 자비와 관련된 리더십 움직임은 사람의 행동에 국한된 것이 아니라, 여러 사람이 참여하고, 해석하고, 느끼고, 행동하며 조직에서 자비를 형성하는 과정의 일부이다(Deal & Peterson, 1994; DeRue, 2011).

리더들이 어떻게 학교를 만드는지에 대해 쓴 글에서, Peterson과 Deal(1998)은 모든 리더십 움직임은 조직 문화를 형성한다고 언급했다.

> 문화를 만드는 데 있어 리더의 역할은 만연해 있다. 그들의 말, 비언어적 메시지, 행동 및 감정, 성취는 모두 문화를 형성한다. 그들은 모델, 도예가, 시인, 배우, 치료사이다. 그들은 역사가이자 인류학자이다. 그들은 공상가이자 몽상가이다(p. 30).

유사한 방식으로, 리더의 다양한 움직임은 조직과 문화에서 사회적 과정으로서 자비를 형성한다. 그들의 영향력은 자비가 표현되는지의 여부와 어떻게 표현되는지를 형성하는 데 강력한 영향을 미치며, 이 영향력은 미묘한 것에서 극적인 것에 이르는 다양한 움직임을 통해 만들어진다.

조직의 자비에 영향을 미치는 리더의 움직임

사회적 과정으로서의 자비에 대한 기존의 연구와 리더십 연구를 통합하기 위해 우리는 [그림 31–1]을 정교화하여 [그림 31–2]를 만들었다. 우리는 [그림 31–2]를 이 연구의 나머지 부분을 보여 주기 위해 사용할 것이다. [그림 31–2]에서는 리더가 프로세스에 영향을 미치기 위해 할 수 있는 여러 가지 움직임을 강조한다. 이러한 움직임 중 일부의 영향은 겹칠 수 있지만, 우리는 각각의 움직임이 조직의 네 단계 자비 프로세스의 각 측면과 어떻게 관련되는지 구분하기 위해 각각을 분리했다. 12가지 유형의 리더 움직임을 분리하고 그들이 자비 프로세스 각 요소와 어떻게 관련되어 있는지 보여 줌으로써, 리더 영향력의 깊이와 폭에 대한 이해를 키울 수 있게 되기를 바란다. 자비 프로세스에 대한 리더 움직임의 발견은 리더십과 자비 연구 모두에 뚜렷한 기여를 하고, 새롭게 탐구되어야 할 질문을 제언하는 이론적 및 실제적 함의를 가진다.

공간 만들기: 자비를 조성하기 위해 고통의 표현을 이끌어 내는 리더의 움직임

사람들이 고통과 관련된 실존적 의미 찾기에 참여할 수 있는 '조직적 공간'을 만드는 데 있어 리더는 필수적이다(Driver, 2007; Dutton,

Frost, Worline, Lilius, & Kanov, 2002; Sosik, 2000). 우리는 고통과 관련된 두 가지 자비적 리더십 움직임을 강조한다. 움직임 1은 고통의 표현을 위한 전용 공간을 만드는 것이고 움직임 2는 느껴지는 현존(felt presence)을 만드는 것이다. 이러한 각각의 리더 움직임은 조직에서 고통의 표현에 영향을 미치고, 그렇게 함으로써 자비가 전개되거나 전개되지 않는 경로를 만든다.

움직임 1. 리더는 구성원이 고통을 표현할 수 있는 공간을 만든다

우리가 연구한 한 조직에서, 새로운 공유 서비스 부서를 만들기 위한 변화의 노력은 조직 전체의 여러 사람이 자신의 일자리를 염려하는 상황을 만들었다. 일자리는 지켰지만 의미나 소중한 관계를 잃은 사람들은 소중한 정체성을 잃은 느낌을 애도했다. 리더는 이러한 우려와 고통의 원인에 대해 알게 되었다. 그는 고통을 표현할 수 있는 공간을 만들기 위해 포커스 그룹을 모았다. 그는 이러한 형태의 고통을 표현할 수 있는 공간을 제공한 후, 고통을 완화하는 방법에 대한 브레인스토밍을 위한 공간도 마련했다. 리더는 의도적으로 사람들이 직장에서 고통을 표현할 수 있는 공간을 만들었으며, 이는 보다 자비적인 조직 대응을 만드는 데 필요하고 중요한 단계였다.

고통은 신체적, 정서적 고통을 넘어선 고통을 야기하고, 성실함이나 온전함을 위협하며(Cassell, 1999), 우리 자신의 가장 깊고 근본적인 측면이나 삶의 의미로부터의 단절을 야기한다(Coulehan, 2013; Frankl, 1959). 이를 조직에 적용하면, 고통은 "지속적인, 불가피하거나 피할 수 없는 손실, 스트레스, 고통 또는 부상"으로 정의할 수 있으며(Pollock & Sands, 1997, p. 173), 제도적 또는 조직적 실패 및 재난(예: Wicks, 2001), 작업 활동의 일부로 외상에 노출(예: Tehrani, 1998), 조직이나 직장에서의 폭력(예: McClure & Werther, 1997; Johnson & Indvik, 1996), 조직 구성원, 고객 및 공급업체의 공격성, 적대감 및 무례함(예: Pearson & Porath, 2009), 변화에 대한 요구(예: Driver, 2002), 집단적 기능 장애 또는 신경증(예: Kets de Vries, 1991) 등에 의해 야기된다.

조직에서 고통의 원인이 되는 요인은 너무 많기 때문에, 이러한 공간은 사람들이 다른 사람들과 함께 공동체에서 고통을 표현함으로써 의미를 발견할 수 있는 기회로 가득 차 있다(Dutton et al., 2002). 사람들이 이러한 목적을 위한 전용 공간이 있다고 느낄 경우, 함께 일하며 고통을 받고 있는 동료들에게 신뢰, 진정성 및 돌보는 관계를 제공하는 경우가 많다(예: Jaworski, 1996; Mollner, 1992). 서로를 돌보는 집단을 만들고 고통을 표현할 공간을 마련하려는 리더의 의지는, 조직에서 고통을 표현하고 이에 대해 자비로 반응하려는 사람들의 의지와 능력을 증폭시키는 중요한 움직임 중 하나이다.

움직임 2. 현존감 만들기

자신의 고통을 공유하려는 리더의 능력과 의지는 고통의 표현을 위한 공간을 만드는 또 다른 방법이다. 고통에 직면할 수 있는 리더의 능력은 이제껏 제대로 인식되지 못했지만, 조직의 자비를 조장하는 데 있어 매우 영향력 있는 움직임이다. 예를 들어, 비극과 상실 이후에, 자신의 상실과 슬픔을 표현하고 직원들과 함께할 공간을 마련하는 리더는 조직의 자비에 극적으로 영향을 미친다. Dutton과 동료들(2002)은 고위 임원이 갑자기 사망한 시장 조사 회사에 대한 연구를 소개했다. 슬픔에 잠긴 CEO는 20명으로 구성된 그의 관리부서팀의 직원을 각각 직접 방문해 "각자와 슬픔을 나누기 위해 집집마다 다니며"(p. 58) 소식을 전했다. 리더가 자신의 고통을 인식하거나 표현하지 못할 때, 침묵은 종종 조직 구성원이 어려운 문제를 어떻게 다루어야 할지 불확실하게 하거나, 서로의 고통에 반응하기 위해 무엇을 해야 하는지 모른 채 무기력하게 만든다(Dutton et al., 2002).

Senge와 동료들(2005)은 '현존감(presence)'을 시스템의 변화를 일으키는 리더의 핵심 역량으로 언급하며, 시간과 관련된 현존(순간의 의식과 자각), 타인에 대한 지향(선입견을 넘어선 깊은 경청 및 개방성), 개인이 통제할 수 없는 힘(오래된 정체성 버리기, 움직임 또는 진화를 감지하는 것, 더 큰 분야에 참여하는 것)과 관련 있는 것이라고 설명한다. 현존감에 대한 이러한 다차원적 이해는 그룹 및 조직의 변화 가능성에 활용될 뿐만 아니라 전 세계의 영적 및 지혜로운 전통의 힘과 연결고리를 제공한다(Senge, Scharmer, Jaworski, & Flowers, 2005). 물리적이거나 심리적인 곳에 모두 존재하며, 정서적 개방성, 그리고 자아보다 더 큰 무언가에 참여하는 것의 형태로, 현존감을 만드는 움직임은 체감할 수 있는 뚜렷한 경험이다(Hallowell, 1999).

일부 학자들은 조직은 권위적인 장소이며, 구성원이 다른 사람들, 특히 권력의 위치에 있는 다른 사람들이 만들어 주는 의미를 받아들이도록 사회화된다고 주장한다(Gemmill & Oakley, 1992). 리더십의 존재는 권력이나 지위의 차이로 인한 장벽을 허물고, 고통받는 사람의 말을 경청하고 그에 관여하는 능력을 보여 줌으로써 평등과 유사성을 강조할 수 있다(Frost, 1999; 2003). 유산이나 사산을 경험한 여성을 대상으로 한 연구에서 Hazen(2003)은 동료가 용인하는 의미 형성의 공간이, 그 고통의 경험으로 하여금 일을 의미 있게 만드는지 아닌지의 여부를 결정하는 데 있어 중요하다는 것을 발견했다(Hazen, 2008). 고통에 대해 상투적인 반응을 받은 사람들(예: "당신은 젊으니 또 다른 아이를 가질 시간이 있다.")은 연구자들이 '박탈당한 슬픔(disenfranchised grief)'이라고 부르는 것을 경험했으며 고통을 동료와의 의미 있는 결합의 원천으로서 경험하지 못했다. 그 결과 직장은 덜 자비로워졌으며, 의미도 덜해졌다. 반면, Hazen(2003, p. 163)이 묘사한 대로 표현하면 "무슨 일이 일어났는지에 대한 엄마로서의 이야기"를 단순히 들어 주고 이에 참여하고 복귀에 환영의

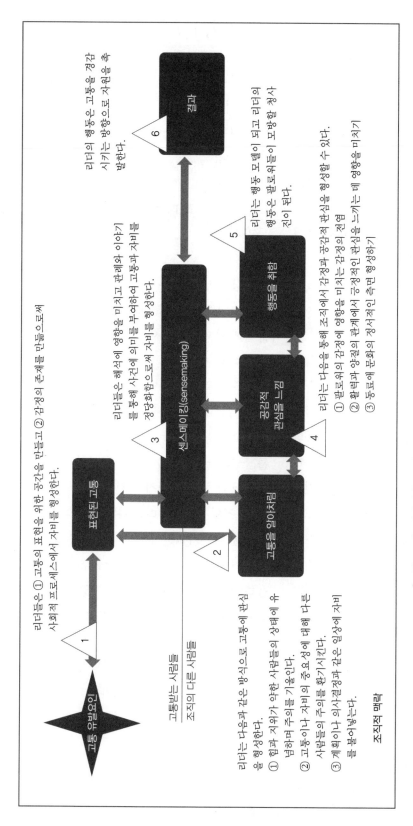

리더들은 ① 고통의 표현을 위한 공간을 만들고 ② 감정이 존재를 만듦으로써 사회적 프로세스에서 자비를 형성한다.

리더들은 해석에 영향을 미치고 판례와 이야기를 통해 사건의 의미를 부여하여 고통과 자비를 정당화함으로써 자비를 형성한다.

리더의 행동은 고통을 경감시키는 방향으로 자원을 촉발한다.

리더는 행동 모델이 되고 리더의 행동은 팔로워들이 모방할 행사가 된다.

리더는 다음을 통해 조직에서 감정에 공감적 관심을 형성할 수 있다.
① 팔로워의 감정에 영향을 미치는 감정의 전염
② 활력과 양질의 관계에서 긍정적인 관심을 느끼는 데 영향을 미치기
③ 동료에 문화의 정서적인 측면 형성하기

리더는 다음과 같은 방식으로 고통에 관심을 형성한다.
① 힘과 지위가 약한 사람들의 상태에 유념하며 주의를 기울인다.
② 고통이나 자비의 중요성에 대해 다른 사람들의 주의를 환기시킨다.
③ 계획이나 의사결정과 같은 일상에 자비를 불어넣는다.

조직적 맥락

고통받는 사람들
조직의 다른 사람들

[그림 31-2] 리더십 움직임은 조직의 자비의 사회적 프로세스로서 자비를 형성한다

Dutton, Workman, & Hardin (2014). Compassion at work. *Annual Review of Organizational Psychology & Organizational Behavior, 1,* 277-304.

인사를 해 준 상사나 리더를 포함한 동료를 가진 여성들은, 고통의 경험을 통해 궁극적으로 자신의 일이 더 의미 있는 일이라고 보고 장기적으로 직장 생활에서 더 많은 자비를 키울 수 있었다. 전반적으로, 사람들의 고통 속에서 무슨 일이 일어났는지에 대한 이야기를 들어 주는 관리자, 감독자, 그리고 지도자의 능력은 현존감을 만들며, 현존감은 고통의 표현에 의미를 부여하고 고통과 관련하여 일터를 성장의 공간으로 만든다.

요약

〈표 31-1〉에는 우리가 논의한 리더십 움직임이 요약되어 있다. 고통의 표현을 위한 공간을 만들어 냄으로써, 리더들은 고통 속에서 공동체로 서로 함께하려는 사람들의 의지를 열거나 닫는다(Dutton et al., 2002). 고통받는 사람들에게 현존감을 느끼게 함으로써 리더는 자아보다 더 큰 방식으로 전환하는 것을 도우며, 고통에 변화를 일으키는 하나됨, 온전함, 열린 마음, 은혜의 감각을 개발하는 것을 돕는다(Senge et al., 2005). 이러한 움직임은 [그림 31-2]의 포인트 1에 설명되어 있으며, 이는 고통의 표현을 위한 공간과 현존감을 느끼게 하는 것이 조직에서 사회적 프로세스로서 자비를 형성하는 데 기본적이라는 것을 보여 준다. 만약 이러한 움직임이 없다면, 자비가 표현될 가능성이 낮아질 것이다. 왜냐하면 조직에 있는 사람들이 고통을 느끼고, 의미를 만들고, 이에 대응하여 도움이 되는 행동을 조정하고 동원하는 것이 더 어려워

지기 때문이다. 반면에 이러한 움직임이 리더에 의해 능숙하게 이루어지면, 조직 내의 많은 사람이 고통을 경감하는 방식으로 알아차리고, 의미를 만들고, 느끼고, 행동하는 것이 훨씬 쉬워지기 때문에 조직의 자비가 더 나타나게 된다.

조직에서 리더들의 직접적인 관심

리더가 무엇에 주의를 기울이는지는 조직에 중요한데, 부분적으로 그들의 관심을 끄는 문제에 자원을 집중할 수 있기 때문이다. 게다가 다른 사람들은 리더가 집중하는 문제에 관심을 기울일 가능성이 높다. 리더가 고통에 대해 자신과 다른 사람들의 관심을 어떻게 형성하고 이끌어 내는지에 따라 자비 프로세스를 극적으로 만들 수 있다. 여기서는 주의와 관련된 세 가지 리더십 움직임에 대해 설명한다. 움직임 3에서 리더는 다른 사람의 완전한 상태를 알아차리는 능력을 방해하는 권력의 주의력 효과(attentional effects of power)에 대응하여, 더 큰 자비를 조장할 수 있다. 움직임 4에서 리더는 조직의 고통과 자비에 명시적으로 주의를 기울일 수 있다. 움직임 5에서 리더는 고통에 영향을 미치는 관행과 일상에 영향을 미칠 수 있으며 조직 구성원이 자비에 정기적으로 관심을 갖도록 영향을 줄 수 있다.

표 31–1 : 조직의 사회적 프로세스로서 자비를 형성하는 리더 움직임의 요약

리더십 움직임	움직임에 대한 설명
고통의 표현에 영향을 미치는 움직임: 이러한 움직임은 조직에서 고통을 표현하려는 사람들의 의지를 열거나 닫으며, 조직에서 자비를 위한 공간을 열게 한다.	
움직임 1: 고통을 표현할 수 있는 공간 만들기	조직 구성원이 자신의 고통을 표현하게 하고 자비로운 조직 만들기의 일환으로 자신의 고통을 표현하려는 의지를 보여 주는 리더의 행동
움직임 2: 느껴지는 현존감 만들기	물리적이거나 심리적인 곳에 모두 존재하며, 정서적 개방성, 그리고 자아보다 더 큰 무언가에 참여하는 것의 형태로, 고통 속에서 현존감을 전달하는 리더의 행동
주의에 영향을 미치는 움직임: 이러한 움직임은 고통에 관심을 기울이려는 사람들의 의지를 열거나 닫으며 조직이 자비로 대응할 능력을 확장하거나 확장에 실패하게 만든다.	
움직임 3: 권력의 주의력 효과에 대응하기	고통을 알아차리고 권력 및 지위와 함께 자주 오는 부주의에 맞서기 위해 조직 내 다른 사람들의 완전한 인간 상태에 대해 마음챙김 또는 의식적 주의를 회복하기 위한 리더의 행동
움직임 4: 다른 사람들이 고통과 자비에 주의를 기울이도록 이끌기	공적인 커뮤니케이션이나 상징의 사용을 통해 고통이나 자비의 가치로 사람들의 관심을 끌려는 리더의 행동
움직임 5: 고통에 대한 관심을 관행과 일상에 불어넣기	채용, 문제해결, 계획, 의사결정과 같은 조직의 일상적 관행이 자비와 고통의 경감을 위한 노력에 지속적인 관심을 가지게 하기 위해 영향을 미치는 리더의 행동
센스메이킹에 영향을 미치는 움직임: 이러한 움직임들은 고통과 자비에 대한 사람들의 해석을 적절하게 만들거나 그렇지 않게 하며, 자비를 가질 자격이나 가치가 있는 것처럼 보이게 하는 데 영향을 미치고 자비적으로 행동하는 것이 자신의 시야 내에 있다고 믿는 정도를 형성한다.	
움직임 6: 고통과 자비를 정당화하기	다른 사람들이 고통과 자비를 조직의 목표와 관련이 있고, 조직 내에서 적절하고 정상적이며 가치가 있는 것으로 해석하도록 돕는 리더의 행동
움직임 7: 의식과 이야기를 통해 센스 기빙하기	사람들이 집단적인 이야기와 의식에 참여하도록 초대함으로써 고통과 자비의 경험을 구성하고 의미를 부여하는 리더의 행동
정서에 영향을 미치는 움직임: 이러한 움직임들은 정서 전염의 과정과 그것이 정서적 문화에 미치는 영향을 통해 조직 구성원 간의 공감적 관심의 감정을 열거나 닫는다.	
움직임 8: 전염을 통한 팔로워의 감정 형성하기	특히 전염되는 공감적 관심과 같은 정서 전염을 위한 핵심적이고 중심적인 자극제 역할을 하는 리더의 행동
움직임 9: 관계의 질을 형성하기	존중하는 참여, 신뢰 및 도움을 보임으로써 조직 구성원 사이에 양질의 연결을 만들어 활력, 상호성, 긍정적인 인식을 느끼게 하는 리더의 행동

움직임 10: 정서적 문화 형성하기	공감적 관심, 보살핌, 일의 일부로 다른 사람에게 애정 갖기처럼 조직 내에서 어떻게 느껴야 하는지에 대한 문화적 가정(assumptions)을 만드는 리더의 행동
행동에 영향을 미치는 움직임: 이러한 움직임들은 조직이 고통을 경감하기 위해 효율적으로 다양한 자원을 관리하는 데 필요한 자비적인 행동과 자원의 생성을 열거나 닫는다.	
움직임 11: 자비로운 행동 모델링하기	고통을 경감시키고 팔로워들이 리더의 행동을 모방할 수 있도록 격려하는 행동을 위해 모델이나 청사진을 제공하는 리더의 행동
움직임 12: 고통을 경감하기 위해 자원을 촉진하기	물질적, 재정적, 사회적, 심리적, 정서적 자원의 배열을 촉진하며 다른 사람들이 고통을 완화하는 데 자원을 투입하는 행동을 모방하도록 권장하는 리더의 행동

움직임 3: 권력의 주의력 효과에 대응하기

유명한 코치인 Joe Paterno는 펜실베이니아 주립대학교에서 수년간 축구 팀을 이끌었는데, 그동안 그의 어시스턴트들이 학생들을 학대하는 행동을 했다는 것이 드러났다. 이 사실이 밝혀졌을 때 대중은 그처럼 사랑받고 존경받는 지도자가 어떻게 그러한 괴롭힘을 간과할 수 있었는지 이해하기 어려웠다(Heffernan, 2011). 불행하게도 리더들은 종종 고통의 증거를 무시하고, 고통을 야기하는 비윤리적인 행동을 간과하거나, 주변 사람들의 완전한 인간성에 주의를 기울이지 않는 '의도적 외면'(Heffernan, 2011)의 희생양이 된다. 사회심리학 연구에서는 권력의 효과 중 하나가 사람들이 낮은 권력 위치에 있는 다른 사람들의 상태에 덜 민감하게 만드는 것이기 때문에, 지도자들이 고통에 주의를 기울이는 데 어려움을 겪을 수 있다고 주장했다(Fiske, 1993).

권력을 가진 사람들이 고통을 간과하고 힘없는 사람들에게 둔감해지는 이러한 경향은 직장에서 자비의 어두운 면을 불러일으킨다(Simpson, Clegg, & Pitsis, 2014b; Simpson, Clegg, Lopes, Cunha, Rego, & Pitsis, 2014). 이러한 경향에 대항하기 위해 리더는 특히 자비를 덮어 버리는 것과 같은, 조직의 고통과 잠재적 학대를 경계할 필요가 있다(Simpson, Clegg, Lopes, Cunha, Rego, & Pitsis, 2014). Bazerman(2014)은 훌륭한 리더가 되려면 "처음으로 눈치 채는 사람… 인간 행동에 대한 안목이 뛰어난 사람"(p. 181)이 되어야 한다고 말한다.

고통을 인식하려면 진행 중인 경험의 흐름에서 특정 단서를 골라내야 한다(Dutton et al., 2014). 특히 사람들이 고통을 억누르려 할 때, 고통과 관련된 신호는 모호한 경우가 많다. 또한 사람들이 종종 자신의 고통을 권위자로부터 숨기려고 시도하기 때문에 단서가 모호할 수 있다. 따라서 리더는 타인의 상태에 대한 직관을 개발하고, 듣고, 적극적으로 경청하고, 추가 정보를 찾아냄으로써 조직의 고통과 자비에 더 큰 관심을 기울일 수 있다(Way, 2010). 불행하게도 시간 압박과 리더가 처리해야 하는 일의 속도는 이러한 종류의 일에 주의를 기울이는 데 방해가 될 수 있기 때문에, 노력하려는 생각과 의식적인 숙고를 필요로 한다(Chugh, 2004). 이에 대응하기 위해 리더는 관리자, 프로젝트 리더 및 팀 구성원에게 자신이 감지할 수 있도록 고통을 직접적이고 명확하게 표현해 달라고 요청할 수 있다. 우리가 연구한 한 조직에서는 직원의 삶에서 심각한 고통이 생기면 48시간 내에 최고 지도자에게 알려, 체계적인 방식으로 리더가 의식적으로 고통에 주의를 기울이게 하고, 직원들의 고통이 간과되지 않게 하는 정책을 가지고 있었다.

연구 결과도 이러한 리더십 움직임의 힘을 뒷받침한다. Fiske(1993)는 인간성 및 평등주의와 관련된 명시적인 가치를 지니고 지지하는 것은 권력자들의 관심을 더 큰 자비로 이끌 수 있다고 주장했다. Fiske(1993)는 또한 공정한 마음이나 배려와 같은 리더를 위한 자아 개념의 힘을 조명하고 이러한 자아 개념과 가치를 상기하면 주의에 대한 권력의 영향을 줄일 수 있다고 제안한다. 리더와 리더십 개발을 위한 마음챙김과 명상에 대한 강조가 증가하면서(예: Boyatzis & McKee, 2005; Jinpa, 2015) 이러한 유형의 개입은 리더가 조직에서 더 많은 고통을 인지하고 자비에 더 큰 관심을 기울이는 데 도움이 될 수 있음을 시사한다.

움직임 4. 다른 사람들이 고통과 자비에 주의를 기울이도록 이끌기

조직에서 리더는 단순한 사람이 아니라 상징적인 존재이다(Pfeffer, 1977). 상징적 리더십에 대해 잘 알려진 한 이론에 따르면, 리더는 혼란스럽고 복잡한 세상 속에서 우리 자신의 운명을 통제할 수 있는 인간의 능력을 상징한다(Czarniawska-Joerges & Wolff, 1991). 조직이 더 커지고, 복잡해지고, 글로벌화됨에 따라 리더십의 이러한 상징적인 측면은 점점 더 중요해지고 있다. 리더들은 언론 보도, 기업 비디오, 소셜 미디어 커뮤니케이션에서의 상징적 퍼포먼스를 통해 자신이 강조하고 싶은 것에 대한 직접적인 관심을 유도한다(Ocasio, 2011).

LinkedIn의 최고 경영자(CEO)인 Jeff Weiner는 이 글로벌 회사의 최고 경영자로서의 지위를 이용하여 회사 소셜 미디어 플랫폼에 『자비롭게 경영하기(Managing Compassionately)』(Weiner, 2012)라는 제목의 에세이를 게시했다. 이 공개 성명에서 Weiner는 다음과 같이 쓰고 있다.

직접 경험하거나 다른 사람들에게 배워 제가 수년 동안 채택해 온 모든 경영 원칙 중 그 무엇보다 열망하며 가장 지키고 싶은 것이 있습니다. 제가 '열망(aspire)'이라고 말하는 이유는 그것을 실패 없이 일관되게 하고 싶기 때문입니다. 일상적 운영과 도전이 끊임없이 일어나고 그에 따른 대응의 범위를 감안할 때 이 특별한 원칙을 일관되게 실천하는 것이 어렵다는 것을 발견했기 때문입니다. 그 원칙은 자비롭게 경영하는 것입니다(Weiner, 2012).

LinkedIn에 에세이가 등장한 이후, Weiner는 대규모 공개 컨퍼런스에서 그의 자비 경영 철학과 그의 업무에서 이를 실천하는 방법에 대해 연설하도록 초대받았다. 그는 또한 다른 작가들이 쓴 자비 경영의 부상에 대한 에세이도 작성했다(Felony, 2015; Fryer, 2013). 30개국에 흩어져 있는 직원들과 물리적으로 함께 있을 수는 없지만, Weiner는 자신의 상징적 위치와 리더십이 필요한 무대를 이용하여 다른 사람들이 자비에 관심을 기울이도록 이끌었다.

리더가 상징적 힘의 일부로 자비를 강조할 때, 이것은 중간 수준의 관리자와 하위 수준의 리더십 위치에 있는 다른 사람들을, 일부 연구자가 '저작 자비(authoring compassion)'라고 부르는 과정에 참여하도록 만든다. 저작 자비란 조직의 중간 계급 관리자가 상위 계급 리더가 표현하는 자비의 상징적 힘을 불러일으키는 과정으로 정의된다(Brummans, Hwang, & Cheong, 2013). 이러한 방식으로 상징적 리더십 움직임은 사람들이 지리적으로 넓게 퍼져 있거나 일시적으로 떨어져 있을 때도, 크고 복잡한 조직 전체에 자비를 퍼뜨리는 데 도움이 된다. Brummans, Hwang과 Cheong(2013)은 세계적인 정신적 지도자와 조직의 경영에 대한 연구에서 다음과 같이 설명했다.

대만에 있는 자제공덕회(Tzu Chi)에 새로 온 사람을 놀라게 하는 것은 정옌 법사가 화롄에 거주하고 있음에도 불구하고 얼마나 편재하는가입니다. 자제공덕회 건물에 들어가면 포스터와 사진, 책 표지와 팸플릿, 복도에 걸려 있는 다아이(Da AI) 텔레비전 프로그램에서 카리스마 넘치는 이 스님을 볼 수 있습니다. 그리고 가장 중요한 것은 조직 전세를 채우는 것처럼 모든 곳에서 그녀의 목소리를 들을 수 있다는 것입니다(Brummans, Hwang, & Cheong, 2013, p. 356).

Jeff Weiner의 리더십 움직임과 마찬가지로, 정옌 법사(Master Cheng Yen)의 상징적인 리더십 움직임은 그녀가 전 세계에 퍼져 있는 팔로워들과 물리적으로 함께할 수 없을 때에도 팔로워들이 자비에 집중하도록 만든다.

움직임 5. 고통에 대한 관심을 관행과 일상에 불어넣기

우리는 리더가 문제해결, 의사결정 및 계획과 같은 일상적이고 규칙적인 업무 관행에 영향을 줌으로써, 조직의 고통과 자비에 대한 관심을 분명히 이끌어 낼 수 있다고 가정한다. 굉장히 높은 성과와 독특하고 효과적인 자비 능력을 창출해 낸 경리 부서에 대한 연구에서(Lilius, Kanov, et al., 2011), 우리는 단위 조직 리더가 업무량 결정과 같은 집단 의사결정 관행을 사용하여 동료들의 고통에 관심을 기울였다는 것을 발견했다. 그녀는 또한 채용 루틴, 인터뷰 형식 및 질문을 구성하는 방법에서도 명확하게 자비에 주의를 기울였다. 이 리더는 리더십 움직임을 효율적으로 사용해 일일 작업 흐름 계획 회의를 열어 동료들의 상태에 주의를 기울이고, 매일 회의에서 누가 도움을 필요로 하고 어떻게 도움을 잘 할당해야 하는지에 대한 논의를 했다.

이러한 움직임은 조직 관행을 형성하여 자비 프로세스에 영향을 미치면서 우리가 설명한 다른 것보다 더 거시적인 수준에서 작동한다. 조직을 주의 기반(attention-based) 관점에서 연구하는 학자들은 적응이나 전략적 성공과 같은 조직 차원의 결과가 조직 전체에 관심을 할당하는 방식에서 비롯된다고 주장한다(Ocasio, 1997; 2011). 따라서 리더는 조직에 중요해서 선택된 일련의 행동 레퍼토리에 시간, 에너지 및 노력의 초점을 맞추기 위해 사용할 수 있는 모든 방법을 동원해야 한다(Ocasio, 1997). 조직학 연구자들은 선택된 행동에 주의를 기울일 수 있는 이러한 집단적 역량을 '주의 결속(attentional engagement)'이라고 지칭하며, 이를 조직의 "문제해결, 계획, 센스메이킹 및 의사결정을 이끌기 위한 인지 자원의 의도적이고 지속적인 할당"으로 정의한다(Ocasio, 2011, p. 1288). 우리는 이러한 움직임이 리더들이 조직의 관심을 자비에 쏟도록 하는 데 도움이 될 것이라고 제안한다.

LinkedIn의 Jeff Weiner 사례로 돌아가 자비적 경영에 대한 그의 강조가 어떻게 조직의 일상 업무 관행에 자비에 대한 관심을 주입했는지 살펴보자. LinkedIn(Dutton & Reed, 2014)이 인턴을 모집하고 채용하는 방법에 초점을 맞춘 사례 연구에서는, 직원이 겪는 고통의 사례에 지원자들이 어떻게 대응할지에 대한 정보를 수집하는 채용 루틴이 기술되어 있다. 이 채용 관행을 개발한 인적 자원 부서의 리더는 자비적인 채용 루틴을 개발하기 위한 자신의 노력을 자비를 중시하는 Weiner와 연결시킨다. 이러한 리더십 움직임은 많은 사람이 참여하는 일상에 자비에 대한 관심이 포함되도록 변화시킨다.

요약

〈표 31-1〉에 앞에서 기술된 세 가지 리더십 움직임이 요약되어 있다. [그림 31-2]의 포인트 2는 주의와 관련된 이러한 리더십 움직임을 사람들이 업무 환경의 일부로 인식하게 만들어 전반적인 자비 프로세스에 어떻게 영향을 미칠 수 있는지를 보여 준다. 이러한 주의 기반 리더십 움직임을 고려하면 세 가지 통찰력을 얻을 수 있다. 첫째, 리더가 무엇을 주목하는지는 사회 시스템에서 그들의 위치에 따라 결정된다. 따라서 리더는 권력의 주의력 효과에 대응하기 위한 노력을 통해 낮은 지위나 권력이 약한 위치에 있는 사람들의 완전한 인간성에 주의를 기울여야 한다. 둘째, 리더의 상징적인 힘은 다른 사람들이 고통과 자비에 주의를 기울일 수 있게 하는 것을 가능하게 하며, 이러한 방식으로 조직의 자비를 극적으로 증가시킬 수 있다. 셋째, 리더의 영향력은 종종 전체 조직의 관심 참여를 만드는 일상과 관행에 주입되어 일상 업무에서 자비에 우선적으로 관심이 집중된다.

리더는 사람들이 조직의 사건에 대해 느끼는 감정에 영향을 미친다

[그림 31-2]에서 볼 수 있듯이 센스메이킹의 아이디어는 자비 프로세스의 각 측면을 연결하는 사회적 과정으로서의 자비 모델에서 두드러지게 나타난다. 이 개념은 고통에 대한 개인의 반응을 나타내는 '평가'의 개념과 연결되어 있다(Atkins & Parker, 2012; Goetz, Keltner, & Simon-Thomas, 2010). 조직학 학자들은 조직적 맥락과 조직의 상호작용이 의미 생성에 중요한 역할을 하며, 의미 생성은 개인 차원뿐 아니라 조직 생활의 모든 측면을 포괄하는 집단 차원의 프로세스라고 주장한다(Smircich & Morgan, 1982). 센스메이킹은 사람들이 모호하고 모순되거나 혼란스러운 사건, 문제 또는 상황을 이해하기 위해 노력하는 과정과, 의미를 부여하기 위한 이러한 노력에 조직이 어떻게 영향을 미치는지를 설명하는 이론이다(Weick, 1995; Maitlis & Christiansen, 2014). Smircich와 Morgan(1982)은 리더가 조직 구성원들에게 합리적인 세상을 만드는 데 도움을 주기 때문에 리더가 센스메이킹에 매우 중요하다고 설명한다.

이러한 관점에서 조직 구성원은 '현실을 해석하고 정의하는 자신의 권한을 다른 사람에게 양도'하며, 리더십 역할은 경험의 본질을 정의할 수 있는 리더의 권리를 공식화하고 제도화한다(Smircich & Morgan, 1982). 일부 학자는 이 과정에 대한 리더의 참여를 '센스기빙(sensegiving)'이라고 말하는데 이는 "조직 현실이 선호하는 재정의를 위해 다른 사람들의 센스메이킹과 의미 구성에 영향을 주기 위한 시도"로 정의된다(Gioia & Chittipeddi, 1991, p. 442). 센스기빙을 통해 리더는(앞서 논의한 바대로) 조직 구성원의 주의뿐만 아니라 그들의 감정과 행동까지 형성한다(Maitlis & Lawrence, 2007). 리더가 고통과 자비를 이해하는 방법에 대한 직접적인 연구는 제한적이지만, 우리는 센스메이킹과 센스기빙의 이론을 활용하여, 어떻게 사람들의 현실 감각을 형성하여 조직에서 자비를 형성하는지에 대한 두 가지 리더십 움직임을 명확히 하였다. 움직임 6에서 리더는 고통과 자비가 조직적 맥락에서 적절하고 정당한 것으로 해석되는 데 영향을 미친다. 움직임 7에서 리더는 서술적 관점, 의례 및 이야기를 사용하여 고통에 의미를 부여한다.

움직임 6. 조직 업무의 일부로 고통과 자비를 정당화하기

누군가가 다른 사람이 자비를 받을 만한 자격이 있다고 해석하는 정도는 공감을 느끼고 자비를 가지고 행동하려는 그들의 의지에 극적으로 영향을 미친다(Atkins & Parker, 2012; Goetz, Keltner, & Simon-Thomas, 2010). 조직에서 사람들의 자격 또는 고통에 대한 대응 가치는 종종 논쟁의 여지가 있거나 불분명하다. 리더는 고통을 우리의 자비를 받을 만한 것으로 보이게 함으로써 조직에서 자비를 키울 수 있다. 그들은 또한 팔로워들에게 그들의 업무 범위 내에서 자비를 가지고 행동하는 것이 정당하고 가치 있다는 느낌을 줄 수 있다. 우리는 한 리더가 많은 종류의 조직에 영향을 미치는, 낙인이 되는 형태의 고통에 대해 커뮤니케이션하는 생생한 예를 보았다. 그 고통은 바로 자살이었다. 다음은 이 지도자가 학생의 자살에 대해 대학 공동체에 보낸 메시지의 일부이다. 대학 공동체의 일부로서 받을 만하고 합당한 자비를 전달하는 이 리더십 커뮤니케이션의 움직임은 주목할 만하다.

지난 주말, 비극적으로 스스로 목숨을 끊은 한 젊은이를 잃었다는 소식을 들으셨을 겁니다. 자살은 우리 중 많은 사람에게 말하기 쉽지 않은 주제입니다. 더 이상 이 글을 읽고 싶지 않을 수도 있겠지만 우리 모두의 안녕을 위해서라도 이 글을 읽어 주셨으면 합니다.

주제가 불편할 수 있지만, 우리 삶에서 얼마나 많은 사람이 자살과 정신적 스트레스와 그 밖의 질병으로 인해 고통받아 왔고 고통받을지는 정말 놀랍습니다. 가족, 친구… 자살은 전형적인 대학생 연령대의 사람들 사이에서 고질적으로 발생합니다. 우리는 해마다 이러한 고통을 느끼고 있습니다. 우리는 이것을 바꿀 수 있을까요?

이 전염병으로 대학생 아들을 잃고 제 삶은 영향을 받았습니다. 자살, 우울증, 다른 정신적 고통 및 질병과 같은 그런 주제에 대해 말하기를 꺼리는 것은 우울증 같은 질병을 치명적인 질병으로 만들 수 있는 원인 중 하나라고 결론지었습니다. 그러한

주제를 둘러싼 낙인 때문에, 사람들은 보통 치료 가능성이 높은 문제의 증상을 다른 사람에게 가져오지 않습니다. 제 견해로는, 우리의 뇌는 매우 강력합니다. 그리고 정신 질환은 낙인에 대한 두려움으로 강화된 놀라운 두뇌의 힘을, 질병에 걸린 사람에게서 자신의 존재를 숨기기 위해 사용할 수 있습니다. 그러면 끔찍한 결과가 초래될 수 있습니다.

그래서 저는 맹세했습니다. 개인적으로 얼마나 고통스럽든지 간에, 이 주제에 대해 말하는 것을 너무 부끄러워하거나 두려워하지 않겠다고 말이죠. 아니면 제 아들에 대해서도 말입니다.

그것이 첫 번째 단계이고 저는 여러분이 저와 함께 이 맹세에 동참하는 것을 고려하시기를 바랍니다. 아름답게 복잡한 우리 인간이 때때로 취약해 걸릴 수 있는 다른 질병들과 마찬가지로 이 주제에 대해서도 기꺼이 토론함으로써 이 주제들을 둘러싼 낙인을 깨 버리십시오.

이 캠퍼스 전체를 대상으로 한 커뮤니케이션에서 고통과 자비를 이해시키기 위한 리더의 움직임은 이 자살을 전체 지역사회 및 대학의 목표와 관련되게 만든다. 리더의 움직임은 경멸이나 두려움으로 받아들일 수 있는 자살에 대한 사람들의 평가 대신에, '아름답고 복잡한 인간'으로서 서로에게 동정심을 갖고 자비를 가지고 행동할 기회를 전달하는 것으로 바뀌기를 희망하고 있다.

리더의 메시지는 지역사회 사람들 사이에서 정신질환에 대한 공감적 관심을 기꺼이 느끼는 것 이상으로 대학 구성원이 할 수 있는 일을 강조한다. 가능한 행동을 열거함으로써 메시지를 확장할 때, 리더의 센스기빙은 행동할 자원을 강조하면서, 이러한 고통을 경감시킬 능력이 있는지에 대한 구성원의 평가를 형성한다. 연구에 따르면 우리가 고통을 해결하기 위해 행동할 수 있다고 해석할 때 자비가 더 나타난다(Atkins & Parker, 2012; Goetz et al., 2010; Lazarus & Folkman, 1984 참조).

Simpson과 동료들(2014a)은 모든 자비적 행동이 조직에서 합법적인 것은 아니기 때문에 리더십 움직임이 자비적 행동의 정당성을 높이는 데 도움을 줄 수 있다고 지적한다. 고통과 자비가 정당한 것으로 해석될 때, 조직의 많은 사람은 그것을 개인이 경험하는 적절하고 정상적인 요소로 간주한다. 따라서 리더가 자살과 같은 고통을 다루는 것이 적절하다고 강조할 때, 고통을 완화하기 위한 자비적 행동은 조직 전체에서 더 많은 정당성을 갖게 된다. 조직 연구는 리더가 고통과 자비를 정당화하는 데 도움이 될 수 있는 세 가지 유형의 판단 기준을 강조한다(Atkins & Parker, 2012).

① 조직에서 고통의 목표 관련성에 대한 평가—이 고통을 다루는 것이 나의 업무 범위에 있는가?

② 고통의 가치에 대한 평가—고통받는 사람들은 내가 관심을 가질 만한 가치가 있는가?

③ 조직 구성원이 원하는 결과를 가져올 수 있다고 믿는 정도에 대한 평가—이 직장에서의 내 위치에서 내가 할 수 있는 일이 있는가?

우리는 대학 총장의 커뮤니케이션이 이러한 세 가지 유형의 판단기준을 충족하는 것을 볼 수 있으며, 이는 그의 조직에서 자비를 지지하는 메시지를 강하게 만드는 이유가 될 수 있다.

이 대학 총장이 했던 것처럼 리더가 고통에 자비로 대응하는 것의 정당성을 지속적으로 강조하고, 자비로 행동하는 것을 지원하는 판단기준을 제공할 때, 이러한 움직임은 조직 전체의 사람들이 공감적 관심을 느끼고 자비를 가지고 행동할 가능성을 증폭시킨다.

움직임 7: 의례와 이야기에서 고통을 이해하기

우리는 리더들이 정보를 종합하고 그것을 사용하여 통합적인 비전을 만들어, 다른 사람들이 그것을 채택하여 행동의 지침서로 사용할 수 있기를 기대한다(Gioia & Chittipeddi, 1991). 리더는 조직 전체의 사람들이 고통을 이해하고, 자비를 그들의 가장 중요한 비전과 성공 사례에 통합함으로써 자비를 가지고 행동하도록 도울 수 있다. 화재로 모든 것을 잃은 회원들에 대한 조직적 대응에 대한 연구에서, 우리는 고통에 대한 스토리텔링에 참여하는 리더의 힘을 보았고, 그들은 그것을 '자신의 것을 돌보는' 배려하는 공동체로서 조직의 전반적인 비전과 연결시켰다(Dutton et al., 2006). 지도자에 의한 이러한 센스기빙 움직임은 화재가 생긴 고통을 공동체 전체의 비전과 연결하여 집단적 공감을 활성화하고 조직화된 자비적 행동을 낳았다. 자비를 조장하는 중요한 비전을 전달하는 것과 관련된 리더의 움직임은 종종 이 경우와 같이 이야기나 내러티브의 형태를 취한다. 이러한 '프레임(frame)'과 같은 이야기는 조직의 구성원이 미래의 조직 활동을 하는 데 있어 무엇이 어느 정도 중요한지 경험하고 이해하는 데 도움이 된다(Fiss & Zajac, 2006; Smircich & Morgan, 1982).

조직 문화를 말할 때 우리는 종종 의례(ritual)에서의 리더 역할을 강조한다. 의례는 조직의 본질, 조직 내에서의 감정 표현 규칙, 사람들이 서로를 대하는 방법을 안내하는 행동 대본에 대한 암묵적인 추정을 강화하기 때문에 문화에서 필수적이다(Trice & Beyer, 1993). 관례는 또한 센스기빙을 위해서도 중요하고 영향력이 있다(Maitlis & Lawrence, 2007). 한 연구에서 우리는 한 직원의 가족이 사망했을 때 리더가 했던 의례를 살펴보았다. 이 리더는 조직 전체에 침묵의 서클(circle of silence)에 동참할 것을 요청했다. 이 의례는 조직 구성원이 상실에 대한 자비로운 대응에 참여하도록 초대하고 자비로운 공동체의 가치를 강화했다. 이 리더십 움직임은 리더가 조직의 자비를 향상시키기 위해 의례를 어떻게 효율적으로 사용할 수 있는지에 대한 명확한 예를 제공한다.

요약

〈표 31-1〉에 자비 프로세스 과정에서 센스메이킹에 중요한 두 가지 리더십 움직임이 요약되어 있다. [그림 31-2]의 포인트 3은 이 두 가지 리더십 움직임이 집단의 관심, 감정 및 행동에 영향을 미치기 때문에 자비 프로세스를 형성하는 데 어떻게 중심적 역할을 하는지 보여 준다. 이 두 가지 리더십 움직임을 명확히 하면 두 가지 통찰을 얻을 수 있다. 첫째, 리더는 말과 행동을 통해 타인의 현실 해석을 적극적으로 만든다. 이러한 해석에서 고통과 자비를 보다 적절하고 정당하게 보이게 함으로써 조직의 자비를 증폭시킬 수 있다. 두 번째 통찰은 리더의 움직임은 의례의 힘을 활용하여 문화적 의례에서 자비를 확인하고 촉진할 수 있다는 것이다. 이러한 의례는 문화적 가정을 강화하고, 리더는 고통에 의미를 부여하고 사람들을 새로운 방식으로 자비 프로세스에 참여하도록 초대하는 방식으로 의례를 형성할 수 있다.

공감적 관심사를 위한 맥락을 형성하는 리더

인지적 관점과 이성적 관점이 조직 이론을 지배해 온 반면, 조직에서 감정에 대한 관심은 지난 20년 동안 폭발적으로 증가했으며, 감정이 활동의 사회적 질서에 내재되어 있다는 증거를 보여 주었다(Elfenbein, 2007; Keltner & Haidt, 1999). 리더십 연구는 또한 감정의 중심성, 특히 리더의 카리스마와 변혁적 자질을 강조하는 이론(예: Bass, 1985; House, 1977; Conger & Kanungo, 1998)과 리더와 추종자 사이의 관계의 중요성을 강조하는 이론(예: Uhl-Bien, 2006)이 증가하고 있음을 보여 준다. 사실, 감정과 감정에 기반한 영향력을 사용하는 것의 차이는 소위 '거래적' 또는 '교환(exchange-based)' 리더십과 '변혁적' 리더십으로 구별한다(House, Woycke, & Fodor, 1988). 여기에서 우리는 감정과 관련된 세 가지 리더십 움직임을 설명할 것인데 왜냐하면 그것들이 조직 구성원이 고통에 반응하여 공감적 관심을 느낄 가능성에 영향을 미치기 때문이다. 움직임 8에서 리더는 전염 과정(contagion process)을 통해 감정을 형성한다. 움직임 9에서 리더는 사람들 사이의 관계에 그들이 미치는 영향을 통해 조직 문화 장면에서 감정의 질에 영향을 미친다. 움직임 10에서 리더의 움직임은 감정적 풍조(emotional climate)에 영향을 미친다.

움직임 8. 전염을 통한 팔로워의 감정 형성하기

구성원의 고통에 대한 리더의 공감적 관심은 전염된다. 리더가 공감과 같은 도덕적 감정을 모델링할 때, 그들의 모델링은 팔로워들이 더 공감하도록 영향을 미친다(Zhu, Riggio, Avolio, & Sosik, 2011). 이전에 언급했던 매우 자비적인 병원 경리 부서에 대한 연구에서, 우리는 직원들이 느끼는 삶의 압박에 대한 리더의 공감적 관심의 감정 전달이 동료들의 공감적 관심을 육성하는 데 핵심적이었음을 발견했다(Worline & Boik, 2006). 한 예로, 리더인 Sarah는 이혼 절차를 밟고 있는 가운데 점점 더 눈에 띄는 감정적, 재정적 압박을 받고 있는 직원에 대해 우려를 표명했다. Sarah의 전염성 있는 공감적 우려를 파악한 동료들도 우려를 표명했으며, 식료품을 사면서 힘을 모았고, 감정적 지지를 표현하기 위해 손으로 만든 카드를 만들었으며, 심지어 그녀가 특히 스트레스를 많이 받았던 시기에는 직장에 출퇴근하기 위한 가스를 구입하는 데 도움이 될 기금을 마련하고자 힘을 모았다. Sarah는 공감적 관심을 표현하는 것과 관련된 리더의 움직임에 내재된 이론을 다음과 같이 설명한다.

직원들에게 영향을 미치는 것에는 많은 것이 있다는 것을 이해해야 합니다. 직장 밖의 생활은 매일 업무를 수행하는 능력에 영향을 미칩니다. 그런 다음 이해심을 가지세요. 그것들도 쉬는 날이 있을 것입니다. 가끔은 괜찮습니다(Worline & Boik, 2006, p. 120).

정서에 관심이 있는 사회심리학자들은 **정서 전염**—대인관계의 정서적 춤추기와 같이 서로의 감정을 형성하는 능력—의 강력한 사회적 영향을 보여 준다. 조직에는 전염의 기회가 많고(Elfenbein, 2007), 정서 전염은 일반적으로 사회적 조화(coordination)를 지원한다(Hatfield, Cacioppo, & Rapson, 1994; Keltner & Kring, 1998). 권력은 정서 전염에 중요한 증폭 영향을 미치며, 리더는 그룹에서 두드러지고 집중적인 정서 자극으로서 작용한다(Sy, Cote, & Saavedra, 2005). 그것이 Sarah가 그녀의 부서에서 공감적 관심을 전염시키는 강력한 원천이었던 이유이다. 이처럼 리더는 때때로 감정 표현 규칙이나 표현 규범에 제약을 덜 받으며, 감정 표현이 많을수록 정서 전염도 증가한다(Totterdell, Kellett, Teuchmann, & Briner, 1998). Sarah는 자신의 우려를 억제해야 한다는 압박감을 느끼지 않았고, 이로 인해 다른 사람들도 자신의 우려를 느끼고 표현할 수 있게 되었다. 연구 전반에 걸쳐, 연구자들은 힘 있는 사람들이 사회적 상호작용의 방향을 과도할 정도로 좌우하며, 이는 리더의 감정을 매우 전염성 있게 만든다고 결론지었다(Anderson, Keltner, & John, 2003; van Kleef, Oveis, van der Löwe, LuoKogan, Goetz, & Keltner, 2008).

정서 전염의 예는 다른 사람들에게 영감을 주는 리더에 대한 묘사에서 흔히 볼 수 있다. Goleman과 Boyatzis(2008)는 리더의 감성 지능의 중요성을 강조하면서 Southwest Airlines의 공동 창업자이자 전 CEO인 Herb Kelleher가 전염성 있는 긍정 정서를 전파했다고 설명한다. "그는 고객들과 악수하면서 그들에게 얼마나 감사한지 말했고, 직원들을 포용하며 그들이 수고해 준 것에 대해 감사를 표했다. 그리고 그는 그가 준 것을 정확히 돌려받았다."(p. 4) 리더의 긍정적인 감정은 정서 전이를 만드는 데 특히 강력할 수 있고 이것은 자비를 키운다. 왜냐하면 일부 증거들이 리더의 긍정 정서 표현이 자원봉사, 다른 사람 돕기, 그리고 조직을 지원하는 것과 같은 조직적인 시민 행동이나 친사회적이고 부가적인 노력을 강화한다는 것을 보여 주기 때문이다(Johnson, 2008).

움직임 9. 사람들 간의 연결을 질적으로 향상시키기

양질(high-quality)의 관계는 활력, 긍정적인 존중 및 상호 참여의 순간으로 정의된다(Dutton, 2003). 자비를 연구하는 사람들은 동료들 사이의 양질의 관계가 다른 구성원이 고통을 겪을 때 조직 구성원이 공감적 관심을 느낄 가능성을 높인다고 주장했다(Dutton et al., 2014). 리더는 보다 양질의 관계를 촉진하여 조직에서 자비를 형성할 수 있다. 앞에서 설명한 리더인 Sarah는 사람들과 양질의 관계를 만들어 조직에서 공감적 관심의 가능성을 만든 사람의 예이다. 그녀는 의도적으로 직원들에게 친숙한 방식으로 옷을 입고 말하려고 했으며, 자신을 그들과 구별하지 않았다. 그녀는 각각의 독특한 개인에 대한 긍정적인 존중을 발산하는 방식으로 그들과 대인관계를 맺었다. 그녀는 또한 공감을 이끌어 내는 작업 환경에 필수적인 신뢰와 존중하는 상호작용을 강조했다. Sarah는 자신의 부서에서 자비를 키우는 데 도움이 된 리더십 관행을 명확히 설명하면서 다음과 같은 리더십 측면을 강조했다.

당신과 함께 일하는 모든 직원은 당신과 동일한 인간입니다. 회사 내 계층 구조의 수준이 다를 수 있지만, 모든 계층을 벗겨 보면 우리는 모두 동일합니다. 따라서 함께 일하는 모든 직원을 당신이 대우받기를 기대하는 대로 대우하십시오. 이것은 존경과 충성을 얻는 데 필수적입니다(Worline & Boik, 2006, p. 118).

우리는 사람들 간의 관계 질을 향상시키는 리더의 움직임이 조직의 자비를 증폭시킬 것이라고 확신한다. 왜냐하면 다른 연구자들 또한 존중하는 관계, 신뢰, 그리고 사람들이 서로에게 더 잘 맞는 조직을 만들 수 있게 돕는 것과 같은 관계적인 행동들이, 더 큰 심리적 안정감을 주고, 서로의 웰빙에 더 많은 관심을 기울이게 한다는 것을 증명했기 때문이다(Dutton, 2003; Carmeli, Dutton, & Hardin, 2015; Hasu & Lehtonen, 2014). 윤리적 리더십을 연구하는 연구자들은 팔로워들과 보살피고(caring), 지지하는(supportive) 관계의 중요성을 강조한다(Brown & Treviño, 2006). 마찬가지로, 진정한 변혁적 리더십 이론에서는 주로 리더와 팔로워 간의 관계의 질을 통해 리더의 영향을 제안한다(Bass & Steidlmeier, 1999; Sosik, 2005). 리더와 팔로워 사이의 관계 질은 자비 프로세스의 많은 측면에 영향을 미칠 가능성이 높으며, 이러한 리더의 움직임은 중첩되는 효과를 가지지만, 여기에서는 집단적 자비 프로세스의 일부로서 공감적 관심의 감정이 확산될 수 있는 관계의 질의 중요성을 강조한다.

움직임 10: 정서적 문화와 분위기 형성하기

'조직 문화'는 "집단이 외부 적응과 내부 통합 문제를 해결하면서 습득하여 공유하는 기본적 가정의 패턴"을 의미한다(Schein, 2010, p. 18). 이 패턴은 새로운 구성원에게 "지각하고, 생각하고 느끼는 올바른 방법"으로서 전달될 것이다(Schein, 2010, p. 18). 이런 식으로, 조직 문화는 자비의 표현에 매우 중요하다. 자비로운 리더십은 조직 문화에 따라 다른 형태를 나타낸다. 리더는 또한 문화를 형성하기도 한다(Schein, 2010). 우리는 리더의 움직임이 자비를 위한 정서적 문화를 형성할 수 있다고 가정한다.

실리콘밸리 기술 싱크탱크 기업인 HopeLab의 전 사장이자 CEO인 Pat Christen 사례가 있다. Pat은 리더가 어떻게 자비의 문화 또는 일부에서 동료애라고 부르는 것을 강화할 수 있었는지를 잘 보여 주는 감사의 편지를 조직 구성원에게 썼다(Barsade & O'Neill, 2014). 이 편지의 발췌문에서 이 리더가 조직 구성원이 고통과 역경에 대처한 방식에 대해 어떻게 자비와 사랑을 전달했는지 특히 주목하기를 바란다.

제가 몸을 돌려 테이블마다 있는 여러분 한 명 한 명을 바라봤을 때, 저는 여러분의 성취가 아니라 우리가 개인으로서, 팀으로서, 공동체로서 분투했던 더 중요한 시간에 대한 기억에 휩싸였습니다……

이러한 투쟁 중 일부는 꽤 공개되어 있

고 도전과 좌절 또한 우리 모두에게 잘 알려져 있습니다. 일부는 매우 개인적이며 사적인 것들이었습니다. 우리가 그것을 견뎌 낼 때, 그것은 격분, 분노, 수치심, 성가심, 슬픔, 즐거움, 심지어 기쁨의 감정을 불러일으켰습니다. 지금 제 요점은 그 목록을 열거하는 것이 아닙니다. 사실 그 이야기 중 많은 부분이 공개적으로 공유할 수 있는 저의 것이 아닙니다. 여기서 제 요점은, 저를 가장 깊이 감동시킨 것은 바로 그 목록이라는 것입니다.

그것은 우리 자신과 지역사회에 대한 우리의 가장 깊은 헌신을 보여 주는 목록입니다. 깊은 도전과 역경에 직면하여 인내하기 위한 이 투쟁이 항상 아름다운 것은 아닙니다. 우리는 우리의 결점, 상실, 가장 높은 열망에 부응하지 못하는 것을 헤쳐 나가면서 때때로 엉망진창이 됩니다. 하지만 제가 여러분께 알려 드리고 싶은 것은 제가 여러분이 해 온 일에 압도되었고 경외심을 갖고 있다는 것입니다. 여러분은 각자 자신을, 서로를, 우리의 일을, 우리 단체를, 우리 세계를 위해 인내하고, 더 나아지고, 다시 도전하고, 넘어졌다가 다시 일어나고, 싸움으로 되돌아오고, 포기하지 않았습니다.

Pat이 그녀의 조직에게 한 축하에서 리더로서의 그녀의 말은 공감적 관심을 나타내고(움직임 8) 사람들이 더 높은 수준의 관계를 맺도록 영향을 줄 뿐만 아니라(움직임 9), 자비로 오류, 투쟁, 고통을 포용하는 지속적인 사랑의 정서 문화를 형성하는 역할도 한다.

최근의 조직 연구는 문화의 정서적 측면의 중요성을 뒷받침한다(Barsade & O'Neill, 2014). 이 연구에서는 리더가 다른 사람들의 고통에 대해 공감적 관심을 느낄 수 있는 정서적 문화를 만드는 데 미치는 영향을 보여 준다. Barsade와 O'Neill(2014)은 '동료애의 문화'를 "직장에서 사람들에 대한 배려, 부드러움 및 애정을 나타내며 일하는 것이 일하는 것의 당연한 한 부분인 것"(p. 555)이라고 정의한다. 우리는 종종 조직에서 배려, 부드러움, 애정에 대한 기준을 찾기 위해 리더를 찾는다.

요약

〈표 31-1〉에는 자비 프로세스의 한 부분으로 감정과 공감적 관심을 느끼는 것과 관련하여 우리가 분명히 설명한 세 가지 움직임이 요약되어 있다. 그것들은 또한 [그림 31-2]의 포인트 4에 묘사되어 있는데, 이는 공감적 관심에 영향을 미치는 리더의 움직임이 자비 프로세스가 전개되거나 전개되지 않는 방식을 어떻게 형성하는지 보여 준다. 이러한 움직임을 정교화하면 리더의 행동이 팔로워의 감정을 형성하는 방식에 대한 통찰력을 얻을 수 있다. 리더가 전염성 있는 공감적 관심을 불러일으키는 행동에 참여하지 않을 때 자비가 방해받을 수 있다. 자비는 동반자적 사랑을 지향하는 감정 문화를 형성하고, 리더와 구성원 간의 질 높은 유대관계를 함양함으로써 발전된다. 여기에 설명된 Sarah 또는 Pat과 같이 리더가 이러한 움직임을 사용하여 전염되는

공감적 관심을 만들고 애정과 보살핌의 문화를 형성할 때, 그러한 움직임은 전체 조직이 고통에 자비로 대응할 수 있는 지속적인 흔적을 남긴다.

리더는 행동을 위한 강력한 모델이다

아마도 리더의 중요성에 대한 가장 오래되고 잘 정립된 아이디어 중 하나는 리더가 다른 사람들이 따라 할 예를 제공한다는 것이다(Burns, 1978). 변혁적 리더십 이론은 리더가 먼저 자신을 변화시키고 다른 사람들이 모방할 수 있는 방식으로 행동함으로써 주변 사람들에게 변화를 일으킬 수 있다는 가정에 근거를 두고 있다(Burns, 1978; Quinn & Quinn, 2009). 우리는 이미 자비로운 행동의 모델이 되는 리더의 여러 예를 들었지만, 여기서는 행동 및 모델링과 관련된 두 가지 리더의 움직임을 강조한다. 움직임 11에서는 어떻게 리더의 행동이 행동모델로서 리더를 모방할 수 있게 하여 다른 사람들에게 행동의 청사진을 제공하는지에 초점을 맞춘다. 움직임 12에서는 리더의 움직임 모델이 고통을 완화하는 방향으로 나아갈 수 있는 자원을 촉진시키는 방법을 강조한다.

움직임 11. 자비로운 행동 모델링하기

윤리적 리더십에 대한 연구는 사회적 학습(리더가 윤리적으로 행동하는 것을 보는 것)이 추종자의 윤리에 영향을 미친다는 것을 보여 준다(Brown, Treviño, & Harrison, 2005; Mayer, Kuenzi, Greenbaum, Bardes, & Salvador, 2009). 윤리적이고 도덕적인 리더십에 관한 대중적인 책들 또한 공감이나 자비를 모델링하는 힘을 강조한다. Sinek(2014)의 『Leaders Eat Last』는 군 리더십에서의 교훈을 민간 지도자와 관리자를 위해 검토한 것이다. 그는 군대에서 비범한 위업을 달성한 사람들은 공감을 이끌어 내면서 그렇게 했는데 그것은 대부분 그들이 본보기로 삼은 리더들에 의해 지속되어 온 것이었다.

자비로운 행동의 본보기를 포함하여 여기에서 설명한 많은 리더십 움직임의 생생한 예중 하나는 2001년 9월 11일 미국에서 발생한 테러 공격에 대한 로이터 통신의 대응으로 설명할 수 있다(Dutton, Pasick & Quinn, 2002a, 2002b). 로이터 통신은 미국 국채 시장 운영에 필수적인 서비스와 가치 있는 금융 정보 서비스 및 글로벌 뉴스를 제공하고 있었다. 세계 무역 센터에 대한 공격으로 로이터는 여러 명의 직원을 잃었다. 또한 중요한 데이터 센터가 파괴되고 고객과 연결되는 중요한 인프라가 손실되는 경험을 했다. Phil Lynch는 그날 로이터 아메리카의 사장으로 재직 중이었다. 세계 무역 센터 타워가 불타는 것을 본 후, 그는 위기에 대응하기 위한 지휘 센터를 설립해야 한다는 것을 알았다. 로이터의 회의실을 대응을 위한 허브로 전환하면서 Lynch와 그의 경영진은 그들의 행동을 이끄는 우선순위를 정하고 반복했다. "사람이 먼저고, 그다음이 고객이며, 그다음이 비즈니스다."(Dutton et al., 2002a, p. 5) 이것은 고통에 주의를 기울이라는 움직임 4와, 모호한 상황에서는 자비가 더 나타나는 방식으로 의미를 부여하라는 움직임 7의 예이다.

Phil Lynch와 그의 팀은 위기, 직원, 안전 및 복구를 돕기 위한 활동에 대해 정기적인 업데이트를 해서 발표했으며 이 세 가지 우선순위를 반복해서 강조했다. 적응적 리더십 이론(예: Heifetz, 1994)에서는 리더 행동의 중요성을 강조하고 그러한 행동이, 특히 역경이나 고통의 가운데에서, 침착하게 집중하여 존재하는 어려운 도전에 적응하기 위해 어떻게 조직 내 다른 사람들을 동원하고, 동기를 부여하고 적응하고, 주의를 집중시키는 데 도움이 되는 모델을 제공하는지 강조했다. Lynch는 전 세계의 로이터 직원들이 개인 역량을 회복하고 고객을 응대하는 데 필요한 모든 조치를 취하도록 격려하면서 이러한 형태의 적응적 리더십 모델링을 보여 주었다. 질문에 답하기 위해 열린 글로벌 원격 회의에서 Phil Lynch는 리더들이 느끼고 있는 감정과 로이터가 취하고 있는 조치에 대해 공개적으로 응답했다. 이것은 고통의 표현을 위한 공간을 만드는 움직임 1과 팔로워들에게 전염되는 공감적 관심을 나타내는 움직임 8의 예이다.

Phil Lynch는 실종자 가족과 소통하는 사람들에게 다음과 같이 지시했다. "모든 것은 가족에 관한 것입니다. 단지 기억하십시오. 모두 그들에 관한 것입니다." Phil Lynch가 사망한 직원의 어머니와 만나는 모습을 본 로이터의 직원들은 그의 존재에 감동을 받았고, 지원과 보살핌에 대한 추가적인 이야기들이 드러나고 알려졌다. 이것은 감정의 존재를 만들어 내라는 움직임 2와 사랑과 관심을 추구하는 정서적 문화를 형성하라는 움직임 10의 예이다. 진정성(authentic) 리더십 이론(예: George, 2003)에서는 다른 사람들에 대한 민감성과 그들을 돕고자 하는 의지를 보여 주는 행동을 통해 '마음'을 보여 주면서, 리더로서의 진정성을 입증하는 데 필수적인 자비로운 행동을 강조한다.

한 직원은 Phil Lynch가 자비로운 행동을 보여 주는 총체적인 모델이라고 다음과 같이 묘사했다. "Phil Lynch가 신속하게 가족들에게 관여하는 것을 보며—그들의 개인적인 삶과 그들을 데려오고, 위로하고, 개인적인 고통에 참여하는 것 같은 방식으로—저는 그의 마음을 보았습니다—단지 회사나 기술에 국한된 것이 아니라 가족들을 대하는 그에게서 회사의 마음을 보았습니다."(p. 8) 이것은 모델링이 무엇인지에 대한 예이다. 이러한 형태의 모델링은 서번트 리더십 이론에서 분명하게 나타나는데, 여기서 리더는 팔로워를 최우선으로 생각하고 팔로워와 팔로워의 관심이 리더에게 우선이라는 것을 강조하기 위해 행동으로 공감을 보여 준다(Liden, Panaccio, Mueser, Hu, & Wayne, 2014). 이 직원이 언급한 바와 같이 "Phil Lynch의 행동은 자비적 반응의 모델이 되며 이는 조직의 많은 사람이 고통에 자비로 참여할 가능성을 높게 만든다."

움직임 12. 자원을 촉진하기

연구자들은 종종 시간, 돈, 다른 사람과의 연결과 같은 중요한 자원에 대한 접근을 통제하는 조직 내 리더의 영향력에 초점을 맞춘다. 리더가 언제 어떻게 자원에 대한 접근을 허락하는가는 고통을 경감시키는 것을 돕는 데 중요하다. 자원을 자비로 인도하는 리더의 움직임은 가치를 행동으로 설명하거나(Podolny, Khurana, & Hill-Popper, 2004), 사람과 관계가 중요하다는 문화적 가정을 강화한다는 측면에서 상징적으로 중요하다(Schein, 2010). 테러 공격에 대한 Phil Lynch의 대응에서 이것을 살펴볼 수 있다. Lynch는 사망한 직원의 가족을 위해 위안 및 정서적 지원과 같은 자원을 촉진했다. 그는 또한 자원을 촉진하여 추모식을 열고 가족들을 불러 로이터의 직원들과 함께 모이게 했다. 상담 서비스를 위한 자원을 촉진하는 것을 도왔고, 사람들이 함께 모여 이야기를 듣고 질문을 할 수 있도록 타운 홀 미팅을 허가했으며, 잃어버린 데이터 센터의 운영을 재건하는 데 자원을 쏟아부었다. 그가 자원 촉진을 도운 덕분에 로이터 직원들은 4일 만에 20만 달러의 장비를 설치했다. 자원을 촉진하기 위한 이러한 움직임은 로이터가 인적 요구, 고객 요구, 그리고 비즈니스 요구를 충족시켜 미국에서 금융거래와 경제적 안정을 위한 근간을 회복하게 했다.

조직 이론 연구는 자원에 대한 관점의 초점을 돈과 같은 고정된 실체에서 사용 중인 자원에 의해 창출되는 동적 가치로 전환한다(Feldman, 2004). 이러한 견해는 신뢰, 존중 또는 합리성과 같이 상호작용에서 창출된 자원을 조명하여 '자원'의 정의를 확장한다(Feldman, 2004). Feldman과 Worline(2011)은 지폐 더미의 예를 들어 자원 조달(resourcing) 이론을 설명한다. 이 돈은 온기를 만들기 위해 태울 때는 한 가지 면에서만 가치 있지만 교환에 사용될 때는 매우 다양한 방식으로 가치가 있다. 자원 조달 이론을 바탕으로 우리는 리더십 움직임이 관심, 공감, 정당성, 사회적 및 정서적 지원, 집단 정체성, 공유된 의미 및 재량적 노력과 같은 자원을 촉진하고 이러한 자원을 자비에 사용하게 하는 힘이 있다고 가정한다. 다시 한번 이 움직임들은 리더가 주의나 감정을 촉진할 때와 같은 이전에 논의되었던 움직임 중 일부와 겹칠 수 있지만, 여기서는 고통을 완화하기 위한 자원의 엄청난 중요성을 강조하기 위해 별도로 설명하였다.

때때로 자원을 촉진하는 리더십 움직임은 Phil Lynch의 경우처럼 위기, 재난 또는 예기치 않은 질병이나 부상과 같이 조직을 놀라게 하는 사건에서 촉발된다. 적응적 리더십(Heifetz, 1994; Heifetz, Grashow, & Linsky, 2009) 이론은 갑작스러운 사건이 일어나는 시기에 리더의 가장 중요한 역할 중 하나는 적응해야 하는 도전을 식별하고 이를 해결하기 위해 자원을 동원하는 것이라고 말했다. 갑작스러운 사건은 리더에게 조직 안전망의 허점을 확인하고 시간이 지남에 따라 고통에 더 빠르게 대응할 수 있는 자원을 동원할 수 있는 기회를 제공한다. Cisco Systems의 전

CEO인 John Chambers는 첨단 의료 서비스를 쉽게 이용할 수 없는 일부 지역에서 Cisco 직원이 중병에 걸린 후, 직원 재해에 대한 신속한 대응 팀을 만드는 것을 제도적으로 승인했다. Chambers는 조직이 고통에 적절한 방식으로 대응할 수 없다는 것을 알게 되었을 때마다 Cisco가 미래의 고통에 자비로 대응할 수 있도록 새로운 정책과 절차를 추진했다.

요약

〈표 31-1〉에 모델링 및 리더의 행동과 관련된 두 가지 움직임이 요약되어 있다. [그림 31-2]의 포인트 5와 6은 이러한 움직임이 자비 프로세스에 미치는 영향을 보여 준다. 이를 별개의 리더 움직임으로 표현함으로써 리더의 중요한 행동이 조직 내 자비에 중요하다는 사실을 통찰할 수 있다(Antonakis & House, 2014). 자비를 모델로 행동할 때, 자비는 팔로워들의 행동에 대한 청사진 역할을 한다(Bass & Avolio, 1990). 그리고 리더들의 중요한 행동이 조직 정책을 바꾸거나 자비를 불러일으키는 관행을 시행할 때 사용 중인 자원들은, 다른 사람들도 그 행동을 모방하고 고통을 완화하기 위한 추가 자원을 사용하도록 고무시킨다.

리더가 조직의 자비 프로세스를 형성하는 방법

〈표 31-1〉은 조직의 자비와 관련된 리더십 연구를 바탕으로 우리가 밝혀낸 12가지 리더십 움직임을 모두 요약한 것이다. [그림 31-2]는 자비를 프로세스로 묘사하고 다양한 리더의 움직임이 프로세스가 전개되는 과정에 영향을 미치는 포인트를 명확히 보여 주고 있다. 종합하면 표와 그림은 조직에서의 자비 프로세스에 리더가 미치는 다양한 영향을 명확하게 보여 준다. 리더들이 어떻게 행동하는지, 어떻게 느끼고 감정을 표현하는지, 어떻게 의도하는 대로 고통을 구성하고 서술하는지, 어떻게 그들의 존재를 이용하고, 어떻게 고통의 표현을 위한 공간을 만드는지에 이르기까지, 리더들은 분명히 중요하다.

테러 공격에 대한 로이터의 대응과 같이 극단적인 사례를 보면, 이러한 움직임이 어떻게 서로 얽혀 있고 시간이 지남에 따라 구축되는지 알 수 있다. 리더가 다른 사람들의 인간성에 대해 그들 자신의 인간적인 존중을 제공할 때, 그리고 인간 대 인간의 배려와 존재가 관심, 느낌, 의사소통 그리고 행동의 중심이 될 때, 조직은 말 그대로 자비로 살아난다. 한 로이터 직원은 이렇게 설명했다. "정말 인간적이었습니다. 금융 서비스를 점검해야 하는지에 관한 것이 아니었습니다. 우리 사람들이 어디 있는지에 관한 거였죠. 사람, 그다음이 고객, 그다음이 비즈니스였습니다. 여기서 일하는 것을 자랑스럽게 만들었습니다. 저는 이 회사에 대한 존경심이 더 많이 생겼고, 여기에서 아주 오랫동안 근무하고 있습니다."(Dutton et al., 2002b, p. 3)

지난 몇 년 동안, 자비는 조직 및 관리 분

야 연구의 주류 주제가 되었다. 2010년 전 세계의 경영학자들이 모인 경영학 아카데미(Academy of Management)는 최고의 저널과 함께 주제를 조직의 자비와 보살핌(Tsui, 2013 참조)에 헌정하기도 했다(예: Rynes, Bartunek, Dutton, & Margolis, 2012). 자비가 연구자들의 관심을 끌며 성장함에 따라, 리더들의 관심 또한 커지고 있다. Jeff Weiner나 Simon Sinek과 같이 성공한 기업의 눈에 띄는 리더들은 자비와 비즈니스에서 자비의 역할에 대한 논의에 새로운 힘을 불어넣었다. 직장에서의 비인간화와 직원 이탈의 증가는 자비가 리더십의 관심 대상이 되는 것이 시급함을 보여 준다.

이 보고서는 리더십과 자비에 대한 연구가 아직 초기 단계에 머물러 있음을 보여 준다. 그러나 중요한 리더십 움직임을 발견함으로써, 자비를 형성하고 고통을 완화하는 움직임의 힘과 영향력을 검토하는 연구에 대한 요구를 만들었다. 우리는 많은 연구자가 어떻게 리더들이 인간성을 고취시키는 데 기여하는지를 밝히는 것에 참여하기를 바란다. 이러한 요구는 세계의 기업들이 상거래, 혁신 또는 서비스 제공이라는 일상적인 업무를 추구하는 동시에, 세계에서 가장 강력한 자비를 담는 그릇(vessel)이 될 수 있는 새로운 현실적인 창을 열어 줄 것이다.

감사 인사

이 글을 쓰는 데 초기에 도움을 주었던 Brad Owens, Ned Wellman 그리고 CompassionLab 구성원에게 감사를 드린다.

참고문헌

Anderson, C., Keltner, D., & John, O. P. (2003). Emotional convergence between people over time. *Journal of Personality and Social Psychology*, *84*, 1054-1068. http://dx.doi.org/10.1037/0022-3514.84.5.1054

Antonakis, J., & House, R. J. (2014). Instrumental leadership: Measurement and extension of transformational-transactional leadership theory. *The Leadership Quarterly*, *25*, 746-771. doi:10.1016/j.leaqua.2014.04.005

Arulampalam, W. (2001). Is unemployment really scarring? Effects of unemployment experiences on wages. *The Economic Journal*, *111*, 585-606. doi:10.1111/1468-0297.00664

Ashforth, B. E., & Mael, F. (1989). Social identity theory and the organization. *Academy of Management Review*, *14*, 20-39. doi:10.5465/AMR.1989.4278999

Atkins, P. W. B., & Parker, S. K. (2012). Understanding individual compassion in organizations: The role of appraisals and psychological flexibility. *Academy of Management Review*, *37*, 524-546. doi:10.5465/amr.10.0490

Barsade, S. G., & O'Neill, O. A. (2014). What's

love got to do with it? A longitudinal study of the culture of companionate love and employee and client outcomes in a long-term care setting. *Administrative Science Quarterly*, *59*, 551-598. doi:10.1177/0001839214538636

Bass, B. M. (1985). *Leadership and Performance Beyond Expectations*. New York: Free Press.

Bass, B. M., & Avolio, B. J. (1990). From transactional to transformational leadership: Learning to share the vision. *Organizational Dynamics*, *18*, 19-31. http://psycnet.apa.org/doi/10.1016/0090-2616(90)90061-S

Bass, B. M., & Steidlmeier, P. (1999). Ethics, character, and authentic transformational leadership. *Leadership Quarterly*, *10*, 181-217. doi:10.1016/S1048-9843(99)00016-8

Batson, C. D. (2014). *The Altruism Question: Toward a Social-Psychological Answer*. New York: Psychology Press.

Bazerman, M. (2014). *The Power of Noticing: What the Best Leaders See*. New York: Simon & Schuster.

Boyatzis, R., & McKee, A. (2005). *Resonant Leadership*. Boston, MA: Harvard Business Press.

Brown, M. E., & Treviño, L. K. (2006). Ethical leadership: A review and future directions. *The Leadership Quarterly*, *17*, 595-616. doi:10.1016/j.leaqua.2006.10.004

Brown, M. E., Treviño, L. K., & Harrison, D. A. (2005). Ethical leadership: A social learning perspective for construct development and testing. *Organizational Behavior and Human Decision Processes*, *97*, 117-134. doi:10.1016/j.obhdp.2005.03.002

Brummans, B. H., Hwang, J. M., & Cheong, P. H. (2013). Mindful authoring through invocation: Leaders' constitution of a spiritual organization. *Management Communication Quarterly*, *27*, 346-372. doi:10.1177/0893318913479176

Burns, J. M. (1978). *Leadership*. New York: Harper Row.

Carmeli, A., Dutton, J. E., & Hardin, A. E. (2015). Respect as an engine for new ideas: Linking respectful engagement, relational information processing and creativity among employees and teams. *Human Relations*, *68*, 1021-1047. doi:10.1177/0018726714550256

Cassell, E. J. (1999). Diagnosing suffering: A perspective. *Annals of Internal Medicine*, *131*, 531-534. doi:10.7326/0003-4819-131-7-199910050-00009

Chugh, D. (2004). Societal and managerial implications of implicit social cognition: Why milliseconds matter. *Social Justice Research*, *17*, 203-222. doi:10.1023/B:SORE.0000027410.26010.40

Clark, C. (1987). Sympathy biography and sympathy margin. *American Journal of Sociology*, *93*, 290-321. http://psycnet.apa.org/doi/10.1086/228746

Conger, J., & Kanungo, R. (1998). *Charismatic Leadership in Organizations*. Thousand Oaks, CA: Sage.

Coulehan, J. (2013). Suffering, hope, and healing. In R. J. Moore (Ed.), *Handbook of Pain and Palliative Care: Biobehavioral Approaches for the Life Course* (pp. 717-731). New York: Springer. doi:10.1007/978-1-4419-1651-8_37

Czarniawska-Joerges, B., & Wolff, R. (1991).

Leaders, managers, entrepreneurs on and off the organizational stage. *Organization Studies*, *12*, 529-546. doi:10.1177/017084069101200404

Darley, J. M., & Batson, C. D. (1973). From Jerusalem to Jericho: A study of situational and dispositional variables in helping behavior. *Journal of Personality and Social Psychology*, *27*, 100. http://dx.doi.org/10.1037/h0034449

Deal, T. E., & Peterson, K. D. (1994). *The Leadership Paradox: Balancing Logic and Artistry in Schools*. San Francisco, CA: Jossey-Bass.

DeRue, D. S. (2011). Adaptive leadership theory: Leading and following as a complex adaptive process. *Research in Organizational Behavior*, *31*, 125-150. doi:10.1016/j.riob.2011.09.007

DeRue, D. S., & Ashford, S. J. (2010). Who will lead and who will follow? A social process of leadership identity construction in organizations. *Academy of Management Review*, *35*, 627-647. Retrieved June 30, 2016 from http://www.jstor.org/stable/29765008

Driver, M. (2002). The learning organization: Foulcauldian gloom or utopian sunshine? *Human Relations*, *55*, 33-53. doi:10.1177/0018726702055001605

Driver, M. (2007). Meaning and suffering in organizations. *Journal of Organizational Change*, *20*, 611-632. http://dx.doi.org/10.1108/0953481 0710779063

Dutton, J. (2003). *Energize Your Workplace*. San Francisco, CA: Jossey-Bass.

Dutton, J. E., Ashford, S. J., O'Neill, R. M., & Lawrence, K. A. (2001). Moves that matter: Issue selling and organizational change. *Academy of Management Journal*, *44*, 716-736.
doi:10.2307/3069412

Dutton, J. E., Frost, P. J., Worline, M. C., Lilius, J. M., & Kanov, J. M. (2002). Leading in times of trauma. *Harvard Business Review*, *80*, 54-61. Retrieved June 30, 2016 from http://www.ncbi.nlm.nih.gov/pubmed/12964467

Dutton, J. E., Pasick, R., & Quinn, R. (2002a; 2002b). *The Heart of Reuters (A and B)*. GlobaLens, Ann Arbor, MI: William Davidson Institute, University of Michigan.

Dutton, J., & Reed, L. (2014). *Values-Based Candidate Selection at LinkedIn: One Hiring Manager's Approach*. GlobaLens, Ann Arbor, MI: William Davidson Institute, University of Michigan.

Dutton, J., Workman, K., & Hardin, A. (2014). Compassion at work. *Annual Review of Organizational Psychology and Organizational Behavior*, *1*, 277-304. doi:10.1146/annurev-orgpsych-031413-091221

Dutton, J., Worline, M. C., Frost, P. J., & Lilius, J. (2006). Explaining compassion organizing. *Administrative Science Quarterly*, *51*(1), 59-96. doi:10.2189/asqu.51.1.59

Elfenbein, H. A. (2007). Emotion in organizations: A review and theoretical integration. *The Academy of Management Annals*, *1*, 315-386. doi:10.1080/078559812

Feldman, M. S. (2004). Resources in emerging structures and processes of change. *Organization Science*, *15*, 295-309. http://dx.doi.org/10.1287/orsc.1040.0073

Feldman, M. S., & Worline, M. (2011). Resources, resourcing, and ampliative cycles in organizations. In K. Cameron & G. Spreitzer (Eds.), *Oxford Handbook of Positive*

Organizational Scholarship (pp. 629-641). New York: Oxford University Press.

Felony, R. (2015). LinkedIn CEO Jeff Weiner explains his No. 1 management principle. *Business Insider* (July 1 online edition). Retrieved June 30, 2016 from http://www.businessinsider.com/linkedin-ceo-jeff-weiner-on-management-2015-7

Fiske, S. (1993). Controlling other people: The impact of power on stereotyping. *American Psychologist*, *48*, 621-628. http://dx.doi.org/10.1037/0003-066X.48.6.621

Fiss, P. C., & Zajac, E. J. (2006). The symbolic management of strategic change: Sensegiving via framing and decoupling. *Academy of Management Journal*, *49*, 1173-1193. doi:10.5465/AMJ.2006.23478255

Frankl, V. (1959). *Man's Search for Meaning*. New York: Pocket Books.

Frost, P. J. (2003). *Toxic Emotions at Work*. Cambridge, MA: Harvard Business School Press.

Frost, P. J. (1999). Why compassion counts! *Journal of Management Inquiry*, *8*, 127-133.

Fryer, B. (2013). The rise of compassionate management (finally). *Harvard Business Review Online* (September 18). Retrieved June 30, 2016 from https://hbr.org/2013/09/the-rise-of-compassionate-management-finally/

Gemmill, G., & Oakley, J. (1992). The meaning of boredom in organizational life. *Group and Organization Management*, *17*, 358-369. doi:10.1177/1059601192174003

George, B. (2003). *Authentic Leadership: Rediscovering the Secrets to Creating Lasting Value*. San Francisco, CA: Jossey-Bass.

Gioia, D. A., & Chittipeddi, K. (1991). Sensemaking and sensegiving in strategic change initiation. *Strategic Management Journal*, *12*, 433-448. doi:10.1002/smj.4250120604

Goetz, J. L., Keltner, D., & Simon-Thomas, E. (2010). Compassion: An evolutionary analysis and empirical review. *Psychological Bulletin*, *136*, 351-374. http://dx.doi.org/10.1037/a0018807

Goffman, E. (1981). *Forms of Talk*. Philadelphia, PA: University of Pennsylvania Press.

Goleman, D., & Boyatzis, R. (2008). Social intelligence and the biology of leadership. *Harvard Business Review*, *86*, 74-81. Retrieved June 30, 2016 from http://www.ncbi.nlm.nih.gov/pubmed/18777666

Goodrum, S. (2008). When the management of grief becomes everyday life: The aftermath of murder. *Symbolic Interaction*, *31*, 422-442. doi:10.1525/si.2008.31.4.422

Grant, A. M., Dutton, J. E., & Rosso, B. D. (2008). Giving commitment: Employee support programs and the prosocial sensemaking process. *Academy of Management Journal*, *51*, 898-918. doi:10.5465/AMJ.2008.34789652

Grodal, S., Nelson, A. J., & Siino, R. M. (2015). Help-seeking and help-giving as an organizational routine: Continual engagement in innovative work. *Academy of Management Journal*, *58*, 136-168. doi:10.5465/amj.2012.0552

Hallowell, E. M. (1999). The human moment at work. *Harvard Business Review*, *Jan.-Feb.*, 1-8.

Hasu, M., & Lehtonen, M. (2014). Leadership

with care-Constructing responsibility as "shared caring" in a complex public service organisation. *Scandinavian Journal of Public Administration, 18*, 9-28.

Hatch, M. J., & Cunliffe, A. L. (2012). *Organization Theory: Modern, Symbolic and Postmodern Perspectives.* New York: Oxford University Press.

Hatfield, E., Cacioppo, J. T., & Rapson, R. L. (1994). *Emotional Contagion.* New York: Cambridge University Press.

Hazen, M. (2003). Societal and workplace responses to perinatal loss: Disenfranchised grief or healing connection. *Human Relations, 56,* 147-166. doi:10.1177/0018726703056002889

Hazen, M. A. (2008). Grief and the workplace. *The Academy of Management Perspectives, 22,* 78-86. doi:10.5465/AMP.2008.34587996

Heifetz, R. A. (1994). *Leadership Without Easy Answers.* Boston, MA: Harvard University Press.

Heifetz, R., Grashow, A., & Linsky, M. (2009). *The Practice of Adaptive Leadership: Tools and Tactics for Changing Your Organization and the World.* Boston, MA: Harvard Business Press.

Heffernan, M. (2011). *Willful Blindness.* New York: Walker & Co.

House, R. (1977). A 1976 theory of charismatic leadership. In J. Hunt & L. Larson (Eds.), *Leadership: The Cutting Edge* (p. 189-207). Carbondale, IL: Southern Illinois University Press.

House, R., Woycke, J., & Fodor, E. (1988). Charismatic and noncharismatic leaders: Differences in behavior and effectiveness. In J. Conger & R. Kanungo (Eds.), *Charismatic Leadership: The Elusive Factor in Organizational Effectiveness* (pp. 98-121). San Francisco, CA: Jossey-Bass.

Jaworski, J. (1996). *Synchronicity: The Inner Path of Leadership.* San Francisco, CA: Berrett-Koehler Publishers.

Jinpa, T. (2015). *A Fearless Heart: How the Courage to Be Compassionate Can Transform Our Lives.* New York: Penguin.

Johnson, S. K. (2008). I second that emotion: Effects of emotional contagion and affect at work on leader and follower outcomes. *The Leadership Quarterly, 19,* 1-19. doi:10.1016/j.leaqua.2007.12.001

Johnson, P., & Indvik, J. (1996). Stress and workplace violence: It takes two to tango. *Journal of Managerial Psychology, 11,* 18-27. http://dx.doi.org/10.1108/02683949610129721

Keltner, D., & Haidt, J. (1999). Social functions of emotions. In T. Mayne & G. Bonanno (Eds.), *Emotions: Current Issues and Future Directions* (pp. 192-213). New York: Guilford Press.

Keltner, D., & Kring, A. M. (1998). Emotion, social function, and psychopathology. *Review of General Psychology, 2,* 320. http://psycnet.apa.org/doi/10.1037/1089-2680.2.3.320

Kets de Vries, M. (1991). *Organizations on the Couch.* San Francisco, CA: Jossey-Bass.

Lazarus, R., & Folkman, S. (1984). *Stress, Appraisal and Coping.* New York: Springer.

Liden, R. C., Panaccio, A., Meuser, J. D., Hu, J., & Wayne, S. (2014). Servant leadership: Antecedents, processes, and outcomes. In D. Day (Ed.), *The Oxford Handbook of Leadership and Organizations* (pp. 357-379). Cambridge, UK: Oxford University Press.

참고문헌 **767**

Lilius J., Kanov, J., Dutton, J., Worline, M., & Maitlis, S. (2011). Compassion revealed: What do we know about compassion at work (and where do we need to know more). In K. Cameron & G. Spreitzer (Eds.), *Handbook of Positive Organizational Scholarship.* Cambridge, UK: Oxford University Press. doi:10.1093/ oxfordhb/9780199734610.013.0021

Lilius, J., Worline, M., Dutton, J., Kanov, J., & Maitlis, S. (2011). Understanding compassion capability. *Human Relations, 64,* 873-891. doi:10.1177/0018726710396250

Lilius, J. M., Worline, M. C., Maitlis, S., Kanov, J., Dutton, J. E., & Frost, P. (2008). The contours and consequences of compassion at work. *Journal of Organizational Behavior, 29,* 193-218. doi:10.1002/job.508

Maitlis, S., & Christianson, M. (2014). Sensemaking in organizations: Taking stock and moving forward. *The Academy of Management Annals, 8,* 57-125. doi:10.1080/1 9416520.2014.873177

Maitlis, S., & Lawrence, T. B. (2007). Triggers and enablers of sensegiving in organizations. *Academy of Management Journal, 50,* 57-84. doi:10.5465/AMJ.2007.24160971

Mayer, D. M., Kuenzi, M., Greenbaum, R., Bardes, M., & Salvador, R. B. (2009). How low does ethical leadership flow? Test of a trickle-down model. *Organizational Behavior and Human Decision Processes, 108,* 1-13. doi:10.1016/j.obhdp.2008.04.002

McClure, L., & Werther, W. (1997). Violence at work: Consultants and managers walking the line. *Journal of Workplace Learning, 9,* 211-214. http://dx.doi.org/10.1108/13665629710180474

Meyerson, D. E. (1994). Interpretations of stress in institutions: The cultural production of ambiguity and burnout. *Administrative Science Quarterly, 39,* 628-653. Retrieved June 30, 2016 from http://www.jstor.org/stable/2393774; doi:10.1016/j.obhdp.2012.05.001

Mollner, T. (1992). The 21st-century corporation: The tribe of the relationship age. In J. Renesch (Ed.), *New Traditions in Business* (pp. 95-108). San Francisco, CA: Jossey-Bass.

Ocasio, W. (1997) Attention-based view of the firm. *Strategic Management Journal, 18,* 187-206. Retrieved June 30, 2016 from http://www.jstor.org/stable/3088216

Ocasio, W. (2011). Attention to attention. *Organization Science, 22,* 1286-1296. http://dx.doi.org/10.1287/orsc.1100.0602

Paul, K. I., & Moser, K. (2009). Unemployment impairs mental health: Meta-analyses. *Journal of Vocational Behavior, 74,* 264-282. doi:10.1016/j.jvb.2009.01.001

Pearson, C., & Porath, C. (2009). *The Cost of Bad Behavior: How Incivility Ruins Your Business — and What You Can Do About It.* New York: Portfolio.

Pentland, B. T. (1992). Organizing moves in software support hot lines. *Administrative Science Quarterly, 37,* 527-548. doi:10. 2307/ 2393471

Pentland, B. T., & Rueter, H. H. (1994). Organizational routines as grammars of action. *Administrative Science Quarterly, 39,* 484-510. doi:10.2307/2393300

Peterson, K. D., & Deal, T. E. (1998). How leaders influence the culture of schools. *Educational Leadership, 56,* 28-31.

Pfeffer, J. (1977). The ambiguity of leadership. *Academy of Management Review, 2*, 104-112. doi:10.5465/AMR.1977.4409175

Podolny, J. M., Khurana, R., & Hill-Popper, M. (2004). Revisiting the meaning of leadership. *Research in Organizational Behavior, 26*, 1-36. doi:10.1016/S0191-3085(04)26001-4

Pollock, S. E., & Sands, D. (1997). Adaptation to suffering: Meaning and implications for nursing. *Clinical Nursing Research, 6*, 171-185. doi:10.1177/105477389700600206

Quinn, R., & Quinn, R. (2009). *Lift*. San Francisco, CA: Berrett-Koehler.

Rynes, S. L., Bartunek, J. M., Dutton, J. E., & Margolis, J. D. (2012). Care and compassion through an organizational lens: Opening up new possibilities. *Academy of Management Review, 37*, 503-523. doi:10.5465/amr.2012.0124

Scandura, T. A. (1998). Dysfunctional mentoring relationships and outcomes. *Journal of Management, 24*, 449-467. doi:10.1177/014920639802400307

Scott, W. R., & Davis, G. F. (2007). *Organizations and Organizing: Rational, Natural, and Open System Perspectives*. New York: Prentice Hall.

Schein, E. H. (2010). *Organizational Culture and Leadership* (Vol. 2). New York: John Wiley & Sons.

Senge, P. M., Scharmer, C. O., Jaworski, J., & Flowers, B. S. (2005). *Presence: An Exploration of Profound Change in People, Organizations, and Society*. New York: Crown Business.

Simpson, A. V., Clegg, S., & Pitsis, T. (2014a). Normal compassion: A framework for compassionate decision making. *Journal of Business Ethics, 119*, 473-491. doi:10.1007/s10551-013-1831-y

Simpson, A. V., Clegg, S., & Pitsis, T. (2014b). I used to care but things have changed: A genealogy of compassion in organizational theory. *Journal of Management Inquiry, 23*, 347-359. doi:10.1177/1056492614521895

Simpson, A. V., Clegg, S. R., Lopes, M. P., Cunha, M. P., Rego, A., & Pitsis, T. (2014). Doing compassion or doing discipline? Power relations and the Magdalene Laundries. *Journal of Political Power, 7*, 253-274. doi:10.1080/2158379X.2014.927684

Sinek, S. (2014). *Leaders Eat Last*. New York: Penguin.

Smircich, L., & Morgan, G. (1982). Leadership: The management of meaning. *Journal of Applied Behavioral Science, 18*, 257-273. http://psycnet.apa.org/doi/10.1177/002188638201800303

Sonenshein, S., Dutton, J. E., Grant, A. M., Spreitzer, G. M., & Sutcliffe, K. M. (2013). Growing at work: Employees' interpretations of progressive self-change in organizations. *Organization Science, 24*, 552-570. http://dx.doi.org/10.1287/orsc.1120.0749

Sosik, J. (2000). The role of personal meaning in charismatic leadership. *The Journal of Leadership Studies, 72*, 60-74. doi:10.1177/107179190000700206

Sosik, J. J. (2005). The role of personal values in the charismatic leadership of corporate managers: A model and preliminary field study. *The Leadership Quarterly, 16*, 221-244. doi:10.1016/j.leaqua.2005.01.002

Sy, T., Cote, S., & Saavedra, R. (2005). The

contagious leader: Impact of the leader's mood on the mood of group members, group affective tone, and group processes. *Journal of Applied Psychology*, *90*, 295-305. http://psycnet.apa.org/doi/10.1037/0021-9010.90.2.295

Tehrani, N. (1998). Dealing with trauma at work-the employee's story. *Counseling Psychology Quarterly*, *11*, 365-378. doi:10.1080/09515079808254068

Totterdell, P., Kellett, S., Teuchmann, K., & Briner, R. (1998). Evidence of mood linkage in work groups. *Journal of Personality and Social Psychology*, *74*, 1504-1515. http://dx.doi.org/10.1037/0022-3514.74.6.1504

Trice, H. M., & Beyer, J. M. (1993). *The Cultures of Work Organizations*. New York: Prentice-Hall.

Tsui, A. S. (2013). 2012 presidential address-On compassion in scholarship: Why should we care? *Academy of Management Review*, *38*, 167-180. doi:10.5465/amr.2012.0408

Uhl-Bien, M. (2006). Relational leadership theory: Exploring the social processes of leadership and organizing. *The Leadership Quarterly*, *17*, 654-676. doi:10.1016/j.leaqua.2006.10.007

van Kleef, G. A., Oveis, C., van der Löwe, I., LuoKogan, A., Goetz, J., & Keltner, D. (2008). Power, distress, and compassion: Turning a blind eye to the suffering of others. *Psychological Science*, *19*, 1315-1322. doi:10.1111/j.1467-9280.2008.02241.x

Way, D. (2010). *Recognizing, Relating, and Responding: Hospice Workers and the Communication of Compassion*. Phoenix, AZ: Arizona State University.

Weick, K. E. (1995). *Sensemaking in Organizations* (Vol. 3). Thousand Oaks, CA: Sage.

Weiner, J. (2012). Managing compassionately. *LinkedIn.com* (October 15). Retrieved June 30, 2016 from https://www.linkedin.com/pulse/20121015034012-22330283-managing-compassionately

Wicks, D. (2001). Institutionalized mindsets of invulnerability: Differential institutional fields and the antecedents of organizational crises. *Organization Studies*, *22*, 659-692. doi:10.1177/0170840601224005

Wilson, W. J. (1996). *When Work Disappears*. New York: Random House.

Worline, M. C., & Boik, S. (2006). Leadership lessons from Sarah: Values based leadership as everyday practice. In K. Cameron & E. Hess (Eds.), *Leading with Values: Positivity, Virtue, and High Performance* (pp. 108-131). New York: Cambridge University Press.

Zhu, W., Riggio, R. E., Avolio, B. J., & Sosik, J. J. (2011). The effect of leadership on follower moral identity: Does transformational/transactional style make a difference? *Journal of Leadership & Organizational Studies*, *18*, 150-163. doi:10.1177/1548051810396714

제32장

보건의료에서 요청하는 자비

Sue Shea and Christos Lionis

요약

자비 개념은 수많은 상황에 적용될 수 있고 보건의료 분야에서도 당연히 중요한 역할을 한다. 이 장에서는 치료의 질을 향상시키려고 할 때 병원과 일차의료 환경에서 자비 의료가 갖는 중요성에 관해 논의한다. 또한 긴축시기 등 사회적 특수 상황에서, 그리고 특수한 건강 문제를 갖고 있거나 노숙인처럼 사회적 욕구가 필요한 취약 계층에 대해서, 자비와 건강을 강조하는 것이 어떤 의미가 있는지 논의한다. 끝으로 자비를 방해하거나 증진하는 요인에는 어떤 것이 있는지 살펴보고, 자비의 장기 지속가능성을 위해 무엇이 필요한지 검토하면서 자비 개념을 교육과 훈련 프로그램에 효과적으로 통합할 수 있는 방법을 논의한다.

핵심용어

자비, 보건의료, 병원, 특수 상황, 일차의료, 긴축시기, 노숙인, 조직화 요인, 교육/훈련

임상 역량과 자비를 결합하려는 생각은 유구한 역사를 통틀어 임상 의학의 중심 특징이었다. 히포크라테스는 이 쌍을 묘사하기 위해 박애(인류를 사랑하는 마음)와 필로테크니카(기술 혹은 예술을 사랑하는 마음)라는 용어를 만들었다.

Anandarajah and Rosemand, 2014, p. 17

자비는 흔히 타인의 고통이나 괴로움을 민감하게 받아들이고 동시에 그 고통을 완화해 주고 싶은 깊은 열망으로 설명할 수 있다 (Goetz, Keltner, & Simon-Thomas, 2010). 자비 개념은 여러 다양한 상황에 적용될 수 있고 보건의료 분야에서도 당연히 중요한 역할을 한다. 친절과 자비, 이 두 가지는 다른 도덕 가치와 별도로 인간 사회에서 가장 중요하게 여기는 핵심 가치이고, 사회와 개인 모두에서 관계성의 기초가 된다(Crowther, Wilson, Horton, & Lloyd-Williams, 2013). 영국의 의료질평가위원회(Care Quality Commission: CQC)에 따르면 자비는 보건의료 분야의 주요 구성요소 중 하나이고, 구체적인 언어로 표현하기

어렵지만 그 밑바탕에 공감이나 존중, 존엄성 등의 정신이 깔려 있는 관계를 통해 의료가 제공되는 방식이라고 할 수 있을 것이다. 이를 **지능형 친절**(intelligent kindness)이라고 부르기도 하는데, 사람들이 의료를 인식하는 방식에 핵심 역할을 한다(http://www.cqc.org.uk/content/compassionate-care). 유사하게, 의료나 간호와 관련하여 일반적으로 사용되는 자비의 특성에는 다음 내용이 포함되어 왔다. 민감성, 공감, 친절, 사람 중심 접근, 관계, 참여(환자 및 보호자와 함께 작업), 권한 부여, 인간 이해, 감정 이해, 판단하지 않음, 경청, 반응하기, 책임, 옹호 등(Schofield, Concept Analysis—Compassion in Nursing, https://www2.rcn.org.uk/__data/assets/pdf_file/0011/445817/Research2012Mo16.pdf – 2015년 7월 기준)이다. 하지만 의료 실무에 종사하거나 의료 지원 업무에 참여하는 직원의 태도, 의료 문화, 조직 문제, 의사소통 능력 등은 많은 비판을 받아 왔고, 우선적으로 개선되어야 할 분야로 파악되었다(Crowther et al., 2013).

의료 분야에서 환자에게 향하는 자비가 어떻게 감소하게 되었는지 언론의 강력한 비판적 보도 이후 의료 분야에서도 스스로 뚜렷하게 자비에 초점을 맞추기 시작했다. 2008년 영국의 국가의료제도(National Health Service: NHS) 연합은 보건의료의 범위가 점차 더 확장되고 세밀해졌음에도 불구하고 근본적으로는 환자를 실패에 빠뜨리고 있고, 따라서 돌봄과 자비가 의료 전달의 바탕이 되어야 한다고 언급하였다. 인도적 관점에서 의료 제공 체계를 평가할 때 경종을 울리는 이러한 관찰과 보고서에 영감을 받은 이 장의 저자들은 보건의료 분야에서 중시되어야 하는 자비에 관해 논의하기 위해 2011년 그리니치 대학교에서 다학제 심포지엄을 개최하였다(Shea, Wynyard, West, & Lionis, 2011). 이 심포지엄은 다양한 전문 분야를 포괄하는 폭넓은 청중(환자 대표를 포함하여)의 참여를 유도하였고, 자비의 '과학과 예술'로 향해 나아가는 보건의료 분야의 흐름에 대한 관심을 공유하였다. 많은 사람이 이 행사를 통해 고무적인 경험을 했고, 여러모로 불편한 언론 보도에도 불구하고 자비가 보건의료 분야에서 매우 중요한 주제라는 믿음은 모든 참석자를 하나로 뭉치게 하였다.

자비를 탐구하는 과학 연구는 빠르게 발전하고 있고, 의료 환경에서 결정적으로 중요한 역할을 할 잠재력을 갖고 있다. 자비가 급성 질환이 더 빨리 회복하는 데 도움을 주고, 만성 질환의 관리를 강화하며, 불안 완화에 도움을 줄 수 있다는 증거가 있다. 한편, 자비의 제공자와 수혜자 모두에서 친절과 접촉이 심장 박동과 뇌 기능을 변화시켰다는 연구 결과가 보고된 바 있다(Fogarty, Curbow, Wingard, McDonnell, & Summerfield, 1999; Shaltout, Toozer, Rosenberger, & Kemper, 2012). 또한 타인이나 자신과 상호작용할 때 자비로운 접근을 하면 스트레스에 의한 뇌 반응에 변화를 가져오고 고통 감내 능력을 키우는 데도 도움이 된다(Youngson, 2012). 비록 자비에 의한 특정 영향을 조사하는 연구가 여전히 더 많이 이루어져야 하지만, 자비 기반 접근은 제공자와 수혜자 모두에게 혜택을 줄 것이다.

이 장의 목적과 목표는 의료 질을 향상하는 방법을 찾기 위해 의료 환경 내에서 이루어지는 자비 의료의 중요성에 관해 논의하는 것이다. 또한 긴축시기 동안 질병을 경험하거나 자신이 통제할 수 없는 상황으로 인해 보건의료 서비스에 접근이 어려운 노숙인과 같은 취약 계층을 위해서도 자비가 중요함을 언급한다. 추가하여, 이 장은 자비를 방해하거나 촉진할 수 있는 요소를 고려하고, 자비의 미덕이 어떻게 장기적으로 지속될 수 있는지 설명한다.

보건의료 현장에 필요한 자비 역량

병원 환경

개인이 병원에 입원하거나 병원 서비스를 받을 때, 그 사람은 종종 가장 취약한 상태에 빠지게 되고 주변 사람들에게 완전히 의존해야 한다. 공포스럽고 불안한 환경이 입원한 환자를 지배할 수도 있다. 그렇다면 전문 기술을 제공하는 것 이외에도 친절과 공감 그리고 자비로 응대함으로써 환자가 느끼는 부담을 덜어 주고, 환자가 받고 싶은 위로를 제공하며, 환자가 트라우마를 덜 경험하고 더 잘 적응할 수 있게 돕는 것이 논리적으로도 옳을 것이다. 마찬가지로, 환자와 의료 제공자 사이에 자비로운 의사소통이 강화되면 신뢰

형성에 도움이 되고, 이는 다시 환자로 하여금 자신의 증상과 걱정하는 바를 더 많이 공유하게 한다. 그러면 환자를 더 정확하게 이해하고 진단하는 것이 가능해진다(Mannion, 2014).

최근 보고에 따르면, 자비 기반 접근이 갖는 이러한 잠재적 이점에도 불구하고 자비 기반 접근이 항상 전면에 드러나지는 않는다. Francis Report(2013)의 출판 이후 영국에서는 의료 분야에서 나타나는 인간성 상실에 대한 우려가 커졌다. 이 보고서는 영국 Mid-Staffordshire 병원에서 일어난 사건들을 다루었는데, 조사가 이루어진 이후 환자 치료를 둘러싸고 벌어진 재앙 수준의 사건들이 발표되었다. 이 보고서에 의하면 많은 환자에서 배설, 위생, 영양, 존엄성, 통증 완화 등 의료의 가장 기본 요소조차 제대로 관리되지 않고 있었다. 이 사실은 전 세계인의 관심을 끌었다. 직원들의 사기는 떨어져 있었고, 많은 사람이 어려운 환경에서 최선을 다했음에도 불구하고 다른 측면에서 보면 환자를 대하는 자비가 여전히 부족하였다.

Francis Report에 이어 영국 내 다른 병원인 South Gloucestershire 지역의 Winterbourne View 사립 병원에서 벌어졌던 심각한 부실 의료에 관한 보고서가 만들어졌다. 이에 대해 영국의 국가의료체계 위임이사회(National Health Service Commissioning Board)는 다음과 같이 발표하였다.

보건, 의료, 지원 체계는 종종 사람들에

게 질적으로 수준 높은 혹은 탁월한 서비스를 제공한다. 하지만 이런 경우가 보편적인 상황은 아니며 의료 체계가 빈약한 곳도 여전히 존재하고 있고 때로는 그 정도가 매우 심각하다. 우리는 전문가 혹은 의료인으로서 대다수 국민과 마찬가지로 Mid-Staffordshire 병원과 Winterbourne View 병원에서의 참담한 실패에 큰 충격을 받았다. 그런 부실 의료가 일어나는 의료기관이 존재한다는 사실 그 자체가 우리 모두가 추구하고 옹호하는 가치에 대한 배신이다(NHS Commissioning Board, 2012, p. 7).

더욱이 Keogh(2013)의 추가 보고서는 영국의 14개 병원 트러스트가 제공하는 치료와 간호의 질에 관심을 갖도록 하였다. 또한 영국 CQC(2013) 미발표 조사에 따르면 런던 북동부 지역의 한 병원이 '실패 목록'을 보유하고 있음이 밝혀졌다. 전 세계적으로도 비슷한 문제들이 발생하고 있는 듯 보인다. 예를 들어, 미국의 보건의료체계에서 "비용 증가, 의료 오류, 일관되지 않은 검사 결과, (국가 단위의 새로운 설문에 따르면) 자비 결여" 등을 포함한 다양한 문제가 보고되었다(Nauert, 2015, p. 1).

2012년 6월 옥스포드 대학교의 그린 템플턴 칼리지에서 열린 세미나에서 간호사 리더, 보건 정책 입안자, 보건의료 연구자, 임상의 등이 모여 의료의 기본 요소(Fundamentals of Care: FOC)를 환자 중심 의료 관련 의제에 통합하려는 실행 계획을 개발하여 논의하였다. 이 세미나에서는 자비로운 환자 중심의 의료

제공에 상당한 진전이 있었음에도 불구하고, 광범위한 복합 요인들로 인해 수많은 취약 계층 환자의 기본 욕구를 충족하기에는 여전히 많은 도전 과제가 존재한다는 결론에 이르렀다. 여기서 보건의료체계와 관련하여 환자 관리를 개선하기 위해 논의된 계획에는 의료 규제, 간호 업무의 준비와 훈련, 그리고 존엄, 자비, 친절 등의 요인이 보건의료체계에서 촉진될 수 있는 방법들, 매시간 시행하는 라운딩, 환자 참여체계의 재설계, 그 외 수많은 다른 혁신 기법의 사용 등이 포함된다. 이 회의에서 도출되었던 FOC 체제는 다음 세 가지 핵심 차원으로 구성된다. ① 의료 현장에서 일어나는 간호사와 환자의 만남과 그 관계의 특성에 관한 진술, ② FOC를 실질적으로 충족하기 위해 간호사와 환자가 협상하고 통합하는 방법, ③ 관계 형성을 지원하고 FOC의 안전한 제공을 위해 필요한 체계에 대한 요구 사항(Kitson, Conroy, Kuluski, Locock, & Lyons, 2013) 등이다.

마찬가지로 2012년 12월 영국에서 열린 최고 간호책임자(Chief Nursing Officer: CNO) 회의에서는 '임상에서 자비의 역할'을 출범시킴으로써 의료 서비스 실패와 관련된 문제를 다루려는 노력을 시도하였다(Cummings & Bennett, 2012). 이 3개년 계획의 가치와 행동은 간호사, 조산사, 의료팀 등 모든 구성원이 건강증진, 공중보건, 사회복지서비스 등 모든 분야에 걸쳐 돌봄(Care), 자비(Compassion), 역량(Competence), 소통(Communication), 용기(Courage), 실천행동(Commitment) 등 '6C'를 실천할 것을 요청하였다.

2014년, Bramley와 Matiti는 영국의 한 대형 교육 병원에서 10명의 환자를 표본으로 한 질적 연구에 착수했다. 이 연구의 목적은 환자가 간호 서비스에 내재되어 있는 자비를 어떻게 경험하는지 이해하고, 그들이 자비 훈련을 포함한 간호사 육성에 대해 어떻게 인식하는지 조사하는 것이었다. 연구 결과 세 가지 주제가 도출되었다. ① 자비가 무엇인가? 나를 알아주고 당신의 시간을 나에게 제공하는 것이다, ② 자비는 어떤 영향을 미치는가? 내 입장에서 느껴지는 자비의 느낌이다, ③ 더 자비롭다는 것이 무엇인가? 자비는 소통이고 간호의 본질이다. 이 연구에서 저자들은 간호사의 자비가 많은 부분에서 치료 행위와 흐름을 같이하고, 종종 자비로운 간호에 시간이 필요한 경우가 있다고 결론지었다. 하지만 시간 요인과 관련하여 자비로운 연결을 확립하는 데 단지 잠깐의 시간이면 충분하다고 믿는 사람들도 있다.

자비의 구성요소에 친절, 공감(empathy), 동감(sympathy), 존중, 기본 욕구 및 존엄성에 대한 관심 등 많은 덕목이 포함될 수 있다. 그러나 자비의 전체 개념은 개별 가치 요소와 다른 측면이 있다. 2010년, 킹스 재단의 현장 진료 프로그램 책임자인 Jocelyn Cornwell은 자비와 다른 가치 사이의 차이점을 다음과 같은 식으로 설명한다. 즉, "자비에는 단순히 타인에게 무언가를 '느끼는' 것을 넘어 타인을 위해 무언가를 '행동'하려는 욕구가 있다." 그는 그 결과로 나타나는 여러 종류의 행위와 노력이 자비에 포함된다고 제안하였다. 따라서 자비 개념과 그 안에 포함된 많은 개별 가치를 비교하면 자비에는 어떤 종류의 '행위'를 포함하는 독특한 특성이 담겨 있다고 할 수 있다. 예를 들어, 자비 행위는 환자가 고통스러워할 때 그 점을 알아차리고 친절한 말과 위로를 제공하고 편안하게 해 주는 것 같이 아주 사소한 것일 수도 있다.

실제로 영국 Department of Health Report (2009)는 자비 의료 제공을 다음과 같이 언급하고 있다. "우리는 개인의 통증, 고통, 불안, 욕구에 인류애와 친절로 대응한다. 우리가 편안함을 제공하고 괴로움을 덜어 줄 수 있다면 아무리 사소한 것이라도 우리가 실행할 수 있는 것이 무엇인지 찾는다."(Department of Health, 2009, p. 12) 자비를 기본 욕구에 관심을 기울이면서 행위를 수반하는 개념으로 정의하는 것은 어쩌면 의료 환경에서 환자를 치료할 때 자비로운 접근을 시도하기 위한 필수적인 출발점이 될 것이다. 병원 의료에 초점을 맞출 때 기본 욕구에 대한 관심은 종종 (여기에 국한된 것은 아니지만) 다음 영역을 포함한다. 존엄성/사생활 보호, 의류, 음식과 식사, 위생, 통증 완화, 편안함, 소통, 필요한 물품이 환자의 손이 닿는 곳에 있는지 확인, 환자의 개별 특성에 대한 관심 등이다. 아울러 보건 의료에 대한 환자의 가치관과 인식이 우리 자신과 다를 수 있으므로 의료 서비스는 상이한 문화를 알아차리고 그 문화 특성에 맞게 대응할 수 있는 역량을 염두에 두고 전달되어야 한다. 보건의료 전문가들이 환자의 성장 배경, 문화, 가치를 고려한다면 환자 돌봄의 수준이 향상될 것이다(Papadopoulos, 2011).

특수 상황

여러 임상 상황에서 나타나는 주요 증상 중 하나로 통증이 있다. Chapin 등(2014)의 연구 결과 환자가 경험하는 분노가 만성 통증으로 이르는 결과의 예측 요인으로 간주되었다. 이는 분노를 표적으로 하는 치료가 만성 통증이 일어나는 맥락에서 효과적일 수 있음을 시사한다. 저자들은 만성 통증 환자에서 자비를 함양하는 명상 개입을 9주간 집단으로 진행하면서 통증 강도, 분노, 통증 수용도, 통증 관련 간섭 효과 등에 미치는 영향을 조사하였다. 이 연구의 또 다른 목적은 환자와 가까운 사람에 의해 이루어지는 관찰자 평가와 명상 개입의 2차 효과를 설명하는 것이었다. 연구 결과, 치료 전에 비해 치료 후에는 통증 강도 감소, 분노 감소, 통증 수용도 증가 등의 결과가 통계적으로 의미 있는 수준에서 관찰되었다. 환자와 가까운 사람에 의해 제공된 질적 평가 자료에서는 통증 강도와 분노 감소에 대한 환자 보고가 타당함을 입증하였다. 자비명상이 분노를 감소시키고 자기와 타인에 대한 자비를 증가시키는 효과가 있으므로 만성 통증 환자에게 특히 유용할 것이다.

더욱이, 연구 결과는 특수 상황과 환자 및 가족/보호자의 개인 욕구를 고려해야 한다고 강조하고 있다. 예를 들어, 암 환자는 자신의 암 치료와 관련하여, 또 자신과 가족 모두 추가 도움을 청할 수 있는 기관에 대해 구체적이면서도 사용자 편의를 고려한 정보 제공을 원할 것이다. 연구 결과, 암 환자에 대한 임상의의 공감은 환자 만족도 및 고통 감소와 관련이 있었고, 또한 환자의 영적 욕구 충족, 우울증 위험 감소, 영적 의미 부여의 강화 등과도 관련 있음이 밝혀졌다(Lelorain, Bredart, Dolbeault, & Sultan, 2012; Pearce, Coan, Herndon, Koenig, & Aberneth, 2012). Thorne 등(2014)은 암 환자의 소통 욕구와 소통 선호도가 질병 경과 단계에 따라 그 양상이 변한다는 사실을 이해하는 것이 중요하다고 하였다. 그들의 연구 결과에 따르면 환자는 자신이 느끼기에 도움이 되거나 혹은 도움이 되지 않는, 자신과 의료제공자 사이의 소통 방식에 존재하는 긴장 지점과 맥락에 따른 도전 과제가 무엇인지 암 치료의 단계별로 확인해야 했다.

치매 환자는 착란 증상을 겪을 가능성이 높고, 이 경우 작은 친절과 이해의 행동이 환자로 하여금 좋은 경험을 하게 만들 수 있다. 또 그 환자의 가족이나 보호자의 인식과 욕구 또한 고려되어야 한다. Crowther, Wilson, Horton과 Lloyd-Williams(2013)의 질적 연구에서 확인되었듯이 치매 환자 보호자의 경험을 조사한 결과, 때때로 발생하는 매우 형편없는 돌봄 사례와 함께 우수한 돌봄 사례도 관찰되었다. 또 치매 환자 보호자가 환자 관리에 대해 느끼는 견해와 경험을 조사한 질적 연구는 제공되는 의료 서비스 수준에 대해 여러 측면에서 높이 평가하였음에도 불구하고 가족 보호자의 소통과 참여는 여전히 불충분한 것으로 인식되었다고 보고하였다(Spencer, Foster,

Whittamore, Goldberg, & Harwood, 2013). 치매 환자의 급성기 치료에서 사람중심의 치료 원칙이 고지되어야 하고, 개입을 할 때 개인 인격을 유지할 수 있도록 설계해야 한다는 국제적인 정책의 흐름을 고려하면서, Clissett, Porock, Harwood와 Gladman(2013)은 현재의 접근 방식이 치매 환자의 인격을 최대한 증진하는 수준에서 수행되고 있는지 여부를 조사하였다. 연구 결과, 급성기 의료기관의 전문가들이 언제나 치매 환자의 인격을 유지하도록 관여하는 것은 아니며, 개인과 조직의 각 수준별로 사람중심의 치료 개념이 필요하다는 사실이 드러났다(Clissett et al., 2013).

자비는 특히 인생의 종말을 맞고 있는 환자에게도 적용 가능한데, 완화 의료는 증상 경감을 돕고 환자와 가족 및 보호자에게 심리적, 사회적, 영적 지지를 제공하는 데 중요한 접근 방식이다. 하지만 생애 주기 마지막에 도달하고 있는 환자의 욕구와 생각을 어떻게 하면 완전히 이해할 수 있을까? 죽음은, 특히 마지막 단계에 이르면 지극히 개인적인 것이고 개별적인 그 무엇이다. 따라서 죽음을 앞둔 환자에게 자비는 고통을 덜어 주고 통증 없이 가능한 편안하게 이 세상을 벗어날 수 있게 도와주는 데 필수적인 역할을 한다(Shea, 2014). Sampson, Burn과 Richard(2011)는 생애말 치료의 개선을 위한 모형이 되려면 누구에게 또 어떤 환경에서 가장 적합한지를 염두에 두고 문화와 직원과 관련된 요인을 포함한 광범위한 설정을 고려해야 한다고 제안한다. 생애말 치료와 관련하여 환자가 어떻게 인식하는지 알기 위해 시행되었던 Singer, Martin과 Kelner(1999)에 의한 초기의 질적 연구에서는 치료의 질을 다음 다섯 개 영역에서 확인하였다. ① 적절한 통증 및 증상 관리, ② 연명 치료의 과도한 연장 방지, ③ 통제감 획득, ④ 부담감 완화, ⑤ 사랑하는 사람과 관계 강화가 그것이다. 덧붙여 Herbert, Moore와 Rooney(2011)는 생애말 치료를 이해해야 할 필요성이 현대의 보건의료 환경보다 더 컸던 적이 없었고, 환자 희망에 따라 적절하게 이루어지는 자비로운 생애말 치료가 필수라고 강조하였다.

환자 치료에서 자비로운 접근이 중요한 또 다른 상황으로는 중환자실(ICUs) 치료를 받는 환자 및 그 가족들과 의료진 사이의 효과적인 소통이 있다. 독일의 한 대학병원에 있는 네 개 중환자실에서 전향적 코호트 연구가 수행되었다. 비록 가족들이 집중 치료에 높은 만족도를 보고했음에도 중환자실 직원들이 가족과 소통하고 그들에게 정서적 지원을 제공하는 방식에서 아직 개선의 여지가 많다고 밝혔다(Schwarzkopf et al., 2013).

환자와 보호자에게 제공되는 효과적인 소통과 정보는 특히 환자가 착란 상태이고 섬망으로 인해 고통받을 때 더 중요할 수 있다. 섬망은 중환자실에서 흔히 발생하고 (Brummel & Girard, 2013), 그 증상은 환자, 환자 가족, 간호진에게 극도로 불편감을 줄 수 있다(Balas et al., 2012). Balas 등이 지적했듯이, 적절한 자비치료 전략이 섬망과 관련된 고통과 부작용을 줄이고 간호사, 환자, 환자의 가족 구성원 사이의 관계를 개선할 수 있다.

[글상자 32-1]은 실제 삶에서 나타난 예시를 보여 준다(사전 동의를 받음). 중환자실 근무자, 환자, 환자 가족 사이의 소통이 원활할수록 불안과 공포를 많이 줄일 수 있다.

• 글상자 32-1 •

중환자실의 섬망—닐, 영국

수술대 위에서 9시간을 보내고 이후 유도된 혼수 상태에서 48시간을 보낸 다음 겨우 의식을 되찾았다. 그다음, 매우 이상한 일들이 일어났다.

······나는 옆 침대에 있는 다른 청년들과 함께 무대에 올랐다. 그들은 우리를 카메라로 찍고 있었고, 자세히 살펴보니 얼굴이 험상궂은 젊은 여자 의사가 제작을 맡은 듯 보였다. 여기 밑바닥 분위기에서 불길한 기류가 흘렀다······.

······괴상하게 진행된 촬영 회기가 종료된 후 나는 병원 밖에 있는 특이하게 생긴 집으로 옮겨졌다. 어떤 아시아인이 나를 돌보고 있었는데, 그는 내가 어떤 영화 촬영이나 소송에도 관여되지 않았다고 얘기하면서 최선을 다해 나를 안심시키려 하였다······.

······그다음 날 밤에는 상황이 더욱 악화되었다. 한없이 계속되는 시간 내내 나는 공포의 집에서 머물렀다. 그들은 바닥에 누워 있는 나를 조롱했다. 그들이 나를 미치게 만들든지 아니면 죽이려 하는 것이라 확신하였다······.

마침내 나는 모든 것을 의존해야 하는 중환자실에서 나와 외과의 일반병동으로 돌아왔다. 내 상태가 호전되고 있다는 느낌은 좋은 것이었다. 하지만 항상 환청 소리가 들렸고 이 현상은 아직 모든 게 완전한 정상 상태가 아님을 내게 상기시켜 주었다.

병동을 가로질러 떠다니는 보라색 점박이 물고기 모양과 천장 타일 바로 아래에는 크고 털이 많은 거미가 우글거리고 있었다. 나는 거미 다리가 꿈틀거리는 걸 보았지만 그 몸통을 볼 수는 없었다. 상태가 회복되면서 망상은 점점 사라졌다. 하지만 괴상한 경험을 했던 기억은 거의 2년이 지나도록 지속되었다. 병문안을 왔던 친구와 가족들의 마음도 속상했다. 나의 배우자가 간호사에게 어떤 문제인지 물었으나 (뇌에 손상이 있나요?) 속시원한 대답은 들을 수 없었다. 어떤 누구도 수술 전후로 망상이나 환각을 경험할 수 있음을 미리 알려 주지 않았다. 이런 가능성을 미리 알려 주었다면 유용한 정보가 되었을 걸로 믿는다. 입원 기간 동안 경험하였던 공포와 경악에 제대로 대처하는 데 도움이 되었을 것이다. 내가 제공받은 의술이 기술적으로는 기적이라고 말할 정도지만, 섬망 문제에 관해서는 내 자신과 내 가족 어느 누구도 아무런 도움도 받지 못했다.

[글상자 32-1] 사례를 통해 병원 직원이 환자의 기본 욕구에 주의를 기울이면서 자비롭고 안심할 수 있게 접근하면 환자 자신이 마주해야 하는 부담을 완화하는 데 얼마나 많은 도움이 되는지 알 수 있다. 특정 상황에서 전문 기술이 중요하다는 사실은 의심할 바 없지만, 소통, 이해, 정보, 선택, 개별화된 치료, 통증 완화, 영적 욕구에 대한 관심 등 모든 요소가 한 개인이 처한 임상 상황에 필요한 치료의 기본 욕구를 고려하는 전체 사례를 구성하

며 환자와 가족 혹은 보호자 모두에게 혜택을 주게 된다.

개인중심 치료와 자비 사이에는 긴밀한 관련성이 있다. 미국 의학원(Institute of Medicine: IOM) 정의에 따르면 환자중심 치료는 환자 개인의 희망, 선호도, 욕구에 맞춰 치료를 제공하는 접근법이다(Institute of Medicine, 2001). 환자는 자비, 존중, 존엄성의 제공을 기대할 수 있다. 이렇게 되려면 환자를 위해서 혹은 더 나은 개인중심 치료와 관련하여 자비에 초점을 맞출 필요가 있음이 강조되어야 한다. 그러므로 자비 제공은 효과적인 소통을 위해 보건의료 실무자들이 갖추어야 할 필수 기술이다. 또한 자비 치료는 환자중심 접근을 향해 더 가까워질 수 있게 하는 영적 돌봄이나 동기 면담과 조합될 수도 있다.

취약한 상태의 환자 혹은 불안에 떠는 보호자 입장이 되는 상황이 비단 일반 대중에게만 해당하는 일은 아니다. 자비가 부족한 상황이라면 보건의료 전문가 자신도 똑같이 취약해진다는 걸 증명한 사례가 있다. 다음 설명은 [글상자 32-2]에 등장하는 인물이 저술하였던 출판물을 통해 공유된 것이다.

[글상자 32-2]에 등장하는 인물이 회상하는 내용은 자비 접근법이 얼마나 중요하며 자비가 부족하면 그것이 얼마나 큰 스트레스가 되는지 상기시켜 준다. 스위니 교수의 동료가 보여 주었던 소통 부재와 '용기' 결핍은 스위니 교수 자신이 원래 감당해야 했던 정도보다 훨씬 더 큰 고통으로 이어졌고, 결국 거대한 좌절과 절망을 마주해야 했다.

• 글상자 32-2 •

키란 스위니(Keiran Sweeney) 교수

스위니 교수는 임상 전문가로서 자비 의료에 대한 헌신과 함께 철학, 예술, 사회과학에서 유래된 개념을 적용하여 환자로 하여금 그들의 질병을 넘어서 그 이상의 존중을 받게 하는 활동 등으로 널리 알려져 있다. 스위니 교수가 57세의 나이에 악성 중피종을 앓게 되었을 때 그의 동료는 그에게 진단을 알려 주는 게 너무 두려웠다. 원활한 소통이 이루어지지 않았으므로 어느 날 스위니는 점심을 먹던 중 자신의 의무 기록을 보다가 스스로 자신의 병명을 발견하기에 이르렀다. 죽음이 임박하였을 때 스위니 교수는 환자로서 자신의 경험을 다룬 내용을 출판하였다. 거기서 그는 자신을 치료하던 치료진의 '용기 부족'을 이야기하였다. 그는 그들의 기술적 전문성에 아무런 결함이 없었으나 치료 관계가 심각하게 훼손되었음을 언급하였다.

내가 제공받은 치료 과정에서 모든 조치는 시의적절했고 기술적으로 흠잡을 데가 없었다. 하지만 치료 관계 측면에서 보면 강력한 리더십이 부족했고 결정적인 순간에 용기를 내는 데 주저하였다. 내가 투병하면서 항상 두려워했던 것은 모호함, 진실이 포장되는 것, 통제력을 상실하는 것, "이게 바로 나입니다."라고 말할 수 없는 것 등이었다. 결국 마지막에는, 아픔으로 가득 찬 왕국인 여기에 혼자 남게 된다.

– Sweeney, Toy, and Cornwell (2009, p. 512)

일차의료 환경

자비와 관련된 많은 문헌이 병원 환경에 초점을 맞추고 있다. 하지만 보건의료 분야에서 자비 개념을 적용하는 것은 일차의료 환경에서도 똑같이 중요하다. Taylor(1997)는 "자비가 없는 일차진료는 산소가 없는 공기처럼 치료 효과가 없다."고 말하면서(p. 521) 자비를 일차진료의(GP)가 할 수 있는 '소생술'이라고 불렀다. 이처럼 자비는 일차진료의가 갖추어야 할 필수 가치이다.

전통적으로 가정의학은 환자 개인에 관한 정보를 바탕으로 환자의 생물학적/심리학적 욕구를 감안하여 환자/가족/지역사회에 대한 상황을 모두 아우르면서 환자를 치료하려고 시도한다. 그러므로 '자비' 개념은 일차의료의 핵심 측면으로 볼 수 있고, 사실 Barry와 Edgman-Levitan(2012)이 말하듯이 "의료와 자비는 한때 임상가가 사용할 수 있는 유일한 '치료법'이었다"(p. 780).

일차진료의는 종종 환자가 처음 접촉하는 지점이 된다. 일차진료의는 광범위한 영역에 걸쳐 이차의료를 의뢰함으로써 더 넓은 범위의 치료를 제공할 수 있다(Allen et al., 2002). 일차진료의는 수많은 상황을 다룬다. 노인이 필요로 하는 욕구를 충족시킬 책임이 있고 종종 생애말 치료에서도 적절한 역할을 수행해야 한다. 또한 삶의 질을 결정하는 중요한 요소로 생각되는 만성질환(LTC) 관리에도 결정적인 역할을 수행해야 한다. Chew-Graham 등(2013)은 질 성과 체계(Quality and Outcomes Framework: QOF)가 이차의료 의뢰에 미치는 영향에 초점을 둔 질적 연구를 수행하였는데, 환자중심 의뢰와 질 성과 체계에 의한 만성질환 관리 체계 사이에는 긴장 지점이 있음을 강조하였다. 연구 결과, 환자는 종종 철저한 검사를 받지만 수동적으로 받고, 생물의학적 욕구나 의학 정보에 대한 욕구, 또 정서적 욕구를 충족하지 못한 채 이차진료를 벗어난다. 저자들은 일차의료 관례에 따라 시행되는 이차의료 의뢰가 종종 QOF에 의해 설정된 생물의학적 의제에 따라 초점을 맞추는데, 여기서 임상의가 전문가이고 환자가 제기하는 의제는 종종 존중되지 않는다고 결론지었다.

일차진료 현장에서 임상가와 환자의 공동 결정이 중요하지만, 환자는 혼란스러운 상태에 있고 자신의 문제를 어떻게 다룰지, 자신이 선택할 수 있는 치료 범위를 어떻게 이해해야 할지 확신을 갖지 못한다. 효과적인 소통과 환자중심 접근에서도 그러하듯이 환자에게 민감성을 유지하는 것이 매우 중요한 요인이 된다. 이런 점에서 Stevenson(2012)은 환자중심 의료가 의료 성과에 긍정 영향을 미치고, 특히 일차진료에 활용하기 적합하며, 환자 고통에 효과적이고 자비로운 대응을 제공할 수 있다고 주장한다.

최근 수많은 기구가 환자중심의 의료 접근이 중요하다는 사실에 관심을 두고 있다. 예를 들어, 유럽[World Organization of National Colleges, Academies and Academic Associations of General Practitioners/Family Physicians (WONCA), 2002]과 미국[American Academy of

Family Physicians (AAFP), American Academy of Pediatrics (AAP), American College of Physicians (ACP), American Osteopathic Association (AOA), 2007]에서는 효과적인 일차의료의 핵심 결정 요인으로서 환자중심주의가 갖는 의미에 대한 성명을 발표하였다.

미국에서는 환자중심 메디컬 홈(아동, 청소년, 성인에게 제공되는 포괄적 일차의료 전달체계를 개혁하는 의료 모형)이 이런 식의 접근이 갖는 네 가지 기본 요소를 전달하고 있다. 여기에는 조정기능(coordination), 포괄성(comprehensiveness), 연속성(continuity), 양질의 진료(quality of care) 등이 포함된다. 유럽에서도 세계보건기구(WHO)의 협력 센터 중 하나인 네덜란드 보건서비스 연구개발기구(National Health Services Research Institute of the Netherlands: NIVEL)가 일차의료의 질을 모니터링하고 일차의료 제공에 통합되는 수준을 평가하는 도구를 개발하였다(http://www.nivel.nl/en/european-health-care-systems). 이 기구의 지원으로 Kringos 등(2013)은 강력한 일차의료 체계를 구성하는 7개 핵심 차원을 확인하였다. 여기 포함되는 것으로는 일차의료와 관련된 구조 요인 3개(거버넌스, 경제 상황, 인력 개발)와 과정 요인(접근성, 포괄성, 연속성, 조정기능) 4개가 있다. 하지만 일차의료 서비스 질에 관한 유럽의 국가별 최근 보고서에 따르면 국가 간에 질의 차이가 큰 양상을 보여 준다(Schäfer et al., 2015). 즉, 그리스와 같이 긴축시기에 의해 영향을 받은 국가에서는 현재 상황을 개선하기 위해 다양한 수단을 강구해야 할 필요성이 있다.

미국과 유럽 양대 진영에서 나오는 정책 관련 성명서에 빈번하게 자비가 언급됨에도 불구하고 아직 자비 의료가 환자중심의 의료 접근에서 독립 요소로 고려되지는 않고 있다(Lionis & Shea, 2012; AAFP, AAP, ACP, & AOA, 2007). Frampton, Guastello와 Lepore(2013)는 환자중심 의료에 대한 미국 의학원 정의가 특별히 자비를 강조하지는 않는다는 점에 주목하였다. 이것은 미국의 비영리 기구인 플랜트리 경험에 바탕을 둔 것이다. 플랜트리는 보건의료 전문가와 환자 및 가족 구성원 사이의 관점을 연결함으로써 환자중심의 의료 원칙과 임상 실무를 채택하기 위해 의료기관과 협력한다(www.planetree.org). 따라서 현재 진행되고 있는 환자중심 의료에 관한 논쟁에서 인간 사이의 공감과 존중의 상호작용과 관련하여 환자의 필요성, 욕구, 기대를 충족시켜 주는 자비를 보건의료 서비스 전달과 조직 문화 속으로 깊숙이 스며들게 할 수 있는 실질적인 접근 방식에 관한 논의는 빠져 있는 듯 보인다(Frampton et al., 2013).

일차진료에서 이루어지는 치료를 어떻게 받아들이는지 조사한 Tarrant, Windridge, Boulton, Baker와 Freeman(2003)의 연구에서 치료 제공자는 환자가 접수실을 들어오는 바로 그 순간부터 자비가 중요하다고 느낀다고 보고하였다. 이 과정이 환자가 의사에게 향하는 첫걸음이므로 만일 이 경험이 마음에 들지 않으면 진료를 받을 때 방어적인 태도를 취한다. 그럼에도 자비 개념은 아직 세계가정의학회(World Organization of Family Doctors: WONCA) 정의 안에서 명시적으로 표현되어 있지 않다. 아마 자비 의료가 핵심 역량으로 도입되어야 할 필요성에 관한 논의가 이루어져야 할 것이다(Lionis & Shea, 2014). 유럽 WONCA는 일차진료/가정의학이 하나의 학문분야로서 11개 특성을 갖고 있다고 정의하였는데 그중 일차진료의가 갖추어야 할 6개 역량은 다음과 같다. ① 일차의료 관리, ② 사람중심 의료, ③ 특정 문제에 대한 해결 기술, ④ 포괄적 접근법, ⑤ 지역사회를 향한 의료, ⑥ 전인적 접근법(WONCA Europe, 2002)이 그것이다. 하지만 이런 식으로 규정짓는 것은 다소 모호한 점이 있다. '전인적 접근법' 역량은 생물학적, 심리적, 사회적 모형을 사용하여 문화적, 존재론적 차원을 고려할 수 있는 능력을 포함한다. 유럽 각국의 대표들은 이 역량을 국가 직업 훈련 프로그램에 포함할 것인지 여부를 고려해 달라고 요청받았을 때 상당한 혼란을 경험하였다(Lionis, Allen, Sapouna, Alegakis, & Svab, 2008). 어쩌면 정작 필요한 것은 자비 의료와 관련된 역량을 포함하는 것일지도 모른다(Lionis & Shea, 2012). 자비 의료 역량은 전인적 접근을 확장하는 데 도움이 될 수 있고, 환자중심 의료 역량과도 밀접하게 연관되어 있으며, 전공의 프로그램이 강조하는 주제 중 하나이다.

왕립 일차진료의사회(RCGP)를 포함한 몇몇 유럽 조직의 활동에 비추어 보면 일차의료에서 자비 개념에 대한 관심이 점차 증가하고 있다. RCGP는 이 주제를 다루기 위해 종일 진행되는 학술대회를 조직하였고 자비에 기반을 둔 일차보건의료 서비스를 제공하는 데 부딪히는 도전과제에 관해 토론하고 논쟁하였다. 이 학술대회에서 다룬 주제에 진료의사의 이타심, 환자의 참여와 자율권, 환자 안전과 건강 성과 등이 포함된다.

영국에서 CQC(2013)는 일차진료의에게 그들이 갖고 있는 자비와 가치가 어떤 수준인지 평가를 받을 것이라고 공표하였다. CQC 감독관은 일차진료의와 그들이 진료한 환자와 인터뷰를 시도하여 개별 진료가 이루어지는 수준에서 보살핌과 자비의 정도가 어느 정도인지 측정할 것이다. 하지만 그런 식의 측정을 도입하면 일차진료의의 부담을 증가시켜 더 심각한 소진에 이르게 할 위험성이 있다. 따라서 환자에게 제공되는 자비가 지속가능하려면 일차진료의 자신에 대한 자비와 함께 관여하는 일차진료 팀 구성원 사이의 자비 역시 중요한 주제가 된다. 그런 식으로, 최근 RCGP 학술대회에서는 일차진료의 소진에 관한 주제를 다루었다. 의과대학, 펄스(Pulse), RCGP가 1,800명의 일차진료의를 대상으로 수행한 설문조사에서도 확인되었듯이 영국에서는 이 문제를 점차 중요하게 인식하고 있다(Pulse, 2013). Fortney, Luchterhand, Zakletskaia, Zgierska와 Rakel(2013)은 일차진료의의 소진, 소모, 낮은 업무 만족도에 대한 관심이 점점 증가하고 있는데, 이 현상은 보건의료 분야에 부정적인 영향을 미칠 수 있다고 언급하였다. 최근 비대조군 예비 연구에서 Fortney 등(2013)은 일차진료의를 대상으로 채택한 축

약형 마음챙김 훈련 과정이 업무 소진, 우울, 불안, 스트레스 지표의 감소와 관련이 있다고 결론 내렸다. 따라서 단축형 마음챙김 훈련이 시간 효율적인 도구가 될 수 있고, 임상가 건강과 웰빙을 도울 수 있으며, 결과적으로 환자 진료에서 함의를 갖게 될 것이다.

일반적으로 일차진료/가정의학은 현재 논의되는 모든 종류의 보건의료 개혁의 흐름에서 가장 핵심 분야이다. 의료의 질 개선과 관련된 논의는 일차진료의가 맡아야 할 새로운 역할과 관련되어 있다. 일차진료는 여러 가지 질병과 상황을 다루어야 하고 보건의료체계를 다양한 방식으로 활용할 수 있는 의료 분야이다. 일차진료의가 사람중심의 통합의료를 제공해 주기를 기대함에도 불구하고 그들의 활동 환경과 상황이 항상 지지적이지는 않다. 의과학 분야의 발전이 새로운 선택권을 제공하고 종종 건강지표 개선에 도움을 주지만, 오랜 경험을 통해 우리가 원치 않음에도 불구하고 이런 발전이 의사와 환자 사이의 거리를 오히려 멀어지게 할 수 있다는 사실을 알게 되었다.

앞서 언급하였듯이, 사람중심 의료와 자비 사이에는 밀접한 관계가 있다. 따라서 자비가 환자중심성이나 공감과 같이 일차진료에서 흔히 활용되는 다른 개념을 포함한다고 짐작할 수 있다. Haslam(2015) 교수는 "최선의 근거중심 의학과 실제 환자중심성을 혼합할 수 있는 매우 특별한 잠재적 가능성이 존재한다. 정부 관계자부터 최일선에서 일하는 실무자에 이르기까지 보건의료에 종사하는 한 명

한 명의 사람이 모두 이 점을 기억해야 한다."고 우리에게 상기시켜 주었다(p. 3). [글상자 32-3]은 임상 사례를 포함하여 일차의료 환경에서 관찰되는 자비의 잠재력을 명료화하였다.

일차의료 환경에서는 종종 가정 폭력과 같이 숨겨진 보건의료 문제를 갖고 기관을 방문하거나 기관에 의뢰되는 경우가 있다. 일차진료의가 공감과 자비를 표현함으로써 우호적인 환경을 만들면 환자는 삶이나 개인 행복, 혹은 건강에 중대한 영향을 미칠 수 있는

● 글상자 32-3 ●

긴축시기 중 일차의료 환경에서 관찰된 것

여성, 16세, 두 번째로 발생한 보험 혜택 제한 때문에 사회복지사에 의해 이라클리온 자치구에 있는 일차보건의료 센터로 의뢰됨

- 인종: 그리스 로마계
- 가족 배경과 생활 환경: 부모는 이혼하였음. 아버지를 본 적이 없음. 경제적 어려움이 있음. 어머니와 동거하고 있음. 두 명의 동생은 루마니아에 거주함. 여동생 한 명은 아동 자선단체에 거주함
- 방문 이유: 실신, 체중 감소, 백신 체크
- 증상: 피로감, 어지럼증, 불면, 식욕부진
- 건강 습관: 흡연, 알코올 남용, 약물 남용(8개월간 중단 상태)
- 과거력: 3개월 전부터 식욕부진, 7개월 전 시작된 불면, 감정 장애가 동반됨
- 가족력: 보고된 바 없음
- 임상관찰과 혈액검사가 시행됨

중요한 문제를 드러낼 수 있다. 이 과정을 통해 환자는 안심하게 되고 안전감을 보장받을 수 있다. 가족 혹은 의료 서비스에 의해 청소년을 일차진료의에 의뢰하는 일은 매우 중요하다. 그들은 가려져서 보이지 않는 건강이나 행동 상의 문제를 식별하는 데 중요한 자원이 될 수 있다. 따라서 [글상자 32-3]에 제시된 사례에서 보듯이 신체 문제를 다루는 것 이외에도 자비로운 접근을 채택하고 정신건강 문제에 대해 관심을 기울이는 것이 결정적인 역할을 한다.

사회적 특수 환경에서 자비 보건의료

병원을 들어서는 순간 혹은 일차진료의에게 진찰을 받으면서 개인 건강은 질병 종류와 상관없이 자신이 통제할 수 없는 환경에 의해 영향을 받게 된다. 이런 환경에서는 건강 욕구에 차이가 나타날 수 있고, 자원이 제한될 수 있으며, 의료에 대한 접근이 어려울 수도 있다. 그럴 때는 아마도 자비가 가장 결정적인 역할을 할 수 있겠지만, 실행되기 어려울 수도 있다. 우리는 다음의 두 사례를 간략하게 논의한다.

긴축시기/재정 위기-그리스 사례

Karanicolos(2010)는 유럽에서 발생한 재정 위기가 보건의료 분야에 어떤 식으로 위협

과 기회로 작용하는지에 대해 우리의 관심을 끌었다. 그리스, 스페인, 포르투갈 등 재정 위기를 겪은 국가들은 그들의 보건의료체계에 가해지는 압박이 심각한 수준으로 증가하고 자살과 감염병 발생이 늘어남을 경험하였다. 긴축시기의 극단적 사례는 그리스에서 분명히 드러났는데, Kentikelenis 등(2014)은 이를 "그리스에서 공중보건의 비극이 누적된 증거"라고 하였다(p. 748). 최근까지도 그리스는 긴축시기를 계속하여 경험하였고 이는 보건의료서비스 예산과 국민들에게 심각한 영향을 미쳤다. 보건의료 서비스에 대한 접근성과 약품 공급에 막대한 지장이 있었고(Karatzanis et al., 2012; Karamanoli, 2012), 많은 그리스 국민이 연속적이고 개별화된 의료를 제공받지 못하였다. Kentikelenis, Karanikolos, Reeves, McKee와 Stuckler(2014)의 연구에 따르면, 병원의 긴축 예산은 직원의 업무 부담 증가로 이어졌고 진료 대기 시간이 늘어났다. 특히 농촌 지역에서는 약품과 의료기기의 부족현상으로 큰 어려움을 겪었다. 그리스의 재정 위기가 시작되면서 정신건강 역시 심각하게 악화되었다(Kondilis, Ierodiakonou, Gavana, Giannakopoulos, & Benos, 2013). 학술지『The Lancet』(2015)의 사설은 그리스 위기가 비단 경제 문제일 뿐 아니라 보건의료 분야의 문제라는 점을 강조하였다. 더욱이 이 사설에서는 많은 그리스인이 실직한 후 건강보험 혜택을 상실하였다는 점에 주목하였다. 이 사설은 "그리스 경제 회복을 위한 인도적인 대응은, 그것이 어떻게 이루어지든 1,100만 그리스 국

민이 직면하고 있는 건강 위기의 완화를 실현할 수 있다."는 희망을 표시하면서 마무리 짓는다(p. 104). 여기서 핵심은 '인도적'이라는 표현에 놓여 있다. 아마 더욱더 자비로운 접근이 필요할 것이다.

그리스 정치인들이 일차의료 강화를 위한 노력이 필수적이라는 데 동의함에도 불구하고, 최근까지도 이를 위해 기울이는 노력은 여전히 효과적이지 않은 듯 보인다(Kousoulis, Angelopoulou, & Lionis, 2013). 그리스의 공공 및 민간 보건의료체계 모두에서 팀워크와 다학제 작업은 여전히 부족하고 연속성, 포괄성, 조정기능의 개선을 위해서는 많은 노력이 필요하다(Schafer et al., 2015). 현재 복합 진단, 노화, 자기관리 문제 등 자비 의료 혜택의 대상이 되는 문제들이 국제적으로 논의 중이나, 긴축시기 중인 그리스 일차진료/가정의학의 현재 의제에는 아직 포함되어 있지 않다(Lionis, 2015). 이런 점에 비추어 보면, 긴축시기가 인류의 삶과 개인에게 미치는 영향은 더욱 주의 깊게 분석되어야 할 것이다. 긴축 대상이 되는 사람들(보건의료 전문가 자신을 포함하여)은 자비, 공감, 이타주의, 이해 등으로 치료되어야 한다.

그리스 사례의 예를 들면서, 한 국가가 긴축시기에 진정한 인도주의적 위기에 직면할 수 있고 회복을 위해서 자비로운 접근이 핵심 요소가 될 수 있음을 알 수 있었다. 그리스에서는 보건의료 전문가들에 의해 특별 수단이 마련되었는데, 자원봉사로 운영되는 건강클리닉이 시작되었고 그들 고유의 자비로운 접근 방식을 보여 주었다. 그들은 실직으로 인해 건강보험 혜택을 상실한 그리스인들에게 의료비 부담을 덜어 주고 다양한 도움을 제공하였다(Kremer & Badawi, 2013).

그리스(영향을 받은 기타 국가를 포함하여)가 직면하고 있는 문제는 범세계적인 자비 기반 접근을 통해 도움을 받을 수 있을 것이다. 그리스의 문화나 사회 구조, 또 현재 많은 그리스인이 직면하는 압박을 이해하고 그 심각성을 염두에 두는 것이 국가 회복에 도움이 될 것이다.

노숙인

때때로 경제적 어려움이 노숙인 문제와 관련되어 있다. 노숙인을 분류하는 것은 힘든 일이고 노숙인이 되는 원인도 매우 다양하다. 하지만 노숙인은 광범위하게 벌어지는 문제이고 경제 위기 시대에는 더욱더 그러하다. 이 취약한 계층이 마주해야 하는 다양한 현실적인 문제 이외에도 일차의료, 이차의료, 정신건강관리에 대한 접근성은 중대한 주제이다.

많은 노숙인이 정신 문제 혹은 신체 문제에 직면하고 있고 상당수에서는 둘 다 경험한다. 게다가 약물이나 알코올 남용도 흔하다. 하지만 이들에게 적절한 건강서비스에 대한 접근성을 확보하는 일은 쉽지 않다. 그러한 어려움이 발생하는 데는 많은 이유가 있다. RCGP(2013)가 몇 가지 이유를 제시하였는데, 일차의료에 접근을 시도할 때 음식이나 주거지와 같이 즉각적으로 필요한 욕구, 직원의 형편없는 태도, 비판에 대한 두려움 등이 특히 문제가 될 수 있다.

퀸즈 간호연구소(Queen's Nursing Institute: QNI)는 열악한 환경에서 잠을 자는 사람은 일반 인구에 비해 신체 건강 문제를 경험할 확률이 2배 내지 3배 더 높다고 보고하였다. 호흡기, 피부, 치아, 근골격계 질환과 함께 성병의 비율이 상당히 높고, 많은 경우 복합적인 건강 문제를 갖고 있다. QNI는 만성 폐질환과 호흡기 문제의 유병률이 일반인구에 비해 2배에 이른다는 결과에도 주목하였다. 더구나 노숙인은 건강과 관련된 삶의 질이 상당히 낮은 수준이고 불안 및 우울과 관련하여 많은 문제를 보고한다(Sun, Irestig, Burstrom, Beijer, & Burstrom, 2012). 성인 노숙인에서 높은 비율의 정신건강 문제가 있고 정신병 유병률이 비정상적으로 높다는 강력한 증거에도 불구하고(QNI, 2012), 정신건강서비스나 의료기관에 대한 접근이 어렵다.

때때로 서비스 기관에 대한 접근성 확보 과정에서 문제가 발생하므로 노숙인이 치료를 위해 방문할 수 있다고 인식하는 장소는 사고 및 응급 서비스(Accident and Emergency service: A&E)이다. 자선단체 Crisis(2005)에 따르면 노숙인은 제대로 처치되지 않은 문제에 대해 즉각 관심이 필요하지만 일차진료의에 접촉할 수 없을 때 A&E 서비스를 더 많이 이용하는 경향이 있다. 노숙인이 당면한 문제를 돌보기 위해서는 자비로운 접근이 필요하고, 이런 접근이 지역사회 수준에서 활성화되어야 하며, 그들의 문제점이나 높은 취약성

또는 그들이 직면해야 하는 사회적 차단 등을 감안하여야 한다. 노숙인 문제는 자비가 주된 역할을 할 수 있는 분야이다(Limebury & Shea, 2015). 노숙인을 도울 때 우리는 비판단적 접근을 해야 한다고 말했던 Cole-King과 Gilbert(2014)의 다음 표현을 고려하는 것이 좋다. "우리는 어떤 사람의 고통이나 피로움을 판단하지 않고 다만 그들 경험을 수용하고 수인해야 한다."(p. 72) 그런 식으로 접근하는 것이 이 취약한 집단의 욕구를 더 잘 이해하고 종종 노숙인에게 들러붙어 있는 낙인을 제거하는 데 도움이 된다. 자비로운 접근은 보건의료 환경에서뿐 아니라 특수한 건강 문제를 갖고 있거나 사회적 요구가 필요한 취약 집단에도 적용될 수 있다.

보건의료 분야에서 자비를 방해하는 장애물

대부분의 보건 전문가는 자비, 공감, 존중이 핵심 가치이고 그들이 실행하는 의료 가치에 필수불가결한 것으로 본다(Mannion, 2014). 하지만 자비 기반 접근이 성공하려면 조직 요인을 비롯하여 보건의료 환경 전체를 고려하는 것이 중요하다. 팀워크, 보건의료 전문가의 자기돌봄과 자기이해, 보건의료 전문가 사이의 자비로운 접근 등이 모두 환자와 보건의료 서비스 제공자의 경험에 기여할 수 있다. 보건의료 전문가는 종종 엄청난 서류 작업과 시간 부족 등 수많은 압박 요인 아래에 처해 있다. 또 소진과 공감 피로가 점차 중요

한 문제가 되고 있으므로 보건의료 전문가들이 적절한 지지를 받는 것이 매우 중요하다. 충분한 지지가 없다면 그들이 환자를 향해 적절한 자비를 표현하기는 어려울 것이다.

Bogossian, Winters-Chang과 Tuckett (2014)에 의해 수행된 연구는 간호 업무의 본질을 간호사가 어떻게 지각하는지 또 간호 업무의 속성 그 자체가 간호 전문성으로 인한 소모에 기여하는 요인인지 여부를 탐색하였다. 연구 결과, 간호사 업무에 대한 동기와 만족도가 크게 도전받고 있음을 발견하였다. Bogossian 등(2014)은 간호의 핵심 개념(자비와 돌봄)과 이 덕목의 표현을 어렵게 하고 적절한 보상이 제공되지 않는 업무 체계 사이에 긴장이 존재한다고 결론지었다. 덧붙여 Bogossian 등은 업무 부담, 교대 근무, 폭력, 경제 보상과 같은 문제가 소진의 원동력이므로 적절히 다뤄져야 한다고 제안하였다.

그러면, 자비로운 개인이 자비롭지 않은 조직에서 업무를 수행하여도 계속 자비로울 수 있을까? 우리는 트러스트에 근무하는 직원들의 사기가 매우 떨어져 있고, 대다수 직원이 어려운 환경에서 최선을 다하지만 일부에서 환자에 대한 자비가 심각한 수준으로 저하되어 있음을 Mid-Staffordshire 경험을 통해 알고 있다. 이런 이유로 우리는 시간 부족, 팀워크나 소통의 결여, 조직의 전반적 구조 등과 같은 요인들의 중요성을 고려하게 되었다. 이 요인들은 모두 자비의 감소로 이어진다. 따라서 조직은 자체적으로 모든 직원과 환자를 포함하는 조직 전체를 포괄하는 자비를 보여 줄

필요가 있다. 이는 보건의료 전문가에 가해지는 압박을 느슨하게 하고 소진 발생을 줄여준다.

서류 작업이나 관리해야 할 표적 사례의 수 등 보건의료 전문가에게 기대하는 요구 사항은 점차 증가하고 있다. 이에 따라 Fotaki (2015)는 자비 장려를 위한 제안이 친사회적 행동을 증진하는 방향으로 진행되어야 하고 또 다른 부담이나 수단을 부과하는 식이 되어서는 곤란하다는 의견을 제시하였다. 따라서 보건의료 서비스 제공자의 웰빙을 감안해야 한다면, 추가로 부담을 도입하는 방법은 만족스럽지 않은 결과로 전락하고 말 것이다. 이런 의견은 "건강한 보건의료 서비스를 제공하는 데 왜 자비가 필요하고, 어떤 방식의 자비가 필요한가?"라고 질문을 던졌던 Fotaki (2015)의 사설 내용에도 포함되어 있다. 이 사설에 대한 응답으로 Lionis(2015)는 자신의 건강과 관련된 의사결정의 전 과정에서 환자 자신이 스스로 중심에 있게 하는 문화적 변화가 핵심이라고 제안하였다. 이는 아마도 의료 서비스의 질 및 안전(둘 다 환자중심 접근법의 기본 요소)과 관련된 주제에 환자를 참여시킴으로써 달성할 수 있을 것이다. 덧붙여 Shea (2015)는 그 과정에서 피드백과 평가가 필요하다고 제시하였다. 또 의료 장벽을 이해하고 보건의료 환경 안에서 '제대로 진행되는 것'과 '제대로 진행되지 않는 것'의 차이를 이해하기 위해서는 이론적 틀에 근거를 둔 평가 도구의 개발이 필요하다.

Lown, McIntosh, Gaines, McGuinn과

Hatem(2016)에 따르면 자비는 보건의료 전문가에 의해 환자와 가족에게, 또 직원들 서로 간에 일관성 있게 제공되어야 한다. 하지만 협력 없는 자비는 조절되지 않는 의료로 이어진다. Hojat(2009)의 논문에서는 "임상 진료 상황에서 공감은 높은 환자 만족도와 순응도, 낮은 의료과실 소송, 낮은 의료비용, 낮은 오진 비율 등을 포함하여 긍정적인 성과로 이어질 수 있다. 또한 건강 전문가의 웰빙도 높은 공감 수준과 관련이 있다."고 설명하고 있다 (p. 412).

Kearsley와 Youngson(2012)은 개인의 자비 특성이 조직의 자비 개념으로 그 외연을 확장할 수 있다고 제안하였다. 그들은 보건의료체계를 자비를 핵심 가치로 삼는 조직으로 만들기 위해 어떻게 하면 개인 자비의 여러 측면을 최선의 방식으로 통합할 수 있을지 논의한 적이 거의 없었다는 사실에 관해 토론하였다. 그들이 정의한 '자비병원'의 세 가지 특징은 ① 회복을 위한 환경의 존재, ② 사람들 사이에 갖는 연결 느낌, ③ 목적과 정체성과 관련된 느낌 등이다. 추가하여, 그들은 임상가 리더가 자비를 핵심 가치로 삼는 하향식 방식이 보건의료 종사자의 자비를 최대로 크게 만들 수 있었고, 오늘날 보건의료 기관에서 근무하는 보건의료 종사자와 환자가 표현하거나 경험하는 고통을 경감시킬 수 있었다는 의견을 제안하였다.

비록 종종 보건의료 실무자에게 더 많은 자비가 필요하다고 생각되지만, 보건의료 조직 전체의 디자인에 초점을 맞추기보다 개별 실무자의 문제라고 비난하는 경향이 있다(Crawford, Brown, Kvangarsnes, & Gilbert, 2014). Crawford 등(2014)은 2000년부터 2013년 중반까지 발표된 논문을 대상으로 하여 **자비, 돌봄, 디자인**을 주제어로 검색하였다. 그들은 현대의 보건의료 분야에서 요구하는 자비로운 상호작용에 대해 개인 반응과 조직 대응 사이에 존재하는 긴장을 조사하는 연구를 수행하였다. 그들은 보건의료 분야에서 자비 관련 문헌이 상대적으로 풍부하다는 사실을 발견하였고, 자비로 가득 찬 다양한 측면의 건강 서비스의 가치에 관해 토론하였다. 한편, 조직의 구조와 과정이 자비에 어떤 영향을 미칠 수 있는지에 대한 관심은 부족하였다. Crawford 등은 진료소가 환자를 더 반갑게 맞이하고, 양방향 자비를 증진하며, 간호교육에서 자비 형성을 촉진하는 것이 전체 자비 의료 디자인의 일부가 될 수 있다고 논의하였다. 덧붙여 훈련과 교육, 조직 디자인을 통해 자비가 강화될 수 있는 많은 방식에 관해 토론하였다.

2010년, Cosley, McCoy, Saslow와 Epel은 타인을 위한 자비가 스트레스에 의한 생리 반응을 어떻게 완화하는지 조사하였다. 연구에서는 자비와 사회적 지지가 혈압 반응성을 감소시키는 역할을 한다는 사실을 관찰하였다. 자비와 사회적 지지 사이의 연계에 관해서는 사회적 지지를 더 많이 받은 참가자가 더 자비로웠고 이는 다시 그들의 혈압이 더 낮아지는 결과로 이어졌다. 따라서 특히 스트레스가 있는 상황에서 더 자비로운 사람일수록 자신이 받은 사회적 지지에 의해 더 많은 혜택을 누릴 수 있다.

Seppälä, Hutcherson, Nguyen, Doty와 Gross(2014)는 그들의 논문에서 "자비를 증가시키려면, 그래서 서비스 제공자의 웰빙은 물론 환자 치료에서 혜택을 보려면 어떤 실질적인 단계를 취할 수 있을까?"라는 질문을 제기하였다(p. 1). 자비와 긍정 정서를 함양하기 위해 시행한 10분짜리 단축형 자애명상 회기 후, 이 방법의 상대적 효과성을 조사한 연구에서 저자들은 자애명상이 다른 긍정 정서의 유도 방법보다 웰빙과 연결감의 개선 효과가 더 크다는 사실을 발견하였다. 저자들은 자애명상이 보건의료 서비스 제공자의 소진을 예방하고 회복탄력성을 촉진하며, 환자 치료를 위한 의료의 질을 개선하는 데 실행 가능한, 실질적인, 시간 대비 효과성이 큰 해결책을 제공할 수 있다고 제안하였다(Seppälä et al., 2014).

미국 보건의료체계 안으로 자비를 다시 도입하기 위해 만들어진 Schwartz Center for Compassionate Healthcare(www.theschwartzcenter.org)는 '슈와츠 센터 라운드'로 알려진 정기 모임을 개발하였다. 여기서 직원들은 한 달에 한 번씩 모여 업무 과정에서 발생하여 정서적으로 혹은 사회적으로 도전이 되었던 일에 관해 이야기를 나누는데 주로 비의료적 측면에 관해 토론한다. 현재 영국에서도 현장진료 프로그램(Point of Care: POC)에 의해 슈와츠 센터 라운드와 유사한 방식의 실험이 시도되고 있다. 전형적인 예를

들면, 정기 라운드가 개최될 때 간호 팀에 의해 담당 환자의 사례가 제시된다. 이후 드러난 주제들을 논의하고 촉진자가 그 과정을 안내한다. 꽤 자주 제기되는 주제로는 대면하기 어려운 환자와 그들 가족에 대한 간호가 있다. 라운드는 미국에서 15년 동안 운영되어 오고 있고 영국에서는 2009년 현장진료 프로그램이 라운드의 시험 운영에 동의하는 서명을 하였다(Goodrich, 2012).

슈와츠 센터에 따르면 자비 의료는 다른 종류의 의료와 분리될 수 없고 생애말 의료를 위해 보류될 수 있는 것도 아니다. 그것은 모든 환자-의료제공자 관계와 상호작용에서 근원적인 것이다. 자비가 없다면 의료가 기술적으로 탁월할 수 있으나 비인격화되어 버리고 환자와 그의 가족이 갖고 있는 독특한 문화, 관심사, 스트레스, 고통 등을 다룰 수 없게 된다. 더욱 자비로운 보건의료체계를 육성하기 위해 슈와츠 센터는 자비와 자비 의료의 중요성을 믿는 모든 사람에게 자비가 보건의료체계에서 우선순위가 되기 위한 먼 길을 갈 것이라고 기대한다는 일련의 서약을 지지하고 찬성해 줄 것을 요청하고 있다. 자비 의료 리더십을 위한 서약(Commitment to Compassionate Healthcare Leadership), 자비 교육을 위한 서약(Commitment to Teach Compassion), 자비의 가치와 보상을 위한 서약(Commitment to Value and Reward Compassion), 의료제공자 지지를 위한 서약(Commitment to Support Caregivers), 환자와 그 가족과 동반자가 되기 위한 서약(Commitment to Involve, Educate, and Learn from Patients and Families), 보건의료전달체계 속으로 자비를 구축하기 위한 서약(Commitment to Build Compassion into Healthcare Delivery), 심화된 자비 이해를 위한 서약(Commitment to Deepen Our Understanding of Compassion) (www.theschwartcentre.org) 등이 있다.

스트레스, 우울, 소진은 의사와 간호사에게 흔히 나타난다. 이럴 때 그들은 더 심하게 자기비판적이 되고, 자신에 대해서 자비롭기 어려우며, 환자에게 자비를 보여 주기 더욱 어렵게 된다. 따라서 자비는 보건의료 전문가와 환자 사이의 상호작용뿐 아니라 정책 입안자와 관리자를 포함한 전체 조직 구성원 사이의 상호작용, 연결, 소통 영역으로 확장되어야 한다.

보건의료 분야에서 자비의 증가

지금까지 우리는 다양한 보건의료 환경에서 자비 기반 접근의 중요성을 논의했다. 또한 우리는 시간, 피로, 조직 요인 등과 같이 자비가 실질적으로 작동하는 것을 막는 잠재적 방해물에 대해서도 고려하였다. 2011년 그리니치 대학교에서 개최되었던 심포지엄(Shea et al., 2011)이 끝난 뒤 우리는 참가자에게 자비가 장기적으로 지속가능하려면 무엇이 필요한지에 대한 의견을 요청하였다. 참가자들은 자비의 단기 재교육 과정 도입, 직원에게 긍정적인 메시지 제공, 더 나은 의료를 위해 환자에게 그들의 견해나 경험, 제안을 요청하

기 등을 의견으로 보내 왔다. 자주 받는 핵심 질문 중 하나는 자비를 가르칠 수 있는지 여부이다. 예를 들어, 참가자들은 평생 학습 과정이나 적합한 역할 모형이 필요할지 등 자비 교육이나 평가와 관련된 다양한 측면에 관해 토론하였다. 학습 과정도 학습 방법만큼 중요하다고 간주되었다. 의학 훈련의 과학적 속성 때문에 학생들이 자비롭게 '되지 않아야' 한다고 배울 수 있다. 이 부분에 관해서 Becker, Geer, Hughes와 Strauss(1961)의 초기 연구에 따르면 보건의료의 가치가 의과대학생의 훈련 과정에서 '배척'될 수 있음을 시사하였다. 따라서 간호/의학 훈련의 과학적 본질이 자비 감소에 이르게 할 수 있다.

Chochinov(2007)는 다양한 경로를 통해 자비를 획득할 수 있고 인문학이나 사회과학 혹은 예술에 노출됨으로써 함양될 수도 있다고 보고한다. 이러한 다학제적 접근은 인간이라는 조건과 질병에 수반되는 감성(pathos)에 대한 통찰을 제공할 수 있다. 마찬가지로 Haslam(2015)은 "우리가 자기성찰의 습관을 함양하고 타인의 삶을 상상하는 데 도움을 주는 문학, 영화, 연극, 시 등 인문학을 학습한다면 공감은 실제로 훈련가능한 속성일 수밖에 없다."고 제안한다(p. 2).

자비가 가르침을 통해 함양할 수 있는지에 관한 논쟁은 오랜 기간 존재해 왔다. Pence (1983)는 고대 철학자의 상반된 견해를 인용하면서 이 질문을 제기하였고 널리 알려진 에세이를 기고하였다. Pence는 소크라테스(미덕은 가르칠 수 없다고 주장)와 프로타고라스

(모든 사람이 미덕을 가르친다고 주장)의 의견을 예로 들면서 의학 교육 체계가 의학의 다른 덕목과 더불어 자비에 대해서도 보상을 제공하고 지속가능성을 보장한다면 자비는 가르칠 수 있는 것이라고 결론지었다. 자비를 가르칠 수 있다거나 적어도 의학/간호학 학생과 보건의료 전문가에게 가장 우선적으로 권장될 수 있다는 다양한 사례가 있다. 한 가지 사례는 에든버러 네이피어 대학교와 NHS 로디언(NHS Lothian)의 협력 연구 프로그램에서 개발된 에든버러 자비 의료 리더십 프로그램(Leadership in Compassionate Care Program: LCCP)이다(Adamson & Smith, 2014). 개발자들은 "우리는 환자가 원하는 바를 언제나 알 수는 없다……. 그러므로 우리는 그들에게 중요한 것이 무엇인지 지속적으로 체크해야 한다."는 사실을 인식하는 것이 자비 의료 제공의 방식을 배우는 출발점이 될 수 있음을 깨달았다(p. 236). 프로그램은 임상 실무와 간호 교육의 예비 과정에 자비간호를 추가하는 것을 목표로 한다.

LCCP 구조는 급성기 환자의 평가와 관련된 교육을 위한 모의 실습으로 이루어져 있다. 이 과정은 환자 개인에 초점을 맞추고 그 순간 환자에게 중요한 것이 무엇인지 확인하도록 격려하는 것, 환자 역할을 하는 모의 환자를 활용하여 환자 이야기를 듣고 그 당시에 나타나는 주제를 활용하여 간호 계획을 변경하도록 학생에게 요청하는 것, 자신이 환자라면 자비 의료가 어떻게 보일지 콜라주를 제작하는 회기에 참여하는 것 등을 포함한다.

LCCP 프로그램에 대한 피드백에서 학생들이 프로그램 참여를 즐거워하였고 모의 환자가 하는 환자 이야기를 들으면서 환자가 느끼는 바를 이해하는 데 도움을 받았음을 알 수 있었다. 이런 이야기는 학생들 자신의 간호 실무와 경험을 성찰하는 데 도움을 주었다. 게다가 학생들은 콜라주와 시각 이미지의 제작이 자극을 제공하는 연습임을 알게 되었다(Adamson & Smith, 2014). 다음 절은 자비 의료 과정을 개발하고 전달하였던 경험을 요약한 것이다.

크레타 대학교 의학부, 크레타, 그리스

2010년 크레타섬에서 의과대학 1학년 학생에게 전달할 교과과정 하나가 개설되었다(Lionis, Shea, & Markaki, 2011). 이 과정의 목표는 학생들로 하여금 자신과 동료 학생들에게 인간에게 내재된 기본 감정과 욕구를 인식하고, 개별 환자에서 자비 의료의 필요성을 확인하며, 환자가 하나의 '온전한' 인간이라는 사실에 초점을 맞추도록 하고, 환자와 가족이 마주한 문제를 이해하도록 돕는 것이었다. 이 과정의 구조는 도입부, 상호작용을 하는 회기, 상호작용을 하는 워크숍, 임상 워크숍, 동영상과 기타 학습 자료의 활용 등으로 이루어졌다.

학생들에게 이 과정은 많은 흥미를 끌었다. 대부분 학생이 자비를 훨씬 더 잘 이해할 수 있게 되었다고 하였고, 보건의료 환경에서 자비가 매우 의미가 깊다는 사실에 경각심을 갖게 되었다고 보고하였다. 학생들은 이 과정으로 인해 미래에 수행할 자신의 진료 행위에 큰 영향을 받았다고 느꼈다. 이 과정은 지금도 계속 제공되고 있고 많은 학생의 흥미를 끌고 있다.

이지아 병원, 리마솔, 사이프러스

2015년 사이프러스(Cyprus)에서 하나의 과정이 개설되었다. 6개 모듈로 구성되었고, 각 모듈은 6시간짜리로, 몇 개월에 걸쳐 진행되었다. 이 장의 저자들도 두 개의 모듈 개발과 교육에 참가하였다. 이 과정은 사이프러스 리마솔(Limassol) 소재의 사립병원에 근무하는 간호사, 의사, 행정 직원에게 전달되었다. 훈련 목표는 실습을 통해 자신과 타인을 위한 자비를 계발하는 것이다. 이 훈련으로 자비, 공감, 친절, 자기 알아차림, 자기성찰, 대인관계 갈등 해소, 소통, 자비 의료 기술 등에 걸쳐 질적 수준을 강화하고 심화할 수 있다. 이 과정에는 강의, 역할극, 증례 연구, 동영상, 토론 등의 활동이 포함된다. 이 과정에 대한 평가 결과, 일부 학생들에게 6시간 회기가 다소 길게 느껴졌으나 대부분 학생은 매우 높은 수준의 만족감을 표현하였고, 이 과정이 제공하는 긍정 경험을 즐길 수 있었다고 보고하였다. 더욱 흥미로운 점은 관리 직원과 행정 직원의 경우도 일선 근무 직원과 나란히 전 과정을 정식 참가자로 참여하였을 때, 학습 경험에 더 능동적으로 참여할 수 있었다.

결론적으로, 자비는 가르칠 수 있는 대상인 듯 보이고, 단축 과정으로 혹은 의학교육 커리큘럼에 포함함으로써 지속가능성에 도움을 얻을 수 있다. 하지만 이런 훈련은 보건의료 팀 구성원 모두를 포함해야 자비 개념의 중요성에 관심을 보이게 되고 자비가 가지는 영향력을 이해할 수 있게 된다. 만일 자비를 주제로 한 훈련이나 교육이 보건의료 환경에 관여하는 모든 사람을 포함할 수 있다면, 자비기반 접근은 환자에 대해서뿐만 아니라 보건의료 팀의 다른 구성원들에 대해서도 이루어지게 될 것이다. 지속적인 훈련, 성찰 학습, 경험 학습, 역할 모형, 혁신적인 교육법 등 모두가 장기적으로 자비의 가치를 유지하는 데 도움을 줄 것이다.

결론

자비 관련 과학 문헌이 급속히 증가하고 있다. 보건의료 분야에서 기술 능력과 숙련도가 필수적이지만 자비 기반 접근의 역할도 중요하며 간과되지 않아야 한다. 이 장에서 다양한 환경과 상황에서 자비가 어떤 역할을 하는지 살펴보았다. 여기에는 병원 환경과 일차의료 환경이 포함되고, 시기별로 또 특정 환자군에 따라 어떻게 그들의 욕구를 알아차려야 하는지에 관한 내용도 포함된다. 아울러 보건의료에 미치는 긴축시기의 영향과 관련하여, 자비가 사회적으로 어떤 역할을 하는지, 노숙인에게 필요한 건강상의 특정 욕구와 사회적 요구 사항에는 어떤 것들이 있는지에 대해서도 살펴보았다. 끝으로, 자비 의료의 잠재적 장애물에 대해 보고하였다. 또 자비 의료 개념이 교육과 훈련 프로그램에 어떤 식으로 스며들어야 하는지도 설명하였다.

　보건의료에 자비를 포함하려는 많은 계획이 점차 자리를 잡아 가고 있다는 사실은 고무적이다. 이 문제의 중요성을 인식하는 과정에 많은 계획이 서로 연합하고 있다. 이러한 흐름의 탄력성을 계속 유지하고, 보건의료 전문가 자신이 많은 의무와 업무, 압박을 마주하고 있음을 인정하는 것이 중요하다. 이런 점들은 보건의료 환경에 종사하는 모든 사람의 욕구를 철저히 이해함으로써 어느 정도 극복될 수 있다. 누구를 위해, 어떤 환경에서, 설명 가능한 이론적 체계에 의해, 최선을 다해 어떤 작업을 수행할 것인지 등의 문제를 검토하는 것이 환자, 가족, 보호자, 보건의료 전문가 등에게 도움을 줄 수 있다. 추가로, 노숙인이나 긴축시기 희생자와 같은 특정 취약 계층의 욕구에 대한 관심도 필요하고, 이는 증가하고 있는 신체건강과 정신건강 문제의 위험성을 줄이는 데 도움이 될 것이다. 과학적 연구 및 제공자와 수혜자 모두에게 영향을 미치는 자비의 생리적 효과에 대해 추가 증거를 확보하는 것은 보건의료 분야에서 자비의 역할이 길을 잃지 않았음을 확인하는 데 도움을 줄 것이다. 끝으로, 우리는 학부 과정은 물론 보건의료 환경에서 경력을 쌓고 있는 전체 실무 전문가들에게도 자비 의료 훈련을 도입하는 것이 중요하다고 주장한다. 한걸음 더

나아가 그러한 훈련이 행정 직원과 관리자에게도 확대되어야 할 것이다. 또한 우리의 보건의료 환경에서 매우 바람직하고 우수한 의료의 예가 있다는 사실도 기억해야 한다. '제대로 진행되는 것'과 '제대로 진행되지 않는 것'을 관찰하는 것은 모두 유용한 학습 도구임을 잊지 않아야 한다.

참고문헌

Adamson, L., & Smith, S. (2014). Can compassion be taught? Experiences from the Leadership in Compassionate Care Programme, Edinburgh Napier University and NHS Lothian. In S. Shea, R. Wynyard, & C. Lionis (Eds.), *Providing Compassionate Health Care: Challenges in Policy and Practice* (pp. 235-252). Oxon and New York: Routledge.

Allen, J., Gay, B., Grebolder, H., Heyrman, J., Svab, I., & Ram, P. (2002). The European definition on the key features of the discipline of general practice: The role of the GP and core competencies. *British Journal of General Practice, 52,* 526-527.

American Academy of Family Physicians, American Academy of Pediatrics, American College of Physicians, & American Osteopathic Association. (2007). *Joint Principles of the Patient-Centered Medical Home.* Elk Grove Village, IL: American Academy of Pediatrics, http://www.medicalhomeinfo.org/Joint%20 Statement.pdf. 2007 (accessed February 2015).

Anandarajah, G., & Roseman, J. L. (2014). A qualitative study of physicians' views on compassionate patient care and spirituality: Medicine as a spiritual practice? *Rhode Island Medical Journal*, *9*(3), 17-22.

Balas, M. C., Rice, M., Chaperon, C., Smith, H., Disbot, M., & Fuchs, B. (2012). Management of delirium in critically ill older adults. *Critical Care Nurse*, *32*(4), 15-25.

Barry, M., & Edgman-Levitan, S. (2012). Shared decision making-Pinnacle of patient centered care. *New England Journal of Medicine*, *366*, 780-781.

Becker, H., Geer, B., Hughes, E. C., & Strauss, A. L. (1961). *Boys in White: Student Culture in Medical School*. New Brunswick, USA and London, UK: Transaction Publishers.

Bogossian, F., Winters-Chang, P., & Tuckett, A. (2014). "The pure hard slog that nursing is ...": A qualitative analysis of nursing work. *Journal of Nursing Scholarship*, *46*(5), 303-388.

Bramley, L., & Matiti, M. (2014). How does it really feel to be in my shoes? Patients' experiences of compassion within nursing care and their perceptions of developing compassionate nurses. *Journal of Clinical Nursing*, *23*(19-20), 2790-2799.

Brummel, N. E., & Girard, T. D. (2013). Preventing delirium in the intensive care unit. *Critical Care Clinic*, *29*(1), 51-65.

Chapin, H. L., Darnall, B. D., Seppälä, E. M., Doty, J. R., Hah, J. M., & Mackey, S. C. (2014). Pilot study of a compassion meditation intervention in chronic pain. *Journal of Compassionate Health Care*, *1*(4). www.jcompassionatehc.com (accessed April 2015).

Chew-Graham, C. A., Hunter, C., Langer, S., Stenhoff, A., Drinkwater, J., Guthrie, E. A., & Salmon, P. (2013). How QOF is shaping primary care review consultations: A longitudinal qualitative study. *BMC Family Practice*, *14*, 103.

Chochinov, H. M. (2007). Dignity and the essence of medicine: The A, B, C, and D of dignity conserving care. *British Medical Journal*, *335*, 184.

Clissett, P., Porock, D., Harwood, R. H., Gladman, J., R., F. (2013). The challenges of achieving person-centred care in acute hospitals: A qualitative study of people with dementia and their families. *International Journal of Nursing Studies*, *50*(11), 1495-1503.

Cole-King, A., & Gilbert, P. (2014). Compassionate care: The theory and the reality. In S. Shea, R. Wynyard, & C. Lionis (Eds.), *Providing Compassionate Health Care: Challenges in Policy and Practice* (pp. 68-85). Oxon and New York: Routledge.

Cornwell, J., & The Kings Fund. (2010). The Point of Care-Compassion. Online at www.kingsfund.org.uk/currentprojects/thepointofcare/compassion (accessed July 2012).

Cosley, B. J., McCoy, S. K., Saslow, L. R., & Epel, E. S. (2010). Is compassion for others stress buffering? Consequences of compassion and social support for physiological reactivity to stress. *Journal of Experimental Social Psychology*, *46*, 816-823.

Crawford, P., Brown, B., Kvangarsnes, M., & Gilbert, P. (2014). The design of compassionate care. *Journal of Clinical Nursing*, *23*(23-24), 3589-3599.

Crisis (2005). What is homelessness? Retrieved

February 2015 from http://www.crisis.org.uk/data/files/document_library/factsheets/homlessdefs_2005.pdf, http://www.dh.gov.uk/prod_consum_dh/groups/dh_digitalassets/documents/digitalasset/dh_093442.pdf (Accessed December 2012).

Crowther, J., Wilson, K. C. M., Horton, S., & Lloyd-Williams, M. (2013). Compassion in healthcare-lessons from a qualitative study of the end of life care of people with dementia. *Journal of the Royal Society of Medicine*, *106*(12), 492-497.

Cummings and Bennett (2012). Compassion in Practice. Retrieved August 2015 from http://www.england.nhs.uk/wpcontent/uploads/2012/12/compassion-in-practice.pdf

Department of Health UK. (2009). The NHS constitution: The NHS belongs to us all. (Online).

Fogarty, L. A., Curbow, B. A., Wingard, J. R., McDonnell, K., & Summerfield, M. R. (1999). Can 40 seconds of compassion reduce patient anxiety? *Journal of Clinical Oncology*, *17*(1), 371.

Fortney, L., Luchterhand, C., Zakletskaia, L., Zgierska, A., & Rakel, D. (2013). Abbreviated mindfulness intervention for job satisfaction, quality of life, and compassion in primary care clinicians: A pilot study. *Annals of Family Medicine*, *11*(5), 412-420.

Fotaki, M. (2015). Why and how is compassion necessary to provide good quality healthcare? *International Journal of Health Policy Management*, *4*(4), 199-201.

Frampton, S. B., Guastello, S., & Lepore, M. (2013). Compassion as the foundation of patient-centered care: the importance of compassion in action. *Journal of Comparative Effectiveness Research*, *2*(5), 443-455.

Francis, R. QC: *Report of the Mid Staffordshire NHS Foundation Trust Public Inquiry*. House of Commons: Stationary Office 2013, Vols. 1-3.

Goetz, J. L., Keltner, D., & Simon-Thomas, E. (2010). Compassion: An evolutionary analysis and empirical review. *Psychological Bulletin*, *136*(3), 351-374.

Goodrich, J. (2012). Supporting hospital staff to deliver compassionate care: Do Schwartz Center rounds work in English hospitals? *Journal of the Royal Society of Medicine*, *105*(3), 117-122.

Haslam, D. (2015). More than kindness. *Journal of Compassionate Health Care*, *2*(6) www.jcompassionatehc.com (accessed September 2015).

Herbert, K., Moore, H., & Rooney, J. (2011). The nurse advocate in end-of-life care. *The Oschner Journal*, *11*, 325-329.

Hojat, M. (2009). Ten approaches for enhancing empathy in health and human services cultures. *Journal of the Health & Human Services Administration*, *31*(4), 412-450.

Institute of Medicine (IOM). (2001). *Crossing the Quality Chasm: A New Health System for the 21st Century*. Washington, DC: National Academy Press.

Karamanoli, E. (2012). Greece's financial crisis dries up drug supply. *The Lancet*, *379*(9813), 302.

Karanikolos, M., Mladovsky, P., Cylus, J., Thomson, S., Basu, S., Stuckler, D., ... McKee, M. (2013). www.thelancet.com published online http://dx.doi.org/10.1016/S0140-6736(13)60102-6.

Karatzanis, A. D., Symvoulakis, E., Nikolaou, V., Velegrakis, G. (2012). Potential impact of the financial crisis on outpatient hospital visits due to otorhinolaryngologic disorders in Crete, Greece. *International Journal of Medical Sciences*, 9(2), 126-128.

Kearsley, J. H., & Youngson, R. (2012). "Tu souffres, cela suffit": The compassionate hospital. *Journal of Palliative Medicine*. Available at: http://online.liebertpub.com/doi/abs/10.1089/jpm.2011.0378 (accessed March 2013).

Kentikelenis, A., Karanikolos, M., Reeves, A., McKee, M., & Stuckler, D. (2014). Greece's health crisis: From austerity to denialism. *The Lancet*, 383(9918), 748-753.

Keogh, B. KBE (2013) *Review into the Quality of Care and Treatment Provided by 14 Hospital Trusts in England: Overview Report*. National Health Service.

Kitson, Conroy, Kuluski, Locock, & Lyons (2013). Reclaiming and redefining the Fundamentals of Care: Nursing's response to meeting patients' basic human needs. Retrieved June 2015 from https://web4.library.adelaide.edu.au/dspace/handle/2440/75843).

Kondilis, E., Ierodiakonou, I., Gavana, M., Giannakopoulos, S., & Benos, A. (2013). Suicide mortality and economic crisis in Greece: Men's Achilles' heel. *Journal of Epidemiology & Community Health*, 67, e1. doi:10.1136/jech-2013-202499

Kousoulis, A. A., Angelopoulou, K. E., & Lionis, C. (2013). Exploring health care reform in a changing Europe: Lessons from Greece. *European Journal of General Practice*, 19(3), 194-199.

Kremer & Badawi (2013). Greece's life-saving austerity medics. Retrieved July 2015 from http://www.bbc.co.uk/news/magazine-23247914.

Kringos, D., Boerma, W., Bourgueil, Y., Cartier, T., Dedeu, T., Hasvold, T., ... Groenewegen, P. (2013). The strength of primary care in Europe: An international comparative study. *British Journal of General Practice*, 63(616), 742-750.

Lelorain, S., Brédart, A., Dolbeault, S., & Sultan, S. (2012). A systematic review of the associations between empathy measures and patient outcomes in cancer care. *Psycho-Oncology*, 21(12), 1255-1264.

Limebury, J., & Shea, S. (2015). The role of compassion and "tough love" in caring for and supporting the homeless: Experiences from "Catching Lives," Canterbury, UK. *Journal of Compassionate Health Care*, 2(7). www.jcompassionatehc.com.

Lionis, C. (2015). Financial crisis and primary health care in Greece: Is it time for family medicine? *Family Medicine & Primary Care Review*, 17(3), 225-227.

Lionis, C. (2015). Why and how is compassion necessary to provide good healthcare? Comments from an academic physician; Comment on "Why and how is compassion necessary to provide good quality healthcare?" *International Journal of Health Policy Management*, 4(11), 771-772.

Lionis, C., & Shea, S. (2014). Encouraging a focus

on compassionate care within general practice/ family medicine. In S. Shea, R. Wynyard, & C. Lionis (Eds.), *Providing Compassionate Health Care: Challenges in Policy and Practice* (pp. 103-107). Oxon and New York: Routledge.

Lionis, C., Allen, J., Sapouna, V., Alegakis, A., & Svab, I. (2008). Towards the establishment of a new target strategy for WONCA Europe: A key informants study. *European Journal of General Practice*, *14*(2), 76-82.

Lionis, C., Shea, S., & Markaki, A. (2011). Introducing and implementing a compassionate care effective for medical students in Crete. *Journal of Holistic Healthcare*, *8*, 38-41.

Lionis, C., & Shea, S. (2012). Enhancing compassionate care as an integral part of primary care and general practice. *Global Journal of Medicine and Public Health*, Retrieved July 2014 from www.gjmedph.org.

Lown, B. A., McIntosh, S., Gaines, M. E., McGuinn, K., & Hatem, D. S. (2016). Integrating Compassionate, Collaborative Care (the "Triple C") into health professional education to advance the triple aim of health care. *Academic Medicine*, *91*(3), 310-316.

Mannion, R. (2014). Enabling compassionate healthcare: Perils, prospects and perspectives. *International Journal of Health Policy Management*, *2*(x), 1-3.

Nauert, R. (2015). Compassion missing in American health care. *Psych Central*. Retrieved July 2016 from http://psychcentral.com/news/2011/09/09/compassion-missing-in-american-health-care/29295.html.

NHS confederation (2008). Futures Debate. Compassion in healthcare. Retrieved July 2014 from http://www.nhsconfed.org/~/media/Confederation/Files/Publications/Documents/compassion_healthcare_future08.pdf

Papadopoulos, I. (2011). Courage, Compassion and Cultural Competence. The 13th Anna Reynvaan Lecture. May 19, 2011, De Stadsschouwburg-Amsterdam City Theatre, The Netherlands.

Pearce, M. J., Coan, A. D., Herndon J. E., II, Koenig, H. G., & Aberneth, A. P. (2012). Unmet spiritual care needs impact emotional and spiritual well-being in advanced cancer patients. *Supportive Care in Cancer*, *20*(10), 2269-2276.

Pence, G. E. (1983). Can compassion be taught? *Journal of Medical Ethics*, *9*, 189-191.

Pulse (2013) Revealed: Half of GPs at high risk of burnout. Retrieved February 2014 from http://www.pulsetoday.co.uk/your-practice/battlingburnout/revealed-half-of-gps-at-high-risk-of-burnout/20003157.article

Queen's Nursing Institute. (2012). Mental Health and Homelessness: Guidance for Practitioners. Retrieved December 2014 from https://www.qni.org.uk/

Royal College of General Practitioners (http://www.rcgp.org.uk/).

Royal College of General Practitioners (RCGP). (2013). Retrieved January 2015 from http://www.rcgp.org.uk/news/2013/december/~/media/Files/Policy/A-Z-policy/RCGP-Social-Inclusion-Commissioning-Guide.ashx.

Sampson, E. L., Burn, A., & Richard, M. (2011). Improving end-of-life care for people with dementia. *The British Journal of Psychiatry*, *199*, 357-359.

Schäfer, W. L. A., Boerma, W. G. B., Murante, A. M., Sixma, H. J. M., Schellevis, F. G., & Groenewegen, P. P. (2015). Assessing the potential for improvement of primary care in 34 countries: A cross-sectional survey. *Bulletin of the World Health Organization, 93*(3), 133-208.

Schwarzkopf, D., Behrend, S., Skupin, H., Westermann, I., Riedemann, N. C., Pfeifer, R., Gunther, A., Witte, O. W., Reinhart, K., Hartog, C. S. (2013). Family satisfaction in the intensive care unit: A quantitative and qualitative analysis. *Intensive Care Medicine, 39*(6), 1071-1079.

Seppälä, E. M., Hutcherson, C. A., Nguyen, D. T. H., Doty, J. R., & Gross, J. J. (2014). Loving-kindness meditation: A tool to improve healthcare provider compassion, resilience, and patient care. *Journal of Compassionate Health Care, 1*(5) (online).

Shaltout, H. A., Toozer, J. A., Rosenberger, M. A., Kemper, K. J. (2012). Time, touch, and compassion: Effects on autonomic nervous system and well-being. *Explore, 8*(3), 177-184.

Shea, S. (2014). Compassionate journeys and end-of-life care. In S. Shea, R. Wynyard, & C. Lionis (Eds.), *Providing Compassionate Health Care: Challenges in Policy and Practice* (pp. 85-101). Oxon and New York: Routledge.

Shea, S. (2015). Is it possible to develop a compassionate organization? Comment on "Why and how is compassion necessary to provide good quality healthcare?" *International Journal of Health Policy Management, 4*(11), 769-770.

Shea, S., Wynyard, R., West, E., & Lionis, C. (2011). Reaching a consensus in defining and moving forward with the science and art of compassion in healthcare. *Journal of Holistic Health Care, 8*, 58-60.

Singer, P. A., Martin, D., & Kelner, M. (1999). Quality end-of-life care: Patients' perspectives. *Journal of the American Medical Association, 281*(2), 163-168.

Spencer, K., Foster, P., Whittamore, K. H., Goldberg, S. E., & Harwood, R. H. (2013). Delivering dementia care differently-Evaluating the differences and similarities between a specialist medical and mental health unit and standard acute care wards: A qualitative study of family carers' perceptions of quality of care. *British Medical Journal*, Open *3*, e004198. doi:10.1136/bmjopen-2013-004198

Sun, S., Irestig, R., Burstrom, B., Beijer, U., & Burstrom, K. (2012). Health-related quality of life (EQ-5D) among homeless persons compared to a general population sample in Stockholm County, 2006. *Scandinavian Journal of Public Health, 40*(2), 115-125

Sweeney, K., Toy, L., & Cornwell, J. (2009). A patient's journey-Mesothelioma. *British Medical Journal, 339*, b2862.

Tarrant, C., Windridge, K., Boulton, M., Baker, R., & Freeman, G. (2003). Qualitative study of the meaning of personal care in general practice. *British Medical Journal, 326*(7402), 1310.

Taylor, M. B. (1997). Compassion: Its neglect and importance. *British Journal of General Practice, 47*, 521-523.

The Lancet. (2015). The Greek health crisis

(Editorial). *386*, 104.

The Schwartz Centre for compassionate healthcare. Retrieved December 2014 from www.theschwartzcentre.org.

Thorne, S., Hislop, T. G., Kim-Sing, C., Oglov, V., Oliffe, J. L., & Stajduhar, K. I. (2014). Changing communication needs and preferences across the cancer care trajectory: Insights from the patient perspective. *Supportive Care in Cancer, 22*(4), 1009-1015.

WONCA Europe (2002): http://www.woncaeurope.org/.

Youngson, R. (2012). *Time to Care: How to Love Your Patients and Your Job*. Raglan, New Zealand: Rebelheart Publishers.

제33장

교육 현장에서의 자비와 배려에 대한 요구: 친사회적 이론의 확장적 현장 적용을 위해

Brooke D. Lavelle, Lisa Flook, and Dara G. Ghahremani

요약

학생들은 신체적 건강 및 삶의 만족도에 부정적인 영향을 가져오는 스트레스에 노출되고 있으며, 이는 학교 생활에 영향을 미치고 있다. 많은 교육자는 학교에서 사회적, 정서적, 문화적, 인성적 요소들을 강화해 가르치는 것이 학생들의 삶의 만족도를 증진시킨다는 연구들에 근거해 스트레스를 줄이기 위해 힘을 모으고 있다. 이러한 교육계의 움직임은 스트레스 감소에 긍정적인 영향이 있다고 알려진 사회정서학습(SEL)과 마음챙김 기반 프로그램 등 다양한 친사회적 교육 프로그램을 양산하고 있다. 그러나 친사회성 교육에 대한 관심의 증가에도 불구하고 이러한 움직임은 개인적인 수준에 머무르는 경향이 있으며, 친사회적 발달에 대한 이론적 이해 없이 진행되는 경우도 많다. 따라서 이 장에서는 자비에 기반한 프로그램의 효과를 검토하고, 다양한 친사회적 프로그램을 통합하는 열쇠가 되며 교육자들이 학교 공동체의 요구에 가장 효과적으로 대응할 수 있도록 도와주는 핵심 원리로서 자비에 기반한 이론을 제시할 것이다.

핵심용어

친사회적, 친사회성 교육, 사회정서학습, SEL, 마음챙김, 자비, 학교 환경, 도덕 교육

근래의 많은 교육자는 협력, 나눔, 공감적 행동 등과 같이 학생들 사이에서 친사회적 행동을 발달시킬 수 있는 체계적이고 보편적인 교육을 요구하고 있다. 학생들의 인성 발달과 민주적 참여를 발달시킬 수 있는 좀 더 통합적인 관점의 교육을 위해서 이러한 요구를 하는 이들도 있고, 학업 성취도를 증진시켜 일자리에서 좀 더 경쟁력을 갖추도록 하기 위해서 이러한 요구를 하는 이들도 있다(Brown, Corrigan, & Higgins-D'Alessandro, 2012). 교육의 본질적인 목표에 대해 다른 견해를 가지고 있긴 하지만, 이 두 가지 견해는 학생의 신체적, 정신적 건강에 대해 관심을 갖는다는 점에서 공통점을 가진다.

학생들은 그들의 신체적, 정신적 삶과 나아가 학교에서의 성취와 성공에 부정적인 영

향을 줄 수 있는 다양한 요소에 노출되어 있다. 정신적 건강에 있어서 문제가 증가하고 있는 것(Jaffee, Harrington, Cohen, & Moffitt, 2005; Romano, Tremblay, Vitaro, Zoccolillo, & Pagani, 2001)은 학교 폭력과 따돌림의 증가와 맥을 같이한다(Swearer, Espelage, Vaillancourt, & Hymel, 2010). 피임 없는 성관계(Kann et al., 2014)와 같이 위험한 행위들이 지속적으로 증가하고 있으며, 학생들의 수업 참여도는 점차 감소하고 있다. 또한 학교를 중퇴하는 학생 수는 나날이 증가하고 있다(Battin-Pearson et al., 2000; Klem & Connell, 2004).

도심에 사는 학생들은 사고나 폭력을 목격하거나 경험할 확률이 특히 높다(Hammack, Richards, Luo, Edlynn, & Roy, 2004). 도시의 몇몇 학교에서는 26~30%의 학생들이 칼에 찔리거나 총에 맞아 죽는 모습을 목격했다고 보고하고 있다(Bell & Jenkins, 1993). 일반적인 인구와 비교해 낮은 사회경제적 지표(SES)를 가진 가정의 아동들은 가정 폭력이나 학대를 경험할 가능성이 두 배 이상 높다고 보고된다(Fantuzzo, Boruch, Beriama, Atkins, & Marcus, 1997). 많은 연구에서 폭력이나 사고에 노출되는 것은 정신건강(Gorman-Smith & Tolan, 2003; Kliewer, Lepore, Oskin, & Johnson, 1998; Lynch & Cicchetti, 1998; Schwab-Stone et al., 1995), 인지 기능과 신경 기능(Carrion, Garrett, Menon, Weems, & Reiss, 2008; Saltzman, Weems, & Carrion, 2006; Villarreal & King, 2001), 그리고 신체적 건강(De Bellis et al., 1994; Robles, Glaser, & Kiecolt-Glaser, 2005;

Wright & Steinbach, 2001)에 부정적인 영향을 준다고 보고하고 있으며, 약물 남용의 가능성도 높인다고 보고하고 있다(Liebschutz et al., 2002).

사회·경제적 배경이 높은 학생들도 정신 건강의 문제를 가질 위험성이 높다. 북캘리포니아의 부유층이 많이 사는 지역에서 자살률이 급증하고 있는 것은 학생들이 마주하고 있는 학업적, 사회적 압력이라는 숨겨진 문제를 드러낸다. 자살률에 대한 문제는 현재 감염병이 발생했을 때 대처하는 전염병 담당자들인 질병관리센터(CDC)에서 담당하고 있는데(Noguchi, 2016), 이는 이 사항이 얼마나 중요한지를 보여 주는 것이라 하겠다.

지난 수십 년 동안, 이러한 문제에 대처하기 위해 다양한 프로그램이 개발되었으며, 다수의 연구가 학교에서 사회적, 정서적, 문화적, 윤리적인 내용을 강화하는 것이 학생들의 학업과 삶의 질을 높인다고 보고하고 있다(Brown et al., 2012; Wentzel, Battle, Russell, & Looney, 2010). 교육 현장에서의 이러한 학제적인 접근은 '친사회성 교육'이라는 이름으로 실행되고 있다. '친사회성 교육'은 광의의 개념으로 인성교육, 친절교육, 민주시민교육, 도덕성 교육, 협력적 학습, 사회정서학습, 전환 교육 등을 아우르는 다양한 교육적 접근법을 일컫는다.

그러나 친사회성 교육 프로그램에 대한 연구와 객관적 증거, 교육자들의 요구가 지속적으로 증가함에도 불구하고(예: Durlak et al., 2011; Brown et al., 2012), 아직 많은 이가 동의

할 만한 친사회성 교육의 틀이 완성되지는 않아 보인다. '친사회성 교육'은 현재 다양한 프로그램과 이론 안에서 의미가 다르게 해석되거나 구체적으로 드러나지 않는 경우가 많다. 또한 상충되는 방법론을 통합하거나 정반대의 이론을 함께 쓰는 경우도 존재한다. 예를 들어, 어떤 이들은 친사회성 교육이 학업 성취도를 높이는 데 있어서 중요한 역할을 한다고 강조하는데, 이는 친사회성 교육을 도구적으로 해석하도록 만드는 것으로(즉, 학업 성취도를 높이기 위한 하나의 목적을 성취하기 위해서 도구로서 사용하는 것), 친사회성을 발달시키거나 조금 더 통합적이고 전체적인 교육의 관점을 가지는 데 방해가 되고 있다. 물론 다양한 친사회적 교육 프로그램이 다양한 교육 현장에서 효과적으로 활용되고는 있지만, 다른 프로그램과는 독립적으로 존재하고 있으며 때로는 친사회성에 대한 이해 없이 실행되고 있는 것이다(Brown et al., 2012). 또한 친사회성 발달에 대한 이론적 체계에 대한 이해 없이 진행되는 프로그램도 있으며, 친사회적 능력을 개인, 관계, 사회적 차원에서 개발시킬 수 있는 명확하고 체계적인 방법들을 제시하지는 못하고 있는 것이 사실이다.

친사회적 발달에 대한 흥미가 증가함에 따라 자비 명상 기반의 프로그램들이 건강과 삶의 질(Pace et al., 2009), 친사회적 기술(Mascaro, Rilling, Negi, & Raison, 2012), 그리고 이차적인 도움행동(Cohen, 2012; Weng et al., 2013)에 확실한 효과가 있다는 연구가 계속 발표되었고, 이로 인해 자비에 기반한 프로그램에 대한 흥미도 함께 증가하고 있다. 지금까지 자비에 기반한 프로그램은 교육 분야에서는 잘 조명되지 않고 있었다. 그러나 최근 들어 학교 현장에서 이러한 프로그램을 적용, 실행하는 예가 증가하고 있다(Dodson-Lavelle, Makransky, & Seigle, 2015; Ozawa-de Silva & Dodson-Lavelle, 2011). 성격 특성과 도덕 교육에 중점을 둔 친사회성 교육의 움직임은 공감, 자비, 이타성 등의 기술을 개발시킬 필요를 드러내게 되었다. 그러나 (인지적 성찰을 뛰어넘은, 핵심적 인성적 가치를 가르치는) 자비를 키우는 체계적인 방법은 공감과 자비에 대한 과학적 연구물이 계속 쏟아져 나옴에도 불구하고 반영되지 않은 채 부족함을 보여 주고 있다.

교육계에서 일어나고 있는 이러한 초기 움직임은 자비를 개발하는 명상 기반의 교육법에 초점을 명확하게 두면서 교육 현장에 도움을 줄 수 있을 것이라 생각된다. 다음으로 명상 기반 프로그램과 학교 현장에의 적용에 관심 있는 학자, 연구자, 프로그램 진행자들은 교육 시스템 분야에 있는 친사회적 교육을 개발하고 실행해 본 경험을 가진 전문가와 협업하면서 도움을 받을 수 있을 것이다. 더불어, 광의적으로 자비와 사랑을 아우르는 것으로 이해될 수 있는 '배려'는 '친사회성 교육'으로 분류되는 다양한 교육 프로그램이나 연구 프로그램들을 조직화하고 체계화하는 데 유용한 개념이 될 것이다. 교육을 위해 단순한 자비 기반 프로그램을 개발해야 된다고 하는 것은 아니다. 이러한 시도는 너무 좁은 시야에서 행해지는 것이다. 오히려, 앞으로 나아가야 할 방향은 교육자, 명상 교사, 연구자, 또는 (교육적, 발달적, 도덕적 심리학자들과 같은) 다양한 사람이 교육 현장에서 발달에 적합한 최고의 자비 훈련 프로그램에 일련의 연구들을 구축해 넣어야 한다는 것이다. 자비 기반의 이론들은 발달심리, 진화심리, 사회심리에 있는 지도자들을 좀 더 교육학자나 교사들과의 대화에 직접적으로 참여할 수 있도록 도와줄 것이다.

자비에 기반한 포괄적인 이론에 대한 발전은 다년간의 학제간 교류와 이론적 발달, 연구, 개발 등을 요구한다. 이러한 상황에서 이 장을 통해 우리가 말하고자 하는 것은 우리가 왜, 그리고 어떻게 교육에서 다양한 '친사회적' 교육 프로그램을 통합하고 확장한 자비 기반 이론을 개발해야 하는가를 제시하는 것이다. 우리는 자비 훈련이 삶의 질에 미치는 영향을 짧게 살펴보았으며, 교육 현장에서 마주할 수 있는 다양한 문제를 감소시킬 수 있는 방안을 제시했다. 다음으로는 친사회적 교육 프로그램과 관련된 다양한 연구를 살펴볼 것이다. 이는 자비가 학교 현장에서 적용되어 교육될 수 있음을 보여 줄 것이다. 그 뒤 자비 기반 프로그램과 친사회성 프로그램의 통합을 통해 각각의 영역에 도움을 줄 수 있는 방법을 살펴볼 것이며, 이와 관련된 문제점도 논의할 것이다. 마지막으로, 이 분야에 연관된 질문과 연구들을 제시할 것이다.

자비의 과학

자비는 타인의 고통에 대한 민감성을 의미하는 것으로 그 고통이나 아픔을 달래 주려는 마음이나 동기를 수반한다(Goetz, Keltner, & Simon-Thomas, 2010). 이는 사랑이나 타인의 행복을 바라는 마음과 비슷하다고 할 수 있다. 자비는 타인을 보살피고자 하는 사랑의 정서와 타인의 고통을 느끼고 인지하여 가지는 공감적 염려, 모든 존재가 고통에서 벗어나 행복해지기를 바라는 강한 바람과 타인을 돕고 싶어 하는 책임감, 자신의 고통에 대한 통찰과 타인의 삶은 우리가 생각하는 것보다 훨씬 더 확장되어 있다는 자각 등에 대한 지혜와 통찰 등 다양한 요소를 포함한다(Makransky, 2012; Makransky, Das, & Osgood, 2007; Ozawa-de Silva & Negi, 2013).

연구자들은 자비와 같이 친사회적 능력의 씨앗은 인간 발달 단계 중 이른 시기에 나타난다고 보고 있다(Hepach, Vaish, & Tomasello, 2012; Kärtner, Keller, & Chaudhary, 2010; Sloane, Baillargeon, & Premack, 2012). 예를 들어, 만 1세 전의 영아도 목표 성취를 방해하는 사람보다 도움을 주는 사람을 더 좋아한다(Hamlin, Wynn, & Bloom, 2007). 만 1세에서 2세 사이의 영아도 자발적인 돕기 행동을 보일 수 있으며, 이때 보상이나 보답이 없어도 돕기 행동이 나타나는 것을 볼 수 있다(Warneken & Tomasello, 2007). 이러한 행위에 기반한 친사회적 행동은 만 2세를 지나 타인의 정서를 이해하게 되면서 조금 더 명백하게 나타난다 (Svetlova, Nichols, & Brownell, 2010). 아동은 고통을 겪고 있는 사람을 보고 염려를 표현하거나 위안을 제공할 수도 있다(Zahn-Waxler, Radke-Yarrow, Wagner, & Chapman, 1992).

이러한 친사회적 요소가 존재함에도 불구하고, 아동이 타인을 대하는 모습을 볼 때 늘 친절이나 보살핌의 모습으로만 반응하는 것은 아니다. 대신, 아동은 발달과 성장을 거듭하면서 타인과 관계를 형성하고 이러한 관계에 기초해 다르게 대응하는 모습을 보인다. 초등학교에 입학할 나이가 되면, 아동들은 자신과 친한 사람들에게 좀 더 호의적인 모습을 보이는 경향을 띠고, 다른 그룹의 사람들은 제외시키는 모습을 보이기도 한다(Fehr, Bernhard, & Rockenbach, 2008). 인지적인 능력이 더 발달하면서 복잡한 사고나 추론 능력이 함께 발달하게 되는데, 이것이 반드시 친사회적 경향성이나 보살핌의 확장을 보장하는 것도 아니다. 따라서 아동이 발달해 가는 과정 속에서 자비를 지속적으로 키울 수 있도록 의도적으로 환경을 조성하고 확장시키는 노력이 필요하다고 하겠다.

지속가능한 자비 훈련 프로그램(SCT; D.Lavelle의 장 참조), 인지기반 자비 훈련 프로그램(CBCT; Mascaro, Negi, & Raison의 장 참조), 자비 계발 수행 프로그램(CCT; Goldin & Jazaieri의 장 참조), 자비로운 마음 훈련 프로그램(CMT; Gilbert의 장 참조) 등과 같이 자비를 개발하는 체계적인 방법들이 다양한 임상적, 비임상적 장소에서 실행되고 있다. 진행

되고 있는 연구들은 이러한 자비 개발 프로그램이 친사회적 행동을 증가시키며(Condon, Desbordes, Miller, & DeSteno, 2013), 정서장애를 감소시키고(Leaviss & Uttley, 2015), 염증 반응을 줄여 준다고 보고한다(Pace et al., 2009). 더불어 CBCT에 대한 연구를 살펴보면 CBCT를 배우고 훈련한 대학생들이 사회심리적인 스트레스에 대해 반응할 때 정서적 혼란이 감소되는 것을 발견했다(Pace et al., 2009; Pace et al., 2010).

다양한 자비 훈련의 체계는 명상과 심리학적 전통에서 가져온 것이다. 각각의 체계는 다양한 수준을 포함하고 있는데, 사람들이 자비와 배려심을 가지고 있으며, 자비와 배려심은 훈련될 수 있고, 시간이 흘러도 유지될 수 있다는 것을 가정한다. 더욱이 이러한 프로그램들은 인간이 가지고 있는 자비와 배려의 마음이 더욱 강해질 수 있으며, 자신이 상정한 우리라는 울타리를 벗어나 더욱 확장될 수 있음을 보여 준다. 물론 훈련의 순서나 방법들이 프로그램마다 서로 다르기는 하지만 모든 프로그램은 일정 부분에서 집중력, 정서, 공감, 통찰, 고통에 대한 인내, 그리고 용기의 마음들을 포함하고 있다. 또한 타인을 배려하려는 동기의 개발을 강조하고 있으며, 다양한 수준에서 자비와 배려심이 개발될 수 있고 타인에게 확장될 수 있음을 명시하고 있다. 전체적으로 자비 훈련 프로그램이 발달시키고자 하는 구체적인 덕목은 친사회적 교육에서 주창하는 목적과 목표를 성취하는 데 매우 중요한 부분이라는 사실을 명백히 알 수 있다.

교육 현장에서의 자비 개발 프로그램

아동을 위한 명상 프로그램의 적용과 그에 대한 연구는 성인 대상 연구보다 상대적으로 적게 이루어졌으며, 그중 상당수 연구에서 교육 현장에서의 마음챙김에 기반한 프로그램이 중심이 되고 있다(Meiklejohn et al., 2012; Zenner, Herrnleben-Kurz, & Walach, 2013). 이는 마음챙김에 기반한 프로그램들이 집중력 및 정서 조절과 같은 자기조절력이나 공감 또는 조망수용능력과 같은 친사회적 성향 등 기초적인 사회, 정서 기술을 발달시키는 데 도움이 될 것이라는 관점에 기초한다(Davidson et al., 2012).

마음챙김 기반 프로그램

위스콘신 대학교 매디슨 캠퍼스에서 개발한 친절교육 프로그램(Kindness Curriculum)은 4~6세 아동을 대상으로 마음챙김에 기반해 친절을 행하도록 교육하는 프로그램이다. 매주 20~30분씩 8주 동안 진행되는데, 아동의 내적, 외적 경험에 대한 알아차림을 개발하는 데 도움을 주기 위한 기본적인 활동으로 마음챙김 활동이 소개된다. 아동은 이를 통해 경험의 자연스러운 변화(정서를 포함)를 알아차리고 집중하게 되며, 자신의 정서가 친구나 타인과의 상호작용에 어떤 영향을 미치는지를 알아차리고 집중하게 된다. 그 뒤 아이

들은 어려운 감정을 다루는 방법을 배우고 연습한다. 이 교육과정은 이렇듯 아동에게 감사, 관용, 자비와 같이 긍정적인 덕목을 키우고 상호연결성을 이해시키는 활동으로 이루어져 있다.

친절 교육과정은 역량이 점진적으로 개발되도록 이루어져 있으며, 아동의 언어, 음악, 움직임 등을 통합하여 친절과 자비에 관련된 개념을 배울 수 있도록 구성되어 있다. 이 교육과정은 다양한 현장에서 적용하고 있는데, 아동의 초기 발달을 돕기 위해 미국 정부가 지원하는 헤드스타트 프로그램을 포함해 공립학교, 대학 부속 유치원 등에서 실제 교육되고 있다. 친절교육 프로그램의 효과에 대한 연구는 유아의 친사회적 행동과 학업 성취도가 향상되었음을 밝혔다(Flook, Goldberg, Pinger, & Davidson, 2015).

아동과 관련된 연구는 여전히 많이 진행되어 있지 않지만 Flook과 동료들(2015)의 연구는 마음챙김이나 이와 연관된 프로그램을 유아와 같이 어린 아동들부터 고등학생까지 확장해 적용할 수 있음을 보여 준다. 마음챙김에 기반한 초등학생용 프로그램에 대한 연구도 진행되었는데, 이 또한 아동의 집행기능을 향상시키며(Flook et al., 2010), 학업 성취도를 높이는 것으로 나타났다(Flook et al., 2015; Schonert-Reichl et al., 2015). 아동을 대상으로 하는 또 다른 마음챙김 기반의 프로그램에 관한 연구도 시험 불안을 낮추고(Napoli, Krech, & Holley, 2005) 심리적 증상을 완화한다고 보고했다(Broderick & Metz, 2009; Mendelson,

Tandon, O'Brennan, Leaf, & Ialongo, 2010). 또한 임상적 장면에서도 마음챙김에 기반한 프로그램이 소개되고 있는데, 불안장애를 가진 아동이나(Semple, Reid, & Miller, 2005) 외래 청소년 환자(Biegel, Brown, Shapiro, & Schubert, 2009), 그리고 에이즈에 걸린 청소년(Sibinga et al., 2008)에게도 적용되고 있다. 물론 깊이 있는 효과 연구가 필요하겠지만 이러한 초기 연구들은 마음챙김 기반의 프로그램이 발달에 적합한 방식으로 연령에 맞추어 적용될 수 있으며, 학생들에게 자기개발과 자기돌봄, 공감이나 친절과 같은 친사회적 역량 등을 키우는 데 도움이 될 수 있음을 보여 주는 것이라 하겠다. 이러한 프로그램들은 자비를 직접적으로 개발하기 위한 기틀을 만들어 줄 수 있을 것이다.

자비 기반 프로그램

이 장을 쓰고 있는 현재까지 두 개 정도의 자비 기반 연구가 교육 현장에서 실행되고 있다. 이들은 SCT와 CBCT(Dodson-Lavelle et al., 2015; Ozawa-de Silva & Dodson-Lavelle, 2011)로 이 장의 후반부에서 간략하게 살펴볼 예정이다. 상기에서 언급했듯이 각각의 프로그램은 우리 모두가 자비의 본성을 가지고 있으며, 이러한 자비는 체계적인 훈련을 통해 강화될 수 있음을 가정한다. 가장 최근에는 CMT 프로그램이 자비에 기반한 치료(CFT) 프로그램에 착안해 만들어졌는데 이 또한 교육 현장에서 사용되기 시작했으며, 앞에서 언급한 마음챙김에 기반한 프로그램에서 가르치고 있는 내용을 포함해 자비를 기르기 위해 필요한 요소로서 마음챙김을 적용하고 있다.

교육 현장에서 자비에 기반한 프로그램의 개발과 연구는 아직 미흡한 점이 많지만, 밝은 미래가 예상되는 분야이기도 하다. 그러나 과학적 증거를 제시해야 하는 연구가 자비 기반 교육 프로그램에 대한 열망을 아직 따라가지 못하고 있음을 인지할 필요가 있다. 다음으로, 우리는 앞에서 언급한 새로운 프로그램을 간략하게 설명하고, 교육적 적용과 실행, 친사회적 모형과의 통합 등에 대한 방향을 논의할 것이다.

지속가능한 자비 훈련 프로그램

지속가능한 자비 훈련(Sustainable Compassion Training: SCT) 프로그램의 기본 원리는 Nel Noddings의 '돌봄의 가치' 원리와 상응한다. 이는 누군가를 돌보기 위해서는 그 사람도 돌보아져야 한다는 원리이다 (Noddings, 1984, 1992). SCT는 교육자와 학생이 무조건적 긍정적 존중 안에서 돌봄을 받는 경험을 할 필요가 있다고 명시하고, 돌봄의 관계적 차원을 설명한다. 이는 이러한 돌봄의 태도를 타인에게도 확장시킬 수 있도록 힘을 주기 위한 것이다. 이러한 돌봄의 관계적 차원은 안정감, 자기가치감, 타인에 대한 감사 등 자비와 도덕성을 기르기 위해 필수적인 요소들을 제공하는 데 매우 중요하다(Varela, 1999). 학생들이 안정감과 안전함을 느끼게 되면 그들과 타인 사이에 견고한 경계를 세울 가능성이 낮다. 그들은 열린 마음으로 상대를 대할 것이며, 따라서 그들과 공감하게 되고 그들을 위한 연민의 마음을 내어 자비롭게 대응하게 될 것이다. 따라서 도덕성은 삶에 대한 열린 마음에 바탕을 두게 되고, 사랑에 기반한 안전한 관계에 뿌리 내리게 될 것이다.

자비를 길러 주는 이러한 관계적 차원을 설명하기 위해 SCT는 돌봄의 세 가지 유형을 제시한다. 이는 돌봄을 받기, 깊은 자기돌봄, 돌봄을 확장하기로 나뉜다. 각각의 유형은 정신적-교육적 자료와 개인 내적 관계 맺기 기술과 대인관계기술, 그리고 명상과 신체적인 훈련 등을 포함한다(Dodson-Lavelle et al., 2015). SCT는 삶과 마음 연구원(Mind and Life Institute)에서 주최한 돌봄에 대한 요구(Call to Care) 프로그램에 명상적 기반을 두고 있다(참고: https://www.mindandlife.org/about/careers/ 또는 https://courageofcare.org). 돌봄에 대한 요구(Call to Care) 프로그램은 2013년 시작되었는데 교육자, 명상가, 심리학자들이 학제 간 연구를 위해 팀을 형성하고 교사, 학생, 학교 공동체가 이러한 세 가지 유형의 돌봄을 훈련하여 돌봄과 자비에 대한 더욱 깊은 역량을 개발할 수 있도록 만든 교육적 이론 체계이다. 이 프로그램은 유치원부터 고등학교에 이르기까지의 교사들을 대상으로 1년 동안 교육과정 실행에 대한 지원과 더불어 전문적인 연수프로그램도 제공하고 있다. 이 프로그램의 목적은 교사가 돌봄 역량을 길러 그들 자신의 건강과 안녕을 챙기고 이러한 역량

을 교실에 도입해 적용하고 활용할 수 있도록 돕는 데 있다. 여기서 교육자들은 안전하고 지지적인 교육 환경을 마련할 수 있으며, 효과적으로 학생들에게 이러한 역량을 가르칠 수 있게 된다. 돌봄에 대한 요구 프로그램은 미국의 30개 학교에서 실행되었으며, 이스라엘, 노르웨이, 부탄, 베트남의 학교에서도 실행되었다. 이는 현재 용기 있는 돌봄 연합(Courage of Care Coalition)이라는 이름으로 확장되었으며, 공평함과 사회의 변화에 대한 내용으로 확장해 다루고 있다.

인지기반 자비 훈련 프로그램

자비를 훈련하기 위한 인지기반 자비 훈련 프로그램(Cognitively Based Compassion Training: CBCT)(이 책의 Mascaro, Negi, & Raison의 장 참조)은 티베트 불교 전통의 '마음 훈련'인 **로종** 수행으로부터 비롯되었다(Ozawa-de Silva & Negi, 2013). 이 훈련법은 대중에게 적합한 방식으로 변환, 적용되었으며, 다양한 대상을 위해 활용될 수 있도록 프로그램화되었다. CBCT는 자비를 다음과 같은 덕목을 키우면서 기를 수 있는 기술로 보고 있다. 이들은 다음과 같다.

① 집중력과 마음의 안정성
② 마음의 본성에 대한 통찰
③ 자기자비
④ 공정성
⑤ 감사와 이해

⑥ 정서와 공감

⑦ 대의적 자비

⑧ 자비의 실천

다른 자비 기반 프로그램과 같이 CBCT도 인간이 기본적으로 자비의 본성을 가지고 있다고 본다. 그러나 일반적으로 사람들이 가지는 자비는 종종 자신이 속한 그룹이나 인종에 제한되는 경우가 많다. 이 프로그램에서는 이러한 자비가 자신이 속한 그룹이나 사회뿐 아니라 모든 사람에게 확장될 수 있으며, 해를 가져온 사람에게도 자비로워질 수 있음을 가르치고 있다. 또한 이 프로그램은 인지적인 작업에 기반을 두고 있으며, 프로그램 참여자가 명상을 하면서 자신이 편견을 가지고 있거나 적대감을 가지고 있는, 혹은 특정한 제한을 두고 있던 사람들과 점진적으로 연결하고 통찰을 얻을 수 있도록 돕고 있다. 이러한 통찰은 지속적인 알아차림과 훈련을 통해 깊어질 수 있으며, 참여자는 다른 사람들과 연결성을 느끼고 그들을 대하는 것으로 변화될 수 있다(Ozawa-de Silva & Dodson-Lavelle, 2011; Ozawa-de Silva & Negi, 2013). 이 프로그램은 조지아주의 애틀랜타에 위치한 사립학교의 11세 아동을 대상으로 파일럿 연구를 진행했다.

교육 현장에서의 활용을 위한 자비로운 마음 훈련 프로그램

최근 자비로운 마음 훈련(Compassionate Mind Training: CMT) 프로그램을 교육 현장에 적용하는 교사들이 늘고 있다(Welford & Langmead, 2015). CMT는 폴 길버트의 CFT로부터 나온 것으로 진화론과 애착 이론에서 비롯된 자비의 개발을 위한 프로그램이며, 인지행동치료와 불교심리학을 통합해 개발하였다. CMT는 자비를 기르기 위한 기본적인 방법을 제공한다. 이 접근법은 인간은 진화론적이고 사회학적인 과정을 통해 발달하고 형성된다는 학습법을 통해 자비로운 자신에 대해 이해하는 것을 강조한다. 자신을 향해 자비로운 관점을 가지는 것은 우리가 자비로운 마음을 개발할 수 있도록 도와주며, 수치심, 자기비난, 그리고 자비를 방해하는 요소들을 확인할 수 있도록 돕는다(Gilbert, McEwan, Matos, & Rivis, 2011). 이 프로그램에서는 우리가 '위협 체계(threat system)'에 의해 크게 동요되는 것을 인식하도록 돕고, 위협에 반응할 때 '친근한', 즉 '완화 체계(soothing system)'를 활성화하는 방법을 제공하고 있다. 비록 이 영역에 대한 연구가 아직 초기 단계이기는 하지만, 지금까지 나와 있는 연구들은 CMT를 학교에 적용했을 때 교직원의 삶의 질과 부모참여가 증가했으며, 학생들의 부적응행동이 감소했음을 밝혔다(Welford & Langmead, 2015).

다양한 현장의 자비 기반 명상 프로그램: 전체 학교와 아동을 대상으로

물론 이 영역에서 연구가 훨씬 더 많이 이루어질 필요가 있지만, 우리는 자비에 기반한 프로그램과 명상 기반 프로그램이 교육 현장에 도움을 줄 것이라고 믿고 있다. 상기에서 언급한 바와 같이, 이러한 프로그램은 사회정서 학습과 연관되어 있으며, 학교 분위기에 초점을 두거나 요가 등과 같은 신체적인 발달을 돕는 다른 친사회적 교육 프로그램과 결합되면서 더욱 많은 혜택을 가져올 것이다.

신체적 프로그램

이 장의 처음에 밝힌 바와 같이, 교실에서의 스트레스와 트라우마 정도가 일반적인 수준을 넘어서고 있다. 이들은 신체적으로도 해로운 영향을 주고 있으며, 인지 능력과 정서적인 능력의 손실도 가져올 수 있다. 따라서 연구자와 교육자는 신체에 중심을 둔 프로그램에 중점을 두기 시작했고, 이를 통해 인지적인 부분에만 중점을 두었던 기존의 프로그램과 균형을 맞추기 시작했다. 이러한 상향식 접근법에는 요가, 호흡, 리듬성 접근법(예: EMDR), 바이오 피드백과 같은 프로그램이 있다. 이 프로그램은 심박변이도를 상승시키며 외상후스트레스장애 증상을 감소시키는 것으로 알려졌다(Sack, Lempa, Steinmetz, Lamprecht, & Hofmann, 2008; Seppälä et al.,

2014; Zucker, Samuelson, Muench, Greenberg, & Gevirtz, 2009). 더욱이 학교의 요가 프로그램은(5~18세) 학생들의 긴장과 불안을 낮추는 것으로 보고되었다(Ferreira-Vorkapic et al., 2015). 다른 연구자들도 초등학생을 위한 요가 기반 프로그램을 연구했는데, 스트레스 상황에서 반추, 침투적 사고, 정서적 각성 등이 감소함을 발견했다(Mendelson et al., 2010). 이와 비슷하게 중학생과 고등학생을 대상으로 한 프로그램인 청소년 권리 강화 세미나(Youth Empowerment Seminar: YES! For Schools)는 사회정서학습과 결합된 것으로 호흡을 조절하는 것(요가에 기반한 호흡 훈련)에 중점을 두고 있다. 이러한 프로그램은 학생들의 충동적 행동을 감소시켰으며(Ghahremani et al., 2013), 고등학생의 정서적 공감 능력을 증가시켰다(Ghahremani, Oh, Rana, Agrawal, & Dean, 심사 중).

학교 분위기

학교의 문화와 분위기를 논하는 프로그램들은 안전하고 배려 깊은 관계 속에서 최고의 학습이 일어난다고 말한다. 학교 분위기를 잘 조성하기 위해서는 네 가지 요소가 필요한데, 안전, 관계, 교수학습 그리고 교육 환경이 그것이다(Cohen, 2012). 긍정적인 분위기는 학생들에게 서로에 대한 연결감과 학교에 대한 소속감을 선물한다(Orpinas & Horne, 2009). 이러한 환경은 교사가 일의 의미를 발견할 수 있도록 하며, 교실에서뿐 아니라 더 큰 사회에서 자신의 역할을 깨닫도록 돕는다 (Battistich, Solomon, Watson, & Schaps, 1997).

교육자들의 전문적 성장

학교 프로그램들은 학교 전체에 적용되고 학생들이 학교 밖(예: 집 또는 방과후 수업)에서도 적용하고 실행할 때 가장 성공한다는 연구들이 있다(Bond & Hauf, 2004). 또한 성공적으로 실행되기 위해서는 학교의 기관장, 부모, 공동체가 포함되어야 하며, 교육자들에게 전문적인 성장을 도울 수 있도록 지원이 수반되어야 한다(Bryk, Sebring, Allensworth, Easton, & Luppescu, 2010; Durlak & DuPre, 2008). 교사의 성장은 매우 중요하며, 교사의 부족한 사회, 정서적 기술은 학생들의 사회, 정서적 발달을 방해한다는 연구도 존재한다(Reyes, Brackett, Rivers, Elbertson, & Salovey, 2012). 학생들의 배움이 안전하고 안정적이며 배려 깊은 관계에 의해 예측될 수 있듯이, 교사의 성장도 안전하고 신뢰로운 동료관계와 전문적인 관계에 의해 달라질 수 있다(Jones, Bouffard, & Weissbourd, 2013). 더불어 교사의 사회, 정서발달은 지속가능성과 연결되어 있다. 충분한 친사회적 훈련이 제공되지 않는다면 교사는 교직에서 오는 일반적인 스트레스를 효과적으로 다루지 못해 소진의 위험에 놓이게 될 수 있다(Jennings & Greenberg, 2009).

최근에 발표된 논문들은 교육자를 위한 마음챙김 명상이 스트레스나 소진을 줄이고 마음챙김을 높이며 집중력을 증가시키고 교실 운영을 효과적으로 조직할 수 있도록 돕는다고 보고한다(Flook, Goldberg, Pinger, Bonus, & Davidson, 2013; Jennings, Frank, Snowberg, Coccia, & Greenberg, 2013; Kemeny et al., 2012; Roeser et al., 2013). 이러한 요소들은 교실 환경의 질, 학생과의 상호작용, 그리고 효과적인 교수법과 직접적으로 연결된다(Jennings & Greenberg, 2009). 앞으로는 교사와 학생을 함께 교육하는 것의 시너지에 대한 연구도 함께 이루어져야 할 것이다.

자비에 기반한 통합적인 프로그램을 위한 친사회적 교육

자비에 기반한 프로그램을 기존에 존재하는 친사회성 교육에 통합하는 것이 이익을 가져다주기는 하지만, 이러한 프로그램에 대한 효과 연구는 과제로 남아 있다. 또한 조금 더 광범위하게 교육 현장에 적용될 수 있는 이론을 개발하는 것도 숙제이다. 이를 위해서는 친사회성에 대한 명확한 정의가 필요하며, 아동기의 전반적인 발달 과정에서 자비가 어떻게 개발되는지 표준적인 지침을 마련할 필요가 있다. 더욱이 다양한 교육 현장에 적용될 수 있는 방법을 위해서는 좀 더 섬세한 이론과 변인들이 구축되어야 할 것이다.

이는 교육계뿐 아니라 자비를 연구하는 학자들과 다양한 방법론을 탐구하는 연구자들이 함께 탐구해야 하는 부분이다. 기존에 설명한 자비에 기반한 프로그램은 각기 다른 이론적 모형에 기초하고 있으며, 따라서 자비를 키우기 위한 다른 방법을 소개하고 있다. 이는 자비 프로그램들(다양한 이론과 수행법에 기초한)이 일반적인 마음챙김 프로그램과 다르다는 것을 보여 준다.

자비에 기반한 프로그램은 교육 체계에 대한 이해를 포함하는 생태적인 방식으로 적용될 필요가 있다. 전인적으로 기능하는 개인으로 성장하기 위해서는 자비에 기반한 프로그램이 특정한 상황 속에서 적용될 필요가 있음을 확인해야 한다. 따라서 우리는 환경의 역할에 대한 것뿐 아니라 아동을 위해 가장 적합한 프로그램이 무엇인지 고려해야 하며, 어떤 발달 단계가 가장 적절한지, 어떤 순서로 이루어져야 하는지도 생각해야 한다. 따라서 연구자와 프로그램 개발자는 서로에게서 배우며, 학생, 부모, 교사에게서도 배워야 한다. 이를 통해 다양한 환경 속에 있는 개인과 공동체를 위해 어떤 것이 가장 적합할지 잘 이해할 수 있을 것이다. 다양한 방법과 접근을 활용하는 연구를 통해 교육과정을 결정할 수 있을 것이며, 누구에게 어떻게, 얼마나 무엇을 제공할 것인지 확인할 수 있을 것이다.

앞으로 생각해야 할 질문은 다음과 같다. 자비나 이와 관련된 덕목이 학교 일과에 어떻게 잘 스며들게 할 것인가, 다른 과목과 통합적으로 활용될 수 있는 방법은 무엇인가, 다른 과목들이 연차별로 맞춰서 강화되는 것처럼 어떻게 자비가 점진적으로 개발될 수 있도록 할 것인가? 다른 친사회성 교육 프로그램과 통합적으로 접근할 수 있는 방법은 무엇인가? 이러한 프로그램이 문화적으로 적합하게 적용될 수 있는 방법은 무엇인가?

도전과제, 기회 그리고 미래 방향

교육에 적용하기 위한 좀 더 확장적인 이론을 개발하는 것에는 어려움이 따른다. 이 과정은 다양한 분야의 통합과 훈련을 요구하기 때문이다. 각각은 고유의 연구와 훈련 방법, 정의, 표준 등을 가지고 있다. 이러한 프로그램과 모형의 효과를 생태적이고 시스템적인 수준에서 평가하는 것은 당연히 어려운 일이다.

자비에 대한 담론을 시작하는 것은 불특정한 가정이나 잠재적 편견을 강조할 수 있다. 자비 프로그램은 정서나 행동을 '조직하다' 또는 '통제하다'라는 사회적이거나 학업적인 성취를 설명하는 단어를 사용하지 않는 경향이 있다. 이들은 문제해결이나 행동수정 등의 단어보다 사랑, 자비, 정서라는 것을 더 강조하고 심화하는 경향을 보인다. 예를 들어, 자기조절과 반대로 무조건적인 배려라는 관점을 가지는 것은 학생들의 행동을 조절하고 통제하거나 학업 성취 능력을 증장하는 것에 초점을 둔 친사회적 프로그램에게는 이상하게 느껴질 수도 있다.

따라서 좀 더 확장된 이론을 위해서는 연구자, 교육자, 사회 리더, 정책 전문가, 국회의원, 또는 다른 주요 인물들에 의해 움직이는 교육의 본질적인 목적과 목표를 표면으로 가지고 올 필요가 있다. 교육에 자비 기반 프로그램을 통합하는 것은 교육의 목적과 목표를 위한 좀 더 적극적인 비전을 갖게 하며, 사람들이 가지는 본질적인 친사회성에 대한 좀 더 세심한 관점을 갖게 할 것이다. 자비 기반 교육 프로그램이 학생들의 학업 성취도와 학업 수행 능력을 강화하는 것에 초점을 둔 프로그램과 통합되어 더욱더 풍성해질 수도 있을 것이다. 그러나 이러한 과정은 전통적인 교육이 좀 더 통합적인 접근을 포용하지 않는 한 제한이 따를 것이다.

비록 많은 친사회성 교육 프로그램이 교사와 학생의 사회, 정서 발달을 강화하는 데 관심을 가지지만, 무조건적인 배려와 자비를 개발하는 것은 간과되고 있다. 자비에 관심을 두지 않는 것은 시험에서 높은 점수를 받기 위해 집중력이 필요하다는 교육 정책 때문인 부분도 있다. 친사회성 교육 프로그램이 학습에 도움을 줄 수 있겠지만, 자비 기반 프로그램은 이를 뛰어넘어 좀 더 확장된 교육에 대한 통합적인 비전을 제시할 수 있을 것이다. 이러한 이론은 전인적인 발달을 강조하면서 타인의 복지에 대한 깊은 관심과 책임감을 키울 수 있도록 하며, 지구 공동체의 연결성에 대한 이해도 높여 줄 것이다.

자비와 배려는 아동의 성장에 있어서 학교 안에서, 그리고 학교 밖에서 매우 필수적이다. 이러한 덕목은 학업 성취도의 압력과 트라우마로 인해 스트레스를 받고 있는 학교 환경에서 친근하게 다가오는 것이 아니며, 심지어 이상하게 보일 수도 있다. 그러나 이는 오히려 우리의 교육 체계에 모든 아동을 위한 염려와 자비를 적용하는 좀 더 확장된 관점이 필요하다는 것을 강조해 보여 주는 것이라 하겠다. 우리가 교육의 잠재성과 인간성에 대해 깨달을 수 있다면, 교육 현장은 자비를 인지하고 가치를 두어 개발시킬 수 있는 좀 더 적극적이고 포괄적인 시각을 되찾을 수 있을 것이다.

참고문헌

Battin-Pearson, S., Newcomb, M. D., Abbott, R. D., Hill, K. G., Catalano, R. F., & Hawkins, J. D. (2000). Predictors of early high school dropout: A test of five theories. *Journal of Educational Psychology*, 92(3), 568.

Battistich, V., Solomon, D., Watson, M., & Schaps, E. (1997). Caring school communities. *Educational Psychologist*, 32(3), 137-151.

Bell, C. C., & Jenkins, E. J. (1993). Community violence and children on Chicago's southside. *Psychiatry*, 56(1), 46-54.

Biegel, G. M., Brown, K. W., Shapiro, S. L., & Schubert, C. M. (2009). Mindfulness-based stress reduction for the treatment of adolescent psychiatric outpatients: A randomized clinical trial. *Journal of Consulting and Clinical Psychology*, 77(5), 855.

Bond, L. A., & Hauf, A. M. C. (2004). Taking stock and putting stock in primary prevention: Characteristics of effective programs. *Journal of Primary Prevention*, 24(3), 199-221. doi:10.1023/b:jopp.0000018051.90165.65

Broderick, P. C., & Metz, S. (2009). Learning to BREATHE: A pilot trial of a mindfulness curriculum for adolescents. *Adv. Sch. Mental Health Promot, 2*, 35-46. doi:10.1080/175473 0X.2009.9715696

Brown, P., Corrigan, M. W., & Higgins-D'Alessandro, A. (2012). *Handbook of Prosocial Education* (Vol. 1). Lanham, Maryland: Rowman & Littlefield.

Bryk, A. S., Sebring, P. B., Allensworth, E., Easton, J. Q., & Luppescu, S. (2010). *Organizing Schools for Improvement: Lessons from Chicago*. Chicago, IL: University of Chicago Press.

Carrion, V. G., Garrett, A., Menon, V., Weems, C. F., & Reiss, A. L. (2008). Posttraumatic stress symptoms and brain function during a response-inhibition task: An fMRI study in youth. *Depression and Anxiety, 25*(6), 514-526.

Cohen, J. (2012). School climate and culture improvement: A prosocial strategy that recognizes, educates, and supports the whole child and the whole school community. In P. Brown, M. W. Corrigan, & A. Higgins-D'Alessandro (Eds.), *Handbook of Prosocial Education* (Vol. 1, pp. 227-270). Lanham, Maryland: Rowman & Littlefield.

Condon, P., Desbordes, G., Miller, W. B., & DeSteno, D. (2013). Meditation increases compassionate responses to suffering. *Psychological Science, 24*(10), 2125-2127.

Davidson, R. J., Dunne, J., Eccles, J. S., Engle, A., Greenberg, M., Jennings, P., ... Meyer, D. (2012). Contemplative practices and mental training: Prospects for American education. *Child Development Perspectives, 6*(2), 146-153.

De Bellis, M. D., Chrousos, G. P., Dorn, L. D., Burke, L., Helmers, K., Kling, M. A., ... Putnam, F. W. (1994). Hypothalamic-pituitary-adrenal axis dysregulation in sexually abused girls. *The Journal of Clinical Endocrinology & Metabolism, 78*(2), 249-255.

Dodson-Lavelle, B. D. H., Makransky, J., & Seigle, P. (2015). A Call to Care: Teacher's Development Guide. (Unpublished manuscript.)

Durlak, J. A., & DuPre, E. P. (2008). Implementation matters: A review of research on the influence of implementation on program outcomes and the factors affecting implementation. *American Journal of Community Psychology, 41*(3-4), 327-350.

Durlak, J. A., Weissberg, R. P., Dymnicki, A. B., Taylor, R. D., & Schellinger, K. B. (2011). The impact of enhancing students' social and emotional learning: A meta-analysis of school-based universal interventions. *Child Development, 82*, 405-432. http://dx.doi.org/10.1111/j.1467-8624.2010.01564.x

Fantuzzo, J., Boruch, R., Beriama, A., Atkins, M., & Marcus, S. (1997). Domestic violence and children: Prevalence and risk in five major US cities. *Journal of the American Academy of Child & Adolescent Psychiatry, 36*(1), 116-122.

Fehr, E., Bernhard, H., & Rockenbach, B. (2008). Egalitarianism in young children. *Nature, 454*(7208), 1079-1083.

Ferreira-Vorkapic, C., Feitoza, J., Marchioro, M., Simões, J., Kozasa, E., & Telles, S. (2015). Are there benefits from teaching yoga at schools? A systematic review of randomized control trials of yoga-based interventions. *Evidence-Based Complementary and Alternative Medicine.*

Flook, L., Goldberg, S. B., Pinger, L., Bonus, K., & Davidson, R. J. (2013). Mindfulness for teachers: A pilot study to assess effects on stress, burnout, and teaching efficacy. *Mind, Brain, and Education, 7*(3), 182-195.

Flook, L., Goldberg, S., Pinger, L., & Davidson, R. J. (2015). Promoting prosocial behavior in preschool children with a mindfulness-based curriculum. *Developmental Psychology, 51*(1), 44-51.

Flook, L., Smalley, S. L., Kitil, M. J., Galla, B. M., Kaiser-Greenland, S., Locke, J., … Kasari, C. (2010). Effects of mindful awareness practices on executive functions in elementary school children. *Journal of Applied School Psychology, 26*(1), 70-95.

Ghahremani, D., Oh, E., Dean, A., Mouzakis, K., Wilson, K., & London, E. (2013). Effects of the Youth Empowerment Seminar on impulsive behavior in adolescents. *Journal of Adolescent Health, 53*(1), 139-141.

Ghahremani, D., Oh, E., Rana, S., Agrawal, P., & Dean, A. (under review). Effects of integration of controlled breathing and social-emotional life-skills training on emotional empathy in adolescents.

Gilbert, P., McEwan, K., Matos, M., & Rivis, A. (2011). Fears of compassion: Development of three self-report measures. *Psychology and Psychotherapy: Theory, Research and Practice, 84*(3), 239-255.

Goetz, J. L., Keltner, D., & Simon-Thomas, E. (2010). Compassion: An evolutionary analysis and empirical review. *Psychological Bulletin, 136*(3), 351.

Gorman-Smith, D., & Tolan, P. H. (2003). Positive adaptation among youth exposed to community violence. *Resilience and Vulnerability: Adaptation in the Context of Childhood Adversities*, 392-413.

Hamlin, J. K., Wynn, K., & Bloom, P. (2007). Social evaluation by preverbal infants. *Nature, 450*(7169), 557-559.

Hammack, P. L., Richards, M. H., Luo, Z., Edlynn, E. S., & Roy, K. (2004). Social support factors as moderators of community violence exposure among inner-city African American young adolescents. *Journal of Clinical Child and Adolescent Psychology, 33*(3), 450-462.

Hepach, R., Vaish, A., & Tomasello, M. (2012). Young children are intrinsically motivated to see others helped. *Psychological Science, 23*(9), 967-972.

Jaffee, S. R., Harrington, H., Cohen, P., & Moffitt, T. E. (2005). Cumulative prevalence of psychiatric disorder in youths. *Journal of the American Academy of Child & Adolescent Psychiatry, 44*(5), 406-407.

Jennings, P. A., Frank, J. L., Snowberg, K. E., Coccia, M. A., & Greenberg, M. T. (2013). Improving classroom learning environments by Cultivating Awareness and Resilience in Education (CARE): Results of a randomized controlled trial. *School Psychology Quarterly, 28*(4), 374.

Jennings, P. A., & Greenberg, M. T. (2009). The prosocial classroom: Teacher social and emotional competence in relation to student and classroom outcomes. *Review of Educational Research, 79*(1), 491-525.

Jones, S. M., Bouffard, S. M., & Weissbourd, R. (2013). Educators' social and emotional skills vital to learning. *Phi Delta Kappan*, *94*(8), 62–65.

Kann, L., Kinchen, S., Shanklin, S. L., Flint, K. H., Kawkins, J., Harris, W. A., ... Prevention. (2014). Youth risk behavior surveillance— United States, 2013. *Morbidity & Mortality Weekly Report supplements*, *63*(4), 1–168.

Kärtner, J., Keller, H., & Chaudhary, N. (2010). Cognitive and social influences on early prosocial behavior in two sociocultural contexts. *Developmental Psychology*, *46*(4), 905.

Kemeny, M. E., Foltz, C., Cavanagh, J. F., Cullen, M., Giese-Davis, J., Jennings, P., ... Wallace, B. A. (2012). Contemplative/emotion training reduces negative emotional behavior and promotes prosocial responses. *Emotion*, *12*(2), 338.

Klem, A. M., & Connell, J. P. (2004). Relationships matter: Linking teacher support to student engagement and achievement. *Journal of School Health*, *74*(7), 262–273.

Kliewer, W., Lepore, S. J., Oskin, D., & Johnson, P. D. (1998). The role of social and cognitive processes in children's adjustment to community violence. *Journal of Consulting and Clinical Psychology*, *66*(1), 199.

Leaviss, J., & Uttley, L. (2015). Psychotherapeutic benefits of compassion-focused therapy: An early systematic review. *Psychological Medicine*, *45*(05), 927–945.

Liebschutz, J., Savetsky, J. B., Saitz, R., Horton, N. J., Lloyd-Travaglini, C., & Samet, J. H. (2002). The relationship between sexual and physical abuse and substance abuse consequences. *Journal of Substance Abuse Treatment*, *22*(3), 121–128.

Lynch, M., & Cicchetti, D. (1998). An ecological-transactional analysis of children and contexts: The longitudinal interplay among child maltreatment, community violence, and children's symptomatology. *Development and Psychopathology*, *10*(02), 235–257.

Makransky, J. (2012). Compassion in Buddhist psychology. *Wisdom and Compassion in Psychotherapy: Deepening Mindfulness in Clinical Practice*, 61–74.

Makransky, J., Das, S., & Osgood, P. (2007). *Awakening Through Love: Unveiling Your Deepest Goodness*. New York: Simon and Schuster.

Mascaro, J. S., Rilling, J. K., Negi, L. T., & Raison, C. (2012). Compassion meditation enhances empathic accuracy and related neural activity. *Social Cognitive and Affective Neuroscience*, 8, 48–55. doi:10.1093/scan/nss095

Meiklejohn, J., Phillips, C., Freedman, M. L., Griffin, M. L., Biegel, G., Roach, A., ... Soloway, G. (2012). Integrating mindfulness training into K–12 education: Fostering the resilience of teachers and students. *Mindfulness*, *3*(4), 291–307.

Mendelson, T., Greenberg, M. T., Dariotis, J. K., Gould, L. F., Rhoades, B. L., & Leaf, P. J. (2010). Feasibility and preliminary outcomes of a school-based mindfulness intervention for urban youth. *Journal of Abnormal Child Psychology*, *38*(7), 985–994.

Napoli, M., Krech, P. R., & Holley, L. C. (2005). Mindfulness training for elementary school students: The attention academy. *Journal of Applied School Psychology*, *21*(1), 99–125.

Noddings, N. (1984). *Caring: A Feminist Approach to Ethics and Education*. Berkeley, CA: University of California Press.

Noddings, N. (1992). *The Challenge to Care in Schools* (2nd ed.). Teachers College Press.

Noguchi, S. (2016). Palo Alto: CDC to help craft suicide-prevention measures. San Jose Mercury News. Feb. 14, p. 00.

Orpinas, P., & Horne, A. (2009). Creating a positive school climate and developing social competence. *Handbook of Bullying in Schools: An International Perspective*, 49-59.

Ozawa-de Silva, B., & Dodson-Lavelle, B. (2011). An education of heart and mind: Practical and theoretical issues in teaching cognitive-based compassion training to children. *Practical Matters*, 1(4), 1-28.

Ozawa-de Silva, B., & Negi, L. (2013). Cognitively-based compassion training: Protocol and key concepts. In Tania Singer & Mathias Bolz (Eds.), *Compassion: Bridging Theory and Practice*. Max Planck Gesellschaft.

Schonert-Reichl, K. A., Oberle, E., Lawlor, M. S., Abbott, D., Thomson, K., Oberlander, T. F., & Diamond, A. (2015). Enhancing cognitive and social-emotional development through a simple-to-administer mindfulness-based school program for elementary school children: A randomized controlled trial. *Developmental Psychology*, *51*, 52-66. http://dx.doi.org/10.1037/a0038454

Singer, T., & Bolz, M. (2013). *Compassion: Bridging Theory and Practice*. Max Planck Gesellschaft. Ebook. Available online at www.compassion-training.org

Pace, T. W., Negi, L. T., Adame, D. D., Cole, S. P., Sivilli, T. I., Brown, T. D., ... Raison, C. L. (2009). Effect of compassion meditation on neuroendocrine, innate immune and behavioral responses to psychosocial stress. *Psychoneuroendocrinology*, *34*(1), 87-98.

Pace, T. W., Negi, L. T., Sivilli, T. I., Issa, M. J., Cole, S. P., Adame, D. D., & Raison, C. L. (2010). Innate immune, neuroendocrine and behavioral responses to psychosocial stress do not predict subsequent compassion meditation practice time. *Psychoneuroendocrinology*, *35*(2), 310-315.

Reyes, M. R., Brackett, M. A., Rivers, S. E., Elbertson, N. A., & Salovey, P. (2012). The interaction effects of program training, dosage, and implementation quality on targeted student outcomes for the RULER approach to social and emotional learning. *School Psychology Review*, *41*(1), 82-99.

Robles, T. F., Glaser, R., & Kiecolt-Glaser, J. K. (2005). Out of balance: A new look at chronic stress, depression, and immunity. *Current Directions in Psychological Science*, *14*(2), 111-115.

Roeser, R. W., Schonert-Reichl, K. A., Jha, A., Cullen, M., Wallace, L., Wilensky, R., ... Harrison, J. (2013). Mindfulness training and reductions in teacher stress and burnout: Results from two randomized, waitlist-control field trials. *Journal of Educational Psychology*, *105*(3), 787.

Romano, E., Tremblay, R. E., Vitaro, F., Zoccolillo, M., & Pagani, L. (2001). Prevalence of psychiatric diagnoses and the role of perceived impairment: Findings from an adolescent community sample. *Journal of Child*

Psychology and Psychiatry, 42(04), 451-461.

Ruiz, P. O., & Vallejos, R. M. (1999). The role of compassion in moral education. *Journal of Moral Education, 28*(1), 5-17.

Sack, M., Lempa, W., Steinmetz, A., Lamprecht, F., & Hofmann, A. (2008). Alterations in autonomic tone during trauma exposure using eye movement desensitization and reprocessing (EMDR)—Results of a preliminary investigation. *Journal of Anxiety Disorders, 22*(7), 1264-1271.

Saltzman, K. M., Weems, C. F., & Carrion, V. G. (2006). IQ and posttraumatic stress symptoms in children exposed to interpersonal violence. *Child Psychiatry and Human Development, 36*(3), 261-272.

Schwab-Stone, M. E., Ayers, T. S., Kasprow, W., Voyce, C., Barone, C., Shriver, T., & Weissberg, R. P. (1995). No safe haven: A study of violence exposure in an urban community. *Journal of the American Academy of Child & Adolescent Psychiatry, 34*(10), 1343-1352.

Semple, R. J., Reid, E. F., & Miller, L. (2005). Treating anxiety with mindfulness: An open trial of mindfulness training for anxious children. *Journal of Cognitive Psychotherapy, 19*(4), 379-392.

Seppälä, E. M., Nitschke, J. B., Tudorascu, D. L., Hayes, A., Goldstein, M. R., Nguyen, D. T., ... Davidson, R. J. (2014). Breathing-based meditation decreases posttraumatic stress disorder symptoms in U.S. military veterans: A randomized controlled longitudinal study. *Journal of Traumatic Stress, 27*(4), 397-405. doi:10.1002/jts.21936

Sibinga, E., Stewart, M., Magyari, T., Welsh, C. K., Hutton, N., & Ellen, J. M. (2008). Mindfulness-based stress reduction for HIV-infected youth: A pilot study. *Explore: The Journal of Science and Healing, 4*(1), 36-37.

Sloane, S., Baillargeon, R., & Premack, D. (2012). Do infants have a sense of fairness? *Psychological Science*, doi:0956797611422072.

Svetlova, M., Nichols, S. R., & Brownell, C. A. (2010). Toddlers' prosocial behavior: From instrumental to empathic to altruistic helping. *Child Development, 81*(6), 1814-1827.

Swearer, S. M., Espelage, D. L., Vaillancourt, T., & Hymel, S. (2010). What can be done about school bullying? Linking research to educational practice. *Educational Researcher, 39*(1), 38-47.

Varela, F. J. (1999). *Ethical Know-how: Action, Wisdom, and Cognition.* Stanford, CA: Stanford University Press.

Villarreal, G., & King, C. Y. (2001). Neuroimaging studies reveal brain changes in posttraumatic stress disorder. *Psychiatric Annals, 34*(11), 845-856.

Warneken, F., & Tomasello, M. (2007). Helping and cooperation at 14 months of age. *Infancy, 11*(3), 271-294.

Welford, M., & Langmead, K. (2015). Compassion-based initiatives in educational settings. *The British Psychological Society: Educational & Child Psychology, 32*(1), 71-80.

Weng, H. Y., Fox, A. S., Shackman, A. J., Stodola, D. E., Caldwell, J. Z., Olson, M. C., ... Davidson, R. J. (2013). Compassion training alters altruism and neural responses to suffering. *Psychological Science, 24*(7), 1171-

1180.

Wentzel, K. R., Battle, A., Russell, S. L., & Looney, L. B. (2010). Social supports from teachers and peers as predictors of academic and social motivation. *Contemporary Educational Psychology*, *35*(3), 193-202.

Wright, R. J., & Steinbach, S. F. (2001). Violence: An unrecognized environmental exposure that may contribute to greater asthma morbidity in high risk inner-city populations. *Environmental Health Perspectives*, *109*(10), 1085.

Zahn-Waxler, C., Radke-Yarrow, M., Wagner, E., & Chapman, M. (1992). Development of concern for others. *Developmental Psychology*, *28*(1), 126.

Zenner, C., Herrnleben-Kurz, S., & Walach, H. (2013). Mindfulness-based interventions in schools—a systematic review and meta-analysis. *Frontiers in Psychology*, *5*, 603.

Zucker, T. L., Samuelson, K. W., Muench, F., Greenberg, M. A., & Gevirtz, R. N. (2009). The effects of respiratory sinus arrhythmia biofeedback on heart rate variability and posttraumatic stress disorder symptoms: A pilot study. *Applied Psychophysiology and Biofeedback*, *34*(2), 135-143.

영웅적 행동: 자비 실천을 통한 사회 변혁

Phillip G. Zimbardo, Emma M. Seppälä, and Zeno E. Franco

요약

영웅적 행동과 실천적 자비는 사회 변혁을 주도하는 중요한 요소로서, 개인과 사회의 근본적인 변화를 이룰 수 있다. 이전 연구에서는 영웅적 행동을 이타주의와 구분했지만, 자비는 수많은 영웅적 행동의 핵심 요소로 볼 수 있다. 이 장에서는 영웅적 행동을 개인이 위험을 감수하며 펼치는 자비로운 행동으로 정의한다. 또한 영웅적 상상 프로젝트(HIP)나 유사한 훈련 활동을 통해 자비로운 자기희생을 교육할 수 있는 방안을 소개한다. 이러한 아이디어를 기반으로 진행된 두 가지 예비 연구를 소개하였다. 첫 번째 연구에서는 범죄 행위를 친사회적 행동으로 대체하는 것을 목표로 하는 범죄 조직 탈출 프로그램을 검토했다. 그러나 이러한 행동은 과거 범죄 조직원들을 상당한 개인적 위험에 빠뜨릴 수 있었다. 두 번째 연구에서는 전쟁 상황에서 화해에 집중하는 팔레스타인과 이스라엘 사람들을 분석했는데, 그들도 가족과 친구와의 관계를 희생하고 있음을 확인했다.

핵심용어

영웅적 행동, 자비, 정신적 용기, 사회 변혁, 범죄 조직 탈출(gang desistance), 팔레스타인-이스라엘 갈등, 개인적 희생, 위험, 영웅적 상상

고전에 등장하는 영웅은 '영원하지 않은 땅 따위는 걷지' 않을 것 같은 특별하고 희귀한 사람들처럼 보인다. 영웅적 행동은 우리가 선천적이라 알고 있는 자비심에 기반한 것임에도 전통적으로 드문 행위로 여겨졌다. 여기서 영웅의 개념은 대의를 위해 비범한 행위를 하는 예외적이고 숭고한 인간들의 전설과 이야기에서 연상된 것이다. 이런 영웅은 대개 군대의 지휘관이나 순교자, 정치적 영웅들이다. 아가멤논과 아킬레스는 일본에서 사무라이가 그랬듯 서양의 대표적인 남성 전사 영웅이었다. 잔 다르크와 같이 유명한 예외가 몇몇 있긴 하지만 전통적인 영웅은 거의 항상 남성이다. 문화를 초월하는 이러한 전통적인 관점

은 영웅적 행동이 대단히 드문 인간적 현상임을 암시한다.

세월이 흐르며 과거의 군사적 · 종교적 · 정치적 영웅들은 공적 담론에서 역사의 흐름을 바꾼 이상들을 위해 오랫동안 애써 온 사회적 영웅들에게 자리를 내주었다. 간디, 넬슨 만델라, 마틴 루서 킹, 테레사 수녀 등이 대표적인 예이다. 이들이 평생 몰두한 작업은 전체적인 사회적 집단이나 국가의 차원에서 근본적으로 다른 미래를 만들어 냈고 그 과정에서 세계적인 대화를 변화시켰다(Allison & Goethals, 2015). 그뿐만 아니라 이 장에서는 영웅적 행동이 늘 선천적인 것이 아니라 삶의 경험을 통해 나타날 수도 있음을 보여 준다. 영웅적 행동은 종종 한 사람이 사회적 공익을 위해 능동적으로 헌신하기 시작하는 정체성 변화(identity shift)라는 변혁 과정을 통해 나온다.

영웅적 행동

때로는 자비가 아니라 군 복무와 같은 의무에서 영웅적 행동이 나오기도 하지만 이 장에서 논의하는 영웅적 행동의 유형은 개인을 희생할 위험을 무릅쓰며 긍정적인 사회 변화를 일궈 내고자 하는 자비로운 행동이라 폭넓게 정의할 수 있다. 영웅적 행동은 시민 정신(civic virtue)을 최고 수준의 시민 행동으로 승화시키려 하는 시민들의 이상을 대표하며, 그 과정에서 물리적 위협이나 사회적 희생까지 수용한다(Franco et al., 2011). 자비와 공감은 이러한 정신적 용기를 부채질하는 데 필요한 감정적 · 인지적 전조(前兆)이다. 그러나 실은 자기 자신이 위험에 처할 수 있을 때 자비로운 행동을 하는 것이 영웅적 행동이다.

사회 변혁을 일으키려면 영웅적 행동이 필요하다. 영웅은 악에 맞서고, 다른 이들이 피해를 보지 않도록 방패 역할을 하며, 모든 형태의 선량함을 고취하면서 인류의 대의를 위해 모든 노력을 쏟아붓는다(Franco & Zimbardo, 2016; Kinsella et al., 2015). 그들은 고귀한 시민 행동의 모델을 제공함으로써 타인에게 영감을 불어넣는다.

영웅적 행동을 엄격히 정의하면 다음과 같다.

ⓐ 도움이 필요한 타인을 위한 봉사로서 사회적 행위. 특정한 개인이나 무리, 공동체를 위한 것일 수도 있고 사회적으로 승인된 이상, 새로운 사회적 기준을 지키기 위한 것일 수도 있다, ⓑ 자발적으로 참여한 사회적 활동(군사적인 맥락이라도 개인에게 부과된 의무를 넘어서는 행동이라면 영웅적 행동일 수 있다), ⓒ 개인에게 위험이나 비용이 발생할 수 있다는 것을 인지하고 있는 사회적 활동(즉, 아무 생각 없이 무턱대고 참여한 것이 아니다. '무지나 사려 깊지 못한 경박함에서 기인하지 않았다'는 1913년판 웹스터의 정의를 상기하자), ⓓ 행동하는 시점에 기대되는 외부적 이득이 없는 사회적 활동(Franco et al., 2011, p. 101)

영웅적 행동에는 크게 두 가지 유형이 있다. 영웅적 행동은 성매매에서 아이들을 구해 내기 위해 정교한 시나리오를 구상하고 실행하는 비영리 단체 지하철도작전(Operation Underground Railroad)처럼 계획과 정교한 행동이 포함된 '사려 깊은 능동성(reflective proactivity)'의 형태를 취할 수 있다. 이 범주에 속하는 영웅적 행동의 또 다른 예는 2004년 아부그라이브(Abu Ghraib) 교도소를 둘러싼 군사적 스캔들의 영웅이자 평범한 육군 예비군이었던 Joe Darby이다. 그는 자신이 보호해야 하는 이라크인 재소자를 모욕하고 학대하는 동료 군인들의 디지털 이미지 수백 장이 담긴 CD를 상관에게 제출했다. Darby는 이 행동으로 인해 작전지대에서 함께 근무하며 친구가 되었던 이들을 포함해 동료들이 불명예제대를 당할 수 있고 자신에게 복수하려 들 수도 있다는 사실도 알고 있었다. 미군은 Darby와 아내, 어머니를 3년간 보호했고, 이후 그는 마땅히 받아야 할 영웅의 명예를 얻었다.

영웅적 행동의 두 번째 범주는 '일시적인 혹은 충동적인 반응성(emergent or impulsive reactivity)'이라 할 수 있다. 예를 들어, 카네기 영웅 메달(Carnegie Hero Medal) 수상자의 행동을 분석한 연구에서 수상자들이 위험한 상황에 직관적이고 자동으로 반응한 것으로 나타났다(Rand & Epstein, 2014). 즉, 행동에 앞서 감정적으로나 인지적으로나 크게 고민하지 않았다. 이러한 행동은 군인이나 응급 구조요원이 받는 훈련의 일부이다. 이들은 다른 이들의 생명이 위험에 처했다고 여겨지는 상황에서 즉각적으로 가장 큰 효과를 낼 수 있게 반응하도록 배운다. 일시적인 혹은 충동적인 반응성의 한 예는 휴가 중이라 무기가 없었던 미군 세 명이 프랑스의 기차에서 완전히 무장한 테러리스트 한 명에게 목숨을 걸고 맞서 대형 참사로 이어지는 것을 막아 냈던 사건이다(Thompson, 2015).

이 장에서는 영웅적 행동은 드문 행동도, 비범한 행동도 아니라는 원칙을 제기한다. 누구나 영웅적 행동의 씨앗을 가지고 있고, 사회적 이익을 발전시키기 위해 자비처럼 영웅적 행동도 체계적으로 훈련할 수 있기 때문이다. **영웅**과 **영웅적 행동**이라는 단어의 사용은 항상 사회에 귀속된다는 데 주목해야 한다(Franco, Blau, & Zimbardo, 2011). 행위자가 아닌 다른 누군가가 영웅과 그들의 행위를 이렇게 정의한다. 영웅적으로 여겨지는 행위나 영웅으로 불리는 행위자를 두고 해당 행위의 중요성과 유의미한 결과에 관한 사회적 합의가 존재해야만 한다. 예를 들어, 죄가 없는 유대인 민간인의 사망으로 이어진 자살 폭탄 테러를 행한 팔레스타인인은 팔레스타인에서 영웅의 반열에 오르지만 이스라엘에서는 악마로 불린다. 비슷하게 사람들은 행동의 원인을 어디에서 찾느냐에 따라 이런 적대적인 공격자를 자유를 위해 싸운 영웅적인 투사로 이해할 수도 있고, 테러를 저지른 비겁자로 이해할 수도 있다. 2015년 11월 파리의 다양한 장소에서 발생해 수백 명의 무고한 부상자와 사망자를 낳았던 조직적 테러 공격 역시 이슬람 국가(Islamic State in Iraq and Syria: ISIS)를 지지하는 사람들의 눈에는 영웅적으로 보일 수 있다. 따라서 영웅적 행동의 정의는 항상 문화와 시대에 얽매인다고 할 수 있다. 예를 들어, 오늘날 튀르키예의 외딴 지역에 사는 어린이들은 알렉산더 대왕의 전설을 재현하는 인형극을 즐긴다. 알렉산더 대왕이 지휘부를 설치하고 부하 군인들이 마을 주민들과 결혼했던 지역에서 그는 위대한 영웅이다. 하지만 정복왕 알렉산더가 전 세계를 제패하겠다는 야심의 대상이 되었던 지역에서는 알렉산더 대왕은 사후 천 년이 지난 지금까지도 악인의 대명사로 묘사된다.

영웅적 행동은 드문 것으로 여겨지기 때문에 학술 문헌에서 제대로 다루어지지 않았다. 예를 들어, 영웅이라는 렌즈를 통해 볼 수 있는 몇몇 인물이 이타주의라는 맥락에서 종종 언급되긴 하지만 전통적인 심리학 교재에서는 **영웅**과 **영웅적 행동**이라는 단어를 둘 다 찾아볼 수 없다. 비교적 신생 분야로 자비와 공감을 인간의 가장 중요한 덕목으로 제시하는 긍정심리학에서도 마찬가지이며, (저자들이 파악하기로는) 영웅적 행동을 최고 수준의 시민적 덕성으로 언급한 사례도 없다.

영웅적 행동의 평범함

그러나 영웅적 행동은 생각보다 예외적이지 않다. 전국적으로 이뤄진 한 조사 결과 미국인의 20%가 살면서 종종 영웅적으로 행동한다고 보고했다(Zimbardo, Breckenridge, & Moghaddam, 2013). Franco와 Zimbardo(2007)는 Hannah Arendt의 유명한 개념인 '악의 평범성(banality of evil)'(Arendt & Kroh, 1964)에 빗대어 '영웅적 행동의 평범성(banality of heroism)'이라는 개념을 발전시키기도 했다. 평범한 사람들이 종종 악한 일을 하듯 대부분이 영웅적인 일도 한다는 것이다. 특정 상황에서는 평범한 사람들이 비범한 일들을 해낸다. 이 장에서 전개하는 영웅적 행동의 관점은 평범한 영웅적 행동의 관점이다. 그리고 이후 주장할 것처럼 누구에게나 그러한 잠재력이 있으며, 계속 살펴보고 있는 것처럼 영웅적 행동을 하도록 영감을 얻을 수 있고, 배울 수 있으며, 훈련할 수 있다.

경제학자들은 오랫동안 영웅적 행동까지 나아갈 것도 없이 이타주의보다 사리 추구가 인간의 주요 동기라 주장해 왔지만, 이 책을 비롯한 다양한 자료에서 점점 더 풍부하게 제시되고 있는 증거에 따르면 동물과 인간은 핵심적으로 자기 자신마저 희생할 수 있는 영웅주의의 씨앗을 품고 있다. 침팬지 그리고 예의를 배우기에는 너무 어린 영아들의 도움행동(helping behavior)을 분석한 연구들을 보면, 영아와 침팬지 모두 다른 상대가 도움이 필요한 상황에 맞닥뜨렸을 때 자연스레 도움행동에 참여했다(Warneken, Hare, Melis, Hanus, & Tomasello, 2007; Warneken & Tomasello, 2006). 심지어 이들은 도움을 주기 위해 난관을 돌파했고 때로는 자신을 희생하기도 했다. 쥐들조차 다른 쥐의 고통을 줄여 주기 위해 가던 길을 벗어나 상대를 도와주러 가는 모습이 관찰되었다(Bartal, Decety, & Mason, 2011).

다른 이를 돕는 행위가 본질적으로 이기적이며 어느 정도는 보상이나 개인적 기쁨에서 나온 것이라는 주장도 있다. Robert Cialdini가 Daniel Batson의 '공감−이타주의 가정'[Batson은 공감에서 나온 염려(empathetic concern)가 타인을 돕는 행위의 동기가 된다고 제안했다; Batson, 1987]에 이의를 제기하며 벌인 대표적인 사회심리학 논쟁에서 취한 태도이다(Cialdini, 1987, 1997). 하지만 젖먹이를 대상으로 한 연구에서는 다른 아기가 괴로워할 때 이를 지켜보는 아기가 느끼는 고통은 문제의 아이가 안정되는 걸 확인하면 가라앉는 것으로 나타났다(Hepach, Vaish, & Tomasello, 2012). 직접 도움에 참여하든 참여하지 않든 마찬가지였다. 다시 말해 아기들은 기대되는 보상이 아니라 내재적인 동기에서 도움을 주려 했다. 주의의 정도를 측정하는 척도인 영아의 동공 지름(pupil diameter)은 직접 도움을 줄 때 그리고 다른 누군가가 도와주는 걸 보고 있을 때 모두 감소해 개인적인 도움을 줄 때 얻는 기쁨 때문이 아니라 타인의 고통이 사라졌다는 사실 때문에 자극이 감소했음을 시사했다.

나이가 더 많은 어린이와 성인을 대상으로 한 다른 연구에서도 타인을 돕거나 혜택을 줄 기회를 맞닥뜨렸을 때 제일 먼저 오고 가장 무의식적인 충동은 이타적인 행동을 하는 것이었다(Rand, Greene, & Nowak, 2013). 공공재 게임과 같은 경제적 게임에서 참가자들은 자신만을 위해 간직하거나 타인과 나눌 수 있는 동등한 양의 자원을 받으면 결정을 고민할 시간이 아주 짧을 때 자원을 더 기부하는 경향을 보였다. 그러나 성인들이 항상 도우려는 본능에 따라 행동하지는 않은 다양한 이유 중 하나는 종종 '사리 추구라는 규범(norm of self-interest)' 때문에 스스로 그런 충동에 따라 행동하려는 것을 막기 때문이다. 이들은 자신이 내민 도움의 손길이 이기적인 행동으로 오해받을 수도 있다는 두려움 때문에 자신을 멈춰 세운다(Miller, 1999). 다시 말해 타인을 돕는 행위는 설령 자신을 희생하는 대가가 따르더라도 동물과 인간 모두에게 자연스럽고 심지어 무의식적인 성향이라 할 수 있다.

자비와 영웅적 행동의 차이

이 책 전반에서 자비는 돕고자 하는 진실한 열망을 수반하며 고통을 인식하는 감정적 반응으로 정의된다(Goetz, Keltner, & Simon-Thomas, 2010). 따라서 자비는 흔히 이타적인 행동으로 이어진다. Staub(1991)는 영웅적 행동을 극단적인 형태의 자비라 정의했지만 이 장에서 주장해 온 것처럼 자비는 영웅주의와 같지 않다(Franco, Blau, & Zimbardo, 2011). 영웅적 행동과 자비를 구분 짓는 몇 가지 중요한 요인이 있다. 먼저, 누군가의 자비가 항상 그 사람이 영웅적인 행위를 요구하는 상황에서 영웅적으로 행동하리라는 사실을 암시하지는 않는다. 정의에 따르면 영웅적 행동에는 유의미한 진짜 위험이 포함되며 심각한 육체적·사회적 손해로 이어질 수도 있다. 헌혈을 하거나 기부를 하는 등 다양한 형태의 자비에서는 심각한 개인적 위험이 거의 발생하지 않는다. 반면, 타인의 생명을 구하기 위해 불타는 집에 뛰어 들어가거나 강물로 뛰어드는 영웅적 행동에는 자신의 생명을 걸어야 하는 잠재적인 신체적 위험이, 부정한 연구 활동을 폭로하기 위해 제약 회사에서 내부 고발을 하는 영웅적 행동에는 자신의 경력과 생계를 걸어야 하는 사회적 위험이 포함된다. 자비로운 행동에는 보통 어느 정도 숙고하는 시간이 있지만, 영웅적 활동은 부상 혹은 자기희생의 위험을 무릅쓴 즉각적인 반응이 수반된다(Franco, Blau, & Zimbardo, 2011). 마지막으로, 때로는 영웅적 행동에 자비가 전혀 관여하지 않을 수도 있다. 예를 들어, 군사적 의무처럼 순전히 의무감에서 나오는 영웅적 행동도 있다.

사회 변혁의 행위자로서 영웅

앞서 설명한 대로 우리가 살아가는 오늘날의 영웅적 행동은 대부분 사회적인 영웅적 행동이다. 사회적인 영웅적 행동은 "ⓐ 도움이 필요한 타인을 위한 봉사로서 사회적 행위: 특정한 개인이나 무리, 공동체를 위한 것일 수도 있고 사회적으로 승인된 이상, 새로운 사회적 기준을 지키기 위한 것일 수도 있다"고 정의된다(Franco & Zimbardo, 2011). 여기서 새로운 사회적 기준이란 본질적으로 변혁에 관한 것이다. 노예부터 인종 차별 폐지로, 동성애 혐오에서 동성 결혼 법제화로, 재산으로서의 여성에서 여성 참정권 운동으로의 다양한 흐름을 예로 들 수 있다. 이러한 운동은 모두 억압당하는 이들이 경험한 개인적 고통에 공감하는 사람들의 자비를 최대한 활용하면서 사회의 현재 상태에 전면적으로 도전했다. 사회적 영웅의 근본적인 책무 중 하나인 사회 변혁은 사회 정의라는 신념과 깊이 연관되어 있다. Prilleltensky의 작업(Prilleltensky & Huygens, 2014)을 바탕으로 저자들은 영웅적 행동이 자비를 드러내는 것 또는 존엄성을 지키는 것이라 주장한 바 있다(Franco & Zimbardo, 2016). 많은 사례에서 개인과 지도자는 사회적 그룹에 느끼는 자비에 따라 자신에게는 커다란 위험이 발생하는 방식으로 행동했다.

때에 따라 사회적인 영웅적 행동이 엄청난 심리적 위험을 포함할 수도 있다. 범죄 조직원이 조직범죄 반대 활동가가 되는 것처럼 개인적 변혁이 포함될 경우에는 폭력적 보복 같은 신체적 위험뿐 아니라 완전히 새로운 정체성에 적응하는 데 수반되는 심리적 위험도 있을 수 있다(Franco & Zimbardo, 2016). 편안하지만 더는 유용하지 않은 정체성을 떠나보내는 일은 누구나 가질 수 없는 어마어마한 용기가 필요하다.

영웅적 행동을 고무하고 훈련하기

자비 훈련을 받은 사람들은 더 자비로워질 수 있다. 예를 들어, 이 책의 앞선 장에서 논의했듯 자비 명상 훈련은 사회에 이로운 욕구와 행동을 증가시킨다(예: Condon, Desbordes, Miller, & DeSteno, 2013; Leiberg, Klimecki, & Singer, 2011). 최근에는 다양한 방식으로 영웅적 행동을 발전시키고 함양하는 데 초점을 맞춘 연구들이 이루어지고 있다.

여기에서 논의할 두 예비 연구는 유해한 상황에서 어떻게 영웅들이 등장하고, 결과적으로 그들을 모방하게 될 타인을 위한 모델이 되는지 예시한다. 첫 번째 연구는 미국 캘리포니아주의 여러 도시에서 한때 '범죄 조직원들(gang bangers)'이었던 이들을 대상으로 이루어졌다. 응답자들은 오랫동안 범죄 조직에 몸담으며 살인을 저지르거나 조직을 이끄는 위치까지 이르렀지만 다양한 이유로 조직을 떠났을 뿐 아니라 범죄 조직이 새로운 조직원을 찾는 활동을 막기 위해 적극적으로 활동하게 되었다. 이들 개개인은 범죄 조직으로 흘러가는 돈과 인력을 끊으면서 스스로 앞서 몸담았던 조직의 목표물이 되는 위험에 빠졌기에 모두 영웅이었다. 그럼에도 그들은 새로운 삶의 방식을 고집했다.

저자들의 연구 프로그램(Berger & Zimbardo, 2012)은 다른 연구들과 함께 샌프란시스코와 로스앤젤레스 지역의 범죄 조직 핵심 구성원 중 일부가 자발적으로 조직을 떠난 '범죄 조직 탈출(gang desistance)' 과정을 설명하기 위해 제작된 영상 다큐멘터리에 등장하기도 했다(Heineberg, Zimbardo, & Berger, 2015). 저자들은 다큐멘터리에서 폭력적인 반사회 행위에서 친사회적 행동으로 가는 경로를 개략적으로 설명했다. 과거 범죄 조직에 속했던 마흔 명은 80%가 남성, 20%가 여성이었으며 스스로 보고한 바에 따르면 핵심 조직원이었다. 각 응답자는 어린 시절부터 범죄 조직에 가담하기까지의 과정, 범죄 조직에 개입한 정도, 범죄 조직에서 벗어나는 과정, 범죄 조직 예방이나 공동체 강화 단체에 참여하게 된 과정을 추적하는 광범위한 반구조화 인터뷰를 거쳤다. 클라이언트 인터뷰(client interviewing) 과목을 이수한 팰로앨토 대학교의 임상 대학원 학생들이 안전한 장소에서 인터뷰를 진행했다.

이론적으로 잘 알려진 체계적인 질적 분석을 활용해 범죄 조직 탈출, 즉 탈동일화(disidentification)의 포괄적인 공통 패턴이 밝혀졌다. 탈출 경로에는 다음의 네 가지 변혁이 포함되었다. 실용적(pragmatic), 개발적(developmental), 정신적(spiritual), 사회문화적(sociocultural) 변혁이었다. **추진요인**(push factor), 즉 그들을 범죄 조직 밖으로 밀어낸 부정적인 사건들을 **흡인요인**(pull factor), 즉 더 생산적이고 안전한 삶을 시작하도록 고무한 환경들과 분리하면 각 요인에서 세 가지 중요한 응답 범주가 나타났다. 추진요인으로 확인된 주요 응답 범주 세 가지는 ⓐ 범죄 조직 때문에 개인적으로 (혹은 친구나 가족이) 다친 것(85%), ⓑ 투옥과 사법 제도의 위협을 경험한 것(82%), ⓒ 스트레스가 심한 범죄 조직원의 생활 방식으로 인해 에너지가 소진되었다고 느낀 것(38%)이었다. 흑인 유인의 주요 응답 범주 세 가지는 ⓐ 가족에 대한 책임(32%), ⓑ 종교적 느낌을 불러일으킴(30%), ⓒ 부모가 된 것(30%)이었다.

같은 연구팀은 한때 이스라엘-팔레스타인 갈등의 피해자이자 가해자였으나 이제 복수를 노리는 대신 화해의 옹호자가 된 팔레스타인인과 이스라엘인들도 인터뷰했다. 영웅적 행동을 택한 이들에게 발생한 개인적 대가는 가족에서 내쳐진 것이었다. 적대적 동기를 자비와 화해로 바꾸었기 때문에 '변신한 이(transformer)'라 불린 이 24명의 인터뷰 데이터는 몇몇 성격적·상황적 변수와 함께 유아기 가족 패턴을 강조한다. 주요 성격적 특성은 외부 통제보다 내부 통제가 이루어지며, 낙관적이고 목표 지향적인 것이었다. 이러한 사람들을 변신한 이가 되게 하는 중요한 상황적 경험은 정신적 외상을 안기는 커다란 사건을 겪고, 경쟁자나 적을 학대하고 비하할 때 방관하고, 경쟁자나 적과 개인적으로 접촉하고, 영향력이 큰 롤모델이나 적대적이지 않은 정보를 제공하는 여러 출처에 노출된 것이었다. 변혁으로 이어진 근본적인 과정은 크게 여섯 가지 범주로 나눌 수 있었다. ⓐ 타인의 인간화, ⓑ 자기 주체성의 재확립, ⓒ 감정적 각성, ⓓ 자기 뿌리와의 재연결, ⓔ 죄책감에 대처하고 보상하기, ⓕ 새로운 정신 발견이다.

미국의 범죄 조직원 그리고 중동의 이스라엘인과 팔레스타인인이라는 두 모집단에서 영웅적 행동에 기여한 요인들을 더 명확히 이해하게 되었으니 이제 이러한 요인을 촉진하면서 궁극적으로 영웅적 행동을 일궈 낼 프로그램을 만들 수 있게 되었다.

영웅적 상상 프로젝트를 통해 일상의 영웅 만들어 내기

영웅적 상상 프로젝트(The Heroic Imagination Project: HIP)는 샌프란시스코에 본부를 둔 비영리재단으로 '일상의 영웅'이 되기 위해 훈련하고 있는 새로운 세대의 젊은이들을 위해 현재 교육 체계의 본질을 바꾸고 더 자비롭고 용감한 세계를 만드는 것을 목표로 한다. HIP의 교육은 사람들이 개인적 삶에서 만나는 도전적인 상황에서 도덕적으로 용감한 결정을 내리도록 돕는다. 모든 HIP 교육의 목표는 교육에 참여한 개개인이 일어나 목소리를 높이며 모두를 위해 더 나은 세상을 만들어 가는 데 영향을 미칠 수 있는 현명하고 효과적인 행동을 취할 수 있는 준비와 의지를 갖춘 '사회 변화 행위자'가 되게 하는 것이다. HIP는 모든 학생이 **영웅이 되기 위한 훈련**을 받은 세상을 꿈꾼다. 학생들은 약자를 괴롭히기, 편견, 부당한 권위 등 모든 종류의 부당함에 맞서 영웅적인 행동을 하는 법을 익히고 위급 상황에는 무관심한 방관자에서 도움을 주는 현명하고 효과적인 '행동인'으로 변신하는 법도 배운다.

이러한 계획은 여러 경로로 실현되었다. 먼저, 교실에서 선생님과 학생들이 함께하는 훈련이 만들어졌고, 결국 부모와 일반 대중을 위한 온라인 훈련과 프로그램도 마련되었다. 교육과정은 **인간 본성의 이해**(Adler, 1927)라는 커다란 주제 아래 수동적인 방관자(Latane & Darley, 1970)를 능동적인 영웅으로 변신시키기, 고정된 사고방식을 성장하는 사고방식으로 전환하기(Dweck & Legget, 1988), 편견과 차별(Allport, 1979)을 이해와 수용으로 바꾸기처럼 사회 및 인지 심리학의 역동적인 주제들을 중심으로 하는 상세한 수업으로 구성되었다. 도발적인 영상을 채택하여 활발한 수업이 이루어지게 하며 소규모 그룹 토론도 활성화한다. 생활에서 일상적인 영웅적 행동을 촉진하는 두 번째 경로는 HIP 웹사이트로, 사회적 건강 단련을 위한 주간 훈련을 제공한다(www.heroicImagination.org). 영웅적 행위의 포괄적 분류뿐 아니라 부정적으로 강력하게 작용하는 상황적 힘에 맞서는 법까지 알고 싶다면 제16장의 **루시퍼 효과**(The Lucifer Effect)(Zimbardo, 2007)를 찾아보기를 권한다.

평범한 사람들이 타인을 보살피고 돕는 비범한 일상의 일을 하게 하고 고무하는 이런 프로그램식 접근법은 이제 미국과 유럽의 학교에서 모두 시행되고 있다. 캘리포니아주와 오리건주의 여러 지역 전문 대학에 교육 프로그램이 있고 대학 우등생 단체의 학생들이 지역 고등학교에서 청소년을 가르친다. 캘리포니아 주립대학교는 HIP와 함께 새로운 STEM(과학, 기술, 공학, 수학)−영웅 교육 프로그램을 개발하고 있다. 폴란드의 부다페스트와 바르샤바, 이탈리아의 팔레르모에서 훈련을 진행한 끝에 이제는 헝가리의 천여 개 고등학교, 폴란드의 수백 개 고등학교, 이탈리아 시칠리아의 여러 고등학교에서 HIP의 수업을 받아들였다. 호주 질롱, 이란 테헤란, 인도네시아 발리, 영국 런던, 인도네시아 자카르타, 체코 프라하에 새로운 프로그램이 등장하고 있으며 더 많은 곳에서 작업이 진행되고 있다. 이러한 프로그램의 영향은 각 장소에서 선생님의 피드백뿐 아니라 참여한 학생의 태도, 가치, 행동 의도의 변화에서 측정된 효과를 통해 실증적으로 평가되고 있다. 마지막으로, 범위를 더 넓히기 위해 기업과 조직의 환경에 맞게 이 프로그램을 조정하는 작업도 이루어지고 있다.

앞으로의 목표는 이러한 수업이 초중등학교의 청소년을 대상으로도 효과를 거둘 수 있도록 만들어 가는 것이지만 오로지 어린 학생들을 전통적인 영웅의 여정으로 이끌기 위해 설계된 보완적인 프로그램도 이미 존재한다. Matt Langdon의 **영웅건설회사**(Hero Construction Company)는 호주와 미국에서 개발되어 왔으며, 지난 10년간 수많은 초등학교 수업에 채택되어 그 효과를 증명해 왔다.

결론

오늘날 가장 열렬한 자비 주창자인 Dalai Lama와 Philip Zimbardo는 2010년 10월 스

탠퍼드 대학교에서 진행된 공개 대화에서 자비만으로는 세상의 해악과 싸울 수 없다고 했다. 마약 밀매인, 인신매매범, 테러리스트처럼 지속해서 우리 사회에 극심한 해를 입히고 있는 사람들을 적극적으로 막아야만 한다. 이런 의미에서 자비는 그저 개인적 과정이나 내면적 속성에 관여하는 것을 넘어 사회적으로 발현되어야 한다. 이상적으로는 영웅적 행동이라는 사회적 행위로 바뀌어야 한다. Dalai Lama는 자비가 이렇게 확장되는 것을 사회 지향적인 영웅적 행동으로 받아들였다.

연구에 의하면 누군가가 다른 이를 돕는 것을 목격하면 지켜본 이에게 고양감(a state of elevation)이 생긴다(Algoe & Haidt, 2009). 도움을 주는 사회적 행동을 타인들이 지켜보면 고무적이며 친사회적인 파급효과가 발생할 수 있다. 고양감은 다른 이를 돕겠다는 영감을 주며, 아마 이러한 현상이 도움의 연쇄 반응을 일으키는 숨은 힘으로 작용할 것이다. 기업 환경에서 고양감을 연구한 결과, 대표가 자기희생적인 행동에 참여해 자사 직원들에게 고양감을 끌어낸 기업은 직원들이 더 헌신적이었고 다른 동료 직원을 도우려는 의지도 더 강했다(Vianello, Galliani, & Haidt, 2010). 저자들은 영웅적 행동에 전염성이 있다고 주장하려 한다. 너그럽고 친절한 행동은 '전진하는 선량함'의 연쇄 반응을 일으키며 더 많은 너그러움을 낳는다(Fowler & Christakis, 2010).

영웅적 리더십의 역할에는 다른 사람들이 이전에는 상상하지 못했던, 너그러울 뿐 아니라 완전히 이타적이고 타인을 돕는 행위에 참여하는 위험을 감수하도록 영감을 불어넣는 일도 포함된다. 마틴 루서 킹을 생각해 보면 그의 이상을 지지하면서 얻은 영감으로 자신의 신체까지 활용하는 이들이 아주 많았다. 그의 운동에는 수많은 영웅이 함께했으며, 지휘자의 영웅적 리더십뿐 아니라 이 운동에 고무된 익명의 팔로워들이 행한 영웅적인 행동이 없었다면 우리가 알고 있는 성공을 거두지 못했을 것이다. 팔로워 중 일부는 신체에 해를 입거나 수감되었고 목숨을 잃는 일까지 있었다.

개인이 영웅이 되도록 훈련함으로써 우리는 더 큰 사회적 수준에서 변화를 유발할 수 있다. 개인 행위자의 차원에서뿐만 아니라 상황적·체계적 차원에서 해를 입히는 이들에 맞서는 것처럼, 우리는 나이와 배경에 상관없이 모든 사람이 사회적 이익에 기여하는 조그마한 매일의 행동을 통해 현명하고 효과적인 일상의 영웅이 되는 법을 배우도록 영감을 불어넣고, 권장하고, 훈련하는 프로그램을 통해 능동적으로 영웅적 행동을 촉진할 수 있다. 영웅적 행동 그리고 이에 참여하는 사람들이 모든 사회에서 널리 인정받길 바란다. 이런 사람들은 우리 사이에 중요한 연결고리를 형성한다. 우리는 해악을 가하는 이들에게 맞서야 하며, 근본적으로는 모든 남성과 여성 그리고 우리 아이들의 집합적인 마음과 개인적이고 영웅적인 결심에 공통으로 존재하는 더 커다란 선으로 악에 승리해야 한다.

어떻게 보면 저자들은 전 세계에 긍정적인 사회적 변화를 초래하는 동시에 개개인의 삶의 질을 높이기 위해 설계된 교육적이면서 영감을 주는 유용한 형태로 일반 대중에게 설파하고 있는 것이다.

참고문헌

Adler, A. (1927). *Understanding Human Nature*. New York: Greenberg.

Algoe, S. B., & Haidt, J. (2009). Witnessing excellence in action: The "other-praising" emotions of elevation, gratitude, and admiration. *The Journal of Positive Psychology, 4*, 105-127. doi:10.1080/17439760802650519

Allison, S. T., & Goethals, G. R. (2015). *"Now He Belongs to the Ages": The Heroic Leadership Dynamic and Deep Narratives of Greatness*. New York: Palgrave Macmillan.

Allport, G. (1979). *The Nature of Prejudice*. Perseus Books Publishing.

Arendt, H., & Kroh, J. (1964). *Eichmann in Jerusalem*. New York: Viking Press.

Bartal, I. B.-A., Decety, J., & Mason, P. (2011). Empathy and pro-social behavior in rats. *Science, 334*, 1427-1430. doi:10.1126/science.1210789

Batson, C. D. (1987). Prosocial motivation: Is it ever truly altruistic? In L. Berkowitz (Ed.), *Advances in Experimental Social Psychology* (Vol. 20, pp. 65-122). San Diego, CA: Academic Press.

Berger, R., & Zimbardo, P. (2012). Creating a partner: A qualitative study of political extremists and ex-gang members who have chosen the antiviolence path. *Google Ideas*.

Cialdini, R. B., Brown, S. L., Lewis, B. P., Luce, C., & Neuberg, S. L. (1997). Reinterpreting the empathy-altruism relationship: When one into one equals oneness. *Journal of Personality and Social Psychology, 73*, 481-494.

Cialdini, R., Schaller, M., Houlihan, D., Arps, K., Fultz, J., & Beaman, A. L. (1987). Empathy-based helping: Is it selflessly or selfishly motivated? *Journal of Personality and Social Psychology, 52*, 749-758.

Condon, P., Desbordes, G., Miller, W. B., & DeSteno, D. (2013). Meditation increases compassionate responses to suffering. *Psychological Science, 10*, 2125-2127. doi:10.1177/0956797613485603

Dweck, C. S., & Legget, E. L. (1988). A social-cognitive approach to motivation and personality. *Psychological Review, 95*, 256-273. doi:10.1037/0033-295x.95.2.256

Fowler, J. H., & Christakis, N. A. (2010). Cooperative behavior cascades in human social networks. *Proceedings of the National Academy of Sciences, 107*, 5334-5338. doi:10.1073/pnas.0913149107

Franco, Z., & Zimbardo, P. (2007). The banality of heroism. *Greater Good, 3*(2), 30-35.

Franco, Z., Blau, K., & Zimbardo, P. G. (2011). Heroism: A conceptual analysis and differentiation between heroic action and altruism. *Review of General Psychology, 15*, 99.

Franco, Z. E., & Zimbardo, P. G. (2016). The psychology of heroism: Extraordinary champions of humanity in an unforgiving world. In A.G. Miller (Ed.), *The Social Psychology of Good and Evil* (pp. 494-523). New York: Guilford Press.

Goetz, J. L., Keltner, D., & Simon-Thomas, E.

(2010). Compassion: An evolutionary analysis and empirical review. *Psychological Bulletin*, *136*, 351-374. doi:10.1037/a0018807

Heineberg, Y., Zimbardo, P. G., & Berger, R. (2015). Creating a partner: Video documentary featuring interviews with different kinds of transformative heroes. In preparation.

Hepach, R., Vaish, A., & Tomasello, M. (2012). Young children are intrinsically motivated to see others helped. *Psychological Science*, *23*, 967-972. doi:10.1177/0956797612440571

Kinsella, E. L., Ritchie, T. D., & Igou, E. R. (2015). Lay perspectives on the social and psychological functions of heroes. *Frontiers in Psychology*, 6.

Miller, D. T. (1999). The norm of self-interest. *American Psychologist*, *54*, 1053-1060. doi: 10.1037/0003-066X.54.12.1053

Latane, B., & Darley, J. M. (1970). *The Unresponsive Bystander: Why Doesn't He Help?* New York: Appleton-Century-Crofts.

Leiberg, S., Klimecki, O., & Singer, T. (2011). Short-term compassion training increases prosocial behavior in a newly developed prosocial game. *PLoS ONE*, *6*, e17798. doi:10.1371/journal.pone.0017798

Prilleltensky, I., & Huygens, I. (2014). Well-being, justice, and social change. In H. L. Friedman, C. V. Johnson, J. Diaz, Z. Franco, & B. Nastasi (Eds.), *The Praeger Handbook of Social Justice and Psychology: Wellbeing and Professional Issues* (Vol. 2, pp. 3-33). Santa Barbara, CA: Praeger.

Rand, D. G, & Epstein, Z. G. (2014). Risking your life without a second thought: Intuitive decision-making and extreme altruism.

PLoS ONE, *9*, e109687. doi:10.1371/journal.pone.0109687

Rand, D. G., Greene, G. D., & Nowak, M. A. (2013). Spontaneous giving and calculated greed. *Nature*, *489*, 227-430. doi:10.1038/nature11467

Staub, E. (1991). Psychological and cultural origins of extreme destructiveness and extreme altruism. In W. M. Kurtines, J. Gewirtz, & J. L. Lamb (Eds.), *Handbook of Moral Behavior and Development* (pp. 425-446). New York: Psychology Press.

Thompson, M. (2015). Defeating terror on a train: What the U.S. heroes proved. *Time*. August 23. Retrieved from http://time.com.

Vianello, M., Galliani, E. M., & Haidt, J. (2010). Elevation at work: The organizational effects of leaders' moral excellence. *Journal of Positive Psychology*, *5*, 390-411. doi:10.1080/17439760.2010.516764

Warneken, F., Hare, B., Melis, A. P., Hanus, D., & Tomasello, M. (2007). Spontaneous altruism by chimpanzees and young children. *PLoS Biology*, *5*, e184. doi:10.1371/journal.pbio.0050184

Warneken, F., & Tomasello, M. (2006). Altruistic helping in human infants and young chimpanzees. *Science*, *311*, 1301-1303. doi:10.1126/science.1121448

Zimbardo, P. G. (2007). *The Lucifer Effect: Understanding How Good People Turn Evil*. New York: Random House.

Zimbardo, P. G., Breckenridge, J. N., & Moghaddam, F. M. (2013). "Exclusive" and "inclusive" visions of heroism and democracy. *Current Psychology*, *32*(3), 221-233.

제35장

사회지배성과 리더십: 자비의 매개 효과

Daniel Martin and Yotam Heineberg

요약

리더십은 보통 경영 교육의 필수 요소이다. 여기에서는 리더십 강점 척도(Values in Action Leadership)에서와 같이 변혁적 리더십 및 운영적 리더십 모델을 사용했다. 사회지배지향성(Social Dominance Orientation)은 사회집단에 우월-열등 차원의 사회적 지위를 부여하는 위계적 신념체계이다. 경영학과 학생들은 사회지배지향성(SDO) 수준이 높은 것으로 조사되었다. 이에 따라 SDO와 변혁적 리더십 역량 간의 관계를 살펴보기 위해 371명의 경영학과 학생을 표본으로 선정하여 자비의 매개 효과를 살펴보았는데, 그 매개 효과가 나타나는 것으로 평가되었다. 높은 수준의 경쟁 및 위계적 개념이 자비와 강한 부적 상관이 있다는 것이 밝혀졌다(Martin et al., 2014). 또한 대인관계에서의 자비 기반 개입에 관한 잠재적 결과에 대해서도 논의하였다. 조직 내의 부정적인 행동은 의료 비용을 높이고 업무 성과를 저하시킬 수 있기 때문에, 이 연구에서는 영향력 있는 개입으로 직원들의 심리적 웰빙을 높일 수 있는 기회를 제시하였다.

핵심용어

자비, 리더십, 사회지배지향성, 자비 불안

자비와 리더십

리더십은 오랜 시간 동안 광범위하고 다양한 용어로 설명되어 왔다. 자비와 온정적 리더십에 대한 긍정적 평가는 위계적인 '톱다운(top-down)' 모델에서 보다 평등하고 배려하는 모델로 변화하는 경향을 반영한다. 이를 위해서는 리더십 연구에 대한 몇 가지 기본 지식이 필요하다. 리더십 모델, 개발 프로그램, 리더의 행동, 인식 및 태도에 대한 통찰력을 제공하려는 수많은 노력이 있지만, 온정적 리더십과 그 측정에 대한 우리의 접근방식에 잠재적 토대를 제공하는 두 가지 이론을 바탕으로 할 것이다. 자비에는 다양한 정의가 있다. 「자비: 진화론적 분석과 경험적 검토」에서 Goetz, Keltner와 Simon-Thomas(2010)는

'자비는 다른 사람이 고통받는 것을 목격할 때 발생하는 감정이며, 도움이 되고자 하는 후속 욕구를 유발하는 감정'이라고 제안했다. 이 정의에 동조하지만, 행동 요소도 필요하다고 느낀다. 조직행동심리학에서는 다른 사람의 고통을 인지하고, 그 사람의 고통에 공감하며, 고통을 완화하기 위해 행동하는 것으로 **자비**를 정의한다(Dutton et al., 2006; Kanov et al., 2004). 이러한 인지적, 정서적, 행동적 정의를 고려할 때, 이러한 틀이 앞으로 논의하려고 하는 리더십에 대한 변혁적이고 긍정적인 접근 모두와 잘 연결될 것이다.

변혁적 리더십

리더십은 여러 각도에서 설명되고 있는 한편, 변혁적 리더는 영향력을 사용하여 팔로워들에게 다른 사람, 조직 또는 사회의 이익을 고려하도록 요청한다(Bass, 1985). 변혁적 리더십은 사람과 조직의 비전 주도적 변화를 촉진하기 위해 리더와 팔로워 간의 의미 있고 창의적인 교환을 나타낸다(Bass, 1985). 보다 전통적인 리더십 모델과 달리 변혁적 리더는 팔로워의 문제해결을 촉진하는 동시에 직원들을 개발하여 그들이 미래에 예상되는 문제를 해결할 수 있도록 준비하게 함으로써(Bass, Avolio, Jung, & Berson, 2003), 직원들 스스로 리더가 될 수 있도록 만든다. 경험적 증거는 변혁적 리더십과 성과 간의 관계를 뒷받침한다(Avolio, 1999; Bass, 1998; Bass et al., 2003).

여러 메타분석 결과는 변혁적 리더십과 성과 간의 연결을 뒷받침한다(DeGroot, Kiker, & Cross, 2000; Lowe, Kroeck, & Sivasubramaniam, 1996). 변혁적 리더십에서는 리더들이 잠재적으로 높은 수준의 카리스마적 요소를 갖고 있는 것으로 여겨져 왔다. 또한 직원에 대한 지적 자극과 개별적인 배려가 직원을 조직과 함께 발전시킬 것이라고 가정한다. 가치는 리더의 비전을 전파하고 연결하는 데 중요하다. 자비와 자기주도성은 문화 전반에 걸쳐 일관되게 나타나는 가장 중요한 가치이다(Schwartz & Bardi, 2001). 이 중요한 통찰은 직원 및 조직의 요구에 대한 인식(즉, 고통에 대한 인식), 공감을 느끼는 것(즉, 동정적인 감정을 인식하는 것), 당면한 문제를 해결하기 위한 조치를 취하는 것(즉, 행동)을 통해 자비와 변혁적 리더십을 연결시키는 기회를 제공한다.

긍정적 리더십

리더십에 대한 개념화는 셀 수 없이 많았지만 최근의 긍정적 리더십 개념은 긍정심리학 및 긍정조직 이론의 원칙을 적용하여 다음과 같은 사항에 초점을 맞추고 있다.

① 조직 및 개인이 보통에서 탁월함으로의 전환에 대한 강조 또는 긍정적으로 초과하는 성과
② 목표하는 모든 측면(예: 커뮤니케이션, 태도, 노력)에서 약점보다는 강점을 지향

③ 일반적으로 명백하지만 부정적인 편견으로 인해 종종 간과되는 긍정적인 규범에 대한 일관적 강조(Cameron, 2008)

Cameron(2008)은 리더십 문헌을 통해 뒷받침되는 긍정적 리더십을 표현하고 개발하기 위한 네 가지 전략을 다음과 같이 밝혔다. 여기에는 ① 긍정적 분위기 육성, ② 긍정적 관계의 개발 및 유지, ③ 긍정적인 커뮤니케이션의 확립, ④ 명확하고 긍정적인 의미의 보장이 있다.

긍정적 리더십에 대한 기술이 개인 내/개인 간, 그룹, 팀, 조직 및 지역사회의 복지와 관련된 자비에 대한 문헌과 일치한다는 점을 감안할 때, 이 연구에서는 행동 리더십 척도(Values in Action Leadership scale)에서와 일관되게 리더십을 다루고자 한다(Peterson & Seligman, 2004). 이 체계(framework)에서는 그룹 리더가 그룹 내에서 좋은 관계를 유지하고, 그룹 활동을 조직하며, 작업 완료를 보장하면서도 생산적이고 주어진 과제들을 완료할 수 있도록 고무시키는 긍정적 리더십의 구성요소를 개략적으로 설명한다. 이러한 구성요소 중 일부 및/또는 모두는 개인/개인 간 및 조직 차원에서 복지를 증진시킬 수 있는 잠재력이 있다. 리더와 팔로워에 대한 변혁적 리더십 측면의 관심, 높은 성과를 내는 리더십과 팀의 개발, 수준 높은 관계 구축의 필요성, 그리고 유연성에 대응하는 요구들 간의 관계를 고려할 때, 높은 수준의 사회지배지향성과 긍정적 리더십은 부적 상관이 있을 것으로 예상한다(Cameron, 2008).

사회지배지향성(SDO)

SDO는 '세상을 기본적으로 무자비하고, 경쟁적이며, 승자와 패자의 경쟁이 치열한 환경으로 보는 관점'이라고 보는 개인의 수준으로(Sidanius et al., 2012) 내부 그룹이 외부 그룹보다 우월해지고자 하는 욕구와 연결되어 있다(Pratto, Sidanius, Stallworth, & Malle, 1994). SDO 이론가들은 개인에게 부정적인 영향을 미칠 수 있음에도 불구하고, 문화, 인종 및 민족 집단과 같이(Levin & Sidanius, 1999) 집단 기반의 사회적 계층을 유지하려는 인간의 근본적인 욕구가 있다고 주장한다(Pratto et al., 1994; Sidanius & Pratto, 1993). SDO에서 높은 점수를 받은 사람들은 높은 사회적 지위와 경제적 지위를 원하고(Pratto, Stallworth, Sidanius, & Siers, 1997; Sidanius & Pratto, 1999) SDO가 낮은 사람들과 비교했을 때 더 강한 마음을 가지며, 배려심이 적고, 덜 따뜻하며 덜 동정적인 것으로 나타났다(Duckitt, 2001; Heaven & Bucci, 2001; Lippa & Arad, 1999; Pratto et al., 1994).

높은 SDO를 보이는 사람들은 정상적인 관계에서 지배적인 것을 선호하고 부도덕하며(Georgesen & Harris, 2006), 공감(Duriez, 2004)과 박애심이 결여되어 있고(Cohrs, Moschner et al., 2005), 마키아벨리주의와 정신증적 경향성에서 높은 점수를 받았다(Altemeyer, 1998;

Heaven & Bucci 2001). 높은 SDO를 보이는 개인의 리더십에는 잠재적으로 광대한 사회정치적 파급효과가 있다. 어떤 희생을 치르더라도 사회적, 정치적, 경제적 지위를 추구하는 높은 SDO를 보이는 개인의 생태학적 영향으로는(Duriez & Van Hiel, 2002; Duriez, Van Hiel, & Kossowska, 2005; Pratto et al., 1997; Sidanius & Pratto, 1999) 리더의 자리를 차지하려고 분투하고(Altemeyer, 2003, p. 165), 사회적 또는 정치적 이익을 달성하기 위해 착취와 같은 비윤리적 수단을 기꺼이 사용하며(Son-Hing et al., 2007), 그들이 이끌 조직, 지역사회 및 국가에 심각한 결과를 초래하는 것이 있다.

SDO 척도에서 높은 점수를 받은 사람들은 평등주의보다 불평등을 선호한다. SDO 척도에서 더 높은 점수를 받은 사람들은 전쟁, 국가 패권, 국제적 불협화음과 불평등에 대한 선호도가 더 높다(Heaven et al., 2006, p. 605). 지배적인 리더는 스트레스에 더 민감한 반응을 보이며 자신의 지위가 위협받을 때 무력과 위계질서를 정당화할 수 있다(Georgesen & Harris, 2006).

사회지배지향성, 리더십 및 직장에서의 고통

리더십이 조직에 연쇄적인 영향을 미친다는 점을 감안할 때, 높은 SDO와 긍정적 리더십 구성요소 사이에 확립된 부정적인 관계는 문제가 있는 조직의 기능을 이해하는 데 매우 중요하다. 리더가 더 높은 수준의 SDO를 보여 줄 때 부하 직원과의 관계는 비민주적이며 학대적일 수 있다(Shao, Resick, & Hargis, 2011). SDO가 높은 개인은 대인관계 일탈을 유발할 수 있으며 이는 대인 시민의식과 간접적으로 관련이 있다(Shao et al., 2011). 높은 수준의 SDO를 보이는 상사는 직원들에게 '강력한 권력' 전술을 사용하면서, 직원들에게 불만을 표시하고 상사는 부하 직원의 승진을 돕는 위치에 있음을 상기시킬 가능성이 높다(Aiello, Pratto, & Pierro, 2013). 직장에서의 요구 증가는 고통에 기여하고, 이는 다시 직장 내 번아웃으로 이어진다(Demerouti, Bakker, Nachreiner, & Schaufelfi, 2001; Demerouti, Bakker, De Jonge, Janssen, & Schaufeli, 2001). 직원이 직장에서 불확실성, 갈등 또는 유해하거나 위험한 경험을 한 번 경험하면 결근(Böckerman & Laukkanen, 2010)이나 적극적으로 다른 일자리를 찾을 가능성이 더 높아진다(Böckerman & Ilmakunnas, 2008). 높은 SDO 지향적인 조직은 비지원적이고 공감이 부족한 문화를 생성해 조직 내에서 구성원의 스트레스, 우울 및 불안의 순환을 영구하게 만들 수 있다.

경영학 교육과 계층적 시스템에 대한 지지

Frank, Gilovich와 Regan(1993)은 경영학 공부와 자기중심적 태도 및 행동 사이의 관계를 정립했다. Sidanius 등(1991)은 종단 연구에서 특정 경영학 전공이 계층적 시스템에 대한 성향과 편애를 가진 학생들을 끌어들이는 것을 발견했다. 연구자들은 규율 문화가 조직 내에서 습득한 윤리적, 도덕적 개념에서 영향을 미친다는 것을 발견했는데, 여기에는 경영학 커리큘럼에서 종종 제시되는 사회적, 경제적 불균형이 포함된다(Ringov & Zollo, 2007). 경영학 교육의 이득, 졸업 후 소득의 이점, 특정 학교가 제공하는 사회적 명성을 보여 주는 정보의 노출도 학생들이 계층적 시스템을 지지하는 데 영향을 미칠 수 있다(Frank et al., 1993). 학생들에게 이데올로기와 관습을 강화하고 정당화하는 데 도움이 되는 환경은 이러한 신념을 고질적으로 만들 수 있다(Jost, Blount, Pfeffer, & Hunyady, 2003).

사회지배지향성, 연구 분야 및 고용

SDO는 권력에 대한 욕구 및 사용과 관련이 있는 것으로 나타났다(Altemeyer, 1998). 높은 수준의 SDO를 가진 개인은 사회적 불평등을 유지할 직업이나 직위를 선택할 수 있다(Pratto, Stallworth, Sidanius, & Siers, 1997). 또한 높은 지위의 사회 집단에 대한 친밀감이 있으며 낮은 사회적 지위의 집단에 대해 더 부정적인 태도를 갖는다(Levin & Sidanius, 1999). 그리고 다양성을 가진 그룹에 대해 혐오감을 가진다(Umphress, Smith-Crowe, Brief, Dietz, & Watkins, 2000). 이러한 개인은 '위계를 강화하는' 직위를 찾을 것이다(Pratto, Stallworth, Sidanius, & Siers, 1997). SDO 수준이 낮은 사람은 보다 평등하거나 계층을 약화시키는 직업을 선택할 것이다(Pratto et al., 1997). 계층 구조를 약화시키는 조직은 보다 민주적인 철학을 갖는 경향이 있다(Pratto et al., 1997).

Sidanius 등(1991)은 합의적이거나 또는 공유된 인종 태도를 연구하고 대학생의 직업 선택과 비교했다(N=5,655). 그들의 연구에 따르면 비즈니스 및 법대 학생(또는 '권력' 연구 분야의 학생)은 사회과학 또는 인문학 분야의 학생과 비교할 때 합의된 인종차별의 수준이 더 높았다(Sidanius et al., 1991). 또한 '권력' 연구 분야의 학생들은 특정 연구 분야(=권력 연구 분야)에서 교육을 덜 받은 경우, 더 낮은 수준에서 합의된 인종차별을 나타냈다(Van Laar, Sidanius, Rabinowitz, & Sinclair, 1999).

연구자들은 또한 SDO가 참여자의 고용 위치와 계층적 신념 시스템 사이의 사회정치적 연관성을 예측한다는 것을 발견했다(Sidanius et al., 1991; Van Laar, Sidanius, Rabinowitz, & Sinclair, 1999). 이전에 언급한 Sidanius의 연구에서 높은 SDO 고용 기관들은 민주주의 원칙이 결여된 불평등한 신념 체제로 계층적 위계질서를 강화했다. 또한 이러한 기관들은 상호배타적이지 않은 범주(제도 선택, 차등 감소, 자기 선택, 차등 보상 및 제도 사회화)로 분류되었다(Sidanius et al., 1991). SDO에 대한 연구는 직업 환경이 시스템 정당화 또는 경제 시스템 정당화에 의해 매개될 수 있는 자비와 공감의 수준에 따라 달라질 수 있음을 시사한다.

자비와 조직 성과

자비는 다차원적이며 광범위한 정서적, 인지적, 행동적 구조를 포함하고, 개인 및 집단 수준에서 관찰할 수 있는 광범위한 행동을 통해 표현된다.

자비와 관련해 최소한 세 가지 요인을 확인할 수 있는데, 그 세 가지는 다른 사람의 고통을 알아차리고, 공감적으로 그 사람의 고통을 느끼며, 고통을 완화하기 위해 행동하는 것이다(Dutton et al., 2006; Kanov et al., 2004). 중요한 것은, 자비는 공감하는 것을 넘어, 행동이 고통을 개선한다는 목표를 달성하는지의 여부에 관계없이 실제적인 도움행동을 포함한다는 점이다(Kanov et al., 2004; Reich, 1989). 자비를 갖지 않는 것의 영향은 경영학 연구에서도 분명해지고 있다. 예를 들어, 관리자가 해고 또는 급여 삭감을 할 때 자비를 표현하지 않으면 직원은 부당한 해고 소송을 제기하고(Lind et al., 2000) 직장 일탈에 가담할 가능성이 더 높다(Greenberg, 1990). 반면에 고용주/리더가 친사회적일 경우, 직원은 직장을 떠날 가능성이 적다(Barsade & Gibson, 2003).

조직과 관련하여, 자비는 친사회적 행동(Brief & Motowidlo, 1986) 및 조직 시민 행동(Smith et al., 1983)과 관련이 있다. 정서적인 사회적 지지는 '말하고, 듣고, 걱정하거나 공감을 표현하는 것'으로 정의되어 왔고(Zellars & Perrewe, 2001, p. 459) 대인관계를 촉진하는 것으로 나타났다. 자비는 조직 내 갈등 및 고통에 대한 반응으로 조직 내에서 발생할 수 있고, 조직 외부 요인으로부터 유입될 수도 있다. 자비적 반응은 종종 공감적 대화를 훨씬 뛰어넘어 확장되며, 고통을 겪는 사람을 대상으로 하는 물질 및 도구 자원의 상당한 할당을 수반할 수 있다(Dutton et al. 2006). 자비에는 다른 사람에 대한 자비에서 자신에 대한 자비에 이르기까지 여러 유형의 자비가 있다.

자기자비

자기자비가 자존감 이상으로 많은 부가적인 이점을 가지고 있지만 자기자비와 전반적인 자존감은 높은 상관관계가 있다(Neff & Vonk, 2009). 예를 들어, 자기자비적인 사람은 학습 욕구에 따라 움직이는 경향이 있기 때문에 회복력이 더 높고 실패에 더 잘 대처하는 경향이 있다(Neff et al., 2005). 자비는 고통받는 사람들을 친절하고 비판단적인 방식으로 구원하려는 바람인 반면, 자기자비는 그 생각을 자신에게로 돌린다(Neff, 2003). 리더십의 긍정성을 고려할 때, 높은 SDO 점수가 리더십 척도의 낮은 점수와 관련이 있을 것으로 예상하며, 정적으로 자기자비에 의해 매개될 것이다.

타인을 위한 자비

Grant(2008)는 자비를 "① 다른 사람의 감정을 이해하거나 공감하는 것, ② 상대방을 배려하는 것, 그리고 ③ 그 사람의 감정에 반응하여 행동하려는 의지"(p. 77)라는 세 가지 요소로 정의했다. 다른 사람들에게 자비를 갖는 것은 낮은 수축기 및 이완기 혈압과 코르티솔 수치를 낮추는 것과 같이 많은 건강상의 이점을 가지고 있다(Cosley et al., 2010). Cohen과 Wills(1985)는 자비가 스트레스에 대한 완충 역할을 할 수 있다고 제안한다. 이 연구에서 우리는 낯선 사람들을 포함한 다른 사람들에 대한 자비를 평가하기 위해 Santa Clara Brief Compassion 척도를 사용했다. 리더십의 긍정성을 감안할 때, 높은 SDO 점수는 타인을 위한 자비에 의해 정적으로 매개되며 낮은 리더십 측정 점수와 관련이 있을 것으로 예상한다.

타인에게서 받는 자비 불안

비록 자비가 긍정적인 영향을 미치는 것으로 나타났지만(Gilbert et al., 2010), 자비를 두려워하는 사람들도 있다. 이것은 친밀감이 위협과 사회적 고립을 조절하는 데 도움이 되기 때문에 진화론적 관점에서 매우 문제가 된다(Depue & Morrone-Strupinsky, 2005). 예를 들어, 자비를 받는 것에 대한 불안은 심장 박동

수에 직접적인 영향을 미칠 수 있다. Rockliff 등(2008)에 따르면 자기비판적 태도가 높은 사람들은 위협 대응에 직면했을 때 심박수 변동성이 감소한 반면, 자기비판적 태도가 낮은 사람들은 심박수 변동성이 증가했다. 리더십의 긍정성을 감안할 때, 높은 SDO 점수가 리더십의 낮은 점수와 관련이 있을 것으로 예상되며, 이는 타인을 향한 자비 불안 감소에 의해 정적으로 매개될 것이다.

타인을 향한 자비 불안

자비를 나타내는 것이 나약함의 표시라고 믿는 사람들도 있다. Gilbert의 연구진(2010)은 McLaughlin과 동료들(2003)의 연구 결과를 보고했는데, 어떤 사람이 다른 사람에게 자비를 보이면 그 사람은 이용당할 것이라고 믿는다는 것을 발견했다. 높은 수준의 SDO를 보이는 사람 또한 높은 수준의 타인을 향한 자비 불안을 가지고 있을 것으로 예상하는데 왜냐하면 그들이 낮은 SDO 점수를 보이는 사람들과 비교하여 그룹 밖의 구성원을 더 차별하는 경향이 있기 때문이다(Gilbert et al., 2010). 리더십의 긍정성을 감안할 때, 우리는 SDO의 높은 점수가 낮은 리더십과 관련이 있을 것으로 예상하며, 타인을 향한 자비 불안이 이를 정적으로 매개할 것이다.

자기를 향한 자비 불안

언급한 바와 같이, 회복력과 동기부여를 포함하여 자비심이 많으면 많은 이점이 있다. 그러나 일부 사람들은 자기자비를 약점으로 잘못 생각한다(Gilbert & Procter, 2006). 자기자비가 낮은 사람들은 또한 자신이 자비를 받을 자격이 없다고 느끼기도 한다. Gilbert 등(2010)은 자기자비의 부족이 때때로 가혹하거나 학대적인 배경 때문일 수 있다고 설명했다. SDO 이론은 자비의 사회 계층에 대한 약화 효과를 고려할 때, SDO 측정에서 높은 점수를 받은 사람들이 자기자비에 대한 두려움에서 더 높은 점수를 받을 것으로 예상한다. 리더십의 긍정적인 면을 감안할 때, 우리는 SDO의 높은 점수가 리더십 척도의 낮은 점수와 관련이 있을 것으로 예상하며, 이는 자기를 향한 자비 불안에 의해 정적으로 매개될 것이다.

가설

문헌 연구에 대한 결과로 도출해 낸 이 연구의 구체적인 가설은 다음과 같다.

① SDO와 변혁적 리더십 사이의 관계는 다음 각 영역의 자비 수준에 의해 매개될 것이다([그림 35-1] 참조).

ⓐ 타인을 위한 자비
ⓑ 자기자비
ⓒ 타인을 향한 자비 불안
ⓓ 타인에게서 받는 자비 불안
ⓔ 자기를 향한 자비 불안

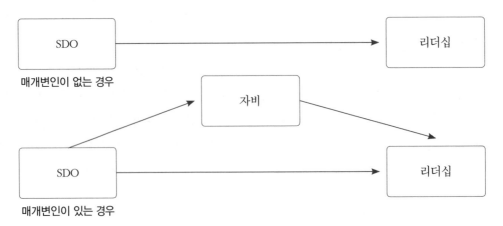

[그림 35-1] 가설 1a와 1b에서는 SDO, 자비/자기자비, 리더십 사이에 정적 상관이 있을 것이라고 제안함. 가설 1c와 1d에서는 SDO, 리더십, 자비 불안 간에 부적 상관이 있을 것이라고 제안함

방법

참가자

이 연구의 참가자(n=371)는 중간 규모의 미국 서부 대학의 대학원생과 학부생이었다. 2014년 겨울/봄 과정의 일부로 연구에 참여하는 학생들에게 추가 학점이 제공되었다. 피로 효과를 방지하기 위해 측정은 분기 중 세 번의 온라인 설문조사 패키지를 통해 실시되었다. 참여는 경영학 분야의 학생들을 대상으로 자발적으로 이루어졌다. 참가자에 대한 기술 통계는 〈표 35-1〉에 서술되어 있다.

표 35-1 연구 참여자의 인구통계학적 정보

인종		빈도	백분율
인종	아시안	189	50.9
	라틴계	59	15.9
	흑인	22	5.9
	혼혈	24	6.5
	백인	72	19.4
	계	366	98.7
누락	시스템	5	1.3
계		371	100.0
성별			
유효	여성	222	
	남성	149	
	계	371	

도구

사회지배지향성

사회적 지배를 평가하기 위해 사회지배지향성 척도가 활용되었다(SDOS; Pratto et al., 1994). SDOS는 현재 존재하는 사회적 위계질서를 보존하기 위한 개인의 선호도를 측정하는 16개 항목으로 구성되어 있다.

긍정리더십

변혁적 리더십에 대한 성향을 평가하기 위해 행동 리더십 척도(VIA)가 사용되었다. VIA 리더십 척도는 리더십 능력을 평가하는 7개 항목의 척도로 구성되어 있다.

타인을 위한 자비

다른 사람에 대한 자비를 평가하기 위해 Santa Clara Brief Compassion Scale이 사용되었다(SCBCS; Hwang, Plante, & Lackey, 2008). SCBCS는 다른 사람에 대한 개인의 자비 수준, 특히 친사회적 행동에 대한 성향을 식별하는 5개 항목 척도로 이루어져 있다.

자기자비

자기자비를 평가하기 위해 자기자비 척도가 사용되었다. SCS는 개인이 스트레스를 받

을 때 자신에게 어떻게 반응하는지 측정하는
12개 항목으로 구성되어 있다.

타인에게서 받는/타인을 향한/
자기를 향한 자비 불안

타인을 향한, 타인에게서, 그리고 자기를
향한 사비에 대한 두려움을 평가하기 위해
자비 불안 척도가 사용되었다(FCS; Gilbert,
McEwan, Matos, & Rivis, 2011). FCS는 타인에
게 베푸는 자비, 타인으로부터 느끼는 자비,
잘못을 했을 때 자신에 대한 자비를 측정하는
세 개의 척도로 구성되어 있다.

결과

SDO, 리더십, 자비의 다양한 구성요소 각
각의 차이에 의한 관계를 알아보기 위해 이
러한 구성요소 간의 상관을 살펴보았다(〈표

35-2〉 참조).

이 연구에서 사용된 다섯 가지 자비 척도
중 네 가지에서 척도의 방향성을 해석하기 위
해서는 고려해야 할 것이 있다. 자기자비 척
도의 점수가 높을수록 자기자비 행동은 적어
진다는 것을 의미하고, 자비에 대한 불안과
관련된 세 가지 척도에서 점수가 높을수록 불
안이 크다는 점을 감안할 때, 척도 사이의 상
관관계를 다음과 같이 해석할 수 있다.

리더십 점수는 SDO 및 세 개의 자비 불안
척도와 유의한 부적 상관관계에 있었다. 이
것은 긍정적 리더십과 SDO, 자비 불안이 대
인관계기술에 미치는 상대적 영향을 뒷받침
하는 이론적 토대와 일치하는 결과이다. 또한
자비와 긍정적 리더십의 유의한 정적 상관관
계도 이론과 일치한다. 이러한 결과는 긍정적
리더십이 높을수록 SDO에 대한 선호가 감소
하며, 타인을 위한 자비가 더 많이 나타난다
는 것을 의미한다. 개인은 타인을 위한 자비
를 표현하는 데 두려움을 덜 느낄 것이며 이

표 35-2 SDO, 리더십, 자비와의 상관관계

	1	2	3	4	5	6
리더십	1					
사회지배성	−.329**	1				
타인을 위한 자비	.390**	−.335**	1			
자기자비	.026	.031	.170**	1		
타인을 향한 불안	−.182**	.261**	−.063	.382**	1	
타인에게서 받는 자비 불안	−.400**	.356**	−.124*	.305**	.570**	1
자기자비 불안	−.398**	.402**	−.164**	.225**	.417**	.767**

* 상관은 0.05 수준에서 유효함(2-tailed).
** 상관은 0.01 수준에서 유효함(2-tailed).

것은 다른 사람으로부터 자비를 받거나, 자기 자신에게 친절과 자비를 표현하는 것에서도 마찬가지이다. 이것은 또한 사회 계층의 유지에 대한 개인의 선호가, 영감을 주는 동기, 이상적인 영향, 지적 자극, 개인적인 관심으로 표현되는 변혁적 리더십에 참여하려는 열망과 부적 관계에 있음을 시사한다.

SDO 척도의 점수는 자비와 유의한 부적 상관관계에 있었으며 이것은 이제까지의 연구 및 이론과 일치하는 결과이다(Martin & Heineberg, 2014). SDO는 타인을 향한 자비 불안, 타인에게서 받는 자비 불안, 자기를 향한 자비 불안 모두와 유의한 부적 상관관계를 보였다. 이러한 발견은 SDO 점수가 높은 사람들, 그러니까 다른 사람들에게 덜 자비로운 사람들은 자비를 타인이나 자신에게 표현하는 것을 두려워할 뿐만 아니라 다른 사람으로부터 자비를 받는 것을 두려워할 것임을 시사한다.

우리가 사용한 모든 자비에 대한 척도가 유사한 질문으로 구성되어 있고 자비의 모든 다른 척도가 SDO와 유의미한 상관관계가 있다는 것을 감안할 때, Neff Self-Compassion 척도가 그렇지 않다는 것은 놀라운 일이다. 이론적 개념과 일관되게 자기자비는 타인에게서 받는 자비 불안 및 자기를 향한 자비 불안과 모두 유의한 상관관계가 있었다. 이 발견은 이 두 가지가 자기 자신을 향한 자비를 허용하는 것과 비슷한 구성요소를 가지고 있다는 것을 의미한다.

주목할 만한 것은 타인을 위한 자비 척도 외에 이 연구에서 사용한 다른 척도와 Neff Self-Compassion 척도 사이에 유의한 상관관계가 없다는 것이었다. 이 척도가 자주 사용되어 오기는 했으나, 이 척도를 사용한 선행 연구들에서도 비슷한 결과가 나왔는데(Martin & Heineberg, 2014), 이는 자비의 다차원성을 반영하거나 척도가 구체화될 필요가 있음을 시사한다.

SDO와 리더십 간의 관계에서 자비의 매개 효과를 살펴보기 위해, 매개 모형을 사용하여 가설을 검증하였다([그림 35-1]). 첫 번째 매개 모형을 통해, SDO와 변혁적 리더십 간의 관계에서 타인을 위한 자비의 매개 효과가 검증되었다. 1단계에서 매개 효과를 무시했을 때 변혁적 리더십에 대한 SDO의 회귀는 유의한 것으로 나타났다: $b=-.318, t(371)=-6.70, p=.000$. 2단계에서 매개변인인 타인을 위한 자비에 대한 SDO 점수의 회귀도 유의한 것으로 나타났다: $b=-.3923, t(371)=-6.82, p=.000$. 3단계에서 매개변인인 타인을 위한 자비는 SDO 점수를 통제하는 것으로 나타났으며 역시 유의한 것으로 나타났다: $b=.2596, t(371)=6.35, p=.000$. 4단계에서 매개변인인 타인을 위한 자비를 통제했을 때, SDO 점수는 변혁적 리더십 점수의 유의한 예측변수가 되는 것으로 나타났다: $b=-.2161, t(371)=-4.51, p=.000$. Sobel 테스트를 수행하여 모델에서 매개 효과를 검증하였다($z=-4.62, p=.000$). 매개 분석은 가설 1a를 지지하는 것으로 나타났다. SDO와 변혁적 리더십 간의 관계는 타인을 위한 개인의 자비의 수준에 의해 매개되는 것으로 나타났다.

두 번째 매개 모형을 통해 검증한 결과 SDO와 변혁적 리더십의 관계에서 자기자비의 매개 효과는 유의하지 않았다. 1단계에서 매개변인을 무시했을 때 변혁적 리더십에 대한 SDO의 회귀는 유의한 것으로 나타났다: $b=-.3180$, $t(371)=-6.70$, $p=.000$. 2단계에서 매개변인인 변혁적 리더십에 대한 SDO 점수의 회귀는 유의하지 않았다: $b=.0238$, $t(371)=.6047$, $p=.546$. 3단계인 매개과정에서는 매개변인인 자기자비가 SDO 점수를 통제하는 것이 유의하지 않은 것으로 나타났다: $b=.0462$, $t(371)=.7371$, $p=.462$. 4단계에서 매개변인인 자기자비를 통제했을 때, SDO 점수가 변혁적 리더십의 유의한 예측 변수인 것으로 나타났다: $b=-.3191$, $t(371)=-6.71$, $p=.000$. Sobel 테스트가 수행되었으나 매개 모형에서 매개 효과를 찾지 못했다($z=.323$, $p=.747$). 따라서 매개 분석은 가설 1b를 지지하지 않았다. SDO와 변혁적 리더십 사이의 관계는 개인의 자기자비 수준에 의해 매개되지 않았다.

세 번째 매개모형을 통해 검증한 결과 SDO와 변혁적 리더십 간의 관계에서 타인을 향한 자비 불안의 효과는 검증되지 않았다. 1단계에서 변혁적 리더십에 SDO 점수의 회귀는 매개변인을 무시했을 때 유의한 것으로 나타났다: $b=-.3180$, $t(371)=-6.70$, $p=.000$. 2단계에서 매개변인인 타인을 향한 자비 불안에 대한 SDO 점수는 유의한 것으로 나타났다: $b=.3008$, $t(371)=5.20$, $p=.000$. 3단계에서 매

개변인인 타인을 향한 자비 불안은 SDO 점수를 유의하게 통제하는 것으로 나타났다: $b=-.0864$, $t(371)=-2.03$, $p=.043$. 4단계에서는 매개변인인 타인을 향한 자비 불안을 통제했을 때 SDO 점수가 우울의 유의한 예측변수인 것으로 밝혀졌다: $b=-.2920$, $t(371)=-5.96$, $p=.000$. Sobel 테스트가 수행되었으나 모델에서 매개 효과를 검증하지 못했다($z=-1.86$, $p=.06$). 매개 분석은 가설 1c를 지지하지 않았다. SDO와 변혁적 리더십 사이의 관계는 타인을 향한 자비 불안에 의해 매개되지 않았다.

네 번째 매개 모형을 통해, SDO와 변혁적 리더십의 관계에서 타인에게서 받는 자비 불안의 매개 효과가 검증되었다. 1단계에서 변혁적 리더십에 대한 SDO의 회귀는 매개변인을 무시했을 때 유의한 것으로 나타났다: $b=-.3180$, $t(371)=-6.70$, $p=.000$. 2단계에서 매개변인인 타인에게서 받는 자비 불안에 대한 SDO 점수의 회귀는 유의한 것으로 나타났다: $b=.4138$, $t(371)=7.32$, $p=.000$. 3단계에서 매개변인인 타인에게서 받는 자비 불안은 SDO 점수를 통제했을 때도 매개 효과가 있는 것으로 밝혀졌다 $b=-.2688$, $t(371)=-6.50$, $p=.000$. 4단계에서 매개변인인 타인에게서 받는 자비 불안을 통제했을 때에도 SDO는 여전히 변혁적 리더십의 유의한 예측 변수인 것으로 나타났다: $b=-.2067$, $t(371)=-4.30$, $p=.000$. Sobel 테스트가 수행되었으며 매개 효과가 검증되었다($z=-4.83$, $p=.000$). 매개 분석은 가설 1d를 지지했다. SDO와 변혁적 리더십 사이의 관계는 타인에

게서 받는 자비 불안의 수준에 따라 매개된다.

다섯 번째 매개 모형을 통해 SDO와 변혁적 리더십 간의 관계에서 자기를 향한 자비 불안의 매개 효과가 검증되었다. 1단계에서 변혁적 리더십에 대한 SDO의 회귀는 매개변인을 무시했을 때 유의한 것으로 나타났다: $b=-.3180$, $t(371)=-6.70$, $p=.000$. 2단계에서 매개변인인 자기를 향한 자비 불안에 대한 SDO 점수의 회귀 또한 유의한 것으로 나타났다: $b=.5110$, $t(371)=8.44$, $p=.000$. 3단계에서 매개변인인 자기를 향한 자비 불안은 SDO 점수를 유의하게 통제하는 것으로 나타났다: $b=-.2407$, $t(371)=-6.19$, $p=.000$. 4단계에서 매개변인인 자기를 향한 자비 불안을 통제했을 때에도 SDO 점수는 변혁적 리더십의 유의한 예측변수인 것으로 나타났다: $b=-.1949$, $t(371)=-3.94$, $p=.0001$. Sobel 테스트가 수행되었으며 매개 효과가 검증되었다($z=-4.97$, $p=.000$). 매개 분석은 가설 2e를 지지했다. SDO와 변혁적 리더십 사이의 관계는 자기를 향한 자비 불안의 수준에 따라 매개된다.

논의

상관관계

리더십 점수는 SDO 및 타인에게서 받는 자비 불안과 유의미한 부적 상관관계가 있었다. 타인에 대한 자비 및 리더십과의 긍정적인 관

계를 감안할 때, 이 발견은 이것이 리더의 자기 인식을 위한 강력한 도구가 될 수 있음을 시사한다. 리더십 개발은 세 측면(타인을 향한, 타인에게서 받는, 자기의)에서 자비를 인식하고 받아들이는 것을 개발하는 것을 의미한다. 긍정적 리더십의 이론적 토대와 일치하게, 높은 수준의 자비에 대한 불안은 리더의 대인관계 기술에 해로운 영향을 미칠 수 있고 조직 전체에서 부적절한 행동을 모델링할 수 있다.

또한 이론적 배경과 일치하는 것은 자비와 긍정적 리더십 사이에 유의한 정적 상관관계가 있다는 것이다. 이러한 결과를 종합하면 긍정적 리더십에 대한 개인의 점수가 높을수록 SDO의 선호도가 낮아질 것임을 시사한다. 이것은 다른 사람들에 대한 자비가 더 많이 표현되고, 다른 사람들에게 자비를 표현하는 것에 대한 두려움이 줄어들고, 다른 사람들로부터 자비를 받고, 자신에 대한 배려와 자비를 표현하는 것에 대한 두려움이 줄어든다는 것을 의미한다. 기업의 '냉혈한 경쟁의 세계'라는 직관에는 반하지만(Martin & Heineberg, 2014), 떠오르는 그림은 분명하다. 리더십은 자비적인 인식과 행동을 통해 SDO 수준이 낮아짐에 따라 직원들과 마찬가지로 이득을 얻는다. 진행 중인 연구(Martin, Heineberg, Bok, & Kelman, 진행 중)에서는 높은 수준의 SDO, 자비의 결여, 높은 수준의 자비 불안과 스트레스, 불안, 우울의 요소들이 강하고 유의미하게 연결되어 있다고 주장했다. SDO는 긍정적인 리더십, 영감을 주는 동기, 이상화된 영

향, 지적 자극 및 개별적인 관심과 부적 상관관계가 있다.

SDO 점수는 자비와 유의한 부적 상관관계가 있었으며, 이는 선행연구와 일치하는 것이다(Martin & Heineberg, 2014). SDO는 타인을 향해 자비를 표현하는 것에 대한 불안, 타인에게서 자비를 받는 것에 대한 불안, 자기를 향해 자비를 표현하는 것에 대한 자비 불안과 유의한 부적 상관관계를 보였다. 이 발견은 SDO 점수가 높을수록, 타인에게 자비를 표현하는 것이 줄어들고, 타인에게서 받는, 타인을 향한, 자기 자신의 자비 불안이 더 높아질 것임을 의미한다.

매개 효과 검증

우리의 예상과 달리 자기자비는 SDO와 긍정적 리더십 사이의 관계를 매개하지 않았다. 자기자비의 매개 효과가 증명되지 않음으로써, 자기자비의 잠재적인 새 척도에 대한 필요성을 보여 준다. 추가적으로, 자기자비의 매개 효과가 충분하지 않은 것은 리더십의 본질이 리더와 타인과의 관계에 초점을 두고 있으며 반드시 개인 내의 능력으로 인한 것이 아니라는 사실 때문일 수도 있다. 따라서 우리는 변혁적 리더십 역량이 자기 자신보다는 타인과의 자비 맥락에서 더 많은 영향을 받을 것으로 예상할 수 있다. 이 주장을 뒷받침하려면 추가적인 동일한 결과가 필요하겠지만, 우리의 연구는 이 전제를 지지하는 첫 번째 연구라는 점에서 의의를 가진다.

우리의 가설과 일치하게, SDO와 긍정적 리더십 사이의 관계는 타인을 위한 자비에 의해 매개되었다. SDO는 잠재적으로 부정적인 대인관계/집단 관계를 예측하는 것으로 여겨지기 때문에, 타인을 위한 자비는 긍정적이고 유익한 사회적 상호작용을 촉진하는 것으로 보인다. 따라서 이 발견은 타인을 위한 더 높은 수준의 자비가 SDO와 긍정적 리더십의 가치 사이의 관계에서 핵심 요소임을 시사하는 것으로 보인다.

우리의 가설과 일치하게, SDO와 긍정적 리더십 사이의 관계에서 타인에게서 받는 자비 불안과 자기자비 불안의 매개 효과가 증명되었다. 그러나 타인을 향한 자비 불안은 이 둘을 매개하지 않는 것으로 나타났다. SDO는 잠재적으로 부정적인 대인관계/그룹 관계를 예측하는 것으로 여겨지며, 자비 불안은 리더가 조직 요구 사항을 실현하기 위해 필요한 도구와 도움에 접근하지 못하게 만드는 것으로 보인다. 따라서 이러한 발견은 타인을 위한 자비 불안이 낮은 것이 높은 긍정적 리더십으로 이어질 수 있음을 시사한다.

훈련 및 교육

이 연구의 결과는 타인을 위한 자비의 증가와, 타인에게서 받는, 타인을 향한, 자기를 향한 자비 불안의 감소를 촉진하는 개입 프로그램의 필요성을 시사한다. 이로 인해 긍정적인 리더십의 증가뿐만 아니라 전반적인 웰빙을 증가시킬 가능성이 있다. 우리

(Martin & Heineberg, 2014)가 최근 시범 운영하여 현재 병원과 대학에서 활용하고 있는 CST(Compassion Skills Training)라는 프로그램이 바로 그렇게 함으로써 가능성을 보여 주고 있다. 동료 토론을 통해 긍정적 리더십, 자비 및 웰빙에 초점을 맞춘 심리 교육 자료를 통합함으로써, 우리는 앞에서 언급한 영역에서 통계적으로 유의한 차이를 발견했다. 우리 모델의 입증된 효능을 확립하기 위해서는 추가적인 후속 연구 결과와 통제된 연구가 필요할 것이지만, 우리는 이 연구가 리더들을 위한 자비 훈련의 타당성을 입증하는 역할을 한다고 믿는다. 우리의 데이터는 리더십이 있는 환경에서 일하는 것은 매우 필요하지만, 우리의 연구에서 새로운 증거가 자비, 웰빙, 조직 환경에서의 리더십 역량의 긍정적 변화에 기여할 수 있다는 것을 시사하기 때문에 낙관론을 위한 충분한 여지가 있음을 보여 준다.

개념적으로, 긍정적인 리더로서 어느 정도 자비를 갖는 방법에 대해 가르치고 배우는 것은 그리 어렵지 않다. 그러나 훈련과 교육이 참가자에게 유익하고 영향을 미쳤다는 증거를 확립하고, 더 긍정적이 되기 위한 의지와 능력을 개발하는 것은 어려운 작업이다. 지난 몇 달 동안 우리는 이것을 가능하게 할 수 있는 모델을 확립하기 위해 노력해 왔다.

우리가 제안한 모델에서 참가자들은 웰빙과 자비에 대한 최신 증거 기반 문헌에 노출되었으며, 이 주제에 대해 의미 있고 경험적 성장 지향적인 개인 대 개인 토론에 참여하도록 요청받았다. 이 프로그램은 풍부한 증거기

반 연구를 바탕으로 온라인 개인 대 개인 형식과, 우리가 연구하고자 하는 특정 사람들의 요구에 맞게 각색되었다. 이것은 심리치료나 임상적인 프로그램이 아니었다. 대신 이 프로그램의 수업은 주제에 대한 지적 이해를 높이고, 자신의 회복탄력성, 공감, 타인과 자신을 향한 자비를 높이기 위한 심리교육수업 형식으로 제공되었다.

자비 기술 훈련은 훈련 전 점수 측정으로 시작하여, 읽는 데 약 1시간 정도 소요되는 8개의 세션으로 이어진다. 이후 자비 개발 기술 프로토콜을 사용하여 두 참가자가 편한 시간에 1시간 동안 상호작용이 이어진다. 교육은 훈련 후 점수 측정으로 끝난다. 웹 기반의 참여 증거와 참여자의 결과가 총 16시간의 교육 시간 동안 이루어진다.

학생들을 대상으로 CST를 적용한 결과, 사전-사후 검사의 결과에서 유의미한 효과가 발견되었다.

① Santa Clara Brief Compassion Scale의 사전/사후 검사결과를 비교하기 위해 paired-samples t−test를 수행한 결과 사전 검사[M=3.67, SD=.85 및 사후 검사 (M=3.92, SD=.85), t(−2.17)=77, p=.03]의 점수에는 유의한 차이가 있었다.

② 주관적 행복 척도의 사전/사후 검사를 비교하기 위해 paired-samples t−test를 수행한 결과 사전 검사[M=3.36, SD=.56, 사후 검사(M=3.37, SD=.72), t(−4.49)=77, p=.00]의 점수에는 유의한 차이가 있었다.

③ Values in Action 리더십 척도의 사전/사후 검사를 비교하기 위해 paired-samples t-test를 수행한 결과 사전 검사[M=3.32, SD=.58 및 사후 검사(M=3.80, SD=.66), t(−4.74)=77, p=.00]의 점수에는 유의한 차이가 있었다.

④ Acceptance Scale과 Action Scale의 사전/사후 검사를 비교하기 위해 paired-samples t-test를 수행한 결과 사전 검사[M=2.86, SD=.58 및 사후 검사(M=3.80, SD=.70), t(−4.17)=77, p=.00]의 점수에는 유의한 차이가 있었다.

⑤ 자비를 베푸는 것에 대한 두려움의 사전/사후 검사를 다른 척도와 비교하기 위해 대응 표본 t-검정을 수행하였다. 사전 검사[M=3.31, SD=.76 및 사후 검사(M=3.10, SD=.73), t(2.67)=77, p=.00]의 점수에는 유의한 차이가 있었다.

다양한 환경, 산업 및 직업군에서 자료 수집이 진행되고 있으며, 우리는 진행 중인 다양한 연구에서도 비슷한 결과가 나올 것으로 예상한다. 파일럿 연구가 실제 일하고 있지 않은 현역 경영대학 학부 및 대학원생을 대상으로 하고 있으며 이들은 개인, 사회 및 조직의 요구를 충족시키는 데 있어 자비의 개인 내/외적인 중요성을 고려하도록 직업적으로 동기부여받고 있지 않기 때문에, 진행되고 있는 연구에서는 잠재적으로 더 유의미한 결과가 나올 것으로 예상한다.

참고문헌

Aiello, A., Pratto, F., & Pierro, A. (2013). Framing social dominance orientation and power. *Organizational Context, Basic and Applied Social Psychology, 35*(5), 487–495. doi:10.1080/01973533.2013.823614

Altemeyer, B. (1998). The other "authoritarian personality." *Advances in Experimental Social Psychology, 30*, 48–92.

Avolio, B. J. (1999). *Full Leadership Development: Building the Vital Forces in Organizations*. Thousand Oaks, CA: Sage.

Barsade, S. G., & Gibson, D. E. (2003). Why does affect matter in organizations? *The Academy of Management Perspectives, 21*, 36–59. doi:10.5465/AMP.2007.24286163

Bass, B. M. (1985). *Leadership and Performance Beyond Expectations*. New York: Free Press.

Bass, B. M. (1998). The ethics of transformational leadership. *Ethics, the Heart of Leadership*, 169–192.

Bass, B. M., Avolio, B. J., Jung, D. I., & Berson, Y. (2003). Predicting unit performance by assessing transformational and transactional leadership. *Journal of Applied Psychology, 88*(2), 207–218.

Böckerman, P., & Ilmakunnas, P. (2009). Job disamenities, job satisfaction, quit intentions, and actual separations: Putting the pieces together. *Industrial Relations: A Journal of Economy and Society, 48*, 73–96. doi:10.1111/j.1468-232X.2008.00546.x

Böckerman, P., & Laukkanen, E. (2010). What makes you work while you are sick? Evidence from a survey of workers. *The European*

Journal of Public Health, 20(1), 43-46.

Brief, A. P., & Motowidlo, S. J. (1986). Prosocial organizational behaviors. *Academy of Management Review, 11*(4), 710-725. doi:10.2307/258391

Cameron, K. S. (2008). Positive leadership. *Strategies for extraordinary performance.* Berrett.

Cohen, S., & Wills, T. A. (1985). Stress, social support, and the buffering hypothesis. *Psychological Bulletin, 98*(2), 310-357. doi:10.1037/0033-2909.98.2.310

Cohrs, J., Moschner, B., Maes, J., & Kielmann, S. (2005). The motivational bases of right-wing authoritarianism and social dominance orientation: Relations to values and attitudes in the aftermath of September 11, 2001. *Personality and Social Psychology Bulletin, 31*, 1425-1434.

Cosley, B. J., McCoy, S. K., Saslow, L. R., & Epel, E. S. (2010). Is compassion for others stress buffering? Consequences of compassion and social support for physiological reactivity to stress. *Journal of Experimental Social Psychology, 46*(5), 816-823. doi:10.1016/j.jesp.2010.04.008

Demerouti, E., Bakker, A. B., Nachreiner, F., & Schaufeli, W. B. (2001). The job demands-resources model of burnout. *Journal of Applied Psychology, 86*, 499-512.

Demerouti, E., Bakker, A. B., De Jonge, J., Janssen, P. P. M., & Schaufeli, W. B. (2001). Burnout and engagement at work as a function of demands and control. *Scandinavian Journal of Work, Environment and Health, 27*, 279-286.

DeGroot, T., Kiker, D. S., & Cross, T. C. (2000). A meta-analysis to review organizational outcomes related to charismatic leadership. *Canadian Journal of Administrative Sciences, 17*, 356-371.

Depue, R. A., & Morrone-Strupinsky, J. V. (2005). A neurobehavioral model of affiliative bonding. *Behavioral and Brain Sciences, 28*, 313-395. doi:10.1017/S0140525X05000063

Duckitt, J. (2001). A dual-process cognitive-motivational theory of ideology and prejudice.

Duriez, R. (2004). A research note on the relation between religiosity and racism: The importance of the way in which religious contents are being processed. *International Journal for the Psychology of Religion, 14*, 175-189.

Duriez, R., & Van Hiel, A. (2002). The march of modern fascism: A comparison of social dominance orientation and authoritarianism. *Personality and Individual Differences, 32*, 1199-1213.

Duriez, R., Van Hiel, A., & Kossowska, M. (2005). Authoritarianism and social dominance in Western and Eastern Europe: The importance of sociopolitical context and of political interest and involvement. *Political Psychology, 26*, 299-320.

Dutton, J. E., Worline, M. C., Frost, P. J., & Lilius, J. (2006). Explaining compassion organizing. *Administrative Science Quarterly, 51*(1), 59-96.

Frank, R. H., Gilovich, T., & Regan, D. T. (1993). Does studying economics inhibit cooperation? *Journal of Economic Perspectives, 7*, 159-171.

Georgesen, J., & Harris, M. J. (2006). Holding onto power: Effects of powerholders' positional instability and expectancies on interactions with subordinates. *European Journal of Social*

Psychology, *36*, 451-468.

Gilbert, P., McEwan, K., Matos, N., & Rivis, A. (2010). Fears of compassion: Development of three self-report measures. *Psychology and Psychotherapy: Theory, Research and Practice*, *84*(3), 239-255. doi:10.1348/147608310X526511

Gilbert, P., & Procter, S. (2006). Compassionate mind training for people with high shame and self-criticism: Overview and pilot study. *Clinical Psychology and Psychotherapy*, *13*, 353-379. doi:10.1002/cpp.507

Goetz, J. L., Keltner, D., & Simon-Thomas, E. (2010). Compassion: An evolutionary analysis and empirical review. *Psychological Bulletin*, *136*(3), 351-374.

Grant, K. (2008). Who are the lepers in our organizations? A case for compassionate leadership. *Business Renaissance Quarterly*, *3*(2), 75-91.

Greenberg, J. (1990). Employee theft as a reaction to underpayment inequity: The hidden cost of pay cuts. *Journal of Applied Psychology*, *75*, 561-568. doi:10.1037/0021-9010.75.5.561

Heaven, P. C., & Bucci, S. (2001). Right-wing authoritarianism, social dominance orientation and personality: An analysis using the IPIP measure. *European Journal of Personality*, *15*(1), 49-56.

Jost, J. T., Blount, S., Pfeffer, J., & Hunyady, G. (2003). Economic systems justification: Its cognitive-motivational underpinnings. *Research in Organizational Behavior*, *25*, 53-91.

Kanov, J. M., Maitlis, S., Worline, M. C., Dutton, J. E., Frost, P. J., & Lilius, J. M. (2004). Compassion in organizational life. *American Behavioral Scientist*, *47*(6), 808-827. doi:10.1177/0002764203260211

Levin, S., & Sidanius, J. (1999). Social dominance and social identity in the United States and Israel: Ingroup favoritism or outgroup derogation? *Political Psychology*, *20*(1), 99-126. doi:10.1111/0162-895X.00138

Lippa, R., & Arad, S. (1999). Gender, personality, and prejudice: The display of authoritarianism and social dominance in interviews with college men and women. *Journal of Research in Personality*, *33*(4), 463-493.

Lind, E. A., Greenberg, J., Scott, K. S., & Welchans, T. D. (2000). The winding road from employee to complainant: Situational and psychological determinants of wrongful-termination claims. *Administrative Science Quarterly*, *45*, 557-590. doi:10.2307/2667109

Lowe, K. B., Kroeck, K. G., & Sivasubramaniam, N. (1996). Effectiveness correlates of transformational and transactional leadership: A meta-analytic review. *Leadership Quarterly*, *7*, 385-425.

Martin, D., Seppala, E., Heineberg, Y., Rossomando, T., Doty, J., Zimbardo, P., & Zhou, Y. (2014). Multiple facets of compassion: The impact of social dominance orientation and economic systems justification. *Journal of Business Ethics*, *129*(1), 237-249.

McLaughlin, E., Huges, G., Fergusson, R., & Westmarland, L. (2003). *Restorative Justice: Critical Issues*. London: Sage.

Neff, K. D. (2003). The development and validation of a scale to measure self-compassion. *Self and Identity*, *2*(3), 223-250.

doi:10.1080/15298860309027

Neff, K. D., Hsieh, Y., & Dejitterat, K. (2005). Self-compassion, achievement goals, and coping with academic failure. *Self and Identity*, 4(3), 263-287. doi:10.1080/13576500444000317

Neff, K. D., & Vonk, R. (2009). Self-compassion versus global self-esteem: Two different ways of relating to oneself. *Journal of Personality*, 77(1), 23-50. doi:10.1111/j.1467-6494.2008.00537.x

Peterson, C., & Seligman, M. E. (2006). The Values in Action (VIA) classification of strengths. *A life worth living: Contributions to positive psychology*, 29-48.

Pratto, F., Sidanius, J., Stallworth, L. M., & Malle, B. F. (1994). Social dominance orientation: A personality variable predicting social and political attitudes. *Journal of Personality and Social Psychology*, 67, 741-763. doi: 10.1037/0022-3514.67.4.741

Pratto, F., Stallworth, L. M., Sidanius, J., & Siers, B. (1997). The gender gap in occupational role attainment: A social dominance approach. *Journal of Personality and Social Psychology*, 72(1), 37.

Reich, W. (1989). Speaking of suffering: A moral account of compassion. *Soundings*, 72(1), 83-108.

Ringov, D., & Zollo, M. (2007). The impact of national culture on corporate social performance. *Corporate Governance*, 7(4), 476-485.

Rockliff, H., Gilbert, P., McEwan, K., Lightman, S., & Glover, D. (2008). A pilot exploration of heart rate variability and salivary cortisol responses to compassion-focused imagery. *Clinical Neuropsychiatry: Journal of Treatment Evaluation*, 5(3), 132-139.

Shao, P., Resick, C. J., & Hargis, M. B. (2011). Helping and harming others in the workplace: The roles of personal values and abusive supervision. *Human Relations*, 64(8), 1051-1078.

Sidanius, J., & Pratto, F. (2001). *Social Dominance: An Intergroup Theory of Social Hierarchy and Oppression*. Cambridge, UK: Cambridge University Press.

Sidanius, J., & Pratto, F. (1999). Social dominance: An intergroup theory of social oppression and hierarchy.

Sidanius, J., Pratto, F., Martin, M., & Stallworth, L. M. (1991). Consensual racism and career track: Some implications of social dominance theory. *Political Psychology*, 12(4), 691-721. doi:10.2307/3791552

Sidanius, J., Kteily, N., Sheehy-Skeffington, J., Ho, A. K., Sibley, C., & Duriez, B. (2012). You're inferior and not worth our concern: The interface between empathy and social dominance orientation. *Journal of Personality*.

Son-Hing, L. S., Bobocel, D., Zanna, M., & McBride, M. (2007). Authoritarian dynamics and unethical decision making: High social dominance orientation leaders and high right-wing authoritarianism followers. *Journal of Personality and Social Psychology*, 92, 67-81.

Van Laar, C., Sidanius, J., Rabinowitz, J. L., & Sinclair, S. (1999). The three Rs of academic achievement: Reading, 'riting, and racism. *Personality & Social Psychology Bulletin*, 25(2), 139-151. doi:10.1177/0146167299025002001

찾아보기

인명

A

Aderman, D. 70

B

Barrett, L. F. 495

Bartlett, M. Y. 500

Batson, C. D. 70, 71, 77, 490

Baumeister, R. F. 496

Bishop, S. R. 456

Blader, S. L. 75

Bowlby, J. 154, 177, 287

Brown, S. L. 72, 292, 495

Buffone, A. E. K. 70

Burton, J. W. 71

Bushman, B. J. 493

C

Cahn, B. R. 494

Cameron, C. D. 446, 449, 835

Cialdini, R. B. 490

Coke, J. S. 69

Collins, N. L. 153

Condon, P. 79, 493, 498

Côté, S. 457

Crocker, J. 492

D

Dalai Lama 36, 90, 829

Darley, J. 489, 490

Darwin, C. 281

Davis, M. H. 458, 509

de Waal, F. B. M. 283

Decety, J. 96, 446

Desbordes, G. 432, 500

DeSteno, D. 491

Dickert, S. 448, 449

Dijker, A. J. 73

Dovidio, J. F. 450, 501

Dreber, A. 492

E

Eisenberger, N. I. 294

Ekman, P. 94, 99, 448

F

Fisher, J. D. 74

Fredrickson, B. L. 495

Freud, S. 286

G

Galak, J. 447

Genevsky, A. 448, 453

Germer, C. 637

Gilbert, P. 187, 639, 840

Goetz, J. L. 446, 490

Gratz, K. L. 451

Gross, J. J. 79

Grossman, P. 494, 496

H

Halifax, J. 393, 395

Hamilton, D. L. 449

Hamilton, W. 282

Hardin, G. 74

Harlow, M. 287

Harmon-Jones, E. 69

Hazen, M. 742

Hoess, R. 75

Hoffman, M. L. 70, 511, 512

House, J. S. 288

Hrdy, S. B. 68

Hull, C. 286

Hutcherson, C. A. 79, 496

Huxley, T. 281

J

Jazaieri, H. 495

Jinpa, T. 52, 392, 411

K

Kelly, R. L. 68

Kelman, H. C. 71

Kirby, J. N. 169

Klimecki, O. M. 456, 497

Kogut, T. 447, 451

Konrath, S. 72

Kropotkin, P. 281

Kunce, L. J. 155

L

Lazarus, R. S. 95

Leary, M. 634

Leiberg, S. 497

Lerner, M. J. 70

Lewin, K. 65

Lieberman, J. D. 493

Lim, D. 502

Lishner, D. A. 73

López-Pérez, B. 75

Losin, E. A. R. 263

Lutz, A. 495, 496

M

Makransky, J. 54

Mallozzi, J. 711

Markowitz, E. M. 448

Markus, H. R. 466

Mikulincer, M. 492

Milgram, S. 490, 691

Monroe, K. 93

Mrazek, A. J. 264

N

Nadler, A. 73

Neff, K. D. 495, 629, 636, 637

Negi, L. T. 52, 392

Nordgren, L. F. 447

Numan, M. 290

O

Oceja, L. V. 77

Oman, D. 72

Omoto, A. M. 74

Oveis, C. 500

P

Pace, T. W. 432

Penner, L. A. 490

Porges, S. W. 179

R

Rai, T. S. 447

Ricard, M. 78, 88

Roberts, G. 285, 286

Robinson, M. D. 496

Rouhana, N. N. 71

Rubaltelli, E. 448

Ryan, W. 70

S

Saucier, D. A. 456

Schumann, K. 458

Senge, P. M. 742

Seppälä, E. M. 79

Shapiro, S. 637

Shaver, P. R. 155

Shaw, L. L. 74, 454

Shelton, M. L. 71

Singer, T. 491

Slagter, H. A. 494

Slovic, S. 447, 449

Small, D. A. 449

Smith, K. D. 63

Smith, R. W. 448, 449

Snyder, M. 74

Sober, E. 68

Stephan, W. G. 71

Stotland, E. 63

T

Tajfel, H. 490

Tamir, M. 450

Tarrant, M. 457

Trivers, R. 282

V

Vago, D. R. 495

Valdesolo, P. 500

Västfjäll, D. 453

W

Wallace, B. A. 392

Wallmark, E. 495

Wang, C. 270

Weng, H. Y. 79, 395, 493

Z

Zimbardo, P. 829

내용

2차 외상 스트레스 655

CBCT 34, 52, 392, 394, 396, 426, 435

CCT 34, 380, 392, 394, 396, 410

CFRM 656

CFT 183

CST 847

EBPPs 174, 175, 182, 184, 185, 186

fMRI 432

Francis Report 773

IRI 518, 522, 523

Jackson의 소멸 원칙 343

MBCT 638

Mind and Life Institute 54

Mindful Self-Compassion 379

Mindfulness-Based Stress Reduction 379

mPOA 291

MSC 35, 638

RMET 432

SES 549

simpatia 33

STEM 829

ㄱ

가까운 직접적인 연민 91, 100

가난 538

가족 524

가족적 연민 90

가해 524

가해 행동 529

가해자 518, 528

갈등 518

감사 27, 547

감사와 애정 53

감성적인 경보 데이터베이스 94

감정 전염 676

감정의 도파민 보상 시스템 32

감정적 공감 26

감정적 연결 128

감정적 풍조 754

감정조절 382, 418

강박적 도움행동 155

개념 467

개방성 51

개별성 540

개인적 고통 23, 106

개인적 우화 625

개인주의 527, 580

개인주의적 528, 540, 554

개인차 111

거리 두는 공감 96

거리두기 656, 661, 665

거시체계 582

거울 실험 108

건강 595

건강과 웰빙의 부수적 지표 33

결과를 길로 삼는 것 49

결정 599

결혼 523

결혼 만족도 521

경험 468

경험 공유 355

경험 기반 개입법 356

계층 차이 549, 550

고양감 830

고전적 휴리스틱 671, 672

고정 사고방식 362

고정적 덕성 715

고통 21

고통공감 198

고통스러운 공감 96

고통에 대한 민감성 175

공간 만들기 740

공감 21, 26, 94, 96, 105, 133, 261, 353, 509, 510, 513, 527, 528, 529, 541, 542, 562

공감 고통 23

공감 고통 피로 36

공감 능력 659

공감 동기 360

공감 반응 240, 243, 659

공감 신경 반응 250

공감 역량 509

공감 정확도 과제 432

공감 정확성 541

공감 평가 96

공감 회피 74

공감과 관련된 개념들 197

공감-유도 이타주의 68

공감-이타주의 가설 62, 66, 603

공감적 감수성 25

공감적 고통 26, 490, 562

공감적 관심 21, 53, 62, 64, 106, 355, 490, 513, 514, 515, 516, 523, 530, 562, 603, 658

공감적 괴로움 385

공감적 부모 183

공감적 정확성 384

공격성 518, 519, 520, 521, 529

공격적 행동 514

공동사회 583

공동선 77

공리주의 545, 553, 554

공성 48

공에 대한 이해 49

공유된 유전자 283

공적 자아 608

공중보건 169, 173

공중보건 접근법 174

과잉 동일시 627

과학자-수행자 모형 642

과활성화 151

관계 만족 509, 515, 520
관계 만족도 516, 529
관대함 548
관점 취하기 26
괴로움 89, 90, 658
괴로움 그 자체 91
괴롭힘 585
교감신경계 179
교육수준 545
교환 리더 754
구루 요가 49
구성주의 57
구성주의 모델 50
구성주의 접근 51
구원론적 및 치료적 목표 57
구현 단계 597, 598, 600, 604, 612
구현 단계의 자비 604
구현 의도 600, 605
구현적인 사고방식 605
구획화 664
굴광성 효과 722
궁극 671
권력의 주의력 효과 744
근접 671
금강승 46, 49
긍정 정서 249
긍정리더십 841

긍정적 리더십 834
긍정적 정서 544
긍정편향 723
기능 자기공명영상 263
기반 사회심리학 93
기부 548
기쁨의 마음 계발 47
기원적 연민 90
기질 107
기질적 성향 510
기질적 접근 26
깊은 자기돌봄 55
깨달음 46

ㄴ

나르시시즘 679
낯선 사람 160
내인성 옥시토신 218
내재적 동기 580
내측 안와전두엽 385
내측 전전두엽 피질 268
내측안와전두피질 31
내후각 피질 248
냉담함 23
네 가지 한량없는 마음 수행 47
노출 658
뇌섬엽 피질 268

뇌의 보상 회로 활성화 34
뇌의 전방 섬도 영역 30
느슨한 문화 264
능동 통제집단 498

ㄷ

다른 사람을 돕는 것 601
다른 사람의 고통에 대한 신경 민감성 34
다미주신경 이론 179
단기 자비 훈련 251
단기적 감정 596
대비심 48
대상피질 384
대승 46
대승불교 47
대승불교와 금강승 불교 55
대인관계적 갈등 519
대중적 자아 608
도덕 추론 565
도덕성 고양 217, 223
도덕적 고양의 감정 27
도움 547, 596
도움의 스트레스 완충 효과 610
도움행동 64, 155, 160, 547
도움행동체계 152, 154
독일 문화 474

독일인 474, 476

돌봄 179, 410

돌봄 실습 55

돌봄 용기 연합 54

돌봄 체계 동기 178

돌봄 행동 199

돌봄 호소 계획 54

돌봄 확장 55

돌봄과 사회적 연결체계 200

돌봄을 확장하는 능력 56

돕고자 하는 욕구 601

돕기 행동 108

돕는 것 293

돕는 목표 전념 606, 614

돕는 자의 웰빙 614

돕는 행동 27, 614

동감 21, 24, 62, 509, 510, 513, 518, 562, 675

동감의 괴로움 676

동기 282, 411

동기로서의 자비 24

동기부여 286, 552, 597

동작 모방 512

동정 21, 24, 62, 94

두려움 186

따돌림 802

ㄹ

로종 426

루비콘 597

리더 739, 753

리더 움직임 745

리더십 834

리더십 움직임 733, 739

리더십과 직장에서 자비의 역할 36

리소스 프로젝트 208

ㅁ

마음챙김 35, 47, 626, 627

마음챙김 자기연민 훈련 프로그램 35

마음챙김 주의 238, 240

마음챙김에 기반한 스트레스 완화 (MBSR) 50, 394, 637

마음챙김에 기반한 인지치료 638

마키아벨리즘 679

만족감 656

말초혈관 수축 609

먼 간접적인 연민 100

메타 자각 391

면역체계 183, 428

명상 388

명상 뇌과학 332

모성 감수성 126, 134

모성 동시성 134

모성 양육 289

모성적인 보살핌 28

목표 전념 596, 600, 604

목표 추구의 행동 단계 596, 597

무심 23

무아보고방법론 642

무조건적인 자비의 실현 57

문화 29, 466

문화 구성 접근법 466

문화신경과학 262, 267, 272

문화-유전 공진화 이론 263

문화적 가치 33

문화적 내러티브 696

문화적 요인 33

문화적 재생산 271

미국 문화 474

미국인 474, 476

미덕 714, 715

미덕으로서의 자비 714

미시체계 582

미주신경 브레이크 337

미주신경 유연성 25

민감성 153

ㅂ

바람 411

박수 545

박탈당한 슬픔 742

반응성 153

반조적 자각 128

방관자 효과 489

방어 186

방치 186

배내측 전전두피질 542

배려 540, 803

배외측 전전두피질 246

배태성 33

범죄 조직 탈출 821, 827

벗어남 49

변혁적 리더십 754, 834

변화로 인해서 생기는 괴로움 91

보리심 48, 49, 675

보살 48

보살피려는 동기 27

보살핌 체계 285, 287, 288

보살핌 행동 체계 287

보살핌받기 55

보상 249

보편적 인간경험 625, 627

보편적인 인간성 414

복부 선조 385

복수 514

복측 전두엽 피질 249

복측 피개영역/흑질 31

부교감신경계 179

부모 527

부모 애착 모형 130

부모 훈련 프로그램 173

부모의 반조기능 127

부부 527

부정적 영향의 완화 613

부족중심주의 693

분석적 명상 50

불교 명상 자비 모델과 현대 과학
  자비 모델 56

불교 수행 역사 45

불교적 관점 34

불성 48, 49

불안 132, 672

불안 애착 151

불연속적 감정으로서의 자비 22

불연속적 정서 접근 방식 22

붓다고사 47

비교 신경생물학 314

비이원적 실습 56

비종교적 공간 56

비종교적 자비 기반 프로그램 45

비활성화 151

ㅅ

사건관련전위 263

사고방식 mindset 596

사디즘 694

사랑 27

사려 깊은 능동성 823

사마타 386

사마타 연구 35

사마타 프로젝트 380

사무량심 386

사이코패스 679

사회 지능 177

사회경제적 지위(SES) 538, 542

사회문화적 평가 32

사회심리학 92

사회적 경쟁 681

사회적 계층 538, 539, 540, 541,
  542, 543, 544, 545, 547, 548,
  551, 554

사회적 관계 510

사회적 기억 248

사회적 딜레마 76

사회적 유대 284

사회적 일탈 264

사회적 접촉 증가 613

사회적 정체성 269

사회적 지지 509, 521, 522, 523,

524, 656, 662, 665
사회적인 영웅적 행동 826
사회정서학습 802
사회지배지향성 835, 841
사회참여체계 339
산업에 따른 자비 716
상좌부 46
상징적 리더십 747
상호 이타주의 282
상호의존성 542, 543
생물학적 신경 컴퓨팅 능력 32
생물학적인 우발 31
서로 간의 필요 283
선천주의 57
선천주의 모델 50
선천주의 접근 51
선택 599
선택 투자 이론 283, 284, 285, 286,
　288, 289, 290, 293
섭엽 384
성장 428
성장 사고방식 362
세로토닌 조절 시스템 32
센스기빙 750
센스메이킹 745, 750
소진 385
수단 다르푸르 지역 611

수용성 51
수용체 역학 311
수치심 182, 183, 187, 689
수행시간 436
숙달 428
슈와츠 센터 라운드 789
스탠퍼드 감옥 실험 36
스트레스 654
스트레스 조절 292
스트레스의 생물학적 지표 34
시각화 238
시각화 수행 49
시상하부 뇌하수체 축 활성화 31
시상하부 중뇌 기저핵 신경회로 31
식역하 점화물 500
신경 활성화 201
신경지 344
신경회로 모델 603
신뢰 566
신성 요가 49
심리적 스트레스 609
심박 변이도 179
심의 단계 597, 598, 600, 603, 604,
　610, 612
심의 단계의 자비 601
심의에서 구현으로의 전환 600
심장 미주신경 385

심파티아 470
심혈관 생리학 609

ㅇ

아동 발달 183
아동기 107
아동학대 169, 171, 174, 181
아라한 47
아래쪽 전두회 247
악의 평범성 824
안전기반 674
안전기지 179, 674
안전한 애착 25, 26
안정 애착 151
알아차림 410
암묵적 이론 362
암묵적인 편견 496
애도 카드 476
애착 178, 399
애착 안정 607
애착 유대 287
애착 유형 151
애착 패턴 126
애착체계 179
애착행동체계 149, 150
양육 115, 176, 179
양육 과학 126

양육 방식 169, 170
양육 스트레스 183
양육 프로그램 183
양육 환경 173
양육 회로 25
양육의 뇌 130, 132, 133, 134
양육의 뇌-개입 기전 135
억제 291
억제요인 672, 678
엄격한 문화 264
에든버러 자비 의료 리더십 프로
  그램 791
역할 모델링 723
연민 51, 62, 89, 106, 261, 262, 467,
  474
연민 명상 78
연민 수행 47
연민 신경생물학 280
연민 피로 75, 501
연민붕괴 29, 399, 455, 501
연민소멸 453
연민의 실천 51
연민의 유형 89
연민적 공감 96
연민적 기쁨 99
연인관계 155
열반 46

염세와 불안 473
영아 기억소실 270
영아-보호자 관계 26
영웅 823
영웅 교육 프로그램 829
영웅건설회사 829
영웅이 되기 위한 훈련 828
영웅적 상상 프로젝트 34, 821, 828
영웅적 행동 821, 822, 823
영웅적 행동의 평범성 824
옥시토신 218, 293, 436
옥시토신 소셜 네트워크 32
옥시토신 수송 유전자 32
옥시토신 수용체 218
옥시토신 수용체의 유전적 변이 220
옥시토신 수용체의 후성유전적 변이
  221
옥시토신과 바소프레신 311, 312
온정주의 73
완충 효과 721
왕립 일차진료의사회 782
외로움 584
외부체계 582
외상 기억 660
외상 후 성장 661, 667
외상후 스트레스 장애 182, 655
외인성 옥시토신 219

요가 35
용기 696
용서 509, 514, 520, 525, 526, 527,
  528, 696
우 하측 두정 피질 246
우호성 541
웰빙 595
위협 회피 동기 613
위협 회피 목표 604, 613
위협 회피 목표의 감소 607
위협 회피 지향 목표 606
위협을 피하려는 욕구 609
유동적 덕성 715
유럽 WONCA 782
유전자-문화 상호작용 265
유전학 29
의도 411
의도적 외면 746
의례 752
의료의 기본 요소 774
의지적 597
이기주의 64, 562
이야기 752
이원적인 사고 구조 48
이익사회 583
이인화 664
이중 상속 이론 266

이차 스트레스 655

이차적 애착 전략 151

이타적 549

이타적 성향 78

이타적 행위 105

이타주의 27, 32, 64, 94, 282, 388

이해관계자 이론 285, 286

인류 계보 281

인성 발달 801

인성교육 802

인원 감축 717

인지 411

인지 재평가 훈련 244

인지기반 자비 훈련(CBCT) 45, 52, 380, 425, 426, 805

인지된 괴로움 23

인지적 공감 26

인지적 조망수용 240

인지조절 418

일곱 가지 인과법 48, 54

일시적인 혹은 충동적인 반응성 823

임상 치료적 맥락에 자비를 주입하는 접근법 34

ㅈ

자기돌봄 183, 656, 661, 665

자기돌봄 실습 55, 56

자기돌봄 프로그램 661

자기를 향한 자비 불안 840

자기비난 182

자기비판 183, 187

자기애 541, 579

자기연민 34, 35, 623, 625, 627, 630

자기연민 척도 35

자기자비 53, 183, 185, 656, 667, 838, 841

자기자비 척도 186

자기작동모형 150

자기조절 112

자기-존중감 185

자기중심성 561

자기중심적 543, 579

자기중심적 목표 607

자기중심적 방어 충동 31

자기지향적 551

자기초점인인 욕구 241

자기친절 624, 627

자기판단 627

자문화 중심주의 725

자비 21, 34, 55, 105, 175, 176, 305, 355, 415, 509, 526, 527, 562, 595, 610, 710, 739

 - 어두운 면 318

 - 성별 차이 316

자비과학의 현상 36

자비 경험 22

자비 계발 수행(CCT) 45, 52, 380, 410, 426, 805

자비 두려움 693, 695

자비 만족 651, 662, 665

자비 명상 238

자비 불안 671, 842

자비 불안 척도 186

자비 스트레스 654, 655, 660, 665, 667

자비 억제 671

자비 중심 양육 169, 170, 175, 176, 177, 178, 182, 183, 187

자비 중심 치료(CFT) 176

자비 중심의 도움 목표 605, 607

자비 중심의 자기반성적 실천 35

자비 피로 36, 651, 652, 655, 725

자비 피로 모델 656

자비 피로 예방 666

자비 피로 회복탄력성 656

자비 피로 회복탄력성 모델 652, 656, 664

자비 훈련 201, 553, 678, 805

자비 훈련 프로그램 27, 34

자비/공감 관심의 역할 603

자비-관련 평가 241

자비로운 교육 환경 36
자비로운 뇌 상태 251
자비로운 마음 182
자비로운 마음 훈련(CMT) 426, 805
자비로운 행동 758
자비병원 788
자비심 계발 675
자비에 대한 명상 개념 56
자비에 적용된 행동 단계의 루비콘
　모델 604
자비에서 문화의 역할 33
자비와 관련된 생물학적 시스템 29
자비와 돕는 행동 사이의 연관성 612
자비와 전념의 조합 613
자비와 조직 성과 838
자비의 FBRs 672
자비의 개념화 57
자비의 결핍 554
자비의 근접 억제요인 687
자비의 기원 27
자비의 돌봄 동기 요소 30
자비의 생물학 29
자비의 생물학적 토대 33
자비의 생물학적 프로파일 28, 30
자비의 선행자 29
자비의 신경기질 200
자비의 작업 정의 22

자비의 주관적인 경험 25
자비의 중재자 30
자비의 진정한 역할 614
자비의 진화적 기원 27
자비의 핵심 선행 조건 28
자비의 핵심적 측면 736
자비의 행동 단계 모델 601, 608,
　612, 613, 614
자선 기부 566
자신과 타인을 평등하게 보기와 입장
　바꾸기 수행 48
자아 개념 108
자아 없음 46
자애 51, 415
자애 수행 47
자애 프로그램 51
자애명상 47, 51, 77, 184, 387, 496
자원 조달 이론 760
자원봉사 567
자율신경계 312
자존감 증가 613
장기적 웰빙 596
장수 610
재평가 훈련 244
저작 자비 748
저항 186, 671, 673
적대감 509, 518, 519, 529

적응적 리더십 760
적합성 상호의존 상태 283
적합성 상호의존성 283
전 지구적인 자비 24, 401
전념 599
전념 촉진요인 613
전대상피질 268
전방 섬도 및 편도체 활성화 30
전방 섬피질 268
전염 과정 754
전전두피질 271
전측 두정 네트워크 246
접근 동기 360
접근 반응 243
접촉 553
정서 411, 745
정서 과학 23
정서 시간 분석 242
정서 전염 754
정서 조절 169, 179
정서 조절 모델 183
정서 조절 체계 181
정서 평가 이론 471
정서 현저성 248
정서적 경험 공유 240
정서적 공감 26, 520, 521
정서적 실천 50

정서적 웰빙 610

정서적 전염 94

정서-조절 모형 239

정신건강 296

정신적 용기 821

정신화 26, 179, 247, 355, 542, 676

정중선 피질 32

조건 없는 연민 56, 90

조망수용 356, 360, 509, 511, 513, 515, 516, 518, 519, 522, 523, 524, 525, 529, 530, 553, 562, 625, 676

조율 676

조직 강화 725

조직 내 프로세스 734

조직 문화 710, 756

조직 미덕 717

조직 성과 716

조직을 통한 미덕 715

조직의 사회적 프로세스 736

조직적 맥락 724

조직적 자비 710

조직화된 공감 모델 511

좌측 연상회 248

좌측 측두두정 접합부 268

죄수의 딜레마 70

죄책감 182, 689

주고받기 416

주관적인 자비 경험 27

주의 결속 749

주의 기반 749

주의력 및 통찰 훈련 53

준비 단계의 실천 전통 49

중간체계 582

중앙 섬엽 385

중앙 전대상피질 268

증거 기반 양육 프로그램 169, 172, 173

증폭 효과 720

지구촌 차원의 연민 92

지속가능한 자비 훈련(SCT) 45, 50, 54, 805

지속적인 노출 660

지하철도작전 823

직무소진 74

진정한 자아 608

진화된 기질 305

진화된 동기 시스템 696

진화론에서 발전 28

진화생물학 178

진화심리학 98, 178

진화적 프레임워크 280

질병 경로 295

집단 간 편향 363

집단 중심의 사회적 지배 693

집단주의 33, 527, 528, 543, 568

ㅊ

차단 671, 673

차단과 저항 672

착취 위협 최소화 284

청소년 527

청정도론 47

촉진요인 672

추진요인 827

취리히 친사회 게임 208

측두두정접합 32

측좌핵 249, 385

치우침 없음 53

친밀감 249

친사회성 549, 550

　- 미주신경 313

　- 비교신경생물학 314

친사회성 교육 802

친사회적 감정 218

친사회적 동기 672, 695

친사회적 행동 105, 149, 217, 238, 241, 387, 389, 514, 515, 547, 562, 609

친절교육 802

친절교육 프로그램 806

친족 선택 282

친화적 정서 177, 178, 186
친화적 행동 179

ㅋ

코르티솔 395

ㅌ

타인에게서 받는 자비 불안 839
타인을 위한 자비 839, 841
타인을 향한 자비 불안 839
타인작동모형 150
타인중심적 564
타인중심적 목표 607
타인초점 285
타자지향적 551
탁월함 714
탄력성 665
탄트라 49
통렌 49, 415, 416, 417
통렌의 보내기 54
통제감 증가 613
통증 관련 공감 네트워크 207
특질로서의 자비 25

ㅍ

팔레스타인-이스라엘 갈등 821
팔정도 47

편도체 247, 384, 385
평정심 47, 53
포괄적 적합성 282
포괄적 적합성 이론 282
포유류 돌봄 모형 294
포유류 모성 돌봄 모형 289
폭력 524
표현 470, 475
표현 기반 개입법 356
표현형질 492
프레임 753
프로게스테론 294
프로세스로서의 자비 735
플라즈마 텔로미어 35
피난처 49
피로 655
피질 중앙 구조 268
피해자 518

ㅎ

하전두회 384
학교 폭력 802
학대 186
해탈 46
핵심 양육 능력 25
행동 411, 610
행동 개입 296

행동 단계의 루비콘 모델 598
행동 연민 90
행동 취하기 677
행동적 수반성 128
행동체계 150
행동하는 연민 97
허용함 51
헌신적 50
헤매는 마음 418
현대 자비 기반 명상 프로그램 51
현대 자비 프로그램 46
현존 741
현존감 742
협력 540
호흡 수행 414
호흡 중심 명상 53
환자중심 메디컬 홈 781
활성 성분 428
회복탄력성 362, 651, 652, 655, 661
회피 동기 360
회피 반응 243
회피 애착 151
후대상피질 268, 542
후생유전적 조절 695
흡인요인 827
힘 714

편저자 소개

Emma M. Seppälä

Emma M. Seppälä는 스탠퍼드대학교 의과대학 자비와 이타주의 연구교육센터 CCARE(Center for Compassion and Altruism Research and Education)의 과학 책임자이자 예일대학교 정서지능센터(Yale Center for Emotional Intelligence)의 예일대학교 정서지능 프로젝트(Yale College Emotional Intelligence Project) 공동 책임자이다. 그녀의 연구는 사회적 연결, 자비 및 웰빙에 중점을 둔다. 그녀는 학생들과 아프가니스탄 전쟁 및 이라크 전쟁 참전 용사들을 대상으로 불안을 위한 명상과 호흡 등의 방법에 대한 연구를 수행했다. 그녀는 『Psychology Today』와 『Harvard Business Review』의 과학 저술가이며 『해피니스 트랙: 스탠퍼드 대학교가 주목한 행복 프레임(The Happiness Track: How to Apply the Science of Happiness to Accelerate Your Success)』의 저자이다.

Emiliana Simon-Thomas

Emiliana Simon-Thomas는 캘리포니아대학교 버클리 분교의 더 큰 선(善) 과학센터 (University of California-Berkeley's Greater Good Science Center: GGSC)의 과학 책임자이다. 다른 사업 계획 가운데 그녀는 GGSC 연구 펠로십 프로그램을 운영하고 전 세계적으로 450,000명 이상의 학생이 등록한 대규모 공개 온라인 과정인 'GG101x: 행복 과학(GG101x: The Science of Happiness)'을 공동 지도한다. Simon-Thomas는 인지 및 정서 신경과학 교육을 받았으며, 현재 그녀의 작업은 다음과 같은 것에 초점을 맞추고 있다. ① 자비, 관대함, 감사와 같은 친사회적 성향이 어떻게 개인, 대인관계 및 사회 전반의 건강과 복지에 도움이 될 수 있는가, ② 자기, 가족, 지역사회 및 기관 내에서 증가하는 친사회적 습관의 영향을 강화하고 평가하는 방법은 무엇인가 등이다.

Stephanie L. Brown

Stephanie L. Brown은 스토니브룩대학교 정신과 및 행동과학과 부교수이다. 그녀는 동료들과 함께 자비와 돕는 행동 연구를 위한 새로운 패러다임을 제시한 옥스퍼드의 편집본인 『이기심을 넘어선 움직임: 진화생물학, 신경과학 및 사회과학의 관점으로부터(Moving Beyond Self-Interest: Perspectives from Evolutionary Biology, Neuroscience, and the Social Sciences)』 편집장을 역임했다. 그녀는 현재 사망 위험 감소와 돕는 행동을 연결하는 생리적 메커니즘을 조사하고 있다.

Monica C. Worline

Monica C. Worline은 스탠퍼드대학교 의과대학 자비와 이타주의 연구교육센터인 CCARE (Center for Compassion and Altruism Research and Education)의 연구 과학자이자 직장에서의 자비에 초점을 맞춘 세계 최고의 연구 '협력'인 CompassionLab의 전무 이사이다. Worline은 미시간대학교 로스 경영대학(Ross School of Business)에서 강의하고 있으며, 긍정조직센터(Center for Positive Organizations)의 제휴 교수진이다. 그녀는 또한 기업과 다른 사람들에게 용감한 사고, 자비로운 리더십 및 최고의 작업을 실현하기 위한 호기심을 활용하는 방법을 가르치는 혁신 조직인 엔라이븐워크(EnlivenWork)의 창립자이자 대표 CEO이다.

C. Daryl Cameron

C. Daryl Cameron은 펜실베이니아 주립대학교 록윤리연구소(Rock Ethics Institute)의 심리학과 조교수이자 연구원이다. 그의 연구는 공감 및 도덕적 의사결정과 관련된 심리적 과정에 초점을 맞추고 있다. 그의 작업 대부분은 특히 대규모 위기(예: 자연 재해, 대량 학살) 및 집단 간 상황의 대응에서 다른 사람에 대한 공감적 감정과 행동을 형성하는 동기 요인을 조사한다.

James R. Doty

James R. Doty는 스탠퍼드대학교 의과대학 자비와 이타주의 연구교육센터 CCARE(Center for Compassion and Altruism Research and Education)의 설립자이자 이사이며, 스탠퍼드 의과대학 신경외과 교수이다. 그는 센터를 통해 연민 연구 개발을 지원해 왔고 비즈니스, 의학 및 기술 분야에서 자비의 중요성을 홍보해 왔으며, 자비 중재 프로그램(CCT)을 개발했다. 그의 연구는 자비의 신경학적 기반과 신체적, 심리적 웰빙을 위한 자비 개입의 영향에 초점을 맞추고 있다. Doty 박사는 『마술 가게 속으로: 뇌의 신비와 가슴의 비밀에 대한 신경외과 의사의 탐구(Into the Magic Shop: A Neurosurgeon's Quest to Discover the Mysteries of the Brain and the Secrets of the Heart)』라는 『뉴욕타임즈』의 베스트셀러 작가이다.

기여자 소개

Inbal Ben-Ami Bartal

Helen Wills Neuroscience Institute

University of California-Berkeley

Berkeley, California, USA

C. Daniel Batson

Department of Psychology

The University of Kansas

Lawrence, Kansas, USA

R. Michael Brown

Department of Psychology

Pacific Lutheran University

Tacoma, Washington, USA

Stephanie L. Brown

Department of Psychiatry

School of Medicine

Stony Brook University

Stony Brook, New York, USA

C. Daryl Cameron

Department of Psychology

Rock Ethics Institute

The Pennsylvania State University

University Park, Pennsylvania, USA

Kim Cameron

Ross Management and Organizations Department

University of Michigan

Ann Arbor, Michigan, USA

C. Sue Carter

The Kinsey Institute

Indiana University

Bloomington, Indiana, USA

Joan Y. Chiao

Department of Psychology and Interdepartmental
  Neuroscience Program

Northwestern University

International Cultural Neuroscience Consortium

Highland Park, Illinois, USA

Paul Condon

Department of Psychology

Northeastern University

Boston, Massachusetts, USA

Richard J. Davidson

Center for Healthy Minds

University of Wisconsin-Madison

Madison, Wisconsin, USA

Mark H. Davis

Department of Psychology

Eckerd College

St. Petersburg, Florida, USA

David DeSteno

Department of Psychology

Northeastern University

Boston, Massachusetts, USA

James R. Doty

The Center for Compassion and Altruism Research
  and Education

Department of Neurosurgery

Stanford University

Stanford, California, USA

Jane E. Dutton
Ross School of Business
University of Michigan
Ann Arbor, Michigan, USA

Nancy Eisenberg
Department of Psychology
Arizona State University
Tempe, Arizona, USA

Eve Ekman
Osher for Integrative Medicine
University of California–San Francisco
San Francisco, California, USA

Paul Ekman
Department of Psychology
University of California–San Francisco
San Francisco, California, USA

Charles R. Figley
Traumatology Institute
Tulane University
New Orleans, Louisiana, USA

Kathleen Regan Figley
School of Social Work
Tulane University
New Orleans, Louisiana, USA

Lisa Flook
Center for Healthy Minds
University of Wisconsin–Madison
Madison, Wisconsin, USA

Zeno E. Franco
Department of Family Medicine
Medical College of Wisconsin
Milwaukee, Wisconsin, USA

Christopher Germer
Harvard Medical School
Cambridge, Massachusetts, USA

Dara G. Ghahremani
Semel Institute for Neuroscience and Human
    Behavior
University of California–Los Angeles
Los Angeles, California, USA

Paul Gilbert
The Compassionate Mind Foundation
Derby, England

Jennifer L. Goetz
Department of Psychology
Centre College
Danville, Kentucky, USA

Philippe R. Goldin
Betty Irene Moore School of Nursing
University of California–Davis
Davis, California, USA

Yotam Heineberg
The Center for Compassion and Altruism Research
    and Education
Stanford University
Stanford, California, USA

Shao–Hsuan Shaun Ho
Department of Psychiatry
Stony Brook University
Stony Brook, New York, USA

Hooria Jazaieri
Greater Good Science Center
University of California–Berkeley
Berkeley, California, USA

Brandon G. King
Department of Psychology
Center for Mind and Brain
University of California, Davis
Davis, California, USA

James N. Kirby
The School of Psychology
The University of Queensland
Brisbane, Australia

Olga M. Klimecki
Swiss Center for Affective Sciences
Laboratory for the Study of Emotion Elicitation
    and Expression
Department of Psychology
University of Geneva
Geneva, Switzerland

Sara Konrath
Lilly Family School of Philanthropy
Indiana University
Indianapolis, Indiana, USA
Institute for Social Research
University of Michigan
Ann Arbor, Michigan, USA
Department of Psychiatry
University of Rochester Medical Center
Rochester, New York, USA

Birgit Koopmann– Holm
Psychology Department
Santa Clara University
Santa Clara, California, USA

Brooke D. Lavelle
Courage of Care Coalition
Mind and Life Institute
Oakland, California, USA

Christos Lionis
Clinic of Social and Family Medicine
University of Crete
Crete, Greece

Daniel Martin
Department of Management
California State University, East Bay
Hayward, California, USA
Center for Compassion and Altruism Research
    and Education (CCARE)
Stanford University
Stanford, California, USA

Jennifer Mascaro
Department of Family and Preventive Medicine
Emory University School of Medicine
Atlanta, Georgia, USA

Mario Mikulincer
Ivcher School of Psychology
Interdisciplinary Center (IDC) Herzliya
Herzliya, Israel

Jake P. Moskowitz
Department of Psychology and Social Behavior
University of California–Irvine
Irvine, California, USA

Kristin Neff
Department of Educational Psychology
University of Texas at Austin
Austin, Texas, USA

Lobsang Tenzin Negi
Department of Religion
Emory University
Atlanta, Georgia, USA

Lobsang Tenzin Negi
Department of Religion
Emory University
Atlanta, Georgia, USA

Paul K. Piff
Department of Psychology and Social Behavior
University of California-Irvine
Irvine, California, USA

Eric C. Porges
Center for Cognitive Aging & Memory
Department of Clinical and Health Psychology
University of Florida, Gainesville
Gainesville, Florida, USA

Stephen W. Porges
Kinsey Institute
Indiana University
Bloomington, Indiana, USA

Michael J. Poulin
Department of Psychology
University at Buffalo
Buffalo, New York, USA

Charles L. Raison
Department of Psychiatry
School of Medicine and Public Health
University of Wisconsin-Madison
Madison, Wisconsin, USA

Clifford D. Saron
Center for Mind and Brain
MIND Institute
University of California, Davis
Davis, California, USA

Sarina R. Saturn
Department of Psychological Sciences
University of Portland
Portland, Oregon, USA

Brianna Schuyler
Center for Healthy Minds
University of Wisconsin-Madison
Madison, Wisconsin, USA

Emma M. Seppälä
Center for Compassion and Altruism Research
    and Education
Stanford University
Stanford, California, USA
Yale Center for Emotional Intelligence
Yale University
New Haven, Connecticut, USA

Phillip R. Shaver
Department of Psychology
University of California-Davis
Davis, California, USA

Sue Shea
Clinic of Social and Family Medicine
University of Crete
Crete, Greece

Emiliana Simon-Thomas
Greater Good Science Center
University of California-Berkeley
Berkeley, California, USA

Tania Singer
Department of Social Neuroscience
Max Planck Institute for Human Cognitive and
    Brain Science
Leipzig, Germany

Alea C. Skwara
Department of Psychology
Center for Mind and Brain
University of California, Davis
Davis, California, USA

Tracy L. Spinrad
T. Denny Sanford School of Social and Family
    Dynamics
Arizona State University
Tempe, Arizona, USA

James E. Swain
Department of Psychiatry and Psychology
Stony Brook University
Stony Brook, New York, USA

Jeanne L. Tsai
Department of Psychology
Stanford University
Stanford, California, USA

Erika Weisz
Department of Psychology
Stanford University
Stanford, California, USA

Helen Y. Weng
Department of Psychiatry
Osher Center for Integrative Medicine
Neuroscape, Sandler Neurosciences Institute
University of California–San Francisco
San Francisco, California, USA
Center for Healthy Minds
University of Wisconsin–Madison
Madison, Wisconsin, USA

Monica C. Worline
Center for Positive Organizations
Ross School of Business
University of Michigan
Ann Arbor, Michigan, USA
Center for Compassion and Altruism Research
    and Education
Stanford University
Stanford, California, USA

Jamil Zaki
Department of Psychology
Stanford University
Stanford, California, USA

Sasha Zarins
Lilly Family School of Philanthropy
Indiana University
Indianapolis, Indiana, USA

Philip G. Zimbardo
Department of Psychology
Stanford University
Stanford, California, USA

역자 소개

권선아(Seona Gwon)

동국대학교 대학원 불교학 박사

전 동국대학교 불교학술원 전임연구원

현 공감과자비연구소 대표, 동국대학교 학술연구교수

〈주요 역서 및 논문〉

『틱낫한 불교』(불광출판사, 2019)

「현대 서양의 자비 명상 연구: 티베트 불교의 로종 수행과 그 응용을 중심으로」(2018)

「불교의 자비에 대한 사회 신경과학의 한 이해-공감에서 자비로-」(2017)

김병전(Kim, Byung Jeun)

중앙대학교 대학원 박사(국제경영전략 전공)

전 딜로이트 컨설팅(Deloitte Consulting) 파트너

    김앤장법률사무소, HR컨설팅부문 대표

현 무진어소시에이츠(주) 대표이사, 명상앱 '하루명상' 개발자

    하트스마일명상연구회 연구위원

〈주요 저·역서〉

『바디사운드』(공저, 플랜비디자인, 2022)

『이제 당신이 명상을 해야 할 때』(저, 불광출판사, 2021)

『컴페션 경영』(공역, 김영사, 2021)

김완두(미산)(Misan W. D. Kim)

옥스퍼드대학교 철학 박사

전 하버드대학교, 세계종교연구소 선임연구원

현 KAIST 명상과학연구소 소장, 하트스마일명상연구회 회장

〈주요 저·역서〉

『명상하는 뇌: 뇌를 재구성하는 과학적 마음 훈련』(공역, 김영사, 2022)

『미산 스님 초기경전 강의』(저, 불광출판사, 2016)

『자비』(공저, 운주사, 2015)

김완석(Wansuk Gim)

고려대학교 대학원 심리학 박사

전 아주대학교 교수, 사단법인 한국명상학회 회장

현 아주대학교 심리학과 명예교수, 사단법인 한국명상학회 이사장

〈주요 저 · 역서〉

『마인드 다이어트: 명상 기반의 자기조절』(저, 학지사, 2019)

『과학명상』(저, 커뮤니케이션북스, 2016)

『심리장애의 초진단적 접근』(공역, 시그마프레스, 2013)

김은미(Eunmi Kim)

서울불교대학원대학교 심신치유학 박사

전 브라운대학교 박사후 연구원, 하버드의과대학 수련병원 캠브리지 시립병원 박사후 연구원

현 KAIST 명상과학연구소 연구부교수, 한국명상학회 선임이사

〈주요 역서〉

『의식의 과학』(공역, 형설출판사, 2023)

『가지 않은 길, 마인드풀니스』(역, 한언, 2022)

『명상하는 뇌: 뇌를 재구성하는 과학적 마음 훈련』(공역, 김영사, 2022)

김재성(Jaesung Kim)

일본 도쿄대학교 인도철학불교학전공 박사 수료

전 서울불교대학원대학교 불교학과 조교수

현 능인대학원대학교 명상심리학과 조교수

〈주요 저서 및 논문〉

「한국의 사마타와 위빠사나 수행의 현황」(2019)

「불교명상의 심리치료에의 응용에 대한 연구: 최근 심리치료와 전통적 불교명상에서 마음챙김의 위상을 중심으로」(2012)

『초기불교 산책 1, 2』(한언, 2010)

민희정(혜주)(HyeJu Hee Jung Min)

미국 위스콘신대학교(매디슨) 교육과정 및 교수방법/교육심리 박사(명상교육)

전 위스콘신대학교 건강한 마음 연구소 데이터분석, 서울국제명상엑스포 운영 및 기획위원

현 동국대학교 아동청소년교육학과 교수, 하트스마일명상 지도자

　　에모리대학교 자비에 기반한 명상과학센터 SEE Learning(사회정서인성교육) 프로그램 한
　　국 대표

〈주요 역서 및 논문〉

『SEE Learning 사회 · 정서 · 인성 교육과정』(역, 박영스토리, 2022)

「De-Capitalizing Mindfulness in Education」(2020)

『틱낫한 스님의 마음정원 가꾸기』(공역, 판미동, 2013)

박성현(Sunghyun Park)

가톨릭대학교 대학원 심리학 박사(상담심리학 전공)

현 서울불교대학원대학교 상담심리학과 자아초월상담학전공 교수

〈주요 역서〉

『임상가를 위한 자비중심치료 가이드북』(공역, 학지사, 2021)

『마음챙김과 자비』(공역, 학지사, 2020)

『자비중심치료』(공역, 학지사, 2014)

서광(Yungsook Song, Seogwangsnim)

소피아대학교 자아초월 심리학 박사

현 동국대학교 불교대학 교수

　　MSC 한국지부장 및 MSC Teacher Trainer

　　(사)한국명상심리상담연구원 원장

〈주요 저 · 역서〉

『청소년을 위한 자기연민』(공역, 학지사, 2023)

『단단한 마음공부』(저, 학지사, 2019)

『치유하는 유식 읽기』(저, 도서출판 공간, 2013)

원승희(Seunghee Won)
경북대학교 대학원 의학박사
현 경북대학교 정신건강의학과 교수
　　대한명상의학회 부회장, MSC trained teacher

〈주요 저·역서〉
『전문가를 위한 마음챙김 자기연민 가이드북』(공역, 학지사, 2023)
『청소년을 위한 자기연민』(공역, 학지사, 2023)
『명상과 의학』(공저, 학지사, 2022)

이강욱(Kanguk Lee)
서울대학교 대학원 의학박사
전 대한정서인지행동의학회 이사장, 강원도광역정신건강복지센터장
현 강원대학교 의학전문대학원 교수, 대한명상의학회 부회장

〈주요 저·역서〉
『명상과 의학』(공저, 학지사, 2022)
『과정기반치료 어떻게 할 것인가?』(공역, 삶과지식, 2022)
『마음챙김 명상 지도의 실제』(공역, 삶과지식, 2022)

조현주(Hyunju Cho)
고려대학교 심리학 박사(임상 및 상담전공)
전 순천향대학교 천안병원 및 중앙대학교 병원 정신과 임상심리사/연구교수
　　가톨릭대학교 예방의학과 연구교수
현 영남대학교 심리학과 교수, 한국임상심리학회 학회장

〈주요 저·역서 및 논문〉
『멈추고, 느끼고, 사랑하라』(공저, 학지사, 2021)
『Psychological and physiological effects of the mindful lovingkindness compassion program on highly self-critical university students in south korea』(공동 연구, 2020)
『자비중심치료』(공역, 학지사, 2014)

채정호(Jeongho Chae)
가톨릭대학교 의과대학 의학박사
전 대한명상의학회 창립회장
현 가톨릭대학교 서울성모병원 정신건강의학과 교수
　　대한명상의학연구교육원 이사장

〈주요 저서 및 논문〉
『명상과 의학』(공저, 학지사, 2022)
『이런 세상에서 지혜롭게 산다는 것』(저, 청림출판, 2021)
「Factors related to suicide attempts: The roles of childhood abuse and spirituality」(공동 연
　　구, 2021)

하현주(Hyunju Ha)
서울대학교 심리학과 임상 및 상담심리학 박사
전 서울디지털대학교 심리상담센터 상담교수
　　서울대학교 대학생활문화원 전문위원
현 서울대학교 사회과학연구원 연구원
　　심리상담연구소 사람과 사람 부소장

〈주요 논문〉
「정서전염과 자비의 관계에서 마음챙김과 자기몰입의 매개효과」(공동 연구, 2019)
「건강한 자비의 함양을 위한 불교와 심리학의 학제적 고찰」(2018)

자비과학 핸드북
자비의 정의와 과학적 접근

2023년 8월 25일 1판 1쇄 인쇄
2023년 8월 31일 1판 1쇄 발행

엮은이 • Emma M. Seppälä · Emiliana Simon-Thomas · Stephanie L. Brown ·
Monica C. Worline · C. Daryl Cameron · James R. Doty
옮긴이 • 권선아 · 김병전 · 김완두 · 김완석 · 김은미 · 김재성 · 민희정
박성현 · 서 광 · 원승희 · 이강욱 · 조현주 · 채정호 · 하현주
펴낸이 • 김진환
펴낸곳 • ㈜**학지사**

04031 서울특별시 마포구 양화로 15길 20 마인드월드빌딩
대표전화 • 02-330-5114   팩스 • 02-324-2345
등록번호 • 제313-2006-000265호

홈페이지 • http://www.hakjisa.co.kr
인스타그램 • https://www.instagram.com/hakjisabook

ISBN 978-89-997-2940-9 93180

정가 32,000원

출판미디어기업 **학지사**

간호보건의학출판 **학지사메디컬** www.hakjisamd.co.kr
심리검사연구소 **인싸이트** www.inpsyt.co.kr
학술논문서비스 **뉴논문** www.newnonmun.com
교육연수원 **카운피아** www.counpia.com